Vry

Die Prüfung der Betriebswirte IHK

... weil auf chlor- und säurefrei
gefertigtem Papier gedruckt

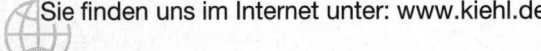 Sie finden uns im Internet unter: www.kiehl.de

Prüfungsbücher für Betriebswirte und Meister

Die Prüfung der Betriebswirte IHK

Von
Dipl.-Volksw. Wolfgang Vry

> *Zur Herstellung dieses Buches wurde chlor- und säurefrei gefertigtes Recyclingpapier, zur Umschlagkaschierung eine Folie verwendet, die bei der Entsorgung keine Schadstoffe entstehen lässt. Auf diese Weise wollen wir einen aktiven Beitrag zum Schutz unserer Umwelt leisten.*

ISBN 978-3-470-**63191**-2

© NWB Verlag GmbH & Co. KG, Herne 2010

Kiehl ist eine Marke des NWB Verlags.

Alle Rechte vorbehalten. Das Werk und seine Teile sind urheberrechtlich geschützt. Jede Nutzung in anderen als den gesetzlich zugelassenen Fällen bedarf der vorherigen schriftlichen Einwilligung des Verlages. Hinweis zu § 52a UrhG: Weder das Werk noch seine Teile dürfen ohne eine solche Einwilligung eingescannt und in ein Netzwerk eingestellt werden. Dies gilt auch für Intranets von Schulen und sonstigen Bildungseinrichtungen.

Druck: medienHaus Plump GmbH, Rheinbreitbach – wa

Vorwort

Dieses Buch wendet sich an Fachkaufleute und Fachwirte, die als krönenden Abschluss ihrer Weiterbildung den Titel „Geprüfter Betriebswirt/Geprüfte Betriebswirtin" anstreben. Es kann sie während des Lehrgangs begleiten und ihnen schließlich bei der Vorbereitung auf die Prüfung helfen.

Inhalt und Aufbau dieses Buches basieren – wie die Prüfung – auf folgenden Grundlagen:

- Verordnung über die Prüfung zum anerkannten Abschluss Geprüfter Betriebswirt/Geprüfte Betriebswirtin nach dem Berufsbildungsgesetz (12. Juli 2006),
- DIHK (Hg.): Geprüfter Betriebswirt/Geprüfte Betriebswirtin, Rahmenplan mit Lernzielen, erstellt vom DIHK in Zusammenarbeit mit IG Metall (September 2006).

Die Verordnung definiert die Ziele der Prüfung, gibt die Prüfungsteile, die Prüfungs- und Handlungsbereiche sowie die Qualifikationsschwerpunkte vor und strukturiert damit die Prüfung, die drei Teile umfasst:

1. Prüfungsteil: Wirtschaftliches Handeln und betriebliche Leistungsprozesse,
2. Prüfungsteil: Führung und Management im Unternehmen,
3. Prüfungsteil: Projektarbeit und projektbezogenes Fachgespräch.

Unter Berücksichtigung der Vorgaben der Verordnung und des Rahmenplans ist dieses Buch in drei Teile gegliedert:

- Im ersten Teil wird das gesamte Stoffgebiet für die Prüfung nach Prüfungs- und Handlungsbereichen dargestellt (vgl. Einleitung S. 17).
- Der zweite Teil (auf blauem Papier gedruckt) enthält Musteraufgaben mit Lösungsvorschlägen und Anregungen für die Bearbeitung der Aufgaben (vgl. Einführung S. 757 f.).
- Im dritten Teil wird kurz auf die Projektarbeit und das projektbezogene Fachgespräch eingegangen (S. 743 ff.).

Das Buch soll folgende **Funktionen** erfüllen:

- **Wiederholen:** Der Prüfling kann anhand des Buches die Themenbereiche, die der Rahmenplan vorsieht, wiederholen.[1]
- **Üben:** Der Prüfling kann anhand von Beispielaufgaben die Anfertigung von Klausurarbeiten üben.
- **Lernen:** Die Teilnehmer an einem Vorbereitungskurs können die einzelnen Themeneinheiten vor- bzw. nachbereiten und den im Unterricht behandelten Stoff ergänzen usw.

---

[1] Der Themenbereich Lern- und Arbeitsmethodik wird nicht in dieses Prüfungsbuch aufgenommen.

- **Nachschlagen:** Das Buch behandelt alle Themenbereiche, die Gegenstand der Prüfung sein können; der Stoff wird durch ein umfangreiches Stichwortverzeichnis erschlossen. So kann es auch als Nachschlagebuch genutzt werden.

Bad Oldesloe, im Herbst 2010

Wolfgang Vry

Inhaltsverzeichnis

Vorwort 5

Inhaltsverzeichnis 7

Einleitung 17

1. Prüfungsteil: Wirtschaftliches Handeln und betriebliche Leistungsprozesse

1. Marketingmanagement

1.1 Analyse der wirtschaftlichen Rahmenbedingungen eines Unternehmens 25
    1.1.1 Marketing 25
    1.1.2 Marketingforschung – Marktforschung 28
    1.1.3 Analyse- und Pognoseverfahren 35
        1.1.3.1 Analyseverfahren 35
        1.1.3.2 Prognoseverfahren 36
1.2 Formulierung eines strategischen und operativen Zielprogramms 40
    1.2.1 Unternehmensziele 40
    1.2.2 Marketingziele 43
        1.2.2.1 Produktpolitische Ziele 43
        1.2.2.2 Kontrahierungspolitische Ziele 44
        1.2.2.3 Distributionspolitische Ziele 48
        1.2.2.4 Kommunikationspolitische Ziele 49
1.3 Formulierung zielgerichteter Marketingstrategien 55
    1.3.1 Marketingstrategien 55
        1.3.1.1 Segmentierungsstrategien 55
        1.3.1.2 Wettbewerbsstrategien 56
        1.3.1.3 Wachstumsstrategie 57
    1.3.2 Implementierung von Marketingstrategien 57
1.4 Auswahl von Marketingaktivitäten 61
    1.4.1 Produkt- und sortimentspolitische Aktivitäten 61
    1.4.2 Kontrahierungspolitische (preispolitische) Aktivitäten 65
        1.4.2.1 Konkurrenzorientierte Preisbestimmung 65
        1.4.2.2 Preisdifferenzierungen 66
    1.4.3 Distributionspolitische Aktivitäten 69
        1.4.3.1 Absatzwege 69
        1.4.3.2 Handelsvertreter und Handelsreisender 73
        1.4.3.3 Anzahl der Außendienstmitarbeiter 76
        1.4.3.4 Gestaltung der Absatzkette 77
        1.4.3.5 Gestaltung der Distribution 79
    1.4.4 Kommunikationspolitische Aktivitäten 85
        1.4.4.1 Werbung 85
        1.4.4.2 Verkaufsförderung (Sales Promotion) 91
        1.4.4.3 Direktwerbung 92
    1.4.5 Marketingorganisation 94
        1.4.5.1 Grundlagen 94
        1.4.5.2 Marketingorientierte Aufbauorganisation 97

1.5 Bestimmung geeigneter Kontrollverfahren 109
    1.5.1 Aufgaben und Ziele 109
    1.5.2 Marketingcontrolling 111

2. Bilanz- und Steuerpolitik des Unternehmens

2.1 Das Steuersystem in seiner Bedeutung für das Unternehmen 115
    2.1.1 Grundbegriffe und Grundlagen... 115
        2.1.1.1 Grundbegriffe 115
        2.1.1.2 Steuerabwehr 120
        2.1.1.3 Doppelbesteuerungsabkommen.. 122
    2.1.2 Unternehmensteuern... 123
        2.1.2.1 Einkommensteuer.. 123
        2.1.2.2 Körperschaftsteuer 130
        2.1.2.3 Gewerbesteuer 131
        2.1.2.4 Umsatzsteuer 134
    2.1.3 Gestaltungsmöglichkeiten 137
2.2 Zielorientierter Einsatz der Instrumente der Bilanzanalyse 141
    2.2.1 Bedeutung der Bilanzanalyse für das Unternehmensmanagement 141
        2.2.1.1 Der Jahresabschluss 141
        2.2.1.2 Bilanzpolitik.. 145
    2.2.2 Bilanzanalyse 149
        2.2.2.1 Qualitative Bilanzanalyse 154
        2.2.2.2 Finanzkennzahlen als Ergebnis der quantitativen Analyse
                des Abschlusses.. 156
        2.2.2.3 Grenzen der Bilanzanalyse 163
2.3 Unterstützung der Unternehmensziele durch Bilanz- und Steuerpolitik 164
    2.3.1 Bedeutung der Wahlrechte als situationsbezogenes Instrument
        der Unternehmensführung 164
        2.3.1.1 Bedingungsrahmen 164
        2.3.1.2 Grenzen und Probleme der Bilanzierungs- und
                Bewertungsvorgaben... 169
        2.3.1.3 Bedeutung des Wahlrechts 170
    2.3.2 Bilanzierungs- und Bewertungswahlrechte 171
        2.3.2.1 Bilanzierungswahlrechte.. 171
        2.3.2.2 Bewertungswahlrechte 173
    2.3.3 Steuerliche Entscheidungskriterien im Rahmen von Unter-
        nehmensbeteiligungen 179
2.4 Internationale Rechnungslegungsvorschriften 180
    2.4.1 Auswirkungen von Rechnungslegungsvorschriften im Rahmen
        von Geschäftsbeziehungen in globalisierten Märkten............................ 180
    2.4.2 Rechtssysteme des externen Rechnungswesens.................................. 181
        2.4.2.1 IAS/IFRS 182
        2.4.2.2 DRS 184
        2.4.2.3 US-GAAP 185
    2.4.3 Rechtslage in der EU 186
    2.4.4 Ausgewählte Unterschiede zwischen HGB und IFRS............................ 187

3. Finanzwirtschaftliche Steuerung

3.1 Gestaltung des Controlling als Instrument der Unternehmensführung 189

3.1.1 Grundlagen 189
    3.1.1.1 Grundverständnis des Controlling als Instrument der Unternehmensführung 189
    3.1.1.2 Aufgabenbereiche des Controlling 190
    3.1.1.3 Institutionale Gestaltung des Controlling im Unternehmen 191
3.1.2 Ergebnisse des operativen Controlling 192
    3.1.2.1 Budgetierung 192
    3.1.2.2 Plankostenrechnung 194
    3.1.2.3 Deckungsbeitragsrechnung 197
    3.1.2.4 Prozesskostenrechnung 200
3.1.3 Strategisches Controlling als Instrument der Unternehmensführung 202
3.2 Aufbau eines kennzahlengesteuerten Managementinformationssystems 203
  3.2.1 Bedeutung eines Managementinformationssystems als Grundlage für Entscheidungen im Unternehmen 203
  3.2.2 Managementinformationssysteme als Frühwarnsysteme 204
  3.2.3 Kennzahlen und Kennzahlensysteme 208
    3.2.3.1 Kennzahlen aus ausgewählten Unternehmensbereichen 210
    3.2.3.2 Kennzahlensysteme 215
3.3 Steuerung der Beschaffung von Mitteln im Finanzprozess 218
  3.3.1 Bedeutung der betrieblichen Finanzwirtschaft 218
    3.3.1.1 Grundlagen 218
    3.3.1.2 Ziele der betrieblichen Finanzwirtschaft 220
    3.3.1.3 Insolvenztatbestände 223
  3.3.2 Kapitalbedarfsermittlung 224
    3.3.2.1 Grundbegriffe 224
    3.3.2.2 Anlagekapitalbedarf 225
    3.3.2.3 Umlaufkapitalbedarf 226
    3.3.2.4 Finanzplan 226
    3.3.2.5 Relevanz von Deckungsgraden 228
  3.3.3 Kapitalbedarfsdeckung 230
    3.3.3.1 Kapitalgeber 230
    3.3.3.2 Finanzierungsquellen 232
    3.3.3.3 Kreditwürdigkeit 238
  3.3.4 Kapitalbeschaffung als ein Entscheidungskriterium für die Wahl der Rechtsform 240
    3.3.4.1 Eigenkapital 240
    3.3.4.2 Fremdkapitalbeschaffung börsennotierter Unternehmen 249
  3.3.5 Kreditsubstitute 255
    3.3.5.1 Leasing 256
    3.3.5.2 Factoring 257
    3.3.5.3 Asset Backed Security 257
  3.3.6 Allgemeine Risiken und Instrumente zur Risikobegrenzung 258
  3.3.7 Kreditrisiken und ihre Begrenzung 260
    3.3.7.1 Bedeutung von Kreditrisiken 260
    3.3.7.2 Instrumente zur Begrenzung 260
3.4 Lenkung der Mittelverwendung im Unternehmen 264
  3.4.1 Wirtschaftlichkeitsbetrachtungen als Instrument der Lenkung der Mittelverwendung 264
    3.4.1.1 Grundlagen 264
    3.4.1.2 Verfahren 265
    3.4.1.3 Wirtschaftliche Nutzungsdauer und optimaler Ersatzzeitpunkt 278

4. Rechtliche Rahmenbedingungen der Unternehmensführung

4.1 Haftungstatbestände für Unternehmen und die Unternehmensführung 281
    4.1.1 Haftungstatbestände des BGB/HGB 281
        4.1.1.1 Vertragshaftung 281
        4.1.1.2 Haftung aus Gesetz 282
        4.1.1.3 Haftungstatbestände im Personen- und Gesellschaftsrecht 283
        4.1.1.4 Willensbildung in Personen- und Kapitalgesellschaften sowie Vertretung nach außen 286
    4.1.2 Folgen der Haftung im Rahmen des Insolvenz- und Zwangsvollstreckungsverfahrens 295
        4.1.2.1 Insolvenzverfahren 295
        4.1.2.2 Ermittlung der Insolvenzquote 297
        4.1.2.3 Verbraucherinsolvenzverfahren 299
4.2 Vertragstypen und deren Gestaltung 302
    4.2.1 Allgemeine Geschäftsbedingungen 302
        4.2.1.1 Grundbegriffe des Vertragsrechts 302
        4.2.1.2 Stellvertretungsrecht 304
    4.2.2 Vertragsarten 307
        4.2.2.1 Der Kaufvertrag 307
        4.2.2.2 Sonstige wichtige Verträge 309
    4.2.3 Schuldrecht 311
        4.2.3.1 Leistungen 311
        4.2.3.2 Leistungsstörungen 314
    4.2.4 Sachenrecht 321
    4.2.5 Gesetzliche Schuldverhältnisse 325
        4.2.5.1 Deliktsrecht 325
        4.2.5.2 Gefährdungshaftung 327
        4.2.5.3 Bereicherungsrecht 329
4.3 Nationale Ansätze des Wettbewerbsrechts 330
    4.3.1 Kartellrecht 330
        4.3.1.1 Schutz des Wettbewerbs 330
        4.3.1.2 Wettbewerbsbeschränkungen 331
        4.3.1.3 Befugnisse der Kartellbehörden 334
        4.3.1.4 Fusionen und Zusammenschlusskontrolle 335
    4.3.2 Gesetz gegen den unlauteren Wettbewerb 336
        4.3.2.1 Unlauterer Wettbewerb – Tatbestände 336
        4.3.2.2 Ansprüche 339
4.4 Arbeitsrecht und dessen Einfluss auf unternehmerische Entscheidungen 341
    4.4.1 Individualarbeitsrecht 341
        4.4.1.1 Bewerbung und Vorstellungsgespräch 341
        4.4.1.2 Haupt- und Nebenpflichten der Arbeitsvertragsparteien 346
        4.4.1.3 Arbeitnehmerüberlassung, Teilzeit- und befristete Arbeit 349
        4.4.1.4 Beendigung eines Arbeitsverhältnisses 355
    4.4.2 Kollektives Arbeitsrecht 361
        4.4.2.1 Verfassungsrechtliche Grundlage 361
        4.4.2.2 Tarifvertragsrecht 362
        4.4.2.3 Betriebsverfassungs- und Mitbestimmungsrecht 364
        4.4.2.4 Arbeitskampfrecht 368
4.5 Auswirkungen der EU-Gesetzgebung auf nationales Recht 370
    4.5.1 Europäisches Primärrecht 370
    4.5.2 Europäisches Sekundärrecht 372

5. Europäische und internationale Wirtschaftsbeziehungen

- 5.1 Auswirkungen markroökonomischer Aspekte globalisierter Märkte auf die Unternehmenspolitik ... 379
  - 5.1.1 Weltwirtschaftliche Entwicklung ... 379
    - 5.1.1.1 Globalisierung ... 379
    - 5.1.1.2 Wichtige Zusammenschlüsse ... 380
  - 5.1.2 Organisationen auf Weltebene ... 383
    - 5.1.2.1 Welthandelsorganisation (WTO) ... 383
    - 5.1.2.2 Der Internationale Währungsfonds (IWF) ... 384
    - 5.1.2.3 Organisation für wirtschaftliche Zusammenarbeit und Entwicklung (OECD) ... 386
  - 5.1.3 Europäische Union ... 389
    - 5.1.3.1 Entstehung und Entwicklung der Europäischen Union ... 389
    - 5.1.3.2 Die Europäische Gemeinschaft ... 391
    - 5.1.3.3 Die Europäische Währungs- und Wirtschaftsunion ... 392
  - 5.1.4 Stellung Deutschlands in der Weltwirtschaft ... 401
  - 5.1.5 Veränderungen der Arbeitsmärkte ... 407
- 5.2 Aufbau und Realisierung von Außenwirtschaftsbeziehungen ... 409
  - 5.2.1 Distributionswege und -organe im Außenhandel ... 409
  - 5.2.2 Sonderformen des Außenhandels ... 412
  - 5.2.3 Beteiligungen ... 415
  - 5.2.4 Institutionen im Dienste der EU und des Außenhandels ... 417
    - 5.2.4.1 Kammern und Ländervereine ... 418
    - 5.2.4.2 Sonstige Institutionen ... 421
    - 5.2.4.3 Förderprogramme der EU ... 422
- 5.3 Abwickeln der außenwirtschaftlichen Transaktionen in verschiedenen Währungsgebieten ... 423
  - 5.3.1 Zahlungsbedingungen ... 423
  - 5.3.2 Auslandszahlungsverkehr ... 426
  - 5.3.3 Dokumente im Außenhandel ... 430
  - 5.3.4 Das Dokumenteninkasso ... 433
  - 5.3.5 Das Dokumentenakkreditiv ... 434
  - 5.3.6 Garantien im Auslandsgeschäft ... 436
  - 5.3.7 Devisenhandel ... 438
  - 5.3.8 Finanzierung des Außenhandels ... 440
    - 5.3.8.1 Kurzfristige Finanzierung ... 440
    - 5.3.8.2 Projektfinanzierung ... 447
    - 5.3.8.3 Forfaitierung ... 448
- 5.4 Abwicklung des internationalen Warenverkehrs unter Berücksichtigung unterschiedlicher Wirtschaftskulturen und rechtlicher Rahmenbedingungen ... 450
  - 5.4.1 Rechtliche Elemente des innergemeinschaftlichen Warenverkehrs ... 450
    - 5.4.1.1 Innergemeinschaftlicher Warenverkehr ... 450
    - 5.4.1.2 Doppelbesteuerungsabkommen ... 452
    - 5.4.1.3 Intrastat ... 453
    - 5.4.1.4 Zollkodex ... 454
  - 5.4.2 Grundfreiheiten ... 456
  - 5.4.3 Risikomanagement ... 457
    - 5.4.3.1 Länderrisiken ... 458
    - 5.4.3.2 Zahlungsrisiken im Außenhandelsgeschäft ... 460
    - 5.4.3.3 Liefer- und sonstige Risiken ... 461

5.4.4	Incoterms	462
5.4.5	Kulturelle Unterschiede im internationalen Geschäft	465
	5.4.5.1 Dimensionen zur Beschreibung von Kulturen	465
	5.4.5.2 Interkulturelle Kommunikation und Kompetenz	473
	5.4.5.3 Internationale Verhandlungen	477
	5.4.5.4 Ausgewählte Landeskulturen	482

2. Prüfungsteil: Führung und Management im Unternehmen

6. Unternehmensführung

6.1 Gestaltung der Strategiefindung, der Strategieumsetzung und des Strategiecontrolling ... 487
    6.1.1 Ethik als Aspekt der Unternehmensführung ... 487
    6.1.2 Grundlegende Gestaltungsentscheidungen ... 489
    6.1.3 Strategische Analysen ... 491
        6.1.3.1 Portfolioanalyse ... 491
        6.1.3.2 SWOT-Analyse ... 493
        6.1.3.3 Gap-Analyse ... 495
        6.1.3.4 Produktlebenszyklusanalyse ... 496
        6.1.3.5 Benchmarking ... 499
        6.1.3.6 Deckungsbeitragsanalyse ... 499
    6.1.4 Strategiearten ... 500
        6.1.4.1 Grundstrategien ... 501
        6.1.4.2 Unternehmensstrategien ... 504
        6.1.4.3 Bereichsstrategien ... 507
    6.1.5 Entwicklung eines strategischen Controlling ... 517
6.2 Entwicklung und Umsetzung von Zielsystemen im Unternehmen ... 520
    6.2.1 Bestandteile von Führungsentscheidungen ... 520
    6.2.2 Zielkatalog ... 522
    6.2.3 Zielbildungsprozess ... 523
        6.2.3.1 Autonome Entscheidungen – Kooperative Entscheidungen ... 523
        6.2.3.2 Phasen des Zielbildungsprozesses ... 524
        6.2.3.3 Anforderungen an die Ziele ... 526
    6.2.4 Zielsysteme ... 526
        6.2.4.1 Entwicklung ... 526
        6.2.4.2 Zielsystem als Kennzahlenpyramide ... 529
        6.2.4.3 Wechselwirkungen von Zielen ... 530
    6.2.5 Technik der Zielvereinbarung ... 532
6.3 Steuerung und Kontrolle der betrieblichen Planung ... 534
    6.3.1 Elemente der Planung ... 534
        6.3.1.1 Einflussfaktoren, Instanzen, Prozesse ... 534
        6.3.1.2 Instrumente ... 536
    6.3.2 Funktionsweise von Planungs- und Kontrollsystemen ... 542
    6.3.3 Budgetierung ... 545
        6.3.3.1 Budget und Budgetierung ... 545
        6.3.3.2 Formen der Budgetierung ... 546
6.4 Management einer kundenorientierten Qualitätspolitik ... 547
    6.4.1 Qualitätsmanagement-Normen und Qualitätsmanagement-Richtlinien als Ausgangspunkt unternehmerischen Handelns ... 547

      6.4.2   Qualitätsmanagementsysteme 553
              6.4.2.1   QM-Systeme – Aufgaben, Ziele 553
              6.4.2.2   Qualitätsmethoden 557
      6.4.3   Kunden- und Lieferantenbeziehungen 561
              6.4.3.1   Kundenbeziehungen 562
              6.4.3.2   Lieferantenbeziehungen 564
      6.4.4   Weiterentwicklung zum „Integrierten Management" 567
6.5   Management einer nachhaltigen Ökologiepolitik 570
      6.5.1   Nachhaltige Verantwortung des Unternehmens 570
      6.5.2   Nationale und internationale rechtliche Rahmenbedingungen 572
              6.5.2.1   Nationale Rahmenbedingungen 572
              6.5.2.2   Internationale (europäische) rechtliche Rahmenbedingungen 574
      6.5.3   Umweltrechtliche Regelungen 575
              6.5.3.1   Immissionsschutzrecht 575
              6.5.3.2   Gewässerschutzrecht 578
              6.5.3.3   Abfallrecht 581
              6.5.3.4   Bodenschutz- und Altlastenrecht 583
              6.5.3.5   Gefahrstoffrecht 585
              6.5.3.6   Natur- und Landschaftsschutzrecht 586
      6.5.4   Umweltmanagementsysteme 589
              6.5.4.1   EMAS 590
              6.5.4.2   ISO 14001 594

7. Unternehmensorganisation und Projektmanagement

7.1   Organisation als strategischer Erfolgsfaktor des Unternehmens 599
      7.1.1   Zusammenhang von Strategie und Unternehmensorganisation 599
              7.1.1.1   Unterstützung der Strategie durch Gestaltung der Unter-
                          nehmensorganisation 599
              7.1.1.2   Wahrnehmung und Verarbeitung relevanter Umwelt-
                          informationen 613
              7.1.1.3   Anschlussfähigkeit der Unternehmensorganisation an
                          strategische Veränderungen 614
      7.1.2   Unternehmensorganisation auf strategischer Entscheidungsebene 615
              7.1.2.1   Unternehmensverfassung 615
              7.1.2.2   Spitzen- und Führungsorganisation 616
              7.1.2.3   Corporate Governance 617
              7.1.2.4   Holdingorganisation 618
              7.1.2.5   Centerorganisation 620
      7.1.3   Funktionsweise eines strategisch ausgerichteten Organisationscon-
              trolling 621
7.2   Gestaltung einer integrativen Organisationsentwicklung (OE) 623
      7.2.1   Grundannahmen der integrativen Organisationsentwicklung (OE) 623
      7.2.2   Prozess der Organisationsentwicklung – Management des Wandels 626
      7.2.3   Modelle des Wandels 629
              7.2.3.1   Überblick 629
              7.2.3.2   Organisationales Lernen als Modell des Wandels 631
      7.2.4   Widerstände im Prozess der Organisationsentwicklung 632
7.3   Wirtschaftliche Bedeutung der Informations- und Kommunikationstechniken (IuK) . 634
      7.3.1   Entwicklungstendenzen der Informationsgesellschaft 634
      7.3.2   Bedeutung der Informations- und Kommunikationstechniken (IuK) für
              Unternehmensorganisationen 636

                7.3.2.1   Grundlagen 636
                7.3.2.2   Beispiele für Anwendungen 640
      7.3.3   Management der IuK 648
                7.3.3.1   Ableitung von IuK-Zielen aus der Strategie 650
                7.3.3.2   Planung des IuK-Einsatzes 651
                7.3.3.3   Funktionsweise eines IuK-Controlling 653
7.4   Festlegung der Organisationsformen von Projekten 654
      7.4.1   Managementrelevanter Kontext von Projekten 654
                7.4.1.1   Projekte und Projektarten 654
                7.4.1.2   Projektinitialisierung 657
      7.4.2   Organisatorische Grundsätze im Projektmanagement 658
                7.4.2.1   Gestaltungsfelder der Aufbauorganisation 658
                7.4.2.2   Gestaltungsfelder der Ablauforganisation 660
                7.4.2.3   Ablauf von Projekten nach DIN 69901 663
      7.4.3   Gestaltung von Projekten im Unternehmen 665
      7.4.4   Gremien, Instanzen, Rollen im Projekt 669
                7.4.4.1   Gremien und Instanzen 669
                7.4.4.2   Das Projektteam 671
                7.4.4.3   Die Projektleitung 673
                7.4.4.4   Teamführung 675
                7.4.4.5   Konfliktmanagement 678
7.5   Planung, Steuerung und Kontrolle von Projekten 680
      7.5.1   Projektmanagement-Funktionskreis 680
      7.5.2   Aufgaben des Projektmanagement 682
                7.5.2.1   Anforderungsmanagement 682
                7.5.2.2   Terminmanagement 684
                7.5.2.3   Risikomanagement 685
                7.5.2.4   Management der Kosten und Finanzen (Aufwandsmanagement) 687
                7.5.2.5   Informations-, Kommunikations- und Dokumentations-
                                        management 688
      7.5.3   Ordnungsgemäßer Projektabschluss 690

8. Personalmanagement

8.1   Bestimmung der Vorgaben für die quantitative und qualitative Personal-
      planung des Unternehmens 693
      8.1.1   Ethik und Personalmanagement 693
      8.1.2   Ziele und Aufgaben der Personalplanung als Teil der Unternehmens-
              planung 694
      8.1.3   Interne und externe Planungsbedingungen 696
      8.1.4   Gegenstandsbezogene Personalplanungen 697
8.2   Situationsgerechte Auswahl der Formen der Personalbeschaffung 700
      8.2.1   Arbeitsmarkt 700
                8.2.1.1   Rahmenbedingungen 701
                8.2.1.2   Analyse des Arbeitsmarktes 704
      8.2.2   Personalmarketing 706
                8.2.2.1   Bedeutung eines positiven Unternehmensimages 706
                8.2.2.2   Maßnahmen der Personalbeschaffung, -bindung und -erhaltung . 707
      8.2.3   Personalfreisetzung 709
                8.2.3.1   Gründe für Freisetzungen 710
                8.2.3.2   Verwendungsalternativen 711

8.2.3.3 Trennungsgespräch ... 713
8.2.4 Internationales Personalmanagement ... 715
8.2.4.1 Internationale Rekrutierung ... 715
8.2.4.2 Entsendung und Rückintegration ... 717
8.2.5 Beteiligung des Betriebsrates ... 719
8.3 Planung, Steuerung und Kontrolle der Personalentwicklung im Unternehmen ... 721
8.3.1 Personalentwicklung ... 721
8.3.2 Personalentwicklungsmaßnahmen ... 724
8.3.2.1 Auswahlmöglichkeiten ... 724
8.3.2.2 Konzeptentwicklung zur Umsetzung ... 732
8.3.3 Personalentwicklungscontrolling ... 734
8.3.4 Personalinformationssysteme ... 737

3. Prüfungsteil: Projektarbeit und projektbezogenes Fachgespräch

9. Projektarbeit

9.1 Vorbemerkungen ... 743
9.2 Thema der Projektarbeit ... 744
9.3 Form und äußere Gestaltung ... 746

10. Projektarbeitsbezogenes Fachgespräch ... 751

Übungs- und klausurtypische Aufgaben ... 753
Lösungen ... 807

Stichwortverzeichnis ... 885

Einleitung

Die Qualifikation

Die Verordnung definiert das Ziel der Prüfung: Der angehende Betriebswirt/die angehende Betriebswirtin soll eine Qualifikation nachweisen, deren Schwergewicht auf der Fähigkeit beruht, Lösungen für betriebswirtschaftliche Problemstellungen der Unternehmen unternehmerisch kompetent, zielgerichtet und verantwortungsvoll zu entwickeln; dazu soll er bzw. sie sowohl Herausforderungen des internationalen Wettbewerbs als auch die ökonomischen, ökologischen und sozialen Dimensionen nachhaltigen Wirtschaftens berücksichtigen können.

Der Prüfling muss deshalb in der Prüfung den Nachweis führen, dass er in der Lage ist, folgende Aufgaben auszuüben:

- Strategiefindung und -umsetzung im Rahmen einer nachhaltigen Unternehmensführung,
- Gestaltung der organisatorischen Rahmenbedingungen des Unternehmens unter Nutzung moderner Informations- und Kommunikationstechniken,
- Auswahl und Einsatz der personalwirtschaftlichen Instrumente zur Sicherung der Unternehmensziele,
- Leitung und Koordination der betrieblichen Leistungsprozesse und Berücksichtigung der rechtlichen Rahmenbedingungen.

Wer sich zur Prüfung als Betriebswirt anmeldet, muss nachweisen, dass er entweder eine Prüfung als Fachwirt oder als Fachkaufmann bestanden hat. Die Prüfung zum Betriebswirt wird als „krönender Abschluss" der IHK-Weiterbildungsmaßnahmen gesehen.

Die Lerninhalte der entsprechenden Ausbildungsgänge werden vorausgesetzt. Das heißt, dass die Lerninhalte aus den vorlaufenden Lehrgängen nicht wiederholt, sondern dass vielmehr ihre Anwendung bzw. Umsetzung eingeübt werden sollen. Das findet seinen Niederschlag in den Formulierungen der Qualifikationsinhalte im Rahmenplan, in den Zuordnungen der drei Ebenen der Lernzieltaxonomie und in den Definitionen der Prüfungsanforderungen.

Die Lerninhalte beziehen sich im Wesentlichen auf Steuerung, Führung und Management und auf die Rahmenbedingungen dafür. Der Inhalt hebt sich also von den Inhalten der Rahmenpläne für Fachwirte (Industrie und Handel) und Fachkaufleute ab.

Anwendungstaxonomie – Lernzieltaxonomie

Im Rahmenplan werden die drei Taxonomieebenen Wissen, Verstehen und Anwenden unterschieden:

- Wissen beschreibt den Erwerb von Kenntnissen (Daten, Fakten, Sachverhalte), die notwendig sind, um Zusammenhänge zu verstehen, z. B. Verjährungsfristen kennen, wissen, wie eine Verjährungshemmung wirkt.

- Verstehen beschreibt das Erkennen und Verinnerlichen von Zusammenhängen, um komplexe Aufgabenstellungen und Problemfälle einer Lösung zuführen zu können, z. B. beurteilen, ob in einem konkreten Fall eine Forderung verjährt ist.

- Anwenden beschreibt die aus dem Verstehen der Zusammenhänge resultierende Fähigkeit zu sach- und fachgerechtem Handeln, z. B. sicherstellen, dass die Verjährungsfrist durch geeignete Maßnahmen gehemmt wird.

Im Rahmenplan werden den Bestandteilen der Qualifikationsinhalte Kriterien zugewiesen, die den Taxonomieebenen entsprechen. Nach der Häufigkeit der Nennungen liegt das Schwergewicht auf der 2. Ebene (Verstehen). Die 3. Ebene (Anwenden) wird in diesem Rahmenplan häufiger genannt als in den Rahmenplänen für Fachwirte und Fachkaufleute. Das verdeutlicht die Intention des Rahmenplans. (Allerdings wird die 1. Ebene - Wissen - auch relativ häufig genannt.)

Der Rahmenplan macht vor allem durch die Angaben zur Anwendungstaxonomie deutlich, dass es nicht nur darum geht, betriebswirtschaftliches Wissen zu vermitteln und die Erfahrungen aus der betrieblichen Praxis der Lehrgangsteilnehmer zu nutzen, sondern auch um Übung der Anwendung.

Ein Buch, das den Lehrgang begleiten, auf jeden Fall aber der Vorbereitung auf die Prüfung dienen soll, muss die Angaben zur Lernzieltaxonomie angemessen berücksichtigen. Die Taxonomieebene Wissen lässt sich relativ einfach umsetzen. Problematisch ist die Umsetzung der zweiten Taxonomieebene, das Verstehen; häufig geht es hier auch nur um die Vertiefung von Kenntnissen, die für das Verstehen vorauszusetzen sind, also auch um Vermittlung von Wissen. Noch schwieriger wird die Umsetzung der dritten Taxonomieebene, das Anwenden. Anwenden kann nur in situationsbezogenen Aufgaben oder anhand von Fallbeispielen geübt werden, also z. B. im Zusammenhang mit den Übungsaufgaben (im „Blauteil"). Im laufenden Text (im „Weißteil") kann deshalb kaum auf die unterschiedlichen Taxonomieebenen differenziert eingegangen werden. Es wird hauptsächlich um Vermittlung von Kenntnissen zu den angegebenen Themen bzw. Qualifikationsinhalten gehen, die dem Verstehen und dem Anwenden dienen. Allerdings wird immer versucht, die im Rahmenplan besonders häufig genannte Taxonomieebene „Verstehen" angemessen zu berücksichtigen.

Berücksichtigung von Grundlagenwissen

Im laufenden Text („Weißteil") werden die Qualifikationsinhalte bzw. Qualifikationsschwerpunkte der Prüfungsteile 1. und 2. abgehandelt. Zwar wird für die Zulassung zur Prüfung der Nachweis einer bestandenen Prüfung als Fachkaufmann oder Fachwirt verlangt, sodass Grundlagenwissen vorausgesetzt werden kann. Allerdings kann dafür kein einheitliches Niveau angenommen werden. Die Fachkaufleute haben einen erheblichen Wissensvorsprung in ihrem jeweiligen Fachgebiet gegenüber anderen Fachkaufleuten, insbesondere aber gegenüber den Fachwirten. Die Fachwirte haben

Einleitung 19

dagegen einen Vorsprung an Kenntnissen aus allen Funktionsbereichen; allerdings fehlt es diesen Kenntnissen an der Tiefe, die der Fachkaufmann in seinem Spezialgebiet hat.

Es scheint unerlässlich, dass (auch mithilfe dieses Prüfungsbuchs) ein einheitliches Wissensniveau als Voraussetzung für die zu vermittelnden Qualifikationsinhalte geschaffen wird. Deshalb wird die Vermittlung von Grundlagenwissen angemessen berücksichtigt (vgl. hierzu insbesondere das Kapitel Marketingmanagement).

Die Prüfung

Die Prüfung umfasst **drei Prüfungsteile**:

1. Prüfungsteil: Wirtschaftliches Handeln und betriebliche Leistungserstellung mit den **fünf Prüfungsbereichen**:

1. Marketing-Management,
2. Bilanz- und Steuerpolitik des Unternehmens,
3. Finanzwirtschaftliche Steuerung des Unternehmens,
4. Rechtliche Rahmenbedingungen der Unternehmensführung,
5. Europäische und internationale Wirtschaftsbeziehungen.

Die Prüfungsbereiche werden schriftlich geprüft. Für die Prüfung sind anwendungsbezogene Aufgaben vorgesehen. Im 5. Prüfungsbereich ist eine Aufgabe in Englisch zu stellen, die in Deutsch zu bearbeiten ist. Die Bearbeitungszeit der Prüfungsaufgaben beträgt in den Prüfungsbereichen 1. bis 4. jeweils mindestens 90 Minuten, im 5. Prüfungsbereich mindestens 120 Minuten. Die Gesamtdauer soll höchstens 720 Minuten betragen.

2. Prüfungsteil: Führung und Management im Unternehmen mit den **drei Handlungsbereichen**:

6. Unternehmensführung,
7. Unternehmensorganisation und Projektmanagement,
8. Personalmanagement.

In den Handlungsbereichen 1. und 2. wird schriftlich, im 3. Handlungsbereich mündlich geprüft. Für die Prüfungen sind integrierende Situationsaufgaben zu stellen; dabei sind Inhalte des 1. Prüfungsteils (Wirtschaftliches Handeln und betriebliche Leistungsprozesse) zu berücksichtigen. Insgesamt werden drei Situationsaufgaben (jeweils eine je Handlungsbereich) gestellt. In diesen drei Aufgaben sollen die Qualifikationsschwerpunkte aller Handlungsbereiche mindestens einmal thematisiert werden. Die Situationsaufgaben haben als Schwerpunkt das Thema des jeweiligen Handlungsbereiches. (Das gilt auch für den mündlich zu prüfenden Handlungsbereich „Personalmanagement".) Die Bearbeitungszeit der Klausuraufgaben in den Handlungsbereichen 1. und 2. beträgt mindestens 240 Minuten, höchstens 300 Minuten. Die mündliche Prüfung des 3. Handlungsbereichs soll als situationsbezogenes Fachgespräch (mit Präsentation) ablaufen; als Prüfungsdauer sind 30 Minuten vorgesehen.

3. Prüfungsteil: Projektarbeit und projektbezogenes Fachgespräch mit den Prüfungsbereichen:

9. Projektarbeit,
10. Projektbezogenes Fachgespräch.

Die fachübergreifende Projektarbeit ist als Hausarbeit anzufertigen. Die Themenstellung kann die Prüfungs- bzw. Handlungsbereiche des 1. und 2. Prüfungsteils umfassen. Eine komplexe Themenstellung, die auch die betriebliche Praxis des Prüflings berücksichtigt, ist zu erfassen, zu beurteilen und zu lösen. Die Bearbeitungszeit beträgt 30 Kalendertage. Das Fachgespräch ist auf die Projektarbeit bezogen. Das Gespräch soll mindestens 30 Minuten – einschließlich einer Präsentationszeit von höchstens 15 Minuten – dauern.

Prüfungsteil	Bereiche	Art	Dauer in Min.		Aufgaben
			mindestens	höchstens	
1. Wirtschaftliches Handeln und betriebliche Leistungserstellung	1. Marketing-Management	schriftlich	90		anwendungsbezogene Aufgaben
	2. Bilanz- und Steuerpolitik	schriftlich	90		
	3. Finanzwirtschaftliche Steuerung	schriftlich	90		
	4. Rechtliche Rahmenbedingungen	schriftlich	90		
	5. Europ. und internationale Wirtschaftsbeziehungen	schriftlich	120		
	insgesamt			720	
2. Führung und Management im Unternehmen	6. Unternehmensführung	schriftlich	240	300	drei integrierende, handlungsbereichstypische Situationsaufgaben
	7. Unternehmensorganisation und Projektmanagement	schriftlich	240	300	
	8. Personalmanagement	mündlich	30	30	
3. Projektarbeit und Fachgespräch	9. Projektarbeit	HA			
	10. Projektbezogenes Fachgespräch	mündlich	30	30	

Einleitung

Formale Hinweise

Das gesamte Stoffgebiet wird in Frage und Antwort aufbereitet. Diese Form der Aufbereitung hat sich beim Lernen und Wiederholen bewährt. Bei den Formulierungen der Fragen und der Reihenfolge der Fragen werden auch didaktische Grundüberlegungen berücksichtigt. Wenn die Möglichkeit dazu besteht, wird induktiv; wenn einzelne Fragen aus einer übergeordneten Frage abgeleitet werden, wird deduktiv vorgegangen. Dieses Konzept hat sich zur Wiederholung und zur Erarbeitung als nützlich erwiesen; es soll allerdings dem Benutzer und der Benutzerin des Buches nicht nahe legen, die Antworten auswendig zu lernen.

Die Formulierung der Fragen soll zur Erschließung des Fragekomplexes beitragen. Der Strukturierung der Antworten dienen Kursiv- und Fettdruck. Die Schwerpunkte der Antworten sind kursiv gedruckt. Wenn die Frage auf zwei komplexe Antworten abzielt („Wodurch unterscheidet sich X von Y?"), so sind die beiden unterschiedlichen Begriffe fett gedruckt.

Die Fußnoten geben nicht nur die zitierten Quellen an, sondern weisen gelegentlich auch auf weitere Sachverhalte hin. Ihre Berücksichtigung bei der Lektüre wird deshalb empfohlen.

1. Prüfungsteil:
Wirtschaftliches Handeln und betriebliche Leistungsprozesse

1. Marketingmanagement

1.1 Analyse der wirtschaftlichen Rahmenbedingungen eines Unternehmens

1.1.1 Marketing

1. **Welche Bedeutung kommt dem Marketing im Zusammenhang mit betrieblichen Leistungsprozessen zu?**

Der Verkauf auf Käufermärkten wird zunehmend schwieriger. Die Bewältigung dieser Aufgaben verlangt eine Managementkonzeption, die auf der Einsicht beruht, dass alle Unternehmensbereiche, also auch Produktion, Beschaffung und Logistik, auf den Absatz ausgerichtet sind. Diese Managementkonzeption wird als Marketing bezeichnet. Kunden- und Absatzorientierung wird zum Leitbild unternehmerischen Handelns. Die Unternehmensführung wird letztlich vom Markt gesteuert.

2. **Welche Kennzeichen weist der Verkäufermarkt auf?**

Kennzeichen von Verkäufermärkten sind u. a.

- Preissteigerungen,
- gelegentlich erhebliche Nachfragemengenüberhänge,
- geringe Marktwiderstände, die angebotene Ware wird im Allgemeinen auch abgesetzt,
- Distribution (Verteilung) ist die nahezu ausschließliche Aufgabe des Bereichs Absatz, besondere Bemühungen um Käufer sind im Allgemeinen nicht erforderlich.

3. **Welche Kennzeichen weist der Käufermarkt auf?**

Kennzeichen von Käufermärkten sind u. a.

- Preissenkungen,
- häufig Angebotsmengenüberhänge,
- erhebliche Marktwiderstände,
- große Anzahl von Mitbewerbern,
- Substitutionskonkurrenz,
- besondere Bemühungen um Käufer mit den Mitteln des Marketing sind erforderlich.

4. **Welche Konsequenz hat die Entwicklung von Verkäufer- zu Käufermärkten für das Marketing?**

Seit Jahren ist eine Entwicklung von Verkäufer- zu Käufermärkten zu erkennen. Käufermärkte herrschen heute vor. Der Verkauf auf diesen Märkten wird zunehmend schwieriger, erhebliche Marktwiderstände müssen überwunden werden. Käufermärkte verlangen zur Bewältigung dieser Aufgaben die Entwicklung einer Managementkonzeption auf der Grundlage einer Unternehmensphilosophie, die sich als spezifisches Marketing-Denken umschreiben lässt.

5. Welche Merkmale weist das spezifische Marketing-Denken auf?

Das Marketing-Denken kann anhand folgender Aspekte umschrieben werden:

- Ausrichtung der gesamten Unternehmenspolitik auf den Absatzmarkt, d. h. auf die manifesten und latenten Bedürfnisse von Abnehmern,

- systematische Erforschung des Absatzmarktes mit den Methoden der Marktforschung, d. h. Gewinnung von Informationen über tatsächliche und potenzielle Abnehmer, über Bedürfnisse, Bedürfnisänderungen, Bedürfnislücken usw.,

- kreativer Einsatz des absatzpolitischen Instrumentariums zur Bearbeitung des Absatzmarktes, d. h. zur systematischen Beeinflussung der Abnehmer durch die Mittel der Produkt-, Kontrahierungs-, Kommunikations- und Distributionspolitik,

- Organisation von Planung, Vorbereitung, Abwicklung und Kontrolle der Marketingmaßnahmen durch ein in die Unternehmensleitung integriertes Marketing-Management.

6. Was ist Marketing?

Zur Kennzeichnung des Begriffs und der Bedeutung von Marketing werden zwei Definitionen bekannter Autoren[1] herangezogen.

Heribert Meffert: *„Marketing ist die bewusst marktorientierte Führung des gesamten Unternehmens oder marktorientiertes Entscheidungsverhalten in der Unternehmung. Marketing bedeutet ... Planung, Koordination und Kontrolle aller auf die aktuellen und potenziellen Märkte ausgerichteten Unternehmensaktivitäten. Durch die dauerhafte Befriedigung der Kundenbedürfnisse sollen die Unternehmensziele im gesamtwirtschaftlichen Güterversorgungsprozess verwirklicht werden."*

Bruno Tietz: *„Marketing ist die Erschließung, Erhaltung, Entwicklung und Schaffung von Märkten im Rahmen und mithilfe einer marktorientierten Führungskonzeption, die auch als Marketingphilosophie bezeichnet wird."*

7. Welches Ziel verfolgt das Marketing?

Das Ziel des Marketing lässt sich folgendermaßen umschreiben: Umfassende systematische Beeinflussung des Nachfrageverhaltens, die einsetzt, bevor die Produktion beginnt.

---

[1] Meffert, Heribert: Marketing, 9. Aufl., Wiesbaden 2005, S. 8 ff. und Tietz, Bruno: Der Handelsbetrieb, München 1985, S. 6.

1.1 Analyse der wirtschaftlichen Rahmenbedingungen eines Unternehmes

Marketing versucht mit dem absatzpolitischen Instrumentarium auf die Verbrauchswirtschaftspläne der Haushalte einzuwirken. Das setzt Kenntnisse der Märkte, des Verbraucherverhaltens und des Konkurrenzverhaltens voraus.

8. Welche Tätigkeitsbereiche umfasst das Marketingsystem?

Marketing stellt ein *System aufeinander bezogener Tätigkeitsbereiche*[2] dar. Sie lassen sich folgendermaßen kennzeichnen.

- **Marketingforschung**: Dazu gehören u. a. die Marktforschung, die Analysen des Käuferverhaltens, der Konkurrenz- und Absatzmittlersituation, die Prognosen über Markt- und Absatzentwicklungen.

- **Marketingmanagement**: Dazu zählen
    - die *Marketingorganisation*, die sich mit der Institutionalisierung des Marketing innerhalb der Unternehmensorganisation und der Koordination der Absatzwirtschaft mit den anderen Unternehmensbereichen befasst und die Aufgaben und Weisungsbefugnisse des Marketingmanagement definiert,
    - die *Marketingplanung*, die sich u. a. mit der Absatzplanung und der Entwicklung von Marketingstrategien befasst,
    - das *Marketingcontrolling*, mit dessen Hilfe der Absatz und andere Marketingaktivitäten kontrolliert und gesteuert werden.

- **Marketingaktion**: Damit wird der Einsatz der Marketinginstrumente der folgenden Aktions- bzw. Politikbereiche umschrieben:
    - *Kontrahierungspolitik* mit besonderer Betonung der *("Zu welchen Preis- und anderen Bedingungen soll verkauft werden?")*,
    - *Produktpolitik*, die die Sortimentspolitik einschließt *("Welche Produkte sollen in welcher Art, Aufmachung, Verpackung usw. verkauft werden?")*,
    - *Kommunikationspolitik* mit der Verkaufsförderung, der Werbung und der Öffentlichkeitsarbeit *("Mit welchen Werbemitteln und -trägern soll für ein Produkt geworben werden, welche PR-Mittel sollen eingesetzt werden?")*,
    - die *Distributionspolitik ("Auf welchen Wegen und mit welchen Absatzmitteln soll das Produkt vertrieben werden?")*.

9. Was wird als Marketing-Mix bezeichnet?

Es ist leicht einzusehen, dass im Allgemeinen mehrere Marketinginstrumente gleichzeitig eingesetzt werden müssen. (Beispiel: *Eine Mehlsorte wird mit unterschiedlichen Preisen in unterschiedlicher Verpackung auf zwei Absatzwegen zum Endverbraucher gebracht.*) Den gleichzeitigen Einsatz mehrerer Marketinginstrumente bezeichnet man als **Marketing-Mix**.

---

[2] Vgl. z. B. Meffert, Heribert: a. a. O., S. 9.

10. Was wird mit dem Begriff Sozialaspekt des Marketing umschrieben?

Für Marketing besteht ein gesellschaftlich und wirtschaftspolitisch bedingter Orientierungsrahmen. Marketingmaßnahmen orientieren sich an gesetzlichen Vorschriften und an den Regelungen zum Verbraucherschutz. Gesellschaftliche Ziele und Werthaltungen beeinflussen Marketingmaßnahmen, z. B. bei Produkt- und Sortimentsgestaltung sowie bei Werbemaßnahmen. Aber offensichtlich haben Werbemaßnahmen auch Einfluss auf gesellschaftliche Werthaltungen gehabt. Dieser *Zusammenhang zwischen Marketing und Gesellschaft* wird gelegentlich als der Sozialaspekt von Marketing bezeichnet.

11. Auf welchen Verbrauchertyp muss sich die Marketingpolitik einstellen?

Unternehmen müssen sich auf einen neuen Verbrauchertyp einstellen, den aktiven Verbraucher. Er trifft seine Entscheidungen auf der Grundlage relativ guter Informationen und einem erheblich gewandelten Qualitätsbewusstsein. Die Informationen, die er für marktgerechte Entscheidungen benötigt, kann er im Rahmen der offiziellen Verbraucherpolitik von Organisationen wie z. B. Verbraucherzentralen, Stiftung Warentest u. Ä. erhalten.

12. Was ist ökologisches Marketing[3]?

Bei einem ökologischen Marketing wird bei der Entwicklung neuer Produkte, bei Produktion und Absatz auf Waren- und Umweltqualität besonderer Wert gelegt. Die Marketingpolitik muss die Forderungen, die aus der Konsumerismus- und Ökologiebewegung kommen, berücksichtigen. Da Tests und Testergebnisse für den Verbraucher zunehmend an Bedeutung gewinnen, sind sie bei Werbung und Produktentwicklung zu berücksichtigen.

13. Wodurch unterscheidet sich das strategische Marketing vom operativen Marketing?

Als **strategisches** Marketing werden die längerfristigen grundsätzlichen Entscheidungen im Marketingbereich bezeichnet. Sie sind auf die längerfristigen Marketingziele ausgerichtet. **Operatives** Marketing ist davon abgeleitet; es bezeichnet die Umsetzung der Strategie durch eher kurzfristige Planungen und Maßnahmen.

1.1.2 Marketingforschung – Marktforschung

1. Wie kann Marketingforschung definiert werden?

Nach der verbreiteten Definition der American Marketing Association ist Marketingforschung die systematische Sammlung, Aufbereitung und Analyse von Daten (Informationen) zu Problemen, die im Zusammenhang mit dem Marketing von Gütern und Dienstleistungen stehen *(... the systematic gathering, recording, and analyzing of data about problems relating to the marketing of goods and services.)*.

---

[3] Der Begriff „ökologisches Marketing" stammt von Bruno Tietz: a. a. O.

2. Welche Bedeutung hat die Marketingforschung für ein Unternehmen?

Ein Unternehmen benötigt als Grundlage für alle marketingpolitischen Entscheidungen umfangreiche Informationen, sog. *Marketinginformationen*. Die systematische Gewinnung von Informationen über die internen und externen Rahmenbedingungen sowie ihre Aufbereitung und Analyse sind Gegenstand der Marketingforschung. Interne Rahmenbedingungen sind Gegenstand der Unternehmensanalyse, externe Rahmenbedingungen sind Gegenstand der Umweltanalyse.

3. Welche Bereiche umfasst die Unternehmensanalyse?

Die Unternehmensanalyse umfasst u. a. folgende Bereiche:

- Die Betrachtung der *bisherigen Entwicklung* von Umsatz, Absatz, Marktanteil, Gewinn, Kostendeckungsbeiträgen (evtl. pro Produkt, Absatzgebiet u. Ä. pro Jahr, Monat usw.),
- die *Rahmenbedingungen* dieser Entwicklungen,
- die Abschätzung der künftigen Entwicklung (*Prognose*).

4. Welche Fragen soll die Unternehmensanalyse beantworten?

Die Unternehmensanalyse soll u. a. folgende Fragen beantworten:

- Reicht die gegenwärtige finanzielle Lage des Unternehmens zur Erreichung der Marketingziele?
- Kann mit der technischen Anlage die zur Erreichung bestimmter Marketingziele erforderliche Menge produziert werden?
- Sind zusätzliche Investitionen erforderlich?
- Kann mit dem Personalbestand das angestrebte Ziel erreicht werden?

5. Welche Bereiche sind Gegenstand der Umweltanalyse?

Die folgenden externen Bereiche beeinflussen die Entscheidungen des Unternehmens bei der Entwicklung seiner Marketingziele und seiner Marketingstrategie. Ihre Kenntnis ist deshalb für das Unternehmen wichtig.

- Rechtliche, politische und ökologische Rahmenbedingungen,
- der Handel, dabei interessieren u. a. die Entwicklungen neuer Betriebsformen, die Entwicklung der Konzentration und der Kooperation,
- die Konkurrenz, dabei interessieren u. a. Marktanteile, Produkte, Sortimente, Marketingaktivitäten sowohl der direkten als auch der Substitutionskonkurrenz,
- die Branchenentwicklung,
- die Lieferer von Rohstoffen und Investitionsgütern, dabei interessieren u.a. Anzahl, Kapazitäten, Lieferbedingungen und -zeiten,

- die Verbraucher, dabei interessieren u. a. die Veränderungen von Verbrauchsgewohnheiten, Ausgabenverhalten,
- die gesamtwirtschaftliche Entwicklung, dabei interessieren u.a. konjunkturelle Entwicklung, Inflationsrate, Beschäftigung.

6. Welche Aufgaben erfüllt die Marketingforschung?

Die Aufgaben der Marketingforschung lassen sich folgendermaßen umschreiben. Die Marketingforschung liefert u. a. Informationen über

- Absatzchancen,
- Probleme des Marktes,
- erforderliche Marketingaktivitäten
- und deren Wirkungen.

7. Wozu werden die Informationen benötigt?

Die Informationen sind notwendige Voraussetzungen für die Absatzwirtschaft, um Chancen aufgreifen und Risiken begegnen zu können.

8. Beeinflussen die Ergebnisse der Marketingforschung auch andere Unternehmensbereiche?

Die von der Marketingforschung gesammelten Daten beeinflussen auch die anderen Unternehmensbereiche, z. B.

- die Unternehmensleitung bei der Entscheidungsfindung und Zielformulierung,
- die Produktion,
- Beschaffung und Logistik.

Die von der Marketingforschung gesammelten Daten ermöglichen der Marketingleitung

- die weitere Entwicklung des Absatzes eines Produktes abzuschätzen (*Absatzprognose*),
- das Lebensalter eines Produkts zu beurteilen (*Produktlebenszyklus*),
- den Markt für den differenzierten Einsatz der Marketinginstrumente zu segmentieren (*Marktsegmentierung*).

9. Wodurch unterscheidet sich Marketingforschung von Marktforschung?

Marketingforschung beschafft die für die Absatzplanung und -gestaltung erforderlichen Daten; dazu zählen die Wirkungen von Marketingaktivitäten sowie die externen und internen Rahmenbedingungen für Marketing. Marketingforschung ist umfassender als Marktforschung.

1.1 Analyse der wirtschaftlichen Rahmenbedingungen eines Unternehmes

Marktforschung ist als Absatzmarktforschung ein Aspekt der Marketingforschung. Absatzmarktforschung erforscht den spezifischen Markt, analysiert Angebot und Nachfrage, fragt danach, ob und unter welchen Bedingungen der Markt Absatzchancen bietet.

10. Welche Bereiche umfasst die Marktforschung?

Bei der (Absatz-)Marktforschung können die folgenden drei Bereiche unterschieden werden:

- objektive Marktgrößen,
- die Nachfrageseite,
- die Angebotsseite.

11. Was sind objektive Marktgrößen?

Zu den objektiven Markgrößen zählen z. B die Marktform, Preisniveau, erzielbare Preise, Mengen (absetzbare Mengen), evtl. auch Nachfrageelastizitäten und Folgen von Mengenänderungen u. Ä.

12. Welche Informationen liefert die Erforschung der Angebotsseite?

Die Erforschung der Angebotsseite liefert Informationen über die Konkurrenz (Konkurrenzforschung). Dazu zählen z. B.

- Anzahl, Größe, Leistungsfähigkeit, Standorte der Mitbewerber,
- Schwerpunkte in den Sortimenten der Mitbewerber,
- Marktanteile der Konkurrenz,
- Marketingpolitik der Konkurrenz.

13. Welche Informationen liefert die Erforschung der Nachfrageseite?

Die Erforschung der Nachfrageseite liefert *Informationen über das Käuferverhalten*. Untersucht werden die für eine konkrete Fragestellung relevanten spezifischen Merkmale von Subjekten. Die Merkmale müssen auf mehrere oder viele Subjekte zutreffen, damit sich im Ergebnis die Subjekte zu Gruppen von Trägern gleicher Merkmale zusammenfassen lassen. Diese Gruppen sind wichtige Grundlagen für die *Segmentierung der Nachfrage in Zielgruppen* und für die Definition einer angemessenen Strategie.

Die Erforschung der Nachfrageseite kann auch Informationen darüber liefern, wie Käufer auf Preisänderungen reagieren. Die Reaktion der Käufer auf Preisänderungen drückt sich in der direkten Preiselastizität der Nachfrage aus.

14. Was wird mit der direkten Preiselastizität der Nachfrage angegeben?

Die direkte Preiselastizität der Nachfrage gibt an, *wie die Nachfrage nach einem Gut auf Preisänderungen dieses Gutes reagiert.* Sie stellt das Verhältnis der relativen Mengenänderung (Ergebnis) zur relativen Preisänderung (Ursache) dar. Die Nachfrage kann relativ elastisch, relativ unelastisch, vollkommen unelastisch oder vollkommen elastisch reagieren.

a) Relativ elastische Nachfrage: Bei einer einprozentigen Preiserhöhung (Preissenkung) geht die Nachfrage um mehr als ein Prozent zurück (nimmt die nachgefragte Menge um mehr als ein Prozent zu), die Ausgaben nehmen ab (zu).

b) Relativ unelastische Nachfrage: Bei einer einprozentigen Preiserhöhung (Preissenkung) geht die Nachfrage um weniger als ein Prozent zurück (nimmt die nachgefragte Menge um weniger als ein Prozent zu), die Ausgaben nehmen zu (ab).

c) Vollkommen unelastische Nachfrage: Die Nachfrage reagiert überhaupt nicht auf Preisänderungen.

d) Vollkommen elastische Nachfrage: Bei Preisänderungen verschwindet die Nachfrage.

15. Wie werden direkte Preiselastizitäten der Nachfrage errechnet und interpretiert?

Die direkte Preiselastizität der Nachfrage (El_N) gibt Auskunft auf die Frage, wie reagiert die Nachfrage auf Preisänderungen. Rechnerisch gibt sie das Verhältnis der relativen Mengenänderung zur relativen Preisänderung an.

$$El_N = \frac{\text{relative Mengenänderung}}{\text{relative Preisänderung}}$$

Ist die Elastizität groß ($El_N < -1$), dann reagiert die Nachfrage auf Preissteigerungen (und -senkungen) relativ stark. Ist die Elastizität gering ($El_N > -1$), dann reagiert die Nachfrage auf Preissteigerungen (und -senkungen) relativ schwach.

Beispiele:

1. Für ein Gut steigt der Preis von 1,50 € auf 2,00 €, darauf geht die Nachfrage von 6 kg auf 3 kg zurück.

2. Für ein Gut steigt der Preis von 2,00 € auf 3,00 €, darauf geht die Nachfrage von 1,5 auf 1 Stück zurück.

Berechnung der Elastizitäten:

$$1.\ El_N = \frac{\frac{-3}{6}}{\frac{0{,}5}{1{,}5}} = \frac{-4{,}5}{3} = -1{,}5$$

$$2.\ El_N = \frac{\frac{-0{,}5}{1{,}5}}{\frac{1}{2}} = \frac{-1{,}0}{1{,}5} = -0{,}67$$

Interpretation:

Zu 1.: Die Nachfrage reagiert relativ elastisch, $EI_N < -1$.
Eine Preissteigerung von 1 % führt zu einer Verminderung der Menge von 1,5 %; entsprechend führt eine Preissenkung von 1 % zu einer Erhöhung der Menge von 1,5 %. Eine Preisänderung von 20 % führt zu einer Mengenänderung von 30 %.

Zu 2.: Die Nachfrage reagiert relativ unelastisch, $EI_N > -1$.
Eine Preissteigerung (-senkung) von 1 % führt zu einer Verminderung (Erhöhung) der Menge von 0,67 %; entsprechend führt eine Preissenkung von 1 % zu einer Erhöhung der Menge von 0,67 %. Eine Preisänderung von 20 % führt zu einer Mengenänderung von 13,4 %.

16. Welcher Zusammenhang besteht zwischen den direkten Preiselastizitäten der Nachfrage und den Ausgaben?

Zwischen den Ausgaben (A) eines Verbrauchers für ein Gut, der nachgefragten Menge dieses Gutes (x) und dem Preis für dieses Gut (p) besteht folgender Zusammenhang: Die Ausgaben sind das Produkt aus Preis und Menge (A = p · x).

Bei relativ elastischer Nachfrage führt eine Preissteigerung wegen des relativ starken Rückgangs der Nachfrage zu einer Senkung der Ausgaben: A↓ = p↑ · x↓↓ . Eine Preissenkung würde auf die Ausgaben umgekehrt wirken: A↑ = p↓ · x↑↑.

Bei relativ unelastischer Nachfrage führt eine Preissteigerung wegen des relativ schwachen Rückgangs der Nachfrage zu einer Erhöhung der Ausgaben: A↑= p↑↑ · x↓ . Eine Preissenkung würde auf die Ausgaben umgekehrt wirken: A↓ = p↓↓ · x↑.

Die Zusammenhänge können anhand der folgenden Beispiele für Preiserhöhungen nachvollzogen werden.

1. Beispiel relativ elastische Nachfrage					2. Beispiel relativ unelastische Nachfrage				
	p	x	El	A		p	x	El	A
1	9,00 €	3,00		27,00 €	1	4,00 €	5,00		20,00 €
2	10,00 €	2,00	-3	20,00 €	2	5,00 €	4,50	-0,4	22,50 €

17. Für welche Güter lässt sich eine relativ geringe, für welche eine relativ hohe Elastizität der Nachfrage in Bezug auf den Preis annehmen?

Produkte, die schwer zu substituieren sind, von denen der Verbraucher abhängig ist, auf die er nicht verzichten will oder kann, weisen eine relativ geringe Preiselastizität der Nachfrage auf: Bei einer geringen Preissteigerung bei z. B. Zigaretten oder Benzin o. dgl. nimmt die Nachfrage i. d. R. nur geringfügig ab.

Produkte hingegen, die leicht zu substituieren sind, weisen eine relativ hohe Preiselastizität der Nachfrage auf: Bei einer geringen Preissteigerung, z. B. bei einer Gemüsesorte, kann die nachgefragte Menge erheblich zurückgehen.

18. Wie lassen sich unterschiedliche Elastizitäten grafisch darstellen?

Zur Darstellung wird ein *Koordinatenkreuz* genutzt; auf der Senkrechten wird der Preis, auf der Waagerechten die Menge abgetragen. Die verschiedenen Preis-Mengen-Kombinationen werden durch eine Kurve miteinander verbunden; diese Kurve, die sog. *Nachfragekurve*, hat im Regelfall fallenden Verlauf; sie kann unterschiedlich stark fallen. Die Neigung der Nachfragekurve gibt an, wie die Nachfrage auf Preisänderungen reagiert.

Bei relativ flachem Verlauf der Kurve führt eine Preisänderung zu einer relativ starken Mengenänderung; eine Preiserhöhung führt zu einem relativ starken Rückgang der nachgefragten Menge: Der Kunde ist von diesem Produkt nicht abhängig, er kann es leicht substituieren. Das könnte z. B. für bestimmte Gemüsesorten gelten. *Die Nachfrage reagiert elastisch.*

Bei relativ steilem Verlauf der Kurve reagiert die Nachfrage auf Preisänderungen nur gering; eine Preiserhöhung führt nur zu einem geringen Nachlassen der Nachfrage, der Käufer ist vom dem Produkt abhängig, er kann es nicht substituieren oder hat Präferenzen für das Produkt. *Die Nachfrage reagiert unelastisch.*

Die Problematik kann anhand der folgenden Zeichnungen nachvollzogen werden. Bei 1. wird durch die relativ flach verlaufende Nachfragekurve eine relativ elastische Nachfrage, bei 2. durch die relativ steil verlaufende Nachfragekurve eine relativ unelastische Nachfrage angedeutet. Bei gleicher Preiserhöhung nimmt bei 1. die Nachfrage stärker ab als bei 2.

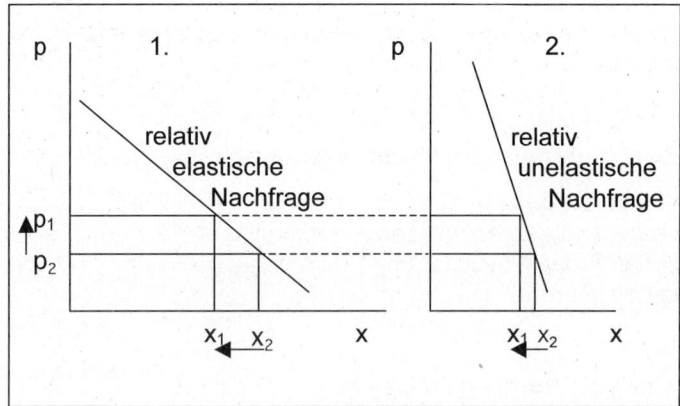

19. Welcher Unterschied besteht zwischen Marktanalyse und Marktbeobachtung?

Von Marketing- und Marktforschung sind Marktanalyse und Marktbeobachtung zu unterscheiden. Eine **Marktanalyse** ist die *einmalige* Untersuchung der Marktes. **Marktbeobachtungen** sind *mehrmalige* Untersuchungen des Marktes; Marktbeobachtungen werden in regelmäßigen Abständen wiederholt.

1.1.3 Analyse- und Prognoseverfahren

1.1.3.1 Analyseverfahren[4]

1. Mit welchen Verfahren können wirtschaftliche Rahmenbedingungen analysiert werden?

Zur Analyse wirtschaftlicher Rahmenbedingungen können u. a. folgende Verfahren verwandt werden:

- Benchmarking,
- SWOT-Analyse,
- Produktlebenszyklus,
- Portfolioanalyse,
- Deckungsbeitragsanalyse.

2. Was wird mithilfe des Benchmarking analysiert?

Benchmarking ist eine *kontinuierliche Vergleichsanalyse* von Daten des eigenen Unternehmens mit den entsprechenden Daten der besten Unternehmen, und zwar sowohl innerhalb als auch außerhalb der eigenen Branche.

3. Was ist Gegenstand der SWOT-Analyse?

Die SWOT-Analyse beruht auf zwei Analysebereichen: der internen und der externen Analyse. In der *internen Analyse* werden die Stärken und Schwächen des Unternehmens ermittelt, in der *externen Analyse* die Chancen und Gefahren aus dem Unternehmensumfeld.

4. Wozu dient die Produktlebenszyklusanalyse?

Produkte haben einen Lebenszyklus, sie unterliegen einem Alterungsprozess. Die Analyse des Produktlebenszyklusses soll zeigen, in welcher Phase des Alterungsprozesses sich das Produkt befindet, damit geeignete Maßnahmen für die Produktpolitik ergriffen werden können.

5. Worauf zielt die Portfolioanalyse ab?

Eine Portfolio-Analyse ist u. a. ein Instrument der strategischen Planung. Mithilfe der Portfolio-Analyse sollen *Stärken und Schwächen* eines Unternehmens erfasst werden. Dadurch können die Mittel des Unternehmens in solche Geschäftsfelder gelenkt werden, für die der Markt gute Absatzchancen bietet und für die das Unternehmen Vorteile vor seinen Mitbewerbern hat.

---

[4] Auf die Analyseverfahren wird ausführlich in Kap. 6 eingegangen.

6. Was wird mit einer Deckungsbeitragsanalyse ermittelt?

Der Deckungsbeitrag gibt den Überschuss der Erlöse aus dem Verkauf eines Produkts über dessen Einzelkosten an, das sind die Kosten, die ihm eindeutig zugerechnet werden können. Der Deckungsbeitrag ist also der Beitrag eines Produkts zur Deckung der Gemeinkosten und damit zum Gesamterfolg. Mit der Analyse wird der Erfolg des einzelnen Produkts ermittelt.

1.1.3.2 Prognoseverfahren

1. Was ist eine Prognose?

Eine Prognose ist eine *Vorausschätzung* von Entwicklungen bzw. von Gegebenheiten in naher oder ferner Zukunft. Die Prognose beruht auf Daten, die die Marketingforschung liefert, und/oder auf Erfahrungen des Managements. Prognostiziert werden können z. B. Entwicklungen des Marktes, Veränderungen des Nachfrageverhaltens usw.

2. Nach welchen Gesichtspunkten können Prognosen unterschieden werden?

Prognosen können u. a. unterschieden werden

- nach dem Zeitraum, auf den sich die Vorhersage bezieht,
- nach Art und Weise, wie vorgegangen wird,
- nach der Existenz eines Wirkungszusammenhangs.

3. Wie werden Prognosen nach dem Kriterium „Prognosezeitraum" unterschieden?

Wird der Zeitraum, auf den sich die Vorhersage bezieht, zu Grunde gelegt, können die folgenden Prognosen unterschieden werden:

- Kurzfristige Prognosen, sie beziehen sich im Allgemeinen auf einen Zeitraum von einem Jahr,
- mittelfristige Prognosen, sie beziehen sich im Allgemeinen auf einen Zeitraum von einem Jahr bis drei Jahren,
- langfristige Prognosen, sie beziehen sich im Allgemeinen auf einen Zeitraum von mehr als drei Jahren.

4. Wie werden Prognosen nach dem Kriterium „Vorgehensweise" unterschieden?

Wird die Art und Weise, wie bei der Prognose vorgegangen wird, zu Grunde gelegt, können die folgenden Prognosen unterschieden werden:

- Exakte Prognosen, sie werden mithilfe *mathematischer Verfahren* erstellt.

1.1 Analyse der wirtschaftlichen Rahmenbedingungen eines Unternehmes

- Intuitive Prognosen, sie werden auf der Grundlage von *Erfahrungen*, Kenntnissen usw. erstellt; intuitive Prognosen werden erstellt, wenn eine Quantifizierung nicht möglich oder nicht erforderlich ist; häufig dienen intuitive Methoden der Ergänzung exakter Prognosen.

5. Wie werden Prognosen nach dem Kriterium „Existenz eines Wirkungszusammenhangs" unterschieden?

Werden die Prognosen danach unterschieden, ob ein Wirkungszusammenhang besteht oder nicht, können die folgenden Prognosearten genannt werden:

- Wirkungsprognosen: Sie prognostizieren die Entwicklung bzw. den künftigen Zustand einer Größe in Abhängigkeit von Variablen, die die Unternehmen einsetzen, z. B. die Entwicklung des Absatzes bei Veränderung bestimmter Marketingmaßnahmen, sie versuchen vorauszusagen, wie die Veränderung einer Größe auf eine andere wirkt.

- Entwicklungsprognosen: Sie prognostizieren die Entwicklung bzw. den künftigen Zustand einer Größe in Abhängigkeit von Variablen, die die Unternehmen nicht beeinflussen können, z. B. die Entwicklung des Umsatzes in Abhängigkeit von der konjunkturellen Entwicklung.

6. In welchen Stufen wird eine Prognose durchgeführt?

Bei der Durchführung einer exakten Prognose lassen sich die folgenden **vier Stufen** erkennen:[5]

- Datenermittlung,
- Datenanalyse,
  - Ermittlung von Gesetzmäßigkeiten im Verlauf der Daten,
  - Ermittlung von Zusammenhängen zwischen den Daten und anderen Faktoren,
- Übertragung der Ergebnisse aus der Analyse auf die weitere Entwicklung bzw. auf einen künftigen Zustand,
- Formulierung der Prognose.

7. Welche Prognoseverfahren gibt es?

Die Prognoseverfahren kann man unterteilen in quantitative und qualitative Verfahren. Bei den quantitativen Verfahren wird die Prognose mathematisch erstellt. Bei den qualitativen Verfahren wird die Prognose aus Erfahrungen, Kenntnissen usw. abgeleitet.

Zu den **quantitativen** Verfahren zählen u. a.

- Methode der gleitenden Durchschnitte,
- die exponentielle Glättung.

---

[5] In Anlehnung an Meffert, H.: a. a. O.

Zu den **qualitativen** Verfahren zählen u. a.

- Expertenbefragung,
- Abnehmerbefragung.

8. Wie lassen sich aus Zeitreihen Prognosen entwickeln?

Auf der Grundlage von Zeitreihen lassen sich künftige Entwicklungen prognostizieren. Die beobachteten Zeitreihenwerte können in die Zukunft fortgesetzt werden, wenn angenommen werden kann, dass die Bedingungen für die Beobachtungswerte auch in Zukunft gelten werden. Die Voraussagen sind unzulänglich und deshalb nur bedingt verwendbar.

Bekannte Methoden zur Prognoseentwicklung sind vor allem die quantitativen Verfahren der gleitenden Durchschnitte und der exponentiellen Glättung (vgl. Antwort 7).

9. Wie lässt sich mithilfe gleitender Durchschnitte die Entwicklung von Zeitreihenwerten prognostizieren?

Aus einer Reihe von beobachteten Zeitreihenwerten wird das arithmetische Mittel errechnet. Dieser Durchschnitt wird als wahrscheinlicher Wert für den ersten (folgenden) Prognosezeitraum angenommen. Der nächste Prognosewert wird wieder als Durchschnitt aus der gleichen Anzahl von beobachteten Zeitreihenwerten ermittelt, dazu wird die ursprüngliche Reihe um den ersten Wert gekürzt und mit dem inzwischen ermittelten tatsächlichen Wert des ersten Prognosezeitraums ergänzt. Für die Ermittlung der folgenden Prognosewerte wird die ursprüngliche Reihe entsprechend modifiziert (gleitende Durchschnitte).

Irreguläre Schwankungen können die Prognose erheblich verzerren.

10. Wie lässt sich mithilfe der exponentiellen Glättung erster Ordnung die Entwicklung von Zeitreihenwerten prognostizieren?

Bei der Methode der exponentiellen Glättung werden die Werte mit einem Glättungsfaktor (g) gewichtet (0<g<1). Ist der Faktor relativ klein, werden weiter zurückliegende Werte stärker berücksichtigt, die Zufallsschwankungen werden stärker geglättet, bei einem relativ hohen Faktorwert werden die neueren Werte stärker gewichtet. Der Prognosewert ergibt sich durch Addition des vorhergehenden Prognosewerts mit der geglätteten Differenz aus dem tatsächlichen Wert und dem Prognosewert des vorhergehenden Zeitraums.

11. Welche Bedeutung haben Expertenschätzungen?

Zur Prognose einer Entwicklung bzw. eines künftigen Zustands werden Experten befragt. Die Experten können Mitarbeiter des eigenen Betriebes, freie Mitarbeiter, unabhängige Wissenschaftler usw. sein. Dabei wird von der Annahme ausgegangen, dass Experten Entwicklungen besser abschätzen können als andere und dass die Schätzungen von mehreren Experten besser ist als die eines einzelnen. Bei der Befragung der Experten wird häufig das sog. Delphi-Verfahren angewandt.

12. Wie läuft das Delphi-Verfahren bei einer Expertenbefragung ab?

Das Delphi-Verfahren weist folgende Kennzeichen auf:

- Die Experten werden schriftlich befragt.
- Die Befragung hat mehrere Durchgänge.
- Nach jeder Runde werden die Befragungsergebnisse zusammengefasst, aufbereitet und den Experten zu Beginn des nächsten Durchgangs bekannt gegeben.
- Für jede Befragungsrunde wird die Kenntnis der Zwischenergebnisse vorausgesetzt.

Nach mehreren Befragungsrunden konvergieren im Allgemeinen die Befragungsergebnisse; ein Trend wird erkennbar, der evtl. als Grundlage für eine Prognose dienen kann.

13. Welche Bedeutung haben Außendienstprognosen?

Häufig wird bei der Erstellung einer qualitativen Analyse auf die Mitarbeiter im Außendienst zurückgegriffen. Es wird davon ausgegangen, dass sie besondere Marktkenntnisse haben und deshalb Entwicklungen, z. B. die künftigen Absatzchancen eines Produkts, gut voraussagen können. Da die Prognosewerte auch die Sollvorgaben für den Außendienst bestimmen, besteht die Gefahr, dass sie zu niedrig angegeben werden.

14. Welche Prognosewerte lassen sich aus Abnehmerbefragungen ableiten?

Abnehmerbefragungen können sich an Abnehmer von Konsumgütern – Händler und Konsumenten – und an Abnehmer von Investitionsgütern richten. Es ist häufig problematisch, die Ergebnisse der Befragungen zu Grundlagen von mittel- oder langfristigen Voraussagen zu machen.

Befragungen von **Händlern** sind nur sinnvoll, wenn die Prognosen sich auf die Geschäftspolitik dieser Händler richten. Absatzchancen eines Produkts können kaum auf Grund von Händlerbefragungen prognostiziert werden.

Befragungen von **Abnehmern im Konsumgüterbereich** als Grundlage für Prognosen berühren drei Problembereiche:

- Auswahl einer repräsentativen Stichprobe,
- Methode der Befragung,

- Wert einer Aussage über eine Produktart für die Voraussage einer Kaufentscheidung einer bestimmten Marke bzw. eines bestimmten Produkts.

Befragungen von **Abnehmern im Investitionsgüterbereich** können als Grundlage für Prognosen dienen,

- wenn die Zahl der Abnehmer überschaubar ist und eine Stichprobenauswahl entfallen kann,
- wenn die Investitionsvorhaben und entsprechende Beschaffungsvorhaben spezifiziert sind,
- wenn Einkäufer oder Buying-Center zu Auskünften bereit sind.

1.2 Formulierung eines strategischen und operativen Zielprogramms

1.2.1 Unternehmensziele

1. Wie lässt sich die Bedeutung eines Zielprogramms umschreiben?

Das Zielprogramm verbindet die übergeordneten Ziele eines Unternehmens mit den Handlungszielen. Zu den übergeordneten Zielen zählen z. B. der Unternehmenszweck, die Unternehmensgrundsätze und die Corporate Identity. Handlungsziele sind die strategischen, taktischen und operativen Ziele.[6]

2. Welche Ziele verfolgen Unternehmen?

Unternehmen, die auf Privateigentum beruhen und erwerbswirtschaftlich ausgerichtet sind, verfolgen im Allgemeinen folgende Ziele:

- Gewinn bzw. Gewinnmaximierung,
- Shareholder Value, Stakeholder Value,
- Sicherung des Unternehmenspotenzials, Substanzsicherung (-erhaltung),
- Sicherung der Liquidität,
- Unabhängigkeit,
- Vereinigung,
- soziale Ziele,
- ökologische Ziele.

3. Welche Beziehungen bestehen zwischen den Zielen eines Unternehmens?

Die Ziele eines Unternehmens stehen miteinander in Beziehung.

- Die Ziele können sich entsprechen, d. h. mit dem einen Ziel wird auch das andere erreicht (z. B. Gewinnsteigerung und Kostensenkung); es besteht **Zielkonformität** oder Zielkomplementarität.

---

[6] In Anlehnung an Meffert: a. a. O., S. 70 f.

1.2 Formulierung eines strategischen und operativen Zielprogramms

- Die Ziele können sich widersprechen, d. h. die Verfolgung eines Ziels führt dazu, dass ein anderes nicht erreicht werden kann; es besteht ein **Zielkonflikt**. Ein Zielkonflikt liegt z. B. vor, wenn ein Unternehmen zur Vergrößerung seines Marktanteils für ein Produkt oder eine Produktgruppe zumindest zeitweilig auf Gewinnsteigerung bei diesen Produkten verzichten muss.
- Die Ziele können unabhängig voneinander erreicht werden; es besteht **Zielindifferenz**.

4. Was wird als Zielsystem bezeichnet?

Das Zielsystem eines Unternehmens verbindet *systematisch* die Ziele der Führungsebenen miteinander. Es stellt den Zusammenhang zwischen dem Oberziel und den daraus abgeleiteten strategischen, taktischen und operativen Zielen dar. In einem Zielsystem bestehen Zusammenhänge, Beziehungen und Abhängigkeiten zwischen den Zielen der Führungsebenen, zwischen Funktionsbereichen und schließlich zwischen den Stellen auf der unteren Ebene.

5. Wie hängen die Ziele der Unternehmensbereiche von den Unternehmenszielen ab?

Die Bereichsziele leiten sich von den Gesamtzielen entsprechend der Unternehmenshierarchie ab. Man spricht deshalb auch von der Zielhierarchie. Die Hierarchieebene bestimmt den Geltungsbereich der abgeleiteten Ziele, der sog. Subziele.

Gesamtziele, oberste Ziele, gelten für das ganze Unternehmen.

Beispiel: Erschließung eines neuen Marktsegments durch preisgünstige Produkte.

Bereichsziele, Oberziele, gelten für Unternehmensbereiche, z. B. für Funktionsbereiche, z. B. für Marketing, Beschaffung usw.

Beispiel: Minimierung von Rohstoffkosten u. Ä. durch günstigen Einkauf.

Zwischenziele gelten für bestimmte Bereiche eines Oberziels, z. B. im Bereich Marketing für die einzelnen Produktgruppen A, B, C.

Beispiel: Erschließung neuer Beschaffungsmärkte u. Ä.

Unterziele gelten für bestimmte Bereiche der Zwischenziele, z. B. im Bereich der Produktgruppe A für die einzelnen Politikbereiche wie Distributions-, Kommunikations-, Produkt- und Kontrahierungspolitik.

Beispiel: Ermittlung von Bezugsquellen gem. den Vorgaben (Anfragen, Angebotsvergleich).

6. Wie hängen die Ziele der Unternehmensebenen voneinander ab?

Die Unternehmensleitung legt oberste Ziele bzw. Gesamtziele fest. Die Gesamtziele bestimmen die Oberziele, das sind die Ziele der Funktionsbereiche (Abteilungsleitungen, oberste Führungsebene). Die Oberziele determinieren die Zwischenziele und die Unterziele, das sind die Ziele der den Bereichsleitungen unterstellten Funktionsstellen (mittlere und untere Führungsebene).

7. Was spiegelt die Zielhierarchie eines Unternehmens wider?

Die Zielhierarchie entspricht dem hierarchischen Leitungsaufbau eines Unternehmens (funktionsorientierte Unternehmensorganisation). Sie gibt die Zuständigkeiten der einzelnen Führungsebenen für die Ziele wieder: Zielformulierung, Kontrolle der Zielerreichung u. Ä. Die folgende Grafik gibt eine Zielhierarchie andeutungsweise mit Betonung eines produktorientierten Marketingbereichs wieder.

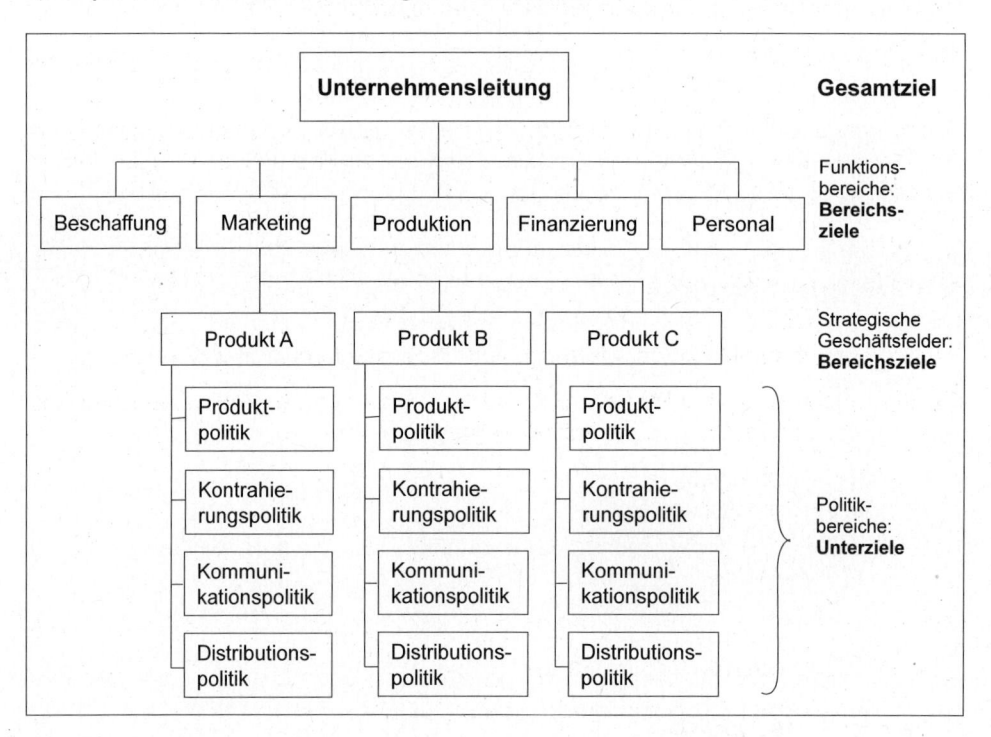

```
                    Unternehmensleitung                    Gesamtziel

                                                           Funktions-
                                                           bereiche:
  Beschaffung  Marketing  Produktion  Finanzierung  Personal  Bereichs-
                                                           ziele

           Produkt A       Produkt B       Produkt C        Strategische
                                                           Geschäftsfelder:
                                                           Bereichsziele

           Produkt-        Produkt-        Produkt-
           politik         politik         politik

           Kontrahie-      Kontrahie-      Kontrahie-
           rungspolitik    rungspolitik    rungspolitik    Politik-
                                                           bereiche:
           Kommuni-        Kommuni-        Kommuni-        Unterziele
           kationspolitik  kationspolitik  kationspolitik

           Distributions-  Distributions-  Distributions-
           politik         politik         politik
```

8. Wie unterscheiden sich materielle und nichtmaterielle Ziele?

Materielle Ziele können mit quantitativen Größen angegeben werden, z. B. mit Euro, Prozent u. Ä. Materielle Ziele sind z. B. Umsatzsteigerungen, Gewinnerhöhung, Kostensenkung usw.

Nichtmaterielle Ziele können im Allgemeinen nicht quantifiziert werden. Nichtmaterielle Ziele sind z. B. Imageverbesserung, Erhöhung der Kundenzufriedenheit usw.

9. Welche Aspekte enthält die Definition von Unternehmenszielen?

Die Definition von Unternehmenszielen umfasst drei Aspekte:

- Angabe des **Zielinhalts**, d. h. die Benennung des Ziels, z. B. Gewinnsteigerung,
- **Qualifizierung** des Ziels, d. h. Angabe in welchem Umfang das Ziel erreicht werden soll, z. B. Gewinnsteigerung um 20 %,
- Bestimmung des **zeitlichen Rahmens**, d. h. die Angabe des Zeitpunkts, bis zu dem das Ziel erreicht werden soll.

10. Wie unterscheiden sich strategische und operationale Ziele?

Strategische Ziele dienen der Planung; sie gehen von der Unternehmensleitung aus und berühren alle Bereiche des Unternehmens.

Operationale Ziele verbinden die Planungsebene mit der Durchführungsebene. Sie betreffen einzelne Unternehmensbereiche. Sie werden fast immer in quantitativen Größen angegeben.

1.2.2 Marketingziele

1. Wie können die Marketingziele von Unternehmen kategorisiert werden?

Für die Unterziele im Funktionsbereich Marketing können den Politikbereichen entsprechend folgende Kategorien gebildet werden:

- produktpolitische Ziele,
- kontrahierungspolitische Ziele,
- kommunikationspolitische Ziele,
- distributionspolitische Ziele.

1.2.2.1 Produktpolitische Ziele

1. Was ist Produktpolitik?

Produktpolitik umfasst die eigentliche Produktpolitik (Produktpolitik i. e. S.), die Programmpolitik und die Sortimentspolitik.

Als **Produktpolitik** i. e. S. bezeichnet man alle Entscheidungen des Unternehmens im Zusammenhang mit der Gestaltung des Produkts. Dazu zählen vor allem die Veränderung von Produkteigenschaften hinsichtlich der Qualität, der Art, des Materials, der Form, der Farbe, der Markierung usw.

Als **Programmpolitik** bezeichnet man alle Entscheidungen des *Fertigungsunternehmens* im Zusammenhang mit der Zusammensetzung des Absatzprogramms (Verkaufsprogramms).

Zur Programmpolitik zählen

- die Ausweitung des Leistungsangebots (*Diversifikation*),
- die Aufnahme neuer Produkte in das Programm (*Produktinnovation*),
- die Bereinigung des Programms (*Produkteliminierung*).

Als **Sortimentspolitik** bezeichnet man alle Entscheidungen des *Handelsunternehmens* im Zusammenhang mit der Gestaltung seines Gesamtangebots. Dazu zählen

- die Ausweitung des Leistungsangebots, z. B. durch Aufnahme weiterer Warengruppen (Sortimentserweiterung),
- die Aufnahme weiterer Artikel und Sorten innerhalb der Warengruppen (Sortimentsvertiefung),
- die Bereinigung des Sortiments, z. B. durch Elimination von Artikeln, Sorten oder Warengruppen).

2. Welche Ziele verfolgen Unternehmen mit ihrer Produktpolitik?

Unternehmen verfolgen u. a. folgende Ziele mit der Produktpolitik:

- Verbesserung der Programmstruktur,
- attraktive Gestaltung des Sortiments,
- marktgerechte Ausrichtung des Programms, bzw. des Sortiments,
- Steigerung von Umsatz und Gewinn,
- Verminderung der Kosten,
- Verbesserung der Wettbewerbssituation,
- Verbesserung des Good Will,
- Streuung des Risikos,
- Verbesserung der Auslastung,
- Rationalisierung der Produktion und der Lagerhaltung.

1.2.2.2 Kontrahierungspolitische Ziele

1. Was versteht man unter Kontrahierungspolitik?

Die Gestaltung der Bedingungen, die Teil des Kaufvertrages (des „Kontraktes") werden, bezeichnet man als Kontrahierungspolitik. Dazu zählen Preispolitik, Konditionenpolitik, Absatzfinanzierungspolitik; besondere Bedeutung hat die Preispolitik.

2. Was versteht man unter Preispolitik?

Unter Preispolitik versteht man alle Maßnahmen eines Anbieters zur Gestaltung, Festsetzung, Beeinflussung, Variation und Präsentation der Absatzpreise. Diese Maßnahmen richten sich sowohl an den Wiederverkäufer als auch an den Endverbraucher. Die Preispolitik ist der bedeutsamste Teil der Kontrahierungspolitik.

1.2 Formulierung eines strategischen und operativen Zielprogramms

3. Welche Ziele verfolgt ein Unternehmen mit seiner Preispolitik?

Ein Unternehmen verfolgt mit seiner Preispolitik u. a. die folgenden Ziele:

- Anpassung des Absatzes an die Produktion,
- Verbesserung der Kostensituation,
- Verbesserung der Beschäftigungssituation,
- Einführung eines neuen Produkts,
- Erschließung eines neuen Segments,
- Gewinnung von Marktanteilen,
- Ausschaltung von Mitbewerbern,
- Ausnutzung eines preispolitischen Spielraums,
- langfristig: Verbesserung der Gewinnsituation.

4. In welchem Zusammenhang steht die Preispolitik mit dem Marketing-Mix?

Es ist kaum denkbar, dass ein Anbieter auf Käufermärkten, die heute vorherrschen, ausschließlich mit Mitteln der Preispolitik seine Marketingziele durchsetzen will und kann. Preispolitik ist i. d. R. immer ein *Teil des Marketing-Mix* eines Unternehmens. Preispolitische Maßnahmen stehen im Zusammenhang mit anderen Marketingaktivitäten; vgl. z. B. die Entscheidung für einen bestimmten Einführungspreis bei Einführung eines neuen Produkts, für das in verschiedenen Segmenten geworben wird, wobei auch Preisdifferenzierung im Zusammenhang mit Produktdifferenzierung und -variation durchgeführt werden soll usw.

5. Was sind Rabatte?

Rabatte sind Preisnachlässe, die der Verkäufer einer Ware dem Abnehmer für die Übernahme bestimmter Funktionen, die mit der Ware zusammenhängen, gewährt. Rabatte sind also Entgelte für die Übernahme bestimmter Funktionen, z. B. Lagerhaltung, Abholung (Transportleistung) u. Ä.

6. Welche Ziele verfolgt ein Lieferer mit seiner Rabattpolitik?

Der Verkäufer gewährt unter bestimmten Bedingungen den Käufern Rabatte, um bestimmte Ziele zu erreichen. Folgende Ziele haben u. a. dabei besondere Bedeutung:

- Umsatzsteigerung,
- Erhaltung und Erweiterung der Kundentreue,
- zeitliche Lenkung des Auftragseingangs,
- Rationalisierung der Auftragsabwicklung.

7. Welche Arten von Rabatten gibt es?

Folgende Rabattarten können unterschieden werden:

- Funktionsrabatt, Nachlass an Handelsstufe,
- Mengenrabatt, Nachlass bei Abnahme großer Mengen, häufig auch nachträglich als Bonus (Jahresbonus),
- Treuerabatt, Nachlass bei längeren Geschäftsbeziehungen, für weitgehend ausschließlichen Bezug,
- Frühbezugsrabatt, Nachlass für vorzeitigen Bezug von Saisonartikeln, häufig auch als Nachlass für Bezug vor Erscheinen des Katalogs bzw. der Preisliste,
- Barzahlungsrabatt, Nachlass für vorzeitige Zahlung (Skonto).

8. Welche Regelungen umfassen die Lieferungsbedingungen?

Lieferungsbedingungen umfassen u. a. folgende Regelungen:

- Zeitpunkt und Ort der Anlieferung,
- Transportmittel,
- Vertragsstrafen bei Nichterfüllung,
- Umtauschrechte,
- Abnahme von Mindestmengen,
- Zuschläge bei Mindermengen,
- Berechnung von Lieferkosten.

9. Welche vertraglichen Vereinbarungen werden mit dem Begriff Zahlungsbedingungen erfasst?

Zahlungsbedingungen regulieren alle im Zusammenhang mit dem Rechnungsausgleich stehenden Leistungen des Käufers. Dazu zählen u. a.

- Zahlungsfristen,
- Sicherheiten, z. B. Eigentumsvorbehalt, Sicherungsübereignungen, Bürgschaften,
- Gegengeschäfte,
- Kreditierungen,
- Skontoziehung bei vorzeitiger Zahlung,
- Preisnachlässe (Rabatte),
- Zahlungsarten.

10. Welche Bedeutung hat die Kreditpolitik?

Mit der Gewährung von Krediten an Abnehmer verfolgt ein Lieferer ähnliche Ziele wie mit der Rabattpolitik. Mit der Kreditpolitik wird das Nachfrageverhalten der Kunden beeinflusst. Durch einen Kredit des Verkäufers werden Kunden in die Lage versetzt, früher oder überhaupt zu kaufen.

Kredite können Wiederverkäufern, industriellen Endverwendern und privaten Endverbrauchern eingeräumt werden.

1.2 Formulierung eines strategischen und operativen Zielprogramms

11. Was ist ein Lieferantenkredit?

Der Lieferantenkredit wird in der Form eines *Verkaufs auf Ziel* gewährt; der Kunde braucht die gelieferte Ware erst nach Ablauf des Zahlungsziels zu bezahlen. Das Zahlungsziel beträgt im Allgemeinen einen Monat; mit Rücksicht auf die Absatzdauer bestimmter Waren können auch längerfristige Ziele eingeräumt werden (bis zu 6 Monaten). Die hohe Zinsbelastung durch den Lieferantenkredit wird bei der Ermittlung des Verkaufspreises berücksichtigt.

Für vorzeitige Zahlung wird dem Kunden die Möglichkeit zur Skontoziehung eingeräumt. Skontosätze können in Abhängigkeit von differenzierten Zahlungszielen gestaffelt sein; z.B. bei Zahlung innerhalb 14 Tagen 3 % Skonto, bis Ablauf des 1. Monats 2 % Skonto, bis Ablauf des 2. Monats 1 % Skonto, bei einem Gesamtzahlungsziel von 3 Monaten.

Der Lieferantenkredit ist sehr teuer; deshalb lohnt es sich für einen Kunden eher, einen Bank-, als einen Lieferantenkredit in Anspruch zu nehmen. Dieser Sachverhalt lässt sich anhand des folgenden Beispiels nachvollziehen.

Rechnungsbetrag: 5.000 €, Zahlungsbedingung: Zahlung innerhalb 30 Tagen ohne Abzug, bei Zahlung innerhalb 10 Tagen 3 % Skonto. - Zum Rechnungsausgleich nach 10 Tagen muss Konto überzogen werden, Kreditbetrag: 4.850 €, Laufzeit: 20 Tage, Zinssatz 12 %. - Die folgende Rechnung zeigt den Vergleich: Skonto beträgt 150 €, die Zinsen betragen 32,33 € (Ersparnis bei Skontoziehung trotz der Kontoüberziehung: 117,67 €; um den Skontosatz mit dem Zinssatz vergleichbar zu machen, müsste man ihn als Zinssatz für 20 Tage definieren, das würde einem Jahreszinssatz von 54 % entsprechen.

Skonto	Zinsen
3,0 %	12,0 %
150,00 €	32,33 €
3,0 %	54,0 %

12. Welche Bedeutung hat die Kreditpolitik gegenüber Endverbrauchern?

Ein Verkäufer will mit seiner Kreditpolitik auch private Endverbraucher erreichen und ihr Nachfrageverhalten durch Kreditgewährung beeinflussen. Wegen der Möglichkeit, auf Kredit zu kaufen, entscheiden sich private Konsumenten schneller und häufiger zum Kauf.

Unternehmen des Handels gewähren ihren Kunden z.B. Zahlungsziele, räumen ihnen Anschaffungsdarlehen (Kundenkonten) ein, verkaufen auf Raten (Abzahlungsgeschäfte, Teilzahlungs- bzw. Ratenkredit) usw.

Der **Teilzahlungskredit** ist besonders häufig. Dabei ist der nichtorganisierte vom organisierten Teilzahlungskredit zu unterscheiden. Der nichtorganisierte Teilzahlungskredit wird vom Verkäufer, der organisierte von einem Kreditinstitut gewährt.

1.2.2.3 Distributionspolitische Ziele

1. Welche Bedeutung hat die Distribution aus der Sicht des einzelnen Unternehmens?

Distribution befasst sich mit allen Fragen, auf welchen Wegen und mit welchen Absatzmittlern Produkte vom Hersteller an die Endkäufer gebracht werden. Endkäufer bei Konsumgütern sind die Haushalte, Endkäufer von Rohstoffen und Anlagegütern sind Abnehmer, die diese Produkte bearbeiten, verarbeiten oder bei der Produktion verwenden.

2. Was wird mit dem Distributionsgrad angegeben?

Das Ergebnis der Distribution ist der Distributionsgrad. Der Distributionsgrad gibt an, in welchem Umfang das Produkt für den Endkäufer erhältlich ist. Ein hoher Distributionsgrad eines Gutes gibt z. B. an, dass die Verbraucher das Gut ständig in gewünschter Menge kaufen können.

3. Was ist Distributionspolitik?

Distributionspolitik befasst sich mit den Entscheidungen im Zusammenhang mit allen Maßnahmen, die zur Verteilung der Produkte innerhalb vorgegebener Ziele zu ergreifen sind. Diese Entscheidungen betreffen u. a. die Absatzwege, den Einsatz von Absatzmittlern und -helfern, den Einsatz von Reisenden oder Vertretern, die Einrichtung von Vertriebslagern, die Benutzung von Transportmitteln.

4. Welche Ziele verfolgen Unternehmen mit der Distributionspolitik?

Ziele der Distributionspolitik können z. B. sein

- ein bestimmter Distributionsgrad,
- ein bestimmter Grad der Lieferbereitschaft,
- Erhöhung des Umsatzes,
- Vergrößerung des Marktanteils,
- Verminderung der Vertriebskosten.

5. Welche Aufgabenbereiche der Distributionspolitik können unterschieden werden?

Es können *zwei Aufgabenbereiche* der Distributionspolitik unterschieden werden:

- Wahl der Absatzwege und Absatzorgane, die zu den angestrebten Zielen führen und der Marketingkonzeption entsprechen,
- Lösung der Probleme, die im Zusammenhang mit der physischen Distribution stehen, also z. B. Lagerhaltung, Lieferung, Transport, Verpackung u. dgl.

1.2.2.4 Kommunikationspolitische Ziele

1. Welche Ziele verfolgt die Kommunikationspolitik?

Ein Unternehmen will mit den Mitteln der Kommunikationspolitik Einstellungen und Erwartungshaltungen gegenüber dem Produkt, dem Unternehmen, der Marke durch entsprechende Informationen beeinflussen und Verhaltensäußerungen im Sinne der unternehmerischen Zielsetzung lenken.

2. Welche Instrumente können in der Kommunikationspolitik eingesetzt werden?

Folgende Instrumente werden in der Kommunikationspolitik eingesetzt. Häufig werden mehrere Instrumente gleichzeitig eingesetzt (sog. Kommunikations-Mix):

- Werbung,
- Verkaufsförderung (Sales Promotion),
- Öffentlichkeitsarbeit (Public Relations),
- Corporate-Identity-Politik,
- Event-Marketing,
- Product-Placement,
- Sponsoring,
- Direktmarketing,
- Persönlicher Verkauf.

3. Welche Bedeutung haben Werbeziele?

Werbeziele geben an, was durch den Einsatz von Werbemaßnahmen erreicht werden soll. Sie sind deshalb u. a.

- Voraussetzungen für die Werbeplanung, z. B. für Art und Umfang bestimmter Werbemaßnahmen,
- Grundlagen für Messung des Werbeerfolgs,
- Maßstab für Art und Umfang von Korrekturen des Plans.

4. Welche Anforderungen sind an Werbeziele zu stellen?

Werbeziele müssen *operational* sein, deshalb sollten sie u. a. die folgenden Eigenschaften aufweisen:

- Werbeziele sollten *messbar* sein. Sie sind deshalb in Größen anzugeben, die eine Überprüfbarkeit der Zielerreichung möglich machen. Das setzt auch die schriftliche Fixierung der Werbeziele voraus.
- Werbeziele sollten *realisierbar* sein. Bei der Formulierung ist deshalb zu berücksichtigen, ob die Zielerreichung durch Werbung möglich ist.

5. Was sind allgemeine Werbeziele?

Zu den allgemeinen Werbezielen können die folgenden Ziele gezählt werden:

- Expansionswerbung: Das werbende Unternehmen will seine Marktchancen nutzen und Marktanteile gewinnen, um über die Steigerung des Umsatzes seinen Gewinn zu erhöhen.
- Erinnerungswerbung: Das werbende Unternehmen erinnert mit seinen Werbemaßnahmen an sein Produkt (seine Marke), um die Nachfrage zu stabilisieren.
- Erhaltungswerbung: Das werbende Unternehmen verteidigt mit den Mitteln der Werbung seinen Marktanteil gegen die zunehmende Substitutionskonkurrenz.

6. Was sind spezielle Werbeziele?

Die allgemeinen Werbeziele werden durch spezielle Werbeziele ergänzt und weitergehend konkretisiert. Beispiele für spezielle Werbeziele:

- Ein neues Produkt wird bei einer bestimmten Zielgruppe bekannt gemacht.
- Das Image der Marke soll verbessert werden; dazu sollen u. a. Aufmachung und Darstellung des Markennamens und -zeichens in modernisierter Form in Verpackungen, Werbematerialien und Werbespots aufgenommen werden.
- Der Bekanntheitsgrad eines Produkts, für das aufgrund veränderter Konsumgewohnheiten Bedarf besteht, soll erhöht werden.

7. Wodurch unterscheiden sich außerökonomische Werbeziele von den ökonomischen Werbezielen?

Ökonomische Werbeziele sind auf ökonomische Größen ausgerichtet, z. B. auf Erhöhung des Umsatzes und des Gewinns, auf Verbesserung der Deckungsbeiträge.

Außerökonomische Werbeziele können z. B. Imageverbesserung, Präferenzbildung, Einstellungsänderung, Weckung von Kaufinteresse sein. Es sind also vorrangig kommunikative Ziele. Sie sollen jedoch schließlich in der aktuellen Kaufsituation die umworbenen Zielpersonen zum Kauf der Produkte des werbenden Unternehmens anregen.

8. Was versteht man unter Verkaufsförderung?

Als Verkaufsförderung bezeichnet man alle zusätzlichen und/oder außergewöhnlichen Maßnahmen, die die Absatzmittler und die eigenen Verkaufsorgane unterstützen und die Verbraucher beeinflussen (Sales Promotion).[7]

Zu den Aufgaben der Verkaufsförderung wird auch die Koordination zwischen Werbung und Verkauf gezählt.

---

[7] Vgl. die Ausführungen unter 1.4.4.2 Verkaufsförderung.

9. Welche grundsätzlichen Ziele hat die Verkaufsförderung?

Die grundsätzlichen Ziele der Verkaufsförderung sind Information, Motivation und Training der eigenen Verkaufsorgane und Absatzmittler sowie Information der Verbraucher.

10. Welche aktionspolitischen Bereiche werden mit verkaufsfördernden Maßnahmen erfasst?

Die Verkaufsförderung umfasst kommunikationspolitische (z. B. Displays), produktpolitische (z. B. besondere Preisnachlässe) und distributionspolitische (z. B. Händlerlisteförderung) Maßnahmen.

11. Was versteht man unter Öffentlichkeitsarbeit?

Mit dem Begriff Öffentlichkeitsarbeit (Public Relations) werden die Maßnahmen bezeichnet, mit denen sich ein Unternehmen an die Öffentlichkeit wendet, um z. B.

- über sich, seine Produkte, seine Produktionsverfahren, seine Probleme usw. zu informieren,
- Beziehungen herzustellen,
- Anerkennung für bestimmte Maßnahmen zu finden.

12. Wodurch unterscheidet sich die Öffentlichkeitsarbeit von der Werbung?

Die Maßnahmen der Öffentlichkeitsarbeit sind vorwiegend auf das Unternehmen, nicht auf ein Produkt bezogen. Dadurch unterscheiden sie sich wesentlich von der Werbung.

13. Welche Ziele verfolgt ein Unternehmen mit seiner Öffentlichkeitsarbeit?

Das Unternehmen will mit seiner Öffentlichkeitsarbeit

- Vertrauen gewinnen und festigen,
- um Verständnis werben,
- das Image pflegen und verbessern.

14. Welche besondere Bedeutung hat der Persönliche Verkauf als Teil der Kommunikationspolitik?

Die besondere Bedeutung des Persönlichen Verkaufs liegt im persönlichen Kontakt zwischen dem Verkäufer und dem möglichen Käufer. Dadurch werden der Umfang, die einzusetzenden Personen und die Bereiche des Persönlichen Verkaufs Gegenstand kommunikationspolitischer Überlegungen.

15. Welche marketingpolitischen Ziele sollen über den Persönlichen Verkauf erreicht werden?

Oberstes Ziel des Persönlichen Verkaufs ist es, den Verkaufsabschluss durch Verkaufsgespräche, durch Erläuterungen, Beratungen, Einführungen usw. herbeizuführen. Das gilt insbesondere bei erklärungsbedürftigen Produkten. Weitere Ziele können z. B. sein

- die Förderung des Unternehmensimages,
- die Beeinflussung der Einstellung gegenüber Produkten und Marken des eigenen Unternehmens,
- die Gewinnung von Informationen über Kunden, z. B. Anzahl, Erwartungen, Einstellungen, Bedarf usw.,
- die Gewinnung von Informationen über Mitbewerber, z. B. Anzahl, Produkte, Absatzgebiete, Investitionsvorhaben, neue Produkte, Marketingaktivitäten usw.

16. Was versteht man unter Sponsoring?

Von Sponsoring spricht man, wenn Unternehmen, die sog. Sponsoren, Personen oder Organisationen, den Gesponsorten, Geld oder Sachmittel zur Verfügung stellen.

Die Sponsoren erwarten für ihre Leistungen von den Gesponsorten Gegenleistungen, die der Erreichung bestimmter Marketing- bzw. Kommunikationsziele dienen. Sponsoring beruht also auf dem Prinzip von Leistung und Gegenleistung.

17. Welche Ziele verfolgen Unternehmen mit Sponsoring?

Unternehmen verfolgen mit Sponsoring u. a. die folgenden Marketingziele:

- Das Unternehmen will Image für sich und das Produktprogramm gewinnen.
- Das Unternehmen will Kontakte zu bestimmten Zielgruppen auf- und ausbauen.
- Das Produkt soll bei einer bestimmten Zielgruppe bekannt (oder bekannter) werden.
- Letztlich soll Sponsoring die Marktchancen für ein Produkt, ein Produktprogramm oder ein Sortiment verbessern.

18. Welche Formen von Sponsoring können unterschieden werden?

Formen von Sponsoring können u. a. nach folgenden Gesichtspunkten unterschieden werden:

- Nach der Art der Leistung durch den Sponsor: Geld- oder Sachleistungen,
- nach den gesponserten Objekten:
  - Personen (z. B. Sportler),
  - Organisationen (z. B. Sportvereine) oder
  - Veranstaltungen (z. B. Sportfeste),

1.2 Formulierung eines strategischen und operativen Zielprogramms

- nach der Art der Gegenleistung durch den Gesponserten: z. B. Nennung des Sponsors im Programmheft, auf Plakaten, Kennzeichnung des Sportlertrikots mit dem Firmenlogo des Sponsors.

19. In welchen gesellschaftlichen Bereichen wird Sponsoring eingesetzt?

Sponsoring wird vorwiegend in den Bereichen Sport, Kultur und Gesellschaft eingesetzt. Die Bereiche Umwelt und Film/Fernsehen gewinnen jedoch zunehmend an Bedeutung. Entsprechend lassen sich folgende Sponsoringbereiche unterscheiden:

- Sportsponsoring,
- Kultursponsoring,
- Soziosponsoring,
- Ökosponsoring,
- Programmsponsoring.

20. Was versteht man unter Product Placement?

Unter Product Placement versteht man die entgeltliche *Einbeziehung von Produkten* (evtl. auch Marken) so *in Medienprogramme*, dass eine *Werbewirkung* erwartet werden kann. Product Placement findet vor allem in Filmen und in bestimmten Fernsehprogrammen (TV-Shows) statt; Produkte (oder Marken) werden als Requisiten in die Handlung einbezogen bzw. im Rahmen einer Handlung oder eines Programms angemessen platziert, gezeigt oder genannt.

Product Placement liegt z. B. vor, wenn der Protagonist einer Spielfilmhandlung eine bestimmte Whiskymarke sichtbar vorzieht, eine bestimmte Zigarettenmarke raucht oder das Auto einer Nobelmarke benutzt.

21. Welche Ziele werden mit dem Product Placement verfolgt?

Mit dem Product Placement werden u. a. folgende Ziele verfolgt:

- Bekanntmachung eines Produkts (im Konsumgüterbereich),
- Steigerung des Bekanntheitsgrades eines Produkts bzw. einer Marke,
- Bildung und Verbesserung des Produktimages,
- Verbesserung der Marktsituation eines Produkts bzw. einer Marke,
- Ausnutzung von Darstellungsmöglichkeiten in einem neuen Medium.

22. Wodurch unterscheidet sich das Product Placement vom sog Generic Placement und vom Image Placement?

Beim **Product Placement** wird das Produkt bzw. die Marke so in einem Film platziert, dass der Zuschauer das Produkt erkennen und die Marke identifizieren kann. Beim **Generic Placement** dagegen wird eine Produktart platziert; bestimmte Produkte bzw. Marken kann der Zuschauer nicht erkennen bzw. identifizieren. Wenn schließlich ein bestimmtes Produkt, z. B. eine bestimmtes Auto oder eine bestimmte Marke, im Mittelpunkt des Films steht, evtl. sogar seine Handlung wesentlich mitbestimmt, liegt **Image Placement** vor.

23. Welche Formen des Product Placement können unterschieden werden?

Die Formen des Product Placement können u. a. nach folgenden Gesichtspunkten unterschieden werden:

Art der Darstellung:
- visuelles Placement (das Produkt wird dargestellt, es erscheint im Bild) und
- verbales Placement (das Produkt wird genannt, der Produktname fällt in einem Gespräch),

Werbeziel:
- Innovation Placement (Platzierung neuer Produkte, neue Produkte sollen bekannt gemacht werden),
- Product Placement (eigentliches Product Placement, ein eingeführtes und bereits bekanntes Produkt wird platziert),

Einbeziehung in eine Handlung:
- kreatives Placement (das Produkt ist Teil einer Handlung, z. B. BMW im James-Bond-Film),
- handlungsneutrales Placement (das Produkt hat keine weitergehende Bedeutung für die Handlung, z. B. die Bierflasche mit dem erkennbaren Markennamen in einer Spielfilmhandlung).

24. Was versteht man unter Event-Marketing?

Event-Marketing ist ein Mittel der Kommunikationspolitik; bezeichnet werden damit im Allgemeinen Veranstaltungen (Events) von Unternehmen, auf denen sie sich und ihre Produkte *erlebnisorientiert* und auf unterhaltsame Art vorstellen; sie wollen bei diesen Marketingevents mit den Zielpersonen ins Gespräch kommen.

Ein Marketingevent liegt z. B. vor, wenn die Geschäftsleitung einer Kfz-Niederlassung in einer kleinen Stadt die Bevölkerung zu einem „Tag der offenen Tür" mit Blasmusik, Freibier, Bratwurst, Kinderbelustigung usw. einlädt; Ziel der Veranstaltung ist die Vorstellung des neuen Kfz-Modells, über das man mit den potenziellen Käufern ins Gespräche kommen will.

25. Welche Ziele werden mit Event-Marketing verfolgt?

Ziele des Event-Marketings sind u. a.

- Vorstellung eines (neuen) Produkts, z. B. eines neuen Kfz-Modells,
- Steigerung des Bekanntheitsgrades eines Produkts bzw. einer Marke,
- Bildung und Verbesserung des Produkt- bzw. Markenimages,
- Verbesserung der Marktsituation eines Produkts bzw. einer Marke,

- Ausnutzung der Möglichkeiten, mit interessierten und potenziellen Käufern eines Produkts in einer relativ unverbindlichen (und lockeren) Atmosphäre ins Gespräch zu kommen.

1.3 Formulierung zielgerichteter Marketingstrategien

1.3.1 Marketingstrategien

1.3.1.1 Segmentierungsstrategien

1. Was versteht man unter Käufersegmentierung?

Wenn ein Unternehmen aus marketingstrategischen Gründen den Markt für sein Produkt (bzw. seine Produkte) *in Gruppen von Käufern* einteilt, betreibt er Marktsegmentierung. Die Gruppen von Käufern, die nach bestimmten Kriterien gleichartig sind, bezeichnet man als Segmente.

2. Was ist ein Segment?

Ein Segment lässt sich dadurch kennzeichnen, dass die in ihm zusammengefassten Käufer beschreibbare Erwartungen an das Produkt haben. In einem Segment sind die Käufer zusammengefasst, deren *Erwartungen* in etwa *gleichartig* sind.

Für ein Produkt wie z. B. *Waschmittel* lassen sich exemplarisch folgende *Segmente* feststellen: *Käufer mit bestimmten Ansprüchen an die Waschleistung, traditionsbewusste Käufer, fortschrittliche (preisbewusste) Käufer, umweltbewusste Käufer, Großverbraucher, Kleinverbraucher...*

3. Welche Bedeutung hat die Marktsegmentierung für die Marketingstrategien?

Es gibt eine Vielzahl von unterschiedlichen Erwartungen gegenüber einem Produkt (bzw. einer Produktgruppe). Für ein Produkt (bzw. eine Produktgruppe) bestehen deshalb in der Regel mehrere, häufig viele Segmente. Der Anbieter muss relevante Segmente erfassen; sie sind für ihn die *Zielgruppen*, auf die er sein Leistungsangebot ausrichtet.

Grundsätzliche lassen sich zwei Marketingstrategien unterschieden werden, die auf Marktsegmentierungen beruhen: Die konzentrierte Marketingstrategie und die differenzierte Marketingstrategie.

4. Was versteht man unter einer konzentrierten Marketingstrategie?

Wenn ein Unternehmen seine Marketingmaßnahmen auf *sehr wenige Segmente* konzentriert, betreibt es eine konzentrierte Marketingstrategie. So ist denkbar, dass ein

Unternehmen auf einem Teilmarkt eine starke Position erreichen und ausnutzen will. Es bearbeitet diesen Teilmarkt, indem es z. B. durch Produktdifferenzierung und Erweiterung des Sortiments auf die Käuferwünsche in großem Umfang eingeht. Das Unternehmen kann mit Werbung und Befragung gezielt auf die wenigen Segmente eingehen.

5. Was versteht man unter einer differenzierten Marketingstrategie?

Die differenzierte Marketingstrategie bezeichnet man gelegentlich als *das eigentliche Marketing*. Ein Unternehmen versucht, alle in Betracht kommenden Segmente zu erfassen und mit allen Instrumenten angemessen zu bearbeiten.

Durch die umfangreiche Berücksichtigung der differenzierten Nachfrage will das Unternehmen eine Steigerung des Umsatzes und eine Verminderung des Absatzrisikos erzielen. Die Mittel der differenzierten Marketingstrategie sind

- Differenzierung des Produkts (Verpackung, Qualität, Mengenabpackungen, Produktnamen, ...),
- Sortiments- und Programmerweiterung,
- Preisdifferenzierung,
- Differenzierung der Absatzwege,
- differenzierter Einsatz von Werbemitteln usw.

1.3.1.2 Wettbewerbsstrategien

1. Welche Ziele verfolgen Unternehmen mit Wettbewerbsstrategien?

Mit den Wettbewerbsstrategien wollen sich Unternehmen so auf dem Markt positionieren, dass sie im Wettbewerb bestehen können und mit geeigneten Strategiemaßnahmen Wettbewerbsvorteile erlangen und diese auf Dauer halten.

2. Wie lassen sich Wettbewerbsstrategien typisieren?

Die Typenbildung der Wettbewerbsstrategien beruht auf den Merkmalen

- **Strategischer Vorteil (Wettbewerbsvorteil)** mit den Ausprägungen
  Einzigartigkeit und
  Kostenvorsprung

- **Strategisches Zielobjekt** mit den Ausprägungen
  viele (alle in Betracht kommenden) Segmente und
  ein Segment (für das strategische Zielobjekt).

Danach lassen sich die folgenden *drei Strategietypen* unterscheiden.[8]

---

[8] Diese Typisierung von Wettbewerbsstrategien geht auf Michael E. Porter zurück.

- Differenzierung,
- Kostenführerschaft,
- Fokussierung.

3. Was soll mit der Differenzierungsstrategie erreicht werden?

Mit der Differenzierunkstrategie will ein Unternehmen erreichen, dass es sich aus Sicht der Kunden von den Konkurrenten positiv abhebt und als einzigartig wahrgenommen wird. Das Unternehmen zielt *durch* seine *Einzigartigkeit* oder Besonderheit auf *Wettbewerbsvorteile* ab.

Es kommt nicht so sehr darauf an, dass die Unterschiede tatsächlich bestehen, sondern nur darauf, dass sie von den Käufern als solche wahrgenommen und als positiv und vorteilhaft angesehen werden. Dadurch bilden sich Präferenzen der Kunden für das Unternehmen bzw. für bestimmte Leistungen des Unternehmens. Letztlich erhält das Unternehmen dadurch einen preispolitischen Spielraum.

1.3.1.3 Wachstumsstrategie

1. Was wird als Wachstumsstrategie bezeichnet?

Als Wachstumsstrategie wird eine Marketingstrategie bezeichnet, bei der die marketingpolitischen Maßnahmen auf bestimmten Produkt-Markt-Konstellationen beruhen.

2. Welche Produkt-Markt-Konstellationen sind möglich und wie können sie visualisiert werden?

Unter Berücksichtigung der Fragestellung „Sind Produkt und Märkte vorhanden oder nicht?" lassen sich die folgenden vier grundlegenden Produkt-Markt-Konstellationen unterscheiden. Sie werden üblicherweise in einer Vier-Felder-Matrix dargestellt.

1. Es bestehen Absatzmärkte und für diese Absatzmärkte sind die Produkte vorhanden.
2. Für die vorhandenen Produkte bestehen keine Absatzmärkte.
3. Absatzmärkte sind zwar vorhanden, sie können aber mit eigenen Produkten nicht bedient werden.
4. Produkte und Absatzmärkte sind nicht vorhanden.

1.3.2 Implementierung von Marketingstrategien

1. Was wird als Implementierung einer Strategie bezeichnet?

Der Strategieformulierung folgt die Strategieimplementierung. Als Strategieimplementierung bezeichnet man alle Maßnahmen, Aktivitäten und Prozesse, mit denen *eine formulierte Strategie in die bestehenden Bereiche des Unternehmens integriert* werden soll.[9]

2. Welche Komponenten umfasst eine Strategieimplementierung?

Die Strategieimplementierung umfasst zwei Komponenten:

- Sachorientierte Umsetzung. Sie umfasst die Konkretisierung der Implementierungsmaßnahmen mit Bezug auf einzelne Bereiche unter Berücksichtigung von ökonomischen, sozialen u. a. Zielen.

- Verhaltensorientierte Durchsetzung. Sie zielt vor allem auf die Beteiligung der Mitarbeiter ab; die betroffenen Mitarbeiter müssen die Strategie, deren Implementierung vorgesehen ist, akzeptieren.

3. Welche Elemente umfasst die Strategieimplementierung?

Die Strategieimplementierung umfasst folgende Elemente:[10]

- Planung,
- Anordnung,
- Kontrolle,
- Organisation,
- Unternehmenskultur,
- Personalmanagement,
- Controlling.

4. Welche Bedeutung haben Planung, Anordnung und Kontrolle der Implementierung?

Planung, Anordnung und Kontrolle sind führungsbezogene Elemente der Implementierung. Im Einzelnen haben sie folgende Bedeutung:

- Planung bedeutet die Konkretisierung und Detaillierung der Strategie in Teilpläne und Vorgaben sowie ihre Umsetzung in operative Maßnahmenpläne. Dazu kommt die Planung der Ressourcen.

- Die Anordnung dient dem Vollzug der Planung; Anordnungen trifft der Vorgesetzte, der damit detailliert festlegt, wie die geplanten Maßnahmen durchgeführt werden sollen.

- Kontrolle, das ist einerseits die Kontrolle der Implementierung als Prozess und andererseits die Kontrolle des Ergebnisses der Implementierung.

---

[9] Vgl. Raps, Andreas: Erfolgsfaktoren der Strategieimplementierung. Konzeption und Instrumente, Wiesbaden 2008, S. 75.
[10] Ebenda, S. 84 ff.

5. Welche Bedeutung hat die Organisation für die Implementierung?

Die aktuelle Aufbauorganisation eines Unternehmens ist eine wichtige *strukturelle Voraussetzung* für die Implementierung von Strategien. Die Organisation muss dafür Sorge tragen können, dass eine Implementierung reibungslos vonstattengehen kann; sie muss die Infrastruktur für die Implementierung bereitstellen.

6. Wie kann die Implementierung organisatorisch durchgeführt werden?

In der Literatur werden zwei organisatorische Formen der Implementierung besonders häufig genannt.

Implementierung als *Projekt*, weil die Implementierung – zumindest teilweise – die typischen Kennzeichen eines Projekts aufweist, z. B. Einmaligkeit, zeitliche Begrenzung usw.

Implementierung durch ein Team, in dem ein sog. *Chief Administrative Officers* als Hauptverantwortlicher wichtige Funktionen übernimmt. Der CAO gehört der oberen Leitungsebene an, verfügt über Erfahrungswissen und kann die Bedeutung der Strategie abschätzen.

7. Welche Taktik wird bei der Strategieimplementierung angewandt?

Der CAO greift zwar in bestimmten Fällen in den Prozess der Implementierung ein; aber im Allgemeinen gilt die *Einbeziehung der Mitarbeiter als besonderer Erfolgsfaktor*. Die Partizipation bewirkt vor allem, dass sich die Mitarbeiter mit der Strategie und mit ihrer Implementierung identifizieren. Durch ihre Mitwirkung können besondere Kenntnisse und Fähigkeiten nutzbar gemacht werden. Darüber hinaus werden Widerstände gegen die Implementierung vermieden bzw. abgebaut.

8. Kann die Unternehmenskultur die Strategieimplementierung unterstützen?

Die Unternehmenskultur kann die Strategieimplementierung sehr unterstützen. Eine ausgeprägte Unternehmenskultur zeigt sich z. B. in der Kommunikation unternehmerischer bzw. betrieblicher Vorgänge mit den Mitarbeitern, im hohen Maß der Beteiligung von Mitarbeitern auf allen Hierarchieebenen, in der Betonung bestimmter Werte, z. B. Umweltschonung, Sicherheit, Produktqualität. Die Mitarbeiter akzeptieren die Werte und identifizieren sich mit ihnen und mit dem Unternehmen. Sie sind über die Vorhaben des Unternehmens informiert. Die Implementierung einer Strategie gelingt dann besonders gut, wenn die Strategie den Werten wesentlich entspricht.

9. Welche Bedeutung kommt dem Personalmanagement im Zusammenhang mit der Strategieimplementierung zu?

Die Mitarbeiter gelten als das *wichtigste Element einer Strategieimplementierung*. Es ist deshalb erforderlich, dass Mitarbeiter frühzeitig in den Implementierungsprozess eingebunden werden. Dazu gehören Maßnahmen zur rechtzeitigen Informationen sowie Schulungs- und Trainingsmaßnahmen zur Beeinflussung des Verhaltens und Könnens der Mitarbeiter. Widerstände sollen abgebaut und die Mitarbeiter angemessen qualifiziert werden. Das ist die Aufgabe des Personalmanagements, und darin liegt seine besondere Bedeutung.

10. Welche Ziele verfolgt das Personalmanagement?

Die Ziele des Personalmanagements lassen sich folgendermaßen zusammenfassen:[11]

- Kennen:
  Die Mitarbeiter sollen rechtzeitig über die Strategieimplementierung informiert werden. Sie müssen wissen, welche Strategie implementiert wird. Eine ausreichende Information fördert die Identifikation der Mitarbeiter mit dem Vorhaben und trägt zum Abbau von Widerständen bei.

- Verstehen:
  Den Mitarbeitern ist die Maßnahme verständlich zu erklären; unterschiedliche Auffassungen der Informationen müssen ausgeglichen werden. Die Mitarbeiter müssen in etwa ein gleiches Verständnis von der Strategie haben.

- Können:
  Die Mitarbeiter müssen über die erforderlichen Kompetenzen verfügen; mangelnde Fähigkeiten können durch Schulung und Übung erworben werden.

- Wollen:
  Die Mitarbeiter müssen die Strategie akzeptieren können, sie müssen sie wollen und die Implementierung vorantreiben. Ihre Motivation kann dadurch erreicht werden, dass ihnen nicht nur die strategische Ausrichtung der Maßnahme transparent gemacht wird, sondern dass ihnen auch der jeweils individuelle Betrag zur Erreichung des Ziels klar ist.

11. Welche Funktionen hat im Zusammenhang mit der Strategieimplementierung das Controlling?

Das Controlling hat bei der Strategieimplementierung Koordinations- und Servicefunktion.

Der Implementierungsprozess ist gekennzeichnet durch ein arbeitsteiliges zielgerichtetes Aufgabenerfüllungssystem (A. Raps); die wesentliche Aufgabe des Controlling besteht darin, die Teilaktivitäten aus das Ziel auszurichten. Das entspricht der *Koordinationsfunktion* des Controlling.

Die *Servicefunktion* des Controlling besteht im Wesentlichen in der Einrichtung, Weiterentwicklung und Betreuung von Informationssystemen.

---

[11] Vgl. Raps, Andreas: a. a. O., S. 177 f.

1.4 Auswahl von Marketingaktivitäten

1. Welche Bedeutung haben die Marketingstrategien für die Marketingaktivitäten?

Marketingstrategien ergeben sich aus den Marketinginformationen und deren Analysen sowie aus den Unternehmenszielen. In ihnen spiegelt sich das Marketingkonzept des Unternehmens wider. Sie sind deshalb die Grundlagen für die Wahl geeigneter Marketingmaßnahmen.

2. Welche Marketingstrategien sind von Bedeutung?

Besondere Bedeutung haben u. a. die folgenden Marketingstrategien:

- Segmentierungsstrategien,
- Wettbewerbsstrategien,
- Wachstumsstrategien.

3. Welche Marketingaktivitäten können sich aus den Strategien ergeben?

Zu den Marketingstrategien können die angegebenen Aktivitäten passen:

- Segmentierungsstrategien – Segmente sind Gruppen von Käufern, die nach bestimmten Kriterien gleichartig sind, das können z. B. preisbewusste Käufer, anspruchsvolle Käufer, ältere Käufer („Silver Market") sein. Als Marketingaktivitäten kommen u. a. in Betracht: Preisdifferenzierung, Produktdifferenzierung, angemessene Werbung usw.

- Wettbewerbsstrategien – dazu zählen Differenzierung, Kostenführerschaft, Fokussierung. Differenzierung gegenüber dem Wettbewerber aus der Sicht des Käufers ist z. B. durch Preisvorteile, Produktqualität, Markenimage, Sortimentsgestaltung, Lieferqualität möglich. Kostenführerschaft schlägt sich nieder in Preisvorteilen gegenüber dem Wettbewerber; Kostenvorteile können erreicht werden z. B. durch Rationalisierung der Logistik. Zur Visualisierung der Differenzierung sind auch entsprechende Werbemaßnahmen erforderlich.

- Wachstumsstrategien – Marketingaktivitäten ergeben sich aus bestimmten Produkt-Markt-Konstellationen; sie machen u. U. Neuproduktentwicklungen, Produktakquisition, Sortimentserweiterungen erforderlich. Im Allgemeinen kommen diese Strategien nicht ohne Werbung aus.

1.4.1 Produkt- und sortimentspolitische Aktivitäten

1. Welche Formen der Produkt- und Sortimentspolitik können unterschieden werden?

Formen der Produkt- und Sortimentspolitik sind

- Innovation,
- Variation,
- Elimination,
- Relaunch.

2. Was ist unter Produktinnovation zu verstehen?

Man versteht unter Produktinnovation die Aufnahme eines neuen Produkts in das Produktionsprogramm bzw. in das Verkaufsprogramm.

Produktinnovation bezieht sich auf die Entwicklung und Einführung völlig neuer Produkte *(Produktdiversifikation)* und auf die Weiterentwicklung bereits verkaufter Produkte *(Produktvariation)*. Dabei ist es gleichgültig, ob die Idee für das neue Produkt bzw. für die Weiterentwicklung aus eigenen oder aus fremden Quellen stammt, ob es sich um eine eigene Entwicklung oder um eine Nachahmung handelt.

3. Wann kann von einem Neuprodukt gesprochen werden?

Von einem Neuprodukt wird in der Regel dann gesprochen, wenn das Produkt für das Unternehmen, das damit auf den Markt kommt, neu ist. (In der Literatur wird gelegentlich ein neues Produkt marktorientiert definiert: Von einem neuen Produkt kann man danach nur dann sprechen, wenn es für den Markt neu ist. Die unternehmensorientierte Begriffsbestimmung scheint jedoch verbreiteter zu sein.)

4. Was versteht man unter Produktdiversifikation?

Die *Aufnahme neuer* Produkte in das Verkaufs- bzw. Produktionsprogramm eines Unternehmens bezeichnet man als Produktdiversifikation. Produktdiversifikation ist also die Ausweitung des Leistungsangebots eines Unternehmens. Zu unterscheiden sind horizontale, vertikale und laterale Diversifikation.

5. Welche Möglichkeiten zur Diversifikation bestehen neben der Neuproduktentwicklung?

Güter und Leistungen, die Unternehmen in ihre Programme oder Sortimente aufnehmen, müssen nicht Ergebnisse von eigenen Entwicklungen sein. Diversifikation ist auch möglich *durch Kooperation* mit anderen Unternehmen, *durch Konzentration* (Aufkauf anderer Unternehmen oder Beteiligungen) und *durch Erwerb* von Lizenzen für Produktion oder Vertrieb.

Die Neuproduktentwicklung ist sehr aufwändig, der Finanzbedarf für eventuell erforderliche Investitionen ist hoch, die Entwicklung bis zur Marktreife dauert lange, der Erfolg ist nicht sicher. Deshalb werden die anderen Möglichkeiten zur Diversifikation genutzt.

1.4 Auswahl von Marketingaktivitäten

Die folgende Tabelle stellt einige Vor- und Nachteile der genannten Möglichkeiten zur Diversifikation exemplarisch dar.

	Kosten	Finanzbedarf	Entwicklungsdauer	Erfolgssicherheit
eigene Entwicklung	hoch	evtl. sehr hoch	evtl. sehr lang	eher gering
Kooperation	niedrig	abhängig von der Art der Kooperation (z. B. bei gemeinschaftlicher Entwicklung relativ hoch)	abhängig von der Art der Kooperation (z. B. bei gemeinschaftlicher Entwicklung relativ lang)	u. a. abhängig von der Entwicklungsdauer
Konzentration	hoch	hoch	eher kurz	eher gering
Lizenzerwerb	niedrig	hoch	kurz	relativ hoch

6. Was heißt Produktakquisition?

Den Erwerb neuer Produkte durch ein Unternehmen bei anderen Unternehmen bezeichnet man als Produktakquisition.

7. Warum akquirieren Unternehmen Produkte?

Durch Akquisition neuer Produkte will ein Unternehmen sein Angebot vervollständigen (kundengerechte Erweiterung des Angebots), und zwar mit Produkten, die im eigenen Haus nicht hergestellt werden, weil das Absatzrisiko sehr hoch ist, der Finanzbedarf für neue Investitionen zu hoch ist und das Know-how nicht vorhanden ist.

Durch Akquisition neuer Produkte nutzt ein Unternehmen das Know-how anderer Unternehmen, die Markteinführung des Produktes, evtl. die behördliche Zulassung (z. B. bei pharmazeutischen Artikeln), die TÜV-Genehmigung (bei bestimmten technischen Geräten u. Ä.).

8. Bei welchen Unternehmen werden Produkte akquiriert?

Produkte werden bei Produzenten, Lizenznehmern usw. akquiriert, die durch die Akquisition den Produktionsapparat, Patente, Lizenzen usw. besser ausnutzen und ihren Absatz steigern wollen.

9. Welche Marketingziele verfolgt ein Unternehmen mit der Akquisition von Produkten?

Ein Unternehmen will durch Produktakquisition das Sortiment erweitern. Für die Sortimentserweiterung können folgende Gesichtspunkte maßgeblich sein:

- Das Sortiment wird bedarfsgerecht erweitert, d. h. die Erweiterung des Sortiments entspricht den Kundenerwartungen und -wünschen.
- Das Sortiment wird dem branchenüblichen Umfang angepasst, d. h. das Sortiment wird den Sortimenten der Mitbewerber angepasst.
- Mit neuen Produkten kann die Überlegenheit über Mitbewerber begründet werden.
- Mit neuen Produkten kann evtl. der Zugang zu Absatzmittlern und Kunden erleichtert werden.
- Das Unternehmen strebt ein Vollsortiment an.

10. Welche Vorteile hat ein sog. Vollsortiment?

Das sog. Vollsortiment hat u. a. folgende Vorteile:

- Die Kunden (einschl. Absatzmittler) können ihren Bedarf bei einem Anbieter decken (Einkaufsbündelung).
- Mit dem Vollsortiment kann der Anbieter auf den differenzierten Bedarf eingehen.
- Das Vollsortiment gestattet dem Verkäufer (Anbieter) die Rationalisierung der Waren-Logistik und die Konzentration von Verwaltungsabläufen.
- Ein Vollsortiment kann zur Sicherung des Umsatzes beitragen.
- Ein Vollsortiment kann zur Überlegenheit über Mitbewerber beitragen.

11. Was heißt Produktvariation?

Maßnahmen zur *Veränderung von Produkten, die sich bereits auf dem Markt befinden*, bezeichnet man als Produktvariation. Der Anbieter muss sich durch Produktvariation veränderten Marktbedingungen anpassen. Mitbewerber drängen mit neuen oder aktualisierten Produkten auf den Markt. Ansprüche, Erwartungen und Einstellungen der Käufer haben sich verändert. Diese Veränderungen haben ihre Ursachen in den Änderungen der Mode, des Geschmacks, der Technik, in den Entwicklungen des Informationsstandes und des kritischen Bewusstseins, in den Verbesserungen der Einkommensverhältnisse und Kaufkraftbedingungen. Auf diese Veränderungen muss der Anbieter durch Produktvariation eingehen, d. h. er muss sein Produkt aktualisieren, um dessen Lebenszyklus zu verlängern.

Die Variationen sind Veränderungen, Ergänzungen, Verbesserungen, Erneuerungen bestimmter Eigenschaften eines Produkts.

12. Auf welche Bereiche können sich die Produktveränderungen beziehen?

Produktveränderungen können sich auf folgende Bereiche beziehen:

- Qualität, Material, Konstruktion, Handhabung usw.,
- Form, Farbe, äußerliche Ausstattung, Verpackung, Design, Name usw.,
- Kundendienst, Beratungen, Ergänzungen usw.

13. Welche Aspekte umfasst die Produktvariation?

Die Produktvariation umfasst zwei Aspekte: Produktverbesserung und Produktdifferenzierung.

Produktverbesserung ist die attraktivere Gestaltung des Produkts; sie soll die Nachfrage anregen, Marktanteile sollen gehalten oder zurückgewonnen werden.

Produktdifferenzierung ist eine Veränderung des Produkts, durch die sich das veränderte Produkt vom alten Produkt so weit abhebt, dass mit ihm ein neues Segment erschlossen werden kann.

14. Was versteht man unter Produktrelaunch?

Produktrelaunch liegt vor, wenn ein Unternehmen ein erfolgloses Produkt vom Markt nimmt, um es nach angemessener Veränderung (Produktvariation) mit einem neuen Marketingkonzept wieder auf den Markt zu bringen.

15. Welche Bedeutung hat die Elimination eines Produkts?

Produkte, die veraltet sind, werden aus dem Programm bzw. aus dem Sortiment genommen. Ein Produkt kann vor allem dann als veraltet gelten, wenn es trotz aufwändiger Marketingaktivitäten kaum noch abgesetzt werden kann. Wichtige Kriterien für Eliminationsentscheidungen sind der Rückgang des Umsatzes und des Deckungsbeitrages.

1.4.2 Kontrahierungspolitische (preispolitische) Aktivitäten

1.4.2.1 Konkurrenzorientierte Preisbestimmung

1. Was versteht man unter konkurrenzorientierter Preisbestimmung?

Bei konkurrenzorientierter Preissetzung lässt sich ein Unternehmen vorwiegend von den Preisen der Konkurrenz leiten, *Leitpreise* können z. B. die Durchschnittspreise der Branche oder die Preise von Preisführern sein. Die Orientierung an Kosten und an Nachfragern ist von untergeordneter Bedeutung. Konkurrenzorientierte Preisbildung ist häufig auf Märkten mit homogenen Gütern und hoher Konkurrenzdichte zu finden.

2. Welche Formen der Konkurrenzorientierung werden unterschieden?

Formen konkurrenzorientierter Preisbildung sind

- Orientierung an *Branchenpreisen*,
- Orientierung an einem *Preisführer*.

3. Welche Bedeutung hat ein Leitpreis?

Orientierung an einem Leitpreis bedeutet nicht seine identische Übernahme. Der Preis eines Unternehmens kann mit dem Leitpreis identisch sein; er kann aber auch (geringfügig) darüber oder darunter liegen. Diese Abweichungen sind abhängig vom Umfang der Konkurrenz und von der Homogenität des Gutes bzw. der Leistung.

Der nach einem Leitpreis festgelegte Preis ändert sich im Allgemeinen nicht, wenn sich grundlegende Kosten ändern; er folgt dem Leitpreis bei Preisänderungen, auch wenn sich die Kosten nicht geändert haben.

4. Warum orientiert sich ein Unternehmen an Leitpreisen?

Ziele der Orientierung an Leitpreisen sind vor allem

- Minderung von Risiken, die sich z. B. aus den mangelhaften Kenntnissen über Reaktionen von Mitbewerbern und Kunden auf Preisänderungen ergeben,
- Übernahme von Erfahrungen einer Branche bzw. eines Preisführers, die sich in der Preisgestaltung ausdrücken,
- Vermeidung von Preiskämpfen.

1.4.2.2 Preisdifferenzierungen

1. Was versteht man unter Preisdifferenzierung?

Eine Preisdifferenzierung liegt vor, wenn das gleiche Produkt zu unterschiedlichen Preisen angeboten wird. Preisdifferenzierungen sind häufig mit geringfügigen Produktdifferenzierungen verbunden. Diese dürfen das Produkt nicht wesentlich verändern, sonst kann nicht mehr von einer Preisdifferenzierung gesprochen werden.

2. In welchem Zusammenhang steht die Preisdifferenzierung mit anderen Bereichen des Marketing-Mix?

Preisdifferenzierung steht häufig im Zusammenhang mit anderen marketingpolitischen Maßnahmen, z. B. mit der Produkt- und Verpackungspolitik, der Distributionspolitik und der Kommunikationspolitik.

Ein Unternehmen versucht im Rahmen der differenzierten Marketingstrategie, alle in Betracht kommenden Segmente zu erschließen und angemessen zu bearbeiten. Es geht auf die differenzierte Nachfrage, die sich in unterschiedlichem Kaufverhalten, in unterschiedlichen Nachfrageelastizitäten, in bestimmten Präferenzen für Absatzwege, für Produkte, für Marken usw. ausdrückt mit dem Instrumentarium der Marketingpolitik ein.

Beispiel: *Ein Unternehmen, das Konsumgüter herstellt und bisher über den „klassischen" Einzelhandel, SB-Märkte, Lebensmittelabteilungen der Warenhäuser u. dgl. vertreibt, will für seine Produkte das Segment „preisbewusste Käufer" erschließen; dazu muss er einen neuen*

1.4 Auswahl von Marketingaktivitäten

Absatzweg beschreiten, denkbar wäre z.B. der Vertrieb über einen Discounter mit Filialen. Für diesen Absatzweg wird er seine Preise differenzieren, die Verpackung ändern. In diesem Marketingmix sind Maßnahmen der Distributionspolitik, der Preispolitik und der Produkt- bzw. Verpackungspolitik enthalten.

3. Was versteht man unter horizontaler Preisdifferenzierung?

Horizontale Preisdifferenzierung liegt vor, wenn das gleiche Produkt *gleichzeitig* auf verschiedenen Teilmärkten (d.h. in verschiedenen Marktsegmenten) *zu unterschiedlichen Preisen* verkauft wird. Der Anbieter nutzt dazu die in den verschiedenen Segmenten vorherrschenden Elastizitäten aus. Die Preisdifferenzierung hat sich dann gelohnt, wenn sie zu einem insgesamt höheren Umsatz (und Gewinn) führt.

Horizontale Preisdifferenzierung liegt z.B. bei sog. *regionaler Preisdifferenzierung* vor.

Die Problematik kann anhand des folgenden Beispiels nachvollzogen werden. *Wenn ein Unternehmen für sein Produkt auf dem Teilmarkt B (mit relativ elastischer Nachfrage) sein Produkt mit dem gleichen Preis p(A) wie auf dem Teilmarkt A (mit relativ unelastischer Nachfrage) anbietet, kann er seinen Gewinn nicht maximieren. Erst durch Senkung des Preises auf p(B) kann der Gewinn maximiert werden (Gewinnmaximierungsregel GK = GU). Die unterschiedlichen Umsätze werden durch die Rechtecke p(A) · x(B/1) und p(B) · x(B/2) wiedergegeben.*

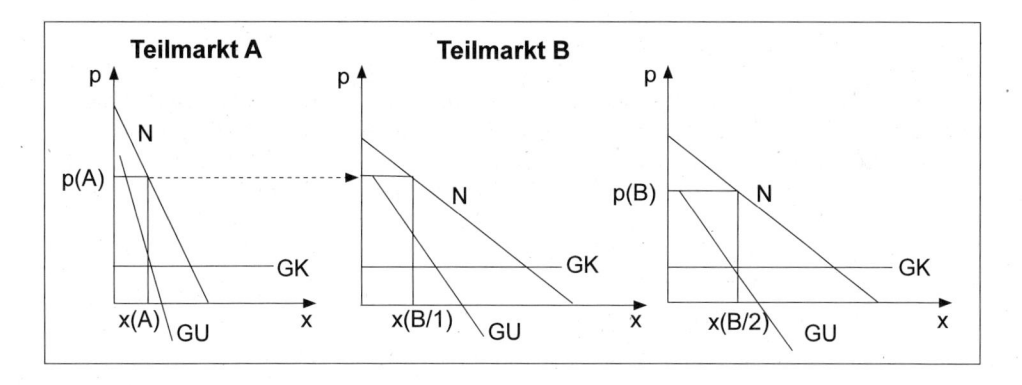

4. Was versteht man unter vertikaler Preisdifferenzierung?

Vertikale Preisdifferenzierung liegt vor, wenn das gleiche Produkt *zu unterschiedlichen Zeiten* auf dem gleichen Markt *mit verschiedenen Preisen* verkauft wird. Der Anbieter steigert durch die vertikale Preisdifferenzierung Umsatz und Gewinn. Die vertikale Preisdifferenzierung liegt z.B. bei *zeitlicher Preisdifferenzierung* vor.

Die Problematik kann anhand des folgenden Beispiels nachvollzogen werden:

Ein Unternehmen bietet sein Produkt nacheinander zu den Preisen p_1, p_2 und p_3 an und erzielt dabei die Absatzmengen x_1, x_2 und x_3. Die Absatzmenge x_3 hätte er auch erreicht, wenn er gleich den Preis x_3 gesetzt hätte. Durch die vertikale Preisdifferenzierung erhält er einen Mehrumsatz (vgl. Zeichnungen).

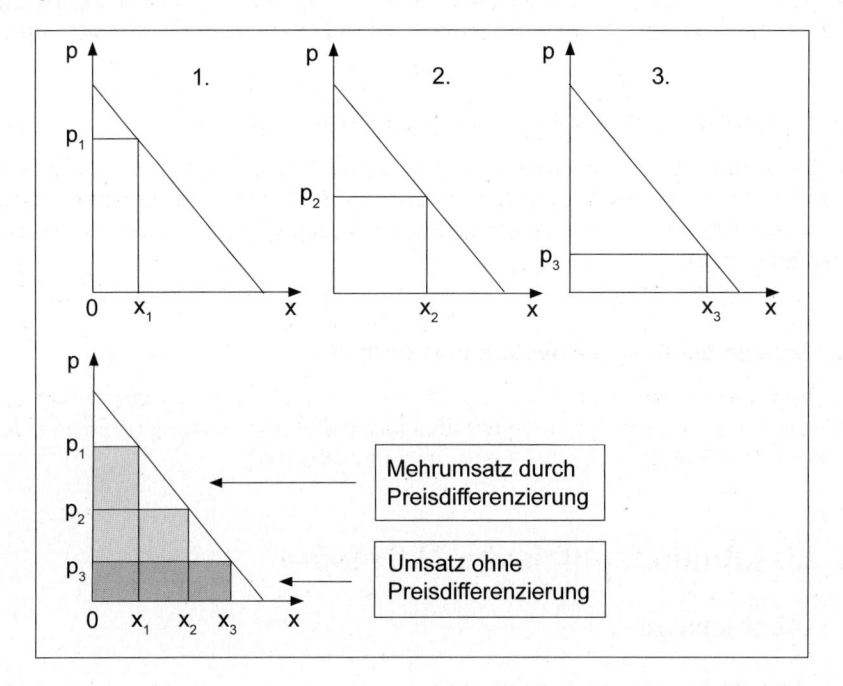

5. Welche Arten von Preisdifferenzierungen werden üblicherweise unterschieden?

Es ist üblich, folgende Arten von Preisdifferenzierungen zu unterscheiden:

- regionale Preisdifferenzierung,
- zeitliche Preisdifferenzierung,
- mengenabhängige Preisdifferenzierung,
- materialabhängige Preisdifferenzierung,
- personelle Preisdifferenzierungen.

6. Was ist eine regionale Preisdifferenzierung?

Ein Produkt wird in verschiedenen Regionen mit unterschiedlichen Preisen angeboten (Beispiel: Medikamente werden in Frankreich billiger verkauft als in Deutschland). Vgl. die Ausführungen zur horizontalen Preisdifferenzierung.

7. Was ist eine zeitliche Preisdifferenzierung?

Ein Produkt wird während eines bestimmten Zeitraums billiger angeboten (Beispiel: Heizöl wird im Sommer billiger verkauft als im Spätherbst.) Vgl. die Ausführungen zur vertikalen Preisdifferenzierung.

8. Was ist eine mengenabhängige Preisdifferenzierung?

Der Preis für ein Produkt wird auf der Grundlage unterschiedlich hoher Mengenabnahmen differenziert; das geschieht im Allgemeinen durch entsprechende Preisnachlässe.

9. Was ist eine materialabhängige Preisdifferenzierung?

Grundlage ist im Allgemeinen eine erhebliche Produktdifferenzierung, ein Produkt wird im Hinblick auf seinen Verwendungszweck verändert, für die verschiedenen Produktausprägungen werden unterschiedliche Preise verlangt (Beispiel: Salz als Kochsalz, Viehsalz, Streusalz).

10. Was ist eine personelle Preisdifferenzierung?

Von Käufergruppen, die sich nach persönlichen oder sozialen Merkmalen unterscheiden, werden für die gleiche Leistung unterschiedliche Preise verlangt (Beispiel: unterschiedliche hohe Eintrittspreise für Kinder und Erwachsene).

1.4.3 Distributionspolitische Aktivitäten

1.4.3.1 Absatzwege

1. Was wird als Absatzweg bezeichnet?

Als Absatzweg bezeichnet man den Weg eines Produkts über die Glieder der Absatzkette vom Hersteller bis zum Endverbraucher (bei Konsumgütern) bzw. vom Hersteller bis zum Endverwender (bei Investitions- bzw. Produktionsgütern). Man unterscheidet direkte und indirekte Absatzwege.

2. Wodurch unterscheidet sich der direkte vom indirekten Absatz?

Bei dem **indirekten** Absatzweg wird der Absatz vermittelt. Zwischen dem Hersteller und dem Endkäufer, das kann ein Verbraucherhaushalt oder ein Produzent sein, sind Absatzmittler (Handel) eingeschaltet. Beim **direkten** Absatzweg wird auf diese Art der Absatzvermittlung verzichtet, aber nicht auf den Einsatz von Absatzhelfern.

3. Wie lassen sich Absatzmittler kennzeichnen?

Zur Kennzeichnung der Absatzmittler können u. a. die folgenden *Merkmale* herangezogen werden:

- Absatzmittler sind wirtschaftlich und rechtlich selbstständig.
- Sie kaufen Produkte vom Lieferanten (z. B. vom Hersteller oder anderen Absatzmittlern) und werden dadurch Eigentümer der Produkte.

- Absatzmittler verändern die eingekauften Produkte nicht durch Be- oder Verarbeitung.
- Absatzmittler verkaufen die Produkte an andere Absatzmittler oder an Endkäufer.
- Absatzmittler setzen bei der Absatzvermittlung eigene absatzpolitische Instrumente ein.

4. Welche Institutionen zählen zu den Absatzmittlern?

Absatzmittler sind der *Großhandel* und der *Einzelhandel*. Nach der „klassischen" Definition beliefern Großhandelsbetriebe den Einzelhandel, aber nicht die Endverbraucher. Einzelhandelsbetriebe dagegen verkaufen an die Endverbraucher.

Diese Definition verliert zunehmend an Bedeutung. Dafür lassen sich folgende Gründe anführen.

- Hersteller und Einzelhandel arbeiten bei Beschaffung und Lieferung eng zusammen.
- Einzelhandelskooperationen kaufen gemeinschaftlich oder genossenschaftlich direkt beim Hersteller.

5. Was sind Absatzhelfer?

Zur Kennzeichnung der Absatzhelfer können u. a. die folgenden *Merkmale* herangezogen werden:

- Absatzhelfer sind wirtschaftlich und rechtlich selbstständig.
- Sie werden nicht Eigentümer der Produkte, bei deren Absatz sie helfen.
- Absatzhelfer setzen keine eigenen absatzpolitischen (auf das Produkt bezogenen) Instrumente ein.

6. Nach welchen Gesichtspunkten können Absatzhelfer unterschieden werden?

Absatzhelfer können nach ihren Funktionen im Zusammenhang mit dem Absatz bzw. der Distribution unterschieden werden. Danach ist die folgende Einteilung möglich:

- Absatzhelfer mit *akquisitorischer Funktion*, dazu zählen die Absatzhelfer, die Kunden bzw. Aufträge akquirieren, z. B. die Handelsvertreter, Kommissionäre.
- Absatzhelfer mit *logistischer Funktion*, dazu zählen die Absatzhelfer, die an der Distribution als Lagerhalter, Spediteure u. Ä. beteiligt sind.
- Absatzhelfer, die mit *sonstigen Funktionen* den Distributionsvorgang unterstützen, da zählen z. B. neben den Kreditinstituten auch Messen u. dgl.

1.4 Auswahl von Marketingaktivitäten   71

7. Welche Absatzwege gibt es für Investitionsgüter?

Für Investitions- bzw. Produktionsgüter sind u. a. folgende Absatzwege denkbar.

- **Direkter Absatz**
  mit Inanspruchnahme von akquisitorischen Absatzhelfern, z. B. Reisenden oder Vertretern (z. B. Verkauf einer Maschine mithilfe des Außendienstes).

- **Indirekter Absatz**, z. B.
  Verkauf und Vertrieb über den Fachhandel.

8. Welche Absatzwege gibt es für Konsumgüter?

Für Konsumgüter sind u. a. folgende Absatzwege denkbar:

- **Direkter Absatz**
  - ohne Absatzhelfer, Beispiele:
    Der Hersteller von Kleidung verkauft seine Erzeugnisse in einem Fabrikladen an die Endverbraucher.
    Ein Bäcker verkauft seine von ihm selbst hergestellten Backwaren im eigenen Laden.
  - mit Einschaltung von Absatzhelfern, Beispiele:
    Der Hersteller von Staubsaugern vertreibt seine Geräte direkt an private Haushalte mithilfe von Vertretern (vgl. z. B. Electro-Lux).

- **Indirekter Absatz**
  - Vertrieb über Großhandel und Einzelhandel (auch bei freiwilligen Ketten) mit oder ohne Einschaltung von Reisenden bzw. Vertretern,
  - Vertrieb über Einzelhandel, z. B. über Großabnehmer wie Kauf-, Warenhäuser u. dgl., Einkaufsgenossenschaften u. Ä.

9. Warum wählt ein Unternehmen für den Absatz seiner Produkte direkte Absatzwege?

Direkte Absatzwege werden u. a. aus folgenden Gründen gewählt:

- Produkte werden an Endkäufer direkt versandt, wenn das Absatzgebiet (noch) nicht erschlossen ist und sich der Einsatz von Absatzmittlern wegen der geringen Zahl von Endkäufern mit geringen Bedarfsmengen nicht lohnt.

- Der direkte Absatz kann sich trotz erheblicher Vertriebskosten lohnen, wenn an einen Endkäufer relativ große Mengen zu liefern sind oder wenn mehrere Abnehmer einer insgesamt großen Menge regional konzentriert ihren Wohn- bzw. Firmensitz haben.

- Anlagegüter werden i. d. R. (insbesondere bei Einzelfertigung) direkt abgesetzt
  - wegen des Beratungs- und Informationsbedarfs,
  - wegen der besonderen Transportprobleme
  - und/oder wegen der besonderen Montageprobleme.

- Auch bestimmte Gebrauchsgüter werfen besondere Transport- und Montage- (Einbau-)Probleme auf und werden deshalb häufig direkt verkauft. Dabei spielt auch die Erklärungsbedürftigkeit eine Rolle.
- Güter, die häufige Bewegungen beim Entladen und Beladen nicht vertragen oder denen Zwischenlagerungen nicht zuträglich sind, werden direkt versandt.
- Direkter Absatz liegt auch beim Streckengeschäft vor, wenn der Handel lediglich den Vertragsabschluss vermittelt.

10. Warum wählt ein Unternehmen für den Absatz seiner Produkte indirekte Absatzwege?

Indirekte Absatzwege werden u. a. aus folgenden Gründen gewählt:

- Absatzmittler übernehmen beim Absatz bestimmte Funktionen für den Hersteller und entlasten ihn dadurch von entsprechenden Kosten. So werden Vertriebskosten gemindert durch die Lieferung relativ großer Mengen an eine relativ geringe Zahl von Absatzmittlern, zumal dann, wenn Vertriebswege verkürzt werden.
- Die Lagerhaltung der Absatzmittler trägt zu Verminderung der Lagerhaltungskosten des Herstellers bei.
- Der Distributionsgrad kann mithilfe der Absatzmittler erhöht werden.
- Absatzmittler übernehmen Information und Beratung der Käufer.
- Der Hersteller nutzt das Image bestimmter Absatzmittler.

11. Was wird als Multi-Channel-Absatz bezeichnet?

Die Definition des Multi-Channel-Absatzes umfasst *zwei Aspekte*.

- Ein Unternehmen kombiniert mehrere Absatzkanäle. Ein Einzelhandelsunternehmen vertreibt gleiche Produkte über den stationären Einzelhandel, den Versandhandel, das Internet usw.
- Ein Einzelhandelsunternehmen nutzt für den Vertrieb mehrere Betriebsformen, um mithilfe von Produkt- und Preisdifferenzierungen mehrere Käufersegmente ansprechen zu können.

12. Welche Bedeutung hat der sog. Distributionsgrad?

Das *Ergebnis der Distribution* ist der Distributionsgrad. Ziel der Distributionspolitik kann ein bestimmter Distributionsgrad sein. Wird ein hoher Distributionsgrad angestrebt, soll die Wahl der Absatzwege dazu beitragen, dass die Verbraucher das Gut ständig in gewünschter Menge kaufen können.

13. Wann betreibt ein Unternehmen intensive Distribution?

Intensive Distribution liegt vor, wenn das Unternehmen einen *hohen Distributionsgrad* anstrebt. Für den Absatz des Produkts werden nach Möglichkeit alle infrage kommenden Absatzwege genutzt. Das ist besonders häufig bei Produkten des täglichen Bedarfs. So wird z. B. eine Mühle ihre Mehlsorten über den „klassischen" Einzelhandel, SB-Märkte, Lebensmittelabteilungen der Kaufhäuser, Discounter usw. verkaufen.

14. Wann betreibt ein Unternehmen exklusive Distribution?

Exklusive Distribution liegt vor, wenn ein Unternehmen die *Zahl der Absatzmittler beschränkt*. Die Produkte werden auf der Grundlage von Exklusivverträgen über besondere („exklusive") Absatzmittler vertrieben. Der Hersteller kann dadurch einerseits besondere Verkaufsbemühungen, Aktivitäten und Kundendienst von den Absatzmittlern erwarten, andererseits nutzt er aber deren Image bei den Verbrauchern.

1.4.3.2 Handelsvertreter und Handelsreisender

1. Wodurch unterscheidet sich der Handelsvertreter hinsichtlich seiner Rechtsstellung und seiner Tätigkeiten vom Reisenden?

Der **Handelsvertreter** ist ein *selbstständiger Kaufmann*, der ständig damit betraut ist, für einen Unternehmer Geschäfte zu vermitteln oder in seinem Namen abzuschließen. Er kann gleichzeitig für mehrere Unternehmen tätig sein. Für seine Tätigkeit erhält er eine umsatzabhängige Provision und evtl. ein Fixum.

Der **Reisende** ist ein *angestellter Kaufmannsgehilfe*, der für seinen Arbeitgeber Verträge abschließt. Für seine Tätigkeit erhält er ein Gehalt und evtl. eine umsatzabhängige Provision. Er kann – im Gegensatz zum Handelsvertreter – seine Tätigkeit i. d. R. nicht frei gestalten, er ist an die Weisungen seines Arbeitgebers gebunden und kann über seine Zeit nicht frei verfügen.

Wenn ein Vertreter ein Fixum erhält, ist dies i. d. R. geringer als das Gehalt des Reisenden; wenn ein Reisender Provision erhält, ist der Provisionssatz i. d. R. niedriger als der des Vertreters.

2. Welche kostenorientierten Kriterien veranlassen ein Unternehmen, einen Handelsreisenden oder einen Handelsvertreter im Außendienst einzusetzen?

Die Entscheidung eines Unternehmens, einen Reisenden oder einen Handelsvertreter in einem bestimmten Gebiet einzusetzen, beruht hauptsächlich auf dem *Vergleich der Kosten*, die der Reisende und der Handelsvertreter bei einem bestimmten (dem voraussichtlich zu erwartenden) Umsatz verursachen. Verglichen werden dabei das Gehalt (und evtl. die umsatzabhängige Provision) des Reisenden mit der umsatzabhängigen Provision (und evtl. dem Fixum) des Handelsvertreters. Sind die Kosten für den Reisenden niedriger als für den Vertreter, lohnt sich der Einsatz des Reisenden (und umgekehrt).

Da die Höhe der Kosten vor allem vom Umsatz abhängt, entscheidet letztlich der erwartete Umsatz, ob in einem Gebiet ein Reisender oder ein Handelsreisender eingesetzt wird. Der Umsatz, bei dem die Kosten für den Reisenden und für den Handelsvertreter gleich sind, wird als kritischer Umsatz bezeichnet.

3. Wie lässt sich der Kostenvergleich rechnerisch durchführen?

Im Folgenden wird gezeigt, wie die Kosten des Handelsvertreters mit denen des Reisenden verglichen werden können.

Die Kosten des Vertreters (K_{VER}) bzw. des Reisenden (K_R) setzen sich zusammen aus dem Fixum bzw. dem fixen Gehalt sowie evtl. aus anderen vom Umsatz unabhängigen Kosten (K_{fVER} bzw. K_{fR}) und den variablen Kosten (K_{vVER} bzw. K_{vR}), die in ihrer Höhe vom Umsatz (U) und dem Provisionssatz (q) bestimmt werden.

- $K_v = q \cdot U$

Kosten des Vertreters:

- $K_{VER} = K_{fVER} + K_{vVER}$ oder
- $K_{VER} = K_{fVER} + (q_{VER} \cdot U)$

Kosten des Reisenden:

- $K_R = K_{fR} + K_{vR}$ oder
- $K_R = K_{fR} + (q_R \cdot U)$

Bei dem sog. kritischen Umsatz (U_{krit}) sind die Kosten des Vertreters und des Reisenden gleich hoch.

- $K_{fVER} + q_{VER} \cdot U_{krit} = K_{fR} + q_R \cdot U_{krit}$

daraus ergibt sich:

- $q_{VER} \cdot U_{krit} - q_R \cdot U_{krit} = K_{fR} - K_{fVER}$ bzw.
- $U_{krit} \cdot (q_{VER} - q_R) = K_{fR} - K_{fVER}$

daraus ergibt sich für den kritischen Umsatz:

$$U_{krit} = \frac{K_{fR} - K_{fVER}}{q_{VER} - q_R}$$

Der kritische Umsatz ergibt sich in der grafischen Darstellung folgendermaßen. Bei einem Umsatz, der geringer als der kritische Umsatz ist, ist der Vertreter dem Reisenden vorzuziehen. Bei einem Umsatz, der höher als der kritische Umsatz ist, sollte der Reisende eingesetzt werden.

1.4 Auswahl von Marketingaktivitäten

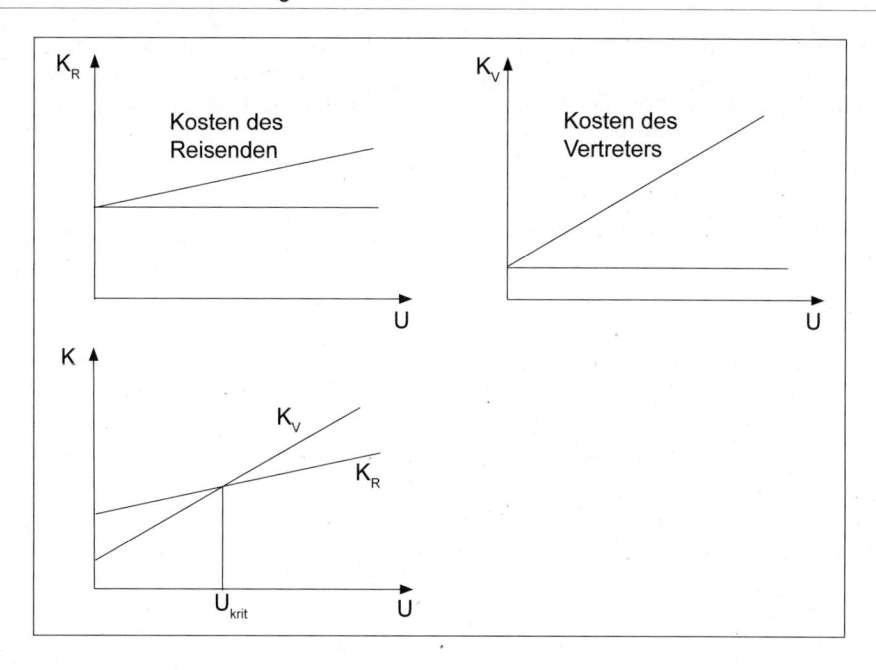

[Diagramme: Kosten des Reisenden K_R über U; Kosten des Vertreters K_V über U; kombiniertes Diagramm mit K_V und K_R mit Schnittpunkt bei U_{krit}]

Bei $U < U_{krit}$ ist $K_R > K_V$, Einsatz des Vertreters
Bei $U > U_{krit}$ ist $K_R < K_V$, Einsatz des Reisenden

Zahlenbeispiel:

In einem Absatzgebiet können Reisender und Vertreter gleiche Umsätze erzielen. Der Reisende erhält ein Gehalt von monatlich 4.000,00 € und eine Umsatzprovision von 5 %; der Vertreter erhält ein Fixum von monatlich 1.000,00 € und eine Umsatzprovision von 20 %.

Kritischer Umsatz:

$$U_{krit} = \frac{4.000 - 1.000}{0,20 - 0,05} = \frac{3.000}{0,15} = 20.000$$

Liegt der erwartete Umsatz unter 20.000 €, wirft der Vertreter geringere Kosten auf; ist der Umsatz höher als 20.000 €, wirft der Reisende geringere Kosten auf.

Wenn davon ausgegangen werden kann, dass der Reisende in einem bestimmten Absatzgebiet durch seinen besonderen Einsatz mehr umsetzt als der Vertreter, muss diese einfache Kostenvergleichsrechnung modifiziert werden. Der höhere Umsatz bedeutet einerseits höheren Gewinn, andererseits aber auch höhere umsatzabhängige Kosten. Vor einem Kostenvergleich sind deshalb die Kosten, die der Reisende verursacht, um den zusätzlichen Gewinn zu bereinigen.

4. Welche Faktoren beeinflussen neben den Kosten die Entscheidung eines Unternehmens, einen Reisenden oder einen Vertreter einzusetzen?

Neben den Kosten spielen *qualitative Faktoren* bei der Entscheidung für den Reisenden oder den Handelsvertreter eine Rolle.

Für einen Hersteller kann die *Steuerbarkeit des angestellten Reisenden* wichtig sein. Das Unternehmen kann Einfluss auf seine Leistungen nehmen, ihn im Betrieb schulen und ihn mit zusätzlichen Aufgaben betrauen. Schließlich kann er davon ausgehen, dass der Reisende besondere Kenntnisse über das Produkt besitzt und deshalb genauer beraten kann.

Bei einem Vertreter schätzt der Auftraggeber u. U. dessen besondere *Marktnähe*, Marktinformationen und Verkaufsaktivitäten.

1.4.3.3 Anzahl der Außendienstmitarbeiter

1. Wovon ist die Anzahl der Außendienstmitarbeiter abhängig?

Die Zahl der Außendienstmitarbeiter ist abhängig von den folgenden Bedingungen:

- Anzahl der Kunden, die Zahlenangabe soll sowohl die alten Kunden als auch die Neukunden berücksichtigen,
- Häufigkeit der Besuche der Kunden,
- Anzahl der Besuche an einem Tag,
- Anzahl der Besuchstage im Jahr.

2. Wie wird die Anzahl der Außendienstmitarbeiter errechnet?

Die Anzahl der Außendienstmitarbeiter kann nur ungefähr ermittelt werden; die Zahlen, die der Berechnung zu Grunde liegen, können z. T. nur geschätzt werden. Die Anzahl der Außendienstmitarbeiter kann nach folgender Formel berechnet werden.

$$\text{Außendienstmitarbeiter} = \frac{\text{Anzahl der Kunden} \cdot \text{jährliche Besuchshäufigkeit}}{\text{tägliche Besuche} \cdot \text{Besuchstage}}$$

Der Veranschaulichung soll folgendes Beispiel dienen. *In einem Verkaufsgebiet hat ein Unternehmen die in der folgenden Tabelle angegebene Anzahl von Kunden, die Kunden werden nach Kundengruppen zusammengefasst in Anlehnung an die ABC-Analyse; für die Kunden wird die Besuchshäufigkeit je Kunden angegeben. Es wird davon ausgegangen, dass ein Mitarbeiter am Tag sechs Besuche ausführen kann; die Besuchstage werden mit 162 angenommen.*

Kundengruppen	Anzahl der Kunden	durchschnittliche Besuchshäufigkeit jedes Kunden im Jahr	Anzahl der Besuche
A-Kunden	200	12	2.400
B-Kunden	800	6	4.800
C-Kunden	2.000	4	8.000
Neukunden	800	6	4.800
			20.000

Nach der Berechnung sind unter den angegebenen Voraussetzungen rd. 20 Außendienstmitarbeiter erforderlich.

$$\text{Außendienstmitarbeiter} = \frac{20.000}{6 \cdot 162} = 20{,}58$$

1.4.3.4 Gestaltung der Absatzkette

1. Womit befasst sich das vertikale Marketing?

Als Teil der Distributionspolitik befasst sich das vertikale Marketing mit der marketingpolitischen *Gestaltung der Absatzkette*, die vom Hersteller über die Absatzmittlung bis zum Endabnehmer reicht. Ziel ist die Durchsetzung eines einheitlichen Marketingkonzeptes über alle Stufen der Absatzkette. Das Konzept beruht im Allgemeinen auf der Zusammenarbeit zwischen Hersteller und Handel unter Einbeziehung des Endkäufers.

2. Welche Bedeutung haben Pull- und Pushstrategien im vertikalen Marketing?

Im vertikalen Marketing werden sog. Pull- und Pushstrategien angewandt. Mithilfe von **Pushstrategien** soll erreicht werden, dass die Glieder der Absatzkette „gepushte" Produkte bei der jeweils vorgelagerten Stufe kaufen; so wird z. B. der Endverbraucher durch Werbung des Herstellers angeregt, das Produkt im Einzelhandel, der es vorrätig hält, zu kaufen.

Durch **Pullstrategien** soll durch die Nachfrage einer nachgelagerten Stufe der Absatzkette die Nachfrage des Produktes beim Hersteller nach sich ziehen. So kann z. B. die Werbung des Herstellers eines Produktes den Endkäufer veranlassen, das Produkt im Handel nachzufragen, der das Produkt infolge der Nachfrage in sein Sortiment aufnimmt. Die Nachfrage des Handels führt über die Stufen der Absatzkette schließlich zur Nachfrage beim Produzenten.

In der Praxis sind beide Strategien nicht eindeutig voneinander zu trennen.

3. Welches System liegt der Zusammenarbeit zwischen Handel und Lieferanten im vertikalen Marketing zu Grunde?

Das System, das der Zusammenarbeit zwischen Handel und Lieferanten im vertikalen Marketing zu Grunde liegt, wird als *Efficient Consumer Response* bezeichnet. Das System verfolgt den Zweck, die Versorgung von Handelsunternehmen mit Konsumgütern optimal an den Bedürfnissen der Verbraucher auszurichten. Das System erstreckt sich in erster Linie auf den Warenfluss, dann aber auch auf die Gestaltung der Warengruppen und Sortimente, Warenpräsentation u. Ä.

4. Welches Ziel verfolgt das Warengruppenmanagement?

Das Warengruppenmanagement (Category Management) setzt das Efficient Consumer Response um. Der Warengruppenmanager ist für den Einkauf (die Beschaffung) zuständig. Ziel des Warengruppenmanagements (Category Management) ist die optimale Gestaltung des Sortiments bzw. der Warengruppe unter besonderer Berücksichtigung des Bedarfs bzw. des Nutzens der Zielgruppe.

5. Welche Bereiche umfasst das Category Management mit Bedeutung für Einkauf und Beschaffung?

Folgende Bereiche des CM haben bei Einkauf und Beschaffung besondere Bedeutung:.

- Efficient Store Assortment: Zusammenarbeit zwischen Lieferer und Abnehmer auf der Grundlage von Warengruppen- bzw. Sortimentsidentität, z. B. Lagerergänzungen, Gestaltung der Sortimente usw.
- Efficient Continuous Replenishment: Zusammenarbeit mit dem vorrangigen Ziel des gleichmäßigen Warennachschubs.

6. Welche Bedeutung hat das Key Account Management?

Für das Einkaufsverhalten großer Unternehmen hat das Key Account Management der Hersteller bzw. der Lieferanten erhebliche Bedeutung. Key Accounts sind Großkunden. Mit Key Account Management umschreibt man alle Maßnahmen zur *Betreuung von Key Accounts*. Es trägt sowohl zum Efficient Store Assortment als auch zum Efficient Continuous Replenishment bei.

7. Was versteht man unter dem Supply Chain Management?

Als Supply Chain bezeichnet man die Logistikkette von den Zulieferern über die Hersteller von Halbfabrikaten und Fertigprodukten, den Handel an die Endverkäufer. Supply Chain Management umschreibt alle Maßnahmen im Zusammenhang mit dem Aufbau und der Verwaltung von Informations- und Warenflüssen zwischen den Gliedern dieser Kette.

1.4 Auswahl von Marketingaktivitäten 79

8. Welche Bedeutung haben Informations- und Kommunikationssysteme beim Einkauf bzw. bei der Beschaffung?

Das Informationssystem, das bei dem Category Management und dem Supply Chain Management angewandt wird, ist das *Electronic Data Interchange* (EDI). EDI ist der elektronische Austausch strukturierter Geschäftsdaten zwischen den beteiligten Unternehmen. Die Daten sollen zweckmäßigerweise schnell der Zielanwendung zugeführt und in die interne Bearbeitung einbezogen werden. Im Allgemeinen verwenden die Unternehmen standardisierte Datensysteme als Kommunikationsbasis, die von einer Vielzahl von Partnern genutzt werden können.

9. Welche Vorteile hat das Electronic Data Interchange (EDI)?

Das EDI hat u. a. folgende Vorteile:

- Verwaltungsarbeiten werden rationalisiert,
- manuelle Eingaben entfallen,
- die Fehlerquote wird durch den Wegfall der manuellen Eingaben und der Verwendung von Standards reduziert,
- die Bearbeitungszeit wird verkürzt.

1.4.3.5 Gestaltung der Distribution

1. Welche Bedeutung hat die Marketinglogistik?

Als Marketinglogistik bezeichnet man alle Maßnahmen zur *optimalen Gestaltung der Distribution* und die Durchführung dieser Maßnahmen. Die Maßnahmen betreffen den Leistungsprozess der Übernahme der fertigen Produkte aus der Produktion bzw. vom Fertiglager bis zur Übergabe an den Kunden.

2. Welche Aufgaben hat die Marketinglogistik?

Die Aufgaben der Marketinglogistik betreffen zwei Ebenen. Marketinglogistik befasst sich einerseits mit der Optimierung der Distributionskanäle, andererseits aber auch – als sog. physische Distribution – mit dem Gütertransport und der Auftragsabwicklung.

3. Womit befassen sich marketinglogistische Strategien?

Marketinglogistische Strategien leiten sich aus der Aufgabe zur Optimierung der Distributionskanäle ab. Sie betreffen u. a. langfristige Entscheidungen

- für bestimmte Absatzwege,
- für die Standorte von Auslieferungslagern,
- für Inanspruchnahme von Speditionen u. dgl.,
- für den Einsatz eines Reisenden oder eines Vertreters.

4. Welche Bedeutung haben die Begriffe „Logistik" und „physische Distribution"?

Die Betriebswirtschaftslehre hat den Begriff „Logistik" aus dem militärischen Sprachgebrauch, wo mit ihm der Transport und der Umschlag militärischer Güter und die Organisation des Nachschubs usw. umschrieben wird, übernommen. In Anlehnung daran ist Logistik die Bezeichnung für alle Transport-, Umschlags- und Lagerungsvorgänge, die im Zusammenhang mit der Auslieferung von Gütern eines Unternehmens an seine Kunden stehen.

Ziel der Logistik ist, diese Vorgänge so zu koordinieren und zu organisieren,

- dass die Güter in gewünschter Art und Beschaffenheit, zum notwendigen Zeitpunkt, am erforderlichen Ort für den Kunden bereitstehen und
- dass die Kosten, die in diesen Zusammenhängen anfallen, minimiert werden.

Für Logistik wird häufig der Begriff *physische Distribution synonym* verwandt.

5. Welche grundsätzlichen Probleme bestehen im Zusammenhang mit Logistik bzw. physischer Distribution?

Logistik befasst sich bei der Verfolgung ihres Ziels mit *Entscheidungen*, die u.a. im Zusammenhang mit folgenden Problemen stehen:

- Wahl der Transportmittel,
- Wahl der Transportwege,
- Frage nach zentralem oder dezentralem Absatz,
- Frage nach dem günstigsten Standort eines Auslieferungslagers.

Grundlagen für die Entscheidungen sind Überlegungen zur *Minimierung der Kosten*, z.B.

- der Lagerhaltungskosten, z.B. Kosten durch besondere Lagerung (Kühlhaus), durch Kommissionierungen usw.,
- der Transportkosten, z.B. Frachtkosten, Kosten der Be- und Entladung,
- der Fehlmengenkosten, die z.B. durch verspätete Lieferung und/oder mangelhafte Lieferbereitschaft entstehen.

Die Entscheidungen werden u.a. *beeinflusst*

- von der Länge der Transportwege,
- vom Umfang der Lieferung,
- von der Art der Ware,
- von der Ausstattung des Unternehmens mit Transportmitteln und deren Auslastung.

1.4 Auswahl von Marketingaktivitäten

6. Welche Kriterien sind bei der Entscheidung zwischen Eigen- und Fremdtransport von Bedeutung?

Unter besonderen Bedingungen muss ein Unternehmen für den Versand die Leistungen von Absatzhelfern in Anspruch nehmen. Das geschieht,

- wenn der Eigentransport zu teuer wird,
- wenn die eigene Transportkapazität nicht ausreicht, wenn sie vorübergehend ausgelastet ist und durch verspätete Lieferungen Konventionalstrafen drohen oder sog. Fehlmengenkosten entstehen können,
- wenn die besondere Art der zu versendenden Waren besondere Transportformen erfordern, z. B. Kühlversand bei verderblichen Gütern, Transport gefährlicher Güter,
- wenn der Umfang des Gutes eine besondere Transportart erfordert, z. B. Transport einer Maschine auf Tieflader.

7. Wie lässt sich die Entscheidung, fremde Transporteinrichtungen in Anspruch zu nehmen, begründen?

Im Folgenden wird beispielhaft mit angenommenen Zahlen eine *Vergleichsrechnung* durchgeführt. Entscheidungsgrundlage sind die bei Auslieferung zu fahrenden Kilometer („kritische km").

Ein Unternehmen nimmt für die Auslieferung von einem Auslieferungslager die Dienste eines Transportunternehmers in Anspruch, der im Monat April ... für 5000 km 6.500 € in Rechnung stellt (1,10 € je km + Festbetrag von 1.000 €). Es wird erwogen, das Auslieferungslager mit einem eigenen Transporter auszustatten; dabei würden die folgenden Kosten anfallen: Abschreibung jährlich: 18.000 €, Steuern, Versicherungen u. dgl. jährlich: 3.600 €, Lohnkosten für den Fahrer mtl.: 2.400 €, Treibstoff- und ähnliche laufende Kosten je km: 0,20 €.

		eigener Lkw		fremder Lkw
feste Kosten mtl.		4.200,00 €		1.000,00 €
variable Kosten je km	0,20 €		1,10 €	
variable Kosten bei 5.000 km		1.000,00 €		5.500,00 €
Gesamtkosten bei 5.000 km		5.200,00 €		6.500,00 €

Unter den angenommenen Bedingungen wäre der Betrieb eines eigenen Lkw billiger gewesen.

Ermittlung des kritischen Werts (der kritische Wert gibt die km-Leistung an, bei der die Kosten beider Verfahren gleich sind):

Der kritische Wert ergibt sich bei der Gleichheit der Kosten bei Eigentransport (K_{Et}) mit den Kosten bei Fremdtransport (K_{Ft}),

$$K_{Et} = K_{Ft}$$

$$K = K_f + K_v$$

$$K_v = x \cdot kmK \quad (kmK = \text{km-Kosten})$$

$$x = km_{krit}$$

$$K_{Et} = K_{fEt} + x \cdot kmK_{Et}$$

$$K_{Ft} = K_{fFt} + x \cdot kmK_{Ft}$$

$$K_{fFt} + x \cdot kmK_{Ft} = K_{fEt} + x \cdot kmK_{Et}$$

$$x \cdot kmK_{Et} - x \cdot kmK_{Fk} = K_{fFt} - K_{fEt}$$

$$x(kmK_{Et} - kmK_{Ft}) = K_{fFt} - K_{fEt}$$

$$x = \frac{K_{fFt} - K_{fEt}}{kmK_{Et} - kmK_{Fk}}$$

Mithilfe der Formel kann der kritische Wert für die Kilometerleistung errechnet werden.

$$\boxed{x = \frac{1.000 - 4.200}{0,2 - 1,1} = \frac{-3.200}{-0,9} = 3.555,56}$$

Der kritische Wert beträgt 3.556 km.

Bei einer Kilometerleistung, die über 3.556 km liegt, lohnt sich der Einsatz eines eigenen Lkw.

Der Sachverhalt lässt sich auch grafisch darstellen.[12] Die folgende Zeichnung gibt die Kostenverläufe für beide Verfahren an, beim Schnittpunkt beider Kurven ergibt sich der kritische Wert. Bei km_1 ($km_1 < km_{krit}$) lohnt sich die Inanspruchnahme des Spediteurs, bei km_2 ($km_2 > km_{krit}$) ist der eigene Lkw günstiger.

---

[12] Die hier verwendete Zeichnung lässt sich mit entsprechender Modifikation auch in anderen Zusammenhängen anwenden, z. B. beim Vergleich der Kosten bei zentraler oder dezentraler Lagerung, bei Eigen- oder Fremdlagerung, bei Einsatz von Reisenden oder Vertretern (s. o.).

1.4 Auswahl von Marketingaktivitäten

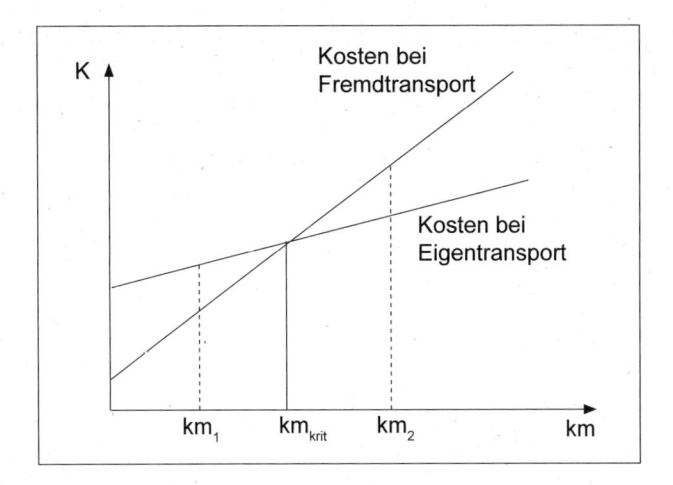

[Diagramm: K-Achse (Kosten) und km-Achse; zwei Geraden „Kosten bei Fremdtransport" (steiler) und „Kosten bei Eigentransport" (flacher), Schnittpunkt bei km_{krit}, markiert außerdem km_1 und km_2.]

8. Wovon ist die Entscheidung zwischen zentralem und dezentralem Lager abhängig?

Die Entscheidung für zentrale oder dezentrale Lagerung beruht auf dem *Vergleich der Kostenvorteile* bei Kundennähe mit den Kostennachteilen durch zusätzlichen Lagerraum und zusätzliche Verwaltung. Daneben sind auch andere Vorteile und Nachteile der beiden Lagerarten abzuwägen.

Vorteile zentraler Lagerung sind u. a. Übersichtlichkeit über Gesamtbestand, zentrale Erfassung der Lagerdaten, schneller Datenzugriff für Unternehmens- und Verkaufsleitung als Grundlage für Planungen und Entscheidungen, Vereinfachung der Bestands- und Bewegungskontrollen, Verringerung von Raum- und Verwaltungskosten.

Nachteile zentraler Lagerung sind u.a. längere Transportwege zu den Kunden, höhere Transportkosten, Störungen bzw. Verzögerungen (damit u. U. Entstehung von Fehlmengenkosten u. Ä.) bei Lieferung.

Von dezentraler Lagerung spricht man, wenn Lager gleicher Art räumlich getrennt werden. Ihre Vorteile sind die Nachteile der zentralen Lagerung, ihre Nachteile die Vorteile der zentralen Lagerung.

Vorteile dezentraler Lagerung sind z. B. Kundennähe, Verkürzung der Transportwege, geringere Störungen bei Auslieferungen, Verringerung der Transportkosten.

Nachteile dezentraler Lagerung sind z. B. Verringerung der Übersichtlichkeit, erhöhte Kosten für die Unterhaltung mehrerer Lager (Raum- und Verwaltungskosten).

9. Was ist ein Lagerhalter?

Der Lagerhalter ist ein *selbstständiger Kaufmann*, der gewerbsmäßig die Lagerung und Aufbewahrung von Gütern für andere übernimmt (§§ 416 ff. HGB).

10. Welche Logistik- bzw. distributive Aufgaben können Fremdlager übernehmen?

Größere Fremdlager sind mit geschultem Personal, mit Fuhrpark, EDV-Anlagen und Einrichtungen für spezielle Warenlagerung ausgestattet. Sie können häufig außer der Lagerung (Aufbewahrung) der Waren auch deren Bearbeitung und Pflege (Manipulation) und die Auslieferung an Kunden bzw. den Transport an den Bestimmungsort übernehmen.

11. Was sind Logistikdienstleister?

Logistikdienstleister sind Lagerhalter; sie bieten Dienstleistungen, die im Zusammenhang mit der Anlieferung bzw. Ablieferung von Waren stehen. Zu den Dienstleistungen zählen u. a. Lagerung, Verpackung, Spedition, gelegentlich auch Beschaffung; besondere Bedeutung hat jedoch der Transport.

Logistikdienstleister sorgen für die rechtzeitige Lieferung der Materialien und Waren an den richtigen Ort. Sie haben besondere Bedeutung im Zusammenhang mit der Just-in-Time-Lieferung und bei C-Gütern.

12. Warum werden die Leistungen von Logistikdienstleistern in Anspruch genommen?

Für die Inanspruchnahme der Dienstleistungen gibt es u. a. folgende Gründe:

- Die Logistikdienstleister verfügen über entsprechende *Lagerkapazitäten*; sie entlasten damit den Auftraggeber bei der Lagerhaltung. Das kann bei der Lieferung just in time von besonderer Bedeutung sein; der Logistikdienstleister übernimmt den Transport und sorgt für die rechtzeitige Lieferung.

- Die Logistikdienstleister verfügen über *besondere Lagereinrichtungen*, damit das Lagergut sachgerecht gelagert werden kann, z. B. Kühlräume.

- Die Logistikdienstleister verfügen über erforderliche *Transportkapazitäten*, über Verladeeinrichtungen u. Ä.

- Schließlich verfügen Logistikdienstleister auch über *das technische Wissen*, das für sachgerechte Lagerung, für Verpackung, Verladung, Zustellung usw. erforderlich ist.

1.4.4 Kommunikationspolitische Aktivitäten

1.4.4.1 Werbung

1.4.4.1.1 Werbeziele

1. Was sind allgemeine Werbeziele?

Zu den allgemeinen Werbezielen können die folgenden Ziele gezählt werden:

- Expansionswerbung: Das werbende Unternehmen will seine Marktchancen nutzen und Marktanteile gewinnen, um über die Steigerung des Umsatzes seinen Gewinn zu erhöhen.

- Erinnerungswerbung: Das werbende Unternehmen erinnert mit seinen Werbemaßnahmen an sein Produkt (seine Marke), um die Nachfrage zu stabilisieren.

- Erhaltungswerbung: Das werbende Unternehmen verteidigt mit den Mitteln der Werbung seinen Marktanteil gegen die zunehmende Substitutionskonkurrenz.

2. Was sind spezielle Werbeziele?

Die allgemeinen Werbeziele werden durch spezielle Werbeziele ergänzt und weitergehend konkretisiert. Beispiele für spezielle Werbeziele:

- Ein neues Produkt wird bei einer bestimmten Zielgruppe bekannt gemacht.

- Das Image der Marke soll verbessert werden; dazu sollen u. a. Aufmachung und Darstellung des Markennamens und -zeichens in modernisierter Form in Verpackungen, Werbematerialien und Werbespots aufgenommen werden.

- Der Bekanntheitsgrad eines Produkts, für das aufgrund veränderter Konsumgewohnheiten Bedarf besteht, soll erhöht werden.

3. Wodurch unterscheiden sich außerökonomische Werbeziele von den ökonomischen Werbezielen?

Ökonomische Werbeziele sind auf ökonomische Größen ausgerichtet, z. B. auf Erhöhung des Umsatzes und des Gewinns, auf Verbesserung der Deckungsbeiträge.

Außerökonomische Werbeziele können z. B. Imageverbesserung, Präferenzbildung, Einstellungsänderung, Weckung von Kaufinteresse sein. Es sind also vorrangig *kommunikative Ziele*. Sie sollen jedoch schließlich in der aktuellen Kaufsituation die umworbenen Zielpersonen zum Kauf der Produkte des werbenden Unternehmens anregen.

1.4.4.1.2 Zielgruppen und Segmentierung

1. Was sind Zielgruppen?

Die Gruppe von Personen (oder Institutionen), auf die das Werbeziel ausgerichtet ist und an die sich die Werbemaßnahmen richtet, wird als Zielgruppe bezeichnet. Eine Zielgruppe ist eine Gruppe von Individuen, die nach bestimmten Merkmalen gleichartig sind.

Zielgruppen werden also einerseits durch die Formulierung des Ziels, andererseits durch bestimmte Merkmale definiert.

2. Was heißt Segmentierung?

Als Segmentierung bezeichnet man die *Einteilung des Absatzmarktes* für ein Produkt bzw. für eine Leistung in Gruppen von Käufern, die nach bestimmten Merkmalen gleichartig, homogen, sind. (Die gleichartigen Gruppen werden gelegentlich als Segmente bezeichnet.) Der Anbieter berücksichtigt diese Gruppen bei seiner Werbestrategie, also z. B. bei der Formulierung von Werbezielen und der Gestaltung der Werbemaßnahmen.

3. Wie können Zielgruppen definiert werden?

Zur Definition von Zielgruppen können u. a. Ausprägungen der folgenden *Merkmale* herangezogen werden:

- Kaufverhalten und Verwendung,
- Bedürfnisse,
- demografische, soziografische, psychografische Merkmale.

Zielgruppen werden meistens gebildet aus einer Kombination mehrerer Merkmalsausprägungen. So könnte z. B. die Zielgruppe für ein Produkt wie Backmischungen – berufstätige Hausfrauen mit mittlerem Einkommen – gebildet werden aus den Gruppen Hausfrauen, berufstätige Frauen, Frauen, die über entsprechend hohes Wirtschaftsgeld verfügen können.

4. Welche Merkmale können zur Bildung von Zielgruppen herangezogen werden?

Die Merkmale, die zur Definition von Zielgruppen herangezogen werden, lassen sich in folgende Klassen einteilen:

- Demografische Merkmale:
  Zielgruppen werden nach Geschlecht, Alter, Haushaltsgröße, Haushaltseinkommen, Schichtzugehörigkeit u. dgl. definiert.

1.4 Auswahl von Marketingaktivitäten

- Geografische Merkmale:
  Zielgruppen werden auf der Grundlage regionaler Bedingungen gebildet, d. h. sie werden u. a. danach definiert, wo ihre Mitglieder wohnen, arbeiten oder ihren Firmensitz haben, z. B. in Städten (Groß-, Klein-, Mittelstädten), auf dem Land, in bestimmten Bundesländern, Regierungsbezirken, Kaufkraftbezirken.

- Psychografische Merkmale:
  Zielgruppen werden nach bestimmten psychologischen Merkmalen definiert, das können z. B. Einstellungen, Erwartungen, Wünsche, Persönlichkeitsmerkmale, Charaktereigenschaften u. dgl. sein.

- Verhaltensbezogene Merkmale:
  Zielgruppen werden nach Kaufgewohnheiten und Verbrauchsverhalten gebildet.

5. Welche Eigenschaften muss eine Zielgruppe aufweisen?

Eine Zielgruppe sollte u. a. folgende Eigenschaften aufweisen.

- Homogenität: Die Mitglieder der Zielgruppe müssen hinsichtlich der zur Definition der Gruppe herangezogenen Merkmalsausprägungen gleichartig sein.

- Unterscheidbarkeit: Die zur Definition der Zielgruppe herangezogenen Merkmalsausprägungen müssen die Zielgruppe eindeutig von anderen Zielgruppen unterscheiden.

- Eindeutigkeit: Die Definition der Zielgruppe muss so eindeutig sein, dass kein zusätzlicher Interpretationsbedarf besteht. So müssen z. B. alle an den Marketingmaßnahmen Beteiligten die Zielgruppe gleichermaßen identifizieren können.

- Verwertbarkeit: Die Zielgruppe muss für entsprechende Marketingmaßnahmen – auch nach wirtschaftlichen Gesichtspunkten – verwertbar sein.

- Dauerhaftigkeit: Die Zielgruppe sollte längerfristigen Bestand haben.

1.4.4.1.3 Werbebotschaft

1. Was ist eine Werbebotschaft?

Die Werbebotschaft ist die grundsätzliche Thematik, mit der Aufmerksamkeit für das Produkt erregt und Interesse an dem Produkt geweckt werden sollen. Der Inhalt der Werbebotschaft und die Form ihrer Darstellung sind dabei von Bedeutung.

Inhalt und Form der Werbebotschaft gehen auf Motive, Verhalten, Wünsche, Ansprüche usw. der bekannten Zielgruppen ein und berücksichtigen entsprechend wirtschaftliche, soziale, emotionale, technische oder andere Aspekte.

2. Welche Aspekte der Werbebotschaft sind zu unterscheiden?

Die Werbebotschaft enthält folgende Aspekte:[13]

---

[13] Vgl. Weis, H. C.: Marketing, a. a. O., S. 460 ff.

- Basisbotschaft,
- Nutzenbotschaft,
- Nutzenbegründung.

3. Wie lässt sich die Basisbotschaft umschreiben?

Die Basis der Werbebotschaft ist, dass der umworbene Kunde das Produkt eindeutig identifizieren und es von Konkurrenzprodukten unterscheiden kann. Die Basisbotschaft kann sich z. B. ausdrücken in der verbalen oder bildlichen Darstellung des Produkts, in der Nennung oder Hervorhebung von Hersteller- oder Markennamen u. Ä.

4. Worauf zielt die Nutzenbotschaft ab?

Die Werbebotschaft soll den besonderen Nutzen des Produkts für die Zielgruppe herausstellen. Es soll also vermittelt werden, dass das Produkt einen einzigartigen Nutzenvorteil für die umworbenen Zielgruppen hat. Die Einzigartigkeit kann sich auf ältere Produkte des Unternehmens und auf ähnliche Produkte der Mitbewerber beziehen. Der Nutzenvorteil kann z. B. in einem günstigeren Preis oder in einfacherer Handhabung des Produkts oder in höherer Leistungsfähigkeit liegen.

Die Nutzenbotschaft zielt also darauf ab, die Einzigartigkeit eines Nutzenvorteils für den Kunden herauszustellen und damit ein Alleinstellungsmerkmal des Produkts zu erreichen. Das werbende Unternehmen erhält dadurch für sein Produkt eine sog. *Unique Selling Proposition* (USP).

5. Warum muss der Nutzen begründet werden?

Die Werbebotschaft muss glaubhaft machen, dass der Nutzenvorteil für die Zielgruppen besteht. Sie enthält deshalb im Zusammenhang mit der Darstellung des Nutzens auch eine Nutzenbegründung. Die Nutzenbegründung kann z. B. durch eine szenische Darstellung (in einem Film), durch Heranziehen von Untersuchungsergebnissen, durch vergleichende Darstellung in Bildern oder in Worten u. Ä. erreicht werden.

6. Was ist eine Unique Selling Proposition?

Durch Nutzenbotschaft und Nutzenbegründung will das Unternehmen eine sog. Unique Selling Proposition (USP) erreichen. Wenn die umworbene Zielgruppe den Nutzenvorteil erkennt und das Produkt deshalb kauft, kann das Unternehmen schließlich einen *einzigartigen Verkaufsvorteil* erhalten.

7. Wodurch unterscheidet sich die USP von der UAP?

UAP heißt Unique Advertising Proposition und bedeutet etwa „Einzigartigkeit durch eine werbliche Behauptung". Die Produktdifferenzierung wird bei USP durch den in der Nutzenbegründung nachgewiesenen Nutzenvorteil erreicht, bei dem UAP durch einen behaupteten.

1.4.4.1.4 Werbemittel und Werbeträger

1. Was sind Werbemittel?

Werbemittel vermitteln die Werbebotschaft. Das Werbemittel steht also zwischen dem werbenden Unternehmen und der Zielgruppe, die die Werbebotschaft erreichen und verstehen soll.

Werbemittel sind u. a.

- szenische Darstellungen,
- Anzeigen,
- Plakate,
- Prospekte,
- Flyer,
- Werbebriefe,
- Beilagen,
- Werbegeschenke.

2. Nach welchen Gesichtpunkten werden die Werbemittel ausgewählt?

Es ist wichtig, ein Werbemittel auszuwählen, das die Werbebotschaft angemessen darstellen kann. Die Zielgruppe muss die Botschaft verstehen und den Nutzenvorteil erkennen können. Art, Aufmachung, Erscheinungszeit (Kontaktierungszeit) sind u. a. wichtige Kriterien für die Werbemittelauswahl.

Im Einzelnen sind folgende *Gesichtspunkte* für die Auswahl von Werbemitteln von Bedeutung:

- Die Werbebotschaft,
- die Zielgruppe,
- das Produkt,
- die Darstellungsform, in der die Werbebotschaft der Zielgruppe angemessen übermittelt werden kann, z. B. szenische, gefühlsbetonte Darstellung, sachlicher, informativer Text,
- Zeitpunkt oder Zeitraum des Kontaktes durch die Zielgruppe, z. B. bei der morgendlichen Zeitungslektüre, beim abendlichen Fernsehen,
- Werbemittel der Mitbewerber, es kann sowohl zweckmäßig sein, das gleiche Werbemittel wie ein Mitbewerber mit ähnlichem Produkt zu nutzen, als auch sich vom Mitbewerber durch die Wahl eines anderen Werbemittels eindeutig abzusetzen,
- Werbeträger, gelegentlich bestimmt der Werbeträger das Mittel, z. B. wegen der besonderen Darstellungsform (z. B. szenische Darstellungen in Fernsehspots oder in der Kinowerbung) oder wegen des besonderen Kontaktierungszeitpunktes (z. B. Inserate in der Morgenzeitung).

3. Was versteht man unter Inter-Media-Auswahl?

Mit dem Begriff Media werden die Werbeträger bezeichnet. Inter-Media-Auswahl ist zunächst eine *Grobauswahl aus den möglichen Werbeträgern*. Das werbende Unternehmen wählt zwischen (inter) verschiedenen Werbeträgergruppen aus; es entscheidet sich z. B. für Werbung mit einer überregional erscheinenden Wochenzeitschrift.

4. Welcher Unterschied besteht zwischen Inter-Media-Auswahl und Intra-Media-Auswahl?

Die Inter-Media-Auswahl muss durch die Intra-Media-Auswahl ergänzt werden. Das werbende Unternehmen wählt z. B. innerhalb (intra) der Werbeträgergruppe einen bestimmten Werbeträger aus; es entscheidet sich z. B. innerhalb der Gruppe Wochenzeitschriften für eine Frauenzeitschrift.

5. Welche Gruppen von Werbeträgern lassen sich unterscheiden?

Die Werbeträger lassen sich in folgende Gruppen einteilen:

- Printmedien,
- elektronische Medien,
- Außen- und Verkehrsmittelwerbung.

6. Welche Kriterien spielen bei der Inter-Media-Auswahl eine Rolle?

Folgende Kriterien spielen bei der Inter-Media-Auswahl eine Rolle:

- Das einzusetzende *Werbemittel*, z. B. Anzeige, TV-Spot, Plakat,
- die *Zielgruppe*, z. B. Hausfrauen, Jugendliche, Einkäufer,
- der *Zeitpunkt* und die Situation des Werbekontaktes, z. B. beim vorabendlichen Fernsehen, auf dem morgendlichen Weg zur Arbeit in der Bahn, am Arbeitsplatz,
- die *Werbebotschaft* und die Möglichkeiten zu ihrer Darstellung, z. B. die szenische Darstellung im TV-Spot mit der Möglichkeit zur Demonstration von Bewegungsabläufen, die Textanzeige mit der Möglichkeit zu tiefer gehenden Informationen, die Bildanzeige oder das Plakat mit der Möglichkeit zur Erregung von Aufmerksamkeit oder zur Erinnerung an eine TV-Werbung,
- das *Verbreitungsgebiet* des Werbeträgers, so wird z. B. ein Unternehmen einen Werbeträger wählen, der sein Absatzgebiet abdeckt,
- das *Werbeverhalten* der Mitbewerber, so wird z. B. ein Unternehmen gelegentlich den Werbeträger, über den die Konkurrenz wirbt, wählen,
- der *Werbeetat*, d. h. für die Werbung zur Verfügung stehende Mittel.

Die Kriterien, die bei der Entscheidung für einen Werbeträger von Bedeutung sind, hängen eng zusammen. So bestimmt z. B. das Werbemittel den Werbeträger; die Entscheidung für ein bestimmtes Werbemittel wird aber wesentlich bestimmt von der Zielgruppe und den Möglichkeiten der Kontaktierung, von der Werbebotschaft und ihren Darstellungsmöglichkeiten usw.

7. Nach welchen Kriterien entscheidet ein Unternehmen die Wahl eines bestimmten Werbeträgers?

Intra-Media-Auswahl ist die Wahl eines spezifischen Werbeträgers aus einer Werbeträgergruppe. Ausgewählt wird z. B. eine bestimmte Familienzeitschrift aus der Werbeträgergruppe Familienzeitschriften. Kriterien für die Auswahl sind u. a.

- räumliche Reichweite,
- quantitative Reichweite,
- qualitative Reichweite,
- zeitliche Verfügbarkeit,
- Nutzenpreis bzw. das Verhältnis von Kosten zur Leistung.

1.4.4.2 Verkaufsförderung (Sales Promotion)

1. Was versteht man unter Verkaufsförderung?

Als Verkaufsförderung bezeichnet man *alle zusätzlichen und/oder außergewöhnlichen Maßnahmen*, die die Absatzmittler und die eigenen Verkaufsorgane unterstützen und die Verbraucher beeinflussen (Sales Promotion).

Zu den Aufgaben der Verkaufsförderung wird auch die Koordination zwischen Werbung und Verkauf gezählt.

2. Welche grundsätzlichen Ziele hat die Verkaufsförderung?

Die grundsätzlichen Ziele der Verkaufsförderung sind Information, Motivation und Training sowohl der eigenen Verkaufsorgane als auch der Absatzmittler sowie Information und evtl. Kaufanregung der Verbraucher.

3. Welche aktionspolitischen Bereiche werden mit verkaufsfördernden Maßnahmen erfasst?

Die Verkaufsförderung umfasst *kommunikationspolitische*, *produktpolitische* und *distributionspolitische* Maßnahmen.

Zu den kommunikationspolitischen Maßnahmen der Verkaufsförderung zählen z. B. Displays, Preisausschreiben, geringwertige Werbegeschenke, zu den produktpolitischen Maßnahmen z. B. besondere Preisnachlässe für bestimmte Artikel, evtl. mit geringfügiger Produktdifferenzierung oder in besonderen Abpackungen und in Verbindung mit geringwertigen Werbegeschenken, zu den distributionspolitischen Maßnahmen zählt z. B. die Händlerlistenförderung.

4. An wen richten sich verkaufsfördernde Maßnahmen?

Adressaten der verkaufsfördernden Maßnahmen eines Unternehmens können

- die eigenen Verkaufsorgane im Außen- und Innendienst,
- die Absatzmittler, Händler, Handelsvertreter usw. oder
- die Verbraucher

sein. Entsprechend unterscheidet man verkäuferorientierte, händlerorientierte und verbraucherorientierte Verkaufsförderung.

5. Was ist verbraucherorientierte Verkaufsförderung?

Verbraucherorientierte Maßnahmen unterstützen die Bemühungen des Verkaufs (der eigenen Verkaufsorgane und/oder der Absatzmittler). Die verkaufsfördernden Maßnahmen sollen die Konsumenten u. a. in besonderem Maße auf das Produkt aufmerksam machen, auf besondere Vorteile beim Kauf des Produkts hinweisen, den Verbraucher mit dem Produkt in Berührung kommen lassen u. dgl.

Zu den *Maßnahmen* zählen

- Sammelgutscheine,
- Rücknahme von Ware gegen Erstattung des Kaufpreises,
- Inzahlungnahme gebrauchter Produkte beim Kauf eines neuen Produkts,
- Ausgabe von Produktproben,
- Preisausschreiben,
- Verlosungen,
- Spezialverpackungen für eine Zweitnutzung,
- Sonderpreise, Sonderangebotsaktionen u. dgl.

1.4.4.3 Direktwerbung

1. Was versteht man unter Direktwerbung?

Mit Direktwerbung werden alle Werbemaßnahmen eines Unternehmens bezeichnet, die der *individuellen, aber nicht persönlichen Kontaktaufnahme* zu möglichen Käufern dienen. Kennzeichen der Direktwerbung ist also die individuelle unpersönliche Kommunikation.

Die Direktwerbung gewinnt an Bedeutung, gemessen an den Werbeumsätzen liegt die Direktwerbung (hinter den Werbungen in Zeitungen und Zeitschriften) an dritter Stelle.

Direktwerbung ist ein Teil des umfangreichen Direktmarketings, das u. a. auch den direkten Vertrieb, den Versandhandel usw. (im weiteren Sinne auch den persönlichen Verkauf, insbesondere den Telefonverkauf) umfasst.

2. An welche Zielgruppen wendet sich die Direktwerbung?

Zielgruppen der Direktwerbung sind

- Unternehmen,
- Institutionen, Behörden,
- private Haushalte,
- Einzelpersonen.

Die Sendungen können gestreut werden nach genau definierten Zustellungsmerkmalen, das können bei privaten Haushalten und Einzelpersonen z. B. Alter, Beruf, bei mittelständischen Unternehmen z. B. Branchen sein. Daneben hat auch die Massenverteilung nach örtlichen Gesichtspunkten eine erhebliche Bedeutung.

3. Welche Formen der Direktwerbung gibt es?

Als Formen der Direktwerbung kommen u. a. infrage

- Briefe (Direct Mailings),
- Telefax,
- E-Mail,
- Handy (SMS),
- Drucksachen,
- Wurfsendungen,
- Warensendungen,
- Prospekte,
- Kataloge.

4. Welche Vorteile und welche Nachteile hat die Direktwerbung?

Die **Vorteile** der Direktwerbung liegen u. a. darin,

- dass sie unter Ausschluss der Mitbewerber abläuft,
- dass sie relativ niedrige Streuverluste aufweist,
- dass sie von privaten Verbrauchern im Allgemeinen positiv beurteilt wird.

Die **Nachteile** der Direktwerbung liegen u. a. darin,

- dass die Herstellung der Werbemittel relativ aufwändig ist,
- dass Briefe evtl. nicht gelesen werden,
- dass die zunehmende Bedeutung des Datenschutzes in Zukunft Grenzen setzen könnte.

5. Welche besondere Bedeutung kommt dem Direct Mailing zu?

Direct Mailing ist *Direktwerbung durch einen Brief* mit individualisiertem Inhalt; die Individualisierung kann sich in der Anrede und in der Bezugnahme auf den vermuteten besonderen Bedarf des Empfängers, der sich aus seiner beruflichen Situation, seiner gesellschaftlichen Stellung u. dgl. ergibt. Dem Brief werden häufig Prospekte oder Kataloge beigefügt, auf die im Brief hingewiesen wird.

An die inhaltliche und formale Gestaltung des Briefs sind besondere Anforderungen zu stellen. Der Brief soll den Empfänger zum Lesen anregen, der Inhalt seine Aufmerksamkeit erregen, sein Interesse und seinen Kaufwunsch wecken.

6. Welche besondere Bedeutung kommt der Couponwerbung zu?

Gelegentlich stattet ein Unternehmen seine Briefe mit Coupons aus, die z. B. zu einer Anforderung weiteren Informationsmaterials berechtigen. Dadurch sollen Rückmeldungen angeregt werden. Die Anzahl der Rücksendungen und die räumliche Verteilung usw. lassen Rückschlüsse auf den Werbeerfolg zu.

1.4.5 Marketingorganisation

1.4.5.1 Grundlagen

1. Was wird mit dem Begriff Organisation umschrieben?

Mit Organisation umschreibt man einerseits den Prozess des Organisierens (das „Organisieren") und andererseits das Ergebnis des Organisierens (die „Organisation"). Organisation bezieht sich sowohl auf die Struktur, z. B. des Unternehmens, auf seine Ordnung und auf seinen Aufbau, als auch auf den Ablauf von Vorgängen.

2. Wie lässt sich Organisation von Improvisation und Disposition abgrenzen?

Im Allgemeinen gilt die folgende Unterscheidung:

- Organisation: auf Dauer angelegte, grundsätzliche Ordnung, das trifft z. B. auf langfristig geltende Regelungen von Zuständigkeiten, auf bestimmte Abläufe usw. zu,
- Improvisation: kurzfristige Regelung, die sich lediglich auf eine begrenzte Anzahl von Vorgängen bezieht,
- Disposition: einmalige Regelung.

3. Warum ist Organisation erforderlich?

Eine formale Organisation ist das *geplante Regelwerk* eines arbeitsteiligen Systems. Die Arbeitsteilung eines Systems, z. B. eines Unternehmens, ergibt sich durch die Spezialisierung. Die Teilbereiche, die sich durch die Spezialisierung ergeben, müssen effizient koordiniert werden. Das setzt eine angemessene Struktur des Systems voraus. Durch die formale Organisation entsteht die Struktur.

1.4 Auswahl von Marketingaktivitäten

4. Welche Spezialisierungsformen sind in einem Unternehmen möglich?

Die Spezialisierungsformen lassen sich folgendermaßen typisieren:

- Spezialisierung *nach Funktionen* bzw. Verrichtungen. Die Spezialisierung schlägt sich in den Abteilungsbildungen nieder, z. B. Einkauf, Marketing (Verkauf), Personalwesen, Rechnungswesen, Produktion u. Ä.
- Spezialisierung *nach Objekten*. Objekte können z. B. einzelne Kunden (Key Accounts) oder Kundengruppen sein.
- Spezialisierung *nach Regionen*. Diese Spezialisierung liegt z. B. bei der Bildung von Filialen, bei der Gründung von Niederlassungen im Ausland vor.

In der Praxis sind *Mischformen* üblich.

5. Wodurch unterscheidet sich die formelle von der informellen Organisation?

Die **formelle (formale) Organisation** ist die bewusst *geplante Strukturierung* eines arbeitsteiligen Systems, z. B. eines Unternehmens; sie dient der Koordination der Teilbereiche, damit das Ziel des Systems, z. B. Steigerung des Unternehmensgewinns, effizient erricht werden kann.

Die **informelle (informale) Organisation** ist *nicht geplant*; sie zeigt sich in informellen Gruppenbildungen, deren (informelle) Struktur auf Sympathien, auf Leistungen für die Gruppenmitglieder u. Ä. beruht.

6. Wie lassen sich die Aufgaben der Organisation in einem Unternehmen umschreiben?

Die Organisation schafft das Regelwerk für die Koordination der Teilbereiche eines Unternehmens. Dabei werden u. a. folgende Ziele verfolgt:[14]

- Alle Aktivitäten werden auf das Unternehmensziel ausgerichtet.
- Überflüssige Arbeit wird durch die Koordination der Arbeitsabläufe vermieden.
- Die knappen Mittel, die für die Durchführung der Aktivitäten zur Verfügung stehen, werden angemessen verteilt.
- Ein einheitlicher Wissensstand wird hergestellt.

7. Mit welchen Instrumenten können Teilbereiche eines Unternehmens koordiniert werden?

Der Koordination dient insbesondere die Hierarchie. Als *Hierarchie* bezeichnet man ein System der Über- bzw. Unterordnung mit mehreren Leitungsebenen. Wenn viele Ebenen bestehen, spricht man von steiler, wenn wenige Ebenen bestehen von flacher Hierarchie.

---

[14] In Anlehnung an Schewe, Gerh.: Art. „Organisation", in Wirtschaftslexikon, Wiesbaden 2010.

Damit Hierarchieebenen oder Stellen innerhalb der Hierarchieebenen entlastet werden, gibt es Möglichkeiten zur Ergänzung der hierarchischen Koordination, dazu zählen z. B.

- die Einsetzung von Stäben,
- die Projektorganisation.

8. Wie wird durch Dezentralisierung Hierarchie abgebaut?

Um Bürokratie im Unternehmen abzubauen, verlagern Unternehmen Entscheidungskompetenzen auf untere Ebenen. Dieser Vorgang wird als *Dezentralisierung von Entscheidungen* bezeichnet.

Von Dezentralisierung spricht man auch bei der Ausgliederung von Teilbereichen. Teilbereiche werden ausgegliedert, wenn die entsprechenden Leistungen von externen Marktpartnern kostengünstiger, aber in gleicher Qualität erbracht werden können. An die Stelle der Koordination im Unternehmen tritt die Kooperation mit anderen Unternehmen.

9. Womit befasst sich die Marketingorganisation?

Die Marketingorganisation befasst sich mit den organisatorischen, institutionellen und personellen Voraussetzungen für die Durchführung der Aufgaben von Marketing. Dazu zählen z. B.

- die Gestaltung des organisatorischen Aufbaus des Marketingmanagement,
- die Institutionalisierung des Marketingmanagement in die Unternehmensorganisation,
- die Koordination des Bereichs Marketing mit anderen Unternehmensbereichen,
- die Definition von Aufgaben, Weisungsbefugnissen usw. des Marketingmanagement.

10. Womit befasst sich die Aufbauorganisation?

Die Aufbauorganisation eines Unternehmens befasst sich mit dem organisatorischen System seiner Arbeitsteilung und Zuständigkeiten. Grundlage ist die Analyse der Aufgaben. Das Ergebnis ist die Darstellung (und Beschreibung) des Leitungssystems des Unternehmens mit seiner Rangordnung.

11. Was sind organisatorische Einheiten in einem Unternehmen?

Organisatorische Einheiten sind die *Stellen*, die durch ihre Kompetenzen voneinander abgegrenzt, durch Weisungen und Kooperation miteinander verbunden sind. Zum organisatorischen Aufbau gehört deshalb die Beschreibung der Stellen, d. h. im Einzelnen

- Definition der Aufgaben, die die Stelle umfasst, und Beschreibung der Kompetenzen sowie der Weisungsbefugnisse,
- Angabe der vorgesetzten Stelle,
- Angabe der unterstellten Stellen.

12. Welche Bedeutung hat die Aufgabenanalyse für die Aufbauorganisation?

Grundlage der Aufbauorganisation ist eine Aufgabenanalyse, d. h. die Definition der Aufgaben der einzelnen Stellen. Alle Haupt-, Teil- und Einzelaufgaben eines Unternehmens ergeben sich aus der Gesamtaufgabe des Unternehmens.

Gesamtaufgaben sind z. B. grundsätzliche Entscheidungen, Entwicklung von Zielvorstellungen, z. B. Sortimentsentscheidungen, Entscheidungen über Standorte. Sie sind der obersten Führungsebene vorbehalten.

Hauptaufgaben dienen der Realisierung von Gesamtaufgaben; im Bereich des Marketings umfassen die Hauptaufgaben alle grundsätzlichen Entscheidungen, die diesen Bereich betreffen. Darüber hinaus können zu den Hauptaufgaben u. a. die folgenden Aufgaben gezählt werden:

- Vertrieb, Management des Außendienstes,
- Werbung, Verkaufsförderung, Öffentlichkeitsarbeit,
- Marktforschung,
- Einsatz der Instrumente (Marketing-Mix),
- Controlling.

Die Hauptaufgaben werden in Teil- und Einzelaufgaben realisiert.

13. Welche Systeme der Aufbauorganisation gibt es?

Nach der Abgrenzung der Stellen und der Kommunikation zwischen ihnen lassen sich u. a. folgende Systeme der Aufbauorganisation unterscheiden:

- Einliniensystem,
- Stab-Linien-System, bei dem das Liniensystem durch Stäbe mit besonderen Aufgaben ergänzt wird,
- modifizierte Liniensysteme.[15]

1.4.5.2 Marketingorientierte Aufbauorganisation

1. Was ist unter Marketingorganisation zu verstehen?

Marketingorganisation bezeichnet die organisatorischen, institutionellen und personellen Voraussetzungen für die Durchführung der Marketingaufgaben.

---

[15] Vgl. zur Aufbauorganisation die Ausführungen unter 7.1 Organisation als strategischer Erfolgsfaktor.

2. Wodurch wird die Marketingorganisation gekennzeichnet?

Die Marketingorganisation ist im Allgemeinen durch die besondere Bedeutung des Marketing in den Unternehmen gekennzeichnet. Die Unternehmen müssen auch in ihrer Organisationsstruktur die Anforderungen der heute vorherrschenden Käufermärkte berücksichtigen. Entsprechend der Auffassung von Marketing als eine Führungskonzeption

- ist der Leiter des Marketing in die obere Führungsebene integriert,
- sind alle Aktivitäten, die in den Bereich Marketing fallen, wie z. B. Verkauf, Außendienst, aber auch Neuproduktplanung, Absatzfinanzierung u. dgl., der Marketingleitung untergeordnet,
- bestimmt das Marketing die anderen Funktionsbereiche des Unternehmens maßgeblich mit.

3. Welche Anforderungen sind an die Marketingorganisation zu stellen?

Folgende Anforderungen sollte die Marketingorganisation erfüllen.[16]

- Die Marketingorganisation muss so aufgebaut sein, dass *integriertes Marketing ermöglicht* wird. Das bedeutet die Abstimmung der einzelnen Marketingaktivitäten innerhalb des Bereichs Marketing und die Abstimmung zwischen dem Bereich Marketing und den anderen Funktionsbereichen des Unternehmens, z. B. Beschaffung, Produktion, muss möglich sein.
- Die Marketingorganisation muss *flexibel* sein. Das bedeutet, sie muss sich den Veränderungen der Marketingumwelt anpassen können.
- Die Marketingorganisation muss zur *Kreativität* und Innovationsbereitschaft der Beteiligten beitragen.
- Die Marketingorganisation muss die sinnvolle *Spezialisierung* der Beteiligten ermöglichen und die Voraussetzungen zur Kooperation der Bereichsspezialisten schaffen.

4. Wie kann der Marketingbereich organisatorisch in das Unternehmen eingegliedert sein?

Entsprechend der Bedeutung, die dem Bereich Marketing eingeräumt wird, können die folgenden Formen der organisatorischen Eingliederung des Marketingbereichs in ein Unternehmen unterschieden werden:

- Marketing als Stab,
- Marketing als Linieninstanz neben dem Verkauf,
- Marketing als Linieninstanz mit der Zuordnung aller Marketingbereiche.

---

[16] Nach Meffert: a. a. O., S. 1064 ff.

1.4 Auswahl von Marketingaktivitäten 99

5. Wie wird Marketing als Stab integriert?

Der Marketingbereich ist (z.B.) der Unternehmensleitung als Stabsstelle zugeordnet. Der Marketingbereich hat weder Entscheidungs- noch Weisungsbefugnisse. Er berät die Unternehmensleitung in Fragen von Werbung, Marktforschung, Public Relations u.Ä. Der Verkauf erhält durch seine Eingliederung in die obere Führungsebene erhebliche Bedeutung.

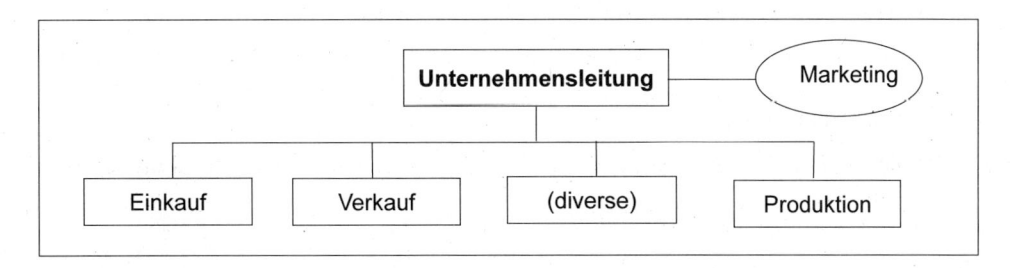

```
            ┌─────────────────────┐      ┌──────────┐
            │ Unternehmensleitung │──────│ Marketing│
            └─────────────────────┘      └──────────┘
    ┌───────────┬───────────┬───────────┐
┌────────┐ ┌────────┐ ┌──────────┐ ┌──────────┐
│ Einkauf│ │ Verkauf│ │ (diverse)│ │ Produktion│
└────────┘ └────────┘ └──────────┘ └──────────┘
```

6. Wie wirkt sich die Integration von Marketing als Linieninstanz neben dem Verkauf aus?

Das Marketing ist in die obere Führungsebene eingegliedert, gleichberechtigt mit dem Verkauf und den anderen Funktionsbereichen. Die Abgrenzung zwischen den strategischen Marketingfunktionen und den operativen Verkaufsfunktionen ist schwierig. Zielkonflikte zwischen den beiden Bereichen sind i. d. R. nicht zu vermeiden.

```
                    ┌─────────────────────┐
                    │ Unternehmensleitung │
                    └─────────────────────┘
    ┌──────────┬──────────┬──────────┬──────────┐
┌────────┐ ┌────────┐ ┌──────────┐ ┌──────────┐ ┌──────────┐
│ Einkauf│ │ Verkauf│ │ Marketing│ │ (diverse)│ │ Produktion│
└────────┘ └────────┘ └──────────┘ └──────────┘ └──────────┘
```

7. Welche Bedeutung hat Marketing als Linieninstanz mit der Zuordnung aller Marketingbereiche?

Der Marketingbereich ist entsprechend seiner Bedeutung in die obere Führungsebene integriert. Alle Marketingbereiche, einschließlich Verkauf, sind dem Marketing zugeordnet bzw. der Marketingleitung untergeordnet.

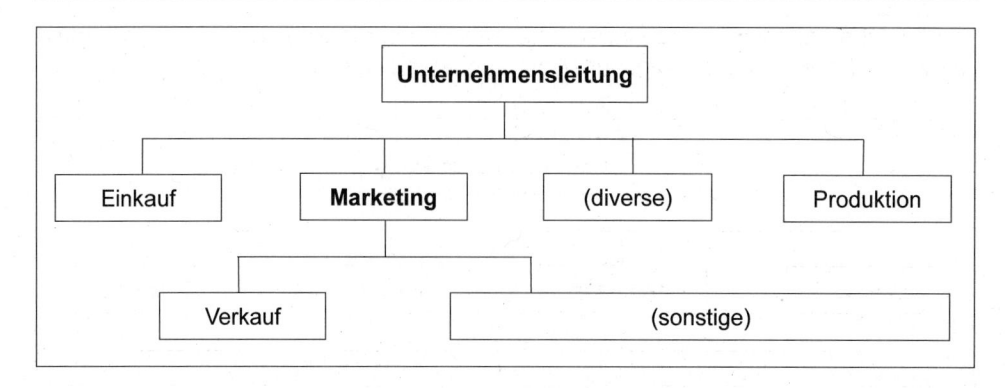

```
┌─────────────────────────────────────────────────────────────────┐
│                      Unternehmensleitung                         │
│         ┌──────────┬───────────┬──────────┐                      │
│      Einkauf    Marketing   (diverse)   Produktion              │
│                    │                                             │
│              ┌─────┴─────┐                                       │
│           Verkauf    (sonstige)                                  │
└─────────────────────────────────────────────────────────────────┘
```

8. Nach welchen Gesichtspunkten kann die Marketingorganisation strukturiert sein?

Die Marketingorganisation kann nach folgenden Gesichtspunkten strukturiert sein:

- Funktionen bzw. Teilfunktionen des Marketing sind Grundlage der Strukturierung, z. B. Verkauf, Werbung, Verkaufsförderung.
- Abnehmer bzw. Abnehmergruppen sind Grundlage der Strukturierung, z. B. einzelne Großkunden, SB-Märkte, alle Kleinabnehmer.
- Produkte bzw. Produktgruppen sind Grundlage der Strukturierung.
- Verkaufsgebiete sind Grundlage der Strukturierung.

9. Welche Bedeutung hat die funktionsorientierte Marketingorganisation?

Die funktionsorientierte Marketingorganisation nutzt die Vorteile des Einlinien-Systems, die in der klaren und übersichtlichen Kompetenzzuweisung an die zuständigen Stellen besteht. Die Stellen sind auf die entsprechenden Funktionen spezialisiert, z. B. auf Werbung, Verkaufsförderung usw. Die Stellen werden von einem Marketingleiter geführt. Diese Organisationsform hat ihre besondere Bedeutung in Unternehmen mit einem kleinen oder einem sehr homogenen Produktprogramm.

Vorteile: Die Stellen werden mit Mitarbeitern besetzt, die jeweils qualifizierte Spezialisten sind. Das Erfahrungswissen dieser Funktionsspezialisten kann genutzt werden. Der Marketingleiter kann für eine zentrale Steuerung der Ausführung von Aufgaben sorgen.

Nachteile: Ausgeprägtes Ressortdenken der Funktionsspezialisten setzt sich häufig durch. Die Abstimmungen zwischen den Marketingbereichen wird dadurch schwierig. Das zeigt sich besonders dann, wenn ein umfangreiches, sehr differenziertes Produktprogramm vorliegt. Die Koordination differenzierter Marketingmaßnahmen unter Berücksichtigung einzelner Produkte bzw. Produktgruppen und einzelner Kunden bzw. Käufersegmente wird verhindert.

1.4 Auswahl von Marketingaktivitäten

Die Ausführungen zur funktionsorientierten Marketingorganisation lassen sich anhand der folgenden schematischen Darstellung nachvollziehen.

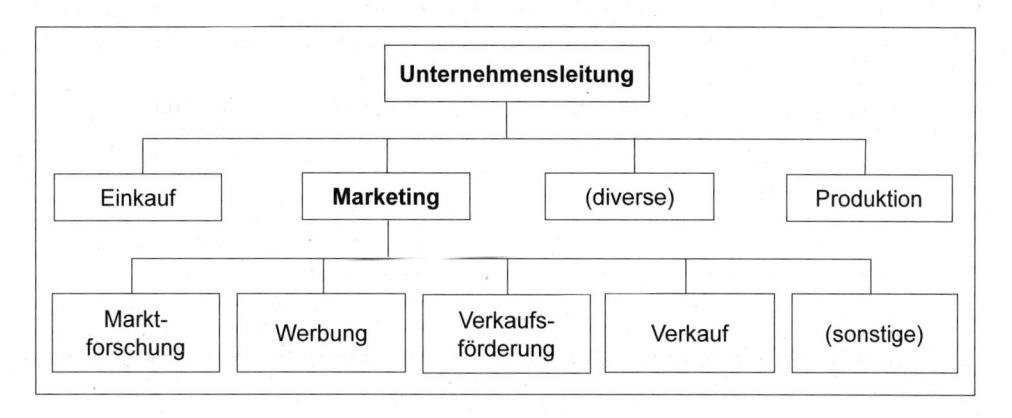

```
                        Unternehmensleitung
                               │
       ┌───────────┬───────────┼───────────┬───────────┐
    Einkauf     Marketing   (diverse)              Produktion
                   │
       ┌───────────┼───────────┬───────────┬───────────┐
    Markt-      Werbung    Verkaufs-     Verkauf    (sonstige)
   forschung                förderung
```

10. Welche Bedeutung hat die abnehmerorientierte Marketingorganisation?

Die abnehmerorientierte Marketingorganisation kommt den Anforderungen an ein differenziertes Marketing sehr entgegen. Sie ist anzuwenden, wenn der Markt in unterschiedliche Segmente eingeteilt ist, die mit spezifischen Marketingmaßnahmen bearbeitet werden können. Die einzelnen *Kundenbereiche* werden von *Kunden-Managern geleitet*; sie tragen die Verantwortung für die in ihren Bereichen anfallenden Marketingfunktionen. Kunden-Manager verfügen über besondere Kenntnisse der Problembereiche in den von ihnen betreuten Marktausschnitten. Sie können deshalb ihren Kunden nicht nur einzelne Produkte, sondern Problemlösungen durch Produktkombinationen (Systeme) anbieten.

Vorteile: Mit der abnehmerorientierten Marketingorganisation kann ein Unternehmen besser auf besondere Kundenwünsche eingehen. Die Kenntnisse über die besonderen Probleme in Abnehmerbetrieben ist besonders vorteilhaft in der Investitionsgüterindustrie. Durch die Kundennähe werden Nachfrageänderungen schneller bekannt, so dass das Unternehmen rascher reagieren kann.

Nachteile: Die Kunden-Manager als Vermittler spezieller Problemlösungswünsche können im Allgemeinen die Auswirkungen der Kundenaufträge im Unternehmen nicht übersehen. Die Ausführung von Kundenaufträgen, insbesondere bei Produktkombinationen, setzt die ständige Kooperation mit den betroffenen Unternehmensbereichen voraus

Die Ausführungen zur abnehmerorientierten Marketingorganisation lassen sich anhand der folgenden schematischen Darstellung, in der die Kundengruppen angedeutet werden, nachvollziehen.

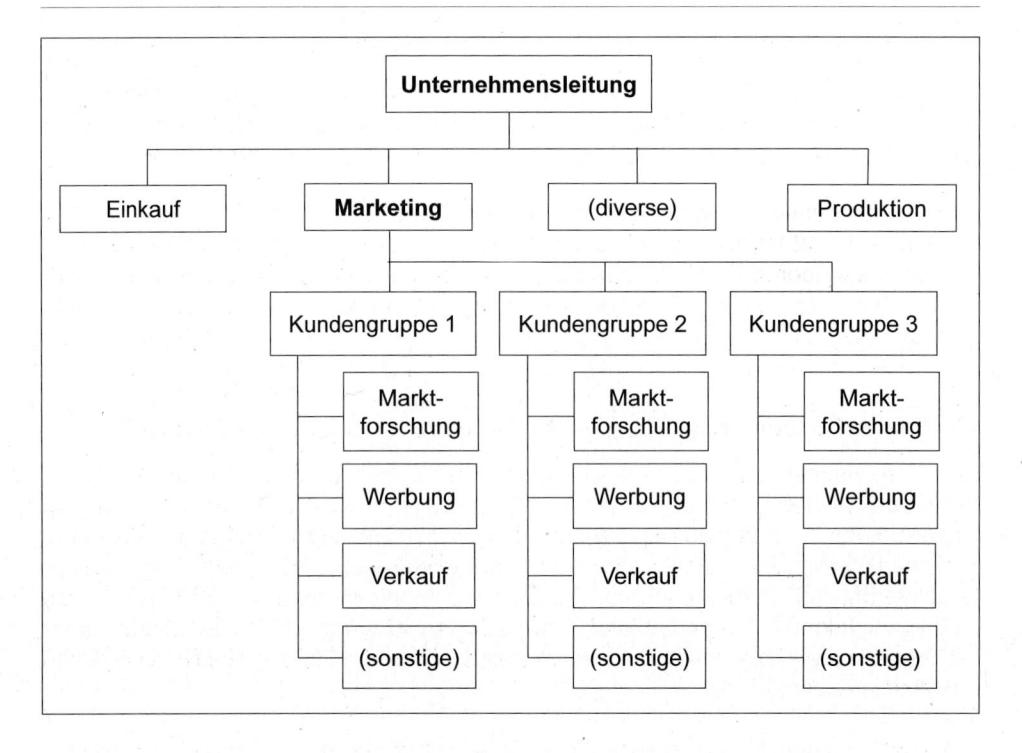

```
                        Unternehmensleitung
                               │
        ┌──────────────┬───────┴───────┬──────────────┐
      Einkauf       Marketing       (diverse)      Produktion
                        │
        ┌───────────────┼───────────────┐
   Kundengruppe 1   Kundengruppe 2   Kundengruppe 3
     ├─ Markt-        ├─ Markt-        ├─ Markt-
     │  forschung     │  forschung     │  forschung
     ├─ Werbung       ├─ Werbung       ├─ Werbung
     ├─ Verkauf       ├─ Verkauf       ├─ Verkauf
     └─ (sonstige)    └─ (sonstige)    └─ (sonstige)
```

11. Welche Bedeutung haben Key-Accounts für ein Unternehmen?

Key-Accounts sind Großkunden. Sie heißen *Schlüsselkunden* (Key-Accounts), weil sie Schlüsselpositionen hinsichtlich ihrer Bedeutung für die gegenwärtige und zukünftige Existenz des Unternehmens einnehmen.

Im Allgemeinen hat ein Unternehmen relativ wenige Großkunden, erzielt aber mit ihnen einen überproportional hohen Umsatz (A-Kunden). Der Verlust eines Großkunden kann die Existenz eines Unternehmens gefährden. Hohe Umsatzzuwächse werden mit Großkunden erzielt, häufig durch Verdrängung von Mitbewerbern.

12. Welche Ziele werden mit dem Key-Account-Management verfolgt?

Die Geschäftsbeziehungen zu den Key-Accounts müssen besonders gepflegt werden. Mit Key-Account-Management umschreibt man alle Maßnahmen zur *Betreuung von Key-Accounts*. Bei insgesamt sinkenden Erträgen muss die intensive Betreuung der Großkunden meist zu Lasten der Kleinkundenbetreuung gehen.

Ziel des Key-Account-Managements ist die Steigerung von Umsatz und Deckungsbeiträgen bei den Schlüsselkunden. Dazu werden bestimmte marketingpolitische Instrumente auf den bzw. auf die Großkunden ausgerichtet.

13. Welche Aufgaben hat der Key-Account-Manager?

Ein Key-Account-Manager betreut einen Key-Account bzw. eine Gruppe von Key-Accounts. Wie der Produktmanager für ein Produkt oder eine Produktgruppe, so ist der Key-Account-Manager für einen Kunden oder für eine Kundengruppe zuständig.

Der Key-Account-Manager kennt das Sortiment seines Kunden, den Standort des Geschäfts, er kennt im Allgemeinen auch die Mitbewerber um den Kunden; er ist meistens mit besonderen Kompetenzen für den Abschluss von Verträgen ausgestattet. Er berät den Kunden. Er koordiniert die Lieferung der Waren an den Kunden, die Abrechnungen usw.

14. Welche Bedeutung hat die gebietsorientierte Marketingorganisation?

Eine Gebietsorientierung der Marketingorganisation bietet sich für Unternehmen an, die in verschiedene, räumlich voneinander getrennte Absatzgebiete verkaufen. Im Allgemeinen lassen sich diese Absatzgebiete als unterschiedliche Teilmärkte definieren, die eine differenzierte Marktbearbeitung erforderlich machen. Der Verkaufsgebietsleiter ist verantwortlich für die ihm untergeordneten Marketingbereiche. Beispiele für die Aufteilung: Inland – Ausland, Inland – europäisches Ausland – Übersee, Inland – englischsprachiges Ausland – spanischsprachiges Ausland, Inland – westliches Ausland – östliches Ausland u. Ä.

Die Ausführungen zur gebietsorientierten Marketingorganisation lassen sich anhand der folgenden schematischen Darstellung, in der verschiedene Verkaufsgebiete angedeutet sind, nachvollziehen.

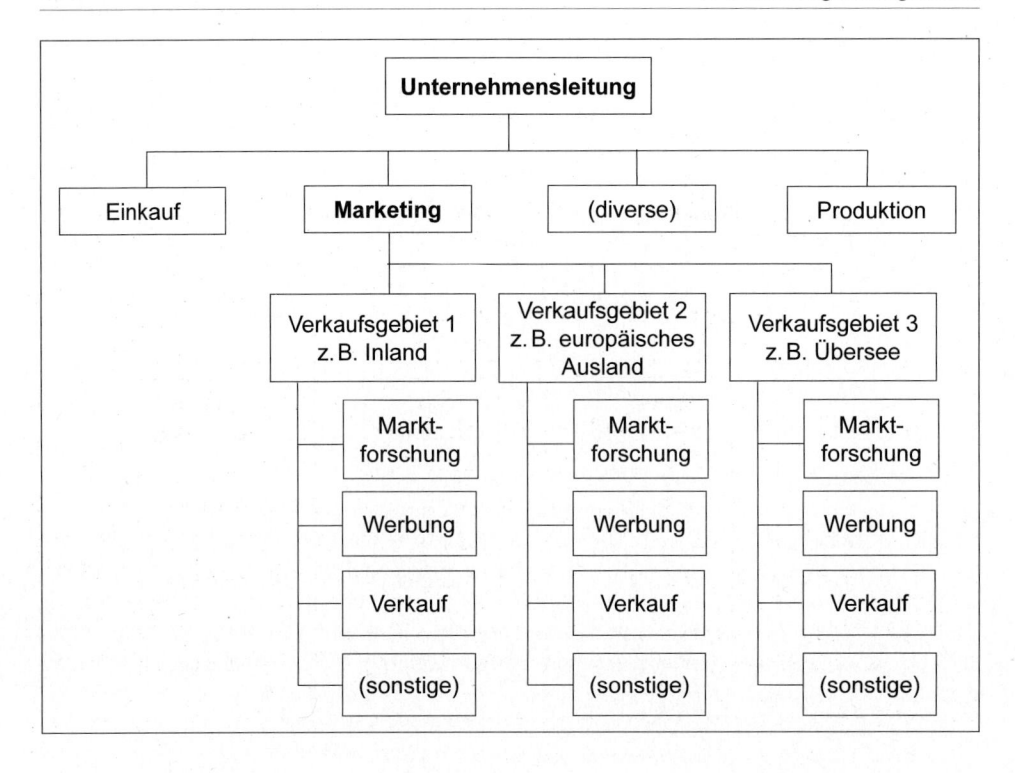

```
                        Unternehmensleitung
    ┌───────────┬──────────────┬──────────────┬───────────┐
  Einkauf    Marketing      (diverse)                  Produktion
                ├──────────────┬──────────────┐
         Verkaufsgebiet 1  Verkaufsgebiet 2  Verkaufsgebiet 3
         z. B. Inland      z. B. europäisches z. B. Übersee
                           Ausland
```

Verkaufsgebiet 1 z. B. Inland	Verkaufsgebiet 2 z. B. europäisches Ausland	Verkaufsgebiet 3 z. B. Übersee
Marktforschung	Marktforschung	Marktforschung
Werbung	Werbung	Werbung
Verkauf	Verkauf	Verkauf
(sonstige)	(sonstige)	(sonstige)

15. Welche Bedeutung hat die produktorientierte Marketingorganisation?

Eine Produktorientierung der Marketingorganisation bietet sich für Unternehmen mit umfangreichen und differenzierten Produktprogrammen an. Durch die Produktorientierung wird erreicht, dass Marketingaktivitäten auf ein Produkt bzw. auf eine Produktgruppe bezogen werden. Eine Produktgruppe wird von einem Produktleiter (-direktor) oder von einem *Produktmanager* geleitet. Er ist verantwortlich für die Marketingaktivitäten in dem Bereich. Häufig bleiben zentrale Aufgaben, die in allen Produktgruppen anfallen (z. B. bestimmte Bereiche der Werbung, der Marktforschung, der Distribution usw.), bei der Marketingleitung oder werden Stäben übertragen, die der Linieninstanz Marketing zugeordnet sind.

Vorteile: Die Produktgruppen werden optimal betreut

Nachteile: Es besteht die Gefahr, dass in den einzelnen Marketingbereichen der Produktgruppen gleiche oder ähnliche Arbeiten ausgeführt werden. Dadurch kann die produktorientierte Marketingorganisation sehr aufwändig sein.

Die Ausführungen zur produktorientierten Marketingorganisation lassen sich anhand der folgenden schematischen Darstellung, in der einzelne Produktgruppen und ein Stab angedeutet werden, nachvollziehen.

1.4 Auswahl von Marketingaktivitäten

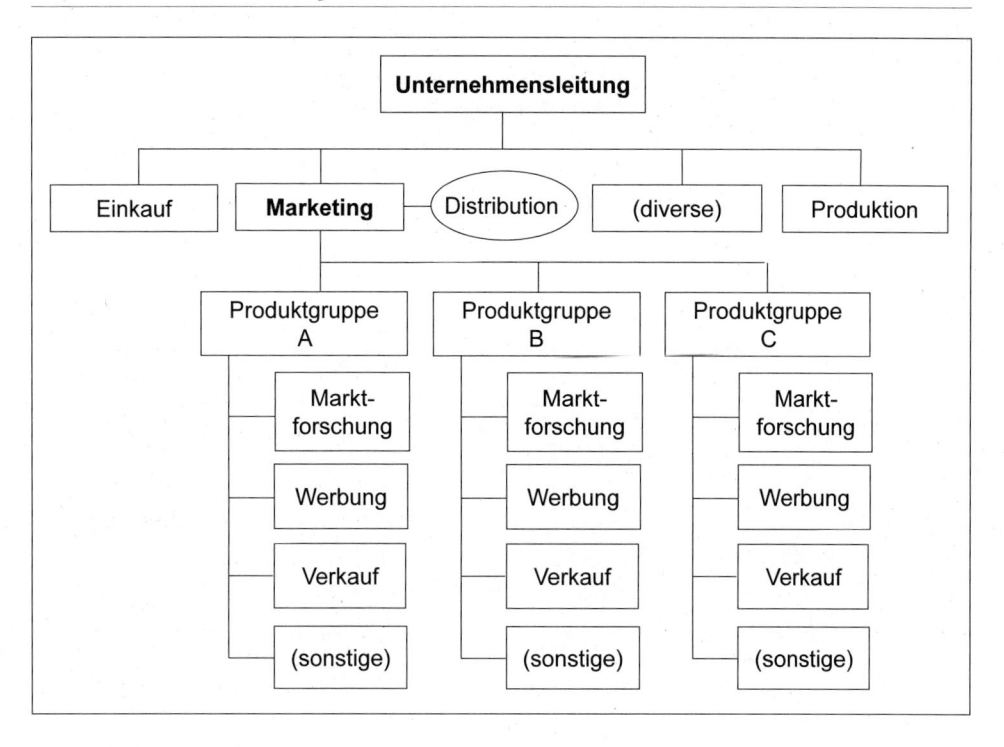

```
                        Unternehmensleitung
    ┌──────────┬────────────┬─────────────┬──────────┐
  Einkauf    Marketing   Distribution  (diverse)  Produktion
              │
      ┌───────┼────────┐
  Produktgr. Produktgr. Produktgr.
     A          B          C
     │          │          │
  Marktfor-  Marktfor-  Marktfor-
  schung     schung     schung
     │          │          │
  Werbung    Werbung    Werbung
     │          │          │
  Verkauf    Verkauf    Verkauf
     │          │          │
 (sonstige) (sonstige) (sonstige)
```

16. Wie lässt sich das Konzept des Produktmanagements umschreiben?

Der Produktmanager soll die unternehmerischen Aktivitäten mit Bezug auf ein Produkt bzw. auf eine Produktgruppe steuern und koordinieren. Er muss dafür sorgen, dass das von ihm betreute Produkt i. S. des unternehmerischen Marketingkonzepts optimal gefördert wird. Da in funktionsorientierten Unternehmen, die heute noch vorherrschen, Aktivitäten zu wenig auf das Produkt ausgerichtet werden, kommt dem Produktmanagement besondere Bedeutung zu.

17. Welche Aufgaben erfüllt ein Produktmanager?

Ein Produktmanager hat u. a. die folgenden Aufgaben:

- Planungen: Die Hauptaufgabe des Produktmanagers besteht in der Aufstellung von Ziel- und Maßnahmenplänen für das von ihm betreute Produkt.
- Koordination: Der Produktmanager muss sich, um die Produktziele erreichen zu können, mit anderen Bereichen des Unternehmens abstimmen.
- Kontrollen: Der Produktmanager überwacht die Marktentwicklung seines Produkts.
- Innovationen: Der Produktmanager muss dazu beitragen, dass die von ihm betreute Produktgruppe den Marktveränderungen ständig angepasst wird.

- Initiativen: Vom Produktmanager müssen die Initiativen ausgehen für Neuproduktplanungen, für Produktvariationen bzw. -verbesserungen, für Werbung und Verkaufsförderung, Rücknahme eines Produkts, das sich als Flop erweist, vom Markt.

18. Welche Formen der organisatorischen Eingliederung des Produktmanagements in das Unternehmen sind denkbar?

Die folgenden Formen der Eingliederung des Produktmanagements in das Unternehmen sind denkbar:

- Das Produktmanagement **als Linieninstanz der Unternehmensleitung**.

Das Produktmanagement ist eine Linieninstanz der Unternehmensleitung; es steht gleichberechtigt neben den anderen Funktionsbereichen, dadurch wird seine Stellung innerhalb der Unternehmenshierarchie gestärkt und die Koordination mit diesen Bereichen erleichtert. Der Produktmanager wird weisungsberechtigt gegenüber untergeordneten Stellen. Häufig ist bei dieser Organisationsform der Geschäftsleiter auch Marketingleiter und somit unmittelbarer Vorgesetzter des Produktmanagers. Diese Form der Eingliederung bietet sich vor allem bei kleineren Unternehmen an.

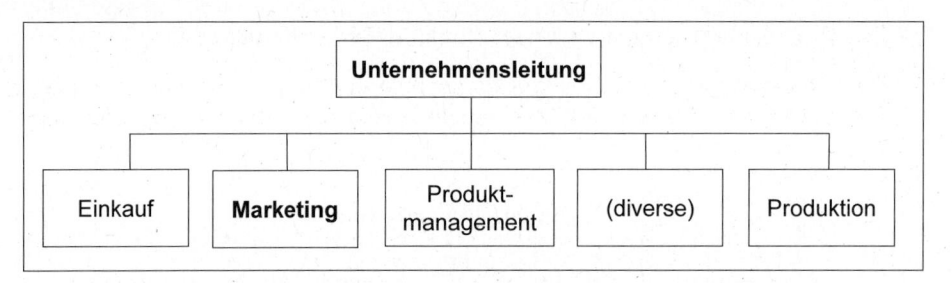

```
                    Unternehmensleitung
   ┌──────────┬──────────┬──────────────┬──────────┬──────────┐
 Einkauf   Marketing   Produkt-      (diverse)  Produktion
                       management
```

- Das Produktmanagement **als Stabsstelle der Unternehmensleitung**.

Das Produktmanagement ist eine Stabsstelle der Unternehmensleitung. Der oder die Produktmanager beraten den Unternehmensleiter, der gleichzeitig Marketingleiter ist bzw. wichtige Aufgaben der Marketingleitung wahrnimmt. Der oder die Produktmanager sind nicht weisungsberechtigt.

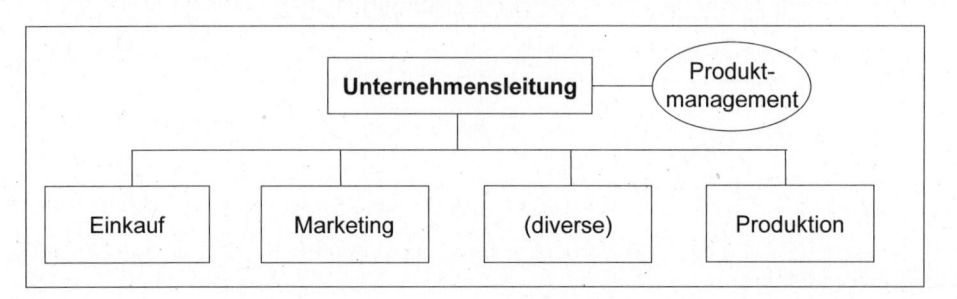

```
          Unternehmensleitung ─── ( Produkt-management )
   ┌──────────┬──────────┬──────────┐
 Einkauf   Marketing  (diverse)  Produktion
```

1.4 Auswahl von Marketingaktivitäten

- Das Produktmanagement **als Linieninstanz der Marketingleitung**.

  Das Produktmanagement ist eine Linieninstanz der Marketingleitung. Es steht neben den anderen Funktionsbereichen des Marketing. Der besondere Nachteil besteht darin, dass der Produktmanager seine Koordinationsaufgaben nur schwer wahrnehmen kann.

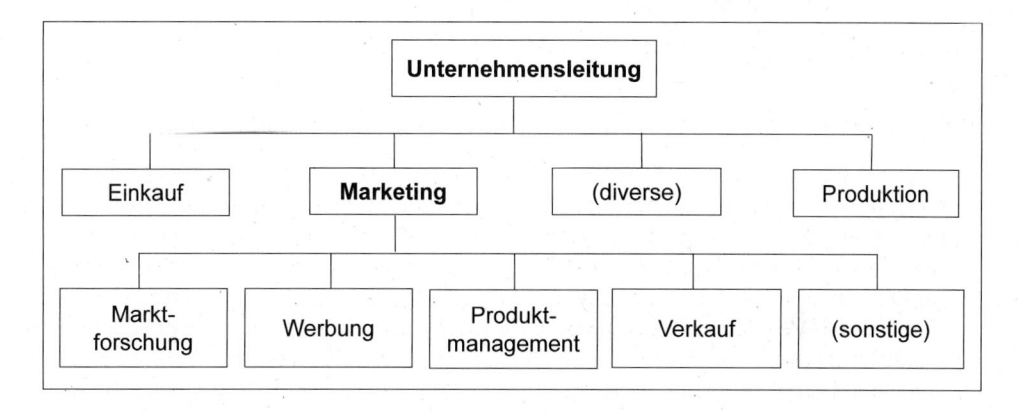

```
                        Unternehmensleitung
                                 |
    ┌────────────┬───────────────┼───────────────┬────────────┐
  Einkauf     Marketing       (diverse)                    Produktion
                 |
    ┌────────────┼──────────────┬──────────────┬────────────┐
  Markt-      Werbung        Produkt-        Verkauf     (sonstige)
forschung                   management
```

- Das Produktmanagement **als Stabsstelle der Marketingleitung**.

  Das Produktmanagement ist eine Stabsstelle der Marketingleitung. Der oder die Produktmanager beraten den Marketingleiter, sie sind nicht weisungsberechtigt.

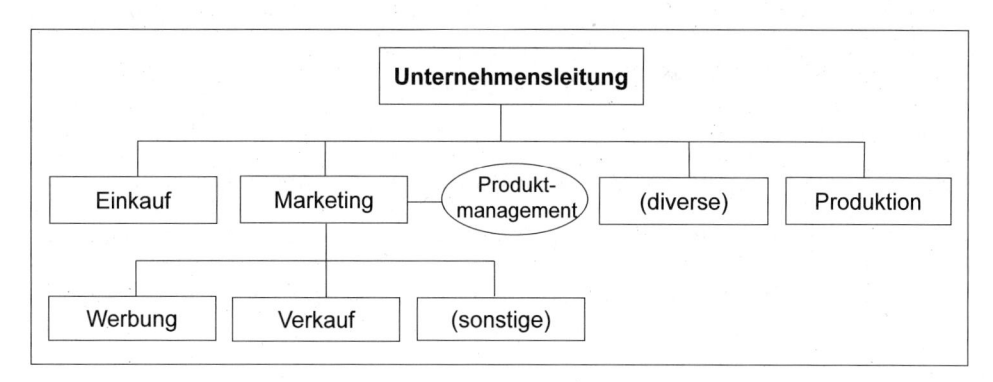

```
                        Unternehmensleitung
                                 |
    ┌────────────┬───────────────┼───────────────┬────────────┐
  Einkauf     Marketing ──── (Produkt-       (diverse)     Produktion
                 |              management)
    ┌────────────┼──────────────┐
  Werbung     Verkauf       (sonstige)
```

19. Welche Bedeutung hat die Matrixorganisation für die Marketingorganisation?

Die Matrixorganisation bekommt für die Marketingorganisation ihre besondere Bedeutung durch die *Kombination des Produktmanagements mit dem Funktionsmanagement*. Die Produktmanager fällen Entscheidungen, die für die optimale Betreuung ihrer Produkte erforderlich sind, z. B. legen sie Art und Zeitpunkt bestimmter Werbe- und Verkaufsförderungsmaßnahmen fest, planen Produktverbesserungen, Ergänzungen der Produktgruppe usw. Die Funktionsbereiche (Abteilungen) haben dafür zu sorgen, dass diese Entscheidungen angemessen ausgeführt werden. Die Produktmanager koordinieren auf diese Weise die Tätigkeiten der Funktionsbereiche unter besonderer Berücksichtigung der Markterfordernisse.

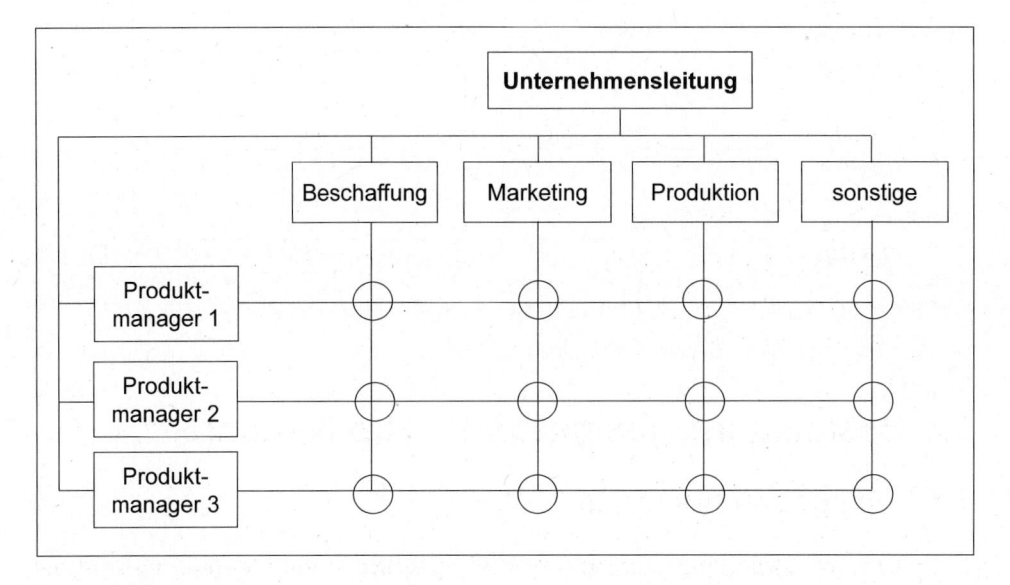

20. Kann die Matrixorganisation in verschiedenen Hierarchieebenen eingesetzt werden?

Die Matrixorganisation kann in unterschiedliche Hierarchieebenen eingeordnet sein.

- Bei Einordnung der Matrixorganisation in die obere Führungsebene koordinieren die Produktmanager im Zusammenhang mit der Produktbetreuung die Tätigkeiten der einzelnen Abteilungen (vgl. vorstehende Abbildung).

- Bei Einordnung der Matrixorganisation in die Zuständigkeit der Marketingleitung koordinieren Produktmanager im Zusammenhang mit der Produktbetreuung die Tätigkeiten der einzelnen Funktionsbereiche des Marketings.

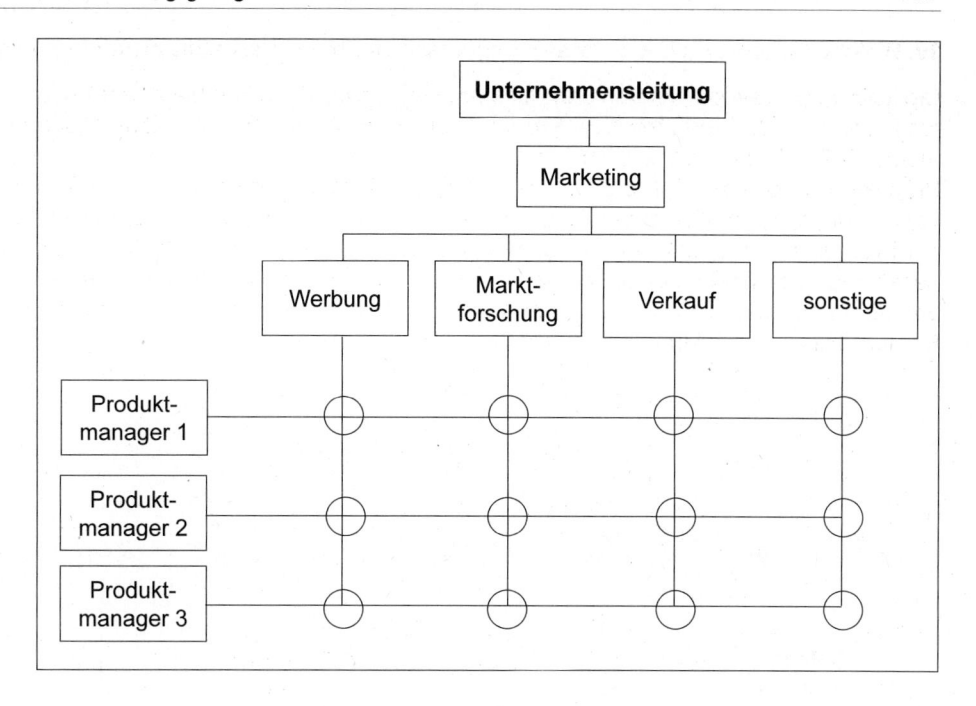

1.5 Bestimmung geeigneter Kontrollverfahren

1.5.1 Aufgaben und Ziele

1. In welcher Beziehung steht die Marketingkontrolle zum Marketing-Controlling?

Die Marketingkontrolle ist die grundlegende Funktion des Marketing-Controlling. Marketingkontrolle ist ein kontinuierlicher Prozess, in dem systematisch wichtige Marketingbereiche überprüft werden. Dadurch können Abweichungen vom Plan festgestellt und analysiert werden.

2. Welche Kontrollbereiche können Gegenstand der Marketingkontrolle sein?

Im Allgemeinen sind folgende Bereiche Gegenstand der Kontrolle:

- die Umwelt des Absatzmarkts,
- der spezifische Absatzmarkt,
- Potenziale des Bereichs Marketing im Unternehmen.

3. Welche Aspekte umfasst die Kontrolle der Umwelt?

Umweltkontrolle ist die Beobachtung der Umwelt (das Environment) des spezifischen Absatzmarkts; sie umfasst zwei Bereiche.

Gesamtwirtschaft, beobachtet werden die gesamtwirtschaftlichen und (wirtschafts-) politischen Bedingungen, z. B.

- die konjunkturelle Entwicklung, Situation und Entwicklung der Beschäftigung, der Preise, der privaten und öffentlichen Nachfrage,
- Maßnahmen der Wirtschaftspolitik, Außenhandelspolitik, Zinspolitik, Subventionspolitik usw.

Märkte, das sind die Absatzmärkte, auf denen bisher noch nicht verkauft wurde, die aber bei entsprechender Entwicklung in der Zukunft von Interesse sein könnten, beobachtet werden z. B.

- Angebotsentwicklungen,
- Nachfrageentwicklungen.

4. Was ist Gegenstand der Kontrolle der Verkaufspotenziale?

Das Controlling der Verkaufspotenziale befasst sich mit der Kontrolle der Funktionen des Verkaufs in quantitativer und qualitativer Hinsicht.

5. Welche Aspekte der Marketingkontrolle können unterschieden werden?

Nach Art und Ziel der Kontrolle können ergebnisorientierte und systemorientierte Marketingkontrollen unterschieden werden.

6. Was ist eine ergebnisorientierte Marketingkontrolle?

Ergebnisorientierte Marketingkontrolle ist die Kontrolle der Marketingaktivitäten; kontrolliert wird, ob und wie weit mit den eingesetzten Marketinginstrumenten die Marketingziele erreicht wurden. Zu unterscheiden sind gesamtmixbezogene und submixbezogene Marketingkontrollen.

7. Was sind gesamtmixbezogene Marketingkontrollen?

Von gesamtmixbezogenen Marketingkontrollen spricht man, wenn sich die Kontrollen auf die *Wirkung der Gesamtheit der Marketinginstrumente* beziehen. Eine gesamtmixbezogene Marketingkontrolle liefert globale Informationen; Probleme in Teilbereichen können häufig nicht erkannt werden. Deswegen ist sie durch submixbezogene Marketingkontrollen zu ergänzen.

Kontrollgrößen können z. B. Umsatz, Marktanteil, Einstellungen, Image sein.

8. Was sind submixbezogene Marketingkontrollen?

Von submixbezogenen Marketingkontrollen spricht man, wenn sich die Kontrollen auf die Wirkung der Marketinginstrumente in einzelnen Submixbereichen beziehen.

9. Was ist eine systemorientierte Marketingkontrolle?

Systemorientierte Marketingkontrolle ist die kontinuierliche Kontrolle des gesamten Marketingsystems eines Unternehmens; sie wird auch als Marketingrevision oder *Marketingaudit* bezeichnet. Überprüft wird im Allgemeinen, ob die Marketingziele, Marketingaktivitäten, Marketingorganisation den Veränderungen der Umwelt entsprechen. Die Kontrollergebnisse sind Grundlagen für die Revision.

Bereiche des Marketingaudit sind u. a. die Kontrollen

- der Prämissen,
- der Ziele,
- der Strategien,
- der Verfahren,
- der Organisation.

10. Welche Probleme können bei einem Soll-Ist-Vergleich auftreten?

Zu beachten ist, dass die Ist-Werte für bestimmte Produkte nicht nur von den für sie aufgewandten Marketingmaßnahmen abhängen, sondern auch von anderen Faktoren beeinflusst sein können. So ist z. B. bei einem Soll-Ist-Vergleich der Marktanteile zu berücksichtigen, dass sich Vergrößerungen von Marktanteilen unabhängig von eigenen Marketingaktivitäten ergeben können; das ist z. B. auch der Fall, wenn Mitbewerber ausscheiden, oder wenn Mitbewerber für ähnliche Produkte Werbung betreiben.

1.5.2 Marketingcontrolling

1. Wie lässt sich Marketingcontrolling definieren?

In Anlehnung an die von J. Piontek stammende eingängige Definition von Controlling lässt sich Marketingcontrolling folgendermaßen umschreiben: Marketingcontrolling fasst die strategische und operative Führung des Bereichs Marketing auf der Grundlage von Ex-post-Daten und Ex-ante-Prognosen zusammen. Diese Definition weist auf die Planungs- und Kontrollorientierung von Controlling sowohl auf der Planungs- als auch auf der Ausführungsebene hin. Mithilfe des Marketingcontrollings sollen Chancen und Risiken auf dem Absatzmarkt erkannt und Entwicklungen aufgezeigt werden.

2. Wie lässt sich der Prozess der Marketingkontrolle umschreiben?

Für den Prozess der Marketingkontrolle lassen sich im Allgemeinen die folgenden Schritte unterscheiden:

1. *Auswahl der Kontrollgrößen* auf der Grundlage der Marketingziele, z. B. Umsatz, Image.
2. *Festlegung von Soll-Werten* für die Kontrollgrößen, dabei werden Bandbreiten berücksichtigt, zwischen denen die Ist-Werte schwanken dürfen.
3. *Ermittlung der Ist-Werte* im Allgemeinen aus internen sekundärstatistischen Quellen.
4. *Vergleich* der Soll- mit den Ist-Werten und Analyse eventueller Abweichungen, d.h. es wird nach den Ursachen für Abweichungen gefragt.
5. *Beseitigung der Abweichungsursachen.*

3. Welche strategischen Aufgaben hat das Marketingcontrolling?

Strategische Aufgaben des Marketingcontrolling sind die *mittelfristigen Planungen und Kontrollen* im Marketingbereich. Es ist gekennzeichnet durch den Aufbau und Ausbau eines Informations- und Kontrollsystems, das einerseits die strategische Marketingplanung unterstützt und die Marketingstrategien steuert, andererseits aber Grundlage für das operative Marketingcontrolling ist.

4. Welche Instrumente können für die strategische Aufgabenstellung genutzt werden?

Geeignete Instrumente sind z. B.

- das Benchmarking,
- Portfolio-Analysen,
- Marketingaudits.

5. Was ist ein Marketingaudit und welches Ziel wird mit dem Marketingaudit verfolgt?

Als Marketingaudit wird *die kontinuierliche Kontrolle der Managemententscheidungen im Marketing* bezeichnet. Mithilfe des Marketingaudits sollen Fehlentwicklungen frühzeitig erkannt und Maßnahmen für eine rechtzeitige Gegensteuerung entwickelt werden. Auditiert werden z. B. die Strategien, das Marketing-Mix, der Außendienst usw.

6. Welche Aufgaben hat das Umweltcontrolling?

Die Aufgaben des Umweltcontrollings bestehen darin, die weitere Umwelt des Absatzmarkts zu beobachten. Zu den Aufgaben zählen *die Sammlung und die Analyse von Informationen* sowie die *Prognose von Entwicklungen* (Environment Analysis); darüber hinaus sind Abweichungen von den prognostizierten Entwicklungen aufzugreifen und mit Vorschlägen für angemessene Maßnahmen zur Anpassung der Marketingstrategien an die Marketing- bzw. Unternehmensleitung zu berichten.

7. Welche Aufgaben hat das Controlling des Absatzmarkts?

Die Aufgaben des Controllings des spezifischen Absatzmarkts bestehen darin, Angebot und Nachfrage auf dem Absatzmarkt zu beobachten. Zu den Aufgaben zählen z. B.

- die Sammlung und die Analyse von Informationen über Anzahl und relative Bedeutung von Mitanbietern, über Preise von Konkurrenzprodukten und Substituten,
- die Prognose von Entwicklungen,
- Erfassung der Abweichungen von den prognostizierten Entwicklungen und ihre Analyse,
- Kontrolle der Veränderungen sowohl auf der Angebots- als auch auf der Nachfrageseite und ihre Analyse,
- Bericht mit Vorschlägen für angemessene Maßnahmen zur Anpassung der Verkaufsstrategien an die Verkaufs- bzw. Unternehmensleitung.

8. Welche Bezugsobjekte hat das Controlling der spezifischen Absatzmärkte?

Bezugsobjekte des Marketingcontrollings sind u. a.

- die Produkte,
- die Kunden,
- Aufträge,
- Regionen.

9. Welche Aufgaben hat das Controlling der Verkaufspotenziale?

Die Aufgaben des Controllings der Verkaufspotenziale bestehen darin, ob und wie Handlungsspielräume des Verkaufs genutzt werden. So kann z. B. das Controlling des Außendienstes zeigen, durch welche Anreizsysteme dessen Effizienz gesteigert werden kann.

10. Welche Kennzeichen weisen die Instrumente des Marketingcontrolling auf?

Die Instrumente des Marketingcontrolling weisen im Allgemeinen folgende Kennzeichen auf:

- Sie kontrollieren die Maßnahmen des Marketing hinsichtlich der Planerfüllung,
- sie zeigen Abweichungen von den vorgegebenen Zielen auf,
- sie schaffen die Möglichkeiten zur Analyse der Abweichungen und
- zur Gegensteuerung.

11. Welche Instrumente eignen sich für die operativen Aufgaben des Marketingcontrolling?

Folgende Instrumente eignen sich z. B. für die operativen Aufgaben:

- Deckungsbeitragsrechnungen,
- Break-even-Verfahren,
- die retrograde Kalkulation,
- Kennzahlen.

2. Bilanz- und Steuerpolitik des Unternehmens

2.1 Das Steuersystem in seiner Bedeutung für das Unternehmen

2.1.1 Grundbegriffe und Grundlagen

2.1.1.1 Grundbegriffe

1. Was sind Steuern?

Nach der Abgabenordnung (§ 1 AO) weisen Steuern die folgenden Definitionsmerkmale auf:

- Steuern sind *Geldleistungen*,
- für Steuerleistungen gibt es *keine spezifischen Gegenleistungen*,
- Steuern werden von *öffentlich-rechtlichen Gemeinwesen* erhoben,
- mit den Steuern erhalten öffentlich-rechtliche Gemeinwesen *Einkünfte*,
- Grundlagen für Steuererhebungen sind *Gesetze* (Tarife).

2. Wie unterscheiden sich Steuern von Gebühren und Beiträgen?

Steuern sind *Zwangsabgaben*, der Steuerpflichtige erhält *keine spezifische Gegenleistung*.

Gebühren sind *Abgaben* an den Staat *für eine individuelle, spezielle Gegenleistung*, z. B. stellt die Behörde auf Antrag einen Pass aus, für den der Antragsteller eine angemessene Gebühr zu entrichten hat. Gebühren sind freiwillige Abgaben für spezifische Gegenleistungen.

Beiträge sind *Zwangsabgaben*, die der Staat als *Kostenbeteiligung* für ein öffentliches Vorhaben erhebt; das Vorhaben kommt im Allgemeinen vielen, insbesondere aber den Beitragszahlern zugute, z. B. werden für den Bau einer Straße von den Anliegern Beiträge zur Beteiligung an den Baukosten erhoben; die fertige Straße kann von allen Verkehrsteilnehmern genutzt werden, letztlich ist sie aber für die Anlieger von besonderem Vorteil.

3. Was wird als Steuerobjekt bezeichnet?

Als Steuerobjekt oder *Steuergegenstand* wird der Tatbestand bezeichnet, auf den sich die Besteuerung bezieht. Steuerobjekt ist entweder *ein wirtschaftlicher Vorgang oder ein Wirtschaftsgut*. Steuerobjekt bei der Mehrwertsteuer ist z. B. der Umsatz.

4. Welche Gruppierungen ergeben sich bei einer Einteilung der Steuerarten nach dem Objekt?

Bei einer Einteilung der Steuerarten nach dem Objekt ergeben sich die folgenden Gruppierungen:

- Besitzsteuern – sie knüpfen an Besitz, Ertrag und Einkommen an; Besitzsteuern sind z. B. Einkommensteuer, Grundsteuer, Gewerbesteuer.
- Verkehrsteuern – sie knüpfen an Vorgänge des Rechts- und Wirtschaftsverkehrs an; Verkehrsteuern sind z. B. die Umsatzsteuer, die Kfz-Steuer.
- Verbrauchsteuern – sie knüpfen an den Verbrauch i. w. S. an, d. h. an den Verbrauch in privaten Haushalten, an Weiterverarbeitung in Betrieben; zu den Verbrauchsteuern zählen z. B. die Biersteuer, die Tabaksteuer, die Mineralölsteuer.
- Sonstige Steuern – das sind alle Steuern mit lediglich lokaler Bedeutung, z. B. Hundesteuer, Schankerlaubnissteuer.
- Zölle – das sind Abgaben, die bei Grenzüberschreitung erhoben werden.

5. Wer ist Steuerschuldner?

Steuerschuldner ist im Allgemeinen derjenige, der die Steuer bezahlt. Lediglich im sog. Quellenabzugsverfahren sind Steuerschuldner und -zahler nicht identisch.

6. Wer trägt die Steuer?

Als *Steuerträger* wird derjenige bezeichnet, der die Steuerlast letztlich trägt. Wenn ein Steuerschuldner die Steuerlast nicht auf einen anderen abwälzen kann, ist er auch Steuerträger. Bei allen nicht überwälzbaren Steuern, das sind die direkten Steuern, ist der Steuerschuldner auch der Steuerträger. Bei der Einkommensteuer ist z. B. der Einkommensbezieher, bei der Mehrwertsteuer der Käufer der Steuerträger.

Als *Steuerdestinatar* wird derjenige bezeichnet, der nach dem Willen des Gesetzgebers die Steuer letztlich tragen soll, bei der Umsatzsteuer ist der Käufer der Destinatar.

7. Was wird als Steuerquelle bezeichnet?

Als Steuerquelle wird die Quelle bezeichnet, aus der die Steuerzahlung fließt; das ist im Allgemeinen das Einkommen.

8. Auf welchen Grundsätzen beruht die Besteuerung?

Die Besteuerung beruht auf den folgenden Grundsätzen:

- Fiskalische Grundsätze: Steuern dienen vor allem der *Einkunftserzielung* öffentlich-rechtlicher Gemeinwesen. Sie müssen den Finanzbedarf des Staates, d. h. des Bundes, der Länder, der Gemeinden, ausreichend decken. Sie müssen sich den

Änderungen des Finanzbedarfs und den Veränderungen wirtschaftlicher Bedingungen anpassen können.
- Soziale und ethische Grundsätze: Die Besteuerung muss die Grundsätze der *Allgemeinheit*, der *Gleichmäßigkeit* und der *Leistungsfähigkeit* berücksichtigen.
- Wirtschaftspolitische Grundsätze: Dazu zählen z. B. die Regeln, dass Steuern *wettbewerbsneutral* und *antizyklisch* wirken sollen.
- Technische Grundsätze: Eine Steuer soll von den Steuerpflichtigen bequem zu entrichten sein; diese Regel bezieht sich z. B. auf die Steuertermine. Bescheide sollen nach Möglichkeit von den Steuerpflichtigen nachgeprüft werden können. Die Vorschriften sollten überschaubar sein.

9. Wodurch unterscheiden sich direkte von indirekten Steuern?

Direkte Steuern können nicht überwälzt werden. Bei direkten Steuern sind also Steuerschuldner und Steuerträger identisch. Indirekte Steuern können i. d. R. überwälzt werden.

10. Welche öffentlich-rechtlichen Gemeinwesen haben in Deutschland die Ertragshoheit?

Als Ertragshoheit wird das *Recht auf das Aufkommen aus einer Steuer* bezeichnet. Dieses Recht ist im Grundgesetz Art. 106 geregelt. Empfänger der Steueraufkommen können der Bund, die Länder und die Gemeinden sowie Bund und Länder gemeinschaftlich sein. Entsprechend werden Bundessteuern, Landessteuern, Gemeindesteuern und Gemeinschaftssteuern unterschieden:

- Bundessteuern sind z. B. die Verbrauchsteuern außer Biersteuer.
- Landessteuern sind z. B. die Kfz-Steuer, die Biersteuer.
- Gemeindesteuern sind die unter dem Oberbegriff „Sonstige Steuern" zusammengefassten Steuern, dazu zählen z. B. die Hundesteuer, die Zweitwohnungssteuer. Auch die Gewerbesteuer ist eine Gemeindesteuer, an deren Aufkommen der Bund und die Länder mit jeweils 20 % beteiligt sind. Um die Abhängigkeit der Gemeinden von der Gewerbesteuer, die als konjunkturreagibel gilt, zu verringern, wurde die Gewerbesteuerumlage eingeführt; als Gegenleistung erhalten die Gemeinden 15 % des in ihren Gebieten anfallenden Aufkommens aus Lohn- und Einkommensteuer.
- Gemeinschaftsteuern sind z. B. die Umsatzsteuer (Mehrwertsteuer), ihr Aufkommen wird zurzeit im Verhältnis 65 : 35 auf Bund und Länder aufgeteilt, die Körperschaftsteuer (Aufteilung des Aufkommens zwischen Bund und Länder im Verhältnis 50 : 50), die veranlagte Einkommensteuer und die Lohnsteuer, das Aufkommen wird wegen der Gegenleistung für die Gewerbesteuerumlage im Verhältnis 42,5 : 42,5 : 15 auf Bund, Länder und Gemeinden aufgeteilt.

11. Wie können Steuertarife gestaltet sein?

Steuertarife können progressiv, proportional und regressiv gestaltet sein.

12. Wie verläuft ein progressiver Steuertarif?

Bei einem progressiven Tarif steigt mit steigender Bemessungsgrundlage der Steuerbetrag überproportional an. Diesen Sachverhalt kann die folgende Abbildung veranschaulichen: Bei einem Anstieg der Bemessungsgrundlage (z. B. Einkommen) von E_1 auf E_2 um ungefähr das Doppelte, steigt der Steuerbetrag T von T_1 auf T_2, d. h. um mehr als das Doppelte des ursprünglichen Betrags.

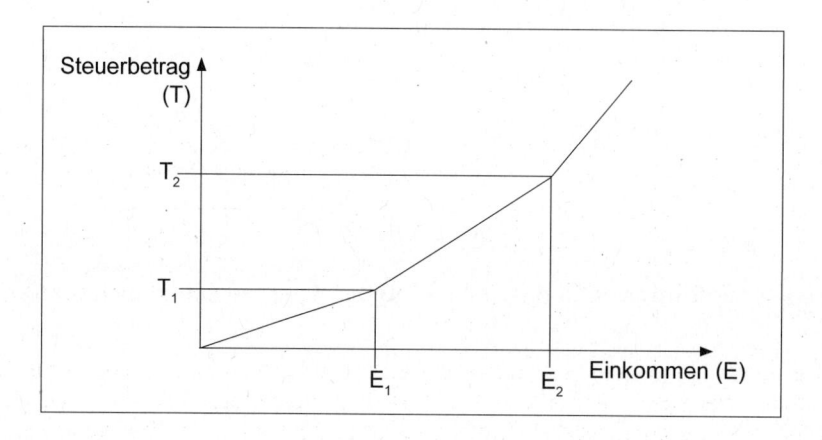

13. Wie lässt sich der progressive Steuertarif mithilfe des Durchschnittssteuersatzes beschreiben?

Bei progressivem Tarif steigen die Durchschnittssteuersätze. Der Durchschnittssteuersatz t ist

$$t = \frac{T}{E} \cdot 100$$

In der folgenden Tabelle werden für Einkommen und Steuerbeträge die beispielhaft angenommenen Beträge angegeben. Daraus ergeben sich die ebenfalls angegebenen Durchschnittssätze.

	Einkommen €	Steuerbeträge €	Durchschnittssteuersätze %
1	2.000	200	10,0
2	4.000	500	12,5
3	6.000	900	15,0

14. Wie verläuft ein proportionaler Steuertarif?

Bei einem proportionalen Tarif steigt der Steuerbetrag von steigender Bemessungsgrundlage (z. B. Einkommen) linear an. Die Durchschnittssteuersätze bleiben deshalb bei steigender Bemessungsgrundlage gleich.

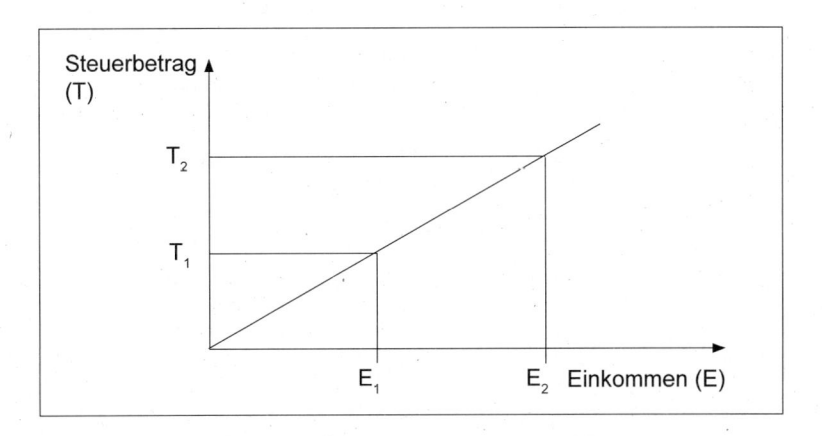

15. Wie wirkt die Berücksichtigung eines Freibetrages bei einem proportionalen Tarif?

In einen proportionalen Tarif lässt sich die Berücksichtigung eines Freibetrages eine sog. indirekte Progression einbauen. Das kann durch folgendes Beispiel veranschaulicht werden. Angenommen wird ein Steuersatz von 15 % und ein Freibetrag von 500 €. Das Beispiel zeigt, dass die Durchschnittssteuersätze steigen.

	Einkommen €	Steuerbeträge €	Durchschnittssteuersätze %
1	2.000 - 500 = 1.500	225	11,25
2	4.000 - 500 = 3.500	525	13,13
3	6.000 - 500 = 5.500	825	13,75

16. Wie verläuft ein regressiver Steuertarif?

Bei einem regressiven Tarif nehmen die Steuerbeträge mit steigender Bemessungsgrundlage ab. Regressive Tarife sind selten.

17. Wodurch unterscheidet sich der Grenzsteuersatz vom Durchschnittssteuersatz?

Der **Durchschnittssteuersatz** gibt in Prozent die Höhe der Steuerbelastung von der Höhe der Bemessungsgrundlage an. Gefragt wird also z.B. danach, wie hoch ist in Prozent die Einkommensteuer bei dem für die Besteuerung zugrunde gelegten Einkommen.

Der **Grenzsteuersatz** gibt in einem Prozentsatz die zusätzliche steuerliche Belastung an, die durch die Erhöhung der Bemessungsgrundlage, z. B. des Einkommens, um eine Einheit bewirkt wird.

2.1.1.2 Steuerabwehr

1. Welche Formen der Steuerabwehr sind rechtlich zulässig?

Der Steuergesetzgeber lässt folgende Formen der Steuerabwehr zu:

- Steuerüberwälzung,
- Steuervermeidung.

Steuerüberwälzung und Steuervermeidung sind im Allgemeinen nicht nur zulässig, sondern vom Steuergesetzgeber gewollt. Mit der Überwälzung gelingt es (zumindest teilweise) denjenigen mit der Steuer zu belasten, der sie letztlich tragen soll (vgl. z. B. die Umsatzsteuer, die vom Verbraucher getragen wird). Die Steuervermeidung trägt zur Lenkung des Konsumverhaltens privater Haushalte bei (vgl. z. B. die Tabaksteuer); die Möglichkeit der Steuervermeidung z. B. mithilfe von Abschreibungen beeinflusst auch das Beschaffungsverhalten von Unternehmen.

2. Was ist eine Steuerüberwälzung und unter welchen Voraussetzungen kann sie gelingen?

Unter bestimmten Voraussetzungen gelingt es einem Steuerschuldner, eine Verbrauchsteuer über den Preis auf den Nachfrager zu überwälzen. Diese Form der Überwälzung wird als Vorüberwälzung bezeichnet.

Ob und wie weit die Überwälzung einer Verbrauchsteuer gelingt, hängt von der Elastizität der Nachfrage ab.

3. Welche Bedeutung hat die Elastizität der Nachfrage für eine Steuerüberwälzung?

Im Regelfall geht die Nachfrage bei Preissteigerungen zurück und nimmt bei Preissenkungen zu. Die Nachfrageelastizität gibt an, in welchem Umfang die Nachfrage auf Preisänderungen reagiert. Bei einer relativ unelastischen Nachfrage wird eine durch eine Steuererhöhung bedingte Preiserhöhung eher akzeptiert als bei relativ elastischer Nachfrage.

Diesen Sachverhalt kann die folgende Grafik veranschaulichen. Für die Abbildung wird die bekannte Darstellungsform des Marktes mit Nachfrage- und Angebotskurven genutzt. Auf der Senkrechten wird der Preis für ein Produkt, auf der Waagerechten die Menge dieses Produktes angegeben. In der Darstellung fällt die Nachfragekurve von links oben nach rechts unten, weil im Regelfall bei steigendem Preis die Nachfragemenge abnimmt. Eine flach verlaufende Nachfragekurve drückt eine relativ hohe Elastizität, eine steil verlaufende Nachfragekurve eine relativ geringe Elastizität aus.

Die Angebotskurve steigt von links unten nach rechts oben, weil bei steigendem Preis die Unternehmen die Angebotsmenge ausdehnen. Die Unternehmen können bei steigenden Preisen unter Kostengesichtspunkten mehr anbieten; die Angebotskurve spiegelt also – sehr vereinfacht ausgedrückt – die Kosten wider. Über den Schnittpunkt von Angebots- und Nachfragekurven ergeben sich Gleichgewichtspreis und -menge.

Wenn eine Steuer erhoben wird, verschiebt sich die Angebotskurve nach oben. Der Preis steigt, die Nachfragemenge nimmt ab.

In Abb. 1 wird eine relativ unelastische, in Abb. 2 eine relativ elastische Nachfrage angenommen. Die Abbildungen zeigen unterschiedlich hohe Preissteigerungen und damit die unterschiedliche Akzeptanz der Preiserhöhung; im 1. Fall wird die Steuer stärker überwälzt als im 2. Fall.

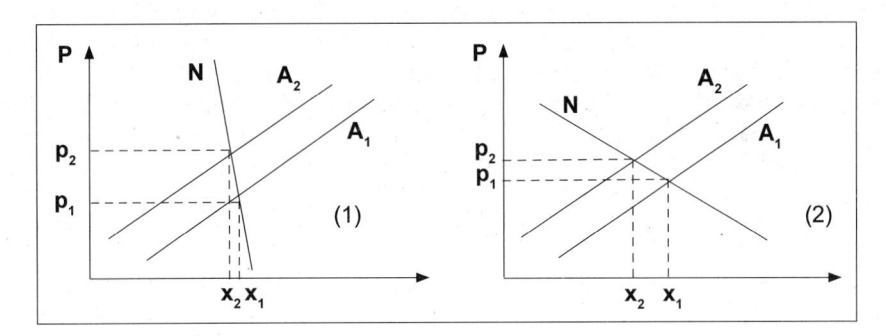

4. Welche Bedeutung hat eine Steuervermeidung?

Der Steuerträger vermeidet eine Steuer bzw. seine steuerliche Belastung dadurch, dass er den steuerlichen Tatbestand vermindert oder ganz vermeidet. Meistens ist die Steuervermeidung politisch gewollt, d. h. die (teilweise) Vermeidung des steuerlichen Tatbestands entspricht finanz- bzw. wirtschaftspolitischen, gesundheitspolitischen oder ökologiepolitischen Zielsetzungen.

Der Konsum kann durch Verbrauchsteuern gelenkt werden. So werden z. B. Erhöhungen von Tabak- und Branntweinsteuern gelegentlich gesundheitspolitisch begründet; Tabak- und Alkoholkonsum sollen vermieden werden. Allerdings ist der Erfolg gering bei Gütern, deren Nachfrage relativ unelastisch auf Preissteigerungen reagiert.

Mithilfe von Steuerfreibeträgen und den Absetzungsmöglichkeiten bestimmter Ausgaben lassen sich Steuerbelastungen vermindern. So können z. B. durch Abschreibungsmöglichkeiten Investitionen angeregt werden. In diesem Zusammenhang haben die Gestaltungsmöglichkeiten bei den Unternehmensteuern eine besondere Bedeutung.

5. Wann liegt eine Steuerhinterziehung vor?

Die Steuerhinterziehung ist zwar auch eine Form der Steuerabwehr, sie ist aber weder rechtlich zulässig noch gewollt. Eine Steuerhinterziehung liegt z. B. vor, wenn ein

Steuerpflichtiger in seiner Erklärung vorsätzlich unrichtige Angaben macht, steuerliche Tatbestände dem Finanzamt nicht bekannt macht usw. und auf diese Art Steuervorteile erhält. Steuerhinterziehung wird bestraft. Durch eine rechtzeitige Selbstanzeige kann der Steuerschuldner aber Straffreiheit erreichen.

2.1.1.3 Doppelbesteuerungsabkommen

1. Welchen Zweck verfolgen Doppelbesteuerungsabkommen?

Wenn eine natürliche oder juristische Person in einem Staat seinen ständigen Wohnsitz hat und in einem anderen Staat Einkünfte bezieht, die der Besteuerung unterliegen, besteht die Gefahr der Doppelbesteuerung. Damit Doppelbesteuerungen dieser Art vermieden werden, schließen Wohnsitz- und Quellenstaat Doppelbesteuerungsabkommen miteinander ab. Zwischen Deutschland und mehr als 100 Staaten bestehen zzt. Doppelbesteuerungsabkommen, die regelmäßig überprüft und bei Bedarf aktualisiert werden.

2. Was wird in Doppelbesteuerungsabkommen vereinbart?

In den Abkommen kann z. B. vereinbart werden,

- dass der *Quellenstaat* die Besteuerung zurücknimmt oder angemessen einschränkt oder

- dass der *Wohnsitzstaat* die entsprechenden Einkünfte nicht besteuert (Freistellung) oder dass er die ausländische Steuer bei Ermittlung der Steuerschuld angemessen berücksichtigt (Anrechnung).

3. Auf welchen Besteuerungsprinzipien beruhen Doppelbesteuerungen?

Doppelbesteuerungen beruhen auf den folgenden Besteuerungsprinzipien:

- Wohnsitzlandprinzip – es besagt, dass eine natürliche oder juristische Person in dem Land steuerpflichtig ist, in dem sie ihren Wohnsitz oder ihren ständigen Aufenthalt hat.

- Quellenlandprinzip – es besagt, dass eine natürliche oder juristische Person in dem Land steuerpflichtig ist, in dem sie die entsprechenden Einkünfte erzielt.

- Welteinkommensprinzip – es besagt, dass alle Einkünfte eines Steuerpflichtigen unabhängig von dem Ort ihrer Entstehung besteuert werden.

- Territorialitätsprinzip – es besagt, dass die Einkünfte besteuert werden, die in dem Gebiet des betreffenden Staates erzielt werden.

4. Welche Besteuerungsprinzipien gelten in Deutschland?

Nach deutschem Steuerrecht gilt grundsätzlich *für Inländer das Wohnsitzland- und Welteinkommensprinzip, für Nicht-Inländer das Quellenland- und Territorialitätsprinzip.*

2.1 Das Steuersystem in seiner Bedeutung für das Unternehmen

Wenn also ein deutscher Staatsbürger mit ständigem Wohnsitz in Deutschland in Deutschland Gewinneinkommen erzielt und auch in einem anderen Staat Einkünfte hat, die dort zu versteuern sind, wie das z. B. bei der Quellensteuer der Fall ist, kommt es zu einer Doppelbesteuerung. Durch ein Doppelbesteuerungsabkommen zwischen den beiden Staaten kann diese Doppelbelastung des Steuerpflichtigen vermieden werden.

5. Welche Methoden werden zur Vermeidung der Doppelbesteuerung angewandt?

Zur Vermeidung der Doppelbesteuerung können in den Abkommen folgende Methoden angewandt werden:

- Freistellungsmethode, dabei werden die Einkünfte, die ein Inländer aus dem Ausland bezieht, im Inland nicht besteuert,
- Anrechnungsmethode, dabei wird der Tatbestand berücksichtigt, dass bestimmte Einkünfte im Ausland und im Inland mit unterschiedlichen Steuersätzen besteuert werden; z. B. hat ein Deutscher Einkünfte in Dänemark, die dort mit 20 % besteuert werden; diese Einkünfte werden im Regelfall in Deutschland mit 30 % versteuert; wegen der Anrechnung fallen in Deutschland nur noch Steuern in Höhe von 10 % an (allerdings wird im umgekehrten Fall in Deutschland die Mehrsteuer nicht erstattet).

2.1.2 Unternehmensteuern

1. Was sind Unternehmensteuern?

Mit dem Begriff „Unternehmensteuern" werden die für ein Unternehmen relevanten Steuern bezeichnet. Es sind die Steuern, die durch Gestaltungsmöglichkeiten Unternehmensentscheidungen beeinflussen. Von besonderer Bedeutung sind dabei die folgenden Steuern:

- die Einkommensteuer,
- die Körperschaftsteuer,
- die Gewerbesteuer,
- die Umsatzsteuer (Mehrwertsteuer).

2.1.2.1 Einkommensteuer

1. Welche Einnahmen unterliegen nach dem Einkommensteuergesetz (EStG) der Besteuerung?

Alle Einnahmen eines Steuerpflichtigen unterliegen nach dem EStG der Besteuerung. Einnahmen sind

- Betriebseinnahmen,
- Gehalt, Lohn u. Ä. (als Einnahmen aus nicht selbstständiger Arbeit),

- Zinseinnahmen,
- Mieteinnahmen,
- sonstige Einnahmen, z. B. Renten.

2. Werden die besonderen Lebensverhältnisse des Steuerpflichtigen bei der Einkommensbesteuerung berücksichtigt?

Ein besonderes Kennzeichen der Einkommensteuer ist die Berücksichtigung der individuellen Lebensverhältnisse eines Steuerpflichtigen. Wenn ein Steuerpflichtiger z. B. Kinder hat, kann er als einen teilweisen Ausgleich der dadurch anfallenden finanziellen Belastungen einen Steuerfreibetrag beantragen. Wenn er z. B. Mitglied einer Kirche ist, kann er die gezahlte Kirchensteuer absetzen, wenn er einen gemeinnützigen Verein durch eine Spende fördert, wirkt die Ausgabe steuermindernd.

3. Welchen Tarifverlauf hat die Einkommensteuer?

Der aktuelle deutsche Einkommensteuertarif ist ein progressiver Tarif. Er besteht aus fünf Stufen: einem Grundfreibetrag, zwei Progressionsstufen und zwei Proportionalstufen. Liegt das zu versteuernde Einkommen in den Grenzen des Grundfreibetrages, fällt keine Steuer an. Der *Eingangssteuersatz* liegt zzt. bei 14 %; er fällt an, wenn das zu versteuernde Einkommen den Grundfreibetrag übersteigt. In der ersten Progressionsstufe steigt der Grenzsteuersatz linear von 14 % auf rd 24 %, in der zweiten von 24,03 % auf 42 % an. In der ersten Proportionalstufe ist der Grenzsteuersatz konstant 42 %, in der zweiten Proportionalstufe 45 % (*Spitzensteuersatz*).

Stufe	Grenzsteuersatz	zu versteuerndes Einkommen (eines Alleinstehenden) von ... Euro bis unter ... Euro
Grundfreibetrag	0	0 – 8.004
erste Progressionsstufe	linear ansteigend von 14 % (= Eingangssteuersatz) auf 24,03 %	8.004 – 13.140
zweite Progressionsstufe	linear ansteigend von 24,03 % auf 42 %	13.140 – 52.552
erste Proportionalstufe	konstant 42 %	52.552 - 250.401
zweite Proportionalstufe	konstant 45 % (= Spitzensteuersatz) sog. Reichensteuer	ab 250.401

2.1 Das Steuersystem in seiner Bedeutung für das Unternehmen

In der folgenden Abbildung wird der Verlauf des aktuellen Tarifs grafisch dargestellt. Gezeigt wird, wie der Grenzsteuersatz bei steigendem Einkommen von Unverheirateten verläuft. Nach dem Grundfreibetrag steigt der Grenzsteuersatz in zwei Stufen linear bis zum Steuersatz von 42 %. Bei weiter steigendem Einkommen steigt der Grenzsteuersatz linear bis 45 %. Erst ab einem zu versteuernden Einkommen in Höhe von 250.401 € für einen Alleinstehenden werden alle zusätzlichen Einkommen mit dem Höchststeuersatz von 45 % besteuert.

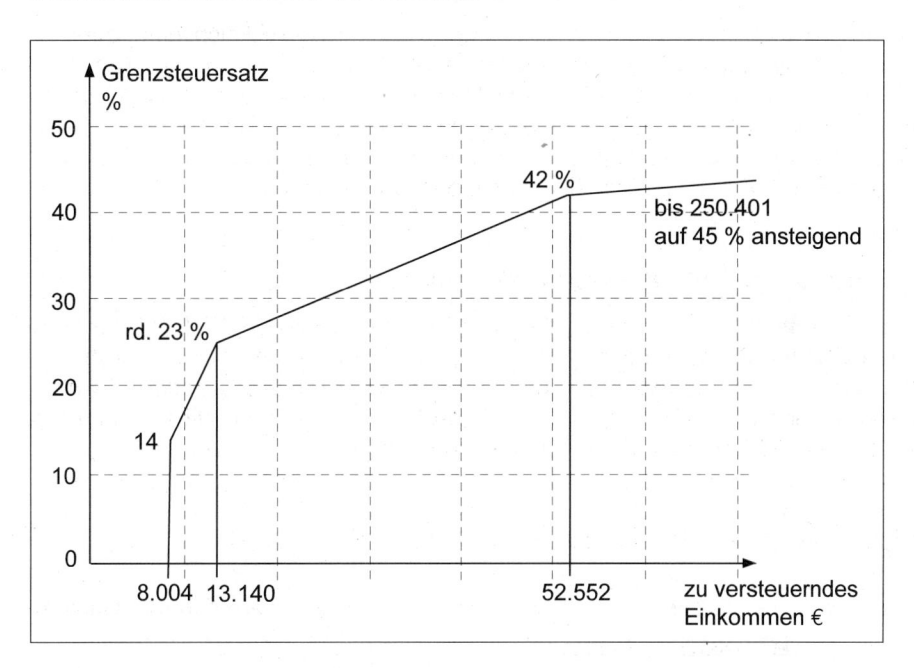

4. Welche Wirkung hat eine Besteuerung nach dem Splittingtarif?

Der Einkommensteuertarif weist mit dem Splittingtarif eine Besonderheit auf. Eheleute können in ihrer ESt-Erklärung die *gemeinsame Veranlagung* beantragen. Bei der Ermittlung des Steuerbetrages wird so vorgegangen, als ob jeder der Ehepartner jeweils die Hälfte des Gesamteinkommens verdient hätte. Wegen des progressiven Tarifs ist diese Vorgehensweise für die Eheleute günstiger, vor allem dann, wenn ein Ehepartner erheblich weniger verdient hat als der andere.

Dieser Sachverhalt kann mit der folgenden Zeichnung veranschaulicht werden. Die dargestellte Progression ist überzeichnet. Angenommen, die Eheleute verdienen zusammen E_1, sie würden bei getrennter Veranlagung T_1 an Steuern bezahlen; bei gemeinsamer Veranlagung wird das Einkommen gesplittet; die Eheleute bezahlen zweimal T_2 an Steuern, das ist T_3. T_3 liegt unter T_1; das Splittingverfahren ist also günstiger.

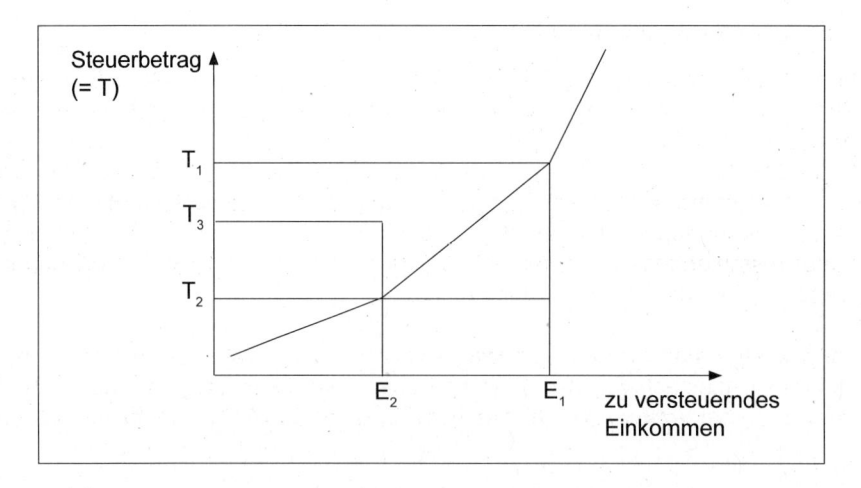

[Diagramm: Steuerbetrag (=T) in Abhängigkeit vom zu versteuernden Einkommen, mit Markierungen T_1, T_3, T_2 sowie E_2 und E_1]

5. Berücksichtigt der ESt-Tarif die Leistungsfähigkeit der Besteuerten?

Mit dem progressiven Tarif und dem Grundfreibetrag berücksichtigt der Steuergesetzgeber die Leistungsfähigkeit der Besteuerten. Geringverdiener bezahlen keine oder nur geringe Einkommensteuern. Der Eingangssteuersatz liegt bei 14 %. Der weitere Anstieg des Grenzsteuersatzes berücksichtigt die Leistungsfähigkeit der Besteuerten. Die Berücksichtigung der Leistungsfähigkeit zeigt sich bei besonders hohen Einkommen („Reichensteuer").

6. Wie nimmt der Steuergesetzgeber im Rahmen der Einkommensteuer Einfluss auf die Wirtschaftspläne privater Haushalte?

Durch die steuerliche Begünstigung bestimmter Ausgaben greift der Steuergesetzgeber lenkend in die Wirtschaftspläne der Steuerpflichtigen ein und beeinflusst ihr Verhalten. So werden z. B. durch die Abzugsfähigkeit von Werbungskosten bei Lohn und Gehalt die Bemühungen des Steuerpflichtigen um einen Arbeitsplatz, zur Verbesserung seiner beruflichen Qualifikation gefördert usw. Die Abzugsfähigkeit von Abschreibungen bei Mieteinnahmen kann den Wohnungsbau fördern. Die Bereitschaft eines Steuerpflichtigen, sich durch den Abschluss von Versicherungen gegen bestimmte Risiken, wie z. B. Krankheit, Unfall, Alter, abzusichern, belohnt der Steuergesetzgeber dadurch, dass die entsprechenden Versicherungsprämien von Einkünften abgezogen werden können.

Steuerbefreiende Ausgaben sind

- Betriebsausgaben bzw. Werbungskosten,
- Sonderausgaben,
- außergewöhnliche Belastungen.

7. Was sind Werbungskosten?

Werbungskosten sind die Ausgaben eines Steuerpflichtigen zur *Erwerbung, Sicherung und Erhaltung von Einnahmen*; das können Lohn-, Miet-, Zinseinnahmen usw. sein. Für einen Lohnempfänger sind z. B. die Kosten für die Fahrt zum Arbeitsplatz, Ausgaben für Fachbücher und andere Ausgaben zur Weiterbildung im ausgeübten Beruf, Gewerkschaftsbeiträge abzugsfähige Werbungskosten. Von Mieteinnahmen können z. B. Abschreibungen, sonstige Aufwendungen für das Haus bzw. für die Wohnung als Werbungskosten abgesetzt werden. Werbungskosten können nur von den Einnahmen abgesetzt werden, bei denen sie entstehen.

Werbungskosten sind meistens pauschaliert; das Finanzamt erkennt einen Pauschbetrag ohne Einzelnachweis an. Über die Pauschbeträge hinausgehende Werbungskosten werden bei Vorlage der entsprechenden Belege selbstverständlich anerkannt.

8. Was sind Betriebsausgaben?

Betriebsausgaben können wie die Werbungskosten definiert werden. Betriebsausgaben dienen dem *Erwerb, der Sicherung und Erhaltung der Betriebseinnahmen*; sie werden von den Betriebseinnahmen abgezogen. Betriebsausgaben sind im Allgemeinen mit den Aufwendungen des Betriebs identisch. Betriebsausgaben sind z. B. Abschreibungen, Lohnkosten, Zinsaufwendungen u. Ä.

Betriebsausgaben fallen bei den Einnahmen aus Gewerbebetrieb, aus Land- und Forstwirtschaft und aus selbstständiger Arbeit an.

9. Was sind Sonderausgaben?

Sonderausgaben sind *besondere Ausgaben* eines Steuerpflichtigen. Das Einkommensteuergesetz zählt sie vollständig auf. Zu unterscheiden sind beschränkt und unbeschränkt abzugsfähige Sonderausgaben. Beschränkt abzugsfähig sind u. a. Vorsorgeaufwendungen, das sind z. B. Aufwendungen für Lebens-, Kranken-, Unfallversicherungen, die Aufwendungen für die Weiterbildung in einem nicht ausgeübten Beruf. Unbeschränkt abzugsfähig sind z. B. die gezahlte Kirchensteuer und Steuerberatungskosten. Auch Sonderausgaben sind pauschaliert. Sonderausgaben werden von der Summe der Einkünfte abgezogen.

10. Was sind außergewöhnliche Belastungen?

Außergewöhnliche Belastungen sind durch zwei definitorische Merkmale gekennzeichnet. Einerseits müssen die Aufwendungen *außergewöhnlich* sein *im Vergleich* zu anderen Steuerpflichtigen mit gleichen Einkommens- und Vermögensverhältnissen. Andererseits muss es sich um *Belastungen* handeln, *denen sich der Steuerpflichtige aus sittlichen, rechtlichen oder tatsächlichen Gründen nicht entziehen kann*. Dazu gehören z. B. Unterhaltszahlungen an den Vater bzw. an die Mutter, die keine ausreichende Rente erhalten. Ausgaben für die Kinder (Kinderfreibeträge), Kinderbetreuungskosten

Alleinstehender. Bei der Ermittlung der außergewöhnlichen Belastung berücksichtigt das Finanzamt zumutbare Eigenleistungen.

11. Wie ergibt sich aus den Einnahmen schließlich das zu versteuernde Einkommen?

Von den einzelnen Einnahmen werden die bei ihrem Erwerb anfallenden Ausgaben abgezogen. Daraus ergeben sich die jeweiligen Einkünfte. Von den Einkünften werden die Sonderausgaben abgezogen; daraus ergibt sich das Einkommen. Wenn von diesem Betrag die außergewöhnlichen Belastungen abgezogen werden, ergibt sich im Allgemeinen das zu versteuernde Einkommen.

Schematische Darstellung:

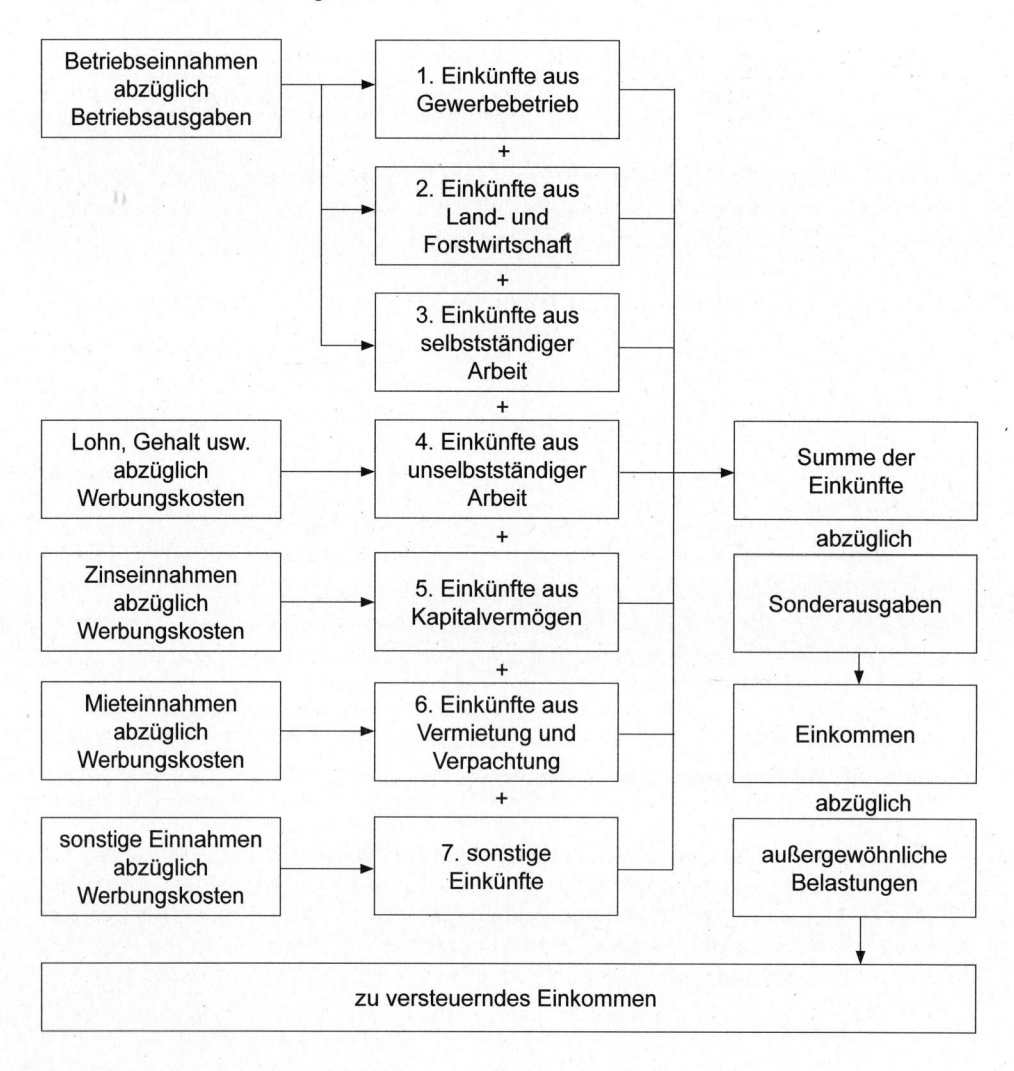

Eingangsgrößen	Einkunftsarten	Zusammenfassung
Betriebseinnahmen abzüglich Betriebsausgaben	1. Einkünfte aus Gewerbebetrieb	
	+	
	2. Einkünfte aus Land- und Forstwirtschaft	
	+	
	3. Einkünfte aus selbstständiger Arbeit	
	+	
Lohn, Gehalt usw. abzüglich Werbungskosten	4. Einkünfte aus unselbstständiger Arbeit	Summe der Einkünfte
	+	abzüglich
Zinseinnahmen abzüglich Werbungskosten	5. Einkünfte aus Kapitalvermögen	Sonderausgaben
	+	
Mieteinnahmen abzüglich Werbungskosten	6. Einkünfte aus Vermietung und Verpachtung	Einkommen
	+	abzüglich
sonstige Einnahmen abzüglich Werbungskosten	7. sonstige Einkünfte	außergewöhnliche Belastungen
	zu versteuerndes Einkommen	

Folgendes einfaches Zahlenbeispiel kann das Schema veranschaulichen. Ein Steuerpflichtiger erklärte dem Finanzamt für das vergangene Jahr ein Bruttogehalt von insgesamt 75.000 €; dabei sind Werbungskosten in Höhe von 7.500 € angefallen. Die Mieteinnahmen betrugen 10.000 €; die Werbungskosten dazu beliefen sich auf 15.000 €. 10.000 € werden als Sonderausgaben geltend gemacht, die außergewöhnlichen Belastungen betrugen 6.000 €. (Das Beispiel zeigt, dass negative Einkünfte positive Einkünfte teilweise ausgleichen können. Negative Einkünfte werden nur zur Hälfte berücksichtigt.)

Einnahmen	Gehalt	75.000 €	
	Mieten		10.000 €
abzüglich Werbungskosten		7.500 €	15.000 €
Einkünfte	aus nichtselbstständiger Arbeit	67.500 €	
	aus Vermietung und Verpachtung		-2.500 €
	Summe		65.000 €
abzüglich Sonderausgaben			10.000 €
Einkommen			55.000 €
abzüglich außergewöhnliche Belastungen			6.000 €
zu versteuerndes Einkommen			49.000 €

12. Welche Bedeutung hat der Solidaritätszuschlag?

Der Solidaritätszuschlag ist eine Ergänzungsabgabe zur Einkommen- und zur Körperschaftsteuer. I. d. R. werden dafür 5,5 % der Bemessungsgrundlage erhoben.

13. Welche Steuerermäßigungen sieht das EStG vor?

Das EStG sieht einige Steuerermäßigungen vor. Von der Steuerschuld können unter bestimmten Voraussetzungen und in einem bestimmten Umfang folgende Aufwendungen abgesetzt werden:

- Aufwendungen für haushaltsnahe Beschäftigungsverhältnisse,
- Aufwendungen für haushaltsnahe Dienstleistungen,
- Aufwendungen für Handwerkerleistungen.

14. Welche Handwerkerleistungen kommen für die Steuerermäßigung in Betracht?

Zu den begünstigen Handwerkerleistungen gehören Renovierungs-, Erhaltungs- und ähnliche Aufwendungen. Gefördert werden nur die Anteile am Rechnungsbetrag, die auf die Arbeitsleistung entfallen; Materialkosten sind von der Förderung ausgenommen. Der Steuergesetzgeber gewährt für diese Leistungen eine Steuerermäßigung in Höhe von 20 % der entsprechenden Aufwendungen bis zu einem Höchstbetrag von 1.200 €.

15. Was wird an dem aktuellen EStG kritisiert?

Der Einkommensteuertarif gilt als reformbedürftig. Kritisiert werden die hohen Sätze, d. h. die relativ hohe Belastung der Einkommen und die mangelhafte Transparenz des Einkommensteuerrechts. Die zurzeit diskutierten Reformvorschläge setzen deshalb bei der Entlastung der Steuerpflichtigen durch Senkung der Steuersätze und bei der Vereinfachung der Vorschriften an; darüber hinaus sehen sie den Abbau von Steuervergünstigungen vor. Von der Entlastung wird eine Stärkung der Konsumgüternachfrage durch die privaten Haushalte erwartet, die die Konjunktur stärken könnte.

2.1.2.2 Körperschaftsteuer

1. Welches Einkommen unterliegt der Körperschaftsteuer?

Mit der Körperschaftsteuer wird das *Einkommen juristischer Personen*, das sind Körperschaften, Personenvereinigungen und Vermögensmassen. Dazu zählen z. B.

- die Kapitalgesellschaften, z. B. AG, GmbH,
- die Genossenschaften, z. B. Volksbanken, Einkaufsgenossenschaften,
- die Versicherungsvereine auf Gegenseitigkeit,
- sonstige juristische Personen des privaten Rechts, z.B. rechtsfähige Vereine,
- Betriebe gewerblicher Art von juristischen Personen des öffentlichen Rechts, z. B. Versorgungsbetriebe, öffentliche Verkehrsbetriebe.

2. Wodurch unterscheiden sich beschränkte und unbeschränkte Steuerpflicht?

Wenn juristische Personen der in Frage 1 genannten Art ihren Sitz oder ihre Geschäftsleitung im Ausland haben, sind sie nur beschränkt steuerpflichtig, d. h. die Besteuerung bleibt auf ihre inländischen Einkünfte beschränkt (**beschränkte** Steuerpflicht). Wenn die juristischen Personen dagegen ihren Sitz oder ihre Geschäftsleitung im Inland haben, werden ihre gesamten Einkünfte, auch die im Ausland erworbenen, zur Besteuerung herangezogen, d. h. sie sind **unbeschränkt** steuerpflichtig.

3. Was wird der Besteuerung zu Grunde gelegt?

Grundlage der Besteuerung ist *das zu versteuernde Einkommen*. Bei seiner Ermittlung werden die Vorschriften des Einkommensteuergesetzes zu Grunde gelegt. Von den Betriebseinnahmen werden die Betriebsausgaben abgezogen, daraus ergeben sich die Einkünfte aus Gewerbebetrieb.

Davon können Ausgaben zur Förderung mildtätiger, religiöser und wissenschaftlicher Zwecke und der als besonders förderungswürdig anerkannten gemeinnützigen Zwecke abgesetzt werden.

2.1 Das Steuersystem in seiner Bedeutung für das Unternehmen

4. Bis zu welcher Höhe können Spenden abgesetzt werden?

Für den Abzug von Spenden ist ein Höchstbetrag festgelegt. Er wird entweder einkommens- oder umsatzbezogen ermittelt. Der einkommensbezogene Höchstbetrag beträgt 20 % des Einkommens, der umsatzbezogene Höchstbetrag 4 ‰ der gesamten Umsätze und der aufgewendeten Löhne und Gehälter.

5. In welcher Höhe wird der Gewinn versteuert?

Der Gewinn der Körperschaft wird mit einem Steuersatz von 15 % belastet.

2.1.2.3 Gewerbesteuer

1. Welche Institution legt den Hebesatz für die Gewerbesteuer fest?

Die Gewerbesteuer ist eine Gemeindesteuer. Die Gemeinde legt den Hebesatz fest; er muss für alle Unternehmen in der Gemeinde gleich sein.

2. Welche Betriebe unterliegen der Gewerbesteuer?

Steuergegenstand (Steuerobjekt) ist jeder Gewerbebetrieb, soweit er im Inland betrieben wird. Betriebe, die der Besteuerung durch die Gewerbesteuer unterliegen, weisen folgende Merkmale auf:

- Selbstständigkeit,
- Nachhaltigkeit,
- Gewinnerzielungsabsicht.

Kapitalgesellschaften sind Betriebe kraft Rechtsform und unterliegen deshalb der Gewerbebesteuerung.

3. Welche Betriebe bzw. welche Tätigkeiten unterliegen nicht der Gewerbebesteuerung?

Land- und Forstwirtschaftliche Betriebe unterliegen nicht der Besteuerung. Auch freiberufliche Tätigkeiten werden nicht nach dem Gewerbesteuergesetz besteuert.

4. Wer ist Steuerschuldner der Gewerbesteuer?

Steuerschuldner ist der Unternehmer.

5. Was ist die Besteuerungsgrundlage der Gewerbesteuer?

Besteuerungsgrundlage ist der *Gewerbeertrag*. Der Gewerbeertrag ist der Gewinn, der nach den Vorschriften des Einkommens- bzw. des Körperschaftsteuergesetzes ermittelt wird, vermehrt um bestimmte Hinzurechnungen und vermindert um bestimmte Kürzungen.

6. Welche Hinzurechnungen werden bei der Ermittlung des Gewerbeertrags berücksichtigt?

Folgende Aufwendungen werden mit 25 % dem Gewinn zugerechnet:

- Sämtliche Zinsaufwendungen (dabei wird bei Einzelunternehmen und Personengesellschaften ein Freibetrag von 100.000 € berücksichtigt),
- dauernde Lasten, Renten,
- Gewinnanteile stiller Gesellschafter.

7. Welche Kürzungen werden bei der Ermittlung des Gewerbeertrags berücksichtigt?

Die Summe aus Gewinn und Hinzurechnungen kann u. U. um folgende Beträge gekürzt werden:

- 1,2 % des Einheitswertes des zum Betriebsvermögen des Unternehmens gehörenden (und nicht von der Grundsteuer befreiten) Grundbesitzes,
- die Anteile am Gewinn einer OHG, KG oder einer anderen Gesellschaft, bei der die Gesellschafter als Unternehmer (bzw. Mitunternehmer) des Gewerbebetriebs anzusehen sind,
- der Teil des Gewerbeertrages eines inländischen Unternehmens, der auf nicht im Inland liegende Betriebsstätten entfällt,
- Spenden u. dgl. zur Förderung steuerbegünstigter Zwecke.

8. Wie wird der Steuermessbetrag ermittelt?

Der Gewerbeertrag, der sich aus dem Gewinn durch Hinzurechnungen und Kürzungen ergibt, wird auf voll 100 € nach unten abgerundet. Dadurch ergibt sich der *maßgebende Gewerbebetrag*. Von dem Ergebnis wird bei natürlichen Personen und bei Personengesellschaften ein Freibetrag von 24.500 € abgesetzt. Dadurch ergibt sich der gekürzte Gewerbeertrag. Der Gewerbeertrag von Kapitalgesellschaften kann nicht gekürzt werden.

Der **Steuermessbetrag** wird mithilfe der *Steuermesszahl* ermittelt. Die Steuermesszahl beträgt 3,5 %. Der Steuermessbetrag ergibt sich mit 3,5 % des gekürzten maßgebenden Gewerbeertrags.

9. Wie wird die Gewerbesteuerschuld errechnet?

Die Gewerbesteuerschuld wird auf der Grundlage des Steuermessbetrages mithilfe des *Hebesatzes* errechnet.

Ermittlung der Gewerbesteuerschuld (Schema)

Gewinn
zuzüglich Hinzurechnungen
abzüglich Kürzungen
Abrundung (nach unten auf volle 100 €)
= maßgebender Gewerbeertrag
abzüglich Freibetrag (bei Einzelunternehmen und Personengesellschaften)
= gekürzter maßgebender Gewerbeertrag (gmG)
(gmG ... 100) multipliziert mit der Steuermesszahl
= Steuermessbetrag
(Steuermessbetrag : 100) multipliziert mit dem Hebesatz
= Steuerschuld

Wenn also z.B. der gekürzte maßgebende Gewerbeertrag mit 100.000 € angenommen wird, ergibt sich bei einer Steuermesszahl von 3,5 ein Steuermessbetrag von 3.500 €. Bei Annahme eines Hebesatzes von 400 % würde sich die Steuerbelastung auf 14.000 € belaufen.

10. Wie hoch sind die gemeindlichen Hebesätze?

Die Hebesätze müssen mindestens 200 % betragen. Die Hebesätze, die von den Gemeinden festgesetzt werden, liegen immer über diesem Mindestsatz. Hebesätze gelten zwar in einer Gemeinde für alle Unternehmen in dieser Gemeinde. Sie unterscheiden sich allerdings von Gemeinde zu Gemeinde. Dadurch wird die Höhe der Hebesätze zu einem *Standortfaktor* der Unternehmen und gleichzeitig zu einem Mittel der Ansiedlungspolitik der Gemeinden.

In der folgenden Tabelle werden für einige Gemeinden die Hebesätze angegeben (Stand 2008).

Gemeinde	Hebesatz	Gemeinde	Hebesatz
München	490	Stuttgart	420
Hamburg	470	Erfurt	400
Frankfurt	460	Schwerin	390
Lübeck	430	Flensburg	375
Dresden	450	Ludwigshafen	360
Rostock	450	Bad Oldesloe	350

2.1.2.4 Umsatzsteuer

1. Welche Umsätze unterliegen der Besteuerung?

Besteuert werden steuerbare Umsätze. Das Umsatzsteuergesetz (UStG) teilt steuerbare Umsätze folgendermaßen ein:

- Leistungen,
- Einfuhr im Inland,
- innergemeinschaftlicher Erwerb.

2. Welche Kennzeichen weisen Leistungen auf, die der Besteuerung unterliegen?

Nach dem UStG sind Leistungen *Lieferungen und sonstige Leistungen, die ein Unternehmer im Inland gegen Entgelt im Rahmen seines Unternehmens ausführt*. Besteuert werden die Umsätze eines Unternehmers im Inland, dazu zählen z. B. die Verkäufe des Produzenten an den Großhändler, des Großhändlers an den Einzelhändler, des Einzelhändlers an den Endverbraucher.

3. Können auch Leistungen ohne Entgelt der Umsatzbesteuerung unterliegen?

Auch unentgeltliche Leistungen können der Besteuerung nach dem UStG unterliegen; Voraussetzung ist jedoch, dass bei Beschaffung der entsprechenden Gegenstände ein Vorsteuerabzug geltend gemacht werden kann.

Zu diesen Leistungen zählen z. B.

- Entnahmen des Unternehmers aus dem Unternehmen für Zwecke, die außerhalb des Unternehmens liegen, z. B. entnimmt ein Einzelhändler seinem Geschäft Lebensmittel für die private Nutzung in seinem Haushalt,
- unentgeltliche Zuwendung von Gegenständen an Mitarbeiter, wenn die Gegenstände einen höheren Wert als 40 € haben.

4. Welche Bedeutung hat die „Einfuhr im Inland"?

Einfuhr im Inland liegt vor, wenn Gegenstände aus Drittländern, das sind Nichtgemeinschaftsländer, in das Inland importiert werden. Bei diesen Leistungen muss es sich um steuerbare Vorgänge handeln. Es fällt eine *Einfuhrumsatzsteuer* an. Wenn die von einem Unternehmer eingeführten Gegenstände den Zwecken seines Unternehmens dienen, kann die Einfuhrumsatzsteuer als Vorsteuer abgezogen werden.

5. Welche Bedeutung hat der „innergemeinschaftliche Erwerb"?

Innergemeinschaftlicher Erwerb ist der grenzüberschreitende Warenverkehr zwischen den EU-Mitgliedstaaten. Wenn die Geschäfte zwischen Unternehmen abgewickelt werden, die zum Vorsteuerabzug berechtigt sind, unterliegen diese Einfuhren im Inland einer besonderen Form der Umsatzsteuer, der sog. *Erwerbssteuer*.

2.1 Das Steuersystem in seiner Bedeutung für das Unternehmen

6. Welche Bemessungsgrundlagen hat die Umsatzsteuer?

Bemessungsgrundlagen für *Leistungen und innergemeinschaftlichen Erwerb* sind die geleisteten Entgelte. Entgelte sind alle Aufwendungen des Empfängers, um die Leistung zu erhalten, jedoch abzüglich der Umsatzsteuer. Besteuert werden also – vereinfacht ausgedrückt – die Nettoentgelte.

Bemessungsgrundlagen für *unentgeltliche Leistungen* sind entweder die Beschaffungskosten oder die Selbstkosten.

Bemessungsgrundlagen für *Einfuhren im Inland* sind die Zollwerte der eingeführten Waren.

7. Wie hoch sind die Steuersätze der Umsatzsteuer?

Der allgemeine Steuersatz der Umsatzsteuer beträgt 19 %. Er wird für bestimmte Umsätze auf 7 % ermäßigt. Der ermäßigte Steuersatz gilt u. a. für Lebensmittel sowie für Bücher und Zeitungen.

8. Wie ergibt sich die Zahllast bei der Umsatzsteuer?

Die Zahllast ergibt sich, wenn von der Umsatzsteuer die Vorsteuer abgezogen wird. Die Vorsteuer ist die Umsatzsteuer, die von der jeweiligen Vorstufe einem Käufer in Rechnung gestellt wird. Die Zahllast ist der Teil der Umsatzsteuer, den ein Unternehmer an das Finanzamt abzuführen hat.

9. Wie wird die Umsatzsteuer festgesetzt und erhoben?

Der Besteuerungszeitraum für die Umsatzsteuer ist das Kalenderjahr; für diesen Zeitraum muss der Unternehmer eine *Steuererklärung* abgeben, in der die Umsätze nach den Vorschriften des UStG und die darauf entfallenden Steuern zu ermitteln sind. Von der ermittelten Umsatzsteuer sind die Vorsteuern abzuziehen.

Spätestens am 10. Tag nach Ablauf eines Monats muss der Unternehmer eine *Voranmeldung* abgeben und eine *Vorauszahlung* leisten, wenn die Umsatzsteuer für das vorangegangene Kalenderjahr mehr als 7.500 € beträgt. Wenn die Steuer zwischen 7.500 € und 1.000 € beträgt, verlängert sich der Voranmeldungszeitraum auf ein Kalendervierteljahr. Bei Steuern unter 1.000 € entfallen Voranmeldungen und Vorauszahlungen.

10. Warum wird die Umsatzsteuer auch als Mehrwertsteuer bezeichnet?

Die *Umsatzsteuer ist eine Mehrwertsteuer*. Vor ihrer Einführung wurden die Umsätze mit einer Bruttoallphasenumsatzsteuer besteuert. Bei jeder Umsatzphase wurde die Umsatzsteuer erhoben, als Kostensteuer in den Verkaufspreis einkalkuliert und an den Käufer weitergegeben. Der Käufer ermittelte die Umsatzsteuer auf der Grundlage des in Rechnung gestellten Einkaufspreises, in dem die Umsatzsteuer seines Lieferanten enthalten war. Dadurch hatte diese Steuer eine kumulative Wirkung.

Die aktuelle Umsatzsteuer ist eine *Nettoallphasenumsatzsteuer*, allerdings hat sie keine kumulative Wirkung. Besteuert wird die Wertschöpfung. Damit tatsächlich nur der Mehrwert besteuert wird, kann jeder Steuerpflichtige von der Umsatzsteuer, die er über die Rechnung von seinen Kunden einzieht, die Vorsteuer, das ist die Umsatzsteuer, die ihm sein Lieferant in Rechnung gestellt hat, abziehen.

Steuerschuldner ist der Unternehmer; Steuerträger ist aber letztlich der Endkäufer bzw. der Endverbraucher.

Im Folgenden wird versucht, an einem sehr einfachen Beispiel die Wirkungsweise der Umsatzsteuer in einem Verlaufsschema zu veranschaulichen.

Angenommen wird die Herstellung eines Konsumgutes, z. B. eines Stuhls, der bis zur ökonomischen Fertigstellung, d.h. bis zur Übernahme durch den Endverbraucher, mehrere Stufen durchläuft, bei jedem Übergang fällt Umsatz und damit die Umsatzsteuer an. Der Einfachheit halber wird ein Steuersatz von 10 angenommen. Das Schaubild zeigt z. B., dass der Großhändler das Produkt mit einem Warenwert von 100 ZE übernimmt und an die Vorstufe 110 ZE zahlt (100 ZE Warenwert und 10 ZE MwSt). Auf der Großhandelsstufe findet eine Wertschöpfung von 20 ZE statt. Das Produkt wird deshalb mit einem Warenwert von 120 ZE an den Einzelhändler weitergegeben, der dafür (einschließlich MwSt) 132 ZE zahlt. Der Großhändler muss die erhaltene MwSt von 12 ZE aber nicht vollständig abführen, da er bereits an die Vorstufe 10 ZE MwSt, die Vorsteuer, gezahlt hat. Es fällt lediglich eine Zahllast von 2 ZE an; das sind 10 % der Wertschöpfung, des Mehrwerts auf dieser Stufe. Das Schaubild macht deutlich, dass die Anzahl der Umsatzvorgänge für die insgesamt anfallende Umsatzsteuer in Höhe von 15 ZE ohne Bedeutung ist.

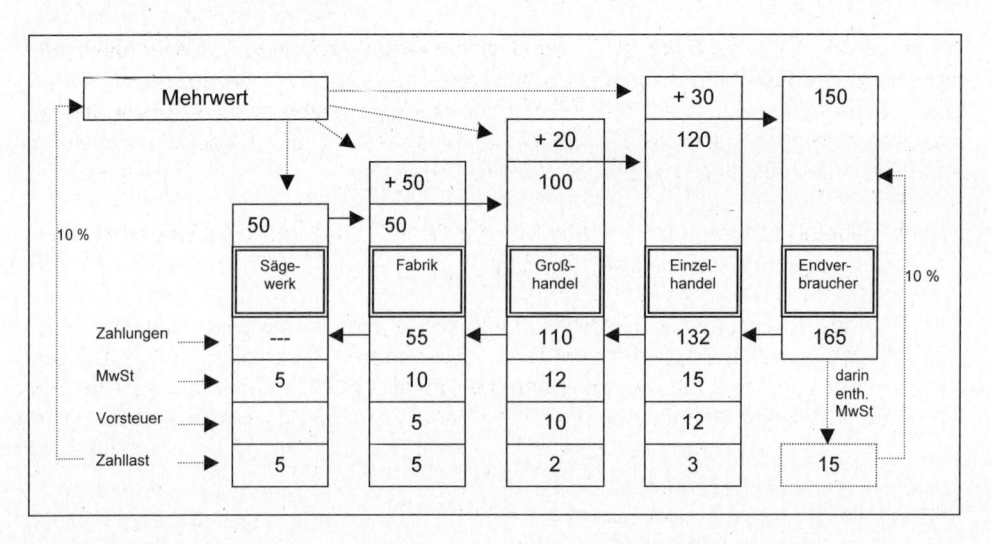

	Sägewerk	Fabrik	Großhandel	Einzelhandel	Endverbraucher
	50	50 (+50)	100 (+20)	120 (+30)	150
Zahlungen	---	55	110	132	165
MwSt	5	10	12	15	darin enth. MwSt
Vorsteuer		5	10	12	
Zahllast	5	5	2	3	15

2.1.3 Gestaltungsmöglichkeiten

1. Haben Unternehmen Möglichkeiten zur Gestaltung von Steuern?

Im Zusammenhang mit den Kennzeichnungen der Unternehmenssteuern in Kap. 2.1.2 wurden bereits einige Möglichkeiten aufgezeigt, die Steuerbelastung zu beeinflussen (vgl. z. B. die steuerbefreienden Ausgaben bei der Einkommensteuer). Darüber hinaus haben Unternehmen Möglichkeiten zur Steuergestaltung z. B.

- durch die Wahl des Standorts,
- durch Thesaurierung,
- durch die Wahl der Rechtsform.

2. Welchen Einfluss hat die Gewerbesteuer auf die Standortwahl von Unternehmen?

Die Gemeinden setzen die Hebesätze für die Gewerbesteuer fest. Zwischen den Gemeinden unterscheiden sich die Hebesätze z. T. erheblich und damit auch die Gewerbesteuerbelastungen der Unternehmen. Für die Unternehmen ist die Gewerbesteuer deshalb ein Faktor, der bei der Entscheidung für oder gegen einen Standort innerhalb Deutschlands eine Rolle spielen kann.

3. Welchen Einfluss haben die Unternehmensteuern auf die Standortwahl im internationalen Rahmen?

Es ist sehr schwierig, Unternehmensteuern verschiedener Länder miteinander zu vergleichen, weil erhebliche Unterschiede bei Steuersätzen, Steuerarten und Bemessungsgrundlagen bestehen. Versuche, die Unternehmenssteuern international durch Standardisierungen vergleichbar zu machen, sind umstritten.

In der bekannten *Modellrechnung von Devreux* wird die effektive Unternehmenssteuerbelastung auf der Grundlage einer standardisierten Gesamtsteuerbelastung, die auf eine standardisierte Größe des Unternehmenserfolgs bezogen ist, ermittelt. In Vergleichsrechnungen nach diesem Modell ist die effektive Steuerbelastung von Unternehmen in Deutschland besonders hoch.[1]

Durch die internationalen Unterschiede in der Besteuerung kann die Steuerbelastung zu einem wichtigen Standortfaktor werden.

Die folgende Tabelle soll dem Vergleich von Steuersätzen in den europäischen Ländern dienen. Verglichen werden für 2008 die Einkommensteuer, die Körperschaftsteuer auf nicht ausgeschüttete Gewinne und die Umsatzsteuer (Mehrwertsteuer); bei Einkommen- und Körperschaftsteuer sind die Höchstsätze mit Zuschlägen angegeben.[2]

---

[1] Vgl. hierzu Wöhe, G.: a.a.O., S. 277.
[2] Quelle: Institut der deutschen Wirtschaft Köln (Hg.): Deutschland in Zahlen 2009.

Land	Einkommensteuer	Körperschaftsteuer	Mehrwertsteuer
Belgien	53,5	33,00	21,0
Dänemark	59,0	25,00	25,0
Deutschland	47,5	16,75	19,0
Estland	21,0	21,00	18,0
Finnland	50,1	26,00	22,0
Frankreich	48,0	33,30	19,6
Griechenland	40,0	25,00	19,0
Irland	41,0	12,50	21,5
Italien	44,2	27,50	20,0
Lettland	25,0	15,00	18,0
Litauen	24,0	15,00	18,0
Luxemburg	39,0	22,00	15,0
Malta	35,0	35,00	18,0
Niederlande	52,0	25,50	19,0
Österreich	50,0	25,00	20,0
Polen	40,0	19,00	22,0
Portugal	42,0	25,00	20,0
Rumänien	16,0	16,00	19,0
Schweden	56,6	28,00	25,0
Slowakische Republik	19,0	19,00	19,0
Slowenien	41,0	22,00	20,0
Spanien	43,0	30,00	16,0
Tschechische Republik	15,0	21,00	19,0
Ungarn	40,0	16,00	20,0
Vereinigtes Königreich	40,0	28,00	15,0
Zypern	30,0	10,00	15,0

4. Kann die Gewerbesteuerbelastung auf die Einkommensteuerschuld angerechnet werden?

Die Gewerbesteuerbelastung kann *auf die Einkommensteuerschuld angerechnet* werden. Eine Anrechnung ist bis zum 3,8-Fachen des Gewerbesteuermessbetrages möglich.

Wenn z. B. der gekürzte maßgebende Gewerbeertrag mit 100.000 € angenommen wird, ergibt sich bei einer Steuermesszahl von 3,5 ein Steuermessbetrag von 3.500 €. Bei Annahme eines Hebesatzes von 400 % würde sich die Steuerbelastung auf 14.000 € belaufen. Das 3,8-fache des Steuermessbetrags beträgt 13.300 €. Dieser Betrag, d. h.

nicht die gesamte Gewerbesteuerbelastung, kann auf die Einkommensteuerschuld angerechnet werden.

(Diese Regelung ersetzt die alte Regelung, nach der die Gewerbesteuerbelastung als Betriebsausgabe bei Berechnung der Einkünfte berücksichtigt werden konnte.)

5. Welche Bedeutung hat die Thesaurierungsbegünstigung?

Thesaurierungsbegünstigung heißt, thesaurierte Gewinne, das sind nicht entnommene Gewinne, werden geringer besteuert als entnommene Gewinne. Gesetzliche Grundlage ist § 34a EStG. Der Steuergesetzgeber verfolgt mit dieser Regelung zwei Ziele:

- *Angleichung der Steuerbelastung* von Einzelunternehmen und Personengesellschaften an die der Kapitalgesellschaften,
- *Förderung der Ausstattung* von Einzelunternehmen und Personengesellschaften mit Eigenkapital.

6. Wer hat Anspruch auf die Thesaurierungsbegünstigung?

Einzelunternehmen und die Mitunternehmer in Personengesellschaften können die Besteuerung nach dieser Regelung beantragen.

7. Wie hoch werden thesaurierte Gewinne besteuert?

Thesaurierte Gewinne werden mit einem festen Steuersatz von 28,25 % besteuert. Zusätzlich fällt der Solidaritätszuschlag an (außerdem müsste ggfs. die Kirchensteuer berücksichtigt werden).

8. Kann die Besteuerung auch Einfluss auf die Wahl der Rechtsform haben?

Der Gewinn der Kapitalgesellschaften wird nach dem KöStG mit 15 %, der Gewinn von Einzelpersonen, also von Einzelunternehmern und Mitunternehmern in Personengesellschaften, nach dem progressiven Einkommensteuertarif besteuert. Wenn nur die Gesellschaften, z.B. OHG und GmbH, betrachtet werden, erscheint bei einem zu versteuernden Gewinn, der über dem Freibetrag des Einkommensteuertarifs liegt, die Wahl der Rechtsform eindeutig: die Kapitalgesellschaft ist günstiger.

Das folgende Beispiel soll die Ausführungen veranschaulichen. Verglichen werden die Gewinne in einer GmbH und einem Einzelunternehmen. Für den Vergleich gelten die folgenden Annahmen:

- zu versteuernder *Gewinn in beiden Unternehmen: 100.000 €,*
  maßgebender Gewerbeertrag: 100.000 €,
- *Einkommensteuersatz: 35 % (auf die Einbeziehung des Solidariätszuschlags wird verzichtet),*
- *Hebesatz der Gewerbesteuer: 400 %.*

Einzelunternehmen

Gewinn vor Steuern			100.000 €
Gewerbesteuer	400 % von 3.500	14.000 €	
Einkommensteuer abzüglich GewSt	35.000 13.300 (= 3,8 · 3.500)	21.700 €	
steuerliche Belastung insgesamt	(35,7 %)	35.700 €	
Nettogewinn			64.300 €

Weitere steuerliche Belastungen fallen nicht an, dabei ist es unerheblich, ob der Gewinn entnommen wird oder im Unternehmen verbleibt.

GmbH

Gewinn vor Steuern			100.000 €
Gewerbesteuer	400 % von 3.500	14.000 €	
Körperschaftsteuer	15 %	15.000 €	
steuerliche Belastung insges.	(29 %)	29.000 €	
Nettogewinn			71.000 €

Wenn der Gewinn im Unternehmen verbleibt, also nicht ausgeschüttet wird, wäre die Rechtsform einer Kapitalgesellschaft vorteilhafter. Für einen vollständigen Vergleich ist eine Ausschüttung bei der GmbH zu berücksichtigen. Bei Ausschüttung werden die Gewinne bei den Gesellschaftern nach dem EStG versteuert.

Unter Berücksichtigung der Versteuerung ausgeschütteter Gewinne ist die Gesamtbelastung bei Einzelunternehmen bzw. Personengesellschaften und Kapitalgesellschaften etwa gleich hoch.

9. Kann die Thesaurierungsbegünstigung die Wahl der Rechtsform beeinflussen?

Wenn das Einzelunternehmen die Thesaurierungsbegünstigung in Anspruch nimmt, ist die steuerliche Belastung mit der Belastung der GmbH bei vollständiger Thesaurierung zu vergleichen. Allerdings fällt bei einer späteren Ausschüttung für das Einzelunternehmen eine Nachholsteuer von 25 % an, sodass letztlich die Belastung des Einzelunternehmens bzw. der Personengesellschaft höher sein dürfte als die Belastung der Kapitalgesellschaft.

2.2 Zielorientierter Einsatz der Instrumente der Bilanzanalyse

2.2.1 Bedeutung der Bilanzanalyse für das Unternehmensmanagement

2.2.1.1 Der Jahresabschluss

1. Welche Bereiche umfasst der Jahresabschluss von Unternehmen?

Der Jahresabschluss umfasst

- die Bilanz,
- die Gewinn- und Verlustrechnung,
- den Anhang (bei Kapitalgesellschaften),
- den Lagebericht (bei Kapitalgesellschaften).

2. Was wird in einer Bilanz gegenüber gestellt?

Die Bilanz enthält für einen bestimmten Stichtag eine *Gegenüberstellung von Vermögen (auf der Aktivseite) und Kapital (auf der Passivseite)*. Die Passivseite zeigt das Kapital, aufgeteilt in Eigenkapital sowie in langfristiges, mittelfristiges und kurzfristiges Fremdkapital; die Passivseite gibt also an, aus welchen Quellen das Kapital stammt. Die Aktivseite zeigt das Vermögen, aufgeteilt in Anlage- und Umlaufvermögen; die Aktivseite gibt also an, wie das Kapital verwendet wurde.

3. Was wird mithilfe der Gewinn- und Verlustrechnung angegeben?

Die GuV-Rechnung gibt in übersichtlicher Form (im Allgemeinen in Staffelform) an, wie, d. h. auf der Grundlage welcher Aufwendungen und Erträge, sich im Berichtszeitraum Gewinn oder Verlust ergeben haben.

4. Welche Funktionen hat der Anhang?

Kapitalgesellschaften müssen den Jahresabschluss um einen Anhang erweitern, der mit der Bilanz und der GuV-Rechnung eine Einheit bildet (§ 264 Abs. 1 HGB). Der Anhang soll dazu beitragen, dass der Abschluss ein Bild der Vermögenslage usw. vermittelt, das den tatsächlichen Verhältnissen entspricht. Er dient der Erläuterung der Bilanz und GuV-Rechnung.[3]

---

[3] Ditges, J. und U. Arendt: Bilanzen, 12. Aufl., Ludwigshafen 2007, S. 248.

5. Welche Angaben dienen der Erläuterung des Abschlusses und sind deshalb in den Anhang aufzunehmen?

Folgende Angaben erläutern die Bilanz und die GuV-Rechnung, sie sind in den Anhang aufzunehmen:[4]

- Angaben, die zu den einzelnen Posten der Bilanz und der Gewinn- und Verlustrechnung gemacht werden müssen,
- Angaben, die wegen der Ausübung eines Wahlrechts nicht in die Bilanz oder in die Gewinn- und Verlustrechnung aufgenommen wurden.

6. Welche Angaben müssen in den Anhang aufgenommen werden?

Folgende Angaben müssen in den Anhang aufgenommen werden:

- Die angewandten Bilanzierungs- und Bewertungsmethoden,
- Posten, deren Beträge auf fremde Währung lauten oder ursprünglich auf fremde Währung lauteten,
- Abweichungen von Bilanzierungs- und Bewertungsmethoden (mit Begründung für die Abweichung),
- Einbeziehung von Zinsen für Fremdkapital in die Herstellungskosten.

Darüber hinaus sieht das HGB „sonstige Pflichtangaben" vor (§ 285), dazu zählen u. a. die Folgenden:

- Gesamtbetrag der Verbindlichkeiten mit einer Restlaufzeit von mehr als fünf Jahren,
- die sonstigen finanziellen Verpflichtungen, die nicht in der Bilanz erscheinen, aber für die Beurteilung der Finanzlage von Bedeutung sind,
- Aufgliederung der Umsatzerlöse nach Tätigkeitsbereichen und nach geografisch bestimmten Märkten, wenn sie die Tätigkeitsbereiche bzw. die Märkte untereinander erheblich unterscheiden,
- Umfang der Steuern vom Einkommen und vom Ertrag, die das Ergebnis belasten,
- durchschnittliche Anzahl der Arbeitnehmer im Geschäftsjahr,
- Gesamtbezüge für die Mitglieder der Geschäftsführungsorgane, eines Aufsichtsrats usw.,
- Informationen über alle Mitglieder der Geschäftsführungsorgane, eines Aufsichtsrates usw.,
- Erläuterung von Rückstellungen, die nicht gesondert ausgewiesen werden,
- ggf. Name und Sitz des Mutterunternehmens.

---

[4] Vgl. hierzu und zum Folgenden §§ 284 ff. HGB.

7. Gelten die Vorschriften für die Angaben im Anhang für alle Kapitalgesellschaften?

Wesentliche Teile der Vorschriften gelten für alle Kapitalgesellschaften. In vollem Umfang gelten sie jedoch nur für große Kapitalgesellschaften. Kleine Kapitalgesellschaften brauchen einen großen Teil der Angaben nach § 285 HGB nicht zu machen. Mittelgroße Gesellschaften müssen die Umsatzerlöse nicht aufgliedern.

8. Nach welchen Kriterien werden die Größen der Kapitalgesellschaften unterschieden?

Kriterien für die Unterscheidung von kleinen, mittleren und großen Kapitalgesellschaften sind Ausprägungen der Merkmale Bilanzsumme, Umsatzerlöse im abgeschlossenen Geschäftsjahr, Anzahl der Arbeitnehmer im monatlichen Durchschnitt des abgeschlossenen Geschäftsjahrs (vgl. Tabelle)[5]. Von kleinen, mittleren und großen Kapitalgesellschaften spricht man dann, wenn jeweils zwei der angegebenen Merkmalsausprägungen vorliegen.

Kapitalgesellschaften	Bilanzsumme (€)	Umsatzerlöse (€)	Arbeitnehmer
kleine	bis 4.840.000	bis 9.680.000	bis 50
mittlere	mehr als 4.840.000 bis 19.250.000	mehr als 9.680.000 bis 38.500.00	51 bis 250
große	mehr als 19.250.000	mehr als 38.500.000	mehr als 250

9. Welche Informationen enthält der Lagebericht?

Der Lagebericht soll ein *Bild des Geschäftsverlaufs und der derzeitigen Lage* des Unternehmens geben und darüber hinaus auf die Risiken der weiteren Entwicklung eingehen. Er soll dazu beitragen, dass der Jahresabschluss ein Bild vermittelt, das den tatsächlichen Verhältnissen entspricht.

Der Lagebericht ist für Kapitalgesellschaften vorgeschrieben (§ 264 Abs. 1 HGB). Kleine Kapitalgesellschaften sind allerdings von dieser Vorschrift ausgenommen.

Nach § 289 HGB soll der Lagebericht eingehen auf

- Vorgänge von besonderer Bedeutung, die nach dem Schluss des Geschäftsjahres eingetreten sind,
- die voraussichtliche Entwicklung der Kapitalgesellschaft,
- den Bereich Forschung und Entwicklung,
- bestehende Zweigniederlassungen der Gesellschaft.

---

[5] Den Angaben liegt § 267 HGB zu Grunde.

10. Welchen Zweck verfolgt der Jahresabschluss eines Unternehmens?

Das HGB schreibt im 3. Buch („Handelsbücher") vor, dass der Jahresabschluss eines Unternehmens seine *tatsächliche Vermögens-, Finanz- und Ertragslage* abbildet. In einem Lagebericht sind – zumindest bei Kapitalgesellschaften – ggf. die Ansätze zu erläutern. Die Abschlussangaben müssen selbstverständlich den Grundsätzen von Wahrheit und Klarheit entsprechen.

Der Zweck des Abschlusses lässt sich folgendermaßen umschreiben: Der Jahresabschluss muss so transparent sein, dass er den Adressaten ein eindeutiges Bild über die Entwicklung der Unternehmens im abgeschlossenen Jahr und über die Ertragslage geben kann; außerdem muss er ihnen ermöglichen, sich ein Bild über die weitere Entwicklung zu machen.

11. Was schreibt die Publizitätspflicht den Kapitalgesellschaften vor?

GmbH und AG unterliegen der Publizitätspflicht, d. h. der Pflicht zur *Offenlegung* (Rechnungslegung), nach §§ 325 ff. HGB; sie müssen den Jahresabschluss aufstellen und veröffentlichen, d. h. beim zuständigen Handelsregister einreichen und im Bundesanzeiger veröffentlichen. Art und Umfang der Rechnungslegung hängt von der Größe der Gesellschaft ab. So müssen kleine Gesellschaften lediglich eine (verkürzte) Bilanz mit Anhang veröffentlichen, in vollem Umfang gelten die Vorschriften für die großen Kapitalgesellschaften.

12. Welche Fristen sind für die Offenlegung vorgeschrieben?

Der Jahresabschluss ist unverzüglich nach seiner Vorlage bei den Gesellschaftern, jedoch spätestens vor Ablauf des neunten Monats des Geschäftsjahres, das auf den Abschlussstichtag folgt, beim Handelsregister einzureichen und im Bundesanzeiger zu veröffentlichen.

13. Unterliegen auch Einzelunternehmen und Personengesellschaften der Publizitätspflicht?

Nach dem Publizitätsgesetz[6] unterliegen auch große Einzelunternehmen und Personengesellschaften der öffentlichen Rechnungslegung. Sie müssen ihren Jahresabschluss veröffentlichen, wenn sie zwei der folgenden Kriterien erfüllen:

- Die Bilanzsumme für das abgeschlossene Geschäftsjahr übersteigt 65.000.000 €,
- die Umsatzerlöse im abgeschlossenen Geschäftsjahr übersteigen 130.000.000 €,
- Beschäftigung von mehr als 500 Arbeitnehmern im Monatsdurchschnitt des abgeschlossenen Geschäftsjahrs.

---

[6] Gesetz über die Rechnungslegung von bestimmten Unternehmen und Konzernen.

14. An welche Interessenten richtet sich der Jahresabschluss?

Adressaten des Jahresabschlusses sind verschiedene Interessenten und Interessentengruppen (Stakeholder), die sich hinsichtlich ihrer Interessenlagen z. T. sehr unterscheiden. Der Jahresabschluss richtet sich u. a.

- an die Eigentümer bzw. an die Kapitalgeber, die z. B. Informationen über die Verwendung der eingebrachten Mittel und über den Ertrag haben wollen,
- an potenzielle Anleger, die z. B. Informationen über die Entwicklung des Unternehmens, insbesondere aber über die Zukunftsaussichten des Unternehmens benötigen,
- an Gläubiger, Fremdkapitalgeber (z. B. Banken), die z. B. die Ertragslage, die Kreditsicherheiten u. Ä. kennen müssen,
- an die Mitarbeiter, die z. B. wissen wollen, wie sicher ihr Arbeitsplatz ist,
- an die Steuerbehörde, die Gewinnangaben als Grundlage der Besteuerung überprüfen muss,
- an die interessierte Öffentlichkeit.

2.2.1.2 Bilanzpolitik

2.2.1.2.1 Bilanzpolitische Ziele

1. Was wird als Bilanzpolitik bezeichnet?

Als Bilanzpolitik wird die bewusste *zielorientierte Gestaltung der Bilanz*, der GuV-Rechnung und des Lageberichts bezeichnet. Bei der Gestaltung geht es darum, die Wahlrechte, die der Gesetzgeber bei Bewertung und Darstellung zulässt, auszunutzen. Dadurch können die Adressaten der Bilanz bzw. des Abschlusses gezielt informiert werden über Vermögen, Schulden, Erfolg und Gewinnverwendung.

2. Welche Ziele verfolgt die Bilanzpolitik?

Die Ziele der Bilanzpolitik sind auf die Adressaten der Bilanz ausgerichtet. Folgende Ziele der Bilanzpolitik sind denkbar:[7]

- Stärkung der Eigenkapitalbasis,
- Stärkung der Liquidität,
- Garantie einer Mindestdividende,
- Steuerminimierung.

---

[7] In Anlehnung an Wöhe, G.: a. a. O., S. 884 ff.

3. **Wie kann die Eigenkapitalbasis gestärkt werden und welche Adressaten sind an diesem Ziel besonders interessiert?**

Die Stärkung der Eigenkapitalbasis wird durch Bildung von offenen und stillen Rücklagen erreicht, die zu Lasten der Ausschüttungen gehen (Gewinnthesaurierung). Die *Gewinnthesaurierung* dient u. a. der Risikovorsorge und der Substanzerhaltung. Dieses Ziel kommt vor allem den Kreditgebern und den Eigentümern zugute, aber auch Arbeitnehmer und die interessierte Öffentlichkeit könnten daran Interesse haben.

4. **Wie kann die Liquidität gestärkt werden und was soll mit diesem Ziel erreicht werden?**

Die Liquidität kann durch Vermeidung oder Verminderung von Mittelabflüssen, z. B. für Steuer- oder Dividendenzahlungen sowie durch Veräußerungen von Vermögenspositionen gestärkt werden. Dieses Ziel hilft Zahlungsunfähigkeit zu vermeiden und trägt dazu bei, die Kreditwürdigkeit zu erhöhen.

5. **Wie kann eine Mindestdividende garantiert werden und welche Personengruppe könnte an diesem Ziel interessiert sein?**

Für die Garantie einer Mindestdividende ist eine regelmäßige konstante Dividende, die nicht abhängig ist vom tatsächlichen Gewinn, vorauszusetzen. Erreicht werden kann dieses Ziel durch Auflösung von Rücklagen in ertragsschwachen Jahren und durch Bildung von Rücklagen in ertragsstarken Jahren. Eine konstante Dividende könnte von potenziellen Anlegern honoriert werden.

6. **Wie lässt sich mithilfe der Bilanzpolitik die Besteuerung minimieren?**

Die Steuerbelastung kann z. B. durch *Verlagerung von Gewinnen* bzw. Gewinnteilen von ertragsstarken Jahren in ertragsarme minimiert werden. Dies kann bei einer Besteuerung nach dem progressiv gestalteten ESt-Tarif von Vorteil sein. Bei einer Besteuerung nach dem KöSt-Tarif kann eine Verlagerung von Gewinnen bzw. Gewinnteilen in spätere Veranlagungszeiträume Vorteile haben; sie liegen darin, dass die spätere Versteuerung einen zinslosen Kredit für das Unternehmen bedeutet.

7. **Welche Ausrichtung kann die Bilanzpolitik eines Unternehmens haben?**

Die Ausrichtung der Bilanzpolitik ist abhängig von den Adressaten, die erreicht werden sollen. Gegenüber Gläubigern und Kreditgebern müssen Ertragslage und künftige Entwicklung positiv dargestellt werden, damit die Kreditwürdigkeit des Unternehmens in einem möglichst guten Licht erscheint. Gegenüber dem Finanzamt, evtl. auch gegenüber Kleinaktionären, sollten die Abschlussangaben eher negativ dargestellt werden, um Steuerbelastungen und Dividendenzahlungen zu minimieren.[8]

---

[8] Wöhe bezeichnet diese Bilanzpolitik als adressatenfeindlich: a. a. O., S. 887.

2.2.1.2.2 Mittel der Bilanzpolitik

1. Mit welchen Mitteln kann Bilanzpolitik betrieben werden?

Im Allgemeinen werden formelle Mittel der Bilanzpolitik von den materiellen unterschieden.[9]

Formelle Mittel sind z. B.
- Wahl des Bilanzstichtages,
- Wahl des Zeitpunktes für die Bilanzvorlage.

Materielle Mittel sind z. B.
- Maßnahmen vor dem Bilanzstichtag,
- Maßnahmen nach dem Bilanzstichtag.

2. Können Unternehmen den Bilanzstichtag wählen?

Nach den gesetzlichen Vorschriften können Unternehmen im Einvernehmen mit der Finanzbehörde ein Geschäftsjahr festlegen, das vom Kalenderjahr abweicht. Der Bilanzstichtag weicht dann vom 31.12., dem üblichen Bilanzstichtag, ab.

3. Welche Gründe könnte ein Unternehmen haben, einen vom 31.12. abweichenden Bilanzstichtag zu wählen?

Ein Grund könnte darin bestehen, Gewinne zu verlagern, um dadurch einer hohen Steuerbelastung nach dem progressiven ESt-Tarif zu entgehen.

Saisonbetriebe können mit einem Geschäftsjahr, das vom Kalenderjahr abweicht, die Bilanzstruktur beeinflussen. Bei einem Saisonbetrieb ist im Allgemeinen der Bestand an Vorräten zu Beginn der Saison hoch; entsprechend sind liquide Mittel zu Beginn der Saison nur in relativ geringem Umfang vorhanden, aber am Saisonende ist die Liquidität hoch. Bei einem Bilanzstichtag am Ende der Saison würde die Bilanz hohe Liquidität ausweisen. Bei einem Bilanzstichtag am Saisonbeginn, würde ein hoher Bestand an Vorräten ausgewiesen, für dessen Bewertung das Unternehmen einen gewissen Spielraum hätte.[10]

4. Welche Bedeutung als bilanzpolitisches Instrument hat die Wahl eines vom 31.12. abweichenden Bilanzstichtages?

Die Bedeutung der Wahl des Bilanzstichtages als bilanzpolitisches Instrument ist eher gering. Einerseits ist die Wahl des Bilanzstichtages nur im Einvernehmen mit der Finanzbehörde möglich, andererseits kann dieses Instrument in der Regel nur einmal eingesetzt werden. Vorteile könnten bei einem Saisonbetrieb liegen, der auf Dauer

---

[9] Vgl. hierzu ausführlich: Ditges, J., und U. Arendt: a.a.O., S. 265 ff.
[10] Beispiel in Anlehnung an Wöhe, G.: a.a.O., S. 888.

das vom Kalenderjahr abweichende Geschäftsjahr beibehält. Steuerliche Vorteile aus einer Gewinnverlagerung in das nächste Geschäftsjahr können dagegen nur einmal erzielt werden.

5. Können die Unternehmen den Zeitpunkt für die Bilanzvorlage frei wählen?

Der Gesetzgeber räumt den Unternehmen *Fristen für die Bilanzvorlage* ein. Große Kapitalgesellschaften müssen die Bilanz spätestens drei Monate nach dem Bilanzstichtag erstellen, kleine Gesellschaften (auch Einzelunternehmen und Personengesellschaften) haben dafür eine Frist von sechs Monaten. Innerhalb dieser Fristen können die Unternehmen den Zeitpunkt für die Bilanzvorlage wählen.

6. Welche bilanzpolitische Bedeutung hat die Wahl des Zeitpunkts der Bilanzvorlage?

§ 252 Abs. 1 Nr. 4 HGB sieht vor, dass alle vorhersehbaren Risiken und Verluste, die bis zum Abschlussstichtag entstanden sind, berücksichtigt werden müssen, selbst wenn diese erst zwischen dem Abschlussstichtag und dem Tag der Bilanzaufstellung bekannt geworden sind. Die verspätete Bilanzaufstellung erlaubt also Korrekturen, Ergänzungen und weitergehende Erklärungen, die im weiteren Sinne zur Transparenz der Abschlussangaben beitragen können.

7. Welche bilanzpolitische Bedeutung haben Maßnahmen, die ein Unternehmen vor dem Bilanzstichtag ausführt?

Mithilfe bestimmter Transaktionen vor dem Bilanzstichtag lassen sich *Erfolgs- und Liquiditätsdarstellungen* steuern. Die Transaktionen können sowohl das Vermögen als auch Aufwendungen und Erträge betreffen.

Im Folgenden werden einige Beispiele für bilanzpolitisch motivierte Transaktionen genannt:[11]

- Die Vorverlagerung einer Investition, um Abschreibungen im Jahr der Investition wahrnehmen zu können, führt zu einem niedrigen Erfolgsausweis.

- Die Verschiebung einer Desinvestition (Anlagenverkauf), bei der der zu erwartende Erlös höher als der Buchwert ist, führt ebenfalls zu einem niedrigeren Erfolgsausweis.

- Einforderung von Anzahlungen führt zu höherer Liquidität.

- Die Vorverlagerung eines Großauftrags kann sowohl den Erfolgsausweis als auch die Liquidität erhöhen.

---

[11] Mehr Beispiele bei Wöhe, G.: a. a. O., S. 889.

8. Welche bilanzpolitische Bedeutung haben Maßnahmen, die ein Unternehmen nach dem Bilanzstichtag ausführt?

Bilanzpolitische Maßnahmen, die ein Unternehmen nach dem Bilanzstichtag vornehmen kann, sind die Bildung und die Auflösung stiller Reserven.

9. Wie entstehen stille Reserven?

Stille Reserven sind Kapitalreserven, die dadurch entstehen, dass der aktuelle Beschaffungswert (Tageswert) einer Sache höher ist als ihr Buchwert. Zu unterscheiden sind stille Ermessensreserven, auf die im Folgenden eingegangen wird, von stillen Schätzreserven.

10. Wie werden stille Reserven gebildet?

Stille Reserven (stille Ermessensreserven) werden durch die Anwendung folgender Wahlrechte gebildet:[12]

- Bilanzierungswahlrechte,
- Bewertungswahlrechte,
- Methodenwahlrechte.

2.2.2 Bilanzanalyse

1. Kann die Bilanzanalyse dem Grundsatz der Bilanzwahrheit dienlich sein?

Die Ausführungen zur Bilanzpolitik weisen darauf hin, dass ein Jahresabschluss nach den handels- und steuerrechtlichen Vorschriften richtig ist, weil er das Vermögen nach diesen Vorschriften ausweist. Das ausgewiesene Vermögen ist aber nicht das tatsächliche. Im Sinne dieser Vorschriften ist der Abschluss sicherlich wahr. Aber im betriebswirtschaftlichen Sinne reicht dieser Wahrheitsgehalt nicht aus.

Oberstes Ziel der Bilanzanalyse ist deshalb, *realistische Daten* zu ermitteln.

2. Kann die Bilanzanalyse dem Grundsatz der Bilanzklarheit nützen?

Die Informationen, die mit dem Jahresabschluss geliefert werden, zeigen häufig *Zusammenhänge*, und zwar sowohl kausale als auch zeitliche, *nicht ausreichend* auf. Die Bilanzanalyse muss deshalb durch eine entsprechende Aufbereitung des vorliegenden Materials zur Transparenz des Abschlusses, d. h. zur Bilanzklarheit, beitragen. Im Allgemeinen geschieht dies durch eine *Verdichtung der Informationen mithilfe von Kennzahlen*.

---

[12] Auf die Wahlrechte wird im Kap. 2.3 eingegangen.

3. Welche Daten liegen der Bilanzanalyse zu Grunde?

Der Bilanzanalyse liegen die Informationen aus folgenden Quellen zu Grunde:

- Abschlussbilanz,
- Gewinn- und Verlustrechnung,
- Lagebericht (bei mittleren und großen Kapitalgesellschaften).

4. Wie unterscheiden sich interne und externe Bilanzanalysen?

Interne Bilanzanalysen werden im Unternehmen erstellt. Dafür stehen den Analytikern nicht nur die veröffentlichten Jahresabschlussangaben zur Verfügung; sie können vielmehr auf das gesamte interne Datenmaterial, auf die Zahlen des Rechnungswesens usw. zurückgreifen. Interne Bilanzanalysen werden deshalb auch als *Betriebsanalysen* bezeichnet. Interne Bilanzanalysen dienen in erster Linie internen Zwecken.

Externe Bilanzanalysen werden von Institutionen außerhalb des bilanzierenden Unternehmens erstellt; dafür liegen ihnen i. d. R. die von dem Unternehmen veröffentlichten Angaben zum Jahresabschluss vor. Sie sind orientiert am Informationsbedarf bestimmter Adressaten, häufig auch am Informationsbedarf der analysierenden Institutionen (vgl. z. B. die Kreditwürdigkeitsprüfung von Banken).

5. An welche Adressaten richten sich Bilanzanalysen?

Bilanzanalysen sind im Allgemeinen orientiert am *Informationsbedarf* bestimmter *Adressaten* (vgl. auch Adressaten des Jahresabschlusses). Im Folgenden werden einige Adressaten mit ihrem speziellen Informationsbedarf genannt.

Die **Eigentümer** bzw. die Anteilseigner wollen Informationen haben über die Ertragskraft des Unternehmens und seine Entwicklungsmöglichkeiten, um daraus auf künftige Gewinne, Dividenden, Kurse schließen zu können. Sie benötigen z. B. Informationen über die Rentabilität und die Wirtschaftlichkeit des Unternehmens und über die Fähigkeit der Geschäftsführung, neue Geschäftsfelder zu erschließen.

Den gleichen Informationsbedarf haben **potenzielle Anleger**, die darüber hinaus aber auch wissen wollen, wie sicher ihre Anlage ist. Sie benötigen also auch Informationen über die Solidität des Unternehmens, über die bisherige Entwicklung von Gewinnen usw.

Die **Kreditgeber**, also insbesondere die Banken, benötigen Informationen, um die Kreditwürdigkeit und die Kreditfähigkeit des Unternehmens beurteilen zu können; dazu zählen z. B. Informationen über Sicherheiten, über die Finanzierung des Anlage- und Umlaufvermögens, über Eigen- und Fremdkapital, Rentabilität, Entwicklungen, Zahlungsgebaren usw.

Die **Geschäftsfreunde** sind Lieferanten und Kunden. Ein Lieferant kann insbesondere dann an Informationen über Ertragskraft und Wachstumspotenzial eines Unternehmens interessiert sein, wenn er von diesem Unternehmen als Abnehmer seiner

Produkte stark abhängig ist (z. B. Zulieferer für einen bestimmten Autohersteller). Lieferanten sind im Allgemeinen auch Gläubiger; sie interessieren sich deshalb für die Kreditwürdigkeit. Kunden, die an einem leistungsstarken Lieferanten interessiert und von ihm mehr oder weniger abhängig sind, benötigen ebenfalls Informationen über die Solidität der Finanzierungen, über die Ertragskraft, Entwicklungsmöglichkeiten u. Ä.

Die **Mitarbeiter** wollen vor allem dem Jahresabschluss entnehmen können, ob ihr Arbeitsplatz auf Dauer sicher ist, ob Lohnzuwächse erwartet werden können, ob die Pensionszusagen sicher sind u. Ä. Sie (bzw. ihre Vertreter) benötigen deshalb Informationen über die Ertragskraft, die Substanz und die Entwicklungsmöglichkeiten des Unternehmens.

6. Wie lassen sich finanzwirtschaftliche Bilanzanalysen von erfolgswirtschaftlichen unterscheiden?

Die Beispiele in der vorstehenden Frage machen deutlich, dass Bilanzanalysen in Abhängigkeit von der Adressatenorientierung Informationsschwerpunkte enthalten. Danach kann unterschieden werden zwischen finanzwirtschaftlichen und erfolgswirtschaftlichen Bilanzanalysen.[13]

Finanzwirtschaftliche Bilanzanalysen orientieren sich an *Gläubigerinteressen*. Gläubiger sind daran interessiert, dass Zinsen und Tilgungsbeträge wie vereinbart gezahlt und dass Kredite zum vertraglich festgelegten Zeitpunkt getilgt sind. Ihr Informationsinteresse ist deshalb ausgerichtet auf die Entwicklung von Vermögen und Finanzen sowie auf die Ertragslage. Die Analyse muss deshalb Informationen liefern über Vermögen, Schulden, Liquidität.

Erfolgswirtschaftliche Bilanzanalysen orientieren sich an den *Aktionärsinteressen*. Anteilseigner sind vor allem interessiert an regelmäßigen und nach Möglichkeit hohen Dividendenzahlen sowie an Kurssteigerungen. Ihr Informationsinteresse ist deshalb vorwiegend auf die Entwicklung der Ertragslage sowie auf die Vermögenslage ausgerichtet. Die Analyse muss deshalb Informationen liefern über Erfolg, Erfolgsquellen, Rentabilität sowie über das Vermögen und seine Zusammensetzung.

7. Welche Bedeutung hat die Bilanzanalyse als Steuerungsinstrument für das Unternehmensmanagement?

Im Jahresabschluss spiegeln sich letztlich die Ergebnisse der Entscheidungen des Managements im Bilanzjahr wider. Die Entscheidungen können analysiert und beurteilt werden; damit findet eine *Kontrolle der Entscheidungsträger und der Entscheidungsqualität* statt. Die Ergebnisse der Bilanzanalyse können dem Management dazu dienen, Entscheidungsprozesse zu beurteilen, zu revidieren und zu steuern.

Bei kleinen Unternehmen ist der Jahresabschlusses, also die Bilanz und die Gewinn- und Verlustrechnung, die wichtigste, häufig die einzige Informationsquelle zur Beurteilung der Vermögens- und Ertragslage. Die Analyse wird intern vom Rechnungswesen,

---
[13] Vgl. hierzu Wöhe, G.: a. a. O., S. 896.

von der Geschäftsleitung oder – im Auftrag – von einem Steuerberater vorgenommen. Sie ist wichtige Grundlage für Steuerungsmaßnahmen, z. B. für Investitionsentscheidungen.

Bei größeren Unternehmen hat die Bilanzanalyse nicht nur Bedeutung für die Steuerung, Kontrolle und Lenkung des Unternehmens. Sie dient vielmehr auch der Selbstdarstellung in der Öffentlichkeit, in Geschäftsberichten, in Presseerklärungen. So wird die Bilanzanalyse zu einem Instrument der *Öffentlichkeitsarbeit* und kann dem Image eines Unternehmens dienen.

8. Welche Bedeutung hat die Bilanzanalyse im Rahmen des Ratings?

Bilanzanalysen sind Grundlagen für Ratings. Als Rating bezeichnet man u. a. eine Einstufung von Unternehmen in eine Rangordnung nach Bonität (Kreditwürdigkeit) der Unternehmen. Kreditnehmer mit geringem (oder keinem) Risiko werden hoch, ein Unternehmen, dessen Fähigkeit zu Zins- und Rückzahlungen als riskant eingeschätzt wird, niedrig eingestuft.

Die Prüfungen und die damit verbundenen Einstufungen werden bei Aufnahme von Krediten vorgenommen. Es ist üblich, die Beurteilungen bei Bankkrediten als Kreditwürdigkeitsprüfungen, bei Kapitalmarktanleihen als Bonitätsprüfungen zu bezeichnen.

9. Was wird mit dem Schlagwort „Basel II" bezeichnet?

Basel II bezeichnet die Gesamtheit der *Eigenkapitalvorschriften*, die der Baseler Ausschuss für Bankenaufsicht vorgeschlagen hat. Die Vorschläge werden in Deutschland u. a. mithilfe des Kreditwesengesetzes umgesetzt. Ziel von Basel II ist es, die Eigenkapitalausstattung der Banken nach den Kreditausfallrisiken zu bemessen.

Kredite, die die Banken vergeben, sind mit Eigenmitteln zu unterlegen; die Höhe der Eigenmittelunterlegung bemisst sich nach dem Ausfallrisiko. Das Ausfallrisiko wird durch bankenexterne oder -interne Ratings ermittelt. Bankenexterne Ratings werden von Ratingagenturen vorgenommen; für interne Ratings benötigt die Bank die Zustimmung der Bankenaufsicht, die sie nur erhält, wenn sie sich zu vermehrter Offenlegung verpflichtet.

Grundsätzlich gilt: Bei geringer Bonität eines Kreditnachfragers ist das Ausfallrisiko für den gewährten Kredit hoch; das bedeutet, eine relativ hohe Unterlegung mit Eigenmitteln wird erforderlich. Die Beschaffung von Eigenmitteln ist für die Bank teuer.

10. Welche Risikomerkmale können einem Rating zu Grunde gelegt werden?

Für ein Rating können u. a. folgende Risikomerkmale zu Grunde gelegt werden:

Qualitative Merkmale:

- Qualität der Unternehmensführung,

- Qualität von Managemententscheidungen allgemein und in bestimmten Geschäftsfeldern und Abteilungen,
- Qualität des Risikomanagements,
- Entwicklungsmöglichkeiten,
- Prozessorganisation,
- Controllingaufbau,
- Wettbewerbsposition allgemein und bei bestimmten Produktgruppen oder Produkten,
- Lieferanten- und Kundenbeziehungen.

Quantitative Merkmale:

- Vermögensstruktur,
- Verschuldungsgrad,
- Liquidität,
- Rentabilität,
- Eigenkapitalquote,
- erwartete Forderungsausfälle in Prozent der Forderungen.

11. Hat „Basel II" Einfluss auf die Kreditfinanzierung von Unternehmen?

Mithilfe von Bilanzanalysen werden die Ausprägungen der Risikomerkmale des Kreditnachfragers erfasst. Die erfassten Werte werden gewichtet. Daraus ergibt sich das *Risikogewicht* dieser Kreditnachfrage. Kreditvolumen und Risikogewicht bestimmen den Umfang der Eigenkapitalunterlegung. Die Bank lässt sich die Beschaffung der Eigenmittel von seinen Kunden bezahlen. Es gilt: Je geringer die Bonität der Kreditnachfrager, desto teurer wird der Kredit.

12. Spielen Ratings auch bei Aufnahme einer Anleihe auf dem Kapitalmarkt eine Rolle?

Wenn ein Unternehmen eine Anleihe auf dem Kapitalmarkt aufnehmen will, muss es im Emissionsprospekt auch Angaben über seine Bonität machen. Mit der *Bonitätsprüfung* wird eine Ratingagentur beauftragt, die sie auf der Grundlage einer Bilanzanalyse und anderer Informationen des Unternehmens ausführt. Die Agentur gibt ein Ratingurteil ab, das in einem Symbol ausgedrückt wird. So bedeutet z. B. AAA (triple A) höchste Kreditwürdigkeit.

13. Bedeutung der Bilanzanalyse im Rahmen einer Due-Diligence-Prüfung?

Bei Umwandlung in eine AG und bei Übernahme wird eine Due-Diligence-Prüfung fällig. Der Prüfung wird im Allgemeinen eine Bilanzanalyse zu Grunde gelegt. Daraus sollen Prognosen für die Entwicklungen von Umsätzen, Gewinnen, Fixkosten u. Ä. entwickelt werden. Von besonderer Bedeutung ist die Analyse der Bewertungen der Vermögensteile.

14. Wodurch unterscheidet sich die formelle von der materiellen Bilanzanalyse?

Bei der **formellen** Bilanzanalyse wird die formelle Übereinstimmung des Abschlusses mit den gesetzlichen Vorschriften geprüft. Es wird z.B. geprüft, ob die Grundsätze ordnungsgemäßer Buchführung, ordnungsgemäßer Inventur und ordnungsgemäßer Bilanzierung beachtet wurden.

Bei der **materiellen** Bilanzanalyse wird der Jahresabschluss inhaltlich analysiert, und zwar sowohl in qualitativer als in quantitativer Hinsicht.

2.2.2.1 Qualitative Bilanzanalyse

1. Welche Kennzeichen weist die qualitative Bilanzanalyse auf?

Als qualitative Bilanzanalyse wird im Allgemeinen die Auswertung des Anhangs zum Jahresabschluss und des Lageberichts bezeichnet.

2. Welche Ziele verfolgt die qualitative Bilanzanalyse?

Ziele der qualitativen Bilanzanalyse ist die *Ermittlung der tatsächlichen Verhältnisse* des bilanzierenden Unternehmens, z.B. der Substanz, der finanziellen Stabilität der Ertragskraft. Im Einzelnen soll mit der qualitativen Analyse ermittelt werden,

- ob die Lage des Unternehmens schlechter dargestellt wird als sie tatsächlich ist,
- ob die Lage besser dargestellt wird als sie tatsächlich ist,
- ob die Darstellung des Abschlusses die tatsächlichen Verhältnisse verschleiert.

3. Welche Mittel werden bei der qualitativen Bilanzanalyse eingesetzt?

Mittel der qualitativen Bilanzanalyse sind:

- Analyse der Bilanzpolitik, die das bilanzierende Unternehmen angewandt hat,
- Auswertung der verbalen Berichterstattung,

4. Was ist eine Substanzanalyse[14]?

Mithilfe einer Substanzanalyse werden die Positionen des Jahresabschlusses geprüft, dabei wird danach gefragt, wie sie zustande kommen, wie sie sich zusammensetzen und wie sie sich entwickelt haben. Aus der Analyse kann auf die wirtschaftliche Entwicklung des Unternehmens und auf seine Lage geschlossen werden. Darüber hinaus erhält der Analytiker Hinweise auf die angewandten Bewertungs- und Abschreibungsmethoden.

---

[14] Vgl. hierzu und zum Folgenden: Ditges, J. und U. Arendt: a.a.O., S. 329 ff.

5. Wie kann bei einer Substanzanalyse vorgegangen werden?

Eine Substanzanalyse kann mithilfe eines *Zeitvergleichs* durchgeführt werden. Der Bestand z. B. einer Bilanzposition am Beginn des Geschäftsjahres wird mit dem Bestand am Ende des Geschäftsjahres verglichen. Die Veränderungen, also Erhöhungen und Verminderungen, werden der analytischen Betrachtung unterzogen.

Dazu im Folgenden einige Beispiele:

Sachanlagen

- Erhöhungen: Ausdehnung der Kapazität, Aufnahme neuer Produkte in das Produktionsprogramm, Erhöhung der Abschreibungen und sonstiger fixer Kosten, Folgen können Steigerungen des Umsatzes und des Gewinns sein, möglich auch Finanzierungsprobleme.
- Verminderung: Abschreibungen, Bildung stiller Reserven, Verkauf von Anlageteilen, Folge könnten verbesserte Liquidität, Senkung der Abschreibungen und anderer fixer Kosten sein.

Lagerbestand (Materialien)

- Erhöhung: Produktionssteigerung, Vorratskäufe, Anstieg der Materialpreise, Produktions- bzw. Absatzrückgang, Anstieg der Lagerhaltungskosten.
- Verminderung: erhöhte Entnahmen wegen Produktions- und Absatzsteigerung oder Produktion auf Lager, Gefahr der Entwertung der Vorräte, Abschreibungen: Reservebildung, Materialmangel kann entstehen.

Forderungen aus Lieferungen und Leistungen

- Erhöhungen: Steigerung des Umsatzes, nachlassende Zahlungsmoral von Kunden, Verlängerung von Zahlungszielen, es besteht Gefahr des Forderungsausfalls, Gefährdung der eigenen Zahlungsfähigkeit.
- Verminderung: Absatzrückgang mit der Folge der Bestandsmehrung, Beschleunigung des Rechnungsausgleichs z. B. durch Skontogewährung, Abschreibungen von Forderungen.

Zahlungsmittel

- Erhöhung: guter Zahlungseingang, evtl. Abbau von Forderungen, Verzögerung der Beschaffung, Folge evtl. Abbau der Vorräte, Einräumung längerer Zahlungsziele der Lieferanten, evtl. Liquiditätsbildung für Beschaffung (Investitionen) in nächster Zeit.
- Verminderung: Tilgung von Schulden, vermehrte Beschaffung (Vorratsbildung), geringer Zahlungseingang (Erhöhung der Forderungen), Gefahr der Illiquidität.

Eigenkapital

- Erhöhung: Beteiligungsfinanzierung, Finanzierung aus nicht ausgeschütteten Gewinnen.
- Verminderung: Verluste, Entnahmen.

Rückstellungen

- Erhöhung: Bildung von Reserven – Anstieg von Risiken.
- Verminderung: Auflösung von Rückstellungen.

Verbindlichkeiten aus Lieferungen und Leistungen

- Erhöhung: Vermehrter Einkauf mit Inanspruchnahme (auch verlängerter) Zahlungsziele, Zunahme von Vorräten, geringe Zahlungsmittel,
- Verminderung: Tilgungen, vermehrte Barzahlung bei Einkauf, aber auch: Zurückhaltung bei Einkauf bzw. bei Beschaffungsmengen, Grund: Umsatzrückgang, Probleme für die Liquiditätslage könnten entstehen.

2.2.2.2 Finanzkennzahlen als Ergebnis der quantitativen Analyse des Abschlusses

2.2.2.2.1 Kennzahlenanalysen

1. Wie wird eine Kennzahlenanalyse vorbereitet?

Eine Kennzahlenanalyse ist angemessen vorzubereiten. Die Kennzahlen ergeben sich aus dem Zahlenmaterial des Jahresabschlusses, also aus der Bilanz und der GuV-Rechnung sowie aus den Erläuterungen im Anhang. Dazu sind die Daten nach den betriebswirtschaftlich erforderlichen Gesichtspunkten umzugestalten bzw. zu strukturieren. Zu den Vorbereitungen[15] gehören

- die Bilanzbereinigung und
- die Bilanzaufbereitung.

2. Welche Aspekte umfasst eine Bilanzbereinigung?

Die Bilanzbereinigung umfasst u. a. folgende Aspekte:

- Saldierung der Wertberichtigungen mit den entsprechenden Aktiva,
- Erhöhung der kurzfristigen Forderungen um die aktiven Rechnungsabgrenzungsposten,
- Minderung der kurzfristigen Verbindlichkeiten um die passiven Rechnungsabgrenzungen,
- Erhöhung des kurzfristigen Fremdkapitals um Gewinnanteile, die zur Ausschüttung vorgesehen sind,
- Erhöhung des Eigenkapitals um Gewinnanteile, die nicht zur Ausschüttung vorgesehen sind,
- Absetzung des Bilanzverlusts vom Eigenkapital.

---

[15] Hier und zum Folgenden in Anlehnung an: Ditges, J. und U. Arendt: a. a. O., S. 332 ff. und Wöhe, G.: a. a. O., S. 902.

3. Nach welchen Gesichtspunkten wird eine Bilanz aufbereitet?

Die Bilanzpositionen werden nach Bereinigungen und nach folgenden Gesichtspunkten geordnet:

Aktivseite: Die Vermögenspositionen werden in abnehmender Liquidität geordnet.
Passivseite: Die Kapitalseite wird nach Herkunft des Kapitals und nach abnehmender Fristigkeit des Kapitals geordnet.

Daraus ergibt sich die folgende Bilanzstruktur:

Aktiva	Bilanzstruktur	Passiva
I. Anlagevermögen 1. Sachanlagen 2. Finanzanlagen II. Umlaufvermögen 1. Vorräte 2. Forderungen 3. liquide Mittel		I. Eigenkapital II. Fremdkapital langfristige Verbindlichkeiten mittelfristige Verbindlichkeiten kurzfristige Verbindlichkeiten

Die einheitliche und gleich bleibende Strukturierung der Bilanz erlaubt nicht nur die Einzelanalyse, sondern auch den Periodenvergleich; sie erleichtert auch den Vergleich zwischen Unternehmen.

2.2.2.2.2 Kennzahlen

1. Mit welchen Kennzahlen können Investitionen analysiert werden?

Für die Analyse der Investitionen können u.a. folgende Kennzahlen herangezogen werden:

- Anlagenintensität, angegeben wird das Verhältnis des Anlagevermögens zum Gesamtvermögen, die Kennzahl gibt Auskunft über die Vermögensstruktur.

$$\text{Anlagenintensität} = \frac{\text{Anlagevermögen}}{\text{Gesamtvermögen}} \cdot 100$$

- Investitionsquote, angegeben werden die Neuinvestitionen (Nettoinvestitionen) zum Anfangsbestand des Sachanlagevermögens.

$$\text{Investitionsquote} = \frac{I_N(\text{Sachanlagen})}{\text{Sachanlagen (Anfangsbestand)}} \cdot 100$$

- Investitionsdeckung, angegeben wird das Verhältnis von Abschreibungen auf die Sachanlagen zu den Zugängen bei Sachanlagen.

$$\text{Investitionsdeckung} = \frac{\text{Abschreibungen (Sachanlagen)}}{\text{Zugänge (Sachanlagen)}} \cdot 100$$

- Abschreibungsquote, angegeben wird das Verhältnis von Abschreibungen auf Sachanlagen zum Endbestand an Sachanlagen.

$$\text{Abschreibungsquote} = \frac{\text{Abschreibungen (Sachanlagen)}}{\text{Sachanlagen (Endbestand)}} \cdot 100$$

2. Welches Ziel verfolgt die Investitionsanalyse?

Mithilfe der Investitionsanalyse können z. B. die Investitionsstruktur und die Investitionspolitik untersucht werden.

3. Was wird mit der Anlageintensität ausgesagt?

Die Kennzahl für die Anlageintensität gibt an, wie viel Prozent des Gesamtvermögens das Anlagevermögen ausmacht. Ein hoher Wert weist auf die hohe bzw. wertvolle Ausstattung des Unternehmens mit Anlagegütern hin. Durch das Anlagevermögen werden finanzielle Mittel gebunden. Mit der Kennzahl lässt sich deshalb auch die Liquiditätsentwicklung beurteilen. Ein hoher Wert für die Anlagenintensität gibt z. B. an, dass mit einem relativ späten Rückfluss flüssiger Mittel zu rechnen ist. Eine hohe Anlagenausstattung bedeutet auch umfangreiche feste Kosten (Abschreibungen), die das Unternehmen bei unvollständiger Auslastung stark belasten können.

4. Was wird mit der Investitionsquote angegeben?

Die Investitionsquote gibt an, wie viel Prozent des Anfangsbestands der Sachanlagen auf die Neuinvestitionen entfallen. Bei einem Zeitvergleich kann aus der Entwicklung dieser Kennzahl auf die Investitionsneigung des Unternehmens geschlossen werden. Eine hohe Investitionsquote weist einerseits auf einen entsprechend hohen Kapitalbedarf hin, der entweder durch Rücklagen oder durch Kredite gedeckt werden muss, andererseits deutet sie die Investitionsneigung an.

5. Was gibt die Investitionsdeckung an?

Die Investitionsdeckung gibt an, wie viel Prozent der Abschreibungen auf Sachanlagen auf die im Berichtsjahr beschafften Investitionsgüter entfallen. Die Kennziffer zeigt also, in welchem Umfang Neuinvestitionen aus Abschreibungsmitteln finanziert wurden. Bei einem Wert unter 100 kann geschlossen werden, dass die Abschreibungen nicht in vollem Umfang zur Reinvestition genutzt wurden.

2.2 Zielorientierter Einsatz der Instrumente der Bilanzanalyse

6. Welche Rückschlüsse lassen sich aus dem Wert der Abschreibungsquote ziehen?

Die Abschreibungsquote gibt an, wie viel Prozent des Endbestands an Sachanlagen abgeschrieben wurden. Bei einem Zeitvergleich können aus der Entwicklung der Abschreibungsquote Rückschlüsse auf Bildung oder Auflösung von stillen Reserven gezogen werden.

7. Mit welchen Kennzahlen kann die Finanzierung analysiert werden?

Für die Analyse der Finanzierung können u. a. folgende Kennzahlen herangezogen werden:

- Verschuldungsgrad, er gibt das Verhältnis von Fremdkapital zum Eigenkapital an.

$$\text{Verschuldungsgrad} = \frac{\text{Fremdkapital}}{\text{Eigenkapital}} \cdot 100$$

- Eigenkapitalquote, angegeben wird das Verhältnis von Eigenkapital zum Gesamtkapital.

$$\text{Eigenkapitalquote} = \frac{\text{Eigenkapital}}{\text{Gesamtkapital}} \cdot 100$$

- Anspannungsgrad, angegeben wird das Verhältnis des Fremdkapitals zum Gesamtkapital.

$$\text{Anspannungsgrad} = \frac{\text{Fremdkapital}}{\text{Gesamtkapital}} \cdot 100$$

8. Welches Ziel verfolgt die Finanzierungsanalyse?

Mit der Finanzierungsanalyse sollen Finanzierungsrisiken beurteilt werden.

9. Was wird mit der Finanzstruktur angegeben?

Die Finanzstruktur gibt das Verhältnis von Eigenkapital zum Anlagevermögen an.

10. Was gibt der Verschuldungsgrad an?

Der Verschuldungsgrad gibt das Verhältnis des Fremdkapitals zum Eigenkapital an. Ein Kennzahlenwert von 100 gibt an, dass Eigen- und Fremdkapital gleich hoch sind;

bei einem Wert über 100, liegt Verschuldung vor. Die Kennzahl gibt also an, in welchem Umfang das Unternehmen verschuldet ist. Sie dient dazu, Finanzierungsrisiken zu beurteilen; bei einem hohen Verschuldungsgrad kann das Finanzierungsrisiko als besonders hoch eingeschätzt werden. Das besondere Risiko bei einem hohen Verschuldungsgrad und bestimmten Verbindlichkeiten sind Zinserhöhungen in naher Zukunft.

11. Wie wird mithilfe der Eigenkapitalquote das Finanzierungsrisiko beurteilt?

Die Eigenkapitalquote gibt an, wie viel Prozent des Gesamtkapitals auf das Eigenkapital entfallen. Bei einer hohen Eigenkapitalquote ist das Finanzierungsrisiko relativ gering. Die Bedeutung dieser Kennzahl ergibt sich, wenn man ihre Entwicklung im Zeitverlauf analysiert. Eine laufende Verringerung der Eigenkapitalquote lässt auf Zunahme der Fremdfinanzierung, aber auch auf Verluste schließen.

12. Wie wird die Kapitalanspannung angegeben?

Der Anspannungsgrad gibt an, wie viel Prozent des Gesamtkapitals auf das Fremdkapital entfallen. Ein hohe Kapitalanspannung kann auf ein erhöhtes Finanzierungsrisiko hinweisen.

13. Mit welchen Kennzahlen wird die Rentabilität analysiert?

Für die Ermittlung der Rentabilitätskennzahlen kann der Gewinn bzw. der modifizierte Gewinn auf unterschiedliche Ergebnisgrößen bezogen sein.

- Eigenkapitalrentabilität: Der Gewinn wird zum Eigenkapital in Beziehung gesetzt.

$$R_{EK} = \frac{Gewinn}{Eigenkapital} \cdot 100$$

- Gesamtkapitalrentabilität: Der Bruttogewinn (Gewinn und Fremdkapitalzinsen) wird auf das Gesamtkapital (Eigen- und Fremdkapital) bezogen.

$$R_{Kap} = \frac{Bruttogewinn}{Eigenkapital + Fremdkapital} \cdot 100$$

- Umsatzrentabilität: Der Bruttogewinn wird auf den Umsatz bezogen.

$$R_{Ums} = \frac{Bruttogewinn}{Umsatz} \cdot 100$$

14. Was sagen Rentabilitätskennzahlen aus?

Die Rentabilitätskennzahlen geben Auskunft über die *Ertragskraft des Unternehmens*.

Die Kennzahl für die Eigenkapitalrentabilität erlaubt einen Vergleich des eingesetzten Eigenkapitals mit einer Kapitalmarktanlage. Mit der Gesamtkapitalrentabilität wird die Verzinsung des insgesamt eingesetzten Kapitals (interne Verzinsung) angegeben.

15. Mit welchen Kennzahlen kann Liquidität analysiert werden?

Für die Analyse der Liquidität können u. a. folgende Kennzahlen herangezogen werden:

- Unterschieden werden die Liquidität 1., 2. und 3. Grades. Bei der Liquidität 1. Grades wird das Verhältnis der Zahlungsmittel zu den kurzfristigen Verbindlichkeiten ermittelt, bei der Liquidität 2. Grades werden die Zahlungsmittel um die kurzfristigen Forderungen, bei der Liquidität 3. Grades werden die Zahlungsmittel um kurzfristige Forderungen und um die Vorräte erweitert.

$$L_1 = \frac{\text{Zahlungsmittel}}{\text{kurzfristige Verbindlichkeiten}} \cdot 100$$

$$L_2 = \frac{\text{Zahlungsmittel + kurzfristige Forderungen}}{\text{kurzfristige Verbindlichkeiten}} \cdot 100$$

$$L_3 = \frac{\text{Zahlungsmittel + kurzfristige Forderungen + Vorräte}}{\text{kurzfristige Verbindlichkeiten}} \cdot 100$$

- Der dynamische Verschuldungsgrad, angegeben wird das Verhältnis des Fremdkapitals zum Cashflow.

$$\text{Verschuldungsgrad}_{dyn} = \frac{\text{Fremdkapital}}{\text{Cashflow}}$$

16. Was sagen die Liquiditätskennzahlen L_1, L_2 und L_3 aus?

Die Liquiditätskennzahlen dienen der *kurzfristigen Liquiditätsanalyse*. Sie geben in Prozent an, in welchem Umfang die kurzfristigen Verbindlichkeiten am Bilanzstichtag durch mehr oder weniger liquide Mittel gedeckt sind. Mithilfe dieser Kennzahlen lassen sich Rückschlüsse auf die künftige Zahlungsfähigkeit des Unternehmens ziehen.

17. Welche Bezugsgrundlagen haben die Liquiditätskennziffern?

Bezugsgrundlagen sind kurzfristige Verbindlichkeiten und liquide Mittel.

- Kurzfristige Verbindlichkeiten sind im Allgemeinen Verbindlichkeiten, die innerhalb von drei Monaten fällig werden. Dazu zählen z. B. die Verbindlichkeiten aus Lieferungen und Leistungen, bestimmte Schulden bei Kreditinstituten, Anzahlungen.
- Zahlungsmittel sind z. B. Kasse, Bankguthaben, diskontfähige Wechsel, kurzfristige Forderungen sind Forderungen, die innerhalb von drei Monaten fällig sind,
Vorräte, dazu zählen z. B. die Vorräte an Roh-, Hilfs- und Betriebsstoffen sowie die Lagerbestände an unfertigen und fertigen Erzeugnissen und Waren.

18. Wie wird der Cashflow ermittelt?

Der Cashflow wird üblicherweise indirekt ermittelt. Bei der indirekten Ermittlung wird vom Jahresüberschuss (Gewinn) ausgegangen, ausgabenneutrale Aufwendungen werden addiert, einnahmenneutrale Erträge subtrahiert.

Ausgabenneutrale Aufwendungen sind Aufwendungen, die im Berichtsjahr keine Ausgaben sind, d. h. sie sind lediglich bilanzielle Verrechnungsposten, dazu zählen z. B. Abschreibungen, Rückstellungen. Ausgabenneutrale Erträge sind Erträge, die sich im Berichtszeitraum nicht in Einnahmen niederschlagen, d. h. sie sind lediglich bilanzielle Verrechnungsposten.

Ermittlung:
Jahresüberschuss
abzüglich Erträge ohne Zahlungswirkung,
zuzüglich Aufwendungen ohne Zahlungswirkung
= Cashflow

19. Was wird mit dem Cashflow angegeben?

Der Cashflow gibt den *Nettozufluss liquider Mittel* in einer Periode an. Es werden die wirklichen Zahlungsflüsse angegeben, deswegen ist der Cashflow ein wichtiger Indikator für die Liquidität des Unternehmens. Bei einem positiven Cashflow kann das Unternehmen aus den Umsatzprozessen heraus Verbindlichkeiten zurückzahlen oder Investitionen finanzieren.

20. Was sagt der dynamische Verschuldungsgrad aus?

Wenn man modellhaft vereinfacht annimmt, dass der Cashflow in mehreren aufeinander folgenden Jahren gleich bleibt, gibt der dynamische Verschuldungsgrad an, in wie viel Jahren die Schulden getilgt sind.

21. Welche Ansätze bestehen für die Ermittlung von Kennzahlen zur Ergebnisanalyse?

Die Ergebnisanalyse ist eine *Analyse der Aufwands- und Ertragsstruktur*. Aufwendungen und Erträge ergeben sich aus der Gewinn- und Verlustrechnung. Für die Analyse ergeben sich die Kennzahlen entsprechend folgender Ansätze:

- Aufwand-Ertrag-Verhältnis, z. B. ein bestimmter Aufwand zu den Umsatzerlösen,
- Aufwand-Aufwand-Verhältnis, z. B. einzelner Aufwand zu den Gesamtaufwendungen,
- Ertrag-Ertrag-Verhältnis, z. B. einzelner Ertrag zum Gesamtertrag.

2.2.2.3 Grenzen der Bilanzanalyse

1. Welche Grenzen hat die Bilanzanalyse?

Grenzen der Bilanzanalyse ergeben sich

- aus dem zeitlichen Aspekt,
- aus dem Mangel an Vollständigkeit,
- aus der Anwendung von Bewertungsverfahren und -methoden.

2. Kann die Bilanzanalyse Informationen über die künftige Entwicklung des Unternehmens geben?

Die Informationen, die der Bilanzanalyse zu Grunde liegen, sind vergangenheitsbezogen. Die weitergehende Entwicklung kann nur höchst unzulänglich prognostiziert werden. Die Entwicklung des Unternehmens hängt nicht nur von den Entscheidungen des Managements ab, sondern auch von Einflüssen aus dem Unternehmensumfeld. So kann sowohl die Politik der Banken als auch die Insolvenz bedeutender Kunden die Liquidität des Unternehmens negativ beeinflussen.

3. Welche Sachverhalte im Unternehmen und im Unternehmensumfeld sind der Bilanzanalyse nicht zugänglich?

Mit den Daten des Jahresabschlusses kann der externe Analytiker die Qualität des Managements kaum ausreichend beurteilen. Auch eine Beurteilung des Unternehmens in seinem wettbewerblichen Umfeld sowie seiner Chancen z. B. für die Einführung neuer Produkte lassen die Daten kaum zu.

4. Wie objektiv ist die Informationsbasis für die Bilanzanalyse?

Insbesondere wegen der Anwendung des Vorsichtsprinzips bei Bewertungen ist die *Objektivität der Informationsbasis sehr vorsichtig* zu *beurteilen*. Tatsächliche Verhältnisse können verschleiert sein; es besteht eine Diskrepanz zwischen ausgewiesenem und tatsächlichem Vermögen, zwischen dem ausgewiesenen und dem tatsächlichen Erfolg. Anhang und Lagebericht bei Kapitalgesellschaften können die Informationsbasis erweitern; die Informationen können dem externen Analytiker helfen, die Abschlussangaben zu objektivieren.

2.3 Unterstützung der Unternehmensziele durch Bilanz- und Steuerpolitik

2.3.1 Bedeutung der Wahlrechte als situationsbezogenes Instrument der Unternehmensführung

2.3.1.1 Bedingungsrahmen

1. Was schreibt das HGB für die Bilanzierung vor?

Das HGB schreibt vor, dass der Kaufmann am Ende des Geschäftsjahres einen Abschluss mit Bilanz und Gewinn- und Verlustrechnung nach den Grundsätzen ordnungsgemäßer Buchführung aufzustellen hat. Es besteht also eine *Bilanzierungspflicht* für Vermögensgegenstände und Schulden.

2. Welche Aspekte umfasst die Bilanzierungspflicht?

Das HGB schreibt die Bilanzierung dem Grunde und der Höhe nach vor; im ersten Fall beziehen sich die Vorschriften auf den Ansatz und im zweiten Fall auf die Bewertung der Vermögensgegenstände und Schulden. Entsprechend enthält das HGB Ansatz- und Bewertungsvorschriften.

3. Welche Aspekte umfassen die Ansatzvorschriften?

Die Ansatzvorschriften für den Jahresabschluss enthalten

- Ansatzpflichten,
- Ansatzverbote,
- Wahlrechte für den Ansatz[16].

4. Welche Positionen sind nach HGB in den Jahresabschluss aufzunehmen?

In den Jahresabschluss sind folgende Positionen aufzunehmen:

- sämtliche Vermögensgegenstände, Schulden, Rechnungsabgrenzungsposten, Aufwendungen und Erträge (§ 246 HGB),

- Rückstellungen für ungewisse Verbindlichkeiten und drohende Verluste aus schwebenden Geschäften (§ 249 HGB),

- Rechnungsabgrenzungsposten, mit deren Hilfe Aufwendungen und Erträge, die noch nicht zu entsprechenden Zahlungsvorgängen geführt haben, dem Berichtsjahr, in dem sie entstanden sind, zugerechnet werden können (§ 250 HGB).

---

[16] Auf die Wahlrechte wird in Kap. 2.3.2 und 2.3.3 eingegangen.

5. Welche Positionen fallen unter das Ansatzverbot?

Es besteht ein Ansatzverbot für

- Aufwendungen für die Gründung des Unternehmens,
- Aufwendungen für die Beschaffung von Eigenkapital,
- Aufwendungen für den Abschluss von Versicherungsverträgen,
- immaterielle Vermögensgegenstände des Anlagevermögens, die unentgeltlich erworben wurden.

6. Welche Grundsätze sind bei der Bilanzierung zu beachten?

Im Allgemeinen sind bei der Bilanzierung die folgenden Grundsätze zu beachten:

- Klarheit und Übersichtlichkeit (§ 243 Abs. 2 HGB): Der Grundsatz bezieht sich auf *Gliederung* von Bilanz und GuV-Rechnung sowie auf die *Darstellung* im Anhang zur Bilanz und auf den Lagebericht (bei Kapitalgesellschaften).
- Bilanzwahrheit: Der Grundsatz wird im Gesetz nicht ausdrücklich vorgeschrieben, er ergibt sich aber aus verschiedenen Zusammenhängen. Der Grundsatz verlangt die rechnerische *Richtigkeit* der Ansätze und eine *wahre und eindeutige Information* über den jeweiligen Ansatz.
- Bilanzkontinuität (§ 265 Abs. 1 HGB): Dieser Grundsatz verlangt die *Darstellungsstetigkeit* (formelle Bilanzkontinuität) und die *Bewertungsstetigkeit* (materielle Bilanzkontinuität).
- Bilanzidentität (§ 252 Abs. 1 HGB): Der Grundsatz verlangt die Übereinstimmung der Eröffnungsbilanz eines Geschäftsjahres mit der Schlussbilanz des vorhergehenden.

Der Gesetzgeber verlangt für die Bilanzierung die Beachtung der *Grundsätze ordnungsmäßiger Buchführung* (§ 243 Abs. 1 HGB).

Auch die „*Generalnorm*"[17] für Kapitalgesellschaften (§ 264 Abs. 2 HGB) ist als Regel für die Bilanzierung von Bedeutung. Sie besagt, dass der Jahresabschluss einer Kapitalgesellschaft ein den tatsächlichen Verhältnissen entsprechendes Bild der Vermögens-, Finanz- und Ertragslage gibt.

7. Wie unterscheiden sich die Bewertungsvorschriften von Handelsbilanz und Steuerbilanz?

Handels- und Steuerbilanz unterscheiden sich u. a. hinsichtlich der Bewertungsziele und der Adressaten.

Bewertungsziel der **Handelsbilanz** ist vor allem der *Gläubigerschutz*, der sich im grundlegenden Prinzip der *Vorsicht* bei Bewertung und in den *Höchstwertvorschriften*

---

[17] Vgl. Wöhe, G.: a.a.O. S. 729.

niederschlägt. Die Handelsbilanz richtet sich an externe Adressaten, z. B. an die Kapitalgeber bzw. Anteilseigner; der Fiskus ist nicht Adressat.

Bewertungsziel der **Steuerbilanz** ist die Ermittlung eines möglichst genauen *Periodengewinns*. Adressat der Steuerbilanz ist das Finanzamt.

8. Welche besonderen Kennzeichen weist die Handelsbilanz auf?

Handelsbilanzen werden nach handelsrechtlichen Vorschriften erstellt. Wichtigste Rechtgrundlage ist das HGB, das die Vorschriften enthält, die für alle Kaufleute gelten. Weitere Rechtsgrundlagen finden sich im Aktiengesetz, GmbH-Gesetz usw.

9. Welche besonderen Kennzeichen weist die Steuerbilanz auf?

Eine Steuerbilanz ist eine nach den Vorschriften des Steuerrechts *modifizierte Handelsbilanz*. Sie ist die Grundlage für die Veranlagung zu den Steuern vom Ertrag, das sind die Einkommensteuer, die Körperschaftsteuer und die Gewerbesteuer.

Ihrem Zweck entsprechend finden sich die rechtlichen Vorschriften außer im HGB vor allem in den einschlägigen Steuergesetzen: Einkommensteuergesetz, Körperschaftsteuergesetz, Gewerbesteuergesetz.

10. Welche Bedeutung hat die Maßgeblichkeit der Handelsbilanz für die Steuerbilanz?

Nach § 5 EStG ist die Handelsbilanz für die Steuerbilanz maßgeblich; Grundlage der Steuerbilanz ist demnach die Handelsbilanz; steuerrechtliche Wahlrechte bei der Gewinnermittlung müssen mit der handelsrechtlichen Jahresbilanz übereinstimmen.

Die Maßgeblichkeit ist eingeschränkt, da das Handelsrecht einen größeren Bewertungsspielraum zulässt als das Steuerrecht. Für die Vorlage im Zusammenhang mit der Steuererklärung ist die Handelsbilanz entsprechend zu korrigieren.

11. Welche allgemeinen Bewertungsvorschriften sieht das Handelsrecht vor?

Das Handelsrecht sieht folgende allgemeine Grundsätze der Bewertung vor:

- Bilanzidentität, der Grundsatz besagt, dass die Schlussbilanz des abgeschlossenen Geschäftsjahres mit der Eröffnungsbilanz des folgenden identisch ist, und zwar hinsichtlich sowohl des Wertes als auch der Zusammensetzung (§ 252 Abs. 1 Nr. 1 HGB).

- Unternehmensfortführung (§ 252 Abs. 1 Nr. 2 HGB),

- Einzelbewertung, die Vermögensgegenstände und die Schulden sind einzeln zu bewerten (§ 252 Abs. 1 Nr. 3 HGB). Allerdings können u. a. gleichartige Vermögensgegenstände des Vorratsvermögens zu einer Gruppe zusammengefasst und mit dem gewogenen Durchschnittswert angesetzt werden (§ 240 Abs. 4 HGB).

2.3 Unterstützung der Unternehmensziele durch Bilanz- und Steuerpolitik

- Stichtagsbewertung, Vermögensgegenstände und Schulden sind mit den Werten anzusetzen, die sie am Bilanzstichtag haben (§ 252 Abs. 1 Nr. 3 HGB).

- Vorsicht, alle vorhersehbaren Risiken und Verluste, die bis zum Abschlussstichtag entstanden sind, müssen berücksichtigt werden, auch wenn diese erst zwischen dem Abschlussstichtag und dem Tag der Aufstellung des Jahresabschlusses bekannt geworden sind; Gewinne dürfen nur dann berücksichtigt werden, wenn sie am Abschlussstichtag realisiert sind (§ 252 Abs. 1 Nr. 4 HGB).

- Periodenabgrenzung, Aufwendungen und Erträge sind in dem Abschluss des Jahres zu berücksichtigen, in dem sie entstanden sind, unabhängig von den entsprechenden Zahlungsbewegungen (§ 252 Abs. 1 Nr. 5 HGB).

- Bewertungsstetigkeit, die Bewertungsmethoden des aktuellen Jahresabschlusses sollen beibehalten werden (§ 252 Abs. 1 Nr. 6 HGB).

12. Welche Wertansätze sind für Vermögensgegenstände des Anlagevermögens vorgeschrieben?

Vermögensgegenstände des Anlagevermögens sind *höchstens mit den Anschaffungs- oder Herstellkosten vermindert um Abschreibungen* zu bewerten. Abschreibungen sind der buchhalterische Gegenwert von Wertminderungen an Anlagegütern, die durch Nutzung (evtl. auch durch Veralterung u. a.) entstehen. Im Allgemeinen werden planmäßige von außerplanmäßigen Abschreibungen unterschieden.

13. Wie können planmäßige Abschreibungen definiert werden?

Der Begriff weist darauf hin: Abgeschrieben wird nach einem Plan; er ergibt sich aus der Verteilung der Anfangsausgabe auf die Jahre der voraussichtlichen Nutzung. Für das Anschaffungsjahr wird der Abschreibungsbetrag zeitanteilig ermittelt. Bemessungsgrundlage sind die Anschaffungs- bzw. Herstellungskosten. Am Ende des Nutzungszeitraums ist das entsprechende Anlagegut vollständig (evtl. bis auf einen Restwert) abgeschrieben.

14. Wie werden die Anschaffungskosten definiert?

Anschaffungskosten setzen sich folgendermaßen zusammen:

- Anschaffungspreis, vermindert um Skonti, Rabatte,
- Aufwendungen für die Herstellung der Betriebsbereitschaft, z.B. für die Montage,
- Anschaffungsnebenkosten, z.B. Provisionen, evtl. Transportkosten,
- nachträgliche Anschaffungskosten, z.B. Grunderwerbsteuer.

15. Wie werden Herstellungskosten definiert?

Das HGB definiert Herstellungskosten folgendermaßen:

Herstellungskosten umfassen alle Aufwendungen, die anfallen, wenn ein Vermögensgegenstand hergestellt, erweitert oder wesentlich verbessert wird (§ 255 Abs. 2 HGB). Dazu zählen

- die Materialkosten,
- die Fertigungskosten,
- die Sonderkosten der Fertigung,
- Materialgemeinkosten (in angemessenem Umfang),
- Fertigungsgemeinkosten (in angemessenem Umfang),
- Wertverzehr des Anlagevermögens (soweit er durch die Fertigung veranlasst wurde).

16. Wie werden Forderungen bewertet?

Forderungen sind mit ihrem Nennwert anzusetzen. Wenn der Nennbetrag den tatsächlichen Wert der Forderungen am Bilanzstichtag übersteigt, muss die Differenz gem. dem Niederstwertprinzip abgeschrieben werden, d. h. es muss eine Wertberichtigung vorgenommen werden.

Wertberichtigungen werden u. a. erforderlich,

- wenn eine Forderung zweifelhaft wird, z. B. durch Schadenersatzansprüche,
- wenn eine Forderung uneinbringlich wird, z. B. durch Insolvenz eines Kunden.

17. Welche Wertansätze sind für Verbindlichkeiten vorgeschrieben?

Verbindlichkeiten sind zu ihrem Rückzahlungsbetrag anzusetzen.

Das Steuerrecht sieht vor, dass Verbindlichkeiten mit einer Laufzeit von mehr als zwölf Monaten mit 5,5 % abgezinst werden.

18. Mit welchen Werten werden Rückstellungen angesetzt?

Das Handelsrecht sieht vor, dass Rückstellungen für ungewisse Verbindlichkeiten und für drohende Verluste aus schwebenden Geschäften gebildet werden. Sie sind mit einem Wert anzusetzen, der nach vernünftiger kaufmännischer Beurteilung notwendig ist. Ein Maßstab für die Höhe ergibt sich durch die Risiken, die mit den Rückstellungen abgesichert werden sollen.

Wenn die Verbindlichkeiten, die einer Rückstellung zu Grunde liegen, einen Zinsanteil enthalten, kann die Rückstellung abgezinst werden. Das Steuerrecht schreibt die Abzinsung in Höhe von 5,5 % für Rückstellungen vor, wenn sich die zu Grunde liegenden Verpflichtungen auf einen Zeitraum von mehr als 12 Monaten erstrecken.

2.3.1.2 Grenzen und Probleme der Bilanzierungs- und Bewertungsvorgaben

1. Welche Ziele verfolgen die Bilanzierungs- und Bewertungsvorgaben?

Die Bilanzierungs- und Bewertungsvorgaben verfolgen im Wesentlichen zwei Ziele: den Gläubigerschutz und die Kapitalerhaltung (bzw. Substanzerhaltung).

2. Wie schlägt sich der Gläubigerschutz im Jahresabschluss nieder?

Der Gläubigerschutz drückt sich aus in der Anwendung des *Vorsichtsprinzips* und in der Berücksichtigung der *Höchstwertvorschriften*.

Das Vorsichtsprinzip zeigt sich z. B.

- in der *vorsichtigen Bewertung*, d. h. in der Berücksichtigung aller vorhersehbaren Risiken und Verluste, die bis zum Abschluss entstanden, auch wenn diese erst nach dem Abschlussstichtag, aber vor der Aufstellung des Abschlusses bekannt geworden sind,
- in der Anwendung des *Niederstwertprinzips*, danach sind Vermögensgegenstände mit dem Anschaffungs- bzw. Herstellungswert zu bewerten, wenn er niedriger ist als der Tageswert und der Tageswert ist anzusetzen, wenn er niedriger ist als der Anschaffungswert.

3. Was wird als Kapitalerhaltung bezeichnet?

Mit Kapitalerhaltung wird die Erhaltung der Substanz des Unternehmens bezeichnet. Wegen der Bewertung nach dem Niederstwertprinzip werden die Vermögensgegenstände höchstens mit den Anschaffungspreisen bewertet. Das bedeutet, es handelt sich um die *nominelle Kapitalerhaltung*.

4. Welche Grenzen haben die Bilanzierungsgrundsätze?

Durch die Betonung des Gläubigerschutzes ist der Informationsgehalt des Jahresabschlusses u. U. unzulänglich. *Die Interessen der Anleger, die vor allem Informationen über die tatsächlichen Verhältnisse („Fair View") haben wollen, werden zu wenig berücksichtigt.*

Durch die Anwendung des Niederstwertprinzips werden die Vermögensgegenstände im Abschluss höchstens mit den Anschaffungskosten bewertet. Bei steigenden Preisen für die Wiederbeschaffung ist das Vermögen unterbewertet.

Die Unterbewertung der Vermögensgegenstände schlägt sich in der Bildung stiller Reserven nieder. Das hat einerseits Vorteile, andererseits aber auch Nachteile, insbesondere im Zusammenhang mit dem Ersatz abgeschriebener Anlagegüter, weil sich die Höhe der Abschreibung nicht nach den Wiederbeschaffungspreisen, sondern nach den Wertansätzen im Abschluss ausrichten

5. Welche Grenzen haben die Bewertungsmaßstäbe?

Das Einkommensteuergesetz setzt den Bewertungsmaßstäben Grenzen. Sie zeigen sich u. a.

- in den Vorschriften zur Wahl der Abschreibungsmethode (vgl. 2.3.2.2 Bewertungswahlrechte),
- in Vereinfachungen, z. B. AfA für geringwertige Wirtschaftsgüter im Jahr der Anschaffung,
- in der Einschränkung bei den Möglichkeiten zur Bildung von Rückstellungen, z. B. eine Rückstellung für drohende Verluste ist nicht vorgesehen.

2.3.1.3 Bedeutung des Wahlrechts

1. Welche Wahlrechte hat ein Unternehmen im Rahmen der Bilanz- und Steuerpolitik?

Die Wahlrechte ergeben sich aus dem Handels- und dem Steuerrecht. Ein Unternehmen hat folgende Wahlrechte:

- Bilanzierungswahlrechte,
- Bewertungswahlrechte.

2. Was sind Bilanzierungswahlrechte?

Bilanzierungswahlrechte sind *Ansatzwahlrechte*. Das Handelsrecht gestattet dem bilanzierenden Unternehmen die Wahl, ob er bestimmte Vermögensgegenstände und Schulden bilanziert, d. h. in der Bilanz ansetzt. Mit der Wahrnehmung dieser Wahlrechte und mit dem Verzicht auf die Wahrnehmung nimmt das Unternehmen Einfluss auf den Erfolgsausweis. Zu unterscheiden sind Aktivierungs- von Passivierungswahlrechte.

3. Mit welchem Ziel nutzt ein Unternehmen Bilanzierungswahlrechte?

Bei Wahrnehmung von Aktivierungswahlrechten ergibt sich ein höherer Erfolgsausweis, bei Nichtwahrnehmung ein niedrigerer. Bei Wahrnehmung der Passivierungswahlrechte ergibt sich ein niedrigerer, bei Verzicht auf die Wahrnehmung ein höherer Erfolgsausweis.

Mit den Bilanzierungswahlrechten nutzt das Unternehmen Möglichkeiten zur besseren Information der Vermögens-, Finanz- und Ertragslage. Die Wahlrechte stellen aber auch ein Instrument der Bilanzpolitik dar.

4. Welche Bedeutung haben Bewertungswahlrechte?

Handels- und Steuerrecht gewähren den bilanzierenden Unternehmen Bewertungswahlrechte, sie räumen ihnen einen Entscheidungsspielraum für die Bewertung von Vermögensgegenständen und Schulden ein. Diesen Entscheidungsspielraum kann das Unternehmen im Rahmen seiner Bilanzpolitik nutzen.

5. Aus welchen Gründen werden Bewertungswahlrechte zugelassen?

Bewertungswahlrechte werden aus folgenden Gründen zugelassen:

- Berücksichtigung des Vorsichtsprinzips: Der bilanzierende Kaufmann kann künftige Risiken durch angemessene Bewertung berücksichtigen.
- Vereinfachung der Bewertung.

2.3.2 Bilanzierungs- und Bewertungswahlrechte

2.3.2.1 Bilanzierungswahlrechte

1. Welche Aktivierungswahlrechte gestattet das Handelsrecht?

Das HGB lässt folgende Aktivierungswahlrechte zu:

- Unterschiedsbetrag bei Verbindlichkeiten (§ 250 Abs. 3 HGB),
- Firmenwert bei Übernahme (§ 255 Abs. 4 HGB),
- Ingangsetzungs- und Erweiterungsaufwendungen (§ 269 HGB),
- aktive latente Steuern (§ 274 Abs. 2 HGB).

2. Wie wird der Unterschiedsbetrag bei Verbindlichkeiten aktiviert?

Wenn der Rückzahlungsbetrag einer Verbindlichkeit höher ist als der Ausgabebetrag, kann der Unterschiedsbetrag in den Rechnungsabgrenzungsposten aktiviert werden. Der Betrag ist planmäßig jährlich abzuschreiben.

3. Wie wird der Firmenwert aktiviert?

Der Geschäfts- oder Firmenwert bei einer Übernahme darf aktiviert werden. Als Geschäfts- oder Firmenwert wird der Unterschiedsbetrag zwischen dem Kaufpreis des gesamten Unternehmens und dem Wert der einzelnen Vermögensgegenstände abzüglich der Schulden bezeichnet. Der Firmenwert ist abzuschreiben, und zwar entweder in den folgenden vier Jahren, oder über die Jahre der Nutzung verteilt.

4. Wie werden Ingangsetzungs- und Erweiterungsaufwendungen aktiviert?

Ingangsetzungsaufwendungen sind alle Aufwendungen, die beim Aufbau des Unternehmens in der Gründungsphase anfallen; Erweiterungsaufwendungen fallen nach der Gründungsphase an. Diese Aufwendungen dürfen als Bilanzierungshilfen aktiviert werden.

5. Welche Sachverhalte werden als Bilanzierungshilfen bezeichnet?

Die Aktivierung von Aufwendungen, die nicht den Charakter von Vermögensgegenständen haben, wird als Bilanzierungshilfe bezeichnet. Bilanzierungshilfen „helfen" bei der periodengerechten Verteilung dieser Aufwendungen und tragen zur besseren Vergleichbarkeit des Periodenerfolgs bei.

Als Bilanzierungshilfen gelten die Aktivierung der *Ingangsetzungs- und Erweiterungsaufwendungen* und die Aktivierung der *latenten Steuern*, gelegentlich wird die Ansicht vertreten, auch die Aktivierung des derivativen Firmenwerts sei eine Bilanzierungshilfe (diese Ansicht ist allerdings umstritten).

Bilanzierungshilfen dürfen nicht in die Steuerbilanz übernommen werden (gilt nicht für den Firmenwert, wenn seine Aktivierung denn als Bilanzierungshilfe angesehen wird).

6. Was sind latente Steuern?

Latente Steuern ergeben sich durch die unterschiedlichen Ergebnisdefinitionen in der Handels- und der Steuerbilanz. Grundlage für die Ertragsbesteuerung ist das Ergebnis gemäß Steuerbilanz. Die Ertragssteuern, die auf der Grundlage des Ergebnisses gemäß der Handelsbilanz ermittelt werden, sind eine fiktive Größe und dienen lediglich der Ermittlung der latenten Steuern. Die *Differenz zwischen den (effektiven) steuerrechtlich und den (fiktiven) handelsrechtlich ermittelten Ertragssteuern* sind latente Steuern.

Zu unterscheiden sind aktive von passiven latenten Steuern. Bei aktiven latenten Steuern sind die effektiven Steuern höher als die fiktiven, bei den passiven niedriger. Nur aktive latente Steuern können (bei Inanspruchnahme des Wahlrechts) aktiviert werden; für die passiven latenten Steuern besteht eine Passivierungspflicht.

7. Warum werden latente Steuern aktiviert?

Aktive latente Steuern *dürfen* aktiviert werden; Voraussetzung ist, dass sich der zu hohe Steueraufwand voraussichtlich in späteren Geschäftsjahren ausgleicht. Die Aktivierung dient also der voraussichtlichen Steuerentlastung der folgenden Perioden. Für die latenten Steuern ist ein Rechnungsabgrenzungsposten als Bilanzierungshilfe anzusetzen. Unter bestimmten Voraussetzungen bilden die aktivierten latenten Steuern eine Sperre für die Ausschüttung von Gewinnen.

8. Welche Passivierungswahlrechte gestattet das Handelsrecht?

Das HGB lässt folgende Passivierungswahlrechte zu:

2.3 Unterstützung der Unternehmensziele durch Bilanz- und Steuerpolitik

- Rückstellungen für nachzuholende Aufwendungen gem. § 249 Abs. 1 Nr. 3 HGB,
- Rückstellungen für Aufwendungen gem. § 249 Abs. 2 HGB.

9. Für welche nachzuholenden Aufwendungen dürfen Rückstellungen gebildet werden?

Im Allgemeinen *müssen* Rückstellungen für im Geschäftsjahr unterlassene Aufwendungen für Instandhaltung gebildet werden, wenn sie im folgenden Geschäftsjahr innerhalb von drei Monaten nachgeholt werden. Für Aufwendungen, die später nachgeholt werden, *dürfen* Rückstellungen gebildet werden.

10. Für welche Aufwendungen dürfen auch Rückstellungen gebildet werden?

Rückstellungen dürfen für Aufwendungen gebildet werden, die am Abschlussstichtag wahrscheinlich oder sicher sind, die aber hinsichtlich ihrer Höhe und dem Zeitpunkt ihres Eintritts unsicher sind. Voraussetzung ist, dass sie hinsichtlich ihrer Eigenart genau umschrieben werden.

2.3.2.2 Bewertungswahlrechte

1. Welche Bedeutung haben die Bewertungsvereinfachungsverfahren für die Bewertung von Vorräten?

Das HGB sieht für die Bewertung der Vorräte Vereinfachungen vor. Dazu zählen

- Bewertung von Roh-, Hilfs- und Betriebsstoffen mit einem Festpreis (§ 240 Abs. 3 HGB),

- Zusammenfassung gleichartiger Vermögensgegenstände des Vorratsvermögens zu einer Gruppe und Bewertung mit dem gewogenen Durchschnittspreis (§ 240 Abs. 4 HGB),

- Annahme, dass zuerst oder dass zuletzt angeschafften Vermögensgegenstände zuerst oder in einer sonstigen bestimmten Folge entnommen worden sind (vgl. § 256 HGB).

2. Unter welchen Bedingungen können Vorräte mit einem Festpreis bewertet werden?

Roh-, Hilfs- und Betriebsstoffe mit einem Festpreis, können mit einer gleich bleibenden Menge und einem gleich bleibenden Preis (Festpreis) angesetzt werden, wenn sie regelmäßig ersetzt werden und ihr Gesamtwert für das Unternehmen von nachrangiger Bedeutung ist.

3. Wie wird ein Bestand mithilfe des Buchbestandspreises bewertet?

Der Buchbestandspreis ist ein Durchschnittspreis. Er ergibt sich als gewogenes arithmetisches Mittel aus den Mengen und Werten von Anfangsbestand und Einkäufen. Der Bestand wird mit diesem Preis bewertet, wenn der Tageswert nicht niedriger ist.

Der Veranschaulichung kann das folgende vereinfachte Beispiel dienen. *Bei einer Handelsware gab es die folgenden Bestandsbewegungen; der Schlussbestand ist zu bewerten.*

	Menge in kg	Einstandspreis je kg in €	Wert in €
Anfangsbestand	300	10,00	3.000,00
Einkauf	400	15,00	6.000,00
Einkauf	150	17,50	2.625,00
Einkauf	225	20,00	4.500,00
	1.075		16.125,00

$$\text{Buchbestandspreis} = \frac{16.125}{1.075} = 15$$

Der Buchbestandspreis ist 15 €. Ein Schlussbestand von z. B. 500 kg würde demnach mit 7.500 € anzusetzen sein. Der Bestand ist aber nur dann mit diesem Preis zu bewerten, wenn der Tageswert nicht niedriger ist.

4. Wie wird bei der Bewertung mit Eingangsdurchschnittspreisen verfahren?

Bei der Bewertung mit Eingangsdurchschnittspreisen wird ähnlich verfahren wie bei der Bewertung mithilfe des Buchbestandspreises; jedoch wird in die Berechnung der Anfangsbestand nicht einbezogen.

5. Wie wird ein Bestand mithilfe gleitender Durchschnittspreise bewertet?

Bei dem Bewertungsverfahren mit gleitenden Durchschnittspreisen wird nach jeder Bestandsveränderung ein Durchschnittspreis ermittelt. Der neue Bestand, der sich durch die Bestandsveränderung ergibt, wird mit diesem Durchschnittspreis bewertet.

Das Verfahren mit gleitenden Durchschnittspreisen ist genauer als das reine Buchbestandspreisverfahren. Beide entsprechen den Grundsätzen ordnungsgemäßer Buchführung (Einschränkungen gibt es bei hohen Preisschwankungen).

Der Veranschaulichung kann das folgende vereinfachte Beispiel dienen. *Bei einer Handelsware gab es die folgenden Bestandsbewegungen; der Schlussbestand ist zu ermitteln und zu bewerten.*

2.3 Unterstützung der Unternehmensziele durch Bilanz- und Steuerpolitik

	Menge in kg	Einstandspreis je kg in €	Wert in €
Anfangsbestand	300	10,00	3.000,00
Einkauf	400	15,00	6.000,00
Bestand	700	12,85(714)	9.000,00
Verkauf	450	12,85(714)	5.787,71
Bestand	250	12,85(714)	3.214,29
Einkauf	150	17,50	2.625,00
Bestand	400	14,59(821)	5.839,29
Verkauf	125	14,59(821)	1.824,78
Bestand	275	14,59(821)	4.014,51
Einkauf	225	20,00	4.500,00
Bestand	500	17,02(902)	8.514,51

Anmerkung zur Rechnung: Der Anfangsbestand von 300 kg wird mit 10 € bewertet (dieser Einstandspreis ergibt sich aus dem Vorjahr); die Bewertung ergibt 3.000 €. Der Einkauf von 400 kg wird mit dem Rechnungspreis von 15 €/kg bewertet, die Bewertung ergibt 6.000 €. Der sich aus Anfangsbestand und Einkauf ergebende Bestand von 700 kg wird mit einem Durchschnittspreis bewertet, der sich aus den Werten und den Mengen von Anfangsbestand und Einkauf gem. folgender Rechnung ergibt.

$$\frac{3.000 + 6.000}{300 + 400} = \frac{9.000}{700} = 12,86$$

Mit diesem Preis wird auch der folgende Verkauf von 450 kg bewertet, Wert 5.787 €.

Wenn der Tageswert nicht niedriger als 17,03 € je kg ist, wird der Schlussbestand von 500 kg mit 8.513 € bewertet.

6. Wie wird ein Bestand nach dem Fifo-Verfahren bewertet?

Bei dem Fifo-Verfahren wird unterstellt, dass die zuerst beschafften Waren bzw. Materialien auch zuerst entnommen werden (fifo = first in - first out). Das bedeutet, dass die noch nicht entnommenen Waren bzw. Materialien auch die zuletzt eingekauften Waren sind. Dieser Bestand ist deshalb auch zu den Einstandspreisen der zuletzt gekauften Waren zu bewerten.

Der Veranschaulichung kann das folgende vereinfachte Beispiel dienen. *Bei einer Handelsware gab es die folgenden Bestandsbewegungen; der Schlussbestand ist zu bewerten.*

	Menge in kg	Einstandspreis je kg in €	Wert in €
Anfangsbestand	300	10,00	3.000,00
1. Einkauf	400	15,00	6.000,00
2. Einkauf	150	17,50	2.625,00
3. Einkauf	225	20,00	4.500,00

Der Schlussbestand wird mit 500 kg ermittelt. Dieser Bestand hat einen Wert von 9.000 €. Der Wert ergibt sich nach folgender Rechnung. In dem Beispiel wird unterstellt, dass der Anfangsbestand und ein Teil des 1. Einkaufs verkauft wurde.

225 kg	20,00 €	3. Einkauf	4.500,00 €
150 kg	17,50 €	2. Einkauf	2.625,00 €
125 kg	15,00 €	1. Einkauf	1.875,00 €
500 kg			9.000,00 €

7. Gestatten die Rechtsvorschriften die Anwendung des Fifo-Verfahrens?

Das HGB sieht dies Verfahren vor. Es entspricht bei sinkenden Preisen den Grundsätzen vorsichtiger Bewertung. Das Einkommensteuerrecht gestattet die Anwendung nur, wenn die angenommene Reihenfolge Fifo nachweislich der tatsächlichen entspricht.

8. Wie wird ein Bestand nach dem Lifo-Verfahren bewertet?

Bei dem Lifo-Verfahren wird angenommen, dass die zuletzt eingekauften Waren oder Materialien zuerst entnommen wurden (lifo = last in – first out). So kann unterstellt werden, dass sich der ermittelte Bestand (Inventurbestand) aus dem Anfangsbestand und evtl. aus den zuerst eingekauften Warenmengen zusammensetzt. Der Bestand ist deshalb mit den Preisen des Anfangsbestands und – wenn er höher ist als der Anfangsbestand – mit den Preisen der ersten Einkäufe zu bewerten.

Zur Veranschaulichung wird das Zahlenbeispiel modifiziert. *Bei Bestandsaufnahme ergab sich ein mengenmäßiger Schlussbestand von 500 kg. Dieser Bestand hat einen Wert von 6.000 €. Der Wert ergibt sich nach folgender Rechnung.*

300 kg	10,00 €	Anfangsbestand	3.000,00 €
200 kg	15,00 €	1. Einkauf	3.000,00 €
500 kg			6.000,00 €

9. Gestatten die Rechtsvorschriften die Anwendung des Lifo-Verfahrens?

Handelsrechtlich ist dieses Verfahren zulässig, wenn die Preise steigen. Bei sinkenden Preisen verstößt die Anwendung des Lifo-Verfahrens gegen das Niederstwertprinzip.

Ausnahmsweise ist das Verfahren auch steuerrechtlich anwendbar, wenn der Steuerpflichtige entsprechende Lagerbewegungen nachweist.

10. Wie wird ein Bestand nach dem Hifo-Verfahren bewertet?

Bei Anwendung des Hifo-Verfahrens wird angenommen, dass die am teuersten eingekauften Waren oder Materialien zuerst entnommen wurden (hifo = highest in - first out). Der Bestand ist deshalb mit dem Einstandspreis der billiger eingekauften Waren bzw. Materialien zu bewerten.

Bei steigenden Preisen bestehen handelsrechtlich keine Bedenken gegen die Anwendung dieses Verfahrens. Es berücksichtigt in besonderem Maße das Niederstwertprinzip.

11. Können auch Vermögensgegenstände des Sachanlagevermögens mit einem Festwert angesetzt werden?

Auch Vermögensgegenstände des Sachanlagevermögens können mit einem Festwert angesetzt werden (vgl. § 240 Abs. 3 und 4 HGB und § 256 Satz 2 HGB). Voraussetzungen sind

- regelmäßiger Ersatz,
- nachrangige Bedeutung des Gesamtwerts für das Unternehmen.

12. Welche Wahlrechte bestehen bei der Ermittlung der Herstellungskosten?

Grundlage für die Bewertung selbst erstellter Vermögensgegenstände des Anlagevermögens sind die Herstellkosten. Bei der Ermittlung der Herstellkosten (nach HGB) *können* notwendige Gemeinkosten (Material und Fertigung) und der Werteverzehr am Anlagevermögen, soweit er durch die Fertigung veranlasst wurde, eingerechnet werden.

13. Lässt das Handelsrecht ein Wahlrecht für die Abschreibung des derivativen Firmenwerts zu?

Der bilanzierte derivative Firmenwert muss abgeschrieben werden (vgl. in Kap. 2.3.2 Frage 5). Der Betrag ist in den Folgejahren jeweils mit einem Viertel abzuschreiben; er *kann* aber auch planmäßig über die Jahre der Nutzung abgeschrieben werden.

14. Schreibt das Handelsrecht die Anwendung einer bestimmten Abschreibungsmethode vor?

Das Handelsrecht schreibt die anzuwendende Abschreibungsmethode nicht vor. Der Kaufmann *kann* also u. a. linear oder degressiv abschreiben. Allerdings soll der Kaufmann die einmal gewählte Methode beibehalten (Bewertungsstetigkeit).

15. Schreibt das Steuerrecht die Abschreibungsmethodik vor?

Das Steuerrecht gibt bestimmte Methoden der Absetzung für Abnutzung (AfA) und damit zusammenhängende *Wahlrechte* vor (§ 7 EStG).[18]

- Lineare AfA, Absetzung in gleichen Jahresbeträgen, die sich nach der Dauer der betriebsgewöhnlichen Nutzung richten.

- Degressive AfA, die Absetzung in fallenden Beträgen *kann* für bewegliche Wirtschaftsgüter des Anlagevermögens, die in den Jahren 2009 und 2010 angeschafft oder hergestellt wurden oder werden, angesetzt werden.

  Der Prozentsatz für die degressive AfA darf höchstens das Zweieinhalbfache des Prozentsatzes bei linearer AfA ausmachen, und er darf 26 % nicht übersteigen.

  Der Übergang von der degressiven zur linearen Absetzung ist erlaubt, der Übergang von der linearen zur degressiven dagegen nicht.

- Leistungsabhängige Abschreibung (bzw. AfA), die Absetzung entsprechend der Leistung des Wirtschaftsgutes *kann* angesetzt werden, wenn der auf das einzelne Jahr entfallende Umfang der Leistung nachgewiesen wird.

16. Welche Bedeutung haben außerplanmäßige Abschreibungen für die Bewertung?

Bei Vermögensgegenständen des Anlagevermögens können außerplanmäßige Abschreibungen vorgenommen werden, um sie mit dem niedrigeren Wert anzusetzen, den sie am Abschlussstichtag haben (vgl. Niederstwertprinzip). Mit diesem Wert soll ein zu hoher Bilanzansatz verhütet werden; ein sinnvoller Wert könnte der Wiederbeschaffungswert am Bilanzstichtag sein.[19]

17. Welche Bedeutung haben steuerrechtliche Abschreibungen nach § 254 HGB?

Nach § 254 HGB können Abschreibungen auch vorgenommen werden, um Vermögensgegenstände des Anlage- und Umlaufvermögens mit dem niederen Wert anzusetzen, der auf einer nur steuerlich zulässigen Abschreibung beruht. Diese Vorschrift soll die Aufstellung einer Einheitsbilanz möglich machen, wenn der Steuerpflichtige steuerliche Vergünstigungen in Anspruch genommen hat.[20]

---

[18] Von einer Darstellung der Vorgaben für die Absetzung wegen Substanzverringerung wird hier abgesehen.
[19] Ditges, J. und U. Arendt, a. a. O., S. 182.
[20] Ebenda.

2.3.3 Steuerliche Entscheidungskriterien im Rahmen von Unternehmensbeteiligungen

1. Was sind Unternehmensbeteiligungen?

In Anlehnung an § 271 HGB sind Unternehmensbeteiligungen Anteile an anderen Unternehmen, die bestimmt sind, dem eigenen Geschäftsbetrieb durch Herstellung einer dauernden Verbindung zu jenen Unternehmen zu dienen.

2. Muss die Beteiligung durch Wertpapiere verbrieft sein?

Die Beteiligung muss *nicht* durch Wertpapiere verbrieft sein. Im Zweifel wird eine Beteiligung an einer Gesellschaft vermutet, wenn sie mehr als 20 % des Gesellschaftskapitals beträgt. In diesem Fall muss das Unternehmen sie in seiner Bilanz ausweisen.

Auch Anteile an Personengesellschaften (OHG und KG) sind Beteiligungen. Eine Beteiligung ist als Stille Gesellschaft möglich.

3. Welche Ziele werden mit Beteiligungen verfolgt?

Ziele der Beteiligungen sind meistens die *Sicherung* der Beschaffung und des Absatzes, gelegentlich auch die *Zusammenarbeit* bei Forschung und Entwicklung.

Ein weiteres Ziel kann die Möglichkeit zur *Einflussnahme* sein. Sie ist abhängig vom Umfang der Beteiligung (vgl. z. B. in der AG Sperrminorität, einfache und qualifizierte Mehrheit).

4. Welche Bedeutung hat das Dividendenprivileg?

Ergebnisse aus Beteiligungen an Kapitalgesellschaften bleiben bei der Gesellschaft, die die Dividenden empfängt, steuerfrei. Durch dieses sog. Dividendenprivileg soll eine mehrfache Belastung der Erträge vermieden werden. Voraussetzung ist, dass die Erträge bei der beteiligten Gesellschaft verbleiben. Sie werden erst bei Ausschüttung an natürliche Personen besteuert.

5. Haben Beteiligungen an Einzelunternehmen und Personengesellschaften Steuervorteile?

Kapitalanleger könnten bei der Beteiligung an Einzelunternehmen oder Personengesellschaften steuerliche Vorteile in dem Thesaurierungsprivileg sehen. (Zum Thesaurierungsprivileg vgl. die Ausführungen in Kap. 2.1.3.)

6. Haben Beteiligungen an Kapitalgesellschaften Steuervorteile?

Einzelunternehmen und Personengesellschaften, die sich an Kapitalgesellschaften beteiligen, können den Vorteil darin sehen, dass Erträge aus Anteilen mit einem Satz von 15 % besteuert werden. Der Vorteil verringert sich allerdings bei Entnahme der Erträge und ihrer Versteuerung nach dem Einkommensteuergesetz.

7. Haben regionale Unterschiede der Besteuerung Einfluss auf die Beteiligung von Unternehmen an anderen?

Es ist denkbar, dass regional unterschiedliche Besteuerungen für Beteiligungen eine Rolle spielen. Das könnte z. B. bei Berücksichtigung der unterschiedlich hohen Gewerbesteuer gelten; im internationalen Rahmen wird die Höhe der Unternehmenssteuern eine von mehreren Entscheidungsgrundlagen für Beteiligungen sein. Es bleibt aber zu bedenken, dass im Allgemeinen Erträge aus den Beteiligungen bei dem Empfänger versteuert werden. (Vgl. dazu die Ausführungen in Kap. 2.1.)

2.4 Internationale Rechnungslegungsvorschriften

2.4.1 Auswirkungen von Rechnungslegungsvorschriften im Rahmen von Geschäftsbeziehungen in globalisierten Märkten

1. Welche Bedeutung haben globalisierte Finanzmärkte?

Auf den globalisierten Finanzmärkten schlägt sich die weltweite Nachfrage nach günstigen Anlagemöglichkeiten nieder. Kapitalmarktorientierte Unternehmen suchen weltweit nach Möglichkeiten der Kapitalbeschaffung.

2. Welche Bedeutung haben die Jahresabschlüsse von Unternehmen?

Anleger benötigen Informationen über Anlagemöglichkeiten; sie müssen vergleichen, Risiken und Gewinnerwartungen einschätzen können usw. Diese Informationen erhalten sie aus den veröffentlichten Jahresabschlüssen. Für das Kapital suchende Unternehmen kann der Jahresabschluss zu einem „Werbemittel" (Wöhe) werden.

3. Welche Anforderungen sind an die Jahresabschlüsse zu stellen?

Aus der Sicht internationaler Anleger müssen die Jahresabschlüsse die wirtschaftliche Lage von Unternehmen wahrheitsgemäß, eindeutig und verständlich wiedergeben; sie sind auf die Vergleichbarkeit von Jahresabschlüssen im internationalen Kontext angewiesen.

2.4 Internationale Rechnungslegungsvorschriften

4. Entsprechen die Abschlüsse nach dem HGB den Anforderungen globalisierter Finanzmärkte?

Jahresabschlüsse auf der Grundlage der HGB-Vorschriften geben ein verzerrtes Bild der wirtschaftlichen Lage von Unternehmen wieder. Im Vordergrund von Abschlüssen *nach deutschem Handelsrecht* steht der *Gläubigerschutz, nicht der Anlegerschutz*. Das ausgewiesene Vermögen entspricht häufig nicht dem tatsächlichen Vermögen, Ursache dafür ist die Bildung stiller Reserven.

5. Mit welcher Vorschrift geht das HGB auf die Anforderungen der globalen Finanzmärkte ein?

Wenn deutsche Unternehmen mit ihren Jahresabschlüssen den internationalen Ansprüchen genügen wollen, müssen sie die Regeln internationaler Rechnungslegung anwenden können.

§ 315a HGB macht das für bestimmte Konzernabschlüsse möglich. Danach müssen Mutterunternehmen den Konzernabschlüssen *internationale Rechnungslegungsstandards* zu Grunde legen, wenn der geregelte Kapitalmarkt in Anspruch genommen wird.

2.4.2 Rechtssysteme des externen Rechnungswesens

1. Was wird mit dem Begriff „externes Rechnungswesen" umschrieben?

Externes Rechnungswesen oder externe Rechnungslegung ist der Jahresabschluss, der sich vorwiegend an externe Adressaten wendet. Externe Adressaten sind Anleger, Banken, Analysten usw., die sich ein Bild von der aktuellen und künftigen Lage des betreffenden Unternehmens machen wollen oder müssen. Unterlagen der externen Rechnungslegung sind Bilanz, Gewinn- und Verlustrechnung sowie – bei Kapitalgesellschaften – Anhang und Lagebericht.

2. Welche Rechtssysteme des externen Rechnungswesens sind im internationalen Kontext relevant?

Folgende Rechtssysteme sind für die externe Rechnungslegung im internationalen Kontext von Bedeutung:

- IAS/IFRS – International Accounting Standards/International Financial Reporting Standards,
- HGB - DRS – Handelsgesetzbuch, Deutsche Rechnungslegungsstandards,
- US-GAAP– United States Generally Accepted Accounting Principles.

2.4.2.1 IAS/IFRS

1. Was wird mit IAS/IFRS bezeichnet?

IAS/IFRS ist die – möglicherweise vorübergehende – zusammenfassende Bezeichnung für das *Regelwerk der IFRS*, die die älteren IAS einbeziehen. Das Regelwerk besteht aus den Standards, den Interpretationen und dem Framework. (Häufig wird IFRS als Bezeichnung für das gesamte Regelwerk aus IFRS, IAS, Framework und die Interpretationen des Regelwerks verwendet.)

Bei den Standards handelt es sich um *Regeln für die Rechnungslegung*. Sie schreiben für einzelne Posten der Bilanz und der GuV-Rechnung Bilanzierung und Bewertung vor.

Bei der Anwendung der Standards in der Praxis können Probleme auftreten, wenn sie unterschiedlich ausgelegt werden. Damit das nicht geschieht, arbeitet das International Financial Reporting Interpretations Committee (IFRIC) aktuelle Lösungen von Problemen aus, die in der Praxis entstehen. Diese *zentrale Interpretation* der Standards sorgt für eine Vereinheitlichung ihrer Anwendung.

Das *Framework* stellt den konzeptionellen Rahmen dar, in dem sich die Entwicklung von Standards, die Interpretationen und die Anwendungen der Standards bewegen sollen. Das Framework ist kein Standard und keine Vorschrift, sondern gibt den betroffenen Personen und Institutionen lediglich Empfehlungen.

2. Welche Institution entwickelt die Standards?

Die Standards werden vom *International Accounting Standards Board (IASB)* erarbeitet und veröffentlicht. Das IASB ist eine privatrechtliche Organisation. Sie besteht aus 14 Mitgliedern, die die verschiedenen Regionen und Berufsgruppen vertreten. Nationale Standardisierungsgremien und andere Interessengruppen arbeiten an der Entwicklung der Standards mit. Darüber hinaus können Einzelpersonen und die einschlägigen Berufsverbände mit schriftlichen Stellungnahmen oder bei Anhörungen auf die Entwicklung bzw. auf die Endfassung der Standards Einfluss nehmen.

Trägerorganisation des IASB ist die IAS-Committee-Foundation mit Sitz in London, deren Mitglieder aus den Berufsgruppen stammen, die in der Rechnungslegung tätig sind; Deutschland ist u.a. vertreten durch das Institut der Wirtschaftsprüfer.

3. Auf welchem Grundprinzip beruht die Rechnungslegung nach IAS/IFRS?

Das Grundprinzip der Rechnungslegung lässt sich umschreiben als Fair Presentation. Das bedeutet, die Rechnungslegung nach IAS/IFRS soll ein *Bild der tatsächlichen Vermögensverhältnisse und der tatsächlichen Ertragslage* des Unternehmens widerspiegeln.

2.4 Internationale Rechnungslegungsvorschriften

4. Welche qualitativen Anforderungen an den Jahresabschluss ergeben sich aus diesem Grundprinzip?

Qualitative Anforderungen[21] an den Jahresabschluss:

- Verständlichkeit, die Angaben müssen klar und übersichtlich sein, ein sachkundiger Leser muss sie verstehen können,
- Relevanz, die Informationen aus den vorgelegten Daten müssen für die Entscheidung eines Anlegers wesentlich sein,
- Verlässlichkeit, ein Anleger muss sich auf die Angaben verlassen können, d. h. sie müssen der Wahrheit entsprechen, pessimistische Darstellungen, die z. B. bei der Rechnungslegung nach deutschem Handelsrecht üblich sind, sollen vermieden werden, schließlich verlangt die Verlässlichkeit auch die Vollständigkeit der Angaben,
- Vergleichbarkeit, die Angaben müssen sowohl den Vergleich mehrerer aufeinander folgender Jahresabschlüsse eines Unternehmens, als auch den Vergleich mit den Abschlüssen anderer Unternehmen ermöglichen.

5. Welche Ziele verfolgen die IFRS?

Die Ziele des IFRS lassen sich folgendermaßen umschreiben:

- Durch die Anwendung der IFRS werden die Jahresabschlüsse kapitalmarktorientierter Unternehmen in globalisierten Märkten vergleichbar.
- Die Anwendung der IFRS trägt zur Organisation eines effizient funktionierenden internationalen Kapitalmarkts bei, dadurch werden sowohl weltweite Kapitalbeschaffung als auch grenzüberschreitende Geschäfte erleichtert.
- Die externe Rechnungslegung nach IFRS soll die Anleger schützen.

6. Welche Bestandteile hat die Rechnungslegung nach IFRS?

Bestandteile der Rechnungslegung nach den Regeln des IFRS sind

- Bilanz (Balance Sheet),
- Gewinn- und Verlustrechnung (Income Statement),
- Kapitalflussrechnung (Cashflow Statement),
- Erläuterungen (Notes),
- Ergänzungen (Supplementary).

7. Unter welchen Bedingungen sind die IAS/IFRS von deutschen Unternehmen anzuwenden?

Für die Anwendung der IAS/IFRS bei Rechnungslegung besteht folgender Bedingungsrahmen:

---

[21] Vgl. hierzu ausführlich: Wöhe, G.: a. a. O. S. 829 ff.

Kapitalmarktorientierte Kapitalgesellschaften sowie kapitalmarktorientierte Einzelkaufleute und Personengesellschaften müssen ihren *Konzernabschlüssen* die IAS/IRFS zu Grunde legen; für Einzelabschlüsse haben sie das Wahlrecht zwischen den HGB-Vorschriften und den IAS/IRFS.

Nicht kapitalmarktorientierte Unternehmen, und zwar sowohl Kapitalgesellschaften als auch Einzelkaufleute und Personengesellschaften, haben haben für Konzern- und Einzelabschlüsse das Wahlrecht zwischen HGB-Vorschriften und IAS/IRFS.

2.4.2.2 DRS

1. Wie lässt sich die Bedeutung der DRS umschreiben?

DRS ist die Abkürzung für *Deutsche Rechnungslegungsstandards*. Es handelt sich dabei um *Empfehlungen für die Anwendung der Grundsätze der Konzernrechnungslegung*. Die Standards werden vom Bundesministerium der Justiz im Bundesanzeiger bekannt gemacht und dadurch autorisiert. Wenn die bekannt gemachten Standards beachtet werden, kann vermutet werden, dass die Rechnungslegung des Konzerns nach den dafür geltenden Grundsätzen ordnungsgemäßer Buchführung erfolgt.

2. Welche Institution entwickelt die DRS?

Entwickelt werden die DRS *vom Deutschen Standardisierungsrat* (DSR), der ein Teil des Deutschen Rechnungslegungsstandards Committee (DRSC) ist. Der DRSC ist ein privates Rechnungslegungsgremium (nach § 242 HGB).

Die DRS müssen unabhängig und ausschließlich von Rechnungslegern entwickelt und beschlossen werden; in die Entwicklung müssen sie die fachlich interessierte Öffentlichkeit einbeziehen.

3. Welche Bedeutung haben die Vorschriften des HGB?

§ 242 HGB sieht vor, dass ein Rechnungslegungsgremium als eine privatrechtlich organisierte Einrichtung vom Bundesministerium der Justiz durch Vertrag anerkannt werden kann; das Gremium soll folgende Aufgaben übernehmen:

- Entwicklung von Empfehlungen zur Anwendung der Grundsätze über die Konzernrechnungslegung,
- Beratung des Bundesministeriums der Justiz bei Gesetzgebungsvorhaben zu Rechnungslegungsvorschriften,
- Vertretung Deutschlands in internationalen Standardisierungsgremien.

4. Wie verbindlich sind die DRS?

Die DRS beziehen sich auf die Abschlüsse von Konzernen, die nach deutschem Recht erstellt werden. Ihre Verbindlichkeit ist umstritten. Der Gesetzestext legt die Annahme nahe, dass bei Beachtung der DRS die Grundsätze ordnungsmäßiger Buchführung eingehalten werden. Aber die Nichtbeachtung hat keine rechtlichen Konsequenzen. Die Konzernprüfer haben im Allgemeinen keine Einwendungen gegen Abweichungen von den DRS, sollen aber im Prüfbericht darauf hinweisen.

2.4.2.3 US-GAAP

1. Wie lässt sich die Bedeutung der US-GAAP umschreiben?

Die United States Generally Accepted Accounting Principles (US-GAAP) sind die US-amerikanischen Bilanzierungsvorschriften, die für börsennotierte Gesellschaften durch weitergehende Vorschriften über Offenlegung durch die SEC (Securities and Exchange Commission) u. Ä ergänzt werden.

2. Welche Institution entwickelt die GAAP?

Die GAAP werden im Wesentlichen von dem Financial Accounting Standards Board (FASB) entwickelt. Auf die Entwicklung der Bilanzierungsvorschriften haben die fachtypischen Berufsverbände großen Einfluss.

Zentrale Rechtsquelle ist nicht kodifiziertes Recht (wie in Deutschland), sondern eine Vielzahl von richterlichen Einzelentscheidungen.

3. Welches Ziel verfolgen die US-GAAP vorrangig?

Das vorrangige Ziel der US-GAAP ist, dass der Jahresabschluss die Anteilseigner, Investoren usw. über die aktuelle und die künftige Geschäftslage des Unternehmens informiert. Daraus leitet sich das *Prinzip der Fair Presentation* ab.

4. Welche Grundsätze haben die US-GAAP?

Aus dem Prinzip ergeben sich folgende Grundsätze:

- Substance over Form, die Darstellung des wirtschaftlichen Sachverhalts ist wichtiger als die Einhaltung einer bestimmten formalen Regelung,
- Matching Principle, Ausgaben werden zu Aufwendungen, wenn die entsprechenden Einnahmen realisiert und damit zu Erträgen werden,
- Materiality Principle, nur die für die Kaufentscheidungen von Anlegern erforderlichen Informationen müssen in den Abschluss aufgenommen werden,
- Consitency Principle – Methodenänderungen bei Bilanzierung und Bewertung sind nur unter erschwerten Bedingungen möglich, die Informationsfunktion soll unter den Änderungen nicht leiden.

5. Welche Bestandteile weist die Rechnungslegung nach US-GAAP auf?

Bestandteile des Abschlusses sind

- Bilanz,
- Gewinn- und Verlustrechnung,
- Kapitalflussrechnung,
- Eigenkapitalverwendungsrechnung,
- Angaben zur Bilanzpolitik.

2.4.3 Rechtslage in der EU

1. Wie trägt die EU dazu bei, dass europäische Unternehmen die internationalen Rechnungslegungsstandards anwenden?

Kapitalmarktorientierte Unternehmen in der EU sollen dazu verpflichtet werden, für ihre Jahresabschlüsse ein einheitliches Regelwerk internationaler Rechnungslegungsstandards von hoher Qualität anzuwenden, damit die Funktionsweise des Binnenmarkts gefördert wird. Dazu hat die EU die Verordnung Nr. 1606/2002 verabschiedet.

2. Welche Ziele verfolgt die Verordnung Nr. 1606/2002?

Die Ziele der VO lassen sich folgendermaßen umschreiben:

- Steigerung der effizienten und kostengünstigsten Funktionsweise,

- Schutz der Anleger und Erhalt des Vertrauens in die Finanzmärkte – als wichtiger Aspekt der Vollendung des Binnenmarkts in diesem Bereich,

- Stärkung des freien Kapitalverkehrs im Binnenmarkt, damit die Unternehmen in der Gemeinschaft auf den gemeinschaftlichen und den Weltkapitalmärkten unter gleichen Wettbewerbsbedingungen um Finanzmittel konkurrieren können,

- Konvergenz der in Europa angewendeten Normen für die Rechnungslegung mit internationalen Rechnungslegungsstandards wegen der Vorteile für europäische Unternehmen bei grenzüberschreitenden Geschäften und bei Zulassungen an allen Börsen der Welt.

3. Welchen Zweck verfolgt die Verordnung?

Die EU will erreichen, dass die kapitalmarktorientierten Unternehmen soweit wie irgend möglich verpflichtet werden, bei ihren Abschlüssen die IFRS anzuwenden, sofern sie die Transparenz und Vergleichbarkeit gewährleisten.

4. Welche Voraussetzungen hat die Übernahme der IFRS?

Die VO nennt folgende Voraussetzungen für die Übernahme der IFRS:

2.4 Internationale Rechnungslegungsvorschriften

1. Die Anwendung der IFRS muss die tatsächlichen Verhältnisse der Vermögens-, Finanz- und Ertragslage eines Unternehmens abbilden.
2. Die Übernahme der IFRS muss dem europäischen öffentlichen Interesse entsprechen.
3. Die Abschlüsse müssen für die Adressaten von Nutzen sein.

5. Soll den Mitgliedstaaten die Übernahme der IFRS für die in ihren Gebieten ansässigen Unternehmen vorgeschrieben werden?

Die Mitgliedstaaten sollen die Wahl haben, den kapitalmarktorientierten Gesellschaften in ihren Gebieten die Anwendung der IFRS bei der Rechnungslegung vorzuschreiben oder zu gestatten. Die Mitgliedstaaten können diese Möglichkeit bzw. diese Vorschrift auch auf die Abschlüsse anderer Gesellschaften ausdehnen.

6. Wie werden Wettbewerbsnachteile europäischer Unternehmen bei der Übernahme von IFRS vermieden?

Damit keine Wettbewerbsnachteile europäischer Unternehmen, die auch auf dem Weltmarkt tätig sind, entstehen, soll die Kommission auf die Entwicklung von IFRS durch entsprechende Stellungnahmen angemessenen Einfluss nehmen.

7. Hat das deutsche Handelsrecht die Vorgaben der Verordnung übernommen?

Der neu geschaffene § 315 a HGB setzt die Vorgaben der VO um.

Mutterunternehmen, die einen Konzernabschluss vorlegen müssen, sind gezwungen, unter bestimmten Bedingungen und in einem bestimmten Rahmen die IFRS bei ihrer Rechnungslegung anwenden. Andere Mutterunternehmen können bei Rechnungslegung die IFRS anwenden.

2.4.4 Ausgewählte Unterschiede zwischen HGB und IFRS

1. In welchen Punkten unterscheiden sich HGB und IFRS grundlegend?

Den grundlegenden Unterschied zwischen Abschlüssen nach HGB und nach IFRS lässt sich an folgenden Punkten zeigen:

Abschlüsse nach dem **HGB** wenden grundsätzlich das *Vorsichtsprinzip* an. Das ausgewiesene Vermögen stellt wegen der Möglichkeiten zur Bildung stiller Reserven nicht das tatsächliche Vermögen dar. Der Abschluss drückt eine pessimistische Sicht der Lage aus. Die Bewertungen dienen vorwiegend dem *Schutz der Gläubiger*.

Abschlüsse nach **IFRS** haben vor allem eine *Informationsfunktion*; sie dienen vorwiegend den *Interessen der Anleger*. Im Vordergrund steht der Grundsatz des true and fair View, d. h. das ausgewiesene Vermögen entspricht weitgehend dem tatsächlichen. Die Abschlüsse zeichnen sich deshalb durch große Realitätsnähe aus.

2. Wie werden Anschaffungskosten nach HGB und IFRS berücksichtigt?

Die fortgeführten Anschaffungs- und Herstellkosten stellen bei der Bewertung der Vermögensgegenstände des Anlage- und Umlaufvermögens nach HGB die Obergrenze dar (Anwendung des Niederstwertprinzips). Nach IFRS können diese Vermögensgegenstände mit dem Zeitwert angesetzt werden, auch wenn er über den Anschaffungs- bzw. Herstellkosten liegt (Fair-View-Prinzip).

3. Wie werden selbst erstellte immaterielle Wirtschaftsgüter nach HGB und IFRS berücksichtigt?

Selbst erstellte immaterielle Wirtschaftsgüter können nach HGB nicht aktiviert werden. Die IFRS schreiben unter bestimmten Bedingungen die Aktivierung vor (Beispiel: eigene Entwicklungskosten).

4. Wie werden Rückstellungen nach HGB und IFRS berücksichtigt?

Nach **HGB** besteht Passivierungspflicht ungewisser Verpflichtungen gegenüber Dritten; Rückstellungen für Aufwendungen *können* passiviert werden.

Rückstellungen für ungewisse Verbindlichkeiten gegenüber Dritten müssen auch nach **IFRS** passiviert werden, aber nur, wenn es sich nicht um Eventualschulden handelt. Eventualschulden werden die Verpflichtungen genannt, die lediglich mit einer Wahrscheinlichkeit von unter 50 % zu Zahlungen führen. Aufwandsrückstellungen können nicht gebildet werden.

5. Werden nicht realisierte Gewinne in den Abschlüssen nach HGB bzw. IFRS ausgewiesen?

Nicht realisierte Gewinne dürfen nach HGB nicht ausgewiesen werden. Anders bei Abschlüssen nach IFRS: Es besteht unter bestimmten Voraussetzungen eine Ausweispflicht der Gewinne, die vorzeitig realisiert werden können.

6. Wie wird der Firmenwert aus Unternehmenserwerb in den Abschlüssen nach HGB und IFRS berücksichtigt?

HGB und IFRS sehen die Aktivierung des Firmenwerts (Good Will), der sich bei Erwerb eines Unternehmens ergibt, vor. Nach HGB ist der Firmenwert planmäßig abzuschreiben, nach IFRS nur bei Wertminderungen.

3. Finanzwirtschaftliche Steuerung

3.1 Gestaltung des Controlling als Instrument der Unternehmensführung

3.1.1 Grundlagen

3.1.1.1 Grundverständnis des Controlling als Instrument der Unternehmensführung

1. Welche Bedeutung hat der Begriff „Controlling"?

Der Begriff ist abgeleitet vom englischen Verb „to control". Es bedeutet soviel wie lenken, steuern, leiten, regeln. Controlling ist also mehr als Kontrolle, obwohl Kontrolle ein wesentliches Element des Controlling ist.

Controlling kann umschrieben werden als „die Synthese aus operativer und strategischer Unternehmensführung auf der Grundlage von Ex-post-Daten und Ex-ante-Prognosen".[1]

2. Wie lässt sich Controlling definieren?

Im Allgemeinen wird Controlling als ein laufender Prozess umschrieben, in dem Planung, Steuerung und Kontrolle mit Informationsversorgung verbunden ist. Controlling ist nicht nur die Beteiligung an der Planung, sondern auch die Überwachung und Steuerung der Planausführungen; Grundlagen dafür sind Informationsverarbeitungen. Deshalb gehört auch die Gestaltung des Informationssystems zum Controlling.

3. Welche Aspekte umfasst das Controlling?

Das Controlling umfasst die folgenden Aspekte:[2]

- Planung: In der Planung werden Maßnahmen festgelegt, mit denen die vorgegebenen Ziele erreicht werden sollen. Für die Ziele (Zwischenziele) werden Soll-Werte definiert, die zu erreichen sind, die sich u. a. in den Budgets und in den Kennzahlensystemen niederschlagen.

- Budgetierung: Budgetierung bedeutet die Erstellung eines Budgets; das Budget enthält die Soll-Werte der Planung. Das Budget wird der Unternehmensleitung vorgelegt und in einzelnen Aspekten erforderlichenfalls geändert oder ergänzt. Nach Genehmigung wird das Budget den Bereichsleitern, die für die Planausführung zuständig sind, vorgegeben. Budgets sind für die Bereichsleiter verbindlich.

---

[1] Piontek, Jochem: Beschaffungscontrolling, 3. Aufl., München/Wien 2004, S. 1.
[2] In Anlehnung an: Olfert, K. und H.-J. Rahn: Einführung in die Betriebswirtschaftslehre, 9. Aufl., Ludwigshafen 2008, S. 447 ff. und an: Ziegenbein, Klaus: Controlling, 9. Aufl., Ludwigshafen 2007.

- Informationen: Informationen sind die Grundlagen für Planung und Kontrolle; Controlling umfasst deshalb auch die Einrichtung von Informationssystemen.
- Kontrolle (Überwachung): Grundlage der Kontrolle sind die Ist-Werte. Sie werden laufend erfasst und mit den Sollwerten verglichen. Sie sollen Abweichungen möglichst früh anzeigen (Frühwarnsystem).
- Abweichungsanalyse: Abweichungen, die bei der Kontrolle festgestellt werden, werden analysiert; dabei sollen die Ursachen für die Abweichungen untersucht werden.
- Steuerung: Es werden Maßnahmen zur Steuerung der Soll-Ist-Abweichungen und alternative Lösungen vorgeschlagen.

3.1.1.2 Aufgabenbereiche des Controlling

1. Wie können die Aufgabenbereiche des Controlling umschrieben werden?

Hauptaufgabe des Controlling besteht in der Unterstützung der Unternehmensleitung bei Verfolgung der Unternehmensziele durch Koordination von Planung, Kontrolle, Organisation, Personalführung, Information.

2. Welche Aufgaben und Ziele verfolgt das strategische Controlling?

Strategisches Controlling ist das *Controlling der obersten Führungsebene*. Es ist auf das gesamte Unternehmen ausgerichtet, daraus ergeben sich seine besonderen Aufgaben und Ziele. Das strategische Controlling ist i.d.R. langfristig angelegt, es soll dazu beitragen, dass die Existenz des Unternehmens und langfristige Erfolgspotenziale gesichert werden.

Der *Gesamtcontroller* hat u.a. folgende Aufgaben:
- Entwurf von Strategien,
- langfristige Planungen und Erstellung langfristiger Budgets,
- Entwicklung von Zielen, die auf das gesamte Unternehmen bezogen sind,
- Realisierung dieser Ziele,
- Steuerung und Kontrolle von langfristigen Betriebsprozessen.

3. Welche Aufgaben und Ziele verfolgt das taktische Controlling?

Taktisches Controlling ist das *Controlling der mittleren Führungsebene*, d.h. der *Unternehmensbereiche*.

Die *Bereichscontroller* haben u.a. folgende Aufgaben:
- Entwicklung von taktischen Zielen und Maßnahmen im Rahmen der Vorgaben durch das strategische Controlling,
- Planung und Kontrolle der Bereiche,
- Erstellung mittelfristiger Budgets,
- Erstellung von Berichten für die Bereichs- und die Unternehmensleitung.

4. Welche Aufgaben und Ziele verfolgt das operative Controlling?

Operatives Controlling ist das *Controlling der unteren Führungsebene*. Das operative Controlling hat u. a. folgende Aufgaben:

- Entwicklung von Maßnahmen im Rahmen der Vorgaben durch das taktische Controlling,
- kurzfristige Planung, Steuerung und Kontrolle der Ausführungen der Maßnahmen,
- Erstellung kurzfristiger Budgets,
- kurzfristige Berichte.

3.1.1.3 Institutionale Gestaltung des Controlling im Unternehmen

1. Wer ist für das Controlling zuständig?

Für das Controlling ist der *Controller* zuständig. Er ist als Manager von Planung und Kontrolle verantwortlich dafür, dass geplant und kontrolliert wird. Der Controller hat u. a. folgende Aufgaben:

- Teilnahme an der Planung bzw. Einflussnahme auf die Planung,
- Budgeterstellung und -kontrolle,
- Berichterstattung über Abweichungen und mit Vorschlägen von Steuerungsmaßnahmen an Unternehmensleitung und evtl. an die Bereichsleiter,
- Vorbereitung von Entscheidungen bei bestimmten Maßnahmen,
- Überwachung der Durchführung der Maßnahmen.

2. Wie kann das Controlling organisatorisch berücksichtigt werden?

Das Controlling kann als *Stabscontrolling* und als *Liniencontrolling* in die Unternehmensorganisation einbezogen werden.

3. Welche Bedeutung hat das Stabscontrolling?

Das Controlling wird als Stab in die Unternehmensorganisation einbezogen; die Stabsstelle kann der Unternehmensleitung oder einzelnen Bereichsleitungen zugeordnet sein. Der Stabscontroller hat keine Weisungsbefugnisse, deshalb kann er kaum direkt in den Controllingprozess eingreifen. Er berät lediglich die Stelle, der er zugeordnet ist. Für die Kontrolle ist er darauf angewiesen, dass die nachgeordneten Stellen ihm die erforderlichen Informationen rechtzeitig und vollständig zukommen lassen.

4. Welche Bedeutung hat das Liniencontrolling?

Das Controlling wird als Linieninstanz in die Unternehmensorganisation einbezogen. Der Controller kann als Leiter der Abteilung Controlling in die oberste Führungsebene integriert sein. Er erhält Weisungsbefugnisse, er kann deshalb den Planungsprozess aktiv begleiten und die Entscheidung für bestimmte Maßnahmen vorbereiten und ihre Ausführung kontrollieren.

Das Controlling kann auch den Bereichsleitern nachgeordnet sein. Der Controller wird für das Management der Planung und Kontrolle in dem Bereich zuständig, der Linienmanager legt Ziele und Inhalte der Planung fest und ergreift Maßnahmen bei Soll-Ist-Abweichungen; dabei wird er vom Controller unterstützt.

5. Wie kann das Controlling nach Führungsebenen unterschieden werden?

Controlling auf den verschiedenen Führungsebenen unterscheidet sich hinsichtlich des Umfangs und der Art seiner Aufgaben und Ziele. Entsprechend ergeben sich

- obere Führungsebene – strategisches Controlling (Gesamtcontrolling),
- mittlere Führungsebene – taktisches Controlling (Bereichscontrolling),
- untere Führungsebene – operatives Controlling.

3.1.2 Ergebnisse des operativen Controlling

3.1.2.1 Budgetierung

1. Was bedeutet Budgetierung?

Als Budgetierung bezeichnet man die *Erstellung eines Budgets*. Ein Budget wird rechtzeitig vor Ende des laufenden Geschäftsjahres für das nächste Jahr (Budgetjahr) erstellt; an seiner Erstellung sind im Allgemeinen das Controlling sowie die Führungskräfte der Bereiche und Abteilungen maßgeblich beteiligt. Nach Genehmigung durch die Unternehmensleitung dient das Budget den Fachbereichen als Vorgaben. Die vorgegebenen Zahlenwerte müssen entweder mindestens erreicht oder dürfen nicht unterschritten werden.

Das Budget enthält die erwarteten Leistungen und Kosten für die Abschnitte (Monate oder Quartale) des folgenden Budgetjahrs.

2. Welche Bedeutung hat die Budgetierung für die operative Planung?

Die Bedeutung der Budgetierung für die Planung zeigt sich u. a. in folgenden Aspekten:

- Die Werte in einem Budget beruhen in der Regel auf Vergangenheitswerten, die für das Budgetjahr entsprechend der erwarteten Entwicklung fortgeschrieben werden. (Das gilt zumindest für die traditionelle Budgetierung.) Die Prognosen gehen von Erfahrungen, Einschätzungen und Beobachtungen, z. B. der Konkurrenz (vgl. Benchmarking) aus. Die budgetierten Werte werden dadurch zur Grundlage operativer Planung.

- Mithilfe des Budgets wird die Erfolgskontrolle ermöglicht. Abweichungen von den Budgetansätzen werden beobachtet und analysiert; die Analyseergebnisse sind Grundlagen für eine Anpassung der operativen Planung.

3. Wodurch unterscheidet sich die traditionelle Budgetierung vom Zero-Base-Budgeting?

Bei der **traditionellen** Budgetierung wird von *Vergangenheitswerten* ausgegangen, die mit entsprechenden Zuschlägen fortgeschrieben werden. Alte Aufgaben bekommen durch diese Vorgehensweise ein relativ hohes Gewicht. Nachteile zeigen sich z. B. in bestimmten Einzelbudgets, wenn finanzielle Mittel bis zum Jahresende nicht verbraucht wurden; sie werden dann häufig für nicht geplante Anschaffungen verwendet, weil sonst mit einer Kürzung des Budgetansatzes für das folgende Jahr zu rechnen ist.

Die **Null-Basis-Budgetierung** vermeidet diese und ähnliche Nachteile. Vergangenheitswerte werden nicht berücksichtigt; es wird so vorgegangen, als stünde das Unternehmen am Anfang.

4. Welcher Zusammenhang besteht zwischen den Einzelbudgets und dem Gesamtbudget?

Das Gesamtbudget setzt sich aus mehreren Einzel- oder Teilbudgets zusammen. Die Einzelbudgets beziehen sich aufeinander bzw. sind voneinander abhängig. Die wesentliche Funktion des Gesamtbudgets besteht in der Koordination der Einzelbudgets. Zu den Einzelbudgets zählen z. B. das Produktions-, das Investitions-, das Personal- und das Beschaffungsbudget. Teil des Beschaffungsbudgets ist das Einkaufswertbudget.

5. Auf welcher Grundlage beruht das prozessorientierte Controlling?

Grundlage des prozessorientierten Controlling ist die *Prozesskostenrechnung*. Die Prozesskostenrechnung verlangt die Zerlegung der Kostenstellen in Teilprozesse und deren Verdichtung zu kostenstellenübergreifenden Hauptprozessen.

Mithilfe der Prozesskostenrechnung werden die indirekten Kosten (Gemeinkosten) transparenter; sie ermöglicht darum die Suche nach Abhängigkeiten und Kostenverursachern.

6. Welche Aufgabe erfüllt das prozessorientierte Controlling?

Das prozessorientierte Controlling ist z. B. in den Beschaffungsprozessen integriert. Damit verbinden sich seine wesentlichen Aufgaben.

Mithilfe der kostenorientierten Analyse des Beschaffungsprozesses sollen Rationalisierungsmöglichkeiten im Zusammenhang mit der Beschaffung bzw. mit dem Einkauf gefunden und ausgenutzt werden.

Durch die verbesserte Kontrolle der Kostenverursacher wird die *Wirtschaftlichkeit* der Beschaffung bzw. des Einkaufs effektiver gesteuert.

3.1.2.2 Plankostenrechnung

1. Was sind Plankosten?

Plankosten sind die prognostizierten Kosten für folgende Planungsperioden. Ihre Höhe ergibt sich unter Berücksichtigung der Plandaten für

- die Verbrauchsmengen von Produktionsfaktoren (Planverbrauchsmengen),
- die Preise der Produktionsfaktoren (Planpreise),
- der Ausbringungsmenge bzw. der Beschäftigung (Planbeschäftigung).

Plankosten ergeben sich als Produkt aus Planverbrauchsmengen, -preisen und -beschäftigung.

2. Wie unterscheiden sich Plankosten von Sollkosten und Istkosten?

Plankosten sind das Produkt aus Planverbrauchsmengen, Planpreisen und Planbeschäftigung.

Die **Sollkosten** stellen eine Anpassung der Plankosten an die Istbeschäftigung dar. Sollkosten sind das Produkt aus Planverbrauchsmengen, Planpreisen und Istbeschäftigung.

Istkosten sind die tatsächlich anfallenden Kosten. Istkosten werden definiert als das Produkt aus Istverbrauchsmengen, Istpreisen und Istbeschäftigung.

3. Was ist eine Plankostenrechnung und welchen Zweck hat sie?

Eine Plankostenrechnung ist eine Kostenrechnung auf der Grundlage geplanter, d. h. erwarteter Kosten. Dadurch unterscheidet sie sich wesentlich von Kostenrechnungen mit Normal- oder mit Istkosten.

Die Plankostenrechnung dient zwei wesentlichen Zwecken: der Planung und der Kontrolle.

Planung durch Dispositionsmöglichkeiten auf der Grundlage wahrscheinlicher Kosten, *Kontrolle* durch den Vergleich von geplanten mit tatsächlichen Kosten.

4. Welche Bedeutung hat die Plankostenrechnung im Zusammenhang mit dem operativen Controlling?

Die Plankostenrechnung ermöglicht den Vergleich von Plankosten mit den Istkosten. Abweichungen können erfasst und analysiert werden. Kostenabweichungen ergeben sich aus Abweichungen bei den Verbrauchsmengen, den Preisen und/oder der Beschäftigung. In der Analyse werden die Ursachen für die Abweichungen untersucht; die Analyseergebnisse sind Grundlagen für Maßnahmen zur *Gegensteuerung*.

3.1 Gestaltung des Controlling als Instrument der Unternehmensführung

5. Wodurch unterscheidet sich die starre Plankostenrechnung von der flexiblen?

Starre und flexible Plankostenrechnung sind unterschiedliche Systeme der Plankostenrechnung. Bei der **starren** Plankostenrechnung werden feste und variable Gemeinkosten nicht getrennt; wesentliches Kennzeichen der **flexiblen** Plankostenrechnung ist die Trennung der festen Gemeinkosten von den variablen.

Flexible Plankostenrechnungen können auf Vollkostenbasis oder auf Teilkostenbasis durchgeführt werden.

6. Unter welcher Bedingung eignet sich die starre Plankostenrechnung zur Kostenkontrolle?

Weil bei der starren Plankostenrechnung die Trennung von variablen und festen Kosten nicht vorgesehen ist, eignet sie sich nur zur Kostenkontrolle, wenn keine festen Kosten anfallen. Diese Annahme ist realitätsfern; die starre Plankostenrechnung wird deshalb in der Praxis für die Kostenkontrolle kaum angewandt werden können.

Beispiel: Ein Unternehmen plant eine Ausbringungsmenge (Planbeschäftigung) von 3.000 Stück; dabei wird mit Plankosten i. H. v. 42.000 € gerechnet. Tatsächlich ergibt sich aber eine Istmenge von lediglich 2.000 Stück bei Istkosten i. H. v. 38.000 €.

- Bei dem Vergleich von Plankosten mit den Istkosten bei der Istmenge von 2.000 Stück zeigt sich eine Kostenunterschreitung von 4.000 €; Grund dafür könnte die geringe Auslastung sein.

- Bei dem Vergleich von Istkosten bei 2.000 Stück mit den entsprechenden verrechneten Kosten zeigt sich eine Kostenüberschreitung 10.000 €; sie könnte durch höhere Verbrauchsmengen als geplant oder durch Preisanstieg bei den Faktoren verursacht sein.

Die Grundannahmen des Beispiels können auch grafisch dargestellt werden; die Abbildung beruht auf folgenden Daten.

x_{plan} = 3.000 Stück,

K_{plan} = 42.000 €,

geplante Stückkosten (k_{plan}) = 14 €/Stück (= 42.000 : 3.000),

x_{ist} = 2.000 Stück,

verrechnete Kosten bei x_{ist} = 28.000 ($x_{ist} \cdot k_{plan}$ = 2.000 · 14),

K_{ist} (bei x_{ist}) = 38.000 €.

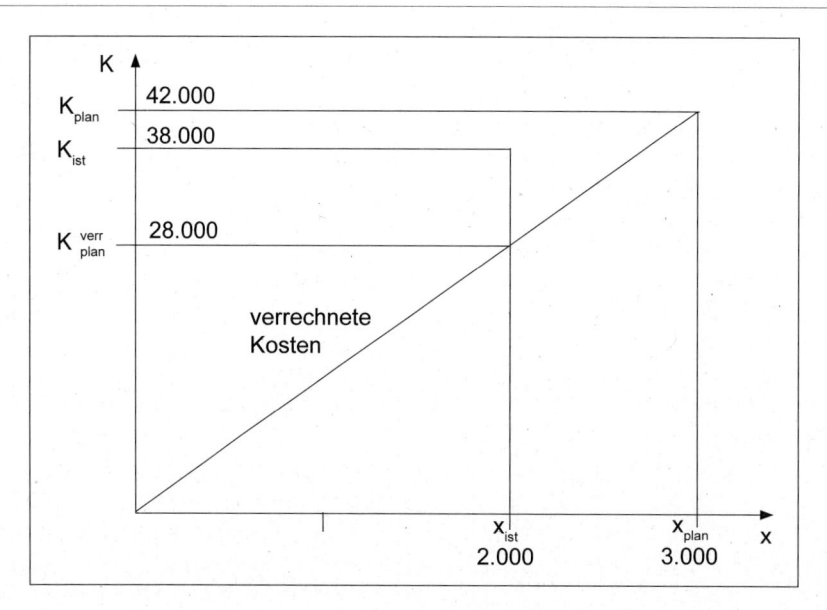

```
K ▲
K_plan   42.000
K_ist    38.000

K_plan^verr  28.000

              verrechnete
              Kosten

                         x_ist      x_plan    x
                         2.000      3.000
```

7. Wie kann mit der flexiblen Plankostenrechnung auf Vollkostenbasis eine Kostenkontrolle durchgeführt werden?

Bei einer flexiblen Plankostenrechnung auf Vollkostenbasis werden die Plankosten aufgeteilt in feste und variable Plankosten ($K_{plan} = K_{f\,plan} + K_{v\,plan}$). Dadurch lassen sie sich genauer der Istmenge zurechnen. Für die Analyse der Abweichungen werden die Sollkosten herangezogen; die Sollkosten ergeben sich unter Berücksichtigung der Istmenge.

Beispiel (unter Berücksichtigung der Annahmen aus vorstehender Frage)

x_{plan} = 3.000 Stück,

K_{plan} = 42.000 €, $K_{f\,plan}$ = 14.000 €, $K_{v\,plan}$ = 28.000 €

geplante Stückkosten (k_{plan}) = 14 €/Stück (= 42.000 : 3.000),

variable Stückkosten ($K_{v\,plan}$) = 28.000 : 3.000 = 9,33 €,

x_{ist} = 2.000 Stück,

K_{ist} (bei x_{ist}) = 38.000 €,

verrechnete Kosten bei x_{ist} = 28.000 € ($x_{ist} \cdot k_{plan}$ = 2.000 · 14),

Sollkosten (K_{soll}) bei x_{ist} = 32.660 € ($x_{ist} \cdot K_{v\,plan} + K_f$ = 2.000 · 9,33 + 14.000)

Bei dem Kostenvergleich zeigt sich Folgendes: Bei einer Istmenge von 2.000 Stück dürfen entsprechend der Planvorgaben lediglich Kosten i. H. v. 32.660 € anfallen. Die Abweichung von den Istkosten beträgt 5.340 €. Diese Abweichung kann durch höheren mengenmäßigen Verbrauch von Produktionsfaktoren und/oder durch steigende Preise für die Produktionsfaktoren verursacht sein. Die Abweichung der Sollkosten von den verrechneten Plankosten i. H. v. 4.600 € könnte ihre Ursache in der geringeren Beschäftigung haben. Die Ausführungen lassen sich an der folgenden Abbildung nachvollziehen.

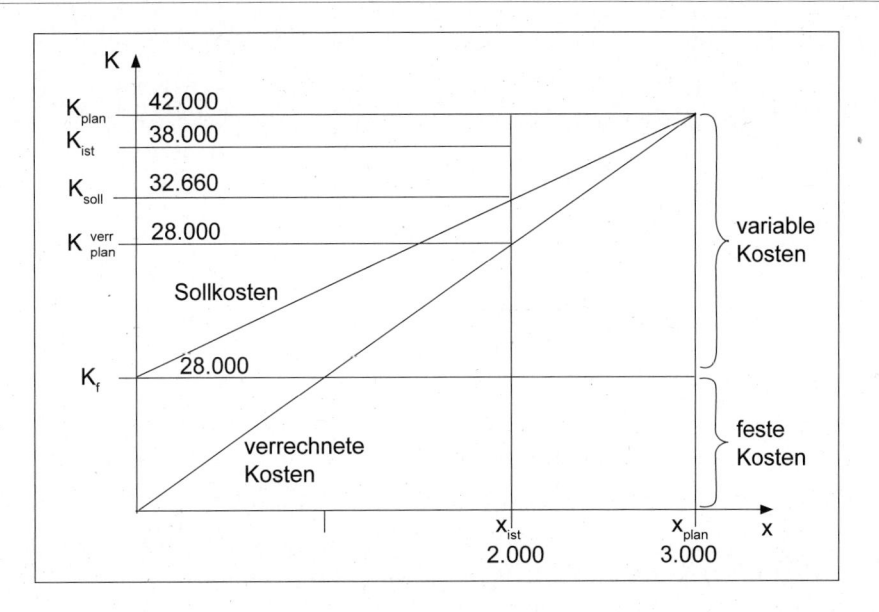

3.1 Gestaltung des Controlling als Instrument der Unternehmensführung

```
K
K_plan     42.000
K_ist      38.000
K_soll     32.660
K verr     28.000
  plan
           Sollkosten
K_f        28.000
           verrechnete
           Kosten
                         x_ist      x_plan     x
                         2.000      3.000

variable Kosten
feste Kosten
```

3.1.2.3 Deckungsbeitragsrechnung

1. Was gibt ein Deckungsbeitrag an?

Der Deckungsbeitrag gibt den *Überschuss der Erlöse* aus dem Verkauf eines Produkts über dessen Einzelkosten an, das sind die Kosten, die ihm eindeutig zugerechnet werden können. Der Deckungsbeitrag ist also der *Beitrag* eines Produkts *zur Deckung* der fixen Kosten und damit zum Gesamterfolg. Er gibt den Erfolg des einzelnen Produkts an. Rechnerisch ergibt sich der Deckungsbeitrag durch Subtraktion der variablen Kosten von den Verkaufserlösen.

> Deckungsbeitrag = Verkaufserlöse - variable Kosten

2. Welche Aufgaben soll die Deckungsbeitragsrechnung erfüllen?

Die Deckungsbeitragsrechnung ist eine *kurzfristige Erfolgsrechnung*. Mit ihrer Hilfe wird das Betriebsergebnis auf der Grundlage der Deckungsbeiträge der Produkte ermittelt. In der Deckungsbeitragsrechnung soll das einzelne Produkt lediglich mit den Kosten belastet werden, die ihm direkt zuzurechnen sind. Die Deckungsbeitragsrechnung dient der Kontrolle und der Steuerung des Unternehmens; je differenzierter und genauer sie ausgebaut ist, desto besser kann sie diese Aufgaben wahrnehmen. Deshalb ist die mehrstufige Deckungsbeitragsrechnung der einstufigen im Allgemeinen überlegen.

3. Welcher grundlegende Unterschied besteht zwischen der einstufigen und der mehrstufigen Deckungsbeitragsrechnung?

In der **einstufigen** Deckungsbeitragsrechnung wird der *Beitrag der Produkte insgesamt* zur Deckung der gesamten fixen Kosten ermittelt. Von den Verkaufserlösen der einzelnen Produkte werden nur die ihnen direkt zurechenbaren variablen Kosten abgezogen. Das Betriebsergebnis wird schließlich durch Subtraktion der Summe aller Deckungsbeiträge von den gesamten Verkaufserlösen ermittelt.

In der **mehrstufigen** Deckungsbeitragsrechnung werden auch die *direkt zurechenbaren fixen Kosten* berücksichtigt. Es wird also nicht nur – wie bei der einstufigen Beitragsrechnung – danach gefragt, welchen Beitrag die Verkaufserlöse der Produkte zur Deckung aller fixen Kosten leisten. Es wird vielmehr *in mehreren Stufen* auch ermittelt, welchen Beitrag die Produkte einer Gruppe zur Deckung der produktgruppentypischen fixen Kosten, welchen Beitrag mehrere Produktgruppen eines Unternehmensbereichs zur Deckung der bereichstypischen fixen Kosten usw. leisten.

4. Welche besonderen Kennzeichen weist die einstufige Deckungsbeitragsrechnung auf und wie wird sie durchgeführt?

Bei der einstufigen Deckungsbeitragsrechnung werden die Verkaufserlöse der einzelnen Produkte (bzw. Produktarten) ermittelt; den Verkaufserlösen werden die für jedes Produkt anfallenden variablen Kosten direkt zugerechnet; die einstufige Deckungsbeitragsrechnung wird deshalb auch als *Direct Costing* bezeichnet. Durch Abzug der produkttypischen variablen Kosten von den jeweiligen Erlösen ergeben sich die Deckungsbeiträge der einzelnen Produkte.

Die Summe der einzelnen Deckungsbeiträge ergibt den Gesamtdeckungsbeitrag. Der Betriebsgewinn ergibt sich, wenn vom Gesamtdeckungsbeitrag die gesamten fixen Kosten, z. B. die Abschreibungen, en bloc abgezogen werden.

Das folgende einfache Beispiel kann die Ausführungen veranschaulichen. Angenommen wird ein Produktionsprogramm mit vier Produkten, deren Produktion die angegebenen einzelnen zurechenbaren variablen Kosten und die insgesamt angegebenen (nicht einzeln zurechenbaren) fixen Kosten aufwirft. Die Tabelle weist die einzelnen Deckungsbeiträge auf und macht sie vergleichbar.

	A	B	C	D	insgesamt
Verkaufserlöse	1.000.000	900.000	800.000	500.000	3.200.000
variable Kosten	500.000	550.000	600.000	490.000	2.140.000
Deckungsbeitrag	500.000	350.000	200.000	10.000	1.060.000
fixe Kosten					700.000
Betriebsergebnis					360.000

5. Welche besonderen Kennzeichen weist die mehrstufige Deckungsbeitragsrechnung auf und wie wird sie durchgeführt?

Die mehrstufige Deckungsbeitragsrechnung ermittelt nacheinander in mehreren Stufen die Beiträge zur Deckung der fixen Kosten der jeweils folgenden Stufen.

1. Stufe: Von den jeweiligen Verkaufserlösen der Produkte (bzw. Produktarten) werden die variablen Kosten, die den Produkten direkt zuzurechnen sind, abgesetzt; es ergibt sich der Deckungsbeitrag I.

2. Stufe: Vom Deckungsbeitrag I werden die produkttypischen fixen Kosten abgezogen, das sind z. B. die Abschreibungen von Maschinen, die lediglich zur Herstellung des jeweiligen Produkts genutzt werden; daraus ergibt sich der Deckungsbeitrag II.

3. Stufe: Vom Deckungsbeitrag II werden die fixen Kosten abgezogen, die für eine Produktgruppe anfallen; in einer Produktgruppe sind gleichartige Produkte zusammengefasst, die z. B. zumindest teilweise mit gleichen Maschinen in der gleichen Anlage hergestellt werden; produkttypische fixe Kosten können z. B. die entsprechenden Abschreibungen sein. Es ergibt sich der Deckungsbeitrag III.

4. Stufe: In den Unternehmensbereichen fallen typische feste Kosten an, die den Produktgruppen zugerechnet werden können. Das können z. B. Kosten für gemeinsam genutzte Transporteinrichtungen, für Werbung u. Ä. sein. Durch Abzug der bereichstypischen Kosten vom Deckungsbeitrag III ergibt sich der Deckungsbeitrag IV oder – wenn keine weiteren unternehmenstypischen fixen Kosten mehr anfallen – das Betriebsergebnis.

Das folgende Beispiel soll die Ausführungen veranschaulichen. Angenommen werden zwei Unternehmensbereiche, drei Produktgruppen und vier Produkte (Produktarten). Die angenommen Zahlenwerte entsprechen denen des Beispiels aus Frage 4.

Unternehmensbereiche	U I		U II		insgesamt
Produktgruppen	1	2		3	
Produkte	A	B	C	D	
Verkaufserlöse	1.000.000	900.000	800.000	500.000	3.200.000
variable Kosten	500.000	550.000	600.000	490.000	2.140.000
Deckungsbeitrag I	500.000	350.000	200.000	10.000	1.060.000
produktfixe Kosten	125.000	100.000	75.000	50.000	350.000
Deckungsbeitrag II	375.000	250.000	125.000	- 40.000	710.000
produktgruppenfixe Kosten	160.000		40.000	30.000	230.000
Deckungsbeitrag III	465.000		85.000	- 70.000	480.000
bereichsfixe Kosten	90.000			30.000	120.000
Betriebsergebnis					360.000

(Anmerkung zum Beispiel: Es wird empfohlen, die Tabellenangaben zu analysieren und zu prüfen, ob nicht durch Verzicht auf ein Produkt bzw. auf einen Unternehmensbereich das Betriebsergebnis verbessert werden könnte.)

3.1.2.4 Prozesskostenrechnung

1. Welche Bedeutung hat die Prozesskostenrechnung?

Die Prozesskostenrechnung (Activity Based Costing) ist eine Ergänzung der bekannten Kostenrechnungssysteme. Sie dient vor allem der besseren Zurechnung der prozessbezogenen Gemeinkosten. Die meistens praktizierte Zuschlagskalkulation wird der Entwicklung der Kostenstruktur nicht mehr vollständig gerecht.

Die Materialeinzelkosten sinken tendenziell (z. B. Rohstoffkosten), dagegen steigen die Materialgemeinkosten durch steigende Personalkosten bei Einkauf und Logistik, sowie durch steigende Lagerhaltungskosten, die nur teilweise durch besondere Beschaffungsmöglichkeiten aufgefangen werden können. Die Fertigungsgemeinkosten steigen stärker als die Lohneinzelkosten, sodass es zu relativ hohen Zuschlagsätzen kommen muss.

2. Welche Ziele verfolgt die Prozesskostenrechnung?

Das wichtigste Ziel der Prozesskostenrechnung ist eine – im Vergleich zu den traditionellen Verfahren – genauere Verrechnung der Gemeinkosten. Grundlagen der Verrechnungen sind Prozesse und Tätigkeiten, die die Kosten verursachen.

Weitere Ziele sind u. a. Kontrolle der Gemeinkosten, Planung der Gemeinkosten, Kostentransparenz, Steuerung von Kapazitäten.

3. Welche Grundlagen hat die Prozesskostenrechnung?

In der Prozesskostenrechnung wird zwischen dem Hauptprozess und seinen Teilprozessen unterschieden. Hauptprozess könnte z. B. *Beschaffung eines bestimmten Rohstoffs* sein; dazugehörige Teilprozesse könnten z. B. sein: *Angebote einholen und bearbeiten, Bestellung auslösen* usw. Teilprozesse umfassen wiederum eine Reihe von Tätigkeiten, z. B. (bei Angebote einholen und bearbeiten): *Anfragen, Angebotsangaben eingeben und vergleichbar machen, Angebotsbedingungen aufschlüsseln* usw. Für die Teilprozesse werden sog. Kostentreiber definiert; für den Teilprozess Angebote einholen und bearbeiten könnte der Kostentreiber die *Anzahl der Angebote* sein. Kostentreiber können also die Mengen an Tätigkeiten sein.

Ein großer Teil der Prozesskosten kann auf messbare Leistungen bezogen werden, vgl. z. B. Anzahl der Angebote: je mehr Angebote, desto höher die Kosten; diese Gemeinkosten werden als leistungsmengeninduziert (lmi) bezeichnet. Bei einem Teil der Kosten ist das nicht möglich, z. B. bei den Kosten der Abteilungsleitung; das sind leistungsmengenneutrale (lmn) Kosten.

Die Prozesskostenrechnung verrechnet die Gemeinkosten verursachungsgerecht. Sie hat allerdings den großen Nachteil, dass die Ermittlung der auf die Teilprozesse entfallenden Kosten im Allgemeinen sehr aufwändig ist.

4. Wie werden in der Prozesskostenrechnung die Gemeinkosten zugerechnet?

Bei der Berechnung der Prozesskostensätze wird folgendermaßen vorgegangen.

Die Prozesskosten werden aus der Kostenrechnung übernommen und auf die Teilprozesse entsprechend der Beanspruchung verteilt (vgl. im folgenden Beispiel Spalten bis 4).

Bei der Verteilung auf die Teilprozesse wird nach lmi und lmn Prozesskosten unterschieden (vgl. Z. 15 und 16 in Sp. 4).

Der Prozesskostensatz (lmi) für einen Teilprozess ergibt sich, wenn die Prozesskosten je Periode durch die entsprechende Prozessmenge geteilt (das Ergebnis kann interpretiert werden als Prozesskosten je Einheit Prozessmenge). Der Berechnung liegt folgende Formel zu Grunde:

$$\text{Prozesskostensatz}_{lmi} = \frac{\text{Prozesskosten pro Periode}}{\text{Prozessmenge pro Jahr}}$$

Als Beispiel (vgl. Z. 4 mit Spalten 3, 4 und 5):

$$PKS = \frac{120.000}{1.100} = 109,0909$$

Die leistungsmengenneutralen Prozesskosten werden in Prozent der gesamten leistungsmengeninduzierten Prozesskosten umgerechnet; das Ergebnis ist der Umlagesatz (Z. 18, Sp. 4).

Mithilfe des Umlagesatzes werden die lmn Prozesskosten auf die Teilprozesse umgelegt, der jeweilige Anteil ergibt sich als Prozentwert aus Prozesskostensatz (lmi) und Umlagesatz.

Als Beispiel wird der Prozesskostenumlagesatz für den ersten Teilprozess ermittelt (vgl. Z. 4, Sp. 5 und 6).

$$PKUS = \frac{109,1 \cdot 16,67}{100} = 18,1869$$

Der Prozesskostensatz gesamt ergibt sich als Summe aus Prozesskostensatz lmi und Prozesskostenumlagesatz (vg. Sp. 7).

In der prozesskostenorientierten Kalkulation werden die Gemeinkosten der produktnahen Kostenstellen mithilfe der Prozesskostensätze auf die Kostenträger verrechnet.

Zur Veranschaulichung der Prozesskostenberechnung soll das folgende stark vereinfachte Beispiel dienen. Die vorstehenden allgemeinen Ausführungen lassen sich relativ leicht nachvollziehen. *Die lmi Prozesskosten werden mit 1.560.000 €, die lmn Prozesskosten mit 260.000 € angenommen.*

1	2	3	4	5	6	7
2	Teilprozesse	Prozessmenge - Periode P	Gesamtkosten - Periode P (€)	Prozesskostensatz lmi (€)	Prozesskostenumlagesatz (€)	lmi + lmn Prozesskosten (€)
3	**Einkauf**					
4	Angebote einholen	1.100	120.000	109,1	18,2	127,3
5	Bestellungen abwickeln	800	200.000	250,0	41,7	291,7
6	Eingangsrechnungen prüfen	800	120.000	150,0	25,0	175,0
7	Eingang überwachen	800	50.000	62,5	10,4	72,9
8	Reklamationen abwickeln	100	60.000	600,0	100,0	700,0
9	sonstige	400	300.000	750,0	125,0	875,0
10	**Lager**					
11	Eingangsprüfungen	1.600	90.000	56,3	9,4	65,6
12	Einlagern	2.400	150.000	62,5	10,4	72,9
13	Entnahmen	10.000	120.000	12,0	2,0	14,0
14	sonstige	5.000	350.000	70,0	11,7	81,7
15	Summe lmi Prozesskosten		1.560.000			
16	Abteilungsleitung (lmn)		260.000			
17	Summe lmi +lmn		1.820.000			
18	Umlagesatz (%)		16,67			

3.1.3 Strategisches Controlling als Instrument der Unternehmensführung

1. Welche typischen Kennzeichen weist das strategische Controlling auf?

Strategisches Controlling ist ein *Instrument der Unternehmensführung*. Es ist langfristig angelegt und bezieht sich auf das gesamte Unternehmen. Das strategische Controlling dient dazu, die Durchführung von Plänen laufend zu überwachen und zu steuern. Grundlage dafür ist ein umfassendes Informationssystem.

Strategisches Controlling ist mit dem operativen Controlling eng vernetzt, damit Abweichungen von Zielvorgaben schnell erkannt und evtl. grundlegende Maßnahmen zur Gegensteuerung ergriffen werden können.

2. Welche Ziele verfolgt das strategische Controlling?

Vorrangige Ziele des strategischen Controlling sind die *Existenzsicherung* des Unternehmens und die *Erhaltung* langfristiger Erfolgspotenziale.

3. Welche Aufgaben hat das strategische Controlling?

Das strategische Controlling hat u. a. folgende Aufgaben:

- Entwurf von Strategien,
- langfristige Planungen und Erstellung langfristiger Budgets,
- Entwicklung von Zielen, die auf das gesamte Unternehmen bezogen sind,
- Realisierung dieser Ziele,
- Steuerung und Kontrolle von langfristigen Betriebsprozessen.

4. Welche Instrumente werden bei dem strategischen Controlling eingesetzt?

Wichtige Instrumente des strategische Controlling sind u. a.

- die Umfeldanalyse,
- die SWOT-Analyse.

3.2 Aufbau eines kennzahlengesteuerten Managementinformationssystems

3.2.1 Bedeutung eines Managementinformationssystems als Grundlage für Entscheidungen im Unternehmen

1. Wie lässt sich ein Managementinformationssystem kennzeichnen?

Ein Managementinformationssystem (MIS) ist ein umfassendes computergestütztes Informationssystem zur Vorbereitung von Managemententscheidungen und zur Steuerung ihrer Ausführungen.

Das MIS umfasst die Informationssysteme der Unternehmensbereiche, also z. B. die Kosten- und Leistungsrechnung, die entsprechenden Daten aus Beschaffung, Lagerhaltung, Produktion, Absatz, Personal, Finanzwirtschaft.

2. Welche Aufgaben hat ein Managementinformationssystem?

Ein Managementinformationssystem muss dem Management die für die Steuerung und die Entscheidungsfindung erforderlichen Informationen zeitnah, schnell und in verdichteter Form, z. B. als Kennzahlen, zur Verfügung stellen.

Im Einzelnen hat das MIS folgende Aufgaben:

- bedarfsgerechte Verdichtung von Daten aus dem Unternehmen und seinem Umfeld,
- anforderungsgerechte Lieferung der erforderlichen Daten,
- Unterstützung der Unternehmensführung und des Managements.

3. Welche Anforderungen sind an ein Managementinformationssystem zu stellen?

An das MIS sind u. a. folgende Anforderungen zu stellen:

- Aktualität der Daten,
- Sicherheit der Daten,
- Vergleichbarkeit und Zusammenhang der Daten,
- Schnelligkeit der Auswertung,
- Anpassungsfähigkeit an Änderungen der Anforderungen bzw. des Bedarfs,
- Benutzerfreundlichkeit,
- kostengünstige Nutzbarkeit.

4. Wodurch unterscheiden sich analytische und operative Managementinformationssysteme?

Analytische MIS unterstützen das Management bei Planung und Kontrolle, sie liefern die Daten für Einzelfallentscheidungen auf den entsprechenden Hierarchieebenen. **Operative** MIS dienen der Erledigung von Routineaufgaben auf der Ausführungsebene.

3.2.2 Managementinformationssysteme als Frühwarnsysteme

1. Welche Aufgaben hat ein Frühwarnsystem?

Ein Frühwarnsystem soll interne und externe Gefährdungen des Unternehmens so rechtzeitig anzeigen, dass das Management angemessen reagieren und Maßnahmen zur Gegensteuerung ergreifen kann.

2. Wodurch unterscheiden sich operative von strategischen Frühwarnsystemen?

Operative Frühwarnsysteme weisen auf Probleme im *kurzfristigen* (operativen) Bereich hin, z. B. auf Rückgänge bei Auftragseingängen. Die Indikatoren sollen vor allem in den Bereichen auf Fehlentwicklungen hinweisen, die unmittelbar und direkt den Erfolg des Unternehmens bestimmen. **Strategische** Frühwarnsysteme dienen eher dazu, Fehlentwicklungen im *mittelfristigen* Bereich anzuzeigen.

3.2 Aufbau eines kennzahlengesteuerten Managementinformationssystems

3. Wie kann Balanced Scorecard definiert werden?

Balanced Scorecard[3] stellt ein Instrumentarium dar, mit dessen Hilfe Unternehmensvision und Unternehmensstrategie in ein geschlossenes System von Leistungsmessungsfaktoren übertragen werden können.

4. Welche Einsicht liegt der Balanced Scorecard zu Grunde?

Die Balanced Scorecard beruht auf der Einsicht, dass die Strategien eines Unternehmens nicht nur auf der finanziellen Perspektive beruhen dürfen, sondern vielmehr auch auf anderen Perspektiven, die für den Unternehmenserfolg von Bedeutung sind. Neben der Finanzperspektive berücksichtigt die Balanced Scorecard auch die Kunden-, die interne Prozess- sowie die Lern- und Entwicklungsperspektive.

5. Welche Bedeutung hat die Vision für die Balanced Scorecard?

Im Mittelpunkt der Balanced Scorecard steht die Vision des Unternehmens. In der Vision drückt sich eine Wunschvorstellung des Unternehmens aus, sie wird als realisierbares, wenn auch nur vage formuliertes oberstes Ziel den Mitarbeitern vorgegeben. Die Mitarbeiter müssen bereit und in der Lage sein, das Ziel zu akzeptieren und die Zielvorstellung zu verinnerlichen. *Folgendes Beispiel für eine Vision eines Kaufhausunternehmens wäre denkbar: Breite und teilweise tiefe Sortimente in einer Vielzahl von Fachgeschäften an einem Standort (unter einem Dach).*

6. Welche Bedeutung hat die Mission für die Balanced Scorecard?

Aus einer Vision wird die Mission abgeleitet. In der „Mission" stellt ein Unternehmen seine Vision nach außen in prägnanter Form dar. Sie ist vor allem an die Kunden gerichtet. Für das Beispiel einer Vision eines Kaufhausunternehmens könnte die Vision folgendermaßen lauten: *Unser Kaufhaus bietet tausendfach alles unter einem Dach.*

Die Balanced Scorecard soll diese Mission mit angemessenen Strategien für konkrete Handlungen verbinden. Eine Unternehmensstrategie ist eine Grundsatzentscheidung, die alle Bereiche des Unternehmens berührt; sie ist auf Dauer angelegt.

7. Welche Perspektiven enthält die Balanced Scorecard und welche Bedeutung haben sie?

Es erscheint sinnvoll, die Zielverfolgung und das Ausmaß der Zielerreichung nicht nur unter finanziellem Aspekt sondern ganzheitlich zu betrachten. Die Balanced Scorecard gestattet diese *ganzheitliche Betrachtung* durch die Berücksichtigung mehrerer Perspektiven (Blickwinkel, Betrachtungsweisen). Im ursprünglichen Konzept der Balanced Scorecard (Kaplan/Norton) werden die folgenden *vier Perspektiven* formuliert. (In der Praxis werden sie häufig lediglich als Grundlagen für die Formulierung eigener

---

[3] Balanced Scorecard heißt übersetzt etwa: ausgeglichener oder ausgewogener Berichtsbogen.

Perspektiven, die die spezifischen Gegebenheiten der Unternehmen berücksichtigen, genutzt.)

- Finanzperspektive
- Kundenperspektive
- Prozessperspektive
- Lern- und Wachstumsperspektive.

8. Warum ist die Finanzperspektive die Hauptperspektive?

Die Finanzperspektive ist aus *zwei Gründen* die Hauptperspektive:

- Sie bietet die Möglichkeit zur Prüfung, ob die Verwirklichung der Unternehmensstrategie letztlich zur Verbesserung des Gesamtergebnisses führt bzw. geführt hat.
- Die anderen Perspektiven sind auf sie bezogen.

Die Kennzahlen der Finanzperspektive sind immer *Rentabilitätskennziffern*; sie haben zwei Funktionen; sie dienen zunächst der Messung der finanziellen Ziele, sie sind aber gleichzeitig auch Endziele der anderen Perspektiven.

9. Welchen Zweck verfolgt die Kundenperspektive?

Für Kunden- bzw. Marktsegmente, die für die Gesamtstrategie von Bedeutung sind, werden strategische Ziele und Kennzahlen formuliert. Im Rahmen der Kundenperspektive wird verfolgt, ob und in welchem Umfang diese strategischen Ziele mit den geplanten Maßnahmen erreicht werden. Mit den Kennzahlen für die Kundenperspektive werden z. B. die Kundenzufriedenheit, die Kundenbindung u. dgl. gemessen.

10. Was soll mit der Prozessperspektive erreicht werden?

Im Rahmen der internen Prozessperspektive geht es darum, die internen Prozesse zu finden und herauszustellen, mit denen die Ziele von Finanz- und Kundenperspektive am besten erreicht werden können.

11. Womit befasst sich die Lern- und Wachstumsperspektive?

Die Lern- und Wachstumsperspektive befasst sich mit der Infrastruktur, die erforderlich ist, um die Ziele der anderen Perspektiven zu erreichen. Zu dieser Infrastruktur zählen Qualifizierung, Motivation und Zielausrichtung der Mitarbeiter und ein leistungsfähiges Informationssystem.

12. Wie hängen Unternehmensstrategie und die strategischen Ziele der Perspektiven zusammen?

Aus der Unternehmensstrategie werden *strategische Ziele für die Perspektiven* abgeleitet. Strategische Ziele verbinden – über entsprechende Maßnahmen – die strategi-

3.2 Aufbau eines kennzahlengesteuerten Managementinformationssystems

sche Ebene mit der Durchführungsebene (operationale Ebene). Zwischen den Zielen bestehen enge Zusammenhänge; sie sind voneinander abhängig und ergänzen sich gegenseitig bei der Zielerreichung. Diese Zusammenhänge zeigen sich in Ursache-Wirkungsketten, die in Wenn-dann-Aussagen ausgedrückt werden können.

Wenn z. B. der Datenaustausch zwischen einem SB-Markt und seinem Lieferanten so organisiert ist (Lern- und Wachstumsperspektive), dass der Markt – den Kundenwünschen entsprechend – immer verkaufsbereit ist, dann wird die Kundenzufriedenheit und damit auch die Kundenbindung gefördert (Kundenperspektive); wenn dadurch das Ziel der Kundenperspektive erreicht wird, dann wird der Umsatz steigen (Finanzperspektive).

13. Welche Funktionen erfüllen die Kennzahlen in der Balanced Scorecard?

Kennzahlen dienen vorrangig der weitergehenden *Präzisierung* der Ziele, die Zielsetzung soll eindeutig erkennbar werden. Sie dienen aber auch der Analyse und der Kontrolle. Allerdings steht die Kontrolle nicht im Vordergrund. Die Kennzahlen sollen von den betroffenen Mitarbeitern akzeptiert werden können; so dienen sie auch der Kommunikation und der Motivation.

14. Warum werden die Kennzahlen auch als Indikatoren bezeichnet?

Die Kennzahlen sind Indikatoren und zwar entweder Spät- oder Frühindikatoren. Die **Spätindikatoren** geben Endergebnisse des gesamten Prozesses (oder größerer Abschnitte des Prozesses) an. Spätindikatoren sind z. B. Umsatz, Gewinn, Kundenzufriedenheit.

Frühindikatoren sind vorlaufende Indikatoren. Sie zielen auf die laufenden Vorgänge in frühen Phasen des Prozesses ab, die das Ergebnis am Ende des Prozesses (oder eines größeren Prozessabschnittes) bestimmen bzw. mitbestimmen; sie werden deshalb auch als Leistungstreiber bezeichnet. *So könnte z. B. ein Frühindikator für den Spätindikator Gesamtumsatz der Umsatz in einem bestimmten Sortimentsteil sein.*

15. Warum kann die Balanced Scorecard eines Unternehmens als Kennzahlensystem aufgefasst werden?

Die Balanced Scorecard kann als ein *zusammenhängendes Kennzahlensystem* bezeichnet werden. Die Kennzahlen der Finanzperspektive sind einerseits Grundlagen für die Kennzahlen der anderen Perspektiven, andererseits geben sie Auskunft darüber, ob die Unternehmensaktivitäten besondere Erfolge hatten. Kennzahlen der Finanzperspektive sind z. B. Eigenkapitalrendite, Umsatzzuwachs.

Kennzahlen der Kundenperspektive können z. B. die bewertete Lieferpünktlichkeit, der Kundenzufriedenheitsindex u. Ä. sein. Sie spiegeln das Urteil der Kunden über die Unternehmensleistungen wider.

Kennzahlen der internen Prozessperspektive können z. B. Kennzahlen für Durchlaufzeiten, für Qualität usw. sein. Sie informieren über die Effizienz interner Prozesse.

Kennzahlen der Lern- und Wachstumsperspektive können z. B. Kennzahlen über die Bedeutung von Neuprodukten für das Unternehmen u. Ä. sein.

3.2.3 Kennzahlen und Kennzahlensysteme

1. Was sind Kennzahlen?

Kennzahlen sind zusammenfassende Zahlenangaben über betriebliche Tatbestände (betriebliche Kennziffern). Sie werden im Allgemeinen aus statistischem Material, z. B. aus Häufigkeitstabellen, gewonnen. Sie dienen der Analyse und dem Controlling. Sie werden als absolute Zahlen (Grundzahlen) und als relative Zahlen (Verhältniszahlen) angegeben.

2. Was sind Grundzahlen?

Grundzahlen sind absolute Zahlen, z. B. Verringerung des Personalbestandes von insgesamt 500 um 50 Mitarbeiter, Erhöhung des Absatzes eines Produkts von 5.000 auf 6.000 Stück.

3. Was sind Verhältniszahlen?

Verhältniszahlen sind relative Zahlen, die das Verhältnis zweier statistischer Werte zueinander angeben. Verhältniszahlen werden als Quotienten angegeben. Zu unterscheiden sind

- Gliederungszahl,
- Beziehungszahl und
- Messzahl.

4. Was wird mit einer Gliederungszahl angegeben?

Eine Gliederungszahl gibt (in einem V.-H.-Satz) das Verhältnis einer Teilmasse zur umfassenden Gesamtmasse an.

$$Gz = \frac{Teilmasse}{Gesamtmasse} \cdot 100$$

Beispiel: In der Abteilung Verkauf arbeiten 75 Mitarbeiter von insgesamt 423 Mitarbeitern, das sind 17,7%.

$$Gz = \frac{75}{423} \cdot 100 = 17,7$$

3.2 Aufbau eines kennzahlengesteuerten Managementinformationssystems

5. Was wird mit einer Beziehungszahl angegeben?

Eine Beziehungszahl gibt das Verhältnis einer statistischen Größe zu einer anderen, andersartigen statistischen Größe an. Die statistischen Größen müssen in einem sinnvollen Zusammenhang miteinander stehen.

$$Bz = \frac{\text{statistische Größe A}}{\text{statistische Größe B}}$$

Beispiel: Aus dem Umsatz eines Unternehmens i. H. v. 1,5 Mio. € ergibt sich für die 12 Vertreter ein durchschnittlicher Umsatz von 125.000 €.

$$Bz = \frac{15.000.000}{12} = 125.000$$

6. Was wird mit einer Messzahl angegeben?

Eine Messzahl setzt gleichartige statistische Größen zueinander in Beziehung. Sie unterscheiden sich jedoch in sachlicher, örtlicher oder zeitlicher Hinsicht.

$$Mz = \frac{\text{statistische Größe A1}}{\text{statistische Größe A2}}$$

Beispiel: Das Verhältnis des Personalbestandes Ende Juni dieses Jahres (630) zum Personalbestand Ende Juni des Vorjahres (580). Die Messzahl gibt an, dass der Personalbestand um 8,6 % gestiegen ist.

$$Bm = \frac{630}{580} \cdot 100 = 108,6$$

7. Welche Bedeutung haben Kennzahlen für das Controlling?

Kennzahlen sind ein wichtiges Instrument des Controlling. Kennzahlen sind Daten, die auf einfache Art und in verdichteter Form Informationen liefern, die z. B. für die Planung, Steuerung und Kontrolle des Marketing u.a. benötigt werden. Mehrere Kennzahlen können miteinander ein Kennzahlensystem bilden, wenn sie in einer sinnvollen Beziehung zueinander stehen und gemeinsam einen Sachverhalt erfassen oder erklären.

Kennzahlensysteme können sich auf die verschiedenen Controllingbereiche beziehen. Das können z. B. Umsatz, Kunden (Vertrieb, Absatz), der Markt sein.

3.2.3.1 Kennzahlen aus ausgewählten Unternehmensbereichen

3.2.3.1.1 Verkauf bzw. Marketing

1. Wie werden Umsatzkennzahlen ermittelt?

Umsatzkennzahlen können Gliederungs-, Beziehungs- oder Messzahlen sein.

Beispiel für eine *Gliederungszahl*: Der Umsatz einer Produktgruppe wird zum Gesamtumsatz in Beziehung gesetzt. Die Kennzahl gibt den prozentualen Anteil des Umsatzes einer Produktgruppe zum Gesamtumsatz an.

Beispiel für eine *Beziehungszahl*: Der Gewinn aus einer Produktgruppe wird zum Umsatz dieser Produktgruppe in Beziehung gesetzt. Die Kennzahl gibt den prozentualen Anteil des Gewinns am Umsatz an. Diese Kennzahl wird auch als Umsatzrendite bezeichnet.

Weitere wichtige Umsatzkennzahlen dieser Art ergeben sich z. B. dadurch, dass der Umsatz zu den verschiedenen Kostentreibern in Beziehung gesetzt wird, z. B. zu den Werbekosten, zu den Verkaufskosten, zu den Kosten der Lagerhaltung.

Wichtige Kennzahlen, die auch in diese Gruppe gehören, sind z. B. der Umsatz je Außendienstmitarbeiter und der Umsatz im Verhältnis zur Anzahl der Kundenbesuche.

Beispiel für eine *Messzahl*: Der Umsatz dieses Jahres wird zum Umsatz des Vorjahres in Beziehung gesetzt. Die Zahl gibt z. B. an, um wie viel Prozent der Umsatz gestiegen ist.

2. Welche Controllinggrößen spielen im Zusammenhang mit dem Management der Kundenbeziehungen eine Rolle?

Dem Management der Kundenbeziehungen dienen u. a. folgende Controllinggrößen. Für das Controlling werden entsprechende Kennziffern definiert. Die angegebenen Kennzahlen sind Beziehungszahlen.

- die Lieferfähigkeit,
- die Lieferbereitschaft,
- die Lieferzeit und
- die Lieferqualität.

3. Welche Kennziffer dient dem Controlling der Lieferfähigkeit?

Der *Servicegrad* ist die Kennzahl für die *Lieferfähigkeit*. Von Lieferfähigkeit wird gesprochen, wenn der Wunschtermin des Kunden mit dem zugesagten Liefertermin übereinstimmt, d. h. wenn dem Kundenwunsch auf der Grundlage der eigenen Planung entsprochen werden kann. Die Kennziffer gibt das Verhältnis der Lieferungen, die den Wunschterminen der Auftraggeber entsprechen, zu allen Lieferungen an. Er ergibt sich für ein bestimmtes Produkt rechnerisch aus dem Verhältnis der zu den

3.2 Aufbau eines kennzahlengesteuerten Managementinformationssystems

gewünschten Terminen ausgeführten Anforderungen zu allen Anforderungen (unter Berücksichtigung zeitlicher, regionaler und Kostenbegrenzung).

$$\text{Servicegrad} = \frac{\text{wunschgemäß ausgeführte Aufträge}}{\text{alle Aufträge}} \cdot 100$$

4. Was wird mit dem Grad der Lieferbereitschaft angegeben?

Der Grad der Lieferbereitschaft ist die Kennziffer, die angibt an, in welchem Umfang das Lager in der Lage ist, zu liefern. Die Kennziffer kann sich auf die Anzahl der ausgeführten Aufträge oder auf die für die Nachfrage verfügbaren Mengen beziehen.

Wenn die Kennziffer nach den Aufträgen berechnet wird, gibt sie den (prozentualen) Anteil der ausgeführten Aufträge von der Gesamtzahl der Aufträge an (L_A). Wenn die Kennziffer nach den verfügbaren Mengen ermittelt wird, gibt sie den (prozentualen) Anteil der für die Nachfrage verfügbaren Mengen von den insgesamt nachgefragten Mengen an (L_N).

$$L_A = \frac{\text{Anzahl ausgeführte Aufträge}}{\text{Gesamtzahl der Aufträge}} \cdot 100$$

$$L_N = \frac{\text{für Nachfrage verfügbare Mengen}}{\text{insgesamt nachgefragte Mengen}} \cdot 100$$

Das folgende einfache Beispiel soll der Veranschaulichung dienen. In der Tabelle werden für vier aufeinander folgende Zeitabschnitte (Wochen, Monate oder Vierteljahre) die Aufträge insgesamt und die ausgeführten Aufträge angegeben.

Zeitabschnitte	Aufträge	ausgeführte Aufträge
1	1.254	1.078
2	1.401	1.247
3	1.395	1.289
4	1.195	1.219
	5.245	4.833

$$L_A = \frac{4.833}{5.245} \cdot 100 = 92{,}14$$

Der Grad der Lieferbereitschaft beträgt 92 %, d. h. 92 % der Aufträge konnten ausgeführt werden.

5. Welcher Sollwert wird häufig für die Lieferbereitschaft angenommen?

Häufig wird als Sollwert L_A = 95 für ausreichend gehalten. D. h. auf eine 100-prozentige Lagerhaltung wird wegen der damit verbundenen hohen Lagerhaltungskosten verzichtet; Fehlmengen und damit die entsprechenden Fehlmengenkosten werden in Kauf genommen.

6. Welche Kennziffer spiegelt die Lieferqualität wieder?

Von Lieferqualität wird gesprochen, wenn Aufträge fehlerfrei ausgeführt werden; fehlerfreie Lieferung bedeutet z. B., dass die richtige Ware, an den richtigen Ort, ohne Beschädigungen, in der richtigen Menge, Verpackung usw. geliefert wird. Die Kennziffer für Lieferqualität gibt den Anteil der fehlerfrei ausgeführten Aufträge an allen ausgeführten Aufträgen an.

$$\text{Lieferqualität} = \frac{\text{fehlerfrei ausgeführte Aufträge}}{\text{insgesamt ausgeführte Aufträge}} \cdot 100$$

7. Wie wird die Einhaltung der Lieferzeit kontrolliert und gesteuert?

Die Lieferzeit gilt als wichtige Controllinggröße. Als Lieferzeit wird der Zeitraum zwischen der Erteilung des Auftrags und dem Liefertermin bezeichnet. Sie dient der Zielangabe und ist Grundlage für Abweichungsanalysen. Damit sie eingehalten wird, sind Kontrollen im Verlauf des Prozesses bei eingeplanten Messpunkten erforderlich; bei Abweichungen können Maßnahmen zur Gegensteuerung ergriffen werden.

3.2.3.1.2 Beschaffung

1. Was wird mit der Kennzahl für die Beschaffungsmarktdurchdringung angegeben?

Die Kennzahl für die Beschaffungsmarktdurchdringung setzt für ein Beschaffungsobjekt das realisierte oder geplante Beschaffungsvolumen des beschaffenden Unternehmens zum Versorgungspotenzial des Beschaffungsmarktes in Beziehung; dabei werden Beschaffungszeitraum, Beschaffungsregion und Kostengrenzen berücksichtigt. Die Kennzahl, der sog. *Durchdringungsgrad*, gibt also an, in welchem Umfang das beschaffende Unternehmen in einem bestimmten Zeitraum und innerhalb bestimmter Kostengrenzen für ein Beschaffungsobjekt, z. B. für ein Material, das Versorgungspotenzial des Beschaffungsmarktes ausgeschöpft hat.

Die Formel für den Durchdringungsgrad des Beschaffungsmarktes lautet folgendermaßen:

$$\text{Durchdringungsgrad}_{BM} = \frac{\text{Beschaffungsvolumen}}{\text{Versorgungspotenzial}}$$

3.2 Aufbau eines kennzahlengesteuerten Managementinformationssystems

In einem Vergleich des tatsächlichen Durchdringungsgrades mit dem geplanten können Abweichungen festgestellt und analysiert werden.

2. Welche Informationen liefert die Kennzahl für die Beschaffungsmarktbesetzung?

Die Kennzahl für die Beschaffungsmarktbesetzung setzt für ein Beschaffungsobjekt die Anzahl der aktiven zur Anzahl der potenziellen Lieferanten in Beziehung; dabei werden neben Beschaffungszeitraum, Beschaffungsregion und Kostengrenzen auch eine Differenzierung der Lieferanten (z. B. nach Angebotsprogramm oder -schwerpunkten) berücksichtigt. Die Kennzahl für die Beschaffungsmarktbesetzung, der sog. Besetzungsgrad, gibt Auskunft über das Versorgungsrisiko.

Die Formel für den *Besetzungsgrad* lautet folgendermaßen:

$$\text{Besetzungsgrad}_{BM} = \frac{\text{aktive Lieferanten}}{\text{potenzielle Lieferanten}}$$

Ein hoher Besetzungsgrad weist auf eine hohe Versorgungssicherheit hin.

Mit einer besonderen Kennzahl, die das realisierte Beschaffungsvolumen für ein Beschaffungsobjekt zur Anzahl der Lieferanten in Beziehung setzt (unter Berücksichtigung der zeitlichen, regionalen und Kostengrenzen sowie der Lieferantendifferenzierung) kann ermittelt werden, wie weit das Risiko tatsächlich gestreut ist. Aus einer niedrigen Kennzahl für die Risikostreuung kann geschlossen werden, dass die Versorgung möglicherweise nicht ausreichend gesichert ist.

3. Welche Kennzahlen dienen der Lieferantensteuerung?

Kennzahlen, die der Lieferantensteuerung dienen, sind der Termintreuegrad und der Servicegrad.

Der *Termintreuegrad* ist die Kennzahl für die Einhaltung vereinbarter Liefertermine; er gibt für ein Beschaffungsobjekt an, in welchem Umfang vereinbarte Liefertermine eingehalten wurden.

Die Formel für den Termintreuegrad bei einem bestimmten Beschaffungsobjekt ergibt sich rechnerisch aus dem Verhältnis verspäteter Lieferungen zu allen Lieferungen (unter Berücksichtigung zeitlicher, regionaler und Kostenbegrenzung).

$$\text{Termintreuegrad} = \frac{\text{verspätetes Beschaffungsvolumen}}{\text{gesamtes Beschaffungsvolumen}}$$

Der *Servicegrad* ist die Kennzahl für den Service. Er ergibt sich für ein bestimmtes Beschaffungsobjekt rechnerisch aus dem Verhältnis der sofort ausgeführten Anforderungen zu allen Anforderungen (unter Berücksichtigung zeitlicher, regionaler und Kostenbegrenzung).

$$\text{Servicegrad} = \frac{\text{sofort geliefertes Beschaffungsvolumen}}{\text{insgesamt angefordertes Beschaffungsvolumen}}$$

4. Mit welcher Kennzahl wird die Versorgungsqualität kontrolliert?

Als Versorgungsqualität wird die Qualität von Serviceleistungen, z.B. Montage, Installation, Schulungsmaßnahmen, Ausführung von Folgeaufträgen, Kundendienst u.Ä., bezeichnet. Als Kennziffer gilt die Beanstandungsquote; sie wird nach folgender Formel ermittelt.

$$\text{Beanstandungsquote}_{Serv} = \frac{\text{beanstandete Lieferungen}}{\text{alle Lieferungen}}$$

(Lieferungen jeweils Anzahl)

Mithilfe der Kennzahl lassen sich Abweichungen von dem vorgegebenen Qualitätsziel feststellen. Wenn das Qualitätsziel nicht erreicht wird, sind die Gründe für die Abweichungen zu analysieren. Evtl. muss durch angemessene Maßnahmen der Entwicklung gegengesteuert werden.

5. Mit welcher Kennzahl wird die Bereitstellungsqualität kontrolliert?

Materialien, Rohstoffe, Teile und andere Beschaffungsobjekte können durch Bewegungsvorgänge anlässlich der Bereitstellung, z.B. beim Umladen und Ausladen, beschädigt werden. Als Bereitstellungsqualität wird die Qualität der bereitgestellten Beschaffungsobjekte im Sinne von Beschädigungsfreiheit bezeichnet. Die Anzahl der Beschädigungen darf eine vorgegebene Höchstgrenze nicht überschreiten, da sonst die Produktion gefährdet sein kann. Deshalb ist es erforderlich die Bereitstellungsqualität zu kontrollieren. Die Kennzahl zur Kontrolle ist die *Schadenquote*; sie wird nach folgender Formel berechnet.

$$\text{Schadenquote} = \frac{\text{beschädigte Beschaffungsobjekte}}{\text{bewegte Beschaffungsobjekte}}$$

(Beschaffungsobjekte jeweils Wert oder Anzahl)

Mithilfe der Kennzahl lassen sich Abweichungen von dem vorgegebenen Qualitätsziel feststellen. Wenn das Qualitätsziel nicht erreicht wird, sind die Gründe für die Abweichungen zu analysieren. Evtl. muss durch angemessene Maßnahmen der Entwicklung gegengesteuert werden.

6. Mit welcher Kennzahl wird die Entsorgungsqualität kontrolliert?

Abfälle eines Unternehmens sind zu beseitigen, dabei sind behördliche Vorschriften zu beachten. Wenn die Abfallbeseitigung nicht den Vorschriften entspricht, wird sie beanstandet. Die tatsächlich erreichte Entsorgungsqualität sagt etwas aus über die Anzahl der Beanstandungen. Die Kennzahl für die Entsorgungsqualität, die *Beanstandungsquote*, wird nach folgender Formel ermittelt.

$$\text{Beanstandungsquote}_{Ents} = \frac{\text{mangelhafte Abfallbeseitigungen}}{\text{alle Abfallbeseitigungen}}$$

Mithilfe der Kennzahl lassen sich Abweichungen von dem vorgegebenen Qualitätsziel feststellen. Wenn das Qualitätsziel nicht erreicht wird, sind die Gründe für die Abweichungen zu analysieren. Evtl. muss durch angemessene Maßnahmen der Entwicklung gegengesteuert werden.

3.2.3.2 Kennzahlensysteme

1. Was ist ein Kennzahlensystem?

Ein Kennzahlensystem ist eine Kombination von Kennzahlen, die miteinander verknüpft sind. Sie stehen in einem Zusammenhang und sind insgesamt auf eine übergeordnete Kennzahl als Zielgröße bezogen.

2. Welche Ziele werden mit Kennzahlensystemen verfolgt?

Mithilfe von Kennzahlensystemen sollen betriebswirtschaftliche Zusammenhänge *transparent* gemacht werden. Kennzahlensysteme sollen Informationen über die Leistung des Unternehmens schnell und in verdichteter Form geben und evtl. auch kausale Zusammenhänge aufzeigen.

3. Wodurch unterscheiden sich analytische von synthetischen Kennzahlensystemen?

Ein **analytisches** Kennzahlensystem ist ein *System von Kennzahlen*, die rechnerisch oder sachlogisch miteinander in Beziehung stehen. Es geht von einer Kennzahl als Zielgröße aus, auf die andere Kennzahlen entweder rechnerisch oder sachlogisch bezogen sind.

Ein **synthetisches** Kennzahlensystem ist ein *Index von Kennzahlen*, die unabhängig voneinander und ohne Bezug auf eine Zielkennzahl Auskunft über bestimmte Sachverhalte in den unterschiedlichen Unternehmensbereichen geben, z.B. über Aspekte der Vermögenslage, der Ertragslage usw.

4. Wodurch unterscheiden sich bei analytischen Kennzahlensystemen Rechensysteme von Ordnungssystemen?

Analytische Kennzahlensysteme können die Kennzahlen entweder *zahlenlogisch oder sachlogisch* in Beziehung setzen; im ersten Fall spricht man von Rechensystemen, im zweiten von Ordnungssystemen.

In einem **Rechensystem** wird eine Zielkennzahl aufgefächert in Kennzahlen, mit denen sie rechnerisch ursächlich verbunden ist bzw. aus denen sie rechnerisch hervorgeht. So ergibt sich z.B. die Kennzahl Return on Investment (RoI) als Produkt aus den Kennzahlen Umsatzrentabilität und Kapitalumschlag. Diese untergeordneten Kennzahlen werden im gleichen Sinn weiter aufgefächert, sie verästeln sich, sodass sich schließlich das *Bild eines Baumastes* ergibt; vgl. z. B. das *RoI-Kennzahlensystem* (Du-Pont-Kennzahlensystem), das auch als Kapitalertragsbaum bezeichnet wird.

Ein **Ordnungssystem** stellt die Kennzahlen unter einem Oberbegriff in einen sachlogischen Zusammenhang. Der Oberbegriff wird aufgefächert in Kennzahlen, aus denen er sich ergibt. Auf den folgenden Ebenen werden die untergeordneten Kennzahlen im gleichen Sinn weiter aufgefächert, sodass sich schließlich ein Struktogramm ergibt (vgl. das Rentabilitäts- und Liquiditätskennzahlensystem).

5. Was gibt die Kennzahl Return on Investment (RoI) an?

Mit der Kennzahl Return on Investment (RoI) kann die Rendite des Kapitals gemessen werden. RoI ergibt sich als Produkt aus der Umsatzrendite und dem Kapitalumschlag. Die Kennzahlen dient in besonderem Maße der Steuerung des Unternehmens.

$$\text{Umsatzrendite} = \frac{\text{Gewinn}}{\text{Nettoumsatz}}$$

$$\text{Kapitalumschlag} = \frac{\text{Nettoumsatz}}{\text{Gesamtkapital}}$$

$$\text{RoI} = \frac{\text{Gewinn}}{\text{Nettoumsatz}} \cdot \frac{\text{Nettoumsatz}}{\text{Gesamtkapital}} \quad \text{bzw.}$$

$$\text{RoI} = \frac{\text{Gewinn}}{\text{Nettoumsatz}}$$

Die Kennzahl RoI kann auch zur Beurteilung von Einzelinvestitionen genutzt werden. An die Stelle des Gesamtgewinns wird dann lediglich der relevante Gewinnanteil, und statt des Gesamtkapitals lediglich das eingesetzte Kapital berücksichtigt.

3.2 Aufbau eines kennzahlengesteuerten Managementinformationssystems

6. Was wird mit dem RoI-Kennzahlensystem wiedergegeben?

Das RoI-Kennzahlensystem ist ein Modell zur schlüssigen Darstellung von Größen, die sich gegenseitig bedingen. Die Zielkennzahl RoI ergibt sich aus Umsatzrentabilität und Kapitalumschlag, Umsatzrentabilität aus Gewinn und Umsatz, Kapitalumschlag aus Umsatz aus Kapital (bzw. investiertem Kapital) usw. In der folgenden schematischen Darstellung wird der Grundgedanke aufgezeigt.[4]

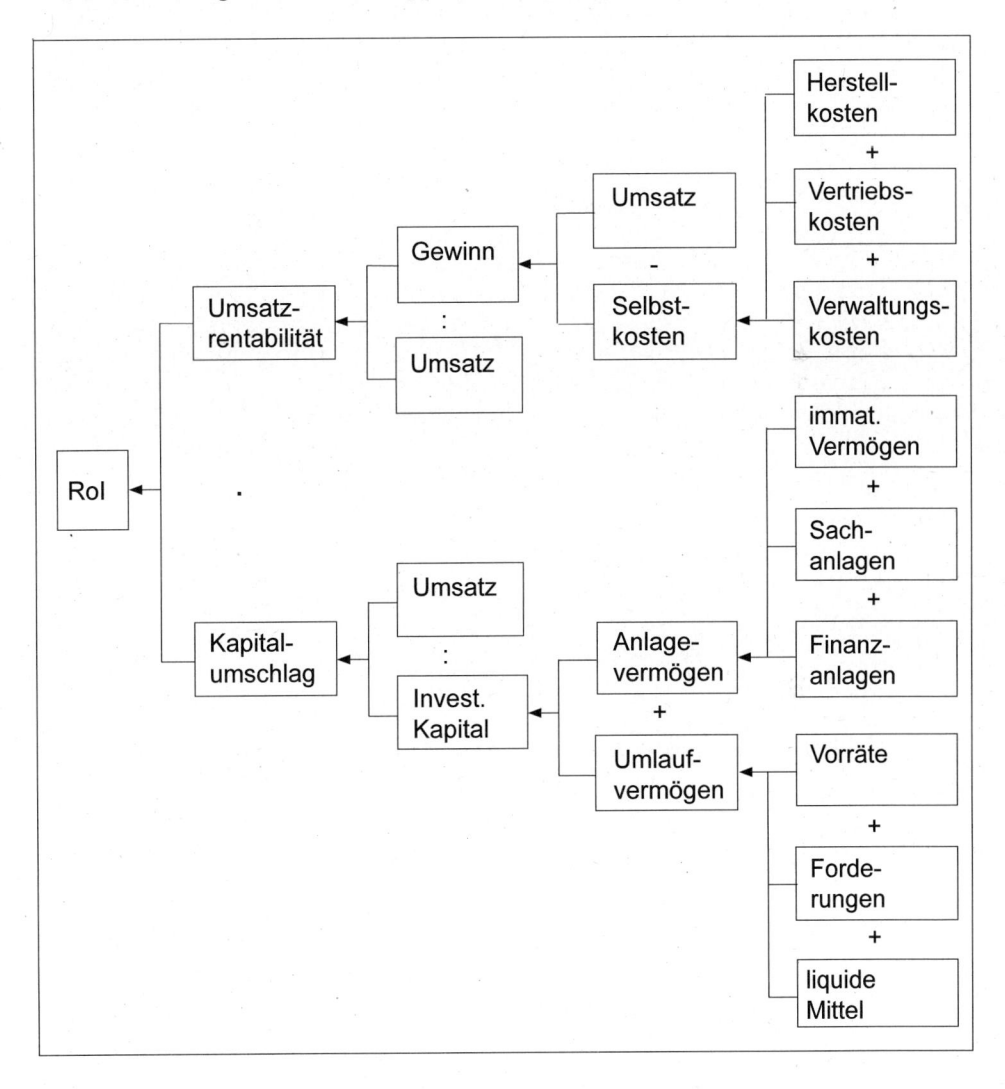

```
                                                    ┌─ Herstellkosten
                                                    +
                                    ┌─ Umsatz       ├─ Vertriebskosten
                       ┌─ Gewinn ───┤               +
       ┌─ Umsatz-      │            └─ Selbstkosten ─┴─ Verwaltungskosten
       │  rentabilität ┤               
       │               └─ Umsatz
RoI ───┤
       │                                            ┌─ immat. Vermögen
       │                                            +
       │                                            ├─ Sachanlagen
       │                  ┌─ Umsatz                 +
       └─ Kapital- ───────┤           ┌─ Anlage- ───┴─ Finanzanlagen
          umschlag        │           │  vermögen
                          └─ Invest. ─┤            +
                             Kapital  │            ┌─ Vorräte
                                      └─ Umlauf- ──┤+
                                         vermögen  ├─ Forderungen
                                                   +
                                                   └─ liquide Mittel
```

---

[4] Darstellung in Anlehnung an: Rahn, H.-J.: Unternehmensführung, Ludwigshafen 2008, S. 360.

7. Welche Vorteile hat das RoI-Kennzahlensystem?

Das RoI-Kennzahlensystem hat u. a. folgende Vorteile:

- Die rechnerische Aufspaltung der jeweils übergeordneten Größen veranschaulicht in hohem Maße die Einflussfaktoren auf den Unternehmenserfolg.

- Das System dient vor allem der Analyse des RoI und seiner Einflussfaktoren und damit der Kontrolle und der Steuerung.

- Das Schema der Aufspaltung von Zielgrößen in die sie bedingenden Kennzahlen lässt sich bei Bedarf fortsetzen.

- Die Kennzahlen, die in das System eingehen, können dem Rechnungswesen entnommen werden, sie sind leicht zugänglich, erlauben den Vergleich im Zeitablauf, den Vergleich mit anderen Unternehmen und mit entsprechenden Branchenangaben.

8. Welche Nachteile hat das RoI-Kennzahlensystem?

Folgende Punkte werden u. a. am RoI-Kennzahlensystem kritisiert:

- die rückblickende Betrachtungsweise des Systems,
- die Beschränkung auf rechnerisch verbundene Kennzahlen,
- die Ausrichtung an kurzfristigen Rentabilitätszielen,
- Vernachlässigung der Liquidität.

3.3 Steuerung der Beschaffung von Mitteln im Finanzprozess

3.3.1 Bedeutung der betrieblichen Finanzwirtschaft[5]

3.3.1.1 Grundlagen

1. Welche betriebswirtschaftliche Bedeutung hat die betriebliche Finanzwirtschaft?

Unternehmen stellen Leistungen durch die Kombination von Produktionsfaktoren her. Die Produktionsfaktoren und die Anlagen für die Produktion müssen beschafft werden. Die fertigen Produkte und Leistungen werden verkauft. Diesen Vorgängen stehen Ausgaben und Einnahmen gegenüber. Entsprechend unterscheidet die Betriebswirtschaftslehre zwischen den leistungswirtschaftlichen und den finanzwirtschaftlichen Funktionsbereichen der Unternehmen.

---

[5] Der Rahmenplan sieht für dieses Kapitel auch die Thematik *Internationale Finanzierung* (Rahmenplan 3.3.7) vor. Auf die Darstellung wird hier verzichtet, da im 5. Kapitel im Zusammenhang mit Außenhandelsgeschäften auch auf deren Finanzierung eingegangen wird.

3.3 Steuerung der Beschaffung von Mitteln im Finanzprozess

Der Hinweis auf die finanzwirtschaftlichen Funktionen weist auf die Bedeutung der Finanzwirtschaft innerhalb einer Betriebswirtschaft hin: Finanzmanagement i. w. S., Mittelbeschaffung, -verwendung und -verwaltung im Zusammenhang mit Beschaffung und Absatz sowie mit Investitionen.

2. Welche Aspekte umfasst die betriebliche Finanzwirtschaft?

Die Finanzwirtschaft umfasst folgende Aspekte:

- Finanzierung (Kapitalbeschaffung),
- Investition (Kapitalverwendung),
- Zahlungsverkehr (Kapitalverwaltung).

3. Was wird als Finanzierung bezeichnet?

Als Finanzierung wird die *Beschaffung von Kapital* zur Deckung eines bestimmten Bedarfs bezeichnet. Der *Kapitalbedarf* entsteht im Zusammenhang mit *Finanzierungsmaßnahmen*. Der Kapitalbedarf kann einmalig oder laufend sein. Einmaliger Kapitalbedarf entsteht z. B. im Zusammenhang mit einer Fusion, mit Erweiterungsinvestitionen; laufender oder regelmäßiger Kapitalbedarf ergibt sich aus dem laufenden Produktionsprozess und den damit unmittelbar zusammenhängenden Vorgängen, z. B. Reinvestitionen, Beschaffung von Produktionsfaktoren u. Ä.

Finanzierungen lassen sich einteilen nach Innen- und Außenfinanzierung, Eigen- und Fremdfinanzierung (Finanzierung mit Eigen- bzw. Fremdkapital).

4. Welche grundsätzlichen Überlegungen stehen im Zusammenhang mit der Finanzierung?

Grundsätzliche Überlegungen im Zusammenhang mit der Finanzierung beziehen sich auf

- die Höhe des Kapitalbedarfs,
- die Finanzierungsart,
- die Kosten der Finanzierung.

5. Wie kann die Bedeutung von Investitionen umschrieben werden?

Eine Investition lässt sich als *Kapitalverwendung* umschreiben. Mit der Investition wird Kapital in Sachanlagen, daneben auch in Rechten, z. B. in Forderungsrechten, in gewerblichen Schutzrechten u. Ä., angelegt und damit gebunden. Entsprechend kann zwischen Sach-, Finanzierungs- und immateriellen Investitionen unterschieden werden.

6. Welche Arten von Investitionen können unterschieden werden?

Im Allgemeinen werden die folgenden Arten von Investitionen unterschieden:

- Nettoinvestitionen, sie werden auch als Neuinvestitionen bezeichnet, dazu zählen neben den Gründungsinvestitionen vor allem die Erweiterungsinvestitionen,
- Reinvestitionen, das sind Ersatzinvestitionen, sie dienen dem Ersatz abgeschriebener Anlagegüter,
- Rationalisierungsinvestitionen,
- Bruttoinvestitionen, damit wird die Zusammenfassung von Netto- und Reinvestitionen bezeichnet.

7. Welche Bedeutung hat der Zahlungsverkehr?

Kapitalbeschaffung und Kapitalverwendung schlagen sich im Zahlungsverkehr, d. h. in Zahlungseingängen und -ausgängen, nieder. Dieser Aspekt der Finanzwirtschaft wird deshalb auch als *Kapitalverwaltung* bezeichnet.

8. Wie kann der Zahlungsverkehr abgewickelt werden?

Der Zahlungsverkehr kann als Barzahlung, als halbbare Zahlung und als bargeldlose Zahlung abgewickelt werden.

3.3.1.2 Ziele der betrieblichen Finanzwirtschaft

1. Welche Ziele verfolgt die betriebliche Finanzwirtschaft?

Die Ziele der betrieblichen Finanzwirtschaft lassen sich folgendermaßen umschreiben:
- Sicherung der Liquidität,
- Sicherung der Rentabilität,
- günstige Kapitalausstattung,
- angemessene Kapitalstruktur.

2. Welche Bedeutung hat die Liquidität für ein Unternehmen?

Liquidität bedeutet *Zahlungsfähigkeit*; Liquidität ist die Verfügbarkeit flüssiger (= liquider) Mittel zum fristgerechten Ausgleich von Verbindlichkeiten. Unterschieden wird zwischen absoluter und relativer Liquidität.

3. Was wird als absolute Liquidität bezeichnet?

Absolute Liquidität bezeichnet die Nähe eines Vermögensteils zu seiner Umwandlung in flüssige Mittel: je näher – desto liquider. Kassenbestand und Bankguthaben sind demnach liquider als Forderungen, Forderungen sind liquider als Vorräte, Vorräte wiederum liquider als Anlagen usw. Bei der absoluten Liquidität kann wieder unterschieden werden zwischen echter und künstlicher Liquidität.

Echte Liquidität, die auch als natürliche Liquidität bezeichnet wird, ist die Verflüssigung von Vermögensteilen nach Ablauf der regulären Umwandlungszeit, Forderungen werden z. B. nach Ablauf der Zahlungsziele („natürlich") zu Liquidität, Vorräte nach Verarbeitung, Lagerbestände nach Verkauf usw.

Künstliche Liquidität bezeichnet die Verflüssigung vor Ablauf der regulären Umwandlungszeit; z. B. werden Forderungen vor Ablauf des regulären Zahlungsziels abgetreten u. Ä.

4. Was wird als relative Liquidität bezeichnet?

Relative Liquidität setzt die *Liquidität* im Sinne von Liquidierung von Vermögensteilen in *Beziehung zu den Verbindlichkeiten*. Unterschieden wird zwischen statischer und dynamischer Liquidität.

Bei der **statischen** Liquidität werden die liquiden Mittel zu den kurzfristigen Verbindlichkeiten in Beziehung gesetzt. Statisch wird diese Liquidität genannt, weil sie auf einen Zeitpunkt bezogen ist; darin wird auch ihr Nachteil gesehen. Zur Beurteilung der statischen Liquidität können drei *Liquiditätsgrade* herangezogen werden. Sie geben an, in welchem Umfang kurz- und mittelfristige liquide Mittel zur Deckung kurzfristiger Verbindlichkeiten zur Verfügung stehen.

- Liquidität 1. Grades (Barliquidität)

$$L_1 = \frac{\text{Zahlungsmittel}}{\text{kurzfristige Verbindlichkeiten}}$$

- Liquidität 2. Grades (Liquidität auf kurze Sicht)

$$L_2 = \frac{\text{Zahlungsmittel + kurzfristige Forderungen}}{\text{kurzfristige Verbindlichkeiten}}$$

- Liquidität 3. Grades (Liquidität auf mittlere Sicht)

$$L_3 = \frac{\text{Zahlungsmittel + kurzfristige Forderungen + Vorräte}}{\text{kurzfristige Verbindlichkeiten}}$$

Die **dynamische** Liquidität bezieht sich nicht auf einen Zeitpunkt, sie berücksichtigt vielmehr die im Zeitverlauf auftretenden Veränderungen. Damit trägt sie erheblich zur Steuerung der betrieblichen Finanzwirtschaft bei, sodass Illiquidität und Überschuldung vermieden werden können. Für die dynamische Liquidität werden alle Zahlungseingänge und -ausgänge in Finanzplänen erfasst.

5. Was ist und welche Bedeutung hat die Rentabilität?

Rentabilität ist eine Kennzahl, die das Verhältnis von *Gewinn zum Kapital* in einem Vom-Hundert-Satz angibt. Sie wird zur Messung des Erfolgs in einer Periode herangezogen, weil sie die *Verzinsung des eingesetzten Kapitals* wiedergibt. Nach der Art der Bezugsgröße kann zwischen Gesamt- und Eigenkapitalrentabilität unterschieden werden.

- Gesamtkapitalrentabilität

$$R_{Gk} = \frac{\text{Gewinn} + \text{Fremdkapitalzinsen}}{\text{Eigenkapital} + \text{Fremdkapital}}$$

- Eigenkapitalrentabilität

$$R_{Ek} = \frac{\text{Gewinn}}{\text{Eigenkapital}}$$

6. Welche Probleme sind mit der Kapitalausstattung verbunden?

Kapitalausstattung ist die Ausstattung des Unternehmens mit Eigen- und Fremdkapital. Mit dem Kapital werden die Vermögensteile finanziert, also z.B. die Anlagen, die Vorräte, die Forderungen, die liquiden Mittel usw.

Im Zusammenhang mit der Kapitalausstattung bestehen einige Problembereiche.

Zur Erreichung seiner Ziele muss das Unternehmen ausreichend mit Kapital ausgestattet sein. Die Kapitalbedarfsermittlung hat also besondere Bedeutung. Eine ausreichende Kapitalausstattung bedeutet *Sicherheit*; eine zu hohe kann die Rentabilität gefährden, eine zu geringe die Ziele.

Die Finanzierung mit Fremdkapital kann die *Unabhängigkeit* des Unternehmens gefährden. Fremdkapitalgeber fordern evtl. Mitsprache, Informationen, Kontrollmöglichkeiten oder Mitwirkung bei Entscheidungen u.Ä. Außerdem sind Zinszahlungen des Unternehmens i.d.R. zu festgelegten Terminen fällig, unabhängig von der aktuellen Geschäftslage. Daraus können sich Risiken für die Liquidität ergeben. Ein im Verhältnis zum Eigenkapital zu hohes Fremdkapital kann Überschuldung bedeuten; bei Verlusten zu Lasten des Eigenkapitals kann die Überschuldung schließlich zur Insolvenz führen.

7. Was wird mit dem Begriff Kapitalstruktur gekennzeichnet?

Kapitalstruktur kennzeichnet den Aufbau und die Zusammensetzung des Kapitals. Die Kapitalstruktur spiegelt sich in der *Eigenkapitalquote* und im *Verschuldungsgrad* wider.

- Die Eigenkapitalquote gibt den Anteil des Eigenkapitals am Gesamtkapital an.

$$\text{Eigenkapitalquote} = \frac{\text{Eigenkapital}}{\text{Gesamtkapital}} \cdot 100$$

- Der Verschuldungsgrad gibt das Verhältnis von Fremdkapital zum Eigenkapital in einem Vom-Hundert-Satz wieder.

$$\text{Verschuldungsgrad} = \frac{\text{Fremdkapital}}{\text{Eigenkapital}} \cdot 100$$

8. Welche Zielkonflikte können bestehen?

Zielkonflikte bedeutet, dass die Verfolgung eines Ziels die Erreichung eines anderen Ziels behindert, wenn nicht sogar ausschließt. Auch in der betrieblichen Finanzwirtschaft konfligieren einige Ziele miteinander; das können die folgenden Beispiele zeigen:

- Hohe Liquidität bedeutet einerseits eine hohe Zahlungsfähigkeit, andererseits aber begrenzt sie die Rentabilität. Ein geringer Bestand an liquiden Mitteln kann zwar die Rentabilität verbessern, aber die Erreichung bestimmter Unternehmensziele behindern.
- Der Verzicht auf Fremdkapitalfinanzierung kann die Unabhängigkeit fördern; aber der Verzicht gefährdet evtl. das Rentabilitätsziel, darüber hinaus auch bestimmte Unternehmensziele, z. B. Wachstum.
- Auch die Betonung der Sicherheit als ein Ziel konfligiert mit der Rentabilität.

3.3.1.3 Insolvenztatbestände

1. Was ist eine Insolvenz und wodurch kann sie verursacht werden?

Insolvenz ist die *Zahlungsunfähigkeit* eines Schuldners. Verursacht wird sie z. B. durch fehlende Liquidität, die Folge einer schlecht geführten Finanzwirtschaft sein kann. (Von der privaten Insolvenz wird hier abgesehen.)

2. Welche Gründe können für die Eröffnung des Verfahrens bestehen?

Ein Insolvenzverfahren kann aus folgenden Gründen eröffnet werden („Eröffnungsgründe"):

- Zahlungsunfähigkeit,
- drohende Zahlungsunfähigkeit,
- Überschuldung bei einer juristischen Person.

3. Wann liegt Zahlungsunfähigkeit vor?

Ein Schuldner ist zahlungsunfähig, wenn er fälligen Zahlungspflichten nicht mehr nachkommen kann und seine Zahlungen eingestellt hat.

4. Wann droht die Zahlungsunfähigkeit?

Die Zahlungsunfähigkeit droht, wenn der Schuldner bestehende Zahlungsverpflichtungen voraussichtlich zum Zeitpunkt ihrer Fälligkeit nicht erfüllen kann.

5. Wann kann bei einer juristischen Person von einer Überschuldung gesprochen werden?

Überschuldung bei einer juristischen Person liegt vor, wenn das Vermögen des Schuldners die bestehenden Verbindlichkeiten nicht mehr deckt, es sei denn, die Fortführung des Unternehmens ist nach den Umständen überwiegend wahrscheinlich.

3.3.2 Kapitalbedarfsermittlung

3.3.2.1 Grundbegriffe

1. Wodurch ergibt sich der Kapitalbedarf?

Ein Unternehmen hat im Zusammenhang mit der Erstellung seiner Leistungen Auszahlungen und Einzahlungen. Der Kapitalbedarf entsteht dadurch, dass die Einzahlungen nicht unmittelbar und in gleicher Höhe auf die Auszahlungen folgen. Der Kapitalbedarf wird bestimmt durch die Höhe der Aus- und Einzahlungen und durch den zeitlichen Abstand von Aus- und Einzahlungen.

Rechnerisch ergibt sich der Umfang des Kapitalbedarfs als positive Differenz aus der Subtraktion der kumulierten Auszahlungen von den kumulierten Einzahlungen (kumulierte Auszahlungen > kumulierte Einzahlungen).

3.3 Steuerung der Beschaffung von Mitteln im Finanzprozess

	Auszahlungen	Auszahlungen kumuliert	Einzahlungen	Einzahlungen kumuliert	Kapitalbedarf
Januar	65.000	65.000	0	0	65.000
Februar	61.000	126.000	0	0	126.000
März	57.000	183.000	0	0	183.000
April	61.000	244.000	53.000	53.000	191.000
Mai	65.000	309.000	57.000	110.000	199.000
Juni	69.000	378.000	61.000	171.000	207.000
Juli	59.000	437.000	67.000	238.000	199.000
August	55.000	492.000	63.000	301.000	191.000
September	51.000	543.000	59.000	360.000	183.000
Oktober	60.000	603.000	70.000	430.000	173.000
November	150.000	753.000	160.000	590.000	163.000
Dezember	280.000	1.033.000	300.000	890.000	143.000

2. **Wie unterschieden sich Finanzplan und Kapitalbedarfsrechnung hinsichtlich der Ermittlung des Kapitalbedarfs?**

Der **Finanzplan** enthält die auf der Grundlage von Vergangenheitswerten prognostizierten Auszahlungen und Einzahlungen und stellt sie einander gegenüber. Er dient vor allem der *kontinuierlichen Finanzplanung*. Der **Kapitalbedarfsplan** stellt eher auf den einmaligen bzw. seltenen Kapitalbedarf ab; Kapitalbedarfspläne werden außer bei Gründungen vor allem bei Erweiterungsinvestitionen aufgestellt, d. h. bei Kapitalbedarf, der nicht aus Vergangenheitswerten prognostiziert werden kann.

3. **Welche Aspekte umfasst der Gesamtkapitalbedarf?**

Der Gesamtkapitalbedarf umfasst den Bedarf an Anlagekapital und Umlaufkapital. Entsprechend ist zwischen dem Anlagekapitalbedarf und dem Umlaufkapitalbedarf zu unterscheiden.

3.3.2.2 Anlagekapitalbedarf

1. **Wie wird der Bedarf an Anlagekapital ermittelt?**

Der Bedarf an Anlagekapital z. B. bei einer Investition ergibt sich aus der Addition der anfallenden Kosten. Zu diesen *Anschaffungskosten* zählen u. a.

- der Kaufpreis des Anlagegutes, z. B. einer Maschine,
- Kosten im Zusammenhang mit der Installation des Anlagegutes, z. B. bauliche Veränderungen u. Ä.,
- Transportkosten,
- Montagekosten,
- Mehrwertsteuern,
- Provisionen,
- evtl. Versicherungskosten.

2. Welche Bedeutung haben Investitionsrechnungen für die Ermittlung des Anlagekapitalbedarfs?

Mithilfe von Investitionsrechnungen wird ermittelt, ob sich eine Investition lohnt und welche von mehreren Investitionsalternativen den geringeren Kapitalbedarf erfordert. Beim Einkauf von Investitionsgütern, z. B. von Maschinen, reicht der Vergleich von Einstandspreisen meistens nicht aus. In den Vergleich sind vielmehr die Aufwendungen für den laufenden Betrieb der Maschinen und evtl. auch die Erträge, die mit den Maschinen erwirtschaftet werden können, einzubeziehen.

3.3.2.3 Umlaufkapitalbedarf

1. Wie wird der Bedarf an Umlaufkapital ermittelt?

Der Bedarf an Umlaufkapital ergibt sich aus der Kapitalbindungsdauer des Umlaufvermögens und den durchschnittlichen täglichen Auszahlungen. Rechnerisch wird der Umlaufkapitalbedarf ermittelt als *Produkt aus Kapitalbindungsdauer und tagesdurchschnittlichen Auszahlungen.*

2. Aus welchen Faktoren setzt sich die Kapitalbindungsdauer des Umlaufvermögens zusammen?

Die Kapitalbindungsdauer des Umlaufvermögens setzt sich u. a. zusammen aus

- der Lagerdauer der Materialien (dabei sind ggfs. Zahlungsziele, die die Lieferanten gewähren, zu berücksichtigen),
- die Dauer der Fertigung,
- die Lagerdauer der fertigen Produkte bis zum Verkauf,
- die Fristen bis zum Zahlungseingang, evtl. unter Berücksichtigung des den Kunden eingeräumten Zahlungsziels.

3. Wie ergeben sich die tagesdurchschnittlichen Auszahlungen?

Die durchschnittlichen täglichen Auszahlungen drücken die durchschnittlich täglich anfallenden Kosten aus, z. B. für den Materialeinsatz, für den Personaleinsatz usw.

3.3.2.4 Finanzplan

1. Welche Bedeutung hat der Finanzplan?

Der Finanzplan dient der kontinuierlichen Finanzplanung. Im Finanzplan werden alle Auszahlungen und Einzahlungen erfasst und einander gegenüber gestellt.

3.3 Steuerung der Beschaffung von Mitteln im Finanzprozess

Auszahlungen entstehen u. a.

- beim Kauf von Anlagen, Kraftfahrzeugen, Grundstücken u. Ä.,
- beim Kauf von Wertpapieren,
- bei der Beschaffung von Materialien,
- bei der Entlohnung der Mitarbeiter,
- bei der Zahlung der Steuern,
- bei der Abbuchung von Zinsen.

Einzahlungen entstehen u. a.

- beim Verkauf von Fertigprodukten,
- bei Aufnahme von Fremd- und Eigenkapital,
- bei Mietzahlungen.

2. Wie können Auszahlungen und Einzahlungen prognostiziert werden?

Mithilfe von Prognoseverfahren kann die wahrscheinliche Entwicklung der Werte der Auszahlungen bzw. Einzahlungen eingeschätzt werden. Zu diesen Prognoseverfahren zählen z. B.

- die Methode der gleitenden Durchschnitte,
- die Methode der exponenziellen Glättung erster Ordnung.

3. Wie lässt sich nach der Methode der gleitenden Durchschnitte die Entwicklung der Zahlungsvorgänge voraussagen?

Mithilfe gleitender Durchschnitte lässt sich die Entwicklung von Zeitreihenwerten, z. B. einer Reihe von Zahlungsvorgängen folgendermaßen prognostizieren. Aus einer Reihe von beobachteten Zeitreihenwerten wird das arithmetische Mittel errechnet. Dieser Durchschnitt wird als wahrscheinlicher Wert für den ersten (folgenden) Prognosezeitraum angenommen. Der nächste Prognosewert wird wieder als Durchschnitt aus der gleichen Anzahl von beobachteten Zeitreihenwerten ermittelt, dazu wird die ursprüngliche Reihe um den ersten Wert gekürzt und mit dem inzwischen ermittelten tatsächlichen Wert des ersten Prognosezeitraums ergänzt. Für die Ermittlung der folgenden Prognosewerte wird die ursprüngliche Reihe entsprechend modifiziert (gleitende Durchschnitte). Irreguläre Schwankungen können die Prognose erheblich verzerren.

Die Ausführungen lassen sich anhand des folgenden Beispiels nachvollziehen; für das Beispiel werden die Zahlen aus der Tabelle zu Frage 2 (bei 3.3.2.1) benutzt. Zur Durchschnittsberechnung werden die letzten sieben Auszahlungen herangezogen. Der wahrscheinliche Wert für Auszahlungen im Januar ergibt sich folgendermaßen:

$$wW_{Jan} = \frac{69.000 + 59.000 + 55.000 + 51.000 + 60.000 + 150.000 + 280.000}{7} = 103.42,57$$

Der wahrscheinliche Wert für Februar wird unter Einbeziehung des ermittelten Januarwertes folgendermaßen berechnet:

$$wW_{Feb} = \frac{59.000 + 55.000 + 51.000 + 60.000 + 150.000 + 280.000 + 103.428,57}{7} = 108.346,94$$

Für die folgenden Monate wird entsprechend vorgegangen.

4. Wie lässt sich nach der Methode der exponenziellen Glättung 1. Ordnung die Entwicklung der Zahlungsvorgänge voraussagen?

Bei der Methode der exponenziellen Glättung werden die Werte mit einem Glättungsfaktor (g) gewichtet (0<g<1). Ist der Faktor relativ klein, werden weiter zurückliegende Werte stärker berücksichtigt, die Zufallsschwankungen werden stärker geglättet, bei einem relativ hohen Faktorwert werden die neueren Werte stärker gewichtet. Der Prognosewert ergibt sich durch Addition des vorhergehenden Prognosewerts mit der geglätteten Differenz aus dem tatsächlichen Wert und dem Prognosewert des vorhergehenden Zeitraums.

Die Ausführungen lassen sich anhand des folgenden Beispiels nachvollziehen. Für das Beispiel werden die Zahlenwerte aus dem vorhergehenden Beispiel genutzt.

Für die Rechnungen wird ein Glättungsfaktor von g = 0,4 gewählt. Der wahrscheinliche Wert für Februar soll ermittelt werden, für Januar ergab sich ein tatsächlicher Wert von 103.000. Der wahrscheinliche Wert für Februar ergibt sich durch Addition des wahrscheinlichen Januarwerts mit der geglätteten Differenz aus tatsächlichem und wahrscheinlichem Januarwert.

$$wW_{Feb} = 103.428,57 + 0,4\,(103.000 - 103.428,57) = 103.257,14$$

3.3.2.5 Relevanz von Deckungsgraden

1. Was wird mit den Deckungsgraden ausgedrückt?

Die sog. Deckungsgrade drücken den *Zusammenhang zwischen Kapitalbeschaffung und Kapitalverwendung* aus durch die Gegenüberstellung von langfristigen Passiva und langfristigen Aktiva. Sie zeigen, in welchem Umfang langfristig angelegte Vermögensteile langfristig finanziert sind.

Deckungsgrade dienen der langfristigen Liquiditätsanalyse. Sie sind auf einen Zeitpunkt bezogen; darin liegen die besonderen Probleme ihrer Aussagefähigkeit.

2. Was wird mit dem Deckungsgrad A angegeben?

Der Deckungsgrad A gibt an, in welchem Umfang das Anlagevermögen durch Eigenkapital finanziert ist.

$$\text{Deckungsgrad}_A = \frac{\text{Eigenkapital}}{\text{Anlagevermögen}} \cdot 100$$

3. Was wird mit dem Deckungsgrad B angegeben?

Der Deckungsgrad B gibt an, in welchem Umfang das Anlagevermögen durch Eigenkapital und langfristiges Fremdkapital finanziert ist.

$$\text{Deckungsgrad}_B = \frac{\text{Eigenkapital} + \text{langfristiges Fremdkapital}}{\text{Anlagevermögen}} \cdot 100$$

4. Was wird mit dem Deckungsgrad C angegeben?

Der Deckungsgrad C gibt an, in welchem Umfang das Anlagevermögen und das langfristig angelegte Umlaufvermögen durch Eigenkapital und langfristiges Fremdkapital finanziert sind.

$$\text{Deckungsgrad}_C = \frac{\text{Eigenkapital} + \text{langfristiges Fremdkapital}}{\text{Anlagevermögen} + \text{langfristiges Umlaufvermögen}} \cdot 100$$

5. Was wird als goldene Bilanzregel bezeichnet?

Aus den Deckungsgraden A und B ergeben sich die sog. goldenen Bilanzregeln. Sie geben an, in welchem Umfang das Anlagevermögen durch Eigenkapital bzw. durch Eigenkapital und langfristiges Fremdkapital gedeckt sind.

Die **goldene Bilanzregel i. e. S.** fordert, dass das Anlagevermögen durch langfristiges Kapital gedeckt sein soll. Nach der goldenen Bilanzregel i. e. S. soll das Anlagevermögen durch das Eigenkapital finanziert sein. Als Regel gilt:

$$\text{goldene Bilanzregel}_{ieS} = \frac{\text{Eigenkapital}}{\text{Anlagevermögen}} \geq 1$$

Bei der **goldenen Bilanzregel i. w. S.** wird das langfristige Fremdkapital einbezogen; danach soll das Anlagevermögen durch Eigenkapital und langfristiges Fremdkapital gedeckt sein.

$$\text{goldene Bilanzregel}_{iwS} = \frac{\text{Eigenkapital} + \text{langfristiges Fremdkapital}}{\text{Anlagevermögen}} \geq 1$$

3.3.3 Kapitalbedarfsdeckung

3.3.3.1 Kapitalgeber

1. Wie kann der Kapitalbedarf grundsätzlich gedeckt werden?

Der Kapitalbedarf kann einerseits durch Eigen- oder Fremdfinanzierung, andererseits durch Außen- oder Innenfinanzierung gedeckt werden. Bei Eigen- und Fremdfinanzierung wird nach der Rechtsstellung der Kapitalgeber unterschieden, bei Außen- und Innenfinanzierung nach den Finanzierungsquellen.

2. Welche Kennzeichen weist die Eigenfinanzierung auf?

Bei der Eigenfinanzierung entsteht *Eigenkapital*; die Kapitalgeber sind oder werden Eigentümer bzw. Miteigentümer des Unternehmens. Typische Beispiele für Eigenfinanzierung sind die Beteiligungsfinanzierung und die Finanzierung durch Einbehaltung von Gewinnen. Die beiden Formen unterscheiden sich hinsichtlich der Finanzierungsquellen: Die Beteiligungsfinanzierung ist eine Außenfinanzierung, die Finanzierung durch Einbehaltung von Gewinnen ist eine Innenfinanzierung.

3. Welche Kennzeichen weist die Fremdfinanzierung auf?

Bei einer Fremdfinanzierung entsteht *Fremdkapital*; die Kapitalgeber werden Gläubiger des Unternehmens. Typische Beispiele für Fremdfinanzierung sind die Kreditfinanzierung und die Finanzierung aus Rückstellungen. Die Kreditfinanzierung ist eine Außenfinanzierung, die Finanzierung durch Bildung von Rückstellungen eine Innenfinanzierung.

4. Wie lässt sich die Stellung des Eigenkapitalgebers kennzeichnen?

Die Stellung des Eigenkapitalgebers lässt sich folgendermaßen umschreiben:

- Der Kapitalgeber ist oder wird *Eigentümer* bzw. Miteigentümer. Als Miteigentümer ist er Teilhaber an einer Gesellschaft.
- Als Eigentümer *haftet* der Kapitalgeber, und zwar mit seiner Kapitaleinlage, bei einigen Rechtsformen auch mit seinem Privatvermögen.
- Eigentümer haben Ansprüche auf *Gewinn* bzw. Gewinnanteile; sie müssen aber auch die *Verluste* anteilig mit tragen.
- Die Eigentümer, in einigen Rechtsformen die Gesellschafter gemeinsam, *führen die Geschäfte*. In anderen Rechtsformen stehen ihnen Mitsprache- und Kontrollrechte zu.
- Das besondere Interesse der Eigentümer ist auf den *Erhalt* des Unternehmens ausgerichtet.

3.3 Steuerung der Beschaffung von Mitteln im Finanzprozess

5. Wie lässt sich die Stellung des Fremdkapitalgebers kennzeichnen?

Die Stellung des Fremdkapitalgebers lässt sich folgendermaßen umschreiben:

- Der Fremdkapitalgeber wird für die vereinbarte Zeit *Gläubiger* des Unternehmens.
- Als Gläubiger kann er für die Verbindlichkeiten des Unternehmens oder für Schadensersatzansprüche gegenüber dem Unternehmen nicht herangezogen werden.
- Für Gläubiger bestehen im Allgemeinen *keine Mitbestimmungsrechte*.
- Er hat Anspruch auf *Zinszahlungen* in der vereinbarten Höhe und auf Rückzahlung.
- Da er nicht Eigentümer bzw. Miteigentümer ist, hat der Fremdkapitalgeber keinen *Anspruch auf Gewinnanteile*; er kann aber auch nicht am Verlust beteiligt werden.
- Das besondere Interesse der Fremdkapitalgeber ist auf den *Erhalt* des Kapitals ausgerichtet.

6. Wie können Kreditfinanzierungen nach ihrer Fristigkeit unterschieden werden?

Bei der Kreditfinanzierung wird im Allgemeinen zwischen kurzfristiger und langfristiger Fremdfinanzierung unterschieden. Bei **kurzfristiger** Finanzierung stehen die Mittel dem Unternehmen i. d. R. höchstens für ein Jahr zur Verfügung. Allerdings können kurzfristig vergebene Kredite unter bestimmten Umständen verlängert werden. Bei **langfristiger** Finanzierung stehen die Mittel im Allgemeinen mindestens vier Jahre zur Verfügung.

Kurzfristige Fremdfinanzierung liegt z. B. bei folgenden Kreditarten vor:

- Lieferantenkredit (Kauf auf Ziel),
- Kontokorrentkredit,
- Diskontkredit,
- Bankkredite im Außenhandel, z. B. Rembourskredit.

Langfristige Fremdfinanzierung liegt z. B. bei folgenden Kreditarten vor:

- Darlehen,
- Schuldscheindarlehen,
- Anleihen, Industrieobligationen u. Ä.

7. Welche Kriterien können bei der Entscheidung für oder gegen Eigen- bzw. Fremdfinanzierung eine Rolle spielen?

Bei der Entscheidung für oder gegen Eigen- bzw. Fremdfinanzierung können u. U. folgende Gesichtspunkte eine Rolle spielen:

Wenn das Unternehmen plant, dauerhaft über das Kapital zu verfügen, ist die Eigenfinanzierung eher angebracht als die Fremdfinanzierung. Im Allgemeinen ist *Eigenkapital zeitlich unbegrenzt verfügbar*, allerdings können Gesellschafter ihre Anteile kündigen. Fremdkapital steht nur für die vertraglich vereinbarte Zeit zur Verfügung. Auch die Dauer des Kapitalbedarfs ist in diesem Zusammenhang von Bedeutung, so wird z. B. ein Kauf auf Ziel selbstverständlich immer fremd finanziert sein.

Für Fremdkapital fallen *Zinsen* und Tilgungen an; fremdes Kapital muss ständig, unabhängig von der Geschäftslage, bedient werden. Eigenkapitalgeber sind am Gewinn beteiligt; Gewinnanteile werden nur bei entsprechender Geschäftslage ausgezahlt.

Ein Einzelunternehmer, der alleiniger Eigentümer seines Unternehmens ist, *führt die Geschäfte* allein; er muss allerdings auch *alleine haften*. Seine finanzielle Kapazität ist begrenzt, wenn er nicht aus eigenen Quellen zusätzliches Kapital nachschießen kann. Wachstumsmöglichkeiten sind erheblich eingeschränkt. Durch Aufnahme von Gesellschaftern kann das Eigenkapital erhöht werden; gleichzeitig wird aber die alleinige Verfügungsgewalt des Eigentümers je nach Rechtsform mehr oder weniger stark eingeschränkt, z. B. durch Beteiligung an der Geschäftsführung, durch Mitspracheund Kontrollrechte. Die Aufnahme von Gesellschaftern bedeutet aber auch deren Beteiligung an der Haftung, und zwar je nach Rechtsform in mehr oder weniger großem Umfang. Bei Fremdfinanzierung wird der Eigentümer in seiner Geschäftsführertätigkeit nicht eingeschränkt, er muss allerdings auch alleine haften.

Die bei Fremdfinanzierung anfallenden Zinsen sind als Aufwand steuerlich absetzbar. Eine vergleichbare steuerliche Absetzbarkeit besteht bei Eigenfinanzierung nicht.

Die Erhöhung des Eigenkapitals verbessert die Kreditwürdigkeit. Eine Fremdfinanzierung kann an der geringen Ausstattung des Unternehmens mit Eigenkapital scheitern.

3.3.3.2 Finanzierungsquellen

1. Wodurch unterscheiden sich Außen- und Innenfinanzierung?

Bei einer **Außenfinanzierung** kommen die Finanzierungsmittel von außen, z. B. die Beteiligungsfinanzierung (vgl. 3.3.3.2.1 und Kap. 3.3.4.1), die Kreditfinanzierung (vgl. Kap. 3.3.4.2).

Bei einer **Innenfinanzierung** stammen die Finanzierungsmittel aus dem Unternehmen, z. B. bei der Finanzierung durch Einbehaltung von Gewinnen (vgl. 3.3.3.2.2 Selbstfinanzierung), durch Finanzierung aus Rückstellungen, durch Vermögensumschichtungen, durch Abschreibung (vgl. 3.3.3.2.3).

3.3.3.2.1 Beteiligungsfinanzierung

1. Wann liegt eine Beteiligungsfinanzierung vor?

Wenn einem Unternehmen *Eigenkapital* von außen zur Verfügung gestellt wird, liegt eine Beteiligungsfinanzierung vor. (Die Beteiligungsfinanzierung ist eine Form der Außenfinanzierung.) Die Beteiligungsfinanzierung ist nur schwer von der Einlagenfinanzierung abzugrenzen; i. e. S. des Begriffs kann man nur bei der AG von Beteiligungsfinanzierung sprechen; bei den anderen Gesellschaften liegt auch mehr oder weniger Einlagenfinanzierung vor. Es wäre deshalb zweckmäßiger, von Kapitalerhöhung zu sprechen.

2. Wann kann man von einer Eigenfinanzierung bei einer Einzelunternehmung sprechen?

Wenn einem Einzelunternehmen von außen Eigenkapital zufließt, liegt eine *Einlagenfinanzierung* vor. Der Eigentümer entnimmt seinem Privatvermögen finanzielle Mittel, mit denen er das Eigenkapital seines Unternehmens erhöht. Dieser Einlagenfinanzierung sind enge Grenzen gesetzt. Die Zuführung von Eigenkapital in größerem Umfang lässt sich lediglich durch Beteiligung eines stillen Gesellschafters oder durch Umwandlung in eine Gesellschaft, z. B. in eine OHG oder KG, erreichen.

3. Wie läuft die Eigenfinanzierung bei einer OHG ab?

Die Kapitalerhöhung in einer OHG ist dadurch möglich, dass die *Gesellschafter ihre Einlagen erhöhen*. Sie bringen Teile ihres Privatvermögens ein; außerdem könnten nicht entnommene Gewinnanteile den Einlagen zugerechnet werden. Eine weitere Möglichkeit besteht darin, neue Gesellschafter aufzunehmen, die zwar Kapital einbringen, aber auch gleichberechtigt an der Geschäftsführung teilnehmen. Dadurch sind der Kapitalerhöhung in einer OHG enge Grenzen gesetzt.

4. Wie kann in einer KG Eigenkapital beschafft werden?

Für eine KG ist die Kapitalbeschaffung etwas einfacher, weil durch Aufnahme weiterer Kommanditisten die Geschäftsführungsbefugnisse des bzw. der persönlich haftenden Gesellschafter nicht eingeschränkt werden. Die Kommanditisten legen finanzielle Mittel in einer gut geführten KG lediglich wegen der Gewinnbeteiligung an; sie müssen und wollen an der Geschäftsführung nicht beteiligt werden, ihre Haftung bleibt auf ihre Einlagen beschränkt. Daneben besteht, wie in der OHG, selbstverständlich die Möglichkeit, dass die Gesellschafter, Komplementäre und Kommanditisten, ihre Einlagen erhöhen.

5. Wie wird das Stammkapital in einer GmbH erhöht?

Eine GmbH kann durch Beschluss der Gesellschafter das Stammkapital erhöhen.[6] Die Anteile können von den bisherigen Gesellschaftern oder von anderen Personen, die durch die Übernahme zu Gesellschaftern werden, übernommen werden. (Das Stammkapital kann nominell auch durch Umwandlung von Rücklagen erhöht werden.)

---

[6] Vgl. GmbH-Gesetz §§ 55 ff.

6. Welche Bedeutung hat die Nachschusspflicht in einer GmbH?

Die GmbH kann Finanzierungsprobleme auch über die sog. Nachschusspflicht[7] lösen. Wenn der Gesellschaftsvertrag dies vorsieht, können die Gesellschafter weitere Einzahlungen beschließen, d. h. die Gesellschafter werden zu Nachschüssen verpflichtet. Die Höhe der Nachschüsse, die die einzelnen Gesellschafter zu leisten haben, richtet sich nach der Höhe ihrer Geschäftsanteile. Die Nachschusspflicht kann beschränkt oder unbeschränkt sein.

7. Wie wird in einer AG das Eigenkapital erhöht?

Für die Kapitalbeschaffung einer AG sieht das Aktiengesetz mehrere Maßnahmen vor. Sie müssen jeweils von der Hauptversammlung mit Drei-Viertel-Mehrheit des bei der Beschlussfassung vertretenen Kapitals beschlossen werden.

Die Hauptversammlung kann eine *Kapitalerhöhung gegen Einlagen* beschließen.[8] Für die Kapitalerhöhung werden neue Aktien ausgegeben. Jedem Aktionär muss auf sein Verlangen ein Teil der neuen Aktien zugeteilt werden, der seinem Anteil am bisherigen Grundkapital entspricht. Der Vorstand kann auch ohne Gesellschafterbeschluss das Grundkapital bis zu einer bestimmten Höhe durch Ausgabe neuer Aktien gegen Einlagen erhöhen *(genehmigtes Kapital)*; das muss ausdrücklich durch die Satzung genehmigt werden, die Genehmigung kann aber nur für fünf Jahre nach der Eintragung (ins Handelsregister) erteilt werden.

Auch *aus Gesellschaftsmitteln* kann das Grundkapital erhöht werden.[9] Durch diesen Vorgang fließt der Gesellschaft kein neues Kapital zu; es werden lediglich Kapital- und Gewinnrücklagen in Grundkapital umgewandelt. Die neuen Aktien stehen den Aktionären im Verhältnis ihrer Anteile am bisherigen Grundkapital zu.

8. Welche Bedeutung hat die bedingte Kapitalerhöhung?

Eine besondere Maßnahme ist die bedingte Kapitalerhöhung[10]. Bedingt heißt diese Kapitalerhöhung, weil sie nur für bestimmte Zwecke beschlossen wird; dazu zählen u. a. die Gewährung von Bezugsrechten an Arbeitnehmer, die Vorbereitung des Zusammenschlusses mehrerer Unternehmen u. Ä.

3.3.3.2.2 Selbstfinanzierung

1. Was wird als Selbstfinanzierung bezeichnet?

Als Selbstfinanzierung bezeichnet man die *Finanzierung aus zurückbehaltenen Gewinnen*. Gewinne bzw. Gewinnanteile werden nicht entnommen bzw. ausgeschüttet

---

[7] Vgl. GmbH-Gesetz §§ 26 ff.
[8] Vgl. GmbH-Gesetz §§ 182 ff.
[9] Vgl. GmbH-Gesetz §§ 207 ff.
[10] Vgl. GmbH-Gesetz §§ 192 ff.

3.3 Steuerung der Beschaffung von Mitteln im Finanzprozess

und erhöhen so das Eigenkapital. Diese Selbstfinanzierung wird auch als *Thesaurierung* bezeichnet.

Wenn diese Rücklagen in der Bilanz als offene Rücklagen ausgewiesen werden, spricht man von offener Selbstfinanzierung. Wenn dagegen die Rücklagen aus der Bilanz nicht ersichtlich sind, d. h. sog. stille Rücklagen (stille Reserven) gebildet werden, liegt eine stille Selbstfinanzierung vor.

2. Wann liegt bei Einzelunternehmen und Personengesellschaften offene Selbstfinanzierung vor?

Eine offene Selbstfinanzierung liegt vor, wenn in einem Einzelunternehmen der Jahresgewinn nicht vollständig entnommen, sondern zurückgelegt wird. Die Rücklage wird als solche in der Bilanz ausgewiesen; sie erhöht das Eigenkapital des Unternehmens. Ähnlich ist der Vorgang, wenn die Gesellschafter der OHG und die persönlich haftenden Gesellschafter der KG Gewinne nicht entnehmen; nicht entnommene Gewinne der Kommanditisten dagegen sind Verbindlichkeiten der KG.

3. Wie kommt es in der GmbH zur Bildung von Rücklagen?

In der GmbH können die Gesellschafter die Höhe der Rücklage bestimmen, evtl. kann die Satzung dieses Recht auch für die Geschäftsführer vorsehen.

4. Wodurch unterscheiden sich in der AG gesetzliche von anderen Rücklagen?

Der AG schreibt das Aktiengesetz die Bildung von offenen Rücklagen vor. Zur Bildung dieser *gesetzlichen Rücklage* werden jährlich fünf Prozent des um einen Verlustvortrag geminderten Gewinns benutzt; die Rücklage muss (zusammen mit den Kapitalrücklagen[11]) mindestens 10 Prozent des Grundkapitals ausmachen, die Satzung kann allerdings einen höheren Anteil festlegen. Die gesetzliche Rücklage kann nur dazu genutzt werden, einen Fehlbetrag oder einen Verlustvortrag aus dem Vorjahr auszugleichen; darüber hinaus kann der Betrag der Rücklage, der den vom Gesetz bzw. von der Satzung vorgegebenen Anteil vom Grundkapital übersteigt, auch zur Kapitalerhöhung aus Gesellschaftsmitteln verwandt werden.

Außer der gesetzlichen bildet die AG weitere Rücklagen, wenn dies von der Satzung oder dem Gesellschaftervertrag vorgesehen ist.

5. Wie entstehen stille Rücklagen?

Stille Rücklagen entstehen vor allem durch die *Unterbewertung von Vermögensgegenständen*. So werden gelegentlich z. B. Gegenstände des Anlagevermögens mit einem

---

[11] Kapitalrücklagen unterscheiden sich von den Gewinnrücklagen, zu ihnen zählt z. B. der Betrag, der bei der Ausgabe von Aktien über den Nennbetrag bzw. – wenn kein Nennbetrag vorhanden ist – über den rechnerischen Wert hinaus erzielt wurde. Kapitalrücklagen sind nach § 272 Abs. 2 HGB vorgeschrieben.

Satz abgeschrieben, der die tatsächliche Wertminderung übersteigt. Stille Rücklagen entstehen auch, wenn der Wert von Gegenständen des Anlagevermögens oder von Vorräten über die Anschaffungskosten steigt und diese Wertsteigerung buchhalterisch nicht erfasst wird.

3.3.3.2.3 Finanzierung durch Abschreibung

1. Welche Bedeutung haben Abschreibungen?

In einem Betrieb werden die Gegenstände des Anlagevermögens abgeschrieben; Anlagegüter werden genutzt, dadurch abgenutzt und verlieren an Wert. Die Abschreibung ist die buchhalterische Erfassung dieses *Werteverzehrs*. Abschreibungen gehen wie andere Kostenarten in den Kostenträger ein.

Abschreibungen sind aber nicht nur Kosten, sie haben vielmehr auch *Ertragscharakter*. Wie alle Kosten werden die Abschreibungen in die Verkaufspreise einkalkuliert. Mit den Umsatzerlösen holt der Kaufmann neben den anderen Kosten und dem Gewinn auch die Abschreibungen wieder herein. Die Gegenwerte dieses Rückflusses können zurückgelegt und zur Finanzierung verwandt werden *(Finanzierung durch Abschreibung)*.

2. Welche Abschreibungsverfahren werden häufig angewandt?

Häufige Verfahren der Abschreibung sind die lineare und die degressive Abschreibung. Bei der degressiven Abschreibung wird mit gleichen Sätzen jeweils vom Restbuchwert abgeschrieben; dadurch verringern sich die Abschreibungsbeträge. Wenn z. B. die Anschaffungskosten für eine Maschine 10.000 GE betragen und ein Abschreibungssatz von 40 % angenommen wird, ergibt sich folgender Abschreibungsverlauf:

Jahre	Anfangswert	Abschreibungen	Restbuchwert
1	10.000,00	4.000,00	6.000,00
2	6.000,00	2.400,00	3.600,00
3	3.600,00	1.440,00	2.160,00
4	2.160,00	864,00	1.296,00
5	1.296,00	518,40	777,60

Bei der *linearen Abschreibung* dagegen bleiben die Abschreibungsbeträge gleich. Die Anfangsausgabe A wird auf die Jahre der geschätzten Nutzungsdauer n verteilt. Die Abschreibung wird folgendermaßen berechnet:

$$AB = \frac{A}{n}$$

3.3 Steuerung der Beschaffung von Mitteln im Finanzprozess

Wenn die Anschaffungskosten wieder 10.000 GE betragen und die Nutzungsdauer mit fünf Jahren angenommen wird, ergeben sich nach der angegebenen Formel 2.000 GE als jährliche Abschreibungsbeträge. Nach fünf Jahren ist die Maschine vollständig abgeschrieben. Der Abschreibungsverlauf wird in der folgenden Tabelle dargestellt.

Jahre	Anfangswert	Abschreibungen	Restbuchwert
1	10.000	2.000	8.000
2	8.000	2.000	6.000
3	6.000	2.000	4.000
4	4.000	2.000	2.000
5	2.000	2.000	0

3. Wie läuft die Finanzierung durch Abschreibung ab?

Die Finanzierung durch Abschreibung wird nach den beiden Betriebswirten, die sich in besonderem Maße mit ihr befasst haben, auch *Lohmann-Ruchti-Effekt* genannt.

Der Ablauf einer Finanzierung durch Abschreibung lässt sich folgendermaßen kennzeichnen:

1. Durch die Abschreibungen werden Mittel freigesetzt. Bevor sie für die Finanzierung der Reinvestitionen verwandt werden müssen, stehen sie für andere Zwecke, z. B. für die Anlagenerweiterung, zur Verfügung.
2. Mit den frei gesetzten Mitteln können die Reinvestitionen finanziert werden.
3. Über die für die Finanzierung der Reinvestitionen verwandten Mittel hinaus können u. U. weitere Mittel freigesetzt werden, die wiederum für Erweiterungen genutzt werden können.

Das folgende modellhaft vereinfachte **Beispiel** soll eine Finanzierung durch Abschreibung veranschaulichen. Dabei wird von der linearen Abschreibung ausgegangen.

Ein Betrieb schafft in vier aufeinander folgenden Jahren jeweils eine neue Maschine an. Jede Maschine kostet 80.000 Geldeinheiten. Die Nutzungsdauer wird mit vier Jahren angenommen, sodass die Maschinen jährlich mit 20.000 GE abgeschrieben werden. Am Ende des ersten Jahres ergibt sich eine Abschreibungssumme von 20.000 GE, am Ende des zweiten Jahres von 40.000 GE usw. Da die Abschreibungsbeträge noch nicht für die Reinvestitionen benötigt werden, entstehen liquide Mittel, die sich bis zum Ende des vierten Jahres auf 200.000 GE auflaufen. Am Ende des vierten Jahres ist die erste Maschine abgeschrieben; zu Beginn des fünften Jahres wird sie ersetzt, die Anschaffung wird mit den Mitteln finanziert, die bis zum Ende des vierten Jahres angehäuft wurden (20.0000 GE). Da für die Reinvestition lediglich 80.000 GE benötigt werden, ergeben sich freigesetzte Mittel in Höhe von 120.000 GE; mit der Abschreibungssumme des fünften Jahres ergeben sich wieder liquide Mittel von 20.0000 GE, aus denen nun die Ersatzinvestition der zweiten Maschine zu Beginn des sechsten Jahres finanziert wird usw.

Maschinen	Jahre							
	1	2	3	4	5	6	7	8
1	20.000	20.000	20.000	20.000	20.000	20.000	20.000	20.000
2		20.000	20.000	20.000	20.000	20.000	20.000	20.000
3			20.000	20.000	20.000	20.000	20.000	20.000
4				20.000	20.000	20.000	20.000	20.000
jährliche Abschreibungen	20.000	40.000	60.000	80.000	80.000	80.000	80.000	80.000
liquide Mittel	20.000	60.000	120.000	200.000	200.000	200.000	200.000	200.000
abzüglich Reinvestition				80.000	80.000	80.000	80.000	80.000
freigesetzte Mittel	20.000	60.000	120.000	120.000	120.000	120.000	120.000	120.000

Im Beispiel funktionieren Kapitalfreisetzung, Finanzierung und Kapazitätserweiterung im dargestellten Umfang nur unter den folgenden Annahmen:

- Die Anschaffungskosten für die Maschinen bleiben gleich,
- es können gleiche Maschinen wieder beschafft werden,
- die Abschreibungsbeträge können tatsächlich über die Verkaufspreise wieder hereingeholt werden.

4. Was wird an der Finanzierung durch Abschreibung kritisiert?

Die *Realitätsferne der Voraussetzungen* für das Funktionieren wird häufig kritisiert. Tatsächlich kann man kaum davon ausgehen, dass über die am Markt erzielten Verkaufspreise immer auch die Abschreibungen hereingeholt werden können; die Beschaffung gleicher Maschinen zum Ersatz der abgeschriebenen ist meistens nicht möglich und häufig auch nicht wünschenswert; die neuen Maschinen sind im Allgemeinen leistungsfähiger und vor allem teurer. Aber mit entsprechenden Modifikationen lässt sich das Modell an die Realität heranführen. So könnten z. B. Preiserhöhungen mit den freigesetzten Mitteln aufgefangen werden usw.

3.3.3.3 Kreditwürdigkeit

1. Wann gilt ein Kreditnehmer als kreditwürdig?

Ein Kreditnehmer gilt als kreditwürdig, wenn eine Prüfung zeigt, dass er wahrscheinlich willens und fähig ist, einen *Kredit fristgerecht zu bedienen*. Deshalb steht vor der Bewilligung eines Kredits an ein Unternehmen die Kreditwürdigkeitsprüfung.

2. Welche Bereiche umfasst die Kreditwürdigkeitsprüfung?

Die Kreditwürdigkeitsprüfung[12] eines Kreditnachfragers umfasst folgende Bereiche:

---

[12] Zur Ergänzung dieser Darstellungen können die Ausführungen zur Kreditwürdigkeit und zum Rating unter 2.2.2 Bilanzanalyse herangezogen werden.

- Prüfung der rechtlichen Verhältnisse,
- Prüfung der persönlichen Vertrauenswürdigkeit,
- Prüfung der wirtschaftlichen Lage und deren Entwicklung.

3. Welche Aspekte umfasst die Prüfung der rechtlichen Verhältnisse?

Geprüft wird u. a. die Rechts- und Geschäftsfähigkeit des Kreditnachfragers; bei Kreditanträgen von juristischen Personen wird die Vertretungsbefugnis des Antragsstellers geprüft usw.

4. Welche Aspekte umfasst die Prüfung der persönlichen Vertrauenswürdigkeit?

Geprüft wird u. a. die Zahlungsmoral, Zuverlässigkeit bei Vertragserfüllung, Qualifikationen, Erfahrungen usw.

5. Welche Aspekte umfasst die Prüfung der wirtschaftlichen Lage?

Geprüft wird anhand von Struktur- und Bilanzanalysen.

Anhand der **Strukturanalyse** werden z. B. folgende Aspekte geprüft:

- Situation des Unternehmens, z. B. Gegenstand, Geschäftsumfang, Geschäftsleitung, Zweck des Kredits, Organisation,
- rechtliche Verhältnisse des Unternehmens, z.B. Haftungen, Beteiligungen,
- wirtschaftliche und technische Verhältnisse, z.B. Produkte, Produktionsverfahren, Marketing, Absatzmärkte, Absatzchancen, Planungen.

Anhand der **Bilanzanalyse** und mithilfe entsprechender Kennzahlen werden z. B. geprüft:

- Ertrag, Umschlagsgeschwindigkeit des Kapitals, Gewinnverwendung,
- Liquidität,
- Finanzierung,
- Investition, Vermögensstruktur, Abschreibungspolitik.

6. Welche Informationsquellen stehen für die Kreditwürdigkeitsprüfung zur Verfügung?

Informationsquellen für die Prüfung der Kreditwürdigkeit sind z. B.

- Auskünfte: Selbstauskunft, Auskunfteien, Auskünfte von Geschäftsfreunden, Referenzen,
- öffentliche Register: Handelsregister,
- Jahresabschluss: Kennzahlenanalyse, Bilanzanalyse, Zeitvergleich,
- Bücher: Aufträge, Beschäftigung,
- Betriebsbesichtigung.

3.3.4 Kapitalbeschaffung als ein Entscheidungskriterium für die Wahl der Rechtsform

3.3.4.1 Eigenkapital

3.3.4.1.1 Einzelunternehmung und Personengesellschaften

1. Wer bringt in der Einzelunternehmung das Kapital auf?

Der Inhaber bringt das Kapital auf; eine Mindesthöhe für das aufzubringende Kapital ist nicht vorgeschrieben.

2. Welche Möglichkeiten zur Kapitalerhöhung hat ein Einzelunternehmen?

Wenn einem Einzelunternehmen von außen Eigenkapital zufließt, liegt eine *Einlagenfinanzierung* vor. Der Eigentümer entnimmt seinem Privatvermögen finanzielle Mittel, mit denen er das Eigenkapital seines Unternehmens erhöht. Dieser Einlagenfinanzierung sind enge Grenzen gesetzt. Die Zuführung von Eigenkapital in größerem Umfang lässt sich lediglich durch Beteiligung eines stillen Gesellschafters oder durch Umwandlung in eine Gesellschaft, z. B. in eine OHG oder KG, erreichen.

3. Wer bringt in Personengesellschaften das Kapital auf?

In der Personengesellschaft bringen die Gesellschafter entsprechend der Vereinbarung das Kapital auf. Eine Kapitalbeteiligung ist nicht vorgeschrieben, sie ist allerdings üblich.

Beispiele für Personengesellschaften: Offene Handelsgesellschaft (OHG), Kommanditgesellschaft (KG), Gesellschaft bürgerlichen Rechts (GbR).

4. Ist in der OHG eine Kapitaleinlage vorgeschrieben?

Das Gesetz schreibt keine Kapitaleinlage für die Gesellschafter vor. Kapitaleinlagen sind allerdings üblich und werden vertraglich vereinbart. Die Gesellschafter sind verpflichtet, die vertraglich vereinbarte Beteiligung einzubringen. Die Einlage kann als Bareinlage oder als Sacheinlage erfolgen.

5. Welche Möglichkeiten zur Kapitalerhöhung hat eine OHG?

Die Kapitalerhöhung in einer OHG ist dadurch möglich, dass die Gesellschafter ihre Einlagen erhöhen. Sie bringen Teile ihres Privatvermögens ein; außerdem könnten nicht entnommene Gewinnanteile den Einlagen zugerechnet werden. Eine weitere Möglichkeit besteht darin, neue Gesellschafter aufzunehmen, die zwar Kapital einbringen, aber auch gleichberechtigt an der Geschäftsführung teilnehmen. Dadurch sind der Kapitalerhöhung in einer OHG enge Grenzen gesetzt.

3.3 Steuerung der Beschaffung von Mitteln im Finanzprozess

6. Können die Gesellschafter einer OHG ihre Beteiligung kündigen?

Die Beteiligung kann mit einer sechsmonatigen Kündigungsfrist zum Jahresende gekündigt werden.

7. Ist eine Kapitaleinlage vorgeschrieben?

Der Gesetzgeber schreibt weder die Höhe des Gesamtkapitals, noch die Höhe der einzelnen Einlage in einer KG vor. Die Gesellschafter sind zu der vereinbarten Kapitaleinlage verpflichtet. Die Höhe der Haftsumme der Teilhafter (Kommanditisten) wird in das Handelsregister eingetragen.

8. Können die Gesellschafter einer KG ihre Beteiligung kündigen?

Ja, die Beteiligung kann mit einer sechsmonatigen Kündigungsfrist zum Jahresende gekündigt werden.

9. Welche Möglichkeiten zur Kapitalerhöhung hat eine KG?

Für eine KG ist die Kapitalbeschaffung etwas einfacher, weil durch Aufnahme weiterer Kommanditisten die Geschäftsführungsbefugnisse des bzw. der persönlich haftenden Gesellschafter nicht eingeschränkt werden. Die Kommanditisten legen finanzielle Mittel in einer gut geführten KG lediglich wegen der Gewinnbeteiligung an; sie müssen und wollen an der Geschäftsführung nicht beteiligt werden, ihre Haftung bleibt auf ihre Einlagen beschränkt. Daneben besteht, wie in der OHG, selbstverständlich die Möglichkeit, dass die Gesellschafter, Komplementäre und Kommanditisten, ihre Einlagen erhöhen.

3.3.4.1.2 Kapitalgesellschaften

1. Wie lässt sich die Kapitalgesellschaft charakterisieren?

Die Kapitalgesellschaft lässt sich u. a. anhand der folgenden Merkmale charakterisieren:

- Im Vordergrund der Kapitalgesellschaft steht die *Kapitalbeteiligung* der Gesellschafter; eine Teilhaberschaft an einer Kapitalgesellschaft ohne Kapitaleinlage ist nicht möglich. Die Mindesthöhe des Gesellschaftskapitals und die Mindesthöhe der einzelnen Beteiligung ist vorgeschrieben.

- Die Kapitalanteile sind *übertragbar*.

- Die Kapitalgesellschaft ist *als juristische Person rechtsfähig*; die Geschäftsführung und Vertretung nach außen wird von besonderen (gewählten) Organen wahrgenommen. Die Mitarbeit der Gesellschafter ist nicht vorgeschrieben; Geschäftsführer müssen also nicht Gesellschafter sein.

- Die Gesellschafter stimmen nach der Höhe der Kapitalbeteiligung ab.
- Die Gesellschaft *haftet* gegenüber ihren Gläubigern mit ihrem Vermögen.

Beispiele für Personengesellschaften: Gesellschaft mit beschränkter Haftung (GmbH), Aktiengesellschaft (AG).

2. Wie hoch muss das Stammkapital in einer GmbH mindestens sein?

Das von den Gesellschaftern aufzubringende Gesellschaftskapital, das sog. Stammkapital, muss mindestens 25.000 € betragen. Die Geschäftsanteile der Gesellschafter müssen auf volle Euro lauten; die Höhe ihrer Nennbeträge kann verschieden bestimmt sein; die Summe der Nennbeträge aller Anteile muss mit dem Stammkapital übereinstimmen.

Das Kapital kann als Geld- oder Sachkapital eingebracht werden. Die Anteile sind übertragbar.

3. Welche Möglichkeiten zur Kapitalerhöhung hat die GmbH?

Eine GmbH kann durch Beschluss der Gesellschafter das Stammkapital erhöhen.[13] Die Geschäftsanteile können von den bisherigen Gesellschaftern oder von anderen Personen, die durch die Übernahme zu Gesellschaftern werden, übernommen werden. (Das Stammkapital kann nominell auch durch Umwandlung von Rücklagen erhöht werden.)

4. Welche Bedeutung hat die Nachschusspflicht in einer GmbH?

Die GmbH kann Finanzierungsprobleme auch über die sog. Nachschusspflicht[14] lösen. Wenn der Gesellschaftsvertrag dies vorsieht, können die Gesellschafter weitere Einzahlungen beschließen, d. h. die Gesellschafter werden zu Nachschüssen verpflichtet. Die Höhe der Nachschüsse, die die einzelnen Gesellschafter zu leisten haben, richtet sich nach der Höhe ihrer Geschäftsanteile. Die Nachschusspflicht kann beschränkt oder unbeschränkt sein.

5. Wer bringt in der AG das Grundkapital auf?

Das Grundkapital der AG in Höhe von mindestens 50.000 € wird von den Gesellschaftern aufgebracht. Die Einlagen können in Geld oder – unter Berücksichtigung besonderer Vorschriften – in Sachen eingebracht werden.

Für ihre *Einlagen* erhalten die Gesellschafter *Aktien*. Die Aktien können als Stückaktien und Nennbetragsaktien ausgegeben werden. Die Aktien sind Urkunden, die ent-

---

[13] Vgl. GmbH-Gesetz §§ 55 ff.
[14] Vgl. GmbH-Gesetz §§ 26 ff.

weder auf den Namen oder den Inhaber lauten (Namens- und Inhaberaktien). Ihre Übertragung ist relativ einfach.

6. Welche Rechte verleiht eine Aktie?

Die Anteilseigner (Aktionäre) haben einen Anspruch auf Gewinnanteil (Dividende) gemäß ihren Anteilen. Im Allgemeinen haben sie bei einer Kapitalerhöhung auch einen Anspruch auf Bezug neuer Aktien.

7. Wovon ist die Höhe der Dividende abhängig?

Die Höhe der Dividende ist abhängig von der Gewinnverwendung, die die Hauptversammlung auf Vorschlag des Vorstands beschließt.

Gewinnverwendung:

Reingewinn

- abzüglich der Gewinnanteile, die der gesetzlichen Rücklage zuzuführen sind, das sind 5 % des Gewinns bis 10 % des Grundkapitals erreicht sind,
- abzüglich der Gewinnanteile, die auf Vorschlag des Vorstands den freien Rücklagen zugeführt werden sollen,
- abzüglich der Gewinnanteile, die evtl. einem Gewinnvortrag zugeführt werden,
- ergibt den Restgewinn (Dividende).

8. Wodurch unterscheiden sich Nennbetragsaktien von Stückaktien?

Die Aktien können als Nennbetragsaktien oder als Stückaktien ausgegeben werden.

Die Summe der **Nennbetragsaktien** entspricht dem Betrag des Grundkapitals. Der Mindestbetrag einer Nennbetragsaktie ist ein Euro. Höhere Nennbeträge sind möglich, sie müssen auf volle Euro lauten.

Stückaktien haben keinen Nennbetrag. Sie sind am Grundkapital in gleichem Umfang beteiligt; die Gesamtzahl aller Stücke, d.h. aller Anteile, entspricht dem Grundkapital. Der auf die einzelnen Stückaktien entfallende Anteil am Grundkapital darf einen Euro nicht unterschreiten.

9. Welche Möglichkeiten der Eigenkapitalbeschaffung hat die AG?

Für die Kapitalbeschaffung einer AG sieht das Aktiengesetz mehrere Maßnahmen vor. Sie müssen jeweils von der Hauptversammlung mit Drei-Viertel-Mehrheit des bei der Beschlussfassung vertretenen Kapitals beschlossen werden.

Die Hauptversammlung kann eine *Kapitalerhöhung gegen Einlagen* beschließen.[15] Für die Kapitalerhöhung werden *neue Aktien* ausgegeben. Jedem Aktionär muss auf sein Verlangen ein Teil der neuen Aktien zugeteilt werden, der seinem Anteil am bisherigen Grundkapital entspricht. Der Vorstand kann auch ohne Gesellschafterbeschluss das Grundkapital bis zu einer bestimmten Höhe durch Ausgabe neuer Aktien gegen Einlagen erhöhen (genehmigtes Kapital); das muss ausdrücklich durch die Satzung genehmigt werden, die Genehmigung kann aber nur für fünf Jahre nach der Eintragung (ins Handelsregister) erteilt werden.

10. Was wird in einer AG als bedingte Kapitalerhöhung bezeichnet?

Eine besondere Maßnahme ist die bedingte Kapitalerhöhung[16]. Bedingt heißt diese Kapitalerhöhung, weil sie *nur für bestimmte Zwecke* beschlossen wird; dazu zählen u. a. die Gewährung von Bezugsrechten an Arbeitnehmer, die Vorbereitung des Zusammenschlusses mehrerer Unternehmen u. Ä.

11. Kann das Grundkapital einer AG auch aus Gesellschaftsmitteln erhöht werden?

Schließlich kann das Grundkapital auch aus Gesellschaftsmitteln erhöht werden.[17] Durch diesen Vorgang fließt der Gesellschaft kein neues Kapital zu; es werden lediglich *Kapital- und Gewinnrücklagen in Grundkapital* umgewandelt. Die neuen Aktien stehen den Aktionären im Verhältnis ihrer Anteile am bisherigen Grundkapital zu.

3.3.4.1.3 Der Gang an die Börse – Going Public

1. Welche Gründe hat ein Unternehmen für den Gang an die Börse?

Unternehmen haben für den Gang an die Börse im Allgemeinen mehrere Gründe; die Finanzierung ist meistens der wichtigste Grund, andere Gründe sind dann von untergeordneter Bedeutung.

Diese Finanzierung ist eine *Eigenkapitalfinanzierung*; Anleger kaufen die angebotenen Aktien, sie werden dadurch Gesellschafter; der Erlös aus dem Verkauf der Aktien fließt dem Unternehmen als Eigenkapital zu. Mit dem Gang an die Börse eröffnen sich dem Unternehmen aber auch weitergehende Finanzierungsmöglichkeiten. So kann es z. B. bei einer Erhöhung des Grundkapitals neue Aktien ausgeben und an der Börse anbieten.

Dadurch wird das Unternehmen weitgehend unabhängig von den finanziellen Möglichkeiten der ursprünglichen Inhaber (Altgesellschafter). Außerdem wird im Allgemeinen wegen des höheren Eigenkapitals auch die Kreditwürdigkeit des Unternehmens verbessert.

---

[15] Vgl. Aktiengesetz §§ 182 ff.
[16] Vgl. Aktiengesetz §§ 192 ff.
[17] Vgl. Aktiengesetz §§ 207 ff.

3.3 Steuerung der Beschaffung von Mitteln im Finanzprozess

Durch den Handel der Aktien, durch Veröffentlichungen von Geschäftsberichten und vor allem bei Anstieg des Aktienkurses steigen der Bekanntheitsgrad und das Image des Unternehmens. Das trägt weiter zur Kreditwürdigkeit bei und fördert das Interesse von Anlegern bei Neuemissionen aufgrund von Kapitalerhöhungen.

Ein Grund für den Börsengang wird darin gesehen, Mitarbeiter am Aktienkapital zu beteiligen. Mitarbeiter erhalten Aktien und werden dadurch als Gesellschafter am Gewinn beteiligt. Das Unternehmen will mit dieser Mitarbeiterbeteiligung die Motivation seiner Mitarbeiter erhöhen, Mitarbeiter für langjährige Unternehmenszugehörigkeit belohnen oder an das Unternehmen binden.

2. Welche Grundbedingung muss ein Unternehmen für den Börsengang erfüllen?

Ein Unternehmen kann nur an die Börse gehen, wenn sein Gesellschaftskapital in Anteile aufgeteilt ist, die verkauft und gekauft werden können. Liegt diese Voraussetzung nicht vor, gehört zur Vorbereitung des Börsengangs deshalb die Umwandlung in eine AG (oder KGaA).

3. Wann gilt ein Unternehmen als börsenreif?

Zu den Vorbereitungen gehört auch die Prüfung der Börsenreife des Unternehmens. Als börsenreif gilt ein Unternehmen, dessen Aktien emissionsfähig sind. Die Börsenreife wird von der Emissionsbank geprüft; allerdings können auch externe Prüfer (Due-Diligence-Prüfer) mit der Prüfung beauftragt werden.

Die Börsenreife eines Unternehmens bzw. die Emissionsfähigkeit seiner Aktien hängt u. a. von folgenden Aspekten ab, die deshalb (neben anderen) auch Gegenstand der Prüfung sind.

- Umsatz: Der Umsatz sollte eine Mindesthöhe nicht unterschreiten. Die Untergrenze für den Umsatz ist abhängig von der Branche; bei Handelsunternehmen liegt sie höher als bei Industrieunternehmen. Die Mindestuntergrenze hängt aber auch von dem prognostizierten Umsatzwachstum des Unternehmens (bzw. der Branche) ab. Bei Unternehmen mit starkem Umsatzwachstum und hervorragenden Marktaussichten wird der Mindestumsatz deshalb niedriger angesetzt.

- Kursentwicklungen: Für einen Anleger kann der Kauf von Aktien, die neu auf den Markt kommen, nur dann interessant sein, wenn er Kurssteigerungen erwarten kann. Kurssteigerungen hängen aber von der Gewinnentwicklung ab. Ein Unternehmen, das an die Börse geht, sollte deshalb kontinuierliche Gewinnsteigerungen in den drei bis vier Jahren vor dem Börsengang nachweisen können.

- Management: Die Entwicklung des Unternehmens hängt weitgehend von den Fähigkeiten des Managements ab. Kenntnisse und Erfahrung des Vorstands und die Qualifikation der mittleren Führungsebene sind entscheidend für den Zustand des Unternehmens und für seine bisherige und weitere Entwicklung. Die Fähigkeit der Unternehmensleitung zeigt sich in besonderem Maße auch bei der Abwicklung des

Börsengangs und bei der Darstellung des Vorgangs in der Öffentlichkeit; sie soll bei einer interessierten Öffentlichkeit Vertrauen erwecken und Anleger zum Kauf der Aktien anregen können.

- Marktstellung: Die Marktstellung eines Unternehmens hängt u. a. von der Wettbewerbssituation ab. Es ist deshalb von Interesse, Anzahl und Stärke der Mitbewerber zu kennen, die sich in dieser Branche um die gleichen Zielgruppen bemühen. Wenn sich das Unternehmen bereits vor dem Börsengang erfolgreich gegenüber der Konkurrenz behaupten und einen relativ hohen Marktanteil für seine Produkte erwerben konnte, wenn zudem das Produktprogramm um ein Erfolg versprechendes Produkt erweitert und eine neue interessante Zielgruppe erschlossen werden soll, verbessert das die Emissionsfähigkeit der Aktien.

4. Welche Bedeutung hat die Due-Diligence-Prüfung?

Häufig wird die Börsenreife mithilfe einer sog. Due-Diligence-Prüfung festgestellt. *Externe Prüfer* erhalten vom Unternehmen oder von der Emissionsbank den Auftrag, alle Aspekte, die für den Börsengang wichtig sein können, „mit gebührender Sorgfalt" zu untersuchen. Die Due-Diligence-Prüfung ist eine sehr umfangreiche Prüfung, die sorgfältig vorbereitet und durchgeführt wird. Sie befasst sich mit den rechtlichen, wirtschaftlichen, finanziellen und steuerlichen Aspekten des Unternehmens. Zur rechtlichen Due Diligence zählen z. B. die Gesellschaftsunterlagen, die Verträge, das Personal, die Vermögensverhältnisse. Die wirtschaftliche und die finanzielle Due Diligence befasst sich z. B. mit der Markt- und Wettbewerbssituation, der unternehmerischen Entscheidungsstruktur, Finanzierungen, Jahresabschlüsse. Bei der steuerlichen Due Diligence werden z. B. die Steuerbescheide geprüft usw.

5. Wie wird der Emissionspreis ermittelt?

Bei der Vorbereitung des Börsengangs ist die Ermittlung des Emissionspreises, d. h. des Ausgabekurses einer Aktie von großer Bedeutung. Wird er zu hoch angesetzt, kann er Anleger abschrecken. Ist er zu niedrig, d. h. steigt der Kurs nach der Erstplatzierung relativ stark, verlieren die Altgesellschafter Vermögen und dem Unternehmen entgeht evtl. dringend benötigte Liquidität.

Grundlage der Ermittlung ist die Bewertung des Unternehmens zum Tag der Börseneinführung und die Umrechnung des Wertes je Aktie. Zur weiteren Berechnung des Emissionspreises stehen sowohl wissenschaftliche als auch praktische Berechnungsverfahren zur Verfügung. Im Allgemeinen werden die praktischen Berechnungsverfahren den wissenschaftlichen vorgezogen. Die am häufigsten angewandten Verfahren beruhen auf dem Kurs-Gewinn-Verhältnis (KGV) und auf dem Berechnungsschema der Deutschen Vereinigung für Finanzanalyse und Anlageberatung e. V. und der Schmalenbach-Gesellschaft – Deutsche Gesellschaft für Betriebswirtschaft e. V. (DVFA/SG).

6. Was wird mit dem KGV angegeben und welche Bedeutung hat es für Anleger und für das Unternehmen?

Das KGV ist eine wichtige Orientierungsgröße für Anleger. Es gibt als *Quotient von Kurs zum Gewinn je Aktie* an, in welchem Zeitraum der für die Aktie ausgegebene Betrag über die Gewinneinnahmen zurückfließt. Der Aktiengesellschaft signalisiert das KGV, mit dem Wievielfachen des Gewinns der Markt das Unternehmen bewertet.

$$KGV = \frac{Kurs}{Gewinn\ je\ Aktie}$$

Wenn also der Kurs einer Aktie bei 50 € liegt und der Gewinn je Aktie 10 € beträgt, ergibt sich ein KGV von 5. Es ist leicht einzusehen, dass ein KGV in Höhe von 3 günstiger ist als ein KGV in Höhe von 5.

Zur Beurteilung einer Erstausgabe von Aktien ziehen interessierte Anleger häufig das KGV für vergleichbare Anlagen heran. Es liegt deshalb für das emittierende Unternehmen nahe, das KGV vergleichbarer Unternehmen zur Bestimmung des Ausgabekurses seiner Aktien zu nutzen. An die Stelle des KGV vergleichbarer Unternehmen können auch entsprechende Durchschnittswerte der Branche, des betreffenden Marktsegments, u. U. auch des DAX treten. Der Ausgabekurs ergibt sich dann durch Multiplikation des „fremden" KGV mit dem Wert je Aktie des Unternehmens.

Die Bezugsgröße („Gewinn je Aktie") für das KGV kann aber auch der von dem emittierenden Unternehmen für das laufende Jahr und die folgenden Jahre geschätzt werden. Dabei wird im Allgemeinen nach dem von der DVFA/SG vorgeschlagenen Schema vorgegangen. Grundlage der Schätzung ist der Jahresüberschuss, der um ungewöhnliche, außergewöhnliche und dispositionsbedingte Aufwendungen und Erträge (jeweils nach Steuern) bereinigt wird. Durch die Bereinigung ergibt sich das Jahresergebnis gem. DVFA/SG nach Steuern. Der Ausgabekurs wird hier durch Multiplikation des „fremden" KGV mit dem Jahresergebnis ermittelt.

7. Wie wird der Ausgabekurs bei Erstemission angegeben?

Der Ausgabekurs für die Erstemission wird vom emittierenden Unternehmen (evtl. gemeinsam mit der Emissionsbank bzw. dem Emissionskonsortium) als Festpreis bekannt gegeben. Zu diesem Preis können interessierte Anleger die Aktie nachfragen.

8. Welche Nachteile hat das Festpreisverfahren?

Das Festpreisverfahren hat erheblich Nachteile; sie entstehen durch die Schwierigkeit, einen Ausgabepreis zu finden, bei dem eine optimale Platzierung des Papiers möglich ist. So kann sich z. B. durch eine starke Nachfrage zeigen, dass der Festpreis zu niedrig war; den Altgesellschaftern und – wenn mit der Erstemission eine Erhöhung des Gesellschaftskapitals verbunden war – dem emittierenden Unternehmen entgehen Einnahmen. Wenn die Nachfrage zu gering ist, wurde der Festpreis wahrscheinlich zu hoch angesetzt. Das hat vor allem für die Emissionsbank dann einen erheblichen Nachteil, wenn sie sich durch Vertrag verpflichtet hat, nicht platzierte Aktien selbst zu übernehmen.

9. Wie wird im Bookbuilding-Verfahren der Ausgabepreis ermittelt?

Der Nachteil des Festpreisverfahrens kann – zumindest teilweise – durch das Bookbuilding-Verfahren beseitigt werden. Bei diesem Verfahren *werden Nachfrager an der Preisfindung beteiligt*. Vor dem Emissionstermin bietet die Emissionsbank bzw. das Bankenkonsortium, das mit der Emission beauftragt ist, interessierten Anlegern die Möglichkeit, die Aktie zu „zeichnen". Dazu legt sie eine Preisspanne (z.B. 12 bis 19 Euro für eine Aktie) fest. Die Kaufinteressenten nennen die Stückzahl, die sie bei einem Preis innerhalb der Preisspanne kaufen wollen. Der Emissionspreis, den die Bank aus den vorliegenden Geboten ermittelt, ist der Preis, bei dem sich der höchste Umsatz ergibt bzw. bei dem sie die größte Stückzahl verkauft. Bei starkem Kaufinteresse liegt der Ausgabepreis schließlich in der Nähe der oberen, bei geringem Kaufinteresse in der Nähe der unteren Preisgrenze.

10. Welche Nachteile hat das Bookbuilding-Verfahren?

Bei einer Überzeichnung, d.h. wenn mehr Aktien bestellt werden als verkauft werden können, zeigt sich im Bookbuilding-Verfahren der gleiche Nachteil wie im Festpreisverfahren. Die Aktien können nur zu dem höchsten Preis der Preisspanne verkauft werden, der Markt hätte jedoch einen höheren Preis akzeptiert. (Bei einer Überzeichnung werden die vorhandenen Aktien zugeteilt.)

Dieser Nachteil des Bookbuildingverfahrens kann durch das *Auktionsverfahren* beseitigt werden, bei dem die Kaufinteressenten einen Preis und die Stückzahl nennen, die sie bei diesem Preis kaufen würden. Aus den vorliegenden Geboten kann dann wie bei der Einheitskursermittlung der Ausgabekurs nach dem Höchstumsatzprinzip festgelegt werden.

11. Was enthält das Emissionskonzept?

Am Ende der Vorbereitungen steht das Emissionskonzept. Es enthält u.a. den Emissionspreis, die Art der Aktien, das Platzierungsvolumen, d.h. die Anzahl der Aktien, die Streuung, das Marktsegment und schließlich die Regionalbörse, das ist die Börse, an der die Aktien gehandelt werden sollen.

12. Wo wird der Antrag auf Zulassung an einer Börse gestellt und was wird für die Zulassung vorausgesetzt?

Bei der Zulassungsstelle der Regionalbörse, z.B. der Frankfurter Wertpapierbörse, wird der Antrag auf Zulassung vom emittierenden Unternehmen und der Emissionsbank gestellt. Die Zulassung setzt voraus, dass das emittierende Unternehmen gemeinsam mit der Emissionsbank einen *Börsenzulassungsprospekt* in bestimmten Zeitungen, den sog. Börsenpflichtblättern, veröffentlicht hat. Die Zulassungsstelle prüft den Prospekt auf Richtigkeit und Vollständigkeit. Der Börsenzulassungsprospekt dient in erster Linie der Information und dem Schutz von Anlegern.

Weitere Zulassungsbedingungen sind abhängig von dem Börsensegment, für das die Zulassung angestrebt wird.

13. Welche Angaben muss der Börsenzulassungsprospekt enthalten?

Die Börsenzulassungsverordnung schreibt vor, welche Angaben der Prospekt enthalten muss. Dazu zählen z. B. bei der Emission von Aktien

- die Gesellschaft, z. B. Name, Sitz, Gegenstand des Unternehmens,
- die Art und die Anzahl der Aktien,
- Grundkapital,
- Zeitpunkt der Dividendenberechtigung,
- die Abschlüsse der letzten drei Geschäftsjahre.

3.3.4.2 Fremdkapitalbeschaffung börsennotierter Unternehmen

1. Welche Möglichkeiten haben börsennotierte Unternehmen, sich Fremdkapital mithilfe von Anleihen zu beschaffen?

Börsennotierte Unternehmen können sich Fremdkapital *mithilfe von Anleihen* beschaffen. Eine Anleihe ist ein Mittel zur langfristigen Fremdfinanzierung; es wird außer von großen Unternehmen der gewerblichen Wirtschaft auch von der öffentlichen Hand und von Banken genutzt.

Folgende Formen von Anleihen sind in der gewerblichen Wirtschaft von Bedeutung:

- Industrieobligation,
- Wandelschuldverschreibung,
- Optionsanleihe,
- Gewinnschuldverschreibung,
- Aktienanleihe.

2. Was enthält der Anleiheprospekt?

Der Anleiheprospekt dient vorwiegend der Information interessierter Anleger. Er muss deshalb neben Informationen über den Emittenten die Anleihekonditionen enthalten. Dazu zählen mindestens folgenden Angaben:

- Höhe des Emissionsvolumens,
- Stückelung,
- Ausgabe und Rückzahlungskurs,
- Laufzeit,
- Tilgungsmodalitäten,

- Zinssatz und Zinszahlungsmodalitäten,
- Besicherung,
- Kündigungsmöglichkeiten des Emittenten.

3.3.4.2.1 Industrieobligation

1. Was ist eine Industrieobligation?

Eine Industrieobligation ist eine *Anleihe eines Unternehmens der gewerblichen Wirtschaft*, also eines Industrie-, Handels-, Dienstleistungsunternehmens: Das Unternehmen will seinen erheblichen Bedarf an Fremdkapital langfristig dadurch decken, dass es sich bei einer großen Anzahl von Kapitalgebern in kleinen Beträgen leiht.

Der Gesamtbetrag einer Obligation wird in *Teilschuldverschreibungen* zerlegt. Sie verbriefen das Recht des Käufers auf Verzinsung und Tilgung (Rückzahlung).

Die Laufzeit einer Obligation hängt im Allgemeinen von den Bedürfnissen des Emittenten ab; sie liegt zwischen fünf und zwanzig Jahre.

Die Wertpapiere werden meistens als *Inhaberpapiere* ausgegeben, selten als Orderpapiere.

2. Wie wird eine Industrieobligation besichert?

Für die Besicherung einer Obligation hat das emittierende Unternehmen folgende Möglichkeiten:

- Bürgschaften,
- Grundpfandrechte,
- Negativklauseln, durch eine Negativklausel verpflichtet sich der Emittent, in Zukunft darauf zu verzichten, Vermögensteile zu Gunsten anderer Kreditgeber zu belasten.

3. Wie wird eine Industrieobligation herausgegeben?

Eine Industrieobligation kann von dem Unternehmen selbst herausgegeben werden; man spricht dann von einer **Selbstemission**. Bei einer Selbstemission trägt das Unternehmen, der Emittent, alleine die Risiken der Emission. Ein Risiko könnte z. B. darin bestehen, dass die Anleihe nicht vollständig auf dem Kapitalmarkt untergebracht werden kann.

Bei einer **Fremdemission** übernimmt eine Bank oder ein Bankenkonsortium (evll. auch eine Investmentgesellschaft) die Herausgabe; die Banken tragen dabei auch das Risiko, verlangen dafür aber eine Gebühr von dem emittierenden Unternehmen.

4. Welche Rechte verleiht die Industrieobligation dem Gläubiger?

Der Gläubiger, das ist der Käufer des Wertpapiers, hat folgende Rechte:

- Rückzahlung des ausgewiesenen Betrages,
- feste (gleich bleibende) Verzinsung während der Laufzeit.

5. Kann eine Industrieobligation gekündigt werden?

Das emittierende Unternehmen kann die Obligation kündigen, i. d. R. nach Ablauf einiger Jahre. Der Anleger hat das Recht zur Kündigung im Allgemeinen nicht.

6. Wie wird eine Industrieobligation getilgt?

Eine Obligation kann insgesamt am Ende der Laufzeit getilgt werden. Häufig ist die Tilgung in Raten. Die ratenweise Tilgung ist durch Rückkauf oder durch Auslosung möglich.

Der Rückkauf an der Börse bietet sich dann an, wenn der Börsenkurs unter dem Rückkaufkurs liegt. Bei der Auslosung werden zu bestimmten Terminen die Papiere ausgewählt, die der Emittent gegen Bezahlung des Rückkaufkurses zurücknimmt.

7. Warum weichen Ausgabe- und Rückgabekurse vom Nennwert der Obligation ab?

Die Teilschuldverschreibung hat einen Nennwert. Ausgabe- und Rückkaufkurse können ihm in der Höhe entsprechen (pari), sie können aber auch darunter (unter pari) oder darüber liegen (über pari).

Bei einem *Ausgabekurs unter pari* will der Emittent den Kauf anreizen. Für den Käufer erhöht dieser Vorteil beim Kauf die effektive Verzinsung, weil der Rückkaufkurs mindestens dem Nennwert entspricht.

Bei einem *Rückkaufkurs über pari* besteht ebenfalls ein Kaufanreiz, da sich auch in diesem Fall die effektive Verzinsung verbessert.

Vom Nennwert sowie von den Ausgabe- und Rückkaufkursen kann der Börsenkurs einer an der Börse gehandelten Teilschuldverschreibung abweichen.

3.3.4.2.2 Wandelschuldverschreibung

1. Was ist eine Wandelschuldverschreibung?

Eine Wandelschuldverschreibung – auch Wandelanleihe genannt – ist eine *besondere Form der Industrieobligation*. Sie verbrieft die gleichen Rechte wie die Industrieobligation, darüber hinaus aber auch das Recht auf *Umtausch in Aktien*. Es besteht aber für den Anleger keine Pflicht zum Umtausch, er kann die Schuldverschreibung auch verkaufen oder bis zur Fälligkeit behalten.

Häufig liegt der Ausgabekurs über dem Nennwert; dadurch wird die effektive Verzinsung beeinträchtigt.

2. Welche Bedeutung hat eine Wandelschuldverschreibung für das emittierende Unternehmen und für die Anleger?

Das Unternehmen hat eine Möglichkeit zur *Fremdkapitalbeschaffung, wenn die Ausgabe einer Industrieobligation nicht in Betracht kommt*, weil z. B. das Zinsniveau zu hoch ist, oder die Börsensituation für eine Eigenkapitalbeschaffung zzt. ungünstig ist.

Die Aktionäre (Altaktionäre) haben ein Bezugsrecht auf Wandelschuldverschreibungen. Wandelschuldverschreibungen dürfen nur auf Beschluss der Hauptversammlung ausgegeben werden; der Beschluss muss mit einer Mehrheit zu Stande kommen, die mindestens drei Viertel des bei der Beschlussfassung vertretenen Grundkapitals umfasst. Der Beschluss gilt für fünf Jahre.[18]

Damit die Ansprüche aus der Wandelschuldverschreibung befriedigt werden, muss eine bedingte Kapitalerhöhung beschlossen werden.

3. Wann und wie wird die Wandelschuldverschreibung umgetauscht?

Die Schuldverschreibungen können nach Ablauf einer Sperrfrist umgetauscht werden. Das Umtauschverhältnis wird bei Ausgabe festgelegt; z. B. 3 : 1, das bedeutet, drei Schuldverschreibungen werden in eine Aktie umgetauscht.

Im Allgemeinen werden bei Umtausch *Zuzahlungen vom Anleger* verlangt. Mithilfe der Zuzahlungsregelung kann der Umtauschtermin beeinflusst werden: Bei fallenden Zuzahlungen neigen die Anleger zu einem relativ späten Umtausch, bei steigenden Zuzahlungen zu einem relativ frühen Umtausch.

4. Welche Vorteile hat das emittierende Unternehmen von einer Wandelschuldverschreibung?

Die Vorteile, die ein Unternehmen von einer Wandelschuldverschreibung hat, lassen sich in folgenden Punkten kennzeichnen:

- Das Unternehmen erhält langfristiges Fremdkapital zu relativ günstigen Bedingungen; sie liegen im Allgemeinen erheblich unter den Bedingungen für andere Anleihen.

- Bei Wahrnehmung des Wandlungsrechts erhält das Unternehmen Eigenkapital; häufig sind dabei Zuzahlungen (Agio) fällig, sodass sich die Liquiditätssituation des Unternehmens verbessern kann.

- Der Eigenkapitalanteil erhöht sich langfristig.

---

[18] Vgl. § 221 AktGes.

3.3.4.2.3 Optionsanleihe

1. Was ist eine Optionsanleihe und welche Bedeutung hat sie für das emittierende Unternehmen?

Die Optionsanleihe ist eine besondere Form der Industrieobligation; sie dient vor allem der langfristigen Fremdfinanzierung, wenn das allgemeine Zinsniveau relativ hoch und das Kursniveau der Aktien relativ niedrig ist. Daneben hat die Emission letztlich den Zweck, neue Aktionäre zu gewinnen.

2. Wie kommt eine Optionsanleihe zu Stande?

Die Optionsanleihe ist mit einer *Kapitalerhöhung* verbunden; deshalb muss sie von der Hauptversammlung beschlossen werden (vgl. Wandelschuldverschreibung); der Beschluss muss mit einer Mehrheit zu Stande kommen, die mindestens drei Viertel des bei der Beschlussfassung vertretenen Grundkapitals umfasst. Der Beschluss gilt für fünf Jahre.

3. Welche Kennzeichen weist die Optionsanleihe auf?

Die Optionsanleihe verleiht die gleichen Rechte wie die Industrieobligation: Festverzinsung und Tilgung. Darüber hinaus verbrieft sie aber auch ein Bezugsrecht auf Aktien.

Bei Emission einer Optionsanleihe werden folgende Punkte festgelegt:

- Optionskurs (Bezugskurs), das ist der Preis, zu dem die Aktien bei Wahrnehmung des Optionsrechts bezogen werden können.
- Optionsverhältnis, damit wird angegeben, wie viele Aktien für ein Optionsrecht bezogen werden können.
- Optionsfrist, das ist die Frist, in der das Wahlrecht wahrgenommen werden kann.

4. Worin liegt die Besonderheit einer Optionsanleihe?

Die Besonderheit der Optionsanleihe besteht darin, dass sie *nicht in Aktien umgetauscht wird*; das unterscheidet sie von der Wandelschuldverschreibung. Die Anleihe bleibt vielmehr bis zu ihrer Tilgung bestehen. Daneben bildet das emittierende Unternehmen Eigenkapital durch Ausgabe von Aktien, und zwar im Umfang des wahrgenommenen Bezugsrechts.

Der Kapitalgeber (und Inhaber der Optionsanleihe), der das Optionsrecht wahrnimmt, bleibt Gläubiger des emittierenden Unternehmens und wird durch den Erwerb von Aktien auch Miteigentümer.

5. Welche Bedeutung haben Optionsscheine?

Der Optionsschein berechtigt zum Bezug der Aktien. Der Optionsschein kann für die Dauer der Anleihe mit ihr verbunden bleichen. Im Allgemeinen wird jedoch das Optionsrecht von der Anleihe abgetrennt. Der Optionsschein kann dann an der Börse gehandelt werden

Welche Börsennotierungen können sich im Zusammenhang mit der Optionsanleihe ergeben?

Es können sich an der Börse folgende Kurse ergeben:

- Kurs für die Anleihe mit dem verbundenen Optionsrecht, die sog. Anleihe cum,
- Kurs für die Anleihe ohne Optionsrecht, die sog. Anleihe ex,
- Kurs für den Optionsschein.

6. Welche Vorteile hat das emittierende Unternehmen von einer Optionsanleihe?

Die Vorteile, die ein Unternehmen von einer Optionsanleihe hat, lassen sich in folgenden Punkten kennzeichnen:

- Das Unternehmen erhält langfristiges Fremdkapital zu relativ günstigen Bedingungen; sie liegen im Allgemeinen erheblich unter den Bedingungen für andere Anleihen.
- Das Fremdkapital steht dem Unternehmen auch dann noch zur Verfügung, wenn die Anleger das Optionsrecht wahrgenommen haben.
- Bei Wahrnehmung des Optionsrechts erhält das Unternehmen Eigenkapital; häufig sind dabei Zuzahlungen (Agio) fällig, sodass sich die Liquiditätssituation des Unternehmens verbessern kann.
- Der Eigenkapitalanteil erhöht sich langfristig.

3.3.4.2.4 Gewinnschuldverschreibung

1. Was ist eine Gewinnschuldverschreibung?

Die Gewinnschuldverschreibung ist eine besondere Form der Industrieobligation. Bei einer Gewinnschuldverschreibung erhält der Gläubiger auch einen *Anspruch auf Gewinnbeteiligung*. Die Gewinnbeteiligung ist auf zwei Arten möglich:

1. Die Gewinnschuldverschreibung ist außer mit der Festverzinsung – wie bei der Tellschuldverschreibung – mit einer zusätzlichen Verzinsung ausgestattet, die mit Gewinnanteilen finanziert wird; der Inhaber einer Gewinnschuldverschreibung kann z. B. an der Dividende mit 50 Prozent beteiligt sein.

2. Statt einer Festverzinsung wird lediglich eine Verzinsung gewährt, die vom Gewinn abhängig ist.

3.3 Steuerung der Beschaffung von Mitteln im Finanzprozess

2. Wie kommt eine Gewinnschuldverschreibung zu Stande?

Die Gewinnschuldverschreibung kann nur auf Beschluss der Hauptversammlung ausgegeben werden (vgl. Wandelschuldverschreibung); der Beschluss muss mit einer Mehrheit zu Stande kommen, die mindestens drei Viertel des bei der Beschlussfassung vertretenen Grundkapitals umfasst. Der Beschluss gilt für fünf Jahre.

3.3.4.2.5 Aktienanleihe

1. Welche besonderen Kennzeichen weist eine Aktienanleihe auf?

Eine Aktienanleihe[19] ist eine *festverzinsliche Schuldverschreibung*. Sie hat die folgenden besonderen Kennzeichen:

- Der Zinskupon liegt über dem Marktzins. Der relativ hohe Zins berücksichtigt das Risiko der Anleihe für den Anleger.
- Die Tilgung ist an den Kurs einer bestimmten, in den Anleihebedingungen benannten Aktie gekoppelt.
- Der Emittent hat am Ende der Laufzeit das Recht, die Anleihe entweder durch Rückzahlung oder durch Vergabe einer Anzahl von Aktien zu tilgen.

2. Wie wird bei einer Aktienanleihe getilgt?

Für die an die Anleihe gekoppelte Aktie wird ein Basiswert festgelegt. Liegt der Kurswert der Aktie unter dem Basiswert, wird der Emittent mit Aktien tilgen; die Anzahl der Aktien wird in den Anleihebedingungen angegeben. Wenn der Kurswert über dem Basiswert liegt, wird durch Rückzahlung des Nominalbetrages getilgt.

3. Welches Risiko hat die Aktienanleihe für den Anleger?

Das Risiko des Anlegers liegt im Wahlrecht des Emittenten für die Tilgung. Wenn der Kurswert der betreffenden Aktie steigt, erhält er bei Tilgung lediglich den Nominalbetrag der von ihm gezeichneten Anleihe zurück. Wegen dieses Risikos ist die Aktienanleihe mit einem über dem Marktzins liegenden Zins ausgestattet; die Verzinsung enthält damit eine Risikoprämie für den Anleger.

3.3.5 Kreditsubstitute

1. Was sind Kreditsubstitute?

Kreditsubstitute sind *alternative Finanzierungsformen*; es handelt sich dabei nicht um Kredite im eigentlichen Sinn, Kreditsubstitute wirken aber wie Kredite.

---

[19] Englische Bezeichnungen: Reverse Convertible Bond oder Equity Linked Bond.

Zu den Kreditsubstituten zählen z. B.

- Leasing,
- Factoring,
- Forfaitierung[20],
- Asset-Backed-Securities.

3.3.5.1 Leasing

1. Welche Bedeutung hat Leasing?

Das Leasing ist eine besondere *Form des Mietvertrages* zwischen einem Leasingnehmer und einem Leasinggeber. Leasingobjekte sind vor allem Investitionsgüter, aber auch Konsumgüter werden geleast. Der Leasingnehmer kann die von ihm gemietete Sache gebrauchen und zahlt dafür die vereinbarten Leasingraten, der Leasinggeber bleibt Eigentümer der Sache.

2. Was wird im Leasingvertrag vereinbart?

Im Leasingvertrag werden u. a. vereinbart:

- Höhe der Leasingraten,
- Dauer einer Grundmietzeit,
- Möglichkeiten zur Verlängerung der Grundmietzeit,
- Kaufoptionen,
- Übernahme des Investitionsrisikos,
- Wartungsdienste.

3. Wodurch unterscheidet sich indirektes vom direkten Leasing?

Beim **indirekten** Leasing ist Leasinggeber eine Leasinggesellschaft, die das Objekt vom Hersteller kauft und dem Leasingnehmer übergibt. Beim **direkten** Leasing ist der Hersteller des Objektes Leasinggeber.

4. Wodurch unterscheidet sich Operate Leasing vom Finanzierungsleasing?

Operate-Leasing-Verträge sind Mietverträge, die vom Leasinggeber oder -nehmer jederzeit (evtl. unter Berücksichtigung geringer Kündigungsfristen) gekündigt werden können. Dadurch übernimmt der Leasinggeber das Investitionsrisiko.

Finanzierungsleasing-Verträge sind während der Dauer der vereinbarten Grundmietzeit unkündbar. Diese Verträge haben häufig den Charakter von Teilzahlungsverträgen.

---

[20] Weitergehende Ausführungen in Kapitel 5.3.8.

3.3.5.2 Factoring

1. Welche Bedeutung hat das Factoring?

Beim Factoring tritt ein Unternehmen die Forderungen aus den von ihm gewährten Lieferantenkrediten an ein Finanzierungsinstitut, den Factor, ab. Der Factor übernimmt die folgenden Funktionen:

1. Der Factor schießt dem Unternehmen den Forderungsbetrag vor *(Finanzierungsfunktion)*.
2. Der Factor verwaltet die Forderungen, d. h. er übernimmt das Mahnwesen, das Inkasso usw. *(Dienstleistungsfunktion)*.
3. Der Factor trägt das Kreditrisiko *(Delkrederefunktion)*.

2. Wodurch unterscheidet sich das echte vom unechten Factoring?

Echtes Factoring liegt vor, wenn der Factor alle drei Funktionen übernimmt, wenn die Delkrederefunktion nicht übernommen wird, liegt **unechtes** Factoring vor.

3. Wodurch unterscheidet sich das stille vom offenen Factoring?

Beim **stillen** Factoring erhält der Kreditnehmer keine Information über die Forderungsabtretung und zahlt an den Kreditgeber, der die Zahlungen an den Factor weitergibt. Beim **offenen** Factoring wird der Kreditnehmer mit einem entsprechenden Vermerk auf der Rechnung darauf hingewiesen, dass Zahlungen an den Factor zu leisten sind.

4. Welche Bedeutung hat das Factoring für den Kreditgeber?

Das Factoring hat für das kreditgewährende Unternehmen (Verkäufer) Vorteile, denen einige Nachteile gegenüberstehen.

Vorteile: Ein Unternehmen kann seinen Kunden Zahlungsziele einräumen ohne wesentliche Liquiditätsbelastungen, ohne Belastungen durch die Verwaltung der Außenstände und ohne Kreditrisiko.

Nachteile: Das Factoring, vor allem unter Einbeziehung der Delkrederefunktion, ist relativ teuer. Der Hinweis auf die Abtretung (beim offenen Factoring) kann als Zeichen wirtschaftlicher Schwäche angesehen werden.

3.3.5.3 Asset Backed Security

1. Was ist eine Asset Backed Security?

Eine Asset Backed Security (ABS) ist eine *Schuldverschreibung*, die durch bestimmte gleichartige, in einem Pool zusammengefasste Aktiva, z. B. Forderungsansprüche, abgesichert ist. Anders ausgedrückt: Eine ABS ist ein Wertpapier (security), das durch Forderungsansprüche (assets) abgesichert (backed) ist.

2. Welche Forderungen werden gepoolt?

Vorzugsweise werden Finanzaktiva mit niedrigem Bonitätsrisiko und Laufzeiten von mehr als einem Jahr in den Pool eingebracht. Das können Forderungen aus Lieferungen und Leistungen, Hypothekarkredite, Kreditkartenforderungen u. Ä. sein.

Der Pool, in den die Forderungen fließen, ist eine zu diesem Zweck gegründete Gesellschaft. Gesellschaften dieser Art werden auch als Zweckgesellschaften bezeichnet.

3. Wie entstehen ABS?

Die Entstehung von ABS lässt sich folgendermaßen umschreiben:

- Unternehmen verkaufen bestimmte Forderungen an die Zweckgesellschaft (den Pool).
- Die Forderungen werden als Vermögen der Zweckgesellschaft zusammengefasst.
- Für dieses Vermögen werden Schuldverschreibungen ausgestellt, die ABS.
- Die Zweckgesellschaft emittiert die Papiere – häufig mithilfe von Banken.
- Aus dem Emissionserlös refinanziert sich die Zweckgesellschaft.
- Die Schuldner der Forderungen, die den ABS zu Grunde liegen, tilgen ihre Schulden bei Fälligkeit.

4. Welche Vorteile hat ein Unternehmen durch den Forderungsverkauf?

Unternehmen, die ihre Forderungen an die ABS-Gesellschaft verkaufen, haben folgende Vorteile:

- Das Unternehmen erhält für ihre Forderungen erheblich vor Fälligkeit Liquidität. Der Vorgang wird deshalb auch als Kapitalfreisetzung angesehen.
- Die Forderungen werden nicht mehr in der Bilanz ausgewiesen.

3.3.6 Allgemeine Risiken und Instrumente zur Risikobegrenzung

1. Was wird als Bonitätsrisiko bezeichnet?

Das Bonitätsrisiko drückt die Gefahr aus, dass *ein Schuldner seinen Zahlungsverpflichtungen nicht im vereinbarten Umfang nachkommen kann.* Bei einer Anleihe besteht das Bonitätsrisiko darin, dass der Emittent den Kapitaldienst nicht leistet, d. h. seinen Zins- und Kapitalrückzahlungsverpflichtungen nicht oder nicht termingerecht nachkommt. (Vgl. auch die Ausführungen über Kreditwürdigkeit.)

2. Wie kann das Bonitätsrisiko begrenzt werden?

Um sich vor Verlusten zu schützen, muss ein Gläubiger das Bonitätsrisiko prognostizieren. Für Forderungen aus Lieferungen und Leistungen, kurzfristigen und mittelfristigen Darlehen u. Ä. kann mithilfe einer sorgfältigen Prüfung der Kreditwürdigkeit das Bonitätsrisiko eingeschätzt werden.

Für das Risiko einer Anleihe (Industrieobligation) muss die Bonität des emittierenden Unternehmens beurteilt werden. Das ist für den Anleger in den meisten Fällen schwierig; er muss sich dabei auf die Beurteilung durch Banken oder Ratingagenturen verlassen.

3. Wodurch ergibt sich ein Liquiditätsrisiko?

Das Liquiditätsrisiko eines Unternehmens besteht darin, dass es *seinen Zahlungsverpflichtungen nicht termingerecht nachkommen* kann. Ursachen dafür könnten z.B. verzögerte Einnahmen, Zahlungsunfähigkeit von Kunden, Absatzprobleme, Probleme bei der Beschaffung der erforderlichen Liquidität zu den erwarteten Bedingungen usw. sein. (Vgl. auch die Ausführungen über Liquidität.)

4. Wie kann das Liquiditätsrisiko begrenzt werden?

Voraussetzung für eine Begrenzung des Liquiditätsrisikos ist u. a. die Überwachung der Zahlungsbewegungen durch die Einrichtung eines angemessenen Kennzahlensystems.

5. Was ist ein Zinsrisiko?

Ein Zinsrisiko ist ein *Zinsänderungsrisiko*. Dieses Risiko hat seine wesentlichen Ursachen in der Zunahme der Zinsschwankungen. Zinsrisiken (Zinsänderungsrisiken) können im Zusammenhang mit Geldanlagen entstehen, die unterschiedliche Zinsbindungsfristen und Laufzeiten haben. Für ein Unternehmen bestehen Zinsrisiken, wenn Zinsen – als Einnahmen als auch als Ausgaben – nicht den Änderungen der Marktzinsen angepasst werden können.

Zinsrisiken des Anlegers bzw. Investors ergeben sich bei folgenden Situationen:
- Während der Laufzeit eines fest verzinslichen Papiers steigt das Zinsniveau.
- Bei einer Anlage mit variablem Zins sinkt das Zinsniveau.

Zinsrisiken des Emittenten bzw. Kreditnehmers ergeben sich bei folgenden Situationen:
- Während der Laufzeit eines fest verzinslichen Kredits sinkt das Zinsniveau.
- Für einen Kredit mit variablem Zinssatz steigen die Zinsen.

6. Wie kann das Zinsrisiko begrenzt werden?

Zinsrisiken können durch ein optimales Zinsmanagement und mithilfe von Instrumenten zur Zinssicherung begrenzt werden.

Instrumente zur Risikobegrenzung sind z. B.

- Gegengeschäfte,
- Futures,
- Optionen,
- Forward Rate Agreements,
- Zinsswaps.

3.3.7 Kreditrisiken und ihre Begrenzung

3.3.7.1 Bedeutung von Kreditrisiken

1. Worin besteht das Kreditrisiko?

Das Kreditrisiko ist ein *Ausfallrisiko*. Es besteht für den Kreditgeber die Gefahr, dass der Kreditnehmer fällige Zins- und Tilgungsraten ganz oder teilweise nicht leistet.

2. Welche Bedeutung hat der Ausfall für den Kreditgeber?

Für den Kreditgeber kann der Zahlungsausfall des Kreditnehmers ein *Liquiditätsrisiko* bedeuten. Das gilt auch, wenn der Kreditgeber ein Kreditinstitut ist. Der Kreditgeber hat zwar Möglichkeiten zur Beschaffung zusätzlicher Liquidität, allerdings kann sich dadurch die Rentabilität verschlechtern.

3.3.7.2 Instrumente zur Begrenzung

3.3.7.2.1 Personal- und Realsicherheiten

1. Was ist eine Bürgschaft?

Gelegentlich verlangt ein Kreditgeber, dass der Kreditnehmer zur weitergehenden Sicherheit des Kredits einen Bürgen stellt. Ein Bürge erklärt sich gegenüber dem Kreditgeber bereit, für die Schulden des Kreditnehmers einzutreten; diese Schulden setzten sich zusammen aus der Hauptschuld, das ist die Kreditsumme, und den Zinsen usw.

2. In welchem Umfang wird der Bürge bei einer selbstschuldnerischen Bürgschaft in Anspruch genommen?

Bei einer selbstschuldnerischen Bürgschaft wird der Bürge in Anspruch genommen, als ob er selbst auch Schuldner wäre. Wenn der Kreditnehmer seinen Zahlungsverpflichtungen nicht nachkommt, wird der Bürge zur Zahlung aufgefordert. Er muss *auf die Einrede der Vorausklage verzichten*, d. h. er kann vom Gläubiger nicht verlangen, dass er im Klagewege (Zwangsvollstreckung) versucht, die Tilgung des Kredits zumindest teilweise zu erzwingen.

3. In welchem Umfang wird der Bürge bei einer Ausfallbürgschaft in Anspruch genommen?

Bei einer Ausfallbürgschaft verzichtet der Bürge nicht auf die Einrede der Vorausklage. Der Kreditgeber muss ihm nachweisen, dass er vergeblich versucht hat, auf gerichtlichem Wege die Zahlung bzw. die vollständige Zahlung zu erzwingen. Der Bürge haftet nur für die Schuld bzw. für den Teil der Schuld, für den der Schuldner nachgewiesenermaßen als Zahler ausfällt.

4. Wann liegt eine gesamtschuldnerische Bürgschaft vor?

Für den gleichen Kredit können auch mehrere Bürgen gleichzeitig benannt werden. Sie können gesamtschuldnerisch für die Schuld bürgen; das bedeutet, der Kreditgeber kann im Bürgschaftsfall nach Belieben einen der Bürgen in Anspruch nehmen (gesamtschuldnerische Bürgschaft). Bei einer sog. Nachbürgschaft haftet ein Nachbürge erst, wenn die Vorbürgen nicht zahlen.

5. Wie kann ein Kredit dinglich gesichert werden?

Der Lieferant kann vom Kunden verlangen, dass er mit bestimmten Sachwerten den Kredit absichert. Formen der sog. *Realsicherung* sind z. B.

- die Sicherungsübereignung,
- das Pfand,
- der Eigentumsvorbehalt.

3.3.7.2.2 Kreditversicherung und Kredit-Swap

1. Welche Bedeutung hat eine Kreditversicherung?

Mit einer Kreditversicherung will der Kreditgeber das Risiko eines Kreditausfalls begrenzen. Das Risiko besteht in einen teilweisen oder vollständigen Ausfall der Forderungen im Zusammenhang mit dem Kredit, dazu zählen vor allem Zins- und Tilgungsbeträge. Im Allgemeinen ist der Kreditvertrag der Bedeutung des anstehenden Kreditgeschäfts angepasst; so wird z. B. bei Vertragsgestaltung das wahrscheinliche Risiko, die Art des zu Grunde liegenden Geschäfts u. Ä. berücksichtigt.

2. Wie versucht der Versicherer, das wahrscheinliche Risiko eines Forderungsausfalls zu begrenzen?

Bevor der Versicherer das Risiko übernimmt, prüft er im Allgemeinen die Kreditwürdigkeit des Schuldners.

3. Welche Bedeutung hat ein Kredit-Swap (Credit Default Swap)?

Der Kredit-Swap ist ein *Vertrag zwischen einem Sicherungsnehmer und einem Sicherungsgeber*. Dem Vertrag liegt die Kreditschuld eines Kreditnehmers, des sog. *Referenzschuldners*, zu Grunde. Der Sicherungsnehmer bezahlt dem Sicherungsgeber im Allgemeinen eine Gebühr; der Sicherungsgeber verpflichtet sich zur Zahlung des im Vertrag genannten Betrages, wenn der Referenzschuldner ausfällt.

Der Kredit-Swap (Credit Default Swap) ähnelt der Kreditversicherung (insofern gehört er in diesen thematischen Zusammenhang). In Wirklichkeit ist er allerdings eher ein *Kreditderivat*, mit dem Ausfallrisiken von Krediten, Anleihen usw. gehandelt werden.

4. Was beinhaltet der Kredit-Swap?

Der Kredit-Swap enthält u. a. folgende Punkte:

- Den Referenzschuldner,
- den Wert (nominal) des Geschäfts,
- Laufzeit des Geschäfts,
- das durch den Swap gesicherte Ereignis, z. B. Insolvenz des Referenzschuldners,
- Prämie des Sicherungsnehmers.

3.3.7.2.3 Öffentliche Bürgschaften, Hermesbürgschaften

1. Was sind öffentliche Bürgschaften und wofür werden sie übernommen?

Öffentliche Bürgschaften sind Bürgschaften, die von den Gebietskörperschaften, von bestimmten Anstalten und Körperschaften des öffentlichen Rechts und – unter bestimmten Voraussetzungen – von Bürgschaftsbanken übernommen werden. Öffentliche Bürgschaften werden zur Besicherung von Krediten privater Unternehmen mit dem Ziel der Wirtschaftsförderung übernommen.

Öffentliche Bürgschaften können im Rahmen von Bürgschaftsprogrammen oder als Einzelfallbürgschaften übernommen werden.

2. Aus welchen Anlässen werden Bürgschaften von der öffentlichen Hand übernommen?

Anlässe für öffentliche Bürgschaften sind z. B.

- die Wirtschaftsförderung,
- Absicherung der Risiken bei Existenzgründungen,
- Absicherung der Risiken bei Umstrukturierungen, Sanierungen usw.,
- Absicherung der Risiken bei Außenhandelsgeschäften.

3. Wie lassen sich öffentliche Bürgschaften nach den Bürgen einteilen?

Nach den Bürgen – Bund, Länder, Gemeinden – lassen sich öffentliche Bürgschaften folgendermaßen einteilen:

- Bundesbürgschaften: Der Bund übernimmt vor allem Bürgschaften bei Exportkreditversicherungen und bei Direktinvestitionen, aber auch – unter bestimmten Voraussetzungen – für Unternehmen, die in Schwierigkeiten geraten sind.
- Landesbürgschaften: Die Länder übernehmen Bürgschaften für Kredite von Unternehmen, wenn sie kreditwürdig sind, wenn der Kredit im öffentlichen Interesse liegt und die Unternehmen den Kreditgebern keine ausreichenden Sicherheiten bieten können.
- Kommunale Bürgschaften.

4. Welche Rolle spielen Mandatare bei öffentlichen Bürgschaften?

Mandatare verwalten die öffentlichen Bürgschaften im Auftrag und für Rechnung der Bürgen. Sie sind am Risiko nicht beteiligt. Mandatare können private Unternehmen oder eine öffentliche Institution, z. B. eine Förderbank, sein.

Mandatare des Bundes bei Bürgschaften im Rahmen von Auslandsgeschäften sind z. B. die Euler-Hermes-Versicherung AG und die Wirtschaftsprüfungsgesellschaft Price Waterhouse Coopers.

5. Was sind Hermes-Bürgschaften?

Als Hermes-Bürgschaften werden die Bundesbürgschaften im Zusammenhang mit *Auslandsgeschäften* bezeichnet. Sie sollen deutschen Exporteuren helfen, sich gegen wirtschaftliche und politische Risiken abzusichern. Risiken bestehen vor allem bei Exportgeschäften mit Ländern außerhalb der OECD.

6. Unter welchen Bedingungen werden Hermes-Bürgschaften vergeben?

Vor Vergabe der Bürgschaft wird geprüft,

- ob das Geschäft förderungswürdig ist; als förderungswürdig gilt das Geschäft z. B., wenn es Arbeitsplätze sichert, wenn es zur Erreichung außenpolitischer Ziele beitragen kann,
- ob das mit dem Geschäft verbundene Risiko vertretbar erscheint,

7. Werden für Hermes-Bürgschaften Entgelte erhoben?

Für Bürgschaft müssen die geförderten Unternehmen eine Art *Gebühr* bezahlen. Die Höhe des Entgelts richtet sich

- nach der Art, dem Umfang und der Laufzeit des Geschäfts,
- nach dem Risiko.

3.4 Lenkung der Mittelverwendung im Unternehmen

3.4.1 Wirtschaftlichkeitsbetrachtungen als Instrument der Lenkung der Mittelverwendung[21]

3.4.1.1 Grundlagen

1. Was wird als Kapitalverwendung bezeichnet?

Investitionen werden als Kapitalverwendung bezeichnet. Mit der Investition wird Kapital in Sachanlagen, daneben auch in Rechte, z. B. in Forderungsrechte, in gewerbliche Schutzrechte u. Ä., angelegt und damit gebunden.

2. Welche Risiken bestehen im Zusammenhang mit einer Investition?

Risiken im Zusammenhang mit einer Investition (in Sachanlagen) können sich aus folgenden Problembereichen ergeben:

- aus der Kapitalbindung,
- aus der Unsicherheit hinsichtlich künftiger Entwicklungen.

Aus der langfristigen Bindung des Kapitals in Anlagen können sich *Risiken für die Liquidität und die Rentabilität* ergeben; Fremdkapital muss bedient werden usw.

Die Entwicklung der Nettoeinnahmen, die aus der Investition resultieren, kann häufig nur unzulänglich prognostiziert werden, das gilt sowohl für die Entwicklung der Umsatzerlöse als auch für die Entwicklung der Kosten. Gewinne werden erwartet, Ausgaben für Löhne, Materialien u. dgl. fallen an usw. Auch hier können sich Risiken hinsichtlich der Liquidität und Rentabilität ergeben. (Vgl. die Ausführungen zu Liquidität und Rentabilität in Kapitel 3.3.1.)

3. Welche Bedeutung hat die Lenkung der Mittelverwendung?

Die besondere Bedeutung der Investitionslenkung liegt darin, die angedeuteten Risiken zu begrenzen. Dabei lassen sich folgende Aspekte erkennen:

- das Kapital in die günstigere von mehreren Investitionsalternativen zu lenken, z. B. durch eine Kostenvergleichsrechnung,

- eine Investition mit der Inanspruchnahme von Fremdleistungen zu vergleichen, z. B. Ermittlung der kritischen Menge bzw. des kritischen Preises,

- die Wirtschaftlichkeit einer Investition zu prüfen, z. B. durch das Kapitalwertverfahren,

- die Bedingungen einer Investition zu prüfen, z. B. durch eine Break-even-Analyse.

---

[21] Der Logik des Rahmenplans entsprechend, wird nach Kapitalbedarfsermittlung und Kapitalbeschaffung hier Mittelverwendung als Kapitalverwendung aufgefasst.

3.4 Lenkung der Mittelverwendung im Unternehmen

4. Wie kann mithilfe von Investitionsrechnungen die Mittelverwendung gelenkt werden?

Mithilfe von Investitionsrechnungen wird ermittelt, ob sich eine Investition lohnt und welche von mehreren Investitionsalternativen den geringeren Kapitalbedarf erfordert. Beim Einkauf von Investitionsgütern, z. B. von Maschinen, reicht der Vergleich von Einstandspreisen meistens nicht aus. In den Vergleich sind vielmehr die Aufwendungen für den laufenden Betrieb der Maschinen und evtl. auch die Erträge, die mit den Maschinen erwirtschaftet werden können, einzubeziehen.

Als Investitionsrechnungen eignen sich statische und dynamische Verfahren. Zu den statischen Verfahren zählt z. B. die Kostenvergleichsrechnung, zu den dynamischen z. B. das Kapitalwertverfahren zur Ermittlung der Rentabilität einer Investition.

3.4.1.2 Verfahren

3.4.1.2.1 Kostenvergleichsrechnungen

1. Wie lässt sich die Kostenvergleichsrechnung kennzeichnen?

Die Kostenvergleichsrechnung berücksichtigt lediglich die Kosten eines Investitionsobjekts, nicht seine Erträge. Beim Vergleich mehrerer Investitionsobjekte müssen deshalb gleiche Erträge vorausgesetzt werden, andernfalls ist der Kostenvergleich nicht sinnvoll.

2. Welche Kosten werden in die Kostenvergleichsrechnung einbezogen?

Folgende Kosten werden im Allgemeinen in die Kostenvergleichsrechnung einbezogen:

- Kalkulatorische Abschreibungen, das sind die Wertminderungen einer anzuschaffenden Maschine. Sie ergeben sich, wenn man die Anschaffungskosten (A) der Maschine (evtl. vermindert um einen Restwert) durch die Jahre der Nutzung (n) teilt:

$$Ab = \frac{A}{n}$$

- Kalkulatorische Zinsen, das sind die Zinsen für das betriebsnotwendige Kapital, das durch die Anschaffung der Maschine und ihren Betrieb gebunden wird. Im einfachsten Fall kann das betriebsnotwendige Kapital mit der Hälfte der Anschaffungskosten gleichgesetzt werden; die kalkulatorischen Zinsen ergeben sich dann durch die Multiplikation der anteiligen Anschaffungskosten mit dem kalkulatorischen Zinssatz (i):

$$Ab = \frac{A}{2} \cdot i$$

- Betriebskosten, das sind alle Kosten, die bei dem Betrieb der Maschine anfallen, z. B. Personalkosten (Pko), Materialkosten (Mko), Instandhaltungskosten (Iko):

> Bko = Pko + Mko + Iko + ...

3. Wie wird eine Kostenvergleichsrechnung durchgeführt?

Die Kosten für ein Investitionsobjekt, z. B. eine Maschine, ergeben sich als Summe aus den aufgezählten Kostenarten: K = Ab + Zi + Bko. Verglichen werden die Kosten, die zwei verschiedene Investitionsobjekte aufwerfen. Die Entscheidung fällt im Allgemeinen für das Objekt mit den geringeren Kosten.

Zur Veranschaulichung der Ausführungen soll das folgende einfache Beispiel dienen.

Die Landtransport GmbH benötigt zur Erweiterung der Kapazität eine neue Drehbank. Es liegen zwei Angebote mit folgenden Anschaffungskosten vor: I - 250.000 €, II - 200.000 €. Es wird davon ausgegangen, dass einerseits mit beiden Maschinen Erträge in etwa gleicher Höhe erzielt werden können, dass aber beide Maschinen Kosten in unterschiedlicher Höhe verursachen werden.

Im Folgenden wird die Kostenvergleichsrechnung durchgeführt. Vorgaben:

I - Anschaffungskosten (A): 250.000 €, Nutzungsdauer (n): 5 Jahre, kalkul. Zinssatz (i) 8 %

II - Anschaffungskosten (A): 200.000 €, Nutzungsdauer (n): 5 Jahre, kalkul. Zinssatz (i) 8 %

Die folgende Kostenvergleichsrechnung zeigt, dass das erste Angebot kostengünstiger ist und deshalb wahrscheinlich (wenn keine anderen Gründe dagegen sprechen) akzeptiert wird.

	I		II	
Abschreibungen		50.000		40.000
Zinsen		10.000		8.000
Betriebskosten		195.000		217.000
Personalkosten (Löhne)	75.000		90.000	
Materialkosten	90.000		98.000	
Instandhaltungskosten	5.000		5.000	
sonstige	25.000		24.000	
Gesamtkosten		255.000		265.000

4. Kann eine Kostenvergleichsrechnung die Entscheidung „Investition oder Inanspruchnahme von Fremdleistungen" beeinflussen?

Wenn ein Unternehmen die Wahl hat zwischen einer Investition oder dem Einkauf von Dienstleistungen eines externen Anbieters, kann eine Kostenvergleichsrechnung die

3.4 Lenkung der Mittelverwendung im Unternehmen

Entscheidung maßgeblich beeinflussen. Das Ergebnis der Vergleichsrechnung lenkt also die Mittelverwendung.

5. Wie kann eine Kostenvergleichsrechnung die Entscheidung „Investition oder Inanspruchnahme von Fremdleistungen" beeinflussen?

Wenn die Entscheidung für oder gegen die Beförderung von Materialien, Fertigteilen u. Ä. mit eigenen Lkw lediglich von den Kosten abhängig gemacht wird, kann sie mithilfe eines Kostenvergleichs begründet werden. Entscheidungsgrundlage sind die gefahrenen Kilometer. Bei der Kostenvergleichsrechnung wird ein kritischer Wert für die gefahrenen Kilometer ermittelt, bei dem die Kosten des Eigen- und des Fremdtransports gleich sind ($K_{Et} = K_{Ft}$). Liegt der Wert für die gefahrenen Kilometer über dem kritischen Wert, sind die Kosten des Fremdtransports niedriger als die des Eigentransports; es lohnt sich also der Einsatz fremder Transportmittel.

Der kritische Wert ergibt sich durch folgende Rechnung.

$$K_{Et} = K_{Ft}$$

$$K = K_f + K_v$$

$$K_v = x \cdot kmK \; (kmK = Kosten/km)$$

$$x = km_{krit}$$

$$K_{Et} = K_{fEt} + x \cdot kmK_{Et}$$

$$K_{Ft} = K_{fFt} + x \cdot kmK_{Ft}$$

$$K_{fFt} + x \cdot kmK_{Ft} = K_{fEt} + x \cdot kmK_{Et}$$

$$x \cdot kmK_{Et} - x \cdot kmK_{Ft} = K_{fFt} - K_{fEt}$$

$$x(kmK_{Et} - x \cdot kmK_{Ft}) = K_{fFt} - K_{fEt}$$

$$x = \frac{K_{fFt} - K_{fEt}}{kmK_{Et} - kmK_{Fk}}$$

Der Sachverhalt lässt sich auch grafisch darstellen. Die folgende Zeichnung gibt die Kostenverläufe für beide Verfahren an, beim Schnittpunkt beider Kurven ergibt sich der kritische Wert (km_{krit}). Bei Km_1 ($km_1 < km_{krit}$) lohnt sich die Inanspruchnahme eines Transportunternehmens, bei km_2 ($km_2 > km_{krit}$) ist der eigene Lkw günstiger.

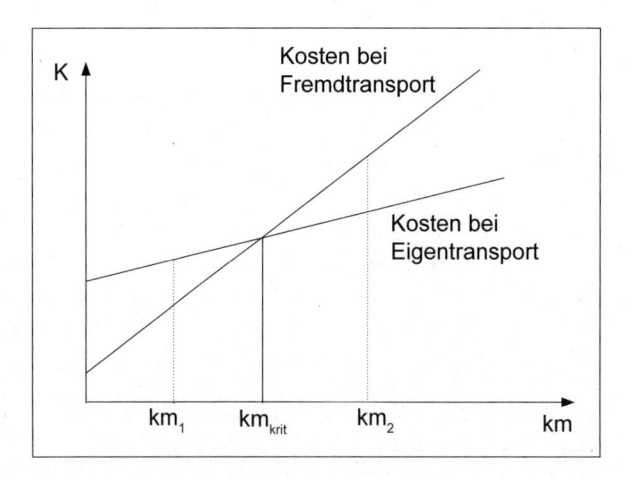

```
                    Kosten bei
  K ▲              Fremdtransport
                          ╱
                        ╱
                      ╱
                    ╱
                  ╱  Kosten bei
                ╱    Eigentransport
              ╱ ──────────────
            ╱  ╱
          ╱  ╱
        ╱ ╱
      ╱ ╱
    ╱ ╱
       km₁   km_krit   km₂         km
```

Im Folgenden soll durch ein einfaches **Beispiel** mit angenommenen Zahlen der Sachverhalt veranschaulicht werden.

Ein Unternehmen liefert seine Produkte bisher mit eigenen Lkw aus. Es wird erwogen, für die Auslieferung künftig die Dienste eines Logistikdienstleisters in Anspruch zu nehmen. Bei Eigentransport fallen folgenden Kosten an.

- *Abschreibungen des Lkw im Jahr: 36.000 €,*
- *Steuern, Versicherungen u. dgl. im Jahr: 7.200 €,*
- *Lohnkosten und Lohnnebenkosten für die Fahrer im Monat: 7.000 €,*
- *Treibstoff- und ähnliche laufende Kosten je km: 0,30 €.*

Der Logistikdienstleister verlangt bei einer Transportleistung von mindestens 10.000 km im Monat einen Festbetrag von 4.000 € mtl. und 1,00 € je gefahrenen Kilometer.

Der Kostenvergleich zeigt, dass bei einer Transportleistung von 10.000 km im Monat der Fremdtransport kostengünstiger ist als der Eigentransport.

	Eigentransport	*Fremdtransport*
Feste Kosten in Euro mtl.	10.600,00	4.000,00
variable Kosten in Euro je km	0,30	1,00
bei 10.000 km	13.600,00	14.000,00

Ermittlung des kritischen km-Werts:

$$x = \frac{4.000 - 10.600}{0{,}3 - 1} = \frac{-6.600}{-0{,}7} = 9.418{,}571$$

Der ermittelte Wert gibt an, dass unter den angenommenen Bedingungen ab 9.428 km der Fremdtransport kostengünstiger ist als der Eigentransport.

3.4.1.2.2 Kapitalwertverfahren

1. Welche Bedeutung hat das Kapitalwertverfahren für die Lenkung der Mittelverwendung?

Bei dem Kapitalwertverfahren wird danach gefragt, welchen Wert die zukünftigen Nettoeinnahmen, die im Zusammenhang mit der Investition stehen, am Beginn der Betrachtungsperiode haben. (Nettoeinnahmen sind die Differenz zwischen den Einnahmen und den Ausgaben.) Der sich durch die Abzinsung der Nettoeinnahmen ergebende *Gegenwartswert*, der sog. Kapitalbarwert, wird zur Prüfung der Vorteilhaftigkeit einer Investition und zum Vergleich mehrerer Investitionsalternativen herangezogen.

2. Auf welchen Grundbegriffen beruht das Kapitalwertverfahren?

Für das Verständnis des Kapitalwertverfahrens ist die Kenntnis einiger Grundbegriffe aus der Finanzmathematik von Vorteil.

Der Barwert z. B. einer Einnahme, die erst in der Zukunft fällig ist, ist ihr Gegenwartswert. Der Zeitwert der Einnahme ist ihr Wert zum Zeitpunkt der Fälligkeit. Der Barwert (Gegenwartswert) ist geringer als der Zeitwert; der Barwert ergibt sich, wenn der Zeitwert auf den gegenwärtigen Zeitpunkt abgezinst wird.

Das folgende einfache Beispiel kann die Ausführungen veranschaulichen.

A hat dem B am 1. November 2011 als Entgelt für eine bestimmte Leistung 3.000 € zu zahlen. Welchen Wert hat dieser Betrag heute, am 1. November 2009? Oder anders gefragt: Wie viel müsste A dem B, der mit der vorzeitigen Zahlung einverstanden ist, heute unter Berücksichtigung eines angemessenen Zinsabschlags zahlen?

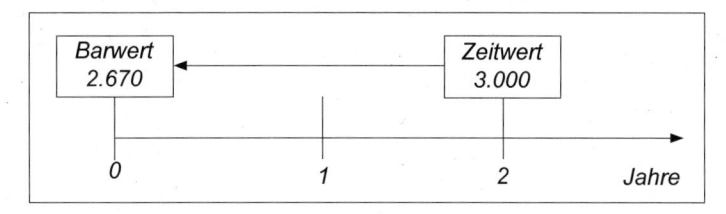

```
  Barwert  ←————————  Zeitwert
   2.670                3.000
     |          |          |
     0          1          2        Jahre
```

Abb. 1: Abzinsung bei einmaliger Zahlung

Der Zeitwert, das sind 3.000 € am 1.11.11, ist auf den gegenwärtigen Zeitpunkt 1.11.09 abzuzinsen; dazu wird er mit dem sog. Abzinsungsfaktor multipliziert. Der Abzinsungsfaktor berücksichtigt die Zeit und den Zinssatz.

Der Abzinsungsfaktor kann rechnerisch ermittelt oder der sog. Abzinsungstabelle entnommen werden (vgl. Tabelle im Anhang zu dieser Frage). Bei einmaliger Zahlung, einer Abzinsungszeit von zwei Jahren und einem Zinssatz von 6 % beträgt der Abzinsungsfaktor 0,89. Durch die Multiplikation des Zeitwerts von 3.000 € mit dem Abzinsungsfaktor (0,89) ergibt sich der Barwert von 2.670 €. Es sei in Fortführung des Beispiels angenommen, dass A dem B den Betrag von 3.000 € in zwei Raten von 1.500 € am Ende des ersten und am Ende des zweiten Jahres zahlen sollte. Wie hoch ist der Barwert jetzt? Es ist leicht einzusehen, dass zwei Abzinsungen stattfinden, von K1 für ein Jahr und von K2 für zwei Jahre.

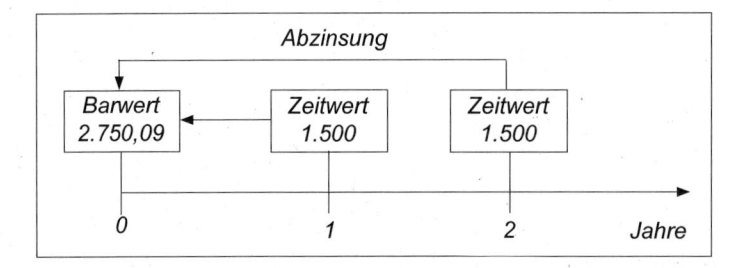

```
┌─────────────────────────────────────────────────────────────┐
│                        Abzinsung                             │
│   ┌──────────┐      ┌──────────┐     ┌──────────┐           │
│   │ Barwert  │◄─────│ Zeitwert │◄────│ Zeitwert │           │
│   │ 2.750,09 │      │  1.500   │     │  1.500   │           │
│   └──────────┘      └──────────┘     └──────────┘           │
│       0                  1                2         Jahre    │
└─────────────────────────────────────────────────────────────┘
```

Abb. 2: Abzinsung bei mehrmaliger Zahlung

Der Abzinsungsfaktor kann rechnerisch ermittelt oder der Abzinsungstabelle entnommen werden (vgl. Tabelle im Anhang zu dieser Frage). Bei mehrmaliger Zahlung, hier bei zweimaliger Zahlung von jeweils 1.500 €, einer Abzinsungszeit von zwei Jahren und einem Zinssatz von 6 % beträgt der Abzinsungsfaktor 1,8334. Durch die Multiplikation des Zahlungsbetrages von 1.500 € mit dem Abzinsungsfaktor (1,8334) ergibt sich der Barwert von. 2.750,09 €.

Anhang
Tab.: Abzinsungsfaktoren bei einmaliger und bei mehrmaliger Zahlung
(Auszug aus Abzinsungstabelle)

n	bei einmaliger Zahlung				bei mehrmaliger Zahlung			
	6 %	8 %	10 %	12 %	6 %	8 %	10 %	12 %
1	0,9434	0,9259	0,9091	0,8929	0,9434	0,9259	0,9091	0,8929
2	0,8900	0,8573	0,8264	0,7972	1,8334	1,7833	1,7355	1,6901
3	0,8396	0,7938	0,7513	0,7118	2,6730	2,5771	2,4869	2,4018
4	0,7921	0,7350	0,6830	0,6355	3,4651	3,3121	3,1699	3,0373
5	0,7473	0,6806	0,6209	0,5674	4,2124	3,9927	3,7908	3,6048
6	0,7050	0,6302	0,5645	0,5066	4,9173	4,6229	4,3553	4,1114
7	0,6651	0,5835	0,5132	0,4523	5,5824	5,2064	4,8684	4,5638
8	0,6274	0,5403	0,4665	0,4039	6,2098	5,7466	5,3349	4,9676
9	0,5919	0,5002	0,4241	0,3606	6,8017	6,2469	5,7590	5,3282
10	0,5584	0,4632	0,3855	0,3220	7,3601	6,7101	6,1446	5,6502
11	0,5268	0,4289	0,3505	0,2875	7,8869	7,1390	6,4951	5,9377
12	0,4970	0,3971	0,3186	0,2567	8,3838	7,5361	6,8137	6,1944

3. Welche Formeln liegen der Barwertermittlung zu Grunde?

Bei einmaliger Zahlung wird der Barwert nach folgender Formel ermittelt:

$$Kw_0 = Kw_n \cdot \frac{1}{(1 + i)^n}$$

Kw_0 = Barwert, Kw_n = Zeitwert am Ende des n-ten Jahres, i = Zinssatz, n = Zeit

3.4 Lenkung der Mittelverwendung im Unternehmen

Abzinsungsfaktor (bei einmaliger Zahlung): $\boxed{\dfrac{1}{(1+i)^n}}$

Bei mehrmaliger Zahlung wird der Barwert nach folgender Formel ermittelt

$$\boxed{Kw_0 = Z \cdot \dfrac{(1+i)^n - 1}{i \cdot (1+i)^n}}$$

Kw_0 = Barwert, Z = Zahlung

Abzinsungsfaktor (bei mehrmaliger Zahlung): $\boxed{\dfrac{(1+i)^n - 1}{i \cdot (1+i)^n}}$

Mit den Zahlen aus dem Beispiel bei vorstehender Frage ergeben sich folgende Barwerte:

1. $Kw_0 = 3.000 \cdot \dfrac{1}{1{,}06^2} = 3.000 \cdot 0{,}8899964 = 2.669{,}9892$

2. $Kw_0 = 1.500 \cdot \dfrac{1{,}06^2 - 1}{0{,}06 \cdot 1{,}06^2} = 1.500 \cdot 1{,}8333926 = 2.750{,}088999644$

4. Wie wird das Kapitalwertverfahren als Investitionsrechnung angewandt?

Das Kapitalwertverfahren hat als dynamisches Verfahren den Vorteil, dass *unterschiedliche Einnahmen und Ausgaben* während der Nutzungsdauer des Investitionsobjekts, z. B. einer Maschine, bei der Berechnung des Gegenwartswertes berücksichtigt werden können. Für die Berechnung müssen die künftigen Einnahmen und Ausgaben, die im Zusammenhang mit der Investition zu erwarten sind, geschätzt werden. Diese Schätzungen sind immer mit Ungenauigkeiten behaftet.

Aus den geschätzten Einnahmen und Ausgaben werden als Differenz die Nettoeinnahmen ermittelt. Die einzelnen Nettoeinnahmen werden mit den Abzinsungsfaktoren multipliziert. So ergeben sich die Barwerte für die einzelnen Nettoeinnahmen. Von der Summe der Barwerte werden die Anschaffungskosten abgezogen.

Die Ausführungen können durch das folgende Beispiel veranschaulicht werden.

Ein Unternehmen plant die Anschaffung einer Maschine, die Anschaffungskosten werden 250.000 € betragen. Es soll geprüft werden, ob diese Investition von Vorteil ist. Für die Berechnung wird von einer Nutzungsdauer von 6 Jahren und einem kalkulatorischen Zinssatz von 6 % ausgegangen. Die Einnahmen und Ausgaben im Zusammenhang mit der Investition werden gemäß folgender Aufstellung für die Jahre der Nutzung geschätzt.

Jahre	Einnahmen (€)	Ausgaben (€)
1	245.000,00	180.000,00
2	259.000,00	210.000,00
3	252.000,00	185.000,00
4	236.000,00	181.000,00
5	242.000,00	195.000,00
6	237.000,00	205.000,00

Die Nettoeinnahmen werden mit den Abzinsungsfaktoren (6 %, einmalige Zahlung, vgl. Tab. im Anhang zu Frage 2) multipliziert; daraus ergeben sich die Barwerte. Von der Summe der Barwerte werden die Anschaffungskosten abgezogen. Der sich ergebende Kapitalwert ist positiv; das bedeutet, die Investition ist vorteilhaft.

Jahre	Einnahmen €	Ausgaben €	Nettoeinnahmen €	Abzinsungsfaktoren €	Barwerte €
1	245.000,00	180.000,00	65.000,00	0,9434	61.321,00
2	259.000,00	210.000,00	49.000,00	0,8900	43.610,00
3	252.000,00	185.000,00	67.000,00	0,8396	56.253,20
4	236.000,00	181.000,00	55.000,00	0,7921	43.565,50
5	242.000,00	195.000,00	47.000,00	0,7473	35.123,10
6	237.000,00	205.000,00	32.000,00	0,7050	22.560,00
Summe der Barwerte					262.432,80
Anschaffungskosten					250.000,00
Kapitalwert					12.432,80

5. Wie verändert sich die Rechnung, wenn ein Liquidationserlös zu berücksichtigen ist?

Ein Liquidationserlös, der am Ende der geplanten Nutzungsdauer zu erwarten ist, erhöht den Kapitalwert. Für den Liquidationserlös wird der Barwert ermittelt, er wird rechnerisch behandelt wie der Nettoerlös des letzten Jahres der Nutzungsdauer.

Die Ausführungen sollen durch das folgende Beispiel veranschaulicht werden. Dazu wird das Beispiel aus Frage 4 fortgesetzt und ein Liquidationserlös von 50.000 Euro angenommen.

3.4 Lenkung der Mittelverwendung im Unternehmen

Jahre	Einnahmen €	Ausgaben €	Netto-einnahmen €	Abzinsungs-faktoren €	Barwerte €
1	245.000,00	180.000,00	65.000,00	0,9434	61.321,00
2	259.000,00	210.000,00	49.000,00	0,8900	43.610,00
3	252.000,00	185.000,00	67.000,00	0,8396	56.253,20
4	236.000,00	181.000,00	55.000,00	0,7921	43.565,50
5	242.000,00	195.000,00	47.000,00	0,7473	35.123,10
6	237.000,00	205.000,00	32.000,00	0,7050	22.560,00
Liquidationserlös			50.000,00	0,7050	35.250,00
Summe der Barwerte					297.682,80
Anschaffungskosten					250.000,00
Kapitalwert					47.682,50

6. Wie wird mit dem Kapitalwertverfahren bei Investitionsalternativen vorgegangen?

Wenn zwei Investitionen miteinander verglichen werden, wird in ähnlicher Weise vorgegangen. Für beide Investitionen werden die Nettoeinnahmen ermittelt und abgezinst, die abgezinsten Nettoeinnahmen, die Barwerte, werden addiert. Von den beiden Barwertsummen werden die jeweiligen Anschaffungskosten subtrahiert. Die sich so ergebenden Kapitalwerte werden miteinander verglichen; der höhere Kapitalwert deutet auf die vorteilhaftere Investition hin.

3.4.1.2.3 Interne Zinsfußmethode

1. Was wird mit dem internen Zinsfuß angegeben?

Der interne Zinsfuß gibt die *Effektivverzinsung* einer Investition an. Er zeigt in einem Prozentsatz, wie sich das für die Investition eingesetzte Kapital verzinst. Allgemein gilt: Wenn die Einnahmen und Ausgaben, die aus einer Investition resultieren, mit dem internen Zinsfuß abgezinst werden, ergibt sich ein Kapitalwert von 0.

2. Welche Bedeutung hat der interne Zinsfuß für die Analyse?

Ist der interne Zinsfuß (r) größer als der Kalkulationszinsfuß (i), der der Investition zu Grunde liegt, lohnt sich die Investition, wenn er kleiner ist, ist die Investition unrentabel.

3. Wie kann der interne Zinsfuß ermittelt werden?

Der interne Zinsfuß kann u. a. nach der *Regula Falsi* ermittelt werden[22]. Mit der Regula Falsi werden Näherungswerte ermittelt. Der mit dieser Methode ermittelte interne Zinsfuß gibt also den tatsächlichen Wert lediglich annähernd wieder.

Vor der Berechnung des internen Zinsfußes werden für zwei Zinssätze (Versuchszinssätze) die Kapitalwerte ermittelt. Diese werden sodann mit den angenommenen Zinssätzen in folgende Formel übernommen:

$$r = i_1 - Kw_{0/1} \cdot \frac{i_2 - i_1}{Kw_{0/2} - Kw_{0/1}}$$

dabei bedeuten
- r = interner Zinsfuß,
- i_1 und i_2 = Versuchszinssätze 1 und 2,
- Kw_0 = Kapitalwerte zum Zeitpunkt 0 bei den beiden Versuchszinssätzen.

Das folgende Beispiel soll die Ausführungen veranschaulichen. Dazu werden die Nettoeinnahmen aus dem Beispiel in 3.4.1.2 übernommen und Versuchszinssätze von 6 % und 12 % sowie ein Kalkulationssatz von 7 % angenommen

Jahre	Netto-einnahmen €	Abzinsungs-faktoren bei 6 %	Barwerte €	Abzinsungs-faktoren bei 12 %	Barwerte €
1	65.000,00	0,9434	61.321,00	0,8929	58.038,50
2	49.000,00	0,8900	43.610,00	0,7972	39.062,80
3	67.000,00	0,8396	56.253,20	0,7110	47.690,60
4	55.000,00	0,7921	43.565,50	0,6355	34.952,50
5	47.000,00	0,7473	35.123,10	0,5674	26.667,80
6	32.000,00	0,7050	22.560,00	0,5066	16.211,20
Summe der Barwerte			262.432,80		222.623,40
Anschaffungskosten			250.000,00		250.000,00
Kapitalwert			12.432,80		- 27.376,60

$$r = 0,06 - 12.432,80 \cdot \frac{0,12 - 0,06}{-27.376,60 - 12.432,80} = 0,079$$

Der interne Zinsfuß beträgt rd. 8 % und liegt damit über dem Kalkulationszinssatz von 7 %. Die Investition könnte sich lohnen.

---

[22] Olfert, Klaus und Christopher Reichel: Investition, 11. Aufl., Ludwigshafen 2009, S. 204 ff.

4. Wie wird mit der internen Zinsfußmethode bei Investitionsalternativen vorgegangen?

Wenn zwei Investitionen miteinander verglichen werden, wird in ähnlicher Weise vorgegangen. Für beide Investitionen werden die internen Zinsfüße ermittelt und miteinander verglichen. Die Investition mit dem höheren Zinsfuß ist vorteilhafter als die andere.

3.4.1.2.4 Break-even-Analyse

1. Welche Bedeutung hat die Deckungsbeitragsrechnung für die Lenkung der Mittelverwendung?

Mithilfe des erzielbaren Verkaufspreises werden die Umsatzerlöse errechnet. Von den (erzielbaren) Umsatzerlösen werden die variablen Kosten abgezogen und so der Deckungsbeitrag ermittelt. Der Deckungsbeitrag gibt den Beitrag der Umsatzerlöse zur Deckung der festen Kosten, also auch zur Deckung der Abschreibungen, und zum Gewinn an. Im Allgemeinen wird bei der Berechnung ein Mindestgewinn angenommen.

Wenn der Deckungsbeitrag die festen Kosten (evtl. einschließlich des Mindestgewinns) *deckt, könnte sich die Investition als lohnend erweisen.*

2. Was gibt der Break-even-Point an?

Der Break-even-Point ist der Punkt, bei dem die Umsatzerlöse die Kosten decken. In der grafischen Darstellung wird der Break-even-Point durch den Schnittpunkt der Kostenkurve mit der Umsatzkurve wiedergegeben. Der Schnittpunkt gibt die Menge an, bei der die Kosten gedeckt sind (Break-even-Point-Menge – BeP-Menge). Bei einer Menge, die größer ist als die BeP-Menge ($X_{BeP} < x_1$) leisten die Umsatzerlöse einen entsprechenden Beitrag zur Deckung der festen Kosten.

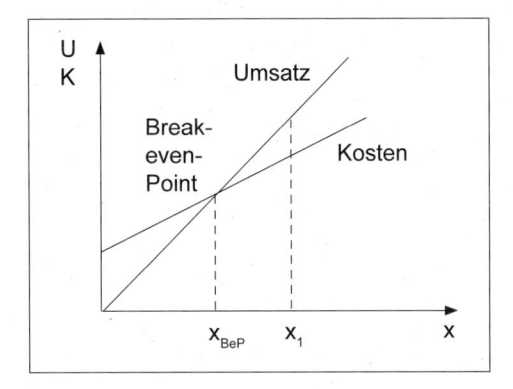

3. Welche Bedeutung hat die Break-even-Analyse für die Lenkung der Mittelverwendung?

Mithilfe der Break-even-Analyse kann gezeigt werden, bei welcher Menge ein Deckungsbeitrag erzielt wird, wenn von einem erzielbaren Preis und gegebenen Kosten auszugehen ist. *Wenn die Break-even-Point-Menge geringer ist als die geplante Menge, kann mit einem Deckungsbeitrag gerechnet werden.* Unter dieser Voraussetzung würde sich eine Investition lohnen. Der Vergleich der BeP-Menge mit der geplanten Ausbringungsmenge lenkt also die Mittelverwendung.

3.4.1.2.5 Nutzwertanalyse

1. Welche Bedeutung hat die Nutzwertanalyse?

Mithilfe der Nutzwertanalyse werden *qualitative Kriterien* für eine Investitionsentscheidung untersucht. Es handelt sich dabei um solche Kriterien, die sich nicht eindeutig ökonomisch quantifizieren lassen (nichtmonetäre Kriterien). Die Kriterien werden nicht über monetäre Größen, also nicht über Angaben in Euro, vergleichbar gemacht, sondern mithilfe von Nutzwerten.

2. Welche Kriterien können Gegenstand der Nutzwertanalyse sein?

Alle Kriterien, die nicht in Währungseinheiten angegeben werden können, die aber für die Erreichung der Unternehmensziele nützlich sind, können in die Nutzwertanalyse einbezogen werden. Dazu zählen folgende Kriterien:[23]

- wirtschaftliche Kriterien, z. B. im Bereich Beschaffung die Lieferantenbeurteilung hinsichtlich Lieferzuverlässigkeit, Pünktlichkeit, Kundendienst; im Bereich Marketing die Beurteilung von Preisstrategien,
- technische Kriterien, z. B. Ergänzbarkeit, Unfallsicherheit, Lärmbelästigung, Bedienbarkeit,
- rechtliche und soziale Kriterien, z. B. Umweltschutzvorschriften, Arbeitsinteresse (Vermeidung von Monotonie, Förderung der Motivation).

3. Welche Voraussetzungen müssen die Kriterien erfüllen?

Voraussetzung für die Anwendung der Kriterien ist vor allem ihre *Operationalität*, d. h. sie müssen hinsichtlich ihres Nutzens *bewertet* und die Nutzwerte mithilfe von Skalen gemessen werden können. Darüber hinaus müssen die Nutzwerte bei Investitionsalternativen vergleichbar sein.

---

[23] Vgl. Olfert, Klaus und Christopher Reichel: a.a.O., S. 295 ff.

3.4 Lenkung der Mittelverwendung im Unternehmen

4. Wie können die Bewertungskriterien gemessen werden?

Die Bewertungskriterien können mithilfe nominaler und ordinaler Skalierungen gemessen werden.

5. Wie werden bei nominaler Skalierung die Bewertungskriterien gemessen?

Bei nominaler Skalierung wird lediglich angegeben ob der Nutzwert eines Kriteriums vorhanden oder nicht vorhanden ist, ob ein Kriterium als gut oder schlecht zu bewerten ist. So kann z. B. der Kundendienst des Lieferanten als gut oder schlecht bewertet werden.

6. Wie werden bei ordinaler Skalierung die Bewertungskriterien gemessen?

Die ordinale Skalierung benutzt eine Rangordnung. *Jedes Kriterium* kann *mit Punkten* bewertet werden. Die Rangwerte richten sich im Allgemeinen nach der Anzahl der Investitionsalternativen. Bei vier Alternativen ist der höchste Rangwert „4", der nächste „3" usw. So könnten z. B. die Kundendienste der Lieferanten bei vier Investitionsalternativen folgendermaßen aussehen:

Kriterien	Investitionsalternativen			
	A	B	C	D
Kundendienst	4	1	3	2
sonstige	...	...	...	...

Bei dieser Art der Bewertung liegt der Vergleich zu Grunde: A erscheint besser als alle anderen, C besser als D und B usw.

Eine andere Möglichkeit ordinaler Bewertung ergibt sich, wenn für die Kriterien Punkte i. S. von Zensuren vergeben werden. Bei einer Skala mit z. B. fünf Wertungsmöglichkeiten werden 5 Punkte vergeben, wenn das Kriterium als sehr gut bewertet wird, 4 Punkte bei gut, 3 Punkte bei mittelmäßig/neutral, 2 Punkte bei schlecht, 1 Punkt bei sehr schlecht. Die Bewertung der Kriterien könnte sich z.B. folgendermaßen niederschlagen:

Kriterien	Investitionsalternativen			
	A	B	C	D
Kundendienst	5	1	4	3
Lieferzuverlässigkeit	5	2	3	4
Bedienbarkeit	4	4	1	2
sonstige	...	...	...	...

7. Warum müssen die Kriterien gewichtet werden?

Gelegentlich haben die Kriterien für ein Unternehmen *unterschiedliches Gewicht*. So kann z. B. ein Unternehmen den Kundendienst höher einschätzen als die Lieferzuverlässigkeit. Entsprechend werden die ermittelten Punktwerte gewichtet, d. h. sie werden mit einem Gewichtungsfaktor multipliziert.

8. Welche Probleme weisen Nutzwertrechnungen auf?

Die Nutzwertrechnungen haben einige Vorteile, die z. B. darin liegen, dass mit ihrer Hilfe Investitionen bzw. Investitionsalternativen auch qualitativ beurteilt werden können und dass sie relativ einfach durchgeführt werden können.

Dem steht das Grundproblem der Nutzwertrechnungen gegenüber: *mangelnde Objektivität*. Die Bewertungskriterien und die Gewichtungsfaktoren sind immer Ergebnisse subjektiver Festlegungen.

3.4.1.3 Wirtschaftliche Nutzungsdauer und optimaler Ersatzzeitpunkt

1. Wodurch unterscheidet sich die technische Nutzungsdauer eines Investitionsobjekts von der wirtschaftlichen?

Die **technische Nutzungsdauer** eines Investitionsobjekts, z. B. einer Maschine, gibt an, wie lange es *maximal genutzt* werden kann. Die Maschine wird durch die Fertigung abgenutzt und reparaturanfällig; Reparaturen, die im Laufe der Nutzungsdauer immer aufwendiger werden, halten sie in Stand. Diese Art der Nutzung ist in hohem Maße unwirtschaftlich. In der Regel wird davon ausgegangen, dass Aufwendungen für die Instandhaltung einer Maschine dann unwirtschaftlich sind, wenn sie etwa 50 % der Kosten für eine Neuanschaffung ausmachen.[24]

Die **wirtschaftliche Nutzungsdauer** eines Investitionsobjekts gibt an, wie lange seine Nutzung auch *wirtschaftlich vertretbar* ist. Die wirtschaftliche Nutzungsdauer einer Maschine ist im Allgemeinen kürzer als seine technische Nutzungsdauer. Die wirtschaftliche Nutzungsdauer ist abhängig von der Höhe der Nettoeinnahmen, die mit ihr erzielt werden.

2. Was wird als betriebsgewöhnliche Nutzungsdauer bezeichnet?

Als betriebsgewöhnliche Nutzungsdauer wird der Zeitraum bezeichnet, in dem ein Investitionsobjekt, z. B. eine Maschine, unter Berücksichtigung seines Zwecks genutzt werden kann. Sie wird auf der Grundlage der AfA-Tabellen festgelegt, die das Bundesministerium für Finanzen herausgibt.

---

[24] Olfert, Klaus und Christopher Reichel: a.a.O., S. 88.

3.4 Lenkung der Mittelverwendung im Unternehmen

Die standardisierten Werte der Tabellen können die betriebsindividuellen Bedingungen nicht berücksichtigen. Im Allgemeinen kann davon ausgegangen werden, dass die betriebstypische wirtschaftliche Nutzungsdauer einer Maschine von der betriebsgewöhnlichen abweicht.

3. Welche Faktoren bestimmen die wirtschaftliche Nutzungsdauer?

Folgende Faktoren bestimmen u. a. die wirtschaftliche Nutzungsdauer:

- Die wirtschaftliche Entwicklung: Die Nachfrage nach Produkten, die mit dem Investitionsobjekt hergestellt werden, lässt nach; die Maschine o. dgl. kann nicht mehr optimal genutzt werden.
- Die technische Entwicklung: Das Investitionsobjekt veraltet; neue Maschinen kommen auf den Markt, mit denen das Produkt günstiger hergestellt werden kann. Die Wettbewerbsfähigkeit leidet; Verbraucher wenden sich evtl. den Produkten der Mitbewerber zu.
- Der Verschleiß: Durch die Nutzung wird das Investitionsobjekt abgenutzt; durch Umwelteinflüsse wird es beschädigt. Der Verschleiß mindert die Leistungsfähigkeit der Maschine o. dgl. bzw. erhöht die Kosten der Produktion.

4. Wie ergibt sich der optimale Ersatzzeitpunkt nach der Kapitalwertmethode?

Der optimale Ersatzzeitpunkt und damit die wirtschaftliche Nutzungsdauer eines Investitionsobjekts kann mithilfe der Kapitalwertmethode genutzt werden. Dafür ist für jeden Zeitabschnitt, z. B. für jedes Jahr, der Kapitalwert zu ermitteln. Bei der Ermittlung des Kapitalwerts ist der Liquidationserlös, der sich in dem jeweiligen Jahr ergeben würde, zu berücksichtigen

Das Jahr, in dem der höchste Kapitalwert (bezogen auf den Zeitpunkt 0) erreicht wird, ist der optimale Ersatzzeitpunkt. Damit wird auch die wirtschaftliche Nutzungsdauer angegeben.

Die Ausführungen sollen durch das folgende **Beispiel** *veranschaulicht werden. Dazu werden die Nettoeinnahmen aus dem vorherigen Beispiel übernommen, Liquidationserlöse wie in der Tabelle (Sp. 3) angegeben und ein Zinssatz von 8 % angenommen. Die in Sp. 5 angegebenen Abzinsungsfaktoren werden der Abzinsungstabelle entnommen. Zunächst werden die Barwerte für die Summen aus Netto- und Liquidationserlösen (Sp. 6)und dann die Barwerte der Nettoerlöse (Sp. 7) ermittelt. Sp. 8 gibt die Kumulation der Barwerte der Nettoerlöse wieder. Für die weitere Rechnung werden die kumulierten Barwerte der Nettoerlöse und die Summen aus Netto- und Liquidationserlösen summiert, von den Ergebnissen werden die Anschaffungskosten abgezogen. Durch diese Subtraktion ergeben sich schließlich die Kapitalwerte.*

1	2	3	4	5	6	7
n	NE €	LE €	NE + LE €	Abzinsungs-faktoren bei 8 %	Barwerte NE + LE €	Barwerte NE €
1	65.000,00	210.000,00	275.000,00	0,9259	254.622,50	60.183,50
2	49.000,00	175.000,00	224.000,00	0,8573	192.035,20	42.007,70
3	67.000,00	130.000,00	197.000,00	0,7938	156.378,60	53.184,60
4	55.000,00	120.000,00	175.000,00	0,7350	128.625,00	40.425,00
5	47.000,00	90.000,00	137.000,00	0,6806	93.242,20	31.988,20
6	32.000,00	50.000,00	82.000,00	0,6302	51.676,40	20.166,40

1	8	9	10	11
n	Barwerte NE kumuliert	∑ Barwerte (NE+LE) + NE kumuliert	Anschaf-fungs-kosten €	Kapitalwerte €
1		254.622,50	250.000,00	4.622,50
2	60.183,50	252.218,70	250.000,00	2.218,70
3	102.191,20	258.569,80	250.000,00	8.569,80
4	155.375,80	284.000,80	250.000,00	34.000,80
5	195.800,80	289.043,00	250.000,00	39.043,00
6	227.789,00	279.465,40	250.000,00	29.465,40

Die Kapitalwerte (bezogen auf den Zeitpunkt 0) für n = 1, 2 usw. ($Kw_{0/n}$) ergeben sich folgendermaßen:

$Kw_{0/1}$ = (65.000 + 210.000) · 0,9259 − 250.000 = 4.622,50

$Kw_{0/2}$ = [65.000 · 0,9259 + (49.000 + 175.000) · 0,8573] − 250.000 = 2.218,70

$Kw_{0/3}$ = [65.000 · 0,9259 + 49.000 · 0,8573 + (67.000 + 130.000) · 0,7938] − 250.000 = 8.569,80

4. Rechtliche Rahmenbedingungen der Unternehmensführung

4.1 Haftungstatbestände für Unternehmen und die Unternehmensführung

4.1.1 Haftungstatbestände des BGB/HGB

4.1.1.1 Vertragshaftung

1. Was ist unter Vertragshaftung zu verstehen?

Vertragshaftung ist die Haftung für eine Schuld, die im Zusammenhang mit einer *gestörten Vertragserfüllung* entsteht. Es wird also nach der Haftung gefragt bei

- Ausschluss der Leistungspflicht durch Unmöglichkeit der Leistung,
- Verzögerung der Leistung,
- Verletzung vorvertraglicher Pflichten (culpa in contrahendo),
- Verletzung vertraglicher Pflichten (positive Vertragsverletzung).

2. Wie wird bei Unmöglichkeit der Leistung gehaftet?

Wenn infolge von Unmöglichkeit der Leistung der Schuldner nicht leisten muss, kann der Gläubiger *Schadensersatz statt der Leistung* verlangen; das setzt allerdings voraus, dass der Schuldner eine Pflicht verletzt hat (vgl. §§ 283 und 280 BGB). Der Schadensersatzanspruch entsteht nicht, wenn der Schuldner die Pflichtverletzung nicht zu vertreten hat. (Außerdem sieht das Gesetz eine Rückabwicklung ausgetauschter Leistungen vor.)

3. Wie wird bei Leistungsverzug gehaftet?

Bei Leistungsverzögerungen durch den Schuldner erhält der Gläubiger einen Anspruch auf *Schadensersatz*. Bei Zahlungsverzug entsteht zusätzlich ein Anspruch auf Verzinsung des ausstehenden Betrages.

4. Wie wird bei Culpa in Contrahendo gehaftet?

Unter Culpa in Contrahendo versteht man die Verletzung vorvertraglicher Pflichten bzw. Pflichten bei Vertragsanbahnung. Bei einem Kaufvertrag zählen dazu z.B. die Pflichten zur Information und zur sorgfältigen Beratung. Werden diese sog. vorvertraglichen Pflichten so verletzt, dass der Käufer einen Schaden erleidet, hat er einen *Anspruch auf Ersatz*.

5. Was ist eine positive Vertragsverletzung?

Eine positive Vertragsverletzung (positive Forderungsverletzung) ist die schuldhafte Verletzung einer Pflicht durch den Schuldner im Zusammenhang mit der Erfüllung einer Leistung. Positiv heißt die Vertragsverletzung, weil der Vertrag erfüllt wird und die Vertragsverletzung dabei durch schuldhaftes Handeln eintritt. Im Allgemeinen handelt es sich um Nebenpflichten.

6. Wie wird bei positiver Vertragsverletzung gehaftet?

Wenn der Schuldner eine Pflicht aus dem Schuldverhältnis verletzt, kann der Gläubiger den *Ersatz eines Schadens*, der durch die Pflichtverletzung eintritt, verlangen, wenn der Schuldner die Pflichtverletzung zu vertreten hat (§ 280 Abs. 1 BGB).

Beispiel: V. gibt bei dem Tischler Wieland neue Fenster für sein Wohnhaus in Auftrag. Meister Wieland liefert die Fenster und baut sie zusammen mit seinem Gesellen ein. Bei der Montage verletzt Wieland durch mangelnde Sorgfalt beim Ausbau der alten Fenster das Sichtmauerwerk über das vertretbare Maß hinaus. Der Schaden wird durch Bauunternehmer Wagner behoben. Für den Ersatz des Schadens kann V. Wieland in Anspruch nehmen.

7. Wie haftet der Lieferer bei Sachmängeln?

Der Lieferer, der Sachen liefert, die mit Mängeln aufweisen, haftet dem Käufer. Seine Haftung zeigt sich darin,

- dass er den Schaden beseitigen oder eine mangelfreie Sache liefern muss,
- dass er den Kaufpreis in Höhe der Wertminderung herabsetzen muss,
- dass er dem Käufer den Schaden ersetzt, der ihm durch die mangelhafte Sache entstanden ist, oder/und
- dass er dem Käufer bestimmte Aufwendungen ersetzt.[1]

4.1.1.2 Haftung aus Gesetz

1. Wie wird eine unerlaubte Handlung im Gesetz definiert?

Eine unerlaubte Handlung ist nach § 823 Abs. 1 BGB die widerrechtliche Verletzung des Lebens, des Körpers, der Gesundheit, der Freiheit, des Eigentums und sonstiger Rechte eines anderen, wenn sie vorsätzlich oder fahrlässig geschieht.[1]

2. Wie wird bei unerlaubter Handlung gehaftet?

Bei unerlaubter Handlung ist der Täter verpflichtet, dem Geschädigten den Schaden zu ersetzen, der ihm aus der Verletzung entsteht.[2]

---

[1] Vgl. hierzu die Ausführungen unter 4.2.3.2.2 Sachmängel (ab Frage 7).
[2] Vgl. die Ausführungen unter 4.2.4.1 Deliktsrecht.

3. Wie lässt sich eine Gefährdung kennzeichnen?

Gefährdung ist eine mögliche Gefahrenquelle für andere. Als Gefährdung gilt *das unvermeidliche Risiko*, das im Zusammenhang mit einer erlaubten Tätigkeit besteht. Bei der Nutzung eines Kfz besteht das Risiko, durch einen unverschuldeten Unfall andere Personen zu schädigen.

4. Wie wird bei Gefährdungshaftung gehaftet?

Bei der Gefährdungshaftung setzt die Pflicht zum Schadensersatz *kein Verschulden* voraus. Die Gefährdung besteht bei einer erlaubten Tätigkeit, und der entstandene Schaden ist unvermeidlich. Werden z. B. bei der – erlaubten – Nutzung eines Kfz Personen oder deren Vermögen unvermeidlich geschädigt oder beschädigt, kann der Fahrzeughalter zur Haftpflicht herangezogen werden.[3]

5. Ist die Produkthaftung eine Gefährdungshaftung?

Die *Produkthaftung ist eine Gefährdungshaftung*; der Hersteller eines Produkts kann auch dann zur Haftung für einen Schaden herangezogen werden, wenn er die Schadensquelle, nämlich den Fehler des Produkts, nicht schuldhaft verursacht hat. Es genügt für die Pflicht zum Schadensersatz, wenn das Produkt fehlerhaft ist und gewerblich vertrieben wurde.[4]

4.1.1.3 Haftungstatbestände im Personen- und Gesellschaftsrecht

1. Wie haften die Gesellschafter der OHG gegenüber Gläubigern?

Die Gesellschafter der OHG haften gegenüber den Gläubigern der OHG als Gesamtschuldner persönlich. D. h.

- jeder Gesellschafter haftet gegenüber den Gläubigern *solidarisch*: er kann alleine für die Schulden der OHG von den Gläubigern in Anspruch genommen werden,
- jeder Gesellschafter haftet gegenüber den Gläubigern *direkt*: die Gläubiger können sich mit ihren Forderungen an jeden Gesellschafter direkt wenden,
- jeder Gesellschafter haftet gegenüber den Gläubigern *unbeschränkt*: der Gesellschafter haftet nicht nur mit dem eingebrachten Kapitalanteil, sondern auch mit seinem Privatvermögen.

2. Wie haften die Gesellschafter der KG gegenüber Gläubigern?

Der Komplementär haftet persönlich. Mehrere Komplementäre haften wie die OHG-Gesellschafter: voll (also auch mit dem Privatvermögen), gesamtschuldnerisch und direkt. Die Komplementäre werden auch als Vollhafter bezeichnet.

---

[3] Vgl. die Ausführungen unter 4.2.4.2 Gefährdungshaftung.
[4] Vgl. die Ausführungen zur Produkthaftung unter 4.2.4.2 Gefährdungshaftung, Frage 6 ff.

Die Kommanditisten haften nur bis zur Höhe der Einlage; sie werden deshalb auch als Teilhafter bezeichnet.

3. Wie haftet eine GmbH gegenüber ihren Gläubigern?

Die GmbH haftet gegenüber ihren Gläubigern *mit ihrem Vermögen*. Die Gesellschafter haften gegenüber der GmbH. Die Gesellschafter können durch den Gesellschaftsvertrag zum Nachschuss verpflichtet sein. Die Höhe der Nachschusspflicht kann beschränkt oder unbeschränkt sein.

4. Was sind Nachschüsse und wie entsteht die Nachschusspflicht?

Nachschüsse sind Zahlungen der Gesellschafter, die über die Nennbeträge ihrer Gesellschaftsanteile hinausgehen. Im Gesellschaftsvertrag kann festgelegt werden, dass die Gesellschafter die Nachschusspflicht beschließen können. Die Nachschusspflicht entsteht also *durch Beschluss* der Gesellschafter unter der Bedingung, dass der Gesellschaftsvertrag ihnen dieses Recht einräumt.

Die Einzahlung der Nachschüsse erfolgt nach dem Verhältnis der Gesellschaftsanteile. Das gilt sowohl für die unbeschränkte als auch für die auf einen bestimmten Betrag festgesetzte beschränkte Nachschusspflicht.

5. Welches Recht hat ein Gesellschafter bei unbeschränkter Nachschusspflicht?

Bei unbeschränkter Nachschusspflicht kann ein Gesellschafter, der seinen Geschäftsanteil vollständig eingezahlt hat, sich von der Zahlung des Nachschusses befreien, indem er der Gesellschaft seinen *Geschäftsanteil zur Verfügung stellt*; das muss allerdings innerhalb eines Monats nach der Aufforderung zur Zahlung erfolgen. Falls ein Gesellschafter den Nachschuss nicht zahlt und seinen Geschäftsanteil auch nicht zur Verfügung stellt, kann die Gesellschaft dem Gesellschafter mit eingeschriebenem Brief erklären, dass sie seinen Geschäftsanteil als zur Verfügung gestellt betrachtet.

6. Wie verfährt die Gesellschaft mit dem ihr zur Verfügung gestellten Gesellschaftsanteil?

Die Gesellschaft muss den Anteil, der ihr zur Verfügung gestellt wird, innerhalb eines Monats im Wege öffentlicher Versteigerung oder – mit Zustimmung des Gesellschafters – in einer anderen Weise *verkaufen* lassen. Der Mehrerlös über die Verkaufskosten und den Nachschuss steht dem betreffenden Gesellschafter zu.

7. Wie haftet die Unternehmergesellschaft (haftungsbeschränkt) gegenüber ihren Gläubigern?

Die Unternehmergesellschaft (haftungsbeschränkt) nach § 5a GmbHG ist eine Sonderform der GmbH. Ihre Haftung ist – wie bei der GmbH – auf das Gesellschaftsvermögen beschränkt. Sie kann mit einem Stammkapital gegründet werden, das unter dem für die Gründung einer GmbH vorgeschriebenen liegt; es muss mindestens 1 € betragen.[5]

Zur Sicherung der Gläubiger schreibt das Gesetz vor, dass die Gesellschafter das Kapital nicht als Sachkapital einbringen dürfen und dass sie jährlich Rücklagen bilden müssen, und zwar in Höhe von 25 % des Gewinns (bis das Mindeststammkapital einer regulären GmbH erreicht ist).

8. Wie haftet die AG gegenüber ihren Gläubigern?

Die Gesellschaft haftet gegenüber ihren Gläubigern mit dem Gesellschaftsvermögen. Die Haftung der Gesellschafter ist völlig ausgeschlossen.

9. Welche typischen Kennzeichen weist die GmbH & Co. KG auf?

Die GmbH & Co. KG ist eine gemischte Rechtsform. Sie weist Merkmale der GmbH und der KG (und damit Elemente von Personen- und Kapitalgesellschaften) auf. (Es überwiegen die Merkmale der Personengesellschaft.)

Erkennbar ist die Konstruktion der KG mit *Vollhafter* (Komplementär) *und Teilhafter* (Kommanditisten). *Vollhafter ist eine GmbH* mit ihrem Stammkapital, Teilhafter können die Gesellschafter der GmbH sein. Die Haftung wird beschränkt auf das Vermögen der GmbH (Stammkapital) und die Einlagen der Kommanditisten. Die Geschäfte werden von den Geschäftsführern der GmbH geführt.

Gewählt wird diese Rechtsform wegen der Haftungsbeschränkung und wegen steuerlicher Vorteile.

10. Welche typischen Kennzeichen weist die Kommanditgesellschaft auf Aktien (KGaA) auf?

Die KGaA stellt eine Kombination von Merkmalen der Kapitalgesellschaft AG und der Personengesellschaft KG dar. (Es überwiegen die Merkmale der AG.)

Die KGaA ist eine Gesellschaft mit eigener Rechtspersönlichkeit, bei der *mindestens ein Gesellschafter* den Gläubigern der Gesellschaft gegenüber *persönlich haftet*; die übrigen Gesellschafter können als Teilhafter (Kommanditaktionäre) zur persönlichen Haftung nicht herangezogen werden. Die persönlich haftenden Gesellschafter führen die Gesellschaft; die Kommanditaktionäre nehmen ihre Rechte über die Hauptversammlung wahr.

---

[5] Die UG (haftungsbeschränkt) wird deswegen auch als Mini-GmbH oder Ein-Euro-GmbH bezeichnet.

4.1.1.4 Willensbildung in Personen- und Kapitalgesellschaften sowie Vertretung nach außen

4.1.1.4.1 Einzelunternehmung und Personengesellschaften

1. Wie lässt sich eine Einzelunternehmung kennzeichnen?

Eine Einzelunternehmung lässt sich folgendermaßen kennzeichnen:
- Ein Kaufmann betreibt als Alleininhaber ein Handelsgewerbe.
- Die Firma besteht aus dem Namen und einem ausgeschriebenen Vornamen des Inhabers und dem Zusatz e. K. (eingetragener Kaufmann).
- Der Inhaber bringt das Kapital auf; eine Mindesthöhe für das aufzubringende Kapital ist nicht vorgeschrieben.
- Der Inhaber führt die Geschäfte.
- Der Inhaber vertritt das Unternehmen nach außen.
- Der Inhaber haftet mit seinem gesamten Vermögen.

2. Wie lässt sich die Personengesellschaft charakterisieren?

Die Personengesellschaft lässt sich u. a. anhand der folgenden Merkmale charakterisieren.

Im Vordergrund der Personengesellschaft steht die *Person* der Gesellschafter; das zeigt sich z. B.
- in der Haftung der Gesellschafter; sie haften im Allgemeinen persönlich und mit ihrem gesamten Vermögen,
- in der Mitarbeit der Gesellschafter; sie führen die Geschäfte,
- in der Abstimmung; die Gesellschafter stimmen „nach Köpfen" und nicht nach der Höhe der Kapitalbeteiligung ab.

Eine Kapitalbeteiligung ist nicht vorgeschrieben, sie ist allerdings üblich.

Beispiele für Personengesellschaften: Offene Handelsgesellschaft (OHG), Kommanditgesellschaft (KG), Gesellschaft bürgerlichen Rechts (GbR).

3. Was ist eine Offene Handelsgesellschaft (OHG)?

Eine OHG ist eine Personengesellschaft; zwei oder mehr Kaufleute schließen sich zusammen, um gemeinsam ein Handelsgewerbe zu betreiben. Die OHG ist eine *Gemeinschaft zur gesamten Hand*; sie ist nicht rechtsfähig, kann aber im Rechtsverkehr unter ihrer Firma als Einheit auftreten.

4. Ist eine Kapitaleinlage vorgeschrieben?

Das Gesetz schreibt keine Kapitaleinlage für die Gesellschafter vor. Kapitaleinlagen sind allerdings üblich und werden vertraglich vereinbart. Die Gesellschafter sind verpflichtet, die vertraglich vereinbarte Beteiligung einzubringen. Die Einlage kann als Bareinlage oder als Sacheinlage erfolgen.

5. Wie lautet die Firma einer OHG?

Die Firma muss das Vorhandensein einer Gesellschaft andeuten. Das kann u. a. geschehen durch die Angabe der Namen aller Gesellschafter (z. B. Fischer & Schmidt) oder durch Angabe des Namens eines Gesellschafters mit einem entsprechenden Zusatz (z. B. Fischer OHG).

6. Wer führt in der OHG die Geschäfte?

Zur Geschäftsführung sind *alle Gesellschafter* berechtigt und verpflichtet. Im Allgemeinen besteht Einzelgeschäftsführung; der Gesellschaftsvertrag kann allerdings Ausnahmen vorsehen.

7. Wer vertritt die Gesellschaft nach außen?

Für die Vertretung nach außen besteht *Einzelvertretungsbefugnis*; der Gesellschaftsvertrag kann allerdings Ausnahmen vorsehen.

8. Wie wird in der OHG der Gewinn verteilt?

Im Allgemeinen wird die Gewinnverteilung *vertraglich* geregelt. Fehlt eine vertragliche Vereinbarung, wird die Gewinnverteilung nach den *Vorschriften des HGB* vorgenommen.

Das HGB sieht folgende Gewinnverteilung vor: Zunächst erhält jeder Gesellschafter einen Anteil am Gewinn in Höhe von 4 % seiner Einlage; reicht der Gewinn für einen Vorwegabzug in dieser Höhe nicht aus, ist die Verteilung nach einem entsprechend niedrigeren Satz vorzunehmen. Der Überschuss, das ist der Betrag, der über den Vorwegabzug hinausgeht, wird nach Köpfen verteilt.

Mit dem folgenden Beispiel werden die Ausführungen zur Gewinnverteilung veranschaulicht.

An der Antonio OHG sind Antonio mit 1.000.000 Euro, Bertrand mit 500.000 Euro, Clement mit 100.000 Euro beteiligt. Ein Jahresgewinn von 450.000 Euro ist nach den Vorschriften des HGB zu verteilen.

	Beteiligungen (Euro)	Vorwegabzug (4 % der Einlage)	Restverteilung (nach Köpfen)	Gewinnanteil
A	1.000.000,00	40.000,00	128.666,67	168.666,67
B	500.000,00	20.000,00	128.666,67	148.666,67
C	100.000,00	4.000,00	128.666,67	132.666,67
	1.600.000,00	64.000,00	386.000,00	450.000,00

In Fortführung des Beispiels wird angenommen, ein Jahresgewinn von 48.000 Euro soll verteilt werden. Da der Gewinn für einen Vorwegabzug von 4 % nicht ausreicht, muss ein entsprechend niedrigerer Satz ermittelt werden. Der Gewinn beläuft sich auf 3 % des Gesamtkapitals. Er ist entsprechend auf die Gesellschafter zu verteilen.

	Beteiligungen (Euro)	Gewinnverteilung 3 % der Anteile
A	1.000.000,00	30.000,00
B	500.000,00	15.000,00
C	100.000,00	3.000,00
	1.600.000,00	48.000,00

9. Wie wird in der OHG der Verlust verteilt?

Der Verlust einer OHG wird *nach Köpfen* verteilt.

10. Können die Gesellschafter einer OHG ihre Beteiligung kündigen?

Die Beteiligung kann mit einer sechsmonatigen Kündigungsfrist zum Jahresende gekündigt werden.

11. Was ist eine Kommanditgesellschaft (KG)?

Die KG ist eine Personengesellschaft; unter gemeinschaftlicher Firma betreiben mehrere Kaufleute ein Handelsgewerbe.

Die KG besteht aus mindestens einem *Gesellschafter, der persönlich haftet (Komplementär)* und mindestens einem *Gesellschafter, dessen Haftung auf seine Einlage beschränkt ist (Kommanditist)*. Die Rechtsstellung mehrerer Komplementäre einer KG ist der der OHG-Gesellschafter vergleichbar.

12. Ist eine Kapitaleinlage vorgeschrieben?

Der Gesetzgeber schreibt weder die Höhe des Gesamtkapitals, noch die Höhe der einzelnen Einlage in einer KG vor. Die Gesellschafter sind zu der vereinbarten Kapitaleinlage verpflichtet. Die Höhe der Haftsumme der Teilhafter (Kommanditisten) wird in das Handelsregister eingetragen.

13. Wie lautet die Firma einer KG?

Die Firma enthält den Namen eines Komplementärs mit einem Zusatz, der die Gesellschaft andeutet, z. B. KG.

14. Wer führt in der KG die Geschäfte?

In der KG führen die *Komplementäre* die Geschäfte.

15. Können die Kommanditisten Einfluss auf die Geschäftsführung nehmen?

Die Kommanditisten haben ein *Widerspruchsrecht* bei außergewöhnlichen Geschäften. Außerdem haben sie das Recht auf *Kontrolle* der Bücher im Zusammenhang mit der Jahresbilanz.

16. Wer vertritt die Gesellschaft nach außen?

Die *Komplementäre* vertreten die Gesellschaft nach außen.

17. Wie wird in der KG der Gewinn verteilt?

Im Allgemeinen wird die Gewinnverteilung vertraglich geregelt. Fehlt eine vertragliche Vereinbarung, wird die Gewinnverteilung nach den Vorschriften des HGB vorgenommen.

Das HGB sieht folgende Gewinnverteilung vor: Zunächst 4 % der Einlage; reicht der Gewinn dafür nicht aus, ist ein entsprechend niedriger Satz zu nehmen; ein über den Vorwegabzug hinausgehender Überschuss ist angemessen zu verteilen.

Auch ein Verlust ist angemessen zu verteilen.

18. Können die Gesellschafter einer KG ihre Beteiligung kündigen?

Die Beteiligung kann mit einer sechsmonatigen Kündigungsfrist zum Jahresende gekündigt werden.

4.1.1.4.2 Kapitalgesellschaften

1. Wie lässt sich die Kapitalgesellschaft charakterisieren?

Die Kapitalgesellschaft lässt sich u. a. anhand der folgenden Merkmale charakterisieren:

- Im Vordergrund der Kapitalgesellschaft steht die *Kapitalbeteiligung* der Gesellschafter; eine Teilhaberschaft an einer Kapitalgesellschaft ohne Kapitaleinlage ist nicht möglich. Die Mindesthöhe des Gesellschaftskapitals ist vorgeschrieben.

- Die Kapitalanteile sind *übertragbar*.
- Die Kapitalgesellschaft ist *als juristische Person rechtsfähig*; die Geschäftsführung und Vertretung nach außen wird von besonderen (gewählten) Organen wahrgenommen. Die Mitarbeit der Gesellschafter ist nicht vorgeschrieben; Geschäftsführer müssen also nicht Gesellschafter sein.
- Die Gesellschafter stimmen nach der Höhe der Kapitalbeteiligung ab.
- Die Gesellschaft *haftet* gegenüber ihren Gläubigern mit ihrem *Vermögen*.

Beispiele für Kapitalgesellschaften: Gesellschaft mit beschränkter Haftung (GmbH), Aktiengesellschaft (AG).

2. Wie entsteht eine GmbH?

Die GmbH ist eine Kapitalgesellschaft mit eigener Rechtspersönlichkeit. Sie kann zu jedem Zweck durch eine oder mehrere Personen errichtet werden; sie stellen den *Gesellschaftsvertrag* auf, der u. a. enthält Firma und Sitz der Gesellschaft, Art der Unternehmung, Höhe des Stammkapitals und der Stammeinlagen.

Die GmbH entsteht durch die *Eintragung ins Handelsregister*.

3. Wie firmiert eine GmbH?

Die Firma einer GmbH besteht meistens aus einer Sachfirma oder dem Namen eines Gesellschafters, sie muss aber den *Zusatz GmbH* enthalten.

4. Wie hoch muss das Stammkapital mindestens sein?

Das von den Gesellschaftern aufzubringende Gesellschaftskapital, das sog. Stammkapital, muss *mindestens 25.000 Euro* betragen. Das Kapital kann als Geld- oder Sachkapital eingebracht werden. Die von den Gesellschaftern eingebrachten Anteile werden als Geschäftsanteile bezeichnet. Ein Gesellschafter kann bei Errichtung mehrere Anteile übernehmen.

5. Wie hoch müssen die Geschäftsanteile sein?

Der Nennbetrag eines Geschäftsanteils muss auf volle Euro lauten. Seine *Höhe legt das Gesetz nicht fest*. Die Summe der Nennbeträge aller Geschäftsanteile muss mit dem Stammkapital übereinstimmen.

6. Wer führt die Geschäfte der GmbH?

Die Geschäfte der GmbH werden von einem *angestellten Geschäftsführer* geführt; er muss nicht Gesellschafter sein. Es können mehrere Geschäftsführer bestellt sein, sie führen die Geschäfte gemeinsam (Ausnahmen sind möglich).

7. Welche Funktion hat die Gesellschafterversammlung?

Die Gesellschafterversammlung ist *Beschluss- und Kontrollorgan*. Wichtige Aufgaben sind z. B. Bestellung, Abberufung, Prüfung und Entlastung der Geschäftsführer, Feststellung des Jahresabschlusses und Festlegung der Gewinnverwendung, Satzungsänderungen.

8. Wie wird der Gewinn der GmbH auf die Gesellschafter verteilt?

Der Gewinn wird *im Verhältnis der Anteile* verteilt. Im Gesellschaftsvertrag kann ein anderer Maßstab zur Verteilung festgesetzt werden.

9. Was ist eine Unternehmergesellschaft (haftungsbeschränkt)?

Die Unternehmergesellschaft (haftungsbeschränkt) ist eine Sonderform der GmbH. Ihre Besonderheit liegt darin, dass sie mit einem Stammkapital, das erheblich unter dem Mindeststammkapital der GmbH liegt, errichtet werden kann. Die UG (haftungsbeschränkt) muss allerdings eine Eigenkapitalrücklage bilden; dazu sind 25 % des Jahresgewinns zu nutzen. Wenn das Stammkapital die Höhe des Mindeststammkapitals einer regulären GmbH (also 25.000 €) erreicht ist, gelten die Vorschriften über die Unternehmergesellschaft nicht mehr.[6]

10. Welche Bedeutung hat die Firmenbezeichnung einer Unternehmergesellschaft?

Obwohl die Unternehmergesellschaft eine Sonderform der GmbH ist, darf sie die Bezeichnung nicht als Firmenzusatz benutzen. Sie muss vielmehr in der Firma die *Bezeichnung Unternehmergesellschaft (haftungsbeschränkt)* bzw. UG (haftungsbeschränkt) führen. Die Bezeichnung macht die besondere Haftungsbeschränkung deutlich. Die Bezeichnung „Unternehmergesellschaft" kann abgekürzt werden, der weitere Zusatz „(haftungsbeschränkt)" nicht. Diese Vorschriften sollen zum Gläubigerschutz beitragen.

Erst bei einem Stammkapital von mindestens 25.000 € kann die Unternehmergesellschaft in eine GmbH umbenannt werden; sie kann allerdings auch die bisherige Bezeichnung beibehalten.

11. Wie entsteht eine AG?

Die AG ist eine Kapitalgesellschaft mit eigener Rechtspersönlichkeit. Sie kann zu jedem Zweck durch eine oder mehrere Personen errichtet werden; sie stellen die *Satzung* auf.

Die AG entsteht durch die *Eintragung ins Handelsregister*.

---

[6] Vgl. Frage 4 unter 4.1.1.3 Haftungstatbestände.

12. Wer bringt das Grundkapital auf?

Das Grundkapital der AG in Höhe von mindestens 50.000 Euro wird *von den Gesellschaftern* aufgebracht. Die Einlagen können in Geld oder – unter Berücksichtigung besonderer Vorschriften – in Sachen eingebracht werden.

Für ihre Einlagen erhalten die Gesellschafter Aktien. Die Aktien können als Stückaktien und Nennbetragsaktien ausgegeben werden. Die Aktien sind Urkunden, die entweder auf den Namen oder den Inhaber lauten (Namens- und Inhaberaktien). Ihre Übertragung ist relativ einfach.

13. Welche Rechte verleiht eine Aktie?

Die Anteilseigner (Aktionäre) haben einen Anspruch auf Gewinnanteil *(Dividende)* gemäß ihren Anteilen. Im Allgemeinen haben sie bei einer Kapitalerhöhung auch einen Anspruch auf Bezug neuer Aktien.

14. Wovon ist die Höhe der Dividende abhängig?

Die Höhe der Dividende ist abhängig von der Gewinnverwendung, die die Hauptversammlung auf Vorschlag des Vorstands beschließt.

Gewinnverwendung:

Reingewinn

- abzüglich der Gewinnanteile, die der gesetzlichen Rücklage zuzuführen sind, das sind 5 % des Gewinns bis 10 % des Grundkapitals erreicht sind,
- abzüglich der Gewinnanteile, die auf Vorschlag des Vorstands den freien Rücklagen zugeführt werden sollen,
- abzüglich der Gewinnanteile, die evtl. einem Gewinnvortrag zugeführt werden,
- ergibt den Restgewinn (Dividende).

15. Wie haftet die AG gegenüber ihren Gläubigern?

Die Gesellschaft haftet gegenüber ihren Gläubigern *mit dem Gesellschaftsvermögen*. Die Haftung der Gesellschafter ist völlig ausgeschlossen.

16. Welche Bestimmungen enthält die Satzung einer AG?

Die Satzung der AG bestimmt u. a.

- Firma und Sitz der Gesellschaft,
- Gegenstand der Unternehmung,
- Höhe des Grundkapitals,

- die Zerlegung des Grundkapitals in Aktien entweder in Nennbetragsaktien oder in Stückaktien, bei Nennbetragsaktien deren Nennbeträge und die Zahl der Aktien jedes Nennbetrags, bei Stückaktien deren Anzahl,
- die Gattung der Aktien und die Anzahl der Aktien jeder Gattung (Aktien können mit unterschiedlichen Rechten ausgestattet sein, Aktien mit gleichen Rechten bilden jeweils eine Gattung),
- Form der Bekanntmachungen der Gesellschaft.

17. Wie firmiert eine AG?

Die Firma einer AG ist meistens eine Sachfirma mit dem *Zusatz AG*.

18. Welche Organe hat die AG?

Die AG hat folgende Organe:

Vorstand:
Er wird vom Aufsichtsrat auf höchstens fünf Jahre bestellt. Er besteht aus einer oder aus mehreren Personen; bei Gesellschaften mit mind. drei Mio. Euro Grundkapital muss er aus mind. zwei Personen bestehen (wenn die Satzung nichts anderes vorsieht). Bei Unternehmen, in denen paritätische Mitbestimmung besteht, gehört auch ein Arbeitsdirektor zum Vorstand.

Aufsichtsrat:
Er setzt sich aus Vertretern der Aktionäre und der Arbeitnehmer zusammen. Der Aufsichtsrat wählt mit einer Mehrheit von mind. zwei Dritteln seiner Mitglieder den Vorsitzenden und dessen Vertreter.

Hauptversammlung:
Sie ist die Versammlung der Aktionäre. Sie tritt regelmäßig gem. Gesetz oder Satzung oder wenn das Wohl der Gesellschaft es erfordert zusammen.

19. Welche Aufgaben hat der Vorstand der AG?

Der Vorstand hat u. a. folgende Aufgaben:

- Leitung der Geschäfte gemeinschaftlich unter eigener Verantwortung,
- Vertretung der Gesellschaft gerichtlich und außergerichtlich,
- Bericht an den Aufsichtsrat (vierteljährlich),
- Einberufung der Hauptversammlung,
- Vorschlag zur Gewinnverteilung,
- Aufstellung des Jahresabschlusses und des Geschäftsberichts,
- Vorlage von Abschluss und Bericht bei den Prüfern,
- Bekanntgabe des Jahresabschlusses.

20. Welche Aufgaben hat der Aufsichtsrat der AG?

Der Aufsichtsrat hat u. a. folgende Aufgaben:

- Bestellung des Vorstands,
- Überwachung des Vorstands (vor allem auf der Grundlage des vierteljährlichen Berichts),
- Prüfung des Jahresabschlusses,
- Prüfung des Vorschlags zur Gewinnverwendung,
- Berichterstattung an die Hauptversammlung.

21. Welche Aufgaben hat die Hauptversammlung der AG?

Die Hauptversammlung hat u. a. folgende Aufgaben:

- Wahl der Aktionärsvertreter in den Aufsichtsrat,
- Beschlussfassung über Gewinnverwendung,
- Beschlussfassung über Satzungsänderungen (z. B. Kapitalerhöhungen),
- Wahl der Abschlussprüfer,
- Entlastung des Vorstands und des Aufsichtsrats.

4.1.1.4.2 Gemischte Rechtsformen

1. Was sind gemischte Rechtsformen der Unternehmen?

Gemischte Rechtsformen setzen sich aus den Merkmalen von Personen- und Kapitalgesellschaften zusammen. Gemischte Rechtsformen sind z. B. GmbH & Co. KG, KGaA.

2. Welche typischen Kennzeichen weist die GmbH & Co. KG auf?

Die GmbH & Co. KG ist eine gemischte Rechtsform. Sie weist Merkmale der GmbH und der KG (und damit Elemente von Personen- und Kapitalgesellschaften) auf. (Es überwiegen die Merkmale der Personengesellschaft.)

Erkennbar ist die Konstruktion der KG mit *Vollhafter (Komplementär)* und *Teilhafter (Kommanditisten)*. *Vollhafter ist eine GmbH* mit ihrem Stammkapital, Teilhafter können die Gesellschafter der GmbH sein. Die Haftung wird beschränkt auf das Vermögen der GmbH (Stammkapital) und die Einlagen der Kommanditisten. Die Geschäfte werden von den Geschäftsführern der GmbH geführt.

Gewählt wird diese Rechtsform wegen der Haftungsbeschränkung und wegen steuerlicher Vorteile.

3. Welche typischen Kennzeichen weist die Kommanditgesellschaft auf Aktien (KGaA) auf?

Die KGaA stellt eine Kombination von Merkmalen der Kapitalgesellschaft AG und der Personengesellschaft KG dar. (Es überwiegen die Merkmale der AG.)

Die KGaA ist eine Gesellschaft mit eigener Rechtspersönlichkeit, bei der mindestens ein Gesellschafter den Gläubigern der Gesellschaft gegenüber persönlich haftet; die übrigen Gesellschafter können als Teilhafter (Kommanditaktionäre) zur persönlichen Haftung nicht herangezogen werden. Die persönlich haftenden Gesellschafter führen die Gesellschaft; die Kommanditaktionäre nehmen ihre Rechte über die Hauptversammlung wahr.

4. Was ist eine Doppelgesellschaft?

Eine Doppelgesellschaft liegt vor, wenn sich ein bisher selbstständiges Unternehmen in zwei Unternehmen aufspaltet, die sachlich und personell miteinander verflochten sind. Das eine Unternehmen wird im Allgemeinen als Personen-, das andere als Kapitalgesellschaft organisiert. Der Personengesellschaft wird das Vermögen übertragen, sie wird dadurch Besitzgesellschaft; die Kapitalgesellschaft wird Betriebsgesellschaft.

4.1.2 Folgen der Haftung im Rahmen des Insolvenz- und Zwangsvollstreckungsverfahrens

4.1.2.1 Insolvenzverfahren

1. Was ist eine Insolvenz und wodurch kann sie verursacht werden? [7]

Insolvenz ist die Zahlungsunfähigkeit eines Schuldners. Verursacht wird sie z. B. bei Unternehmen durch fehlende Liquidität, die Folge einer schlecht geführten Finanzwirtschaft sein kann. (Private Insolvenz s. 4.1.2.3.)

2. Welche Ziele werden mit dem Insolvenzverfahren verfolgt?

Das Insolvenzverfahren hat zwei wesentliche Ziele:

- Verwertung des Vermögens des Schuldners und Verteilung des Erlöses auf die Gläubiger (vgl. Insolvenzquote) oder
- Erhalt des Unternehmens durch eine besondere Regelung auf der Grundlage eines Insolvenzplans.

---

[7] Den folgenden Ausführungen liegt die Insolvenzordnung zu Grunde.

3. Wer kann den Antrag auf Eröffnung des Insolvenzverfahrens stellen?

Der schriftliche Antrag auf Eröffnung des Insolvenzverfahrens kann *vom Schuldner oder von den Gläubigern* gestellt werden.

Ein Gläubiger kann den Antrag stellen, wenn er ein rechtliches Interesse an der Eröffnung des Insolvenzverfahrens und sowohl seine Forderung als auch den Eröffnungsgrund nachweist. Wenn der Antrag eines Gläubigers angenommen wird, muss das Gericht den Schuldner dazu hören.

Den Antrag auf ein Insolvenzverfahren über das Vermögen einer juristischen Person, also z. B. einer GmbH, AG u. Ä., kann (außer den Gläubigern) jedes Mitglied des Vertretungsorgans stellen, also z. B. ein Geschäftsführer, ein Vorstandsmitglied. Bei einer KGaA ist jeder persönlich haftender Gesellschafter zum Antrag berechtigt.

4. Welches Gericht ist für das Insolvenzverfahren zuständig?

Für das Insolvenzverfahren ist das Amtsgericht, in dessen Bezirk ein Landgericht seinen Sitz hat, als Insolvenzgericht für den Bezirk dieses Landgerichts ausschließlich zuständig.

5. Welche Gründe können für die Eröffnung des Verfahrens bestehen?

Ein Insolvenzverfahren kann aus folgenden Gründen eröffnet werden („Eröffnungsgründe"):

- Zahlungsunfähigkeit: Ein Schuldner ist zahlungsunfähig, wenn er fälligen Zahlungspflichten nicht mehr nachkommen kann und seine Zahlungen eingestellt hat.
- Drohende Zahlungsunfähigkeit: Die Zahlungsunfähigkeit droht, wenn der Schuldner bestehende Zahlungsverpflichtungen voraussichtlich zum Zeitpunkt ihrer Fälligkeit nicht erfüllen kann.
- Überschuldung bei einer juristischen Person: Überschuldung liegt vor, wenn das Vermögen des Schuldners die bestehenden Verbindlichkeiten nicht mehr deckt, es sei denn, die Fortführung des Unternehmens ist nach den Umständen überwiegend wahrscheinlich.

6. Welche Maßnahmen muss das Insolvenzgericht nach Antragstellung ergreifen?

Das Insolvenzgericht muss Sicherungsmaßnahmen ergreifen, damit eine Veränderung in der Vermögenslage des Schuldners verhindert wird, um die Gläubiger zu schützen. Zu den Sicherungsmaßnahmen zählen u. a.

- die Bestellung eines vorläufigen Insolvenzverwalters,
- das Verfügungsverbot für den Schuldner,
- die Untersagung von Zwangsvollstreckungsmaßnahmen gegen den Schuldner.

7. Was ist ein vorläufiger Insolvenzverwalter und welche Pflichten hat er?

Der vorläufige Insolvenzverwalter hat unter bestimmten Umständen die *Verwaltungs- und Verfügungsbefugnis* über das Vermögen des Schuldners bis zur Bestellung des Insolvenzverwalters bei Eröffnung des Verfahrens. Zu seinen Pflichten zählen

- Sicherung und Erhaltung des Vermögens des Schuldners,
- Fortführung des Unternehmens des Schuldners,
- Prüfung, ob die Kosten des Verfahrens durch das Vermögen des Schuldners gedeckt sind.

8. Kann der Antrag auf Eröffnung des Insolvenzverfahrens mangels Masse abgewiesen werden?

Wenn das Vermögen des Schuldners voraussichtlich zur Deckung der Verfahrenskosten nicht ausreichen wird, weist dass Gericht den Antrag auf Eröffnung des Insolvenzverfahrens mangels Masse ab.

9. Welche Bedeutung hat die Eröffnung des Insolvenzverfahrens?

Wenn das Insolvenzverfahren eröffnet wird, ernennt das Gericht einen Insolvenzverwalter.

Der Eröffnungsbeschluss enthält u. a. folgende Angaben:

- Firma des Schuldners,
- Registergericht und Registernummer (Handelsregister),
- Geschäftszweig,
- gewerbliche Niederlassung,
- Name und Anschrift des Insolvenzverwalters,
- die Stunde der Eröffnung.

4.1.2.2 Ermittlung der Insolvenzquote

1. Wie wird die Insolvenzquote ermittelt?

Von der Insolvenzmasse werden *vorweg die sog. Massegläubiger* befriedigt, d. h. die Kosten des Verfahrens und die sonstigen Masseverbindlichkeiten, abgezogen; danach werden bestimmte Vermögensteile ausgesondert, andere abgesondert und verwertet. Der Rest steht i. d. R. für die Verteilung an die Insolvenzgläubiger zur Verfügung.

Die Insolvenzquote, die gelegentlich auch als *Insolvenzdividende* bezeichnet wird, ist der Anteil an der übrigen Insolvenzmasse, der an die Insolvenzgläubiger nach Abschluss des Insolvenzverfahrens ausgezahlt wird. Die Quote ergibt sich rechnerisch aus dem Verhältnis der zur Verteilung anstehenden Insolvenzmasse (freie Masse) zur Summe der Verbindlichkeiten.

Die freie Masse wird folgendermaßen errechnet:

Insolvenzmasse
- Kosten und sonstige Masseverbindlichkeiten
- Aussonderung
- Absonderung
= freie Masse

Wenn z. B. die Verbindlichkeiten 1.000.000 € betragen und sich eine freie Insolvenzmasse in Höhe von 50.000 € ergibt, beläuft sich die Insolvenzquote auf 5 %. Für eine Forderung in Höhe von 60.000 € würde ein Gläubiger noch 3.000 € erhalten.

2. Welche Kosten fallen für das Insolvenzverfahren an?

Die Kosten des Insolvenzverfahrens setzen sich zusammen aus den Gerichtskosten und den Auslagen und Vergütungen des vorläufigen Insolvenzverwalters bzw. des Insolvenzverwalters.

3. Was sind sonstige Masseverbindlichkeiten?

Masseverbindlichkeiten sind u. a. Verbindlichkeiten,

- die bei Verwaltung, Verwertung und Verteilung der Insolvenzmasse entstehen,
- die aus gegenseitigen Verträgen stammen, die nach Eröffnung des Insolvenzverfahrens zu erfüllen sind,
- die im Zusammenhang mit einer ungerechtfertigten Bereicherung der Masse stehen.

4. Welche Gegenstände werden ausgesondert?

Gegenstände, die nicht zur Insolvenzmasse gehören, werden ausgesondert. Die Eigentümer dieser Gegenstände sind keine Insolvenzgläubiger; deshalb haben sie ein Recht auf Aussonderung.

5. Wie müssen aussonderungsberechtigte Gläubiger vorgehen?

Da der Insolvenzverwalter fremde Rechte an der Masse nicht ermittelt, müssen die Gläubiger von sich aus tätig werden und unverzüglich von dem Insolvenzverwalter die *Aussonderung verlangen*. Der Insolvenzverwalter prüft vor Herausgabe die geltend gemachten Rechte und stellt ggf. die ausgesonderten Objekte zur Abholung bereit.

Auf Verlangen muss der Insolvenzverwalter den aussonderungsberechtigten Gläubigern *Auskunft* über den Zustand der Aussonderungsobjekte geben.

6. Wie wird in Abhängigkeit von der Art des Aussonderungsobjekts ausgesondert?

In Abhängigkeit von der Art des Gegenstandes kann Aussonderung Folgendes bedeuten:

- Herausgabe,
- Zustimmung zur Berichtigung des Grundbuchs,
- Abtretung,
- Erklärung des Insolvenzverwalters, dass das Recht nicht von der Insolvenzmasse beansprucht wird.[8]

7. Welche Bedeutung hat das Recht auf Absonderung?

Absonderungsrecht bedeutet, dass ein Gläubiger einen Anspruch auf eine *abgesonderte Befriedigung* aus einem Gegenstand hat. Der Gegenstand bleibt in der Insolvenzmasse, muss aber auf dem Wege der Zwangsvollstreckung verwertet werden. Der Gläubiger wird aus dem Verwertungserlös befriedigt, übersteigt der Erlös seinen Anspruch, fließt der Mehrerlös in die Insolvenzmasse.

8. Wie werden absonderungsberechtigte Gegenstände verwertet?

Unbewegliche Gegenstände, z. B. Grundstücke, werden im Wege der Zwangsvollstreckung, z. B. durch *Zwangsversteigerung,* verwertet (§ 49 InsO).

Bewegliche Gegenstände kann der *Insolvenzverwalter freihändig verwerten,* wenn sie sich in seinem Besitz befinden. Außerdem darf er Forderungen, die der Schuldner sicherungsübereignet hat, einziehen oder in anderer Weise verwerten (§ 166 InsO). Die abgesonderte Befriedigung aus beweglichen Sachen beruht u. a. auf Pfandrechten und auf Sicherungsübereignungen.

4.1.2.3 Verbraucherinsolvenzverfahren

1. Was ist ein Verbraucherinsolvenzverfahren und was bezweckt es?

Ein Verbraucherinsolvenzverfahren ist ein *vereinfachtes Insolvenzverfahren* zur Abwicklung der Insolvenz einer natürlichen Person. Zweck des Verfahrens ist einerseits, die Gläubiger aus dem Vermögen entsprechend ihren Forderungen anteilsmäßig zu befriedigen, andererseits aber, dem privaten Schuldner die Chance zu geben, sich auf lange Sicht von seinen drückenden Schulden zu befreien.

---

[8] Damerius, Oliver: Aussonderung und Absonderung im Insolvenzverfahren (WWW.BROCKDORF NET) o. D.

2. Welche Personen können das Verbraucherinsolvenzverfahren in Anspruch nehmen?

Die Vorschriften des Verbraucherinsolvenzverfahren gelten für Schuldner, die als Privatpersonen keine selbstständige wirtschaftliche Tätigkeit ausüben bzw. ausgeübt haben.

Sie gelten auch für Schuldner, die eine selbstständige wirtschaftliche Tätigkeit ausgeübt haben, wenn keine Forderungen aus Arbeitsverhältnissen gegen sie bestehen; außerdem darf die Zahl der Gläubiger zum Zeitpunkt des Antrags auf Eröffnung des Verfahrens höchstens 20 betragen.

3. Welche Bedeutung hat die außergerichtliche Einigung?

Bevor der Schuldner einen Antrag auf Eröffnung des Insolvenzverfahrens stellen kann, muss er versuchen, sich mit den Gläubigern *außergerichtlich* zu *vergleichen*. Dafür legt er den Gläubigern einen *Schuldenbereinigungsplan* vor, in dem alle Verbindlichkeiten erfasst sind. Wenn Schuldner und Gläubiger sich auf eine Regelung der Schuldentilgung einigen, entfällt das weitere Insolvenzverfahren.

Wenn der Versuch zur außergerichtlichen Einigung scheitert, kann die Eröffnung des Insolvenzverfahrens beantragt werden.

4. Welche Unterlagen hat der Schuldner mit dem Antrag auf Eröffnung des Verfahrens vorzulegen?

Der Antrag auf Eröffnung des Insolvenzverfahrens ist *schriftlich* einzureichen. Dem Antrag sind folgende *Unterlagen* beizufügen:

- Bescheinigung über den erfolglosen Versuch einer außergerichtlichen Einigung über die Schuldenbereinigung innerhalb der letzten sechs Monate vor dem Eröffnungsantrag,
- Antrag auf Restschuldbefreiung oder Erklärung, dass Restschuldbefreiung nicht beantragt werden soll,
- Vermögensverzeichnis, Gläubigerverzeichnis,
- Schuldenbereinigungsplan.

5. Wer stellt die Bescheinigung über den erfolglosen Versuch einer außergerichtlichen Einigung aus?

Die Bescheinigung muss von einer geeigneten Person oder Stelle ausgestellt werden. Geeignet sind *Anwälte und Schuldnerberatungsstellen*, d. h. nur die von ihnen ausgestellten Bescheinungen erkennt das Gericht an.

6. Welche Angaben enthält der Schuldenbereinigungsplan, der dem Insolvenzgericht vorzulegen ist?

Wenn der Schuldner den Antrag auf Eröffnung des Insolvenzverfahrens stellt, muss er auch einen Schuldenbereinigungsplan vorlegen. Der Schuldentilgungsplan enthält Regelungen, die *für eine angemessene Schuldenbereinigung* geeignet sind. Die Regelungen sollen sowohl die Gläubigerinteressen als auch die Einkommens-, Vermögens- und Familienverhältnisse des Schuldners berücksichtigen.

7. Wie behandelt das Gericht den Schuldenbereinigungsplan?

Das Gericht prüft die mit dem Antrag auf Verfahrenseröffnung eingereichten Unterlagen, dabei wird der Schuldenbereinigungsplan im Hinblick auf seine *Erfolgsaussichten geprüft*. Bis zur Entscheidung über den Schuldenbereinigungsplan ruht das Verfahren. Falls die Prüfung ergibt, dass der Bereinigungsplan Aussicht auf Erfolg hat, wird er zusammen mit der Vermögensübersicht an die Gläubiger versandt.

8. Welche Folgen hat die Annahme des Schuldenbereinigungsplans?

Wenn die Gläubiger dem Schuldenbereinigungsplan zugestimmt haben oder das Gericht die Zustimmung ersetzt hat, gilt der Plan als angenommen. Das Gericht stellt das Ergebnis durch Beschluss fest. Dadurch hat der Schuldenbereinigungsplan die Wirkung eines Vergleichs. Die Anträge auf Eröffnung des Insolvenzverfahrens und auf Erteilung von Restschuldbefreiung gelten als zurückgenommen (§ 308 Abs. 2 InsO).

9. Kann das Gericht Einwendungen von Gläubigern gegen den Schuldenbereinigungsplan durch eine Zustimmung ersetzen?

Das Gericht kann Einwendungen eines Gläubigers gegen den Schuldenbereinigungsplan auf Antrag eines Gläubiger oder des Schuldners durch eine Zustimmung ersetzen. Voraussetzung dafür ist, dass mehr als die Hälfte der Gläubiger dem Plan zugestimmt hat und dass die Forderungen dieser Gläubiger mehr als die Hälfte aller Forderungen ausmachen. Außerdem ist die besondere wirtschaftliche Lage des Gläubigers, der die Einwendungen erhoben hat, zu berücksichtigen.

10. Wann wird das vereinfachte Insolvenzverfahren durchgeführt?

Das vereinfachte Insolvenzverfahren wird eröffnet, wenn es *keine Einigung über den Schuldenbereinigungsplan* gibt. Ein Treuhänder wird bestellt, der die Funktion des Insolvenzverwalters hat. Seine Aufgabe besteht darin, dass pfändbare Vermögen des Schuldners zu verwerten und den Erlös nach Abzug der Verfahrenskosten entsprechend der Quote an die Gläubiger zu verteilen. Wenn die Restschuldbefreiung nicht versagt werden muss, ist nach Ankündigung der Restschuldbefreiung und Verteilung der Masse das Verfahren beendet.

11. Kann der Schuldner von der Restschuld befreit werden?

Grundsätzlich kann eine natürliche Person als Schuldner von der Restschuld befreit werden. (Das gilt auch im Fall der Regelinsolvenz). Die *Restschuldbefreiung* ist im Allgemeinen das Ziel des Verbraucherinsolvenzverfahrens.

Der Schuldner muss die Restschuldbefreiung beantragen; der Antrag wird i. d. R. mit dem Antrag auf Eröffnung des Verfahrens gestellt.

Die Restschuldbefreiung kann auf Antrag eines Gläubigers im Schlusstermin versagt werden. Der Antragsteller muss dabei einen Versagungsgrund glaubhaft nachweisen.

12. Welche Bedeutung hat die Wohlverhaltensperiode für den Schuldner?

Die Wohlverhaltensperiode beginnt mit Eröffnung des Insolvenzverfahrens, sie dauert sechs Jahre. Während dieser Zeit muss der Schuldner u. a. den pfändbaren Teil seines Einkommens und sonstiger *Bezüge an den Treuhänder abführen*. Der Treuhänder verteilt die Gelder entsprechend der Quote an die Gläubiger. Nach Ablauf dieses Verfahrens kann das Gericht dem Schuldner auf Antrag die Restschuld erlassen.

4.2 Vertragstypen und deren Gestaltung

4.2.1 Allgemeine Geschäftsbedingungen

4.2.1.1 Grundbegriffe des Vertragsrechts

1. Was sind Rechtsgeschäfte und welche Bedeutung haben sie?

Rechtsgeschäfte begründen, verändern oder beenden Rechtsverhältnisse, d. h. die rechtlichen Beziehungen von Personen zu Personen und von Personen zu Sachen werden durch Rechtsgeschäfte geordnet und gestaltet. Rechtsgeschäfte kommen durch Willenserklärungen zu Stande. Zu unterscheiden sind einseitige und zweiseitige Rechtsgeschäfte.

2. Wodurch unterscheiden sich einseitige von zweiseitigen Rechtsgeschäften?

Einseitige Rechtsgeschäfte enthalten nur *eine Willenserklärung*. Es gibt

- empfangsbedürftige einseitige Rechtsgeschäfte (z. B. Kündigung), sie müssen dem Erklärungsgegner zugehen, sonst werden sie nicht rechtswirksam und
- nicht empfangsbedürftige einseitige Rechtsgeschäfte (z. B. Testament).

Zweiseitige Rechtsgeschäfte kommen durch *zwei übereinstimmende Willenserklärungen* zu Stande (z. B. Vertrag, vgl. Kaufvertrag).

3. Was ist eine Willenserklärung?

Eine Willenserklärung ist die Erklärung einer Person, mit der sie eine bestimmte Rechtsfolge erreichen will. Eine Willenserklärung gibt z. B. ein Verkäufer ab, der einem Kunden eine Ware anbietet mit der Absicht, dass ein Kaufvertrag zu Stande kommt. Beispiele: Angebot, Bestellung, Rücktritt vom Vertrag, Testament usw.

4. Was besagt der Grundsatz der Vertragsfreiheit?

Der Grundsatz der Vertragsfreiheit umfasst folgende Aspekte:

- Jeder hat grundsätzlich die Freiheit, einen ihm angetragenen Vertrag anzunehmen.
- Die Vertragsparteien sind grundsätzlich frei, den Inhalt des Vertrages zu bestimmen.

Ausnahmen von der grundsätzlichen Vertragsfreiheit sind u. a.:

- Verträge können nur von geschäftsfähigen Personen abgeschlossen werden.
- Für bestimmte Verträge gibt es inhaltliche Vorgaben (vgl. z. B. den Berufsausbildungsvertrag).

5. Bestehen für Verträge Formvorschriften?

Die äußere Form von Verträgen wird grundsätzlich nicht vorgeschrieben. *Formfreiheit von Verträgen* bedeutet, dass die Gültigkeit eines Rechtsgeschäfts nicht von der Form abhängig ist. Verträge können schriftlich, mündlich oder durch konkludentes Handeln abgeschlossen werden.

Von der grundsätzlichen Formfreiheit gibt es Ausnahmen, z. B. bei Grundstückskäufen, bei Verbraucherdarlehen.

6. Was heißt Rechtsfähigkeit?

Rechtsfähigkeit ist die Fähigkeit, Träger von Rechten und Pflichten zu sein. Rechtsfähig sind alle natürlichen und juristischen Personen.

7. Welche Bedeutung hat die Geschäftsfähigkeit?

Geschäftsfähigkeit ist die *Fähigkeit einer Person, Geschäfte rechtsgültig abzuschließen*. Unbeschränkt geschäftsfähig sind nur volljährige Personen, die nicht entmündigt oder unter vorläufige Vormundschaft gestellt wurden. Von der unbeschränkten Geschäftsfähigkeit sind Geschäftsunfähigkeit und beschränkte Geschäftsfähigkeit zu unterscheiden.

Geschäftsunfähig sind Kinder unter 7 Jahren, Personen, die wegen Geisteskrankheit entmündigt sind; sie können keine Geschäfte abschließen (Geschäfte können nur durch den gesetzlichen Vertreter abgeschlossen werden).

8. Wie kommt ein Vertrag zu Stande?

Ein Vertrag ist ein *zweiseitiges Rechtsgeschäft*. Es kommt durch zwei übereinstimmende Willenserklärungen zu Stande: Antrag und Annahme.

9. Wann ist ein Vertrag von vornherein nichtig?

Ein Vertrag ist von vornherein nichtig,

- wenn ein Scheingeschäft vorliegt,
- wenn ein Scherzgeschäft vorliegt,
- wenn ein Geschäft vorliegt, das gegen die guten Sitten verstößt,
- wenn ein Geschäft vorliegt, das gegen bestehende Gesetze verstößt,
- wenn ein Geschäft vorliegt, das gegen eine Formvorschrift verstößt,
- wenn ein Geschäft mit geschäftsunfähigen Personen vorliegt.

10. Wann kann ein Vertrag angefochten werden?

Ein Vertrag kann von einer Partei angefochten werden,

- wenn ihr bei Abgabe der Willenserklärung ein *Irrtum* unterlaufen ist,
- wenn sie zur Abgabe ihrer Willenserklärung durch eine *Drohung* gezwungen wurde,
- wenn sie zur Abgabe ihrer Willenserklärung durch eine *arglistige Täuschung* bestimmt wurde.

11. Welche Bedeutung haben vorvertragliche Pflichten?

Vorvertragliche Pflichten ergeben sich im Zusammenhang mit der *Vertragsanbahnung*, also vor dem Vertragsabschluss. Bei einem Kaufvertrag zählen dazu z. B. die Pflichten zur Information und sorgfältigen Beratung.

4.2.1.2 Stellvertretungsrecht

1. Welche Bedeutung hat die Stellvertretung bei Rechtsgeschäften?

Eine Person kann sich bei rechtsgeschäftlichem Handeln von einer anderen Person (bzw. von anderen Personen) vertreten lassen; eine Willenserklärung, die ein Vertreter im Rahmen seiner Vertretungsmacht im Namen des Vertretenen abgibt, wirkt unmittelbar für bzw. gegen den Vertretenen (§ 164 BGB). Dabei ist es gleichgültig, ob die Erklärung im Namen des Vertretenen abgegeben wird oder ob die Umstände ergeben, dass sie im Namen des Vertretenen erfolgen soll.

Die Vertretung kann vom Vertretenen gewollt sein (gewillkürte Vertretung) oder vom Gesetzgeber angeordnet sein (gesetzliche Vertretung).

2. Wie unterscheidet sich der Stellvertreter vom Boten?

Der **Stellvertreter** gibt eine eigene Erklärung ab (allerdings in fremdem Namen); der **Bote** überbringt lediglich eine Erklärung. Stellvertreter müssen mindestens beschränkt geschäftsfähig sein (§ 165 BGB); Botendienst kann auch eine geschäftsunfähige Person ausführen.

3. Wann liegt eine Vollmacht vor?

Wenn die Stellvertretung durch ein Rechtsgeschäft erteilt wird, liegt eine Vollmacht vor.

4. Wie wird die Vollmacht erteilt?

Für die Erteilung der Vollmacht sieht der Gesetzgeber(vgl. §§ 167 und 171 BGB) folgende Möglichkeiten vor: Sie kann erfolgen

- durch Erklärung gegenüber der Person, die bevollmächtigt werden soll (Innenvollmacht),
- durch Erklärung gegenüber einem Dritten, gegen den die Vollmacht wirken soll (Außenvollmacht),
- durch öffentliche Bekanntmachung, in diesem Fall ist der Bevollmächtigte zur Vertretung gegenüber jedem Dritten befugt.

5. Welchen Umfang hat eine Vollmacht?

Nach dem Umfang der Vollmacht unterscheidet man im Zivilrecht zwischen

- Spezialvollmacht: Die Vollmacht bezieht sich auf ein bestimmtes Geschäft, z. B. auf den Kauf eines Grundstücks,
- Gattungsvollmacht: Die Vollmacht bezieht sich auf eine Gattung von Geschäften, z. B. auf das Inkasso.
- Generalvollmacht: Die Vollmacht bezieht sich auf alle Geschäfte, die im Rahmen eines Unternehmens anfallen.

6. Welche Vollmachten sieht das Handelsrecht vor?

Das HGB sieht folgende Formen der Vollmacht vor:

Die **Prokura**: Sie berechtigt zu allen Arten von Geschäften und Rechtshandlungen, die das Unternehmen mit sich bringt. Allerdings ermächtigt die Prokura nicht zur Belastung von Grundstücken; dazu bedarf es einer besonderen Befugnis. Eine Beschränkung des Umfangs der Prokura ist Dritten gegenüber unwirksam.

Die **Handlungsvollmacht**: Sie wird einer Person erteilt, die ermächtigt wurde

- zum Betrieb eines Handelsgewerbes,

- zur Vornahme einer bestimmten Art von Geschäften, soweit sie zu dem Handelsgewerbe gehören oder
- zur Durchführung einzelner Geschäfte des Handelsgewerbes.

Entsprechend erstreckt sich die Handlungsvollmacht auf alle Geschäfte und Rechtshandlungen, die der Betrieb des Handelsgeschäftes oder die Vornahme der Geschäfte gewöhnlich mit sich bringt.

Die allgemeine **Angestelltenermächtigung** nach § 56 HGB.

Ein Angestellter in einem Laden oder in einem offenen Warenlager gilt als ermächtigt zu Verkäufen und Empfangnahmen, die in einem derartigen Laden bzw. Lager gewöhnlich anfallen.

7. Wann erlischt die Vollmacht?

Für die Beendigung der Vollmacht gibt es zwei wichtige Gründe:

- Die Vollmacht erlischt am Ende des Rechtsverhältnisses, das ihr zu Grunde liegt.
- Die Vollmacht kann auch widerrufen werden. Voraussetzung ist allerdings, dass keine Abmachungen bestehen, die den Widerruf ausschließen.

8. Wodurch ergibt sich die gesetzliche Vertretung?

Von einer Vertretungsmacht kraft Gesetzes spricht man, wenn sie sich nicht durch ein Rechtsgeschäft ergibt, sondern aufgrund von Gesetzen oder staatlichen Hoheitsakten. Gesetzliche Vertreter sind z.B. die Eltern, der Vormund, der Pfleger. Daneben ist auch die organschaftliche Vertretung eine Vertretungsmacht kraft Gesetzes.

9. Welche Bedeutung hat die organschaftliche Vertretung?

Die Vertretung nicht natürlicher Personen durch ihre Organe ist eine organschaftliche Vertretung. Nur durch ihre organschaftliche Vertretung kann z.B. eine juristische Person handeln. Zu den juristischen Personen zählen z.B. die AG, sie wird durch den Vorstand, und die GmbH, sie wird durch den oder die Geschäftsführer vertreten. Organschaftliche Vertretung gibt es auch bei der OHG und bei der KG, und zwar durch die zur Vertretung berechtigten Gesellschafter.

10. Wie haften die gesetzlichen Vertreter bei unternehmensbezogenen Geschäften?

Der Vorstand und die Geschäftsführer von AG, GmbH usw. schließen im Rahmen der Vertretung im Allgemeinen unternehmensbezogene Geschäfte ab. Im Zusammenhang mit diesen Geschäften können sie i.d.R. *nicht zur persönlichen Haftung* herangezogen werden.

4.2.2 Vertragsarten

4.2.2.1 Der Kaufvertrag

1. Was ist ein Kaufvertrag?

Ein Kaufvertrag ist ein zweiseitiges Rechtsgeschäft. Er kommt zu Stande durch zwei übereinstimmende Willenserklärungen. Die beiden Willenserklärungen werden als *Antrag und Annahme* (des Antrages) bezeichnet.

2. Wie kann ein Kaufvertrag zu Stande kommen?

Ein Kaufvertrag kann auf drei unterschiedliche Arten zu Stande kommen.

1. Angebot als Antrag – Bestellung als Annahme: Der Verkäufer richtet ein bestimmtes Angebot an einen Käufer, der das Angebot annimmt und bestellt.
2. Bestellung als Antrag – Lieferung (oder Auftragsbestätigung) als Annahme: Der Käufer bestellt, der Verkäufer nimmt die Bestellung an und liefert.
3. Lieferung als Antrag – Annahme der gelieferten Sache und Bezahlung als Annahme: Der Verkäufer liefert, der Käufer nimmt die gelieferte Sache an.

3. Kommt durch eine Anfrage ein Kaufvertrag zu Stande?

Grundsätzlich nicht. Die Anfrage ist kein Antrag, also z. B. keine Bestellung, mit der sie verwechselt werden könnte. Der anfragende Kunde geht durch die Anfrage keine Verpflichtungen ein, z. B. muss er eine Ware, die aufgrund der Anfrage geliefert wird, nicht annehmen.

Nimmt er allerdings die gelieferte Ware an, ist die Annahme der Antrag; dadurch kommt der Kaufvertrag dann zu Stande.

4. Wodurch unterscheidet sich das befristete vom unbefristeten Angebot?

Bei einem **befristeten** Angebot ist der Anbieter lediglich bis zu einem angegeben Zeitpunkt an das Angebot gebunden. Bei einem **unbefristeten** Angebot ist der Anbieter bis zu dem Zeitpunkt an das Angebot gebunden, an dem der Käufer unter normalen Bedingungen bestellt haben kann.

Die Bindung an ein Angebot wird auch durch den Widerruf des Angebots aufgehoben.

5. Welche Bedeutung haben Freizeichnungsklauseln in einem Angebot?

Durch sog. Freizeichnungsklauseln kann der Anbieter die Bindung an das Angebot einschränken oder aufheben. Freizeichnungsklauseln sind z. B. „freibleibend", „so lange Vorrat reicht", „Preise freibleibend".

6. Was gilt durch den Kaufvertrag als vereinbart?

Die Vereinbarungen im Kaufvertrag beziehen sich u. a. auf die folgenden Punkte:

- Ware nach Art, sie ist deshalb genau zu bezeichnen, z. B. durch Katalognummer u. Ä.,
- Ware nach Menge, Umfang, Gewicht u. Ä.,
- Lieferungsbedingungen, d. h. Art und Weise der Lieferung, Zeitpunkt der Lieferung, Übernahme der Kosten der Lieferung usw.,
- Zahlungsbedingungen, d. h. Art der Zahlung, Zeitpunkt der Zahlung, Zahlungsnachlässe usw.,
- Erfüllungsort, das ist der Ort, an dem der Vertrag zu erfüllen ist,
- Gerichtsstand, das ist das Gericht, das bei Streitigkeiten aus dem Vertrag zuständig sein soll.

7. Wie lässt sich der Handelskauf kennzeichnen?

Typisches Kennzeichen des Handelskaufs ist, dass *Verkäufer und Käufer Unternehmen* sind; der Handelskauf wird also zwischen Unternehmen abgeschlossen. Unternehmen sind natürliche oder juristische Personen, die bei Abschluss des Kaufvertrages in Ausübung ihrer gewerblichen Tätigkeit handeln. Für den Handelskauf gelten neben den Vorschriften des BGB ergänzend auch die Vorschriften des HGB.

8. Wie lässt sich der Verbrauchsgüterkauf kennzeichnen?

Typisches Kennzeichen des Verbrauchsgüterkaufs ist, dass *der Verkäufer Unternehmer und der Käufer Verbraucher* ist, der Verbraucher verwendet die gekaufte Sache für private Zwecke.

9. Welche Pflichten geht der Verkäufer durch den Kaufvertrag ein?

Der Verkäufer muss

- die Sache übergeben,
- dem Käufer das Eigentum an der Sache verschaffen,
- dem Käufer die Sache frei von Mängeln verschaffen; dazu gehören u. U. auch die sachgemäße Montage und die Mitlieferung einer fehlerfreien Montageanleitung,
- die Kosten tragen, die im Zusammenhang mit der Übergabe der Sache und mit der Übertragung des Rechts an der Sache verbunden sind.

10. Welche Pflichten geht der Käufer durch den Kaufvertrag ein?

Der Käufer muss

- dem Verkäufer das vereinbarte Entgelt zahlen,
- die gekaufte Sache abnehmen, die Kosten der Abnahme tragen,
- beim Handelskauf: die gelieferte Sache sofort untersuchen und einen entdeckten Mangel unverzüglich dem Verkäufer anzeigen.

4.2.2.2 Sonstige wichtige Verträge

1. Was ist ein Werkvertrag?

Bei einem Werkvertrag verpflichtet sich der Auftragnehmer zur *Erstellung eines Werks*, der Auftraggeber zur Zahlung einer Vergütung. Unwesentlich ist, wer von den beiden Vertragspartnern die Stoffe liefert, die zur Erstellung des Werks erforderlich sind. Wesentlich dagegen ist, dass der Auftragnehmer für den Erfolg seiner Leistung Garantien übernimmt. Das Werk kann z. B. Herstellung oder Reparatur einer Sache oder die Erstellung einer sonstigen Leistung sein (z. B. Rechtsberatung, Beförderung einer Fracht).

2. Wodurch unterscheiden sich Miete und Pacht?

Miet- und Pachtverträge sind Gebrauchsüberlassungsverträge. Als **Miete** bezeichnet man die vertragliche Überlassung einer Sache zum Gebrauch, vgl. z. B. die Miete einer Wohnung. Als **Pacht** bezeichnet man die vertragliche Überlassung einer Sache zum Gebrauch und zum Genuss der Früchte aus der Sache, vgl. z. B. die Pacht einer Ackerfläche.

3. Was ist ein Dienstvertrag?

Der Dienstvertrag ist ein Vertrag zwischen einem *Dienstnehmer* und einem *Dienstberechtigten*. Durch den Vertrag verpflichtet sich der Dienstnehmer zur *Leistung von Diensten*; Gegenstand des Vertrages können Dienstleistungen jeglicher Art sein. Der Dienstberechtigte verpflichtet sich zur Zahlung einer Vergütung. Der Dienstnehmer stellt dem Dienstberechtigten seine Arbeitskraft für die vertraglich festgesetzte Dauer zur Verfügung; dadurch unterscheidet sich der Dienstvertrag vom Werkvertrag, bei dem es auf die Ablieferung eines Werkes, d. h. auf den Erfolg, ankommt. Dienstnehmer können unselbstständig oder selbstständig tätig sein.

Der Dienstvertrag mit unselbstständig Tätigen ist mit dem Arbeitsvertrag identisch. Sog. freie Dienstverträge, das sind Dienstverträge mit selbstständig Tätigen, werden z. B. mit Rechtsanwälten, Ärzten o. Ä. abgeschlossen. Dienstverträge werden im Allgemeinen auf kurze Dauer abgeschlossen.

4. Was ist ein Geschäftsbesorgungsvertrag?

Der Geschäftsbesorgungsvertrag ist ein Vertrag zwischen einem Auftragnehmer und einem Auftraggeber, durch den sich der Auftragnehmer zur *Besorgung eines Geschäfts* und der Auftragnehmer zur Zahlung einer Vergütung verpflichten. Geschäfte dieser Art sind Tätigkeiten eines Rechtsanwalts u. dgl.

5. Was ist ein Leasingvertrag?

Der Leasingvertrag ist eine besondere *Form des Mietvertrages* zwischen einem Leasingnehmer und einem Leasinggeber. Leasingobjekte sind vor allem Investitionsgüter, aber auch Konsumgüter werden geleast. Der Leasingnehmer kann die von ihm gemietete Sache gebrauchen und zahlt dafür die vereinbarten Leasingraten, der Leasinggeber bleibt Eigentümer der Sache.[9]

Im Leasingvertrag werden u. a. vereinbart

- Höhe der Leasingraten,
- Dauer einer Grundmietzeit,
- Möglichkeiten zur Verlängerung der Grundmietzeit,
- Kaufoptionen,
- Übernahme des Investitionsrisikos,
- Wartungsdienste.

6. Was ist Mietkauf?

Dem Mietkauf liegt ein Mietvertrag zu Grunde, in dem vereinbart ist, dass der Mieter die gemietete Sache zu einem bestimmten Zeitpunkt kaufen kann, dabei wird die bis dahin gezahlte Miete auf den Kaufpreis angerechnet.

7. Was ist ein Verbraucherdarlehen?

Ein Verbraucherdarlehen ist ein entgeltliches Darlehen, das ein *Unternehmer* als Darlehensgeber einem *Verbraucher* als Darlehensnehmer gewährt. Für den dafür abgeschlossenen Verbraucherdarlehensvertrag gelten grundsätzlich die gesetzlichen Vorschriften über Darlehensverträge; darüber hinaus aber auch die Vorschriften der §§ 491 ff. BGB.

Die Vorschriften gelten aber nur für Verträge über Darlehensbeträge von mindestens 200 € und höchstens 50.000 €.

Die Vorschriften gelten auch nicht für

- Darlehensverträge zwischen Arbeitgeber und -nehmer, wenn die Darlehenszinsen unter den marktüblichen Sätzen liegen,
- Darlehensverträge im Rahmen der öffentlichen Förderung des Wohnungsbaus u. dgl.

---

[9] Vgl. die Ausführungen im Kap. 3.3.5.1 Leasing.

8. Bestehen für den Verbraucherdarlehensvertrag Formvorschriften?

Der Gesetzgeber schreibt für den Verbraucherdarlehensvertrag die *Schriftform* vor. Der Vertrag kann nicht in elektronischer Form abgeschlossen werden. Antrag und Annahme können von den Parteien getrennt erklärt werden. Die Erklärungen sind zu unterschreiben; auf die Erklärung des Darlehensgebers kann verzichtet werden, wenn sie mithilfe einer automatischen Einrichtung erstellt wird.

9. Was beinhaltet der Verbraucherdarlehensvertrag?

Der Verbraucherdarlehensvertrag umfasst u. a. folgende Angaben:
- den Nettodarlehensbetrag,
- den Gesamtbetrag aller vom Darlehensnehmer zu leistenden Zahlungen für Zinsen, Tilgungen und sonstige Kosten,
- die Art und Weise der Rückzahlung,
- den effektiven Jahreszins.

4.2.3 Schuldrecht

4.2.3.1 Leistungen

1. Was ist ein Schuldverhältnis?

Durch einen Vertrag (z. B. durch den Kaufvertrag) entstehen Schuldverhältnisse. Ein Schuldverhältnis ist ein Rechtsverhältnis zwischen (mindestens) zwei Personen: Gläubiger und Schuldner.

Durch einen Kaufvertrag entstehen mehrere Schuldverhältnisse, z. B.
- im Hinblick auf die Lieferung: Verkäufer ist Schuldner, Käufer ist Gläubiger,
- im Hinblick auf die Annahme der gelieferten Sache: Verkäufer ist Gläubiger, Käufer ist Schuldner,
- im Hinblick auf die Bezahlung: Verkäufer ist Gläubiger, Käufer ist Schuldner.

2. Wozu berechtigt ein Schuldverhältnis?

Das Schuldverhältnis berechtigt den Gläubiger, von dem Schuldner eine *Leistung* zu fordern. Die geforderte Leistung kann in einem Tun oder in einem Unterlassen bestehen. So ist z. B. bei einem Kaufvertrag der Käufer als Gläubiger berechtigt, von dem Verkäufer, in diesem Fall der Schuldner, die Lieferung zu fordern.

3. Verpflichtet das Schuldverhältnis zur Rücksichtnahme?

Das Schuldverhältnis kann nach seinem Inhalt jeden Teil dazu verpflichten, die Rechte, Rechtsgüter und Interessen des anderen Teils zu berücksichtigen (§ 241 Abs. 2

BGB). Das kann z. B. bei einem Kaufvertrag der Fall sein, wenn mangelhaft, verspätet oder gar nicht geleistet wird.

4. An welchem Ort muss der Schuldner die Leistung erbringen?

Der Ort, an dem der Schuldner die Leistung zu erbringen hat, ist der *Erfüllungsort* (Leistungsort). Der Erfüllungsort kann vertraglich vereinbart werden (*vertraglicher* Erfüllungsort) oder sich aus der Natur der Sache ergeben (*natürlicher* Erfüllungsort). Wird er nicht vereinbart und ergibt er sich auch nicht aus der Sache, so tritt die gesetzliche Regelung in Kraft (*gesetzlicher* Erfüllungsort). Gesetzlicher Erfüllungsort ist der Ort, an dem der Schuldner zurzeit der Entstehung des Schuldverhältnisses seinen Wohnsitz bzw. sein Geschäftslokal hatte (§ 269 BGB).

5. Welche weitergehende Bedeutung hat der Erfüllungsort?

Der Erfüllungsort bestimmt den Zeitpunkt des Gefahrübergangs und den Gerichtsstand.

6. Was sind Holschulden?

Bei Holschulden ist *Erfüllungsort* der *Wohnsitz des Schuldners*. Schulden sind im Allgemeinen Holschulden; das ergibt sich aus der Definition des gesetzlichen Erfüllungsortes (vgl. Frage 4). So ist z. B. die Übergabe einer verkauften Sache, die der Verkäufer dem Käufer schuldet, eine Holschuld; sie ist am Wohnsitz bzw. im Geschäftslokal des Schuldners zu erfüllen. Auch für die Zahlung des vereinbarten Kaufpreises ist der Erfüllungsort der Wohn- oder Geschäftssitz des Schuldners; Geldschulden sind allerdings Schickschulden: Der Schuldner ist zur Sendung der Leistung zum Wohn- oder Geschäftssitz des Gläubigers verpflichtet.

7. Was sind Bringschulden?

Bei Bringschulden ist *Erfüllungsort* der *Wohnsitz des Gläubigers*. Bringschulden beruhen im Allgemeinen auf einer entsprechenden Vereinbarung, gelegentlich auch auf Verkehrssitte.

8. Wann muss der Schuldner die Leistung erbringen?

Die Leistung muss nach *Ablauf der Leistungszeit* erbracht sein. Vor Ablauf der Leistungszeit kann der Gläubiger die Leistung nicht verlangen, der Schuldner kann sie aber im Zweifel erbringen. So kann z.B. der Schuldner eine Geldzahlung vor Ablauf des Zahlungsziels zahlen, der Gläubiger aber kann die vorzeitige Zahlung nicht verlangen.

Wenn keine Leistungszeit vereinbart wurde, kann der Schuldner die Leistung sofort bewirken und der Gläubiger sie verlangen.

9. Welche Einreden können gegen die Leistungspflicht erhoben werden?

Bei einer Einrede gegen die Leistungspflicht, die zu Recht erhoben wird, kann der Gläubiger seinen Anspruch nicht mehr geltend machen. Der Schuldner kann mit den folgenden Einreden die Leistung verweigern: Verjährung, Verwirkung des Leistungsanspruchs und Wegfall der Geschäftsgrundlage.

10. Was ist Gegenstand der Verjährung?

Das Recht, von einem andern ein Tun oder ein Unterlassen zu verlangen (Anspruch), unterliegt der Verjährung (§ 194 BGB). Verjährung eines Anspruchs bedeutet, dass der Schuldner die Leistung verweigern kann *(Einrede der Verjährung)*.

11. Wann verjähren Ansprüche?

Die regelmäßige Verjährungsfrist beträgt *3 Jahre* (§ 195 BGB). Daneben sehen BGB und HGB für bestimmte Ansprüche auch andere Verjährungsfristen vor. Die Verjährungsfristen beginnen grundsätzlich mit der Entstehung und Fälligkeit des Anspruchs. Davon gibt es allerdings Ausnahmen.

12. Wann liegt eine Verwirkung des Leistungsanspruchs vor?

Eine Verwirkung des Leistungsanspruchs liegt vor, wenn der Gläubiger einen Anspruch nicht mehr geltend machen kann. Im Allgemeinen verwirkt ein Anspruch, wenn er verspätet geltend gemacht und als Verstoß gegen den Grundsatz von Treu und Glauben empfunden wird.

13. Welche Bedeutung hat der Wegfall der Geschäftsgrundlage?

Der Wegfall der Geschäftsgrundlage bedeutet, dass bestimmte Umstände, die bei Vertragsabschluss bestanden, weggefallen sind, sodass dem Vertragspartner bei Berücksichtigung des Grundsatzes von Treu und Glauben die Durchführung des Vertrages in der ursprünglichen Form nicht zugemutet werden kann.

14. Wann erlischt ein Schuldverhältnis?

Ein Schuldverhältnis erlischt, wenn der Schuldner dem Gläubiger die geschuldete Leistung erbracht hat. Ein Schuldverhältnis erlischt auch, wenn der Gläubiger dem Schuldner die Leistung durch Vertrag erlässt.

15. Welche Wirkung hat eine Aufrechnung?

Ein Schuldverhältnis kann auch durch Aufrechnung beendet werden. Eine Aufrechnung nach § 389 BGB liegt vor, wenn eine Vertragspartei Forderungen gegen die andere mit gleichartigen Forderungen der anderen Partei aufrechnet. Die aufrechnende Partei muss der anderen eine entsprechende Erklärung abgeben.

4.2.3.2 Leistungsstörungen

1. Was sind Leistungsstörungen?

Das BGB zählt folgende Leistungsstörungen auf:

- Ausschluss der Leistungspflicht durch Unmöglichkeit der Leistung,
- Verzögerung der Leistung (Verzug),
- Verletzung vorvertraglicher Pflichten (culpa in contrahendo),
- Verletzung vertraglicher Pflichten (positive Vertragsverletzung).

2. Wodurch unterscheiden sich die Nebenpflichten von den Hauptpflichten?

Hauptpflichten beziehen sich auf den eigentlichen Vertragsgegenstand. **Nebenpflichten** ergänzen die Hauptpflichten. Nebenpflichten in einem Kaufvertrag können z. B. Beratung, Montage, Mitlieferung einer brauchbaren Montageanleitung u. Ä. sein.

4.2.3.2.1 Unmöglichkeit und Verzug

1. Welche Folge hat die Unmöglichkeit einer Leistung?

Die Unmöglichkeit einer Leistung führt zum *Ausschluss der Leistungspflicht*. Der Anspruch des Gläubigers auf Leistung ist ausgeschlossen, soweit diese für den Schuldner oder für jedermann unmöglich ist (§ 275 Abs. 1 BGB). Unmöglichkeit liegt also dann vor, wenn die Leistung für den Schuldner oder jedermann unmöglich ist.

Beispiele bei Kaufvertrag: Die Übereignung durch den Verkäufer ist nicht möglich, weil ihm die Sache nicht gehört. Die Übergabe einer Sache wäre für jedermann unmöglich, wenn sie vor der Übergabe verbrennt.

2. Welches Recht hat der Schuldner bei faktischer Unmöglichkeit?

Bei faktischer Unmöglichkeit kann der Schuldner die *Leistung verweigern*. Faktische Unmöglichkeit liegt vor, wenn die Leistung für den Schuldner in einem groben Missverhältnis zum Leistungsinteresse des Gläubigers steht (§ 275 Abs. 2 BGB).

3. Wann kann ein Schuldner, der in Person leisten muss, die Leistung verweigern?

Ein Schuldner, der in Person leisten muss, kann die Leistung verweigern (§ 275 Abs. 3 BGB). Voraussetzung dafür ist, dass die Gründe für seine Leistungsverweigerung schwerer wiegen als die Gründe für das Leistungsinteresse des Gläubigers.

4. Wann liegt Leistungsverzug vor?

Voraussetzung für den Leistungsverzug durch den Schuldner:

4.2 Vertragstypen und deren Gestaltung

- Fälligkeit der Leistung,
- fruchtlose Mahnung.

5. Wann kann bei einem Leistungsverzug eine Mahnung entfallen?

In einigen Fällen gerät der Schuldner auch ohne Mahnung in Verzug. Die Mahnung kann u. a. in folgenden Fällen entfallen:

- Fixkauf, d. h. die Zeit für die Leistung wurde kalendermäßig festgelegt,
- endgültige Leistungsverweigerung durch den Schuldner,
- Festlegung der Leistungszeit mit Bezug auf ein Ereignis unter Berücksichtigung einer angemessenen Frist,
- sofortiger Eintritt des Verzugs aus besonderen Gründen unter Abwägung der Interessen von Schuldner und Gläubiger.

6. Wann liegt Zahlungsverzug vor?

Bei einer *Entgeltforderung* gerät der Schuldner unter folgenden Voraussetzungen in Verzug:

- Fälligkeit der Zahlung,
- Zugang einer Rechnung oder gleichwertigen Zahlungsaufstellung,
- Frist von 30 Tagen nach Fälligkeit und Zugang der Rechnung.

Wenn der Geldschuldner Verbraucher ist, gerät er nur dann in Verzug, wenn er durch einen entsprechenden Vermerk auf der Rechnung (bzw. Zahlungsaufstellung) auf diese Folge der Zahlungsverzögerung ausdrücklich hingewiesen wurde.

7. Wann kommt ein Gläubiger in Verzug?

Ein Gläubiger kommt in Verzug, wenn er die angebotene Leistung nicht annimmt (§ 293 ff. BGB). Der Gläubigerverzug ist also ein *Annahmeverzug*. Der Verzug setzt voraus, dass dem Gläubiger die Leistung wie im Vertrag vereinbart angeboten wurde.

8. Wann liegt Lieferungsverzug vor?

Für den Eintritt des Lieferungsverzugs müssen folgende Voraussetzungen erfüllt sein:

- Fälligkeit der Lieferung,
- Verschulden des Lieferers,
- fruchtlose Mahnung. Die Mahnung entfällt beim Fixkauf.

Der Lieferungsverzug ist ein Beispiel für eine Leistungsstörung durch den Verkäufer als Schuldner einer Leistung, nämlich der Lieferung.

9. Welche Rechte hat der Käufer bei Lieferungsverzug?

Bei Lieferungsverzug kann der Käufer entweder auf Leistung und Schadensersatz bestehen oder vom Vertrag zurücktreten und Schadensersatz wegen Nichterfüllung verlangen.

10. Wann liegt Annahmeverzug vor?

Voraussetzung für den Eintritt des Annahmeverzugs beim Handelskauf ist, dass der Käufer die Ware nicht annimmt, obwohl gemäß den Vereinbarungen geliefert wurde. Der Annahmeverzug ist ein Beispiel für den *Gläubigerverzug*.

11. Wie verfährt der Verkäufer bei Annahmeverzug?

Im Allgemeinen verfährt der Verkäufer bei Annahmeverzug in der folgenden Art und Weise:

Die Ware wird in einem öffentlichen Lagerhaus oder sonst in sicherer Weise *hinterlegt*; die Kosten der Hinterlegung und der Aufbewahrung trägt der Käufer, er haftet auch weitgehend für die hinterlegte Sache.

Die Ware wird nach einer Androhung gegen den Käufer in einem sog. *Selbsthilfeverkauf* öffentlich versteigert oder aus freier Hand verkauft. Ort und Zeitpunkt der Versteigerung sind dem Käufer mitzuteilen. Bei der Versteigerung können Verkäufer und Käufer mitbieten. Der Selbsthilfeverkauf erfolgt auf Rechnung des Käufers, das hat z. B. zur Folge, dass ihm ein eventuell entstehender Mehrerlös zusteht. Durch die Leistung an den neuen Käufer, den Ersteigerer, gilt der Kaufvertrag mit dem ersten Käufer als erfüllt.

4.2.3.2.2 Sachmängel

1. Wodurch unterscheiden sich Rechts- und Sachmängel?

Gelieferte Sachen können sowohl Rechts- als auch Sachmängel aufweisen. Ein **Rechtsmangel** liegt vor, wenn Dritte in Bezug auf die gekaufte Sache Rechte gegen den Käufer geltend machen können, es sei denn diese Rechte wurden bei Vertragsabschluss berücksichtigt. **Sachmängel** liegen vor, wenn Beschaffenheit, Montage oder Lieferung der Sache Mängel aufweisen.

2. Wann liegen Mängel in der Beschaffenheit vor?

Mängel in der Beschaffenheit können drei Ursachen haben.

1. Der Sache fehlt eine vertraglich vereinbarte Eigenschaft.
2. Die Sache eignet sich nicht für die vertraglich vorausgesetzte oder die übliche Verwendung.

3. Der Sache fehlt eine Eigenschaft, die der Käufer aufgrund von Werbeaussagen, öffentlichen Äußerungen des Verkäufers usw. erwarten konnte.

3. Wann liegen Mängel im Zusammenhang mit der Montage vor?

Sachmängel liegen in folgenden Fällen vor:

- Die vereinbarte Montage wurde unsachgemäß ausgeführt.
- Die mitgelieferte Montageanleitung ist fehlerhaft, sodass die Montage durch den Käufer nicht sachgemäß ausgeführt werden konnte.

4. Wann liegen Mängel im Zusammenhang mit der Lieferung vor?

Mängel in Zusammenhang mit der Lieferung liegen in folgenden Fällen vor:

- Lieferung einer anderen Sache,
- Lieferung einer nicht vereinbarten Menge.

5. Wann sind Mängel beim Handelskauf zu rügen?

Bei einem Handelskauf muss der Käufer die Ware bei Eingang prüfen. Mängel sind *unverzüglich* zu rügen, d.h. offene Mängel sofort, versteckte Mängel unverzüglich nach Entdeckung.

6. Wodurch unterscheiden sich offene von versteckten Mängeln?

Offene Mängel sind bei angemessener sorgfältiger Eingangsprüfung sofort erkennbar. **Versteckte** Mängel sind Mängel, die bei der Prüfung nicht erkennbar sind.

7. Welche Rechte hat der Käufer bei Mängeln?

Nach § 437 BGB bestehen bei Mängeln folgende Rechte:

- Nacherfüllung,
- Rücktritt vom Vertrag,
- Minderung des Kaufpreises,
- Schadensersatz,
- Ersatz vergeblicher Aufwendungen.

8. Welche besondere Bedeutung hat das Recht auf Nacherfüllung?

Im Allgemeinen ist zunächst immer die Nacherfüllung vorgesehen. Der Käufer kann als Nacherfüllung entweder die *Beseitigung des Mangels* oder die *Lieferung einer mangelfreien Sache* verlangen. Der Verkäufer kann die gewählte Art der Nacherfüllung verweigern, wenn sie mit unverhältnismäßig hohen Kosten verbunden ist. Der Käufer hat dann nur Anspruch auf die andere Art der Nacherfüllung. Die Kosten der Nacherfüllung trägt der Verkäufer. Bei Lieferung der mangelfreien Sache muss die mangelhafte Sache zurückgegeben werden.

9. Unter welchen Voraussetzungen kann der Käufer vom Vertrag zurücktreten?

Der Käufer kann vom Vertrag zurücktreten, wenn der Verkäufer seiner Pflicht zur Nacherfüllung nicht oder nicht vertragsgemäß nachkommt. Der Rücktritt setzt voraus, dass der Käufer dem Verkäufer eine angemessene Frist für die Nacherfüllung setzt.

Die Fristsetzung ist in folgenden Fällen nicht erforderlich:

- Der Schuldner verweigert beide Arten der Nacherfüllung.
- Die Nacherfüllung ist fehlgeschlagen.
- Die Nacherfüllung ist dem Käufer nicht zuzumuten.

10. In welcher Höhe kann der Käufer den Kaufpreis bei einem Mangel mindern?

Anstatt vom Vertrag zurückzutreten, kann der Käufer den *Kaufpreis* in Höhe der Wertminderung *kürzen*. Es bedarf dazu lediglich einer entsprechenden Erklärung gegenüber dem Verkäufer. Der Kürzungsbetrag ergibt sich als Differenz zwischen dem Wert der mangelfreien Sache und ihrem tatsächlichen Wert zur Zeit des Vertragsabschlusses. Evtl. muss die Wertminderung geschätzt werden.

11. Hat der Käufer bei einem Mangel einen Anspruch auf Schadensersatz oder auf Ersatz vergeblicher Aufwendungen?

Der Käufer hat gegenüber dem Verkäufer einen Anspruch auf *Ersatz* des Schadens, der ihm durch die mangelhafte Leistung entstanden ist. Anstelle des Schadensersatzes kann der Käufer Ersatz für Aufwendungen verlangen, die er im Vertrauen darauf, dass ihm eine mangelfreien Sache geliefert wird, gemacht hat.

12. Verjähren die Ansprüche des Käufers aus seinen Rechten bei mangelhafter Lieferung?

Die Ansprüche auf Nacherfüllung, Schadensersatz und Ersatz für vergebliche Aufwendungen *verjähren nach zwei Jahren*. Die Verjährung beginnt mit der Ablieferung der Sache. Rücktritt und Minderung verjähren als sog. Gestaltungsrechte nicht.

Wenn der Verkäufer einen Mangel arglistig verschwiegen hat, verjährt der Anspruch des Käufers nach drei Jahren. Die Verjährungsfrist beginnt, wenn der Käufer den Mangel erkennt.

13. Welche Bedeutung hat die Beweislastumkehr beim Verbrauchsgüterkauf?

Beim Verbrauchsgüterkauf gilt die Beweislastumkehr. Wenn sich bei einem Verbrauchsgüterkauf innerhalb von sechs Monaten nach Gefahrübergang ein Mangel an der gekauften Sache zeigt, wird angenommen, dass der Mangel bereits bei Gefahrübergang bestanden hat. Der *Käufer muss also nicht beweisen*, dass der Mangel bereits bestanden hat und nicht von ihm verursacht wurde. Der Verkäufer müsste eine gegenteilige Behauptung beweisen (Beweislastumkehr).

14. Unter welchen Voraussetzungen hat der Verkäufer beim Verbrauchsgüterkauf ein Rückgriffsrecht gegenüber seinem Lieferanten?

Durch den Ausgleich von Ersatzansprüchen des Käufers beim Verbrauchsgüterkauf können dem Verkäufer Aufwendungen entstehen. Der Verkäufer kann für den Ersatz dieser Aufwendungen auf seinen Lieferer zurückgreifen.

Der Rückgriffsanspruch hat folgende Voraussetzungen:

- Es muss sich bei der mangelhaften Sache um eine neu hergestellte Sache handeln.
- Der vom Käufer beanstandete Mangel muss bereits beim Gefahrübergang vom Lieferer auf den Verkäufer bestanden haben.
- Der Lieferer muss ebenfalls Unternehmer sein.

Der Lieferer kann wieder seinen Lieferer in Anspruch nehmen, wenn die vorgenannten Voraussetzungen bestehen.

15. Wann verjährt der Rückgriffsanspruch?

Für den Rückgriffsanspruch des Verkäufers gegenüber seinem Lieferer (vgl. Frage 14) gilt die *besondere Ablaufhemmung* der Verjährung. Der Rückgriffsanspruch verjährt frühestens zwei Monate nach dem Zeitpunkt, zu dem der Anspruch des Käufers durch den Verkäufer erfüllt wurde.

16. Welche besonderen Vorschriften bestehen für die Abfassung der Garantieerklärung beim Verbrauchsgüterkauf?

Bei einem Verbrauchsgüterkauf muss die Garantieerklärung *verständlich und einfach* abgefasst sein. Die Garantieerklärung muss u. a. die folgenden Punkte enthalten:

- Hinweis auf die gesetzlichen Rechte des Verbrauchers,
- Hinweis, dass die gesetzlichen Rechte durch die Garantie nicht eingeschränkt werden,
- Inhalt der Garantie,
- Angaben über die Dauer der Garantie,
- Name und Anschrift des Garantiegebers.

4.2.3.2.3 Verjährung von Forderungen

1. Welche Bedeutung hat die Verjährung einer Forderung?

Wenn eine Forderung über eine (vom Gesetzgeber bestimmte) längere Zeit (mehrere Jahre) besteht, kann der Schuldner die *Einrede der Verjährung* nutzen und die Zahlung verweigern. Nach Ablauf der Verjährung verliert der Gläubiger seinen Anspruch, mithilfe des (gerichtlichen) Mahnverfahrens, die Forderung einzutreiben.

2. Wie lange dauert die regelmäßige Verjährungsfrist?

Die regelmäßige Frist für die Verjährung von Forderungen beträgt *drei Jahre*.

3. Wann beginnt die Verjährungsfrist?

Die regelmäßige Frist für die Verjährung von Forderungen beginnt am Ende des Jahres, in dem

- der Anspruch entstanden ist und

- der Gläubiger von den Umständen, die den Anspruch begründen, und von der Person des Schuldners Kenntnis erlangt hat; wenn der Gläubiger diese Kenntnisse infolge grober Fahrlässigkeit nicht hat, gilt das Jahr, in dem er diese Kenntnisse hätte erlangen müssen.

4. Welche Wirkung hat die Hemmung einer Verjährung?

Bei einer Hemmung der Verjährung wird der *Ablauf der Verjährung vorübergehend ausgesetzt*, danach läuft die Verjährungsfrist weiter. Die ursprüngliche Verjährungsfrist wird um die gehemmte Frist verlängert.

5. Welche Gründe kann eine Verjährungshemmung haben?

Für die Hemmung der Verjährung bestehen u. a. folgende Gründe:

- Verhandlungen über den Anspruch; die Verjährung tritt frühestens drei Monate nach dem Ende der Hemmung ein,

- Rechtsverfolgung des Anspruchs; der Gläubiger geht den Rechtsweg, um die Forderung einzutreiben, er lässt z. B. einen Mahnbescheid zustellen,[10]

- Leistungsverweigerungsrecht; der Schuldner hat vorübergehend das Recht, die Zahlung zu verweigern, z. B. bei einer Stundung der Zahlung durch den Gläubiger,

- höhere Gewalt; der Gläubiger wird in den letzten sechs Monaten vor Ablauf der Verjährung durch höhere Gewalt gehindert, sein Recht zu verfolgen.

---

[10] § 204 BGB nennt insgesamt 14 Gründe für die Hemmung der Verjährung durch Rechtsverfolgung.

6. Welche Gründe gibt es für einen Neubeginn der Verjährung?

Für einen Neubeginn[11] der Verjährung gibt es lediglich *zwei Gründe*:

1. Die Anerkennung des Anspruchs durch den Schuldner, z. B. durch eine Abschlagszahlung.
2. Die Beantragung oder die Durchführung einer Vollstreckungshandlung.

7. Welche Wirkung hat der Neubeginn der Verjährung?

Bei einem Neubeginn beginnt die Verjährungsfrist neu zu laufen. Die Verjährung beginnt an dem Tage, an dem der Schuldner den Anspruch anerkennt oder die Vollstreckungshandlung beantragt oder durchgeführt wird.

4.2.4 Sachenrecht

1. Wodurch unterscheiden sich Eigentum und Besitz?

Besitz ist die (vom Verkehr anerkannte) *tatsächliche Herrschaft* über eine Sache. **Eigentum** ist das *umfassendste Recht* an einer Sache; der Eigentümer einer Sache kann die Sache benutzen, verbrauchen, belasten und veräußern.

2. Wie wird Eigentum an beweglichen Sachen erworben?

Das Eigentum an beweglichen Sachen kann erworben werden durch

1. Übertragung (§§ 929 ff. BGB),
2. Ersitzung (§§ 937 ff. BGB),
3. Verbindung und Vermischung (§§ 946 ff. BGB),
4. Verarbeitung (§ 950 BGB),
5. Aneignung herrenloser Sachen (§§ 958 ff. BGB),
6. Fund (§§ 965 ff. BGB).

3. Welche Voraussetzungen müssen erfüllt sein, damit das Eigentum an beweglichen Sachen übertragen werden kann?

Die Übertragung des Eigentums setzt voraus,
- dass der Eigentümer dem Erwerber die Sache übergibt (*Übergabe*),
- dass Eigentümer und Erwerber darüber einig sind, dass das Eigentum übergehen soll (*Einigung*).

---

[11] Der Begriff **Neubeginn** ersetzt nach der Schuldrechtsmodernisierung den früher üblichen Begriff **Unterbrechung**.

4. Wann geht Eigentum durch Ersitzung über?

Das Eigentum geht an den Besitzer über, wenn er die Sache *zehn Jahre* lang in Eigenbesitz hatte.

5. Wie verändert sich durch Verbindung und Vermischung das Eigentumsrecht an beweglichen Sachen?

Bei Verbindung oder Vermischung beweglicher Sachen zu einer neuen Sache geht das *Alleineigentum auf den Eigentümer der Hauptsache* über; ist keine der verbundenen oder vermischten Sachen Hauptsache, werden die bisherigen Eigentümer der Sachen Miteigentümer an der neuen Sache.

6. Wie verändert sich das Eigentumsrecht an Materialien bei Verarbeitung?

Bei Verarbeitung von Stoffen bzw. Materialien zu einer neuen beweglichen Sache wird der *Hersteller Eigentümer des Produkts*, wenn der Wert der Verarbeitung höher ist als der Wert des Materials.

7. Wie wird Eigentum an herrenlosen Sachen erworben?

Das Eigentum an einer herrenlosen Sache wird erworben, wenn die Sache in Eigenbesitz genommen wird.

8. Wann wird der Finder einer Sache ihr Eigentümer?

Der Finder einer Sache erwirbt *sechs Monate* nach der Fundanzeige bei der Behörde das Eigentum, wenn sich der Verlierer nicht meldet oder seine Rechte bei der Behörde angemeldet hat.

9. Wie wird Eigentum an unbeweglichen Sachen erworben?

Der Erwerb von Eigentum an unbeweglichen Sachen setzt voraus,
- *Einigung* des bisherigen Eigentümers und des Erwerbers, dass das Eigentum übergehen soll (§ 873 BGB),
- *Eintragung* des Eigentumsübergangs in das Grundbuch (§ 873 BGB),
- *notarielle Beurkundung* des Vertrages (§ 313 BGB),
- *Erklärung* der Auflassung vor einem *Notar*, wobei bisheriger Eigentümer und Erwerber anwesend sein müssen (§ 925 BGB).

10. Wie wird durch eine Sicherungsübereignung ein Kredit gesichert?

Eine Form der dinglichen Sicherung ist die Sicherungsübereignung. Bei einer Sicherungsübereignung wird das *Eigentum an einer Sache dem Kreditgeber überlassen*;

4.2 Vertragstypen und deren Gestaltung

der Kreditnehmer bleibt ihr Besitzer und kann sie deshalb weiter nutzen. Übereignet werden bewegliche Sachen, z. B. Maschinen, Fahrzeuge, Lager u. Ä.; sie müssen genau bezeichnet werden, z. B. durch Angabe der Maschinennummer; im Allgemeinen handelt sich um Sachen, die für den Kreditnehmer unentbehrlich sind. Die Sicherungsübereignung erlischt, wenn der Kreditgeber den Kredit getilgt und alle damit zusammenhängenden Forderungen des Kreditgebers beglichen hat.

11. Wie wird durch ein Pfand ein Kredit gesichert?

Eine Form der dinglichen Sicherung ist die *Verpfändung*. Das Pfandrecht an einer Sache dient der Kreditsicherung. Bei einer Verpfändung übergibt der Kreditnehmer eine Sache als Pfand; der *Kreditgeber wird Besitzer* der Sache, der Kreditnehmer bleibt ihr Eigentümer. Verpfändet werden bewegliche, für den Kreditnehmer meistens entbehrliche Sachen, das können z. B. Wertpapiere, Maschinen, Waren u. Ä. sein. Die verpfändete Sache kann dem Kreditgeber direkt übergeben werden, er muss sie dann lagern; häufig genügt auch die Übergabe von bestimmten Papieren, die das Pfandrecht begründen, z. B. des Lagerscheins; schließlich kann die verpfändete Sache, z. B. ein Warenlager, so dem Zugriff des Kreditnehmers entzogen werden, dass der Kreditgeber sie mit verschließt (Mitverschluss). Das Pfand wird zurückgegeben, wenn der Kreditnehmer den Kredit getilgt und alle damit zusammenhängenden Forderungen des Kreditgebers beglichen hat.

12. Wie wird durch den einfachen Eigentumsvorbehalt der Lieferantenkredit gesichert?

Auch der Eigentumsvorbehalt ist eine *Form der dinglichen Kreditsicherung*. In einem Kaufvertrag wird vereinbart, dass die (z. B.) auf Ziel verkaufte Ware Eigentum des Lieferanten bleibt. Bis zum Ablauf des Zahlungsziels gewährt der Lieferant dem Kunden einen Kredit (vgl. Kauf auf Ziel); dieser Kredit wird durch den Eigentumsvorbehalt abgesichert. Der Käufer wird zwar Besitzer der Sache, *der Verkäufer aber bleibt vorläufig Eigentümer*. Wenn der Kunde die Ware nicht bezahlt, kann der Verkäufer vom Vertrag zurücktreten und die unter Eigentumsvorbehalt gelieferte Ware zurückverlangen.

Dieser sog. einfache Eigentumsvorbehalt geht allerdings verloren, wenn der Käufer die Sache weiter verarbeitet oder mit einer anderen verbindet oder wenn ein Dritter die Sache in dem guten Glauben erwirbt, durch den Erwerb würde das Eigentum auf ihn übergehen.

13. Welche rechtlichen Wirkungen haben verlängerter und erweiterter Eigentumsvorbehalt?

Die Nachteile des einfachen Eigentumsvorbehalts können durch den verlängerten und durch den erweiterten Eigentumsvorbehalt beseitigt werden.

Bei dem **verlängerten Eigentumsvorbehalt** tritt der Käufer im Voraus die Forderungen, die bei einem Weiterverkauf der Sache entstehen, an seinen Lieferanten ab.

Bei dem **erweiterten Eigentumsvorbehalt** wird vereinbart, dass das Eigentum an einer gekauften Sache erst dann auf den Käufer übergeht, wenn dieser auch alle anderen Forderungen dieses Lieferanten beglichen hat.

14. Was sind Grundpfandrechte?

Grundpfandrechte sind *Sicherungsrechte an einem Grundstück*. Mit einem Grundpfandrecht erhält der Darlehnsgeber eine Sicherheit für das Darlehen, die auf einem Grundstück beruht. Zu den Grundpfandrechten zählen Grundschuld und Hypothek.

15. Welcher Unterschied besteht zwischen Hypothek und Grundschuld?

Zwischen Hypothek und Grundschuld besteht ein wesentlicher Unterschied: Die Hypothek ist immer abhängig von der mit ihr gesicherten Forderung; wenn das zu Grunde liegende Darlehen getilgt ist, besteht auch der hypothekarische Anspruch nicht mehr. Das gilt nicht für die Grundschuld.

16. Wie wird eine Hypothek bestellt?

Für die Bestellung einer Hypothek gelten folgende Voraussetzungen:

- Einigung zwischen Hypothekengläubiger und -schuldner über die Errichtung einer Hypothek und die Eintragung,
- Eintragung der Hypothek in das Grundbuch,
- Festlegung der Forderung, die durch die Hypothek gesichert werden soll,
- Festlegung der Hypothekenart (Brief- oder Buchhypothek).

17. Welcher Unterschied besteht zwischen einer Briefhypothek und einer Buchhypothek?

Bei einer **Briefhypothek** wird ein sog. *Hypothekenbrief* ausgestellt. Diese Hypothek wird nicht nur durch die Eintragung in Grundbuch, sondern auch durch den Brief beurkundet. Der Hypothekenbrief ist ein Wertpapier, das die Weitergabe bzw. Übertragung der Hypothek erleichtert, da lediglich das Papier ohne Zwischenschaltung des Grundbuchamts übergeben wird.

Bei einer **Buchhypothek** wird keine besondere Urkunde ausgestellt. Eine *Übertragung* muss in das Grundbuch *eingetragen* werden. Dadurch ist die Buchhypothek weniger flexibel als die Briefhypothek. Die Briefhypothek wird deshalb der Buchhypothek in der Praxis vorgezogen.

18. Welches Recht hat der Hypothekengläubiger?

Der Hypothekengläubiger hat ein *Verwertungsrecht*. Er kann, wenn der Gläubiger das Darlehen, das mit der Hypothek verbunden ist, nicht tilgt bzw. nicht fristgerecht bedient, sein Pfandrecht nutzen, um durch eine Zwangsvollstreckung seine Forderungen einzutreiben.

19. Wie wird eine Grundschuld bestellt?

Für die Bestellung einer Grundschuld gelten folgende Voraussetzungen:

- Einigung zwischen Gläubiger und Schuldner über die Bestellung einer Grundschuld und die Eintragung,
- Eintragung der Grundschuld in das Grundbuch,
- Benennung der Summe, die durch die Grundschuld gesichert werden soll,
- Festlegung der Grundschuldart (Brief- oder Buchgrundschuld).

20. Worin besteht der Unterschied zwischen Briefgrundschuld und Buchgrundschuld?

Die **Buchgrundschuld** wird lediglich in das Grundbuch eingetragen; die **Briefgrundschuld** wird auch in das Grundbuch eingetragen, darüber hinaus wird auch ein *Grundschuldbrief* ausgestellt. Im Allgemeinen sind Grundschulden Briefgrundschulden, es sei denn, die Briefgrundschuld wird durch eine entsprechende Eintragung in das Grundbuch ausgeschlossen. Die Übertragung einer Briefgrundschuld ist ähnlich einfach wie die Übertragung einer Briefhypothek.

21. Welche Bedeutung hat der Rang eines Grundpfandrechts?

Wenn ein Grundstück mit mehreren Hypotheken oder Grundschulden belastet ist, stehen diese in einer *Rangordnung*, die ihre *Wertigkeit* wiedergibt. Erstrangige Hypotheken oder Grundschulden haben einen höheren Wert als die nachrangigen. Im Allgemeinen richtet sich die Rangfolge nach dem Zeitpunkt der Eintragung in das Grundbuch.

Bei einer Zwangsvollstreckung werden die Gläubiger nach dem Rang des Pfandrechts befriedigt, zunächst die erstrangigen, dann die nachrangigen soweit die Mittel reichen.

22. Welchen besonderen Vorteil hat die Grundschuld gegenüber der Hypothek?

Eine Grundschuld bleibt bestehen, wenn das mit ihr gesicherte Darlehen getilgt ist. Deshalb kann die Grundschuld zur Sicherung neuer Darlehen genutzt werden, wenn das erste Darlehen getilgt wurde. Darin liegt ihr besonderer Vorteil gegenüber der Hypothek. Deshalb ist sie auch – besonders in der Form der Briefgrundschuld – bei Darlehensgebern sehr beliebt und die häufigste Form der Darlehenssicherung.

4.2.5 Gesetzliche Schuldverhältnisse

4.2.5.1 Deliktsrecht

1. Was wird als Deliktsrecht bezeichnet und was regelt das Deliktsrecht?

Das Deliktsrecht ist das Recht der unerlaubten Handlung. Es begründet die *Haftung bei unerlaubter Handlung*.

2. Welches Ziel verfolgt das Deliktsrecht?

Das Deliktsrecht soll die Rechtsgüter und Rechte von natürlichen und juristischen Personen schützen. Es begründet die Schadensersatzpflicht bei Verletzung der Rechtsgüter und bei Verstößen gegen Schutzgesetze.

3. Welche Rechtsgüter und Rechte nennt § 823 Abs. 1 BGB?

§ 823 Abs. 1 BGB nennt folgende Rechtsgüter:

- Leben,
- Körper und Gesundheit,
- Freiheit,
- Eigentum,
- sonstige Rechte, dazu zählen z. B. Mitgliedschaftsrechte, Rechte im Zusammenhang mit Besitz.

4. Was sind Schutzgesetze nach § 823 Abs. 2 BGB?

Als Schutzgesetze i. S. von § 823 Abs. 2 BGB werden die Rechtsvorschriften bezeichnet, die zum *Schutz von Menschen (und Tieren)* bestehen. Ein Schutzgesetz muss nicht nur die Allgemeinheit, sondern auch bestimmte Individualinteressen schützen.[12] So schützen z. B. die Straftatbestände des StGB bei Diebstahl zwar die Allgemeinheit, aber vor allem die bestohlenen Personen. Neben dem StGB zählen zu den Schutzgesetzen z. B. das Mutterschutzgesetz, das Kündigungsschutzgesetz, das Tierschutzgesetz.

Bei einem Verstoß gegen ein Schutzgesetz wird die Tat nach den Vorschriften geahndet, z. B. mit Strafe oder Bußgeld; dem Geschädigten kommt es aber vor allem auf den Ersatz des durch die Tat entstandenen Schadens an.

5. Unter welchen Bedingungen besteht eine Pflicht zum Schadensersatz?

Der Schadensverursacher kann nur dann zum Schadensersatz herangezogen werden, wenn er für die Handlung verantwortlich ist. Außerdem müssen Tat und Schaden in einem ursächlichen Zusammenhang stehen.

6. Was ist bei der Verschuldenshaftung für eine Schadensersatzpflicht vorauszusetzen?

Die Verschuldenshaftung setzt für die Entstehung der Haftpflicht das *Verschulden des Haftpflichtigen* voraus, d. h. er muss den Schaden vorsätzlich oder fahrlässig herbeigeführt haben.

---

[12] Däubler, Wolfgang: BGB kompakt, München 2002, S. 1018 f.

7. Wie unterscheiden sich Vorsatz und Fahrlässigkeit?

Vorsatz besteht, wenn der Täter bewusst Rechtsgüter verletzt. Ihm muss allerdings bewusst sein, dass die Tat verboten sein könnte.[13] **Fahrlässigkeit** liegt vor, wenn der Täter „die im Verkehr erforderliche Sorgfalt außer Acht lässt" (§ 276 Abs. 2 BGB).

4.2.5.2 Gefährdungshaftung

1. Wie lässt sich die Gefährdungshaftung kennzeichnen?

Bei der Gefährdungshaftung setzt die Pflicht zum Schadensersatz *kein Verschulden* voraus; sie ist eine verschuldensunabhängige Haftung Die Gefährdung besteht bei einer erlaubten Tätigkeit und der entstandene Schaden ist unvermeidlich. Werden z. B. bei der – erlaubten – Nutzung eines Kfz Personen oder deren Vermögen unvermeidlich geschädigt oder beschädigt, kann der Fahrzeughalter zur Haftpflicht herangezogen werden.

2. Welche Bedeutung hat die Gefährdungshaftung für die Nutzer von Kraftfahrzeugen?

Die Gefährdungshaftung spielt für die Nutzer von Kraftfahrzeugen eine besondere Rolle. Die Nutzung eines Kfz ist erlaubt; der Nutzer hat nicht die Absicht, mit seinem Fahrzeug anderen Menschen zu schaden oder ihr Vermögen zu beschädigen. Das Gefährdungsrisiko ist aber sehr hoch.

3. Bei welchen Schäden haftet der Kfz-Halter?

§ 7 des Straßenverkehrsgesetzes verpflichtet den Halter eines Kraftfahrzeuges zum Schadensersatz, wenn „beim Betrieb" seines Kfz ein Mensch getötet, der Körper oder die Gesundheit eines Menschen verletzt oder eine Sache beschädigt wird.

4. In welchen Fällen ist die Schadensersatzpflicht des Kfz-Halters ausgeschlossen?

Der Kfz-Halter muss den Schaden nicht ersetzen,

- wenn der Unfall durch höhere Gewalt verursacht wurde,
- wenn eine andere Person ohne sein Wissen und ohne seinen Willen das Fahrzeug nutzt und einen Unfall verursacht; es sei denn, dass er die fremde Nutzung verschuldet,
- wenn der Benutzer vom Kfz-Halter für den Betrieb des Fahrzeugs angestellt ist.

---

[13] Däubler, Wolfgang: a.a.O., S. 1007.

5. Unter welchen Bedingungen gelten die Vorschriften zur Schadensersatzpflicht des Kfz-Halters nicht?

Die Schadensersatzpflicht des Kfz-Halters (nach dem StVG) besteht grundsätzlich nicht,

- wenn das Kraftfahrzeug, das den Unfall verursacht hat, höchstens 20 km/h fahren kann,
- wenn der Geschädigte bei dem Betrieb des Kraftfahrzeugs tätig war,
- wenn die beschädigte Sache durch das Kraftfahrzeug befördert wurde.

6. Welche Bedeutung hat die Produkthaftung?

Die Produkthaftung ist eine *Gefährdungshaftung*; ein Verschulden des Herstellers wird für die Haftung nicht vorausgesetzt. Es genügt für die Pflicht zum Schadensersatz, wenn das Produkt fehlerhaft ist und gewerblich vertrieben wurde.

7. Wodurch unterscheidet sich die Produkthaftung von der Produzentenhaftung?

Die **Produzentenhaftung** setzt das *Verschulden* des Herstellers für die Fehlerhaftigkeit von Produkten und damit für weitergehende Beschädigungen voraus. Der Geschädigte muss beweisen, dass der Produzent die Schäden verursacht hat. Die **Produkthaftung** ist *verschuldensunabhängig*, das bedeutet, der Geschädigte muss dem Produzenten die Fehlerhaftigkeit des Produkts nicht beweisen, wenn das Produkt bereits fehlerhaft in den Verkehr gebracht wurde.

8. Wer haftet bei der Produkthaftung?

Der Hersteller eines Produkts ist zum Schadensersatz verpflichtet (§ 1 ProdHaftG), wenn durch die Fehlerhaftigkeit seines Produkts

- jemand getötet wird,
- Körper und Gesundheit von Personen verletzt werden,
- Sachen beschädigt werden.

9. Welche Voraussetzungen hat die Schadensersatzpflicht bei Sachbeschädigungen?

Die Schadensersatzpflicht bei Sachbeschädigungen setzt voraus, dass die beschädigte Sache nicht das fehlerhafte Produkt ist. Außerdem muss die beschädigte Sache für den privaten Ge- und Verbrauch bestimmt und hauptsächlich verwendet worden sein.

10. Wann ist ein Produkt nach dem Produkthaftungsgesetz fehlerhaft?

Ein fehlerhaftes Produkt bietet nicht die Sicherheit, die unter Berücksichtigung aller Umstände, z. B. hinsichtlich des Gebrauchs, erwartet werden kann.

4.2.5.3 Bereicherungsrecht

1. Womit befasst sich das Bereicherungsrecht?

Das Bereicherungsrecht befasst sich mit der Rückabwicklung von Vermögensverschiebungen, für die es keinen rechtlichen Grund gibt.

2. Wann liegt eine ungerechtfertigte Bereicherung vor?

Eine ungerechtfertigte Bereicherung liegt vor, wenn jemand durch die Leistung eines anderen *ohne rechtlichen Grund* etwas erhält. Die ungerechtfertigte Bereicherung bleibt bestehen, wenn der rechtliche Grund später wegfällt. Ungerechtfertigt ist die Bereicherung durch eine Leistung auch dann, wenn der durch die Leistung bezweckte Erfolg nicht eintritt.

3. Welches Recht hat der Geschädigte?

Der Geschädigte kann die *Herausgabe* bzw. die *Rückabwicklung* verlangen.

4. Was kann der Geschädigte bei einer Rückabwicklung zurückverlangen?

Die Person, die ungerechtfertigt bereichert worden ist, muss Folgendes herausgeben:

- Die Leistung (das Objekt der Bereicherung): Wenn die Leistung in einer Sache besteht, die im Bestand des Bereicherten unverändert vorhanden ist, muss diese zurückgegeben werden. Das gilt auch, wenn die Leistung in der Abtretung eines Rechts besteht.
- Evtl. einen Wertersatz: Wenn die Sache veräußert wurde und ihre Rückgabe damit unmöglich wird, ist der Wert zu ersetzen.
- Ansprüche: Dazu zählen z. B. Ersatzansprüche an eine Haftpflichtversicherung wegen Beschädigung des Objekts.
- Früchte aus dem Objekt: Dazu zählen z. B. der Gewinn bei Veräußerung, Erträge aus der Vermietung des Objekts usw.

5. Wann entfällt die Pflicht zur Herausgabe?

Bei Wegfall der Bereicherung entfällt auch die Pflicht zur Herausgabe.

4.3 Nationale Ansätze des Wettbewerbsrechts

4.3.1 Kartellrecht

4.3.1.1 Schutz des Wettbewerbs

1. **Warum muss der Wettbewerb durch die Rechtsordnung geschützt werden?**

In einer marktwirtschaftlichen Ordnung trägt der Wettbewerb zur Leistungssteigerung und zur optimalen Marktversorgung bei. Wegen dieser Bedeutung ist er *vor möglichen Einschränkungen zu schützen*. Der Wettbewerb ist nicht naturgegeben; er ist durch Beschränkungen und Behinderungen ständig gefährdet.

Der Schutz des Wettbewerbs steht im deutschen Kartellrecht im Vordergrund. Die Ausformung des deutschen Kartellrechts ist das *Gesetz gegen Wettbewerbsbeschränkungen (GWB)*, das sog. Kartellgesetz.

2. **Welche Bedeutung hat der Wettbewerb in einer marktwirtschaftlich orientierten Wirtschaftsordnung?**

In einer marktwirtschaftlichen Ordnung trägt der Wettbewerb zur *Leistungssteigerung* und zur *optimalen Marktversorgung* bei.

Im Einzelnen erfüllt der Wettbewerb folgende Funktionen:

- Produkt- und Prozessinnovationen, d. h. der Wettbewerb sorgt dafür, dass Unternehmen neue oder verbesserte Produkte auf den Markt bringen und Produktionsprozesse verbessern bzw. Produktionsvorgänge rationalisieren.
- Allokation der Ressourcen, d. h. der Wettbewerb lenkt die Produktionsfaktoren dorthin, wo sie gebraucht werden.
- Abbau wirtschaftlicher Macht, d. h. der Wettbewerb sorgt dafür, dass Unternehmen Marktstellungen nicht zum Nachteil der Verbraucher ausnutzen können.

3. **Wodurch wird der Wettbewerb eingeschränkt?**

Der Wettbewerb wird u. a. eingeschränkt durch

- Absprachen u. dgl. (Kartelle),
- missbräuchliche Ausnutzung der Marktstellung,
- Diskriminierung, unbillige Behinderung,
- Boykott und sonstige Beschränkungen.

4.3.1.2 Wettbewerbsbeschränkungen

1. Welchen Zweck verfolgt das Gesetz gegen Wettbewerbsbeschränkungen?

Mit dem Gesetz gegen Wettbewerbsbeschränkungen (GWB)[14], das sog. Kartellgesetz, soll der Wettbewerb geschützt werden.

2. Mit welchen Verboten schützt das GWB den Wettbewerb?

Das Gesetz nennt folgende Verbote zum Schutz des Wettbewerbs:

- Kartellverbot (§ 1 GWB),
- Verbot des Missbrauchs einer marktbeherrschenden Stellung (§ 19 GWB),
- Diskriminierungsverbot (§ 20 GWB),
- Verbot unbilliger Behinderung (§ 20 GWB),
- Boykottverbot (§ 21 GWB),
- Verbot sonstigen wettbewerbsbeschränkenden Verhaltens (§ 21GWB).

3. Was sind Kartelle?

Kartelle sind (nach § 1 GWB) Vereinbarungen zwischen Unternehmen, Beschlüsse von Unternehmensvereinigungen und aufeinander abgestimmte Verhaltensweisen, die eine Einschränkung oder Verfälschung des Wettbewerbs bezwecken sollen oder bewirken können.

4. Worauf können sich die wettbewerbsbeschränkenden Vereinbarungen beziehen?

Die Vereinbarungen können sich u. a. beziehen

- auf Preisgestaltung (Preiskartell),
- auf den Vertrieb durch Verteilung von Aufträgen (Syndikat),
- auf die Produktion durch Verteilung von Kontingenten (Quotenkartell),
- auf Krisenbewältigung (Strukturkrisenkartell),
- auf Rationalisierung (Rationalisierungskartell),
- auf Konditionen (Konditionenkartell) und
- auf Rabatte (Rabattkartell).

5. Was besagt das grundsätzliche Kartellverbot?

Wettbewerbsbeschränkende Vereinbarungen zwischen Unternehmen sind unwirksam (grundsätzliches Kartellverbot).

---

[14] Gesetz gegen Wettbewerbsbeschränkungen (GWB) in der Fassung der Bekanntmachung vom 15. Juli 2005, zuletzt geändert 25.5.2009.

6. Gibt es Ausnahmen vom grundsätzlichen Kartellverbot?

Ausnahmen vom grundsätzlichen Kartellverbot sind

- freigestellte Vereinbarungen,
- Mittelstandskartelle.

7. Unter welchen Voraussetzungen sind Vereinbarungen vom Kartellverbot freigestellt?

Vereinbarungen von Unternehmen, Beschlüsse von Unternehmensvereinigungen oder aufeinander abgestimmte Verhaltensweisen sind vom Kartellverbot freigestellt, wenn sie folgende Voraussetzungen erfüllen (§ 2 GWB):

- Die Verbraucher werden angemessen an dem entstehenden Gewinn beteiligt.
- Die Vereinbarungen tragen zur Verbesserung der Warenerzeugung oder -förderung oder zur Förderung des technischen oder wirtschaftlichen Fortschritts bei.
- Den beteiligten Unternehmen werden keine Beschränkungen auferlegt.
- Die Vereinbarungen dürfen die Ausschaltung des Wettbewerbs für einen wesentlichen Teil der betreffenden Waren nicht ermöglichen.

8. Was sind Mittelstandskartelle?

Als Mittelstandkartelle werden Vereinbarungen von Unternehmen und Beschlüsse von Unternehmensvereinigungen bezeichnet, die auf die *Rationalisierung wirtschaftlicher Vorgänge durch zwischenbetriebliche Zusammenarbeit* abzielen. Sie beeinträchtigen den Wettbewerb auf dem Markt nur unwesentlich und können einen Beitrag zur Wettbewerbsfähigkeit kleiner und mittlerer Unternehmen leisten.

9. Wann liegt Marktbeherrschung vor?

Markbeherrschung *eines Unternehmens* liegt vor, wenn es z.B. als Anbieter einer Ware oder Leistung

- ohne Mitbewerber ist,
- keinem wesentlichen Wettbewerb ausgesetzt ist,
- eine überragende Marktstellung besitzt.

Marktbeherrschung von zwei oder mehr Unternehmen liegt auch vor, wenn zwischen diesen Unternehmen auf bestimmten Märkten *kein wesentlicher Wettbewerb* besteht.

10. Wodurch entsteht Marktbeherrschung?

Marktbeherrschung kann außer durch *Fusionen* durch *internes oder externes Wachstum* entstehen. Ein Unternehmen kann durch eine entsprechende Unternehmenspolitik und Geschäftsführung, durch Marketingmaßnahmen usw. wachsen (internes Wachstum); extern kann ein Unternehmen u.a. dadurch wachsen, dass konkurrierende Unternehmen ausscheiden. Die Entstehung von Marktmacht auf diese Art kann kaum verhindert werden.

11. Wann kann bei einem Unternehmen Marktbeherrschung vermutet werden?

Markbeherrschung kann bei einem Unternehmen vermutet werden, wenn es einen *Marktanteil von mindestens einem Drittel* hat.

12. Wann gelten mehrere Unternehmen als marktbeherrschend?

Eine Gesamtheit aus *drei oder weniger* Unternehmen gilt als marktbeherrschend, wenn sie zusammen einen Marktanteil von *50 Prozent* erreichen. Eine Gesamtheit aus *fünf oder weniger* Unternehmen gilt als marktbeherrschend, wenn sie einen Marktanteil von *zwei Dritteln* erreichen.

Marktbeherrschung kann nicht angenommen werden, wenn innerhalb der jeweiligen Gesamtheit zwischen den Unternehmen wesentlicher Wettbewerb herrscht oder die jeweilige Gesamtheit im Verhältnis zu den übrigen Wettbewerbern keine überragende Marktstellung hat.

13. Wann gefährdet Marktbeherrschung den Wettbewerb?

Marktbeherrschung gefährdet den Wettbewerb, wenn die marktbeherrschenden Unternehmen ihre Marktmacht ausnutzen. Die *missbräuchliche Ausnutzung* von Marktmacht ist verboten. Sie liegt z. B. in folgenden Fällen vor:

- Erhebliche Beeinträchtigung der Wettbewerbsmöglichkeiten anderer Unternehmen und ohne sachlich gerechtfertigten Grund,
- Forderung von Entgelten oder sonstigen Geschäftsbedingungen, die sich bei wirksamem Wettbewerb wahrscheinlich nicht ergeben würden,
- Forderung von ungünstigeren Entgelten oder sonstigen Geschäftsbedingungen als sie das marktbeherrschende Unternehmen auf vergleichbaren Märkten fordert, wenn dafür kein sachlich gerechtfertigter Grund vorliegt,
- Weigerung, anderen Unternehmen den Zugang zu den eigenen Netzen oder anderen Infrastruktureinrichtungen gegen angemessenes Entgelt zu gewähren.

14. Wann liegt Diskriminierung i. S. des GWB vor?

Diskriminierung liegt vor, wenn ein marktbeherrschendes Unternehmen (oder eine Vereinigung von Unternehmen) ein anderes Unternehmen in einem Geschäftsverkehr, der gleichartigen Unternehmen üblicherweise zugänglich ist, mittelbar oder unmittelbar *unbillig behindert*. Diskriminierung liegt auch vor, wenn ein Unternehmen gegenüber gleichartigen Unternehmen ohne sachlich gerechtfertigten Grund unmittelbar oder mittelbar unterschiedlich behandelt wird. *Diskriminierung und unbillige Behinderung sind verboten.*

15. Wann kann eine Behinderung als unbillig bezeichnet werden?

Eine Behinderung ist u. a. in den folgenden Fällen unbillig:

- Marktbeherrschende Unternehmen (oder Vereinigung von Unternehmen) nutzen ihre Markstellung dazu aus, von anderen Unternehmen ohne sachlich gerechtfertigten Grund Vorteile zu erhalten.

- Unternehmen nutzen ihre Marktmacht gegenüber kleinen und mittleren Unternehmen dazu aus, solche Wettbewerber unbillig zu behindern. So kann ein Unternehmen diese Wettbewerber dadurch behindern, dass er Waren u. dgl. unter Einstandspreis anbietet.

16. Wann liegt ein Boykott vor?

Boykott liegt vor, wenn ein Unternehmen oder Vereinigungen von Unternehmen andere Unternehmen oder Vereinigungen von Unternehmen dazu auffordern, bestimmte Unternehmen nicht zu beliefern oder von ihnen Produkte zu beziehen.

17. Welches sonstige wettbewerbsbeschränkende Verhalten nennt das Gesetz?

Sonstiges wettbewerbsbeschränkendes Verhalten liegt in folgenden Fällen vor:

Unternehmen oder Vereinigungen von Unternehmen

- drohen anderen Unternehmen Nachteile an oder versprechen ihnen Vorteile für den Fall, dass sie sich an gesetzlich verbotenen oder von den Behörden untersagten Wettbewerbsbeschränkungen beteiligen,

- zwingen andere Unternehmen zu gleichförmigen Verhalten, damit der Wettbewerb beschränkt wird.

4.3.1.3 Befugnisse der Kartellbehörden

1. Welche Rechte hat die Kartellbehörde bei Verstößen gegen das GWB?

Die Kartellbehörde kann Unternehmen oder Vereinigungen von Unternehmen, die mit Wettbewerbsbeschränkungen gegen die Vorschriften des GWB verstoßen, *verpflichten, die Verstöße abzustellen*. Dazu kann sie den Unternehmen Maßnahmen aufgeben, mit denen die Verstöße wirksam abgestellt werden können.

2. Wer hat einen Unterlassungsanspruch?

Einen Unterlassungsanspruch hat derjenige, der von den Verstößen gegen GWB-Vorschriften betroffen ist. Der *Betroffene* kann seinen Anspruch geltend machen. Der Anspruch kann aber auch von bestimmten rechtsfähigen Verbänden geltend gemacht werden.

4.3 Nationale Ansätze des Wettbewerbsrechts

3. Wer hat einen Schadensersatzanspruch?

Einen Schadensersatzanspruch kann derjenige, der durch die Verstöße gegen das GWB geschädigt wurde, geltend machen, wenn den Verstößen *Vorsatz oder Fahrlässigkeit* zu Grunde lagen.

4. Können wirtschaftliche Vorteile, die durch Verstöße gegen das GWB entstehen, abgeschöpft werden?

Die wirtschaftlichen Vorteile, die ein Unternehmen dadurch erlangt, dass es vorsätzlich oder fahrlässig gegen die kartellrechtlichen Vorschriften oder Verfügungen verstößt, können abgeschöpft werden; die Kartellbehörde kann dem Unternehmen die *Zahlung eines entsprechenden Geldbetrages* auferlegen.

4.3.1.4 Fusionen und Zusammenschlusskontrolle

1. Wann liegen nach dem GWB Unternehmenszusammenschlüsse vor?

Nach § 37 GWB liegen Unternehmenszusammenschlüsse in folgenden Fällen vor:

- Erwerb des Vermögens eines anderen Unternehmens,
- Erwerb der mittelbaren oder unmittelbaren Kontrolle über ein anderes oder mehrere andere Unternehmen durch Rechte, Verträge o. dgl.,
- Erwerb von Anteilen an einem anderen Unternehmen, wenn dadurch 50 % oder 25 % des Kapitals oder der Stimmrechte des anderen Unternehmens erreicht werden,
- Verbindung von Unternehmen, durch die auf ein anderes Unternehmen wettbewerblich ein erheblicher Einfluss ausgeübt werden kann.

2. Warum schließen sich Unternehmen zusammen?

Ziele von Fusionen können u. a. sein

- Marktbeeinflussung, wettbewerbliche Einflussnahme,
- Erweiterung der Produktionsbasis,
- Rationalisierung,
- Erhöhung der Kreditwürdigkeit,
- Sanierung.

3. Wann werden Unternehmenszusammenschlüsse durch die Kartellbehörde kontrolliert?

Die Vorschriften über die Zusammenschlusskontrolle werden nur bei Unternehmen angewandt, deren *Umsatzerlöse im letzten Jahr vor dem Zusammenschluss eine bestimmte Höhe überschritten haben*.

Die am Zusammenschluss beteiligten Unternehmen müssen insgesamt weltweit Umsatzerlöse von mehr als 500 Millionen Euro und im Inland muss mindesten ein beteiligtes Unternehmen Umsatzerlöse von mehr als 25 Millionen Euro und ein anderes beteiligtes Unternehmen von mehr als 5 Millionen Euro erzielt haben.

4. Unter welchen Bedingungen kann das Kartellamt Unternehmenszusammenschlüsse verbieten?

Das Kartellamt kann Zusammenschlüsse von Unternehmen untersagen, wenn zu befürchten ist, dass durch die Fusion eine *marktbeherrschende Stellung entsteht oder verstärkt wird*. Wenn die Unternehmen allerdings nachweisen, dass durch die Fusion die Wettbewerbsbedingungen verbessert werden und die Nachteile des Zusammenschlusses dadurch aufgewogen werden, kann die Fusion erlaubt werden.

5. Müssen Unternehmenszusammenschlüsse angemeldet werden?

Unternehmenszusammenschlüsse sind beim Bundeskartellamt anzumelden, und zwar bevor der Zusammenschluss vollzogen wird. Das Bundeskartellamt kann eine Fusion nur verbieten, wenn es den beteiligten Unternehmen innerhalb eines Monats nach Eingang der vollständigen Anmeldung mitgeteilt hat, dass es in das Prüfverfahren eingetreten ist.

4.3.2 Gesetz gegen den unlauteren Wettbewerb

4.3.2.1 Unlauterer Wettbewerb – Tatbestände

1. Wie wird der Zweck des Gesetzes gegen den unlauteren Wettbewerb (UWG) definiert?

Das Gesetz gegen den unlauteren Wettbewerb[15] hat den Zweck, Mitbewerber, Verbraucher und sonstige Markteilnehmer vor unlauteren geschäftlichen Handlungen und das Interesse der Allgemeinheit an einem unverfälschten Wettbewerb zu schützen (§ 1 UWG).

2. Was ist „unlauter"?

Unlauterkeit im Sinne des UWG kann angenommen werden, wenn die *wirtschaftlichen Interessen* von Mitbewerbern, Verbrauchern und sonstigen Marktteilnehmern *unangemessen beeinträchtigt werden*.[16]

Unlauterkeit gegenüber Mitbewerbern zeigt sich z. B. darin, dass sie in unangemessener Weise daran gehindert werden, ihre wettbewerblichen Möglichkeiten zu entfalten, sodass sie ihre Leistungen auf dem Markt nicht angemessen anbieten können.

---

[15] Gesetz gegen den unlauteren Wettbewerb (UWG) in der Fassung der Bekanntmachung vom 3. Juli 2004, zuletzt geändert am 29.7.2009.
[16] Das UWG definiert Unlauterkeit nicht allgemein, sondern anhand von Beispielen.

Unterlauterkeit gegenüber Verbrauchern zeigt sich z. B. darin, dass ihre Freiheit im Zusammenhang mit geschäftlichen Entscheidungen unangemessen beeinträchtigt wird.

3. Was ist im Sinne des UWG eine geschäftliche Handlung?

Eine geschäftliche Handlung ist jedes Verhalten einer Person zu Gunsten des eigenen oder eines fremden Unternehmens im Zusammenhang mit einem Geschäftsabschluss.

4. Wann sind unlautere geschäftliche Handlungen unzulässig?

Unlautere geschäftliche Handlungen sind unzulässig, wenn sie die Interessen von Mitbewerbern, Verbrauchern oder sonstigen Marktteilnehmern spürbar beeinträchtigen (§ 3 UWG).

5. Wann sind geschäftliche Handlungen gegenüber Verbrauchern auf jeden Fall unzulässig?

Geschäftliche Handlungen gegenüber Verbrauchern sind auf jeden Fall unzulässig, wenn sie folgende Bedingungen erfüllen (§ 3 UWG):

- Der Unternehmer hat bei geschäftlichen Handlungen die von ihm zu erwartende Sorgfalt nicht beachtet,
- dadurch wird die Fähigkeit des Verbrauchers spürbar beeinträchtigt, sich aufgrund von Informationen zu entscheiden,
- der Verbraucher kann dadurch zu einer geschäftlichen Entscheidung veranlasst werden, die er ohne die Praktiken des Unternehmers nicht getroffen hätte.

6. Was beinhaltet die „Schwarze Liste"?

§ 3 UWG wird durch einen Anhang ergänzt, der eine Liste mit unlauteren geschäftlichen Handlungen enthält, die stets unzulässig sind. Diese sog. „Schwarze Liste" zählt *30 unlautere geschäftliche Handlungen* auf. Im Folgenden werden einige Beispiele wiedergegeben:

- die unwahre Angabe eines Unternehmers, er gehöre zu den Unterzeichnern eines Verhaltenskodexes,
- die unwahre Angabe, bestimmte Waren seien nur für einen begrenzten Zeitraum verfügbar, um den Verbraucher zu einer sofortigen Entscheidung zu veranlassen,
- die Bezugnahme auf eine als Information getarnte Werbung, um die Entscheidung des Verbrauchers zu beeinflussen,
- die unwahre Angabe, der Unternehmer würde demnächst die Geschäftsräume aufgeben,
- die unwahre Angabe, die angebotene Ware könne Krankheiten heilen.

7. Welche geschäftlichen Handlungen gelten als unlauter?

Folgende geschäftliche Handlungen gelten (nach § 4 UWG) u. a. als unlauter:

- Beeinträchtigung der Entscheidungsfreiheit der Verbraucher oder sonstiger Marktteilnehmer durch Ausübung von Druck oder durch unangemessenen unsachlichen Einfluss,
- Ausnutzung der geschäftlichen Unerfahrenheit, des Alters, geistiger oder körperlicher Gebrechen, einer Zwangslage,
- Verschleierung des Werbecharakters geschäftlicher Handlungen,
- unklare und uneindeutige Angabe der Bedingungen für die Inanspruchnahme von Verkaufsförderungsmaßnahmen und für die Teilnahme an Gewinnspielen und Preisausschreiben,
- Verunglimpfung der Waren, Tätigkeiten, persönlichen und wirtschaftlichen Verhältnisse von Mitbewerbern,
- gezielte Behinderung von Mitbewerbern,
- Missachtung einer Vorschrift, die auch im Interesse der Marktteilnehmer das Marktverhalten regelt.

8. Wann ist eine geschäftliche Handlung irreführend und damit unlauter?

Eine geschäftliche Handlung ist irreführend und damit unlauter, wenn sie unwahre Angaben enthält. Das gilt auch für Angaben, die zur *Täuschung* z. B. über folgende Tatbestände führen können:

- wesentliche Merkmale einer Ware (z. B. Verfügbarkeit, Risiken usw.),
- den besonderen Anlass des Verkaufs (z. B. Preisvorteil),
- die Person des Unternehmens (Eigenschaften, Rechte),
- die Notwendigkeit einer Leistung (z. B. Ersatzteillieferung),
- Rechte des Verbrauchers (z. B. Garantieversprechen).

9. Unter welchen Bedingungen liegt eine Irreführung durch Unterlassen vor?

Eine Irreführung durch Unterlassen liegt vor, wenn die Entscheidungsfähigkeit eines Verbrauchers dadurch beeinflusst wird, dass der Unternehmer ihm eine *Information vorenthält*. Unlauter ist diese Irreführung dann, wenn die mangelhafte Information den Verbraucher zu einer Entscheidung veranlasst, die er bei entsprechender vollständiger Information nicht getroffen hätte.

10. Wann ist vergleichende Werbung unlauter?

Vergleichende Werbung ist u. a. in folgenden Fällen unlauter:

- Der Vergleich bezieht sich auf Waren u. Ä., die nicht den gleichen Bedarf decken oder denselben Zweck erfüllen.
- Es besteht die Gefahr, dass der Vergleich zu Verwechslungen zwischen dem Werbenden und einem Mitbewerber führt.
- Der Ruf eines Kennzeichens, das ein Mitbewerber verwendet, wird in unlauterer Weise durch den Vergleich ausgenutzt oder beeinträchtigt.
- Der Vergleich verunglimpft die Waren, die Tätigkeiten, die persönlichen oder geschäftlichen Verhältnisse eines Mitbewerbers.

11. Wann gilt eine unzumutbare Belästigung als unlauter und unzulässig?

Eine geschäftliche Handlung, die einen Marktteilnehmer in unzumutbarer Weise belästigt, ist unzulässig. Das gilt insbesondere für Werbung, wenn erkennbar ist, dass der Marktteilnehmer sie nicht wünscht.

Eine unzumutbare Belästigung liegt z. B. bei Werbung mit einem Telefonanruf vor, wenn für den Anruf nicht das ausdrückliche Einverständnis des Angerufenen vorliegt.

4.3.2.2 Ansprüche

1. Welche Ansprüche können nach dem UWG entstehen?

Bei unzulässigen geschäftlichen Handlungen nach § 3 UWG (unlautere geschäftliche Handlungen) und § 7 UWG (unzumutbare Belästigungen) können Ansprüche der Geschädigten bzw. Belästigten entstehen. Das Gesetz nennt folgende Ansprüche:

- Beseitigung und Unterlassung (§ 8 UWG),
- Schadensersatz (§ 9 UWG),
- Gewinnabschöpfung (§ 10 UWG).

2. Wer kann Ansprüche auf Beseitigung und Unterlassung geltend machen?

Bei unzulässigen geschäftlichen Handlungen kann der *Berechtigte* Beseitigung oder – im Wiederholungsfall - Unterlassung der Handlung verlangen.

Die Ansprüche können u. a. geltend gemacht werden

- von jedem Mitbewerber,
- von rechtsfähigen Verbänden von Unternehmen, deren Interessen durch die unlauteren geschäftlichen Handlungen bzw. durch die Belästigungen verletzt sind,
- von bestimmten qualifizierten Einrichtungen, die nachweisen können, dass sie zum Schutz der Verbraucherinteressen eingetragen sind,
- von den Industrie- und Handelskammern sowie von den Handwerkskammern.

3. Wann entsteht ein Anspruch auf Schadensersatz und wem steht er zu?

Wenn durch eine unzulässige geschäftliche Handlung, die *vorsätzlich oder fahrlässig* vorgenommen wurde, ein Schaden entsteht, hat der Geschädigte einen Anspruch auf Ersatz des Schadens.

4. Wann entsteht ein Anspruch auf Gewinnabschöpfung und wem steht er zu?

Der Anspruch auf Gewinnabschöpfung entsteht, wenn jemand *vorsätzlich* unzulässige geschäftliche Handlungen vornimmt und dadurch zu Lasten von Mitbewerbern Gewinne erzielt.

Die Ansprüche auf Herausgabe des Gewinns können geltend gemacht werden

- von rechtsfähigen Verbänden von Unternehmen, deren Interessen durch die unlauteren geschäftlichen Handlungen bzw. durch die Belästigungen verletzt sind,
- von bestimmten qualifizierten Einrichtungen, die nachweisen können, dass sie zum Schutz der Verbraucherinteressen eingetragen sind,
- von den Industrie- und Handelskammern sowie von den Handwerkskammern.

Der abgeschöpfte Gewinn geht (ggf. nach Abzug von Aufwendungen, die im Zusammenhang mit der Gewinnabschöpfung entstanden sind) an den *Bundeshaushalt*.

5. Wie können die Ansprüche durchgesetzt werden?

Zur Durchsetzung ihrer Ansprüche haben die Berechtigten folgende Möglichkeiten:

- Abmahnung des Schuldners. Der Schuldner soll dadurch Gelegenheit erhalten, sich schriftlich für eine Unterlassung zu erklären, bevor die Berechtigten die Gerichte in Anspruch nehmen. Die Verpflichtungserklärung ist mit einer angemessenen Vertragsstrafe verbunden.
- Einstweilige Verfügungen.
- Klage bei dem zuständigen Landgericht.

6. Wann verjähren die Ansprüche?

Die Ansprüche auf Beseitigung und Unterlassung sowie auf Schadensersatz verjähren *in sechs Monaten*. Schadensersatzansprüche verjähren *in zehn Jahren* nach der Entstehung des Schadens.

4.4 Arbeitsrecht und dessen Einfluss auf unternehmerische Entscheidungen

4.4.1 Individualarbeitsrecht

1. Womit befasst sich das Individualarbeitsrecht?

Das Individualarbeitsrecht befasst sich mit den individuellen Beziehungen zwischen Arbeitnehmern und Arbeitgebern. Es umfasst Arbeitsvertragsrecht und das Arbeitsschutzrecht.

2. Was ist Gegenstand des Arbeitsvertragsrechts?

Gegenstand des Arbeitsvertragsrechts sind alle Aspekte im Zusammenhang mit dem Vertrag, mit Einstellung und Entlassung, mit den Pflichten und den Rechten von Arbeitgeber und -nehmer.

3. Was ist Gegenstand des Arbeitsschutzrechts?

Das Arbeitsschutzrecht legt dem *Arbeitgeber Pflichten* auf im Zusammenhang mit dem Schutz des Arbeitnehmers. Zu den Schutzvorschriften zählen z. B.

- das Allgemeine Gleichbehandlungsgesetz, das den Arbeitnehmer vor Benachteiligungen schützen soll,
- das Arbeitszeitgesetz, das u. a. vorschreibt, bei der Arbeitszeitgestaltung die Sicherheit usw. des Arbeitnehmers zu berücksichtigen,
- das Kündigungsschutzgesetz, das z. B. den Arbeitnehmer im Falle einer ungerechtfertigten Kündigung schützt,
- Jugendarbeitsschutzgesetz, das u. a. die Arbeitszeit von Jugendlichen regelt und sie vor unangemessener Inanspruchnahme durch den Arbeitgeber schützt,
- das Mutterschutzgesetz, das werdende und stillende Mütter schützen soll,
- das Berufsbildungsgesetz, das die berufliche Ausbildung besonders regelt.

4.4.1.1 Bewerbung und Vorstellungsgespräch

4.4.1.1.1 Bewerbung

1. Wie kommt es zur Bewerbung?

Bewerbungen werden *aufgefordert* oder *unaufgefordert* vorgelegt. Aufgeforderte Bewerbungen gehen häufig auf Grund von Anzeigen o. dgl. zu.

Bei unaufgeforderten Bewerbungen liegt keine Anzeige o. dgl. vor. Der Bewerber stellt sich im Allgemeinen mit einer Kurzbewerbung vor, in der er einen Überblick über seine Ausbildung, Fähigkeiten, Kenntnisse usw. gibt. Bewerbungen dieser Art haben häufig den Charakter von Anfragen. Kurzbewerbungen werden häufig per E-Mail versandt.

2. In welcher Form werden Bewerbungen übermittelt?

Formen der Bewerbung sind

- Bewerbung *per E-Mail*, häufig auf der Grundlage eines entsprechenden Formulars, das der Bewerber auf der Homepage eines Unternehmens findet. Bewerbungen über das Internet gewinnen zunehmend an Bedeutung.
- Bewerbungen mit *postalischer Zustellung* der Unterlagen, das ist der traditionelle Weg der Übermittlung, er wird am häufigsten genutzt.

3. Welche Bewerbungsunterlagen sind einer Bewerbung beizufügen?

Bewerbungsunterlagen, die für das Unternehmen *besondere Aussagekraft* haben und darum der Auswahl zu Grunde gelegt werden, sind z. B.

- das Bewerbungsschreiben,
- der Lebenslauf,
- Schulzeugnisse,
- Zeugnisse früherer Arbeitgeber,
- evtl. Personalfragebogen.

4. Nach welchen Gesichtspunkten kann das Bewerbungsschreiben ausgewertet werden?

Ein Bewerbungsschreiben kann u. a. nach folgenden Gesichtspunkten ausgewertet werden:

- äußere Gestaltung des Schreibens, klare Gliederung, formaler Aufbau,
- stilistische Darstellung, verwendete Ausdrücke, Satzbau, Art der Selbsteinschätzung,
- Inhalt des Schreibens, z. B. derzeitige Beschäftigung, besondere Fähigkeiten, Voraussetzungen für die beworbene Stelle, bisheriges Gehalt, Gehaltsvorstellungen, frühester Zeitpunkt des Eintritts.

Die Bedeutung der einzelnen Gesichtspunkte hängt davon ab, welche Stelle zu besetzen ist, in welcher Hierarchieebene sie sich befindet usw.

5. Welche Informationen soll der Lebenslauf liefern?

Der Lebenslauf wird im Allgemeinen *in tabellarischer Form* und *mit dem Computer* geschrieben vorgelegt. Wenn der Lebenslauf für ein grafologisches Gutachten genutzt

4.4 Arbeitsrecht und dessen Einfluss auf unternehmerische Entscheidungen 343

werden soll, wird die *handschriftliche Form* verlangt. Der Leser erhält durch die Darstellung einen Überblick über die Lebensdaten und -stationen des Bewerbers entweder in chronologischer Reihenfolge der Informationen oder in ihrer thematischen Zusammenfassung.

Die Auswertung des Lebenslaufs kann folgende Informationen liefern:
- Informationen über den privaten Lebensbereich,
- Informationen über Schulbesuch und Ausbildung sowie über die erworbenen Qualifikationen,
- Informationen über den beruflichen Werdegang.

6. Mit welchen Problemen befasst sich die Lebenslaufanalyse in besonderem Maße?

Gegenstand der Lebenslaufanalyse sind z. B.
- Krankheiten,
- Vermögensverhältnisse,
- häufiger Arbeitsplatzwechsel,
- Berufswechsel,
- die bisherige berufliche Karriere,
- Lücken in der Darstellung.

7. Welche Bedeutung haben Schulzeugnisse?

Aus Schulzeugnissen wird nur selten ersichtlich, ob ein Bewerber für eine ausgeschriebene Stelle in Betracht kommt. Schulzeugnisse können evtl. einen Gesamteindruck geben, z. B. über Fleiß, über Motivation und Hinweise auf Interessengebiete oder Begabungen usw.

8. Nach welchen Kriterien werden Arbeitszeugnisse ausgewertet?

Arbeitszeugnisse können u. a. nach folgenden Kriterien ausgewertet werden:
- Zeiten der Beschäftigung in einem Unternehmen, in einem bestimmten Aufgabengebiet,
- Art der Beschäftigung und Inhalte der Tätigkeiten,
- Gründe für Ausscheiden,
- Leistungsbeurteilungen,
- Führungsbeurteilungen (Verhaltensbeurteilungen).

9. Warum ist es schwierig, die Beurteilung von Führung und Leistung in den Zeugnissen nachzuvollziehen?

Die Beurteilung des Führungs- und Leistungsverhaltens eines Bewerbers ist deshalb schwierig, weil die entsprechenden Angaben in den Zeugnissen im Allgemeinen nur indirekt gemacht werden. Für die Bewertung der Leistungen hat z. B. die *Arbeitsgemeinschaft selbstständiger Unternehmer* folgende *Formulierungsskala*[17] entwickelt:

Bewertung der Leistungen	Zeugnistext
sehr gut	... stets bzw. ständig vollste Zufriedenheit
gut	... stets bzw. ständig volle Zufriedenheit
befriedigend	... volle Zufriedenheit
ausreichend	... Zufriedenheit
mangelhaft	... im Großen und Ganzen zur Zufriedenheit
sehr mangelhaft	... hat sich bemüht

4.4.1.1.2 Vorstellungsgespräch

1. Wer wird zum Vorstellungsgespräch eingeladen?

Die Bearbeitung der Bewerbungsunterlagen ergibt eine *Vorauswahl*: Ungeeignete Bewerbungen werden aussortiert. Bewerber, die ohne Einschränkungen für eine Anstellung in Betracht gezogen werden können, werden im Allgemeinen zu einem Vorstellungsgespräch eingeladen.

Mit der Einladung wird häufig ein *Personalfragebogen* verschickt, den der Bewerber zum Vorstellungsgespräch ausgefüllt mitbringen soll.

Unternehmen entwickeln nach unternehmensspezifischen Erfordernissen Personalfragebogen. Der Personalfragebogen soll die Daten des Bewerbers aufnehmen, die für die aktuelle Bewerbung relevant sind. Der Fragebogen ist einfach auszuwerten.

Der Fragebogen ergänzt und spezifiziert die Angaben im Lebenslauf durch entsprechende Fragen.

2. Was soll mit einem Vorstellungsgespräch erreicht werden?

Mit einem Vorstellungsgespräch werden u. a. folgende Ziele verfolgt:

Bei einem Vorstellungsgespräch will ein Unternehmen *zusätzliche Informationen* über den Bewerber gewinnen, den Bewerber persönlich kennen lernen, Angaben in den Bewerbungsunterlagen hinterfragen bzw. vertiefen usw. Im Allgemeinen umfasst ein Vorstellungsgespräch folgende Punkte[18]:

- Die Gesprächspartner auf der Unternehmensseite wollen einen persönlichen Eindruck des Bewerbers gewinnen.
- Sie wollen feststellen, über welche Eignungspotenziale der Bewerber verfügen könnte.

---

[17] Olfert, Klaus: Personalwirtschaft, Ludwigshafen 2008, S. 143.
[18] Ebenda, S. 147.

- Sie wollen in dem Gespräch besondere Interessen und Wünsche des Bewerbers ermitteln.
- Der Bewerber soll über das Unternehmen und seinen künftigen Arbeitsplatz informiert werden; seine Gesprächspartner müssen auf entsprechende Fragen eingehen; ein Rundgang mit dem Bewerber durch den Betrieb bietet sich im Rahmen des Vorstellungsgesprächs an.
- Es kann darauf ankommen, dass einem Bewerber, der ernsthaft für die Einstellung in Betracht kommt, ein möglichst günstiges Bild des Unternehmens im Vorstellungsgespräch vermittelt wird.

3. Welche Bedeutung hat das Fragerecht des Arbeitgebers?

Grundsätzlich gilt, dass alle Fragen eines Arbeitgebers zulässig sind, an deren Beantwortung er *unter Berücksichtigung des zu besetzenden Arbeitsplatzes* ein berechtigtes Interesse hat. Der Arbeitgeber kann Fragen stellen, deren Beantwortung ihn hinreichend darüber informieren, ob der Bewerber für den Arbeitsplatz infrage kommt, ob er die geforderte Arbeitsleistung geistig und körperlich bringen kann, ob er die soziale Kompetenz für den Arbeitsplatz mitbringt. Tiefgang und Umfang der Fragen sind auch abhängig von der Hierarchieebene, auf der die zu besetzende Stelle liegt.

Zulässige Fragen muss der Bewerber wahrheitsgemäß beantworten.

4. Welche Fragen des Arbeitgebers sind in welchem Umfang zulässig?

Uneingeschränkt zulässig sind z. B. die Fragen

- nach dem beruflichen Werdegang, z. B. Fragen nach Prüfungsergebnissen, Kenntnissen und Fertigkeiten,
- nach der Ableistung des Wehrdienstes,
- nach einer Schwerbehinderung.

Eingeschränkt zulässig sind z. B. Fragen

- nach chronischen Krankheiten; sie sind nur zulässig, wenn die Krankheit die Eignung des Bewerbers einschränkt, wenn Ansteckungsgefahr droht u. dgl.
- nach dem früheren Gehalt; sie sind nur zulässig, wenn das frühere Gehalt eine Verhandlungsgrundlage sein soll,
- nach Vorstrafen; sie sind nur zulässig, wenn die Vorstrafe eine Tat betrifft, die im Zusammenhang mit einer beruflichen Tätigkeit steht, die derjenigen, die Gegenstand der Bewerbung ist, entspricht (z. B. Kassierer wurde wegen Unterschlagung bestraft).

5. Welche Fragen des Arbeitgebers sind unzulässig?

Unzulässig sind z. B. Fragen

- nach einer Schwangerschaft; sie sind nur zulässig, wenn Schwangere die Tätigkeit nicht ausführen können oder dürfen,
- nach parteipolitischer Zugehörigkeit,
- nach konfessioneller Bindung.

6. Welche Bedeutung hat die Offenbarungspflicht des Bewerbers?

Offenbarungspflicht bedeutet, dass der Bewerber auch von sich aus alle Informationen geben muss, die für das Arbeitsverhältnis von Bedeutung sind.

4.4.1.2 Haupt- und Nebenpflichten der Arbeitsvertragsparteien

1. Muss ein Arbeitsvertrag schriftlich abgefasst sein?

Das Gesetz schreibt die Schriftform für Arbeitsverträge nicht vor, d. h. ein Arbeitsvertrag hat auch dann Gültigkeit, wenn er *mündlich* abgeschlossen wurde. Die Schriftform ist allerdings erforderlich bei einem befristeten Arbeitsvertrag; auch die Abrede eines Wettbewerbsverbots mit Handlungsgehilfen ist schriftlich festzuhalten.

2. Welche Hauptpflichten ergeben sich aus dem Arbeitsvertrag?

Die Hauptpflichten aus dem Arbeitsvertrag lassen sich als „Arbeit gegen Entgelt" umschreiben. Es handelt sich um eine Verpflichtung auf Gegenseitigkeit: Der Arbeitnehmer ist verpflichtet zur Leistung der Arbeit, der Arbeitgeber zur Leistung der Vergütung.

Aus den Hauptpflichten ergeben sich die Nebenpflichten. Sie dienen der Ausgestaltung der Hauptpflichten.

3. Was umfasst die Vergütungspflicht des Arbeitgebers?

Die Vergütung der Arbeitsleistung ist die *Hauptpflicht des Arbeitgebers*. Der Arbeitgeber ist verpflichtet, die Arbeitsleistung des Arbeitnehmers zu entgelten. Im Allgemeinen ergibt sich die Höhe der Vergütung aus dem Tarifvertrag. Die Vergütungspflicht des Arbeitgebers umfasst auch die Entgeltfortzahlung im Krankheitsfall und das Urlaubsentgelt.

Während einer *Krankheit* hat ein Arbeitnehmer *Entgeltfortzahlung* für die Dauer von 42 Arbeitstagen (6 Wochen). Voraussetzung dafür ist, dass er seit mindestens vier Wochen ununterbrochen bei dem gleichen Arbeitgeber arbeitet und dass das Arbeitsverhältnis fortbesteht.

Urlaubsentgelt ist die Lohnfortzahlung während des Urlaubs. Davon zu unterscheiden ist das Urlaubsgeld, das eine zusätzliche Vergütung ist. Das Urlaubsentgelt ergibt sich im Allgemeinen aus dem Durchschnittsverdienst (einschließlich aller Zuschläge) der letzten 13 Wochen.

4. Was wird als Direktionsrecht des Arbeitgebers bezeichnet?

Das Direktionsrecht ist die *Weisungsbefugnis des Arbeitgebers*. Es berechtigt den Arbeitgeber, die Leistungspflichten des Arbeitnehmers, die sich aus dem Vertrag ergeben, nach billigem Ermessen näher zu bestimmen und dem Arbeitnehmer die entsprechenden Weisungen zu erteilen. Das Direktionsrecht steht im Zusammenhang mit der Hauptpflicht des Arbeitnehmers, der Arbeitsleistung. Der Arbeitnehmer hat deshalb den Weisungen Folge zu leisten.

5. In welchem Zusammenhang stehen Treue- und Fürsorgepflicht?

Treue- und Fürsorgepflichten sind wichtige Nebenpflichten, die sich aus den Hauptpflichten des Arbeitsvertrages für Arbeitnehmer und -geber ergeben. Die Treuepflicht des Arbeitnehmers korrespondiert mit der Fürsorgepflicht des Arbeitgebers.

6. Was umfasst die Treuepflicht des Arbeitnehmers?

Die Treuepflicht verlangt vom Arbeitnehmer, sich *für die Interessen des Arbeitgebers* bzw. des Unternehmens einzusetzen und nichts zu tun, was ihm schaden könnte. Entsprechend umfasst die Treuepflicht Verhaltenspflichten und Unterlassungspflichten. Der Umfang der Treuepflichten ist abhängig von der Position des Arbeitnehmers in der Unternehmenshierarchie.

Zu den *Unterlassungspflichten* zählen z. B.

- Verschwiegenheitspflicht,
- Unterlassung von Aktivitäten, die das Ansehen des Arbeitgebers beschädigen können,
- Verzicht auf Vorteilsannahme,
- Wettbewerbsverbot.

Zu den *Verhaltenspflichten* zählen z. B.

- Auskunftspflichten,
- Repräsentationspflichten, z. B. bei Kundenbesuchen u. dgl.,
- Meldungen von Schäden, Störungen usw.,
- Übernahme von Mehrarbeit in akuten Notfällen.

7. Welcher Unterschied besteht zwischen dem gesetzlichen Wettbewerbsverbot und dem vertraglichen?

Das **gesetzliche** Wettbewerbsverbot (§ 60 HGB) besagt, dass ein Angestellter („Handlungsgehilfe") ohne Einwilligung seines Arbeitgebers weder ein Handelsgewerbe betreiben, noch im Handelszweig des Arbeitgebers auf eigene Rechnung Geschäfte abschließen darf. Das **vertragliche** Wettbewerbsverbot bezieht sich auf die Zeit *nach Beendigung des Arbeitsverhältnisses* (§ 74 HGB); das Wettbewerbsverbot ist nur dann verbindlich, wenn der Arbeitgeber sich verpflichtet, für die Dauer des Wettbewerbsverbots eine *Entschädigung* zu zahlen.

8. Wie weit ist das vertragliche Wettbewerbsverbot verbindlich?

Das Wettbewerbsverbot gilt nur dann, wenn es dem *Schutz berechtigter Interessen* des Arbeitgebers dient. Das Wettbewerbsverbot kann nie länger als *zwei Jahre* gelten. Innerhalb dieser Zeit ist es unverbindlich, wenn es das berufliche Fortkommen des Arbeitnehmers unbillig erschwert. Wann die Erschwernis unbillig ist, ist unter Berücksichtigung der Entschädigungszahlung nach Ort, Zeit oder Gegenstand zu beurteilen.

9. Was wird als Mehrarbeit bezeichnet?

Mehrarbeit und *Überstunden* (Überarbeit) werden häufig synonym verwendet. Der Begriff Mehrarbeit stammt noch aus der alten Arbeitszeitordnung und bezeichnete die Arbeitszeit, die über die Normalarbeitszeit von 48 Wochenstunden hinausging. Das Arbeitzeitgesetz (ArbZG) verwendet den Begriff nicht mehr. Überstunden i. S. des ArbZG umfasst die Arbeitszeit, die über die vertragliche Arbeitszeit hinausgeht, aber die gesetzliche (regelmäßige) Arbeitszeit nicht überschreitet.

Nach § 3 ArbZG darf die werktägliche Arbeitszeit acht Stunden nicht überschreiten. Sie kann maximal um zwei Stunden verlängert werden, wenn innerhalb von sechs Kalendermonaten oder innerhalb von 24 Wochen im Durchschnitt acht Stunden werktäglich nicht überschritten werden.

Der Arbeitnehmer kann sich außer in akuten Notfällen weigern, Mehrarbeit zu leisten.

10. In welchen Notfällen sind Arbeitnehmer zur Leistung von Überstunden verpflichtet?

In *akuten* Notfällen kann ein Arbeitgeber Überstunden anordnen (§ 14 ArbZG); Notfälle lassen sich folgendermaßen umschreiben:

- Sie treten unabhängig vom Willen der Betroffenen ein.
- Ihre Folgen können auf andere Weise nicht beseitigt werden.
- Es besteht die Gefahr, dass Rohstoffe (Lebensmittel) verderben.
- Es besteht die Gefahr, dass Arbeitsergebnisse misslingen.
- Es handelt sich um unaufschiebbare Vor- und Abschlussarbeiten.

Das Gesetz nennt u.a. als Voraussetzung für die Anordnung von Überstunden, dass lediglich eine verhältnismäßig geringe Zahl von Arbeitnehmern vorübergehend mit Arbeiten beschäftigt wird, deren Nichterledigung das Ergebnis der Arbeit gefährden oder einen unverhältnismäßigen Schaden zur Folge haben würden.

Wenn in akuten Notfällen Überstunden angeordnet werden, darf die Arbeitszeit 48 Stunden wöchentlich im Durchschnitt von 24 Wochen nicht überschreiten.

11. Können Überstunden im Arbeitsvertrag vereinbart werden?

Der Arbeitgeber kann mit dem Arbeitnehmer im Arbeitsvertrag vereinbaren, dass Überstunden zu leisten sind, wenn sie angeordnet werden und gesetzlich zulässig sind.

12. Wie wird Mehrarbeit vergütet?

Für die Vergütung von Mehrarbeit (bzw. von Überstunden) gibt es keine gesetzlichen Regelungen. Ob und wie Mehrarbeit vergütet wird, hängt von entsprechenden Vereinbarungen ab, z.B. vom Arbeitsvertrag, von Betriebsvereinbarungen, von tarifvertraglichen Regelungen. Im Vertrag kann vereinbart werden, dass Mehrarbeit durch Freizeit abgegolten werden soll. Besteht keine ausdrückliche Vereinbarung, gilt im Allgemeinen die Grundvergütung für die normale Arbeitszeit auch für die Mehrarbeit. Zuschläge für Mehrarbeit müssen nur bei entsprechenden vertraglichen oder tarifvertraglichen Vereinbarungen gezahlt werden.

13. Was umfasst die Fürsorgepflicht des Arbeitgebers?

Die Fürsorgepflicht des Arbeitgebers bezieht sich vor allem auf die *Sorge für Leben und Gesundheit* des Arbeitnehmers und schlägt sich z.B. im Arbeitsschutz nieder. Darüber hinaus gehört zur Fürsorgepflicht auch, dass der Arbeitgeber die Vorschriften des Sozialversicherungsrechts und den Gleichbehandlungsgrundsatz beachtet.

14. Was beinhaltet der Gleichbehandlungsgrundsatz?

Der Gleichbehandlungsgrundsatz verbietet, dass ein Arbeitnehmer willkürlich schlechter gestellt wird als ein anderer vergleichbarer Arbeitnehmer.

15. Wie haftet der Arbeitnehmer bei schlechter Leistung?

Der Arbeitgeber kann von einem Arbeitnehmer *Schadensersatz* fordern, wenn der Arbeitnehmer gegen seine vertraglichen Pflichten verstößt und dadurch ein Schaden entsteht; Voraussetzung ist, dass der Arbeitnehmer die Vertragsverletzung zu vertreten hat.

Wenn der Arbeitnehmer in Anspruch genommen wird, muss er den Arbeitgeber so stellen, wie er ohne die Vertragsverletzung gestanden hätte. Evtl. muss der Arbeitnehmer zum Schadensausgleich eine entsprechende Geldsumme zahlen.

Bei *gefahrgeneigter* Arbeit ist die Haftung des Arbeitnehmers eingeschränkt.

4.4.1.3 Arbeitnehmerüberlassung, Teilzeit- und befristete Arbeit

4.4.1.3.1 Arbeitnehmerüberlassung

1. Was ist Arbeitnehmerüberlassung i.S. des Arbeitnehmerüberlassungsgesetzes (AÜG)?

Arbeitnehmerüberlassung ist die *gewerbsmäßige Überlassung* von Arbeitnehmern (Leiharbeitnehmer) durch einen Arbeitgeber (Verleiher) an einen Dritten (Entleiher).

Der Leiharbeitnehmer hat einen Arbeitsvertrag mit dem Verleiher, arbeitet aber für den Entleiher. Die Überlassung ist entgeltlich und im Allgemeinen zeitlich begrenzt. Arbeitnehmerüberlassung wird auch häufig als *Leiharbeit* bezeichnet.

2. Ist für die Arbeitnehmerüberlassung eine Erlaubnis erforderlich?

Der Verleiher benötigt für die Arbeitnehmerüberlassung die *Erlaubnis der Agentur für Arbeit*; sie wird für ein Jahr erteilt, kann aber verlängert werden. Die Erlaubnis kann mit Auflagen und mit dem Vorbehalt des Widerrufs erteilt werden. Wenn der Verleiher drei Jahre lang mit Erlaubnis tätig war, kann die Arbeitsagentur die Tätigkeit unbefristet erlauben.

Die Agentur für Arbeit kann die Erlaubnis versagen, wenn der Antragsteller nicht zuverlässig ist, gegen einschlägige Vorschriften verstößt, unfähig ist, Pflichten eines Arbeitgebers zu erfüllen.

3. Welche Rechtsbeziehungen bestehen im Zusammenhang mit der Arbeitnehmerüberlassung?

Bei Arbeitnehmerüberlassung bestehen drei Rechtsbeziehungen:

1. **Zwischen Verleiher und Entleiher:**
   Abschluss eines *Arbeitnehmerüberlassungsvertrages*, der Verleiher überlässt dem Entleiher den Leiharbeitnehmer, der Entleiher ist dafür zur Zahlung verpflichtet.
2. **Zwischen Verleiher und Leiharbeitnehmer:**
   Abschluss eines *Arbeitsvertrages*, der Verleiher zahlt den Lohn, für den Arbeitnehmer besteht Treuepflicht.
3. **Zwischen Entleiher und Leiharbeitnehmer:**
   Es entsteht ein *Verpflichtungsverhältnis* auf der Grundlage des Arbeitsvertrages und des Arbeitsüberlassungsvertrages, der Arbeitnehmer ist zur Arbeitleistung, der Entleiher zur Fürsorge verpflichtet.

4. Welche Vorschriften bestehen für Form und Inhalt des Überlassungsvertrags?

Für den Vertrag ist die *Schriftform* vorgeschrieben (§ 12 AÜG). Der Vertrag enthält u. a. folgende Punkte:

- Der Verleiher erklärt, dass er die Erlaubnis für die Arbeitnehmerüberlassung hat.
- Der Entleiher nennt die besonderen Merkmale der Tätigkeit, die der Leiharbeitnehmer übernehmen soll, und die dafür erforderliche Qualifikation; außerdem gibt er die Arbeitbedingungen, einschließlich des Arbeitsentgelts, an.

5. Was muss der Verleiher dem Leiharbeitnehmer nachweisen?

Zwischen Verleiher und Leiharbeitnehmer kann ein schriftlicher Vertrag abgeschlossen werden. Es genügt allerdings ein schriftlicher Nachweis gem. § 2 NachwG[19] des Arbeitgebers; die im Nachweisgesetz verlangten Angaben sind zu *ergänzen* mit folgenden Angaben (§ 11 AÜG):

- Firma und Anschrift des Verleihers, die Erlaubnisbehörde, Ort und Datum der Erlaubniserteilung,
- Art und Höhe der Leistungen für Zeiten, in denen der Leiharbeitnehmer nicht verliehen ist.

Außerdem ist dem Leiharbeitnehmer ein *Merkblatt* der Erlaubnisbehörde auszuhändigen, das die wesentlichen Punkte des Arbeitnehmerüberlassungsgesetzes enthält.

6. Welche Verträge und Vereinbarungen sind unwirksam?

Nach § 9 AÜG sind folgende Verträge bzw. Vereinbarungen unwirksam:

- Verträge von Verleihern mit Entleihern bzw. mit Leiharbeitnehmern, wenn die erforderliche *Erlaubnis* nicht vorliegt,
- Vereinbarungen über Arbeitsbedingungen und Entgelt, die den Leiharbeitnehmer während der Überlassungszeit im Betrieb des Entleihers schlechter stellen als vergleichbare Arbeitnehmer,
- Vereinbarungen, die dem Entleiher untersagen, den Leiharbeitnehmer zu einem Zeitpunkt einzustellen, in dem dessen Arbeitsverhältnis zum Verleiher nicht mehr besteht,
- Vereinbarungen, die dem Leiharbeitnehmer untersagen, mit dem Entleiher ein Arbeitsverhältnis einzugehen zu einem Zeitpunkt, in dem das Arbeitsverhältnis zwischen Verleiher und Leiharbeitnehmer nicht mehr besteht.

7. Auf welchen Lohn hat der Leiharbeitnehmer Anspruch?

Dem Leiharbeitnehmer steht grundsätzlich der gleiche Lohn zu, den vergleichbare Arbeitnehmer im Betrieb des Entleihers erhalten *(Equal-Pay-Grundsatz)*.

Vom Equal-Pay-Grundsatz gelten zwei Ausnahmen:

1. Der Leiharbeitnehmer war unmittelbar vor seiner Einstellung arbeitslos, dann entspricht seine Nettoentlohnung für sechs Wochen der Höhe des Arbeitslosengeldes. (Diese Ausnahme gilt nicht, wenn der Leiharbeitnehmer zuvor bereits bei dem Verleiher beschäftigt war.)

---

[19] Gesetz über den Nachweis der für ein Arbeitsverhältnis geltenden wesentlichen Bestimmungen (§ 2NachwG): Der Arbeitgeber hat spätestens einen Monat nach dem vereinbarten Beginn des Arbeitsverhältnisses die wesentlichen Vertragsbedingungen schriftlich niederzulegen, die Niederschrift zu unterzeichnen und dem Arbeitnehmer auszuhändigen.

2. Es besteht ein Tarifvertrag für Zeitarbeit, nach dem der Leiharbeitnehmer entlohnt wird.

8. Hat ein Leiharbeiter Anspruch auf Auskunft?

§ 13 AÜG sieht ausdrücklich vor, dass der Entleiher dem Leiharbeiter *zur Auskunft verpflichtet* ist. Er muss ihm Auskunft über die Arbeitsbedingungen für vergleichbare Arbeitnehmer und über deren Entlohnung geben.

4.4.1.3.2 Teilzeit- und befristete Arbeit

1. Welche Ziele verfolgt das Teilzeit- und Befristungsgesetz (TzBfG)?

Ziele des Teilzeit- und Befristungsgesetz (TzBfG) sind

- Förderung der Teilzeitarbeit,
- Festlegung der Voraussetzungen für die Zulässigkeit befristeter Arbeitsverträge,
- Verhinderung der Diskriminierung von teilzeit- und befristet beschäftigten Arbeitnehmern.

2. Wann gilt ein Arbeitnehmer als teilzeitbeschäftigt?

Als teilzeitbeschäftigt gilt ein Arbeitnehmer, wenn seine regelmäßige Wochenarbeitszeit kürzer ist als die eines vergleichbaren vollzeitbeschäftigten Arbeitnehmers.

3. Wann gilt ein Arbeitnehmer als befristet beschäftigt?

Befristet beschäftigt gilt ein Arbeitnehmer, wenn sein Arbeitsvertrag *auf bestimmte Zeit* geschlossen ist. Die Frist kann kalendermäßig bestimmt sein oder sich aus der Art und dem Zweck der Arbeitsleistung ergeben.

4. Welche Bedeutung hat das Diskriminierungsverbot?

Teilzeitbeschäftigte Arbeitnehmer dürfen wegen der Teilzeitarbeit *nicht schlechter behandelt* werden als vergleichbare vollzeitbeschäftigte Arbeitnehmer, wenn dies nicht durch sachliche Gründe gerechtfertigt ist.

Befristet beschäftigte Arbeitnehmer dürfen wegen der Befristung des Arbeitsvertrages *nicht schlechter behandelt* werden als vergleichbare unbefristet beschäftigte Arbeitnehmer, wenn dies nicht durch sachliche Gründe gerechtfertigt ist. Das Entgelt eines befristet Beschäftigten muss im Umfang dem Anteil seiner Beschäftigungsdauer am Bemessungszeitraum entsprechen.

Neben dem Diskriminierungsverbot besteht auch ein *Benachteiligungsverbot*. Es besagt, dass Arbeitnehmer nicht benachteiligt werden dürfen, wenn sie Rechte nach TzBfG in Anspruch nehmen.

5. Muss ein Arbeitgeber bei der Ausschreibung von Arbeitsplätzen Teilzeitarbeitsplätze berücksichtigen?

Der Arbeitgeber muss einen Arbeitsplatz, den er extern oder intern ausschreibt, auch als Teilzeitarbeitsplatz ausschreiben, wenn sich der Arbeitsplatz dafür eignet.

6. Welche Pflichten hat der Arbeitgeber?

Der Arbeitgeber hat u. a. folgende Pflichten:

- Information des Arbeitnehmers, der eine Teilzeitbeschäftigung wünscht, über entsprechende Arbeitsplätze im Betrieb,
- Information der Arbeitnehmervertretung über Planungen im Zusammenhang mit Teilzeitbeschäftigung,
- Verlängerung der Arbeitszeit eines teilzeitbeschäftigten Arbeitnehmers, wenn betriebliche Gründe oder Arbeitszeitwünsche anderer Arbeitnehmer dies erlauben,
- Aus- und Weiterbildung eines teilzeitbeschäftigten Arbeitnehmers.

7. Wann kann ein Arbeitnehmer Teilzeitbeschäftigung beantragen?

Der Anspruch eines Arbeitnehmers auf Teilzeitbeschäftigung beginnt, wenn sein *Arbeitsverhältnis mindestens sechs Monate* bestanden hat. Er muss die Teilzeitbeschäftigung drei Monate vor dem gewünschten Beginn beantragen und dabei den Umfang sowie die Verteilung der verringerten Arbeitszeit angeben.

Voraussetzung für den Anspruch auf Teilzeit ist, dass der Arbeitgeber i. d. R. mehr als 15 Arbeitnehmer beschäftigt.

8. Wann muss der Arbeitgeber dem Wunsch des Arbeitnehmers nach Teilzeit entsprechen?

Der Arbeitgeber muss die gewünschte Verringerung der Arbeitszeit zunächst mit dem Arbeitnehmer erörtern; das *Ziel der Erörterung soll die Vereinbarung* über Umfang und Lage der Teilzeitarbeit sein.

Der Arbeitgeber muss dem Wunsch des Arbeitnehmers nach Umfang und Lage der Teilzeitarbeit entsprechen, wenn betriebliche Gründe das zulassen. Er muss den Wünschen nicht entsprechen, wenn die Verringerung der Arbeitszeit die Organisation, den Arbeitsablauf oder die Sicherheit im Betrieb wesentlich beeinträchtigt oder unverhältnismäßig hohe Kosten verursacht.

9. Kann Arbeit auf Abruf vereinbart werden und wie wird sie geregelt?

Arbeit auf Abruf heißt, der teilzeitbeschäftigte Arbeitnehmer erbringt seine Arbeitsleistung entsprechend dem Anfall der entsprechenden Arbeit im Betrieb; seine Arbeitsleistung wird *bei Bedarf* abgerufen.

Die entsprechende Regelung muss zwischen Arbeitgeber und Arbeitnehmer vereinbart sein. Die Vereinbarung muss eine bestimmte Dauer der wöchentlichen und täglichen Arbeitszeit festlegen. Wenn keine entsprechende Vereinbarung getroffen wurde, gilt eine wöchentliche Arbeitszeit von *zehn Stunden* und eine tägliche Arbeitszeit von mindestens *drei aufeinander folgenden Stunden*.

Der Arbeitgeber muss dem Arbeitnehmer die Arbeitszeit jeweils mindestens vier Tage im Voraus mitteilen.

10. Kann Arbeitsteilung vereinbart werden?

Arbeitsteilung heißt, mehrere Arbeitnehmer teilen sich die Arbeitszeit an einem Arbeitsplatz. Die entsprechende Regelung muss zwischen Arbeitgeber und Arbeitnehmer vereinbart sein. Im Allgemeinen besteht eine Pflicht jedes Arbeitnehmers, einen anderen, mit dem er den Arbeitsplatz teilt, im Verhinderungsfall zu vertreten.

11. Wann ist die Befristung eines Arbeitsvertrages zulässig?

Für die Befristung eines Arbeitsvertrages muss es einen *sachlich gerechtfertigten Grund* geben.

Die kalendermäßige Befristung ist auch dann möglich, wenn kein sachlicher Grund vorliegt; die Befristung gilt dann für die Dauer von zwei Jahren. Die Befristung ist nicht zulässig, wenn mit demselben Arbeitgeber bereits vorher ein Arbeitsverhältnis bestanden hat.

Die kalendermäßige Befristung eines Arbeitsvertrages ist auch während der ersten vier Jahre nach der Gründung eines Unternehmens zulässig. Die Befristung darf vier Jahre nicht überschreiten.

12. Welche sachlichen Gründe können die Befristung eines Arbeitsvertrages rechtfertigen?

Folgende Gründe können u. a. die Befristung eines Arbeitsvertrages rechtfertigen:
- vorübergehender Bedarf an der Arbeitsleistung,
- Erleichterung des Übergangs aus einer Ausbildung in eine Anschlussbeschäftigung,
- Erprobung des Arbeitnehmers,
- Vertretung,
- Eigenart der Arbeitsleistung.

13. Wann endet der befristete Arbeitsvertrag?

Ein befristeter Arbeitsvertrag endet
- bei kalendermäßiger Befristung mit Ablauf der vereinbarten Zeit,

- bei zweckbestimmter Befristung, wenn der Zweck erreicht ist, frühestens jedoch zwei Wochen nach Zugang der schriftlichen Unterrichtung des Arbeitnehmers durch den Arbeitgeber.

4.4.1.4 Beendigung eines Arbeitsverhältnisses

1. Wann liegt eine ordentliche Kündigung des Arbeitsverhältnisses vor?

Die ordentliche Kündigung ist die *fristgemäße Kündigung*; bei der Kündigung sind bestimmte Fristen zu beachten, die sich aus dem Arbeitsvertrag oder aus dem Tarifvertrag, insbesondere aber aus § 622 BGB ergeben. Gründe für die ordentliche Kündigung können mit der Person des Arbeitnehmers zusammenhängen, sich aus seinem Verhalten ergeben oder aber betriebsbedingt sein. Entsprechend werden personenbedingte, verhaltensbedingte und betriebsbedingte Kündigungen unterschieden.

2. Welche arbeitsvertraglichen Pflichten können durch den Arbeitnehmer verletzt werden?

Die arbeitsvertraglichen Pflichten, die durch den Arbeitnehmer verletzt werden können, lassen sich in *drei Bereiche* einteilen:

- Pflichtverletzungen im *Leistungsbereich*, z.B. schlechte Arbeitsleistung, Zuspätkommen,
- Pflichtverletzungen im *betrieblichen Bereich*, z.B. Störungen des Arbeitsablaufs,
- Pflichtverletzungen im *Vertrauensbereich*, z.B. Diebstahl.

Pflichtverletzungen können Abmahnungen oder Kündigungen zur Folge haben.

3. Wann liegt eine personenbedingte Kündigung eines Arbeitnehmers vor?

Bei einer personenbedingten Kündigung liegt der Grund für die Kündigung in der Person des Arbeitnehmers. Gründe für eine personenbedingte Kündigung können z.B. sein

- mangelnde Eignung,
- nachlassende Leistungsfähigkeit,
- Krankheit.

4. Wann liegt eine verhaltensbedingte Kündigung eines Arbeitnehmers vor?

Bei einer verhaltensbedingten Kündigung wird die Kündigung mit dem Verhalten des Arbeitnehmers begründet. Gründe für eine verhaltensbedingte Kündigung können z.B. sein

- Verstöße gegen die Pflichten aus dem Arbeitsvertrag (auch gegen die Treuepflicht),
- häufiges Zuspätkommen,
- Nichtbeachtung von Anweisungen,
- mangelhafte Arbeitsleistungen.

5. Wann liegt eine betriebsbedingte Kündigung eines Arbeitnehmers vor?

Bei einer betriebsbedingten Kündigung wird die Kündigung damit begründet, dass durch Änderungen des Betriebs bzw. der Bedingungen für den Betrieb Arbeitsplätze künftig entfallen. Gründe für eine betriebsbedingte Kündigung können z. B. sein

- Rationalisierungsmaßnahmen,
- Einschränkung der Produktion wegen Verschlechterung der Auftragslage,
- Verlagerung der Produktion.

6. Welchen Zweck verfolgt ein Arbeitgeber mit einer Abmahnung?

Mit einer Abmahnung *rügt ein Arbeitgeber eine Pflichtverletzung* des Arbeitnehmers und droht ihm die Kündigung für den Wiederholungsfall an.

Abmahnung ist im Allgemeinen eine Voraussetzung für eine Kündigung, wenn keine Gründe für eine fristlose Kündigung vorliegen.

7. Welche rechtliche Bedeutung hat die Kündigung eines Arbeitsvertrages?

Der Arbeitsvertrag kann sowohl vom Arbeitgeber als auch vom Arbeitnehmer gekündigt werden. Die Kündigung eines Arbeitsvertrages ist ein *einseitiges, empfangsbedürftiges Rechtsgeschäft*; sie soll – im Allgemeinen nach Ablauf vorgegebener Fristen – *das Arbeitsverhältnis beenden*.

Bei einer Kündigung durch den Arbeitgeber ist die Angabe des Kündigungsgrundes nicht vorgeschrieben, sie ist aber üblich. Bei einer außerordentlichen Kündigung kann der gekündigte Arbeitnehmer die schriftliche Mitteilung des Kündigungsgrundes verlangen.

Die Kündigung ist empfangsbedürftig, d.h. sie muss dem Empfänger so zugestellt werden, dass er sie unter normalen Bedingungen zur Kenntnis nehmen kann. (Im Allgemeinen ist der Einwurf in den Hausbriefkasten des Empfängers ausreichend.)

8. Welche Form schreibt das Gesetz für eine Kündigung vor?

Das Gesetz schreibt für die Kündigung des Arbeitsvertrages die *Schriftform* vor. Die elektronische Form wird ausdrücklich ausgeschlossen. Mündliche Kündigungen und Kündigungen per Fax, Telegramm und E-Mail sind also unwirksam.

9. Welche Kündigungsfristen sieht das BGB vor?

Grundsätzlich gilt für Arbeitgeber und Arbeitnehmer folgende Kündigungsfrist: *vier Wochen zum 15. oder zum Ende eines Monats.*

Die Kündigungsfrist für Arbeitgeber verlängert sich in *Abhängigkeit von der Dauer der Betriebszugehörigkeit* des Arbeitnehmers (die Dauer der Betriebszugehörigkeit vor Vollendung des 25. Lebensjahres wird nicht mitgezählt).

Die Kündigungsfristen betragen (§ 622 BGB)

- ab 2 Jahre Betriebszugehörigkeit – 1 Monat zum Ende des Kalendermonats,
- ab 5 Jahre Betriebszugehörigkeit – 2 Monate zum Ende des Kalendermonats,
- ab 8 Jahre Betriebszugehörigkeit – 3 Monate zum Ende des Kalendermonats,
- ab 10 Jahre Betriebszugehörigkeit – 4 Monate zum Ende des Kalendermonats,
- ab 12 Jahre Betriebszugehörigkeit – 5 Monate zum Ende des Kalendermonats,
- ab 15 Jahre Betriebszugehörigkeit – 6 Monate zum Ende des Kalendermonats,
- ab 20 Jahre Betriebszugehörigkeit – 7 Monate zum Ende des Kalendermonats.

10. Was ist eine außerordentliche Kündigung?

Die außerordentliche Kündigung ist im Allgemeinen eine *fristlose Kündigung*. Für die außerordentliche Kündigung muss ein *wichtiger Grund* vorliegen (§ 626 BGB). Der Grund für eine außerordentliche Kündigung muss so schwerwiegend sein, dass dem Kündigenden die Fortsetzung des Arbeitsverhältnisses nicht zugemutet werden kann; bei der Beurteilung des Grundes sind die besonderen Umstände des Einzelfalles zu berücksichtigen und die Interessen beider Vertragsparteien abzuwägen. Der *Betriebsrat* ist an der Entscheidung zu beteiligen.

Die Frist zwischen dem Bekanntwerden des Grundes und der Kündigung darf nicht länger als zwei Wochen sein. Die außerordentliche Kündigung beendet das Arbeitsverhältnis i. d. R. nach zwei Wochen (die übliche Bezeichnung „fristlose Kündigung" ist deshalb nicht ganz zutreffend).

11. Welche Gründe kann es für eine außerordentliche Kündigung geben?

Für eine außerordentliche (fristlose) Kündigung durch den Arbeitgeber kann es u. a. folgende Gründe geben:

- erhebliche Pflichtverletzung,
- häufige Pflichtverletzungen, die einzeln für eine fristlose Kündigung nicht ausreichen; die Kündigung setzt eine Abmahnung voraus,
- strafbare Handlung, die nicht unerheblich ist; die strafbare Handlung muss im Betrieb begangen worden sein oder das Arbeitsverhältnis berühren.

12. Wann liegt eine Änderungskündigung vor und was bedeutet sie?

Wenn die Kündigung eines Arbeitsvertrages mit dem *Angebot an den Arbeitnehmer, einen neuen Vertrag abzuschließen*, verbunden ist, liegt eine Änderungskündigung vor. Eine Änderung von Vertragsbedingungen ohne Änderungskündigung ist nicht möglich. Wenn der Arbeitnehmer die Änderungskündigung annimmt, gelten nach Ablauf der Kündigungsfrist die neuen Vertragsbedingungen. Wenn er sie nicht annimmt, scheidet er nach Ablauf der Kündigungsfrist aus dem Arbeitsverhältnis aus.

Der Arbeitnehmer hat die Möglichkeit, gegen die Änderungskündigung zu klagen. Wenn er gewinnt, besteht das erste Beschäftigungsverhältnis weiter.

13. Was bewirkt ein Aufhebungsvertrag?

Der Aufhebungsvertrag (im Zusammenhang mit einem Arbeitsverhältnis) ist ein Vertrag zwischen Arbeitgeber und Arbeitnehmer, in dem die Aufhebung des Arbeitsverhältnisses geregelt ist. Als einvernehmliche Beendigung des Arbeitsverhältnisses fällt der Aufhebungsvertrag nicht unter die Schutzvorschriften des Kündigungsschutzgesetzes. Der Gesetzgeber schreibt für den Vertrag die *Schriftform* vor.

Seine besondere Bedeutung erhält der Aufhebungsvertrag dadurch, dass ein Arbeitsverhältnis *ohne Einhaltung von Kündigungsfristen* beendet werden kann. Für den Arbeitgeber kommt noch hinzu, dass er Anhörungen des Betriebsrats u. Ä. vermeiden kann.

14. Was wird im Aufhebungsvertrag geregelt?

Der Aufhebungsvertrag enthält u. a. folgende Regelungen:

- Zeitpunkt der Aufhebung,
- Lohnfortzahlungen, Provisionsansprüche,
- Wettbewerbsverbot,
- Zeugnis.

15. Welchen Kündigungsschutz genießen Arbeitnehmer?

Nach § 1 des Kündigungsschutzgesetzes ist die Kündigung des Arbeitsverhältnisses durch einen Arbeitgeber rechtlich unwirksam, wenn der Arbeitnehmer länger als sechs Monate in dem Betrieb gearbeitet hat und die Kündigung sozial nicht gerechtfertigt ist.

Sozial ungerechtfertigt ist die Kündigung, wenn sie nicht durch Gründe, die in der Person oder in dem Verhalten des Arbeitnehmers liegen oder durch dringende betriebliche Erfordernisse, die einer Weiterbeschäftigung des Arbeitnehmers in diesem Betrieb entgegenstehen, bedingt ist.

Diesen Kündigungsschutz genießen nur Arbeitnehmer in Betrieben mit mehr als fünf Beschäftigten (ohne Auszubildende).

16. Welche Bedeutung hat die Sozialauswahl bei betriebsbedingten Kündigungen?

Bei einer betriebsbedingten Kündigung muss der Arbeitgeber die Kündigung sozial rechtfertigen, d. h. er muss soziale Gesichtspunkte berücksichtigen. Das bedeutet, der Arbeitgeber kann nicht diejenigen Arbeiter entlassen, die er wegen geringer Leistung bzw. Leistungsfähigkeit entlassen würde; er muss vielmehr eine *Auswahl nach sozialen Gesichtspunkten*, die sog. Sozialauswahl, treffen.

17. Welche Kriterien gelten bei der Sozialauswahl?

Folgende Kriterien werden bei der Sozialauswahl berücksichtigt:

- Lebensalter,
- Dauer der Betriebszugehörigkeit, Unterhaltspflichten,
- Nebeneinkünfte, Einkünfte des Ehegatten,
- Vermögen, Schulden,
- Arbeitsmarktchancen,
- Krankheiten u. a.

18. Welche Rechte hat ein Arbeitnehmer bei einer sozial nicht gerechtfertigten Kündigung?

Der Arbeitnehmer kann gegen eine Kündigung, die er für sozial ungerechtfertigt hält, innerhalb von drei Wochen *beim Arbeitsgericht klagen*.

Auch im Falle seines Sieges muss das bisherige Arbeitsverhältnis nicht unbedingt fortgesetzt werden: Arbeitgeber und -nehmer können den Antrag stellen, das Arbeitsverhältnis aufzulösen, weil ihnen seine Fortsetzung nicht zugemutet werden kann. Wird dem Antrag stattgegeben, muss der Arbeitgeber eine Abfindung zahlen, deren Höhe das Gericht festsetzt.

19. Unter welchen Voraussetzungen kann der Betriebsrat einer Kündigung widersprechen?

Der Betriebsrat kann einer Kündigung durch den Arbeitgeber widersprechen, wenn

- soziale Gründe nicht ausreichend berücksichtigt wurden,
- der Arbeitnehmer an einem anderen Arbeitsplatz (evtl. nach entsprechenden Fortbildungsmaßnahmen) weiter beschäftigt werden,
- die Kündigung gegen Vereinbarungen mit dem Betriebsrat verstößt.

20. Welche Folgen hat der Widerspruch des Betriebsrates bei einer Kündigung eines Arbeitnehmers?

Der Betriebsrat kann einer Kündigung eines Arbeitnehmers widersprechen, wenn bestimmte, vom Gesetzgeber festgelegte Gründe vorliegen (vgl. Frage 19). Trotz des Widerspruchs bleibt die Kündigung wirksam, aber der gekündigte Arbeitnehmer kann beim Arbeitsgericht eine *Kündigungsschutzklage* einreichen. Bei dem Verfahren muss der Arbeitgeber seine Gründe für die Kündigung darlegen; das Arbeitsgericht entscheidet, ob sie rechtens war. Wenn der klagende Arbeitnehmer Recht erhält, wird die Kündigung aufgehoben.

21. Kann das Arbeitsverhältnis durch das Arbeitsgericht aufgelöst werden?

Wenn das Arbeitsgericht (in dem Arbeitsgerichtsprozess) die Kündigung aufhebt, kann es *auf Antrag von Arbeitgeber oder -nehmer* das Arbeitsverhältnis auflösen.

Der Arbeitnehmer muss in seinem Antrag nachweisen, dass ihm eine Fortsetzung des Arbeitsverhältnisses nicht zugemutet werden kann.

Der Arbeitgeber muss in seinem Antrag nachweisen, dass eine den Betriebszwecken dienende Zusammenarbeit in der Zukunft nicht erwartet werden kann.

Das Arbeitsgericht setzt für den Fall der Auflösung des Arbeitsverhältnisses eine *Abfindung* fest.

22. Was ist eine Abfindung und wie hoch ist sie?

Eine Abfindung ist eine *Entschädigung des Arbeitgebers an einen Arbeitnehmer* für den Verlust des Arbeitsplatzes. Die Höhe der Abfindung kann durch Vertrag vereinbart oder bei einem Rechtsstreit durch Vergleich festgelegt werden. Auch in Sozialplänen werden Abfindungen ausgehandelt.

Für den Fall der Auflösung durch Gerichtsbeschluss wird die Höhe der Abfindung durch Urteil festgelegt. Die Abfindung beträgt im Allgemeinen zwölf Monatsverdienste. Die Abfindung kann allerdings auf 15 oder 18 Monatsverdienste erhöht werden in Abhängigkeit vom Alter und der Dauer des Beschäftigungsverhältnisses.

23. Wann spricht man von Massenentlassungen und wann werden Massenentlassungen rechtswirksam?

Massenentlassungen liegen vor, wenn innerhalb von 30 Tagen

- Betriebe mit 21 bis 59 Arbeitnehmern mehr als fünf Arbeitnehmer entlassen,
- Betriebe mit 60 bis 499 Arbeitnehmern 10 % der Arbeitnehmer oder mehr als 25 Arbeitnehmer entlassen,
- Betriebe mit mehr als 500 Arbeitnehmern mindestens 30 Arbeitnehmer entlassen.

Damit die Kündigungen bei Massenentlassungen wirksam werden können, muss der Arbeitgeber vorher *der Arbeitsagentur die Entlassungen ankündigen* und den *Betriebsrat informieren*; mit dem Betriebsrat sind nach dem Kündigungsschutzgesetz die Möglichkeiten zu beraten, Entlassungen zu vermeiden oder einzuschränken oder ihre Folgen zu mildern.

Die *Arbeitsagentur kann die Zustimmung zu einer Massenentlassung verweigern*. Bei seiner Entscheidung muss es außer den Interessen des Arbeitgebers und der Arbeitnehmer auch das öffentliche Interesse sowie die Arbeitsmarktsituation berücksichtigen.

24. Warum schreibt der Gesetzgeber bei Massenentlassungen einen Sozialplan vor?

Bei Massenentlassungen (aber auch bei Betriebsstilllegungen u. Ä.) schreibt der Gesetzgeber vor, dass Arbeitgeber und Betriebsrat einen Sozialplan aushandeln. Der Sozialplan dient dem *Interessenausgleich* zwischen Arbeitgeber und -nehmern; die Folgen der Entlassungen sollen für die Arbeitnehmer gemildert werden. Dabei werden Arten und Höhe von Abfindungen, Ausgleich von Anwartschaften, Kosten für Umschulungen, Umzugskosten u. Ä. berücksichtigt.

25. Welche Anforderungen sind an ein Zeugnis zu stellen?

Der ausscheidende Arbeitnehmer hat Anspruch auf ein Zeugnis. Inhalt und Form des Zeugnisses müssen bestimmten Anforderungen entsprechen.

- Inhalt des *einfachen* Zeugnisses:
  Angaben zur Person des Arbeitnehmers,
  Angabe der Beschäftigungsdauer,
  ausreichende Beschreibung der Tätigkeit.

- Inhalt des *qualifizierten* Zeugnisses, das nur auf Verlangen des Arbeitnehmers ausgestellt wird:
  Angaben zur Person,
  Dauer und Art der Beschäftigung (wie bei einem einfachen Zeugnis),
  Angaben über Führung und Leistung.

- Die Angaben im Zeugnis müssen *wahr und eindeutig* sein, d. h. Formulierungen, die Mehrdeutigkeiten zulassen, sind zu vermeiden.

- Das Zeugnis ist *schriftlich* zu erteilen, der Arbeitgeber hat es zu unterschreiben.

4.4.2 Kollektives Arbeitsrecht

4.4.2.1 Verfassungsrechtliche Grundlage

1. Welche verfassungsrechtliche Grundlage hat das kollektive Arbeitsrecht?

Verfassungsrechtliche Grundlage für das kollektive Arbeitsrecht ist der Artikel 9 des Grundgesetzes. Nach Art. 9 Abs. 3 GG dürfen jedermann und alle Berufe Vereinigungen bilden, die ihre Arbeits- und Wirtschaftsbedingungen wahren und fördern. Dieses Recht wird als *Koalitionsfreiheit* bezeichnet. Es schützt selbstverständlich auch alle Maßnahmen der Vereinigungen, die der Wahrung und Förderung ihrer Arbeits- und Wirtschaftsbedingungen dienen.

Die Koalitionsfreiheit gilt auch für die Tarifparteien und schützt den *Koalitionszweck* der Tarifparteien, den Abschluss von Tarifverträgen.

2. Welche Bedeutung hat die Tarifautonomie?

Artikel 9 begründet auch das Recht der Tarifparteien, Tarifverträge ohne staatliche Einflussnahme abzuschließen. Dieses Recht wird als *Tarifautonomie* bezeichnet.

3. Schützt das Grundgesetz auch den Arbeitskampf?

Der Arbeitskampf ist ein Mittel der Tarifparteien, die sie zur Wahrung und Förderung ihrer Wirtschaftsbedingungen einsetzen. Deshalb sind Arbeitskampfmaßnahmen selbstverständlich auch durch Art. 9 GG geschützt.

4.4.2.2 Tarifvertragsrecht

1. Wer schließt Tarifverträge ab?

Tarifverträge werden von den *Tarifvertragspartnern* oder -parteien, nach entsprechenden Tarifverhandlungen abgeschlossen. Tarifpartner auf der Arbeitnehmerseite ist immer eine *Gewerkschaft*, auf Arbeitgeberseite kann der Tarifpartner ein Arbeitgeberverband oder ein einzelner Arbeitgeber sein, entsprechend unterscheidet man Verbandstarifvertrag und Firmen-, Werks- oder Haustarifvertrag. Rechtliche Grundlage für Tarifverträge ist das Tarifvertragsgesetz (TVG).

2. Ist die Mitgliedschaft in den Organisationen von Arbeitnehmern und -gebern vorgeschrieben?

Die Mitgliedschaft in diesen Verbänden ist *freiwillig*, d. h. die Arbeitnehmer müssen nicht in einer Gewerkschaft, die Arbeitgeber nicht in einem Arbeitgeberverband sein.

3. Welche Funktionen erfüllen die Tarifverträge?

Die Tarifverträge erfüllen folgende Funktionen:

- Schutzfunktion: Sie schützen den Arbeitnehmer vor dem wirtschaftlich stärkeren Arbeitgeber.

- Ordnungsfunktion: Sie tragen durch die Vereinheitlichung zur Ordnung des Arbeitslebens bei.

- Friedensfunktion: Sie schließen während ihrer Laufzeit neue Forderungen und Arbeitskämpfe grundsätzlich aus.

4. Welche Bedeutung haben die in den Tarifverträgen festgelegten Vereinbarungen?

In den Tarifverträgen werden die Vereinbarungen über Löhne und andere Arbeitsbedingungen in Lohn- und Manteltarifverträgen festgehalten. Diese Vereinbarungen dürfen

4.4 Arbeitsrecht und dessen Einfluss auf unternehmerische Entscheidungen

in den Betrieben – z. B. in Einzelverträgen – nicht unterschritten werden. So ist z. B. der in einem Tarifvertrag für eine bestimmte Tätigkeit festgelegte Lohn ein Mindestlohn; der in einem Unternehmen tatsächlich gezahlte Lohn darf darüber, aber nicht darunter liegen. Vereinbarungen in einem Einzelvertrag zwischen dem Unternehmen und einem Angestellten oder Arbeiter müssen prinzipiell mindestens so günstig sein wie die tarifvertraglichen Vereinbarungen. Man nennt dieses Prinzip das *Günstigkeitsprinzip*.

5. Wodurch unterscheiden sich Lohn- und Manteltarifvertrag?

Im **Lohntarifvertrag** wird der Lohn (Mindestlohn) für die unterschiedlichen Lohngruppen vereinbart. Ähnlich wird beim Gehaltstarifvertrag verfahren. Vom Entgelttarifvertrag spricht man, wenn nicht zwischen Lohn und Gehalt (d.h. nicht zwischen Arbeitern und Angestellten) unterschieden wird. Der Lohntarifvertrag wird im Allgemeinen für ein Jahr abgeschlossen.

Der **Manteltarifvertrag** (Rahmentarifvertrag) hat fast immer eine längere Laufzeit. Er enthält *die allgemeinen Arbeitsbedingungen*, die meistens mehrere Jahre lang gültig sind, z. B. Lohngruppendefinitionen, Grundlagen der Arbeitsbewertungen, Urlaub, Kündigungsfristen.

6. Wie lassen sich Tarifverträge einteilen?

Ein *Flächentarifvertrag* gilt immer für ein regional abgegrenztes Tarifgebiet (für eine „Fläche"), z. B. für die Tarifgebiete West, Küste, Baden-Württemberg. Die abgeschlossenen Tarifverträge gelten für einen Wirtschaftszweig in einem Tarifgebiet, z. B. für die Metallverarbeitung, für den Handel. Diese Verträge werden als *Branchentarifverträge* bezeichnet. Sie können je nach Vertragsinhalt für einen Bezirk, für ein Land oder für das ganze Bundesgebiet gelten, entsprechend kann man zwischen *Bezirks-, Landes- und Bundestarifen* unterscheiden.

7. Welcher Unterschied besteht zwischen den normativen und den schuldrechtlichen Bestimmungen der Tarifverträge?

Ein Tarifvertrag enthält normative und schuldrechtliche Bestimmungen. Die **normativen Bestimmungen** beziehen sich u. a. auf die *Regelungen* von Inhalt, Abschluss und Beendigung von Arbeitsverhältnissen.

Die **schuldrechtlichen Bestimmungen** regeln das *Rechtsverhältnis der Vertragspartner* untereinander. So verpflichten sich die Vertragspartner z. B. für die Dauer des Tarifvertrags zur Einhaltung des Arbeitsfriedens, d. h. Kampfmaßnahmen, die sich gegen den Bestand des Tarifvertrages richten, sind verboten (*Friedenspflicht*); von besonderer Bedeutung ist auch die *Einwirkungspflicht*, d. h. die Tarifpartner müssen auf die Verbandsmitglieder einwirken, sich an die getroffenen Vereinbarungen zu halten.

8. Für wen gelten die Vereinbarungen in den Tarifverträgen?

Grundsätzlich sind zunächst nur die Mitglieder der Tarifvertragsparteien (bei Haus- und ähnlichen Verträgen auch die einzelnen Arbeitgeber) an die normativen Bestimmungen gebunden (*Tarifbindung*). Aber der Bundesminister für Arbeit kann sie auf Antrag einer der beiden Tarifvertragsparteien für allgemein verbindlich erklären; nach dieser *Allgemeinverbindlichkeitserklärung* gelten sie dann auch für die Arbeitnehmer und -geber, die nicht tarifgebunden sind.

9. Welche Voraussetzungen gelten für die Allgemeinverbindlichkeitserklärung?

Für die Allgemeinverbindlichkeitserklärung gibt es folgende Voraussetzungen:

- Sie muss *im öffentlichen Interesse* sein. Öffentliches Interesse liegt z. B. vor, wenn die Erklärung verhindert, dass die Arbeitsbedingungen unter das sozial angemessene Niveau sinken.

- Wenigstens *50 % der* von einem tarifgebundenen Arbeitgeber beschäftigten *Arbeitnehmer* müssen unter den Geltungsbereich des Tarifvertrages fallen.

10. Sind Abweichungen von den tarifvertraglichen Regelungen möglich?

Nach § 3 Abs. 4 TVG sind Abmachungen, die von den Regelungen im Tarifvertrag abweichen, nur dann zulässig, wenn sie durch den Tarifvertrag ausdrücklich gestattet sind; diese Klausel in einem Tarifvertrag wird als *Öffnungsklausel* bezeichnet.

Abweichungen sind auch dann zulässig, wenn sie eine Änderung der Regelungen zu Gunsten der Arbeitnehmer enthalten.

11. Was ist Gegenstand von Betriebsvereinbarungen?

Betriebsvereinbarungen werden *auf betrieblicher Ebene* zwischen Arbeitgeber und Betriebsrat getroffen. Sie können z. B. Arbeitszeitregelungen, Errichtung von Sozialeinrichtungen, freiwillige betriebliche Leistungen u. Ä. betreffen. Arbeitsentgelte und andere Arbeitsbedingungen, die grundsätzlich oder üblicherweise durch Tarifverträge geregelt werden, können nicht Gegenstand von Betriebsvereinbarungen sein.

4.4.2.3 Betriebsverfassungs- und Mitbestimmungsrecht

1. Was wird durch das Betriebsverfassungsrecht geregelt?

Das Betriebsverfassungsrecht regelt die *Zusammenarbeit zwischen Arbeitgeber und Arbeitnehmern in* einem Betrieb; die Arbeitnehmer werden dazu durch den Betriebsrat vertreten. Grundlage der Zusammenarbeit, die auf das Wohl des Betriebes und der Belegschaft abzielt, ist das Betriebsverfassungsgesetz.

Das Betriebsverfassungsgesetz enthält u.a. die Vorschriften über die Wahl zum Betriebsrat und die Rechte und Pflichten des Betriebsrates und definiert seine Aufgaben.

2. Wer wählt den Betriebsrat?

Der Betriebsrat wird von der *Belegschaft* gewählt; wahlberechtigt sind alle Mitarbeiter über 18 Jahre. Leitende Angestellte können nicht mit wählen.

3. Wer kann außer der Belegschaft an einer Betriebsversammlung teilnehmen?

Außer der Belegschaft können leitende Angestellte (Management) und Funktionäre von Gewerkschaften, die im Betrieb vertreten sind, teilnehmen.

4. Wie viele Mitglieder hat der Betriebsrat?

Die Anzahl der Mitglieder im Betriebsrat ist *abhängig von der Zahl der wahlberechtigten Beschäftigten*.

Beschäftigte	Anzahl der Mitglieder
5 bis 20	1
21 bis 50	3
51 bis 100	5
101 bis 200	7
201 bis 400	9
401 bis 700	11
701 bis 1.000	13
1.001 bis 5.000	+ 2 je 500 Beschäftigte
5.001 bis 7.000	+ 2 je 1.000 Beschäftigte
7.001 bis 9.000	35
9.001 und mehr	+ 2 je 3.000 Beschäftigte

5. Müssen Mitglieder des Betriebsrates für ihre Arbeit im Betriebsrat freigestellt werden?

Die Betriebe müssen von einer bestimmten Anzahl von Beschäftigten an Betriebsratsmitglieder ohne Minderung des Arbeitsentgelts von der Arbeit völlig freistellen. Die Anzahl der Betriebsratsmitglieder, die freizustellen sind, ist von der Anzahl der Beschäftigten abhängig. Für ihre Arbeit müssen die Betriebsräte mit moderner Informations- und Kommunikationstechnik ausgestattet werden.

6. Welche Bedeutung haben unterschiedliche Anteile von Männern und Frauen an der Belegschaft für den Betriebsrat?

Das Geschlecht, das im Betrieb in der Minderheit ist, muss mit einem Anteil im Betriebsrat vertreten sein, der mindestens seinem Anteil in der Belegschaft entspricht.

7. Welche Aufgaben hat der Betriebsrat?

Der Betriebsrat hat folgende Aufgaben: Allgemeine Aufgaben, Mitbestimmungsaufgaben und Mitwirkungsaufgaben. Die *Aufgaben unterscheiden sich hinsichtlich des Umfangs der Beteiligungsrechte.*

8. Was sind allgemeine Aufgaben des Betriebsrates?

Die allgemeinen Aufgaben des Betriebsrates lassen sich nach BetrVG folgendermaßen umschreiben:

- Überwachung des Betriebes, damit die Gesetze, Vorschriften und kollektivvertraglichen Regelungen, die zu Gunsten der Arbeitnehmer erlassen oder vereinbart wurden, ordnungsgemäß angewandt und durchgeführt werden,
- Beantragung von Maßnahmen, die dem Betrieb und der Belegschaft dienen, bei dem Arbeitgeber,
- Förderung der Eingliederung von Schwerbehinderten,
- Förderung der Beschäftigung älterer Arbeitnehmer im Betrieb,
- Förderung der Eingliederung ausländischer Arbeitnehmer.

9. Welche Mitwirkungsrechte hat der Betriebsrat?

Zu den Mitwirkungsrechten werden die *Informations-, Vorschlags-, Anhörungs- und Beratungsrechte* gezählt.

- Informationsrecht:
  Der Arbeitgeber ist verpflichtet, den Betriebsrat so rechtzeitig und umfangreich zu informieren, damit er seine gesetzlich vorgegebenen Aufgaben wahrnehmen kann.
- Vorschlagsrecht:
  Der Betriebsrat kann dem Arbeitgeber Vorschläge unterbreiten, z. B. im Zusammenhang mit einer Personalplanung, mit der Ausbildung usw. Der Arbeitgeber muss die Vorschläge prüfen.
- Anhörungsrecht:
  Der Arbeitgeber ist verpflichtet, den Betriebsrat vor bestimmten Entscheidungen anzuhören, so z. B. vor jeder Kündigung.
- Beratungsrecht:
  Der Arbeitgeber ist verpflichtet, bestimmte Maßnahmen mit dem Betriebsrat zu erörtern; zu diesen Maßnahmen zählen z. B. die Arbeitsplatzgestaltung und geplante Betriebsänderungen.

10. Welche Bedeutung haben die Mitwirkungsrechte?

Die Mitwirkungsrechte verpflichten den Arbeitgeber lediglich, den Betriebsrat an der Vorbereitung von bestimmten Maßnahmen zu beteiligen. Von besonderem Gewicht sind dabei die *Anhörungs- und Beratungsrechte*. Die geplante Maßnahme kann vom Arbeitgeber nur durchgeführt werden, wenn er den Betriebsrat vorher dazu gehört bzw. sich mit ihm beraten hat. Der Arbeitgeber muss sich allerdings nicht der Meinung des Betriebsrates anschließen. Er kann die Maßnahme auch gegen den Wunsch und den Willen des Betriebsrates ausführen.

11. Welche Bedeutung haben Mitbestimmungsrechte?

Die Mitbestimmungsrechte verpflichten den Arbeitgeber, die *Zustimmung des Betriebsrates* für eine Maßnahme einzuholen. Der Betriebsrat kann seine Zustimmung zu der geplanten Maßnahme verweigern oder einer Maßnahme widersprechen. Wenn der Betriebsrat von seinen Rechten auf Zustimmungsverweigerung oder Widerspruch geltend macht, kommt die geplante Maßnahme grundsätzlich nicht zu Stande. Das ist der wesentliche Unterschied zu den Mitwirkungsrechten.

Bei den Mitbestimmungsrechten ist die gleichberechtigte Mitbestimmung von der eingeschränkten Mitbestimmung zu unterscheiden.

12. Wodurch werden Mitbestimmungsrechte evtl. eingeschränkt?

Wenn die fehlende Zustimmung des Betriebsrates durch eine *Entscheidung des Arbeitsgerichts* ersetzt werden kann, liegt die eingeschränkte Mitbestimmung vor. Das eingeschränkte Mitbestimmungsrecht besteht bei Einstellung, Eingruppierung, Umgruppierung und Versetzung eines Arbeitnehmers, wenn besondere Gründe vorliegen. Auch bei einer ordentlichen Kündigung eines Arbeitnehmers ist das Mitbestimmungsrecht des Betriebsrats eingeschränkt.

13. Wann liegt eine gleichberechtigte Mitbestimmung vor?

Gleichberechtigte Mitbestimmung liegt vor, wenn die Entscheidung des Arbeitgebers nur *mit Zustimmung des Betriebsrates* wirksam wird. Gleichberechtigte Mitbestimmung besteht (nach § 87 ff. BetrVG) u. a. in folgenden Angelegenheiten:

- Fragen der Ordnung des Betriebs und des Verhaltens der Arbeitnehmer,
- Beginn und Ende der täglichen Arbeitszeit,
- vorübergehende Verkürzung oder Verlängerung der betriebsüblichen Arbeitszeit,
- Zeit, Ort und Art der Auszahlung der Arbeitsentgelte,
- Aufstellung des Urlaubsplans,
- Regelungen über die Verhütung von Arbeitsunfällen und Berufskrankheiten,
- Form, Ausgestaltung und Verwaltung von Sozialeinrichtungen,
- Fragen der betrieblichen Lohngestaltung,
- Festsetzung der Akkord- und Prämiensätze,
- Grundsätze über das betriebliche Vorschlagswesen,

- inhaltliche Gestaltung von Personalfragebogen,
- Berufsbildung und betriebliche Bildungsmaßnahmen.

14. Warum hat der Betriebsrat ein Initiativrecht?

Eine Mitbestimmung kann nur gleichberechtigt sein, wenn der Betriebsrat ein Initiativrecht hat. Der Betriebsrat hat nach dem Betriebsverfassungsgesetz das Initiativrecht in Angelegenheiten, die der Zustimmung des Betriebsrates bedürfen. Das Recht bedeutet, dass der Betriebsrat von sich aus *Entscheidungen des Arbeitgebers herbeiführen* bzw. mithilfe der Einigungsstelle durchsetzen kann.

15. Welche Funktion hat die Einigungsstelle?

Die Einigungsstelle soll bei zustimmungsbedürftigen Angelegenheiten *im Streitfall eine Einigung* zwischen Betriebsrat und Arbeitgeber herbeiführen. Ist eine Einigung nicht möglich, entscheidet die Einigungsstelle.

Die Einigungsstelle ist eine betriebsinterne Einrichtung, die im Allgemeinen im Bedarfsfall gebildet wird. Ihre Mitglieder werden je zur Hälfte vom Betriebsrat und vom Arbeitgeber bestimmt; den Vorsitz übernimmt meistens ein Richter des Arbeitsgerichts als Unparteiischer.

4.4.2.4 Arbeitskampfrecht

1. Auf welcher Grundlage beruht das Arbeitskampfrecht?

Das Arbeitskampfrecht *beruht auf Art. 9 Abs. 3 GG*. Es bestehen keine weiteren gesetzlichen Reglungen für Planung, Durchführung usw. von Arbeitskampfmaßnahmen. Allerdings muss aufgrund der Rechtsprechung die *Verhältnismäßigkeit* der Arbeitskampfmaßnahmen verlangt werden.

2. Was ist ein Arbeitskampf?

Als Arbeitskampf bezeichnet man die Maßnahmen von Tarifvertragsparteien, mit denen sie kollektiven Druck zur Durchsetzung ihrer Interessen bei der Aushandlung von Löhnen, Arbeitsbedingungen usw. ausüben wollen. Arbeitskampfmaßnahmen der Arbeitnehmer ist der *Streik*, der Arbeitgeber die *Aussperrung*.

3. Wer darf Arbeitskämpfe durchführen?

Arbeitskämpfe i. S. von Art. 9 GG dürfen nur von *Gewerkschaften* einerseits und von den *Arbeitgeberverbänden* andererseits aufgenommen werden, und zwar nur dann, wenn sie damit Ziele verfolgen, die durch Tarife geregelt werden können. Das schließt grundsätzlich sog. wilde Streiks und Streiks mit anderen Zielen aus.

4. Welche grundsätzlichen Bedingungen sind an die Arbeitskampfmaßnahmen geknüpft?

Arbeitskämpfe müssen *verhältnismäßig* sein. Das bedeutet

- sie müssen sich für die Durchsetzung der Ziele der Arbeitskampfmaßnahmen *eignen*,
- in der aktuellen Situation der Tarifauseinandersetzungen müssen sie *erforderlich* sein,
- sie müssen den Zielen, die erreicht werden sollen, *angemessen* sein.

5. Welche Kennzeichen weist ein Streik auf?

Ein Streik ist die vorübergehende, kollektive Arbeitsniederlegung zur *Durchsetzung tariflicher Ziele*, z. B. Verbesserung der Arbeitssituation, der Lohnsituation u. Ä. Er muss *von einer Gewerkschaft organisiert* sein. Der Streikbeginn hat folgende Voraussetzungen:

- Scheitern der Tarifverhandlungen,
- Scheitern der Schlichtungsversuche,
- Urabstimmung der Arbeitnehmer im Streikgebiet, die gewerkschaftlich organisiert sind, dabei muss sich eine Mehrheit von 75 Prozent für den Streik ergeben.

6. Welche Streiks sind nicht rechtmäßig?

Streiks, die nicht von Gewerkschaften organisiert und nicht auf die Regelung tariflicher Ziele ausgerichtet sind, sind im Sinne des Arbeitskampfrechts keine Streiks. Dazu zählen

- wilde Streiks, weil sie nicht gewerkschaftlich organisiert sind,
- politische Streiks, weil sie nicht auf tarifliche Regelungen abzielen,
- Sympathiestreiks.

7. Was ist ein Warnstreik und welche Bedeutung hat er?

Der Warnstreik ist eine zulässige Arbeitskampfmaßnahme. Im Allgemeinen handelt es sich dabei um einen kurzen Streik, der *im Zusammenhang mit laufenden Tarifverhandlungen* steht. Meistens wird der Warnstreik eingesetzt, um Druck auf die Verhandlungspartner auszuüben. Für den Warnstreik bedarf es keiner Urabstimmung.

8. Welche Kennzeichen weist eine Aussperrung auf?

Die Aussperrung ist eine *Arbeitskampfmaßnahme der Arbeitgeber*. Arbeitgeber lassen Arbeitnehmer nicht zur Arbeit zu und verweigern ihnen für die Dauer der Aussperrung die Lohnzahlung. Die Aussperrung kann sich ausschließlich auf die streikenden Arbeitnehmer oder auf alle Arbeitnehmer der betroffenen Betriebe beziehen.

9. Welche Bedeutung hat die Friedenspflicht?

Während der *Gültigkeitsdauer* eines Tarifvertrags besteht Friedenspflicht, d. h. es kann weder gestreikt noch ausgesperrt werden. Im Allgemeinen wird zwischen relativer und absoluter Friedenspflicht unterschieden.

Bei **relativer Friedenspflicht** sind Arbeitskampfmaßnahmen untersagt, die sich auf Aspekte beziehen, die im gültigen Tarifvertrag bereits geregelt sind. Die **absolute Friedenspflicht** untersagt alle Arbeitskampfmaßnahmen. Die absolute Friedenspflicht muss zwischen den Vertragparteien ausdrücklich vereinbart werden.

10. Wie werden die von einem Streik betroffenen Arbeitnehmer unterstützt?

Streikende haben keinen Anspruch auf Lohnzahlungen, auch nicht auf Arbeitslosengeld. Eine Unterstützung aus der Streikkasse der Gewerkschaft erhalten nur die Gewerkschaftsmitglieder. Im Allgemeinen beträgt das Streikgeld drei Monatsbeiträge pro Streiktag.

Ausgesperrte Arbeitnehmer erhalten keine Lohnzahlungen. Auch auf die Unterstützung durch die Arbeitsagentur müssen sie verzichten.

4.5 Auswirkungen der EU-Gesetzgebung auf nationales Recht

4.5.1 Europäisches Primärrecht

1. Was wird als europäisches Primärrecht bezeichnet?

Das europäische Primärrecht ist das Europarecht im engeren Sinne. Es stellt das ranghöchste Recht der Europäischen Gemeinschaft und der Europäischen Union dar.

Grundlagen des Primärrechts sind die Gründungsverträge und alle Verträge und alle Rechtsakte zu ihrer Änderung und Anpassung. Dazu zählen z. B.

- die Verträge zur Gründung der Europäischen Gemeinschaften und der Europäischen Union,
- die Verträge zur Änderung der Gründungsverträge, die Zusatzverträge, z. B. die Verträge über die Beitritte seit 1972.

2. Welche Bedeutung hat das Primärrecht für zwischenstaatliche Vereinbarungen der Mitgliedstaaten?

Für Vereinbarungen zwischen den Mitgliedstaaten nach dem Vertrag von Rom (1957) gilt Art.10 Abs. 2 EGV, die Vorschrift besagt, dass diese Vereinbarungen die Verwirklichung der Ziele des EG-Vertrags nicht gefährden dürfen.

4.5 Auswirkungen der EU-Gesetzgebung auf nationales Recht

Vereinbarungen von Mitgliedstaaten mit Drittländern, die nach dem Vertrag von Rom (1957) getroffen wurden, werden grundsätzlich anerkannt, es sein denn, sie gefährden die Ziele des EG-Vertrages.

3. Welche Bedeutung hat das Primärrecht für das innerstaatliche Recht der Mitgliedstaaten?

Das Europäische Primärrecht gilt *unmittelbar und vorrangig* vor widerstreitendem innerstaatlichem Recht. Das zeigt sich z. B. bei den Regelungen des Wettbewerbs.

4. Welche Wettbewerbsbeschränkungen verbietet das Gemeinschaftsrecht?

Das Gemeinschaftsrecht verbietet alle wettbewerbsbeschränkenden Vereinbarungen und Verhaltensweisen, die den *Handel zwischen den Mitgliedstaaten* beeinträchtigen können und die eine Verhinderung oder Verfälschung des Wettbewerbs im gemeinsamen Markt bezwecken oder bewirken (Art 81 Abs. 1 EGV).

Zu diesen *Wettbewerbsbeschränkungen* zählen z. B.

- Festsetzung der An- und Verkaufspreise,
- Einschränkung oder Kontrolle des Absatzes, der technischen Entwicklung oder der Investitionen,
- Aufteilung der Absatz- und Beschaffungsmärkte,
- Anwendung unterschiedlicher Bedingungen bei gleichwertigen Leistungen gegenüber Handelspartnern,
- besondere Vertragsbedingungen, die den Handelspartner zur Abnahme von Leistungen zwingen, die nicht in Beziehung zum eigentlichen Vertragsgegenstand stehen.

5. Unter welchen Bedingungen können Wettbewerbsbeschränkungen zugelassen werden?

Wettbewerbsbeschränkende Vereinbarungen und Verhaltensweisen (gem. Art. 81 Abs. 1 EGTV) können zugelassen werden, wenn sie die Verbraucher an dem entstehenden Gewinn angemessen beteiligen und wenn sie zur Verbesserung der Warenerzeugung oder -verteilung oder zur Förderung des wirtschaftlichen oder des technischen Fortschritts beitragen.

6. Verbietet das Gemeinschaftsrecht den Missbrauch einer marktbeherrschenden Stellung?

Das Gemeinschaftsrecht verbietet auch die *missbräuchliche Ausnutzung einer marktbeherrschenden Stellung* auf dem Gemeinsamen Markt oder auf einem wesentlichen Teil des Gemeinsamen Markts, wenn dies dazu führen kann, den Handel zwischen den Mitgliedstaaten zu beeinträchtigen (Art. 82 EGV).

Die missbräuchliche Ausnutzung einer marktbeherrschenden Stellung kann z. B. in folgenden Fällen vorliegen:

- Erzwingung von unangemessenen Einkaufs- oder Verkaufspreisen,
- Einschränkungen der Erzeugung, des Absatzes oder der technischen Entwicklung zum Schaden der Verbraucher,
- Anwendung unterschiedlicher Bedingungen bei gleichwertigen Leistungen gegenüber Handelspartnern,
- besondere Vertragsbedingungen, die den Handelspartner zur Abnahme von Leistungen zwingen, die nicht in Beziehung zum eigentlichen Vertragsgegenstand stehen.

7. Wie wirken sich die Regelungen des Wettbewerbs nach dem Gemeinschaftsrecht auf das deutsche Kartellrecht (GWB) aus?

Bei Beeinträchtigungen des Handels zwischen den Mitgliedstaaten der Gemeinschaft sind sowohl die Regelungen des EGV als auch die des GWB anwendbar (§ 22 GWB).

Bei Anwendung des GWB dürfen Vereinbarungen *nicht verboten* werden, die zwar den zwischenstaatlichen Handel beeinträchtigen, aber den Wettbewerb i.S. von Art. 81 Abs. 1 EGV nicht einschränken bzw. die Verbraucher angemessen an dem entstehenden Gewinn beteiligen (gem. Art. 81 Abs. 3 EGV).

Der Einfluss des europäischen Rechts zeigt sich auch in den Möglichkeiten zur Freistellung vom Kartellverbot nach § 2 GWB.

8. Lässt sich ein grundlegender Unterschied zwischen den Wettbewerbsregeln im Gemeinschaftsrecht und im deutschen Recht erkennen?

Das Gemeinschaftsrecht zeichnet sich durch den *besonderen Schutz der Verbraucherinteressen* aus; das zeigt sich z.B. darin, dass Wettbewerbsbeschränkungen zulässig sind, wenn die Verbraucher davon Vorteile haben. Im traditionellen deutschen Kartellrecht steht der *Schutz des Wettbewerbs* im Vordergrund. Dieser Grundsatz gilt auch in der Neufassung des Kartellgesetzes, ist aber wegen des Vorrangs des Gemeinschaftsrechts von nachrangiger Bedeutung.

4.5.2 Europäisches Sekundärrecht

1. Was wird als Europäisches Sekundärrecht bezeichnet?

Das Sekundärrecht ist *vom Primärrecht abgeleitetes Recht*. Die Rechtsakte des Sekundärrechts werden auf der Grundlage des Primärrechts erlassen.

2. Welche Rechtsakte sind im Europäischen Sekundärrecht vorgesehen und von welchen Organen werden sie erlassen?

Die Organe der Europäischen Gemeinschaften erlassen im Rahmen des Europäischen Sekundärrechts Rechtsakte, sprechen Empfehlungen aus oder geben Stellungnahmen ab. Organe der Gemeinschaft sind das Europäische Parlament, der Rat und die Kommission (Art. 249 EGV).

Rechtsakte sind

- Verordnungen,
- Richtlinien,
- Entscheidungen.

3. Welche rechtliche Bedeutung haben Verordnungen?

Die Verordnung hat *allgemeine Geltung*. Sie ist in all ihren Teilen verbindlich und gilt unmittelbar in jedem Mitgliedstaat.

4. Was sind Richtlinien und welche rechtliche Bedeutung haben sie?

Richtlinien sind *allgemeine Regelungen*, die von den Mitgliedstaaten innerhalb einer bestimmten Frist *in staatliches Recht* umgesetzt werden müssen. Das mit der Richtlinie angestrebte Ziel ist verbindlich; die Wahl der Form und der Mittel ist den Mitgliedstaaten freigestellt.[20]

5. Was sind Entscheidungen und welche rechtliche Bedeutung haben sie?

Entscheidungen sind *verbindliche Regelungen im Einzelfall*; eine Empfehlung gilt nur für denjenigen, an den sie gerichtet ist.

6. Welche rechtliche Bedeutung haben Empfehlungen und Stellungnahmen?

Empfehlungen und Stellungnahmen sind für die Mitgliedstaaten *nicht verbindlich*. Ihre Bedeutung liegt darin, dass sie eine Signalwirkung für künftige Entwicklungen haben.

7. Welche kartellrechtlichen Verordnungen wurden erlassen?

Im Zusammenhang mit dem Kartellrecht wurden folgende Verordnungen erlassen:

- Kartellverfahrensverordnung (Verordnung Nr. 1/2003 des Rates zur Durchführung der in den Artikeln 81 und 82 des Vertrags niedergelegten Wettbewerbsregeln),

---

[20] Auf einige Richtlinien zum Verbraucherschutz wird im Zusammenhang mit den folgenden Fragen eingegangen. Auf die Umsetzung der Richtlinie über irreführende und vergleichende Werbung wird in Kap. 4.3.2 eingegangen.

- EG-Fusionskontrollverordnung (Verordnung Nr. 139/2004 des Rates über die Kontrolle von Unternehmenszusammenschlüssen),
- Gruppenfreistellungsverordnung (Verordnung Nr. 2709/1999 der Kommission über die Anwendung von Artikel 81 Absatz 3 des Vertrags auf Gruppen von vertikalen Vereinbarungen und aufeinander abgestimmten Verhaltensweisen).

8. Welche Neuerungen des Kartellrechts gehen auf die Kartellverfahrensverordnung?

Das Ziel der Kartellverfahrensverordnung ist die *wirksame und einheitliche Anwendung der Vorschriften von Art 81 und 82* in den Mitgliedstaaten der Gemeinschaft, damit der Wettbewerb im Gemeinsamen Markt nicht verfälscht wird. Insbesondere geht es in der Kartellverfahrensverordnung um die Art und Weise, wie die Ausnahmen vom Verbot wettbewerbsbeschränkender Maßnahmen anzuwenden sind.

Die *Kartellverfahrensverordnung* sieht nationale Abweichungen vom Gemeinschaftsrecht bei der Beurteilung von wettbewerbsbeschränkenden Maßnahmen nicht mehr vor.

Die Verordnung schafft ein sog. *Legalausnahmesystem*: Wettbewerbsbeschränkende Vereinbarungen zwischen Unternehmen sind automatisch, d. h. ohne Prüfung, vom Kartellverbot freigestellt, wenn sie die Voraussetzungen des Art. 81 Abs. 3 EGV erfüllen oder unter die Gruppenfreistellungsverordnung fallen.

Die nationalen Behörden sind auch für Verfahren nach dem Gemeinschaftsrecht zuständig.

9. Wie schlägt sich die Kartellverfahrensverordnung im deutschen Kartellrecht nieder?

Die Kartellverfahrensverordnung (Nr. 1/2003) war Grundlage der Neufassung des Gesetzes gegen Wettbewerbsbeschränkungen (GWB).

Der Einfluss des Gemeinschaftsrechts zeigt sich z. B. in § 2 GWB, der die Freistellungsvorschriften wiedergibt und ausdrücklich auf die Gruppenfreistellungsverordnung verweist. Alle Freistellungsmöglichkeiten, die das alte Kartellrecht vorsah, sind damit entfallen. Allerdings enthält das GWB mit der Freistellungsmöglichkeit der sog. Mittelstandskartelle eine Ausnahme vom Gemeinschaftsrecht.

Zur Bedeutung von § 22 GWB wird auf die Ausführungen unter *4.5.1 Europäisches Primärrecht* verwiesen.

10. Was wird durch die Fusionskontrollverordnung (FKVO) geregelt?

Die Regelungen von Art 81 und 82 EGV reichen nicht aus, um alle Zusammenschlüsse zu erfassen, die unvereinbar mit dem vom EGV geforderten System des unverfälsch-

4.5 Auswirkungen der EU-Gesetzgebung auf nationales Recht

ten Wettbewerbs sind. Deshalb ist ein Rechtsinstrument erforderlich, das eine wirksame Kontrolle sämtlicher Zusammenschlüsse im Hinblick auf die *Wettbewerbsstruktur in der Gemeinschaft* ermöglicht.[21] Die Verordnung erfasst damit lediglich Zusammenschlüsse, die für die Gemeinschaft von Bedeutung sind. Unternehmenszusammenschlüsse, die nicht im Anwendungsbereich dieser Verordnung liegen, fallen grundsätzlich in die Zuständigkeit der Mitgliedstaaten. (Vgl. die entsprechenden Bestimmungen des deutschen Kartellrechts unter *4.3.1 Kartellrecht.*)

Kriterien für die Fusionskontrolle sind bestimmte Umsatzhöhen der beteiligten Unternehmen. Damit die Kommission die Fusion kontrollieren kann, muss sie vor dem Vollzug angemeldet werden.

11. Was wird durch die Gruppenfreistellungsverordnung (GVO) geregelt?

Die Gruppenfreistellungsverordnung soll eine *bestimmte Gruppe von vertikalen Vereinbarungen* zwischen Unternehmen *vom Verbot* wettbewerbsbeschränkender Maßnahmen *freistellen*. Diese Gruppe wird in Anlehnung an Art 81 Abs. 3 EGV definiert. Die Gruppenfreistellung soll nur vertikalen Vereinbarungen zugute kommen, von denen mit hinreichender Sicherheit angenommen werden kann, dass sie die Voraussetzungen von Art. 81 Abs. 3 EGV erfüllen.

Es kann im Allgemeinen vermutet werden, dass vertikale Vereinbarungen zu einer Verbesserung und zu einer angemessenen Beteiligung der Verbraucher an dem daraus entstehenden Gewinn führen. Voraussetzung für diese Vermutung ist, dass der auf den Lieferanten entfallende Anteil am relevanten Markt 30 Prozent nicht überschreitet.[22]

12. Welche Bedeutung hat die Gruppenfreistellungsverordnung im deutschen Kartellrecht?

Die Gruppenfreistellungsverordnung findet sich vor allem in § 2 GWB wieder. Die Begründung für die Freistellung bezieht sich ausdrücklich auf die GVO.

13. Welche Richtlinien zum Verbraucherschutz wurden erlassen?

Die EG hat für den Verbraucherschutz u. a. die folgenden Richtlinien erlassen:
- Richtlinie zum Verbraucherschutz im *Fernabsatz*,
- Richtlinie zum Verbraucherschutz bei sog. *Haustürgeschäften*,
- Richtlinie zur *Produkthaftung*.

Diese Richtlinien wurden in deutsches Recht umgesetzt, und zwar die Richtlinien zum Verbraucherschutz im Fernabsatz und bei Haustürgeschäften im Recht der Schuldverhältnisse des BGB; die Richtlinie zur Produkthaftung wurde im Produkthaftungsgesetz

---

[21] Aus den Erwägungen, die der Fusionskontrollverordnung vorangestellt sind.
[22] Vgl. die Erwägungsgründe für die GVO.

umgesetzt. (Zur Produkthaftung vgl. die Ausführungen unter 4.1.1.2, zu Fernabsatz und Haustürgeschäfte vgl. die folgenden Fragen.)

14. Was sind Fernabsatzverträge?

Fernabsatzverträge sind alle Verträge über die Lieferung von Waren oder die Erbringung von Dienstleistungen zwischen einem Unternehmer und einem Verbraucher, die unter *ausschließlicher Verwendung von Fernkommunikationsmitteln* abgeschlossen werden. Zu den Fernkommunikationsmitteln zählen u. a. Telefonanrufe, E-Mails, Rundfunk, Tele- und Mediendienste.

15. Für welche Verträge gelten die gesetzlichen Vorschriften über Fernabsatzverträge nicht?

Zu den Verträgen, für die die gesetzlichen Vorschriften über Fernabsatzverträge nicht gelten, zählen z. B.

- Verträge über Fernunterricht,
- Verträge über Finanzgeschäfte, insbesondere Bankgeschäfte, Finanz- und Wertpapierdienstleistungen und Versicherungen,
- Verträge über die Veräußerung von Grundstücken,
- Verträge über die Lieferung von Lebensmitteln, Getränken oder sonstigen Haushaltsgegenständen des täglichen Bedarfs, die am Wohnsitz, am Aufenthaltsort oder am Arbeitsplatz eines Verbrauchers von Unternehmen im Rahmen häufiger und regelmäßiger Fahrten geliefert werden.

16. Welche Informationen muss der Unternehmer dem Verbraucher vor Abschluss eines Fernabsatzvertrages geben?

Der Unternehmer muss den Verbraucher rechtzeitig vor Abschluss eines Fernabsatzvertrages informieren

- über seine Identität und Anschrift,
- über wesentliche Merkmale der Ware oder der Dienstleistung,
- über die Mindestlaufzeit des Vertrages.

Der Unternehmer muss diese Information spätestens bis zur vollständigen Erfüllung des Vertrages bzw. bei Lieferung der Waren auf einem dauerhaften Datenträger zur Verfügung stellen.

17. Hat der Verbraucher ein Widerrufsrecht?

Der Verbraucher hat bei Fernabsatzgeschäften ein Widerspruchsrecht. Er kann den Vertrag *innerhalb von zwei Wochen* nach Abschluss ohne Angabe von Gründen widerrufen und die bestellte Ware auf Kosten des Anbieters zurücksenden. Der Unternehmer muss den Verbraucher auf dieses Recht ausdrücklich hinweisen.

18. Was sind Haustürgeschäfte?

Mit dem Begriff „Haustürgeschäft" werden bestimmte Formen des direkten Vertriebs umschrieben. Es heißt Haustürgeschäft, weil es „an der Haustür" des Verbrauchers oder in ähnlichen Situationen abgeschlossen wird.

Ein Haustürgeschäft beruht auf einem Vertrag zwischen einem Unternehmer und einem Verbraucher; er hat eine entgeltliche Leistung zum Gegenstand. Das Gesetz nennt folgende Möglichkeiten des Abschlusses:

- durch mündliche Verhandlungen am Arbeitsplatz des Verbrauchers,
- durch mündliche Verhandlungen in einer Privatwohnung,
- anlässlich einer Freizeitveranstaltung, die der Unternehmer durchführt oder durchführen lässt,
- im Anschluss an ein überraschendes Ansprechen in Verkehrsmitteln oder im Bereich öffentlich zugänglicher Verkehrsflächen.

19. Welches Recht hat der Käufer bei Haustürgeschäften?

Der Käufer hat das Recht, ein Haustürgeschäft zu widerrufen. Der *Widerruf* muss *schriftlich* erfolgen. Das Widerrufsrecht erlischt nach sechs Monaten.

20. Welche Geschäfte sind vom Widerruf ausgeschlossen?

Zu den Geschäften, die nicht widerrufen werden können, zählen u. a.

- Versicherungsverträge,
- Geschäfte mit geringem Entgelt (unter 40 €), bei denen der Verkäufer die Leistung sofort erbringt und der Käufer sofort zahlt,
- Geschäfte auf der Grundlage von Verhandlungen in der Wohnung bzw. am Arbeitsplatz des Käufers, wenn die Verhandlungen durch eine Bestellung des Käufers zu Stande gekommen sind.

5. Europäische und internationale Wirtschaftsbeziehungen

5.1 Auswirkungen makroökonomischer Aspekte globalisierter Märkte auf die Unternehmenspolitik

5.1.1 Weltwirtschaftliche Entwicklung

5.1.1.1 Globalisierung

1. Was versteht man aus wirtschaftlicher Sicht unter Globalisierung und welche Bedeutung hat sie?

Aus wirtschaftlicher Sicht lässt sich „Globalisierung" folgendermaßen umschreiben:

- Internationale Wirtschaftsbeziehungen und Wirtschaftsverflechtungen nehmen ständig und erheblich zu,
- Märkte für Güter und Dienstleistungen wachsen zusammen und zwar über nationalstaatliche Grenzen hinaus.

Die Bedeutung der Globalisierung zeigt sich z. B. in dem starken Wachstum des Welthandels, in der Intensivierung des internationalen Wettbewerbs und in der Vergrößerung der Märkte.

2. Welche Rahmenbedingungen begünstigen die Globalisierung?

Der starke *Anstieg des Welthandels* ist das typische Kennzeichen der zunehmenden Globalisierung. Der Welthandel wird durch folgende Rahmenbedingungen begünstigt:

- Internationale Organisationen fördern den freien Welthandel, WTO und OECD sind mit ihren Forderungen des Abbaus von Zöllen und der Aufhebungen von Handelsbeschränkungen Beispiele dafür (vgl. die Ausführungen unter 5.1.2).

- Bestimmte Staaten und Staatengruppen, die bis vor kurzem noch nicht am Welthandel beteiligt waren, konnten die Rückstände in der Industrialisierung aufholen, und in wachsendem Umfang am Welthandel teilnehmen; das gilt für Staaten in Asien und in Lateinamerika.

- Die Aufnahme weiterer Staaten in die EU fördert den zwischenstaatlichen Handel zumindest in der Union.

- In verschiedenen Regionen der Welt schließen sich Staaten zusammen, um ihre Märkte gemeinsam zu stärken und ihre Wirtschaftspolitik aufeinander abzustimmen.

- Der technische Fortschritt fördert in erheblichem Umfang die Globalisierung. Moderne Telekommunikationsmittel ermöglichen die Ausnutzung von Standortvorteilen.

3. Was versteht man unter Internationalisierung der Unternehmenstätigkeit und welche Bedeutung hat sie?

Mit Internationalisierung der Unternehmenstätigkeit wird das *zunehmende Engagement der Unternehmen auf internationalen Märkten* (im Zusammenhang mit der Globalisierung) bezeichnet. Multinationale Unternehmen können die internationale Standortkonkurrenz zu ihrem Vorteil nutzen.

Gründe für die zunehmende Internationalisierung der Unternehmenstätigkeit sind z. B.

- Sicherung des Absatzes,
- Sicherung der Beschaffung,
- Senkung von Transportkosten,
- Minimierung von Lohnkosten,
- Vermeidung von bestimmten Risiken (Wechselkursrisiko),
- Inanspruchnahme ausländischer Fördermaßnahmen,
- Steuervorteile,
- Vermeidung von Zöllen.

4. Welchen Schwerpunkt hat die Kritik an der Globalisierung?

Global operierende Unternehmen entziehen sich der Einflussnahme durch nationalstaatliche Behörden. Ihre wirtschaftlichen Entscheidungen, wie z. B. die Standortentscheidungen, können durch die demokratisch legitimierten Parlamente und Regierungen nicht kontrolliert werden.

5.1.1.2 Wichtige Zusammenschlüsse

1. Warum entstehen in den verschiedenen Regionen der Welt Zusammenschlüsse von Staaten?

In den Regionen der Welt schließen sich Staaten zusammen, um ihre *Volkswirtschaften gemeinsam zu fördern* mit dem Ziel, die Lebensbedingungen ihrer Bürger zu verbessern und ihren Wohlstand zu erhöhen.

Das Ziel soll z. B. mit folgenden Mitteln bzw. Maßnahmen erreicht werden:

- Gemeinsame Wirtschaftspolitik (zumindest auf einzelnen Gebieten),
- Harmonisierung der Gesetzgebung,
- Vergrößerung der Märkte für Absatz und Beschaffung,
- Schaffung von Binnenmärkten ohne Binnenzölle,
- Förderung der Forschung und technischen Entwicklung.

Folgende Formen von Zusammenschlüssen sind z. B. möglich:

- Abkommen zwischen den Staaten mit einer einfachen Zielsetzung, z. B. Abbau von Zöllen, Schaffung einer Freihandelszone,
- Staatenbund auf der Grundlage von Verträgen zwischen den souveränen Staaten für eine umfassende Zusammenarbeit zum Wohle der Bürger,

- Union von Staaten, die allmählich bestimmte Souveränitätsrechte an die entsprechenden, demokratisch legitimierten zentralen Institutionen abgeben, z. B. die Gesetzgebung.

2. In welchen Regionen bestehen wichtige Zusammenschlüsse?

Wichtige Zusammenschlüsse bestehen z. B.
- in Europa: die Europäische Union EU (vgl. die Ausführungen unter 5.1.3),
- in Nordamerika: die Nordamerikanische Freihandelszone NAFTA,
- in Südostasien: der Verband der süd-ost-asiatischen Nationen ASEAN,
- in Südamerika: der Gemeinsame Markt Südamerikas MERCOSUR.

3. Welches Abkommen wird als NAFTA bezeichnet?

NAFTA ist die Abkürzung für *North American Free Trade Agreement*, das ist das Nordamerikanische *Freihandelsabkommen* zwischen den USA, Kanada und Mexiko. Die drei Staaten bilden seit 1994 eine Freihandelszone, in der zahlreiche Zölle abgeschafft wurden. Bis 2015 sollen alle Zölle zwischen den Staaten abgeschafft werden.

Das Abkommen hat vor allem den Handel zwischen Mexiko und den USA gefördert. Wegen der Standortvorteile haben US-amerikanische Unternehmen die Möglichkeiten des Abkommens genutzt und Standorte nach Mexiko verlagert.

4. Wann wurde die ASEAN gegründet und welche Staaten gehören ihr an?

ASEAN ist die Abkürzung von *Association of South East Asian Nations*, das ist der Verband Südostasiatischer Nationen. Dem Verband gehören zzt. zehn Staaten mit insgesamt 544.889.000 Einwohnern an. Die Summe der BIP dieser Staaten belief sich im Jahr 2006 auf 789,56 Mrd. US-$. Die Staaten mit der höchsten Wirtschaftskraft sind Indonesien, Thailand und die Philippinen.[1]

Mitgliedstaaten	Einwohner	BIP Mrd. US-$
Brunei	382.000	11,562
Indonesien	223.042.000	364,790
Kambodscha	14.197.000	7,258
Laos	5.759.000	3,437
Malaysia	13.571.000	3,164
Myanmar	48.379.000	13,000
Philippinen	86.264.000	117,562
Singapur	5.743.000	1,450
Thailand	63.444.000	206,338
Vietnam	84.108.000	60,999

[1] Quelle für die Zahlenangaben: Fischer Weltalmanach 2009.

5. Welche Ziele verfolgt der ASEAN?

Der Verband legte bei seiner Gründung im Jahre 1967 folgende Ziele fest: Verbesserung der Zusammenarbeit auf wirtschaftlichem, politischem und sozialem Gebiet. Später wurde auch die Zusammenarbeit bei Fragen der Sicherheit, der Kultur und der Ökologie vereinbart.

Der Verband hat vor kurzem beschlossen, eine Wirtschaftsunion nach dem Vorbild der EU zu gründen.

6. Wann wurde der Mercosur gegründet und welche Staaten gehören ihm an?

Mercosur ist der *Gemeinsame Markt des Südens*. Er wurde 1991 gegründet. Dem Mercosur gehören zzt. fünf Staaten als Mitglieder an (einschließlich Venezuela, das sich noch im Aufnahmeverfahren befindet); fünf Staaten gehören dem Verbund als assoziierte Mitglieder an. Die Staaten haben zusammen 373.640.000 Einwohner; sie erwirtschafteten im Jahre 2006 zusammen ein Gesamt-BIP im Wert von 1.926,386 Mrd. US-$. Der wirtschaftlich stärkste Staat ist Brasilien.

Mitgliedstaaten	Einwohner	BIP Mrd. US-$
Argentinien	39.134.000	214,241
Brasilien	189.323.000	1.057,472
Paraguay	6.016.000	9,275
Uruguay	3 314.000	19,308
Venezuela (im Aufnahmeverfahren)	27.021.000	181,862
Assoziierte Staaten:		
Bolivien	9.354.000	11,162
Chile	16.443.000	145,843
Ecuador	13.202.000	41,402
Kolumbien	45.558.000	153,405
Peru	27.589.000	92,416

7. Welche Ziele verfolgt der Mercosur?

Die Ziele des Gemeinsamen Marktes des Südens sind u. a.

- Vergrößerung der nationalen Märkte der Mitgliedstaaten,
- Verbesserung der Infrastruktur,
- adäquate Einbindung der Mitgliedstaaten in das internationale Gefüge der großen Wirtschaftsblöcke,
- Förderung der wissenschaftlichen und technischen Entwicklung der Mitgliedstaaten zur Verbesserung des Angebots und der Qualität der Güter und Dienstleistungen,
- Verbesserung der Lebensbedingungen.

8. Welche Bedeutung hat der Gemeinsame Markt?

Die Ziele sollen durch einen Gemeinsamen Markt erreicht werden, der u. a. die folgenden Kennzeichen aufweist:

- freier Verkehr von Gütern, Dienstleistungen und Produktionsfaktoren zwischen den Mitgliedstaaten durch den Abbau von Zöllen und Handelshemmnissen,
- Festlegung eines Außenzolls gegenüber Drittstaaten,
- gemeinsame Handelspolitik gegenüber Drittstaaten,
- Koordination der Wirtschaftspolitik (einschließlich Industrie-, Fiskal-, Geldpolitik).

5.1.2 Organisationen auf Weltebene

1. Welche Organisationen auf Weltebene regeln wirtschaftliche Sachverhalte mit globaler Reichweite?

Zu den Organisationen auf Weltebene, die (auch) wirtschaftliche Sachverhalte mit globaler Reichweite regeln, zählen z. B.

- die Welthandelsorganisation (WTO),
- der internationale Währungsfonds (IWF),
- die Organisation für wirtschaftliche Zusammenarbeit und Entwicklung (OECD),
- die Vereinten Nationen (UN).

5.1.2.1 Welthandelsorganisation (WTO)

1. Wann wurde die WTO gegründet und welche Länder gehören ihr an?

Die WTO wurde 1995 gegründet. Ihr gehören fast alle Staaten an, zzt. hat die WTO 153 Mitglieder (Stand Juli 2008).

2. Welche internationalen Abkommen sind Teile der WTO?

In die WTO gingen die folgenden internationalen Abkommen ein:

- GATT (General Agreement of Tarifs and Trade), Allgemeines Zoll- und Handelsabkommen,
- GATS (General Agreement on Trade in Services), Allgemeines Abkommen für den Dienstleistungshandel,
- TRIPS (Agreement on Trade-Related Aspects of Intellectual Property), Abkommen über handelsbezogene Aspekte der Rechte des geistigen Eigentums.

3. Welche Aufgaben hat die Welthandelsorganisation?

Die WTO hat folgende Aufgaben:

- Koordination der Handelspolitik der Mitgliedsländer,
- Streitentscheidungen zur Beilegung von handelspolitischen Streitfragen zwischen einzelnen Mitgliedsländern.

4. Welche Organe hat die WTO zur Leitung und zur Bewältigung ihrer Aufgaben?

Zur Bewältigung ihrer Aufgaben und zur Leitung hat die WTO folgende Organe:

- Die *Ministerkonferenz* als oberstes Organ (Beschlussorgan), der die Wirtschafts- und Handelsminister aller Mitgliedsländer angehören. Die Ministerkonferenz tagt alle zwei Jahre.
- Der *Allgemeine Rat*, dessen Mitglieder sich regelmäßig zwischen den Tagungen des Ministerrats treffen, fällt Entscheidungen im Zusammenhang mit den Aufgaben der Organisation,
  - das *Streitschlichtungsgremium* ist zuständig bei Handelsstreitigkeiten zwischen Mitgliedsländern,
  - das *Gremium für die Überprüfung der Handelspolitik* kontrolliert regelmäßig die Handelspolitik der Mitgliedsländer.
- *Weitere Räte*: GATT-Rat, GATS-Rat, Rat für TRIPS
- Das *Sekretariat* mit den Generaldirektoren (Sitz: Genf) führt die Beschlüsse des Allgemeinen Rates aus. Ihre wesentlichen Aufgaben sind z. B. technische Unterstützung der Räte, Analysen der Handelsentwicklungen, Beratungen usw.

5.1.2.2 Der Internationale Währungsfonds (IWF)

1. Wann wurde der Internationale Währungsfonds (IWF) gegründet und wie viele Mitglieder hat er?

Der Internationale Währungsfonds wurde 1944 als Teil des Bretton-Woods-Abkommens gegründet; einige Jahre später nahm er seine Tätigkeit auf. Deutschland trat dem Abkommen 1952 bei. Zzt. gehören dem IWF 185 Staaten an.

Die Aufgabe des IWF war zunächst die *Stützung des Systems fester Wechselkurse*, das Grundlage des Bretton-Woods-Abkommens war.

2. Welche Ziele verfolgt der IWF?

Der IWF verfolgt u. a. folgende Ziele:

- Beistand an Mitgliedsländer bei Zahlungsbilanzungleichgewichten durch Kreditgewährung,
- Förderung der währungspolitischen Zusammenarbeit zwischen den Mitgliedsländern,

5.1 Auswirkungen makroökonomischer Aspekte globalisierter Märkte

- Förderung der Stabilität der Währungen der Mitgliedsländer durch Sicherung geordneter Währungsbeziehungen,
- Errichtung eines Zahlungssystems zwischen den Mitgliedsländern,
- Unterstützung eines ausgewogenen Wirtschaftswachstums.

3. Durch welche Organe nimmt der IWF seine Aufgaben wahr?

Organe des IWF sind

- der Gouverneursrat (Board of Governors), das ist das oberste Entscheidungsgremium, jedes Mitgliedsland entsendet einen Gouverneur in diesen Rat, das Stimmrecht richtet sich nach der Höhe der Quote,
- der Vorstand (Board of Executive Directors), der die laufenden Geschäfte ausführt, er besteht aus 24 Direktoren,
- Beratungsausschüsse.

4. Wie nimmt der IWF seine Aufgaben wahr?

Wichtigste Aufgabe des IWF ist, den Mitgliedsländern, die in Zahlungsbilanzschwierigkeiten geraten sind, *finanziellen Beistand* zu leisten. Dazu gewährt sie den Mitgliedsländern Kredite; die Kreditgewährungen sind i. d. R. mit Auflagen für die Gestaltung der Währungspolitik verbunden.

5. Welche Bedeutung haben die Quoten, die der IWF den Mitgliedsländern zuweist?

Der IWF teilt jedem Mitgliedsland eine Quote zu, deren Höhe u.a. von der Wirtschaftskraft des jeweiligen Landes abhängig ist. Die Quoten werden regelmäßig überprüft und evtl. neu festgelegt. Die Quote bestimmt

- den Anteil des Mitgliedslandes am Fondsvermögen, der zu 75 % in heimischer Währung, 25 % in Sonderziehungsrechten besteht,
- die Höhe der ständigen Bareinlagen,
- den Umfang der Ziehungsrechte eines Mitgliedslandes, d. h. die Höhe der Kredite in ausländischer Währung, die das Land vom IWF erhalten kann,
- den Umfang der Zuteilung von Sonderziehungsrechten (SZR),
- den Umfang des Stimmrechts des Mitglieds in den Organen des IWF.

6. Wie finanziert der IWF die Kredite?

Die Mittel zur Erfüllung dieser Aufgabe erhält der IWF *aus dem Fondsvermögen*. Das Fondsvermögen wird gebildet durch die Einzahlungen der Mitgliedsländer entsprechend ihrer Quoten. Ihren Anteil müssen die Länder zu 75 % in der jeweiligen heimischen Währung und zu 25 % in Sonderziehungsrechten einzahlen. Darüber hinaus verschafft sich der IWF auch Mittel durch Kreditaufnahme.

7. Zu welchem Zweck und in welcher Höhe können Kredite des IWF in Anspruch genommen werden?

Mitgliedsländer, die in Zahlungsbilanzschwierigkeiten geraten sind, können zur Beseitigung der Probleme Kredite in ausländischer Währung erhalten. Die Höhe wird durch die Ziehungsrechte bestimmt.

8. Mit welchen Auflagen können die Kredite verbunden sein?

Die Kreditvergabe des IWF kann mit Auflagen verbunden sein. Sie sollen den Kreditnehmer dazu zwingen, die *Zahlungsbilanzschwierigkeiten durch binnenpolitische Maßnahmen zu beseitigen*. Zu diesen Maßnahmen gehört im Allgemeinen eine nachhaltige Antiinflationspolitik, Kürzung der Staatsausgaben u. dgl.

9. Was sind Sonderziehungsrechte?

Neben diesen Ziehungsrechten bestehen Sonderziehungsrechte; sie wurden Ende der 60er-Jahre zur Verbesserung der internationalen Liquidität eingerichtet. Länder, die am SRZ-System teilnehmen, können auf Antrag *Kredite als SZR zur Beseitigung ihrer Zahlungsbilanzschwierigkeiten* erhalten. Jedes am SRZ-System teilnehmende Land muss auf Verlangen des IWF konvertible, d. h. international frei austauschbare Währungen gegen SZR zur Verfügung stellen, und zwar bis zur doppelten Höhe seiner Zuteilung an SRZ. (Die IWF-Mitgliedsländer sind nicht automatisch Teilnehmer am SZR-System; zur Teilnahme bedarf es besonderer Vereinbarungen.)

Der Wert eines SRZ wird durch einen Währungskorb definiert; der Wert wird täglich ermittelt. Das SZR ist kein internationales Zahlungsmittel geworden. Seine besondere Bedeutung erhält es vielmehr als *Bezugsgröße für internationale Transaktionen im IWF*.

5.1.2.3 Organisation für wirtschaftliche Zusammenarbeit und Entwicklung (OECD)

1. Wann wurde die Organisation für wirtschaftliche Zusammenarbeit (OECD) gegründet und wie viele Mitglieder hat sie?

Die OECD wurde 1960 als Nachfolgeorganisation der OEEC (Organisation for European Economic Cooperation) gegründet. Zzt. gehören ihr 30 Staaten als Mitglieder sowie 25 als Beobachter und 45 als Kooperationspartner an.

Sitz der Organisation ist Paris, Verbindungsbüros bestehen u. a. in Berlin und Washington.

2. Welches Ziel verfolgt die OECD?

Das Ziel der OECD wird in Artikel 1 der Konvention (Convention on the Organisation für Economic Co-operation and Development) genannt:

Förderung einer Politik, die darauf gerichtet ist,

- in den Mitgliedstaaten unter Wahrung der finanziellen Stabilität eine *optimale Wirtschaftsentwicklung* und Beschäftigung sowie einen steigenden Lebensstandard zu erreichen und dadurch zur *Entwicklung der Weltwirtschaft* beizutragen,
- in den *Mitglied- und Nichtmitgliedstaaten*, die in wirtschaftlicher Entwicklung begriffen sind, zu einem gesunden wirtschaftlichen Wachstum beizutragen und
- im Einklang mit internationalen Verpflichtungen auf multilateraler und nicht diskriminierender Grundlage zur *Ausweitung des Welthandels* beizutragen.

3. Welchen ordnungspolitischen Standpunkt vertritt die OECD?

Die OECD vertritt einen *liberalen, marktwirtschaftlich orientierten Standpunkt*. Das drückt sich u. a. aus in Art. 2 der Konvention; dort heißt es, dass sich die Mitglieder einzeln und gemeinsam bemühen wollen, die Behinderungen des zwischenstaatlichen Waren- und Dienstleistungsverkehrs sowie des laufenden Zahlungsverkehrs abzubauen oder abzuschaffen und den Kapitalverkehr weiter zu liberalisieren.

Seinen Niederschlag findet dieser Standpunkt in den Standards, die die OECD entwickelt hat; sie gelten z. B. für multinationale Unternehmen bei Direktinvestitionen und bei der Zusammenarbeit mit Zulieferern.

4. Betreibt die OECD Entwicklungshilfepolitik?

Die Mitglieder der OECD wollen einzeln und gemeinsam Mitglied- und Nichtmitgliedstaaten, die sich in der wirtschaftlichen Entwicklung befinden, durch geeignete Mittel fördern. Dazu zählen insbesondere *Kapitalzufuhr* und *technische Hilfe*. Bei ihren Hilfsmaßnahmen wollen die Mitglieder berücksichtigen, dass für diese Staaten wachsende Ausfuhrmärkte von besonderer Bedeutung sind.

5. Beeinflusst die OECD die Bildungs- und Sozialpolitik?

Die Entwicklung der Wirtschaft kann als das Hauptziel der OECD bezeichnet werden. Dieses Ziel will die OECD u. a erreichen durch den zweckmäßigen Einsatz ihrer wirtschaftlichen Mittel. Zu den Ressourcen einer Volkswirtschaft zählen auch die Menschen; ihre Qualifikation wollen die OECD-Mitglieder fördern. Insofern nimmt die OECD auch Einfluss auf die Bildungs- und Sozialpolitik.

Die OECD weist in Verlautbarungen z. B. auf Mängel in der Bildungspolitik hin und analysiert ihre Ursachen. Die Pisa-Studie ist dafür ein Beispiel. In dieser Studie werden u. a Mängel in der deutschen Bildungspolitik festgestellt und soziale Probleme als ihre Ursachen aufgezeigt. Sie fordert deshalb eine Politik, die den Zugang zu den Bildungseinrichtungen für sozial schwache und Immigrationsfamilien erleichtert.

6. Welche Organe verwalten die OECD?

Organe der OECD sind:

- der OECD-Rat,
- Ausschüsse, Fachausschüsse (z. B. der Entwicklungshilfeausschuss),
- Sekretariat (Generalsekretär).

7. Wie setzt sich der OECD-Rat zusammen und welche Bedeutung hat er?

In den OECD-Rat entsendet *jedes Mitglied einen Vertreter*. Er ist das oberste Entscheidungsorgan der OECD; von ihm gehen alle *Rechtshandlungen* der OECD aus. Der OECD-Rat tagt regelmäßig; einmal im Jahr findet eine Tagung auf Ministerebene statt. Beschlüsse werden im Konsens gefasst.

8. Wer ernennt den Generalsekretär und welche Aufgaben hat er?

Der Rat ernennt für eine Amtszeit von fünf Jahren einen Generalsekretär, der ihm verantwortlich ist. Er *unterstützt den Rat*, er kann sowohl dem Rat wie jedem anderen Organ der OECD Vorschläge unterbreiten. Der Generalsekretär führt bei den regelmäßigen Ratstagungen der ständigen Vertreter den Vorsitz.

Der Generalsekretär leitet das Sekretariat. Das Sekretariat setzt die Beschlüsse um und unterstützt die Ausschüsse bei ihrer Arbeit.

9. Welche Mittel stehen der OECD zur Verfügung, um ihre Ziele zu erreichen?

Die Organisation hat folgende Mittel, um ihre Ziele zu erreichen:

- Beschlüsse fassen; diese Beschlüsse sind für alle Mitglieder bindend, wenn nichts anderes vorgesehen ist,
- Empfehlungen an die Mitglieder richten,
- Vereinbarungen abschließen mit Mitgliedern, Nichtmitgliedstaaten und internationalen Organisationen.

10. Welche Arbeit leisten die Fachausschüsse?

Es bestehen insgesamt rd. 200 Ausschüsse und Arbeitsgruppen. Sie leisten die *Facharbeit der Organisation*. Mitglieder der Ausschüsse und Arbeitsgruppen werden aus den Ministerien und Behörden der Mitgliedsländer abgeordnet.

Besondere Bedeutung hat der Entwicklungshilfeausschuss.

11. Wie wird die Arbeit der OECD finanziert?

Die Organisation wird durch *Beiträge der Mitgliedsländer* finanziert. Die drei größten Beitragszahler sind die USA, Japan und Deutschland. Die Mitgliedsländer können freiwillig besondere Projekte finanzieren.

5.1.3 Europäische Union

5.1.3.1 Entstehung und Entwicklung der Europäischen Union

1. Wann begann der europäische Integrationsprozess?

Der europäische Integrationsprozess begann mit der Gründung der Europäischen Gemeinschaft für Kohle und Stahl (EGKS). Beteiligt waren folgende Staaten: Belgien, Deutschland, Frankreich, Italien, Luxemburg und die Niederlande. Der Vertrag wurde am 18. April.1951 unterzeichnet und trat am 27. Juli 1952 in Kraft. Ziel der EGKS war *der gemeinsame Markt für Kohle und Stahl* in Europa. (Der Vertrag lief nach 50 Jahren aus.)

2. Welche Bedeutung haben die Verträge von Rom?

Die Staaten, die an der EGKS beteiligt waren, unterzeichneten im März 1957 in Rom die folgenden Verträge, die am 1. Januar 1958 in Kraft traten. Die seitdem so genannten *Römischen Verträge* sind

1. der Vertrag zur Gründung der *Europäischen Wirtschaftsgemeinschaft* (EWG), der auf die Errichtung eines gemeinsamen Marktes in Europa und die allmähliche Annäherung der nationalen Wirtschaftspolitiken abzielte,

2. der Vertrag zur Gründung der *Europäischen Atomgemeinschaft* (Euratom), der die friedliche Nutzung der Kernenergie in Europa fördern sollte.

3. Welche Folgen hatte der Fusionsvertrag von 1967?

EWG, Euratom und EGKS (bis 2002) bilden durch den Fusionsvertrag von *1967 die Europäischen Gemeinschaften*. Sie haben seitdem eigene Organe: den Ministerrat und die gemeinsame Kommission. In der Folgezeit wurden die Organe der Gemeinschaften gestärkt und die Kompetenzen der Gemeinschaft erweitert mit der Absicht, einen europäischen Binnenmarkt bis 1992 zu schaffen.

4. Welche Bedeutung hat der Vertrag über die Europäische Union (EU-Vertrag) für die Entwicklung der Union?

Der Vertrag über die Europäische Union (EU-Vertrag, Vertrag von Maastricht) trat 1993 in Kraft. Seine besondere Bedeutung liegt darin, dass er u. a. die Grundlagen für die *Entwicklung der Gemeinschaften zur Europäischen Wirtschafts- und Währungsunion (EWWU)* schuf.

5. Welche Folgen wird der Vertrag von Lissabon für die Entwicklung der EU haben?

Der Vertrag von Lissabon (2007) soll die Verträge, die Grundlagen der EU sind, so erweitern und ändern, dass die erweiterte EU *demokratischer und handlungsfähiger* wird.

Der Vertrag von Lissabon, *„Vertrag von Lissabon zur Änderung des Vertrags über die Europäische Union und des Vertrags zur Gründung der Europäischen Gemeinschaft"*, trat im Dezember 2009 in Kraft.

Der Lissabon-Vertrag ist keine Verfassung für die EU; die Europäische Union wird weiterhin u.a. auf folgenden Verträgen beruhen:

- Vertrag über die Europäische Union,
- Vertrag zur Gründung der Europäischen Gemeinschaft, der in *Vertrag über die Arbeitsweise der Europäischen Union* umbenannt wurde.

6. Welche Änderungen enthält der Lissabon-Vertrag?

Der Lissabon-Vertrag ist ein *Änderungsvertrag*; er enthält u. a. folgende Änderungen:

- rechtliche Fusion von Europäischer Union und Europäischer Gemeinschaft,
- Ausbau der Beteiligung der nationalen Parlamente bei der Rechtsetzung der EU,
- Erweiterung der Kompetenzen des Hohen Vertreters der EU für Außen- und Sicherheitspolitik,
- Regelung eines EU-Austritts.

7. Von welchen Organen wird die EU geleitet?

Die EU wird von folgenden Organen geleitet:

- Europäisches Parlament.
  Es besteht aus *Vertretern der Völker der Gemeinschaft*. Das EP ist das *Gesetzgebungsorgan der Union*. Zu seinen wichtigen Aufgaben zählen die Feststellung des EU-Haushaltsplans und die Überwachung der zweckmäßigen Mittelverwendung.
- Europäischer Rat.
  Jeder Mitgliedstaat ist durch einen Vertreter auf Ministerebene im Rat vertreten. Der Rat ist das *Entscheidungsorgan* der EU mit legislativen und exekutiven Befugnissen. Seine zentrale Aufgabe besteht in der Koordinierung der Wirtschaftspolitik der Mitgliedstaaten. Zusammen mit dem EP legt er den EU-Haushaltsplan fest und überwacht mit ihm die Mittelverwendung durch die Kommission.
- Europäische Kommission.
  Jeder Mitgliedstaat wird durch ein Mitglied in der Kommission vertreten. Die Kommission ist in erster Linie den Interessen der Gemeinschaft verpflichtet. Die Kommission hat für *das ordnungsgemäße Funktionieren und die Entwicklung des gemeinsamen Marktes* zu sorgen. Dabei kann sie nach Maßgabe des Vertrages in eigener Zuständigkeit Entscheidungen treffen.

8. Auf welchen Pfeilern ruht die EU?

Die EU ruht auf *drei Pfeilern*, das sind

1. die Europäische Gemeinschaft (EG), auf die EG wird unter 5.1.3.2 eingegangen,
2. die Gemeinsame Außen- und Sicherheitspolitik (GASP),
3. die polizeiliche und justizielle Zusammenarbeit in Strafsachen.

5.1.3.2 Die Europäische Gemeinschaft

1. Welche Aufgabe hat die Europäische Gemeinschaft?

Nach Art. 2 ff. des EG-Vertrages soll die Gemeinschaft u. a. *das Wirtschaftsleben innerhalb der Gemeinschaft harmonisch und ausgewogen entwickeln*, ein beständiges, nichtinflationäres Wachstum fördern und ein hohes Beschäftigungsniveau anstreben. Dazu sollen die Mitgliedstaaten und die Gemeinschaft eine einheitliche Geld- und Wechselkurspolitik mit dem vorrangigen Ziel der Preisstabilität betreiben. Wenn also bestimmte wirtschaftspolitische Ziele mit dem Ziel der Preisstabilität konfligieren, so ist vorrangig immer eine Politik zur Sicherung des Preisniveaus zu betreiben.

2. Mit welcher Politik soll das Ziel erreicht werden?

Das Ziel soll erreicht werden mit einer Wirtschaftspolitik, die die einzelstaatlichen Wirtschaftspolitiken koordiniert, gemeinsame Ziele festlegt, eine offene Marktwirtschaft mit freiem Wettbewerb im europäischen Binnenmarkt anstrebt.

Im Rahmen dieser Wirtschaftspolitik sollen (im vorgegebenen Zeitrahmen) die Wechselkurse im Hinblick auf die Einführung einer einheitlichen Währung festgelegt und eine einheitliche Geld- und Währungspolitik durchgeführt werden.

3. Welche Kompetenzen hat die EG?

Die Gemeinschaft ist ausschließlich zuständig für Befugnisse, die ihr der EG-Vertrag zuweist. In diesem Rahmen kann sie Recht setzen, das nicht nur für die Gemeinschaft und ihre Organe, sondern auch für die Mitgliedstaaten Gültigkeit hat. Die *ausschließliche Zuständigkeit* betrifft z. B. die Geldpolitik (vgl. die Ausführungen unter 5.1.3.3.).

In den Bereichen, die nicht in ihre ausschließliche Zuständigkeit fallen, wird die Gemeinschaft nach dem *Subsidiaritätsprinzip* nur tätig, sofern und soweit die Ziele der in Betracht gezogenen Maßnahmen auf Ebene der Mitgliedstaaten nicht ausreichend erreicht werden können und daher wegen ihres Umfangs oder ihrer Wirkungen besser auf Gemeinschaftsebene erreicht werden können (Art. 5 EGV).

5.1.3.3 Die Europäische Währungs- und Wirtschaftsunion

1. Wann wurde das Europäische Währungssystem (EWS) gegründet und welche Ziele verfolgte es?

Im Jahre 1979 schlossen sich die EU-Mitgliedsländer zum Europäischen Währungssystem (EWS) zusammen. Das EWS war ein *Wechselkursverbund*, dem die folgenden Ziele vorschwebten:

- Stabilisierung der Währungen der EU-Länder,
- Festigung der internationalen Währungsbeziehungen,
- Förderung des europäischen Integrationsprozesses.

2. Mit welchen Mitteln sollte das EWS die Ziele erreichen?

Die Mittel des EWS zur Erreichung der Ziele waren

- ein System fester Wechselkurse, das mithilfe der Europäischen Währungseinheit (ECU) definiert wurde,
- die Interventionspflicht der beteiligten Länder bei Wechselkursungleichgewichten,
- das Beistands- und Kreditsystem.

3. Welche Bedeutung hatte die Europäische Währungseinheit für das EWS?

Die Europäische Währungseinheit (European Currency Unit, ECU) war bis zur Einführung des Euro Bezugsgröße für die Wechselkurse, Indikator für Wechselkursabweichungen, Rechengröße für Forderungen und Verbindlichkeiten, Zahlungsmittel zwischen den Zentralbanken der EU-Länder und Reservemittel.

4. Wie wurde der ECU definiert und wie ergab sich der ECU-Wert der einzelnen Landeswährungen?

Der ECU wurde als *Währungskorb* definiert, in dem die Währungen der Mitgliedsländer mit festen Beträgen enthalten waren. Die Anteile der einzelnen Länder am Währungskorb waren abhängig z.B. von der Höhe des Sozialprodukts, von der außenwirtschaftlichen Bedeutung u.Ä. Im Vertrag von Maastricht wurde der Währungskorb festgeschrieben.

Ein ECU war die Summe der Währungsbeträge in dem Währungskorb. Zur Veranschaulichung soll ein Beispiel von Ende 1996 dienen. Die folgende Tabelle gibt die Währungsbeträge wieder.

	Länder	Währungen	Beträge
1	Deutschland	DM	0,6242
2	Frankreich	FF	1,332
3	Niederlande	hfl	0,2198
4	Belgien	bfrs	3,301
5	Luxemburg	lfrs	0,13
6	Italien	Lit	151,8
7	Dänemark	dkr	0,1976
8	Irland	Ir£	0,008552
9	Großbritannien	£	0,08784
10	Griechenland	Dr	1,44
11	Spanien	Pta	6,885
12	Portugal	Esc	1,393

Ein ECU in einer Landeswährung ergab sich durch Addition der mit den aktuellen Wechselkursen bewerteten Währungsbeträge. Der DM-Wert eines ECU wurde z. B. folgendermaßen errechnet: 1 ECU = 0,6242 DM + (1,332 FF * 29,55) + (0,2198 hfl * 89,157) + ... = 1,93039.[2]

5. Wie wirkte der Wechselkursmechanismus?

Für die am Wechselkursmechanismus teilnehmenden Länder legte die Kommission der Europäischen Gemeinschaften *Leitkurse* fest. Der ECU-Leitkurs für Deutschland betrug z. B. (1996) 1 ECU = 1,92573 DM. (Für die nicht teilnehmenden Länder wurden fiktive Leitkurse angenommen.)

Mithilfe der ECU-Leitkurse wurden bilaterale Leitkurse festgelegt. Es ergab sich so ein Gitter *bilateraler Wechselkurse*. Die teilnehmenden Länder waren verpflichtet, diese bilateralen Kurse zu verteidigen. Sie mussten intervenieren, wenn der tatsächliche Kurs vom Leitkurs um ± 15 % abwich. (Zwischen Deutschland und den Niederlanden bestand eine Schwankungsbreite von ± 2,25 %.)

6. Wie war die Interventionspflicht geregelt?

Die Interventionspflicht war so geregelt, dass die beiden von den Kursschwankungen ihrer Währungen betroffenen Zentralbanken mit dem Kauf bzw. Verkauf der jeweils anderen Währung eingriffen.

---

[2] Für die hier angedeutete Berechnung werden die Durchschnitte der amtlichen Devisenkurse an der Frankfurter Börse vom Nov. 96 herangezogen; der angegebene ECU-Wert für DM wurde von der Kommission der Europäischen Gemeinschaften mitgeteilt. (Angaben nach Bundesbankbericht Jan. 97)

7. Wie wirkte das Beistands- und Kreditsystem?

Das EWS war mit einem Beistands- und Kreditsystem verbunden. Damit betroffene Zentralbanken ihren Interventionspflichten nachkommen konnten, erhielten sie Kredite; z.B. stellte die jeweilige Emissionsbank der zur Intervention verpflichteten Notenbank für die sog. *sehr kurzfristige Finanzierung* die erforderlichen Währungsbeträge zur Verfügung.

8. Wie wurde die Währungsunion in Europa entwickelt

Das Ziel des Europäischen Währungssystems war die Vorbereitung einer Währungsunion in Europa durch währungs- und wirtschaftspolitische Zusammenarbeit der betroffenen Staaten. Der Europäische Rat berief im Jahre 1988 einen Ausschuss zur Entwicklung konkreter Vorstellungen für die Union. Der Ausschuss legte dazu einen Plan (nach seinem Vorsitzenden *Delors-Plan* genannt) vor. Er sah eine Entwicklung der Währungsunion *in drei Stufen* vor.

9. Was sollte in der 1. Stufe zur Entwicklung der Währungsunion erreicht werden?

In der 1. Stufe (ab 1. Juli 1990) sollten die Teilnehmerländer die Maßnahmen ihrer *Wirtschafts- und Währungspolitik stärker koordinieren,* um so die Unterschiede in den volkswirtschaftlichen Ergebnissen, z.B. Beschäftigungssituation, Preisniveau, abzubauen. Alle Gemeinschaftswährungen sollten in das Europäische Währungssystem einbezogen werden, die private Verwendung des ECU wurde ermöglicht. Der Plan empfahl den Teilnehmerländern dringend auf Wechselkursänderungen nach Möglichkeit zu verzichten und andere Anpassungsmechanismen zu nutzen. Die Voraussetzungen für die Errichtung eines europäischen Zentralbanksystems wurden durch entsprechende Änderungen der EWG-Verträge geschaffen.

10. Wie lässt sich die 2.Stufe kennzeichnen?

Die 2. Stufe war eine Übergangsphase (1. Januar 1994 bis 31. Dezember 1998), in der die Organe der Union auf- und ausgebaut wurden. Für die währungs- und wirtschaftspolitischen Maßnahmen blieben aber noch die nationalen Instanzen verantwortlich.

11. Welche Regelungen traten in der 2. Stufe in Kraft?

Folgende wichtige Regelungen traten u.a. in Kraft:

- Koordinierung der Wirtschaftspolitik, insbesondere der Geldpolitik mit dem Ziel der Preisstabilität und mit Bezug auf die Konsolidierung der öffentlichen Haushalte,
- regelmäßige Überwachung der Wirtschafts- und der Haushaltspolitik in den Mitgliedstaaten,
- Verbesserung der Konvergenz,

- Errichtung des europäischen Währungsinstituts (Zusammenarbeit der nationalen Notenbanken),
- Verbot für die Notenbanken, Kredite an den Staat zu vergeben.

12. Wann wurde das Europäische Zentralbanksystem errichtet?

Am Ende der 2. Stufe wurde das Europäische Zentralbanksystem errichtet; ihre Organe hatten das geldpolitische Instrumentarium festzulegen und die Einführung des EURO vorzubereiten.

13. Warum ist die dritte Stufe von besonderer Bedeutung?

Die 3. Stufe begann am 1. Januar 1999. Dieser Tag ist für die Geschichte der Gemeinschaftswährung aus zwei Gründen von besonderer Bedeutung:

1. Die Zuständigkeit für die Geldpolitik ging von den elf betroffenen Zentralbanken auf das Europäische System der Zentralbanken (ESZB) über.
2. Die Euro-Umrechnungskurse für die Währungen der elf Staaten, die zunächst am Euro-System beteiligt waren, wurden unwiderruflich festgelegt. Dabei galt – wie vereinbart – 1 Euro = 1 ECU. Grundlage der Umrechnung war der Wert eines ECU am 31.12.98. Für die DM ergab sich z. B. ein Umrechnungskurs von 1 € = 1,95583 DM.

Im Verlauf der dritten Stufe, am 1. Januar 2001, führte auch Griechenland den Euro ein und nimmt seitdem am Euro-System teil.

14. Wann wurden Eurobanknoten und -münzen als gesetzliches Zahlungsmittel eingeführt?

Die dritte Stufe endete am 1. Januar 2002 mit der Einführung von Eurobanknoten und -münzen als gesetzliches Zahlungsmittel in den zwölf Staaten. Es ist ein Währungsgebiet, das *Euro-Währungsgebiet*, entstanden, in dem ein Zentralbanksystem, das *ESZB*, für eine einheitliche Währung, den *Euro,* zuständig ist.

15. Welche Bedeutung haben die Konvergenzkriterien?

Eine Währungsunion kann nur funktionieren, wenn die beteiligten Staaten in ihrer wirtschaftlichen Struktur und Entwicklung einander ähnlich sind und sich *in wesentlichen ökonomischen Grunddaten annähern*. Um diese Annäherung zu erzwingen, wurden vom Maastrichter Vertrag für den Beitritt und die Teilnahme am Euro-System sog. Konvergenzkriterien definiert. Sie beziehen sich auf folgende Bereiche: *Preisniveaustabilität, niedrige langfristige Zinsen, Haushaltsdisziplin und Wechselkursstabilität.*

Für diese Kriterien wurden *Referenzwerte* festgelegt. Die Staaten, die in die Währungsunion aufgenommen werden wollen, sollen diese Referenzwerte wenigstens annähernd erreichen. Die teilnehmenden Länder müssen ihre Maßnahmen in Währungs-, Finanz- und Wirtschaftspolitik auf diese Referenzwerte ausrichten.

16. Wodurch können die Ziele der Union gefährdet werden?

Ziele der Union sind u. a. Preisstabilität sowie Wirtschaftswachstum und Beschäftigung im Euro-Währungsgebiet. Die Voraussetzungen dafür können nur durch eine entsprechende *Finanzpolitik* geschaffen werden.

Eine besondere Gefahr für die Preisstabilität geht von der monetären Finanzierung der Haushaltsdefizite aus. Kredite der nationalen Zentralbanken an die Träger der Finanzpolitik zur Deckung der Haushaltslücken tragen durch die Vermehrung der gesamtwirtschaftlichen monetären Nachfrage zu inflationären Entwicklungen bei; sie sind deshalb verboten.

17. Welche Ziele verfolgt der Stabilitäts- und Wachstumspakt?

Der Stabilitäts- und Wachstumspakt, der von den an der Gemeinschaft beteiligten Staaten im Jahr 1997 beschlossen wurde, verfolgt folgende Ziele:

1. die Sicherung der dauerhaften Übereinstimmung der Finanzpolitik mit den Anforderungen eines soliden Haushalts,
2. die Überwachung der finanzpolitischen Entwicklungen, um im Falle budgetärer Fehlentwicklungen frühzeitig Warnsignale zu erhalten.

Mit dem Pakt verpflichten sich die Mitgliedstaaten, mittelfristig *Haushalte* anzustreben, *die entweder nahezu ausgeglichen sind oder einen Überschuss aufweisen*. Dadurch soll erreicht werden, dass die Defizite unterhalb des Referenzwertes von 3 % des BIP bleiben. Die Einhaltung überwacht der ECOFIN-Rat.[3]

18. Welche Vorteile hat die einheitliche Währung?

Durch die Union entsteht ein großer europäischer Binnenmarkt, dessen Bedeutung sich erschließt, wenn man berücksichtigt, dass die europäischen Staaten den größten Teil ihres Außenhandels untereinander abwickeln. *Der Handel* zwischen ihnen wird durch die Einführung einer einheitlichen Währung *erheblich erleichtert*. Einige der Vorteile können folgendermaßen spezifiziert werden:

- Rechnungen können in einer einheitlichen Währung ausgeglichen werden. Die Unternehmen erhalten sichere Kalkulationsgrundlagen. Private Haushalte haben bei Reisen in die Unionsländer keine Kosten beim Umtausch von Währungen.
- Preise für Waren, Leistungen und Produktionsfaktoren werden in Europa vergleichbar. Davon können Anregungen für das wirtschaftliche Wachstum in den europäischen Staaten ausgehen. Das kann den Wettbewerb stärken.

---

[3] Der ECOFIN-Rat ist ein gemeinsames Gremium, das die Haushaltspolitik der Mitgliedsländer koordinieren soll. Es setzt sich zusammen aus den Finanzministern der Länder.

- Das gilt auch für die Finanzmärkte. Es entstehen neue Märkte für Finanzdienstleistungen, wie z. B. für Bankgeschäfte und Versicherungen. Der Euro ist mittlerweile eine wichtige Anleihewährung geworden. So können deutsche Unternehmen auch in anderen Ländern Anleihen aufnehmen und Aktien unterbringen.

19. Was wird als Eurosystem bezeichnet?

Mit dem Begriff Eurosystem, den der EZB-Rat eingeführt hat, wird das System von Einrichtungen, Instanzen und Zuständigkeiten bezeichnet, in dem das ESZB seine Aufgaben für eine einheitliche Geldpolitik im Euro-Raum erfüllt. Das sind zwar die wichtigsten, aber nicht die einzigen Aufgaben des ESZB.

Das Europäische System der Zentralbanken (ESZB) besteht aus der Europäischen Zentralbank (EZB) mit dem Sitz in Frankfurt am Main und den beteiligte nationalen Zentralbanken.

20. Von welchen Organen wird das ESZB geleitet?

Das ESZB wird von den *Beschlussorganen* geleitet. Beschlussorgane sind der Europäische Zentralbankrat, das Direktorium und der Erweiterte Rat.

- Der *EZB-Rat* ist das oberste Beschlussorgan der EZB. Er setzt sich zusammen aus allen Mitgliedern des Direktoriums der EZB und den Präsidenten der Zentralbanken derjenigen Mitgliedstaaten, in denen der Euro eingeführt ist. Jedes Mitglied verfügt über eine Stimme. Die Entscheidungen werden im Allgemeinen mit einfacher Mehrheit getroffen. Der EZB-Rat sorgt grundsätzlich mithilfe von Leitlinien dafür, dass das Eurosystem die ihm durch den EU-Vertrag zugewiesenen Aufgaben erfüllt. Er legt die Geldpolitik im Euro-Währungsgebiet fest, erlässt Leitlinien für die Durchführung der Geldpolitik, entscheidet über die Anwendung bestimmter Instrumente der Geldpolitik usw.

- Das *Direktorium* führt die laufenden Geschäfte der EZB und ist für die Durchführung der Geldpolitik zuständig, es ist also das *ausführende Beschlussorgan*. Es führt die Geldpolitik gemäß den Vorgaben durch den EZB-Rat durch; dazu gibt es die entsprechenden Weisungen an die nationalen Zentralbanken.

- Der *Erweiterte Rat* ist ein Übergangsorgan. Er nimmt vor allem die Aufgaben wahr, die damit zusammenhängen, dass der Euro noch nicht von allen Mitgliedstaaten eingeführt wurde.

21. Welche Ziele und Aufgaben hat das ESZB?

Der EG-Vertrag schreibt in Art. 105 dem ESZB vor, in erster Linie für ein *stabiles Preisniveau* im Euro-Währungsgebiet zu sorgen. Wenn das vorrangige Ziel der Preisstabilität dadurch nicht beeinträchtigt wird, soll das ESZB aber auch die Wirtschaftspolitik in der Gemeinschaft unterstützen und zur Verwirklichung der Gemeinschaftsaufgaben nach Art. 2 des Vertrages beitragen. Das ESZB soll dabei im Einklang mit dem Grundsatz einer offenen Marktwirtschaft mit freiem Wettbewerb handeln, weil dadurch ein effizienter Einsatz der Ressourcen gefördert wird.

Darüber hinaus bestehen die *grundlegenden Aufgaben des ESZB* u. a. darin[4],

- die Geldpolitik der Gemeinschaft festzulegen und auszuführen,
- Devisengeschäfte durchzuführen,
- die offiziellen Währungsreserven der Gemeinschaft zu halten und zu verwalten,
- das reibungslose Funktionieren der Zahlungssysteme zu fördern,
- Banknoten auszugeben,
- die Ausgabe von Münzen durch die Mitgliedstaaten zu genehmigen,
- die Institutionen der Gemeinschaft und die Mitgliedstaaten bei Rechtsakten zu beraten, die in seinen Zuständigkeitsbereich fallen,
- statistische Daten zu erheben.

22. Wie wird Preisstabilität definiert und wie wird sie gemessen?

Als eine wichtige Grundlage der geldpolitischen Strategie hat der EZB-Rat Preisstabilität als einen *jährlichen Preisanstieg von weniger als zwei Prozent* definiert. Nach dieser Definition ist das Preisniveau stabil, wenn sich die Lebenshaltung der Verbraucher im Jahr um höchstens zwei Prozent verteuert.

Zur Analyse der Preisentwicklung nutzt der EZB hauptsächlich den *Harmonisierten Verbraucherpreisindex* (HVPI). In den HVPI gehen die Preise einer großen Anzahl von Konsumgütern und Dienstleistungen ein. Sie werden zu Aggregaten, den Komponenten des HVPI, zusammengefasst. Die Komponenten werden gemäß den Verbrauchsausgaben im Berichtszeitraum gewichtet, d. h. sie gehen mit unterschiedlichen prozentualen Anteilen in den HVPI ein. In der folgenden Tabelle werden die Hauptkomponenten des HVPI aufgelistet, angegeben werden auch die Gewichte (Quelle: Europ. Zentralbank, Monatsbericht März 2010).

	Hauptkomponenten des HVPI	Gewichte nach Verbrauchsausgaben in v. H.	
Waren	Verarbeitete Nahrungsmittel	11,9	
	Unverarbeitete Nahrungsmittel	7,3	
	Industrieerzeugnisse (außer Energie)	29,3	
	Energie	9,6	58,1
Dienstleistungen	Wohnungsmieten und -dienstleistungen	10,2	
	Verkehr	6,6	
	Nachrichtenübermittlung	3,3	
	Freizeitdienstleistung u. Ä.	14,7	
	sonstige Dienstleistungen	7,1	41,9

---

[4] Vgl. Art. 3 ff. der ESZB-Satzung und Art. 106 des EG-Vertrages.

23. Warum muss die Entwicklung der Geldmenge kontrolliert werden?

Die EZB beobachtet die Entwicklung der Geldmenge, weil starke Preissteigerungen meistens mit einer übermäßigen Ausweitung der Geldmenge einhergehen. Die EZB muss deshalb die Entwicklung der Geldmenge kontrollieren, um inflationären Entwicklungen entgegenwirken zu können. Als weitere Grundlage der geldpolitischen Strategie ist deshalb die Festlegung der *Geldmengenentwicklung* von besonderer Bedeutung.

Der EZB-Rat hat kein Geldmengenziel angegeben, er hat vielmehr die *Zuwachsrate der Geldmenge begrenzt*. Für die Wachstumsrate der Geldmenge gibt sie zzt. einen Referenzwert von 4,5 % vor.

24. Welche Geldmenge liegt der Geldmengenpolitik zu Grunde?

Bezugsgröße der Geldmengenpolitik ist die *Geldmenge M 3*. Sie umfasst alle Geldmengen, Veränderungen zwischen den Geldmengen M1, M 2 und M 3 (z. B. die Anlage von Bargeld) werden dadurch aufgefangen; als Indikator für die Preisentwicklung ist M 3 stabil und zeigt mittelfristig die Preisentwicklung relativ stabil an.

Das ESZB definiert drei Geldmengen (monetäre Aggregate). Sie unterscheiden sich hinsichtlich der Liquidität der enthaltenen Komponenten.

- M1 – Bargeldumlauf und täglich fällige Einlagen,
- M2 – M 1 und die sonstigen kurzfristigen Anlagen (Einlagen mit vereinbarter Laufzeit von bis zu zwei Jahren und Einlagen mit vereinbarter Kündigungsfrist von bis zu drei Monaten),
- M 3 – M 2 und marktfähige Instrumente (z. B. Wertpapierpensionsgeschäfte, geldmarktfähige Papiere u. Ä.).

25. Welche Instrumente werden in der Geldpolitik eingesetzt?

Folgende Instrumente kann der EZB-Rat zur Sicherung der Preisstabilität einsetzen:

- Offenmarktgeschäfte
  Bei Offenmarktgeschäften *kauft oder verkauft die ESZB Wertpapiere* auf dem „offenen Markt"; ihre Geschäftspartner sind dabei Geschäftsbanken. Es ist leicht einzusehen, dass die Geschäftsbanken Liquidität, „Geld", erhalten, wenn sie dem ESZB Papiere verkaufen, und dass sie Liquidität abgeben, wenn sie die Papiere kaufen. Die Geschäftsbanken können sich also auf diesem Wege Liquidität verschaffen, d. h. sie refinanzieren sich für die Geschäfte mit ihren Kunden, z. B. für Auszahlungen, für Kreditvergabe u. Ä.

- Ständige Fazilitäten
  Ständige Fazilitäten sind *Kreditmöglichkeiten*, die die als Geschäftspartner ausgewählten Geschäftsbanken *bei Bedarf* in unbegrenzter Höhe in Anspruch nehmen können. Die Initiative für diese Geschäfte geht von den Geschäftspartnern aus, die sich dazu an die jeweils zuständige nationale Zentralbank wendet. Dieses geldpolitische Instrument dient dazu, sog. *Übernachtliquidität bereitzustellen oder zu absorbieren*.

- Mindestreserven
Das ESZB kann von den Geschäftspartnern verlangen, dass sie einen Teil ihrer Verbindlichkeiten auf Girokonten bei der zuständigen nationalen Zentralbank hinterlegen. Dieser hinterlegte Betrag wird als Mindestreserve bezeichnet. Nur der um die Mindestreserve verminderte Betrag, die sog. *Überschussreserve*, steht der Bank zur weiteren Kreditvergabe zur Verfügung.

26. Welche Länder gehören der EU bzw. der EWWU an?

Der EU gehören inzwischen *27 Staaten* an mit rd. 492 Mio. Menschen an (Stand 2007). Die Summe der Bruttoinlandsprodukte der beteiligten Staaten betrug 12.339,5 Mrd. €. Zwischen den Mitgliedsländern bestehen zum Teil erhebliche *Unterschiede* u. a. in den wirtschaftlichen Strukturen, in der Konvergenz, in den nationalen Interessen, die sich in den politischen Maßnahmen ausdrücken.

Der Währungsunion gehören seit Januar 2009 16 Staaten an.

In der folgenden Tabelle sind die Mitgliedstaaten der EU aufgelistet. Die Länder, die den Euro als Währung eingeführt haben, sind mit einem Stern gekennzeichnet.

1	2	3	4	5
	Länder	Fläche (km²)	Einwohner in 1.000	BIP zu Marktpreise Mrd. €
1	Belgien*	32.545	10.541	334,9
2	Bulgarien	110.994	7.693	28,9
3	Dänemark	43.098	5.437	227,7
4	Deutschland*	357.093	82.375	2.422,9
5	Estland	45.227	1.342	15,3
6	Finnland*	338.144	5.266	179,7
7	Frankreich*	543.965	61.257	1.892,2
8	Griechenland*	131.957	11.147	228,2
9	Großbritannien	242.910	60.550	2.047,2
10	Irland*	70.273	4.268	190,6
11	Italien*	301.336	58.843	1.535,5
12	Lettland	64.589	2.288	19,9
13	Litauen	65.301	3.394	28,0
14	Luxemburg*	2.586	462	36,3
15	Malta*	316	406	5,4
16	Niederlande*	41.526	16.340	567,1
17	Österreich*	83.871	8.281	270,8
18	Polen	312.685	38.129	308,6
19	Portugal*	92.345	10.589	163,1
20	Rumänien	238.391	21.590	121,4
21	Schweden	449.964	9.084	332,0
22	Slowakei*	49.034	5.390	54,9

23	Slowenien*	20.253	2.007	34,5
24	Spanien*	504.782	44.121	1.050,6
25	Tschechien	78.866	10.270	127,1
26	Ungarn	93.030	10.067	101,1
27	Zypern*	9.251	771	15,6

5.1.4 Stellung Deutschlands in der Weltwirtschaft

1. Wie kann die Stellung Deutschlands in der Weltwirtschaft verdeutlicht werden?

Deutschland zählt zu den führenden Welthandelsländern.

In der folgenden Tabelle wird eine Übersicht der Einfuhren und Ausfuhren einiger wichtiger Welthandelsländer wiedergegeben. Die Tabelle stellt die prozentualen Anteile der Einfuhren und Ausfuhren an allen Einfuhren und Ausfuhren dar.[5]

Einfuhren			Ausfuhren		
Rang		%	Rang		%
1	USA	15,5	1	Deutschland	9,2
2	Deutschland	7,3	2	USA	8,6
3	VR China	6,4	3	VR China	8,0
4	Großbritannien	5,0	4	Japan	5,4
5	Japan	4,7	5	Frankreich	4,1
6	Frankreich	4,3	6	Niederlande	3,8
7	Italien	3,5	7	Großbritannien	3,7
8	Niederlande	3,4	8	Italien	3,4
9	Kanada	2,9	9	Kanada	3,2
10	Belgien	2,9	10	Belgien	3,1

2. Wie zeigt sich die Bedeutung des deutschen Außenhandels für die deutsche Volkswirtschaft?

Die deutschen Ausfuhren machten im Jahr 2009 rd. 41 % des Bruttoinlandsprodukts in jeweiligen Preisen aus. Dieser Wert weist auf die starke Abhängigkeit der Produktion, der Beschäftigung und des Einkommens von ausländischer Nachfrage hin.

Deutschland benötigt auch Güter aus dem Ausland. Die Importe hatten im Jahr 2009 einen Wert in Höhe von rd. 36 % des Bruttoinlandsprodukts.[6]

Traditionell hat Deutschland einen *Exportüberschuss*, d. h. es werden mehr Güter aus- als eingeführt.

---

[5] Quelle: Fischers Weltalmanach 2009, S. 694.
[6] Nach Monatsbericht der Deutschen Bundesbank, August 2010.

3. Worin zeigt sich die Abhängigkeit der deutschen Volkswirtschaft vom Außenhandel?

Deutschland ist vom Import in zweierlei Hinsicht abhängig: Einmal werden die Rohstoffe und Anlagegüter für die heimische Industrie dringend benötigt; andererseits kann in ein anderes Land nur exportiert werden, wenn dieses Land auch die Chancen zum Export hat.

Die Abhängigkeit vom Export wird deutlich, wenn man bedenkt dass i. d. R. mehr als ein Drittel des BIP für den Export produziert wird. Hinzu kommt aber, dass mithilfe des Exports die Devisen erwirtschaftet werden, mit denen die Importe bezahlt werden.

4. Mit welchen Ländern tauscht Deutschland vorwiegend Produkte aus?

Der Güteraustausch Deutschlands wird *überwiegend mit europäischen Ländern* abgewickelt; rd. 75 % der gesamten deutschen Exporte gingen im Jahre 2008 in europäische Länder, rd. 72 % der gesamten deutschen Importe kamen aus europäischen Ländern.

An diesem innereuropäischen Güteraustausch Deutschlands sind vor allem die 27 EU-Länder bzw. die 16 EWWU-Länder beteiligt; in die 27 EU-Länder gingen rd. 64 % der deutschen Ausfuhren, in die 16 EWWU-Länder rd. 43 %. Aus diesen Ländern kamen rd. 59 % bzw. rd. 40 % aller Einfuhren.

Der Güteraustausch Deutschlands findet überwiegend *mit hoch entwickelten Industrieländern* statt. Deutsche Unternehmen führen Produkt aus industrialisierten Ländern ein; sie exportieren auch überwiegend in diese Länder.

Unter den elf wichtigsten Empfängerländern deutscher Produkte sind acht europäische Länder, daneben die USA, Japan und China. Das trifft auch auf die Lieferländer zu. Außer bei China handelt es sich um Industrieländer auf hohem Entwicklungsstand. Das Schwellenland gewinnt als Lieferland von Jahr zu Jahr an Bedeutung.

	Empfängerländer nach Anteil an der Gesamtausfuhr in %			Lieferländer nach Anteil an der Gesamteinfuhr in %	
1	Frankreich	9,76	1	Niederlande	8,86
2	USA	7,20	2	Frankreich	8,19
3	Vereinigtes Königreich	6,73	3	China (ohne Hongkong)	7,29
4	Niederlande	6,61	4	Italien	5,65
5	Italien	6,45	5	Vereinigtes Königreich	5,44
6	Belgien und Luxemburg	5,71	6	Belgien und Luxemburg	5,31
7	Österreich	5,42	7	USA	4,92
8	Spanien	4,40	8	Österreich	4,07
9	Schweiz	3,93	9	Schweiz	3,83

| 10 | China (ohne Hongkong) | 3,44 | 10 | Japan | 2,84 |
| 11 | Japan | 1,29 | 11 | Spanien | 2,66 |

Wichtige Empfänger- und Lieferländer, Anteile am Export und Import, 2008
(Quelle: Monatsbericht der Deutschen Bundesbank, Oktober 2009)

5. Auf welche Produkte konzentriert sich der deutsche Außenhandel?

Der Außenhandel Deutschlands konzentriert sich auf Produkte der gewerblichen Wirtschaft. Hauptsächlich werden Investitionsgüter und bestimmte Grundstoffe exportiert und importiert. Es werden vor allem Fertigwaren, weniger Halbwaren und Rohstoffe ausgeführt und eingeführt.

	Warengruppen (Standard International Trade Classification)	Ausfuhr	Einfuhr
1	Nahrungs- und Genussmittel	4,6	6,0
2	Energie (Kohle, Erdöl, Gas, Strom)	2,5	13,6
3	Textilien, Bekleidung, Leder	2,7	4,5
4	Chemische Erzeugnisse	14,7	11,9
5	Metallerzeugnisse	8,4	8,8
6	Maschinenbau	17,1	8,9
7	elektronische Erzeugnisse	14,5	15,0
8	Fahrzeugbau	19,1	11,0
9	Andere Waren (andere Fertigwaren und bearbeitete Waren)	8,9	7,9
10	Sonstiges	7,6	12,3

Deutscher Außenhandel nach Warengruppen 2008, angegeben sind die Anteile an der Ausfuhr und Einfuhr in Prozent (Quelle: Institut der Deutschen Wirtschaft, Hg.: Deutschland in Zahlen, 2009)

6. Welche Bedeutung hat das außenwirtschaftliche Gleichgewicht als wirtschaftspolitisches Ziel?

Das außenwirtschaftliche Gleichgewicht ist ein Ziel der Wirtschaftspolitik, neben den anderen Zielen: stetiges angemessenes Wachstum, hohe Beschäftigung, Stabilität des Preisniveaus. Die Zieldefinition stößt auf zwei Problembereiche:

1. Die Quantifizierung der Ziele – es muss z. B. angegeben werden, was hohe Beschäftigung, was ein stabiles Preisniveau ist usw.

2. Die Beziehungen der Ziele zueinander – die Ziele können z. B. zueinander in Konkurrenz stehen (Zielkonflikt, z. B. evtl. bei Beschäftigung und Stabilität des Preisniveaus) oder sich ergänzen (Zielkomplementarität, z. B. bei Wachstum und Beschäftigung) usw.

Die wirtschaftspolitischen Ziele stehen miteinander in Relation. Die *Relationalität der Ziele* zeigt sich bei der Quantifizierung. Wenn z. B. ein Wachstum von 3 % als Ziel definiert würde, könnte das zu einem Anstieg der Beschäftigung, aber auch zu einer Gefährdung des Preisniveaus führen.

In diesem Zusammenhang ist die *Bedeutung des außenwirtschaftlichen Gleichgewichts* zu sehen. Das außenwirtschaftliche Gleichgewicht wird als eine Situation in der Außenwirtschaft definiert, von der keine Gefährdung der binnenwirtschaftlichen Ziele ausgeht. Ein außenwirtschaftliches Gleichgewicht liegt also dann vor, wenn der Außenhandel die Geldwertstabilität nicht gefährdet, nicht zur Arbeitslosigkeit im Inland beiträgt oder eine Wirtschaftskrise ins Inland trägt. Umgekehrt bedeutet außenwirtschaftliches Gleichgewicht aber auch, dass binnenwirtschaftliche wirtschaftspolitische Ziele nicht auf Kosten des Auslands durchgesetzt werden.

Außenwirtschaftliches Gleichgewicht bedeutet also nicht, dass bestimmte Teilbilanzen der Zahlungsbilanz ausgeglichen sein müssen.

7. Was wird mit der Zahlungsbilanz erfasst?

Die Zahlungsbilanz erfasst *alle wirtschaftlichen Transaktionen* zwischen Inländern und Ausländern. Sie stellt ein in sich geschlossenes System doppelter Verbuchungen dar, sodass sie im buchhalterischen Sinn immer ausgeglichen ist. Die Zahlungsbilanz besteht aus mehreren Teilbilanzen.

8. Welche Teilbilanzen umfasst die Zahlungsbilanz?

1. **Leistungsbilanz**, sie umfasst

- Handelsbilanz mit den Exporten von Waren auf der Aktiv- und den Importen von Waren auf der Passivseite,

- Dienstleistungsbilanz mit den Exporten von Dienstleistungen auf der Aktiv- und den Importen von Dienstleistungen auf der Passivseite; zu den Dienstleistungen zählen z. B. die Dienstleistungen im Reiseverkehr, der Transport von Gütern, der Transithandel (Warenhandel, der durch ein Land hindurchgeführt wird), Finanzdienstleistungen, Patente und Lizenzen, Entgelte für selbstständige Tätigkeiten,

- Bilanz der Erwerbs- und Vermögenseinkommen, sie erfasst die Faktoreinkommen vom und an das Ausland,

- Bilanz der laufenden Übertragungen, sie erfasst alle Übertragungen vom und an das Ausland, die Einkommen und Verbrauch in den betroffenen Ländern beeinflussen; zu den öffentlichen Übertragungen gehören z. B. die Zahlungen an internationale Organisationen; private laufende Übertragungen sind z. B. die Überweisungen der Gastarbeiter.

2. **Bilanz der Vermögensübertragungen**, sie enthält alle öffentlichen und privaten einmaligen Übertragungen, die die Vermögen der betroffenen Länder beeinflussen; dazu zählen z. B. Schuldenerlasse, Schenkungen, Erbschaften u. dgl.

3. **Kapitalbilanz**, die Aktivseite erfasst die Kapitaleinfuhr, aus dem Ausland empfangene Kredite, die Zunahme der Verbindlichkeiten, Abnahme der Forderungen; die Passivseite erfasst die Kapitalausfuhr, gegebene Kredite, die Zunahme der Forderungen, die Abnahme der Verbindlichkeiten.

4. **Veränderung der Währungsreserven**, zu den Währungsreserven zählen vor allem die Sorten und Devisen, Reservepositionen im Internationalen Währungsfonds.

9. Was heißt „die Zahlungsbilanz ist nicht ausgeglichen (negativ oder positiv)"?

Zahlungsbilanzen sind im buchhalterischen Sinne immer ausgeglichen. Teilbilanzen oder Zusammenfassungen von Teilbilanzen (z. B. die Leistungsbilanz) können ungleichgewichtig sein. Eine aktive Handelsbilanz bedeutet z. B. einen Exportüberschuss im Warenverkehr, eine aktive Leistungsbilanz kann z. B. bedeuten, dass der Exportüberschuss negative Dienstleistungs- und Übertragungsbilanzen mehr als ausgeglichen hat.

10. Ist die deutsche Zahlungsbilanz im Gleichgewicht?

Die deutsche Zahlungsbilanz zeigt im Allgemeinen folgende Situation: Die Außenhandelsbilanz ist immer positiv, d. h. Deutschland exportiert mehr Güter als es importiert. Die Dienstleistungsbilanz ist immer negativ; die hohen Salden in der Dienstleistungsbilanz haben ihre Ursachen vorwiegend darin, dass Deutsche ins Ausland reisen und damit Dienstleistungen importieren. Die Leistungsbilanz ist meistens positiv.

Die folgende Tabelle gibt einen Überblick über die Entwicklung der Zahlungsbilanz.

	2003	2005	2007	2009
Außenhandelsbilanz	129.921	158.179	195.348	178.507
Ergänzungen zum Warenhandel	- 11.142	- 14.036	- 9.818	- 12.102
Dienstleistungsbilanz	- 34.497	- 25.677	- 13.312	- 12.682
Bilanz der Erwerbs- u. Vermögenseinkommen	-15.067	24.896	50.643	44.746
Bilanz der laufenden Übertragungen	-28.283	- 28.712	- 13.594	- 33.088
Leistungsbilanz	40.932	114.650	191.267	165.381
Vermögensübertragungen	311	- 1.369	134	- 90
Kapitalbilanz	- 61.758	- 129.635	- 237.280	- 205.398
Saldo der statistisch nicht aufgliederbaren Transaktionen	20.515	16.354	45.897	40.107

Zahlungsbilanzen der Bundesrepublik Deutschland ab 2003, Angaben in Mio. €
(Quelle: Monatsbericht der Deutschen Bundesbank, Oktober 2009)

11. Was wird mit dem Wechselkurs angegeben?

Der Wechselkurs ist der *Preis für Devisen*, das sind ausländische Zahlungsmittel (Sorten, Buchgeld). Der Wechselkurs gibt also das Austauschverhältnis zweier Währungen an. Er ergibt sich i. d. R. aus dem Angebot von Devisen und der Nachfrage nach Devisen. Die Nachfrage nach ausländischen Zahlungsmitteln entsteht, wenn importierte Güter und Dienstleistungen in einer anderen als der heimischen Währung zu zahlen sind. Wenn ausländische Importeure Rechnungen in europäischer Währung zu begleichen haben, müssen sie Euro mit heimischer Währung nachfragen. So entsteht dann ein Angebot von ausländischen Währungen.

Der Wechselkurs macht Preisvorteile zwischen Ländern sichtbar. So wird internationaler Handel erst möglich.

12. Welche Bedeutung haben freie Wechselkurse?

Der freie Wechselkurs ergibt sich aus dem Angebot von und der Nachfrage nach Devisen. Die Nachfrage nach ausländischen Zahlungsmitteln entsteht u. a., wenn importierte Güter und Dienstleistungen in einer anderen als der heimischen Währung zu zahlen sind.

Wenn z. B. ein kanadischer Importeur deutscher Waren Rechnungen, die in Euro ausgestellt wurden, ausgleichen will, muss er Euro mit $ kaufen. Ein deutscher Importeur kanadischer Produkte muss evtl. $ mit Euro kaufen. So entstehen Angebote von $ und Nachfragen nach $. (Devisen werden nicht nur für den Warenverkehr benötigt, sondern auch im Zusammenhang mit Reisen, Schenkungen, Spekulationen usw. nachgefragt.)

Der Kurs, der sich aus dem Zusammentreffen von Devisenangebot und -nachfrage ergibt, ist ein *Gleichgewichtskurs*; dabei gleichen sich das geplante Angebot und die geplante Nachfrage aus. Veränderungen von Angebot und Nachfrage verändern den Gleichgewichtskurs. Es kommt zu Auf- bzw. Abwertungen.

Wenn z. B. deutsche Importeure vermehrt kanadische Produkte einführen und die Rechnungen mit $ ausgleichen müssen, steigt die Nachfrage nach $, es ergibt sich ein neuer Gleichgewichtskurs, der über dem alten liegt. Der $ wird dadurch aufgewertet. Die Kaufkraft des $ in Deutschland steigt, Kanadier fragen vermehrt in Deutschland nach. Die deutschen Exporte nach Kanada nehmen zu. Zum Rechnungsausgleich wird jetzt vermehrt Euro nachgefragt, d. h. $ angeboten. Das führt zu einer Abwertung des $. Die Kaufkraft des Euro in Kanada steigt. Die Importe aus Kanada können wieder steigen.

Allgemein ausgedrückt: Ein heimischer Importüberschuss führt zu vermehrter Nachfrage nach Devisen. Daraus folgt eine Abwertung der heimischen Währung. Diese begründet vermehrte ausländische Nachfrage und eine Verminderung der heimischen Nachfrage nach ausländischen Produkten. Exporte nehmen zu, Importe nehmen ab: der Importüberschuss geht zurück. *Bei freien Wechselkursen gleicht sich die Zahlungsbilanz automatisch aus.*

13. Welche Bedeutung haben feste Wechselkurse?

Der feste Wechselkurs ergibt sich durch *vertragliche Vereinbarung zwischen Staaten*. Die beteiligten Staaten vereinbaren durch entsprechende Maßnahmen dafür zu sorgen, dass das feste Austauschverhältnis ihrer Währungen über längere Zeit gehalten wird. Auf- und Abwertungen ergeben sich nicht durch das Zusammentreffen von Devisenangebot und -nachfrage, sie müssen vielmehr durch die beteiligten Staaten vereinbart werden.

Fortsetzung des Beispiels aus vorheriger Frage: *Es wird angenommen, Kanada und Deutschland vereinbaren feste Wechselkurse. Wenn jetzt deutsche Importeure vermehrt $ nachfragen, muss die deutsche Bundesbank vermehrt $ anbieten; die Aufwertung des $ kann nicht automatisch stattfinden. Importe werden so nicht zunehmen, Exporte nicht abnehmen. Es kann nicht zu einem automatischen Zahlungsbilanzausgleich kommen.*

In der Regel werden feste Wechselkurse als Leitkurse vereinbart, um die der tatsächliche Kurs innerhalb vorgegebener Grenzen schwanken kann. Die Zentralbanken müssen erst intervenieren, wenn die Grenzen des Schwankungsbereichs, die sog. Interventionspunkte, erreicht sind.

Die besonderen Vorteile fester Wechselkurse liegen vor allem in der Stärkung der Integration durch gemeinsame Beschlüsse und Absprachen.

5.1.5 Veränderungen der Arbeitsmärkte

1. Welche Folgen hat die Globalisierung für den Arbeitsmarkt?

Die Globalisierung verändert auch den heimischen Arbeitsmarkt. Das *Arbeitsangebot steigt*. Der Produktionsfaktor Arbeit ist in vielen Teilen der Welt sehr viel billiger als z. B. in Deutschland. Die Folge ist, dass deutsche Arbeitgeber bestimmte Produktionstätigkeiten dorthin verlagern. Zunächst betrifft das eher Tätigkeiten, die lediglich eine geringe Qualifikation verlangen. Aber es kann davon ausgegangen werden, dass in naher Zukunft auch höher qualifizierte Tätigkeiten in *Niedriglohnländer* verlagert werden können, z. B. Tätigkeiten im IT-Bereich.

2. Welche Bedeutung haben die EU-Vorschriften für die Freizügigkeit von Arbeitnehmern?

Innerhalb der EU besteht grundsätzlich *Freizügigkeit*. Das bedeutet z. B. auch, dass jeder Angehörige eines Mitgliedslandes der EU zur Arbeitssuche in ein anderes Mitgliedsland reisen kann. Er muss sich lediglich bei den zuständigen Behörden melden; eine besondere Aufenthaltserlaubnis benötigt er nicht.

3. Welche Rechte haben EU-Bürger als Arbeitnehmer in den EU-Mitgliedsländern?

EU-Bürger, die in einem anderen Mitgliedsland der EU arbeiten, haben u. a. folgende Rechte:

- Die Arbeitsämter müssen sie in gleichem Maße unterstützen wie die einheimischen Arbeitnehmer.
- Sie haben Anspruch auf die gleichen steuerlichen und sozialen Vergünstigungen wie einheimische Arbeitnehmer.
- Für sie gelten die gleichen Arbeitsbedingungen wie für die einheimischen Arbeitnehmer.
- Ihre Beschäftigung darf nicht von besonderen Kriterien abhängig sein, außer von ausreichenden Sprachkenntnissen.
- Ihre Familienangehörigen erhalten ein Aufenthaltsrecht.

4. Erkennen EU-Mitgliedsländer Berufsausbildungen gegenseitig an?

Die Mitgliedsländer der EU erkennen die Abschlüsse von Berufsausbildungen gegenseitig an; das ist wichtig, wenn der Angehörige eines EU-Mitgliedslandes in seinem erlernten Beruf in einem anderen Mitgliedsland arbeiten will. Die Anerkennung hat zwei wesentliche Voraussetzungen:

- Die Abschlüsse müssen zur Ausübung der entsprechenden Berufe berechtigen.
- Die Ausbildungsgänge müssen in beiden Ländern etwa gleich sein hinsichtlich der Voraussetzungen, des Niveaus, der Inhalte.

5. Warum werden die Ausbildungsgänge nicht harmonisiert und dadurch vergleichbar?

Die EU hat für eine Harmonisierung der schulischen und beruflichen Ausbildungsgänge keine Gesetzgebungskompetenz. Für die Regulierungen der Ausbildungen sind die Mitgliedsländer zuständig.

6. Wann muss ein EU-Bürger einen Ausbildungsnachweis erbringen?

Ein EU-Bürger, der in einem anderen EU-Mitgliedsland einen *reglementierten Beruf* ausüben will, muss einen Ausbildungsnachweis erbringen, aus dem seine Qualifikation für diesen Beruf hervorgeht. Die Qualifikation wird angenommen, wenn die erforderliche Ausbildung im Herkunftsland in etwa die gleiche Qualität hat wie im Aufnahmeland.

Wenn die nachgewiesene Qualifikation auch zur Ausübung eines entsprechenden Berufes im Herkunftsland berechtigt, kann der Antragsteller im Aufnahmeland den reglementierten Beruf unter gleichen Bedingungen ausüben wie die Staatsbürger des Aufnahmelandes.

Wenn für die Berufsausübung im Herkunftsland die nachgewiesene Qualifikation nicht erforderlich ist (d. h. der Beruf ist nicht reglementiert), muss der Antragsteller auch nachweisen, dass er über eine zweijährige Berufserfahrung verfügt, die er in den letzten zehn Jahren (in einer Vollzeittätigkeit) erworben hat.

7. Was sind reglementierte Berufe?

Reglementierte Berufe sind Berufe, für deren Ausübung bestimmte *Qualifikationen vorausgesetzt* werden, die durch Zeugnisse über abgeschlossene Ausbildungsgänge nachzuweisen sind. Berufe wie Lehrer, Ingenieure u. Ä. sind reglementiert.

8. Gilt die Nachweispflicht auch für nicht reglementierte Berufe?

Angehörige nicht reglementierter Berufe müssen im Aufnahmeland keinen Ausbildungsnachweis vorlegen. Sie können sich mit der Qualifikation, die sie im Herkunftsland erworben haben um Arbeitsstellen in den anderen EU-Mitgliedsländern bemühen oder sich zur Berufsausübung in diesen Ländern niederlassen.

5.2 Aufbau und Realisierung von Außenwirtschaftsbeziehungen

5.2.1 Distributionswege und -organe im Außenhandel

1. Welche Distributionswege sind im Außenhandel möglich?

Folgende Distributionswege bestehen im Außenhandel:

- direkter Import, direkter Export,
- indirekter Import, indirekter Export,
- Transithandel.

2. Was ist direkter Import?

Wenn der Importeur das Geschäft mit dem ausländischen Lieferanten direkt abschließt, liegt direkter Import vor. Unfertige Erzeugnisse und Rohstoffe werden häufig direkt eingeführt. Der direkte Import von Rohstoffen ist gekennzeichnet durch relativ große Einfuhrmengen. Direkte Importgeschäfte werden entweder direkt mit dem Lieferanten abgeschlossen oder sie kommen auf Auktionen spontan zu Stande.

3. Welche Vorteile und welche Nachteile hat der direkte Import?

Vorteile des direkten Imports sind u. a.

- der unvermittelte Kontakt zum Lieferanten,

- Vermeidung von Vermittlungskosten durch den Verzicht auf die Dienste von Einfuhrhändlern.

Nachteile können z. B. sein

- geringe Lieferverlässlichkeit des ausländischen Lieferanten,
- das Risiko von Preisschwankungen.

4. Wie kann der direkte Import unterstützt werden?

Der direkte Import kann u. a. durch folgende Probleme erschwert werden. Der Importeur verfügt nur über unzulängliche Kenntnisse des auswärtigen Marktes. Es besteht u. U. eine Diskrepanz zwischen inländischen Bedarfsmengen und den Einkaufsmengen auf dem auswärtigen Markt. Zur Verringerung der Probleme bestehen u. a. folgende Möglichkeiten:

- Einschaltung eines *Agenten* als Vermittler, der Kontakte zu den ausländischen Lieferanten aufbaut und dadurch den Markt erschließt.

- Einrichtung einer *Einkaufsniederlassung*, die die Kontakte zu den Lieferanten pflegt, neue Kontakte akquiriert, den auswärtigen Markt beobachtet und die Geschäfte abschließt.

- Einrichtung eines *Importlagers*, das dazu beiträgt, die Diskrepanz zwischen Einkaufs- und Bedarfsmengen abzubauen.

5. Was ist indirekter Import?

Als indirekten Import bezeichnet man den *Bezug von Gütern über Importhändler*. Importhändler sind Handelsunternehmen, die im Ausland Produkte einkaufen, in das Inland einführen und an Produktions- oder Handelsunternehmen verkaufen. Der indirekte Import bietet sich in folgenden Fällen an:

- Geringer mengenmäßiger Bedarf,
- zeitlich begrenzter (geringer) Bedarf,
- einmaliger Bedarf,
- Bedarf von Produkten aus mehreren Ursprungsländern.

6. Welche Vorteile bietet der indirekte Import?

Der indirekte Import hat für das einkaufende Unternehmen einige **Vorteile**.

- Der Importhändler verfügt über Marktkenntnisse.

- Der Importhändler kauft in größeren Mengen ein; dadurch entstehen Kostenvorteile, die dem einkaufenden Unternehmen zugute kommen können.

- Die Lieferbereitschaft von Importhändlern ist im Allgemeinen hoch, sodass das einkaufende Unternehmen keine Beschaffungsprobleme hat.

- Die Ermittlung von Bezugsquellen ist für das einkaufende Unternehmen einfacher als bei direktem Import.

7. Was ist direkter Export?

Direkter Export liegt vor, wenn der inländische Hersteller seine Produkte *unmittelbar* ins Ausland verkauft. Die Distribution auf dem Auslandsmarkt können auch ausländische Vertriebsorgane ausführen.

Unternehmenseigene Vertriebsorgane im Ausland sind z. B. Auslieferungslager, Exportniederlassungen, Auslandsreisende u. dgl. Ausländische Vertriebsorgane, die in Anspruch genommen werden können, sind z. B. ausländischer Großhandel, Importhändler, Weiterverarbeiter u. Ä.

Investitionsgüter werden im Allgemeinen direkt exportiert. Im Europahandel überwiegt der direkte Export.

8. Welche Vorteile und welche Nachteile hat der direkte Export?

Vorteile des direkten Exports sind z. B.

- direkter Kontakt zum Kunden,
- direktes Marketing, Imagepflege,
- schnelle Informationen, schnelle Anpassungen.

Der direkte Export kann auch **Nachteile** haben, dazu zählen z. B.

- relativ lange Finanzierungsdauer,
- Kreditrisiko,
- Kosten für die Unterhaltung von Auslandslagern.

9. Was ist indirekter Export?

Indirekter Export liegt vor, wenn der inländische Hersteller seine Produkte *über fremde Vertriebsorgane* im Ausland vertreibt. Der Hersteller verkauft z. B. die Produkte an einen Zwischenhändler, z. B. an ein internationales Handelshaus, an einen Handelsmittler o. dgl. Der übernimmt alle Tätigkeiten im Zusammenhang mit der weiteren Distribution, z. B. den Transport.

Die Initiative für den indirekten Export kann von dem Hersteller ausgehen, der sich die passenden Vertriebsorgane aussucht oder von einem Exporthändler, der im Inland den günstigsten Hersteller von Produkten aussucht, die er in dem Exportland verkaufen will.

10. Welche Vorteile und welche Nachteile hat der indirekte Export?

Vorteile des indirekten Exports für den Hersteller sind z. B.

- Entlastungen von bestimmten Risiken,
- Entlastungen von bestimmten Tätigkeiten im Zusammenhang mit Marketing, z. B. Kundenbesuche,
- beim Export relativ kleiner Mengen: Unterhaltung von Exportlagern entfällt, die Lagerfunktion wird vom Exporthändler bzw. vom ausländischen Importeur übernommen,
- bei relativ geringer Kenntnisse des Exportmarktes: Nutzung entsprechender Kenntnisse des Exporthändlers bzw. ausländischen Importeurs.

Der indirekte Export kann auch **Nachteile** haben, dazu zählen z. B.

- Verringerung des Gewinns,
- evtl. Erhöhung des Endabnehmerpreises im Ausland,
- Kundenferne, Kunden werden u. U. nicht angemessen betreut,
- Marktferne, Marktentwicklungen werden u. U. falsch eingeschätzt.

11. Wie unterscheidet sich der sichtbare vom unsichtbaren Außenhandel?

Als **sichtbaren** Export bzw. Import bezeichnet man den Export bzw. Import von Rohstoffen, Materialien, Maschinen, Anlagen usw. **Unsichtbarer** Export bzw. Import ist der Außenhandel mit Dienstleistungen.

12. Was versteht man unter Transithandel?

Transithandel ist der Warenhandel, der lediglich *durch ein Land* hindurchgelenkt wird. Der Transithändler kauft Ware in einem Ursprungsland ein und verkauft sie in einem Drittland, sie wird im Inland nicht bearbeitet, verarbeitet oder gelagert.

5.2.2 Sonderformen des Außenhandels

1. Was kann als Sonderform des Außenhandels bezeichnet werden?

Als Sonderformen des Außenhandels gelten z. B.

- der grenzüberschreitende Veredelungsverkehr (zwischen einem EU-Land und einem sog. Drittland),
- Kompensationsgeschäfte.

2. Wann liegt grenzüberschreitender Veredlungsverkehr vor?

Grenzüberschreitender Veredelungsverkehr ist ein zollrechtlicher Begriff. Grenzüberschreitender Veredelungsverkehr liegt vor, wenn ein Produkt o. Ä. zur Bearbeitung, Verarbeitung oder Ausbesserung in ein Land eingeführt und nach der Veredlung wieder ausgeführt wird.

3. Wie unterscheiden sich Zollgut und Freigut?

Auch beim grenzüberschreitenden Veredelungsverkehr ist zwischen Zollgut und Freigut zu unterscheiden. Die Unterscheidung ist für die zollrechtliche Abfertigung von Bedeutung.

Bei einem **Zollgut** wird *dasselbe* (das „nämliche") Produkt eingeführt und veredelt wieder ausgeführt. Die sog. *Nämlichkeitssicherung* ist relativ einfach durch die besondere Kennzeichnung des Produkts, z. B. durch eine Maschinennummer, durch Sicherung mit einer Plombe u. Ä. durchzuführen. Man spricht in diesem Fall auch von *Zollgutveredelung*.

Bei einem **Freigut** wird das *gleiche* Produkt (nicht das identische bzw. dasselbe Produkt) wieder ausgeführt. Das kann z. B. bei einer Ersatzlieferung (Umtausch) der Fall sein. Es wird ein nach Art, Menge, Wertigkeit, Qualität usw. gleiches („äquivalentes") Produkt wieder ausgeführt wie eingeführt (sog. *Äquivalenzgewährleistung*). Man spricht in diesem Fall auch von *Freigutveredlung*.

4. Wann liegt aktiver Veredelungsverkehr vor?

Beim aktiven Veredelungsverkehr wird das Produkt *vom Ausland ins Inland* eingeführt und nach der Veredlung wieder ausgeführt.

Aus deutscher Sicht findet aktiver Veredelungsverkehr vor allem im Zusammenhang mit Reparaturen, mit der Inanspruchnahme von Garantieleistungen u. Ä. statt.

5. Wann liegt passiver Veredelungsverkehr vor?

Passiver Veredelungsverkehr liegt vor, wenn das Produkt *vom Inland ins Ausland* ausgeführt und das Produkt nach der Veredlung wieder eingeführt wird.

Aus deutscher Sicht findet passiver Veredelungsverkehr vor allem im Zusammenhang mit der Ausnutzung von Kostenvorteilen in den Niedriglohnländern statt. Das ist z. B. der Fall, wenn Teile eines Produktes im Inland gefertigt, im Ausland endmontiert und das so veredelte Produkt wieder ins Inland zurückgesandt wird.

6. Hat die Unterscheidung zwischen aktivem und passivem Veredelungsverkehr zollrechtliche Bedeutung?

Bei aktivem Veredelungsverkehr wird der Einfuhrwert nicht verzollt; das Produkt bleibt ja nicht im Inland. Beim passiven Veredelungsverkehr wird bei Rückimport des veredelten Produkts der *Mehrwert verzollt*, der durch die Veredlung entstanden ist.

7. Was sind Kompensationsgeschäfte?

Kompensationsgeschäfte sind *Geschäfte auf Gegenseitigkeit*. Dabei wird die eingekaufte Ware nicht mit Geld, sondern mit Gegengeschäften ganz oder teilweise kompensiert. Das bedeutet, anstatt der Bezahlung mit Geld wird eine Warenlieferung oder eine Dienstleistung vereinbart. Kompensationsgeschäfte sind bedeutsam für Länder, in denen Devisenknappheit besteht.

Im Handel mit den Entwicklungsländern gewinnen Kompensationsgeschäfte dieser Art an Bedeutung. Entwicklungsländer machen den Kauf z. B. deutscher Produkte davon abhängig, dass sie sie mit heimischen Produkten bezahlen können.

Für Kompensationsgeschäfte gibt es mehrere Erscheinungsformen, z. B. Barter-, Parallel- und Junktimgeschäft.[7]

8. Was ist ein Bartergeschäft?

Ein Bartergeschäft ist ein reines *Tauschgeschäft*: Eine Warenlieferung wird mit der *Gegenlieferung einer Ware wertmäßig voll kompensiert*. Von dieser Vollkompensation ist die Teilkompensation zu unterscheiden: Der Warenwert des Gegengeschäfts reicht nicht aus, er muss deshalb durch einen Zahlungsstrom ergänzt werden.

9. Was ist ein Parallelgeschäft?

Bei einem Parallelgeschäft liegt eine *sachlich zusammenhängende, wechselseitige Belieferung* vor. Der Exporteur beliefert auf der Grundlage eines entsprechenden Exportvertrages einen Importeur, gleichzeitig verpflichtet er sich durch Vertrag zur Abnahme von Produkten des Importeurs. Es sind nebeneinander zwei Verträge entstanden, die jeweils gesondert abgewickelt werden.

Eine Sonderform des Parallelgeschäfts liegt vor, wenn der inländische Exporteur die Abnahmeverpflichtung gegenüber dem Importland abgibt. Er verpflichtet sich damit zur Abnahme von Produkten aus diesem Land, nicht von Produkten eines bestimmten Händlers.

Häufig besteht die Möglichkeit, dass der Exporteur die Abnahmeverpflichtung veräußern kann.

10. Wann liegt ein Junktimgeschäft vor?

Grundlage eines Junktimgeschäfts ist ein Parallelgeschäft, bei dem der Exporteur eine *Abnahmeverpflichtung* gegenüber dem Importland übernommen hat.

---

[7] In der Literatur ist die Verwendung der Begriffe für die Erscheinungsformen unterschiedlich bzw. unscharf.

5.2 Aufbau und Realisierung von Außenwirtschaftsbeziehungen

Es ist denkbar, dass der Exporteur keinen Bedarf an den Produkten des Imporlandes hat. Er veräußert deshalb die Abnahmeverpflichtung gegen Zahlung einer Prämie an einen Importeur, der Waren aus dem Importland importieren will. Dieser Importeur wikkelt sein Importgeschäft in Verbindung („Junktim") mit der Abnahmeverpflichtung ab.

11. Wann liegt ein Rückkaufgeschäft vor?

Rückkaufgeschäfte (Buy-Back-Geschäfte) spielen beim Export von Industrieanlagen eine Rolle. Bei einem Rückkaufgeschäft verkauft der Exporteur an einen Importeur eine Industrieanlage, der *Importeur bezahlt die Anlage mit den Produkten, die er auf dieser Anlage herstellt.* Evtl. kann der Exporteur die Produkte zur weiteren Verwendung gebrauchen oder er vermarktet sie.

Wegen der Langfristigkeit des Finanzierungsvorgangs wird häufig die Unterstützung einer Bank erforderlich.

5.2.3 Beteiligungen

1. In welcher Form sind deutsche Beteiligungen an ausländischen Unternehmungen möglich?

Deutsche Unternehmen können sich an ausländischen Unternehmen mit Direktinvestitionen, in einem Joint Venture u. Ä. beteiligen.

2. Welche typischen Kennzeichen weist eine internationale Direktinvestition auf?

Internationale Direktinvestitionen sind *Kapitalanlagen eines inländischen Unternehmens (oder Unternehmers) im Ausland* mit dem Ziel einer dauerhaften Beteiligung an einem Unternehmen. Mit seiner Beteiligung will der Anleger Einfluss auf die Leitung des ausländischen Unternehmens nehmen und Erträge erzielen. Der Anleger bringt nicht nur Kapital, sondern im Allgemeinen auch technisches und Managementwissen, Marketingkonzepte u. Ä. ein.

Von einer Direktinvestition wird erst dann gesprochen, wenn die Beteiligung mindestens *zehn Prozent am ausländischen Unternehmen* ausmacht.

3. Wodurch unterscheidet sich die Direktinvestition von der Portfolioinvestition?

Eine Portfolioinvestition ist eine *indirekte* Investition. Der Anleger investiert in Wertpapiere ausländischer Unternehmen; er will auf die Leitung dieser Unternehmen keinen direkten Einfluss nehmen, er ist vor allem an der Rendite interessiert, nicht an dem Unternehmen, an dem er über das Portfolio beteiligt ist.

4. Welche Ziele verfolgen deutsche Unternehmen durch Beteiligungen an ausländischen Unternehmen?

Deutsche Unternehmen verfolgen mit Kapitalbeteiligungen an ausländische Unternehmen u. a. folgende Ziele:

- Sicherung oder Verbesserung der Absatzchancen durch Erschließung neuer Märkte, Markterweiterung, Marktkontrolle, Kundennähe, Umsetzung von Marketingkonzepten u. Ä.,
- Sicherung der Beschaffungswege, z. B. bei Beschaffung von Rohstoffen, von Teilen und Komponenten,
- Ausnutzung von Kostenvorteilen, z. B. der niedrigen Lohnkosten und Lohnnebenkosten,
- Ausnutzung politischer Rahmenbedingungen, z. B. von Steuervorteilen, von Förderprogrammen usw.

5. Was ist ein Joint Venture?

Ein Joint Venture ist ein *Gemeinschaftsunternehmen*, das im Allgemeinen von zwei Unternehmen aus zwei verschiedenen Ländern in einem dieser Länder gegründet wird. Die beteiligten Unternehmen bleiben in ihren jeweiligen Ländern wirtschaftlich und rechtlich selbstständig.

Das Joint-Venture-Unternehmen ist ein rechtlich selbstständiges Unternehmen, das von den beteiligten Unternehmen gemeinsam geführt wird.

6. Welche Vorteile hat ein Joint Venture?

Ein Joint Venture hat u. a. folgende Vorteile:

- Zugang zu Technologien,
- Zugang zu einem Absatzmarkt, der wegen der rechtlichen Situation nur durch die Beteiligung eines ansässigen Unternehmens möglich ist,
- durch Kooperation Streuung von Risiken,
- Verteilung von Kosten auf die beteiligten Unternehmen,
- Beschaffung des erforderlichen Kapitals durch zwei Partner,
- bessere Ausnutzung von Ressourcen,
- Erweiterung der Diversifikation.

7. Welche Probleme können sich bei und durch Joint-Venture-Unternehmen ergeben?

Joint Ventures haben ein erhebliches *Konfliktpotenzial*. Konflikte können sich z. B. ergeben, wenn die Partner die Bedeutung des Joint Ventures unterschiedlich einschätzen, wenn Unklarheiten in Bezug auf die Zielsetzung bestehen.

Ein weiterer Problembereich ergibt sich unter Umständen daraus, dass ein Unternehmen durch das gemeinsame Joint-Venture-Unternehmen Informationen über den Partner erhält, die es zum Nachteil des Partners nutzen kann.

5.2.4 Institutionen im Dienste der EU und des Außenhandels

1. Welche Informationen benötigen Unternehmen im Zusammenhang mit dem Außenhandel?

Unternehmen benötigen für ihre Aktivitäten im Außenhandel u. a. folgende Informationen:

- Informationen über das Kundenverhalten, z. B. Verhalten der Konsumenten, Einstellung der Konsumenten zu bestimmten Produkten, Marken u. dgl., kulturelle Rahmenbedingungen,
- Länderberichte, z. B. Bevölkerungsstatistiken, Informationen über Traditionen, Einkommen, Kultur, Religion, Produktivität (BIP), Beschäftigung, Infrastruktur,
- Länderanalysen, z. B. zur Beurteilung spezieller Länderrisiken, der politischen Stabilität,
- Informationen über rechtliche und politische Probleme, dazu zählen z. B. spezielle Fragen des Rechts, insbesondere des Wirtschafts- und Steuerrechts, Vorschriften im Zusammenhang mit Einfuhren und Ausfuhren sowie Beschäftigung, Handelshemmnisse, Förderprogramme,
- Branchenberichte (Branchenanalysen), z. B. über Anzahl, Größe und regionale Streuung von Konkurrenzunternehmen, zur Beurteilung der Wettbewerbssituation, z. B. Wirtschaftsstruktur, Marktverhältnisse usw.,
- Technologieinformationen, technische Verfügbarkeit von Produkten, Verfahren oder Dienstleistungen.

2. Welche Institutionen können die Informationen liefern?

Folgende Institutionen können die Informationen liefern, die die Unternehmen benötigen:

- Industrie- und Handelskammern,
- Auslandshandelskammern,
- Bundesagentur für Außenwirtschaft,
- Ländervereine,
- internationale Handelskammern,
- sonstige, dazu zählen
    - Ausstellungs- und Messeausschuss der Deutschen Wirtschaft (AUMA),
    - Bundesverband Groß- und Außenhandel (BGA),
    - Ausfuhrkreditgesellschaft (AKA),
    - Kreditanstalt für Wiederaufbau (KfW),
    - EULER HERMES.

5.2.4.1 Kammern und Ländervereine

1. Wie lassen sich Industrie- und Handelskammern kennzeichnen?

Industrie- und Handelskammern weisen folgende Kennzeichen auf:

- Körperschaften des öffentlichen Rechts,
- regionale (auf einen Kammerbezirk beschränkte) Organisationen (insgesamt 83),
- Selbstverwaltungsorganisation der Unternehmen (außer Handwerk und Landwirtschaft) des Kammerbezirks,
- Pflichtmitgliedschaft aller Unternehmen (außer Handwerk und Landwirtschaft),
- Aufgaben: Wahrnehmung der Gesamtinteressen der Mitglieder und Mitwirkung bei der Förderung der gewerblichen Wirtschaft,
- Geschäftsfelder:
  Standortpolitik, Wirtschaftspolitik,
  Starthilfe und Unternehmensförderung,
  Aus- und Weiterbildung,
  Innovation und Umwelt,
  Recht und Fairplay.

2. Welche Aufgaben haben die IHKs im Rahmen der Außenwirtschaft?

Im Rahmen der Außenwirtschaft hat die IHK u. a. folgende Aufgaben:

- Exportförderung,
- Auslandsmarketing,
- Auskünfte und Informationen über ausländische Unternehmen,
- Unterstützung bei Geschäftsanbahnungen u. dgl.,
- Messeförderung,
- Beratungen und Unterstützungen bei Finanzierungsfragen u. dgl.,
- Informationen über Zollrechtsfragen, Verfahrensfragen bei Export- und Importgeschäften.

Die meisten regionalen Industrie- und Handelskammern unterhalten Datenbanken, die von den Mitgliedern genutzt werden können.

3. Welche Bedeutung haben Auslandshandelskammern (AHK)?

Die deutschen Auslandshandelskammern *unterstützen die deutsche Wirtschaft bei ihren Aktivitäten im Ausland*; in der ganzen Welt gibt es etwa 120 AHK-Standorte in 80 Ländern. Mit den Industrie- und Handelskammern unterstützen die AHK die Unternehmen beim Aufbau und Ausbau ihrer ausländischen Wirtschaftsbeziehungen.

Weil die Förderungen der Außenwirtschaft im öffentlichen Interesse liegt, arbeiten die AHK auch eng mit dem Bundesministerium für Wirtschaft zusammen.

5.2 Aufbau und Realisierung von Außenwirtschaftsbeziehungen

4. Welche Aufgaben haben die AHK?

Die AHK *vertreten offiziell die Interessen der deutschen Wirtschaft* gegenüber der Politik und den Behörden des jeweiligen Landes.

Die AHK bieten unter der Servicemarke *DEinternational Basis- und Spezialdienstleistungen* an.

Zu den **Basisdienstleistungen** zählen

- Markteinstieg: Die AHKs unterstützen die Unternehmen bei der Suche nach den richtigen Geschäftspartnern. Sie kennen die jeweiligen lokalen Besonderheiten, die dabei zu beachten sind.
- Marktinformationen: Die AHK liefern aktuelle Wirtschaftsdaten, erarbeiten ein Marktprofil und erstellen eine Marktstudie.
- Rechtsauskunft: Die AHK liefern Informationen über die Besonderheiten des ausländischen Rechts und helfen damit, Risiken zu vermeiden, Vereinbarungen rechtssicher zu formulieren, rechtliche Streitfälle zu lösen usw.
- Adressrecherche: Die AHK übernehmen Datenbankrecherche und qualifizierte Adressrecherche.
- Inkasso: Die AHK nehmen Kontakt zum Schuldner auf, nehmen die Verhandlungen mit ihm auf und führen schließlich das Verfahren durch.
- Mehrwertsteuerrückerstattung: Die AHK übernehmen alle Formalitäten zur Antragsprüfung und -einreichung und zur Rückerstattung der geltend gemachten Mehrwertsteuer.

Spezialdienstleistungen sind vor allem länderspezifische Informationen und Beratungen.

5. Was verbirgt sich hinter der Bezeichnung Germany Trade & Invest?

Germany Trade & Invest ist durch den Zusammenschluss der Bundesagentur für Außenwirtschaft mit der Invest in Germany GmbH (2009) entstanden. Germany Trade & Invest ist die *Wirtschaftsförderungsgesellschaft der Bundesrepublik Deutschland*.

6. Welche Aufgaben hat die Germany Trade & Invest?

Germany Trade & Invest berät einerseits ausländische Unternehmen, die in Deutschland investieren oder ihre wirtschaftlichen Aktivitäten in Deutschland erweitern wollen, andererseits unterstützt sie aber auch deutsche Unternehmen bei der Erschließung ausländischer Märkte. Sie bietet diesen Unternehmen ein umfangreiches kundenorientiertes Programm an Daten und Informationen z. B. zu Ausschreibungen im Ausland, zu Investition- und Entwicklungsvorhaben sowie zu Recht und Zoll.

7. Was sind Ländervereine?

Als Ländervereine werden *Vereine der deutschen Privatwirtschaft* bezeichnet, die es sich zur Aufgabe gemacht haben, die außenwirtschaftlichen Aktivitäten ihrer Mitglieder in den verschiedenen Regionen der Welt zu unterstützen und zu fördern. Aufgrund ihrer langjährigen Tätigkeit in diesen Regionen haben sie Erfahrungen im Umgang mit staatlichen Stellen, Kommunen, Verbänden, Unternehmen usw. sammeln können, die sie ihren Mitgliedern zur Verfügung stellen. Die Vereine bahnen Kontakte für ihre Mitglieder zu anderen Unternehmen an, beschaffen erforderliche Informationen, unterstützen die Mitglieder beim Auf- und Ausbau ihrer wirtschaftlichen Aktivitäten.

Ländervereine sind z. B.

- der Afrikaverein,
- der Lateinamerikaverein,
- der Ost- und Mitteleuropaverein,
- der Nah- und Mittelostverein,
- der Ostasiatische Verein.

8. Welche Bedeutung hat die International Chamber of Commerce?

Die International Chamber of Commerce (ICC, Internationale Handelskammer) mit Hauptsitz in Paris vertritt die Privatwirtschaft weltweit gegenüber internationalen Institutionen und nationalen Regierungen.

Die ICC verfolgt folgende Ziele: *„Förderung des Welthandels und die Sicherstellung der Prinzipien der freien Marktwirtschaft, des freien Handels und des freien Unternehmertums."* (ICC-Homepage)

Die ICC wird weltweit durch Nationalkomitees in über 90 Ländern vertreten. Dass deutsche Nationalkomitee (ICC Deutschland) hat seinen Sitz in Berlin; ihm gehören international tätige Unternehmen, Industrie- und Handelskammern, Fachverbände, Spitzenverbände u. Ä. als Mitglieder an.

9. Welche Aufgaben nimmt die Internationale Handelskammer (ICC) wahr?

Die ICC nimmt im Rahmen seiner Zielsetzung u. a. folgende Aufgaben wahr:

- Entwicklung von Vertragsregeln und Richtlinien für eine effiziente Abwicklung internationaler Geschäfte, dazu zählen z. B. die Incoterms,
- Errichtung des Internationalen Schiedsgerichtshofs,
- Vertretung der Interessen der Weltwirtschaft gegenüber internationalen Organisationen,
- Auseinandersetzung mit den Begleiterscheinungen der Globalisierung.

5.2.4.2 Sonstige Institutionen

1. Welche Aufgaben nimmt der Ausstellungs- und Messeausschuss der Deutschen Wirtschaft (AUMA) wahr?

Der Ausstellungs- und Messeausschuss der Deutschen Wirtschaft (AUMA) ist *der Verband der deutschen Messewirtschaft*. Er vertritt die Interessen der Messewirtschaft auf nationaler und internationaler Ebene.

Seine besondere Aufgabe sieht der AUMA in der Unterstützung kleinerer Unternehmen bei der Planung und Organisation ihres Auftritts auf Auslandsmessen.

2. Welche Aufgaben nimmt der Bundesverband Großhandel, Außenhandel, Dienstleistungen e. V. (BGA) wahr?

Der Bundesverband Großhandel, Außenhandel, Dienstleistungen e. V. (BGA) ist die Vertretung des deutschen Groß- und Außenhandels und seiner Dienstleistungen. Der BGA vertritt die Interessen seiner Mitglieder gegenüber der Politik und der Verwaltung; darüber hinaus ist seine Aufgabe die Förderung von Geschäftskontakten weltweit.

3. Was ist die AKA und welche Aufgaben nimmt sie wahr?

Die AKA Ausfuhrkredit Gesellschaft mbH ist eine *Spezialbank für die Exportfinanzierung* (Sitz: Frankfurt am Main) mit 25 Banken als Gesellschaftern. Ihre Aufgabe sieht die AKA in der Unterstützung der deutschen und europäischen Exportwirtschaft.

Die Aufgaben der AKA lassen sich folgendermaßen kennzeichnen:
- Mittel- und langfristige Exportfinanzierungen,
- Refinanzierungen,
- Risikoübernahme,
- Dienstleistungen im Zusammenhang mit kurz-, mittel- und langfristigen Exportgeschäften sowie sonstigen internationalen Geschäften.

Die AKA bietet auch sog. CIRR-Kredite[8] an. Das sind Festzinskredite mit Hermesdeckung im Zusammenhang mit deutschen Lieferungen und Leistungen in ausgewählte Länder; diese Kredite sind aus dem ERP-Sondervermögen subventioniert.

4. Welche Aufgaben nimmt die KfW-Bankengruppe wahr?

Die KfW-Bankengruppe, die im Eigentum von Bund und Ländern steht, sieht ihre Aufgaben u. a. darin, die Verbesserung der wirtschaftlichen Lebensverhältnisse zu unterstützen, z. B. auch durch die Finanzierung von Exporten, von Entwicklungszusammenarbeit.

---

[8] CIRR steht für Commercial Interest Reference Rate.

Mit der KfW IPEX-Bank hat die KfW eine Tochtergesellschaft, die für die Finanzierungen von Projekten und Unternehmen im In- und Ausland zuständig ist.

Die DEG (Deutsche Investitions- und Entwicklungsgesellschaft mbH), eine weitere Tochtergesellschaft der KfW-Bankengruppe, finanziert den Aufbau und Ausbau leistungsfähiger privater Unternehmen in den Entwicklungs- und Transformationsländern.

5. Was leistet die EULER HERMES Kreditversicherungs-AG??

Die EULER HERMES Kreditversicherungs-AG ist ein Unternehmen der Euler Hermes Paris. Sie bieten ihren Kunden folgende Leistungen an:

- Vertrauensschadenversicherung,
- Bürgschaften,
- Garantien,
- Inkasso,
- Bonitätsprüfungen.

5.2.4.3 Förderprogramme der EU

1. Was will die EU mit ihren Förderprogrammen erreichen?

Mit ihren vielen Förderprogrammen will die EU z. B. erreichen, dass sich in den Mitgliedstaaten die *Lebensverhältnisse angleichen*, dass Entwicklungsunterschiede zwischen den Regionen sich ausgleichen und dass das Gesamtniveau durch Zusammenarbeit und Erfahrungsaustausch angehoben wird. Instrumente der Förderung sind u. a.

- die Europäischen Strukturfonds,
- die EU-Aktionsprogramme.

2. Welche Bedeutung haben die Strukturfonds?

Die Europäischen Strukturfonds haben als Instrument der regionalen Strukturpolitik wegen ihres Umfangs besondere Bedeutung[9]. Zzt. bestehen folgende Fonds:

1. Europäischer Fonds für regionale Entwicklung (EFRE),
2. Europäischer Sozialfonds (ESF),
3. Kohäsionsfonds.

3. Welche strukturpolitischen Ziele haben die Europäischen Strukturfonds?

Folgende Ziele werden mit den Fonds verfolgt:

- Konvergenz: *Förderung* von Wachstum und Beschäftigung in *rückständigen Regionen* u. a. durch Förderung von Investitionen in Unternehmen.

---

[9] Die aktuellen Förderprogramme haben ein Volumen von 308 Mrd. €.

- *Regionale Wettbewerbsfähigkeit und Beschäftigung*: z. B. durch
  Förderung von Innovation,
  Förderung von Energieeffizienz und Umweltschutz,
  Verbesserung der Verkehrsdienste,
  Förderung der Anpassungsfähigkeit von Arbeitnehmern und Unternehmen,
  Schaffung von Arbeitsplätzen,
  Förderung des besseren Zugangs zu Ausbildungsplätzen.
- Europäische *territoriale Zusammenarbeit*: z. B. durch
  Förderung des interregionalen Erfahrungsaustauschs,
  Förderung einer harmonischen und ausgewogenen Entwicklung.

4. Wer kann die Fördermittel der Strukturfonds beantragen, wo werden die Anträge gestellt?

Die Mittel, die für Fonds für regionale Entwicklung (EFRE) zur Verfügung stehen, können von Unternehmen beantragt werden. Im Allgemeinen können die Mittel für Sozialfonds (ESF) nur von bestimmten Institutionen beantragt werden, z. B. von Bildungseinrichtungen.

Die Förderung wird regional beantragt, z. B. in Deutschland bei den zuständigen Stellen in den Bundesländern.

5. Was wird mit den EU-Aktionsprogrammen gefördert?

Mit den Aktionsprogrammen zielt die EU auf die *Förderung wirtschaftlicher und sozialer Ziele* ab. Gefördert werden für einen bestimmten Zeitraum z. B. Projekte in den Bereichen Bildung, Soziales, Forschung, Umwelt, Regionalentwicklung u. Ä.

6. Wer kann die Mittel aus den Aktionsprogrammen beantragen?

Die EU schreibt die Programme europaweit aus; die Fördermittel können (in Abhängigkeit von dem Programm) von Unternehmen, Vereinen, Einzelpersonen usw. beantragt werden.

5.3 Abwickeln der außenwirtschaftlichen Transaktionen in verschiedenen Währungsgebieten

5.3.1 Zahlungsbedingungen

1. Welche vertraglichen Vereinbarungen werden mit dem Begriff Zahlungsbedingungen erfasst?

Zahlungsbedingungen regulieren alle im Zusammenhang mit dem Rechnungsausgleich stehenden Leistungen des Käufers. Dazu zählen u. a.

- Zahlungsfristen,
- Sicherheiten, z. B. Eigentumsvorbehalt, Sicherungsübereignungen, Bürgschaften,
- Gegengeschäfte,
- Kreditierungen,
- Skontoziehung bei vorzeitiger Zahlung,
- Preisnachlässe (Rabatte),
- Zahlungsarten.

2. Welche Interessen haben Exporteur und Importeur in Bezug auf die Zahlungsbedingungen (Terms of Payment)?

Die unterschiedlichen Interessen von Exporteur und Importeur spielen bei der Vereinbarung von Zahlungsbedingungen eine erhebliche Rolle. Der **Exporteur** ist daran interessiert, dass die Rechnung möglichst frühzeitig ausgeglichen wird, weil dadurch das *Zahlungseingangsrisiko* minimiert bzw. vermieden wird. Außerdem wird durch den frühzeitigen Zahlungseingang die Liquiditätslage verbessert und die Finanzierung der laufenden Produktion erleichtert. Der **Importeur** ist eher an einem Rechnungsausgleich zu einem späteren Zeitpunkt interessiert, z. B. an einer Zahlung nach Eingang der Lieferung. Er vermeidet bzw. minimiert dadurch das *Lieferrisiko*.

Bei Vertragsverhandlungen wird im Allgemeinen eine Zahlungsbedingung angestrebt, bei der die Risiken möglichst ausgeglichen sind.

3. Welche Tatbestände können die Wahl der Zahlungsbedingung beeinflussen?

Die Wahl der Zahlungsbedingung kann u. a. von den folgenden Tatbeständen abhängen:

- Ausgleich der Risiken beider Vertragspartner,
- angemessene Verteilung der Kosten im Zusammenhang mit der Lieferung (z. B. Transportkosten),
- Zahlungsgewohnheiten,
- Vertrauenswürdigkeit auf Grund langfristiger konfliktfreier Geschäftsbeziehungen,
- Liquiditätsbedarf,
- die relative Stärke der Vertragspartner (Durchsetzung der Interessen).

4. Welche Zahlungsbedingungen werden im internationalen Zahlungsverkehr häufig angewandt?

Im internationalen Zahlungsverkehr werden u. a. die folgenden Zahlungsbedingungen häufig angewandt:

- Vorauszahlung (cash before delivery),
- Anzahlung (payment on account),
- Zahlung bei Lieferung (payment on delivery),
- Zahlung gegen einfache Rechnung (clean payment),
- Dokumente gegen Zahlung (documents against payment - d/p),

5.3 Abwickeln der außenwirtschaftlichen Transaktionen

- Dokumente gegen Akzept (documents against acceptance - d/a),
- Zahlung auf Akkreditivbasis (documents against payment d/p credit),
- Dokumente gegen Akzept auf Akkreditivbasis (documents against acceptance d/a credit).

5. Welche Bedeutung hat die Zahlungsbedingung Vorauszahlungen bzw. Anzahlung?

Die Zahlungsbedingung Vorauszahlung (cash before delivery) hat *für den Exporteur erhebliche Vorteile*. Er vermeidet das Risiko des Zahlungsverzugs durch den Kunden, er erhält von dem Kunden einen Kredit bis zur Lieferung, mit dem die Herstellkosten finanziert werden können und er hat ein hohes Maß an Sicherheit, dass der Kunde die Ware schließlich annimmt. Für den Importeur ist Vorauszahlung im Hinblick auf die Liefersicherheit besonders nachteilig.

Ähnlich verhält es sich bei der Zahlungsbedingung Anzahlung (payment on account). Die Anzahlung entspricht der Vorauszahlung, sie wird im Allgemeinen bei Vertragsabschluss fällig. Die Restzahlung erfolgt in Raten, für die Höhe und die Termine vereinbart werden.

6. Welche Bedeutung hat die Zahlungsbedingung Zahlung bei Lieferung?

Zahlung bei Lieferung (payment on delivery) wird vereinbart, wenn die *Zahlung sichergestellt* werden soll; das ist bei unbekannten (oder unsicheren) Importeuren erforderlich. Der Rechnungsbetrag wird vom Spediteur oder vom Frachtführer bei Zustellung der Ware eingezogen.

Sonderformen dieser Zahlungsvereinbarung sind

- Auslieferung der Ware *gegen Bankbestätigung*: Dabei wird die Ware nur ausgeliefert, wenn der Importeur eine Bestätigung einer Bank vorlegt, dass die Zahlung angewiesen wurde.
- *Frachtbriefinkasso*: Dabei wird zunächst der Spediteur oder eine Bank als Berechtigte in den Frachtbrief eingetragen; der Importeur wird erst dann als Berechtigter eingetragen, wenn er gezahlt hat. Mit dem Frachtbriefinkasso kann die Zustellung der Ware vor Bezahlung verhindert werden.

7. Welche Bedeutung hat die Zahlungsbedingung Zahlung gegen einfache Rechnung?

Bei der Zahlungsbedingung Zahlung gegen einfache Rechnung (clean payment) wird die Ware ausgeliefert, ohne dass der Importeur Sicherheiten stellen muss, gelegentlich ist diese Bedingung noch mit der Einräumung eines Zahlungsziels verbunden. Der Importeur bezahlt erst *nach Erhalt der Rechnung* und ggf. *nach Ablauf des Zahlungsziels*. Für den Exporteur ist diese Zahlungsbedingung besonders ungünstig, deshalb setzt sie ein Vertrauensverhältnis auf der Grundlage langjähriger guter Geschäftsbeziehungen zwischen Exporteur und Importeur voraus.

8. Wodurch unterscheiden sich die Zahlungsbedingungen Dokumente gegen Zahlung bzw. Dokumente gegen Akzept?

Die Zahlungsbedingung **Dokumente gegen Zahlung** (documents against payment - d/p) ist ein Zug-um-Zug-Geschäft, bei dem der Importeur die Dokumente, die die Ware verkörpern, erst erhält, wenn er die Rechnung durch eine Zahlung beglichen hat.

Die Zahlungsbedingung **Dokumente gegen Akzept** (documents against acceptance - d/a) ist ein Zug-um-Zug-Geschäft, bei dem der Importeur die Dokumente, die die Ware verkörpern, erst erhält, wenn er einen Wechsel in Höhe des Rechnungsbetrages akzeptiert hat.

9. Wie lassen sich die Zahlungsbedingungen auf Akkreditivbasis kennzeichnen?

Im Zusammenhang mit dem Dokumentenakkreditiv sind zwei Zahlungsbedingungen zu unterscheiden, die sich folgendermaßen kennzeichnen lassen:

1. Dokumente gegen Zahlung auf Akkreditivbasis (documents against payment - d/p credit). Mit dem Akkreditiv erhält der Exporteur die *Zahlungszusage einer Bank*. Wenn der Exporteur die Akkreditivbedingungen erfüllt hat, erhält er bei Vorlage der Dokumente die Zahlung von der Bank.
2. Dokumente gegen Akzept auf Akkreditivbasis (documents against acceptance - d/a credit). Mit dem Akkreditiv erhält der Exporteur die *Akzeptzusage einer Bank*. Wenn der Exporteur die Akkreditivbedingungen erfüllt hat, erhält er bei Vorlage der Dokumente ein Wechselakzept.

5.3.2 Auslandszahlungsverkehr

1. Welche Anlässe haben Zahlungen vom Ausland und an das Ausland?

Anlässe für den Auslandszahlungsverkehr sind neben den Zahlungsverpflichtungen bei Export und Import von Waren und Dienstleistungen u. a. der Kapitalverkehr, z. B. Direktinvestitionen, Kredite, Kapitaldienst, z. B. Zinsen, Gewinne und der Geldverkehr.

2. Warum besteht für den Auslandszahlungsverkehr eine Meldepflicht?

Nach der Außenwirtschaftsverordnung (AWV) besteht eine Meldepflicht für den Auslandszahlungsverkehr. Die gemeldeten Angaben dienen der *Statistik* und werden für die Aufstellung der Zahlungsbilanz benötigt. Gemeldet werden die Zahlungen zwischen Gebietsansässigen und Gebietsfremden; meldepflichtig sind immer die Gebietsansässigen.

3. Was wird gemeldet?

Es besteht eine Meldepflicht für Auslandszahlungen ab 12.500 €. Die Meldung muss u. a. folgende Angaben enthalten:

5.3 Abwickeln der außenwirtschaftlichen Transaktionen

- Name, Anschrift und Konto sowohl des Gebietsansässigen als auch des Gebietsfremden,
- Zahlungszweck bzw. Anlass der Zahlung,
- Land des Auftraggebers,
- Angaben zur Zahlungsdurchführung,
- Betrag.

4. In welcher Form wird gemeldet?

Für die Meldung sind Formulare vorgeschrieben, die auf den jeweiligen Zahlungsvorgang ausgerichtet sind; als Beispiele können die Meldevordrucke Z 1, Z 4 und Z 10 dienen.[10]

- Die Anlage Z 1 zur AWV betrifft ausgehende Zahlungen über gebietsansässige Geldinstitute (Ausnahme: Transithandel und SEPA-Überweisungen mit Anlage Z 4 zur AWV sowie Wertpapiergeschäfte und Finanzderivate mit Anlage Z 10 zur AWV).
- Die Anlage Z 4 zur AWV betrifft alle ein- und ausgehenden Zahlungen, die nicht mit Vordruck Z 1 oder Z 10 zu melden sind, einschließlich aller Zahlungen, die über Konten im Ausland abgewickelt werden sowie Auf- und Verrechnungen.
- Die Anlage Z 10 zur AWV betrifft alle ein- und ausgehenden Zahlungen für die Veräußerung oder den Erwerb von Wertpapieren oder Finanzderivaten sowie Zahlungen im Zusammenhang mit der Einlösung von Wertpapieren.

5. Welche Zahlungsvorgänge müssen nicht gemeldet werden?

Meldepflicht besteht erst für Zahlungen ab 12.500 €. Zahlungen für Wareneingänge und Exporterlöse müssen nicht gemeldet werden. Die entsprechenden statistischen Angaben werden bei Export bzw. Import erfasst und über Intrastat an das Statistische Bundesamt gemeldet.

6. Wie laufen Zahlungsvorgänge im internationalen Zahlungsverkehr ab?

Zahlungsvorgänge im internationalen Zahlungsverkehr können als Überweisungen sowohl in *Euro* als auch in *Fremdwährungen* und per Scheck ablaufen.

7. Was ist bei einem Zahlungsauftrag im Auslandszahlungsverkehr zu beachten?

Für den Überweisungsauftrag wird im Allgemeinen das Formular Z 1 verwendet (Zahlungsauftrag im Außenwirtschaftsverkehr). Das Formular umfasst drei Teile: das Original ist der eigentliche Auftrag an die Bank, eine Kopie geht an die Bundesbank, eine Kopie behält der Auftraggeber.

---

[10] Quelle: Deutsche Bundesbank online.

Für den Auslandszahlungsverkehr bestehen Regelungen, die in vollem Umfang nur für den Zahlungsverkehr innerhalb Europas gelten, sie sind jedoch – wenn auch nur in eingeschränktem Umfang – auch für den Zahlungsverkehr mit Drittländern zu beachten. Zu diesen Regelungen zählen z. B.

- die Informationspflichten der Banken, z. B. über Preise,
- das Abzugsverbot, d. h. die an der Überweisung beteiligten Banken dürfen den Überweisungsauftrag nicht kürzen (Einbehaltung von Entgelten),
- Ausführungsfristen,
- Haftung der Bank, die den Auftrag annimmt (bis 12.500 €).

8. Wie kann ein deutscher Importeur eine ausländische Rechnung begleichen?

Der deutsche Importeur kann die Rechnung seines ausländischen Lieferanten begleichen

- durch Überweisung in Euro,
- durch Überweisung in der Fremdwährung, z. B. US-Dollar,
- mit Scheck E. v.

9. Wie wird der Überweisungsauftrag in Euro abgewickelt?

Die Überweisung in Euro läuft folgendermaßen ab:

1. Der Importeur erteilt seiner Bank (Inlandsbank) den Überweisungsauftrag,
2. das Konto des Importeurs bei der Inlandsbank wird belastet,
3. der Betrag wird dem Konto der Korrespondenzbank im Ausland gutgeschrieben,
4. die Korrespondenzbank schreibt den Betrag dem Konto des Zahlungsempfängers gut (bzw. sie leitet den Betrag an die Bank des Zahlungsempfängers weiter, die ihn dann dem Zahlungsempfänger gutschreibt).

10. Wie läuft eine Überweisung in einer Fremdwährung ab?

Die Überweisung in einer Fremdwährung, z. B. US-$, läuft folgendermaßen ab:

1. Der Importeur erteilt seiner Bank (Inlandsbank) den Überweisungsauftrag,
2. die Inlandsbank verschafft dem Auftraggeber die Fremdwährung und rechnet mit ihm zum Geldkurs ab,
3. das Konto des Importeurs bei der Inlandsbank wird entsprechend belastet,
4. der Betrag wird dem Konto der Korrespondenzbank, z. B. einer US-amerikanischen Bank, gutgeschrieben,
5. die Auslandsbank schreibt ihrem Kunden den Betrag in der Fremdwährung, z. B. in Dollar, gut.

11. Wie läuft eine Zahlung mit Scheck ab?

Schecks werden zum Zahlungsausgleich ausländischer Rechnungen vor allem dann verwendet, wenn Überweisungen nicht möglich sind, z. B. weil die Bankverbindung des Zahlungsempfängers unbekannt ist, weil die involvierten Banken keine Geschäftsbeziehungen zueinander unterhalten u. Ä. Besonders häufig werden Bankorderschecks und Verrechnungsschecks eingesetzt.

Ein Orderscheck ist ein Namensscheck, der mit einem Indossament weitergegeben wird. Zum Einzug berechtigt ist der letzte Indossant, der durch eine lückenlose Indossamentenkette seine Berechtigung nachweisen kann.

Nach dem entsprechenden Auftrag des Importeurs (gem. Formular) zieht die Bank des Importeurs (Inlandsbank) auf eine Bank im Land des Zahlungsempfängers, z. B. einer Korrespondenzbank, in der Währung dieses Landes einen *Bankorderscheck*. Damit weist sie diese Bank an, den genannten Betrag zu Lasten der Inlandsbank an den Begünstigten auszuzahlen oder gutzuschreiben.

Der *Zahlungsempfänger erhält den Scheck direkt von der Inlandsbank*; der Vorgang wird der Auslandsbank (Korrespondenzbank) angezeigt. Der Zahlungsempfänger kann der Korrespondenzbank oder seiner eigenen Bank den Scheck vorlegen. Bankorderschecks gelten als *sehr sicher*, deshalb wird dem Zahlungsempfänger im Allgemeinen der Betrag sehr schnell gutgeschrieben.

Die im Auslandszahlungsverkehr verwendeten Bankorderschecks erhalten den Vermerk E. v., d. h. Eingang vorbehalten.

Der Zahlungspflichtige kann zum Ausgleich der Rechnung auch einen Verrechnungsscheck E. v. ausstellen, den er dem Zahlungsempfänger direkt zustellt. Der Zahlungsempfänger legt den Scheck seiner Bank vor, die ihn allerdings erst gutschreibt, wenn seine Deckung feststeht. Das bedeutet, der Zahlungsempfänger kann erst relativ spät über den Betrag verfügen.

12. Wie erhält ein deutscher Exporteur Zahlungen zum Rechnungsausgleich aus dem Ausland?

Der Ausgleich der Exportrechnungen ist auf folgenden Wegen möglich:

- *Überweisung* des Rechnungsbetrages *in Euro*:
  Der Betrag geht über die Korrespondenzbank an die Inlandsbank und wird dem Zahlungsempfänger gutgeschrieben.

- *Überweisung* des Rechnungsbetrages *in der Fremdwährung*:
  Wenn der Exporteur ein Fremdwährungskonto unterhält, schreibt seine Bank den eingehenden Betrag in der Fremdwährung diesem Konto gut. Der Exporteur kann das Guthaben für Überweisung in der Fremdwährung nutzen. Andernfalls wird ähnlich wie bei der Überweisung des deutschen Importeurs vorgegangen.

- Zahlungseingang mit Scheck:
Scheckzahlungen zum Ausgleich von deutschen Exportrechnungen laufen analog zu den deutschen Scheckzahlungen zum Ausgleich von Importrechnungen ab.

13. Welche Bedeutung hat SEPA?

SEPA ist die Abkürzung von *Single Euro Payment Area*, das ist der einheitliche Euro-Zahlungsverkehrsraum. Seit Einführung des SEPA-Systems besteht in Europa kein Unterschied mehr zwischen nationalen und grenzüberschreitenden Zahlungen. Von einem Konto in Europa können bargeldlose Zahlungen vorgenommen werden und dazu die SEPA-Zahlungsinstrumente genutzt werden (SEPA-Überweisung, SEPA-Lastschrift, SEPA-Kartenzahlungen).

Für den grenzüberschreitenden Zahlungsverkehr innerhalb Europas dürfen keine höheren Gebühren berechnet werden als für den Zahlungsverkehr innerhalb eines Landes.

14. Welche Bedeutung hat SWIFT für den internationalen Zahlungsverkehr?

SWIFT ist die Abkürzung für *Society for Worldwide Interbank Financial Telecommunication*, das ist eine internationale Institution von Geldinstituten, die weltweit ein Telekommunikationsnetz, das sog. SWIFT-Netz, betreibt.

SWIFT dient lediglich dem *Nachrichtenaustausch* zwischen den Mitgliedern, nicht dem Zahlungsverkehr. Die Teilnehmer informieren sich gegenseitig über Zahlungsvorgänge; für diesen Nachrichtenaustausch sind Message-Types (SWIFT-Nachrichten in standardisierter Form) festgelegt.

5.3.3 Dokumente im Außenhandel

1. Welche Dokumente fallen bei Außenhandelsgeschäften an?

Im Außenhandel fallen Dokumente (Urkunden) an, die der Lieferungs- und Zahlungssicherung sowie der Eigentumsübertragung und der Finanzierung (Kreditierung) dienen. Im Folgenden werden die wichtigsten Dokumente aufgelistet.

- **Transportdokumente**
bei Seeschifffahrt: Konnossement, Seefrachtbrief,
bei Binnenschifffahrt: Ladeschein,
bei Bahnverkehr: Eisenbahnfrachtbrief,
bei Luftverkehr: Luftfrachtbrief,
bei Straßenverkehr: internationaler Frachtbrief, Spediteurübernahmebescheinigung,
bei Kombination von Transportarten: multimodales Transportkonnossement,

5.3 Abwickeln der außenwirtschaftlichen Transaktionen

- **Lagerdokumente**
  Lagerschein
- **Transportversicherungsdokumente**
  Transportversicherungspolice
- **Handels- und Zolldokumente („Begleitdokumente")**
  Handelsrechnung,
  Zollfaktura,
  Konsulatsfaktura,
  Packliste,
  Qualitätszertifikat,
  Ursprungszeugnis u. a.

Die Dokumente erfüllen wichtige Funktionen, z. B. die Wertpapier-, Beweis- und Legitimationsfunktion. (Im Folgenden wird auf die wichtigsten Funktionen eingegangen.) [11]

2. Welche Bedeutung hat die Wertpapierfunktion?

Einige Außenhandelsdokumente sind Wertpapiere. Das bedeutet, nur der Inhaber des Dokuments hat alle mit dieser Urkunde verbrieften Rechte. *Ansprüche kann nur der Inhaber des Papiers geltend machen*, allerdings muss er dafür das Dokument vorlegen; wenn der Inhaber das Papier dem Schuldner vorlegt, ist dieser zur Einlösung verpflichtet, d. h. er muss leisten.

Das *Konnossement* ist ein Beispiel für ein Außenhandelsdokument mit Wertpapierfunktion. Der Exporteur übergibt dem Verfrachter, dem Reeder, die Ware und erhält dafür das Konnossement; mit dem Konnossement bestätigt der Reeder den Empfang der Ware und verspricht, sie an den Besitzer des Konnossements auszuhändigen. Im Empfangshafen legt der Importeur das ihm inzwischen zugegangene Original des Konnossements vor und erhält dafür die Ware.

Die Wertpapierfunktion haben folgende Dokumente:

- Konnossement,
- Ladeschein,
- Lagerschein,
- Transportversicherungspolice.

Nur der Inhaber des Konnossements, des Lade- oder Lagerscheins kann über die Ware verfügen und nur der Inhaber der Transportversicherungspolice hat das Recht auf Leistungen aus der Transportversicherung.

Alle Dokumente mit Wertpapierfunktion haben selbstverständlich auch Beweis- und Legitimationsfunktion.

---

[11] In Anlehnung an: Jahrmann, F.-U.: Außenhandel, Ludwigshafen 2007.

3. Welche Bedeutung hat die Beweisfunktion?

Wenn Dokumente lediglich Beweisfunktion haben, können mit ihnen *keine weitergehenden Rechte* geltend gemacht werden. So dient z. B. die Handelsrechnung mit den Angaben über Art, Menge, Preis der Ware u.dgl. dem Verkäufer (Exporteur) als Beweisunterlage, dass und wie er den Vertrag erfüllt hat. Die Vorlage der Rechnung verpflichtet den Käufer (Importeur) nicht ohne weiteres zur Zahlung. Zu den Dokumenten, die lediglich Beweisfunktion haben, zählen alle Begleitdokumente, Frachtbriefe.

4. Was sind Traditionspapiere?

Zur Übertragung des Eigentums an einer beweglichen Sache ist neben der Einigung darüber, dass das Eigentum übergehen soll, die Übergabe der Sache erforderlich. Wenn die Sache im Besitz eines Dritten ist, kann der Herausgabeanspruch abgetreten werden.

Traditionspapiere sind die Dokumente, mit denen der Exporteur als Eigentümer den Herausgabeanspruch für die im Besitz eines Dritten befindlichen Waren an den Importeur abtritt.

Traditionspapiere können auch als *Kreditsicherungsmittel* genutzt werden. Wenn der Importeur zur Finanzierung des Importgeschäfts Kredite benötigt, hinterlegt er die Dokumente, z. B. das Konnossement, als Sicherheit.

Die Dokumente, die als Traditionspapiere dienen, werden auch als *Dispositionspapiere* bezeichnet, weil sie zur uneingeschränkten Disposition über die Sache berechtigen. Zu diesen Dokumenten zählen z. B.

- das Konnossement,
- der Lagerschein,
- der Ladeschein.

5. An welche Form ist die Weitergabe von Dokumenten im Außenhandel gebunden?

Wegen ihrer wirtschaftlichen Bedeutung sieht der Gesetzgeber für Konnossemente der Verfrachter, Ladescheine der Frachtführer, Lagerscheine und Transportversicherungspolicen die vereinfachte Weitergabe vor. Nach § 363 HGB können sie durch Indossament übertragen werden, wenn sie an Order lauten.

Konnossemente, Ladescheine, Lagerscheine und Transportversicherungspolicen sind sog. gekorene Orderpapiere; im Gegensatz zu den geborenen ist den gekorenen Orderpapieren die Orderklausel konstitutiv, d. h. erst durch die Orderklausel werden sie zu Orderpapieren. Zur Weitergabe benötigen sie lediglich einen Weitergabevermerk (Indossament).

5.3.4 Das Dokumenteninkasso

1. Was ist ein Dokumenteninkasso?

Das Dokumenteninkasso wird zwischen Exporteur und Importeur mit der Klausel *documents against payment* vereinbart. Die Klausel besagt, dass bei Zahlung die Ware durch Dokumente vertreten wird. Der Importeur erhält bei der Zahlung bzw. bei Wechselannahme die Dokumente, die das Recht an der Ware begründen; zu diesen Dokumenten zählt z. B. das Konnossement. Erst dann kann er über die Ware verfügen.

Es sind zwei Formen des Dokumenteninkassos zu unterscheiden:

1. Zahlungsinkasso, documents against payment/inkasso.
   Der Importeur erhält die Dokumente, die das Recht an der Ware verkörpern, gegen Zahlung des Rechnungsbetrages.
2. Wechselinkasso, documents against acceptance/inkasso.
   Der Importeur erhält die Dokumente, wenn er einen auf ihn gezogenen Wechsel akzeptiert hat.

2. Welche Vorteile und welche Nachteile hat das Dokumenteninkasso?

Vorteilhaft für den **Importeur** ist, dass er die an ihn gerichtete Sendung auch erhält. Dem steht als Nachteil gegenüber, dass er leisten muss, bevor er die Ware besichtigen und auf Mängel untersuchen kann.

Ein Vorteil für den **Exporteur** ist, dass der Zahlungseingang für die gelieferte Ware relativ sicher ist. Außerdem kann er die Dokumente jederzeit zurückrufen, solange der Importeur noch nicht geleistet hat. Nachteilig für den Exporteur ist die mangelnde Sicherheit, dass der Importeur die Dokumente annimmt.

3. Wie wird das Dokumenteninkasso abgewickelt?

Ein Dokumenteninkasso wird im Allgemeinen folgendermaßen abgewickelt:

- Der Exporteur übergibt die Ware einem Spediteur zum Versand.
- Der Exporteur gibt seiner Hausbank den Inkassoauftrag.
- Die Hausbank gibt (evtl. über eine Korrespondenzbank) die Papiere an die Inkassobank im Importland.
- Der Importeur zahlt oder akzeptiert einen Wechsel bei der Inkassobank, die ihm daraufhin die Papiere aushändigt.
- Der Importeur legt dem Spediteur oder einem Lagerhalter die Papiere vor und erhält die Ware.
- Der kassierte Betrag bzw. der akzeptierte Wechsel geht zur Weiterleitung an den Exporteur an dessen Hausbank (evtl. wieder über eine Korrespondenzbank).

5.3.5 Das Dokumentenakkreditiv

1. Was ist ein Dokumentenakkreditiv?

Bei einem Dokumentenakkreditiv beauftragt der Importeur seine Bank, dem Exporteur gegen Übergabe der Dokumente, z. B. des Konnossements u. Ä., den in Rechnung gestellten Geldbetrag aus dem Guthaben bzw. dem Kredit des Importeurs auszubezahlen bzw. gutzuschreiben oder in entsprechender Höhe eine Wechselverpflichtung einzugehen. (Die Bank kann auch beauftragt werden, die Dokumente zu kaufen.)

Das *Akkreditiv* ist also *die Verpflichtung einer Bank,* der sog. Akkrediditvbank, dem Exporteur nach Versand der Ware gegen Übergabe der Dokumente und nach deren Prüfung den in Rechnung gestellten Betrag zu zahlen.

Zu unterscheiden sind die beiden Zahlungsbedingungen:

1. Dokumente gegen Zahlung (Akkreditivbasis), documents against payment/credit,
2. Dokumente gegen Wechsel (Akkreditivbasis), documents against acceptance/credit.

2. Worin besteht die Zahlungssicherungsfunktion des Dokumentenakkreditivs?

Die Bedeutung der Zahlungssicherungsfunktion[12] lässt sich folgendermaßen umschreiben:

Für den **Exporteur** bedeutet das Akkreditiv eine erhebliche *Sicherheit* in Bezug auf das Zahlungsrisiko aus zwei Gründen: Der Versand der Ware erfolgt erst nach Eröffnung des Akkreditivs (bzw. nach Avisierung des Akkreditivs); der Rechnungsbetrag wird ihm bereits nach Übergabe der vereinbarten Dokumente, d. h. unmittelbar nach Versand der Waren, ausbezahlt. Da die Ware bereits bezahlt ist, besteht auch große Sicherheit, dass der Importeuer sie annimmt.

Für den **Importeur** liegt darin eine besondere *Sicherheit,* dass erst gezahlt wird, wenn der Exporteur anhand von Dokumenten nachweist, dass er die Akkreditivbedingungen erfüllt hat.

3. Worin besteht die Finanzierungsfunktion des Dokumentenakkreditivs?

Wenn die Zahlungsbedingung documents against payment/credit ausgemacht wurde, erhält der **Exporteur** die Zahlung sehr bald nach dem Versand bzw. nach Übergabe der Dokumente; er finanziert die Lieferung nicht für die Dauer des Transports. Unter Umständen kann ein avisiertes Akkroditiv zur Sicherung von Krediten genutzt werden.

Wenn die Zahlungsbedingung documents against acceptance/credit ausgemacht wurde, hat der **Importeur** den Vorteil eines längeren Zahlungsziels.

---

[12] Die Begriffe Zahlungssicherungs- und Finanzierungsfunktion des Dokumentenakkreditivs stammen von Jahrmann, a. a. O., S. 409 f.

4. Wie wird das Dokumentenakkreditiv abgewickelt?

Ein Geschäft mit Dokumentenakkreditiv wird folgendermaßen abgewickelt:

1. Zwischen Exporteur (Verkäufer) und Importeur (Käufer) wird ein Kaufvertrag u. a. mit der Bedingung „documents against payment/credit" abgeschlossen.
2. Der Importeur erteilt der Akkreditivbank einen Akkreditivauftrag; dabei wird angegeben, gegen welche Dokumente gezahlt werden soll.
3. Die Akkreditivbank eröffnet das Akkreditiv und beauftragt eine Korrespondenzbank (die sog. Akkreditivstelle) mit der Zahlungsabwicklung.
4. Die Akkreditivstelle avisiert dem Exporteur das Akkreditiv.
5. Der Exporteur versendet die Waren.
6. Der Exporteur erhält die Versanddokumente.
7. Der Exporteur übergibt die Dokumente der Akkreditivstelle. Die Akkreditivstelle prüft, ob alle Akkreditivbedingungen erfüllt wurden.
8. Der Exporteur erhält die Zahlung.
9. Die Akkreditivstelle (bzw. Korrespondenzbank der Akkreditivbank des Importeurs) gibt die Dokumente an die Akkreditivbank des Importeurs weiter; außerdem werden die verauslagten Beträge verrechnet.
10. Die Akkreditivbank belastet das Konto des Importeurs und gibt die Dokumente an ihn weiter.
11. Bei Vorlage der Dokumente erhält der Importeur die Waren.

5. Wodurch unterscheidet sich ein unwiderrufliches von einem widerruflichen Akkreditiv?

Im Allgemeinen werden in der Praxis nur **unwiderrufliche Akkreditive** verwendet; sie enthalten eine entsprechende Klausel („unwiderrufliches Akkreditiv"). Unwiderruflich heißen sie deshalb, weil die Akkreditivdokumente nachträglich nicht geändert oder annulliert werden können, es sei denn, die Beteiligten stimmen der Änderung bzw. Annullierung schriftlich zu.

Bei **widerruflichen** Akkreditiven sind Änderungen möglich; sie sind deshalb unsicherer als unwiderrufliche Akkreditive.

6. Wodurch unterscheidet sich das Sicht- vom Nachsichtakkreditiv?

Bei einem **Sichtakkreditiv** verpflichtet sich die Akkreditivbank zur *Zahlung „bei Sicht"* der Dokumente (allerdings nach ihrer Prüfung); das bedeutet, der Exporteur erhält die Zahlung, wenn er die im Akkreditiv festgelegten Dokumente übergibt.

Bei einem **Nachsichtakkreditiv** wird vereinbart, dass der Exporteur die Zahlung erst verlangen kann, wenn nach der Übergabe der Dokumente eine im Akkreditiv festgelegte Frist verstrichen ist.

7. Was ist ein übertragbares Akkreditiv?

Ein übertragbares Akkreditiv kann als Ganzes oder in Teilen übertragen werden; dazu muss das Akkreditiv einen entsprechenden Vermerk enthalten (z. B. *tranferable credit*). Der Exporteur, der Erstbegünstigte, weist die Akkreditivbank an, das Akkreditiv für einen oder mehrere Zweitbegünstigte ganz oder in Teilen nutzbar zu machen.

8. Was ist ein Gegenakkreditiv?

Ein Gegenakkreditiv *(back-to-back-credit)* ist ein Unterakkreditiv zu einem Akkreditiv, das zu Gunsten eines Exporteurs eröffnet wurde. Der Exporteur beauftragt seine Bank, auf der Grundlage des bestehenden Akkreditivs ein Akkreditiv zu Gunsten seines Vorlieferanten zu eröffnen. Das Gegenakkreditiv enthält die gleichen Bedingungen wie das Erstakkreditiv, ausgenommen Betrag und Laufdauer. Dieses Akkreditiv wird als Gegenakkreditiv bezeichnet. Der Vorlieferant wird durch das Gegenakkreditiv abgesichert.

Ein Gegenakkreditiv findet häufig dann Anwendung, wenn das Akkreditiv nicht übertragen werden kann.

5.3.6 Garantien im Auslandsgeschäft

1. Welchen Zweck soll eine Garantie im Auslandsgeschäft erfüllen?

Eine Garantie im Auslandsgeschäft hat den Zweck, die *Einhaltung von Vertragspflichten* zu gewährleisten. Der Schuldner einer Leistung schließt mit seiner Bank einen sog. *Avalkreditvertrag* ab. Der Avalgeber, also die Bank, verspricht dem Begünstigten im Schadensfall die Zahlung einer Entschädigung bis zur Höhe des in der Garantie festgesetzten Betrages.

Die Garantie in einem Auslandsgeschäft hat also den Zweck, dem Gläubiger zu gewährleisten, dass er problemlos einen finanziellen Ausgleich für erlittene Schäden erhält, die im Zusammenhang mit der Durchführung des Geschäfts entstanden sind.

Auftraggeber können Exporteur oder Importeur sein. Wenn der Exporteur der Auftraggeber ist, dann ist der Importeur der Begünstigte und umgekehrt.

2. Wodurch unterscheidet sich die Garantie von der Bürgschaft und vom Akkreditiv?

Bei einer **Bürgschaft** wendet sich der Kreditgeber an den Bürgen, wenn der Kreditnehmer seinen Verpflichtungen nicht nachkommt; der Bürge muss dann für die Zahlungen aufkommen. Bei der **Garantie** verspricht der Garant dem Begünstigen Entschädigung im Schadensfall und belastet das Konto des Auftraggebers mit dem bezahlten Betrag.

Das **Akkreditiv** sichert die Kaufpreiszahlung ab, die Garantie das Risiko im Auslandsgeschäft.

3. Welche Garantien haben im Auslandsgeschäft besondere Bedeutung?

Im Auslandsgeschäft sind u. a. folgende Garantien von besonderer Bedeutung:

- Bietungsgarantie,
- Anzahlungsgarantie,
- Leistungsgarantie,
- Gewährleistungsgarantie,
- Zahlungsgarantie.

4. Was wird durch eine Bietungsgarantie abgesichert?

Bei einer Bietungsgarantie (bid bond) ist der Exporteur Auftraggeber und der Importeur Begünstigter.

Bei der Bietungsgarantie verpflichtet sich der Garant zu *Schadensersatz*, wenn der Bieter bei einer Ausschreibung sein *Gebot zurückzieht*, nachdem er den Zuschlag erhalten hat. Der Schaden, der zu ersetzen ist, entsteht dadurch, dass die Ausschreibung wiederholt werden muss. Die Bietungsgarantie deckt im Allgemeinen fünf bis zehn Prozent des Auftragswertes ab.

5. Was wird durch eine Anzahlungsgarantie abgesichert?

Bei einer Anzahlungsgarantie (down-payment-bond) ist der Exporteur Auftraggeber und der Importeur Begünstigter.

Die Anzahlungsgarantie *sichert eine Anzahlung* ab. Sie wird im Allgemeinen in voller Höhe erstattet, wenn nicht geliefert wird.

6. Was wird durch eine Leistungsgarantie abgesichert?

Bei einer Leistungsgarantie (performance bond), die auch als *Vertragserfüllungsgarantie* bezeichnet wird, ist der Exporteur Auftraggeber und der Importeur Begünstigter.

Die Leistungsgarantie sichert den Importeur für den Fall ab, dass der Exporteur den Vertrag nicht, nicht vollständig oder nicht ordnungsgemäß erfüllt. Im Allgemeinen werden zehn bis zwanzig Prozent des Auftragswertes abgesichert.

7. Was wird durch eine Gewährleistungsgarantie abgesichert?

Bei einer Gewährleistungsgarantie (maintenance bond) ist der Exporteur Auftraggeber und der Importeur Begünstigter.

Die Gewährleistungsgarantie sichert den Importeur für den Fall ab, dass die gelieferten Waren zugesagte Eigenschaften nicht haben, *Mängel* aufweisen oder aber Mängel, die nach Lieferung auftreten, nicht in angemessener Zeit behoben werden. Im Allgemeinen umfasst die Garantie fünf bis zwanzig Prozent des Auftragswertes.

8. Was wird durch eine Zahlungsgarantie abgesichert?

Bei einer Zahlungsgarantie (payment guarantee) ist der Importeur Auftraggeber und der Exporteur Begünstigter.

Die Garantie schafft die Sicherheit, dass *alle vereinbarten Zahlungen* geleistet werden. Im Allgemeinen wird bis zur vollen Höhe des Warenwertes garantiert.

5.3.7 Devisenhandel

1. Was wird als Devisen bezeichnet?

Devisen sind Guthaben bei ausländischen Banken. Anders ausgedrückt: Devisen sind ausländisches Buchgeld.

2. Was wird als Devisenhandel bezeichnet?

Devisenhandel ist der *Kauf und Verkauf von Devisen*, entweder gegen die eigene Währung oder gegen eine Fremdwährung. Gehandelt werden Kontoguthaben, die über eine fremde Währung lauten.

Auszahlungen werden im Allgemeinen in der Währung des betreffenden Landes abgewickelt. Deshalb werden täglich fällige Guthaben in ausländischer Währung, die mit Buchgeld in inländischer Währung gekauft werden können, im Allgemeinen auch als Auszahlungen bezeichnet. Verkürzt kann man den Devisenhandel darum auch als *Handel mit Auszahlungen* bezeichnen.

3. Wie werden Devisen gehandelt?

Devisen werden mittels Telefon oder elektronisch gesteuertem Kommunikationssystem gehandelt (nur noch selten an einer Devisenbörse).

Teilnehmer am Handel sind vor allem Kreditinstitute; sie handeln entweder auf eigene Rechnung oder im Auftrag und für Rechnung der Kunden. Außerdem nehmen auch Zentralbanken und große, multinational tätige Unternehmen am Handel teil.

4. Was sind Arbitragegeschäfte?

Eigengeschäfte der Banken sind im Allgemeinen Arbitragegeschäfte. Das sind Geschäfte, mit denen *Kursunterschiede zwischen Währungen* ausgenutzt werden.

5. Wie lässt sich der Kassa-Handel mit Devisen kennzeichnen?

Im Kassa-Handel wird der Devisenhandel *sofort* abgeschlossen, das Geschäft muss *innerhalb von zwei Tagen* abgewickelt sein. Das bedeutet z. B., dass ein inländischer

5.3 Abwickeln der außenwirtschaftlichen Transaktionen 439

Auftraggeber spätestens nach zwei Tagen den Fremdwährungsbetrag auf seinem Konto hat und dass sein Konto mit dem entsprechenden Betrag in heimischer Währung belastet ist.

Der Kassa-Handel mit Devisen findet außerbörslich statt. Gehandelt wird ganztägig.

6. Wie lässt sich der Termin-Handel mit Devisen kennzeichnen?

Im Termin-Handel erfolgt die Lieferung der Devisen nicht sofort nach dem Abschluss des Handels, sondern *zu einem späteren Zeitpunkt*.

Zu unterscheiden sind **feste** Termingeschäfte von **bedingten** Termingeschäften. Bei festen Termingeschäften werden sämtliche Bedingungen bei Abschluss des Geschäfts fest vereinbart und bis zu seiner Erfüllung nicht mehr geändert. Bei bedingten Termingeschäften können Wahlrechte bis Lieferung wahrgenommen werden.

Der Termin-Handel mit Devisen findet außerbörslich statt. Gehandelt wird ganztägig.

7. Was sind Derivate und welche besonderen Kennzeichen weisen sie auf?

Bei einem Warentermingeschäft muss nicht die Ware selbst gehandelt werden; gehandelt werden können auch nur die Papiere, die den Anspruch auf die Warenlieferung begründen. Die auf diesen Papieren beruhende Anspruchsberechtigung bezieht sich auf einen grundlegenden Wert, den Basiswert; sie werden deshalb auch als *Derivate*[13] bezeichnet. Kennzeichen von Derivaten ist die Abhängigkeit ihrer Preise (Kurse) von dem zu Grunde liegenden Basiswert.

8. Was sind Futures?

Derivate können an Börsen, z.B. an Warenterminbörsen, gehandelt werden. Diese Termingeschäfte werden auch als *Futures* oder als Terminkontrakte bezeichnet.

Futures liegen standardisierte Vertragspunkte zu Grunde; dadurch werden sie eindeutig definiert. Die Standardisierung betrifft u.a. die Liefermenge, die Qualität, die Preisangabe, die sich immer auf die zu Grunde liegende Maßeinheit beziehen muss. Die eindeutige Definition des Future-Kontrakts gibt den Marktteilnehmern erhebliche Sicherheit.

Nur sehr wenige Futures-Geschäfte werden durch Realtausch abgewickelt. Die meisten Kontrakte werden vor Fälligkeit verkauft bzw. gekauft; dadurch werden sie glattgestellt.

Futures werden häufig genutzt, um das Risiko im Zusammenhang mit den Preisentwicklungen zu verringern. Hier zeigt sich auch ihr spekulativer Charakter; der Verkäu-

---

[13] Dem Begriff liegt das lateinische Verb derivare (= ableiten) zu Grunde.

fer will sich evtl. vor Kursverfall absichern, der Käufer aber ist bereit, das wegen der erwarteten Kurssteigerungen als relativ gering eingeschätzte Risiko zu übernehmen.

5.3.8 Finanzierung des Außenhandels

5.3.8.1 Kurzfristige Finanzierung

1. Welche Möglichkeiten zur kurzfristigen Finanzierung von Außenhandelsgeschäften gibt es?

Für die kurzfristige Finanzierung von Außenhandelsgeschäften haben Importeure und Exporteure eine Reihe von Möglichkeiten. Dazu zählen u. a. die Folgenden:

- Wechselziehung,
- Bankakzept,
- Lombardkredit,
- Rembourskredit.

2. Wie wird mit einer Wechselziehung ein Export finanziert?

Der deutsche Exporteur zieht auf den Importeur einen Wechsel. Der Exporteur als Wechselaussteller, räumt dem Importeur als dem Wechselbezogenen einen Zahlungsaufschub, d. h. einen Kredit ein. Dieser Wechselkredit gilt als kurzfristiger Kredit; der Wechsel ist also zunächst ein *Kreditmittel*.

Eine Wechselforderung ist wegen der sog. Wechselstrenge immer sicherer als eine Buchforderung, der Wechsel ist demnach auch ein *Kreditsicherungsmittel*.

Der Importeur gleicht mit dem Wechsel eine Rechnung aus, der Aussteller kann den Wechsel weiter zum Ausgleich von offenen Rechnungen verwenden, der Wechsel ist vor allem ein *Zahlungsmittel*.

3. Welche Bedeutung hat die Tatsache, dass der Wechsel ein Orderpapier ist?

Der Wechsel ist ein Orderpapier, bei einer Weitergabe muss deshalb die Order ausdrücklich weitergegeben werden. Das geschieht mithilfe eines *Weitergabevermerks* auf der Rückseite des Wechsels; dieser Weitergabevermerk wird als *Indossament* bezeichnet.

Das Indossament hat folgende *Funktionen*:

- Transportfunktion: Es wird nicht nur der Besitz des Papiers weitergeben, sondern auch die Order, d. h. das Recht, am Verfalltag vom Bezogenen die Zahlung zu verlangen.
- Haftungsfunktion: Jeder Indossant haftet dem nachfolgenden für die Einlösung des Wechsels; wenn der Bezogene am Verfalltag die Einlösung verweigert, hat der

Berechtigte Regressansprüche an den Indossanten vor ihm, der kann wiederum seinen Vorgänger in Anspruch nehmen usw. Ein Indossant kann seine Haftung ausschließen, er muss dann seinem Indossament den Vermerk o. H. (ohne Haftung) anfügen.

- Legitimationsfunktion: Eine lückenlose Indossamentenkette legitimiert den zuletzt Berechtigten, dem Bezogenen den Wechsel zur Einlösung vorzulegen.

4. Wie läuft die Einlösung des Wechsels ab?

Am Verfalltag oder an einem der beiden folgenden Werktage legt der Berechtigte dem Bezogenen am Zahlungsort den Wechsel zur Einlösung vor. Im Allgemeinen wird der Wechsel der Bank des Bezogenen vorgelegt, die den Wechsel einlöst und den Betrag dem Konto des Bezogenen belastet. Der Berechtigte beauftragt meistens seine Bank mit dem Inkasso.

Wechselziehung, -weitergabe und -einlösung werden in der folgenden Abbildung schematisch dargestellt.

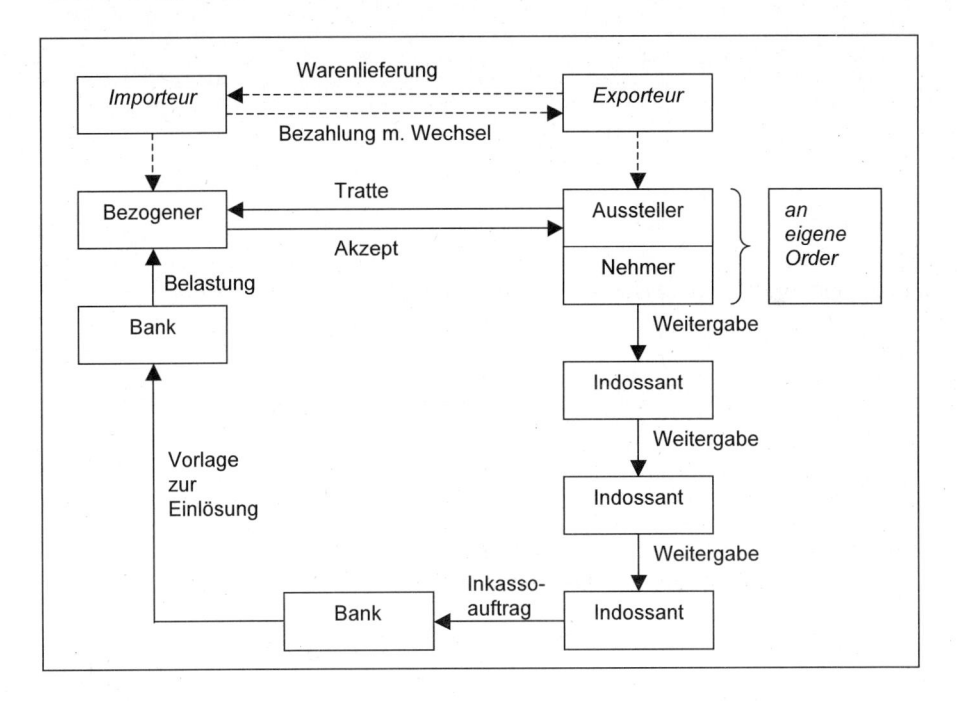

5. Welche Bedeutung hat die Wechseldiskontierung durch die Bank?

Bei einer Diskontierung verkauft ein Wechselnehmer den Wechsel vor Ablauf der Verfallzeit an die Bank. Die Bank kann – wenn sie den Wechsel nicht anderweitig verwendet, z. B. im Rediskont – über die Wechselsumme erst am Ende der Verfallzeit verfügen; sie gewährt dem Einreicher *für die Restlaufzeit des Wechsels einen Kredit,* der Wechseleinreicher erhält Liquidität. Für den Kredit verlangt die Bank neben den Gebühren auch Zinsen. Der Barwert, das ist der Wert des Wechsels, den er beim Verkauf hat, ist also immer geringer als sein Nennwert. Der Barwert wird dem Einreicher gutgeschrieben.

Der Zinsbetrag lässt sich nach folgender Formel berechnen:

$$\text{Zinsen} = \frac{\text{Wechselsumme} \cdot \text{Zinssatz} \cdot \text{Tage}}{100 \cdot 360}$$

Die folgende schematische Darstellung zeigt den Ablauf der Wechseldiskontierung; auf die Einbeziehung der Wechselweitergabe wird verzichtet.

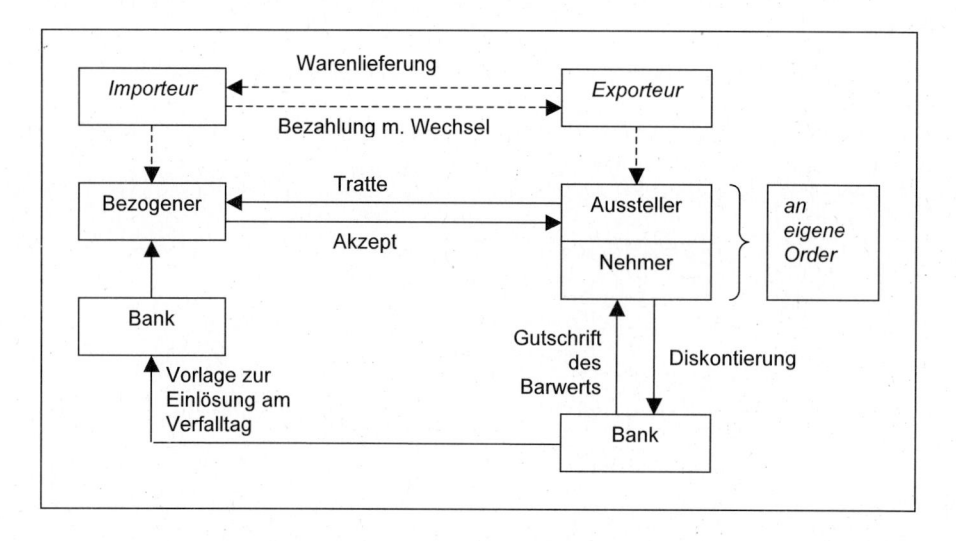

6. Was ist ein Akzeptkredit?

Der Akzeptkredit ist eine sog. *Kreditleihe*. Ein Kunde schließt mit seiner Bank einen Akzeptkreditvertrag ab, der ihn berechtigt, auf die Bank einen Wechsel zu ziehen, den die Bank akzeptiert. Begünstigt ist ein Gläubiger des Kunden, z. B. ein Lieferant.

Mit dem Akzept verpflichtet sich die Bank, den Wechsel einzulösen. Die Bank geht dieses Geschäft aber nur ein, wenn sich der Kunde seinerseits verpflichtet, mindestens zwei Tage vor Fälligkeit des Wechsels die Wechselsumme, d. h. den Kreditbetrag, der Bank zur Verfügung zu stellen.

Wenn der Bankkunde das Bankakzept zur Zahlung an seinen Gläubiger, den Lieferanten, weitergibt, der das Akzept bei seiner Bank diskontieren kann, spricht man von einem reinen Akzeptkredit.

5.3 Abwickeln der außenwirtschaftlichen Transaktionen

In der folgenden Abbildung wird der Ablauf eines Akzeptkredits schematisch dargestellt. Angenommen wird ein Import von Waren; der mit einem Akzeptkredit bezahlt wird. Aussteller des Wechsels ist der Importeur, Bezogene die Bank und Begünstigter (Wechselnehmer oder -empfänger) ist der Exporteur.

1. Exporteur und Importeur schließen einen Kaufvertrag zur Warenlieferung u. a. mit der Bedingung ab, dass die Rechnung mit Bankakzept zu zahlen ist.
2. Der Importeur schließt mit seiner Bank einen Akzeptkreditvertrag ab.
3. Der Importeur als Aussteller zieht auf seine Bank einen Wechsel.
4. Die Bank akzeptiert den Wechsel.
5. Der Importeur gibt den Wechsel weiter an den Exporteur.
6. Zwei Tag vor Verfall wird das Konto des Importeurs mit der Wechselsumme belastet.
7. Der Exporteur legt der bezogenen Bank das Akzept zur Einlösung vor.
   Alternativen:
   Der Exporteur gibt das Papier mit Indossament als Zahlungsmittel weiter oder er diskontiert ihn bei seiner Bank.
   Der zuletzt Berechtigte legt dem Bezogenen das Akzept zur Einlösung vor.

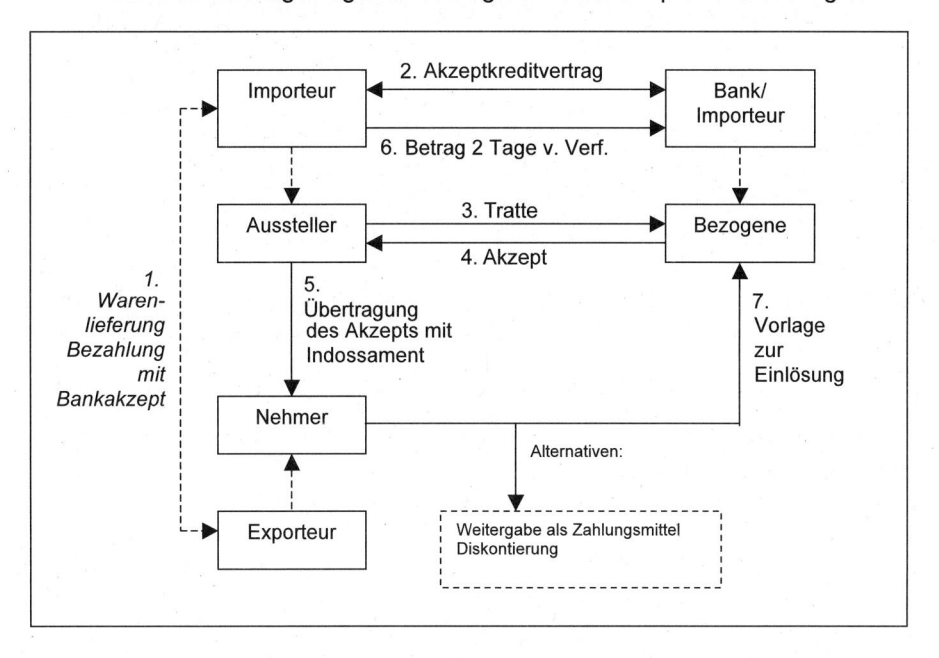

7. Welchen Vorteil hat ein Akzeptkredit?

Eine Bank gewährt nur erstklassigen Unternehmen einen Akzeptkredit, deren Zahlungsfähigkeit und Kreditwürdigkeit nicht in Frage steht. Das Bankakzept zeigt diese hohe Einschätzung der Unternehmen auch nach außen und erhöht ihre Bonität.

Ein weiterer Vorteil des Bankakzepts liegt darin, dass es als Zahlungs- und Kreditmittel in der Regel gut zu verwenden ist.

8. Was ist ein Lombardkredit?

Ein Lombardkredit ist ein Kredit, der durch ein *Pfand* gesichert ist; zur Sicherung eines Kredits können marktgängige bewegliche Sachen, z. B. Waren, Rohstoffe, aber auch Rechte verpfändet werden. Die verpfändeten Sachen gehen in den Besitz, aber nicht in das Eigentum des Kreditgebers über. Das bedeutet z. B., dass der Kreditgeber die gepfändete Sache sicher aufbewahren und lagern muss. Da das häufig auf erhebliche Schwierigkeiten stößt, geht die Bedeutung der Verpfändung zu Gunsten der Sicherungsübereignung zurück.

9. Welche Bedeutung hat der Lombardkredit im Auslandsgeschäft?

Der Warenlombard hat im Auslandsgeschäft eine gewisse Bedeutung, weil die Übergabe der Sache vermieden und durch die Übergabe von Papieren, die die Ware verkörpern, ersetzt werden kann. Bei diesen Papieren handelt es sich um die Traditionspapiere, die durch Indossament weitergegeben werden (Orderpapiere).

10. Wie läuft der Lombardkredit ab?

Der Exporteur kann nach Versand der Ware die Versandpapiere, z. B. das Konnossement, bei seiner Bank beleihen. Die Bank gewährt ihm einen Lombardkredit, einen sog. *Exportvorschuss* bis zur Zahlung des Importeurs. Im Allgemeinen werden die Papiere für einen Exportvorschuss bis zu 85 % des Verkaufspreises beliehen. Durch den Exportvorschuss erhält der Exporteur Liquidität.

Die Bank des Exporteurs kann die Dokumente dem Importeur vorlegen. Der Importeur kann die Papiere, z. B. den Lagerschein, jetzt nutzen, um mit seiner Bank einen Lombardkreditvertrag abzuschließen. Dieser Lombardkredit wird als *Importvorschuss* bezeichnet; dabei werden die Papiere bis zu 100 % des Einkaufspreises beliehen. Der Importeur kann mit dem Importvorschuss die Forderungen der Bank des Exporteurs begleichen und Dokumente einlösen.

Durch den Zahlungseingang ist der Exportvorschuss getilgt. Der Importvorschuss wird mit den Verkaufserlösen getilgt.

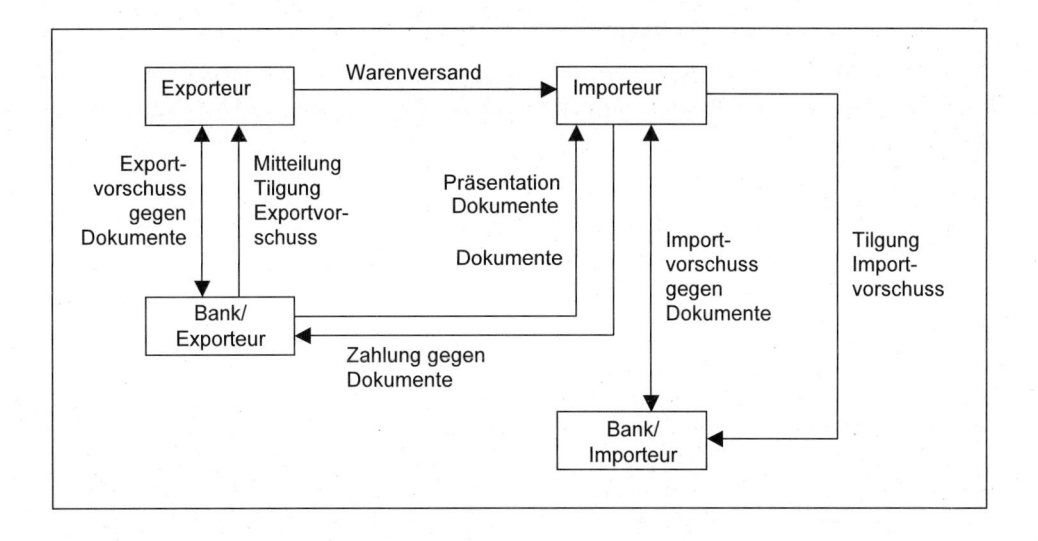

```
          Exporteur   Warenversand   Importeur
            ↑  ↓          ↑   ↑
   Export-  Mitteilung  Präsentation
   vorschuss Tilgung    Dokumente
   gegen    Exportvor-              Import-      Tilgung
   Dokumente schuss    Dokumente    vorschuss    Import-
                                    gegen        vorschuss
                                    Dokumente
          Bank/
          Exporteur  ← Zahlung gegen
                       Dokumente
                              Bank/
                              Importeur
```

11. Was ist ein Rembourskredit?

Der Rembourskredit ist eine *Kombination des Dokumentenakkreditivs und des Akzeptkredits*. Er hat seine Bedeutung in der *kurzfristigen Finanzierung des Überseehandels*. Zu unterscheiden ist der direkte vom indirekten Rembourskredit.

Der inländische Importeur beantragt bei seiner Bank die Eröffnung eines Rembourskredits. Die Bank des Importeurs teilt der Bank des Exporteurs die Akkreditiveröffnung mit. Darauf zieht der Exporteur über seine Bank einen Wechsel auf die Bank des Importeurs, den sie gegen Übergabe der Dokumente akzeptiert. Der Exporteur kann die Waren versenden, sobald er durch entsprechende Mitteilung seiner Bank sicher sein kann, dass er den Ausgleich seiner Rechnung erhält. Die Bank händigt dem Importeur die Dokumente gegen Akzept aus. Der Importeur erhält schließlich die Ware bei Vorlage der Dokumente, die ihn als Berechtigten ausweisen.

In der folgenden Abbildung wird der Ablauf eines direkten Rembourskredits dargestellt. Die Pfeile geben die Richtung der Informationen, Dokumentenversand und Zahlungen an. An dem Vorgang sind vier Institutionen beteiligt: der inländische Importeur, der überseeische Exporteur, die Bank des Importeurs und die Bank des Exporteurs.

1. Zwischen Importeur und Exporteur besteht ein Kaufvertrag u. a. mit der Zahlungsbedingung documents against acceptance - credit.

2. Der Importeur beauftragt seine Bank mit der Eröffnung eines Rembourskredits. Dabei werden die Akkreditivbedingungen festgelegt, so werden z. B. die Dokumente benannt, bei deren Vorlage die Zahlung bzw. die Aushändigung der Ware erfolgen soll.

3. Die Bank des Importeurs teilt der Bank des Exporteurs die Krediteröffnung und gleichzeitig die Akzeptzusage mit.

4. Die Bank des Exporteurs avisiert dem Exporteur das Remboursakkreditiv und sagt ihm die Diskontierung des Akzepts zu.
5. Daraufhin versendet der Exporteur die Waren.
6. Der Exporteur übersendet die Dokumente und die auf die Bank des Importeurs gezogene Tratte (1. und 2. Ausfertigung) an seine Bank.
7. Die Bank des Exporteur legt die Tratte (1. Ausfertigung) der Bank des Importeurs zum Akzept vor und händigt gegen das Akzept die Dokumente aus.
8. Die 2. Ausfertigung des Wechsels diskontiert die Bank des Exporteurs.
9. Die Dokumente werden dem Importeur übergeben.
10. Der Importeur erhält gegen Vorlage der Dokumente die Waren (z. B. vom Lager des Spediteurs).
11. Zwei Tage vor Verfall belastet die Bank des Importeurs das Konto ihres Kunden mit der Wechselsumme; der Importeur muss sein Konto entsprechend ausstatten.
12. Am Verfalltag präsentiert die Bank des Exporteurs der Bank des Importeurs den Wechsel und erhält dafür den Gegenwert.

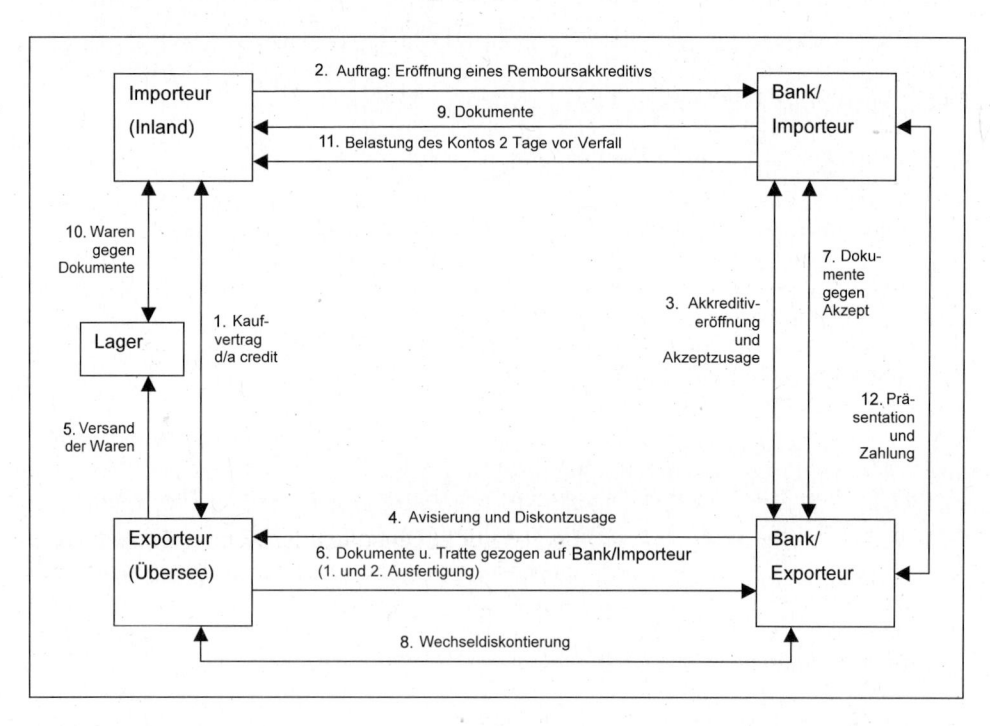

12. Wodurch unterscheidet sich der direkte Rembourskredit vom indirekten?

Beim **direkten** Rembourskredit sind vier Institutionen beteiligt: neben Importeur und Exporteur lediglich deren Banken. Beim **indirekten** Rembourskredit werden weitere

Banken in das Geschäft einbezogen. Häufig ist die Beteiligung einer *Remboursbank*, wenn zwischen den Banken des Importeurs und des Exporteurs keine Korrespondenzverbindungen bestehen oder die Bankverbindung des Importeurs dem Exporteur und seiner Bank als unsicher erscheinen. Eine Remboursbank wird auch dann eingeschaltet, wenn das Geschäft in einer Währung abgewickelt wird, die weder die Währung des Importlandes noch die des Exportlandes ist; die Remboursbank hat ihren Sitz dann in dem Land mit dieser Währung.

13. Welche Vorteile hat der Rembourskredit?

Für den Exporteur und für den Importeur hat der Rembourskredit Vorteile.

Vorteilhaft für den **Importeur** ist z. B., dass er ein Zahlungsziel in Anspruch nehmen kann, dass er einen Kredit des Lieferanten erhält, für den die Bedingungen häufig relativ günstig sind. Außerdem wird das Risiko nicht ordnungsmäßiger Lieferung minimiert.

Die Vorteile des **Exporteurs** sind z. B. die relativ geringen Risiken des Zahlungseingangs und der Warenannahme und die geringe Kapitalbindung während der Transportdauer und während der Dauer des Zahlungsziels.

5.3.8.2 Projektfinanzierung

1. Wie wird ein Projekt definiert?

Ein Projekt ist (nach der Definition von DIN 69 901) ein Vorhaben, das im Wesentlichen durch die *Einmaligkeit* der Bedingungen in ihrer Gesamtheit gekennzeichnet ist, wie z. B.

- Zielvorgabe,
- zeitliche, finanzielle, personelle oder andere Begrenzungen,
- Abgrenzung gegenüber anderen Vorhaben,
- projektspezifische Organisation.

2. Was ist ein Projekt, wer führt es durch und wer bringt das Kapital ein?

Ein Projekt, das einmalig und von begrenzter Lebensdauer ist, kann z. B. ein Investitionsvorhaben im Ausland sein. Durchgeführt wird es von einer *Projektgesellschaft*, die von mehreren Unternehmen, den sog. Sponsoren, gegründet wird. Die Sponsoren bringen einen Teil des erforderlichen Kapitals ein. Im Übrigen wird das Projekt durch Kredite (evtl. auch durch besondere Fördermittel) finanziert.

3. Welche Besonderheiten weist die Projektfinanzierung auf?

Die Finanzierung eines Projekts mit Fremdmitteln weist gegenüber anderen Kreditfinanzierungen Besonderheiten auf, die damit zusammenhängen, dass die Projektgesellschaft wirtschaftlich selbstständig agiert und das Projekt zeitlich begrenzt ist. Die

Kredite können weder durch das Anlagevermögen der Projektgesellschaft noch durch die Bonität der Sponsoren gesichert werden. Grundlage der Kreditvergabe sind deshalb die *Erwartungen in Bezug auf die Wirtschaftlichkeit des Projekts.*

4. Wie werden Kredite bei Projektfinanzierung bedient?

Die Kreditgeber eines Projekts prüfen vor Kreditvergabe, ob der *Cashflow*, der von dem Projekt in der Zukunft zu erwarten ist, für die Bezahlung von Tilgung und Zinsen ausreicht. Die *Schuldendienstfähigkeit* ist ein wichtiges Kriterium für die Kreditvergabe, das Vermögen der Projektgesellschaft spielt bei der Prüfung der Kreditfähigkeit nur eine untergeordnete Rolle.

Weil nur mit dem fertig gestellten Projekt Zahlungseingänge möglich sind, ist die Fertigstellung des Projekts das besondere Problem der Kreditgeber. Das *Fertigstellungsrisiko* können sie nicht alleine tragen.

5. Wer trägt das Risiko bei Projektfinanzierung?

Die *Projektrisiken werden zwischen den Projektbeteiligten aufgeteilt.* Im Allgemeinen gilt, dass Risiken, die mit einer bestimmten Projektleistung zusammenhängen, von dem Träger dieser Projektleistung verantwortet werden. Übrige Risiken werden den Kapitalgebern phasenbezogen zugewiesen.

Die auf dem Cashflow basierende Kreditvergabe kann mit Rückgriffsrechten der Kreditgeber auf die Eigenkapitalgeber, d.h. auf die Sponsoren, zusätzlich abgesichert werden. Die Haftung der Muttergesellschaften wird im Allgemeinen zeitlich und betragsmäßig begrenzt.

5.3.8.3 Forfaitierung

1. Was wird als Forfaitierung bezeichnet?

Als Forfaitierung wird der *Kauf von Forderungen* bezeichnet, bei dem der Forderungsverkäufer („Forfaitist") nicht regresspflichtig gemacht werden kann, wenn die Zahlung ausfällt. Er haftet allerdings dafür, dass die Forderung zu Recht besteht. Der Forderungsverkäufer wird als Forfaitist, der Käufer als Forfaiteur bezeichnet.

2. Welche Bedeutung hat die Forfaitierung?

Die Forfaitierung findet sich besonders häufig im Exportgeschäft. Wegen der Restriktionen bei der Kreditvergabe durch die Banken kommt dem Lieferantenkredit eine besondere Bedeutung zu.

Mit der Forfaitierung werden sowohl Export- als auch Importgeschäfte finanziert.

3. Wie lässt sich der Vorgang der Forfaitierung beschreiben?

Unter der Annahme eines Exports kann der Vorgang der Forfaitierung folgendermaßen beschrieben werden:

1. Zwischen Exporteur und Importeur wird ein Kaufvertrag abgeschlossen. In die Kaufvertragsbedingungen werden die Forfaitierungskosten einbezogen.
2. Der Verkäufer räumt dem Käufer einen Kredit (Lieferantenkredit) ein, der Verkäufer hat also gegenüber dem Importeur eine Forderung.
3. Der Importeur stellt für den Lieferantenkredit eine Sicherheit; als Sicherheit wird häufig der Solawechsel gewählt, bei dem sich der Aussteller zur Zahlung der angegebenen Summe verpflichtet, eine andere Form der Sicherheit wäre ein Bankaval.
4. Der Exporteur (Forfaitist) verkauft die Forderung an eine Bank (Forfaiteur) und überträgt ihr auch die Rechte aus dem Solawechsel.
5. Am Fälligkeitstag wird der kreditierte Betrag im Auftrag des Forfaiteurs eingezogen.

4. Welche Forderungen werden bei Forfaitierung verkauft?

Die Forderungen, die im Zusammenhang mit der Forfaitierung verkauft werden, müssen folgende Bedingungen erfüllen:

- Die Forderungen sind im Allgemeinen mittel- bis langfristig.
- Es muss sich um abstrakte Forderungen handeln, d.h. sie müssen vom Grundgeschäft losgelöst sein (vgl. bei Frage 3 das Sicherheitsinstrument).
- Die Zahlungsfähigkeit des Kreditnehmers darf nicht zweifelhaft sein.
- Die Forderungen müssen auf Dollar, Euro oder ähnlich harter Währung lauten.
- Die Abtretung der Forderungen muss möglich sein.
- Die Forderungen müssen von Rechten Dritter frei sein.

5. Welche Vorteile hat die Forfaitierung?

Die Forfaitierung hat für den Exporteur u.a. folgende Vorteile:

- Ein längerfristiger Lieferantenkredit wird ohne Delkredererisiko refinanziert.
- Der Forfaiteur übernimmt die Inkassofunktion.
- Ausfall- und Kursrisiko erlöschen bei Forderungsverkauf.
- Es besteht keine Regresspflicht.
- Die Liquiditätssituation wird verbessert.
- Der Verwaltungsaufwand ist gering.
- Die Inanspruchnahme eines Kreditversicherers ist nicht erforderlich.

5.4 Abwicklung des internationalen Warenverkehrs unter Berücksichtigung unterschiedlicher Wirtschaftskulturen und rechtlicher Rahmenbedingungen

5.4.1 Rechtliche Elemente des innergemeinschaftlichen Warenverkehrs

5.4.1.1 Innergemeinschaftlicher Warenverkehr

1. Was bezeichnet der Begriff „innergemeinschaftlicher Warenverkehr" und in welchem rechtlichen Zusammenhang steht er?

Innergemeinschaftlicher Warenverkehr ist der *Warenverkehr zwischen den EU-Mitgliedstaaten*. Er ist zu unterscheiden von dem Warenverkehr der EU-Mitgliedstaaten mit Drittländern. Die Unterscheidung hat rechtliche Bedeutung für die Besteuerung (Umsatzsteuer) und für die Verzollung.

Lieferungen aus Drittländern sind im Allgemeinen zu verzollen, grenzüberschreitende Lieferungen innerhalb der EU dagegen grundsätzlich nicht.

Innergemeinschaftliche Lieferungen sind im Land des Lieferanten von der Umsatzsteuer befreit; sie sind im Land des Erwerbers zu versteuern.

2. Wann liegt eine innergemeinschaftliche Lieferung vor

Nach § 6a des Umsatzsteuergesetzes liegt eine innergemeinschaftliche Lieferung vor, wenn folgende Voraussetzungen erfüllt sind:

1. Der Unternehmer oder der Abnehmer hat den Gegenstand der Lieferung in das übrige Gemeinschaftsgebiet befördert oder versendet.
2. Der Abnehmer ist

    ein Unternehmer, der den Gegenstand der Lieferung für sein Unternehmen erworben hat,

    eine juristische Person, die nicht Unternehmer ist oder die den Gegenstand der Lieferung nicht für ihr Unternehmen erworben hat, oder

    bei der Lieferung eines neuen Fahrzeugs auch jeder andere Erwerber.
3. der Erwerb des Gegenstands der Lieferung unterliegt beim Abnehmer in einem anderen Mitgliedstaat den Vorschriften der Umsatzbesteuerung.

3. Was besagt das Bestimmungslandprinzip?

Das Bestimmungslandprinzip im Sinne des Umsatzsteuergesetzes besagt, dass die Umsatzsteuer in dem Land zu erheben ist, für das die Lieferung bestimmt war (Bestimmungsland).

4. Was gilt als innergemeinschaftliche Lieferung?

Innergemeinschaftliche Lieferungen sind

- Lieferungen von Waren,
- das Verbringen von Gegenständen,
- Lieferungen im Zusammenhang mit einem Dreiecksgeschäft.

5. Wann liegt innergemeinschaftliches Verbringen vor?

Innergemeinschaftliches Verbringen liegt vor, wenn ein Unternehmen, das in einem EU-Land ansässig ist, einen unternehmenseigenen Gegenstand in ein anderes EU-Mitgliedsland versendet (verbringt), um es dort selbst längerfristig zu nutzen.

6. Was ist ein innergemeinschaftliches Dreiecksgeschäft?

Ein innergemeinschaftliches Dreiecksgeschäft ist ein *Reihengeschäft*. Ein Reihengeschäfts besteht, wenn mehrere Unternehmen denselben Gegenstand umsetzen und der erste Unternehmer dem letzten Abnehmer in der Reihe diesen Gegenstand ausliefert. *(Beispiel: Kunde C bestellt bei dem Unternehmen B eine bestimmte Ware. Weil B die Ware nicht auf Lager hat, bestellt er sie bei dem Unternehmen A, mit dem Auftrag, sie direkt an C zu liefern.)*

Für innergemeinschaftliche Reihengeschäfte (Dreiecksgeschäfte) gelten folgende Bedingungen:

- Beteiligung von drei Unternehmen,
- die Ware wird direkt von einem EU-Mitgliedsland in ein anderes geliefert,
- die Unternehmen sind in ihren Ländern mit ihren USt-Identifikationsnummern erfasst.

Das Besondere an einem innergemeinschaftlichen Dreieckgeschäft ist, dass für die Umsatzbesteuerung lediglich der Erwerb des letzten Abnehmers erfasst wird.

7. Was sind Zusammenfassende Meldungen?

Mit Zusammenfassenden Meldungen teilen Unternehmen der Finanzverwaltung ihre innergemeinschaftlichen Lieferungen von Waren und Dienstleistungen mit. Die Meldungen sind vierteljährlich (in Zukunft wahrscheinlich monatlich) abzugeben.

8. Welche Angaben muss eine Zusammenfassende Meldung enthalten?

Die Zusammenfassende Meldung muss folgende Angaben enthalten (§ 18 a UStG):

- **für innergemeinschaftliche Warenlieferungen:**
  die USt-Identifikationsnummer jedes Erwerbers, die ihm in einem anderen Mitgliedsstaat erteilt worden ist und unter der die innergemeinschaftlichen Warenlieferungen an ihn ausgeführt worden sind,
  für jeden Erwerber die Summe der Bemessungsgrundlagen der an ihn ausgeführten innergemeinschaftlichen Warenlieferungen,

- **für das Verbringen von Gegenständen:**
  die USt-Identifikationsnummer des Unternehmens in den Mitgliedstaaten, in die er Gegenstände verbracht hat,
  die darauf entfallende Summe der Bemessungsgrundlagen,

- **für Lieferungen im Zusammenhang mit Dreiecksgeschäften:**
  die USt-Identifikationsnummer eines jeden letzten Abnehmers, die diesem in dem Mitgliedsstaat erteilt worden ist, in dem die Versendung beendet worden ist.

9. Welcher Zweck wird mit den Zusammenfassenden Meldungen verfolgt?

Die Zusammenfassenden Meldungen dienen der *Kontrolle*. Dazu übermitteln die Mitgliedstaaten einander die Meldungen; die Finanzbehörden prüfen, ob die Angaben mit den Steuererklärungen der Unternehmen übereinstimmen.

5.4.1.2 Doppelbesteuerungsabkommen

1. Wie werden Doppelbesteuerungen vermieden?

Wenn eine natürliche oder juristische Person in einem Staat ihren ständigen Wohnsitz hat und in einem anderen Staat Einkünfte bezieht, die der Besteuerung unterliegen, besteht die Gefahr der Doppelbesteuerung. Damit Doppelbesteuerungen dieser Art vermieden werden, schließen Wohnsitz- und Quellenstaat Doppelbesteuerungsabkommen miteinander ab. Zwischen Deutschland und mehr als 100 Staaten bestehen zzt. Doppelbesteuerungsabkommen, die regelmäßig überprüft und bei Bedarf aktualisiert werden.

2. Was wird in Doppelbesteuerungsabkommen vereinbart?

In den Abkommen kann z. B. vereinbart werden,

- dass der Quellenstaat die Besteuerung zurücknimmt oder angemessen einschränkt oder

- dass der Wohnsitzstaat die entsprechenden Einkünfte nicht besteuert (Freistellung) oder dass er die ausländische Steuer bei Ermittlung der Steuerschuld angemessen berücksichtigt (Anrechnung).

3. Was besagt das Wohnsitzlandprinzip und wie unterscheidet es sich vom Quellenlandprinzip?

Das **Wohnsitzlandprinzip** besagt, dass eine natürliche oder juristische Person in dem Land steuerpflichtig ist, in dem sie ihren Wohnsitz oder ihren ständigen Aufenthalt hat. Nach dem **Quellenlandprinzip** wird eine natürliche oder juristische Person in dem Land steuerpflichtig, in dem sie die entsprechenden Einkünfte erzielt.

4. Was besagt das Welteinkommensprinzip und wie unterscheidet es sich vom Territorialitätsprinzip?

Das **Welteinkommensprinzip** besagt, dass alle Einkünfte eines Steuerpflichtigen unabhängig von dem Ort ihrer Entstehung besteuert werden. Nach dem **Territorialitätsprinzip** werden nur die Einkünfte besteuert, die in dem Gebiet des betreffenden Staates erzielt werden.

5. Welche Besteuerungsprinzipien gelten nach deutschem Steuerrecht?

Nach deutschem Steuerrecht gilt grundsätzlich für *Inländer* das *Wohnsitzland- und Welteinkommensprinzip*, für *Nicht-Inländer* das *Quellenland- und Territorialitätsprinzip*.

Wenn also ein deutscher Staatsbürger mit ständigem Wohnsitz in Deutschland in Deutschland Gewinneinkommen erzielt und auch in einem anderen Staat Einkünfte hat, die dort zu versteuern sind, wie das z. B. bei der Quellensteuer der Fall ist, kommt es zu einer Doppelbesteuerung. Durch ein Doppelbesteuerungsabkommen zwischen den beiden Staaten kann diese Doppelbelastung des Steuerpflichtigen vermieden werden.

5.4.1.3 Intrastat

1. Warum muss der Außenhandel statistisch erfasst werden?

Das Statistische Bundesamt hat den gesetzlichen Auftrag, *Außenhandelsstatistiken* zu erstellen. Diese Statistiken dienen der Politik, z. B. für die Analyse der außenwirtschaftlichen Beziehungen; ihre Kenntnis kann auch für die Unternehmen von Nutzen sein. Es ist wichtig, dass die grundlegenden Daten genau und aktuell sind. Deshalb sind die Unternehmen durch Gesetz verpflichtet, ihre Lieferungen in andere Länder und den Erwerb aus diesen Ländern an das Statistische Bundesamt zu melden.

2. Welcher Unterschied besteht zwischen Intrastat und Extrastat?

Für die Außenhandelsstatistik wird zwischen dem Intra- und dem Extrahandel unterschieden. Als *Intrahandel* bezeichnet man den Handel innerhalb der Europäischen Union, den innergemeinschaftlichen Handel. Der *Extrahandel* ist der Handel mit den sog. Drittländern, das sind die Nicht-EU-Länder. Entsprechend wird zwischen Intrahandelsstatistik (**Intrastat**) und Extrahandelsstatistik (**Extrastat**) unterschieden.

3. Wie werden Extrastat-Daten erfasst?

Extrastat-Daten, d. h. die Daten des Handels mit Drittländern, werden *mit der Zollanmeldung* erfasst. Dazu dienen die Exemplare 2 und 7 der Ausfuhr- und Einfuhranmeldungen. Unternehmen mit einer Vielzahl von außenwirtschaftlichen Transaktionen können ihre Extrastat-Daten monatlich auf elektronischen Datenträgern (Disketten, online u. Ä.) an das Statistische Bundesamt melden. Allerdings müssen die Unternehmen zu diesem Verfahren die Einwilligung des Bundesamtes einholen.

4. Wer muss Intrastat-Meldungen abgeben?

Intrastat-Meldungen müssen natürliche und juristische Personen abgeben, die in Länder der EU Waren liefern bzw. aus diesen Ländern empfangen. Privatpersonen sind von diesen Meldungen ausgenommen. Die Befreiung gilt nicht für Lieferungen an ausländische Privatpersonen.

5. Welche Wertgrenze besteht für Intrastat-Meldungen?

Für die Meldungen besteht eine Wertgrenze; sie liegt *zzt. bei 300.000 Euro*. Sie besagt, dass lediglich USt-pflichtige Unternehmen zur Meldung verpflichtet sind, wenn ihre Versendungen in EU-Mitgliedstaaten bzw. die Eingänge aus diesen Staaten einen Wert i. H. von mindestens 300.000 Euro haben. Von der Meldepflicht sind Unternehmen befreit, die diese Wertgrenze im Vorjahr nicht erreicht haben.

6. Wann beginnt die Meldepflicht und wie wird gemeldet?

Die Meldepflicht beginnt in dem Monat des laufenden Kalenderjahrs, in dem die Wertgrenze überschritten wird.

Intrastat-Meldungen sind monatlich bis zum zehnten Arbeitstag für den Vormonat beim Statistischen Bundesamt abzugeben. Die Abgabe ist schriftlich mit den entsprechenden Vordrucken möglich. Aber die Daten können auch auf magnetischen Datenträgern (z. B. Diskette) oder im Online-Meldeverfahren übermittelt werden.

5.4.1.4 Zollkodex

1. Welche Bedeutung hat der Zollkodex für das Zollrecht?

Der sog. Zollkodex ist die *Grundlage des Zollrechts* der Europäischen Gemeinschaft (seit 1. Januar 1994). Im Zollkodex wurde das Zollrecht der Mitgliedsländer und EG-Verordnungen zum Zollwesen systematisch zusammengefasst. Der Zollkodex hat *Anwendungsvorrecht* vor nationalem Zollrecht.

2. Für welches Gebiet gelten die Regelungen des Zollkodex?

Das EU-Zollgebiet ergibt sich aus den *Hoheitsgebieten der Mitgliedsländer*, als Außengrenze gelten die Grenzen der Mitgliedsländer gegenüber den Ländern, die nicht zur EU gehören (sog. Drittländer).

Im Zollgebiet bestehen zollfreie Zonen. Von besonderer Bedeutung sind dabei die Freihäfen, deren Zugänge bewacht werden. Innerhalb der Freihäfen werden Waren vom Zoll nicht erfasst. Zollfrei sind auch sog. Freilager; sie werden zollamtlich überwacht.

3. Wie werden Güter nach dem Zollrecht unterschieden?

Nach dem Zollrecht können Güter folgendermaßen unterschieden werden.

- Gemeinschaftsgut – im EU-Gebiet erzeugtes Gut und Drittlandsgut, das vom Zoll abgefertigt wurde,
- Drittlandsgut – außerhalb des EU-Gebietes erzeugtes Gut,
- Nichtgemeinschaftsware – Zollgut, zollamtlich noch nicht abgefertigtes Importgut aus einem Drittland,
- Gemeinschaftswaren – Freigut, zollamtlich abgefertigtes Importgut aus einem Drittland und im Zollinland erzeugtes Gut.

4. Welche Bedeutung hat der Zolltarif?

Der Zolltarif ist Grundlage für *zollamtliche Überwachung des Warenverkehrs* mit Ländern außerhalb des Zollgebiets der Gemeinschaft. Zu den zollamtlichen Tätigkeiten zählt auch die Erhebung von Abgaben (Zölle, Einfuhrumsatzsteuer und bestimmte Verbrauchsteuern).

Der Zolltarif enthält ein Verzeichnis aller Waren, das nach einer besonderen Systematik aufgebaut ist (Nomenklatur). Dazu werden die Abgabesätze und Hinweise auf Verbote und Beschränkungen angegeben.

5. Was gibt der elektronische Zolltarif an?

Der elektronische Zolltarif gibt die EU- und nationalen *Vorschriften* an, die der zollamtlichen Behandlung zu Grunde liegen. Darin wird jede Ware mit einer Codenummer beschrieben; für Einfuhren erhalten die Waren 11-stellige, für Ausfuhren 8-stellige Codenummern.

Unternehmen, die Waren in Drittländer exportieren oder aus diesen Ländern importieren, können mithilfe des elektronischen Zolltarifs Auskünfte abrufen.

6. Für welches Zollgebiet gilt das EU-Zollrecht?

Das Zollgebiet umfasst zunächst die Hoheitsgebiete der Mitgliedstaaten. Darüber hinaus sind auch einige überseeische bzw. nichtkontinentale Länder und sonstige Gebiete wegen ihrer traditionell engen Beziehung zu einem der EU-Mitgliedstaaten in das Zollgebiet einbezogen.

Die EU bildet eine Zollunion mit der Türkei, mit Andorra und mit San Marino.

7. Was sind Präferenzen im zollrechtlichen Sinn?

Präferenzen im zollrechtlichen Sinn sind *Bevorzugungen bestimmter Waren aus bestimmten Gebieten bei Einfuhr* in das Zollinland. Präferenzen schlagen sich in der

Anwendung von Präferenzzollsätzen nieder, d. h. es werden ermäßigte Zollsätze angewandt oder es besteht sogar Zollfreiheit.

Präferenzzollsätze können nur für Waren in Anspruch genommen werden, die den Vorgaben der Präferenzregelung entsprechen.

8. Auf welcher Grundlage beruht die Anwendung von Präferenzen?

Die Anwendung von Präferenzen beruht auf den *Präferenzabkommen* der Europäischen Gemeinschaft mit anderen Staaten oder Staatengruppen. Daneben werden jedoch von der Gemeinschaft auch einseitig Präferenzmaßnahmen (sog. autonome Präferenzmaßnahmen) ergriffen, um die Wirtschaft bestimmter Länder, z. B. der Entwicklungsländer, zu fördern.

5.4.2 Grundfreiheiten

1. Was wird als Außenwirtschaftsrecht bezeichnet?

Als Außenwirtschaftsrecht bezeichnet man die *Zusammenfassung aller rechtlichen Regelungen der Wirtschaftsvorgänge, die die Grenzen des Staates überschreiten.*

Der deutsche Außenwirtschaftsverkehr wird im Wesentlichen im Außenwirtschaftsgesetz (AWG)[14] geregelt. Daneben besteht die Außenwirtschaftsverordnung. Allerdings ergänzen europäische Regelungen das nationale Außenwirtschaftsrecht.

2. Von welchem Grundsatz geht das Außenwirtschaftsgesetz aus?

Grundsatz des Außenwirtschaftsgesetzes ist die *Freiheit des Wirtschaftsverkehrs* zwischen Gebietsansässigen mit dem Ausland. Nach § 1 AWG ist der Waren-, Dienstleistungs-, Kapital-, Zahlungs- und sonstige Wirtschaftsverkehr mit fremden Wirtschaftsgebieten zwischen Gebietsansässigen grundsätzlich frei.

3. Kann nach dem Außenwirtschaftsgesetz der Außenwirtschaftsverkehr beschränkt werden?

Das Gesetz sieht *unter bestimmten Umständen Beschränkungen* des Außenwirtschaftsverkehrs vor. Durch Rechtsverordnung können bestimmte Rechtsgeschäfte und Handlungen, z. B. die Ausfuhr oder Einfuhr bestimmter Güter, genehmigungspflichtig oder sogar verboten werden. Die Beschränkungen sind nach Art und Umfang auf das Maß zu begrenzen, das notwendig ist, um den vorgesehenen Zweck zu erfüllen. Sie sind aufzuheben, wenn der Zweck erreicht ist.

---

[14] Das AWG trat bereits 1961 in Kraft; es ist seitdem mehrere Male geändert und den politischen Entwicklungen angepasst worden. Neben dem Gesetz bestehen wichtige Verordnungen, die u. a. Zuständigkeiten im Außenwirtschaftsverkehr u. dgl. regeln.

4. Welche Beschränkungen sieht das Außenwirtschaftsgesetz vor?

Das Gesetz sieht Beschränkungen von Rechtsgeschäften und Handlungen im Außenwirtschaftsverkehr aus folgenden Gründen vor:

Wenn bestimmte Rechtsgeschäfte die *Erfüllung* von *Verpflichtungen aus zwischenstaatlichen Vereinbarungen behindern*, können sie beschränkt werden.

Bestimmte Maßnahmen in fremden Wirtschaftsgebieten können *schädliche Folgen für die inländische Wirtschaft oder für einzelne Wirtschaftszweige* haben. Diese Maßnahmen können z. B. den Wettbewerb behindern oder den Wirtschaftsverkehr mit dem Inland einschränken. Durch Beschränkungen des Wirtschaftsverkehrs sollen die Einwirkungen auf die heimische Wirtschaft abgewehrt werden.

Politische Verhältnisse im Ausland, die mit der freiheitlichen Ordnung in Deutschland nicht übereinstimmen, haben unter Umständen schädliche Auswirkungen auf das Inland. Zur Abwehr dieser Auswirkungen können Rechtsgeschäfte im Außenwirtschaftsverkehr beschränkt werden.

Schließlich kann der Außenwirtschaftsverkehr beschränkt werden, um die *Sicherheit der Bundesrepublik Deutschland* zu gewährleisten. Eine Beschränkung ist auch möglich, wenn dadurch eine Störung des friedlichen Zusammenlebens der Völker verhütet werden kann. Schließlich kann der Außenwirtschaftsverkehr auch beschränkt werden, um eine erhebliche Störung der auswärtigen Beziehungen der Bundesrepublik zu verhindern.

5.4.3 Risikomanagement

1. Was wird als Risiko bezeichnet?

Als Risiko wird umgangssprachlich die Möglichkeit bezeichnet, dass eine Handlung oder ein Vorgang zu einem Schaden, zum Verlust führt oder andere Nachteile hat. Ein Risiko liegt dann vor, wenn der Eintritt negativer Folgen einer Handlung ungewiss ist. Im Allgemeinen beruhen Risiken darauf, dass Entscheidungen auf der Grundlage unzureichender Informationen getroffen werden müssen.

2. Welche Risiken bestehen im Außenhandel?

Risiken bei Auslandsgeschäften bestehen in der *Verlustgefahr*, die Wahrscheinlichkeit, dass Verluste schließlich eintreten, ist in Abhängigkeit von den Rahmenbedingungen mehr oder minder hoch. Einige Aspekte von Auslandsgeschäften bergen nicht nur Verlustrisiken, sondern es bestehen auch Chancen auf Gewinne z. B. bei Preis- und Kursschwankungen.[15]

---

[15] Jahrmann unterscheidet deshalb Risiken im engeren von Risiken im weiteren Sinne: a. a. O., S. 289.

Im Einzelnen bestehen bei Auslandsgeschäften z. B. folgende Risiken:[16]

- Länderrisiken,
- Zahlungsrisiken,
- Lieferrisiken,
- Transportrisiken,
- Produkthaftung,
- Markenpiraterie.

3. Welche Aufgaben hat das Risikomanagement?

Das Risikomanagement *erfasst und analysiert die Risiken* eines geplanten Auslandsgeschäfts. Dazu müssen Informationen beschafft werden, z. B. über die Kreditwürdigkeit und Bonität der Partner, über die Sicherheit und die Rechtsordnung sowie die Wirtschaftsordnung des fremden Landes, über die Sicherheit der Transportwege usw. Diese Informationen werden systematisch analysiert und nach einem Punktesystem bewertet.

Häufig werden jedoch *Ratings* genutzt, die von Ratingagenturen erstellt werden.

Auf der Grundlage der Informationen bzw. der Analyseergebnisse werden Maßnahmen zur Minimierung des eigenen Risikos ergriffen. Dazu können z. B. Versicherungen abgeschlossen werden, die Risiken durch Beteiligung der Geschäftspartner im Ausland aufgeteilt werden u. Ä.

5.4.3.1 Länderrisiken

1. Was sind Länderrisiken?

Als Länderrisiken bezeichnet man alle Unwägbarkeiten im Zusammenhang mit einem Auslandsgeschäft, die von der politischen, gesellschaftlichen, wirtschaftlichen Situation des Partnerlandes ausgehen.

Zu den Länderrisiken zählen z. B. die folgenden Risikobereiche[17]:

- politische Risiken,
- Zahlungsverbots- und Moratoriumsrisiken (ZM-Risiken),
- Konvertierungs- und Transferrisiken (KT-Risiken),
- rechtliche Risiken.

2. Welche politischen Risiken können ein Auslandsgeschäft gefährden?

Politische Risiken für ein Auslandsgeschäft sind die *Gefährdungen* seiner ordnungsgemäßen Abwicklung *durch besondere politische Ereignisse*. Das können zwischenstaatliche Konflikte, innenpolitische Unruhen, Bürgerkriege, Streiks u. Ä. sein. Es

---

[16] Die folgende Aufstellung folgt dem Rahmenplan.
[17] Jahrmann F.-U.: a. a. O., S. 295 ff.

5.4 Abwicklung des internationalen Warenverkehrs

besteht unter diesen Bedingungen die Gefahr, dass ein Auslandsgeschäft nicht vertragsgemäß erfüllt werden kann. Lieferungen werden unmöglich oder verzögert, weil Schiffe nicht gelöscht werden können, Transportwege unterbrochen sind, Einfuhren blockiert werden usw. Im weiteren Sinne könne auch ZM- und KT-Risiken zu den Länderrisiken gezählt werden.

3. Welche Ursachen und welche Folgen haben Zahlungsverbots- und Moratoriumsrisiken (ZM-Risiken)?

Wenn ein Staat *schwerwiegende Zahlungsbilanzprobleme* hat, besteht das Risiko, dass er seinen Bürgern verbietet, ihren Zahlungsverpflichtungen gegenüber ausländischen Lieferanten nachzukommen.

Von einem Moratorium spricht man, wenn der Staat seinen Bürgern die Zahlungen nicht verbietet, sondern lediglich einen Zahlungsaufschub (Moratorium) anordnet. Die Rechnungen werden dann üblicherweise in Teilzahlungen ausgeglichen, für die die Termine i. d. R. behördlich festgelegt werden.

4. Worin bestehen Konvertierungs- und Transferrisiken (KT-Risiken)?

Ein Konvertierungsrisiko besteht in der Gefahr, dass ein Staat die Konvertierung einer fremden Währung in die heimische verbietet, um bestehende Zahlungsbilanzschwierigkeiten nicht zu vergrößern. Auslandsgeschäfte werden dann i. d. R. im Wege der Verrechnung abgewickelt.

Ein Transferrisiko besteht in der Gefahr, dass eine Bank Überweisungsaufträge ins Ausland nicht oder nicht in vollem Umfang ausführen darf. Dadurch soll vermieden werden, dass inländische Zahlungsmittel abfließen. Das Risiko besteht also darin, dass *Rechnungen im Auslandsgeschäft nur schleppend oder im Wege von Verrechnungen ausgeglichen* werden.

5. Was sind rechtliche Risiken?

Rechtliche Risiken bestehen in der Gefahr, dass sich *rechtliche Rahmenbedingungen für Auslandsgeschäfte verändern*. Das können z. B. Änderungen im Steuerrecht, Beschränkungen des Handelsverkehrs durch besondere Auflagen, Beschränkungen der Möglichkeiten, Rechte zu verfolgen und durchzusetzen u. Ä. sein.

Rechtliche Risiken bestehen auch wegen unterschiedlicher gesetzlicher Vorgaben. Das gilt z. B. für die *Produkthaftung*. In einigen Ländern sind die Produkthaftungsvorschriften strenger als in Deutschland. Es besteht also das Risiko, im Zusammenhang mit der Produkthaftung von ausländischen Verbrauchern bzw. Verbraucherverbänden in Anspruch genommen zu werden.

Auch die Gefahr der Markenpiraterie bedeutet ein besonderes rechtliches Risiko. Die Fälschung von deutschen Marken bedeutet Umsatzeinbußen für deutsche Exporteure, aber u. U. auch Imageschäden für die Originalmarke. Die Verfolgung deutscher Rechte im Ausland sind häufig sehr schwierig.

6. Was sollten deutsche Exporteure zur Absicherung von Länderrisiken tun?

Länderrisiken können u. a. durch folgende Maßnahmen abgesichert und minimiert werden:

- Einholung von landesspezifischen Informationen von Konsulaten, Ländervereinen, Auslandshandelskammern usw., u. a. auch über das Justizwesen,
- Informationen anhand der Länderratings,
- Auslandskreditversicherungen, z. B. bei der Hermes VersicherungsAG,
- Gestaltung der Kaufverträge, z. B. in Bezug auf Zahlungsgarantien, Gegengeschäft,
- Dokumentenakkreditive.

7. Was sind Länderratings und welchen Zweck verfolgen sie?

Länderratings (country ratings) sind quantitative Analyseverfahren zur Bewertung von Länderrisiken. Die Ratings geben den Unternehmen z. B. für die *Beurteilung der Risiken eines Auslandsgeschäfts* Orientierungshilfen. Für ein Länderrating werden Risikoindikatoren erfasst, bewertet und gewichtet; das Ergebnis wird in einer Kennziffer festgehalten. Die Kennziffer erlaubt den Vergleich zwischen Ländern, aber auch die Analyse von Veränderungen in einem Land.

Länderratings werden von Ratingagenturen erstellt. Bekannte Ratingagenturen sind z. B. Moody's Investors Service und Standard & Poor's Corporation.

5.4.3.2 Zahlungsrisiken im Außenhandelsgeschäft

1. Was sind Zahlungsrisiken?

Zahlungsrisiken sind auch *Kreditrisiken*. Sie bestehen darin, dass ausländische Kunden Rechnungen nicht spätestens bei Ablauf des vertraglich festgelegten Zahlungsziels begleichen. Besondere Zahlungsrisiken bestehen nur *bei Geschäften mit außereuropäischen Partnern*. Für Geschäfte mit europäischen Partnern bestehen gleiche Zahlungsrisiken wie bei Geschäften mit inländischen Partnern.

2. Welche Arten von Zahlungsrisiken lassen sich unterscheiden?

Man kann folgende Arten von Zahlungsrisiken[18] unterscheiden:

- Zahlungsrisiko i. e. S.,
- Bonitätsrisiko,
- Liquiditätsrisiko.

---

[18] Altmann, Jörn: Außenwirtschaft für Unternehmen, Stuttgart 2001, S. 296 ff.

Häufig werden zu den Zahlungsrisiken auch die ZM-Risiken und die KT-Risiken gezählt.

3. Was wird als Zahlungsrisiko i.e.S. bezeichnet?

Zahlungsrisiko i. e. S. ist das Risiko, dass der Importeur die gelieferten Waren annimmt, aber die Rechnung nicht, verspätet oder nur teilweise begleicht; der Importeur wäre zur Zahlung objektiv fähig, ist aber zahlungsunwillig. Als Zahlungsunwilligkeit wird die Zahlungsverweigerung ohne rechtlichen Grund (z. B. Einrede der Verjährung) bezeichnet. Kennzeichen des Zahlungsrisikos i. e. S. ist also die *Zahlungsunwilligkeit*.

4. Wie unterscheiden sich Bonitäts- und Liquiditätsrisiken?

Bonitätsrisiko ist das Risiko, dass sich durch den Verfall der Bonität eines Kunden ergibt, der Importeur wird *dauerhaft zahlungsunfähig*, z. B. infolge eines Konkurses. Auch das **Liquiditätsrisiko** wird durch *Zahlungsunfähigkeit* verursacht, doch ist sie nur *vorübergehend*.

5. Ist das Annahmerisiko auch ein Zahlungsrisiko?

Das Annahmerisiko ist auch ein Zahlungsrisiko. Das Annahmerisiko besteht in der Gefahr, dass der Kunde die Annahme der Ware verweigert. Bei *Annahmeverweigerung* erfolgt selbstverständlich auch kein Rechnungsausgleich. Dem Exporteur entstehen durch die Verweigerung erhebliche Kosten, z. B. durch Lagerung, im Zusammenhang mit anderweitigem Verkauf, durch den Rücktransport.

6. Wie lässt sich das Zahlungsrisiko absichern?

Es gibt u. a. folgende Möglichkeiten, das Risiko abzusichern bzw. zu minimieren:

- Einholung von Auskünften über den Kunden bei Konsulaten, Handelskammern, Auslandsvereinen usw. sowie bei Banken,
- Akkreditivstellung,
- Anzahlungen,
- besondere Sicherheiten, z. B. Wechselziehung,
- Forfaitierung,
- Abschluss einer Ausfuhrkreditversicherung entweder bei der HERMES-Versicherungs AG oder bei privaten Versicherungen.

5.4.3.3 Liefer- und sonstige Risiken

1. Was sind Lieferrisiken?

Lieferrisiken bestehen in der Gefahr,

- dass bestellte Ware nicht geliefert werden kann, weil die Beschaffungsquellen des Lieferers ausfallen und er die Ware nicht produzieren kann,
- dass nur Teilmengen geliefert werden,
- dass falsche oder mangelhafte Ware geliefert wird,
- dass Lieferfristen nicht eingehalten werden.

2. Welche Absicherungsmöglichkeiten bestehen bei Lieferrisiken?

Es gibt u. a. folgende Möglichkeiten, das Risiko abzusichern bzw. zu minimieren:
- Einholung von Auskünften,
- Gestaltung des Kaufvertrags (z. B. Bankgarantien, Dokumentenakkreditiv).

3. Worin besteht das Transportrisiko?

Das Transportrisiko besteht in der Gefahr, dass die Ware auf dem Transportweg beschädigt wird oder verloren geht, z. B. durch Unfall auf dem Landweg, durch Havarie auf dem Seeweg.

4. Welche Absicherungsmöglichkeiten bestehen bei einem Transportrisiko?

Es gibt u. a. folgende Möglichkeiten, das Transportrisiko abzusichern bzw. zu minimieren:
- Abschluss einer Transportversicherung,
- Gestaltung des Kaufvertrags in Bezug auf die Lieferbedingungen, Wahl einer Lieferbedingung, durch die das Risiko auf Importeur und Exporteur verteilt oder auf einen Vertragspartner abgewälzt wird (vgl. Incoterms).

5.4.4 Incoterms

1. Was sind Incoterms?

Incoterms (International Commercial Terms) sind *Regeln für die Auslegung von Handelsklauseln*, die im internationalen Handel üblich sind. Die Internationale Handelskammer (ICC) Paris veröffentlichte die ersten Incoterms 1936 und revidiert sie seitdem regelmäßig, um sie den Bedürfnissen des Handels und der Entwicklung der Wirtschaft anzupassen. Die letzte Revision fand im Jahre 1999 statt, bei der insbesondere die Entwicklung der elektronischen Übertragungsmöglichkeiten und der Transporteinrichtungen berücksichtigt wurde. Die letzte Fassung der Incoterms wurde unter dem Titel **Incoterms 2000** veröffentlicht und zur Anwendung empfohlen.

2. Was enthalten die Incoterms?

Die ICC Paris hat für die einzelnen Klauseln die *Pflichten* von Exporteur und Importeur in 10 Abschnitten erfasst; dazu zählen z. B. Lieferung und Zahlung, Annahme, Prüfung, Benachrichtigungen usw. Daraus ergibt sich eindeutig, wer – Exporteur oder Importeur – welche Kostenteile zu tragen hat und wann die Transportgefahren auf den Importeur übergehen.

3. Welche Incoterms enthält Incoterms 2000[19]?

Das Regelwerk enthält dreizehn Incoterm-Klauseln. Sie werden in vier Gruppen danach eingeteilt, wer – Importeur oder Exporteur – die wesentlichen Transportkosten zu zahlen hat; außerdem werden sie danach unterschieden, ob sie für jede Transportart oder nur für den See- und Binnenschiffstransport geeignet sind.

Die folgende Tabelle gibt eine Übersicht über die Incoterms.

	Klauseln	Gruppen
1	EXW, ex works (... named place), ab Werk (... benannter Ort)	E: Abholklausel
2	FCA, free carrier (... named place), frei Frachtführer (... benannter Ort)	F: Haupttransport vom Käufer nicht bezahlt
3	FAS, free alongside ship (... named port of shipment), frei Längsseite Schiff (... benannter Verschiffungshafen)	
4	FOB, free on board (... named port of shipment), frei an Bord (... benannter Verschiffungshafen)	
5	CFR, cost and freight (... named port of destination), Kosten und Fracht (... benannter Bestimmungshafen)	C: Haupttransport vom Käufer bezahlt
6	CIF, cost, insurance and freight (... named port of destination), Kosten, Versicherung und Fracht (... benannter Bestimmungshafen)	
7	CPT, carriage paid to (... named port of destination), frachtfrei (... benannter Bestimmungshafen)	
8	CIP, carriage and insurance paid to (... named place of destination), frachtfrei versichert (... benannter Bestimmungsort)	

---

[19] Nach ICC – International Chamber of Commerce - online.

9	DAF, delivered at frontier (... named place), geliefert Grenze (... benannter Ort)	D: Ankunftsklauseln
10	DES, delivered ex ship (... named port of destination), geliefert ab Schiff (... benannter Bestimmungshafen)	
11	DEQ, delivered ex quay (... named port of destination), geliefert ab Kai (verzollt) (... benannter Bestimmungshafen)	
12	DDU, delivered duty unpaid (... named place of destination), geliefert unverzollt (... benannter Ort)	
13	DDP, delivered duty paid (... named place of destination), geliefert verzollt (... benannter Ort)	

4. Welche Klauselgruppen gibt es und welche Incoterms fassen sie zusammen?

Zu folgenden Klauselgruppen können die Incoterms zusammengefasst werden:

E - **Abholklausel** - Der Importeur trägt sämtliche Transportkosten.

F - **Haupttransport vom Käufer nicht bezahlt:** Der Exporteur trägt die Kosten bis zur Übergabe an den Frachtführer u.dgl.; alle anderen Kosten trägt der Importeur.

C - **Haupttransport vom Käufer bezahlt:** Exporteur trägt die Kosten für den Haupttransport und eine (Mindest-) Versicherung - Gefahrenübergang bei Übergabe an den Frachtführer.

D - **Ankunftsklauseln:** Exporteur übernimmt alle Kosten einschl. Risiken bis zum benannten Ort.

5. Welche Incoterms eignen sich für jeden Transport?

Für jeden Transport geeignet sind die folgenden Incoterms:

EXW, ex works (... named place), ab Werk (... benannter Ort)

FCA, free carrier (... named place), frei Frachtführer (... benannter Ort)

CPT, carriage paid to (... named port of destination), frachtfrei (... benannter Bestimmungshafen)

CIP, carriage and insurance paid to (... named place of destination), frachtfrei versichert (... benannter Bestimmungsort)

DAF, delivered at frontier (... named place), geliefert Grenze (... benannter Ort)

DDU, delivered duty unpaid (... named place of destination), geliefert unverzollt (... benannter Ort)

DDP, delivered duty paid (... named place of destination), geliefert verzollt (... benannter Ort)

6. Welche Incoterms sind nur für den See- und Binnenschiffstransport geeignet

Nur für den See- und Binnenschiffstransport geeignet sind die folgenden Incoterms:

FAS, free alongside ship (... named port of shipment), frei Längsseite Schiff (... benannter Verschiffungshafen)

FOB, free on board (... named port of shipment), frei an Bord (... benannter Verschiffungshafen)

CFR, cost and freight (... named port of destination), Kosten und Fracht (... benannter Bestimmungshafen)

DES, delivered ex ship (... named port of destination), geliefert ab Schiff (... benannter Bestimmungshafen)

DEQ, delivered ex quay (... named port of destination), geliefert ab Kai (verzollt) (... benannter Bestimmungshafen)

5.4.5 Kulturelle Unterschiede im internationalen Geschäft

5.4.5.1 Dimensionen zur Beschreibung von Kulturen

1. Welche Problembereiche weisen alle Kulturen auf?

Alle Kulturen weisen *gleiche Probleme* auf, aber sie *lösen* sie *unterschiedlich*.

Die Problembereiche sind

- soziale Ungleichheit, einschließlich des Verhältnisses zur Autorität,
- die Beziehung zwischen dem Einzelnen und der Gesellschaft,
- die Ausgestaltung der Geschlechterrollen,
- Umgang mit Ungewissheiten (Kontrolle von Aggression, Ausdrücken von Emotionen),
- Umgang mit der Zeit (zeitliche Orientierung des Lebens).

2. Was sind Dimensionen von Kulturen?

Mithilfe von Dimensionen können die Problembereiche erfasst und gemessen werden; dadurch wird der Vergleich zwischen den Kulturen möglich. Jedem Kulturbereich entspricht eine Kulturdimension.[20]

Die Dimensionen sind

- Machtdistanz – von gering bis groß,
- Kollektivismus gegenüber Individualismus,
- Femininität gegenüber Maskulinität,

---

[20] Die Hinweise im Rahmenplan weisen auf die Untersuchungsergebnisse von Geert Hofstede hin. Es liegt deshalb nahe, den folgenden Ausführungen das von Hofstede entwickelte „5-D-Modell" zu Grunde zu legen. (Vgl. Hofstede, Geert: Lokales Denken, globales Handeln, München 2006.)

- Unsicherheitsvermeidung – von schwach bis stark,
- langfristiger gegenüber kurzfristiger Orientierung.

Für die fünf Dimensionen („5-D-Modell") werden Punktwerte ermittelt.

3. Wie wird Machtdistanz definiert und wie wird sie gemessen?

Machtdistanz ist ein Maßstab, der etwas aussagt über die *Ungleichheit in einer Gesellschaft*; er gibt an, wie Ungleichheit in einer Gesellschaft erwartet und akzeptiert wird. In der einschlägigen Literatur wird Machtdistanz definiert als das „Ausmaß, bis zu welchem die weniger mächtigen Mitglieder von Institutionen bzw. Organisationen eines Landes erwarten und akzeptieren, dass Macht ungleich verteilt ist"[21]. In dieser Definition gelten als Institutionen die Familie, die Schule u. Ä. und als Organisationen die Einrichtungen, in denen man einer beruflichen Tätigkeit nachgeht.

Gemessen wird die Machtdistanz mit dem sog. *Machtdistanzindex*. Ein hoher Wert besteht in Ländern mit hoher Machtdistanz, ein niedriger bei Ländern mit niedriger Machtdistanz.

4. Wie drücken sich niedrige und hohe Machtdistanz aus?

Die Unterschiede zwischen Kulturen mit niedriger und Kulturen mit hoher Machtdistanz zeigen sich beispielhaft in folgenden Kennzeichnungen.[22]

Allgemeine Norm

- geringe Machtdistanz: *Ungleichheit unter den Menschen sollte so gering wie möglich sein. Menschen mit weniger Bildung neigen zu mehr Autorität als Menschen mit höherer Bildung.*
- große Machtdistanz: *Ungleichheit zwischen den Menschen wird erwartet und ist erwünscht. Sowohl Menschen mit mehr als auch solche mit weniger Bildung haben die gleiche Einstellung zur Autorität.*

Familie

- geringe Machtdistanz: *Eltern behandeln ihre Kinder wie ihresgleichen. Bei der Altersversorgung der Eltern spielen die Kinder keine Rolle.*
- große Machtdistanz: *Eltern erziehen ihre Kinder zu Gehorsam; Respekt gegenüber Eltern und älteren Verwandten ist eine grundlegende Tugend. Kinder sind eine Quelle für die Altersversorgung ihrer Eltern.*

Schule

- geringe Machtdistanz: *Lehrer erwarten von ihren Schülern Eigeninitiative. Lehrer sind Experten, die losgelöstes Wissen vermitteln. Die Qualität des Lernprozesses*

---

[21] Hofstede, Geert: a. a. O., S. 53
[22] Die Beispiele (auch bei den folgenden Fragen) wurden ausgewählt aus den umfangreichen Tabellen bei Hofstede, Geert: a. a. O., S. 71 ff.

ist abhängig vom Austausch zwischen Lehrer und Schüler und der Qualität der Schüler.

- **große Machtdistanz:** *Jede Initiative im Unterricht sollte von den Lehrern ausgehen. Lehrer sind Gurus, die ihr eigenes Wissen vermitteln. Die Qualität des Lernprozesses ist von der Professionalität des Lehrers abhängig.*

Arbeitsplatz

- **geringe Machtdistanz:** *Tendenz zur Dezentralisation. Weniger Aufsichtspersonal. Mitarbeiter erwarten, in Entscheidungen mit einbezogen zu werden. Privilegien und Statussymbole stoßen auf Missbilligung.*
- **große Machtdistanz:** *Tendenz zur Zentralisation. Mehr Aufsichtspersonal. Mitarbeiter erwarten, Anweisungen zu erhalten. Privilegien und Statussymbole sind üblich und populär.*

Staat

- **geringe Machtdistanz:** *Der Einsatz von Macht muss legitimiert sein und soll den Kriterien von Gut und Böse folgen. Meist reichere Länder mit einer breiten Mittelschicht. Alle haben die gleichen Rechte. Weniger wahrgenommene Korruption; ein Skandal beendet die politische Karriere.*
- **große Machtdistanz:** *Macht geht vor Recht; wer die Macht hat, ist legitimiert dazu und ist gut. Meist ärmere Länder mit einer kleinen Mittelschicht. Die Mächtigen sollen Privilegien genießen. Mehr wahrgenommene Korruption; Skandale werden gewöhnlich vertuscht.*

5. **Wie wird die Dimension Kollektivismus vs. Individualismus beschrieben und wie wird sie gemessen?**

Individualismus und Kollektivismus sind die beiden Pole der gleichen Dimension. Individualistische Gesellschaften sind dadurch gekennzeichnet, dass die Bindungen zwischen den Individuen locker sind und jeder für sich selbst und für seine unmittelbare Familie sorgt. Kollektivistische Gesellschaften sind dadurch gekennzeichnet, dass die Menschen in Wir-Gruppen integriert sind, die sie schützen und dafür Loyalität verlangen.

Gemessen wird diese Dimension mit dem *Individualismusindex*. Ein hoher Wert spiegelt einen hohen Grad von Individualismus wider und damit einen niedrigen Grad an Kollektivismus.

6. **Wie unterscheiden sich kollektivistische Kulturen von individualistischen?**

Kollektivistische und individualistische Kulturen lassen sich anhand folgender Merkmale unterscheiden:

Allgemeine Norm und Familie

- Kollektivistisch: *Kinder lernen in der „Wir"-Form zu denken. Die Harmonie sollte stets gewahrt, direkte Auseinandersetzungen sollten vermieden werden. Finanzielle und andere Mittel sollten mit Verwandten geteilt werden.*
- Individualistisch: *Kinder lernen in der „Ich"-Form zu denken. Zu sagen, was man denkt, ist ein charakteristisches Merkmal eines ehrlichen Menschen. Individueller Besitz von Ressourcen, selbst bei Kindern.*

Sprache, Persönlichkeit, Verhalten

- Kollektivistisch: *Der Gebrauch des Wortes „ich" wird vermieden. Verhaltensmuster beim Konsum bestätigen die Abhängigkeit von anderen. Das soziale Netz ist die erste Quelle, aus der man sich seine Informationen holt.*
- Individualistisch: *Der Gebrauch des Wortes „ich" wird gefördert. Verhaltensmuster beim Konsum zeigen, dass man finanziell unabhängig ist. Die Medien sind die erste Quelle, aus der man sich seine Informationen holt.*

Schule

- Kollektivistisch: *Ziel der Erziehung und Bildung ist zu lernen, wie man etwas macht. Diplome verschaffen Zugang zu Gruppen mit einem höheren Status. Geringere berufsbedingte Mobilität.*
- Individualistisch: *Ziel der Erziehung und Bildung ist zu lernen, wie man lernt. Diplome steigern den wirtschaftlichen Wert. Größere berufsbedingte Mobilität.*

Arbeitsplatz

- Kollektivistisch: *Die Beziehung Arbeitgeber – Arbeitnehmer ist grundsätzlich moralischer Art, wie auch eine familiäre Bindung. Kunden derselben Wir-Gruppe werden bevorzugt behandelt – Partikularismus.*
- Individualistisch: *Die Beziehung Arbeitgeber – Arbeitnehmer besteht aus einem Vertrag zwischen Parteien auf einem Arbeitsmarkt. Jeder Kunde sollte dieselbe Behandlung erfahren – Universalismus.*

Politik und Gedankenwelt

- Kollektivistisch: *Meinungen sind durch die Zugehörigkeit zu einer Gruppe vorherbestimmt. Gemeinsame Interessen haben Vorrang gegenüber den Interessen des Einzelnen. Dominierende Rolle des Staates im wirtschaftlichen System. Unternehmen sind im Familienbesitz oder sind Genossenschaftsbetriebe. Importierte Wirtschaftstheorien sind ungeeignet für den Umgang mit kollektiven und partikularistischen Interessen.*
- Individualistisch: *Jeder soll seine eigene Meinung haben. Die Interessen des Einzelnen haben Vorrang gegenüber gemeinsamen Interessen. Eingeschränkte Rolle des Staates im wirtschaftlichen System. Aktiengesellschaften sind im Besitz einzelner Investoren. In der eigenen Gesellschaft entwickelte Wirtschaftstheorien gründen sich auf die Verfolgung individueller Eigeninteressen.*

7. Wie wird die Dimension Femininität vs. Maskulinität beschrieben und wie wird sie gemessen?

Maskulinität bedeutet, dass in einer Gesellschaft die Geschlechterrollen klar von einander abgegrenzt sind; Männer sind bestimmt, hart und materiell orientiert; Frauen sind dagegen bescheiden, sensibel und legen Wert auf Lebensqualität. Mit **Femininität** wird eine Gesellschaft bezeichnet, in der Männer und Frauen bescheiden, feinfühlig sind und Lebensqualität relativ hoch bewerten.

Gemessen wird diese Dimension mit dem *Maskulinitätsindex*. Ein hoher Wert kennzeichnet die Gesellschaft als eher maskulin, ein niedriger als eher feminin.

8. Mit welchen Kennzeichen können Maskulinität und Femininität voneinander abgegrenzt werden?

Maskulinität und Femininität lassen sich anhand folgender Kennzeichen voneinander abgrenzen:

Allgemeine Norm

- Feminin: *Zwischenmenschliche Beziehungen und Lebensqualität sind wichtig. Sowohl Frauen als auch Männer sollen bescheiden sein.*
- Maskulin: *Herausforderungen, Einkommen, Erkennen und Fortschritt sind wichtig. Männer sollen durchsetzungsfähig, ehrgeizig und hart sein.*

Familie

- Feminin: *Vater und Mutter sind für Fakten und Gefühle zuständig. Jungen und Mädchen dürfen weinen, sollen aber nicht kämpfen.*
- Maskulin: *Vater ist für Fakten, Mutter für Gefühle zuständig. Mädchen weinen, Jungen nicht; Jungen sollen zurückschlagen, Mädchen sollen nicht kämpfen.*

Geschlecht und Sex

- Feminin: *Verantwortungsbewusstsein, Entschlossenheit, Ehrgeiz, Sensibilität und Sanftmut sind Eigenschaften, die für Männer und Frauen gleichermaßen gelten. Die Befreiung der Frau heißt, dass die Arbeit am Arbeitsplatz und zu Hause zu gleichen Anteilen auf Mann und Frau verteilt ist. Es wird offen über Sex gesprochen; weniger versteckte Erotik. Sexuelle Belästigung ist ein geringfügiges Problem.*
- Maskulin: *Verantwortungsbewusstsein, Entschlossenheit und Ehrgeiz sind männliche, Sensibilität und Sanftmut weibliche Eigenschaften. Die Befreiung der Frau heißt, dass Frauen Zugang zu Positionen haben, die bisher von Männern eingenommen wurden. Offen über Sex zu sprechen ist ein Tabu; Erotik versteckt sich hinter Symbolen.*

Erziehung und Bildung

- Feminin: *Der Durchschnittsschüler ist die Norm; schwache Schüler werden gelobt. Misserfolge in der Schule sind ein kleineres Problem. Kinder werden dahingehend sozialisiert, dass sie auf Gewalt verzichten.*

- **Maskulin:** *Der beste Schüler ist die Norm; Lob für Schüler mit ausgezeichneten Leistungen. Misserfolg in der Schule ist eine Katastrophe. Aggression bei Kindern wird akzeptiert.*

Verbraucherverhalten

- **Feminin:** *Frauen und Männer kaufen Lebensmittel und Autos. Paare teilen sich ein Auto.*
- **Maskulin:** *Frauen kaufen Lebensmittel, Männer kaufen Autos. Paare benötigen zwei Autos.*

Arbeitsplatz

- **Feminin:** *Konflikte werden beigelegt, indem man miteinander verhandelt und nach einem Kompromiss sucht. Kleinere Unternehmen werden bevorzugt. Arbeiten, um zu leben. Höherer Anteil berufstätiger Frauen in fachlich qualifizierten Berufen.*
- **Maskulin:** *Konflikte werden beigelegt, indem man den Stärkeren gewinnen lässt. Größere Unternehmen werden bevorzugt. Leben, um zu arbeiten. Geringerer Anteil berufstätiger Frauen in fachlich qualifizierten Berufen.*

Politik

- **Feminin:** *Wohlfahrtsstaat-Ideal; Hilfe für Bedürftige. Permissive Gesellschaft. Mehr Wähler ordnen sich links von der Mitte ein. Viele Frauen werden in ein politisches Amt gewählt.*
- **Maskulin:** *Leistungsgesellschaft-Ideal; Unterstützung der Starken. Repressive Gesellschaft. Mehr Wähler ordnen sich in der Mitte ein. Wenige Frauen haben ein politisches Amt inne.*

Religion

- **Feminin:** *Weiche Religionen. Beim Christentum mehr Säkularisierung; Betonung liegt auf der Nächstenliebe.*
- **Maskulin:** *Harte Religionen. Beim Christentum weniger Säkularisierung; Betonung liegt auf dem Glauben an Gott.*

9. Wie wird Unsicherheitsvermeidung definiert und wie wird sie gemessen?

Menschen fühlen sich mehr oder weniger bedroht von uneindeutigen, unbekannten, ungeregelten Situationen; sie fühlen sich verunsichert und versuchen, die Unsicherheit nach Möglichkeit zu vermeiden. Entsprechend wird Unsicherheitsvermeidung definiert „als der Grad, bis zu dem die Mitglieder einer Kultur sich durch uneindeutige oder unbekannte Situationen bedroht fühlen".[23]

Gemessen wird die Unsicherheitsvermeidung durch den *Unsicherheitsvermeidungsindex*. Ein hoher Wert für eine Kultur drückt aus, dass sich ihre Mitglieder in hohem Maße von unsicheren, ungeregelten und unstrukturierten Situationen bedroht fühlen.

---

[23] Hofstede, Geert: a.a.O., S. 233.

5.4 Abwicklung des internationalen Warenverkehrs

Das drückt sich in starker Unsicherheitsvermeidung aus. Mitglieder von Kulturen mit niedrigen Indexwerten haben in unsicheren Situationen weniger Angst oder Stress und sind bereit, diese Situationen zu akzeptieren.

10. Wie drücken sich starke und schwache Unsicherheitsvermeidung aus?

Schwache und starke Unsicherheitsvermeidung kann folgendermaßen kenntlich gemacht werden:

Allgemeine Norm

- Schwache Vermeidung: *Unsicherheit ist eine normale Erscheinungsform im Leben und wird täglich hingenommen, wie sie gerade kommt. Geringer Stress und wenig Angstgefühle.*
- Starke Vermeidung: *Die dem Leben innewohnende Unsicherheit wird als ständige Bedrohung empfunden, die es zu bekämpfen gilt.*

Familie

- Schwache Vermeidung: *Lockere Regeln für Kinder hinsichtlich dessen, was als schmutzig und tabu gilt. Entwicklung eines schwachen Über-Ichs. Mehr Kinder in reichen westlichen Ländern.*
- Starke Vermeidung: *Strenge Regeln für Kinder hinsichtlich dessen, was als schmutzig und tabu gilt. Entwicklung eines starken Über-Ichs. Weniger Kinder in reichen westlichen Ländern.*

Gesundheit

- Schwache Vermeidung: *Die Menschen sind glücklicher. Weniger Sorgen um Gesundheit und Geld.*
- Starke Vermeidung: *Die Menschen sind weniger glücklich. Mehr Sorgen um Gesundheit und Geld.*

Bildung

- Schwache Vermeidung: *Schüler fühlen sich wohl in Lernsituationen mit offenem Ausgang, und sie interessieren sich für angeregte Diskussionen. Lehrer beziehen Eltern mit ein.*
- Starke Vermeidung: *Schüler fühlen sich wohl in strukturierten Lernsituationen und interessieren sich für konkrete Antworten. Lehrer informieren Eltern.*

Einkaufen

- Schwache Vermeidung: *Gebrauchtwagen, Heimwerkerarbeiten. Neue Produkte und kommunikationstechnische Errungenschaften wie E-Mail und Internet werden schnell angenommen. Mehr Bücher und Zeitungen.*
- Starke Vermeidung: *Neuwagen, Arbeiten im und am Haus werden von Fachleuten erledigt. Neuen Produkten und Technologien begegnet man mit Vorsicht. Weniger Bücher und Zeitungen.*

Arbeitsplatz, Organisation, Motivation

- Schwache Vermeidung: *Häufigerer Wechsel des Arbeitgebers, kürzere Betriebszugehörigkeit. Es sollte nicht mehr Regeln geben als unbedingt notwenig. Toleranz gegenüber Uneindeutigkeit und Chaos. Entscheidungsprozess steht im Mittelpunkt. Besser bei Erfindungen, schlechter bei deren Umsetzung.*
- Starke Vermeidung: *Arbeitgeber wird weniger häufig gewechselt – längere Betriebszugehörigkeit. Emotionales Bedürfnis nach Regeln, selbst wenn diese nicht funktionieren. Bedürfnis nach Präzision und Formalisierung. Entscheidungsinhalte stehen im Mittelpunkt. Schlechter bei Erfindungen, besser bei deren Umsetzung.*

Bürger und Staat

- Schwache Vermeidung: *Wenige allgemeine Gesetze. Bürgerkompetenz gegenüber Staatsgewalt. Bürger interessieren sich für Politik. Hohe Mitgliederzahl in freiwilligen Verbänden und Bewegungen. Liberalismus.*
- Starke Vermeidung: *Viele detaillierte Gesetze. Staatsgewalt gegenüber Bürgerinkompetenz. Bürger interessieren sich nicht für Politik. Geringe Beteiligung in freiwilligen Verbänden und Bewegungen. Konservatismus, Recht und Ordnung.*

Toleranz, Religion, Gedankenwelt

- Schwache Vermeidung: *Mehr ethnische Toleranz. Positive oder neutrale Einstellung gegenüber Ausländern. Die Wahrheit einer Religion soll man anderen nicht aufzwingen. Menschenrechte: niemand soll wegen seiner Überzeugungen verfolgt werden.*
- Starke Vermeidung: *Mehr ethnische Vorurteile. Xenophobie. In der Religion gibt es nur eine Wahrheit und wir haben sie. Größere Intoleranz und Fundamentalismus in Religion, Politik und Ideologie.*

11. Welche Bedeutung hat die Dimension Langzeit- gegenüber Kurzzeitorientierung?

Langzeitorientierung heißt die *Orientierung am künftigen Erfolg*, dazu gehören z. B. Beharrlichkeit und Sparsamkeit. Die **Kurzzeitorientierung** orientiert sich an Tugenden, die die *Vergangenheit* mit der Gegenwart verbinden, dazu gehören z. B. Respekt für Traditionen, die Erfüllung sozialer Pflichten.

Die Dimension wird gemessen mit dem *Index der langfristigen Orientierung*. In der Reihe der Indexwerte stehen Kulturen, in denen die Langzeitorientierung eine wesentliche Rolle spielt, an vorderer Stelle.

12. Wie lässt sich der Unterschied zwischen Kurzzeit- und Langzeitorientierung verdeutlichen?

Der Unterschied zwischen Kurzzeit- und Langzeitorientierung lässt sich anhand folgender Beispiele verdeutlichen:

Allgemeine Norm

- Kurzzeitorientierung: *Wenn man sich anstrengt, sollte man schnell zu einem Ergebnis kommen. Sozialer Druck beim Geldausgeben.*
- Langzeitorientierung: *Ausdauer, nicht nachlassende Anstrengungen beim langsamen Erreichen von Ergebnissen. Sparsamkeit beim Umgang mit Ressourcen.*

Familie

- Kurzzeitorientierung: *Die Ehe ist eine moralische Vereinbarung. Das Zusammenleben mit den Schwiegereltern bringt Probleme. Kleine, noch nicht schulpflichtige Kinder können auch von anderen betreut werden.*
- Langzeitorientierung: *Die Ehe ist eine pragmatische Vereinbarung. Mit den Schwiegereltern zusammenleben ist normal. Mütter sollten sich für ihre kleinen Kinder Zeit nehmen.*

Schule

- Kurzzeitorientierung: *Begabung für theoretische, abstrakte Wissenschaften. Weniger gut in Mathematik und beim Lösen formaler Probleme.*
- Langzeitorientierung: *Begabung für angewandte, konkrete Wissenschaften. Gut in Mathematik und beim Lösen formaler Probleme.*

Geschäft und Wirtschaft

- Kurzzeitorientierung: *Freizeit ist wichtig. Die Bilanz steht im Mittelpunkt. Man legt Wert auf den Gewinn im laufenden Jahr. Niedrige Sparquote, wenig Geld für Investitionen.*
- Langzeitorientierung: *Freizeit ist nicht wichtig. Die Marktposition steht im Mittelpunkt. Man legt Wert auf den Gewinn, den man nach zehn Jahren hat. Hohe Sparquote, Mittel für Investitionen stehen zur Verfügung.*

Religion und Denkweisen

- Kurzzeitorientierung: *Besitz der Wahrheit ist wichtig. Wenn A wahr ist, muss das Gegenteil B falsch sein. Abstrakte Rationalität genießt Priorität.*
- Langzeitorientierung: *Wichtig ist, dass man die Forderungen der Tugend respektiert. Wenn A wahr ist, so kann das Gegenteil ebenfalls wahr sein. Gesunder Menschenverstand genießt Priorität.*

5.4.5.2 Interkulturelle Kommunikation und Kompetenz

1. Was versteht man unter Kommunikation?

Unter Kommunikation versteht man den Prozess der *Übertragung von Informationen* (Mitteilungen, Zeichen) eines Senders an einen Empfänger bzw. an mehrere Empfänger.

Kommunikation ist *situationsorientiertes Handeln*, d. h. Kommunikation findet immer zu einer bestimmten Zeit und in einer bestimmten Situation statt, die den Kommunikationskanal, die Kommunikationsform usw. bestimmen. Kommunikation ist *zweckorientiertes Handeln*, d. h. der Sender will mindestens erreichen, dass der Empfänger die Information empfangen und verstanden hat und dieses durch entsprechendes Verhalten zu erkennen gibt.

Kommunikation setzt voraus, dass die gesendeten Mitteilungen sinnlich wahrnehmbar sind.

2. Welche Arten von Kommunikation gibt es?

Man kann u. a. folgende Arten von Kommunikation unterscheiden:

- Bei der *Individualkommunikation* ist die Zahl der teilnehmenden Partner eindeutig abgegrenzt.
- *Massenkommunikation* liegt vor, wenn sich der Sender an eine große Zahl anonymer Empfänger wendet.
- Von einer *Face-to-face-Kommunikation* spricht man, wenn die Kommunikationspartner physisch anwesend sind.

3. Welche Formen der Kommunikation gibt es?

Mit dem Begriff Kommunikationsformen kennzeichnet man die Art und Weise der Kommunikation.

Zu unterscheiden sind zwei Bereiche, die sich allerdings nicht voneinander trennen lassen: digitale und analoge Formen einerseits und verbale und nonverbale Formen andererseits.

4. Wodurch unterscheiden sich digitale und analoge Kommunikation?

Digitale Kommunikation liegt vor, wenn der Sender den Kommunikationsgegenstand mit *Zeichen* beschreibt, für die er beim Empfänger Verständnis erwarten kann. Das ist z. B. bei Verwendung der dem Sender und Empfänger bekannten Sprache der Fall.
Analoge Kommunikation liegt vor, wenn der Sender den Kommunikationsgegenstand *mit Bildern* o. Ä. darstellt.

5. Wodurch unterscheiden sich verbale und nonverbale Kommunikation?

Bei der **verbalen** Kommunikation wird die Sprache bzw. werden *Texte* verwendet. Sie entspricht deshalb der digitalen Kommunikation. Bei der **nonverbalen** Kommunikation werden *nicht-sprachliche* bzw. nicht-schriftliche Mittel zur Verständigung genutzt, z. B. Bilder, Musik, Symbole, aber auch die Körpersprache, die Mimik, Gestik usw.

6. Welche Besonderheiten weist interkulturelle Kommunikation auf?

Interkulturelle Kommunikation ist die Kommunikation zwischen Mitgliedern unterschiedlicher Kulturen. Die Herkunft der Kommunikationspartner aus unterschiedlichen Kulturen kann *Anlass zu Missverständnissen* sein. Begriffe und Zeichen, Ausdrücke und Symbole haben in den Kulturen häufig unterschiedliche Bedeutungen.

Die kulturell bedingte Art, miteinander umzugehen, Gespräche zu führen, Zeichen zu interpretieren, das Kommunikationsumfeld zu gestalten usw. kann Irritationen auslösen. Vorurteile über die jeweils andere Kultur können für die Kommunikation unangenehme Folgen haben.

Hinzu kommt, dass zumindest für einen Teil der Kommunikationspartner die *Sprache*, die der Kommunikation zu Grunde liegt, nicht Muttersprache ist.

7. Welche Bedeutung haben Fremdsprachen für die Kommunikation?

Ohne Kenntnis von Fremdsprachen ist interkulturelle Kommunikation kaum möglich. Zur wichtigsten Sprache für die interkulturelle Kommunikation hat sich Englisch entwickelt. Grundsätzlich gilt, dass Repräsentanten von Unternehmen die *Geschäftssprache* des Landes, in das sie entsandt werden, beherrschen; im Allgemeinen ist das *Englisch*. Darüber hinaus sollten sie über einen Grundwortschatz der jeweiligen Landessprache verfügen.

Englisch ist die wichtigste Verständigungssprache zwischen Partnern aus verschiedenen Ländern, deren Muttersprache nicht Englisch ist, z. B. zwischen Holländern, Franzosen, Deutschen. Es ist aber zu bedenken, dass bei Verhandlungen mit internationaler Besetzung, die in englischer Sprache geführt werden, Teilnehmer mit der Muttersprache Englisch erhebliche Vorteile haben und das Gespräch beherrschen können.

8. Welche Themenbereiche eignen sich für die verbale Kommunikation?

Für Gespräche mit Angehörigen anderer Länder bzw. Kulturen bieten sich einige Themen an, andere sind unangebracht. Im Folgenden werden dazu einige Beispiele gegeben₂.Aufl.

Frankreich

- Geeignete Themen: *Musik, Sport, Bücher.*
- Ungeeignete Themen: *Preise, Arbeit, Alter, Einkommen.*

Großbritannien

- Geeignete Themen: *Geschichte, Architektur, Gartenarbeit.*
- Ungeeignete Themen: *Politik, Geld, Preise.*

---

[24] Zit. nach Rothlauf, Jürgen: Interkulturelles Management, 3. Aufl., München 2009, S. 182.

Japan

- Geeignete Themen: *Geschichte, Kultur, Kunst.*
- Ungeeignete Themen: *2. Weltkrieg, Regierungspolitik zum Ausschluss ausländischer Konkurrenten.*

Mexiko

- Geeignete Themen: *Familie, soziales Umfeld.*
- Ungeeignete Themen: *Politik, Steuer oder Inflationsprobleme, Gewalt an der Grenze.*

Vietnam

- Geeignete Themen: *Musik, Literatur, Fußball, eigene Familie.*
- Ungeeignete Themen: *Kommunismus, Vietnamkrieg, aktuelle Politik.*

Saudi-Arabien

- Geeignete Themen: *Arabische Sprichwörter, Falkenjagd, Kamelrennen, Fußball.*
- Ungeeignete Themen: *Familie, Politik, Religion.*

9. Worin drückt sich nonverbale interkulturelle Kommunikation aus?

Nonverbale interkulturelle Kommunikation drückt sich u. a. in folgenden Aspekten aus:[25]

- Körpersprache: Der Körper sendet Signale aus durch Haltung (z. B. Verbeugung), Zeichen (z. B. Bildung eines Kreises mit Daumen und Zeigefinger, Kopfnicken bzw. Kopfschütteln), Signale der Körpersprache werden in den verschiedenen Kulturkreisen u. U. sehr unterschiedlich interpretiert.

- Umgang mit der Zeit: Traditionsbedingt hat Zeit in einigen Kulturbereichen einen anderen Stellenwert als in den westlichen Ländern. Das drückt sich z. B. in Zeitangaben, in der Einhaltung von Zeitabsprachen aus.

- Bedeutung des Raums: Sie drückt sich z. B. aus in der Distanz zum Gesprächspartner, die Sitzordnung bei Gesprächen; aber auch die Wahl des Raums für Kontakte kann Zeichen setzen, so zeigt u. U. die Größe eines Raums und seine Einrichtung die Stellung einer Person innerhalb der Unternehmenshierarchie.

Die Signale muss der Empfänger, der Reisende, der Vertreter eines Unternehmens usw., decodieren, sie richtig deuten, sich evtl. anpassen.

10. Was ist interkulturelle Kompetenz und welche Aspekte weist sie auf?

Als Kompetenz wird die Fähigkeit bezeichnet, mit der Umwelt zu kommunizieren; Kompetenz umfasst Fach-, Methoden- und soziale Kompetenz.

---

[25] Rothlauf, Jürgen: a. a. O., S. 189 ff.

Interkulturelle Kompetenz ergänzt die allgemeine Definition; sie bezeichnet die *Fähigkeit, mit einer Umwelt zu kommunizieren, die durch andere und fremde kulturelle Rahmenbedingungen und Traditionen bestimmt* wird. Entsprechend wird unterschieden zwischen interkultureller Fach-, Methoden- und Sozialkompetenz.

11. Welche Fähigkeiten und Kenntnisse umfassen die interkulturelle Kompetenz?

Interkulturelle Kompetenz umfasst u. a. folgende Fähigkeiten und Kenntnisse:

- Sprachkenntnisse, d. h. Beherrschung mindestens der englischen Sprache, Grundkenntnisse in der jeweiligen Landessprache, grundlegende Kenntnisse in der Landeskunde, dazu zählen z. B. Kenntnisse der Traditionen und Geschichte, der besonderen kulturellen Rahmenbedingungen, des politischen Systems, spezielle Kenntnisse entsprechend dem Bedarf des Reisenden, z. B. benötigt der Vertreter eines Unternehmens Kenntnisse des fremden Marktes, der Konsumgewohnheiten, des Bankensystems, des Rechtssystems u. Ä.

- Beherrschung von speziellen Methoden im Zusammenhang mit dem Management, z. B. Konfliktmanagement, Informationsmanagement; eine andere Methodenkompetenz benötigt z. B. der Tourist.

- Bei dem Umgang mit Menschen in einer fremden Kultur sind die Besonderheiten der Tradition zu berücksichtigen. Das erfordert u. U., eigene Standpunkte zu überprüfen, Vorurteile zu hinterfragen, dem Sozialverhalten Werte der fremden Kultur zu Grunde zu legen.

12. Welche Anforderungen sind an interkulturelle Kompetenz zu stellen?

Folgende Anforderungen sind an interkulturelle Kompetenz zu stellen:[26]

- Offenheit für fremde Kulturen,
- Akzeptanz fremden Verhaltens,
- eigene Verhaltensanpassung.

5.4.5.3 Internationale Verhandlungen

1. Welche Voraussetzungen haben Verhandlungen?

Verhandlungen sind auf die Vorteile beider Verhandlungsparteien ausgerichtet und verlangen deshalb die Kooperation zwischen den Verhandlungsführern. Verhandeln heißt nach einem alten Spruch, *ich gebe dir, damit du mir gibst*[27]. Die Kontrahenten machen Zugeständnisse, damit sie dafür jeweils Zugeständnisse erhalten. Die Verhandlungen sollen schließlich dazu führen, dass durch die Vereinbarungen die Positionen beider Kontrahenten verbessert werden können.

---

[26] Rothlauf, Jürgen: a. a. O., S. 139.
[27] Übersetzung des lat. Rechtsgrundsatzes *do ut des*.

2. Welche Aspekte umfasst eine Verhandlungsstrategie?

Es ist also wichtig, das strategische Vorgehen in Verhandlungen sorgfältig zu planen. Die Verhandlungsstrategie umfasst ansatzweise u. a. folgende Aspekte:

- Formulierung eines Verhandlungsziels, das sich aus dem Unternehmensziel ableitet, und angemessene Berücksichtigung des Ziels bei den Verhandlungen,
- strategischer Aufbau der Argumentation, die eine Steigerung im Verlauf der Verhandlungen zulässt,
- Vermeidung einer frühzeitigen Festlegung,
- angemessene Berücksichtigung der gegnerischen Reaktion auf den Einsatz bestimmter Maßnahmen (z. B. Ausnutzung eigener Überlegenheit),
- Verhandlungsspielräume kennen und ausnutzen, dem Kontrahenten Zugeständnisse abfordern und zu eigenen Zugeständnissen bereit sein,
- Überlegenheit geschickt ausspielen, Schwächen des Kontrahenten ausnutzen,
- im Team strategisches Vorgehen absprechen, davon ausgehen, dass der Kontrahent gegensätzliche Standpunkte im Team zu seinen Gunsten ausnutzen kann,
- Alternativen bereithalten.

3. Welche Taktik liegt der Verhandlung zu Grunde?

Am Beginn von Einkaufs- und Verkaufsverhandlungen steht auf beiden Seiten die begründete Erwartung, dass die Verhandlungen schließlich zu einem Ergebnis führen können, mit dem die jeweiligen Ausgangspositionen verbessert werden. Das erfordert eine angemessene Taktik, d. h. eine *angemessene Vorgehensweise* in der aktuellen Verhandlungssituation.

Diese Taktik lässt sich folgendermaßen umschreiben.

- Grundlage ist *berechnendes, erfolgsorientiertes und zweckmäßiges Handeln*; es geht von der Einsicht aus, dass Verhandeln professionelle Auseinandersetzung um wirtschaftliche Vorteile bedeutet.
- Für die Verhandlung ist eine *vertrauensvolle Atmosphäre* zu schaffen, die sich in der angemessenen Anerkennung der Interessen des Partners und im sachlichen Umgang miteinander ausdrücken. Dazu gehört z. B., Argumente des Kontrahenten anzuhören, auf eitle und unbesonnene Rechthaberei zu verzichten.
- Formulierung und Vortrag der *Argumente* sollten am *Partner orientiert* sein und mit angemessenem Demonstrationsmaterial veranschaulicht werden.
- Zur Taktik gehört auch *flexibler Umgang mit der Argumentation*. Starres Beharren auf Standpunkten behindert die Gesprächsführung und verhindert Entgegenkommen des Kontrahenten. Für den Fall, dass das Gespräch in eine Sackgasse gerät, sollten vorbereitete alternative Lösungen eingebracht werden.

4. Welche Bedeutung hat die kulturelle Prägung für die Verhandlung?

Die Partner in internationalen Verhandlungen sind durch unterschiedliche Kulturen geprägt. Das führt zu *unterschiedlichen Einstellungen und Sichtweisen*. Im Allgemeinen wird in einer Sprache verhandelt, die nicht die Muttersprache aller Verhandlungspartner ist. Dadurch wird die Kommunikation in einer Verhandlung erschwert, Missverständnisse sind relativ häufig.

Es kommt deshalb darauf an, Worte zu finden, die genau das ausdrücken, was gemeint ist und vom Partner im gemeinten Sinne verstanden werden kann. Bestimmte Worte gibt es u. U. nur in einer Sprache (vgl. z. B. das Wort Lösungsansatz im Deutschen); gleiche Wörter können in den verschiedenen Kulturen unterschiedliche Bedeutung haben (so z. B. das Wort Kultur).

5. Nach welchen Prinzipien können internationale Verhandlungen sach- und menschengerecht geführt werden?

Folgende Prinzipien[28] können Grundlagen von internationalen Verhandlungen sein:

- zwischen Beziehungs- und Sachproblemen unterscheiden,
- der Qualität der Kommunikation Beachtung schenken,
- auf Wahrnehmungen und Vorurteile achten,
- Interessen und Vorstellungen erforschen anstatt Stellung beziehen,
- Optionen gemeinsam erarbeiten,
- neutrale, gemeinsam ausgewählte Entscheidungskriterien anwenden,
- sich mit den Alternativen zu einer verhandelten Lösung befassen

6. Wie unterscheiden sich Beziehungs- von Sachproblemen?

Beziehungsprobleme betreffen die *personenbezogenen Aspekte* einer Verhandlung, d. h. die zwischenmenschlichen Beziehungen. Sie drücken sich z. B. in Emotionen, Misstrauen, Antipathien u. Ä. aus. **Sachprobleme** beziehen sich auf den *Gegenstand der Verhandlung*, z. B. auf Rechte und Pflichten, auf Preise und Termine. Beide Problembereiche müssen voneinander getrennt gesehen werden. Ein gutes Verhandlungsklima verlangt von jeder Partei Rücksichtnahme auf die andere, vertrauenswürdiges Verhalten, Vermeidung von Drohungen und Irreführungen.

7. Worin besteht die Qualität einer Kommunikation?

Die Qualität einer Kommunikation zeigt sich darin, dass die Verhandlungspartner einander zuhören und sich bemühen zu verstehen, was der andere meint.

---

[28] Zit. nach Racine, Jerôme: Erfolgreiches Verhandeln mit fremden Geschäftspartnern, 2004, online.

8. Welche Bedeutung haben Wahrnehmungen?

Die *Kultur*, aus der ein Mensch stammt, *prägt ihn auch hinsichtlich seiner Wahrnehmung der Realität*. Das gilt nicht nur für eine Nationalkultur, sondern auch für die Berufskultur, ein Jurist beurteilt einen Sachverhalt sicherlich anders als ein Ingenieur. Verhandlungen werden dadurch beeinflusst. Die Verhandlungspartner müssen auf die unterschiedlichen Wahrnehmungen achten und sie angemessen berücksichtigen; sie dürfen sie aber nicht werten oder gar als Bestätigung von Vorurteilen akzeptieren.

9. Welche Bedeutung hat die Erforschung von Interessen und Vorstellungen für das Gespräch?

Verhandlungen sollen konstruktive Lösungen bringen. Dazu müssen sich die Parteien auf ihre grundsätzlichen Interessen besinnen und sich über ihre Vorstellungen, wie die Interessen verwirklicht werden können, Klarheit verschaffen. (Interesse z. B.: „Ich will mit diesem Geschäft und trotz des Wunsches dieses Kunden, tiefere Preise zu bekommen, die Rentabilität meines Unternehmens verstärken oder zumindest nicht vermindern." – Vorstellung z. B.: „ Wir könnten mit diesem Kunden den Umsatz erhöhen und somit unsere Stückkosten vermindern."[29]

10. Warum sollten die Verhandlungspartner Optionen gemeinsam erarbeiten?

Eine Verhandlung darf sich nicht auf den Austausch von Argumenten und Gegenargumenten beschränken; deshalb sollen die Parteien zunächst gemeinsam verschiedene Optionen für die Lösung entwickeln.

11. Welche Bedeutung haben neutrale Entscheidungskriterien?

Damit ein Verhandlungsergebnis langfristig akzeptiert wird, muss es fair und nachvollziehbar sein. Deshalb ist es erforderlich, dass Interessenkonflikte auf der Grundlage neutraler Entscheidungskriterien gelöst werden. Neutral sind Entscheidungskriterien immer dann, wenn sie gemeinsam erarbeitet oder ausgewählt wurden.

12. Warum soll man sich mit den Alternativen zu einer verhandelten Lösung befassen?

Die Parteien sollten für den Fall, dass die verhandelte Lösung nicht akzeptiert werden kann, Alternativen vorhalten.

13. Was ist beim Abschluss von Verhandlungen zu beachten?

Der Schluss einer Verhandlung sollte eine abgeschlossene Vereinbarung über die von beiden Seiten zu erbringenden Leistungen sein. Im Allgemeinen werden die Vereinbarungen schriftlich in einem *Vertrag* festgehalten. Wenn den Verhandlungen nicht

---

[29] Racine, J.: a.a.O., S. 4.

5.4 Abwicklung des internationalen Warenverkehrs

unmittelbar ein Vertragabschluss folgt, werden die Ergebnisse zweckmäßigerweise in einem *Protokoll* festgehalten.

14. Welcher grundlegenden Problematik unterliegen internationale Verträge?

Internationale Verträge berühren *zwei unterschiedliche Rechtsordnungen* und damit im Allgemeinen auch Rechtsauffassungen, die voneinander abweichen können. Wenn bei Auslandsgeschäften unterschiedliche Rechtsauffassungen auftreten, muss geklärt werden, welche Auffassung gelten soll. Das kann entweder durch die entsprechende Formulierung des Vertragsinhalts oder durch die Berücksichtigung internationaler Vereinbarungen geschehen.

15. Welche Bedeutung hat das internationale Privatrecht?

Das internationale Privatrecht ist Teil der Gesetzgebung der meisten Staaten. In Deutschland wurde es dem BGB als Einführungsgesetz angefügt[30]. Das internationale Privatrecht regelt u. a., *wann bei internationalen Verträgen inländisches*, z. B. deutsches, und *wann ausländisches Recht anzuwenden ist*.

Grundsätzlich gilt, dass die Vertragsparteien frei vereinbaren können, ob sie das Recht des Importlandes oder das des Exportlandes anwenden wollen. Fehlt dem Vertrag eine entsprechende Vereinbarung, unterliegt der Vertrag dem Recht des Staates, mit dem er die engsten Verbindungen aufweist. Es wird vermutet, dass der Vertrag die engsten Verbindungen mit dem Staat aufweist, in dem die Partei, welche die charakteristische Leistung zu erbringen hat, im Zeitpunkt des Vertragsabschlusses ihren gewöhnlichen Aufenthalt hat.[31]

16. Welches Ziel verfolgt das Wiener UN-Übereinkommen über den internationalen Wareneinkauf?

Das auf UN-Initiative in Wien 1980 zu Stande gekommene Übereinkommen[32] verfolgt das Ziel, ein *internationales Kaufvertragsrecht* zu schaffen. Es ist anzuwenden auf Kaufverträge über Waren zwischen Personen, die ihre Niederlassungen in verschiedenen Staaten haben, wenn diese Staaten Vertragsstaaten sind oder wenn die Regeln des internationalen Privatrechts zur Anwendung des Rechts eines Vertragsstaates führen.

Deutschland hat das Übereinkommen 1989 anerkannt; es gilt inzwischen für 62 Staaten.

---

[30] Einführungsgesetz zum Bürgerlichen Gesetzbuch von 1994 (EGBGB).
[31] Vgl. EGBGB Art. 27 und 28.
[32] Übereinkommen der Vereinten Nationen über Verträge über den internationalen Warenkauf (United Nations Convention on Contracts for the International Sale of Goods – CISG).

17. Was wird durch das UN-Kaufrecht geregelt?

Die *Regeln des UN-Kaufrechts* gelten dann, *wenn die Vertragspartner keine entsprechenden Vereinbarungen getroffen haben*. Bei Fragen, die im UN-Kaufrecht nicht oder nicht ausreichend geklärt werden, sind die Regeln des internationalen Privatrechts anzuwenden.

Bei Auslegung der Regeln ist der internationale Charakter des UN-Kaufrechts zu berücksichtigen, damit seine einheitliche Anwendung und die Wahrung des guten Glaubens im internationalen Handel gefördert werden. Das gilt z. B. bei der Auslegung von Willenserklärungen und bei der Bindung an Handelsbräuche und Gepflogenheiten.

Das UN-Kaufrecht gilt u. a. nicht
- für den Kauf von Waren zum persönlichen oder familiären Gebrauch,
- für den Kauf bei Versteigerungen,
- für den Kauf von Wertpapieren.

5.4.5.4 Ausgewählte Landeskulturen

1. Was wird als Kultur bezeichnet?

In gebotener Kürze lässt sich Kultur folgendermaßen umschreiben: Kultur ist die Gesamtheit dessen, was Menschen zur Gestaltung der natürlichen Umwelt und zur Organisation des Zusammenlebens geschaffen haben. Dazu zählen einerseits alle materiellen Dinge, z. B. Werkzeuge, andererseits geistige Leistungen, z. B. Schrift, Kunst, Religion, sowie die Formen des Zusammenlebens. (Auf die Unterscheidung von Kultur und Zivilisation wird hier verzichtet, zumal beide Begriffe häufig in gleicher Bedeutung verwendet werden.[33]

Kultur als Verfeinerung des Geistes, die sich in Bildung, Literatur, Musik, bildender Kunst ausdrückt, ist als Kultur i. e. S. lediglich ein Aspekt von Kultur. Kultur ist mehr. *Kultur prägt die Menschen und bestimmt dadurch im Wesentlichen ihr Verhalten.*

Kultur als definitorischer Begriff lässt sich allgemein verwenden. Aber Prägungen durch Kultur zeigen sich höchst unterschiedlich in verschiedenen sozialen Gruppierungen (Gesellschaften), in verschiedenen Regionen, in verschiedenen Epochen; so kann man z. B. von christlicher, westlicher, mittelalterlicher Kultur sprechen.

Prägungen durch die Kultur zeigen sich darin, dass die betroffenen Menschen gleiche Verhaltensweisen entwickeln, ihre Handlungen an gleichen Werten ausrichten, soziale Tatbestände in gleicher Weise wahrnehmen, interpretieren und werten. Unterschiedliche kulturelle Prägungen führen zu unterscheidbaren Kulturen; sie drücken sich z. B. aus in Landeskulturen. Dadurch stiftet Kultur auch Identität: Man fühlt sich mit seiner Kultur verbunden, sie bietet Verhaltenssicherheit in einem Kollektiv. Die eigene Kultur

---

[33] Vgl. z. B. den deutschen Titel des Buches von S. P. Huntington „Kampf der Kulturen" mit dem englischen Original „The Clash of Civilisation".

unterscheidet sich von fremden Kulturen; bei Begegnung mit fremden Kulturen entsteht Unsicherheit.

2. Wie lassen sich Landeskulturen nach dem 5-D-Modell unterscheiden?

An ausgewählten Ländern[34] können beispielhaft mithilfe des 5-D-Modells Unterschiede zwischen Landeskulturen dargestellt werden. Das 5-D-Modell unterscheidet Landeskulturen nach fünf Dimensionen: Machtdistanz, Kollektivismus gegenüber Individualismus, Femininität gegenüber Maskulinität, Unsicherheitsvermeidung, langfristiger gegenüber kurzfristiger Orientierung. Für die fünf Dimensionen wurden Indexwerte ermittelt.[35] (Zum besseren Verständnis sollten hier die Ausführungen unter *5.4.5.1 Dimensionen zur Beschreibung von Kulturen* herangezogen werden.)

3. Wie unterscheiden sich die Kulturen der ausgewählten Länder hinsichtlich der Machtdistanz?

Die Indexwerte für Machtdistanz in einer Kultur sind Gradmesser für die Ungleich in der Gesellschaft. Ein hoher Wert deutet auf ein hohes Maß an Ungleichheit, ein niedriger Wert auf ein geringes. In der Liste mit Punktwerten von 104 (Malaysia) bis 11 (Österreich) haben die ausgewählten Länder folgende Indexwerte:

- Deutschland: 35 Punkte,
- Frankreich: 68 Punkte,
- USA: 40 Punkte,
- Brasilien: 69 Punkte,
- Arabische Länder: 80 Punkte,
- Japan: 58 Punkte,
- Westafrika: 77 Punkte.

4. Wie unterscheiden sich die Kulturen der ausgewählten Länder hinsichtlich des Grades an Individualismus?

Der Individualismusindex gibt an, wie stark Individualismus in einer Kultur ausgeprägt ist. In der Liste mit Punktwerten von 91 (USA) bis 6 (Guatemala) haben die ausgewählten Länder folgende Indexwerte:

- Deutschland: 67 Punkte,
- Frankreich: 71 Punkte,
- USA: 91 Punkte,
- Brasilien: 38 Punkte,
- Arabische Länder: 38 Punkte,
- Japan: 46 Punkte,
- Westafrika: 20 Punkte.

---

[34] Der Rahmenplan sieht hierzu die Auswahl von Landeskulturen aus Europa, Amerika, Asien, Fernost und Afrika vor; ausgewählt wurden folgende Länder bzw. Regionen: Deutschland, Frankreich, USA Brasilien, Arabische Länder, Japan und Westafrika. Die Darstellung kann die umfangreiche Problematik nur andeuten.

[35] Für die folgenden Angaben wurden die Indexwerte entnommen aus Hofstede, Geert: a. a. O., S. 56 ff.

5. Wie unterscheiden sich die Kulturen der ausgewählten Länder hinsichtlich der Ausprägung von Maskulinität?

Der Maskulinitätsindex gibt an, wie stark die Geschlechterrollen voneinander abgegrenzt sind. In der Liste mit Punktwerten von 110 (Slowakei) bis 5 (Schweden) haben die ausgewählten Länder folgende Indexwerte:

- Deutschland: 66 Punkte,
- Frankreich: 43 Punkte,
- USA: 62 Punkte,
- Brasilien: 49 Punkte,
- Arabische Länder: 53 Punkte,
- Japan: 95 Punkte,
- Westafrika: 46 Punkte.

6. Wie unterscheiden sich die Kulturen der ausgewählten Länder hinsichtlich der Unsicherheitsvermeidung?

Der Unsicherheitsvermeidungsindex gibt das Maß für die Toleranz bzw. Intoleranz gegenüber der Uneindeutigkeit in einer Gesellschaft an. In der Liste mit Punktwerten von 112 (Griechenland) bis 8 (Singapur) haben die ausgewählten Länder folgende Indexwerte:

- Deutschland: 65 Punkte,
- Frankreich: 86 Punkte,
- USA: 46 Punkte,
- Brasilien: 76 Punkte,
- Arabische Länder: 68 Punkte,
- Japan: 92 Punkte,
- Westafrika: 54 Punkte.

7. Wie unterscheiden sich die Kulturen der ausgewählten Länder hinsichtlich der Langzeitorientierung?

Der Index der Langzeitorientierung gibt an, in welchem Maß eine Gesellschaft Tugenden pflegt, die auf künftigen Erfolg ausgerichtet sind, z. B. Sparsamkeit und Beharrlichkeit. In der Liste mit Punktwerten von 118 (China) bis 0 (Pakistan) haben die ausgewählten Länder folgende Indexwerte:

- Deutschland: 31 Punkte,
- Frankreich: 39 Punkte,
- USA: 29 Punkte,
- Brasilien: 65 Punkte,
- Japan: 80 Punkte.

2. Prüfungsteil:
Führung und Management im Unternehmen

6. Unternehmensführung

6.1 Gestaltung der Strategiefindung, der Strategieumsetzung und des Strategiecontrolling

6.1.1 Ethik als Aspekt der Unternehmensführung

1. Was ist Ethik und mit welcher Problematik befasst sich Ethik?

Ethik ist ein Sachgebiet der Philosophie, sie untersucht, was im Leben wertvoll ist, und befasst sich u. a. mit der Frage nach den Werten, die in bestimmten Situationen handlungsleitend sind, d. h. nach dem richtigen Handeln in einer bestimmten Situation. Das richtige Handeln setzt die Beurteilung der jeweiligen Situation voraus.

Ethische Werte sind *Werte der Gesinnung und des Verhaltens*; dabei kann es sich um selbst gesetzte Maximen oder um gesellschaftlich vorgegebene Normen handeln. Sie werden entweder durch Erziehung und Sozialisation vermittelt, oder sie werden dem Einzelnen durch ethische Besinnung bewusst.

Das Wertebewusstsein eines Menschen umfasst immer nur eine beschränkte Anzahl von Werten. Veränderungen der Umwelt bewirken neue Anforderungen, für deren Bewältigung neue oder andere Werte gelten. So bewirkt z. B. der Klimawandel umweltschonendes Handeln.

2. Was wird als Moral bezeichnet?

Moral umfasst die ethischen Werte, die im Allgemeinen jeder erwachsene Mensch verinnerlicht hat und nach Möglichkeit verwirklicht. Moral lässt sich als „gute Sitte" umschreiben. Moralisches Handeln ist demnach sittliches Handeln.

3. Was wird als moralisches Handeln bezeichnet?

Moralisches Handeln besteht in der *Verwirklichung ethischer Werte*. Von ethischen Werten gehen in bestimmten Situationen Forderungen an den Einzelnen zum Handeln aus; er handelt moralisch, wenn er diese Forderungen nicht nur als richtig und gut anerkennt, sondern sie in seinem alltäglichen Leben umsetzt. Wenn er sie nicht umsetzt, sich also nicht moralisch verhält, hat er (vielleicht) ein schlechtes Gewissen. Umweltschonung ist z. B. ein Wert, den fast jeder Mensch anerkennen kann; moralisch handelt er, wenn er auch selbst Maßnahmen zur Umweltschonung ergreift.

4. Welche Problematik ergibt sich bei der Begriffsbestimmung „Unternehmensethik"?

Zweck eines Unternehmens in einer Marktwirtschaft ist die „prompte und effiziente Bedienung der Konsumentenpräferenzen unter Beachtung der Regeln, wie sie etwa für die Produkt- bzw. Produktionssicherheit und die Umweltschonung staatlicherseits gesetzt sind".[1]

„Unternehmensethik" ist nicht eigentlicher Zweck des Unternehmens. Unternehmensethik kann nur unter Berücksichtigung der Wettbewerbssteuerung bestimmt werden, die davon ausgeht, dass Unternehmen Signale vom Markt empfangen, der sie bei richtiger Interpretation schließlich belohnt. Unternehmen erhalten vom Markt Informationen über Kundenwünsche, wenn sie die Informationen richtig einschätzen und ihnen entsprechen, belohnt sie der Markt mit Gewinn.

4. Kann Ethik ein Aspekt der Unternehmensführung sein?

Ethik kann ein Aspekt der Unternehmensführung sein. Die Umsetzung der Kundenwünsche ist wirtschaftliches, d. h. zweckrationales Handeln der Unternehmensführung. Verlangt wird Sachkompetenz, die an den Unternehmenszielen ausgerichtet ist.

Dabei kann das *Handeln* der Unternehmensführung *an ethischen Werten orientiert* sein. Das betrifft dann die Entscheidungen bei Beschaffung und beim Einsatz von Produktionsfaktoren, bei der Produktion selbst und schließlich beim Vertrieb.

Unternehmen können sich förmlich und grundsätzlich dazu verpflichten, ihren Entscheidungen ethische Werte zu Grunde zu legen. Dies Verhalten findet seinen Niederschlag in der Unternehmensphilosophie und kann sich im Verhalten gegenüber den Stakeholdern und den Kunden des Unternehmens und auch in bestimmten äußeren Formen ausdrücken.

Wenn der Markt jedoch wertorientierte Entscheidungen der Unternehmensführung nicht honoriert, müssen sie überdacht und evtl. revidiert werden.

5. Welche Bezugsgruppen werden von unternehmerischen Entscheidungen betroffen und wie kann sich ethisches Verhalten ausdrücken?

Im Folgenden werden einige Bezugsgruppen unternehmerischer Entscheidungen aufgezählt und dazu angegeben, wie sich exemplarisch ethisches bzw. moralisches Verhalten niederschlagen kann[2]:

- die Kunden: keine Preisdiskriminierung, keine künstliche Verknappung der Angebotsmenge bei steigender Nachfrage, Verzicht auf Absatzsteigerung durch Vernachlässigung der Produktdauerhaftigkeit usw.,
- die Eigentümer und Geldgeber: verantwortungsvoller Umgang mit den Mitteln, Nachprüfbarkeit der Mittelverwendung, Transparenz der Rechnungslegung usw.,
- die Lieferanten: Verzicht auf schamlose Ausnutzung von Abhängigkeiten der Zulieferer,

---

[1] Molitor, Bruno: Wirtschaftsethik, München 1989, S. 99.
[2] Ebenda, S. 103 ff.

- die Wettbewerber: Fairness, Verzicht auf Preisdumping, Verzicht auf unlauteren Wettbewerb usw.,
- die Mitarbeiter: Information über Ziele, Mitbestimmung, leistungsgerechte Differenzierung der Entlohnung usw.,
- die Öffentlichkeit, die Gesellschaft: Umweltschonung bei Produktion, Forschung und Entwicklung.

6.1.2 Grundlegende Gestaltungsentscheidungen

1. Was wird als Unternehmensphilosophie bezeichnet?

Mit Unternehmensphilosophie umschreibt man im Allgemeinen die *Einstellungen* der Eigentümer bzw. der Unternehmensleitung *gegenüber der Gesellschaft, der Wirtschaft und den Menschen*. Die Unternehmensphilosophie drückt sich in der Unternehmenskultur aus.

2. Was wird als Unternehmenskultur bezeichnet und worin drückt sie sich aus?

Als Unternehmenskultur bezeichnet man die Gesamtheit aller Normen, Grundwerte und Grundeinstellungen. Sie drückt sich aus in der Art der Unternehmensführung, in der Umsetzung der Unternehmensziele, in den unternehmensspezifischen Führungsstilen, im Verhalten der Mitarbeiter und schließlich auch in der strategischen Planung.

3. Auf welchen Grundlagen beruht die Unternehmenskultur?

Die Unternehmenskultur ergibt sich zwar einerseits aus der *Unternehmensphilosophie*, hat aber andererseits sehr viel mit der *Geschichte* des Unternehmens, mit Geschichten und Legenden über Personen und Ereignisse zu tun. Für die Pflege der Unternehmenskultur ist deshalb sicherlich die langfristige Unternehmenszugehörigkeit von Mitarbeitern und die Identifikation der Mitarbeiter mit dem Unternehmen und den Unternehmenszielen förderlich.

4. Welche Bedeutung hat das Unternehmensleitbild?

Das Unternehmensleitbild leitet sich aus der Unternehmensphilosophie ab und korrespondiert mit der Unternehmenskultur. Es schlägt sich nieder in der ausdrücklichen Formulierung von Grundsätzen, die der langfristigen unternehmenspolitischen Rahmenplanung zu Grunde liegen sollen.

Unternehmensleitbilder basieren häufig auf moralischen Werten. Sie drücken sich z. B. in der sozialen, ökologischen und gesellschaftlichen Verantwortung, im Geschäftsgebaren gegenüber Kunden und Lieferanten, im Wettbewerbsverhalten u. Ä. aus.

5. Welche Kennzeichen sollte ein Unternehmensleitbild aufweisen?

Ein Unternehmensleitbild weist im Allgemeinen u. a. folgende Merkmale auf:

- allgemeine Gültigkeit,
- langfristige Gültigkeit,
- Realisierbarkeit,
- innere Widerspruchsfreiheit.

Ein weit verbreitetes Beispiel für ein Unternehmensleitbild ist die Corporate Identity.

6. Was versteht man unter Corporate Identity?

Mit Corporate Identity umschreibt man ein *einheitliches unverwechselbares Unternehmensbild*. In der Corporate Identity soll sich das Selbstverständnis des Unternehmens widerspiegeln. Es drückt sich sowohl im Leistungsangebot und in der Unternehmensorganisation als auch im Erscheinungsbild des Unternehmens nach außen aus.

7. Wie wirkt Corporate Identity nach innen und nach außen?

Unternehmensintern bedeutet Corporate Identity eine Unternehmenskultur mit Verhaltensmustern und Normen für den Umgang der Mitarbeiter miteinander, für die Beteiligung von Mitarbeitern an Entscheidungen, für die Bezahlung von Leistungen u. dgl. Durch die Entwicklung einer In-Group-Mentalität bildet sich die Identifikation der Mitarbeiter mit dem Unternehmen heraus. Corporate Identity kann zur Steigerung von Motivation und Leistungsbereitschaft beitragen.

Unternehmensextern bedeutet Corporate Identity ein eindeutiges, einheitliches und sympathisches Unternehmensbild, auf das die Unternehmensaktivitäten auf dem Beschaffungs-, Absatz- und Kapitalmarkt sowie in anderen Bereichen ausgerichtet sind.

8. Welche Aspekte umfasst Corporate Identity?

Die Corporate Identity umfasst folgende Aspekte:

- Corporate Communication,
- Corporate Design,
- Corporate Behavior.

9. Was versteht man unter Corporate Communication?

Mit Corporate Communication wird eine *Kommunikationsstrategie* bezeichnet, deren Aktivitäten nach innen und nach außen auf die Corporate Identity bezogen sind. Dadurch wird das einheitliche *Erscheinungsbild* vermittelt und das damit verbundene Image verstärkt. Corporate Communication findet Anwendung bei unternehmensinterner Kommunikation (z. B. Mitteilungen an Mitarbeiter, Betriebszeitungen), aber auch bei Werbemaßnahmen (Plakate, Anzeigen, Werbebroschüren, TV-Spots usw.).

10. Was versteht man unter Corporate Design?

Mit Corporate Design wird eine *Kommunikationsstrategie* bezeichnet, deren Maßnahmen zur *Gestaltung des Erscheinungsbildes* auf die Corporate Identity ausgerichtet sind. Corporate Design findet Anwendung bei Gestaltung von Zeichen, Arbeitskleidung (Uniformen), Formularen, Architektur der Betriebsgebäude, Farbgebung usw.

11. Was versteht man unter Corporate Behavior?

Mit Corporate Behavior wird eine *Kommunikationsstrategie* bezeichnet, in der das *Verhalten*, die Verhaltensäußerungen eines Unternehmens nach innen (gegenüber Mitarbeitern) und nach außen (gegenüber Kunden und Öffentlichkeit) an der Corporate Identity ausgerichtet ist. Corporate Identity zeigt sich u. a. in der Mitarbeiterführung, im Umgangston, in der Kritikfähigkeit.

12. In welchem Verhältnis steht das Unternehmensleitbild zu den Leitsätzen für die Unternehmensbereiche?

Aus dem Leitbild werden die Leitsätze für die Unternehmensbereiche abgeleitet. Leitsätze geben die Grundsätze für das Verhältnis eines Unternehmens zu seinen Bezugsgruppen (Mitarbeiter, Lieferanten, Kunden usw.) an. Sie sollen zeigen, wie die Leitidee durch konkretes Handeln in den Unternehmensbereichen umgesetzt werden soll.

6.1.3 Strategische Analysen

1. Welchen Zweck verfolgen strategische Analysen?

Strategische Analysen dienen der strategischen Planung. Mithilfe der strategischen Planung legt ein Unternehmen seine Strategien fest. Es trifft damit grundsätzliche Entscheidungen darüber, welche Unternehmenspolitik den Weg des Unternehmens in der weiteren Zukunft (5 bis 10 Jahre) bestimmen soll. Das Unternehmen entscheidet sich z. B. für Wachstumspolitik, Gewinnpolitik usw. Die Planung ist deshalb mit Risiken behaftet.

Strategische Analysen lassen im Allgemeinen nur qualitative Aussagen zu; quantitative Aussagen sind eher selten.

6.1.3.1 Portfolioanalyse

1. Was ist eine Portfolioanalyse?

Eine Portfolioanalyse ist u. a. ein *Instrument der strategischen Planung*. Mithilfe der Portfolioanalyse sollen *Stärken und Schwächen* eines Unternehmens erfasst werden. Dadurch können die Mittel des Unternehmens in solche Geschäftsfelder gelenkt werden, für die der Markt gute Absatzchancen bietet und für die das Unternehmen Vorteile vor seinen Mitbewerbern hat.

2. Was wird als strategisches Geschäftsfeld bezeichnet?

Ein strategisches Geschäftsfeld ist die gedankliche und organisatorische Zusammenfassung von Produkt und Markt. Ein strategisches Geschäftsfeld ist ein wichtiger Bezugspunkt für strategische Zieldefinitionen, Maßnahmen und Lenkung von Ressourcen.

3. Was ist eine Portfolio-Matrix?

Eine Portfolio-Matrix ist ein Mittel, die *Ergebnisse der Portfolioanalyse darzustellen*. Im Allgemeinen werden für die Portfolioanalyse Vier-Felder- und Neun-Felder-Matrizes genutzt. Auf den Matrix-Achsen werden zwei Merkmale, die Gegenstand der Betrachtung sein sollen, mit den möglichen Ausprägungen angegeben; bei der Vier-Felder-Matrix sind das jeweils zwei, bei der Neun-Felder-Matrix jeweils drei Ausprägungen. In den Matrixfeldern werden Geschäftsfelder angegeben, für die die jeweiligen Ausprägungen der Merkmale mehr oder weniger zutreffen. (Aufbau und Aussage einer Portfolio-Matrix wird im Folgenden anhand des Marktwachstums-Marktanteils-Portfolios weitergehend erläutert.)

4. Was wird mit dem Marktwachstums-Marktanteil-Portfolio analysiert?

Mit dem Marktwachstums-Marktanteil-Portfolio wird *das Marktwachstum und der relative Marktanteil* eines Produkts o. Ä. analysiert. (Das Marktwachstum wird als Wachstumsrate in Prozent, der Marktanteil als Relation des eigenen Marktanteils zu dem des stärksten Mitbewerbers angegeben.) Grundlagen der Analyse können Umsatz, Kosten, Gewinn, Deckungsbeitrag u. Ä. sein. Das Ergebnis der Analyse findet ihren Niederschlag in einer *Portfolio-Matrix* mit vier Feldern.

Auf der Waagerechten bzw. auf der Senkrechten der Portfolio-Matrix werden die Ausprägungen „niedrig" und „hoch" der Merkmale relativer Marktanteil bzw. Marktwachstum abgetragen. Mithilfe der Matrix kann übersichtlich dargestellt werden, wie hoch der relative Marktanteil und das voraussichtliche Marktwachstum für Produkte oder Geschäftsfelder sind. Die Felder der Tabelle lassen sich folgendermaßen beschreiben.

A - Hohes Marktwachstum - hoher relativer Marktanteil,
B - hohes Marktwachstum - niedriger relativer Marktanteil,
C - niedriges Marktwachstum - hoher relativer Marktanteil,
D - niedriges Marktwachstum - niedriger relativer Marktanteil.

Die folgende, häufig genutzte Darstellung kann die Ausführungen veranschaulichen. Die Buchstaben in den Feldern drücken die Merkmalsausprägungen gemäß obiger Aufstellung aus.

		Marktanteil	
		hoch	niedrig
Marktwachstum	hoch	A	B
	niedrig	C	D

6.1.3.2 SWOT-Analyse

1. Welche Analysebereiche umfasst die SWOT-Analyse?

Die SWOT-Analyse beruht auf zwei Analysebereichen: *der internen und der externen Analyse*. In der internen Analyse werden die Stärken und Schwächen des Unternehmens ermittelt, in der externen Analyse die Chancen und Gefahren aus dem Unternehmensumfeld.

Der Begriff SWOT ist entstanden aus der Zusammensetzung der Anfangsbuchstaben der entsprechenden englischen Begriffe Strengths (Stärken), Weaknesses (Schwächen), Opportunities (Chancen) und Threats (Risiken).

Bei der SWOT-Analyse kann die Portfoliomatrix zur Darstellung genutzt werden. Die beiden Dimensionen der Matrix entsprechen den beiden Analysebereichen (vgl. Abb.).

2. Womit befasst sich die interne Analyse?

In der internen Analyse werden die *Stärken und Schwächen* des Unternehmens herausgearbeitet. Stärken und Schwächen sind Eigenschaften des Unternehmens, die das Unternehmen selbst schafft und die es auch beeinflussen kann. In einem Handelsunternehmen können u. a. folgende Bereiche analysiert werden:

- Standort,
- Produktprogramm, z. B. Breite und Tiefe, Aktualität und Qualität, Preis-Leistungs-Verhältnis,
- Marketingmaßnahmen,
- Außendienst, z. B. Fachkompetenz, Qualifizierung,
- Kundenstruktur.

3. Womit befasst sich die externe Analyse?

In der externen Analyse werden die *Chancen und Risiken* identifiziert, die sich aus *Veränderungen des Unternehmensumfelds* ergeben haben oder in naher Zukunft ergeben können. Das sind Faktoren, die das Unternehmen nicht beeinflussen, auf die es lediglich reagieren kann. Im Folgenden werden beispielhaft einige Beobachtungsbereiche genannt:[3]

- Mitbewerber,
- Marktanteil,
- modische Entwicklungen, neue Trends, Erfindungen, Produktalterung,
- Veränderungen des Nachfrageverhaltens,
- Veränderungen konjunktureller Rahmenbedingungen.

4. Wie können die Ergebnisse der SWOT-Analyse visualisiert werden?

Mithilfe einer Matrix können die Ergebnisse der SWOT-Analyse visualisiert werden (vgl. folgende Abbildung).

		Interne Analyse	
		Stärken (Strengths)	Schwächen (Weaknesses)
Exerne Analyse	Chancen (Opportunities)	1 SO	2 WO
	Gefahren (Threats)	3 ST	4 WT

Die Felder der Matrix lassen sich folgendermaßen interpretieren.

- Stärken-Chancen-Kombination (1 - SO),
- Schwächen-Chancen-Kombination (2 - WO),
- Stärken-Gefahren-Kombination (3 - ST),
- Schwächen-Gefahren-Kombination (4 - WT).

---

[3] In Anlehnung an: Haller, Sabine: Handelsmarketing, 2. Aufl., Ludwigshafen 2001, S. 405.

6.1.3.3 Gap-Analyse

1. Welches Ziel wird mit einer Gap-Analyse verfolgt?

Als Gap-Analyse (Lückenanalyse) bezeichnet man die Analyse der *Lücke*, die sich *aus den unterschiedlichen Entwicklungen von gewünschten und den tatsächlichen Werten* einer bestimmten Zielgröße (z. B. Umsatz) ergibt.

Die prognostizierten Sollwerte geben die gewünschte Entwicklung der Zielgröße (z. B. Umsatz) für den Planungszeitraum wieder. Auf der Grundlage von Istwerten wird zu einem bestimmten Zeitpunkt die Entwicklung prognostiziert, die zu erwarten ist, wenn die bisherigen Strategien und marketingpolitischen Maßnahmen weiter verfolgt werden. Zeigt sich, dass die erwartete Entwicklung von der gewünschten negativ abweicht, müssen die Ursachen für die sich ergebende Lücke analysiert werden. Auf der Grundlage der Analyse können Strategien und Maßnahmen angepasst werden.

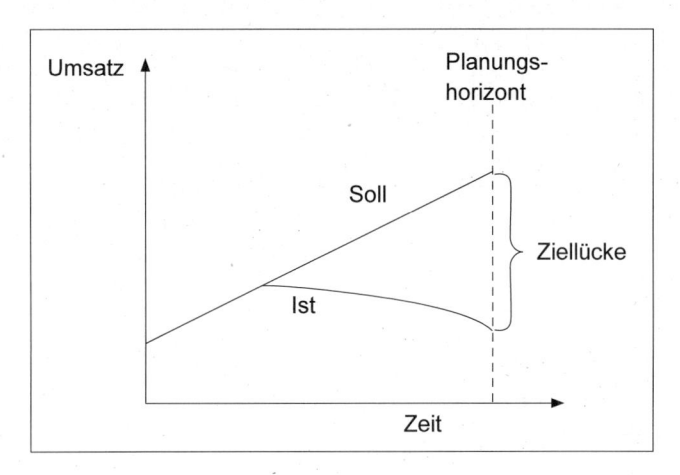

2. Wodurch unterscheiden sich strategische und operative Lücken?

Eine **strategische Lücke** kann nur geschlossen werden, wenn andere oder neue Strategien eingesetzt werden. Das bedeutet z. B., dass das Unternehmen neue Produkt-Markt-Kombinationen erschließt (vgl. Produkt-Markt-Matrix).

Eine **operative Lücke** kann durch weitere oder bessere operative Maßnahmen unter Ausnutzung vorhandener Ressourcen geschlossen werden. Dies verlangt z. B. erhebliche Rationalisierungsmaßnahmen (Kostensenkungen), Schaffung von Anreizsystemen im Außendienst u. Ä.

3. Welche Vorteile und welche Nachteile hat die Gap-Analyse?

Der besondere **Vorteil** der Gap-Analyse liegt darin, dass es als *Frühwarnsystem* dienen kann, wenn es konsequent angewendet wird. Ihre **Nachteile** liegen darin, dass sie allgemeine Markt- und sonstige unternehmensexterne Entwicklungen weitgehend unberücksichtigt lässt.

6.1.3.4 Produktlebenszyklusanalyse

1. Haben Produkte einen Lebenszyklus?

Produkte unterliegen einem *Alterungsprozess*, sie haben einen Lebenslauf: Sie sind „jung", d. h. neu auf dem Markt, sie haben eine Reifezeit, sie veralten, d. h. sie können nicht mehr oder nur mit Überwindung erheblicher Marktwiderstände verkauft werden.

Der Alterungsprozess hängt u. a. ab von Veränderungen der Nachfrage, der Mode, der Technik, von Veränderungen in den Einstellungen und Auffassungen sowie nachlassender Kaufkraft der Käufer. Von Bedeutung für die Alterung können auch zunehmende Möglichkeiten zur Substitution und die zunehmende Marktsättigung sein.

2. Wie lässt sich der Lebenslauf eines Produkts beschreiben bzw. grafisch darstellen?

Der Lebenslauf eines Produkts lässt sich anhand der Kriterien Umsatz und Gewinn darstellen bzw. beschreiben.

In der idealtypischen Darstellung steigt der Umsatz bei erfolgreicher Markteinführung zunächst mit zunehmenden, dann mit abnehmenden Zuwachsraten und nimmt schließlich ab. Der Gewinn nimmt nach einer Verlustphase zunächst relativ rasch zu und dann allmählich ab.

Von diesem idealtypischen Verlauf können realtypische Verläufe stark abweichen. Die tatsächlichen Verläufe von Umsatz und Gewinn sowie die Länge der einzelnen Phasen unterscheiden sich je nach Produkttyp von der Verallgemeinerung in der Darstellung.

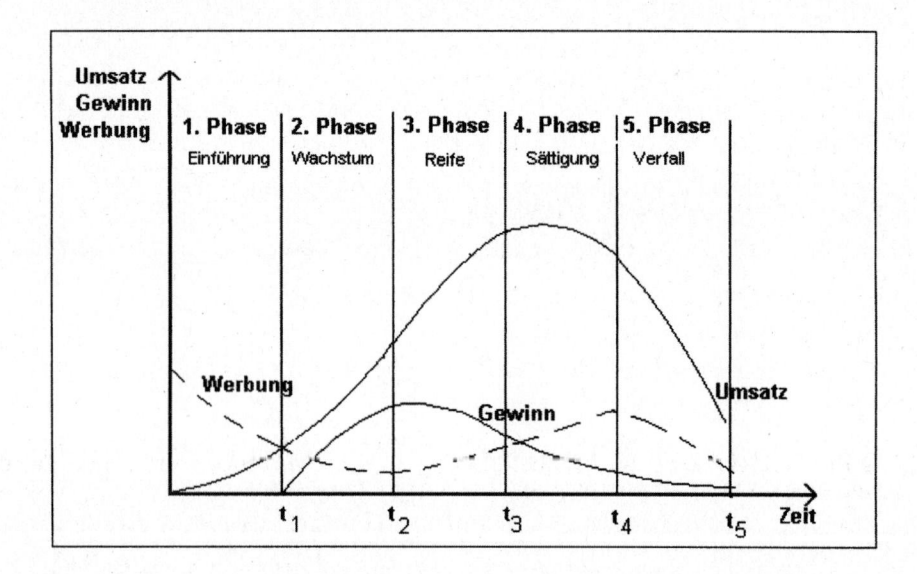

3. Welche Phasen weist ein Produktlebenszyklus auf?

Der Produktlebenszyklus weist im Allgemeinen die folgenden *fünf Phasen* auf:

- Einführungsphase, sie reicht von der Produkteinführung bis zum Beginn der Gewinnphase (Gewinnschwelle),
- Wachstumsphase, sie beginnt bei der Gewinnschwelle und endet beim Wendepunkt der Umsatzkurve, das ist der Übergang von wachsenden zu abnehmenden Zuwachsraten des Umsatzes,
- Reifephase, sie beginnt beim Wendepunkt der Umsatzkurve, sie hat ihr Ende ungefähr beim Umsatzmaximum erreicht,
- Sättigungsphase, sie beginnt ungefähr beim Maximum des Umsatzes und endet meistens bei der Gewinnschwelle,
- Verfallsphase, sie beginnt mit dem Anstieg der negativen Wachstumsraten des Umsatzes (der Umsatz geht sehr stark mit wachsenden Raten zurück), an ihrem Ende wird das Produkt meistens vom Markt genommen.

4. Wie lässt sich die Einführungsphase kennzeichnen?

Zur Markteinführung eines neuen Produkts sind *aufwändige Marketingaktivitäten* in erheblichem Umfang erforderlich. Dazu zählt insbesondere die Einführungswerbung. Außerdem ist das Verteilungssystem zu erschließen oder angemessen auszubauen. Da für die erwartete Nachfrage Produktionskapazitäten zur Verfügung gehalten werden müssen, fallen weitere Kosten an. Diese Kosten führen zu Verlusten. Sie nehmen wegen des allmählichen Anstiegs des Umsatzes allerdings ab.

Die Höhe der Verluste hängt auch von der Preisstrategie ab.

Die Einführungswerbung soll das Produkt bei den Nachfragern bekannt machen und sie von der Vorteilhaftigkeit des neuen Produkts überzeugen; außerdem soll sie Bedürfnisse wecken und die Nachfrager überzeugen, dass das neue Produkt bei der Befriedigung dieser Bedürfnisse von besonderem Nutzen ist, sodass schließlich die Nachfrage angeregt wird.

5. Wie lässt sich die Wachstumsphase kennzeichnen?

In der Wachstumsphase fallen die *höchsten Gewinnzuwächse* an, der Umsatz steigt mit wachsenden Zuwachsraten. Der Gewinn erreicht im Allgemeinen am Ende der Phase seinen Höhepunkt.

Das Produkt wird bekannt. Nachahmer kommen mit ähnlichen Produkten auf den Markt. Damit sich das Produkt von denen der Mitbewerber abhebt, kommt jetzt als produktpolitische Maßnahme die Produktvariation, z. B. die Weiterentwicklung des Produkts, in Betracht.

Die Aufwendungen für Werbung sind in dieser Phase im Allgemeinen relativ gering. Die Werbemaßnahmen zielen auf die weitergehende Erhöhung des Umsatzes ab *(Expansionswerbung)*. Bei den Nachfragern sollen sich Präferenzen für das Produkt aufbauen, deshalb spielt in den Werbemaßnahmen die sog. Nutzenbotschaft weiterhin eine erhebliche Rolle.

6. Wie lässt sich die Reifephase kennzeichnen?

In der Reifephase *nimmt der Umsatz weiter zu*, allerdings mit abnehmenden Zuwachsraten; am Ende ist die Zuwachsrate gleich Null. Der Gewinn nimmt allmählich ab. Die Zahl der Mitbewerber nimmt zu, allerdings auch die Zahl der Nachfrager.

Als produkt- bzw. programmpolitische Maßnahme kommt eine *Differenzierung des Produktionsprogramms* in Betracht. Es kommt dem Unternehmen darauf an, sich eindeutig von den Mitbewerbern abzuheben.

Da die Nachfrage auf Preisänderungen in dieser Phase im Allgemeinen relativ elastisch reagieren, sollen *Preissenkungen* die Nachfrage verstärken. Die Werbung soll dafür sorgen, dass die Präferenzen für das Produkt erhalten bleiben und sich Präferenzen bei weiteren Nachfragern bilden *(Erhaltungswerbung und Expansionswerbung)*. Die Kunden werden durch die Werbung an das Produkt und an seine Nützlichkeit zur Befriedigung ihrer Bedürfnisse erinnert *(Erinnerungswerbung)*.

7. Wie lässt sich die Sättigungsphase kennzeichnen?

In der Sättigungsphase erreicht der *Umsatz* sein *Maximum* und nimmt allmählich ab. Umsatzzuwächse sind nicht mehr zu erwarten. Neue Kunden für das Produkt können kaum noch gefunden werden. Der Gewinn nimmt allmählich ab. Mitbewerber treten vermehrt auf; das Angebot von Substituten nimmt zu.

Die Aufwendungen für Werbung nehmen im Allgemeinen wieder zu. Die Werbemaßnahmen beziehen sich vor allem auf *Erhaltungs- und Erinnerungswerbung*. Die Produktpolitik gewinnt an Bedeutung; durch Produktvariation und Qualität soll der Substitutionskonkurrenz begegnet werden.

8. Wie lässt sich die Verfallsphase kennzeichnen?

Der *Umsatzrückgang* verstetigt sich; die Abnahmeraten nehmen zu. Der Gewinn nimmt weiterhin ab. Am Ende der Phase wird das Produkt vom Markt genommen *(Produkteliminierung)*.

9. Lassen sich aus den allgemeinen Kenntnissen über Produktlebenszyklen Voraussagen über die Marktentwicklung eines Produkts machen?

Die Phasen sind im Allgemeinen nur schwer voneinander abzugrenzen, die Dauer der einzelnen Phasen ist nicht bestimmbar, Voraussagen über Lebensdauer, Gewinnhöhe und Umsatz sind kaum möglich. Einige Produkte veralten relativ schnell in Abhängigkeit von Nachfrageänderungen aufgrund modischer oder technischer Entwicklungen, andere halten sich relativ lange auf dem Markt, häufig als Ergebnis der Produktpolitik. Dafür lassen sich viele Beispiele anführen.

6.1.3.5 Benchmarking

1. Welche Bedeutung hat das Benchmarking?

Aussagen über die Stärken und Schwächen eines Unternehmens sind nur im Vergleich mit den besten Konkurrenten sinnvoll. Die Daten der Konkurrenz werden im Benchmarking erhoben. Als Benchmarking bezeichnet man eine *kontinuierliche Vergleichsanalyse* von Daten des eigenen Unternehmens mit den entsprechenden Daten der besten Unternehmen, und zwar sowohl innerhalb als auch außerhalb der eigenen Branche. Der Vergleich soll dazu beitragen, die besten Praktiken *(Best Practices)* der anderen Unternehmen zu erkennen.

2. Wie werden Stärken und Schwächen im Benchmarking bewertet?

Die Stärken und Schwächen werden folgendermaßen bewertet:[4]

0 = eindeutig schwächer als Hauptkonkurrent,
1 = leicht schwächer als Hauptkonkurrent,
2 = gleich stark wie Hauptkonkurrent,
3 = leicht stärker als Hauptkonkurrent,
4 = eindeutig stärker als Hauptkonkurrent.

Eine Stärke in einem Bereich liegt also dann vor, wenn das Unternehmen in diesem Bereich mindestens so gut ist wie der beste Mitbewerber, wenn es also Wettbewerbsvorteile hat. So kann z. B. (im Einzelhandel) der Sortimentsausschnitt „Weine" in einem Supermarkt dann als Stärke identifiziert werden, wenn das Geschäft mindestens so gut sortiert ist wie ein Fachgeschäft, das noch als Mitbewerber in Betracht kommt.

Eine ausgesprochene Schwäche hat ein Unternehmen dann, wenn es mit seinen Mitteln keinen Wettbewerbsvorteil erreichen kann.

6.1.3.6 Deckungsbeitragsanalyse

1. Was ist eine Deckungsbeitragsanalyse?

Der Deckungsbeitrag gibt den *Überschuss der Erlöse* aus dem Verkauf eines Produkts über dessen Einzelkosten an, das sind die Kosten, die ihm eindeutig zugerechnet werden können. Der Deckungsbeitrag ist also der Beitrag eines Produkts zur Deckung der Gemeinkosten und damit zum Gesamterfolg. Er gibt den Erfolg des einzelnen

---
[4] Vgl. hierzu: Haller, Sabine: a. a. O., S. 407.

Produkts an. Rechnerisch ergibt sich der Deckungsbeitrag durch Subtraktion der variablen Kosten von den Verkaufserlösen.

> Deckungsbeitrag = Verkaufserlöse - variable Kosten

Die Analyse zeigt, wie hoch die Deckungsbeiträge der einzelnen Programmteile sind.[5]

2. Wie wird eine Deckungsbeitragsanalyse durchgeführt?

Für die Deckungsbeitragsanalyse werden die Verkaufserlöse der einzelnen Produkte eines Programms ermittelt, von den Verkaufserlösen werden die für jedes Produkt anfallenden variablen Kosten abgezogen. So ergeben sich die Deckungsbeiträge der einzelnen Produkte.

Die Summe der einzelnen Deckungsbeiträge ergibt den Gesamtdeckungsbeitrag. Der Betriebsgewinn ergibt sich, wenn vom Gesamtdeckungsbeitrag die fixen Kosten abgezogen werden.

Das folgende einfache Beispiel einer einstufigen Deckungsbeitragsrechnung kann die Ausführungen veranschaulichen. Angenommen wird ein Produktionsprogramm mit fünf Produkten, deren Produktion die angegebenen einzelnen zurechenbaren variablen Kosten und die insgesamt angegebenen (nicht einzeln zurechenbaren) fixen Kosten aufwirft. Die Tabelle weist die einzelnen Deckungsbeiträge auf und macht sie vergleichbar.

	A	B	C	D	insgesamt
Verkaufserlöse	1.000.000	900.000	800.000	500.000	3.200.000
variable Kosten	500.000	550.000	600.000	490.000	2.140.000
Deckungsbeitrag	500.000	350.000	200.000	10.000	1.060.000
fixe Kosten					700.000
Betriebsgewinn					360.000

3. Welche Bedeutung hat die Deckungsbeitragsanalyse?

Die Deckungsbeitragsanalyse gibt an, welche Produkte erfolgreich, welche weniger erfolgreich waren. Sortimente bzw. Programme werden i. d. R. um die Produkte bereinigt, die nur noch niedrige Beiträge oder keine Beiträge mehr liefern.

6.1.4 Strategiearten

1. Wie lassen sich Strategiearten unterscheiden?

Strategiearten lassen sich nach dem Geltungsbereich unterscheiden:

---

[5] Vgl. die Ausführungen unter 3.1.2.3 Deckungsbeitragsrechnung.

- Grundstrategien sind auf die grundsätzliche Positionierung des Unternehmens am Markt ausgerichtet,
- Unternehmensstrategien gelten für das ganze Unternehmen, sie leiten sich von der Grundstrategie ab,
- Bereichsstrategien setzen die Unternehmensstrategie für die einzelnen Unternehmensbereiche um.

6.1.4.1 Grundstrategien

1. Was wird mit den Grundstrategien angegeben?

Die Grundstrategien sind auf die grundsätzliche Positionierung des Unternehmens am Markt ausgerichtet. Folgende Grundstrategien sind zu unterschieden:

- Wettbewerbsstrategien,
- Produkt-Markt-Strategien.

6.1.4.1.1 Wettbewerbsstrategien

1. Welche Ziele verfolgen Unternehmen mit Wettbewerbsstrategien?

Mit den Wettbewerbsstrategien wollen sich Unternehmen so auf dem Markt positionieren, dass sie im Wettbewerb bestehen können und mit geeigneten Strategiemaßnahmen Wettbewerbsvorteile erlangen und diese auf Dauer halten.

2. Wie lassen sich Wettbewerbsstrategien typisieren?

Die *Typenbildung der Wettbewerbsstrategien* beruht auf den Merkmalen

- *Strategischer Vorteil* (*Wettbewerbsvorteil*) mit den Ausprägungen
  Einzigartigkeit und
  Kostenvorsprung.
- *Strategisches Zielobjekt* mit den Ausprägungen
  viele (alle in Betracht kommenden) Segmente und
  ein Segment (für das strategische Zielobjekt).

Danach lassen sich die folgenden *drei Strategietypen* unterscheiden:[6]

- Differenzierung,
- Kostenführerschaft,
- Fokussierung.

Die Zusammenhänge stellte er in einer Matrix dar, die üblicherweise als *Wettbewerbsmatrix* bezeichnet wird (vgl. Abb.).

---

[6] Diese Typisierung von Wettbewerbsstrategien geht auf Michael E. Porter zurück.

		Strategischer Vorteil (Wettbewerbsvorteile)	
		Einzigartigkeit aus Käufersicht	Kostenvorsprung
Strategisches Zielobjekt	branchenweit	*Differenzierung*	*Kostenführerschaft*
	ein Segment der Branche	*Fokussierung (Konzentration auf Schwerpunkte)*	

3. Was soll mit der Differenzierungsstrategie erreicht werden?

Mit der Differenzierungsstrategie will ein Unternehmen erreichen, dass es sich aus Sicht der Kunden von den Konkurrenten positiv abhebt und als einzigartig wahrgenommen wird. Das Unternehmen zielt durch seine Einzigartigkeit oder Besonderheit auf *Wettbewerbsvorteile* ab.

Es kommt nicht so sehr darauf an, dass die Unterschiede tatsächlich bestehen, sondern nur darauf, dass sie von den Käufern als solche wahrgenommen und als positiv und vorteilhaft angesehen werden. Dadurch bilden sich Präferenzen der Kunden für das Unternehmen bzw. für bestimmte Leistungen des Unternehmens. Letztlich erhält das Unternehmen dadurch einen preispolitischen Spielraum.

4. Welche Mittel lassen sich in der Differenzierungsstrategie einsetzen?

Mittel der Differenzierung sind u. a.

- der Preis,
- das Image,
- die Qualität,
- das Sortiment, das Produktprogramm usw.

5. Welche Gefahren bestehen bei differenzierungsstrategischen Maßnahmen?

Unternehmen, die über die Präferenzstrategie einen preispolitischen Spielraum erhalten, sind gelegentlich in der Gefahr, die *Kostenseite* zu *vernachlässigen*. Das kann zur Folge haben, dass bei Ausschöpfung des Spielraums die Preise als zu hoch empfunden werden und die Käufer zu Unternehmen abwandern, die andere Strategien verfolgen. Der Differenzierungsvorteil geht auch verloren, wenn Mitbewerber um die gleichen Zielgruppen durch ihre Differenzierungsstrategie Käufer an sich ziehen.

6. Was soll mit der Strategie der Kostenführerschaft erreicht werden?

Mit der Strategie der Kostenführerschaft will ein Unternehmen durch niedrige Preise Wettbewerbsvorteile erzielen. Der Preis ist das wichtigste (möglicherweise auch einzige) Mittel der Kundengewinnung und -bindung.

Niedrige Preise setzen einen *Kostenvorsprung* gegenüber der Konkurrenz voraus. Der wird erreicht durch die rigorose Ausnutzung aller Kostensenkungsmöglichkeiten und durch eine konsequente Kostenkontrolle. Kosten können z. B. gesenkt werden

- durch günstigen Einkauf,
- durch Artikel mit hoher Umschlagshäufigkeit (Senkung der Lagerhaltungskosten),
- durch Verzicht auf Werbung,
- durch Verzicht auf aufwändige Warenpräsentation,
- durch Verzicht auf besondere Dienstleistungen,
- durch Einsparungen beim Personal.

7. Was soll mit der Fokussierungsstrategie erreicht werden?

Wenn ein Unternehmen *Wettbewerbsvorteile in einer Nische* (oder in einigen Nischen) sucht, betreibt er eine Fokussierungsstrategie. Das Unternehmen konzentrierte sich lediglich auf ein Segment, um das sich andere Unternehmen nicht bemühen, weil es zu klein und deshalb uninteressant ist. Dieses Segment bildet gewissermaßen eine Nische; die Strategie wird deshalb auch als *Nischenstrategie* bezeichnet.

6.1.4.1.2 Wachstumsstrategien

1. Was wird als Wachstumsstrategie bezeichnet?

Als Wachstumsstrategie wird eine Marketingstrategie bezeichnet, bei der die marketingpolitischen Maßnahmen auf bestimmten Produkt-Markt-Konstellationen beruhen.

2. Welche Produkt-Markt-Konstellationen sind möglich und wie können sie visualisiert werden?

Unter Berücksichtigung der Fragestellung „Sind Produkt und Märkte vorhanden oder nicht?" lassen sich die folgenden *vier grundlegenden Produkt-Markt-Konstellationen* unterscheiden. Sie werden üblicherweise in einer Vier-Felder-Matrix dargestellt.

- Es bestehen Absatzmärkte und für diese Absatzmärkte sind die Produkte vorhanden.
- Für die vorhandenen Produkte bestehen keine Absatzmärkte.
- Absatzmärkte sind zwar vorhanden, sie können aber mit eigenen Produkten nicht bedient werden.
- Produkte und Absatzmärkte sind nicht vorhanden.

3. Welche Strategien ergeben sich aus den Produkt-Markt-Konstellationen?

Wenn die Produkte vorhanden sind und die erforderlichen Absatzmärkte bestehen, empfiehlt sich eine Strategie der Marktausweitung und der weitergehenden Marktdurchdringung (Feld 1 in der Matrix).

Eine Entwicklung des Marktes durch Segmentierung ist eine angemessene Strategie, wenn für vorhandene Produkte keine Absatzmärkte bestehen (2).

Feld 3 gibt die Strategie an, wenn Absatzmärkte vorhanden sind, aber Produkte dafür nicht zur Verfügung stehen: Produktentwicklung und evtl. Erschließung von Marktlücken.

Wenn schließlich sowohl Absatzmärkte als auch Produkte nicht vorhanden sind, kann Diversifikation die richtige Strategie sein (4), d. h. Erweiterung des Sortiments mit neuen Produkten für neue Märkte.

		Absatzmärkte	
		vorhanden	nicht vorhanden
Produkte	vorhanden	1 Marktausweitung	2 Segmentierung
Produkte	nicht vorhanden	3 Produktentwicklung	4 Diversifikation

6.1.4.2 Unternehmensstrategien

1. Was sind Unternehmensstrategien?

Unternehmensstrategien leiten sich von der Grundstrategie ab, sie gelten für das ganze Unternehmen. Zu den Unternehmensstrategien zählen z. B.[7]

- leistungswirtschaftliche Strategie,
- finanzwirtschaftliche Strategie,
- sozialwirtschaftliche Strategie,
- führungsbezogene Strategie.

---

[7] Rahn, Horst-Joachim: Unternehmensführung, Ludwigshafen 2008, S. 367 ff.

2. Was kennzeichnet eine leistungswirtschaftliche Strategie?

Eine leistungswirtschaftliche Strategie soll der *Verwirklichung der langfristigen Ziele in den Bereichen* Material, Fertigung und Marketing (Absatz) dienen, z. B. durch Entwicklung der Marktleistung, durch Leistungserstellung und -verwertung.

3. Was kennzeichnet eine finanzwirtschaftliche Strategie?

Eine finanzwirtschaftliche Strategie umfasst die *Konzepte zur Kapitalbeschaffung, -verwendung und -verwaltung*. Sie kann sich beziehen auf die Liquidität, auf Ertragserzielung und Wirtschaftlichkeit, auf Bewertungen, auf Finanzierung sowie auf die Gewinnverwendung.

4. Was kennzeichnet eine sozialwirtschaftliche Strategie?

Eine sozialwirtschaftliche Strategie umfasst die langfristigen *Konzepte zum Umgang mit den Mitarbeitern*. Dazu zählen z. B. die Arbeitsgestaltung und die Gestaltung der Entlohnung, darüber hinaus aber auch die Art der Mitarbeiterförderung und der Umgang mit Arbeitnehmervertretern usw.

5. Was kennzeichnet eine führungsbezogene Strategie und auf welche Aspekte kann sie ausgerichtet sein?

Eine führungsbezogene Strategie bezieht sich auf die Frage, wie langfristig das Unternehmen geführt werden soll. Dazu zählen z. B. die Problembereiche Unternehmensleitbild, Führungsstil und Organisation.

6. Welche Bedeutung hat die Portfolio-Matrix Marktwachstum-Marktanteil für die Strategieentwicklung?

Die Portfolio-Matrix Marktwachstum-Marktanteil zeigt, wie Geschäftsfelder mithilfe der kombinierten Ausprägungen der Merkmale Marktwachstum und relativer Marktanteil voneinander abgegrenzt und charakterisiert werden. Auf dieser Grundlage werden entsprechende Strategien entwickelt. Die Portfolio-Analyse zeigt u. a. auf, aus welchen Geschäftsfeldern Mittel abgezogen und in andere gelenkt werden können, welche Geschäftsfelder aufgegeben, welche mehr gefördert werden sollten.

Die sich für die Vier-Felder-Matrix ergebende Einteilung der Geschäftsfelder lassen sich folgendermaßen charakterisieren.

A – Hohes Marktwachstum – hoher relativer Marktanteil

Produkte mit hohem Marktwachstum und hohem Marktanteil sind sog. *Stars*. Sie können die zukünftige Position des Unternehmens am ehesten sichern. Die Strategie muss darauf hinaus laufen, dass die Sterne weiterhin leuchten. Der Marktanteil sollte nach Möglichkeit erhöht, zumindest gehalten werden; entsprechend sind diese Geschäftsfelder zu fördern.

B – hohes Marktwachstum – niedriger relativer Marktanteil
Geschäftsfelder mit hohem Wachstum und niedrigem Marktanteil umfassen im Allgemeinen neue Produkte, die sich noch in der Einführungsphase befinden. Die Kennzeichnung dieses Matrixfeldes mit *Question Marks (Fragezeichen)* deutet die grundsätzliche Problematik an: Soll das Unternehmen die Produkte vom Markt nehmen bzw. das Geschäftsfeld auflösen oder den Marktanteil durch entsprechende Maßnahmen erhöhen?

C – niedriges Marktwachstum – hoher relativer Marktanteil
Produkte mit geringem Wachstum, aber hohem Marktanteil befinden sich in der Reifephase ihres Lebenszyklusses. Sie sind die *Cash Cows (Milchkühe)* des Unternehmens; sie sollen so lange wie möglich „gemolken" werden, d. h. entsprechende Strategien müssen darauf hinauslaufen, den Marktanteil zu halten.

D – niedriges Marktwachstum – niedriger relativer Marktanteil
Die Produkte in Geschäftsfeldern mit geringem Wachstum und niedrigem Marktanteil werden als *Poor Dogs (arme Hunde)* bezeichnet. Es sind im Allgemeinen Produkte, die sich in den Endphasen ihres Lebenszyklusses befinden. Da sie nur unter Aufwendung unverhältnismäßig hoher Mittel besser positioniert werden können, sollten sie vom Markt genommen werden.

		Marktanteil	
		hoch	niedrig
Marktwachstum	hoch	A Stars	B Question Marks
	niedrig	C Cash Cows	D Poor Dogs

7. Welches Ziel wird mit der SWOT-Analyse verfolgt?
Das Ziel der SWOT-Analyse ist, dem Unternehmen Denkanstöße zu geben, wie es mit den aktuellen und erwarteten Veränderungen des Umfelds in Kenntnis seiner Stärken und Schwächen zweckmäßigerweise umgehen sollte. Letztlich ergeben sich aus den Überlegungen Ansätze für die Entwicklung von Strategien.

	Strengths	Weak-nesses
Opportunities	1 SO	2 WO
Threats	3 ST	4 WT

Mithilfe der Matrixfelder lassen sich folgende Strategieansätze entwickeln:

- Stärken-Chancen-Kombination (1 - SO):
  Mit den Stärken des Unternehmens die Chancen aufgreifen und verfolgen.
- Schwächen-Chancen-Kombination (2 - WO):
  Schwächen abbauen oder zu Stärken entwickeln, um Chancen nutzen zu können.
- Stärken-Gefahren-Kombination (3 - ST):
  Identifikation der Stärken, mit denen das Unternehmen den drohenden Gefahren begegnen kann.
- Schwächen-Gefahren-Kombination (4 - WT):
  Gegen Bedrohungen schützen, Gefahren, die auf die Schwächen abzielen, abwehren, evtl. Schwächen eliminieren.

6.1.4.3 Bereichsstrategien

1. Was sind Bereichsstrategien?

Mit den Bereichsstrategien werden die Unternehmensstrategien für die Unternehmensbereiche umgesetzt; sie geben den Bereichen einen Handlungsrahmen für ihre Aktivitäten vor. Zu den Bereichsstrategien zählen z. B.[8]

- die Materialstrategien,
- die Produktionsstrategien,
- die Marketingstrategien,
- die Finanzierungsstrategien,
- die Forschungs- und Entwicklungsstrategien.

Typische Strategien sind z. B.

- für den Bereich Material: Logistikstrategien,
- für den Bereich Marketing: Segmentierungsstrategien, Preisstrategien.

---

[8] Rahn, Horst-Joachim: a. a. O., S. 369 ff.

6.1.4.3.1 Logistikstrategien

1. Wie kann mithilfe einer Portfolio-Analyse ermittelt werden, welche Bedeutung die Logistikkompetenz für die Entwicklung von Logistikstrategien hat?

Mithilfe der Analyse wird der Umfang der Logistikkompetenz ermittelt und der Logistikattraktivität gegenübergestellt. Auf der Grundlage der Analyseergebnisse können Strategien entwickelt werden, die zum Gleichgewicht von Attraktivität und Kompetenz führen.

Das Ergebnis der Analyse kann in einer Neun-Felder-Matrix dargestellt werden.[9]

2. Was wird mit dem Begriff Logistikattraktivität bezeichnet?

Logistik wird von einem Unternehmen dann als attraktiv eingeschätzt, wenn es durch *Logistikaktivitäten* seine Wettbewerbsposition verbessern kann. Logistikattraktivität wird bestimmt durch die Möglichkeiten zur Senkung der Logistikkosten und zur Steigerung und Differenzierung der Logistikleistungen.

3. Was wird mit dem Begriff Logistikkompetenz bezeichnet?

Als Logistikkompetenz eines Unternehmens bezeichnet man seine Fähigkeit, ein Logistikkonzept optimal zu planen und auszuführen. Die Logistikkompetenz drückt letztlich aus, dass ein Unternehmen durch seine logistischen Aktivitäten die richtigen Güter und Informationen im richtigen Umfang, in der richtigen Qualität, an den richtigen Orten, zur richtigen Zeit verfügbar machen kann.

4. Wie kann das Ergebnis einer Portfolio-Analyse von Logistikkompetenz und -attraktivität in einer Matrix erfasst werden?

Das Ergebnis einer Portfolio-Analyse von Logistikkompetenz und -attraktivität kann in einer *Neun-Felder-Matrix* dargestellt werden. Die Felder der Matrix geben das Maß der Übereinstimmung von Kompetenz und Attraktivität für bestimmte Geschäftsfelder an und weisen auf die Richtung der Strategieentwicklung hin.

Wenn z. B. die Logistikkompetenz relativ gering, die Logistikattraktivität aber relativ hoch ist, wird die Ergänzung von Logistikleistungen und Logistik-Know-how erforderlich (z. B. durch Kauf). Wenn dagegen die Logistikkompetenz relativ hoch, die Logistikattraktivität aber relativ gering ist, wird die Verringerung von Logistikleistungen und Logistik-Know-how erforderlich (z. B. durch Verkauf).

Bei Übereinstimmung von Logistikattraktivität und -kompetenz besteht im Allgemeinen keine Notwendigkeit zu Veränderungen: Logistikattraktivität und -kompetenz sind im Gleichgewicht.

---

[9] In Anlehnung an: Kämpf, Rainer u. a.: Logistik-Controlling (1), EBZ-Beratungszentrum, 2000 (online).

6.1 Gestaltung der Strategiefindung, -umsetzung und des Strategiecontrolling

Die Ausführungen lassen sich durch die folgende Abbildung veranschaulichen. Der Pfeil stellt den Gleichgewichtspfad dar; er verbindet die Felder 7, 5 und 3, das sind die Felder, in denen Attraktivität und Kompetenz übereinstimmen. Die Felder oberhalb und unterhalb des Pfeils zeigen die Notwendigkeiten zu Veränderungen an. Die Felder 1, 2 und 4 deuten den Trend zum Kauf von Logistikleistungen an, der nach Feld 1 allmählich zunimmt; die Felder 6, 8 und 9 deuten den Trend zum Verkauf von Logistikleistungen an, der sich zum Feld 9 hin allmählich verstärkt.

		Logistikkompetenz		
		gering	mittel	hoch
Logistikattraktivität	hoch	1	2	3
	mittel	4	5	6
	gering	7	8	9

6.1.4.3.2 Segmentierungsstrategien

1. Was versteht man unter Käufersegmentierung?

Wenn ein Unternehmen aus marketingstrategischen Gründen den Markt für sein Produkt (bzw. seine Produkte) in Gruppen von Käufern einteilt, betreibt er Marktsegmentierung. Die Gruppen von Käufern, die nach bestimmten Kriterien gleichartig sind, bezeichnet man als Segmente.

2. Was ist ein Segment?

Ein Segment lässt sich dadurch kennzeichnen, dass die in ihm zusammengefassten Käufer beschreibbare Erwartungen an das Produkt haben. In einem Segment sind die Käufer zusammengefasst, deren Erwartungen in etwa gleichartig sind.

Für ein Produkt wie *z. B. Waschmittel* lassen sich exemplarisch folgende *Segmente* feststellen: *Käufer mit bestimmten Ansprüchen an die Waschleistung, traditionsbewusste Käufer, fortschrittliche (preisbewusste) Käufer, umweltbewusste Käufer, Großverbraucher, Kleinverbraucher.*

3. Welche Anforderungen sind an ein Segment zu stellen?

Segmente können nur dann ihren Zweck als Zielgruppen sinnvoll erfüllen, wenn sie den folgenden Anforderungen genügen.

- Die Aussagefähigkeit eines Segments muss über längere Zeit bestehen bleiben, damit sich der Einsatz der marketingpolitischen Mittel lohnen kann (*Dauerhaftigkeit* des Segments).
- Die in einem Segment erfassten Erwartungen und Einstellungen müssen eindeutig definiert werden können und von hinlänglicher Marktbedeutung sein, sodass sich marketingpolitische Maßnahmen sinnvoll auf sie beziehen lassen (*Verwertbarkeit* des Segments).
- Ein Segment muss ausreichend groß sein, damit der differenzierte Maßnahmenkatalog wirtschaftlich eingesetzt werden kann (*Wirtschaftlichkeit* des Segments).
- Das Segment muss mit den vorhandenen Mitteln ermittelt werden können (*Messbarkeit* des Segments).

4. Was ist eine demografische Marktsegmentierung?

Unter einer demografischen Marktsegmentierung versteht man die Zusammenfassung von Individuen zu Gruppen nach ökonomischen, soziologischen, geografischen u. ä. Kriterien.

Beispiele für *demografische Segmentierungskriterien*:

- Geschlecht,
- Alter,
- Haushaltsgröße,
- Haushaltseinkommen,
- Schichtzugehörigkeit,
- Wohnort.

5. Was ist eine psychografische Marktsegmentierung?

Unter einer psychografischen Marktsegmentierung versteht man die Zusammenfassung von Individuen zu Gruppen nach psychologischen Kriterien.

Beispiele für *psychografische Segmentierungskriterien*:

- Einstellungen und Erwartungen gegenüber einem Produkt bzw. einer Produktgruppe,
- Persönlichkeitsmerkmale,
- Verhaltensmerkmale.

6. Welche Bedeutung hat die Marktsegmentierung für die Marketingstrategien?

Es gibt eine Vielzahl von unterschiedlichen Erwartungen gegenüber einem Produkt (bzw. einer Produktgruppe). Für ein Produkt (bzw. eine Produktgruppe) bestehen deshalb in der Regel mehrere, häufig viele Segmente. Der Anbieter muss relevante Segmente erfassen; sie sind für ihn die Zielgruppen, auf die er sein Leistungsangebot ausrichtet.

Grundsätzlich lassen sich zwei Marketingstrategien unterscheiden, die auf Marktsegmentierungen beruhen: Die konzentrierte Marketingstrategie und die differenzierte Marketingstrategie.

7. Was versteht man unter einer konzentrierten Marketingstrategie?

Wenn ein Unternehmen seine Marketingmaßnahmen *auf sehr wenige Segmente konzentriert*, betreibt es eine konzentrierte Marketingstrategie. So ist denkbar, dass ein Unternehmen auf einem Teilmarkt eine starke Position erreichen und ausnutzen will. Es bearbeitet diesen Teilmarkt, indem es z. B. durch Produktdifferenzierung und Erweiterung des Sortiments auf die Käuferwünsche in großem Umfang eingeht. Das Unternehmen kann mit Werbung und Befragung gezielt auf die wenigen Segmente eingehen.

8. Was versteht man unter einer differenzierten Marketingstrategie?

Die differenzierte Marketingstrategie bezeichnet man gelegentlich als *das eigentliche Marketing*. Ein Unternehmen versucht, alle in Betracht kommenden Segmente zu erfassen und mit allen Instrumenten angemessen zu bearbeiten.

Durch die umfangreiche Berücksichtigung der differenzierten Nachfrage will das Unternehmen eine Steigerung des Umsatzes und eine Verminderung des Absatzrisikos erzielen. Die Mittel der differenzierten Marketingstrategie sind

- Differenzierung des Produkts (Verpackung, Qualität, Mengenabpackungen, Produktnamen, ...),
- Sortiments- und Programmerweiterung,
- Preisdifferenzierung,
- Differenzierung der Absatzwege,
- differenzierter Einsatz von Werbemitteln usw.

6.1.4.3.3 Preisstrategien auf der Grundlage von Break-even-Analysen

1. Welche Bedeutung hat die Break-even-Analyse für Preisstrategien?

Die Break-even-Analyse zeigt, wie unterschiedliche Umsatzerlöse Gewinn und Deckungsbeiträge beeinflussen. Der Break-even-Point ist der Schnittpunkt der Kostenkurve mit der Umsatzkurve, d.h. im Break-even-Point sind Umsatz und Kosten gleich hoch.

Die Umsatzerlöse sind das Produkt aus Preis und Menge. Wenn der Preis erhöht (gesenkt) wird, wird der Umsatz erhöht (vermindert). Die U-Kurve verschiebt sich um den 0-Punkt nach oben (nach unten). Der Break-even-Point verschiebt sich; das beeinflusst Gewinn und Deckungsbeitrag.

In der folgenden Abbildung werden beispielhaft drei verschiedene Umsatzverläufe dargestellt, die sich aufgrund verschiedener Preise ergeben haben. Die Abbildung zeigt, dass bei einer geplanten Menge von x_{gepl} Gewinn und Deckungsbeitrag bei U_2 am höchsten sind.

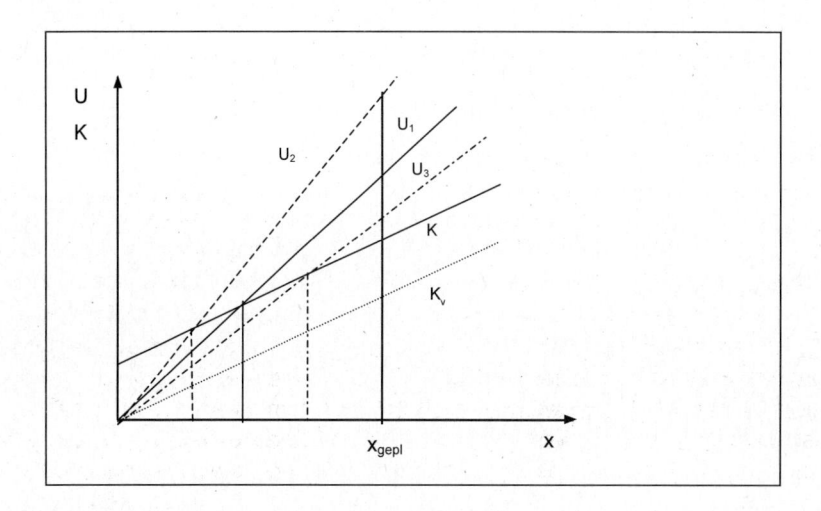

2. Welche Bedeutung hat die Break-even-Analyse für die Kalkulation bei vorgegebenem Preis und geplanter Menge?

Mithilfe der Break-even-Analyse kann gezeigt werden, ob bei einem vorgegebenen Preis und einer geplanten Menge ein Deckungsbeitrag errechnet werden kann und wie hoch dieser gegebenenfalls ist. Wenn die Break-even-Point-Menge geringer ist als die geplante Menge, kann mit einem Deckungsbeitrag gerechnet werden, der sowohl die festen Kosten deckt als auch einen Beitrag zum Gewinn leistet.

Die Break-even-Point-Menge ergibt sich nach der im Folgenden abgeleiteten Gleichung. (In der Rechnung bedeuten: U = Umsatz, K = Kosten, K_f = fixe Kosten, K_v = variable Kosten, x = Menge, BeP = Break-even-Point.)

$U = K$

$U_{BeP} = x_{BeP} \cdot p$

$K_{BeP} = K_f + K_{v\,BeP}$

$K_{BeP} = K_f + x_{BeP} \cdot K_v$

$x_{Bep} \cdot p = K_f + x_{Bep} \cdot K_v$

$x_{BeP} \cdot p - x_{BeP} \cdot K_v = K_f$

6.1 Gestaltung der Strategiefindung, -umsetzung und des Strategiecontrolling

$$x_{BeP} \cdot (p - K_v) = K_f$$

$$x_{BeP} = \frac{K_f}{p - K_v}$$

Für das Beispiel gelten folgende Annahmen:

K_f: 30.000 €
K_v: 5 €
p: 10 €
geplante Menge: 10.000

Daraus ergibt sich eine Break-even-Point-Menge in Höhe von 6.000 € nach folgender Rechnung:

$$x_{BeP} = \frac{30.000}{10 - 5} = 6.000$$

Die geplante Menge ist größer als die BeP-Menge, der geplante Preis kann also akzeptiert werden.

Die folgende Abbildung stellt den Sachverhalt dar. Bei einer geplanten Menge von 10.000 Stück ergeben sich ein Gewinn von 20.000 Euro (Differenz zwischen Umsatzerlösen und Kosten) und ein Deckungsbeitrag von 50.000 Euro (Differenz zwischen Umsatzerlösen und variablen Kosten).

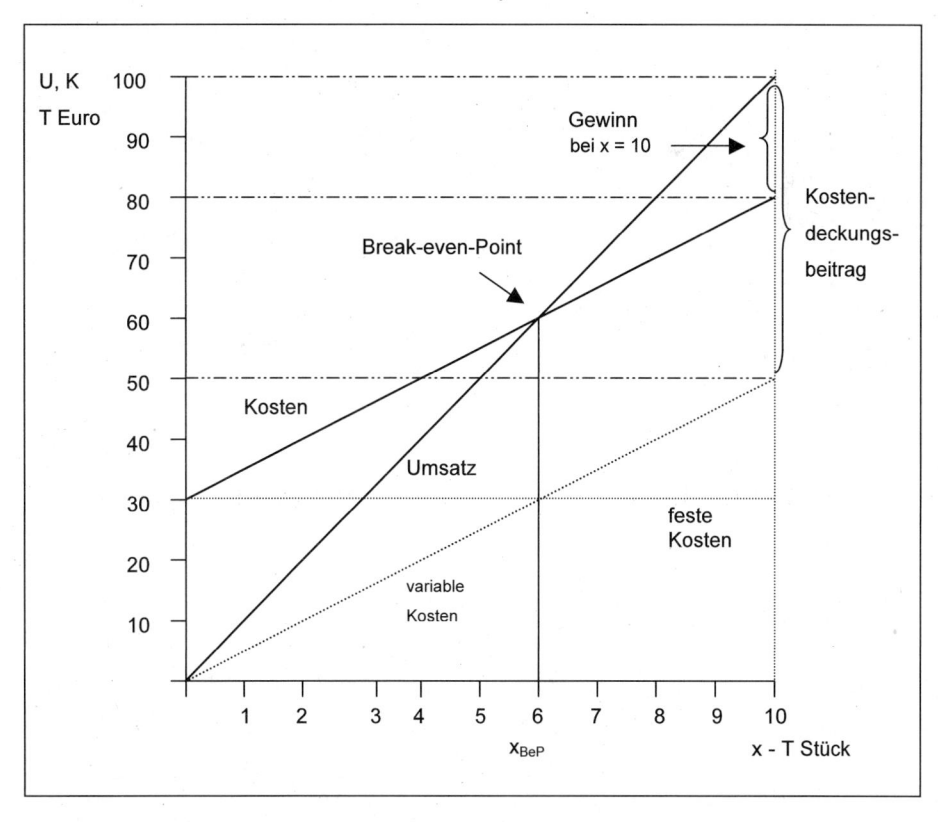

3. Was gibt der Deckungsbedarf an?

Der Deckungsbedarf gibt die *Komponenten des Deckungsbeitrages* an. Im Allgemeinen enthält der Deckungsbedarf die fixen Kosten und einen geplanten (Mindest-)Gewinn.

Die Menge, bei der der Deckungsbedarf erreicht wird (x_{Db}), kann nach folgender Formel ermittelt werden:

$$x_{DB} = \frac{\text{fixe Kosten} + \text{geplanter Gewinn}}{\text{Deckungsbeitrag je Einheit}}$$

In Anlehnung an das Beispiel ergibt sich die Deckungsbeitragsmenge auf der Grundlage der folgenden Zahlen.

fixe Kosten	30.000 Euro
geplanter Gewinn	15.000 Euro
Deckungsbeitrag je Einheit	5 Euro
Deckungsbeitragsmenge	9.000 Stück

$$x_{DB} = \frac{30.000 + 15.000}{5} = 9.000$$

4. Was wird mit dem Deckungsziel angegeben?

Das Deckungsziel ist die Erwirtschaftung eines Deckungsbeitrages, der den Deckungsbedarf mindestens abdeckt.

5. Was wird mit dem Sicherheitskoeffizienten angegeben?

Der Sicherheitskoeffizient gibt den Abstand der Absatzmenge (im Gewinnbereich) von der Menge beim Break-even-Point, den sog. *Sicherheitsabstand*, in einem Prozentsatz an. Der Sicherheitskoeffizient besagt, um wie viel Prozent die Absatzmenge sinken darf, bis die BeP-Menge erreicht wird.

Der Sicherheitskoeffizient (Sk) kann nach folgender Formel ermittelt werden.

$$Sk = \frac{\text{Absatzmenge} - \text{BeP-Menge}}{\text{Absatzmenge}} \cdot 100$$

6.1 Gestaltung der Strategiefindung, -umsetzung und des Strategiecontrolling

Mit den Zahlen aus dem Beispiel ergibt sich folgender Sicherheitskoeffizient:

Absatzmenge	10.000 Stück
BeP-Menge	6.000 Stück
Sicherheitskoeffizient	40 %

$$Sk = \frac{10.000 - 6.000}{10.000} \cdot 100 = 40$$

6. Wie kann das Deckungsziel bei einer Preissenkung erreicht werden?

Eine Preissenkung gefährdet das Deckungsziel; denn sie führt ohne Ausdehnung der Absatzmenge zu einer Verringerung des Deckungsbeitrages. Zwar kann bei einer Preissenkung häufig mit einer Erhöhung der Nachfrage gerechnet werden. Die Frage ist jedoch, in welchem Umfang sich die Absatzmenge bei einer Preissenkung erhöhen muss, damit die Deckungsbeiträge vor und nach der Preissenkung gleich sind. Gefragt wird also danach, ob das Deckungsziel erreicht wird.

Die Formel, mit der die zusätzliche Absatzmenge errechnet werden kann, wird folgendermaßen abgeleitet:

$Db_1 = Db_2$
$Db_1 = U_1 - K_{v1}$
$Db_2 = U_2 - K_{v2}$
$U_1 = x_1 \cdot p_1$
$K_{v1} = x_1 \cdot K_v$
$U_2 = x_2 \cdot p_2$
$K_{v2} = x_2 \cdot K_v$
$x_1 \cdot p_1 - x_1 \cdot K_v = x_2 \cdot p_2 - x_2 \cdot K_v$

$$x_2 = x_1 \cdot \frac{p_1 - K_v}{p_2 - K_v}$$

In Anlehnung an das Beispiel soll angenommen werden, dass der *Preis von 10 Euro auf 8 Euro gesenkt* werden soll.

x_1	9.000 Stück
p_1	10,00 Euro
p_2	8,00 Euro
K_v pro Stück	5,00 Euro
x_2	15.000 Stück

Wenn der Preis um 2 Euro gesenkt wird, muss die Absatzmenge um 6.000 Stück steigen, damit der Deckungsbeitrag gleich bleibt. Mit anderen Worten: Eine Preissenkung von 20 % macht eine Steigerung der Absatzmenge von 66,67 % erforderlich.

7. Wie wirken sich alternative Preisentscheidungen aus?

Preisänderungen haben im Allgemeinen Veränderungen der Nachfragemengen zur Folge, deren Höhe von der Elastizität der Nachfrage abhängt. Bei Preiserhöhungen geht die Nachfragemenge mehr oder weniger zurück, bei Preissenkungen nimmt sie mehr oder weniger zu. Das beeinflusst Umsatz und Gewinn. Die Preisplanungen müssen deshalb die Frage berücksichtigen, ob das Deckungsziel bei den sich ergebenden Änderungen erreicht werden kann.

In den folgenden Beispielen werden eine Preiserhöhung und eine Preissenkung auf der Grundlage einfacher Zahlen untersucht. Die Problematik kann anhand dieser Beispiele nachvollzogen werden. Ermittelt wird der jeweilige Deckungsbedarf, die für den Deckungsbedarf erforderliche Menge, die direkte Preiselastizität der Nachfrage, die erforderlich ist, damit die Menge auch erreicht wird. Angegeben werden auch die BeP-Mengen.

1. Bei einer Preissenkung um 10 % muss die Absatzmenge um 25% steigen, damit das Deckungsziel erreicht wird. Das erfordert eine relativ hohe Nachfrageelastizität (- 2,5). Vor Durchführung der Maßnahme ist zu prüfen, ob diese Elastizität vorausgesetzt werden kann.

2. Bei einer Preiserhöhung um 10 % kann die Absatzmenge um rd. 17 % zurückgehen; bei dieser Menge wird das Deckungsziel erreicht. Voraussetzung dazu ist eine Nachfrageelastizität von - 1,67. Vor Durchführung der Maßnahme ist zu prüfen, ob diese Elastizität erwartet werden kann. Bei höherer Elastizität (z. B. - 2,5) würde die Menge auf 7.500 zurückgehen, das Deckungsziel wäre nicht zu erreichen.

	Ausgangs-situation	Preissenkung von 10 %	Preiserhöhung von 10 %
Verkaufspreis	10,00 €	9,00 €	11,00 €
variable Kosten	5,00 €	5,00 €	5,00 €
Deckungsbeitrag je Einh.	5,00 €	4,00 €	6,00 €
fixe Kosten	30.000,00 €	30.000,00 €	30.000,00 €
geplanter Gewinn	20.000,00 €	20.000,00 €	20.000,00 €
Deckungsbedarf	50.000,00 €	50.000,00 €	50.000,00 €
erforderliche Menge in Stück	10.000	12.500	8.333
Mengensteigerung in v. H.		25,0%	
Mengenminderung in v. H.			16,7%
Nachfrageelastizitäten		- 2,5 (El < -1)	- 1,67 (El < - 1)
BeP-Menge in Stück	6.000	7.500	5.000

6.1.5 Entwicklung eines strategischen Controlling

1. Welche Bedeutung hat der Begriff „Controlling"?

Der Begriff ist abgeleitet vom englischen Verb „to control". Es bedeutet soviel wie lenken, steuern, leiten, regeln. Controlling ist also mehr als Kontrolle, obwohl Kontrolle ein wesentliches Element des Controlling ist.

Controlling kann umschrieben werden als „die Synthese aus operativer und strategischer Unternehmensführung auf der Grundlage von Ex-post-Daten und Ex-ante-Prognosen".[10]

2. Wie lässt sich Controlling definieren?

Im Allgemeinen wird Controlling als ein laufender Prozess umschrieben, in dem Planung, Steuerung und Kontrolle mit Informationsversorgung verbunden ist. Controlling ist nicht nur die Beteiligung an der Planung, sondern auch die Überwachung und Steuerung der Planausführungen; Grundlagen dafür sind Informationsverarbeitungen. Deshalb gehört auch die Gestaltung des Informationssystems zum Controlling.

3. Welche Aspekte umfasst das Controlling?

Das Controlling umfasst die folgenden Aspekte.[11]

- Planung: In der Planung werden Maßnahmen festgelegt, mit denen die vorgegebenen Ziele erreicht werden sollen. Für die Ziele (Zwischenziele) werden *Soll-Werte* definiert, die zu erreichen sind, die sich u.a. in den Budgets und in den Kennzahlensystemen niederschlagen.

- Budgetierung: Budgetierung bedeutet die *Erstellung eines Budgets*; das Budget enthält die Soll-Werte der Planung. Das Budget wird der Unternehmensleitung vorgelegt und in einzelnen Aspekten erforderlichenfalls geändert oder ergänzt. Nach Genehmigung wird das Budget den Bereichsleitern, die für die Planausführung zuständig sind, vorgegeben. Budgets sind für die Bereichsleiter verbindlich.

- Informationen: Informationen sind die *Grundlagen für Planung und Kontrolle*; Controlling umfasst deshalb auch die Einrichtung von Informationssystemen.

- Kontrolle (Überwachung): Grundlage der Kontrolle sind die Istwerte. Sie werden laufend erfasst und mit den Sollwerten verglichen. Sie sollen Abweichungen möglichst früh anzeigen *(Frühwarnsystem)*.

- Abweichungsanalyse: Abweichungen, die bei der Kontrolle festgestellt werden, werden analysiert; dabei sollen die *Ursachen für die Abweichungen* untersucht werden.

---

[10] Piontek, Jochem: Beschaffungscontrolling, 3. Aufl., München, Wien 2004, S. 1.
[11] In Anlehnung an: Olfert, K. und H.-J. Rahn: Einführung in die Betriebswirtschaftslehre, 9. Aufl., Ludwigshafen 2008, S. 447 ff. und an: Ziegenbein, Klaus: Controlling, 9. Aufl., Ludwigshafen 2007.

- Steuerung: Es werden Maßnahmen zur *Steuerung der Soll-Ist-Abweichungen* und alternative Lösungen vorgeschlagen.

4. Wer ist für das Controlling zuständig?

Für das Controlling ist der *Controller* zuständig. Er ist als Manager von Planung und Kontrolle verantwortlich dafür, dass geplant und kontrolliert wird. Der Controller hat u. a. folgende Aufgaben:

- Teilnahme an der Planung bzw. Einflussnahme auf die Planung,
- Budgeterstellung und -kontrolle,
- Berichterstattung über Abweichungen und mit Vorschlägen von Steuerungsmaßnahmen an Unternehmensleitung und evtl. an die Bereichsleiter, Vorbereitung von Entscheidungen bei bestimmten Maßnahmen,
- Überwachung der Durchführung der Maßnahmen.

5. Welche Aufgaben und Ziele hat das strategische Controlling?

Das strategische Controlling versorgt die Unternehmensleitung mit Informationen, die für strategische Entscheidungen relevant sind. Es beobachtet die internen und externen Rahmenbedingungen für die Strategie des Unternehmens, erfasst Veränderungen, analysiert sie und schlägt Anpassungsmaßnahmen für die Strategie vor. Dadurch steuert das strategische Controlling die Strategie des Unternehmens.

Die Aufgabe des strategischen Controlling besteht in der *Kontrolle der Faktoren, die den Erfolg der Strategien wesentlich bestimmen*. Das sind vor allem die Umfeldbedingungen für die Strategie. Wenn diese sich ändern oder sich ändern könnten, muss die Unternehmensleitung rechtzeitig informiert werden; insofern ist das strategische Controlling ein Frühwarnsystem.

Das Ziel des strategischen Controlling ist die Gewährleistung nachhaltiger Existenzsicherung.

6. Wodurch unterscheiden sich strategisches und operatives Controlling?

Die Unterschiede zwischen strategischem und operativem Controlling lassen sich anhand folgender Kennzeichen festmachen:[12]

- Das strategische Controlling ist auf die nachhaltige Existenzsicherung und auf die Erfolgspotenziale des Unternehmens ausgerichtet. Das operative Controlling ist auf den Erfolg, d. h. auf Gewinn, ausgerichtet.
- Das strategische Controlling ist primär unternehmensextern orientiert, das operative Controlling primär unternehmensintern.

---

[12] Baum, Heinz-Georg, Adolf G. Coenenberg, Thomas Günther: Strategisches Controlling, Stuttgart 2004, S. 8 ff.

- Das Umfeld des strategischen Controlling ist durch Dynamik und Diskontinuität gekennzeichnet, das des operativen Controllings eher durch Stabilität.
- Die Informationen des strategischen Controlling sind weitgehend unsicher, die des operativen Controllings eher sicher.
- Die Informationen im Zusammenhang mit dem strategischen Controlling werden qualitativ und nicht quantitativ (monetär) wie beim operativen Controlling gegeben.
- Das strategische Controlling ist wesentliche stärker auf die Zukunft ausgerichtet als das operative Controlling.

7. Wie hängen strategisches und operatives Controlling zusammen?

Das strategische und das operative Controlling sind Teilsysteme des Controlling eines Unternehmens. *Das strategische Controlling ist am Erfolgspotenzial des Unternehmens orientiert, das operative Controlling an dem Erfolg, d. h. am Gewinn.*

Als Erfolgspotenziale können die Voraussetzungen für die Realisierung von Erfolgen angesehen werden. Das Erfolgspotenzial eines Unternehmens besteht in seinen Wettbewerbspositionen und Unternehmensstrukturen; es wird wesentlich bestimmt von strategischen Maßnahmen und deren Anpassungsfähigkeit sowie von den Investitionen, die im Zusammenhang mit den Strategien stehen.

Der Zusammenhang zeigt sich also z. B. darin, dass das strategische Controlling Veränderungen des Unternehmensumfelds erkennt, die zu einer Änderung der strategischen Planung führen und sich so auch im operativen Geschäft und damit auch im operativen Controlling niederschlagen.

8. Welche Indikatoren kann das strategische Controlling nutzen?

Indikatoren des strategischen Controlling zeigen *Veränderungen des Umfelds* an, soweit sie für die aktuellen strategischen Maßnahmen von Bedeutung sind und Anpassungen oder neue Maßnahmen erforderlich machen. Das sind vor allem Veränderungen der Rahmenbedingungen, die langfristig die Existenz des Unternehmens gefährden und den Erfolg der aktuellen Strategie in Frage stellen können. Die Veränderungen können im Allgemeinen nur qualitativ angegeben werden.

Indikatoren dieser Art sind z. B.

- Änderungen der rechtlichen, politischen und ökologischen Rahmenbedingungen, das könnten z. B. neue Vorschriften im Zusammenhang mit dem Umweltschutz, mit Entsorgung usw. sein,
- Entstehung neuer Betriebsformen im Handel, Zunahme der Konzentration usw., wodurch sich neue Absatzwege ergeben können,
- Veränderungen bei den Mitbewerbern, z. B. Erschließung neuer Zielgruppen durch neue Produkte, durch Segmentgestaltung, vgl. z. B. das Segment „grauer Markt",

- Veränderungen des Beschaffungsmarktes, z. B. durch Konzentration,
- Veränderungen von Verbrauchsgewohnheiten, wodurch Änderungen im Nachfrageverhalten entstehen, dazu zählen auch Änderungen der Mode, Änderungen des Ausgabeverhaltens,
- Änderungen des Marktanteils, der Wettbewerbsposition des eigenen Unternehmens.

6.2 Entwicklung und Umsetzung von Zielsystemen im Unternehmen

6.2.1 Bestandteile von Führungsentscheidungen

1. Was sind Führungsentscheidungen?

Führungsentscheidungen sind *Entscheidungen des dispositiven Faktors*; die Funktion des dispositiven Faktors ist die planmäßige Kombination der Elementarfaktoren zur Erstellung von Leistungen. Führungsentscheidungen finden sowohl auf der obersten Führungsebene als auch auf der mittleren und unteren Führungsebene statt.

In der bekannten Definition von Erich Gutenberg weisen Führungsentscheidungen folgende *Merkmale* auf:

- Sie sind auf das Unternehmen als Ganzes gerichtet.
- Sie können nicht delegiert werden.
- Sie haben Bedeutung für die Vermögens- und Ertragslage und damit für den Bestand des Unternehmens.

2. Welche Parameter bestehen für eine Entscheidung?

Parameter einer Entscheidung sind Aktionsparameter und Umweltzustand.[13]

3. Was sind Aktionsparameter?

Als Aktionsparameter bezeichnet man Größen, die der bzw. die Entscheidungsträger *direkt einsetzen oder ändern* können, um ein bestimmtes Ziel zu erreichen. Aktionsparameter eines Unternehmens können z. B. Preise, Qualität, Werbung, Vertragsbedingungen usw. sein. Ein Unternehmen senkt den Preis (Aktionsparameter), um über die gestiegene Nachfrage den Umsatz zu erhöhen.

Von Aktionsparametern sind die *Erwartungsparameter* zu unterscheiden. Erwartungsparameter können vom einem Entscheidungsträger nicht direkt beeinflusst werden:

---
[13] Vgl. Gablers Wirtschaftslexikon.

6.2 Entwicklung und Umsetzung von Zielsystemen im Unternehmen

Ein Unternehmen senkt den Preis um einen bestimmten Prozentsatz, es erwartet (nach Einschätzung der Nachfrageelastizität[14]), dass die nachgefragte Menge um einen höheren Prozentsatz steigt.

4. Was wird als Umweltzustand bezeichnet?

Als Umweltzustand werden *Rahmenbedingungen einer Entscheidung* bezeichnet, die der Entscheidungsträger als gegeben hinnehmen muss. Allerdings können die Faktoren des Umweltzustands die Ergebnisse von Entscheidungen mehr oder weniger stark beeinflussen.

Zu den Faktoren des Umweltzustands zählen z. B. die konjunkturelle Entwicklung, die Entwicklung des Zinsniveaus, Anzahl der Mitbewerber u. Ä.

Für die Entscheidungsfindung werden Informationen über den Umweltzustand benötigt. Von der Sicherheit der Informationen ist es u. U. abhängig, ob Entscheidungen unter Sicherheit, Risiko oder Unsicherheit getroffen werden müssen.

5. Welchen Einfluss hat der Sicherheitsgrad von Informationen über den Umweltzustand auf Entscheidungsergebnisse?

Informationen über den Umweltzustand und über die Entwicklung seiner Faktoren sind mehr oder weniger sicher. Je sicherer die Informationen, desto wahrscheinlicher ist der Erfolg der Handlung, für die sich der Entscheidungsträger entschieden hat.

Ob das Ziel Umsatzsteigerung von 20 % durch eine Preissenkung erreicht wird, hängt u. a. davon ab, ob das Nachfrageverhalten und das Angebotsverhalten der Konkurrenz richtig eingeschätzt wurden usw.

- Vollkommen sichere Informationen:
  Es ist vollkommen sicher, dass die Faktoren des Umweltzustands wie angenommen eintreten. Dieser Fall ist unrealistisch. Er dürfte in der Unternehmenswirklichkeit nicht vorkommen.

- Vollkommen unsichere Informationen:
  Es liegen keine Informationen vor, sodass nicht abgeschätzt werden kann, ob und in welchem Umfang ein bestimmter Umweltzustand eintritt.

- Unvollkommene Informationen:
  Die Wahrscheinlichkeit, mit der die Faktoren des Umweltzustands eintreten können, kann aufgrund von Erfahrungen geschätzt werden. Eine Entscheidung kann mit einer (evtl. subjektiv geschätzten) Wahrscheinlichkeit, dass der angenommene Umweltzustand eintritt, getroffen werden.

---

[14] Direkte Preiselastizität der Nachfrage.

6.2.2 Zielkatalog

1. Welche Arten von Zielen bestehen in einem Unternehmen?

In einem Unternehmen bestehen folgende Arten von Zielen:

- Ökonomische Ziele, dazu zählen z. B.
  - Gewinn,
  - Shareholder Value,
  - Sicherung des Unternehmenspotenzials, Substanzsicherung,
  - Sicherung der Liquidität,
  - Unabhängigkeit.
- humanitäre Ziele,
- ökologische Ziele.

2. Wie werden Ziele nach dem Formalisierungsgrad unterschieden?

Wenn Ziele nach dem Formalisierungsgrad definiert werden, unterscheidet man Formalziele von Sachzielen. *Formalziele* geben Regeln vor; *Sachziele* dienen dazu, die Formalziele zu erreichen. Formalziele sind z. B. Umsatz-, Gewinn- und Rentabilitätsziele. Sachziele sind z. B. preispolitische Ziele, Werbeziele usw.

3. Wie werden Ziele nach ihrer Bedeutung unterschieden?

Wenn Ziele nach ihrer Bedeutung definiert werden, unterscheidet man *Haupt- und Nebenziele*. Die Einteilung ist besonders wichtig bei konkurrierenden Zielen. Wenn Zielkonkurrenz besteht, sind die Ziele nach ihrer Priorität einzuteilen. Hauptziele sind Ziele mit höherer, Nebenziele sind Ziele mit niedrigerer Priorität.

4. Wie werden Ziele nach Hierarchieebenen unterschieden?

Wenn Ziele nach Hierarchieebenen definiert werden, unterscheidet man oberste Ziele, Ober- bzw. Bereichsziele, Zwischenziele und Unterziele. Damit werden auch die *Geltungsbereiche* dieser Zielkategorien festgelegt.

5. Was spiegelt die Zielhierarchie eines Unternehmens wider?

Die Zielhierarchie entspricht dem hierarchischen Leitungsaufbau eines Unternehmens (funktionsorientierte Unternehmensorganisation). Sie gibt die Zuständigkeiten der einzelnen Führungsebenen für die Ziele wieder: Zielformulierung, Kontrolle der Zielerreichung u. Ä. Die folgende Zeichnung gibt eine Zielhierarchie andeutungsweise mit Betonung eines produktorientierten Marketingbereichs wieder.

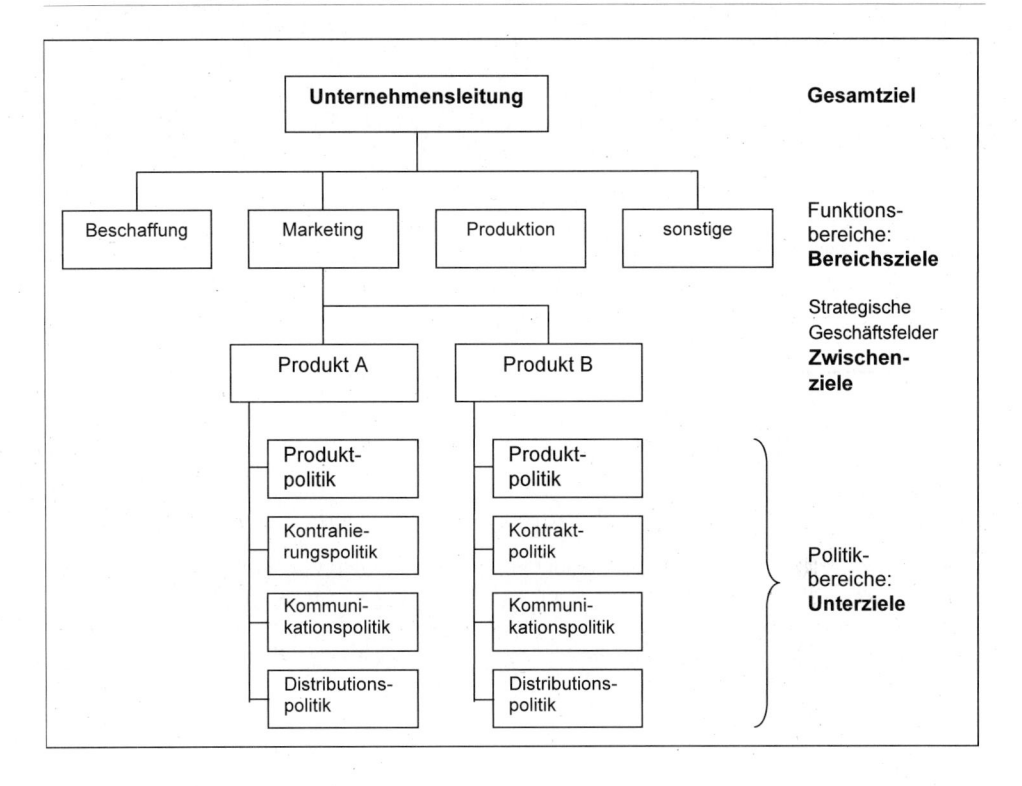

6.2 Entwicklung und Umsetzung von Zielsystemen im Unternehmen

```
                    Unternehmensleitung                    Gesamtziel

    Beschaffung   Marketing   Produktion   sonstige        Funktions-
                                                           bereiche:
                                                           Bereichsziele

                                                           Strategische
                                                           Geschäftsfelder
                    Produkt A        Produkt B             Zwischen-
                                                           ziele

                  Produkt-         Produkt-
                  politik          politik

                  Kontrahie-       Kontrakt-
                  rungspolitik     politik                 Politik-
                                                           bereiche:
                  Kommuni-         Kommuni-                Unterziele
                  kationspolitik   kationspolitik

                  Distributions-   Distributions-
                  politik          politik
```

6. Wie werden Ziele nach ihrer Ausrichtung unterschieden?

Wenn Ziele nach ihrer Ausrichtung definiert werden, unterscheidet man monetäre und nichtmonetäre Ziele. *Monetäre* Ziele sind Ziele, die sich in Geldeinheiten angeben lassen, das ist bei *nichtmonetären* Zielen nicht möglich. Monetäre Ziele sind z. B. Rentabilitätsziele, Gewinnziele, nichtmonetäre Ziele sind z. B. Kundenzufriedenheit, Image.

6.2.3 Zielbildungsprozess

6.2.3.1 Autonome Entscheidungen – Kooperative Entscheidungen

1. Wodurch unterscheiden sich autonome von kooperativen Entscheidungen?

Eine **autonome** Entscheidung ist die Entscheidung eines einzelnen Entscheidungsträgers. Entscheidungsträger können Geschäftsführer, Bereichsleiter, Abteilungsleiter u. Ä. sein. Von **kooperativen** Entscheidungen kann man sprechen, wenn Gruppen zur Entscheidungsfindung herangezogen werden. Kooperative Entscheidungen setzen einen kooperativen Führungsstil voraus.

2. Wodurch zeichnet sich der kooperative Führungsstil aus?

Der kooperative Führungsstil zeichnet dadurch aus, dass er die Mitarbeiter an Entscheidungen beteiligt. Nach dem Umfang der Kooperation zwischen Unternehmensleitung und Mitarbeitern kann beratende, konsultative, partizipative und delegative Kooperation unterschieden werden.

- Beratende Kooperation: Der Vorgesetzte entscheidet zwar, aber er berät die geplante Maßnahme mit den Mitarbeitern, um ihre Akzeptanz zu erhöhen.
- Konsultative Kooperation: Der Vorgesetzte holt vor der Entscheidung die Meinung der Mitarbeiter ein und berücksichtigt sie eventuell.
- Partizipative Kooperation: Die Mitarbeiter schlagen dem Vorgesetzten für eine geplante Maßnahme mehrere Lösungsmöglichkeiten vor; der Vorgesetzte wählt eine Möglichkeit aus, die dann Grundlage seiner Entscheidung wird.
- Delegative Kooperation: Der Vorgesetzte delegiert die Entscheidung an die Mitarbeiter, er gibt dabei im Allgemeinen aber einen Entscheidungsspielraum vor.

Der delegative Führungsstil findet seinen Niederschlag in den *Managementprinzipien*.

3. Was sind Managementprinzipien?

Managementprinzipien sind *Gestaltungshilfen zur Abwicklung des Managementprozesses* innerhalb bestehender Aufbaustrukturen. Sie sollen dazu beitragen, die hierarchischen und bürokratischen Aufbauorganisationen, wie sie sich in den Liniensystemen ausdrücken, effizienter zu gestalten.

Zu den Gestaltungshilfen zählen z.B. *Delegation* von Entscheidungen, Kontrolle der Untergebenen durch Vorgesetzte, Koordination von Entscheidungen. Sie beziehen sich i.d.R. auf ein Vorgesetzten-Untergebenen-Verhältnis, bei dem nicht nur der Vorgesetzte, sondern auch der Untergebene Manager ist. Die Managementprinzipien drücken sich in Management-by-Konzepten aus, z.B. Management by Exception, Management by Delegation, Management by Objectives.

6.2.3.2 Phasen des Zielbildungsprozesses

1. Welche Phasen umfasst der Zielbildungsprozess?

Der Zielbildungsprozess umfasst folgende *Phasen*:

- Zielfindung,
- Zielpräzisierung,
- Zielstrukturierung,
- Prüfung der Realisierbarkeit,
- Zielauswahl.

2. Wie können Zielvorstellungen gefunden bzw. entwickelt werden?

Vage Zielvorstellungen können mithilfe von *Kreativitätstechniken* gewonnen werden. Es ist sehr wahrscheinlich, dass durch den Einsatz von Kreativitätstechniken eine relativ große Zahl von Ideen gefunden wird.

Zu den Kreativitätstechniken zählen z. B. Brainstorming und Brainwriting.

3. Wie lässt sich ein Ziel anhand seiner Bestandteile präzisieren?

Ein Ziel wird anhand seiner Bestandteile definiert. Bestandteile eines Ziels sind *Zielinhalt, Zielausmaß, zeitlicher Rahmen*. Die Präzisierung erfolgt also

- durch die Benennung des Ziels, z. B. Gewinnsteigerung,
- durch die Qualifizierung des Ziels, d. h. durch Angabe, in welchem Umfang das Ziel erreicht werden soll, z. B. Gewinnsteigerung 20 % gegenüber dem Vorjahr,
- durch Angabe des Zeitpunkts, bis zu dem das Ziel erreicht werden soll (bzw. durch Angabe des Zeitrahmens für die Zielerreichung).

4. Welche Bedeutung hat die Zielstrukturierung?

Unter Zielstrukturierung wird im Allgemeinen die *Einordnung von Zielen* in Zielstrukturen verstanden. Es wird also festgelegt, ob es sich bei den gefundenen und zur Entscheidung anstehenden Zielen um Ober- oder Unterziele, um Haupt- oder Nebenziele handelt.

5. Welche Probleme können sich bei Zielrealisierung ergeben?

Probleme bei der Zielrealisierung können sich durch *Zielbeziehungen* ergeben. Die Ziele stehen mit anderen Zielen innerhalb des Zielsystems in Beziehung. Dabei sind folgende Zielbeziehungen möglich:

- Die Ziele können sich entsprechen, d. h. mit dem einen Ziel wird auch das andere erreicht (z. B. Gewinnsteigerung und Kostensenkung); es besteht *Zielkonformität* oder Zielkomplementarität.
- Die Ziele können sich widersprechen, d. h. die Verfolgung eines Ziels führt dazu, dass ein anderes nicht erreicht werden kann; es besteht ein *Zielkonflikt*. Ein Zielkonflikt liegt z. B. vor, wenn ein Unternehmen zur Vergrößerung seines Marktanteils für ein Produkt oder eine Produktgruppe zumindest zeitweilig auf Gewinnsteigerung bei diesem Produkten verzichten muss.
- Die Ziele können unabhängig voneinander erreicht werden; es besteht *Zielindifferenz*.

6. Nach welchen Gesichtspunkten wird ein Ziel ausgewählt?

Für die Auswahl des Ziels wird eine Rangordnung der alternativen Ziele gebildet; für die Rangordnung werden die Alternativen hinsichtlich ihrer Wirksamkeit bewertet, das können z. B. das Ausmaß der Zielerreichung, das relativ geringe Konfliktpotenzial zu anderen Zielen, höherer Umsatz oder Gewinn u. Ä. sein. Ausgewählt wird die Alternative mit der höchsten *Zielwirksamkeit*.

6.2.3.3 Anforderungen an die Ziele

1. Welche Anforderungen müssen an Ziele gestellt werden?

Ziele sollen mindestens die folgenden Anforderungen erfüllen:[15]

- Realisierbarkeit, die Ziele müssen erreichbar sein,
- Operationalität, die Ziele müssen hinsichtlich aller Zieldimensionen präzisiert sein,
- Ordnung, die Ziele müssen hinsichtlich der Zielhierarchien und der Prioritäten klar definiert sein,
- Konsistenz, die Ziele müssen aufeinander abgestimmt sein,
- Aktualität, die Ziele müssen zeitnah zu den ihnen zu Grunde liegenden Problemen formuliert werden,
- Durchsetzbarkeit, die Ziele müssen die Akteure motivieren können,
- Organisationskongruenz, die Ziele müssen in einem sinnvollen Zusammenhang zur Aufgaben- und Kompetenzverteilung der Organisation stehen,
- Transparenz, die Ziele und das Zielsystem sollten überprüfbar sein, das erfordert die Messbarkeit des Zielerreichungsgrads.

6.2.4 Zielsysteme

6.2.4.1 Entwicklung

1. Was wird als Zielsystem bezeichnet?

Das Zielsystem eines Unternehmens umfasst das Gesamtziel bzw. die übergeordneten Ziele, die die Strategie bestimmen, die untergeordneten taktischen Ziele und schließlich die operativen Ziele. In einem Zielsystem bestehen Zusammenhänge, Beziehungen und Abhängigkeiten zwischen den Zielen der Führungsebenen, zwischen Funktionsbereichen und schließlich zwischen den Stellen auf der unteren Ebene.

---

[15] Camphausen, Bernd (Hg.): Grundlagen der Betriebswirtschaftslehre, München 2008, S. 89.

6.2 Entwicklung und Umsetzung von Zielsystemen im Unternehmen

2. Welche Probleme treten in einem Zielsystem auf?

In einem Unternehmen bestehen mehrere Ziele nebeneinander, z. B. wirtschaftliche, humanitäre und ökologische Ziele. In einem Zielsystem müssen die nebeneinander stehenden Ziele in eine *Ordnung* gebracht werden. Der Ordnungsbedarf ergibt sich dadurch, dass sich Subziele aus übergeordneten Zielen ableiten und dass Ziele in bestimmten Beziehungen zueinander stehen, z. B. in Konkurrenz, Konformität oder Indifferenz.

3. Wie hängen die Ziele der Unternehmensbereiche von den Unternehmenszielen ab?

Die Bereichsziele leiten sich von den Gesamtzielen entsprechend der Unternehmenshierarchie ab. Man spricht deshalb auch von der *Zielhierarchie*. Die Hierarchieebene bestimmt den Geltungsbereich der abgeleiteten Ziele, der sog. Subziele.

Entsprechend lassen sich folgende Ziele unterscheiden:

- Gesamtziele, oberste Ziele, gelten für das ganze Unternehmen.
- Bereichsziele, Oberziele, gelten für Unternehmensbereiche, z. B. für Funktionsbereiche, z. B. für Marketing, Beschaffung usw.
- Zwischenziele gelten für bestimmte Bereiche eines Oberziels, z.B. im Bereich Marketing für die einzelnen Produktgruppen A, B, C.
- Unterziele gelten für bestimmte Bereiche der Zwischenziele, z. B. im Bereich der Produktgruppe A für die einzelnen Politikbereiche wie Distributions-, Kommunikations-, Produkt- und Kontrahierungspolitik.

4. Wie hängen die Ziele der Unternehmensebenen voneinander ab?

Die Unternehmensleitung legt oberste Ziele bzw. Gesamtziele fest. Die Gesamtziele bestimmen die Oberziele, das sind die Ziele der Funktionsbereiche (Abteilungsleitungen, oberste Führungsebene). Die Oberziele determinieren die Zwischenziele und die Unterziele, das sind die Ziele der den Bereichsleitungen unterstellen Funktionsstellen (mittlere und untere Führungsebene).

Entsprechend der Abstufung der Ziele ergibt sich folgende Zielhierarchie.

Zielhierarchie	Geltungsbereiche der Ziele	*Beispiele (mit Bezug auf Einkauf)*
Oberste Ziele, Gesamtziele	Unternehmung	*Erschließung eines neuen Marktsegments durch preisgünstige Produkte*
Oberziele, Bereichsziele (Abteilungsziele)	Funktionsbereiche, Abteilungen	*Minimierung von Rohstoffkosten u. Ä. durch günstigen Einkauf*
Zwischenziele	Funktionsbereiche innerhalb der Abteilung (unterhalb der Abteilungsleitung)	*Erschließung neuer Beschaffungsmärkte u. Ä.*
Unterziele	Untere Funktionsstellen	*Ermittlung von Bezugsquellen gem. den Vorgaben (Anfragen, Angebotsvergleich)*

5. Wie kann ein Zielsystem als Pyramide dargestellt werden?

Ein Zielsystem kann in Anlehnung an den funktionalen Organisationsaufbau als Pyramide, die mehrere Ebenen umfasst, dargestellt werden. Die Spitze der Pyramide bildet das Gesamtziel. In den darunter liegenden Ebenen werden die Unterziele angegeben. Die Pyramide spiegelt die Zusammenhänge zwischen dem Gesamt- und den Subzielen wider.

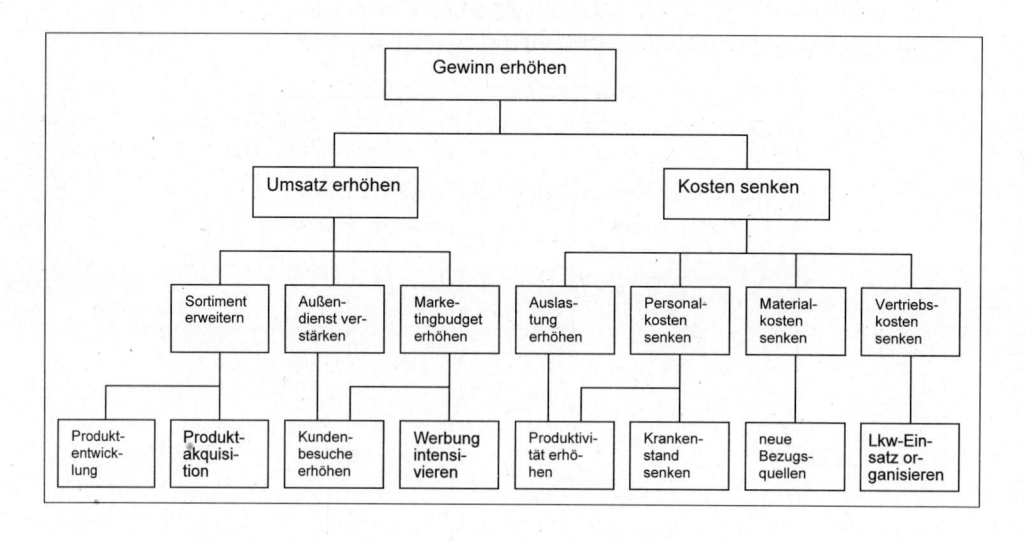

```
                        Gewinn erhöhen
                       /              \
              Umsatz erhöhen        Kosten senken
             /    |      |          |    |    |    |
     Sortiment  Außen-  Marke-   Auslas- Personal- Material- Vertriebs-
     erweitern  dienst  ting-    tung    kosten    kosten    kosten
                ver-    budget   erhöhen senken    senken    senken
                stärken erhöhen
      |    |     |      |         |        |         |          |
  Produkt- Produkt- Kunden- Werbung Produktivi- Kranken- neue    Lkw-Ein-
  entwick- akquisi- besuche intensi- tät erhö-  stand    Bezugs- satz or-
  lung     tion     erhöhen vieren   hen        senken   quellen ganisieren
```

6.2.4.2 Zielsystem als Kennzahlenpyramide

1. Was gibt ein Zielsystem wieder?

Ziele lassen sich mit Kennzahlen angeben. Entsprechend lässt sich aus dem Zielsystem ein *Kennzahlensystem* entwickeln. Ein Zielsystem ist ein geschlossenes Modell von Zielgrößen, die sich gegenseitig bedingen. Die Abhängigkeiten einzelner Ziele voneinander und die Wechselwirkungen zwischen einzelnen Zielen werden verdeutlicht.

2. Wie kann ein Zielsystem als Kennzahlenpyramide dargestellt werden?

Das Kennzahlensystem kann als Pyramide dargestellt werden. Damit wird gezeigt, wie sich eine Kennzahl, die das oberste Ziel repräsentiert, aus anderen Kennzahlen systematisch ergibt. In der Literatur ist das Du-Pont-Kennzahlensystem am weitesten verbreitet; andere Kennzahlensysteme beruhen im Allgemeinen auf dem Du-Pont-System.

3. Wie lässt sich das Du-Pont-Kennzahlensystem kennzeichnen?

Das Du-Pont-System lässt sich als Kennzahlenpyramide darstellen. In der Darstellung ist der ROI (Return on Investment) die oberste Zielgröße. Die folgende Ebene zeigt, dass sich der ROI als Produkt aus dem Gewinn in Prozent des Umsatzes und dem Kapitalumschlag ergibt. Die nächste Ebene gibt an, wie sich Gewinn und Kapitalumschlag als Kennzahlen aus anderen Kennzahlen ergeben usw.

Der besondere **Vorteil** des Du-Pont-Systems ist die Übersichtlichkeit der Darstellung und der Bezug auf die wichtige Zielgröße Rentabilität des investierten Kapitals. Von Vorteil ist auch, dass die erforderlichen Daten relativ einfach dem betrieblichen Rechnungswesen entnommen werden können. Hier liegt auch der **Nachteil**: Dem Zielsystem liegen lediglich monetäre Größen zu Grunde, nicht quantifizierbare Ziele können nicht berücksichtigt werden.

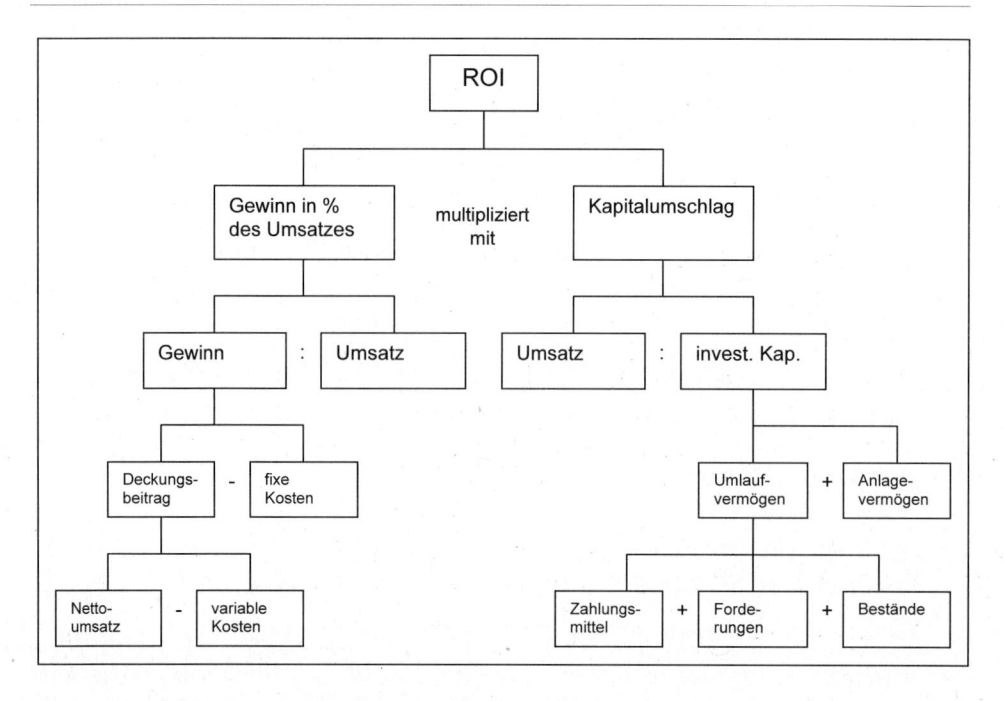

```
                          ┌─────┐
                          │ ROI │
                          └──┬──┘
              ┌──────────────┴──────────────┐
      ┌───────────────┐  multipliziert  ┌───────────────┐
      │ Gewinn in %   │      mit        │ Kapitalumschlag│
      │ des Umsatzes  │                 │                │
      └───────┬───────┘                 └───────┬────────┘
       ┌─────┴─────┐                    ┌──────┴──────┐
    ┌──────┐ : ┌──────┐              ┌──────┐ : ┌──────────┐
    │Gewinn│   │Umsatz│              │Umsatz│   │invest.Kap│
    └──┬───┘   └──────┘              └──────┘   └─────┬────┘
   ┌───┴────┐                                   ┌─────┴─────┐
┌────────┐ - ┌──────┐                      ┌─────────┐ + ┌─────────┐
│Deckungs│   │fixe  │                      │Umlauf-  │   │Anlage-  │
│beitrag │   │Kosten│                      │vermögen │   │vermögen │
└───┬────┘   └──────┘                      └────┬────┘   └─────────┘
┌───┴────┐                          ┌───────────┼───────────┐
┌──────┐ - ┌────────┐           ┌─────────┐ + ┌──────┐ + ┌────────┐
│Netto-│   │variable│           │Zahlungs-│   │Forde-│   │Bestände│
│umsatz│   │Kosten  │           │mittel   │   │rungen│   │        │
└──────┘   └────────┘           └─────────┘   └──────┘   └────────┘
```

6.2.4.3 Wechselwirkungen von Zielen

1. Welche Wechselwirkungen bestehen zwischen den Zielen eines Unternehmens?

Die Ziele eines Unternehmens lassen sich zusammenfassen als *ökonomische, ökologische und soziale Ziele*. Zwischen den Zielen bestehen Wechselwirkungen. Wenn ein ökonomisches Ziel angestrebt wird, kann dies leicht konfligieren mit ökologischen und sozialen Zielen sowie mit anderen ökonomischen Zielen. Es besteht aber auch die Möglichkeit, dass die Maßnahmen zur Verwirklichung eines Ziels zur Verwirklichung eines anderen Ziels beitragen. Schließlich gibt es Unternehmensziele, die nicht miteinander konkurrieren und sich auch nicht ergänzen. Entsprechend unterscheidet man folgende Zielbeziehungen:

- Zielkonflikt, Zielkonkurrenz,
- Zielkonformität, Zielkomplementarität,
- Zielindifferenz.

2. Wann liegt Zielindifferenz vor?

Indifferenz zwischen Zielen liegt vor, wenn die Verwirklichung eines Ziels die Verwirklichung eines bestimmten anderen Ziels *nicht berührt*. Ein Unternehmen hat das (ökonomische) Ziel, die Angebotspalette zu erweitern und das (soziale) Ziel, einen Betriebskindergarten einzurichten. Die Maßnahmen zur Verwirklichung dieser unterschiedlichen Ziele stehen sich nicht im Wege. Es besteht Zielindifferenz.

3. Wann liegt Zielkonformität vor?

Zielkonformität liegt vor, wenn die Verwirklichung eines Ziels zur Verwirklichung eines anderen Ziels *beiträgt*. So ist z.B. das Ziel „Senkung der Kosten" mit dem Ziel „Gewinnerhöhung" konform. Zielkonformität besteht auch zwischen den Zielen „Auftragsbestand erhöhen" und „Sicherung der Arbeitsplätze".

4. Wann liegen Zielkonflikte vor?

Ein Zielkonflikt liegt vor, wenn die Verwirklichung eines Ziels nur auf Kosten der Verwirklichung eines anderen möglich ist, d.h. wenn die Ziele miteinander konkurrieren.

Besonders häufig sind Konflikte zwischen ökonomischen und ökologischen Zielen sowie zwischen ökonomischen und sozialen Zielen. Aber auch bei ausschließlich ökonomischen Zielen können Konflikte bestehen.

- Ein Konflikt zwischen ökonomischen und ökologischen Zielen kann z.B. entstehen, wenn eine Kapazitätsausweitung das Ziel „Verringerung des CO_2-Ausstoßens um einen bestimmten Prozentsatz" gefährdet.

- Ein Konflikt zwischen ökonomischen und sozialen Zielen kann z.B. entstehen, wenn das Ziel „Kostensenkung" zur Entlassung von Arbeitnehmern führen muss.

- Ein Konflikt zwischen lediglich ökonomischen Zielen kann z.B. entstehen, wenn das Ziel der Liquiditätssicherung zu Gunsten des Ziels Kapazitätserweiterung durch Investitionen gefährdet wird.

Das wichtigste Ziel eines Unternehmens ist die *Verwirklichung des Wirtschaftlichkeitsprinzips*. Dieses Ziel darf durch die Verwirklichung anderer Ziele nicht gefährdet werden, deshalb müssen Unternehmensleitung und Interessengruppen *Zielkonflikte durch Kompromisse* unter besonderer Berücksichtigung des übergeordneten Ziels *lösen*.

5. Was sind Zweck-Mittel-Beziehungen zwischen den Zielen?

Untergeordnete Ziele dienen den übergeordneten, d.h. das Erreichen eines bestimmten Ziels setzt voraus, dass auch das vorgeschaltete Ziel erreicht wird. Auch im Verhältnis kurzfristiger Ziele zu langfristigen Zielen bestehen ähnliche Beziehungen: Häufig ist die Erreichung kurzfristiger Ziele Voraussetzung dafür, dass ein langfristiges Ziel erreicht werden kann.

6. Was wird als Zieldominanz bezeichnet?

Bei konkurrierenden Zielen ist eine Rangordnung der Ziele aufzustellen, die die Prioritäten der Ziele wiedergibt. Durch die Prioritätenordnung ergibt sich die Dominanz eines Ziels gegenüber anderen.

7. Welche Bedeutung haben Sicherungsziele?

Mithilfe von Sicherungszielen soll der Ungewissheit zukünftiger Entwicklungen begegnet werden. Diese Ziele betreffen die Sicherung des *Unternehmenspotenzials* und die Sicherung der *Liquidität*.

8. Welche Bedeutung haben Zielüberprüfung und Zielrevision?

Ziele müssen laufend überprüft und evtl. korrigiert werden. Korrekturen werden u. a. angestoßen bei Zielrealisierung, Planabweichungen, Umwelt- und Prämissenänderungen.[16]

6.2.5 Technik der Zielvereinbarung

1. Was ist eine Zielvereinbarung?

Eine Zielvereinbarung ist eine Vereinbarung zwischen Arbeitgeber und -nehmer über Ziele, die jährlich zu erreichen sind. In der Regel sind Zielvereinbarungen mit Ansprüchen auf Bonuszahlungen verbunden. Der Arbeitnehmer erhält Bonuszahlungen, deren Höhe abhängig ist von dem Grad der Zielerreichung.

Zielvereinbarungen ohne Entgeltbezug unterliegen der betrieblichen Mitbestimmung.

2. Wie hängen Zielvereinbarungen von den Unternehmenszielen ab?

Die Unternehmensleitung gibt im Rahmen ihrer Führungsfunktion die strategischen Ziele vor. Zur Umsetzung müssen diese *Ziele individuell, d. h. für den einzelnen Mitarbeiter, operationalisiert* werden. Die Teilziele sind Gegenstand von Vereinbarungen zwischen Führungskraft und Mitarbeiter. Eine Zielvereinbarung ist keine Zielvorgabe.[17]

3. Welche Vorteile und welchen Nachteil hat die Zielvereinbarung?

Die Zielvereinbarung hat eindeutige **Vorteile**. Durch die Beteiligung am Zielbildungsprozess wird der Mitarbeiter in besonderem Maße motiviert, er kann sich sowohl mit dem Ziel als auch mit seiner Tätigkeit identifizieren. *Motivierende Wirkung* hat auch die Aussicht auf Bonuszahlung für das Erreichen der vereinbarten Ziele. Die Zielvereinbarung schlägt sich letztlich in *Leistungssteigerungen* nieder.

Nachteilig ist der relativ hohe *Zeitaufwand*, den die Gespräche zur Zielvereinbarung erfordern. Dieser Nachteil wird allerdings durch die erheblichen Vorteile aufgewogen.

---

[16] Schierenbeck, Henner und Claudia B. Wöhle: Grundzüge der Betriebswirtschaftslehre, München 2008, S. 106 f.
[17] Jung, Hans: Personalwirtschaft, München 2005, S. 442.

6.2 Entwicklung und Umsetzung von Zielsystemen im Unternehmen

4. Wie läuft eine Zielvereinbarung ab?

Nach der Planung am Ende eines Jahres findet das Gespräch zur Zielvereinbarung zwischen dem Mitarbeiter und einer Führungskraft ab. Dabei wird *das Ziel gemeinsam festgelegt, das der Mitarbeiter durch eigenes Handeln erreichen soll*. Die Vereinbarung bezieht sich nicht auf Maßnahmen, wie das Ziel zu erreichen ist; die Wege zum Ziel wählt der Mitarbeiter eigenverantwortlich aus. In der Vereinbarung wird die Höhe der Bonuszahlung für die Erreichung des Ziels festgelegt. Die Höhe des auszuzahlenden Betrages ist vom Umfang der Zielerreichung abhängig.

Die Vereinbarung wird abschließend schriftlich festgehalten und von den Partnern unterschrieben.

5. Welche Bedeutung hat die SMART-Regel für die Zielvereinbarung?

Der Zielvereinbarung wird im Allgemeinen die sog. SMART-Regel zu Grunde gelegt. SMART ist ein Akronym[18] aus den englischen Wörtern *specific (spezifisch), measurable (messbar), achievable (erreichbar), relevant (relevant, wichtig), timed (terminiert)*. Für die Zielvereinbarung bedeutet die Anwendung der SMART-Regel, dass sie folgenden Anforderungen genügt:

- Spezifizierung:
  Das Ziel soll genau und konkret formuliert sein.

- Messbarkeit:
  Das Ziel soll in messbaren Größen angegeben sein, z. B. in Euro, in einem Vom-Hundert-Satz in Bezug auf eine Vergleichsgröße u. Ä.

- Attraktivität:
  Das Ziel muss für den Mitarbeiter attraktiv sein, d. h. er muss mit angemessenen Bemühungen das Ziel erreichen können.

- Relevanz:
  Die Bedeutung des Ziels muss dem Mitarbeiter vermittelt werden.

- Terminierung:
  Für die Erreichung des Ziels ist ein Termin vorzugeben, das schließt eine Festlegung von Zwischenzielen („Meilensteinen") nicht aus.

6. Wie läuft ein Zielvereinbarungsprozess ab?

Der Zielvereinbarungsprozess läuft in folgenden Schritten ab:

1. Zielvereinbarungsgespräch mit der Festlegung des Ziels, der Messgrößen, der Bonuszahlungen usw.,
2. Review-Gespräch, in dem geprüft wird, ob und in welchem Umfang die Zwischenziele (Meilensteine) erreicht wurden und ob evtl. eine Korrektur von Maßnahmen oder von Zielgrößen erforderlich ist,

---

[18] Ein Akronym ist ein Wort, das aus den Anfangsbuchstaben anderer Wörter gebildet wird.

3. Abschlussgespräch bei Zielerreichung, bei dem es u.a. um die Feststellung geht, ob das Ziel und in welchem Umfang das Ziel erreicht wurde; daraus ergibt sich schließlich der Umfang der Vergütungszahlungen.

7. Welche Bedeutung hat das Management by Objectives?

Management by Objectives (MbO) ist *Führung nach dem Prinzip der Zielvereinbarung*. Die Mitarbeiter orientieren sich bei der Ausführung ihrer Aufgaben an vereinbarten operationalen Zielen.

Das Prinzip lässt sich u.a. durch die folgenden *Merkmale* kennzeichnen:

- Die Zielbildung ist ein Prozess, der sich multipersonal vollzieht, d.h. am Prozess der Zielbildung sind eine Vielzahl von Aktionseinheiten beteiligt.
- Die Ziele werden regelmäßig überprüft und evtl. für die folgende Wirtschaftsperiode den Veränderungen angepasst.
- Die Handlungsziele werden von übergeordneten Aktionseinheiten festgelegt.
- Die Entscheidungen über die Mittel, die zur Erreichung der Ziele bzw. zur Ausführung von Aufgaben anzuwenden sind, treffen die untergeordneten Aktionseinheiten.
- Die Beteiligung untergeordneter Stellen an der Zielformulierung, fördert deren Motivation und Verantwortungsbewusstsein und trägt so zur Durchsetzung der Ziele bei.

6.3 Steuerung und Kontrolle der betrieblichen Planung

6.3.1 Elemente der Planung

6.3.1.1 Einflussfaktoren, Instanzen, Prozesse

1. Welche Aufgabe hat die Planung?

Planung dient dazu, zukünftiges wirtschaftliches *Handeln*, das zu einem bestimmten Ziel führen soll, *gedanklich vorwegzunehmen*. Mithilfe der Planung werden Handlungen, Vorgehensweisen, Entscheidungen, Ereignisse, Schritte in zeitlicher und organisatorischer Abfolge festgelegt, die ein bestimmtes vorgegebenes Ziel erreichbar erscheinen lassen.

Für die geplanten einzelnen Schritte auf dem Wege zum Ziel werden Soll-Werte festgelegt. Bei Abweichungen der Istwerte von den Sollwerten kann der Plan revidiert, geändert oder ergänzt werden.

6.3 Steuerung und Kontrolle der betrieblichen Planung

Planungen beruhen auf Vorhersagen und Annahmen; die grundlegende Problematik aller Planungen ist deshalb die Ungewissheit.

2. Welche Phasen umfasst der Planungsprozess?

Planung ist ein Prozess, der dazu beiträgt, Probleme, d. h. Zielabweichungen, systematisch zu erkennen und angemessene Lösungsmöglichkeiten zu finden.

Im Allgemeinen wird der Planungsprozess in folgende Phasen eingeteilt:

- Zielbestimmung,
- Problemanalyse,
- Suche nach Alternativen,
- Entscheidung.

3. Wie können Planungen nach der Planungsebene unterschieden werden?

Planungsarten können nach verschiedenen Gesichtspunkten unterschieden werden. Bei Einteilung nach Planungsebenen lassen sich folgende Planungen unterscheiden. Die Planungsebenen entsprechen den Führungsebenen:

- strategische Planung,
- taktische Planung,
- operative Planung.

4. Welche Bedeutung hat die strategische Planung?

Die strategische Planung ist die *Planung auf der obersten Führungsebene*. Es ist die übergeordnete Gesamtplanung unter Berücksichtigung allgemeiner Unternehmensziele. Die strategische Planung ist langfristig, d. h. sie umfasst mindestens fünf Jahre und sie ist für die unteren Ebenen maßgebend, d. h. ihre Vorgaben sind in den Plänen der unteren Ebenen zu berücksichtigen.

In der strategischen Planung werden die Strategien für die verschiedenen Geschäftsfelder festgelegt.

5. Welche Bedeutung hat die taktische Planung?

Mit der taktischen Planung setzt *die mittlere Führungsebene* die strategischen Pläne um. Für die *Umsetzung* sind die Leiter der Funktionsbereiche zuständig. Sie entwickeln aus den Vorgaben der obersten Führungsebene für ihren Funktionsbereich besondere Zielsetzungen und geeignete Maßnahmen.

6. Welche Bedeutung hat die operative Planung?

Mit der operativen Planung werden die Vorgaben aus den taktischen Planungen auf der *unteren Führungsebene* umgesetzt. Gegenstände der operativen Planung sind die Einzelziele bzw. -aufgaben, die sich aus den taktischen Planungen der Bereiche ergeben. Operative Planungen sind i. d. R. kurzfristig (etwa ein Jahr).

6.3.1.2 Instrumente

6.3.1.2.1 Lineare Programmierung

1. Was ist Operations Research und welche Bedeutung hat Operations Research in der Betriebswirtschaftslehre?

Operations Research ("Operationsforschung") dient der *Optimierungsrechnung*. Mit ihrer Hilfe sollen optimale Entscheidungen mithilfe mathematischer Verfahren vorbereitet werden. Operations Research findet u. a. in der Betriebswirtschaftslehre unter der Bezeichnung *Unternehmensforschung* Anwendung, z. B. zur Lösung von Entscheidungsproblemen bei der Produktion und in der Logistik. Ein bedeutendes Verfahren des Operations Research ist die lineare Programmierung.

2. Wozu dient die lineare Programmierung?

Lineare Programmierung dient der *Lösung komplexer Entscheidungsprobleme*. Für die Lösung eines Problems bestehen mehrere Alternativen, mithilfe der linearen Programmierung soll die optimale Alternative ermittelt werden. Bei der Berechnung müssen eine oder mehrere Nebenbedingungen (Restriktionen) berücksichtigt werden.

3. Was muss für die Anwendung der linearen Programmierung vorausgesetzt werden?

Für die Anwendung der linearen Programmierung bestehen u. a. folgende Voraussetzungen:

- Objektiver Maßstab, z. B. Deckungsbeiträge, Erlöse,
- Quantifizierbarkeit der Komponenten,
- System linearer Gleichungen und Ungleichungen.

4. Wie kann die lineare Programmierung zur Vorbereitung unternehmerischer Entscheidungen herangezogen werden?

Die lineare Programmierung kann in der Produktionsplanung eingesetzt werden. Ein Unternehmen, das mehrere Produkte herstellt, zielt darauf ab, die Summe der (bekannten) Deckungsbeiträge zu maximieren. Die Aufgabe der Produktionsplanung besteht darin, die Herstellungsmengen der Produkte zu ermitteln, die zu dem Maximum des Gesamtdeckungsbeitrages führen; dabei sind Restriktionen zu berücksichtigen, die sich z. B. in den eingeschränkten Kapazitäten von maschinellen Anlagen zeigen.

6.3 Steuerung und Kontrolle der betrieblichen Planung

Das Problem soll anhand des folgenden einfachen **Beispiels** veranschaulicht werden.

Ein Unternehmen stellt zwei Produkte her (1 und 2). Für die Produktion werden die drei Maschinen I, II und III benötigt, deren Kapazitäten (angegeben in der maximalen monatlichen Laufzeit) mit 140 Stunden (Maschine I), 160 Stunden (II) und 180 Stunden (III) angenommen werden. Für die Herstellung einer Mengeneinheit des Produktes 1 werden die drei Maschinen jeweils eine Stunde benötigt; für die Herstellung des Produktes 2 wird Maschine I eine Stunde, Maschine II zwei Stunden und Maschine III 1,8 Stunden benötigt. Der Deckungsbeitrag bei Produkt 1 beträgt 200 Euro, bei dem zweiten Produkt 500 Euro. Der Gesamtdeckungsbeitrag (DB) ist zu maximieren durch die optimalen Kombinationen der Herstellmengen der Produkte 1 und 2 (x_1 und x_2).

$DB(x_1, x_2) = 200\, x_1 + 500\, x_2$ *(Maxim.)*

Nebenbedingungen:

$x_1 + x_2 \leq 140$ *(Maschine I)*
$x_1 + 2\, x_2 \leq 160$ *(II)*
$x_1 + 1,8\, x_2 \leq 180$ *(III)*

Das Maximum des Gesamtdeckungsbeitrages kann auf folgende Art grafisch ermittelt werden. In einem Koordinatenkreuz werden auf der Waagerechten die Mengen für das Produkt 1 (x_1), auf der Senkrechten entsprechend die Mengen für das Produkts 2 (x_2) abgetragen. In das Koordinatenkreuz werden die Funktionen eingezeichnet. Mithilfe der Schnittpunkte wird das Feld ermittelt, in dem jeder Punkt eine realisierbare Mengenkombination widerspiegelt. Die optimale Mengenkombination wird durch den Punkt bestimmt, der am weitesten vom Nullpunkt entfernt ist. Ermittelt werden kann dieser Punkt mithilfe einer Linie gleicher Deckungsbeiträge, z.B. für DB = 20.000; diese Linie wird parallel verschoben bis sie den äußersten Punkt des markierten Feldes tangiert. Dieser Tangentialpunkt gibt den höchsten Gesamtdeckungsbeitrag (43.000) an; er ergibt sich bei $x_1 = 90$ und bei $x_2 = 50$.

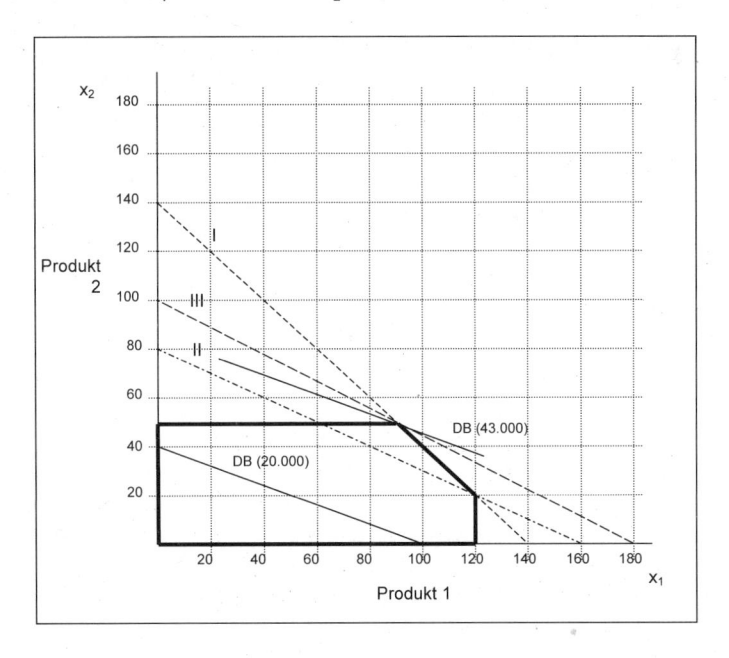

6.3.1.2.2 Netzplantechnik

1. Was ist ein Netzplan?

Der Netzplan ist die grafische Darstellung aller Ereignisse eines Prozesses in logisch richtiger Reihenfolge mit Angabe der erforderlichen Zeiten. Der grafischen Darstellung liegt eine Tabelle mit den erforderlichen Daten zu Grunde.

2. Wie werden die Ereignisse in einem Netzplan dargestellt?

In der Grafik werden die Ereignisse des Projekts mit Symbolen, z. B. mit Buchstaben, in sog. *Knoten* erfasst; die Knoten enthalten auch Angaben über die Dauer des jeweiligen Ereignisses (z. B. in Wochen). Die aufeinander bezogenen Knoten (Ereignisse) sind durch sog. *Kanten* miteinander verbunden. Man kann so erkennen, welches Ereignis einem anderen vorläuft.

3. Welche Bedeutung haben die Angaben der frühesten Anfangs- und Endzeiten im Netzplan?

Aus der Grafik wird auch ersichtlich, wann ein Ereignis frühestens begonnen werden kann und wann es frühestens beendet ist. Angegeben wird die früheste Anfangszeit (FAZ) eines Ereignisses in Wochen (Tagen o. Ä.) nach Beginn des Projekts, die früheste Endzeit (FEZ) ergibt sich, wenn zur FAZ die Ereignisdauer hinzugezählt wird (FAZ + Ereignisdauer = FEZ). Die Grafik enthält auch die späteste Endzeit (SEZ); sie gibt an, wann ein Ereignis spätestens beendet sein muss, damit mit dem nächsten begonnen werden kann; wenn von der SEZ die Ereignisdauer abgezogen wird, erhält man die späteste Anfangszeit (SAZ = SEZ − Ereignisdauer); sie gibt an, wann mit dem Ereignis spätestens begonnen werden muss, damit es rechtzeitig fertig wird.

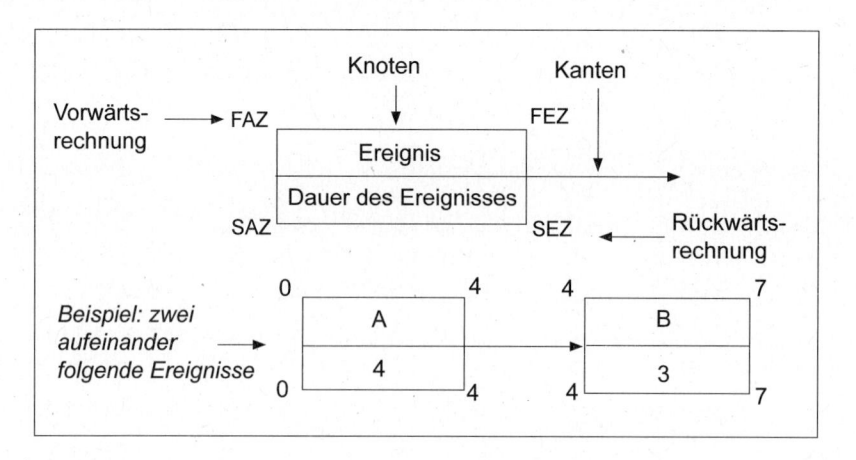

4. Wie ergeben sich Pufferzeiten?

Häufig folgen einem Ereignis mehrere Ereignisse, die gleichzeitig beginnen können aber unterschiedlich lange dauern; wenn sie Voraussetzung für ein folgendes Ereignis sind, kann dieses erst beginnen, wann das vorlaufende Ereignis mit der längsten Ereignisdauer beendet ist. Für die Abwicklung der gleichzeitig stattfindenden Ereignisse entstehen dadurch Freiräume, sog. Pufferzeiten. Die Pufferzeiten ergeben sich durch Subtraktion der FEZ von der SEZ (P = SEZ - FEZ). In den Pufferzeiten können die Kapazitäten für andere Aufgaben freigestellt werden.

5. Welche Bedeutung hat die Netzplantechnik für die Planung?

An dem Netzplan in der folgenden Abbildung kann die Netzplantechnik beispielhaft nachvollzogen werden. Angegeben werden die Ereignisse eines Prozesses, die Dauer der Ereignisse in Wochen und FAZ, FEZ, SEZ, SAZ. Die Zeichnung zeigt, dass frühestens nach vier Wochen mit den Ereignissen C, B, D begonnen werden kann, wenn das Ereignis A beendet ist. E setzt B und C voraus, mit E kann aber erst begonnen werden, wenn das Ereignis mit der längsten Ereignisdauer, nämlich B, beendet ist. Mit F kann erst begonnen werden, wenn E und D beendet sind, die FEZ von E bestimmt die FAZ von F. Der Prozess ist nach 19 Wochen beendet (FEZ von G).

Wenn der Prozess tatsächlich nach 19 Wochen beendet sein soll (SEZ von G), muss mit G spätestens nach 18 Wochen begonnen werden, dafür muss F spätestens nach 18 Wochen fertig sein (SEZ von F), das ist aber nur möglich, wenn spätestens nach 15 Wochen mit F begonnen wird (SAZ von F). Wenn aber mit F spätestens nach 15 Wochen begonnen werden muss, müssen E und D spätestens nach 15 Wochen fertig sein. D kann allerdings bereits nach 8 Wochen beendet sein, es entsteht also eine Pufferzeit von 7 Wochen (SEZ - FEZ), mit dem Ereignis D kann also später als möglich begonnen werden, die hier eingesetzte Kapazität steht also für andere Arbeitsgänge zur Verfügung. Auch bei C entsteht eine Pufferzeit (4 = 10 - 6).

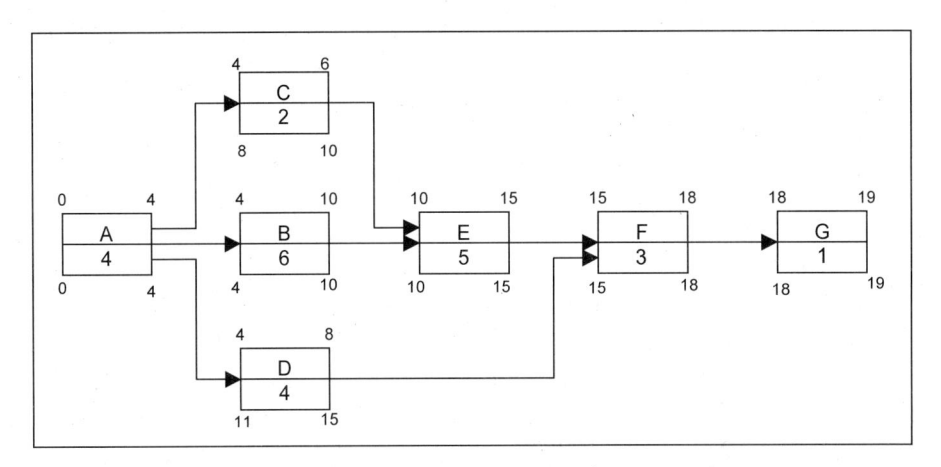

6. Was wird mit dem kritischen Weg angegeben?

Als kritischen Weg bezeichnet man die Folge von Ereignissen ohne Pufferzeiten. Er gibt die Gesamtdauer des Prozesses an. In der Abbildung bilden die Ereignisse A, B, E, F und G den kritischen Weg.

7. Wie lässt sich die Netzplantechnik bei der Planung eines Projekts einsetzen?

Die Anwendung der Netzplantechnik bei der Planung eines Projekts lässt sich an folgendem Beispiel zeigen:

Die Landtransport GmbH plant im Zusammenhang mit der Einführung eines neuen Produkts die Anschaffung einer Fräsmaschine. Die einzelnen Vorgänge bzw. Ereignisse dieses Projekts sollen in einem Netzplan erfasst werden, dabei soll u. a. auch geklärt werden, wann und wie lange die beiden Elektriker des Betriebes für Installationsarbeiten zur Verfügung stehen müssen und wann ungefähr mit der Produktion an dieser Maschine begonnen werden kann.

In der folgenden Tabelle werden die Ereignisse von der Einholung von Angeboten bis zur Beendigung des Probelaufs mit den Zeiten erfasst. In der nächsten Spalte werden die Ereignisse angegeben, die für das jeweilige Ereignis vorausgesetzt werden. Schließlich werden die frühesten und spätesten Anfangs- und Endzeiten und die Pufferzeiten ermittelt.

	Vorgang	Dauer des Vorgangs in Wochen	Vorgang ... muss abgeschlossen sein	FAZ	FEZ	SAZ	SEZ	PZ
A	Angebote einholen	3		0	3	0	3	0
B	Entscheidung treffen	2	A	3	5	3	5	0
C	bestellen	1	B	5	6	5	6	0
D	Fundamente erstellen	3	B	5	8	7	10	2
E	Elektrische Leitungen installieren	2	B	5	7	10	12	5
F	Lieferung der bestellten Maschine	4	C	6	10	6	10	0
G	Maschine aufbauen	2	F, D	10	12	12	12	0
H	Maschine anschließen	1	E, G	12	13	13	13	0
I	Probelauf	1	H	13	14	14	14	0

Die Daten der Tabelle werden zur folgenden grafischen Darstellung verwendet.

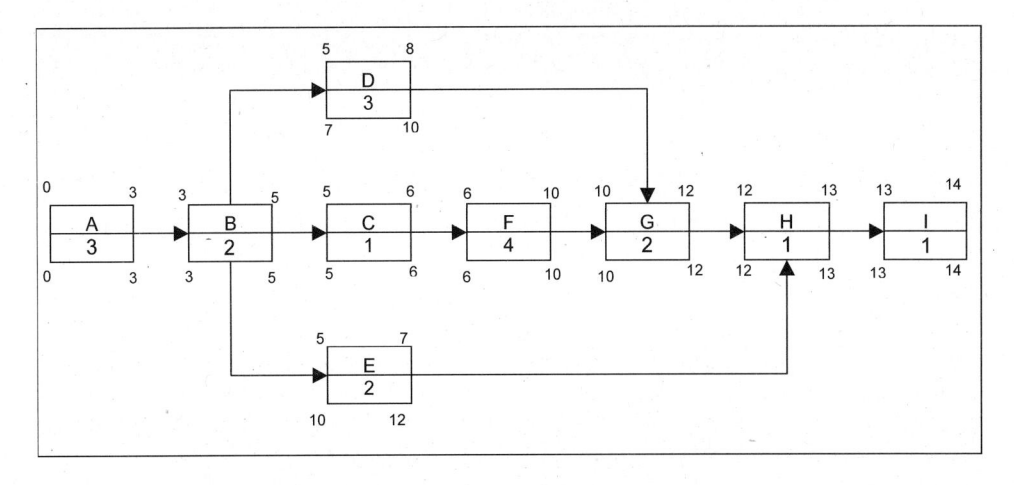

```
          5   8
         ┌─────┐
         │  D  │
         │  3  │
         └─────┘
          7  10

0   3  3      5   5  6   6   10  10   12  12   13  13   14
┌─────┐   ┌─────┐   ┌─────┐   ┌─────┐   ┌─────┐   ┌─────┐   ┌─────┐
│  A  │──▶│  B  │──▶│  C  │──▶│  F  │──▶│  G  │──▶│  H  │──▶│  I  │
│  3  │   │  2  │   │  1  │   │  4  │   │  2  │   │  1  │   │  1  │
└─────┘   └─────┘   └─────┘   └─────┘   └─────┘   └─────┘   └─────┘
0   3  3      5   5  6   6   10  10   12  12   13  13   14

          5   7
         ┌─────┐
         │  E  │
         │  2  │
         └─────┘
         10  12
```

Es zeigt sich, dass das Projekt nach 14 Wochen beendet ist und dass mehrere Pufferzeiten anfallen. Mit der Produktion kann also nach 14 Wochen begonnen werden, und der Beginn der Installationsarbeiten lässt sich verschieben. Der kritische Weg wird durch die Ereignisse A, B, C, F, G, H, I bestimmt.

6.3.1.2.3 Meilensteintechnik

1. Was wird als Meilenstein bezeichnet?

Nach DIN 69900 wird als Meilenstein ein *Ereignis von besonderer Bedeutung* bezeichnet. Im Allgemeinen handelt es sich bei Meilensteinen um definierte Zwischenziele im zeitlichen Ablauf mehrerer voneinander abhängiger Ereignisse. Ein Zwischenziel markiert den Abschluss eines Ereignisses; es muss erreicht sein, damit das nächste Ereignis beginnen kann.

2. Wo wird die Meilensteintechnik angewandt?

Die Meilensteintechnik findet in besonderem Maß Anwendung in der Planung, Kontrolle und Steuerung von Projekten.

3. Wie kann die Meilensteintechnik umgesetzt werden?

Bei der Planung eines Projekts werden die Phasen festgelegt und die zu erreichenden Meilensteine definiert. In einem Projektablauf geben die Meilensteine an,
- wann dieser Punkt erreicht werden muss, wann die vorlaufende Projektphase beendet sein muss,
- welche Ergebnisse an diesem Punkt erreicht werden müssen,
- welche Kosten anfallen dürfen.

Das Erreichen eines Meilensteins wird überprüft anhand der Dokumente und Leistungen, die zu erbringen waren. Wenn der Meilenstein in allen Aspekten erreicht wurde, kann das Projekt fortgesetzt werden. Entsprechen die Ergebnisse nicht den Anforderungen, wird eine Nacharbeit (Rework) erforderlich. Evtl. zeigt sich bei der Prüfung aber auch, dass das Projekt beendet werden muss, z. B. weil die Fortsetzung unwirtschaftlich wäre.

Eine besondere Form der Projektkontrolle ist die Meilensteintrendanalyse. Mit dieser Analyse wird der Projektfortschritt überwacht.

4. Welche Methoden werden in der Meilensteintechnik angewandt?

Methoden, die in der Meilensteintechnik angewandt werden, sind z. B.
- die Netzplantechnik (s. Kap. 6.3.1.2.2),
- das Balkendiagramm.

6.3.2 Funktionsweise von Planungs- und Kontrollsystemen

1. Was ist unter einem betrieblichen Planungs- und Kontrollsystem zu verstehen?

Als betriebliches Planungssystem wird der *systematische Zusammenhang zwischen den Teilplänen* des Betriebes bezeichnet. Systematisch ist der Zusammenhang, weil er auf einem Informationssystem beruht. Der Zusammenhang besteht zwischen strategischen, taktischen und operativen Planungen, also zwischen den Planungen der Führungsebenen, aber auch zwischen den Planungen der Funktionsbereiche. Darüber hinaus bestehen Zusammenhänge mit dem Ausgabenplan, dem Einnahmenplan usw.

Die *Kontrollfunktion* ergänzt das Planungssystem, deshalb ist es angebracht, von einem *Planungs- und Kontrollsystem (PuK-System)* zu sprechen.

2. Wie hängen die Planungen der Funktionsbereiche zusammen?

Alle Planungen der Funktionsbereiche, also alle taktischen Planungen, hängen systematisch *über Informationsbeziehungen* zusammen. Wenn davon ausgegangen wird, dass die Absatz- bzw. die Marketingplanung im Vordergrund steht, lassen sich die Zusammenhänge andeutungsweise folgendermaßen umschreiben. (Das angedeutete Beispiel geht von einer sukzessiven Planung aus: Es wird von einer Teilplanung ausgegangen, an die sich sukzessiv über entsprechende Informationen weitere Teilplanungen anschließen.)

- In der Marketingplanung wird von einer wahrscheinlichen Absatzmenge ausgegangen.

- Die Lagerplanung berücksichtigt die Information des Marketing durch entsprechende mengen- und termingerechte Vorratsplanung.

6.3 Steuerung und Kontrolle der betrieblichen Planung

- Die Fertigung berücksichtigt die Informationen des Marketing oder des Lagers in der Fertigungsplanung.
- Von der Fertigungsplanung geht die Bedarfsplanung aus. Die Bedarfsplanung mündet in die Beschaffungsplanung. Darüber hinaus bestehen Einflüsse auf die Lagerhaltung.
- Die Fertigungsplanung kann wegen evtl. erforderlich werdender Erweiterungen die Investitionsplanung und diese wiederum die Finanzplanung beeinflussen.
- Von der erforderlichen Ausdehnung der Produktion kann auch die Personalplanung beeinflusst werden.

3. Was bedeutet Mehrstufigkeit in einem PuK-System?

Die Mehrstufigkeit eines PuK-Systems bedeutet, dass mehrere bzw. alle Hierarchiestufen der Unternehmensorganisation an der Entstehung, Koordination, Durchsetzung und Kontrolle der Pläne beteiligt sind bzw. beteiligt sein können. Entsprechend der Hierarchiestufen unterscheidet man strategische, taktische und operative Planungen. Die Mehrstufigkeit kann sich in der Ableitungsrichtung ausdrücken, d. h. in der Top-Down-Planung bzw. in der Bottom-Up-Planung.

4. Wie kann eine Top-Down-Planung gekennzeichnet werden?

Top-Down-Planung ist eine *Planung von oben*. Der Plan wird auf der oberen Hierarchieebene des Unternehmens formuliert und – aufgegliedert in Teilpläne – an die unteren Ebenen bzw. zuständigen Stellen zur Ausführung weitergegeben. Grundlage der Planung ist das zentral formulierte ganzheitliche Ziel. Der *Vorteil* dieser Planung ist seine Ausrichtung an dem Gesamtziel. Ihr besonderer *Nachteil* liegt darin, dass die Ausführung auf unteren Ebenen möglicherweise auf Widerstand stößt.

5. Wie kann eine Bottom-Up-Planung gekennzeichnet werden?

Bottom-Up-Planung ist eine *Planung von unten*. (Teil-)Pläne entstehen in Anwendungsnähe auf unteren Ebenen. Die Teilpläne werden auf den höheren Ebenen (nach Zuständigkeit) schrittweise zusammengefasst. So entsteht schließlich der Gesamtplan. *Vorteile* dieser Planung liegen in der Praxisnähe und in der Möglichkeit zur Motivation von Mitarbeitern. Ihr besonderer *Nachteil* liegt in der Gefahr, dass sich die Planansätze an ein geringes Anforderungsniveau ausrichten.

6. Was ist eine Gegenstromplanung?

Top-Down-Planung und Bottom-Up-Planung haben erhebliche Nachteile, sodass sie in der Praxis kaum angewandt werden können. Ihre Vorteile greift die Gegenstromplanung (*Down-Up-Planung*) auf. Die Geschäftsführung formuliert Planvorgaben auf der Grundlage des Gesamtziels; die Planvorgaben werden an die unteren Ebenen bzw. zuständigen Stellen weitergegeben, wo sie im Hinblick auf die praktischen Ausführungsmöglichkeiten überprüft und ggf. konkretisiert werden. Die konkretisierten Teilpläne gehen zurück zur Geschäftsführung bzw. zu den zuständigen Stellen in der obersten Führungsebene; hier werden sie zum *Gesamtplan* zusammengefasst.

7. Wodurch ergeben sich zeitliche Überlagerungen in PuK-Systemen?

Zeitliche Überlagerungen ergeben sich aus der unterschiedlichen Dauer von strategischen, taktischen und operativen Planungen. Strategische Pläne sind langfristig (zehn Jahre und länger), taktische mittelfristig und operative kurzfristig (ein Jahr).

8. Welche Differenzierungen ergeben sich in PuK-Systemen?

Aus den strategischen Plänen leiten sich die Teilpläne der Funktionsbereiche ab. Die Differenzierung umfasst u. a. folgende Aspekte:[19]

- Anzahl und Umfang der Teilpläne: Sie sind u. a. abhängig von der Anzahl der betroffenen Funktionsbereiche, diese Pläne können weiter differenziert werden.
- Dimension: Pläne können sich danach unterscheiden, wie die Angaben dimensioniert sind, Dimensionen können z. B. Arten, Mengen oder Werte sein; Raum- und Zeitplanungen haben die entsprechenden Orts- oder Zeitangaben.
- Tiefe: Der Detaillierungsgrad gibt die Tiefe von Plänen an, dabei werden Grob- von Feinplänen unterschieden.

9. Welche Bedeutung hat die Flexibilität in PuK-Systemen?

Flexibilität in PuK-Systemen bedeutet, dass die Gestaltung von Teilplänen die Möglichkeiten und Bedingungen von späteren Anpassungen berücksichtigt. *Veränderungen von Umweltbedingungen* können die Änderung von Teilplänen erforderlich machen.

10. Welchen Zweck erfüllt die rollierende Planung?

Der rollierenden Planung liegt eine Planung über mehrere Perioden zu Grunde. Nach einzelnen Perioden werden die Planungen aktualisiert bzw. neuen Gegebenheiten angepasst.

11. Welche Bedeutung hat die Formalisierung von PuK-Systemen?

Formalisierung bedeutet die Festlegung von Regeln, die Einrichtung von Handbüchern und von Richtlinien für die Dokumentation.

---

[19] Schierenbeck, Rainer und Claudia B. Wöhle: a. a. O., S. 147 f.

6.3.3 Budgetierung

6.3.3.1 Budget und Budgetierung

1. Was ist ein Budget?

Als Budget wird im Allgemeinen die Gegenüberstellung von geplanten Einnahmen und Ausgaben für eine Planperiode, z. B. für ein Jahr, bezeichnet. Ein Budget im betriebswirtschaftlichen Sinn ist mehr. Es umfasst *die gesamte Unternehmensplanung* mit einer Vielzahl von Einzelbudgets, die der Planung in Abteilungen, in einzelnen Bereichen usw. und der Kontrolle dienen.

2. Was ist Budgetierung?

Als Budgetierung bezeichnet man die *Erstellung eines Budgets*. Ein Budget wird rechtzeitig vor Ende des laufenden Geschäftsjahres für das nächste Jahr (Budgetjahr) erstellt; an seiner Erstellung sind im Allgemeinen das Controlling sowie die Führungskräfte der Bereiche und Abteilungen maßgeblich beteiligt.

Bei der (operativen) Budgetierung werden die für das Budgetjahr geplanten Ziele mengen- und wertmäßig angegeben. Nach Genehmigung durch die Unternehmensleitung dient das Budget den Fachbereichen als Vorgaben. Die vorgegebenen Zahlenwerte müssen entweder mindestens erreicht oder dürfen nicht unterschritten werden.

Die Werte in einem Budget beruhen in der Regel auf Vergangenheitswerten, die für das Budgetjahr entsprechend der erwarteten Entwicklung fortgeschrieben werden. (Das gilt zumindest für die traditionelle Budgetierung.) Die Prognosen gehen von Erfahrungen, Einschätzungen und Beobachtungen, z. B. der Konkurrenz (vgl. Benchmarking) aus. Die budgetierten Werte werden dadurch zur *Grundlage operativer Maßnahmen*.

Mithilfe des Budgets wird die *Erfolgskontrolle* ermöglicht. Abweichungen von den Budgetansätzen werden beobachtet und analysiert; die Analyseergebnisse sind Grundlagen für eine Anpassung der operativen Planung.

Die operative Budgetierung enthält die erwarteten Leistungen und Kosten für die Abschnitte (Monate oder Quartale) des folgenden Budgetjahrs. Von der operativen Budgetierung ist die strategische zu unterscheiden.

3. Was ist Gegenstand strategischer Budgetierung?

Strategische Budgetierung ist *langfristige Budgetierung*; dafür sind mittel- bzw. langfristige Ziele und Maßnahmen in Wertangaben umzusetzen. Die strategische Budgetierung dient der langfristigen Existenzsicherung.

4. Welche Ziele werden mit der Budgetierung verfolgt?

Mit der Budgetierung werden folgende Ziele verfolgt:[20]

- Finanzplanung,
  durch Gegenüberstellung der erwarteten Einnahmen und Ausgaben wird der voraussichtliche Zahlungsmittelbedarf ausgewiesen.
- Koordination,
  die Teilpläne einzelner Abteilungen und Bereiche werden aufeinander abgestimmt.
- Leistungsmessung und -beurteilung,
  durch Vergleich der Istwerte mit den vorgegebenen Sollwerten können Leistungen gemessen bzw. kontrolliert und beurteilt werden.
- Verhaltenssteuerung,
  durch die Vorgabe erreichbarer Ziele, z. B. Kostenziele, wird den Leistungsträgern eine Handlungsorientierung gegeben.

5. Welche Bedeutung hat die Mehrstufigkeit der Budgetierung?

Mehrstufigkeit bedeutet, dass *mehrere Hierarchiestufen* bzw. -ebenen an der Budgetierung bzw. an der Umsetzung des Budgets beteiligt sind. Die oberste Stufe, die Unternehmensleitung steckt mit dem strategischen Budget den Rahmen ab. Die mittleren Stufen, das sind Bereichsleiter u. Ä., setzen das strategische Budget in taktische Budgets um; diese sind die Vorgaben für die untere Stufe für die Umsetzung in operationale Budgets.

6.3.3.2 Formen der Budgetierung

1. Wie läuft üblicherweise der Budgetierungsprozess ab?

Der traditionelle Budgetierungsprozess läuft in folgenden Stufen ab:

1. Umsatzbudgetierung,
2. Kostenbudgetierung,
3. Leistungsbudgetierung,
4. Finanzbudgetierung.

2. Wodurch unterscheidet sich die traditionelle Budgetierung vom Zero-Base-Budgeting?

Bei der **traditionellen** Budgetierung wird von Vergangenheitswerten ausgegangen, die mit entsprechenden Zuschlägen fortgeschrieben werden. Alte Aufgaben bekommen durch diese Vorgehensweise ein relativ hohes Gewicht. Nachteile zeigen sich z. B. in bestimmten Einzelbudgets, wenn finanzielle Mittel bis zum Jahresende nicht verbraucht wurden; sie werden dann häufig für nicht geplante Anschaffungen verwen-

---

[20] In Anlehnung an MBO Lex, online.

det, weil sonst mit einer Kürzung des Budgetansatzes für das folgende Jahr zu rechnen ist.

Das **Zero-Base-Budgeting** vermeidet diese und ähnliche Nachteile. Vergangenheitswerte werden nicht berücksichtigt; es wird so vorgegangen, als stünde das Unternehmen am Anfang.

3. Was ist Beyond Budgeting?

Die traditionelle Budgetierung weist Nachteile auf; als nachteilig werden vor allem die Starrheit und der geringe Strategiebezug gesehen. Deshalb werden neue Formen der Budgetierung entwickelt. Zu den neuen Budgetierungsformen zählt z. B. das Beyond Budgeting.

Das Beyond Budgeting *verzichtet auf die Erstellung von Budgets*; die Budgets werden durch ein flexibles Managementkonzept ersetzt, das dezentrale Initiative fördern kann. Das Modell besteht nicht aus einem Regelwerk, sondern aus zwölf Prinzipien, die sich auf die Unternehmenskultur und die Organisation sowie auf Planung und Steuerung beziehen.

6.4 Management einer kundenorientierten Qualitätspolitik

6.4.1 Qualitätsmanagement-Normen und Qualitätsmanagement-Richtlinien als Ausgangspunkt unternehmerischen Handelns

1. Was ist Qualität?

Die Qualität einer Leistung drückt sich aus in der Übereinstimmung ihrer Merkmale mit den Anforderungen, die an die Merkmale gestellt werden. Die Leistung kann ein Produkt, eine Dienstleistung o. dgl. sein. *(EN ISO 9000:2000: „Qualität ist der Grad, in dem ein Satz inhärenter Merkmale Anforderungen erfüllt.")*

Für das Qualitätsmanagement ist die Unterscheidung zwischen Entwurfs- und Ausführungsqualität von Bedeutung.

2. Woraus ergeben sich die Anforderungen an die Qualität einer Leistung?

Die Anforderungen ergeben sich aus den Erwartungen, die Kunden (Wiederverwender, Verbraucherhaushalte u. Ä.) üblicherweise voraussetzen können; z. B. muss ein Produkt die Leistung erbringen, die man üblicherweise von ihm erwarten kann.

Die Anforderungen können sich aber Unternehmen auch selbst stellen, um im Vergleich mit der Konkurrenz bestehen zu können; denn Qualität ist ein wichtiger Wettbewerbsfaktor (vgl. Benchmarking). Schließlich können Qualitätsanforderungen aber auch von nationalen oder internationalen Institutionen formuliert werden (vgl. z. B. DIN, ISO).

3. Welche Probleme bestehen bei der Beurteilung von Qualität?

Die Sachqualität, z. B. die Funktionalität eines Produkts, lässt sich in Testverfahren mit entsprechenden Methoden objektiv messen. Davon kann die subjektive Wahrnehmung der Qualität durch Kunden abweichen. Es ist deshalb wichtig, die Erwartungen, die Kunden an ein Produkt haben, zu ermitteln oder einzuschätzen und durch die Leistung zu erfüllen. Die Übereinstimmung von Leistung und Erwartungen drückt sich in der *Kundenzufriedenheit* aus.

4. Welche Bedeutung hat die Qualitätspolitik eines Unternehmens?

Die Qualitätspolitik eines Unternehmens legt die grundlegenden Vorgaben für die Qualität der Unternehmensleistungen fest; sie geht von der Unternehmensleitung aus. Die Qualitätspolitik bestimmt die *Qualitätsziele*. Wichtiges Ziel ist die Kundenzufriedenheit. Das bedeutet, die Qualitätspolitik ist darauf ausgerichtet, die Kundenerwartungen zu erfüllen.

5. Welche grundlegenden Aufgaben hat das Qualitätsmanagement?

Als Qualitätsmanagement bezeichnet man alle Tätigkeiten und Maßnahmen zur Leitung eines Unternehmens, soweit sie die Qualität der Unternehmensleistung betreffen; die Tätigkeiten und Maßnahmen sind aufeinander bezogen und voneinander abhängig. Zum Qualitätsmanagement i.w.S. gehört sowohl die Bestimmung der Qualitätspolitik als auch die Festlegung der Qualitätsziele. Die grundlegende Aufgabe des Qualitätsmanagements (QM) lässt sich umschreiben als *Planung, Steuerung und Überwachung der Qualität* sowohl des Leistungsprozesses als auch des Prozessergebnisses.

6. Welche Teile umfasst das Qualitätsmanagement nach EN ISO 9000:2000?

Das Qualitätsmanagement umfasst (nach EN ISO 9000:2000) folgende Teile:

- Qualitätsplanung,
- Qualitätslenkung,
- Qualitätssicherung,
- Qualitätsverbesserung.

7. Welche Aufgaben soll die Qualitätsplanung erfüllen?

Die grundlegende Aufgabe der Qualitätsplanung ist die *Beantwortung der Frage, ob und wie die Qualitätsanforderungen realisiert werden können*. Gefragt wird also da-

6.4 Management einer kundenorientierten Qualitätspolitik

nach, mit welchem Produkt, mit welchem Produktionsprozess, mit welchen Mitteln, mit welchen Mitarbeitern usw., die Anforderungen erfüllt werden können. Die Aspekte dieser Aufgabe lassen sich folgendermaßen zusammenfassen.

- Festlegung von Qualitätszielen; die Qualitätsziele ergeben sich aus den Erwartungen des Marktes bzw. der Kunden, durch Anwendung einer Norm o. dgl.
- Festlegung des Ausführungsprozesses, mit dem die Qualitätsziele realisiert werden können; dabei sind die Mitarbeiter, Mittel und Einrichtungen zu berücksichtigen.

8. Wie schlägt sich die Qualitätsplanung nieder?

Die Qualitätsplanung schlägt sich im Zusammenhang mit Produkt- und Prozessentwicklungen folgendermaßen nieder:

1. Ermittlung der Erwartungen bzw. Anforderungen,
2. Konkretisierung der Erwartungen bzw. Anforderungen im Hinblick auf ihre Realisierbarkeit,
3. Dokumentationen der konkretisierten Erwartungen bzw. Anforderungen,
4. Festlegung von Qualitätsanforderungen für die Entwicklung und Gestaltung des Produkts,
5. Festlegung von Forderungen an Einkauf und Logistik,
6. Überprüfung der Entwicklungsergebnisse anhand der Qualitätsanforderungen.

9. Welche Aufgaben soll die Qualitätslenkung erfüllen?

Die Qualitätslenkung soll dafür sorgen, dass die *vorgegebenen Qualitätsanforderungen tatsächlich erfüllt* werden. Dazu werden der Produktionsprozess und das Prozessergebnis überwacht und evtl. korrigiert.

Die Kontrollergebnisse dienen der Lenkung bzw. Steuerung: Bei Qualitätsminderungen bzw. qualitätsmindernden Störungen werden Korrekturen vorgenommen. Dabei kommen z. B. Austausch von Werkzeugen, Reparaturen, Änderungen des Verfahrens und Korrekturen des Entwurfs in Betracht.

10. Welche besonderen Probleme greift die Qualitätssicherung auf?

Der Produktionsprozess ist *störanfällig*. Es besteht ein erhebliches Risiko, dass trotz Qualitätsplanung und -steuerung Fehler auftreten können. Mitarbeiter können Fehler verursachen, Maschinen laufen eventuell nicht fehlerfrei usw. Wesentliche Aufgabe der Qualitätssicherung ist es, die Fehlerrisiken zu kennen, auftretende Fehler nach Möglichkeit zu erkennen und Gegenmaßnahmen zu ergreifen.

11. Welche Ziele verfolgt die Qualitätssicherung?

Die Qualitätssicherung hat *zwei wesentliche Ziele*. Das eine Ziel ist mehr *nach außen*, das andere mehr *nach innen* gerichtet; sie sind eng miteinander verbunden.

- Sie soll dazu beitragen, dass Kunden auf die Einhaltung von Qualitätsanforderungen vertrauen können.
- Sie soll dazu beitragen, kostenträchtige Folgen von Qualitätsfehlern zu vermeiden bzw. zu vermindern.

12. Welche Folgen können Qualitätsfehler haben?

Qualitätsfehler können Folgen haben, die für das Unternehmen Kosten aufwerfen. Im Folgenden werden einige Beispiele aufgezählt:

- Der Vertrauensverlust führt zu einem Imageverlust.
- Umsatzeinbußen sind die weitere Folge.
- Evtl. müssen Produkte ins Werk oder in Vertragswerkstätten zurückgerufen werden.
- Der Garantiefall tritt ein.
- Für die fehlerhaften Produkte ist die Haftung zu übernehmen.

13. Welche Ziele verfolgt die Qualitätsverbesserung?

Mit der Qualitätsverbesserung (als Teil des QM) soll die Fähigkeit, Qualitätsanforderungen zu erfüllen, ständig verbessert bzw. erhöht werden. Sie umfasst *zwei Aspekte*:

- Die weitere Erhöhung des Nutzens, den der Kunde von dem Produkt hat, und
- die ständige Verringerung von Qualitätsfehlern.

Das *Ziel* der ständigen Qualitätsverbesserung ist wachsende Kundenzufriedenheit.

14. Was ist ein Qualitätsaudit?

Als Qualitätsaudit wird ein *systematischer Prozess zur Prüfung und Revision* der Qualität von Produktionsprozess und Prozessergebnis bezeichnet, der von Personen durchgeführt wird, die von dem Prüfungsbereich unabhängig sind. Das Qualitätsaudit wird dokumentiert.

Dem Audit werden sog. *Auditkriterien* zu Grunde gelegt; das können z. B. Anforderungen sein. Im Audit wird festgestellt, ob die beobachteten Tatsachen mit den Kriterien übereinstimmen. Bei Abweichungen werden durch den Auditor Verbesserungsvorschläge vorgelegt.

15. Wodurch unterscheidet sich ein internes von einem externen Qualitätsaudit?

Interne Audits werden vom Unternehmen (oder in seinem Auftrag) durchgeführt; die Ergebnisse werden für interne Zwecke genutzt. (Interne Audits werden auch als Erstparteienaudits bezeichnet.)

Externe Audits werden entweder von Kunden oder von unabhängigen Organisationen durchgeführt. (Sie werden auch als Zweitparteienaudits bzw. Drittparteienaudits bezeichnet.) Mit den Ergebnissen von Zweitparteienaudits wollen Kunden beurteilen, ob und in welchem Umfang die auditierten Lieferanten Qualitätsstandards einhalten; die Ergebnisse der Drittparteienaudits sind häufig Grundlage für die Zertifizierung der auditierten Unternehmen.

16. Welche Normen sind Grundlagen eines Qualitätsmanagementsystems?

Grundlagen eines modernen Qualitätsmanagementsystems sind die Normen der *Normenfamilie DIN EN ISO 9000*.[21] Die Normen ISO 9000 ff. wurden vom Europäischen Komitee für Normung (CEN) neu gefasst und sind seit dem Jahr 2000 unter der Bezeichnung DIN EN ISO 9000.2000 in Kraft. DIN EN ISO 9000.2000 umfasst u. a. folgende Einzelnormen.

- ISO 9000 (Beschreibung der Grundlagen und Festlegung des Begriffsapparates für Qualitätsmanagementsysteme),
- ISO 9001 (Festlegung der Anforderungen an ein Qualitätsmanagementsystem),
- ISO 9004 (Bereitstellung eines Leitfadens für Qualitätsverbesserung).

17. Auf welchen Grundsätzen beruht nach ISO 9000 das Qualitätsmanagement?

ISO 9000 nennt folgende *Grundsätze des Qualitätsmanagement*:[22]

- Kundenorientierung
  (gegenwärtige und zukünftige Erwartungen der Kunden verstehen, Kundenanforderungen erfüllen, Kundenerwartungen übertreffen),

- Führung
  (internes Umfeld schaffen, in dem sich die Mitarbeiter voll und ganz für die Erreichung der Ziele einsetzen können),

- Einbeziehung der Personen
  (die Fähigkeiten aller Mitarbeiter vollständig zum Nutzen des Unternehmens einbeziehen),

- Prozessorientierter Ansatz
  (Effizienz steigern durch Leitung und Lenkung aller Tätigkeiten und Ressourcen als Prozess),

---

[21] Die Abkürzungen bedeuten: DIN – Deutsches Institut für Normung, die Verwendung der Bezeichnung weist auf eine deutsche Norm hin; EN – Europäische Norm; DIN EN – die Abkürzung weist auf die Übernahme einer europäischen Norm in das deutsche Normenwerk hin; ISO – International Organization for Standardization, ISO-Normen ersetzen im Allgemeinen nationale Normen.

[22] Die Ausführungen beruhen auf EN ISO 9000:2000, Abschn. 0.2.

- Systemorientierter Managementansatz
  (Erkennen, Verstehen, Leiten und Lenken von miteinander in Wechselbeziehung stehenden Prozessen als System),
- Ständige Verbesserung
  (permanentes Ziel: ständige Verbesserung der Gesamtleistung),
- Sachbezogener Ansatz zur Entscheidungsfindung
  (Entscheiden auf der Grundlage von Analysen von Daten und Informationen),
- Lieferantenbeziehungen zum gegenseitigen Nutzen
  (Abhängigkeiten erkennen und zum gegenseitigen Nutzen gestalten).

18. Für welche Organisation legt EN ISO 9001:2000 besondere Anforderungen an das Qualitätsmanagementsystem (QMS) fest?

EN ISO 9001:2000 legt die Anforderungen an ein QMS für die Organisation fest,

- die darlegen muss, dass sie ständig Produkte bereitstellen kann, die die Anforderungen von Kunden und Behörden erfüllen, und
- die bemüht ist, die Kundenzufriedenheit durch wirksame Anwendung des Systems zu erhöhen, einschließlich der Prozesse zur ständigen Verbesserung des Systems und der Zusicherung, die Anforderungen von Kunden und Behörden einzuhalten.

19. Für welche Organisationen und für welche Zwecke gelten die Anforderungen?

Die in EN ISO 9001:2000 enthaltenen Anforderungen sind allgemein und auf alle Organisationen anwendbar, unabhängig von deren Art und Größe und von der Art der erstellten Leistung.

Die Anforderungen können für die interne Anwendung, für Verträge mit Kunden oder für Zertifizierungszwecke umgesetzt werden.

20. Welche Bedeutung hat die Zertifizierung für eine Organisation?

Eine Organisation im Sinne von EN ISO 9001:2000 ist die Institution zwischen Lieferant und Kunden. Das kann z. B. ein Unternehmen sein, das Produkte herstellt oder Dienstleistungen erbringt.

Eine Organisation, die ihrem Qualitätsmanagementsystem die Anforderungen nach EN ISO 9001:2000 zu Grunde legt, kann von einer unabhängigen Stelle, z. B. vom TÜV, nach einer Auditierung zertifiziert werden. Sie erhält ein *Zertifikat* und kann damit die *Konformität ihrer Prozesse und Produkte mit den Normvorgaben* nachweisen. Mit diesem Nachweis schafft sie Vertrauen zu Kunden und Lieferanten.

Die Einhaltung der Anforderung ist zwingend. Das drückt sich z. B. aus in der Formulierung „Die Organisation muss ...", die im Allgemeinen jede Qualitätsanforderung

6.4 Management einer kundenorientierten Qualitätspolitik

einleitet. Die Konformität muss jederzeit z.B. durch regelmäßige Audits nachprüfbar sein. Deshalb sind Dokumente und Aufzeichnungen von besonderer Bedeutung. Die *Dokumentation ist ein Kernstück* des zertifizierten Managementsystems.

6.4.2 Qualitätsmanagementsysteme

6.4.2.1 QM-Systeme – Aufgaben, Ziele

1. Warum führt eine Organisation ein Qualitätsmanagementsystem ein?

Eine Organisation, z.B. ein Produktionsunternehmen, hat im Allgemeinen die folgenden Gründe für die Einführung eines QM-Systems. Zunächst wirkt das System nach innen: Die *betrieblichen Abläufe werden verbessert;* dazu tragen die Dokumentationen in erheblichem Umfang bei. Aber auch die Außenwirkung ist von Bedeutung: Ein gut organisiertes QM-System *schafft Vertrauen zum Kunden.* Darüber hinaus kann es im Produkthaftungsfall den Produzenten entlasten, dabei hat die Dokumentation erhebliche Bedeutung.

2. Welche Aspekte umfasst ein Qualitätsmanagementsystem?

Das Qualitätsmanagementsystem eines Unternehmens umfasst das Qualitätsmanagement (QM) als *Funktion und als Institution* im organisatorischen Aufbau und Ablauf. Es benennt nicht nur die einzelnen Aufgabenbereiche, sondern gibt auch an, mit welchen Mitteln und Verfahren sie durchgeführt werden und wer (bzw. welche Stelle) in welchem Umfang für die Aufgabenbereiche zuständig ist.

3. Welche Anforderungen stellt EN ISO 9001:2000 an das QMS?

Die Anforderungen EN ISO 9001:2000 an das QMS sind in *zwei Bereiche* aufgeteilt.

1. Allgemeine Anforderungen,
2. Dokumentationsanforderungen, dazu zählen
   - allgemeine Dokumentationsanforderungen,
   - das Qualitätshandbuch,
   - die Lenkung von Dokumenten und Aufzeichnungen.

4. Welche allgemeinen Anforderungen stellt ISO 9001:2000?

Die Organisation, also z.B. das Unternehmen, muss gem. der Norm 9001 ein Qualitätsmanagement

- aufbauen,
- dokumentieren,
- verwirklichen,
- aufrechterhalten,
- seine Wirksamkeit ständig verbessern.

5. Was muss die Dokumentation zum Qualitätsmanagement enthalten?

Die Dokumentation ist ein wesentliches Element des Qualitätsmanagements. Sie enthält z. B.

- Dokumente zur Integration des Qualitätsmanagements in den Unternehmensaufbau mit der Beschreibung der Zuständigkeiten u. A.,
- Dokumente zur Fehlerbehandlung, zur Lieferantenauswahl, zu sonstigen Verfahren,
- Dokumente zur Qualitätspolitik,
- Dokumente zu den Qualitätszielen,
- QM-Handbuch,
- Dokumente zur Sicherstellung der wirksamen Planung, Durchführung und Lenkung der Prozesse,
- Aufzeichnungen.

Der Umfang der Dokumentation hängt u. a. ab von der Größe der Organisation, der Fähigkeit des Personals.

6. Welche Bedeutung hat das QM-Handbuch?

Das QM-Handbuch gilt als *zentrales Dokument*. Es enthält vor allem die Informationen über das Unternehmen und sein Qualitätsmanagement, die der Kunde bei der Anbahnung von Geschäften kennen will. Das Handbuch wird so zu einer wichtigen Grundlage für die vertrauensvolle Zusammenarbeit zwischen Organisation und Kunden. Darüber hinaus kann es den Mitarbeitern als Grundlage für ihre Arbeit dienen.

Das Qualitätsmanagementhandbuch

- stellt das Qualitätsmanagementsystem dar,
- benennt die für das QM-System erstellten dokumentierten Verfahren,
- beschreibt die Wechselwirkung der Prozesse im QM-System.

7. Welche Bedeutung hat die Lenkung von Dokumenten?

Die Lenkung von Dokumenten ist u. a. aus folgenden Gründen von Bedeutung.

- An den Einsatzorten müssen aktuelle Dokumente verfügbar sein.
- Die unbeabsichtigte Verwendung veralteter Dokumente ist zu verhindern.
- Die Dokumente sind zu bewerten und evtl. zu aktualisieren.
- Die Lenkung soll sicherstellen, dass die Änderungen in den Dokumenten und der aktuelle Überarbeitungsstatus gekennzeichnet werden.

8. Was soll durch die geforderten Aufzeichnungen erreicht werden?

Aufzeichnungen sind ein besonderer Dokumententyp. Mit ihrer Hilfe soll vor allem der Nachweis geführt werden, dass die Qualität der erstellen Leistung mit den Anforderungen der ISO-Norm übereinstimmt und dass das QM-System funktioniert.

9. Welche Aufgaben hat die oberste Leitung zu übernehmen?

Die oberste Leitung der Organisation trägt die *Verantwortung für das QM-System*. Im Einzelnen hat sie folgende *Pflichten und Aufgaben*:

- Die oberste Leitung muss der Organisation vermitteln, welche Bedeutung die Erfüllung der Anforderungen von Kunden, Behörden u. Ä. hat.
- Sie muss sicherstellen, dass Kundenanforderungen ermittelt und erfüllt werden, damit die Kundenzufriedenheit erhöht wird.
- Sie muss die Qualitätspolitik festlegen.
- Sie muss sicherstellen, dass Qualitätsziele von den Funktionsbereichen und Ebenen festgelegt werden; die Qualitätsziele müssen messbar sein und mit der Qualitätspolitik übereinstimmen.
- Sie muss ein Leitungsmitglied beauftragen, das für die Einführung und Verwirklichung der erforderlichen Prozesse verantwortlich ist; der Beauftragte hat der Leitung regelmäßig Bericht zu erstatten.
- Sie muss die Kommunikation innerhalb des Systems ermöglichen.
- Sie muss in regelmäßigen Abständen Managementbewertungen durchführen. Grundlagen für die Bewertungen sind u. a.
  - Audits,
  - Rückmeldungen von Kunden,
  - Informationen über die Konformität von Prozessleistung und Anforderungen.
- Sie muss die Verfügbarkeit von Ressourcen sicherstellen.

10. Welche Ressourcen muss die Organisation bereitstellen?

Die Organisation muss alle Ressourcen ermitteln und bereitstellen, mit denen das QM-System verwirklicht und aufrechterhalten wird. Zu den Ressourcen zählen

- das Personal mit angemessener Qualifikation und der Fähigkeit, die Qualitätsziele zu erkennen und zu erfüllen,
- die Infrastruktur, z. B. Gebäude, Arbeitsort, Prozessausrüstung, unterstützende Dienstleistungen,
- Arbeitsumgebung.

11. Was ist bei der Planung der Produktrealisierung zu berücksichtigen?

Die Planung der Produktrealisierung berücksichtigt u. a. folgende Aspekte:

- Festlegung der Qualitätsziele für das Produkt,
- Festlegung der Anforderungen an das Produkt,
- Planung und Entwicklung der Prozesse, die für die Produktrealisierung erforderlich sind,
- Bereitstellung der produktspezifischen Ressourcen.

12. Was ist bei der Produktion zu beachten?

Die Organisation muss die Produktion unter beherrschten Bedingungen planen und durchführen. Die Produktionsprozesse sind zu validieren; die Validierung soll zeigen, dass die Prozesse geeignet sind, die geplanten Ergebnisse zu erzielen.

13. Wie hat die Produktentwicklung abzulaufen?

Die Organisation muss die *Produktentwicklung planen und lenken*. Dabei werden Entwicklungsphasen und Verantwortungen und Befugnisse für die Entwicklung festgelegt.

Die für die Produktentwicklung wichtigen Informationen werden ermittelt und in den Entwicklungsprozess eingegeben; dazu zählen vor allem die Anforderungen an das Produkt.

Die Entwicklungsergebnisse werden bewertet. Der anschließende Verifizierungsprozess soll sicherstellen, dass die Entwicklungsergebnisse den Entwicklungsvorgaben entsprechen. Durch die Entwicklungsvalidierung soll schließlich erreicht werden, dass das aus der Entwicklung resultierende Produkt den Gebrauchsanforderungen entspricht.

14. Welche Bedeutung haben Überwachung und Messung für das Qualitätsmanagementsystem?

Die Organisation muss die *Konformität des QM-Systems sicherstellen* und seine *Wirksamkeit* nach Möglichkeit *verbessern*. Dazu werden Überwachungs- und Messungsprozesse geplant und durch den Einsatz in folgenden *Bereichen* verwirklicht.

1. Die Kundenzufriedenheit: Überwacht wird, wie die Kunden die Erfüllung der Anforderungen wahrnehmen.
2. Internes Audit: In geplanten Abständen werden interne Audits durchgeführt; mit der Auditierung soll ermittelt werden, ob das QM-System alle Anforderungen erfüllt, und zwar sowohl die Anforderungen, der Organisation als auch die der ISO-Norm.
3. Überwachung und Messung von Prozessen: Dabei soll ermittelt werden, ob mit den Prozessen die geplanten Ergebnisse erreicht werden können.
4. Überwachung und Messung des Produkts: Dabei soll geprüft werden, ob die Produktanforderungen erfüllt werden.

15. Wie ist mit fehlerhaften Produkten zu verfahren?

Fehlerhafte Produkte sind Produkte, die den Anforderungen nicht entsprechen. Die Organisation muss sicherstellen, dass fehlerhafte Produkte nicht unbeabsichtigt in Gebrauch genommen oder ausgeliefert werden.

16. Was wird hinsichtlich der Verbesserung des Qualitätsmanagementsystems gefordert?

Die Organisation muss die Wirksamkeit des QM-Systems ständig verbessern; dazu kann sie

- Qualitätspolitik und Qualitätsziele,
- Auditergebnisse,
- Datenanalyse,
- Korrektur- und Vorbeugungsmaßnahmen und
- Managementbewertung

einsetzen.

17. Was soll mit Korrekturmaßnahmen erreicht werden?

Mit Korrekturmaßnahmen sollen die *Ursachen von Fehlern beseitigt* werden. Darüber hinaus sollen die Korrekturmaßnahmen dazu beitragen, dass diese Fehler nicht mehr auftreten können. Dazu müssen Verfahren festgelegt werden zur Bewertung von Fehlern und zur Ermittlung von Fehlerursachen.

18. Was soll mit Vorbeugungsmaßnahmen erreicht werden?

Mit Vorbeugungsmaßnahmen soll verhindert werden, dass Fehler auftreten können. Dazu müssen Verfahren festgelegt werden, mit denen potenzielle Fehler und ihre Ursachen ermittelt werden können.

6.4.2.2 Qualitätsmethoden

1. Welche Methoden und Managementwerkzeuge können zur Qualitätssicherung eingesetzt werden?

Für die Qualitätssicherung steht eine Reihe von Qualitätsmethoden (oder Qualitätstechniken) und Managementwerkzeugen zur Verfügung. Zu den elementaren Methoden zählt z. B. das Brainstorming.[23] Affinitätsdiagramm, Baumdiagramm und Netzplan sind Beispiele für Managementwerkzeuge.

---

[23] Diese elementaren Qualitätsmethoden werden in der Literatur gelegentlich unter der Bezeichnung „Q7" zusammengefasst.

Daneben können auch folgende Methoden der Qualitätssicherung dienen:

- KVP – Kontinuierlicher Verbesserungsprozess,
- QFD – Quality Function Development,
- FMEA – Failure Mode and Effects Analysis.

2. Welche Bedeutung hat das Brainstorming?

Das Brainstorming dient der Bearbeitung eines Themas. Es eignet sich besonders zur *Ideenfindung* und wird deshalb häufig dazu eingesetzt, Ideen für Problemlösungen hervorzubringen.

Der Gruppe wird das Thema bekannt gegeben. Die Gruppenmitglieder äußern sich frei und ungezwungen, sie dürfen einander nicht kritisieren oder die Beiträge bewerten. Bei den Beiträgen geht Quantität vor Qualität. Die Ergebnisse können protokolliert oder auf Tonträger aufgezeichnet werden. Im Allgemeinen werden sie auf einer Plakatwand visualisiert und nach gemeinsam erarbeiteten Gesichtspunkten geordnet.

3. Wie unterscheiden sich Brainwriting und Brainstorming?

Brainwriting (Methode 635) ist eine Sonderform des Brainstorming. Die Gruppe besteht aus 6 Mitgliedern, die jeweils 3 Ideen für eine Problemlösung nacheinander unter Zeitdruck (in jeweils etwa 5 Minuten) in eine Liste schreiben; jeder Teilnehmer bringt auf diese Art insgesamt 18 Ideen ein. Im Allgemeinen werden sie auf einer Plakatwand visualisiert und nach gemeinsam erarbeiteten Gesichtspunkten geordnet.

4. Was ist ein Affinitätsdiagramm?

Im Affinitätsdiagramm wird eine *Vielzahl ungeordneter Daten und Informationen*, die im Zusammenhang mit einer Problem- oder Fragestellung angefallen sind, *zu Clustern unter einheitlichen Oberbegriffen zusammengefasst.*

Ein Affinitätsdiagramm wird häufig zur Zusammenfassung von Gruppenarbeit, z. B. im Brainstorming, benutzt. Der Gruppe wird ein Thema, eine Problem- oder Fragestellung vorgestellt. Anschließend schreiben die Gruppenmitglieder Begriffe, Gedanken zu der Fragestellung auf. Häufig werden die Begriffe auf Karten notiert. Die Karten werden eingesammelt, die Begriffe vorgelesen und in Gruppenarbeit geordnet. Die Karten mit zusammengehörigen Begriffen werden entsprechend geordnet auf ein Tableau geheftet. Für die Begriffsgruppen werden in Gruppenarbeit Oberbegriffe gesucht. Die Oberbegriffe werden ebenfalls auf Karten geschrieben und als Überschrift der zusammengehörigen Begriffe an das Tableau geheftet.

5. Welchen Beitrag leistet das Affinitätsdiagramm zur Datenanalyse?

Das Affinitätsdiagramm ordnet die Vielzahl von chaotisch vorliegenden Daten nach bestimmten Gesichtspunkten (Oberbegriffen). Ähnliche *Informationen werden sinnvoll* zusammengefasst. Dadurch kann die Problemstellung besser verdeutlicht werden. Zusammenhänge werden sichtbar. Dadurch wird eine weitergehende Bearbeitung der Fragestellung möglich.

6. Was ist ein Baumdiagramm?

Mithilfe des Baumdiagramms wird ein Oberbegriff in Unterbegriffe, ein Thema in Einzelaspekte, ein Problem in logisch abhängige Untergruppen über mehrere Ebenen aufgefächert. Durch die *Zerlegung eines Themas* können Zusammenhänge, Abhängigkeiten und Rangordnungen aufgezeigt werden.

Das Baumdiagramm ist eine grafische Darstellung. (Von seiner typischen Darstellungsform leitet sich der Begriff ab).

7. Welchen Beitrag leistet das Baumdiagramm zur Lösungsfindung?

Das Baumdiagramm wird gelegentlich dazu genutzt, um Maßnahmen und Mittel zur Lösung von Problemen zu erarbeiten. Die einzelnen Lösungswege eines Problems werden aufgezeigt; sie können dadurch aufeinander abgestimmt werden. Die Untergliederung des Problems sollte so weit geführt werden, dass auf der untersten Ebene Maßnahmen zur Lösung des Problems stehen, die direkt umgesetzt werden können.

8. Was ist ein Netzplan?

Der Netzplan ist die grafische Darstellung aller Ereignisse eines Prozesses in logisch richtiger Reihenfolge mit Angabe der erforderlichen Zeiten. Der grafischen Darstellung liegt eine Tabelle mit den erforderlichen Daten zu Grunde.

9. Welche Bedeutung hat der Kontinuierliche Verbesserungsprozess (KVP)?

Der kontinuierliche Verbesserungsprozess (KVP) ist ein *Grundprinzip des Qualitätsmanagements*. Zertifizierte Unternehmen müssen angeben, wie sie Produkte, Prozesse, Leistungen usw. kontinuierlich verbessern. Sie müssen den Verbesserungsprozess überwachen und die Maßnahmen dokumentieren. Darüber hinaus müssen sie dafür Sorge tragen, dass aufgetretene Mängel nicht nur beseitigt werden, sondern auch, dass sie sich nicht wiederholen.

10. Wie kann der Kontinuierliche Verbesserungsprozess ablaufen?

Der KVP kann andeutungsweise folgendermaßen ablaufen:

- Festlegung der verbesserungswürdigen Objekte,
- Probleme beschreiben, analysieren, bewerten,
- Lösungsideen gemeinsam finden, bewerten,
- Entscheidung für eine Lösungsmöglichkeit, daraus Maßnahmen ableiten,
- Erfolg prüfen.

11. Welche Bedeutung hat das Quality Function Deployment (QFD)?

Quality Function Deployment ist eine *Methode der Qualitätssicherung*. Sie dient dazu, die Qualitätseigenschaften eines Produktes so zu planen und zu entwickeln, dass sie den Kundenwünschen und offensichtlichen Kundenerwartungen optimal entsprechen.

12. Wie wird beim QFD vorgegangen?

Beim QFD wird die Problematik mithilfe von *Was-Wie-Korrelationen* erfasst. Es wird nach einzelnen Aspekten von Kundenwünschen gefragt, das können die äußere Gestaltung eines Produkts, seine Gebrauchsfunktionen u. Ä. sein; dann wird ermittelt, wie diesen Aspekten am besten entsprochen werden kann. Dem WAS wird also das WIE gegenübergestellt, z. B. „Was wünscht der Kunde? – „Wie kann es hergestellt werden?" Was und Wie werden in einer Korrelationstabelle zusammengefasst.

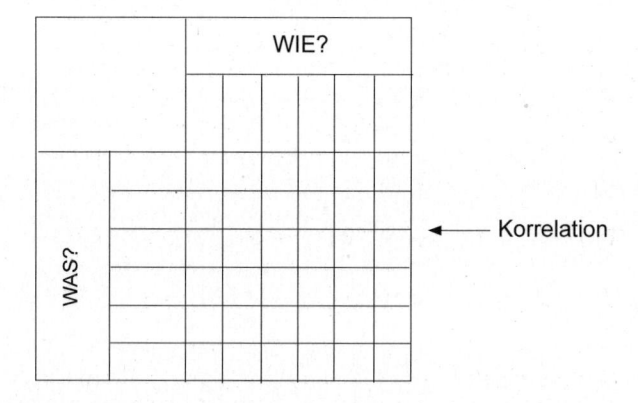

Das QFD wird im Team durchgeführt, das sich zusammensetzt aus Vertretern der verschiedenen Unternehmensbereiche; aber auch wichtige Kunden können in das Team eingebunden werden.

13. Welche Bedeutung hat die Failure Mode and Effects Analysis (FMEA)?

Die Failure Mode and Effects Analysis (FMEA) ist eine *Methode zum Auffinden und zur Analyse möglicher Schwachstellen,* und zwar bereits in der Entwurfs- bzw. Entwicklungsphase eines Produkts. Das Verfahren trägt dazu bei, Fehlerfolgekosten zu vermeiden oder zu minimieren. Je später ein Fehler erkannt und beseitigt wird, z. B. in der Produktphase oder beim fertigen Produkt, desto höher sind die Fehlerfolgekosten.

14. Welche Arten der FMEA können unterschieden werden?

Im Allgemeinen werden Design-, Produkt- und Prozess-FMEA unterschieden.

- Design-FMEA, sie bezieht sich auf die fertigungsgerechte Konstruktion, d. h. auf Maßnahmen zur Produktgestaltung, die u. a. die Einhaltung fertigungsabhängiger Qualitätsmerkmale ermöglichen soll.

- Produkt-FMEA, sie bezieht sich auf die Untersuchung möglicher Fehlerquellen im Zusammenwirken einzelner Komponenten des Systems, Komponenten sind z. B. Konstruktion, Hardware und Software. Besondere Bedeutung hat dabei die System-FMEA; sie untersucht u. a., ob das Produkt die festgelegten Funktionen erfüllt und zeigt Fehlerquellen auf und plant Maßnahmen zur Endeckung solcher Fehler und zu ihrer Vermeidung.
- Prozess-FMEA. sie bezieht sich auf mögliche Fehlerquellen im Produktionsprozess.

15. Wie wird bei FMEA vorgegangen?

Für die FMEA wird i. d. R. ein interdisziplinäres Team gebildet, dem u. a. Vertreter von Konstruktion, Entwicklung, Fertigung, Qualitätsmanagement u. Ä. angehören. Das Team

- analysiert das System auf mögliche Fehlerquellen und die Fehlerfolgen,
- beurteilt das Risiko für den Eintritt des Fehlers mit den Fehlerfolgen,
- schlägt Maßnahmen zur Lösung des Problems vor,
- beurteilt und bewertet das Restrisiko.

6.4.3 Kunden- und Lieferantenbeziehungen

1. Welche Bedeutung haben Kundenbeziehungen?

Die Organisation muss die *Anforderungen ermitteln*, die der Kunde an das Produkt stellt oder die er erwarten kann, weil es für einen bestimmten Zweck verwendet werden soll. Darüber hinaus sind auch die behördlichen bzw. gesetzlichen Anforderungen; Normvorgaben u. Ä. zu ermitteln. Die Anforderungen sind zu bewerten. Wenn feststeht, dass die Erfüllung der Anforderungen möglich ist, können Angebote abgegeben, Verträge abgeschlossen werden.

Die Organisation muss schließlich die Möglichkeiten zur Kommunikation mit dem Kunden einrichten. Anfragen des Kunden, Rückfragen der Organisation usw. werden erleichtert. Die Produktrealisierung kann dadurch im Kontakt mit dem Kunden ablaufen.

2. Welche Bedeutung haben Lieferantenbeziehungen?

Die Organisation muss sicherstellen, dass die beschafften Produkte den Beschaffungsanforderungen entsprechen. Beschaffungsanforderungen ergeben sich aus der Art und der Qualität des Endprodukts, das mithilfe der beschafften Produkte erstellt werden soll.

Die Organisation muss *Lieferanten auswählen*, die fähig sind, die erforderlichen Produkte herzustellen bzw. zu liefern. Dabei wird geprüft, ob der Lieferant über entsprechende Produktionsmöglichkeiten und ein angemessen qualifiziertes Personal verfügt und ein QM-System aufgebaut hat.

6.4.3.1 Kundenbeziehungen

1. Was wird als Customer Relationship Management bezeichnet?

Mit Customer Relationship Management (CRM, Kundenbeziehungsmanagement) bezeichnet man die *Verwaltung von Kundenbeziehungen*. Grundlage des CRM ist eine Datenbank, in der Daten von Kunden zentral gespeichert sind. Die Daten sind systematisch aufbereitet und können bei Bedarf abgerufen werden.

2. Welche Daten werden gespeichert?

Grundsätzlich werden solche Daten gespeichert und aufbereitet, *die für das Customer Relationship Management benötigt werden*. Art und Umfang des CRM ist abhängig von den Zielen des Unternehmens und – damit zusammenhängend – von der Branche. Bei der Speicherung von persönlichen Daten sind Datenschutzvorschriften zu beachten. Im Allgemeinen empfiehlt es sich, auf die Speicherung solcher Daten zu verzichten, die Persönlichkeitsrechte verletzen, wenn sie bestimmten Individuen zugeordnet werden können.

Daten, die gespeichert werden, sind z. B.

- Name und Anschrift des Kunden,
- Alter,
- Schulbildung,
- Beruf,
- Präferenzen,
- Vermögensverhältnisse (z. B. Hauseigentum, Einkommen),
- Attraktivität bzw. Wert des Kunden (Customer Lifetime Value),
- Zahlungsmoral,
- Art und Häufigkeit von Kontakten (z. B. Anrufe, Briefe, E-Mails usw.)
- Art, Umfang und Häufigkeit von Geschäftsabschlüssen.

3. Welche Philosophie liegt dem Customer Relationship Management zu Grunde?

Die Philosophie, die dem Customer Relationship Management zu Grunde liegt, lässt sich als *ganzheitliche Kundenorientierung* umschreiben. Bestimmte Marketingaktivitäten werden auf einzelne Kunden (oder Kundengruppen) ausgerichtet, deren Bedarf, Präferenzen und Wert aufgrund der gespeicherten Daten bekannt sind. Diesen Kunden werden häufig und gezielt Angebote unterbreitet. Dahinter steht die Einsicht, dass es kostengünstiger ist, Geschäfte mit bisherigen Kunden zu tätigen als Neukunden zu gewinnen.

4. Welche Ziele werden mit dem Customer Relationship Management verfolgt?

Vorrangiges Ziel des Customer Relationship Management ist die *langfristige Kundenbindung*. Das soll durch angemessene und vor allem individualisierte Kundenpflege

6.4 Management einer kundenorientierten Qualitätspolitik

erreicht werden. Damit verbunden ist die Absicht, Geschäfte mit dem Kunden zu tätigen.

5. Welchen besonderen Nutzen hat eine langfristige Kundenbindung?

Durch die langfristige Kundenbindung wird der *Customer Lifetime Value* optimiert. Als CLV bezeichnet man den Wert, den ein Kunde für ein Unternehmen hat.

6. Was wird mit dem Customer Lifetime Value angegeben?

Mit dem Customer Lifetime Value wird der *Ertragswert* angegeben, *den ein Kunde für das Unternehmen hat*. Die Gewinne (oder Deckungsbeiträge), die aus den Geschäften mit dem Kunden über einen längeren Zeitraum erwartet werden, werden auf den heutigen Zeitpunkt abgezinst. Der sich so ergebende Wert wird als Customer Lifetime Value bezeichnet. Ein Kunde mit einem hohen Wert gilt als attraktiv; er wird mit einer entsprechend hohen Attraktivitätsziffer eingestuft. Die Ziffer findet Verwendung im Customer Relationship Management.

Der Customer Lifetime Value ist als *Prognosewert mit erheblicher Unsicherheit* behaftet. So lässt sich die Dauer der Geschäftsbeziehung kaum vorhersagen. Auch die eindeutige Zuordnung von Ein- und Auszahlungen zu bestimmten Kunden ist nicht möglich. Die praktische Verwertbarkeit des CLV ist deshalb fragwürdig.

7. Welche Aufgaben erfüllt das Customer Relationship Management?

Das Customer Relationship Management erfüllt folgende Aufgaben:

- Kundenakquisition: in der Datenbank gespeicherte Interessenten werden angesprochen, um sie als Kunden zu gewinnen,
- Kundenpflege: die Bestandskunden werden regelmäßig und fortlaufend kontaktiert durch Mailings, Kundenzeitungen u. dgl.,
- Kundenreaktivierung: frühere Kunden, die zu anderen Lieferern gewechselt sind, werden gezielt kontaktiert mit dem Ziel, sie zurückzugewinnen.

8. Was ist ein CRM-System?

Ein CRM-System ist eine *Datenbankanwendung*. In der Datenbank sind alle Kundendaten, einschließlich der Kundenkontakte, strukturiert erfasst. Mitarbeiter können „on demand" die für ihre Arbeit erforderlichen Daten abrufen. Dadurch wird die Arbeit im Marketing, im Verkauf und im Kundendienst sehr erleichtert.

9. Welche Komponenten haben CRM-Systeme?

CRM-Systeme haben folgende Komponenten:

- Analytisches CRM:
  Die Daten werden erfasst, gespeichert, aufbereitet, strukturiert und analysiert.
- Operatives CRM:
  Das operative CRM unterstützt den direkten Kontakt zu den Kunden. Die Daten zielen darauf ab, den Dialog mit den Kunden im Marketing, im Verkauf und im Kundendienst zu optimieren.
- Kollaboratives CRM:
  Das kollaborative CRM zielt auf die Zusammenarbeit zwischen Unternehmen und Kunden; es steuert und unterstützt die Kommunikationskanäle für die effiziente Zusammenarbeit mit den Kunden.

6.4.3.2 Lieferantenbeziehungen

1. Wie werden Lieferanten bewertet und ausgewählt?

Im Allgemeinen reicht das Kriterium „Preis" für die Beurteilung der Angebote nicht aus. Global sourcing, Reduzierung der Beschaffungsquellen, modular bzw. system sourcing, einsatzsynchrone Anlieferungen und der Aufbau langfristiger Beschaffungsbeziehungen machen die sorgfältige Beurteilung der Leistungsfähigkeit i. w. S. von Lieferanten erforderlich. Die vorgelegten Angebote, Informationen aus der Beschaffungsmarktforschung, evtl. auch Rückfragen bei Geschäftsfreunden, Erfahrungen aus bisherigen Geschäftsbeziehungen mit den Lieferanten sind Grundlagen für die Analyse von Angeboten.

2. Welche Kriterien können für die Beurteilung eines Lieferanten herangezogen werden?

Für die Beurteilung werden Bewertungskriterien ausgewählt. Mit ihrer Hilfe soll das Unternehmen allgemein beurteilt und seine Eignung als Lieferant kritisch gewürdigt werden. Folgende Kriterien können für die Bewertung herangezogen werden:

Allgemeine Kriterien, dazu zählen z. B.
- Kapitalbasis, Eigenkapital,
- Kreditwürdigkeit,
- Image,

- Ertragslage,
- Organisation,
- Kooperationsbereitschaft.

Spezielle Kriterien, dazu zählen z. B.
- Preis,
- Qualität,
- Lieferungsbedingungen,
  Übernahme der Transportkosten,

- Anlieferungsmöglichkeiten (Standort),
- Zahlungsbedingungen, Kreditierungen,
- Garantieleistungen,
- Gegengeschäfte.

3. Wie werden die Kriterien bewertet?

Für die einzelnen Kriterien werden *Punktwerte* ermittelt. Zur Bewertung qualitativer Merkmale, zu denen die meisten Kriterien zählen, nutzt man häufig *ordinale Skalierun-*

6.4 Management einer kundenorientierten Qualitätspolitik

gen. Für jedes Kriterium wird eine Skala mit (z. B.) fünf Bewertungen mit Punktwerten vorgegeben, z. B. sehr gut (= 5 Punkte), gut (= 4), mittelmäßig/neutral (= 3), schlecht (= 2), sehr schlecht (= 1 Punkt).

Zur Veranschaulichung wird ein einfaches, relativ leicht zu handhabendes **Beispiel** wiedergegeben[24]. Als Bewertungskriterien werden Qualität, Preis und Termin angenommen. Das Kriterium Qualität wird auf Mindestanforderungen, das Kriterium Preis auf den Durchschnittspreis und das Kriterium Termin auf durchschnittliche Liefertermine bezogen; die entsprechenden Bezugswerte liegen als Ergebnisse der Beschaffungsmarktforschung vor. Zusätzlich wird die Zuverlässigkeit der Lieferanten hinsichtlich der Qualität, des Termins und der Menge untersucht. Mithilfe der Punktwerte kann angegeben werden, in welchem Umfang ein Angebot bzw. der Anbieter das jeweilige Kriterium erfüllt.

Punkte:	5	4	3	2	1
Bewertung:	sehr gut	gut	neutral	mäßig	schlecht
Das Angebot					
Qualität	übertrifft weit die	übertrifft die	entspricht den	liegt teilweise knapp unter den	entspricht in keiner Weise den
	Mindestanforderungen				
Preis	liegt mehr als 5 % unter dem	liegt bis zu 5 % unter dem	entspricht dem	liegt bis zu 5 % über dem	liegt mehr als 5 % über dem
	Durchschnittspreis				
Termin	liegt mehr als 10 % unter den	liegt bis zu 10 % unter den	entspricht den	liegt bis zu 10 % über den	liegt mehr als 10 % über den
	durchschnittlichen Lieferterminen				
Die Zuverlässigkeit des Lieferanten hinsichtlich ...					
... Qualität	Lieferungen				
	übertreffen Vertragsvereinbarungen	übertreffen teilweise den Vertragsvereinbarungen	entsprechen genau den Vertragsvereinbarungen	weisen kleinere Fehler auf	müssen teilweise zurückgewiesen werden
... Termin	Lieferungen				
	gem. Vereinbarung	treffen ca. eine Woche zu früh ein	treffen ca. 2 Tage zu spät bzw. mehr als eine Woche zu früh ein	treffen ca. eine Woche zu spät ein	treffen trotz Mahnung mehr als 2 Wochen zu spät ein
... Menge	Liefermenge				
	gem. Vereinbarung	liegt bis zu 5 % über Bestellmenge	liegt bis zu 5 % unter bzw. mehr als 5 % über der Bestellmenge	liegt bis zu 10 % unter der Bestellmenge	liegt mehr als 10 % unter der Bestellmenge

---

[24] Nach Schulte, Christof: Logistik, 4. Aufl., München 2005, S. 269.

4. Warum werden die Punktwerte aus der Angebots- bzw. Lieferantenanalyse gewichtet?

Im Allgemeinen haben die Kriterien unterschiedliches Gewicht. So kann z.B. die Kapitalbasis eines Lieferanten von geringer, die Kooperationsbereitschaft im Hinblick auf die zukünftige Zusammenarbeit von höherer, die Zuverlässigkeit, die Qualität und die Preise der Produkte von sehr hoher Bedeutung sein. Entsprechend werden die ermittelten Punktwerte gewichtet, d.h. sie werden mit einem Gewichtungsfaktor multipliziert. Die *Summe der gewichteten Punkte* ist Grundlage der Entscheidung für ein Angebot bzw. für einen Anbieter.

Zur Veranschaulichung wird im Folgenden ein einfaches (hinsichtlich der Angebote bzw. Anbieter und der Kriterien beliebig ergänzbares) **Beispiel** konstruiert. *Verglichen werden mehrere Angebote bzw. Anbieter hinsichtlich einiger Kriterien. Dazu werden die Angaben aus dem Beispiel bei vorstehender Frage herangezogen, durch weitere Kriterien ergänzt und Gewichtungsfaktoren angenommen.*

Kriterien	Gewichtungs-faktoren	Lieferanten I Punktwerte	gewichtete Punktwerte	II Punktwerte	gewichtete Punktwerte	III Punktwerte	gewichtete Punktwerte	(sonst.) Punktwerte	gewichtete Punktwerte
Preis	1,5	5	7,5	4	6,0	3	4,5		
Qualität	1,2	4	4,8	3	3,6	2	2,4		
Termin	1,0	3	3,0	3	3,0	2	2,0		
Zuverlässigkeit	1,0	4	4,0	3	3,0	3	3,0		
Kooperations-bereitschaft	0,8	3	2,4	4	3,2	5	4,0		
Kapitalbasis	0,5	3	1,5	3	1,5	3	1,5		
(sonstige)									
Punktsumme			23,2		20,3		17,4		

5. Wie lässt sich die Bedeutung des Lieferantenmanagements umschreiben?

Als Lieferantenmanagement kann man die *Ausgestaltung der Beziehungen eines Unternehmens zu den guten Lieferanten* bezeichnen. Sie hat u.a. folgende Ziele.[25]

- Transparenz der Lieferbeziehungen hinsichtlich Güte und Dimension zur Ausschöpfung von Bündelungspotenzialen,
- Ausschöpfung von Verbesserungspotenzialen unter Berücksichtigung eines ganzheitlichen Ansatzes unter Einschluss auch technischer Aspekte,

---

[25] Diese und die folgenden Ausführungen in Anlehnung an: Schulte: a.a.O., S. 270 ff.

6.4 Management einer kundenorientierten Qualitätspolitik

- Berücksichtigung der Gesamtkosten, d. h. Vermeidung einer ausschließlichen Preisorientierung des Einkaufs,
- Aufbau, Ausbau und Pflege einer partnerschaftlichen Versorgungskette mit guten Lieferanten und ihre Optimierung.

6. Welche Aspekte umfasst das Lieferantenmanagement?

Das Lieferantenmanagement umfasst folgende Aspekte, die im Allgemeinen aufeinander folgen:

- Lieferantenauswahl,
- Lieferantenbewertung,
- Lieferantenentwicklung,
- Kostensenkung mit Lieferanteneinbindung.

7. Welche Bedeutung hat die Lieferantenbewertung für die Strategien der Lieferantenentwicklung?

Ausgewählte Lieferanten werden nach bestimmten Kriterien bewertet (s. Frage 4). Die Bewertung ist Grundlage für die Einteilung der *Lieferanten in Kategorien*. Die Zuordnung zu den Kategorien bestimmt die Lieferantenentwicklung.

Folgende Kategorienbildung wäre z. B. denkbar:

1. beste Lieferanten,
2. akzeptierte Lieferanten,
3. reduzierte Lieferanten,
4. schlechteste Lieferanten.

Bei den besten Lieferanten werden strategische Partnerschaften entwickelt und gemeinsame Ziele und Maßnahmen vereinbart, das Ziel ist die Erhöhung des Einkaufsvolumens. Bei den schlechtesten Lieferanten wird man Ausphasen anstreben, auf jeden Fall aber das Einkaufsvolumen möglichst schnell reduzieren.

6.4.4 Weiterentwicklung zum „Integrierten Management"

1. Was wird mit dem Begriff Qualitätskreis umschrieben?

Als Qualitätskreis wird der *Leistungskreislauf* oder Wertschöpfungskreislauf eines Unternehmens im Zusammenhang mit Planung, Produktion, Lagerung, Verkauf (einschließlich Distribution) bezeichnet. Er beginnt mit der Absatzmarktforschung (Ermittlung der Wünsche und Bedürfnisse von Kunden), durchläuft die Produktentwicklung, die Verfahrensplanung, den Einkauf und die Logistik, die Produktion, das Lager und endet beim Verkauf, also beim Marketing, zu dem die Marktforschung gehört.

Qualitätskreis heißt dieser Kreislauf, weil seine Stationen an die Qualitätsziele des Unternehmens gebunden sind; durch die Berücksichtigung der Qualitätsziele auf allen Wertschöpfungsstufen erreicht das Produkt schließlich die Qualität, die das Unternehmen als Wettbewerbsvorteil benötigt.

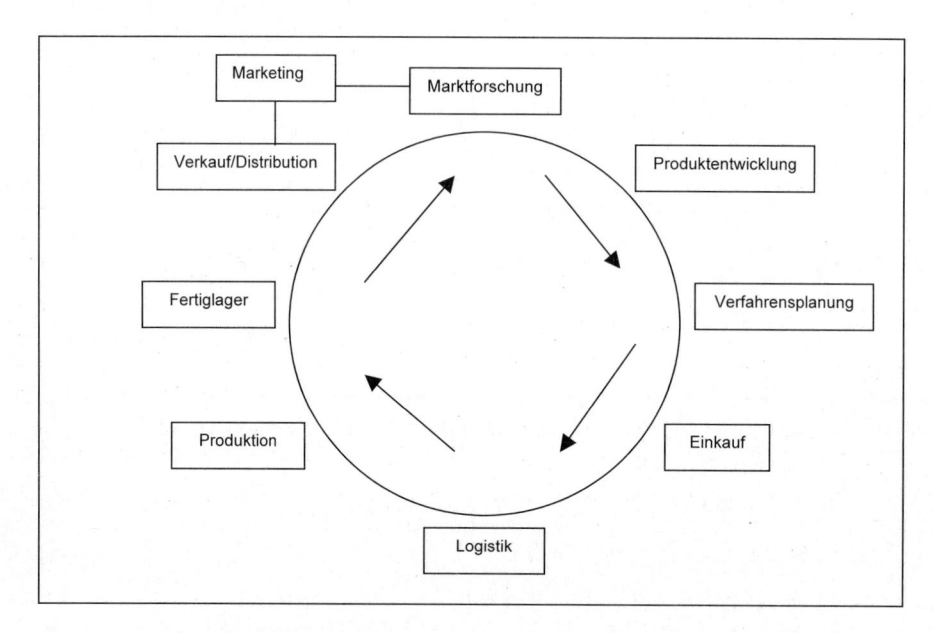

2. Wie lässt sich der Begriff Total Quality Management umschreiben?

Total Quality Management drückt sich im Qualitätskreis aus: *Ausrichtung aller Unternehmensbereiche auf die Qualitätsziele*. Es ist deshalb mehr als Qualitätsmanagement. TQM lässt sich in der Aufzählung folgender Aspekte umschreiben:

- Optimierung der Qualität von Produkten bzw. Dienstleistungen,
- Ausrichtung auf ein Höchstmaß an Kundenzufriedenheit,
- Ausnutzung von Qualitätsvorsprung und hoher Kundenzufriedenheit als Wettbewerbsvorteil,
- Ausrichtung aller Bereiche – Funktionsbereiche und Ebenen – des Unternehmens auf die Qualitätsziele (vgl. Qualitätskreis),
- Beteiligung aller Mitarbeiter, z.B. durch Motivation, besondere Schulung.

3. Was verbirgt sich hinter dem Begriff Total-Quality-Management-Philosophie?

Die TQM-Philosophie ist ein *Unternehmensleitbild*, das auf dem TQM beruht. Es drückt sich nach außen darin aus, dass über die Einhaltung von Qualitätsstandards und ständige Verbesserung der Qualität Vertrauen von Kunden und übriger Öffentlichkeit gewonnen werden soll. Nach innen drückt es sich in der Ausrichtung aller Unternehmensbereiche auf die Qualitätsziele aus; insbesondere aber schlägt es sich in der Verpflichtung der Mitarbeiter nieder, an der Verbesserung der Qualität mitzuwirken.

4. Welche Vision und Mission hat die European Foundation for Quality Management (EFQM)?

Die European Foundation for Quality Management (EFQM) ist eine Institution, der zzt. mehrere Hundert europäische Organisationen (Unternehmen usw.) als Mitglieder angehören. Ihre **Vision** formuliert sie folgendermaßen: *EFQM is the recognised leader in promoting and supporting the implementation of Sustainable Excellence.* Daraus ergibt sich ihre **Mission**: *EFQM brings together organisations striving for Sustainable Excellence.*

Die EFQM verleiht jährlich in Zusammenarbeit mit der European Organisation for Quality und der Kommission der Europäischen Gemeinschaften den *European Quality Award* an europäische Organisationen, die überdurchschnittliche Leistungen nachweisen können. Zur Ermittlung der auszeichnungswürdigen Organisationen wird das Konzept des EFQM-Modells genutzt.

5. Welche Bedeutung hat das EFQM-Modell?

Die EFQM will dazu beitragen, dass Qualität in europäischen Organisationen gefördert wird. Dazu soll das EFQM-Modell (EFQM Excellence Model) beitragen; es benennt *neun Kriterien*, nach denen sich die Organisationen selbst einschätzen können. In der Gesamtbewertung haben die Kriterien unterschiedliches Gewicht, besondere Bedeutung kommt der Kundenzufriedenheit zu.

Die Kriterien sind einerseits die *Enablers*, das sind die Kriterien, die die Ergebnisse bewirken und die *Results* (Ergebnisse).

Enablers:
1. Führung,
2. Mitarbeiter,
3. Strategie,
4. Ressourcen und Mitarbeiterführung,
5. Prozesse, Produkte, Dienstleistungen.

Results:
1. Ergebnisse bei Mitarbeitern (Mitarbeiterzufriedenheit),
2. Ergebnisse bei Kunden (Kundenzufriedenheit),
3. Auswirkungen auf Gesellschaft,
4. Geschäftsergebnisse.

6.5 Management einer nachhaltigen Ökologiepolitik

6.5.1 Nachhaltige Verantwortung des Unternehmens

1. Wann ist eine Entwicklung nachhaltig?

Nachhaltig ist eine Entwicklung, die den Bedürfnissen der heutigen Generation entspricht, ohne die Möglichkeiten künftiger Generationen zu gefährden, ihre eigenen Bedürfnisse zu befriedigen und ihren Lebensstil zu wählen.[26]

2. Welche Ziele stehen im Zusammenhang mit der nachhaltigen Entwicklung?

Folgende ökologische Ziele werden in der Literatur häufig für die nachhaltige Entwicklung genannt:[27]

- Schutz der Erdatmosphäre,
- Gesunde Lebensbedingungen,
- Arten- und Landschaftsvielfalt,
- Einhaltung Regenerationsrate erneuerbarer Ressourcen,
- Minimierung des Verbrauchs nicht erneuerbarer Ressourcen.

3. Worin zeigt sich, dass Unternehmen ihrer Verantwortung für eine nachhaltige Entwicklung gerecht werden?

Unternehmen werden durch behördliche Vorgaben zu einem umweltgerechten Verhalten gezwungen, z.B. durch das Bundesimmissionsschutzgesetz, durch die Wasserrahmenrichtlinie der EU, durch das Kreislaufwirtschafts- und Abfallgesetz usw. Verstöße gegen die Vorschriften werden geahndet z.B. mit Bußgeld.

Viele Unternehmen sind sich aber ihrer *Verantwortung für die nachhaltige Entwicklung* bewusst und erbringen dafür Leistungen, die über die gesetzlichen und verordneten Anforderungen hinausgehen. Das zeigt sich z.B. in der Einführung und in der ständigen Verbesserung von Umweltmanagementsystemen (UMS) nach der EMAS-VO oder nach EN ISO 14001. EMAS-VO und ISO 14001 geben Normen vor für die Organisation des Aufbaus des Systems mit der Verteilung von Zuständigkeiten und für die Organisation der Abläufe von Maßnahmen.

Viele Unternehmen veröffentlichen regelmäßig *Nachhaltigkeitsberichte*, in denen sie Rechenschaft über ihre umweltorientierten Maßnahmen und über die Verbesserungen ihrer Systeme ablegen. Die Berichte sind der Öffentlichkeit zugänglich. Die Unternehmen unterliegen dadurch in einem gewissen Maße der sozialen Kontrolle durch Mitarbeiter, Interessengruppen und weitere interessierte Kreise.

---

[26] Diese häufig zitierte Definition stammt aus dem sog. Brundtland-Bericht der World Commission on Environment and Development; Frau Brundtland (damalige Ministerpräsidentin von Norwegen) war zeitweilig Vorsitzende der Kommission.

[27] Nach Rogall, H.: Entwicklung der Umweltgefahren und des Umweltschutzes, Berlin 2007.

4. Was wird mit dem Begriff Corporate Social Responsibility bezeichnet?

Der Begriff Corporate Social Responsibility (CSR)[28] bezeichnet die Grundlage für den Beitrag, den Unternehmen freiwillig zur nachhaltigen Entwicklung leisten. Im Rahmen von CSR muss verantwortungsvolles unternehmerisches Handeln die eigentliche Geschäftstätigkeit mit ökologischen Zielen und den Interessen von Stakeholdern in Einklang bringen.

5. Was wird als Drei-Säulen-Modell bezeichnet?

Die Bezeichnung Drei-Säulen-Modell weist darauf hin, dass das Modell von CSR auf drei Säulen ruht: *Ökonomie, Ökologie und Soziales*. Das besagt aber auch, unternehmerisches Handeln ist an seinem Beitrag zur Entwicklung des wirtschaftlichen Wohlstands, der Umweltqualität und des Sozialkapitals zu messen.[29]

6. Können Unternehmerverbände bzw. -vereinigungen zur Organisation von Unternehmensmanagementsystemen und zur nachhaltigen Entwicklung der Unternehmen beitragen?

Unternehmen können Unternehmerverbänden bzw. -vereinigungen beitreten, deren Zweck darin besteht, Unternehmen bei der Einführung von UMS zu unterstützen. Im Folgenden werden drei Beispiele für Verbände dieser Art genannt:

- VNU – Verband für nachhaltiges Umweltmanagement,
- UnternehmensGrün,
- B.A.U.M. – Bundesdeutscher Arbeitskreis für Umweltbewusstes Management e. V.

7. Welchen Zweck verfolgt der VNU?

Nach seiner Satzung hat der VNU den Zweck, die Verbesserung des betrieblichen Umweltschutzes, insbesondere durch nachhaltiges Umweltmanagement, zu fördern. Das soll vor allem dadurch erfolgen, dass qualifizierte Fachleute die Einführung, Weiterentwicklung und Prüfung betrieblicher Umweltmanagementsysteme unterstützen.

8. Welche Ziele verfolgt der Verein UnternehmensGrün?

UnternehmensGrün ist ein Zusammenschluss von Unternehmen, Selbstständigen und leitend in der Wirtschaft Tätigen. Er verfolgt u. a. folgende Ziele:

- Einsatz für eine ökologische Ausrichtung und Erneuerung der Wirtschaft,
- Förderung sozialer Innovationen in den Unternehmen,
- Anregung politischer Diskussion über ökologisches Wirtschaften.

---

[28] Übersetzt etwa: unternehmerische Verantwortung für die gesellschaftliche Umwelt.
[29] Grünbuch Europäische Rahmenbedingungen für die soziale Verantwortung der Unternehmen, Brüssel 2001, S. 30.

9. Welches Ziel verfolgt der Bundesdeutsche Arbeitskreis für Umweltbewusstes Management e.V.?

Ziel von B.A.U.M. ist es, Unternehmen, Kommunen und Organisationen für die Belange des vorsorgenden Umweltschutzes sowie für die Vision des nachhaltigen Wirtschaftens zu sensibilisieren und bei der ökologisch wirksamen, ökonomisch sinnvollen und sozial gerechten Realisierung zu unterstützen.

6.5.2 Nationale und internationale rechtliche Rahmenbedingungen

6.5.2.1 Nationale Rahmenbedingungen

1. Auf welcher Grundlage beruht in Deutschland die Pflicht, den Umweltschutz rechtlich zu regeln?

Grundlage für den öffentlich-rechtlichen Umweltschutz in Deutschland und für die Schaffung entsprechender Rahmenbedingungen ist das *Grundgesetz*. In Art. 20a heißt es:

„Der Staat schützt auch in Verantwortung für die künftigen Generationen die natürlichen Lebensgrundlagen und die Tiere im Rahmen der verfassungsmäßigen Ordnung durch die Gesetzgebung und nach Maßgabe von Gesetz und Recht durch die vollziehende Gewalt und die Rechtsprechung."

2. Welche Prinzipien liegen dem Umweltrecht zu Grunde?

Folgende Prinzipien liegen dem Umweltrecht zu Grunde:[30]

- Vorsorgeprinzip,
  es besagt, dass Umweltschäden und -risiken nach Möglichkeit vermieden werden.

- Nachhaltigkeitsprinzip,
  es besagt, dass natürliche Ressourcen vorsorglich zu behandeln sind, d.h. weitgehend für künftige Nutzungen geschont werden.

- Verursacherprinzip,
  es besagt, dass derjenige, der Umweltschäden verursacht, auch für die Beseitigung der Schäden herangezogen wird, z.B. in Form einer Kostenbeteiligung.

- Gemeinlastprinzip,
  es besagt, dass das Gemeinwesen Umweltschäden beseitigen muss, wenn der eigentliche Verursacher nicht zu ermitteln ist

- Kooperationsprinzip,
  es besagt, dass der Staat beim Umweltschutz mit anderen Institutionen kooperieren soll, z.B. mit der Wirtschaft.

---

[30] Burschel, Carlo, Dirk Losen und Andreas Wiendl: Betriebswirtschaftslehre der Nachhaltigen Unternehmung, München 2004, S. 122 f.

6.5 Management einer nachhaltigen Ökologiepolitik

3. Welche Instrumente zu Verhaltenssteuerung kann das Umweltrecht einsetzen?

Die Instrumente des Umweltrechts können danach unterschieden werden, ob sie das Verhalten *direkt oder indirekt* steuern. Der direkten Verhaltenssteuerung dienen Verbote bzw. Gebote und Auflagen. Zur indirekten Verhaltenssteuerung werden folgende Instrumente genutzt: Abgaben und Subventionen, sowie (handelbare) Nutzungsrechte, Rücknahme- und Pfandpflichten.[31]

4. Wie wirken Verbote bzw. Gebote im Umweltrecht?

Verbote im Umweltrecht untersagen bestimmte Handlungen, die die Umwelt schädigen können, oder schränken sie ein; verboten sind z. B. vermeidbare Beeinträchtigungen von Natur und Landschaft (vgl. Natur- und Landschaftsschutzrecht). Gebote stellen Pflichten dar, dazu zählen z. B. Kennzeichnungspflichten.

5. Wie wirken Auflagen im Umweltrecht?

Genehmigungen für bestimmte umweltorientierte Handlungen können mit Auflagen verbunden sein. Das bedeutet z. B., dass eine betriebliche Anlage nur genehmigt wird, wenn der Betreiber bestimmte Auflagen erfüllt. Die Auflagen können sich auf den Input, den Output, den Prozess und auf die Emissionen beziehen.

- Inputauflagen beziehen sich die Verwendung bestimmter Roh-, Hilfs- und Betriebsstoffe,

- Outputauflagen beziehen sich auf das Produktionsergebnis, z. B. auf das Produkt, für das bestimmte Sicherheits- oder Qualitätsstandards vorgegeben sind,

- Prozessauflagen beziehen sich auf die Anwendung bestimmter Technologien im Produktionsprozess und zur Entsorgung.

6. Kann umweltorientiertes Verhalten durch Abgaben gesteuert werden?

Umweltabgaben, zu denen auch Steuern, Gebühren und Beiträge zählen, können umweltorientiertes Verhalten steuern. Sie stellen einen Preis für Umweltschädigung dar, der sich aus den Kosten für die Beseitigung der Schäden ergibt. Durch eine Preiserhöhung sollen z. B. die Umweltschädigungen minimiert werden. Die Steuerungsfunktion der Umweltabgaben hat in der Praxis eine untergeordnete Bedeutung, sie dienen eher der Finanzierung von Umweltschutzmaßnahmen der Behörden.

7. Können Umweltschutzsubventionen umweltorientiertes Verhalten lenken?

Durch Umweltschutzsubventionen kann umweltorientiertes Verhalten direkt oder indirekt gelenkt werden. *Direkte Subventionen* sind z. B. Finanzhilfen, mit denen der Staat private Einrichtungen zum Umweltschutz unterstützt. *Indirekte Subventionen* sind z. B.

---

[31] Burschel, Carlo, Dirk Losen und Andreas Wiendl: a. a. O., S. 123 ff.

Steuervergünstigungen; umweltschädigende Produkte können z. B. höher besteuert und so verteuert werden; dadurch könnte eine Lenkung des Verbrauchs zu den Produkten mit geringerer Umweltbelastung stattfinden.

8. Was sind handelbare Nutzungsrechte und wie wirken sie?

Handelbare Nutzungsrechte können ein wirksames Instrument zur mengenmäßigen Steuerung der Umweltverschmutzung sein.

Die Nutzungsrechte ergeben sich durch die Festlegung der insgesamt zulässigen Emissionen und deren Aufteilung in Teilmengen, für die Lizenzen (Wertpapiere) ausgestellt werden. Die *Lizenzen* stellen die Nutzungsrechte dar, sie berechtigen den Inhaber zur Emission einer entsprechenden Schadstoffmenge. Unternehmen, die die Emissionen einschränken, können nicht benötigte Nutzungsrechte verkaufen.

9. Können Pfand- und Rücknahmepflichten Umweltbelastungen reduzieren?

Produkte, die mit einem **Pfand** belegt sind, werden von Verbrauchern gegen Rückerstattung des Pfands nach Gebrauch bzw. nach Verbrauch des Inhalts an den Verkäufer zurückgegeben. Auf diese Art werden diese Produkte in einen bestimmten Entsorgungsweg gelenkt.

Produkte, für die eine **Rücknahmepflicht** und damit eine bestimmte Entsorgungspflicht besteht, müssen vom Hersteller ordnungsgemäß entsorgt bzw. wieder- oder weiterverwendet werden. Die Kosten der Entsorgung werden damit den Verursachern auferlegt.

10. Welche Bereiche umfasst das Umweltschutzrecht?

Das Umweltschutzrecht umfasst u. a. folgende Bereiche:

- Immissionsschutzrecht,
- Gewässerschutzrecht,
- Abfallrecht,
- Bodenschutz- und Altlastenrecht,
- Gefahrstoffrecht,
- Naturschutz- und Landschaftsschutzrecht.

6.5.2.2 Internationale (europäische) rechtliche Rahmenbedingungen

1. Welche Bedeutung hat das primäre Gemeinschaftsrecht?

Das Primärrecht der EU ist die Grundlage für Zuständigkeiten im EU-Umweltrecht. Es gilt als das *„Umweltverfassungsrecht der EU"* (Burschel u. a.). Aus dem Primärrecht leitet sich das Sekundärrecht ab; es umfasst alle Vorschriften, die von EU-Organen erlassen werden. Von besonderer Bedeutung sind dabei Verordnungen und Richtlinien.

2. Wie wirken Verordnungen?

Verordnungen der EU sind *unmittelbar geltendes Recht* in den Mitgliedstaaten. Umweltpolitische Verordnungen der EU beziehen sich vor allem auf die Umsetzung institutioneller, organisatorischer und finanzieller Regelungen. Eine wichtige Verordnung zum Umweltschutz ist die EMAS-VO (Eco-Management and Audit Scheme VO).

3. Wie wirken Richtlinien?

Richtlinien der EU müssen innerhalb einer bestimmten Frist von den Mitgliedsstaaten *in nationalstaatliches Recht* umgesetzt werden. Dabei bleibt es den Mitgliedstaaten überlassen, wie sie die Richtlinie umsetzen, z. B. als Gesetz oder Verordnung. Eine wichtige Richtlinie zum Umweltschutz ist die Wasserrahmenrichtlinie.

6.5.3 Umweltrechtliche Regelungen

6.5.3.1 Immissionsschutzrecht

1. Welchen Zweck verfolgt des Bundesimmissionsgesetz (BImSchG)?

Der Zweck des Bundesimmissionsgesetzes (Gesetz zum Schutz von schädlichen Umwelteinwirkungen durch Luftverunreinigungen, Geräusche, Erschütterungen und ähnlichen Vorgängen) ist es, *Menschen, Tiere und Pflanzen, den Boden, das Wasser, die Atmosphäre sowie Kultur- und sonstige Sachgüter vor schädlichen Umwelteinwirkungen zu schützen und dem Entstehen schädlicher Umwelteinwirkungen vorzubeugen* (§ 1 BImSchG).

2. Für welchen Bereich gelten die Vorschriften des BImSchG?

Die Vorschriften des BImSchG gelten für

- die Errichtung und den Betrieb von Anlagen,
- die Herstellung, das In-den-Verkehr-Bringen und die Einfuhr von Anlagen, Brennstoffen und Treibstoffen, bestimmten Stoffen u. Ä.,
- die Beschaffenheit, die Ausrüstung, den Betrieb und die Prüfung von Kraftfahrzeugen und ihren Anhängern und von Schienen-, Luft- und Wasserfahrzeugen u. Ä.,
- den Bau öffentlicher Straßen sowie von Eisenbahnen, Magnetschwebebahnen und Straßenbahnen.

3. Unter welchen Voraussetzungen können Anlagen, Brenn- und Treibstoffe errichtet, hergestellt und in den Verkehr gebracht werden?

Im Folgenden werden einige Voraussetzungen dafür genannt, dass Anlagen usw. in den Verkehr gebracht bzw. hergestellt werden dürfen.

- Anlagen und hierfür serienmäßig hergestellte Teile:
  Sie müssen bestimmten Anforderungen zum Schutz vor schädlichen Umwelteinwirkungen durch Luftverunreinigungen, Geräusche, Erschütterungen oder nichtionisierende Strahlen genügen.

- Brennstoffe, Treibstoffe, Schmierstoffe oder Zusätze zu diesen Stoffen:
  Sie müssen bestimmten Anforderungen zum Schutz vor schädlichen Umwelteinwirkungen durch Luftverunreinigung genügen.

- Stoffe oder Erzeugnisse aus Stoffen, die geeignet sind, bei ihrer bestimmungsgemäßen Verwendung oder bei der Verbrennung zum Zwecke der Beseitigung oder der Rückgewinnung einzelner Bestandteile schädliche Umwelteinwirkungen durch Luftverunreinigungen hervorzurufen:
  Sie müssen zum Schutz vor schädlichen Umwelteinwirkungen durch Luftverunreinigungen bestimmten Anforderungen an ihre Zusammensetzung und an das Verfahren zu ihrer Herstellung genügen. In den Verkehr gebrachter Kraftstoff muss einen Mindestanteil von Biokraftstoff enthalten.

- Kraftfahrzeuge und ihre Anhänger; Schienen-, Luft- und Wasserfahrzeuge sowie Schwimmkörper u. Ä.:
  Emissionen, die durch die Teilnahme am Verkehr bei bestimmungsgemäßen Betrieb verursacht werden, dürfen die vorgegebenen Grenzwerte nicht überschreiten. Unter bestimmten Voraussetzungen kann die Straßenverkehrsbehörde den Kraftfahrzeugverkehr einschränken oder verbieten.

- Bau öffentlicher Straßen sowie von Eisenbahnen, Magnetschwebebahnen und Straßenbahnen:
  Es muss sichergestellt werden, dass keine schädlichen Umwelteinwirkungen durch Verkehrsgeräusche hervorgerufen werden, die nach dem Stand der Technik vermeidbar sind.

4. Welche Anlagen sind genehmigungspflichtig?

Errichtung und der Betrieb von Anlagen sind genehmigungspflichtig, wenn sie ein erhöhtes Gefahrenpotenzial besitzen. Anlagen, die nicht gewerblichen Zwecken dienen, unterliegen der Genehmigungspflicht, wenn sie in besonderem Maße schädliche Umwelteinwirkungen durch Luftverunreinigungen oder Geräusche hervorrufen können.

5. Welche Pflichten haben Betreiber genehmigter Anlagen?

Betreiber von Anlagen, die der Genehmigungspflicht unterliegen, haben folgende Pflichten:

- Sie müssen schädliche Umwelteinwirkungen und Gefahren sowie erhebliche Belästigungen für die Allgemeinheit und die Nachbarschaft abwehren (*Abwehrpflicht*).

- Sie müssen ständig Vorsorge treffen gegen schädliche Umwelteinwirkungen, sonstige Gefahren und Belästigungen durch Maßnahmen, die dem jeweils aktuellen Stand der Technik entsprechen (*Vorsorgepflicht*).

6.5 Management einer nachhaltigen Ökologiepolitik

- Sie müssen dafür sorgen, dass Abfälle vermieden, nicht zu vermeidende Abfälle verwertet und nicht zu verwertende Abfälle ohne Beeinträchtigung des Wohls der Allgemeinheit beseitigt werden. (Vgl. die Ausführungen zu 6.5.3.3 Abfallrecht.)
- Sie sollen beim Betrieb der Anlage Energie sparsam und effizient verwenden.

Ähnliche Vorschriften bestehen auch für den Betrieb nicht genehmigungspflichtiger Anlagen.

6. Wie wird die Luftqualität überwacht?

Die Bundesregierung kann mit Zustimmung des Bundesrates Rechtsverordnungen erlassen, mit denen Folgendes geregelt wird:

- Die Immissions- und Emissionswerte,
- die Verfahren zur Ermittlung der Werte,
- die Maßnahmen zur Einhaltung dieser Werte,
- die Maßnahmen zur Überwachung und Messung.

7. Wie können Verstöße gegen das BImSchG geahndet werden?

Die Behörden haben u.a. folgende Möglichkeiten, Verstöße gegen das BImSchG zu ahnden:

- Der Betrieb der Anlage wird verboten bis der Betreiber alle Auflagen und Pflichten erfüllt.
- Eine genehmigungspflichtige Anlage, die ohne Genehmigung betrieben wird, kann stillgelegt oder u.U. sogar beseitigt werden.
- Die Errichtung einer genehmigungspflichtigen Anlage ohne Genehmigung ist eine Ordnungswidrigkeit, die u.U. ein Bußgeld zur Folge haben kann. Der Betrieb einer genehmigungspflichtigen Anlage ohne Genehmigung dagegen ist ein Straftatbestand.
- Verstöße gegen immissionsrechtliche Vorschriften sind Ordnungswidrigkeiten und können mit Bußgeld belegt werden.

8. Wie wird die Einhaltung der Vorschriften des BImSchG überwacht?

Die zuständigen Behörden müssen überwachen, dass die Vorschriften des BImSchG eingehalten werden. Überprüfungen finden *regelmäßig* statt.

Eine Überprüfung der Anlage wird z.B. immer dann erforderlich, wenn Verdachtsmomente dafür bestehen, dass der Schutz der Allgemeinheit und der Nachbarschaft nicht ausreichend ist, wenn wesentliche Veränderungen des Standes der Technik eine erhebliche Verminderung der Emissionen ermöglichen.

9. Welche Bedeutung haben Emissionserklärungen?

Nach § 27 BImSchG haben Betreiber genehmigungsbedürftiger Anlagen die Pflicht, der zuständigen Behörde innerhalb einer bestimmten Frist anzugeben, welche Luftverunreinigungen nach Art, Menge sowie nach räumlicher und zeitlicher Verteilung innerhalb eines bestimmten Zeitraums von der Anlage ausgegangen sind.

6.5.3.2 Gewässerschutzrecht

1. Was wird als Gewässerschutz bezeichnet und welchen Zwecken dient der Gewässerschutz?

Als Gewässerschutz kann man das zweckorientierte System aus Vorschriften, Regelungen, Einrichtungen, Arbeiten, Kontrollen usw. zum Schutz der Gewässer bezeichnen. Zwecke des Gewässerschutzes sind einerseits die *Reinhaltung des Wassers* als Trink- und Brauchwasser, andererseits der *Schutz der wasserabhängigen Ökosysteme*.

2. Welchen Zweck verfolgt die Trinkwasserverordnung?

Die Trinkwasserverordnung soll die *Genusstauglichkeit* und Reinheit von Wasser, das für den menschlichen Gebrauch bestimmt ist, gewährleisten und dadurch die menschliche Gesundheit schützen (§ 1 TrinkwV).

3. Welche Ziele verfolgt die Wasserrahmenrichtlinie der EU?

Die Richtlinie 2000/60 EG schafft einen Ordnungsrahmen für Maßnahmen der Gemeinschaft im Bereich der Wasserpolitik.

Die Rahmenrichtlinie *regelt die Bewirtschaftung der Gewässer* mit folgenden Zielen:
- Verhinderungen bzw. die Reduktion der Verschmutzung der Gewässer,
- Förderung ihrer nachhaltigen Nutzung,
- Schutz ihrer Umwelt,
- Zustandsverbesserung der aquatischen[32] Ökosysteme,
- Minderung der Auswirkungen von Überschwemmungen und Dürren.

4. Auf welche Gewässer bezieht sich das Regelwerk?

Die Regelungen der Rahmenrichtlinie beziehen sich auf folgende Gewässer und mit Gewässern verbundene Gebiete[33]:

- Binnengewässer:
  Dazu zählen alle an der Erdoberfläche stehenden oder fließenden Gewässer und das Grundwasser in dem entsprechenden Gebiet.

---

[32] Aquatisch – dem Wasser angehörend.
[33] Europa – Zusammenfassungen der EU-Gesetzgebung (online 2008).

6.5 Management einer nachhaltigen Ökologiepolitik

- Oberflächengewässer:
  Dazu zählen die Binnengewässer mit Ausnahme des Grundwassers sowie die Übergangsgewässer und Küstengewässer, wobei im Hinblick auf den chemischen Zustand ausnahmsweise auch die Hoheitsgewässer eingeschlossen sind.

- Grundwasser:
  Das ist das unterirdische Wasser, das in unmittelbarer Berührung mit dem Boden oder dem Untergrund steht.

- Übergangsgewässer:
  Das sind die Oberflächenwasserkörper in der Nähe von Flussmündungen, die aufgrund ihrer Nähe zu den Küstengewässern einen gewissen Salzgehalt aufweisen, aber im Wesentlichen von Süßwasserströmungen beeinflusst werden.

- Küstengewässer:
  Der Begriff umschließt die Oberflächengewässer auf der landwärtigen Seite einer Linie, auf der sich jeder Punkt eine Seemeile seewärts vom nächsten Punkt der Basislinie befindet, von der aus die Breite der Hoheitsgewässer gemessen wird, gegebenenfalls bis zur äußeren Grenze eines Übergangsgewässers.

- Einzugsgebiet:
  Damit wird ein Gebiet bezeichnet, aus welchem über Ströme, Flüsse und möglicherweise Seen der gesamte Oberflächenabfluss an einer einzigen Flussmündung oder einem Delta ins Meer gelangt.

- Flussgebietseinheit:
  Das ist die Kennzeichnung für ein als Haupteinheit für die Bewirtschaftung von Einzugsgebieten festgelegtes Land- oder Meeresgebiet, das aus einem oder mehreren benachbarten Einzugsgebieten und den ihnen zugeordneten Grundwässern und Küstengewässern besteht.

5. Welche Bedeutung hat das Wasserhaushaltungsgesetz (WHG)?

Im deutschen Gesetz zur *Ordnung des Wasserhaushalts* (Wasserhaushaltsgesetz WHG) werden die Vorgaben der Wasserrahmenrichtlinie der EU berücksichtigt. Das WHG ist ein Rahmengesetz des Bundes. Der Bund hat die konkurrierende Gesetzgebungskompetenz, die Länder können von den Regelungen des Bundes abweichen.

6. Wie sollen nach dem WHG Gewässer bewirtschaftet werden?

Die Gewässer sind so zu bewirtschaften, dass sie dem Wohl der Allgemeinheit und im Einklang mit ihm auch dem Nutzen Einzelner dienen, vermeidbare Beeinträchtigungen ihrer ökologischen Funktionen und der direkt von ihnen abhängenden Landökosysteme und Feuchtgebiete im Hinblick auf deren Wasserhaushalt unterbleiben und damit insgesamt eine *nachhaltige Entwicklung* gewährleistet wird.

Dahinter steht die Einsicht, dass Gewässer Bestandteil des Naturhaushalts und als Lebensraum für Tiere und Pflanzen zu sichern sind.

7. Welche Benutzungsarten nennt das WHG?

§ 3 WHG unterscheidet folgende Benutzungsarten:

- Oberirdische Gewässer:
  Entnehmen und Ableiten,
  Aufstauen und Absenken,
  Entnehmen fester Stoffe, soweit dies auf den Zustand des Gewässers oder auf den Wasserabfluss einwirkt,
  Einbringen und Einleiten von Stoffen.

- Küstengewässer:
  Einbringen und Einleiten von Stoffen.

- Grundwasser:
  Einleiten von Stoffen,
  Entnehmen, Zutagefördern, Zutageleiten und Ableiten,
  Aufstauen, Absenken und Umleiten durch Anlagen, die hierzu bestimmt oder hierfür geeignet sind,
  Maßnahmen, die geeignet sind, dauernd oder in einem nicht nur unerheblichen Ausmaß schädliche Veränderungen der physikalischen, chemischen oder biologischen Beschaffenheit des Wassers herbeizuführen.

8. Ist für die Benutzung der Gewässer eine Erlaubnis bzw. eine Bewilligung erforderlich?

Für die Benutzung der Gewässer ist eine behördliche Erlaubnis oder Bewilligung erforderlich (§§ 2, 7 und 8 WHG).

Die **Erlaubnis** gewährt die widerrufliche *Befugnis*, ein Gewässer *zu einem bestimmten Zweck in einer nach Art und Maß bestimmten Weise* zu benutzen; sie kann befristet werden. Wenn das Vorhaben eine Umweltverträglichkeitsprüfung erforderlich macht, kann die Erlaubnis nur in einem entsprechend vorgeschriebenen Verfahren erteilt werden.

Die **Bewilligung** gewährt das *Recht*, ein Gewässer *in einer nach Art und Maß bestimmten Weise* zu benutzen.

9. Sind an die Erlaubnis zur Einleitung von Abwasser besondere Anforderungen geknüpft?

Die Einleitung von Abwasser darf nur erlaubt werden, wenn die Schadstofffracht des Abwassers so gering gehalten wird, wie dies bei Einhaltung der jeweils in Betracht kommenden Verfahren nach dem Stand der Technik möglich ist.

6.5.3.3 Abfallrecht

1. Wie werden Abfälle in den Unternehmen entsorgt?

Der Gesetzgeber schreibt den Unternehmen eine *umweltschonende Entsorgung* ihrer Abfälle vor. Bei der industriellen Fertigung (aber auch bei der Leistungserstellung des Handels) fallen Abfälle an. Abfälle müssen entsorgt werden. Die Verantwortung für den Umweltschutz, die Erwartungen der Verbraucher, insbesondere aber die strengen staatlichen Vorschriften zwingen die Unternehmer zu umweltschonender Entsorgung. Für die Entsorgung in den Betrieben ist die Materialwirtschaft zuständig.

Die Entsorgung ist i. d. R. sehr aufwändig; die Unternehmen suchen deshalb nach Alternativen, z. B. Abfallvermeidung u. Ä. Der Umweltschutz i. w. S. wird wegen seiner Bedeutung in den Entscheidungsprozess des Unternehmens einbezogen. Dabei geht es zwar zunächst um die Erfüllung der gesetzlichen Vorgaben, aber im Rahmen dieser Vorgaben vor allem um Harmonisierung von ökologischen Zielen mit anderen Unternehmenszielen.

2. Welche Ziele verfolgt das Kreislaufwirtschafts- und Abfallgesetz?

Das Ziel des Kreislaufwirtschafts- und Abfallgesetz kommt in seinem vollständigen Namen zum Ausdruck: Gesetz zur Förderung der Kreislaufwirtschaft und Sicherung der umweltverträglichen Beseitigung von Abfällen. Die Vorschriften des Gesetzes sollen also die Kreislaufwirtschaft fördern und sicherstellen, dass Abfälle umweltverträglich beseitigt werden.

3. Welche Abfälle fallen bei der industriellen Fertigung an?

Zu den industriellen Abfällen zählen z. B.

- Metall- und Holzspäne,
- Sägemehl,
- Staub,
- Altöl,
- zerbrochene Teile,
- überflüssiges Material,
- misslungene Werkstücke,
- giftige Rückstände u. Ä.

4. Wie kennzeichnet das Kreislaufwirtschafts- und Abfallgesetz entsorgungspflichtige Abfälle?

Das Kreislaufwirtschafts- und Abfallgesetz kennzeichnet entsorgungspflichtige Abfälle als bewegliche Sachen,

- die entsprechend ihrer ursprünglichen Zweckbestimmung nicht mehr verwendet werden,

- die geeignet sind, die Umwelt zu gefährden,
- deren Gefährdungspotenzial nur durch Verwertung oder Beseitigung ausgeschlossen werden kann.

5. Was wird durch das Gesetz vorgeschrieben?

Der Gesetzgeber will durch ein entsprechendes Gesetz die Kreislaufwirtschaft fördern und die umweltverträgliche Beseitigung von Abfällen sichern.[34]

Nach dem Gesetz umfasst die Entsorgung sowohl die *Verwertung* als auch die *Beseitigung* der Abfälle, die Verwertung hat Vorrang vor der Beseitigung, wenn dies technisch möglich und wirtschaftlich zumutbar ist. Die Verwertung muss schadlos erfolgen, das Wohl der Allgemeinheit darf durch die Verwertung nicht gefährdet und der Wertstoffkreislauf mit Schadstoffen nicht angereichert werden.

Die umweltschonende Entsorgung von Abfällen ist mit hohen Kosten verbunden. Es ist deshalb wichtig, alle möglichen Maßnahmen zur Abfallvermeidung oder Abfallverminderung zu ergreifen. In der industriellen Fertigung ist eine Abfallverminderung z. B. durch Beschaffung von Materialien, Rohstoffen u. Ä., die ohne Rückstände verarbeitet oder bearbeitet werden können, möglich.

6. Welche Formen der Entsorgung sind möglich?

Abfälle lassen sich nie vollständig vermeiden. Sie müssen entsorgt werden; Entsorgung heißt entweder Verwertung, also Rückführung in den Wertstoffkreislauf (Recycling) oder Beseitigung; beseitigt werden Abfälle, deren Recycling nicht möglich oder nicht zumutbar ist.

Die **Verwertung von Abfällen** umfasst sowohl die Wieder- und Weiterverwertung als auch die Wieder- und Weiterverwendung.

Bei einer *Wiederverwertung* wird der Abfall aufbereitet und dann wieder als Rohstoff genutzt, z. B. Verpackungsmaterial aus Pappe und Papier wird als Altpapier für die Herstellung von Papierprodukten verwendet, mangelhafte Werkstücke werden als Schrott eingeschmolzen und als Material für die Produktion wieder verwendet.

Bei einer *Weiterverwertung* wird der Abfall nicht in den ursprünglichen Produktionsprozess zurückgeführt, sondern in einen anderen eingebracht; z. B. Verpackungsmaterial wird in einem Heizkraftwerk zur Herstellung von Wärme weiter verwendet.

Bei einer *Wiederverwendung* wird der Abfall wieder seinem ursprünglichen Verwendungszweck zugeführt, z. B. Getränkeflaschen werden als Pfandflaschen zurückgegeben und vom Hersteller für die Abfüllung von Getränken wieder verwendet.

---

[34] Gesetz zur Förderung der Kreislaufwirtschaft und Sicherung der umweltverträglichen Beseitigung von Abfällen (KrW-/AbfG - von 1994, zuletzt geändert 2002).

Bei einer *Weiterverwendung* wird der Abfall für einen weitergehenden Zweck verwendet, z. B. das Senfglas wird im Haushalt als Trinkglas benutzt.

Die **Beseitigung von Abfällen** umfasst

- die Abfallablagerung auf einer Deponie,
- die Abfallvernichtung, z. B. durch Verbrennen,
- die Abfalldiffusion, z. B. durch gleichmäßige Verteilung von Abfällen in Umweltmedien (Emission).

6.5.3.4 Bodenschutz- und Altlastenrecht

1. Welche rechtlichen Vorschriften umfasst das Bodenschutzrecht?

Das Bodenschutzrecht umfasst das Bundes-Bodenschutzgesetz (BBodSchG) und die Bundes-Bodenschutz- und Altlastenverordnung (BBodSchV). Die Verordnung ergänzt und konkretisiert das Gesetz hinsichtlich der Anforderungen an den Bodenschutz usw. Das Bundesbodenrecht wird durch Gesetze und Verordnungen auf Länderebene ergänzt.

2. Welchen Zweck verfolgt das Bundes-Bodenschutzgesetz (BBodSchG)?

Der Zweck des BBodSchG besteht darin, die *Funktionen des Bodens* zu sichern oder wiederherzustellen (§1 BBodSchG). Das soll erreicht werden durch

- Abwehr schädlicher Bodenveränderungen,
- Sanierung der Boden und Altlasten sowie der durch Altlasten verursachten Gewässerverunreinigungen,
- Vorsorge gegen nachteilige Einwirkungen auf den Boden.

Bei Einwirkungen auf den Boden sollen Beeinträchtigungen seiner natürlichen Funktionen sowie seiner Funktion als Archiv der Natur- und Kulturgeschichte so weit wie möglich vermieden werden.

3. Welche Funktionen hat der Boden?

Nach dem BBodSchG hat der Boden folgende Funktionen:

- *Natürliche Funktionen*,
    - der Boden als *Lebensgrundlage und Lebensraum* für Menschen, Tiere. Pflanzen und Bodenorganismen,
    - der Boden als *Bestandteil des Naturhaushalts*, insbesondere mit seinen Wasser- und Naturstoffkreisläufen,
    - der Boden als *Abbau-, Ausgleichs- und Aufbaumedium* für stoffliche Einwirkungen aufgrund der Filter-, Puffer- und Stoffumwandlungseigenschaften, insbesondere auch zum Schutz des Grundwassers,

- *Funktionen als Archiv* der Natur- und Kulturgeschichte,
- *Nutzungsfunktionen:*
  - der Boden als *Rohstofflagerstätte*
  - der Boden als Fläche für *Siedlung und Erholung*,
  - der Boden als Standort für die *land- und forstwirtschaftliche Nutzung*,
  - der Boden als Standort für sonstige *wirtschaftliche und öffentliche Nutzungen*, Verkehr, Ver- und Entsorgung.

4. Wann gelten nach dem Gesetz Bodenveränderungen als schädlich?

Bodenveränderungen gelten dann als schädlich, wenn sie Beeinträchtigungen der Bodenfunktionen hervorrufen, die geeignet sind, Gefahren, erhebliche Nachteile oder erhebliche Belästigungen für den einzelnen oder die Allgemeinheit herbeizuführen.

5. Was sind Altlasten i. S. des BBodSchG?

§ 2 Abs. 5 BBodSchG definiert Altlasten folgendermaßen: Altlasten sind

1. stillgelegte Abfallbeseitigungsanlagen sowie sonstige Grundstücke, auf denen Abfälle behandelt, gelagert oder abgelagert worden sind *(Altablagerungen)* und

2. Grundstücke stillgelegter Anlagen und sonstige Grundstücke, auf denen mit umweltgefährdenden Stoffen umgegangen worden ist, ausgenommen Anlagen, deren Stilllegung einer Genehmigung nach dem Atomgesetz bedarf *(Altstandorte)*,

durch die schädliche Bodenveränderungen oder sonstige Gefahren für den einzelnen oder die Allgemeinheit hervorgerufen werden.

6. Welche Maßnahmen können zur Sanierung des verunreinigten Bodens ergriffen werden?

Maßnahmen zur Sanierung des Bodens sind z. B.[35]

- Dekontaminationsmaßnahmen, das sind Maßnahmen zur Beseitigung oder Verminderung der Schadstoffe,
- Sicherungsmaßnahmen, das sind Maßnahmen, die verhindern, dass sich die Schadstoffe ausbreiten können, z. B. durch eine geeignete Abdeckung schädlich veränderter Böden oder Altlasten mit einer Bodenschicht oder eine Versiegelung,
- Maßnahmen, die die physikalische, chemische oder biologische Beschaffenheit des Bodens vermindern oder beseitigen,
- Nutzungsbeschränkungen.

Durch Messungen muss nachgewiesen werden, dass die Sanierungsmaßnahmen erfolgreich waren.

---

[35] Vgl. §§ 2 und 4 BBodSchG und § 5 BBodSchV.

6.5.3.5 Gefahrstoffrecht

1. Auf welchen rechtlichen Grundlagen beruht das Gefahrstoff- und Strahlenschutzrecht?

Für das Gefahrstoffrecht sind neben einigen internationalen Abkommen die Seveso-II-Richtlinie und die Zubereitungsrichtlinie der EU (RL 96/82 EG und RL 1999/45 EG) von Bedeutung.

Grundlage des allgemeinen deutschen Gefahrstoffrechts ist das *Chemikaliengesetz* und die *Gefahrstoffverordnung*. Daneben besteht das spezielle Gefahrstoffrecht, dazu zählt u.a. Düngemittelrecht, das Futtermittelrecht und das Lebensmittelrecht sowie das Arzneimittelrecht und das Tierseuchenrecht.

2. Was sind Gefahrstoffe?

Nach Chemikaliengesetz § 3a, auf die sich die Gefahrstoffverordnung bezieht, werden Gefahrstoffe folgendermaßen beschrieben. Gefährliche Stoffe oder gefährliche Zubereitungen sind Stoffe oder Zubereitungen, die ein oder mehrere der folgenden Merkmale aufweisen:

- explosionsgefährlich, brandfördernd,
- hochentzündlich, leichtentzündlich, entzündlich,
- sehr giftig, giftig,
- gesundheitsschädlich,
- ätzend, reizend, sensibilisierend,
- krebserzeugend, fortpflanzungsgefährdend, erbgutverändernd,
- umweltgefährlich (umweltgefährlich sind Stoffe oder Zubereitungen, die selbst oder deren Umwandlungsprodukte geeignet sind, die Beschaffenheit des Naturhaushaltes, von Wasser, Boden oder Luft, Klima, Tieren, Pflanzen oder Mikroorganismen derart zu verändern, dass dadurch sofort oder später Gefahren für die Umwelt herbeigeführt werden können).

3. Welche Maßnahmen zum Schutz der Arbeitnehmer bei Gefahrstofflagerung sieht die Gefahrstoffverordnung vor?

Der Arbeitgeber ist verpflichtet, die Gesundheit und die Sicherheit der Beschäftigten mit Gefahrstoffen sicherzustellen, dabei hat er die erforderlichen Maßnahmen nach dem Arbeitsschutzgesetz zu beachten und die Kontamination des Arbeitsplatzes und die Gefährdung der Beschäftigten so gering wie möglich zu halten. Zu diesen Maßnahmen zählen z.B. *in der Schutzstufe 1* (bei geringer Gefährdung)

- die entsprechende Gestaltung des Arbeitsplatzes,
- Bereitstellung geeigneter Arbeitsmittel,
- Begrenzung der Anzahl der Beschäftigten, die Gefahrstoffen ausgesetzt sind,
- Begrenzung der Dauer und des Ausmaßes der Exposition,
- Kennzeichnung der Gefahrstoffe.

In der *Schutzstufe 2* sind Grundmaßnahmen zum Schutz der Beschäftigten vorgesehen. Dazu zählen u. a. die folgenden Maßnahmen:

- Vermeidung von Tätigkeiten mit Gefahrstoffen,
- Substitution der Gefahrstoffe durch Stoffe oder Erzeugnisse, die unter den jeweiligen Verwendungsbedingungen weniger oder gar nicht gefährlich sind,
- Verringerung der Gefährdungen auf ein Mindestmaß, z. B. durch die Gestaltung geeigneter Verfahren nach dem Stand der Technik, durch kollektive Schutzmaßnahmen an der Gefahrenquelle (z. B. angemessene Be- und Entlüftung),
- Nutzung von Schutzausrüstungen durch die Arbeitnehmer.

4. Welche Vorschriften enthält die Gefahrstoffverordnung für die Lagerung von Gefahrstoffen?

Die Gefahrstoffverordnung sieht für die Lagerung von Gefahrstoffen u. a. folgende Regelungen vor:

- Gefahrstoffe dürfen nur an dafür geeigneten Orten gelagert werden; von der Lagerung darf keine Gefährdung von Menschen und Umwelt ausgehen.
- Gefahrstoffe dürfen in Arbeitsräumen nur gelagert werden, wenn die Lagerung mit dem Schutz der Beschäftigten vereinbar ist.
- Gefahrstoffe dürfen nicht zusammen gelagert werden, wenn dadurch gefährliche Vermischungen entstehen können, die die Brand- und Explosionsgefahr erhöhen.
- Lagerbereiche mit feuergefährlichen Stoffen sind durch ein entsprechendes Warnzeichen zu kennzeichnen.
- Gefährliche Stoffe und gefährliche Zubereitungen sind zu kennzeichnen; die Kennzeichnungen sollen auch Hinweise auf Schutzmaßnahmen, die zu beachten sind, enthalten.
- Gefahrstoffe sind so zu lagern, dass sie die menschliche Gesundheit und die Umwelt nicht gefährden.
- Gefahrstoffe dürfen nur in Behältern gelagert werden, die die Verwechslung von Behältern mit Lebensmitteln ausschließen.
- Gefahrstoffe müssen übersichtlich geordnet gelagert werden.
- Gefahrstoffe dürfen nicht zusammen mit Lebens-, Arznei- oder Futtermitteln gelagert werden.

6.5.3.6 Natur- und Landschaftsschutzrecht

1. Auf welchen Rechtsgrundlagen beruht das Natur- und Landschaftsschutzrecht?

Grundlage des Natur- und Landschaftsschutzrechts ist das *Gesetz über Naturschutz und Landschaftspflege* (Bundesnaturschutzgesetz – BNatSchG). Daneben hat jedes

Bundesland ein eigenes Naturschutzgesetz, das den vom Bund vorgegebenen Rahmen ausfüllt; Landesnaturschutzgesetze bilden die Rechtsgrundlage der meisten Naturschutzmaßnahmen.

Mit ihren gesetzlichen Regelungen tragen Bund und Länder zur Verwirklichung der Rechtsakte der Europäischen Gemeinschaften auf dem Gebiet des Naturschutzes und der Landschaftspflege bei.

2. Welche Ziele verfolgen Naturschutz und Landschaftspflege?

Naturschutz und Landschaftspflege verfolgen folgende Ziele (§ 1 BNatSchG):

Sicherung

- der Leistungs- und Funktionsfähigkeit des Naturhaushalts,
- der Regenerationsfähigkeit und nachhaltigen Nutzungsfähigkeit der Naturgüter,
- der Tier- und Pflanzenwelt einschließlich ihrer Lebensstätten und Lebensräume,
- der Vielfalt, Eigenart und Schönheit sowie des Erholungswerts von Natur und Landschaft.

3. Auf welchen Grundsätzen beruhen Naturschutz und Landschaftspflege?

Das Gesetz (BNatSchG) gibt einen *umfassenden Katalog* von Grundsätzen an. Dazu zählen z. B.

- Der Naturhaushalt ist in seinen räumlich abgrenzbaren Teilen so zu sichern, dass die den Standort prägenden biologischen Funktionen, Stoff- und Energieflüsse sowie landschaftlichen Strukturen erhalten, entwickelt oder wiederhergestellt werden.
- Die Naturgüter sind, soweit sie sich nicht erneuern, sparsam und schonend zu nutzen.
- Der Nutzung sich erneuernder Naturgüter kommt besondere Bedeutung zu; sie dürfen nur so genutzt werden, dass sie nachhaltig zur Verfügung stehen.
- Besondere Bedeutung kommt dem Aufbau einer nachhaltigen Energieversorgung insbesondere durch zunehmende Nutzung erneuerbarer Energien zu.
- Unvermeidbare Beeinträchtigungen von Natur und Landschaft sind insbesondere durch Förderung natürlicher Sukzession, Renaturierung, naturnahe Gestaltung, Wiedernutzbarmachung oder Rekultivierung auszugleichen oder zu mindern.
- Zur Sicherung der Leistungs- und Funktionsfähigkeit des Naturhaushalts ist die biologische Vielfalt zu erhalten und zu entwickeln.
- Die Landschaft ist in ihrer Vielfalt, Eigenart und Schönheit auch wegen ihrer Bedeutung als Erlebnis- und Erholungsraum des Menschen zu sichern. Ihre charakteristischen Strukturen und Elemente sind zu erhalten oder zu entwickeln. Beeinträchtigungen des Erlebnis- und Erholungswerts der Landschaft sind zu vermeiden.
- Das allgemeine Verständnis für die Ziele und Aufgaben des Naturschutzes und der Landschaftspflege ist mit geeigneten Mitteln zu fördern.

4. Welchen Zweck verfolgt die Umweltbeobachtung?

Das Gesetz schreibt die Umweltbeobachtung vor. Mit der Umweltbeobachtung soll der *Zustand des Naturhaushalts* und seine Veränderungen, die Folgen solcher Veränderungen, die Einwirkungen auf den Naturhaushalt und die Wirkungen von Umweltschutzmaßnahmen auf den Zustand des Naturhaushalts ermittelt und bewertet werden.

Für die Umweltbeobachtung sind Bund und Länder zuständig.

5. Welche Aufgabe hat die Landschaftsplanung?

Die Landschaftsplanung soll die Erfordernisse und Maßnahmen des Naturschutzes und der Landschaftspflege für den jeweiligen Planungsraum darstellen und begründen.

6. Was sind nach dem Gesetz Eingriffe in Natur und Landschaft und welche Pflichten hat der Verursacher solcher Eingriffe?

Eingriffe in Natur und Landschaft sind z. B. Veränderungen der Gestalt oder Nutzung von Grundflächen, die die Leistungs- und Funktionsfähigkeit des Naturhaushalts oder das Landschaftsbild erheblich beeinträchtigen können.

Verursacher von Eingriffen dieser Art müssen vermeidbare Beeinträchtigungen von Natur und Landschaft vermeiden. Wenn die Beeinträchtigungen jedoch unvermeidbar sind, müssen die Verursacher *Ausgleichs- oder Ersatzmaßnahmen* durchführen.

7. Wann können Teile von Natur und Landschaft zu Naturschutzgebieten erklärt werden?

Bestimmte Gebiete können von den Ländern zu Naturschutzgebieten, Nationalparks usw. erklärt werden, wenn ihre Natur und Landschaft besonders zu schützen sind. Für die Erklärung kann es z. B. folgende Gründe geben:

- Erhaltung, Entwicklung oder Wiederherstellung von Biotopen,
- Schutz der Landschaft aus wissenschaftlichen Gründen,
- Schutz von Natur und Landschaft wegen ihrer besonderen Eigenart oder Schönheit.

8. Welche Aufgaben hat der Artenschutz?

Die Aufgaben des Artenschutzes bestehen darin, Pflanzenarten und wild lebende Tierarten zu pflegen und zu schützen.

6.5 Management einer nachhaltigen Ökologiepolitik

9. Welche besondere Bedeutung hat die Landwirtschaft im Rahmen von Natur- und Landschaftsschutz?

Die Landwirtschaft ist der Wirtschaftszweig, der in besonderem Maße Natur und Landschaft in hohem Maße nutzt und ausnutzt. Das Gesetz verpflichtet sie deshalb, sich den Erfordernissen des Natur- und Landschaftsschutzes bei Bewirtschaftung durch entsprechende Methoden anzupasssen. Dazu soll die Landwirtschaft die im Gesetz genannten *Grundsätze einer sog. guten fachlichen Praxis* beachten.

Zu den Grundsätzen zählen z. B. die Folgenden:
- Gewährleistung der nachhaltigen Bodenfurchtbarkeit und langfristigen Nutzbarkeit der Flächen,
- Unterlassung von vermeidbaren Beeinträchtigungen vorhandener Biotope,
- Herstellung eines ausgewogenen Verhältnisses von Tierhaltung zum Pflanzenbau.

6.5.4 Umweltmanagementsysteme

1. Wie kann Umweltmanagement definiert werden?

Das Umweltmanagementsystem ist Teil des gesamten Managementsystems. Das Umweltmanagementsystem betrifft die

- Organisationsstruktur,
- Planungstätigkeiten,
- Verantwortlichkeiten,
- Verhaltensweisen, Vorgehensweisen, Verfahren und Mittel

für die Festlegung, Durchführung, Verwirklichung, Überprüfung und Fortführung der Umweltpolitik.

2. Welche Aufgabe hat das Umweltmanagement und worin liegt die besondere Bedeutung von Umweltmanagementsysstemen?

Die Aufgabe des Umweltmanagements liegt in der *Planung, Steuerung, Kontrolle und ständigen Verbesserung der Maßnahmen des betrieblichen Umweltschutzes* und der Umweltschutzpolitik des Unternehmens.

Die Bedeutung von Umweltmanagementsystemen liegt in der Systematisierung der betrieblichen Abläufe zur Steigerung der ökonomischen und ökologischen Leistungen und zur Demonstration ökologischen Bewusstseins. Sie *setzen die Umweltpolitik der Unternehmen um* und tragen so dazu bei, dass die Umweltziele erreicht werden und der Umweltschutz ständig verbessert wird.

3. Bestehen für Umweltmanagementsysteme Normenstandards?

Für Umweltmanagementsysteme bestehen Normenstandards; die am weitesten verbreiteten Standards sind

- EMAS-VO – Eco-Management and Audit Scheme, Verordnung der EU,
- DIN EN ISO 14001.

Diese Standards sind auf *Organisationen* bezogen, das sind Unternehmen der Industrie und des Handels, aber auch Dienstleistungsunternehmen, Behörden u. Ä. (Wenn im Folgenden von Organisationen die Rede ist, sind immer Unternehmen des Handels und der Industrie bzw. Dienstleistungsunternehmen gemeint.)

4. Welche rechtlichen Unterschiede bestehen zwischen der EMAS-VO und ISO 14001?

Die EMAS-VO ist eine Verordnung der Europäischen Gemeinschaft. Sie stellt damit eine Norm des öffentlichen Rechts dar. Ihre Gültigkeit ist auf die Staaten der EU beschränkt. Die DIN ISO 14001 ist eine Industrienorm der International Organization for Standardization; sie ist weltweit gültig.

5. Worin stimmen die Normensysteme EMAS-VO und ISO 14001 überein?

Beide Systeme stimmen in einigen Punkten überein, z. B.

- in Systematisierungen der betrieblichen Umweltschutzaufgaben, die sich sowohl in der Aufbau- als auch in der Ablauforganisation zeigen,
- in der regelmäßigen Begutachtung von unabhängigen externen Gutachtern,
- in eigenen, über die Normen hinausgehenden Zielsetzungen,
- beide Systeme verpflichten die Unternehmen zur Erfüllung umweltrelevanter Gesetzesauflagen,
- in der Verpflichtung zur kontinuierlichen Verbesserung des Systems.

6.5.4.1 EMAS

1. Was ist EMAS?

EMAS ist ein Gemeinschaftssystem für das Umweltmanagement und die Umweltbetriebsprüfung zur Bewertung und Verbesserung der Umweltleistung von Organisationen und zur Unterrichtung der Öffentlichkeit und der anderen interessierten Kreise, an dem sich die Organisationen freiwillig beteiligen (Art. 1 Abs. 1 EMAS-VO).[36]

2. Welches Ziel verfolgt EMAS?

Nach der VO ist das Ziel der EMAS die Förderung einer *kontinuierlichen Verbesserung* der Umweltleistung von Organisationen durch

---

[36] Die Ausführungen beruhen im Wesentlichen auf dem Text Verordnung der Europ. Gemeinschaften Nr. 761/2001 (Quelle: Amtsblatt der EG).

a) die Schaffung und Anwendung von Umweltmanagementsystemen durch Organisationen;

b) eine systematische, objektive und regelmäßige Bewertung der Leistung dieser Systeme;

c) die Information der Öffentlichkeit;

d) die aktive Einbeziehung der Arbeitnehmer in der Organisation sowie eine adäquate Aus- und Fortbildung.

3. Wer kann an EMAS teilnehmen?

Die Teilnahme an EMAS ist für *alle Unternehmen und Organisationen* offen, die ihren Umweltschutz systematisch verbessern wollen. Dabei spielt es keine Rolle, ob sie privat oder öffentlich-rechtlich organisiert sind und aus welchem Bereich sie kommen (Industrie, Gewerbe, Handwerk, Dienstleistungen, Behörden, Vereine).

4. In welchen Schritten wird ein Umweltmanagementsystem nach EMAS aufgebaut?

Die Schritte zum Aufbau eines Umweltmanagementsystems[37] nach EMAS können folgendermaßen umschrieben werden:[38]

1. Umweltpolitik,
2. Umweltprüfung,
3. Aufbau eines Umweltmanagementsystems,
4. Umweltbetriebsprüfung,
5. Umwelterklärung,
6. Validierung und Registrierung.

5. Was beinhaltet der Schritt „Umweltpolitik"?

Im ersten Schritt geht es darum, die betriebliche Umweltpolitik zu formulieren. Die Umweltpolitik umfasst *die umweltbezogenen Gesamtziele und Handlungsgrundsätze* einer Organisation, einschließlich der Einhaltung aller einschlägigen Umweltvorschriften und der Verpflichtung zur kontinuierlichen Verbesserung der Umweltleistung; die Umweltpolitik bildet den Rahmen zur Festlegung und Prüfung der Umweltzielsetzungen und -einzelziele. Die oberste Leitung legt die Umweltpolitik fest und dokumentiert sie schriftlich.

6. Was ist Gegenstand der Umweltprüfung?

Die Umweltprüfung (2. Schritt) ist eine *erste umfassende Untersuchung* der Umweltfragen, der Umweltauswirkungen und der Umweltleistung im Zusammenhang mit den

---

[37] Die Ausgestaltung eines UMS ist nicht explizit vorgeschrieben.
[38] Burschel, Carlo, Dirk Losen und Andreas Wiendl: a. a. O, S. 276 ff.

Tätigkeiten der Organisation. Es findet eine Analyse des Ist-Zustands des umweltbezogenen Unternehmensverhaltens statt.

Schlüsselbereiche der Umweltprüfung sind

1. Rechts- und Verwaltungsvorschriften und sonstige Vorschriften, zu deren Einhaltung sich die Organisation verpflichtet;
2. Erfassung aller Umweltaspekte, die wesentliche Umweltauswirkungen haben und die gegebenenfalls qualitativ einzustufen und zu quantifizieren sind, wobei ein Verzeichnis der als wesentlich ausgewiesenen Aspekte zu erstellen ist;
3. Beschreibung der Kriterien zur Bewertung der Wesentlichkeit der Umweltauswirkung;
4. Untersuchung aller angewandten Techniken und Verfahren des Umweltmanagements;
5. Bewertung der Reaktionen auf frühere Vorfälle.

7. Welche Umweltaspekte werden bei der Umweltprüfung erfasst?

Die Organisation prüft alle Umweltaspekte ihrer Tätigkeiten, Produkte und Dienstleistungen, legt Kriterien fest und entscheidet dann anhand dieser Kriterien, welche Umweltaspekte wesentliche Auswirkungen haben. Diese Aspekte werden für die Festlegung der Umweltziele herangezogen.

Direkte Umweltaspekte, die wesentliche Umweltauswirkungen haben können, sind z. B.

- Emissionen in die Atmosphäre, Einleitungen und Ableitungen in Gewässer,
- Vermeidung, Verwertung, Wiederverwendung, Verbringung und Entsorgung von Abfällen,
- Nutzung und Verunreinigung von Böden,
- Lärm, Erschütterungen, Gerüche, Staub, ästhetische Belästigungen usw.,
- Verkehr.

Von *indirekten Umweltaspekten* können auch Umweltauswirkungen ausgehen, die die Unternehmen u. U. nicht in vollem Umfang kontrollieren können; diese Auswirkungen können sich z. B. erstrecken

- auf Design, Entwicklung, Verpackung und Transport von Produkten,
- auf Verwendung, Wiederverwendung und Entsorgung von Abfall der Produkte,
- auf neue Märkte.

8. Welche wesentliche Aufgabe hat das Umweltmanagementsystems?

Das Umweltmanagementsystem soll das *Umweltprogramm umsetzen*. Das Umweltprogramm ist eine Beschreibung der zur Erreichung der Umweltzielsetzungen und -einzelziele getroffenen oder geplanten Maßnahmen (Verantwortlichkeiten und Mittel) und der zur Erreichung der Umweltzielsetzungen und -einzelziele festgelegten Fristen. Die Ziele ergeben sich als Soll-Vorgaben aus der Analyse des Ist-Zustands (vgl. Umweltprüfung).

Das Umweltmanagementsystem soll einen *kontinuierlichen Verbesserungsprozess* gewährleisten.

9. Welche Aspekte umfasst der Aufbau eines Umweltmanagementsystems?

Der Aufbau eines Umweltmanagementsystems umfasst folgende Aspekte:[39]

- Festlegung der Organisationsstruktur und der Verantwortlichkeiten,
- Festlegung von Verfahren der Kommunikation (intern und extern),
- systematische Ermittlung, Festlegung und Kontrolle aller Funktionen, Tätigkeiten und Verfahren, die sich auf die Umwelt auswirken,
- Aufbau eines Systems zur Bewertung und Registrierung von Normal- und Störfallbetrieb,
- Schärfung des Bewusstseins der Mitarbeiter für die Problematik des betrieblichen Umweltschutzes.

Die Ausgestaltung des Umweltmanagementsystems ist in einem *Umwelthandbuch* zu dokumentieren.

10. Was wird bei der Umweltbetriebsprüfung auditiert?

Die Umweltbetriebsprüfung gilt als *eigentliches Umwelt-Audit*. Sie kann als interne Prüfung auch von qualifizierten Mitarbeitern durchgeführt werden. Mit dieser Prüfung wird regelmäßig eine systematische und objektive Bewertung der Umweltleistung der Organisation (des Unternehmens), des Managementsystems und der Verfahren zum Schutz der Umwelt durchgeführt; das Ergebnis ist zu dokumentieren.

11. Was hat die Umwelterklärung zum Inhalt und welchen Zwecken dient sie?

Die Umwelterklärung ist ein zentrales Dokument im Öko-Audit-Prozess. Es dient der Kommunikation mit der Öffentlichkeit. Die in der Erklärung enthaltenen Informationen müssen von einem Umweltgutachter für gültig erklärt werden.

Nach der Verordnung muss die Erklärung mindestens folgende *Informationen* enthalten:

1. Eine klare und eindeutige Beschreibung der Organisation und eine Zusammenfassung ihrer Tätigkeiten, Produkte und Dienstleistungen;

---

[39] Burschel, Carlo, Dirk Losen und Andreas Wiendl: a. a. O., S. 278.

2. die Umweltpolitik der Organisation und eine kurze Beschreibung des Umweltmanagementsystems der Organisation;

3. eine Beschreibung aller wesentlichen direkten und indirekten Umweltaspekte, die zu wesentlichen Umweltauswirkungen der Organisation führen;

4. eine Beschreibung der Umweltzielsetzungen;

5. eine Zusammenfassung der verfügbaren Daten über die Umweltleistung;

6. Einhaltung der Rechtsvorschriften im Hinblick auf ihre wesentlichen Umweltauswirkungen;

7. Name und Zulassungsnummer des Umweltgutachters und Datum der Gültigkeitserklärung.

12. Welche Bedeutung hat die Begutachtung der Umwelterklärung?

Ein *zugelassener Gutachter* führt (vor Veröffentlichung der Umwelterklärung) im Unternehmen bzw. in der Organisation eine Begutachtung durch. Er begutachtet u. a.

- die Einhaltung der Rechtsvorschriften und der Vorschriften der EMAS-VO,
- das Umweltmanagementsystem,
- die Umweltprüfung,
- die Umweltbetriebsprüfung,
- die Umwelterklärung.

Wenn das Gutachten ergibt, dass alle Anforderungen erfüllt sind, kann die Umwelterklärung für gültig erklärt werden, d. h. validiert werden.

Die Organisation veröffentlicht validierte Umwelterklärungen alle drei Jahre; Aktualisierungen sind jährlich vorzunehmen.

13. Welchen Zweck hat die Registrierung?

Die validierte Umwelterklärung wird der zuständigen Kammer eingereicht; das Unternehmen wird in ein EMAS-Register aufgenommen. Das registrierte Unternehmen kann das EMAS-Logo benutzen, allerdings nicht für produktbezogene Werbung.

6.5.4.2 ISO 14001

1. Welche besondere Bedeutung hat die ISO-Norm 14001 innerhalb der Normenreihe 14000 ff.?

Die ISO-Norm 14001 ist ein Teil der ISO-Normenreihe 14000 ff., die z. B. Managementsystem-Normen, Normen zu Bewertungsinstrumenten enthält. Eine Zertifizierung ist lediglich nach ISO 14001 möglich.[40]

---

[40] Die Ausführungen beziehen sich auf den aktuellen Text der Norm: DIN EN ISO 14001:2004 + C 1:2009 (einschl. Anhang).

2. Welche Voraussetzungen sollte ein Unternehmen erfüllen, das die Einführung eines Umweltmanagementsystems plant?

Ein Unternehmen, das die Einführung eines Umweltmanagementsystems plant, sollte seine aktuelle Situation im Hinblick auf die Umwelt erfassen und analysieren. Die *Analyse* kann folgende Bereiche umfassen:

1. Ermittlung von Umweltaspekten,
2. Ermittlung einschlägiger rechtlicher Verpflichtungen und anderer Anforderungen,
3. Überprüfung bestehender Umweltmanagementpraktiken und -verfahren einschließlich solcher, die mit Beschaffungsaktivitäten und Auftragsvergabe verbunden sind,
4. Auswertung früherer Notfallsituationen und Unfälle.

3. Welche Anforderungen muss ein Unternehmen erfüllen, das eine Zertifizierung nach ISO 14001 anstrebt?

Ein Unternehmen, das nach ISO 14001 zertifiziert werden will, muss

- ein Umweltmanagementsystem in Übereinstimmung mit den Anforderungen der Norm ISO 14001 einführen, dokumentieren, verwirklichen, aufrechterhalten,
- das Umweltmanagementsystem ständig verbessern,
- bestimmen, wie die Anforderungen der Norm erfüllt werden sollen,
- den Anwendungsbereich des Umweltmanagementsystems festlegen und dokumentieren.

4. Welche Anforderungen stellt die Norm an ein Umweltmanagementsystem?

Die Anforderungen der Norm an ein Umweltmanagementsystem umfassen folgende Aspekte:

1. Umweltpolitik,
2. Planung,
3. Verwirklichung und Betrieb,
4. Überprüfung,
5. Managementbewertung.

5. Welche Anforderungen stellt der Aspekt Umweltpolitik?

Die Geschäftsführung muss die Umweltpolitik des Unternehmens festlegen und sicherstellen, dass sie hinsichtlich der Umweltauswirkungen ihrer Tätigkeiten, Produkte und Dienstleistungen angemessen ist. Mit der Festlegung ihrer Umweltpolitik verpflichtet sich die Geschäftsführung zur ständigen Verbesserung und zur Vermeidung von Umweltbelastungen und zur Einhaltung der geltenden rechtlichen Verpflichtungen und anderer Anforderungen.

Die Umweltpolitik bildet den *Rahmen für die umweltbezogenen Ziele und Maßnahmen des Unternehmens.* Der Vorgang ist zu dokumentieren.

6. Welche Anforderungen umfasst die Planung?

Die Planung bedeutet die Einführung, Verwirklichung und Aufrechterhaltung

- von Verfahren zur Ermittlung von Umweltaspekten,
- von Verfahren zur Ermittlung der geltenden rechtlichen Verpflichtungen und anderer Anforderungen,
- von umweltbezogenen Zielsetzungen und Einzelzielen für relevante Funktionen und Ebenen innerhalb des Unternehmens,
- von Programmen zum Erreichen ihrer Ziele, in denen Verantwortlichkeiten, Mittel und Fristen festgelegt sind.

7. Was sind Umweltaspekte?

Mit dem Begriff Umweltaspekte werden die Bestandteile von Tätigkeiten, Produkten oder Dienstleistungen eines Unternehmens bezeichnet, die auf die Umwelt einwirken oder einwirken können. Die Norm unterscheidet zwischen Umweltaspekten und *bedeutenden Umweltaspekten*. Bei bedeutenden Umweltaspekten besteht die Gefahr zu bedeutenden Umweltauswirkungen.

Umweltaspekte sind z. B.

- Emissionen in die Luft,
- Einleitungen in Gewässer,
- Verunreinigung von Böden,
- Verbrauch von Rohstoffen und natürlichen Ressourcen,
- Nutzung von Energie,
- Freisetzung von Energie, z. B. in Form von Wärme, Strahlung, Schwingungen,
- Abfall und Nebenprodukte,
- physikalische Merkmale, z. B. Größe, Form, Farbe, Aussehen,
- Design und Entwicklung,
- Herstellungsprozesse,
- Verpackung und Transport,
- Umweltleistung und die Praktiken von Vertragspartnern und Zulieferern,
- Abfallmanagement,
- Gewinnung und Verteilung von Rohstoffen und natürlichen Ressourcen,
- Vertrieb, Nutzung und Behandlung nicht mehr genutzter Produkte.

8. Wie wird das Umweltmanagementsystem verwirklicht?

Das Umweltmanagementsystem wird verwirklicht

6.5 Management einer nachhaltigen Ökologiepolitik

- durch die *Sicherstellung der benötigten Ressourcen*; dazu zählt das erforderliche Personal mit den speziellen Fähigkeiten, die Infrastruktur, technische und finanzielle Mittel,
- durch die *Festlegung von Aufgaben*, Verantwortlichkeiten und Befugnissen,
- durch die *Bestellung eines Beauftragten* des Managements; der Beauftragte soll dafür sorgen, dass das Umweltmanagementsystem in Übereinstimmung mit den Anforderungen der Norm ISO 14001 verwirklicht wird; außerdem soll er der Geschäftsführung Bericht erstatten,
- durch Schulung und *Qualifikation des Personals*,
- durch interne *Kommunikation* und durch Kommunikation mit interessierten externen Kreisen,
- durch *Ablauflenkung*,
- durch Notfallvorsorge und *Gefahrenabwehr*.

9. Was muss die Dokumentation enthalten?

Die Dokumentation des Umweltmanagementsystems muss enthalten

- die Umweltpolitik, Zielsetzungen und Einzelziele,
- Beschreibung des Geltungsbereiches des Umweltmanagementsystems,
- Beschreibung der Hauptelemente des Umweltmanagementsystems und ihrer Wechselwirkung sowie Hinweise auf zugehörige Dokumente,
- Dokumente, einschließlich Aufzeichnungen, die von dieser internationalen Norm gefordert werden,
- Dokumente, einschließlich Aufzeichnungen, die von der Organisation als notwendig eingestuft werden, um die effektive Planung, Durchführung und Kontrolle von Prozessen sicherzustellen, die sich auf ihre bedeutenden Umweltaspekte beziehen.

Im Folgenden werden einige Beispiele für Dokumente aufgezählt:

- Festlegungen hinsichtlich Politik, Zielsetzungen und Einzelziele,
- Informationen über bedeutende Umweltaspekte,
- Verfahren,
- Prozessinformationen,
- Organisationspläne,
- interne und externe Normen,
- Notfallpläne für den Standort,
- Aufzeichnungen.

10. Welche Aspekte umfasst die Überprüfung des Managementsystems?

Die Überprüfung des Managementsystems umfasst folgende Aspekte:

- Überwachung und Messung,
  die maßgeblichen Merkmale von Arbeitsabläufen, die eine bedeutende Auswirkung auf die Umwelt haben können, sind regelmäßig zu überwachen und zu messen.
- Bewertung der Einhaltung von Rechtsvorschriften,
- Einrichtung von Verfahren zum Umgang mit Nonkonformität, sie müssen u. a. für den Fall, dass Anforderungen nicht erfüllt werden, Maßnahmen angeben zur Minderung von negativen Umweltauswirkungen und zur Vermeidung des Wiederauftretens.
- Überprüfen der Wirksamkeit von ergriffenen Korrektur- und Vorbeugungsmaßnahmen.

11. Was ist ein internes Audit und welche Zwecke soll das interne Audit erfüllen?

Das interne Audit ist ein systematischer und dokumentierter Prozess auf der Grundlage eines Auditprogramms, das von dem Unternehmen aufgestellt wurde. Interne Audits müssen in regelmäßigen Abständen von unabhängigen Personen durchgeführt werden.

Mithilfe des internen Audits soll festgestellt werden, ob das Umweltmanagementsystem die vorgesehenen Regelungen für das Umweltmanagement erfasst.

12. Warum und durch wen wird das Umweltmanagementsystem bewertet?

Das Umweltmanagementsystem muss in festgelegten Abständen durch die Geschäftsführung des Unternehmens bewertet werden. Die *Managementbewertung* dient dazu, die fortdauernde Eignung, Angemessenheit und Wirksamkeit des Systems sicherzustellen. Beurteilt werden z. B. die Verbesserungspotenziale und der Anpassungsbedarf der Umweltmanagementsystems.

Die Ergebnisse der Managementbewertung müssen alle Entscheidungen und Maßnahmen in Bezug auf mögliche Änderungen der Umweltpolitik, der Zielsetzungen, der Einzelziele und anderer Elemente des Umweltmanagementsystems in Übereinstimmung mit der Verpflichtung zur ständigen Verbesserung enthalten.

13. Welche Bedeutung hat eine Zertifizierung?

Im Zertifizierungsverfahren wird festgestellt, ob das System mit den Anforderungen konform ist. Die Zertifizierungsstelle muss unabhängig von den beteiligten Seiten sein. Nach Abschluss des Verfahrens erhält das zertifizierte Unternehmen das Zertifikat; das Zeichen der Zertifizierungsstelle mit der Kennzeichnung ISO 14001 kann das Unternehmen zu Werbezwecken nutzen.

Zertifizierte Unternehmen müssen sich alle drei Jahre mit einem ausführlichen Wiederholungsaudit unterziehen; außerdem müssen jährliche Überwachungsaudits stattfinden.

7. Unternehmensorganisation und Projektmanagement

7.1 Organisation als strategischer Erfolgsfaktor des Unternehmens

7.1.1 Zusammenhang von Strategie und Unternehmensorganisation

7.1.1.1 Unterstützung der Strategie durch Gestaltung der Unternehmensorganisation

7.1.1.1.1 Grundlagen

1. Was ist unter dem Begriff Unternehmensorganisation zu verstehen?

Der Begriff Organisation im Zusammenhang mit Unternehmen kann unterschiedliche Bedeutung haben.

Unternehmen und Organisation haben die *gleiche Bedeutung*; ein Unternehmen ist eine Organisation wie andere Institutionen auch. In diesem Sinn wird der Organisationsbegriff in den Normen verwendet (vgl. z. B. DIN 69901 Projektmanagement, DIN EN ISO14000 Umweltmanagementsysteme).

Organisation als Gestalten („Organisieren"). In diesem Sinn hat Organisation *instrumentalen Charakter*. Organisation ist ein Instrument, um Ziele zu erreichen.

Organisation als (vorläufiges) Ergebnis des Gestaltens. Die Organisation gibt die Strukturen des Unternehmensaufbaus und der Abläufe wieder. In diesem Sinn ist Organisation das Ergebnis von Gestaltung (des „Organisierens"). Organisation hat hier *funktionalen Charakter*.

Wenn die Unternehmensorganisation in Verbindung mit Gestaltung gebracht wird, kann instrumentale oder funktionale Organisation oder – da die Trennung häufig nur schwer möglich ist – beides gemeint sein.

2. Wie kann die Strategie durch die Gestaltung der Unternehmensorganisation unterstützt werden?

Unternehmensorganisation ist ein *System formaler Regeln*; es dient der Strategie des Unternehmens, Unternehmensziele zu erreichen. Wenn die Strategie geändert wird, wenn sich bestimmte Umweltbedingungen ändern, müssen die Regeln angepasst werden, die Unternehmensorganisation wird entsprechend gestaltet.

3. Welche Rahmenbedingungen bestehen für die Organisationsgestaltung?

Für die Organisationsgestaltung bestehen u.a. folgende Rahmenbedingungen bzw. Einflussfaktoren:[1]

- Unternehmensmitglieder,
- Organisations- und Unternehmenskultur,
- mikropolitische Prozesse.

Daneben können auch Einflüsse ausgehen von der Unternehmensgröße, vom Leistungsprogramm des Unternehmens sowie von seiner Fertigungs-, Informations- und Kommunikationstechnologie.

4. Wie beeinflussen Unternehmensmitglieder die Organisationsgestaltung?

Motivation und Kreativität begründen bestimmte *Erwartungen* der Unternehmensmitglieder an das Unternehmen. Für die Unternehmen sind gerade Motivation und Kreativität ihrer Mitarbeiter von hervorragender strategischer Bedeutung. Bei der Organisationsgestaltung sind die Erwartungen der Unternehmensmitglieder deshalb angemessen zu berücksichtigen.

5. Welcher Einfluss geht von der Unternehmenskultur auf die Organisationsgestaltung aus?

Zwischen Unternehmens- und Organisationskultur bestehen *Wechselwirkungen*. Die Unternehmenskultur umfasst die auf Außenwirkung angelegte Symbolik und die nicht nach außen in Erscheinung tretenden kollektiven Werthaltungen der Unternehmensmitglieder. Sie können sich im Laufe der Zeit verändern; bei der Organisationsgestaltung sind diese Änderungen zu berücksichtigen.

6. Was sind mikropolitische Prozesse und welche Bedeutung haben sie für die Organisationsgestaltung?

Mikropolitische Prozesse werden u.a. von den im Unternehmen herrschenden divergierenden Interessen verursacht; sie finden ihren Ausdruck in Konflikten, die sich z.B. zeigen in Erwerb und Erhalt von Macht sowie in der Nutzung von Macht. Die so in Gang gesetzten Prozesse konfligieren u.U. mit den formalen Entscheidungsprozessen. Bei der Organisationsgestaltung kommt es darauf an, Konfliktpotenziale aufzudecken und angemessen zu berücksichtigen.

---

[1] Scherm, Ewald und Gotthard Pietsch: Organisation. Theorie, Gestaltung, Wandel, München 2007, S. 133 f.

7.1.1.1.2 Aufbauorganisation und Strategien

1. Womit befasst sich die Aufbauorganisation?

Die Aufbauorganisation eines Unternehmens befasst sich mit dem organisatorischen System seiner Arbeitsteilung und Zuständigkeiten. Grundlage ist die Analyse der Aufgaben. Das Ergebnis ist die Darstellung (und Beschreibung) des Leitungssystems des Unternehmens mit seiner Rangordnung.

2. Nach welchen organisatorischen Grundformen kann die Aufbauorganisation gestaltet werden?

Folgende Grundformen für die Gestaltung der Aufbauorganisation sind möglich:
- Funktionsorientierter Aufbau, d. h. der Aufbau folgt den Funktionen des Unternehmens, Funktionen sind z.B. Beschaffung, Marketing, Personalwirtschaft usw.
- objektbezogener Aufbau, d. h. der Aufbau berücksichtigt Objekte, das können z.B. Sparten, Kunden, Produkte usw. sein.

3. Was sind organisatorische Einheiten in einem Unternehmen?

Organisatorische Einheiten sind die *Stellen*, die durch ihre Kompetenzen voneinander abgegrenzt, durch Weisungen und Kooperation miteinander verbunden sind. Zum organisatorischen Aufbau gehört deshalb die Beschreibung der Stellen, d. h. im Einzelnen
- Definition der Aufgaben, die die Stelle umfasst, und Beschreibung der Kompetenzen sowie der Weisungsbefugnisse,
- Angabe der vorgesetzten Stelle,
- Angabe der unterstellten Stellen.

4. Welche Bedeutung hat die Aufgabenanalyse für die Aufbauorganisation?

Grundlage der Aufbauorganisation ist eine Aufgabenanalyse, d. h. die *Definition der Aufgaben* der einzelnen Stellen. Alle Haupt-, Teil- und Einzelaufgaben eines Unternehmens ergeben sich aus der Gesamtaufgabe des Unternehmens.

Gesamtaufgaben sind z.B. grundsätzliche Entscheidungen, Entwicklung von Zielvorstellungen, z.B. Sortimentsentscheidungen, Entscheidungen über Standorte. Sie sind der obersten Führungsebene vorbehalten.

Hauptaufgaben dienen der Realisierung von Gesamtaufgaben; im Bereich des Marketings umfassen die Hauptaufgaben alle grundsätzlichen Entscheidungen, die diesen Bereich betreffen. Darüber hinaus können zu den Hauptaufgaben u. a. die folgenden Aufgaben gezählt werden:
- Vertrieb, Management des Außendienstes,
- Werbung, Verkaufsförderung, Öffentlichkeitsarbeit,
- Marktforschung,

- Einsatz der Instrumente (Marketing-Mix),
- Controlling.

Die Hauptaufgaben werden in Teil- und Einzelaufgaben realisiert.

5. Welche Systeme der Aufbauorganisation gibt es?

Nach der Abgrenzung der Stellen und der Kommunikation zwischen ihnen, lassen sich u. a. folgende Systeme der Aufbauorganisation unterscheiden:

- Einliniensystem,
- Stab-Linien-System, bei dem das Liniensystem durch Stäbe mit besonderen Aufgaben ergänzt wird,
- modifizierte Liniensysteme.

6. Wie lässt sich das Einliniensystem darstellen?

Das Einliniensystem ist streng *hierarchisch* gegliedert. Das lässt sich durch die schematische Darstellung veranschaulichen. Die Darstellung gibt die Stellen und das Weisungssystem wieder. In der Darstellung sind auch die Führungsebenen (Leitungsebenen) angegeben.

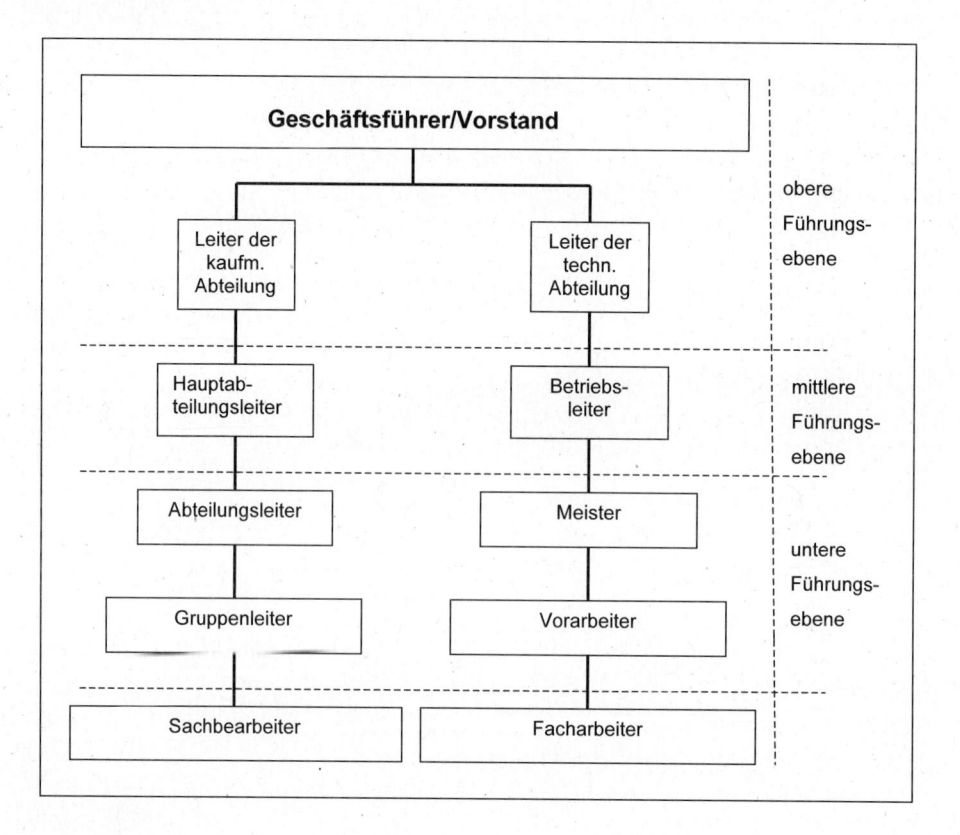

7. Wie lassen sich die Leitungsebenen unterscheiden?

Die Leitungsebenen unterscheiden sich hinsichtlich *der Art und des Umfangs der Aufgaben*, die ihnen jeweils zugeordnet sind. Unterschieden werden Gesamtaufgaben, die der obersten Führungsebene vorbehalten sind, von Hauptaufgaben der mittleren und Teil- sowie Einzelaufgaben der unteren Ebenen.

- Oberste Leitungsebene – Gesamtaufgaben
- Mittlere Leitungsebene – Hauptaufgaben: Realisierung der Gesamtaufgaben
- Untere Leitungsebene – Teilaufgaben: Realisierung der Hauptaufgaben
- Unterste Leitungsebene – Einzelaufgaben: Realisierung der Teilaufgaben

8. Welche Bedeutung haben Stäbe bzw. Stabsstellen?

Stäbe sind Leitungsstellen zugeordnet. Sie beraten die Stellen und bereiten Entscheidungen vor. Stäbe haben im Allgemeinen *keine Entscheidungs- und Weisungsbefugnisse*. Zu unterscheiden sind

- persönlicher Stab, er ist einer Instanz der oberen Führungsebene zugeordnet und unterstützt sie bei Erfüllung ihrer Führungsaufgaben, z. B. Direktionsassistent,
- spezieller Stab, er wird i. d. R. für spezielle Fachprobleme eingesetzt, z. B. für Marktforschung.

9. Was ist ein Stab-Linien-System?

Ein Stab-Linien-System ist die *Kombination eines Einliniensystems mit Stäben*. Der organisatorische Aufbau nach diesem System nutzt die Vorteile des übersichtlichen, klar gegliederten Einliniensystems und die Fachkompetenz von Stäben. Der Aufbau ist funktionsorientiert und beruht auf den von der Zentrale ausgehenden Entscheidungen.

Die Ausführungen lassen sich an Hand der folgenden schematischen Darstellung veranschaulichen. Sinnvolle Ergänzungen und Erweiterungen können leicht nachvollzogen werden. Dargestellt werden die Stellen auf den verschiedenen Führungsebenen und die zwischen ihnen bestehenden Verbindungen, die Ziffern I, II und III deuten die Funktionsbereiche der Abteilungen an. Beispielhaft werden einige Stäbe angedeutet (S = Sekretariat, RA = Rechtsabteilung, MF = Marktforschung, PE = Produktentwicklung).

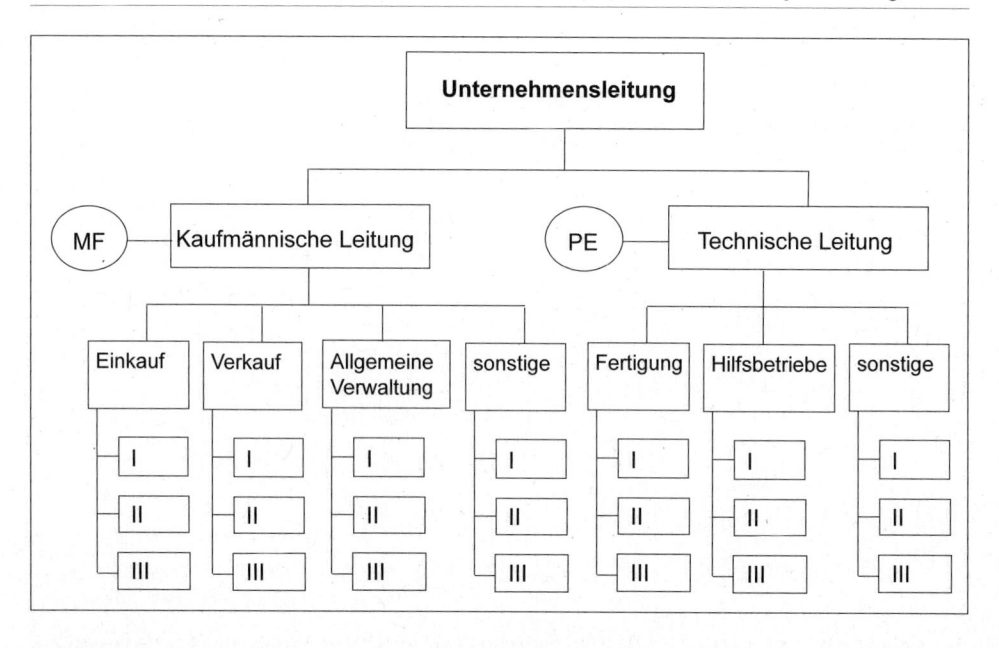

10. Was versteht man unter einer Spartenorganisation?

Unter einer Spartenorganisation versteht man einen organisatorischen Aufbau, bei dem die *Funktionen einzelnen Sparten* (Bereichen) zugeordnet sind. Die Sparten (z. B. einzelne Betriebe eines Unternehmens) übernehmen die in die jeweilige Sparte fallenden Funktionen. Die Spartenleiter werden verantwortlich für Einkauf, Personalwesen, Lagerwesen, Finanzierung usw. Grundlage dieser Organisation sind also die dezentralen Entscheidungen.

Es ist möglich, bestimmte Funktionsbereiche aus allen Sparten zentral zusammenzufassen, sodass gleiche Aufgaben von einer Stelle ausgeführt werden können. Diese Funktionsbereiche werden als Zentralfunktionen bezeichnet. Eine Zentralfunktion könnte z. B. das Marketing sein.

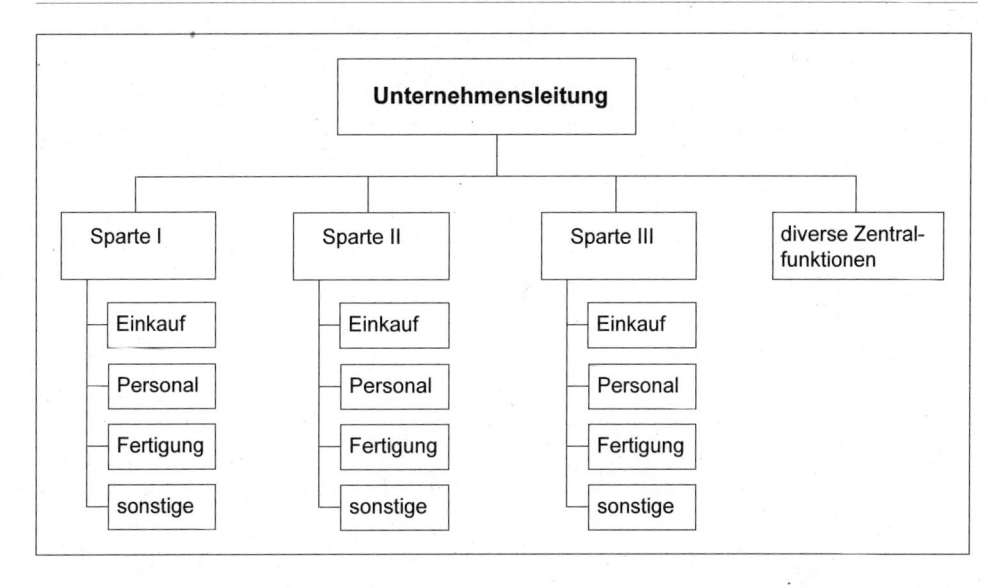

```
                        ┌──────────────────────┐
                        │  Unternehmensleitung │
                        └──────────┬───────────┘
      ┌────────────┬───────────────┼───────────────┬────────────────┐
  ┌───┴────┐  ┌────┴────┐     ┌────┴────┐    ┌─────┴──────────┐
  │ Sparte I│  │Sparte II│     │Sparte III│   │diverse Zentral-│
  │         │  │         │     │          │   │funktionen      │
  └───┬────┘  └────┬────┘     └────┬─────┘   └────────────────┘
      ├ Einkauf    ├ Einkauf       ├ Einkauf
      ├ Personal   ├ Personal      ├ Personal
      ├ Fertigung  ├ Fertigung     ├ Fertigung
      └ sonstige   └ sonstige      └ sonstige
```

11. Wie lassen sich durch die Matrixorganisation zwei Organisationsprinzipien miteinander verbinden?

Mit der sog. Matrixorganisation wird versucht, zwei Organisationsprinzipien miteinander zu kombinieren, z. B. die funktionsorientierte Organisation mit der Spartenorganisation. Es entsteht ein *Mehr-Linien-System*. Eine einzelne Stelle kann sowohl Weisungen von einem Funktionsmanager und von einem Spartenmanager erhalten. Der Spartenmanager plant, koordiniert, kontrolliert usw. den von ihm betreuten Bereich (z. B. eine Produktgruppe); der Funktionsmanager koordiniert im Rahmen seiner Funktion (z. B. Beschaffung) die einzelnen Sparten (z. B. alle Produktgruppen). Im Allgemeinen haben die Weisungen des Spartenmanagers Vorrang. Die Matrixorganisation kann auf verschiedenen Hierarchieebenen eingesetzt werden.

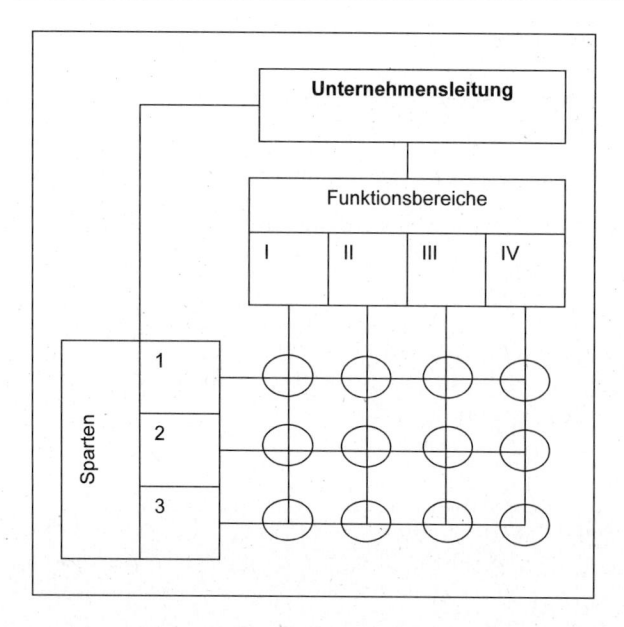

```
┌─────────────────────────────────────────────┐
│                ┌──────────────────┐         │
│                │ Unternehmensleitung │      │
│                └──────────────────┘         │
│         │              │                    │
│         │      ┌──────────────┐             │
│         │      │ Funktionsbereiche │        │
│         │      ├───┬───┬───┬───┤             │
│         │      │ I │ II│III│ IV│             │
│         │      └───┴───┴───┴───┘             │
│   ┌────┬───┐     │   │   │   │              │
│   │    │ 1 │────○───○───○───○              │
│   │Sp. │ 2 │────○───○───○───○              │
│   │    │ 3 │────○───○───○───○              │
│   └────┴───┘                                │
└─────────────────────────────────────────────┘
```

12. Welche Vorteile und welche Nachteile hat die Matrixorganisation?

Vorteile der Matrixorganisation sind z. B.:

- Die Spartenmanager sind im Allgemeinen Spezialisten für ihren Bereich. Ihre Kompetenz kann zur Lösung solcher Probleme genutzt werden, die sich aus der ständigen Veränderung von Umweltbedingungen ergeben.
- Probleme können schneller gelöst werden als in rein funktionsorientierten Organisationen.
- Die vorgesetzten Stellen werden entlastet.
- Die Kooperation zwischen zwei Managementbereichen führt zu einer höheren Entscheidungsqualität.

Nachteile:

- Es besteht ein ständiger Zwang zur Kooperation und Koordination.
- Wegen der möglichen Kompetenzüberschreitungen sind Konflikte zwischen Sparten- und Funktionsmanagern unvermeidlich.

13. Welche Anforderungen sind an den organisatorischen Aufbau zu stellen?

Anforderungen, die an die Aufbauorganisation gestellt werden, sind z. B.

- Marktorientierung,
- Ressourceneffizienz,
- Qualifikation und Motivation der Mitarbeiter,
- Flexibilität.[2]

---

[2] Dillerup, Ralf und Roman Stoi: Unternehmensführung, München 2008, S. 441 f.

7.1 Organisation als strategischer Erfolgsfaktor des Unternehmens

Die Anforderungen sind abhängig von den Unternehmenszielen und von den Strategien, die das Unternehmen zur Zielerreichung einsetzt. Es wird danach gefragt, ob die entsprechende Grundform des organisatorischen Aufbaus die Anforderungen unterstützen kann.

14. Wie stellt sich die Organisationsstruktur bei multinationalen Unternehmen dar?

Mithilfe der Organisationsstrukturen von Unternehmen werden *Berichts- und Weisungswege* festgelegt. In den vorstehenden Fragen wurden die Berichts- und Weisungswege bei ein- und mehrdimensionalen Organisationsstrukturen behandelt. Zu den eindimensionalen zählen z. B. die funktionale, die spartenorientierte, die regional- und produktgruppenorientierten Strukturen; eine mehrdimensionale ist z. B. die Matrixorganisation.

Bei multinationalen Unternehmen gibt die Organisationsstruktur u. a. an, *wer für die Leiter der Auslandsgesellschaften weisungsbefugt ist und wem sie Bericht erstatten müssen*. Wie der organisatorische Aufbau strukturiert ist, hängt von der Unternehmensstrategie ab.

Zur Darstellung können die bekannten Abbildungen herangezogen werden.

15. Wie sieht der funktionsorientierte Organisationsaufbau eines weltweit agierenden Unternehmens aus?

Bei einem funktionsorientierten Organisationsaufbau sind einzelne Funktionsbereiche der Auslandsgesellschaften den Leitungen der entsprechenden Funktionsbereiche im inländischen Stammhaus unterstellt. Das könnte z. B. vereinfacht (unter der Annahme eines inländischen Stammhauses mit zwei Auslandsgesellschaften) folgendermaßen aussehen:

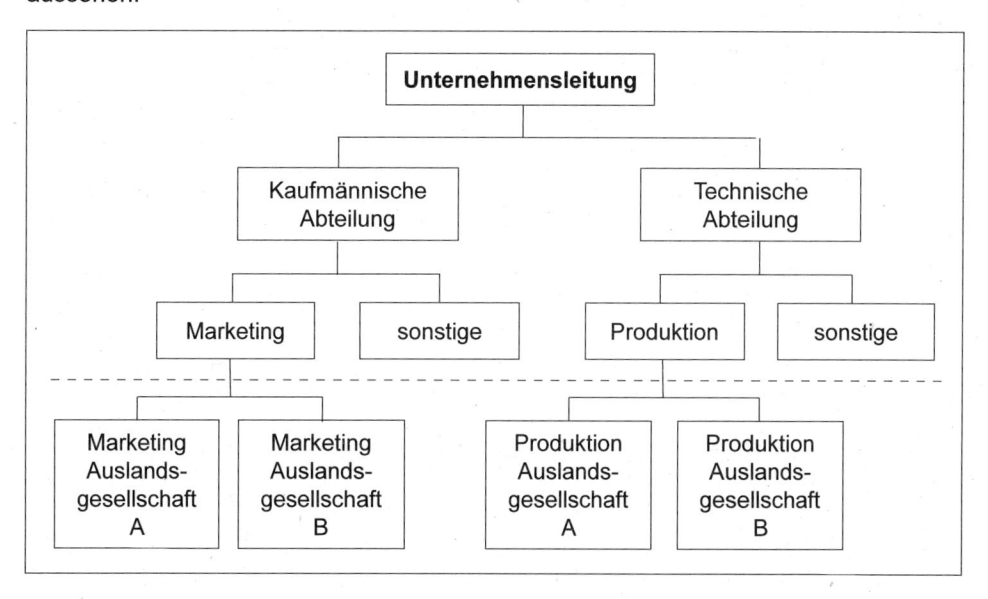

```
                    Unternehmensleitung
                    ┌───────┴───────┐
            Kaufmännische      Technische
              Abteilung         Abteilung
           ┌──────┴──────┐   ┌──────┴──────┐
       Marketing     sonstige  Produktion  sonstige
       ┌───┴───┐                ┌───┴───┐
   Marketing  Marketing    Produktion  Produktion
   Auslands-  Auslands-    Auslands-   Auslands-
   gesell-    gesell-      gesell-     gesell-
   schaft     schaft       schaft      schaft
     A          B            A           B
```

16. Wie sieht der spartenorientierte Organisationsaufbau eines weltweit agierenden Unternehmens aus?

Ein weltweit agierendes Unternehmen kann den Organisationsaufbau nach *Produktgruppen, die als Sparten* organisiert sind, ausrichten. Die Leitungen der Sparten können im Inland verbleiben, die Herstellung und evtl. auch der Vertrieb der in den Produktgruppen zusammengefassten Produkte liegen im Ausland. Für die folgende vereinfachte Darstellung werden zwei Produktgruppen (1 und 2) mit jeweils zwei Produkten (I und II sowie III und IV), die von Gesellschaften in den Ländern A, B, C und D hergestellt werden

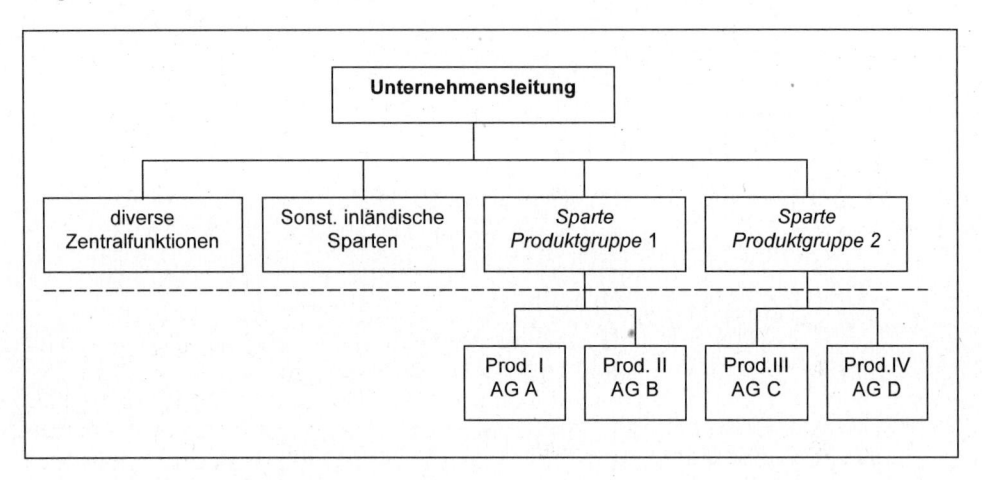

```
                        Unternehmensleitung
    ┌───────────┬──────────────┬──────────────┬──────────────┐
 diverse    Sonst. inländische    Sparte           Sparte
Zentral-         Sparten       Produktgruppe 1  Produktgruppe 2
funktionen                      ┌─────┬─────┐    ┌─────┬─────┐
                               Prod. I  Prod. II Prod.III Prod.IV
                                AG A    AG B     AG C    AG D
```

17. Wie kann eine Regionalspartenstruktur im Organisationsaufbau eines weltweit agierenden Unternehmens aussehen?

Ein weltweit agierendes Unternehmen kann in seinem Organisationsaufbau auch *regionale Sparten* berücksichtigen. Das kann an folgendem Beispiel veranschaulicht werden. Angenommen wird ein Unternehmen, das jeweils zwei Gesellschaften (A, B, C und D) in zwei Regionen (europäisches Ausland und USA); zusätzlich wird angenommen, dass die Leitungen der Sparten in den Regionen liegen.

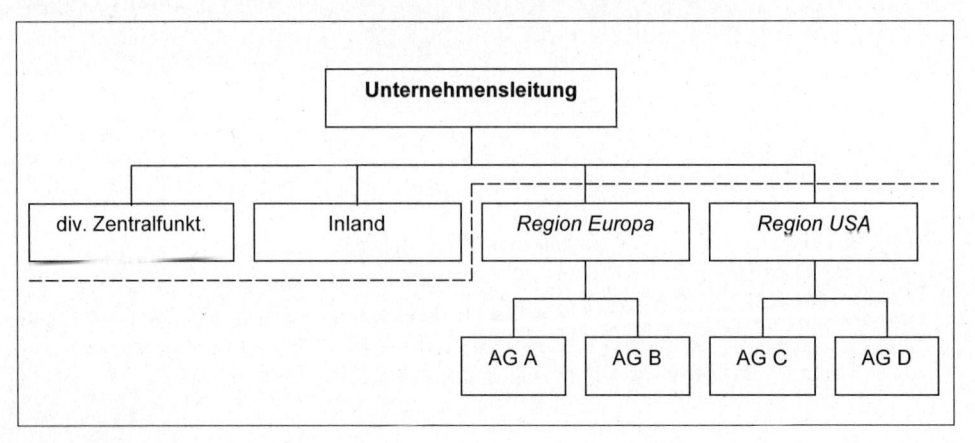

```
                        Unternehmensleitung
    ┌──────────────┬──────────────┬──────────────┬──────────────┐
div. Zentralfunkt.    Inland       Region Europa    Region USA
                                   ┌─────┬─────┐   ┌─────┬─────┐
                                    AG A   AG B    AG C   AG D
```

7.1.1.1.3 Ablauforganisation

1. Womit befasst sich die Ablauforganisation?

Die Ablauforganisation regelt in zeitlicher und örtlicher Hinsicht den *Ablauf von Arbeitsvorgängen* bzw. -verrichtungen im Zusammenhang mit einer umfassenden Aufgabe oder mit einem Projekt. Sie verbindet die jeweilige einzelne Verrichtung mit dem entsprechenden Arbeitsplatz und mit den erforderlichen Sachmitteln so, dass die Arbeitsvorgänge sachlogisch aufeinander bezogen werden und lückenlos, d. h. ohne zeitlichen Verzug, aufeinander folgen können. Ziele sind die *Minimierung von Durchlaufzeiten* und die *Maximierung der Kapazitätsauslastung*.

2. Welche Formen der Ablauforganisation gibt es?

Es gibt u. a. folgende Formen der Ablauforganisation:

- Arbeitsablaufplan,
- Netzplan,
- Balkendiagramm.

3. Wie werden im Ablaufbogen die Arbeitsabläufe dargestellt?

Die bei einem Gesamtvorgang anfallenden einzelnen Arbeitsvorgänge, die Ablaufabschnitte, werden zunächst erfasst und in die Reihenfolge gebracht, die sich durch die Organisation ergibt. Für die Darstellung werden die Ablaufabschnitte in dieser Reihenfolge in einen Ablaufbogen eingetragen; in dem Bogen wird die Ablaufart jedes Abschnitts durch ein entsprechendes Zeichen symbolisiert.

Die entsprechenden Arbeitsvorgänge, d. h. die Ablaufarten, werden durch Ausfüllen der entsprechenden Symbole gekennzeichnet. Durch Verbindung der ausgefüllten Symbole ergibt sich die übersichtliche Darstellung des Arbeitsablaufs. Die Ablaufart gibt an, was in dem jeweiligen Ablaufabschnitt geschieht.

4. Welche Ablaufarten werden unterschieden und wie werden sie symbolisiert?

Im Allgemeinen werden folgende Ablaufarten unterschieden.

- Fördern:
  Als Fördern bezeichnet man die Lageveränderung eines Arbeitsgegenstandes, z. B. den Transport eines Werkstücks von einer Werkstatt zur nächsten, die Weitergabe eines Formulars, Briefes, Vordrucks u. Ä. Das Symbol für Fördern ist ein Pfeil (⇨).

- Einwirken:
  Als Einwirken bezeichnet man die Veränderung eines Arbeitsgegenstandes, z. B. die Formänderung eines Werkstücks durch Be- oder Verarbeitung, das Ausfüllen eines Formulars, die Abzeichnung eines Vermerks, die Zahlungsanweisung u. Ä. Das Symbol für Einwirken ist ein Kreis (O).

- Prüfen:
Das Prüfen bezieht sich vor allem darauf, ob der Arbeitsgegenstand den Anforderungen entspricht; geprüft wird z. B., ob eingehendes Material den erwarteten oder vorgeschriebenen Qualitätsanforderungen entspricht, ob eine Eingangsrechnung sachlich und rechnerisch richtig erstellt wurde. Das Symbol für Prüfen ist ein Quadrat (□).

- Liegen:
Liegen bezeichnet die Unterbrechungen von Einwirkungs- und Prüfungsvorgängen, die sich aus dem organisatorischen Ablauf ergibt; so liegt z. B. ein Brief vorübergehend in einem Eingangskorb, ein Werkstück wartet bis zur weiteren Bearbeitung in einer Warteschlange u. Ä. Das Symbol für Liegen ist ein links geschlossener Halbkreis (D).

- Lagern:
Als Lagern wird das Liegen von Arbeitsgegenständen in Lagern bezeichnet; z. B. wird ein Produkt bis zur Abtransport oder bis zur Abholung im Auslieferungslager gelagert, ein bearbeitetes Formular wird im Archiv abgelegt usw. Das Symbol für Lagern ist ein nach unten gerichtetes Dreieck (▽).

5. Wie kann diese Form der Ablauforganisation genutzt werden?

Der Arbeitsablaufplan lässt nur die Darstellung einfacher Bearbeitungsvorgänge zu. Parallele oder alternative Vorgänge können nicht dargestellt werden. Allerdings eignet er sich besonders gut zur Erfassung und zur Kritik von Ist-Zuständen von Arbeitsabläufen; Probleme wie z. B. langes Liegen und lange Förderwege können erkannt und analysiert werden. Die Ablaufbögen enthalten deshalb häufig Hinweise auf die Dauer von Liegevorgängen und die Länge von Förderwegen (In dem folgenden Beispiel wird darauf andeutungsweise hingewiesen.)

Im Folgenden soll in einem einfachen Beispiel ein Arbeitsablaufplan dargestellt werden. *In einem Unternehmen geht eine Bedarfsmeldung des Lagers in der Einkaufsabteilung ein. Der Einkaufsleiter gibt Anweisungen an den Sachbearbeiter, Angebote einzuholen und die eingegangenen Angebote zu vergleichen. Die Ermittlung der günstigsten Beschaffungsquelle führt schließlich zur Bestellung.*

7.1 Organisation als strategischer Erfolgsfaktor des Unternehmens

	Ablaufabschnitt	Ablaufarten des Arbeitsgegenstandes	Wege in m	Dauer in min.	Bemerkungen
1	Bedarfsmeldung an Einkaufsabteilung	○ ➡ □ D ▽			
2	Bearbeitungsvermerke durch Einkaufsleiter	● ⇨ □ D ▽			
3	im Postausgangskorb	○ ⇨ ■ D ▽			
4	zum Sachbearbeiter	○ ➡ □ D ▽			
5	im Posteingangskorb	○ ⇨ ■ D ▽			
6	Einholung von Angeboten	● ⇨ □ D ▽			
7	Vorgang auf Wiedervorlage	○ ⇨ □ D ▼			
8	Angebote von Poststelle zum Sachbearbeiter	○ ➡ □ D ▽			
9	im Posteingangskorb	○ ⇨ □ ■ ▽			
10	Aufbereitung der eingegangenen Angebote	● ⇨ □ D ▽			
11	Prüfung der Angebote	○ ⇨ ■ D ▽			
12	Vorlage bei Einkaufsleiter	○ ➡ □ D ▽			
13	Prüfung der Vorlage	○ ⇨ ■ D ▽			
14	Entscheidung	● ⇨ □ D ▽			
15	Bestellung diktieren	● ⇨ □ D ▽			
16	Bestellung unterschreiben	● ⇨ □ D ▽			
17	Bestellung im Ausgangskorb	○ ⇨ ■ D ▽			
18	Bestellung zur Poststelle	○ ➡ □ D ▽			
19	Bestellkopie auf Wiedervorlage	○ ⇨ □ D ▼			

6. Welche Aufgaben erfüllt ein Netzplan?

Mithilfe eines Netzplans wird der Ablauf z. B. eines Projekts bzw. eines Vorhabens geplant. Der Netzplan ist die grafische Darstellung aller Ereignisse eines Projekts in logisch richtiger Reihenfolge mit Angabe der erforderlichen Zeiten. Der grafischen Darstellung liegt eine Tabelle mit den erforderlichen Daten zu Grunde.

7. Wie werden die Ereignisse in einem Netzplan dargestellt?

In der Grafik werden die Ereignisse des Vorhabens mit Symbolen, z. B. mit Buchstaben, in sog. Knoten erfasst; die Knoten enthalten auch Angaben über die Dauer des jeweiligen Ereignisses (z. B. in Wochen). Die aufeinander bezogenen Knoten (Ereignisse) sind durch sog. Kanten miteinander verbunden. Man kann so erkennen, welches Ereignis einem anderen vorläuft.

8. Welche Ziele werden mit de Netzplantechnik verfolgt?

Ziele der Netzplantechnik sind die *Minimierung der Durchlaufzeiten* und die *Maximierung der Kapazitätsausnutzung*.

9. Wie können die Ziele erreicht werden?

In der Grafik werden die Ereignisse mit ihren frühesten Anfangs- und Endzeiten angegeben, sodass ersichtlich ist, wann ein Ereignis beginnen kann und wann es beendet sein muss, damit das nächste beginnen kann. Es weist damit auch darauf hin, wann, z. B. Maschinen, Anlagen, Rohstoffe und Mitarbeiter für die Arbeit an dem Ereignis zur Verfügung stehen müssen.

Aus dem Plan wird auch ersichtlich, wann einem neuen Ereignis mehrere Ereignisse vorlaufen, und dass das vorlaufende Ereignis mit der längsten Durchlaufzeit den Beginn des neuen Ereignisses bestimmt. Für die anderen vorlaufenden Ereignisse ergeben sich zeitliche Planungsmöglichkeiten hinsichtlich ihres Beginns und damit der Bereitstellung von Kapazitäten. Die Zeiten, die so verplant werden können, werden als *Pufferzeiten* bezeichnet.

Schließlich zeigt der Plan auch, wann das Vorhaben beendet ist.[3]

10. Welche Besonderheit weist das Balkendiagramm auf?

Das Balkendiagramm kann als eine Sonderform des Netzplans aufgefasst werden. Während der Netzplan eher die sachlogische Abfolge einzelner Ereignisse betont, strukturiert das Balkendiagramm eher in zeitlicher Hinsicht. Das Balkendiagramm *visualisiert die zeitliche Ablaufstruktur* der Vorgänge. Diese werden als horizontale Balken, die durch ihre Länge die Dauer eines Ereignisses visualisieren, gezeichnet, erkennbar werden auch Abhängigkeiten und Pufferzeiten.

---

[3] Vgl. die Ausführungen zur Netzplantechnik in Kap. 6.

7.1.1.2 Wahrnehmung und Verarbeitung relevanter Umweltinformationen

1. Was kann als die Umwelt eines Unternehmens bezeichnet werden?

Es ist schwierig, Unternehmen von ihrer Umwelt abzugrenzen. Die Abgrenzung ist im Allgemeinen nur im Zusammenhang mit einer bestimmten Analyse möglich. Allgemein ausgedrückt können als Umwelt die Institutionen bezeichnet werden, die die Aufgaben des Unternehmens direkt oder indirekt beeinflussen. Entsprechend werden globale Umwelt und Aufgabenumwelt unterschieden.[4]

Die *globale Umwelt* umfasst z. B. die Volkswirtschaft (Wirtschaftspolitik), bestimmte Rechtsgebiete, die Politik, die Technologie, die Ökologie u. Ä. Die *Aufgabenumwelt* umfasst Kunden Lieferanten, Wettbewerber, aber auch Gewerkschaften, Kapitalgeber usw.

2. Was sind relevante Umweltinformationen?

Die Relevanz von Umweltinformationen hängt u. a. ab von der Bedeutung des Umweltfaktors und von der speziellen Situation. So ist z. B. die Information eines pharmazeutischen Unternehmens, dass ein Wettbewerber ein bestimmtes Medikament auf den Markt bringt, mit dem es die Überlegenheit seines Sortiments begründen kann, relevant. Die Information kann das Unternehmen dazu zwingen, strategische Maßnahmen zu ergreifen. *Relevant sind Umweltinformationen dann, wenn sie zu strategischen Maßnahmen zwingen.*

3. Wie werden Umweltinformationen wahrgenommen?

Umweltinformationen werden u. a. wahrgenommen bzw. vermittelt

- durch Marktbeobachtungen, Analyse von Geschäftsberichten, IHK-Mitteilungen (z. B. Statistiken),
- durch Vertreterberichte,
- mithilfe von Indikatoren, die durch Veränderungen auf bestimmte Entwicklungen hinweisen, z. B. Auftragsrückgänge, Änderungen des Nachfrageverhaltens privater Haushalte.

4. Was sind Szenarien?

Szenarien stellen *Handlungsalternativen* für unternehmerische Entscheidungen dar. Sie werden mithilfe der Szenariotechnik entwickelt. Die Szenariotechnik kann der Unternehmensplanung helfen, Entscheidungsprozesse zu fundieren. Auch im Rahmen der Führerkennung von relevanten Umweltveränderungen kann sie einen Beitrag leis-

---

[4] Scherm, Ewald und Gotthard Pietsch: a. a. O., S. 1465.

ten. Umweltinformationen können frühzeitig in den Prozess der Szenarioentwicklung einbezogen und angemessen verarbeitet werden.[5]

5. Wie läuft die Entwicklung von Szenarien ab?

Die Entwicklung von Szenarien lässt sich als *Prozess* beschreiben, der *in mehreren Phasen* abläuft:

- Definition des Szenariofeldes (Untersuchungsfeldes) und seine Beschreibung mithilfe von Einflussfaktoren,
- Analyse der Vernetzungen im Szenariofeld zur Ermittlung der relevanten Einflussfaktoren (Schlüsselfaktoren),
- Ermittlung und Beschreibung von mehreren alternativen Zukunftsprojektionen für jeden Schlüsselfaktor,
- Ermittlung von widerspruchsfreien Kombinationen von Zukunftsprojektionen,
- Beschreibung der Zukunftsprojektionen in Szenarien.

Die Szenarien können z. B. als Alternativen die bestmögliche Entwicklung, den *best case* und die schlechteste Entwicklungsmöglichkeit, den *worst case*, beschreiben.[6]

7.1.1.3 Anschlussfähigkeit der Unternehmensorganisation an strategische Veränderungen

1. Beeinflussen strategische Veränderungen die Organisation?

Es gilt der Grundsatz *„structure follows strategy"*, d. h. die Organisation folgt der Strategie. In der Strategie tritt eine sachliche Aufgabe des Unternehmens in Erscheinung; deshalb muss sie die Organisation maßgeblich beeinflussen. Weil eine neue Strategie auch eine Veränderung des Verhaltens der Mitarbeiter bedeutet, muss die Aufbauorganisation sich den Änderungen anpassen. Das heißt aber auch: Die „angepasste" Organisation ist eine wichtige Vorbedingung für die erfolgreiche Strategieumsetzung.[7]

2. Beeinflusst die Organisation die Strategie?

Die (angepasste) Organisation ist eine wichtige Vorbedingung für die erfolgreiche Strategieumsetzung. Die Organisation beeinflusst wesentlich den Erfolg eines Unternehmens; deshalb gilt auch *„strategy follows structure"*. Die Organisation ist die Rahmenbedingung für das Handeln der Mitarbeiter.

---

[5] Schierenbeck, Henner und Claudia B. Wöhle: Grundzüge der Betriebswirtschaftslehre, München 2008, S. 198 ff.
[6] Vgl. Schierenbeck, Henner und Claudia B. Wöhle: a. a. O. S. 199.
[7] Dillerup, Ralf und Roman Stoi: a. a. O., S. 445.

3. Was kann als strategiegerechte Organisation bezeichnet werden?

Strategiegerecht ist eine Organisation dann, wenn sie *zur erfolgreichen Umsetzung einer Strategie maßgeblich beiträgt*. Sie muss den Mitarbeitern ermöglichen, ihr Verhalten optimal auf die strategischen Anforderungen auszurichten.

4. Welche Grundformen des organisatorischen Aufbaus unterstützen z. B. die Strategien Kostenführerschaft und Differenzierung?

Die **Strategie der Kostenführerschaft** zielt auf Ressourceneffizienz ab. Diese Anforderung wird eher von einer funktionsorientierten Organisation unterstützt.

Die **Differenzierungsstrategie** ist marktorientiert, d. h. auf Kunden und Wettbewerb ausgerichtet. Diese Anforderungen werden von einer objektbezogenen Aufbauorganisation unterstützt. Objekte der Organisation können z. B. Kunden, Märkte, Produkte usw. sein.

7.1.2 Unternehmensorganisation auf strategischer Entscheidungsebene

7.1.2.1 Unternehmensverfassung

1. Was wird als Unternehmensverfassung bezeichnet?

Als Unternehmensverfassung kann die *innere Ordnung* bezeichnet werden, die das Handeln des Unternehmens bestimmt und die die Regeln festlegt, mit denen die Aktivitäten auf die Unternehmensziele ausgerichtet sind.[8]

2. Welche Regelungen umfasst die Unternehmensverfassung?

Die Unternehmensverfassung umfasst die internen Regeln für die formale Machtverteilung zwischen den Interessengruppen und die ergänzenden – von außen kommenden – Regelungen zum Schutz von verfassungsrelevanten Interessen. Das sind im Einzelnen

- gesetzliche Regelungen, z. B. das Wettbewerbsrecht, das Verbraucherschutzrecht, das Arbeitsrecht, das Mitbestimmungsrecht u. Ä.,
- kollektivvertragliche Vereinbarungen,
- privatautonome Rechtssetzungen, z. B. der Gesellschaftsvertrag, die Satzung, die Geschäftsordnung u. Ä.

---

[8] Nach Gabler Wirtschaftslexikon, 17. Aufl., Wiesbaden 2010, „Unternehmensverfassung" (teilweise auch im Folgenden).

3. Welche Interessen konstituieren die Unternehmensverfassung?

Interessen, die die Zielsetzung und die Politik des Unternehmens bestimmen, sind die verfassungskonstituierenden Interessen. Das können bestimmte Interessen der Stakeholder sein:

- Kunden,
- Lieferanten,
- Eigentümer,
- Arbeitnehmer,
- Öffentlichkeit usw.

4. Mit welchen institutionellen Vorkehrungen können die Unternehmensaktivitäten auf die verfassungskonstituierenden Interessen ausgerichtet werden?

Vorkehrungen, mit denen verfassungskonstituierende Interessen auf die Unternehmensaktivitäten ausgerichtet werden können, sind z. B. die Regelungen über

- Entscheidungsgremien,
  Art, Zusammensetzung, Kompetenzen, Wahl,
- Ablauf der Entscheidungsprozesse in den Gremien,
  Vorsitz, Ausschüsse, Teilnahme, Beschlussmodalitäten,
- Planungsinformation,
- Kontrollinformation.

7.1.2.2 Spitzen- und Führungsorganisation

1. Was ist Gegenstand der Führungsorganisation?

Gegenstand der Führungsorganisation ist die institutionelle Ordnung des Verhältnisses von verfassungskonstituierenden Interessen und Unternehmensführung in der Unternehmensverfassung.

2. Welche Grundtypen der Führungsorganisation können unterschieden werden?

Folgende Grundtypen können unterschieden werden:

- Die dreigliedrige Führungsstruktur, mit Hauptversammlung, Aufsichtsrat, Vorstand, die besonders im deutschen Aktienrecht von Bedeutung ist,
- die zweistufige Führungsstruktur, das sog. Board-System.

7.1.2.3 Corporate Governance

1. Welche Bedeutung hat das Corporate Governance für das unternehmerische Verhalten von Unternehmen auch unter ethischen Gesichtspunkten?

Unter dem Begriff Corporate Governance fasst man alle Regelungen und Arrangements zusammen, nach denen ein Unternehmen unter Berücksichtigung aller Bezugsgruppen (Stakeholder) mit ihren unterschiedlichen Interessen geführt werden soll.

Probleme können dadurch entstehen, dass Bezugsgruppen wegen ihrer Einflussmöglichkeiten, ihrer Stärke oder ihres Informationsvorsprungs ihre jeweils spezifischen Interessen zu Lasten der anderen Bezugsgruppen und zum Nachteil des Unternehmens durchsetzen können. Die Aufgabe der Corporate Governance besteht darin, ein System von Regeln und Arrangements zu schaffen, durch das diese Probleme vermindert oder sogar vermieden werden.

2. Welche Aspekte umfasst das Corporate-Governance-System?

Das Corporate-Governance-System umfasst folgende Aspekte:
- Zielsetzungen für das Zusammenwirken der Bezugsgruppen,
- Festlegung der personalen Verantwortlichkeiten für die Lösung von Interessenkonflikten sowie der entsprechenden Strukturen und Prozesse,
- Unternehmenskommunikation,
- verlässliche Rechnungslegung und Abschlussprüfung.

3. Welche Regulierungsebenen bestehen für die Corporate Governance?

Es bestehen grundsätzlich *zwei Regulierungsebenen* für die Corporate Governance.
1. Gesetze, d.h. der Staat legt die Regeln für das Zusammenwirken der Bezugsgruppen fest,
2. Ausfüllung der gesetzlichen Vorschriften durch Festlegung von Standards, die von den beteiligten Unternehmen als bindend anerkannt werden (in diesem Sinne wird in Deutschland verfahren).

4. Welche Bedeutung hat der Deutsche Corporate Governance Kodex?

Die deutsche Unternehmensverfassung wird – vor allem international – kritisiert. Kritikpunkte sind z.B.
- die mangelhafte Ausrichtung auf die Aktionärsinteressen,
- die duale Unternehmensverfassung mit Vorstand und Aufsichtsrat,
- die mangelnde Transparenz deutscher Unternehmensführung,
- die mangelnde Unabhängigkeit deutscher Aufsichtsräte,
- die eingeschränkte Unabhängigkeit der Abschlussprüfer.

Die Bundesjustizministerin setzte 2001 eine Regierungskommission ein, die im Februar 2002 den *Deutschen Corporate Governance Kodex* verabschiedete. Der Kodex geht auf die einzelnen Kritikpunkte ein.

Der Kodex stellt wesentliche gesetzliche Vorschriften zur Leitung und Überwachung deutscher börsennotierter Gesellschaften dar und enthält Standards guter und verantwortungsvoller Unternehmensführung. Der Kodex soll das deutsche Corporate Governance System transparent und nachvollziehbar machen und das Vertrauen der internationalen und nationalen Anleger, der Kunden, der Mitarbeiter und der Öffentlichkeit in die Leitung und Überwachung deutscher börsennotierter Aktiengesellschaften fördern.[9] Dazu gibt die „Regierungskommission Deutscher Corporate Governance Kodex" Empfehlungen für die Unternehmensführung.

5. Was teilen Unternehmen in der sog. Entsprechenserklärung mit?

Das Bundesministerium der Justiz gibt die Empfehlungen der „Regierungskommission Deutscher Corporate Governance Kodex" im amtlichen Teil des elektronischen Bundesanzeigers bekannt. Nach § 161 AktG müssen Vorstand und Aufsichtsrat der börsennotierten Gesellschaften in einer sog. Entsprechenserklärung jährlich darlegen, dass den Empfehlungen entsprochen wurde bzw. wird oder welche Empfehlungen nicht angewendet wurden oder werden. Die Erklärung ist den Aktionären dauerhaft zugänglich zu machen.

7.1.2.4 Holdingorganisation

1. Was ist eine Holdingorganisation?

Eine Holdingorganisation stellt eine *Organisationsform* dar, die aus der Sparten- bzw. objektbezogenen Organisation abgeleitet ist. Es handelt sich dabei nicht um eine eigenständige Rechtsform, sondern um die Form einer Organisation einer Muttergesellschaft mit mehreren Tochtergesellschaften. Die Tochtergesellschaften bleiben organisatorisch und rechtlich selbstständig; sie stehen allerdings unter der *Leitung der Muttergesellschaft*.

Die Muttergesellschaft hält Anteile an den Tochtergesellschaften, deshalb wird sie auch als *Holdinggesellschaft* bezeichnet. (Ein Konzern ist eine Holdinggesellschaft, bei der die Dachgesellschaft Mehrheits- oder Beherrschungseinflüsse auf die Tochtergesellschaften hat.)

Die Organisation kann in *zwei Ebenen* dargestellt werden. In der oberen Ebene wird die Holdinggesellschaft, darunter werden die abhängigen Tochtergesellschaften angegeben.

---

[9] In Anlehnung an die Präambel zum Deutschen Corporate Governance Kodex (vgl. dazu die Homepage der Regierungskommission).

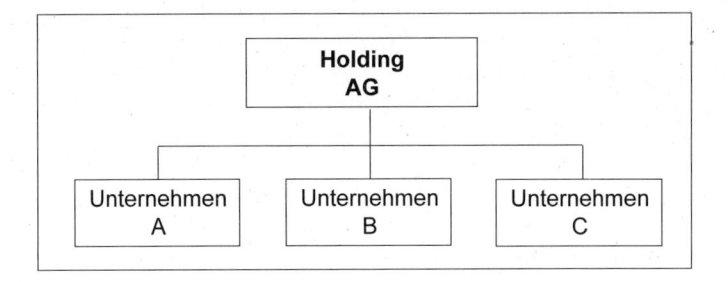

7.1 Organisation als strategischer Erfolgsfaktor des Unternehmens

```
        Holding
          AG
    ┌───────┼───────┐
Unternehmen Unternehmen Unternehmen
    A         B         C
```

2. Welche Formen der Holdingorganisation können unterschieden werden?

Folgende Grundformen der Holdingorganisation können unterschieden werden:

- Finanz-Holding,
- Management-Holding.

3. Wie lässt sich die Finanz-Holding kennzeichnen?

In der Finanz-Holding hat die Dachgesellschaft keine strategischen Führungsaufgaben; diese bleiben bei den beteiligten Gesellschaften. Die Holding hält lediglich Beteiligungen an den Beteiligungsgesellschaften.

4. Wie lässt sich die Management-Holding kennzeichnen?

Beim Management-Holding übernimmt die Holdinggesellschaft auch Führungsaufgaben. Zu den Führungsaufgaben zählen z. B.

- Gesamtverantwortung,
- Festlegung übergeordneter Ziele,
- Festlegung übergeordneter Strategien,
- Kapitalbeschaffung,
- Genehmigung der Bereichsziele und Bereichsstrategien.

Das Management der Teilbereiche hat (innerhalb des vorgegebenen Handlungsrahmens) u. a. folgende Aufgaben:

- Festlegung der Bereichsziele,
- Festlegung der Bereichsstrategien,
- operative Geschäftsführung,
- Ergebnisverantwortung.[10]

5. Welche Vorteile und welche Nachteile hat die Holdingorganisation?

Die Holdingorganisation hat u. a. folgende **Vorteile**:

---

[10] Vgl. Dillerup, Ralf und Roman Stoi: a. a. O., S. 451.

- Flexibilität durch Marktnähe,
- Synergieeffekte durch gemeinsame Forschung und Entwicklung,
- eindeutige Erfolgszurechnungen.

Die Holdingorganisation kann u. a. folgende **Nachteile** haben:

- Probleme bei Kompetenzabgrenzungen zwischen der Holding und den Teilbereichen,
- Distanz zwischen Holding und Management der Teilbereiche,
- Gefährdung der Übersichtlichkeit.[11]

7.1.2.5 Centerorganisation

1. Was ist eine Centerorganisation und was wird als Center bezeichnet?

Eine Centerorganisation ist eine *objektbezogene Organisationsform* (vgl. Spartenorganisation), bei der der Unternehmensleitung einzelne *Center als Organisationseinheiten* unterstellt sind. Center sind relativ selbstständige Geschäftsbereiche, deren Leiter in ihren Entscheidungen autonom sind; sie tragen aber auch die Verantwortung für den Erfolg ihres Centers.

Nach dem Umfang an Kompetenzen und Verantwortung lassen sich folgende Center-Organisations-Konzepte unterscheiden:

- Profit Center,
- Cost Center,
- Investment Center.[12]

2. Was ist ein Profit Center?

Ein Profit Center ist ein relativ selbstständiger Geschäftsbereich mit der *Verantwortung für den Erfolg, der ihm direkt zugerechnet werden kann*. Ein Profit Center umfasst mindestens die Bereiche Produktion, Absatz und evtl. auch die Entwicklung für ein Produkt oder eine Produktgruppe. Neben den Profit Centern bestehen Bereiche für zentrale Aufgaben.

3. Welches typische Kennzeichen weist ein Cost Center auf?

Ein Cost Center ist ein Geschäftsbereich, der sich mit einer Kostenstelle vergleichen lässt. Die Entscheidungskompetenzen liegen im *Rahmen eines vorgegebenen Kostenbudgets*. Ziel ist die Einhaltung des vorgegebenen Kostenbudgets oder die Kostenminimierung bei vorgegebenem Leistungsvolumen. Das Cost Center wird u. a. angewandt bei Zentralbereichen.

---

[11] Olfert, Klaus: Organisation, Ludwigshafen 2006, S. 157.
[12] Scherm, Ewald und Gotthard Pietsch: a. a. O. S. 179 f.

7.1 Organisation als strategischer Erfolgsfaktor des Unternehmens

4. Wodurch unterscheidet sich ein Investment Center vom Profit Center?

Beim Investment Center erhält der Centermanager auch die Entscheidungskompetenz für Investitionen in seinem Bereich. Er kann damit über die Verwendung des in diesem Bereich anfallenden Gewinns entscheiden. Die Unternehmensleitung hat häufig nur ein Mitspracherecht.

5. Welche Vorteile hat die Centerorganisation, hat sie auch Nachteile?

Centerorganisationen können u. a. folgende **Vorteile** haben:

- Eindeutige Zurechnung von Erfolgen,
- Motivation des Centermanagements durch erfolgsabhängige Entlohnung,
- Flexibilität bei Marktanpassungen.

Als **nachteilig** wird gelegentlich gesehen, dass Probleme zwischen den Centern und den Zentralbereichen geben kann.

7.1.3 Funktionsweise eines strategisch ausgerichteten Organisationscontrolling

1. Welches Ziel verfolgt das Organisationscontrolling und welche Aufgaben nimmt das Organisationscontrolling dazu wahr?

Ziel des Organisationscontrolling ist die *Optimierung der Organisation*. Dazu sind die betrieblichen Organisationsprozesse zu planen, zu steuern und zu kontrollieren sowie die Personen bzw. Instanzen, die an der Organisation beteiligt sind, zu informieren.

Betriebliche Organisationsprozesse stehen im Zusammenhang mit dem Aufbau, mit Abläufen und mit Projekten; entsprechend sind zu unterscheiden

- Aufbaucontrolling,
- Prozesscontrolling,
- Projektcontrolling.[13]

2. Welche Aspekte umfasst Organisationscontrolling?

Organisationscontrolling umfasst zwei Aspekte: Controlling der Institution Organisation und das Controlling des Organisierens (Organisation als Tätigkeit). Im ersten Fall handelt es sich um das *Controlling einer Organisation* i. S. von Revision. Im zweiten Fall ist Organisationscontrolling das *Controlling in einer Organisation*.

Das tätigkeitsbezogene Organisationscontrolling bezieht sich auf die Organisationsplanung, -kontrolle, -steuerung. Sie verläuft parallel zu den entsprechenden Tätigkeiten der Organisationsabteilung, hat also Abstand zum eigentlichen Organisationspro-

---

[13] Olfert, Klaus: a. a. O., S. 57 ff.

blem und kann dadurch die Unternehmensleitung bei Verbesserung der Organisation unterstützen.[14]

3. Welche Instanzen können für das Organisationscontrolling zuständig sein?

Das (tätigkeitsbezogene) Organisationscontrolling kann ausgeübt werden von der *Unternehmensleitung*, von einem *Gesamtcontroller*, der auch für andere Controllingbereiche zuständig ist, oder von einem *Organisationsausschuss*, der sich aus Experten sowohl für Controlling als auch für die anstehenden Organisationsprobleme zusammensetzt.

4. Welche Aufgaben hat das Organisationscontrolling?

Das Organisationscontrolling hat folgende Aufgaben:

- Planung,
- Kontrolle,
- Steuerung,
- Informationsversorgung.

5. Wie und was wird geplant?

Das Organisationscontrolling legt in Zusammenarbeit mit der Organisationsabteilung die *Organisationsziele* fest. Dabei sind die übergeordneten Unternehmensziele zu beachten. Für die Ziele werden Sollwerte bestimmt.

6. Welche Bedeutung hat das Organisationscontrolling im Zusammenhang mit der Kontrolle eines Organisationsprozesses?

Im Allgemeinen kontrolliert zunächst die Organisationsabteilung den Erfolg des Organisationsprozesses. Dazu werden Istdaten erhoben, mit den Sollwerten verglichen, Abweichungen analysiert. Das Organisationscontrolling kontrolliert abschließend wie den gesamten Organisationsprozess auch die Kontrolle durch die Organisationsabteilung.

7. Welche Bedeutung hat das Organisationscontrolling im Zusammenhang mit der Steuerung eines Organisationsprozesses?

Wenn die Istwerte von den Sollwerten abweichen, ist mit geeigneten Maßnahmen der Prozess zu steuern; die geeigneten Maßnahmen werden auf der Grundlage der Abweichungsanalyse bestimmt. Das Organisationscontrolling unterstützt die Organisationsabteilung bei der Bestimmung geeigneter Steuerungsmaßnahmen.

---

[14] Rahn, Horst-J.: Unternehmensführung, Ludwigshafen 2008, S. 275 f.

8. Wie läuft die Informationsversorgung ab?

Im Rahmen des Berichtswesens erhält die Unternehmensleitung auch die Informationen über Organisationsvorgänge. Für das Berichtswesen ist zwar die Organisationsabteilung zuständig, aber der Controller trägt zur Abfassung der entsprechenden Informationen bei und ergänzt erforderlichenfalls den Bericht.

7.2 Gestaltung einer integrativen Organisationsentwicklung (OE)

7.2.1 Grundannahmen der integrativen Organisationsentwicklung (OE)

1. Was wird als Organisationsentwicklung bezeichnet?

Unternehmen als Organisationen und ihre Mitarbeiter als Individuen sind vom sozialen und kulturellen Wandel betroffen. Der Wandel beeinflusst sowohl die Ziele der Unternehmen als auch die der Mitarbeiter. Die Unternehmen entwickeln deshalb Konzepte, um den Wandel zu planen und ihn mit Blick auf die Unternehmensziele und auf die Ziele der Mitarbeiter zu gestalten und zu steuern. Konzepte dieser Art werden unter dem Begriff Organisationsentwicklung erfasst.

Als Organisationsentwicklung wird eine *Unternehmensstrategie des geplanten Wandels* bezeichnet.

2. Welcher Rahmen besteht für die Organisationsentwicklung?

Der Rahmen für die Organisationsentwicklung wird vor allem durch die Unternehmenskultur und durch vorhandene Konzepte sowie durch die Gesamtstrategie gegeben. In der Literatur wird integrative Organisationsentwicklung gelegentlich dargestellt als Balance zwischen Stabilität und Veränderungen, zwischen Vergangenheit und Zukunft.

3. In welchen Phasen läuft die Organisationsentwicklung ab?

Das Phasenmodell der Organisationsentwicklung umfasst *drei Phasen*:

1. Phase: Auftauen (Unfreezing) – Die aktuellen Strukturen werden „aufgetaut", um die Bereitschaft für Veränderungen zu schaffen (Veränderungsbereitschaft),
2. Phase: Ändern (Moving) – Zielvorstellungen werden konzipiert und implementiert,
3. Phase: Wiedereinfrieren (Refreezing) – Die Änderungen werden stabilisiert.

4. Welche besonderen Kennzeichen weist „Organisationsentwicklung" auf?

Ein wesentliches Kennzeichen von Organisationsentwicklung ist die Beteiligung von Mitarbeitern. Es geht im Wesentlichen darum, die Ziele des Unternehmens mit den Zielen der Mitarbeiter in Einklang zu bringen.

5. Welche Ziele werden mit der OE-Strategie verfolgt?

Ziele der OE-Strategie sind

- Ziele der Unternehmen, z. B. Effizienzsteigerung,
- Ziele der Mitarbeiter, z. B. Humanisierung des Arbeitsplatzes.

6. Welche Bedeutung haben Effektivität und Effizienz als Ziele der Organisationsentwicklung?

Effektivität misst den *Zielerreichungsgrad*; er gibt das Verhältnis des erreichten Ziels zum vorgegebenen Ziel an; der für die Zielerreichung benötigte Aufwand wird nicht berücksichtigt. Effizienz misst dagegen die *Wirtschaftlichkeit*, d. h. Nutzen und Aufwand werden zueinander in ein Verhältnis gesetzt.

Durch Organisationsentwicklung sollen Effizienz und Effektivität gesteigert werden; das bedeutet, dass die organisatorische Leistungsfähigkeit zur Erreichung der strategischen Unternehmensziele verbessert wird.

7. Welche Aspekte umfasst die Effizienzsteigerung?

Die Effizienzsteigerung durch OE zeigt sich in folgenden Aspekten:[15]

- Steigerung der Flexibilität; Flexibilität ist die Fähigkeit des Unternehmens, auf Umfeldveränderungen zu reagieren.

- Erhöhung der Problemlösungsfähigkeit, z. B. durch Verbesserung der Teamfähigkeit der Mitarbeiter.

- Steigerung der Variabilität; Steigerung der Akzeptanz von Veränderungen durch die Mitarbeiter.

- Verbesserung der Ressourcennutzung.

- Steigerung der Identifikation; die Mitarbeiter sollen sich in höherem Maße mit den Unternehmenszielen identifizieren können.

8. Welche Bedeutung hat die Humanisierung als Ziel der Organisationsentwicklung?

Der Begriff Humanisierung des Arbeitslebens umfasst alle Maßnahmen eines Unternehmens zur Verbesserung der Arbeitsbedingungen und der Arbeitsinhalte. Auch die

---

[15] Olfert, Klaus: Organisation, Ludwigshafen 2006, S. 373.

7.2 Gestaltung einer integrativen Organisationsentwicklung

Mitwirkungsmöglichkeiten von Mitarbeitern ist ein Aspekt der Humanisierung. Die Organisationsentwicklung ist ihrer Definition nach humanorientiert, sie berücksichtigt in hohem Maße die Interessen der Mitarbeiter. OE zielt deshalb auf die Verbesserung der Qualität des Arbeitslebens für die Mitarbeiter des Unternehmens ab.

9. Welche Aspekte umfasst die Humanisierung?

Die Humanisierung durch die OE zeigt sich in folgenden Aspekten:[16]

- Entfaltung der Persönlichkeit, z. B. durch mehr Kooperation,
- Selbstverwirklichung, z. B. durch Berücksichtigung der besonderen Fähigkeiten und Interessen von Mitarbeitern,
- Verbesserung der Arbeitsbedingungen, z.B. durch Abbau von Monotonie, Erweiterung von Aufgabenfeldern usw

10. Wie werden die Ziele integriert?

Gestaltungsmerkmale der Zielintegration sind z. B.
- die Ganzheitlichkeit,
- die Beteiligung der Betroffenen.

11. Welche Bedeutung hat die Ganzheitlichkeit?

Ganzheitlichkeit deutet auf die *Harmonie der Ziele* hin, d. h. in der Organisationsentwicklung soll eine weitgehende Übereinstimmung zwischen den Zielen des Unternehmens und den Zielen der betroffenen Mitarbeiter und Führungskräfte bestehen. Die Ziele des Unternehmens, z. B. Steigerung von Effizienz und Effektivität, sind durchaus vereinbar mit der Verbesserung der Arbeitsqualität, dem Ziel der Mitarbeiter.

12. Wie können die Betroffenen an der Organisationsentwicklung beteiligt werden?

Für die Beteiligung der Mitarbeiter bestehen u. a. folgende Möglichkeiten:[17]

- Kommunikationsstrategie mit dem Ziel, die Mitarbeiter auf formellen und informellen Wegen zu informieren, ihr Interesse zu wecken und sie zu mobilisieren.
- Förderung von Motivation zum Aufbau und zur Verbesserung der Wandlungsbereitschaft. Dazu dienen Anreizsysteme und besondere Maßnahmen der Personalentwicklung.

---

[16] Olfert, Klaus: a. a. O., S. 374.
[17] Dillerup, Ralf und Roman Stoi: Unternehmensführung, München 2008, S. 309 ff.

7.2.2 Prozess der Organisationsentwicklung – Management des Wandels

1. Wie lässt sich der Prozess der Organisationsentwicklung umschreiben?

Der Prozess der Organisationsentwicklung ist ein umfassender Prozess von Veränderungen der Unternehmen als Organisationen und der Mitarbeiter. Der Prozess läuft in Phasen ab.

2. Welche Aufgaben hat das Management des Wandels?

Das Management des Wandels zielt darauf ab, Unternehmensstrategien und -strukturen den Änderungen von Rahmenbedingungen anzupassen. Seine Aufgaben bestehen darin, den *Wandel*, der für die Erreichung von Unternehmenszielen entscheidend sein kann, *zu erkennen und zu gestalten*.

Für das Management ist die Unterscheidung des Wandels 1. Ordnung vom Wandel 2. Ordnung von Bedeutung. Für den *Wandel 2. Ordnung* sind grundlegende (revolutionäre) Maßnahmen zur Änderung der Organisation erforderlich. Der *Wandel 1. Ordnung* verlangt eher kontinuierliche Anpassungsmaßnahmen in kleinen Schritten, d.h. ein eher evolutionäres Vorgehen.

3. Wie lässt sich der Wandel 1. Ordnung kennzeichnen?

Der Wandel 1. Ordnung wird auch als *inkrementaler Wandel* bezeichnet, gemeint ist damit ein Wandel in kleinen und kontinuierlichen Anpassungsschritten. Die Änderungen beschränken sich auf einzelne Dimensionen und auf einzelne Hierarchieebenen. Es finden keine grundsätzlichen Änderungen statt; Organisationskultur, grundsätzliche strategische Ausrichtungen und grundlegende Prozesse bleiben erhalten. Komplexität und Intensität der Veränderungen sind überschaubar. Der Wandel 1. Ordnung stellt den Normal- bzw. Regelfall dar.[18]

4. Wie lässt sich der Wandel 2. Ordnung kennzeichnen?

Der Wandel 2. Ordnung ist fundamental. Der Wandel ist mehrdimensional und betrifft alle Hierarchieebenen. Es findet ein *Paradigmenwechsel* statt, d.h. die Grundvoraussetzungen für Strategien, Strukturen und Organisationen werden verändert. Es ist ein revolutionärer Bruch mit der Vergangenheit, deswegen wird dieser Wandel auch als revolutionär bezeichnet. Der Wandel 2. Ordnung stellt den seltenen Sonderfall dar.

---

[18] Scherm, Ewald und Gotthard Pietsch: a.a.O., S. 378 f.

7.2 Gestaltung einer integrativen Organisationsentwicklung

5. Wodurch werden Entwicklungsmaßnahmen ausgelöst?

Maßnahmen des Managements zur Organisationsentwicklung werden ausgelöst durch den *Wandlungsbedarf*. Der Wandlungsbedarf hat interne und externe Ursachen.[19]

6. Welche internen Faktoren lösen Wandlungsbedarf aus?

Interne Auslösefaktoren sind z. B.

- Änderungen des Zielsystems,
- Änderungen der Strategie,
- Einsatz neuer Fertigungs- und Informationstechnologien,
- Änderungen der Unternehmenskultur

7. Welche externen Faktoren lösen Wandlungsbedarf aus?

Externe Auslösefaktoren sind z. B.

- Veränderungen des Marktes,
- Entwicklungen gesellschaftlicher Normen und Werte,
- Änderungen gesetzlicher Regelungen, neue Gesetze und Vorschriften.

8. Wodurch werden die Formen des Wandels bestimmt?

Unterschiedlicher *Wandlungsbedarf* bestimmt die Formen des Wandels. In Anlehnung an das verbreitete Schichtenmodell von Krüger werden die folgenden Formen des Wandels unterschieden:

- Restrukturierung,
- Reorientierung,
- Revitalisierung,
- Remodellierung.

(Anmerkung: Das Schichtenmodell stellt den Wandelbedarf und die Maßnahmen zur Änderung in Schichten um einen Kern dar. Die oberste Schicht stellt den relativ häufigen Bedarf dar, die darunter liegenden Schichten geben den weniger häufigen, dafür aber eher fundamentalen Bedarf mit weit reichender Bedeutung wieder.)

9. Welchen Wandelbedarf erfasst die Restrukturierung und welche Managementmaßnahmen entsprechen diesem Bedarf?

Die Restrukturierung ist ein *permanenter, inkrementaler Wandel*; Restrukturierung bezieht sich auf die Strukturen, Prozesse, Systeme und auf das Realisierungspotenzial. Die entsprechenden Maßnahmen sind Änderungen der Strukturen, der Prozesse, der Potenziale usw. Die Änderungen erhöhen die Effizienz des Unternehmens, führen aber keinen grundsätzlichen Wandel herbei.

---

[19] Dillerup, Ralf und Roman Stoi: a. a. O., S. 292 f.

10. Welchen Wandelbedarf erfasst die Reorientierung und welche Managementmaßnahmen entsprechen diesem Bedarf?

Die Reorientierung ist ein eher *fundamentaler Wandel*, der sich auf die Strategie des Unternehmens bezieht. Die entsprechenden Maßnahmen sind *Strategiewechsel*. Ein Strategiewechsel im Handel könnte z. B. die stärkere Kundenorientierung im Zusammenhang mit einer entsprechenden Sortimentsgestaltung sein.

11. Welchen Wandelbedarf erfasst die Revitalisierung und welche Managementmaßnahmen entsprechen diesem Bedarf?

Die Revitalisierung ist von grundsätzlicher Bedeutung; sie betrifft *Fähigkeiten und Verhalten* der Mitarbeiter. Die Maßnahmen sind deshalb ausgerichtet auf die Weiterentwicklung der Fähigkeiten und des Verhaltens. Die Maßnahmen beruhen häufig auf Änderungen von Werten des Unternehmens, sie können aber auch im Zusammenhang mit Strategiewechseln stehen. *So könnte z. B. bei dem in vorstehender Frage angedeutetem Strategiewechsel die angemessene Anpassung des Mitarbeiterverhaltens eine Revitalisierungsmaßnahme sein.*

12. Welchen Wandelbedarf erfasst die Remodellierung und welche Managementmaßnahmen entsprechen diesem Bedarf?

Remodellierung ist ein *fundamentaler Wandel*; sie betrifft Werte und Überzeugungen. Die entsprechenden Maßnahmen sind ausgerichtet auf Veränderungen der Werte und Überzeugungen. Remodellierung zielt auf eine Anpassung der Unternehmenskultur an neue Umfeldbedingungen ab. Im Allgemeinen zieht eine Änderung der Unternehmenskultur Wandelbedarf in anderen Schichten nach sich.

13. Welche Bedeutung haben Phasenmodelle für das Management des Wandels?

Das Management des Wandels läuft in einem Prozess ab, der mehrere Phasen umfasst. Mithilfe von Phasenmodellen lassen sich die Aufgaben analysieren, die im OE-Prozess anfallen. Die Phasen stellen keine chronologischen Schrittfolgen dar, wegen der erforderlichen Rückkoppelungen können Phasen auch parallel ablaufen. Die Bedeutung von Phasenmodellen lässt sich am Phasenmodell von Krüger exemplarisch aufzeigen.

14. In welchen Phasen läuft das Krügersche Modell ab?

Das Modell von Krüger umfasst folgende Phasen:[20]

- Initialisierung:
  Der Wandlungsbedarf wird festgestellt, die Wandlungsträger werden aktiviert.

- Konzipierung:
  Wandlungsziele werden festgelegt und Maßnahmenprogramme entwickelt.

---

[20] Scherm, Ewald und Gotthard Pietsch: a. a. O., S. 261 ff.

- Mobilisierung:
  Das Wandlungskonzept wird entworfen, die Wandlungsbedingungen werden verbessert.
- Umsetzung:
  Prioritäre Vorhaben und Folgeprojekte werden durchgeführt.
- Verstetigung:
  Die Wandlungsergebnisse werden verankert, die Wandlungsbereitschaft und die Wandlungsfähigkeit werden gesichert.

7.2.3 Modelle des Wandels

7.2.3.1 Überblick

1. Was sind Modelle im Allgemeinen?

Ein Modell kann ein *Beschreibungsmodell oder/und ein Erklärungsmodell* sein: Es bildet Teilstücke der Realität ab, um sie besser verstehen und ihre Entwicklung prognostizieren zu können. Mithilfe von Modellen lassen sich Abläufe, z. B. von Prozessen, erklären. Dazu werden bestimmte theoretische Grundvoraussetzungen auf ähnliche und vergleichbare Tatbestände übertragen. So könnte z. B. die Frage beantwortet werden: Wie kann ein bestimmter Prozess unter der Annahme einer oder mehrerer theoretischer Voraussetzungen ablaufen?

2. Welche Bedeutung haben Modelle des Wandels im Besonderen?

Modelle des Wandels beschreiben den *Ablauf des Wandels* und erklären ihn unter der Annahme bestimmter Voraussetzungen. Angenommene Voraussetzung kann z. B. die Frage sein, aus welcher Richtung die Impulse oder Anstöße des Wandels kommen. Entsprechend können folgende Modelle des Wandels unterschieden werden:[21]

- Entwicklungsmodelle: Die Impulse kommen von innen, d. h. aus der Organisation bzw. dem Unternehmen.
- Selektionsmodelle: Die Impulse kommen von außen, d. h. vom Unternehmensumfeld.
- Lernmodelle: Die Impulse gehen von der Organisation aus durch bewusste (und erfolgreiche) Korrektur von Irrtümern.

3. Wie lässt sich die Bedeutung von Entwicklungsmodellen umschreiben?

Bei Entwicklungsmodellen geht die Organisationsentwicklung von Kräften aus, die der Organisation innewohnen (sie sind *organisationsimmanent*). Umweltbedingungen können den Entwicklungsgang beeinflussen, ihn aber nicht wesentlich bestimmen. Die

---

[21] Scherm, Ewald und Gotthard Pietsch: a. a. O., S. 231 ff.

Entwicklung ergibt sich als eine Abfolge voneinander abhängiger kausaler Prozesse. Es werden *zwei Typen* von Entwicklungsmodellen unterschieden: Wachstumsmodelle und Lebenszyklusmodelle.

4. Welche typischen Kennzeichen weisen Wachstumsmodelle auf?

Bei Wachstumsmodellen läuft die Organisationsentwicklung in Stufen ab; die aufeinander aufbauenden Stufen verfolgen konsequent einen kontinuierlichen Wachstumsprozess.

Typische Kennzeichen von Wachstumsmodellen lassen sich am bekannten *Wachstumsmodell von Larry Greiner* erkennen. Dieses Modell geht davon aus, dass sich Organisationen in Phasen evolutionär über einen längeren Zeitraum entwickeln; diese Entwicklungsphasen werden durch unternehmensinterne Krisen unterbrochen. In einer relativ kurzen Phase der Krisenbewältigung setzt sich die Entwicklung evolutionär bis zur nächsten Krise fort.

5. In welchen Phasen läuft das Greinersche Wachstumsmodell ab?

Das Greinersche Wachstumsmodell läuft in folgenden fünf Phasen ab.[22] Die Phasen müssen nicht zwingend aufeinander folgen.

1. Wachstum durch Kreativität:
   Die Kreativität des Gründers bzw. des Initiators setzt die erste Phase in Gang. Es kann zu einer *Krise der Führung* z.B. durch Überlastung kommen.

2. Wachstum durch zentrale und straffe Führung:
   Die Führungskrise wird durch formalisierte, hierarchisch gesteuerte Führung überwunden. Die Autonomie der Mitarbeiter geht teilweise verloren. Das kann zu einer *Autonomiekrise* führen.

3. Wachstum durch Delegation:
   Kompetenzen werden an selbstständige Organisationseinheiten delegiert, die zielorientiert koordiniert und gesteuert werden müssen. Bei weiterem Wachstum stößt die Steuerung auf Schwierigkeiten. Daraus kann sich eine *Steuerungskrise* ergeben.

4. Wachstum durch Koordination:
   Die Steuerungskrise wird überwunden durch Bildung größerer Zentral- und Geschäftsbereiche und stärkere Formalisierung der Planungs- und Kontrollsysteme. Die Regelungen können im Laufe der Zeit zu starker Bürokratisierung mit ihren Nachteilen führen; zu den Nachteilen zählen z.B. die Gefährdung der Innovationsfähigkeit und der effektiven Zusammenarbeit. Es kann eine *Bürokratiekrise* ausgelöst werden.

5. Wachstum durch Teamgeist und Kooperation:
   Es folgt eine Phase, die durch den Abbau überdimensionierter Bereiche und die Einrichtung neuer Informations- und Kompetenzsysteme gekennzeichnet ist. Diese

---

[22] Die Ausführungen beziehen sich auf: Scherm, Ewald und Gotthard Pietsch: a.a.O., S. 234.

Systeme sollen den partizipativen Führungsstil und bereichsübergreifende Problemlösungen fördern.

6. Welche typischen Kennzeichen weisen Lebenszyklusmodelle auf?

Die Lebenszyklusmodelle legen nahe, dass Organisationen einen Lebenslauf haben und wie Lebewesen kommen, gehen und vergehen. Sie gehen davon aus, dass eine Organisation sich wie ein Lebewesen in definierten, aufeinander folgenden Lebensphasen entwickeln. Lebensphasen einer Organisation können z. B. die Folgenden sein:

- Gründungsphase (vergleichbar der Geburt),
- Kollektivitätsphase (Jugend),
- Formalisierungs- bzw. Bürokratisierungsphase (Reifephase),
- Restrukturierungsphase (Regeneration).

Lebenszyklusmodelle sind umstritten, vor allem wegen ihrer Analogie zur Biologie. Die Entwicklung von Organisationen ist nicht genetisch bedingt, sie hängt vielmehr von menschlichen Entscheidungen ab. Lebenszyklusmodelle sind deshalb wenig geeignet, Organisationsentwicklungen darzustellen.

7. Wie lässt sich die Bedeutung von Selektionsmodellen umschreiben?

Selektionsmodelle gehen davon aus, dass die *Triebkräfte für die Entwicklung von außen* kommen. Die Umwelt stellt für Unternehmen Ressourcen nur in begrenztem Umfang zur Verfügung. Organisationen können nur überleben, wenn sie sich im Umgang mit den Ressourcen bewähren. Organisationen müssen sich den Anforderungen der Umwelt stellen; anpassungsfähige Organisationen bleiben bestehen, werden stärker, entwickeln sich. Umweltbedingungen entscheiden letztlich über die Entwicklung von Organisationen.

7.2.3.2 Organisationales Lernen als Modell des Wandels

1. Was ist organisationales Lernen?

Organisationales Lernen ist das *Lernen von Organisationen*. Es ist ein Prozess der Veränderung, Korrektur und Ergänzung der Wissensgrundlagen einer Organisation, die ihre Problemlösungkompetenz verbessert. Gelernt wird dadurch, dass Probleme erkannt und angemessen gelöst werden. Organisational wird das Lernen dadurch, dass die Problemlösung in ihrer spezifischen Art dem Wissenspool der Organisation zugefügt und so bei künftigen Lösungen ähnlicher Probleme genutzt werden kann.

Organisationales Lernen hat also zwei Aspekte:

- Die Organisationsmitglieder lernen zwar individuell, aber mit und für die Organisation.
- Die Organisation lernt von den Mitarbeitern durch die Übernahme ihrer Erfahrungen und erweitert dadurch ihren Wissensbestand, den sie z. B. durch Vorschriften und Empfehlungen nutzbar machen kann.

2. Welche Formen organisationalen Lernens können unterschieden werden?

Folgende Formen organisationalen Lernens können unterschieden werden:[23]

- Lernen aus Erfahrung:
  Bei der Lösung von Problemen werden Erfahrungen gemacht, die bei künftigen Problemlösungen genutzt werden können; Erfahrungen aus früheren Problemlösungen, die in die organisationale Wissensbasis einbezogen wurden, können überprüft und evtl. verbessert werden.

- Lernen aus Erkenntnis:
  Bei der Lösung von Problemen werden Erfahrungen anderer Organisationen genutzt.

- Lernen durch Eingliederung:
  Die Organisation gliedert Wissen von außen ein, das kann z. B. das Wissen von Beratern oder eingekauftes Know-how sein.

- Lernen durch Innovation:
  Aus dem Wissensbestand wird neues Wissen entwickelt, z. B. durch Expertenteams.

7.2.4 Widerstände im Prozess der Organisationsentwicklung

1. Welche Widerstände können sich im OE-Prozess ergeben?

Widerstände im Prozess der Organisationsentwicklung sind Widerstände gegen den geplanten Wandel. Widerstände zeigen sich

- als Widerstände der Mitarbeiter,
- als Widerstände des Unternehmens selbst,
- als unternehmensexterne Widerstände.[24]

2. Wie können sich Widerstände von Mitarbeitern äußern?

Wandel widerspricht häufig dem menschlichen Bedürfnis nach Sicherheit, Stabilität und Kontinuität. Es entstehen *Ängste, Befürchtungen, Stress und Frustration*. Deshalb entwickeln Mitarbeiter Widerstände gegenüber dem Wandel. Widerstände von Mitarbeitern äußern sich z. B. in der Abnahme der Leistungsbereitschaft, im Anstieg des Krankenstandes, im aggressiven Verhalten u. Ä.

3. Welche Ursachen haben die Widerstände von Mitarbeitern?

Wandel hat emotionale Folgen bei den Mitarbeitern; das sind vor allem die Ängste, Status und Anerkennung, soziale Kontakte oder den Arbeitsplatz zu verlieren. Emotio-

---

[23] Olfert, Klaus: a.a.O., S. 374 f.
[24] Dillerup, Ralf und Roman Stoi: a.a.O., S. 298 ff.

nale Gesichtspunkte werden von den Managern des Wandels häufig vernachlässigt. Das gilt auch für die Organisationsentwicklung, die doch auf den Ausgleich der Interessen zwischen Unternehmensführung und Mitarbeitern aus ist.

4. Welche Maßnahmen kann das Management ergreifen, um emotional begründeten Widerständen von Mitarbeitern zu begegnen?

Das Management kann u. a. mit folgenden Maßnahmen emotional begründeten Widerständen von Mitarbeitern begegnen:[25]

- Frühzeitige und offene Information aller Betroffenen,
- Beteiligung der Betroffenen bei der Vorbereitung der Maßnahmen,
- Vertrauensklima schaffen,
- Zielsetzung des Wandels vermitteln, Kritik berücksichtigen,
- Mitwirkung fördern, Motivation wecken,
- erfolgreichen Vollzug belohnen.

5. Können auch Unternehmen als Organisationen Widerstände gegen den Wandel entwickeln und wodurch können diese Widerstände verursacht werden?

Unternehmen als Organisationen sind grundsätzlich auf Stabilität angelegt, sie entwickeln deshalb aus sich heraus selbstverständlich Widerstände gegen Änderungen. Im Einzelnen hat das u. a. folgende Ursachen:

- Die Normen, Werte und Denkhaltungen der Unternehmenskultur werden von den Organisationsmitgliedern verinnerlicht und können kurzfristig kaum beeinflusst werden.
- Das Unternehmen als System verleiht in Abhängigkeit von den Leitungsebenen und den Kompetenzen Macht, darüber hinaus sind bestimmte Stellen mit Privilegien verbunden, verleihen Status und – auch noch außen wirkende – Anerkennung. Wandel kann den Abbau von Privilegien und Statussymbolik bedeuten. Widerstände sind unausweichlich.
- Die Teilbereiche eines Unternehmens hängen organisatorisch zusammen und sind voneinander abhängig. Wenn der Wandel lediglich einzelne Teilbereiche betrifft, kann das auf Behinderungen durch die organisatorischen Abhängigkeiten führen.

6. Welche unternehmensexternen Widerstände kann es geben?

Unternehmensexterne Widerstände können u. a. ausgehen

- von den Kunden, die z. B. auf Änderungen eines Produkts, der Preispolitik mit Änderungen des Kaufverhaltens reagieren können,
- von Lieferanten, die z. B. als Kooperationspartner bei Beschaffung auf bestimmte beschaffungspolitische Änderungen bei einem Kunden mit entsprechenden Änderungen reagieren müssten, dazu aber nicht bereit sind,
- von Kapitalgebern, die allen Änderungen zunächst skeptisch gegenüberstehen.

---

[25] Nach Dillerup u. a.: a. a. O., S. 301.

7.3 Wirtschaftliche Bedeutung der Informations- und Kommunikationstechniken (IuK)

7.3.1 Entwicklungstendenzen der Informationsgesellschaft

1. Was wird als Informationsgesellschaft bezeichnet?

Moderne Gesellschaften sind Informationsgesellschaften; der Austausch von Informationen wächst ständig. Digitale Datenübertragung, Mobilfunk, Satellitentechnik und Internet ermöglichen einen unermesslichen Informationsfluss, der sich durch ständige Innovationen rapide beschleunigt. Digitalisierte Informationen sind ein Bestandteil des täglichen Lebens. Die Beziehungen zwischen Herstellern und Kunden sowie zwischen Bürger und Behörden werden geprägt durch digitale Netzwerke.

2. Welche Bedeutung haben IuK?

Wegen ihrer Verbreitung und Nutzung im privaten, wirtschaftlichen und öffentlichen Bereich sind die IuK-Techniken zu einem wesentlichen Faktor für die Wettbewerbsfähigkeit einer Volkswirtschaft geworden.

Der Trend zur Anschaffung von IuK-Produkten hält sowohl bei Unternehmen als auch bei privaten Haushalten an. Gründe dafür sind u. a.

- die relativ kurze Lebensdauer dieser Güter,
- die als sinnvoll erachteten Produktinnovationen,
- die relativ günstigen Anschaffungskosten.

3. Welche Bedeutung haben Computernetzwerke und Internet in Unternehmen?

Die Unternehmen nutzen Computer, um mit Beschäftigten und Geschäftspartnern Informationen auszutauschen. Bei den Unternehmen zeichnet sich zzt. bei dem Einsatz von Computern allerdings eine gewisse Sättigung ab. Betriebsinterne Computernetzwerke tragen zum Informationsfluss innerhalb des Betriebs erheblich bei. Computernetzwerke ermöglichen die gemeinsame Nutzung von Daten und einen schnellen und unkomplizierten Zugriff auf Informationen.[26]

4. Welche Bedeutung hat das Internet für die Unternehmen?

Die meisten Unternehmen haben einen Internetzugang. Das Internet *fördert die Kommunikationsbeziehungen* bei Geschäftsbeziehungen und gehört zur Infrastruktur eines Unternehmens. Immer mehr Unternehmen gehen über eine Breitbandverbindung ins Internet.

Viele Unternehmen erledigen Bankgeschäfte online.

---

[26] Stat. Bundesamt: Informationsgesellschaft Deutschland 2009.

Ein großer Teil der Unternehmen mit Internetzugang verfügt über einen eigenen Internetauftritt. Die Websites dienen vor allem dazu, Produktkataloge und Preislisten vorzustellen, auch elektronische Bestellungen werden ermöglicht.

Ein noch geringer Anteil der Unternehmen gibt ihren Kunden die Möglichkeit, Produkte interaktiv nach ihren eigenen Bedürfnissen zu gestalten.

5. Welche Bedeutung hat der automatisierte Datenaustausch?

Viele Unternehmen mit Internetzugang nutzen den automatisierten Datenaustausch, und zwar sowohl für den Datenaustausch mit Kunden und Lieferanten als auch mit Behörden.

6. Was wird als E-Government bezeichnet?

Die elektronische *Abwicklung von Informations- und Kommunikationsprozessen* mit *Behörden* wird als E-Government bezeichnet. Unternehmen und private Haushalte können online behördliche Informationen erhalten, Formulare herunterladen und ausgefüllt zurückgeben. Diese elektronischen Verwaltungsdienstleistungen tragen in erheblichem Umfang zur Verwaltungsmodernisierung bei.

7. Welche Bedeutung hat der E-Commerce?

E-Commerce bedeutet *elektronischer Handel* über das Internet oder über andere computergestützte Netzwerke. Ein bedeutendes Netzwerk ist EDI (Electronic Data Interchange).

Mithilfe von E-Commerce werden Kundenbeziehungen optimiert. E-Commerce ermöglicht den Unternehmen, neue globale Beschaffungs- und Absatzkanäle zu erschließen, Geschäftsprozesse zu automatisieren und zu beschleunigen.

Positive Auswirkungen des E-Commerce durch das Internet zeigen sich vor allem in der Markterweiterung und der damit verbundenen Gewinnung von neuen Kunden. Trotz dieser Vorteile stagniert zzt. der elektronische Handel.

8. Welche Bedeutung hat der E-Commerce für private Haushalte?

Das sog. *Online-Shopping* privater Haushalte nimmt zu, vor allem bestimmte Print-Medien werden in hohem Maße über das Internet bezogen.

9. Wodurch wird die Akzeptanz von E-Commerce behindert?

Die derzeitigen *Bezahlungssysteme* behindern die Akzeptanz von E-Commerce. Anbieter befürchten bei Verkauf auf Rechnung Zahlungsausfälle. Kunden haben Bedenken, ihre Kreditkartendaten im Internet weiterzugeben. Die Entwicklung internetbasierter Bezahlungssysteme ist dringend erforderlich.

7.3.2 Bedeutung der Informations- und Kommunikationstechniken (IuK) für Unternehmensorganisationen

7.3.2.1 Grundlagen

1. Was ist eine Information?

Als Information kann man eine Äußerung bezeichnen, mit der eine Person über eine Sache in Kenntnis gesetzt, „informiert", wird. Eine Information ist zweckorientiert, d.h. sie dient der Verbesserung des Wissensstandes des Empfängers, damit er seine Aufgabe besser erfüllen kann.

2. Was wird als Kommunikation bezeichnet?

Als Kommunikation wird der Prozess der Übermittlung oder Vermittlung von Informationen bezeichnet. Der Kommunikationsvorgang setzt voraus

- den Sender der Information,
- den Empfänger der Information,
- den Kanal für die Übermittlung der Information.

3. Wie kann ein betriebliches Informationssystem umschrieben werden?

Ein betriebliches Informationssystem lässt sich in folgenden Aspekten umschreiben.

- Es regelt systematisch alle Informationsverbindungen des Betriebes nach innen und nach außen.
- Es stellt alle technischen und organisatorischen Einrichtungen zur Informationsgewinnung und -verarbeitung bereit, soweit sie für die Informationsverbindungen erforderlich sind.
- Es ist im Allgemeinen computergestützt.
- Es beruht auf einer Datenbank, d.h. auf gespeicherten Informationssammlungen; mit einem besonderen Programm ist der Zugriff gezielt und schnell möglich.

4. Welche Aufgaben erfüllt ein betriebliches Informationssystem?

Das betriebliche Informationssystem soll sicherstellen, dass Mitarbeiter eines Betriebes, die Systemnutzer, mit den erforderlichen Informationen rechtzeitig versorgt werden können, bzw. Datensammlungen bereit halten, auf die die Mitarbeiter bei Bedarf schnell zugreifen können

5. Wie kann ein betriebliches Kommunikationssystem umschrieben werden?

Das betriebliche Kommunikationssystem umfasst alle *möglichen Kommunikationsbeziehungen und Kommunikationswege zwischen betrieblichen Handlungsträgern*. Für

7.3 Wirtschaftliche Bedeutung der Informations- und Kommunikationstechniken

die betriebliche Kommunikation werden verbreitete Techniken genutzt oder für betriebliche Zwecke weiter entwickelt, die die Übermittlung von Informationen schriftlich, bildlich und akustisch ermöglichen. Dazu zählen z. B. das Handy, das Internet, das Intranet usw.

6. Warum müssen Daten gesichert werden?

Die betrieblichen Daten müssen vor unzulässiger Weitergabe, Verfälschung, Zerstörung und Verlust durch unsachgemäße Bearbeitung gesichert werden. Dafür muss das Unternehmen die technischen und organisatorischen Voraussetzungen schaffen.

7. Was wird mit dem Begriff Informations- und Kommunikationstechnik gekennzeichnet?

Information und Kommunikation in den Betrieben erfordert heute eine Technik, mit der auch *multimediale Anwendungen* umgesetzt werden. Als Multimedia bezeichnet man die gemeinsame Anwendung von mehreren Medien. Diese moderne Technik ist aus der Weiterentwicklung von Informations- und Telekommunikationstechnik sowie der Unterhaltungselektronik hervorgegangen.

Die Informations- und Kommunikationstechnik umfasst alle *Geräte und Einrichtungen zur elektronischen und nachrichtentechnischen Übermittlung, Verarbeitung, Speicherung* von

- Daten,
- Text,
- Sprache,
- festen und beweglichen Bildern.

8. Welche Bereiche umfassen die IuK-Techniken?

Bereiche der IuK-Techniken sind

- Hardware,
- Software,
- Netzwerke.[27]

9. Was wird als Hardware bezeichnet?

Als Hardware werden die *materiellen Teile* eines Computers bezeichnet. Dazu zählen

- Tastatur, Maus für die *Eingabe*,
- Zentraleinheit für die *Verarbeitung*,
- Festplatte, CD-Laufwerke für die Speicherung (die Festplatte dient i. d. R. der langfristigen *Speicherung*, andere Speicherungsmöglichkeiten sind der externe Speicher, der USB-Stick, die CD),
- Bildschirm, Drucker für die *Ausgabe*.

---

[27] In Anlehnung an: Wöhe, G.: a. a. O., S. 184 ff.

10. Was wird als Software bezeichnet?

Die Software ist der immaterielle *Teil* der Technik; sie umfasst die Programme, mit denen die Hardware genutzt werden kann. Zu unterscheiden sind *Anwendungssoftware und Systemsoftware*. Die Anwendungssoftware dient den Lösungen konkreter Fragestellungen. Die Systemsoftware soll für die Koordination der einzelnen Komponetenen sorgen. Zur Systemsoftware zählen z. B. die Betriebssysteme.

11. Wozu dienen Netzwerke?

Netzwerke dienen der *Kommunikation* von Computern miteinander. Mit ihrer Hilfe sind Übertragungen von Daten möglich. Das bedeutendste Netzwerk ist das Internet.

12. Welche Bedeutung hat die Entwicklung der Informations- und Kommunikationstechnik?

Die innovative Entwicklung der Informations- und Kommunikationstechnik hat zur Veränderung sowohl der Arbeits- als auch der Kommunikationsstrukturen beigetragen.

Die *Veränderung der Arbeitsstrukturen* zeigt sich z. B.

- in der Automatisierung standardisierter Abläufe,
- im Wegfall von Arbeiten mit geringen Qualifikationsanforderungen,
- im steigenden Bedarf an Fachkräften mit handwerklichen und betriebswirtschaftlichen Qualifikationen.

Die *Veränderung der Kommunikationsstrukturen* zeigt sich z. B.

- im Verzicht auf mündliche und schriftliche Kommunikation,
- in der Automatisierung von Informationsflüssen,
- in der Einführung von unternehmenseigenen Intranets,
- in der allmählichen Entwicklung zur „papierlosen" Fabrik.

13. Welche Funktion erfüllt ein betriebliches Informations- und Kommunikationssystem (IuK)?

Wesentliche Aufgabe eines betrieblichen Informations- und Kommunikationssystems (IuK) ist die systematische *Versorgung der Nutzer mit Informationen*. Das IuK ermöglicht den innerbetrieblichen (internen) und den zwischenbetrieblichen Datenaustausch.

Das IuK ist ein interaktives System; deshalb ist auch die Kommunikation des Nutzers mit dem System möglich, z. B. beim Abruf von Informationen.

14. Welche Potenziale enthalten IuK?

IuK enthalten für die Betriebswirtschaft wichtige Potenziale, dazu zählen

7.3 Wirtschaftliche Bedeutung der Informations- und Kommunikationstechniken

- Nutzung des Internet (vgl. z. B. bei E-Commerce),
- Nutzung bei Betriebsorganisation,
- Nutzung bei Unternehmensorganisation.

15. Welche Nutzungsmöglichkeiten bestehen für die Betriebsorganisation?

Die Nutzungsmöglichkeiten für die Betriebsorganisation ergeben sich dadurch, dass betriebliche Abläufe durch Computer gestützt werden können. Durch die Computerstützung werden Abläufe vereinfacht, schneller und können *Kostenvorteile* bewirken. Z. B. werden Lagerbestände automatisch ermittelt, Bestellvorgänge verkürzt usw. Vorteile zeigen sich auch beim Datenaustausch im Zusammenhang mit Bestellung, Lieferung, Lagerung (vgl. Supply Chain Management).

16. Wie unterstützen IuK die Unternehmensführung?

Die Unterstützung der Unternehmensführung durch IuK zeigt sich in folgenden Aspekten:

- Der Unternehmensleitung stehen mehr führungs- bzw. entscheidungsrelevante Informationen zur Verfügung.
- Das Auffinden der Informationen wird erleichtert.
- Die Verarbeitung von Informationen wird durch Automatisierung und Standardisierung erleichtert.
- Veränderungen der Rahmenbedingungen von Entscheidungen können erfasst und mithilfe von Simulationsmodellen in ihrer Wirkung auf die Entscheidung analysiert werden.
- Automatische Frühwarnsysteme werden ermöglicht.[28]

17. Welche Problemfelder enthalten IuK?

Die Problemfelder der IuK lassen sich ansatzweise folgendermaßen umschreiben:

- Kosten
  Bei Einführung der IuK-Techniken, bei Einführung von zusätzlichen Sicherungssystemen, bei Erweiterungen und Anpassungen an die technische Entwicklung entstehen erhebliche Kosten. Es besteht die Gefahr, dass diese Kosten den Nutzen nicht aufwiegen können
- Risiken
  Interne Daten können nicht hundertprozentig gesichert werden, sodass die Gefahr externen unberechtigten Datenzugriffs besteht. Durch die Technikabhängigkeit besteht die Gefahr, dass Daten verloren gehen, wenn die Technik ausfällt oder durch Viren gestört wird.

---

[28] Vgl. Wöhe, G.: a. a. O., S. 191 f.

7.3.2.2 Beispiele für Anwendungen

7.3.2.2.1 E-Commerce

1. Welche Bedeutung haben IuK-Systeme für die Wertschöpfungskette?

IuK-Systeme eröffnen *Kooperationsmöglichkeiten* innerhalb der Wertschöpfungskette. Mit dem Electronic Data Interchange (EDI) werden zwischen den beteiligten Unternehmen strukturierte Geschäftsdaten ausgetauscht. Die Zusammenarbeit zeigt sich z. B. bei dem *Efficient Continuous Replenishment*.

Im Allgemeinen werden standardisierte Datensysteme als Kommunikationsbasis verwandt. Die Zusammenarbeit trägt u. a. erheblich zur Rationalisierung von Verwaltungsarbeiten und zur Verkürzung von Bearbeitungszeiten bei.

2. Welche Bedeutung haben Informations- und Kommunikationssysteme beim Einkauf bzw. bei der Beschaffung?

Das Informationssystem, das bei dem Category Management und dem Supply Chain Management angewandt wird, ist das *Electronic Data Interchange (EDI)*. EDI ist der elektronische Austausch strukturierter Geschäftsdaten zwischen den beteiligten Unternehmen. Die Daten sollen zweckmäßigerweise schnell der Zielanwendung zugeführt und in die interne Bearbeitung einbezogen werden. Im Allgemeinen verwenden die Unternehmen *standardisierte Datensysteme* als Kommunikationsbasis, die von einer Vielzahl von Partnern genutzt werden können.

3. Welche Vorteile hat das Electronic Data Interchange (EDI)?

Das EDI hat u. a. folgende Vorteile:

- Verwaltungsarbeiten werden rationalisiert,
- manuelle Eingaben entfallen,
- die Fehlerquote wird durch den Wegfall der manuellen Eingaben und der Verwendung von Standards reduziert,
- die Bearbeitungszeit wird verkürzt.

4. Welche Bedeutung haben IuK-Systeme für das E-Commerce?

Anbahnung und Abwicklung von Geschäften im Electronic Commerce (EC) setzt IuK-Systeme voraus. Die Geschäfte werden über private oder öffentliche Netzwerke abgewickelt.

Teilbereiche des EC sind z. B.

- das Electronic Procurement, das elektronische Beschaffungswesen in der Industrie,
- das Electronic Payment, die bargeldlose Zahlung über das Internet,

7.3 Wirtschaftliche Bedeutung der Informations- und Kommunikationstechniken

- das Electronic Shopping, der Kauf und Verkauf vor allem von Konsumgütern über das Internet.

5. Was versteht man unter elektronischem Handel?

Der Handel mithilfe des Internet wird als elektronischer Handel bzw. *Electronic Commerce (E-Commerce)* bezeichnet. Auf seinen Internetseiten bietet der Verkäufer Waren und Leistungen gewerbsmäßig an. Die Internetseiten sind ohne Passwort zugänglich. Auf der Startseite gibt der Anbieter seine Firma mit vollständiger Anschrift an, sodass er von potenziellen Kunden identifiziert werden kann.

6. Was versteht man unter Business-to-Business, was unter Business-to-Consumer?

Als **Business-to-Business** („B2B") bezeichnet man den Handel zwischen Unternehmen. Als **Business-to-Consumer** („B2C") bezeichnet man den Handel zwischen Unternehmen als Anbietern und Endverbrauchern (Konsumenten) als Kunden.

Sowohl B2B als auch B2C werden häufig elektronisch abgewickelt.

7. Wie wird der elektronische Handel abgewickelt?

Abwicklung des elektronischen Handels:

- Angebot auf entsprechenden Internetseiten,
- Bestellung des Kunden mit E-Mail,
- Lieferung durch den Anbieter (per Post, Zustelldienst, Lieferservice),
- Zustellung der Rechnung (evtl. bei Lieferung),
- Bezahlung durch den Kunden durch Banküberweisung oder mit Kreditkarte. (Der Zahlungsvorgang soll in Zukunft modernisiert werden durch die Einführung des sog. ecash durch die Deutsche Bank. Beim ecash handelt es sich um elektronische Münzen, die im Computer gespeichert und im Internet ausgegeben werden können.)

8. Welche Vorteile bietet der elektronische Handel dem Anbieter?

Der elektronische Handel hat für den Verkäufer u. a. folgende Vorteile:

- Vorteile durch die *Kostenstruktur*: Die anfallenden Kosten sind zum größten Teil variabel. Feste Kosten, wie z. B. Miete, Ausgaben für Verkäufer u. Ä. entfallen zum Teil. Bei geringem Absatz sind die Kosten entsprechend niedrig. Das Risiko ist dadurch relativ gering.
- Vorteile durch *geringe Transaktionskosten*: Einige Leistungen des Zwischenhandels wie z. B. Beratung und Bedienung, Präsentation von Waren entfallen, dadurch entfallen auch die entsprechenden Kosten (Transaktionskosten).

- Vorteile durch die *geografisch unbegrenzte Datenübermittlung* im Internet: Angebote im elektronischen Handel können Internetuser überall in der Welt erreichen. Für viele Unternehmen wird durch den elektronischen Handel der Zutritt zu globalen Märkten ermöglicht.
- Vorteile durch *Imagegewinn*: Der Auftritt im Internet weist auf die Innovationsfähigkeit des Unternehmens hin; der dadurch entstehende Imagegewinn ist von Vorteil in anderen Geschäftsbereichen.
- Vorteil durch den Gewinn einer *neuen Zielgruppe*: Mit den Angeboten im Internet werden die Internetuser angesprochen; sie gehören häufig nicht zu den Kernzielgruppen der Unternehmen.

9. Welche Vorteile bietet der elektronische B2C-Handel dem Kunden?

Der elektronische Handel hat für den Kunden u. a. folgende Vorteile:

- Der Einkauf ist *bequem*: Die Auswahl der Produkte erfolgt zu Hause; Fahrt oder Gang zum Geschäft, Warten auf Bedienung und Beratung entfallen. Ladenschlusszeiten müssen nicht beachtet werden.
- Der Einkauf ist *schnell*: Der Kunde kann sich in relativ kurzer Zeit über viele Produkte von vielen Anbietern informieren und zu einer Kaufentscheidung kommen.
- Der Einkauf ist *unterhaltsam*: Für viele Internetuser ist das Surfen eine wichtige Freizeitbeschäftigung.

10. Für welche Güter eignet sich das elektronische Beschaffungswesen?

Das elektronische Beschaffungswesen eignet sich eher für die *Beschaffung von sog. C-Gütern*. C-Güter sind Güter mit relativ geringem Wert, die häufig benötigt werden, dazu zählen z. B. bestimmte Rohstoffe, Hilfsstoffe u. Ä. Wenn gute Erfahrungen mit diesen Gütern und den Lieferanten gemacht wurden, muss der Einkauf nicht über die zentrale Einkaufsabteilung laufen. Vielmehr können Mitarbeiter am Ort des Bedarfs bestellen.

11. Welche Vorteile bietet die elektronische Beschaffung?

Der elektronische Handel bietet u. a. folgende Vorteile:

- Senkung der Beschaffungskosten,
- Senkung der Bestellkosten,
- Verkürzung der Beschaffungszeiten,
- Zutritt zu globalen Märkten durch geografisch unbegrenzte Datenübermittlung.

12. Wie läuft die elektronische Beschaffung ab?

Die Einkaufsabteilung wählt die Lieferanten aus und handelt Konditionen in *Rahmenverträgen* aus. Sie erstellt die zentral gesteuerten Produktkataloge für das Intranet, das sind firmeneigene Webseiten, auf die der Mitarbeiter bei Bedarf zugreifen kann.

Der Mitarbeiter kann bei Bedarf und am Ort des Bedarfs bestellen. Im Allgemeinen wird ihm ein Höchstbetrag für die Bestellung vorgegeben. Wenn der Bestellwert höher ist, muss die Bestellung von einem Vorgesetzten oder von der Einkaufsabteilung mitverantwortet werden.

Im Allgemeinen geht die Bestellung unmittelbar an den Hersteller, d. h. die traditionellen Absatzmittler können vernachlässigt werden. Der Hersteller liefert die bestellte Ware sofort aus.

13. Welche Bedeutung haben sog. Plattformen im B2B-Handel?

Der Handel im Internet findet auf *virtuellen Marktplätzen* statt. Diese virtuellen Marktplätze werden als Plattformen bezeichnet. Sie führen anbietende und nachfragende Unternehmen zusammen.

Unternehmen gleicher Branchen, die auf den Absatzmärkten Konkurrenten sind, schließen sich gelegentlich auf virtuellen Marktplätzen zusammen, um durch gemeinsame Beschaffung Kostenvorteile zu erzielen.

Auf den virtuellen Marktplätzen lassen sich die Angebote verschiedener Anbieter schnell vergleichen, dadurch entwickelt sich ein Preiswettbewerb zu Gunsten des Käufers.

14. Welche Güter werden nicht auf virtuellen Marktplätzen eingekauft?

Das elektronische Beschaffungswesen eignet sich nicht für die Beschaffung von Gütern, bei den z. B. Liefertreue, Qualität, persönliche Beziehungen u. Ä. besondere Bedeutung haben. Auch Baugruppen, die von ausgesuchten zuverlässigen Lieferanten, den sog. Systemlieferanten, hergestellt und häufig auch montiert werden, werden im Allgemeinen direkt und nicht auf virtuellen Marktplätzen bestellt.

7.3.2.2.2 Supply Chain Management

1. Welche logistischen Prozesse stehen im Zusammenhang mit der Lieferkette?

An allen Stationen der Lieferkette, der sog. Supply Chain, finden logistische Vorgänge bzw. logistische Prozesse statt. Dazu zählen z. B. Warenumschlag, Kommissionierung, Transport, Einlagerungen usw.

2. Was wird als Supply Chain bezeichnet?

Als Supply Chain bezeichnet man die *unternehmensübergreifende Lieferkette*; sie wird gelegentlich auch als Wertschöpfungskette bezeichnet. Eine derartige Liefer- oder Wertschöpfungskette reicht von den Zulieferern über die Hersteller von Halbfabrikaten und Fertigprodukten, über den Handel und die Endverkäufer zu den privaten Endverbrauchern. Die Supply Chain umfasst nicht nur die unmittelbar beteiligten Fertigungs-

und Handelsunternehmen, sondern auch die mittelbar beteiligten Logistikdienstleister (Transport- und Lagerhaltungsunternehmen, Docking Center). Die Kette hat einen sichtbaren Teil, den *Warenfluss*, und einen unsichtbaren, den *Informationsfluss*.

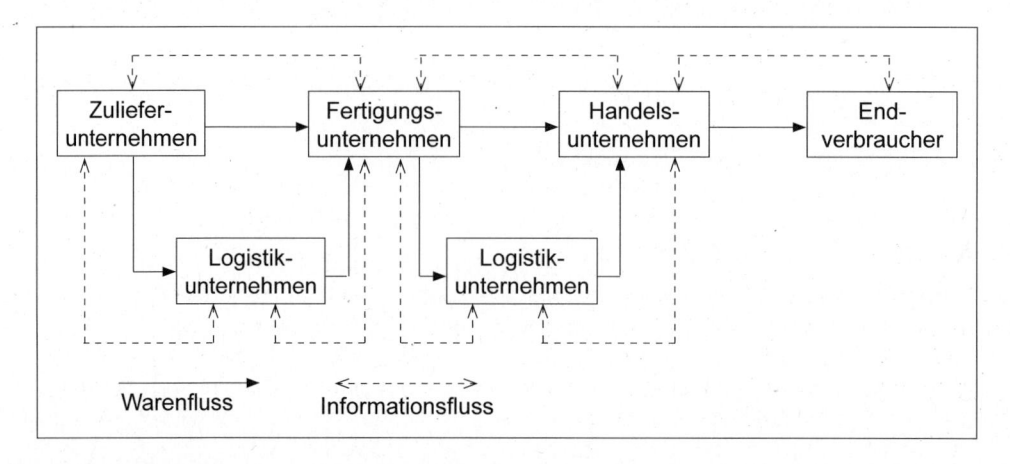

```
Zuliefer-      →   Fertigungs-    →   Handels-      →   End-
unternehmen        unternehmen        unternehmen       verbraucher
      ↑↓              ↑   ↑              ↑   ↑
                  Logistik-          Logistik-
                  unternehmen        unternehmen
```

Warenfluss →   Informationsfluss ← - - →

3. Was wird mit dem Begriff Supply Chain Management umschrieben?

Supply Chain Management umschreibt *alle Maßnahmen im Zusammenhang mit der Organisation von Informations- und Warenflüssen* zwischen den Gliedern dieser Kette mit dem Ziel, sie zu optimieren. Dazu gehören auch die Analyse und die angemessene Beeinflussung der Kettenstruktur, d. h. der an der Kette beteiligten Institutionen. Das zeigt, dass das Supply Chain Management mehr ist als die Organisation von Warenflüssen.

4. Welches Ziel verfolgt das Supply Chain Management?

Das Supply Chain Management ist vor allem darauf gerichtet, autonom handelnde Unternehmen so miteinander zu verbinden, dass sie ihre spezifischen *Kernkompetenzen in die Lieferkette* einbringen können. Einzelaufgaben und Ziele lassen sich folgendermaßen umschreiben:

- Rationalisierung des Warenflusses,
- Organisation des Informationsflusses,
- Verringerung von Lagerbeständen evtl. auch Vermeidung von Lagerbeständen durch Organisation von Just-in-time-Lieferungen,
- Verringerung von Logistikkosten,
- schnelle Lieferung zur rechtzeitigen Regalauffüllung und zur Vermeldung des Problems Out of Stock,
- besondere Berücksichtigung des Endkunden, d. h. aus der Sicht des Handels der Verbraucherhaushalte.

5. Mit welchen Mitteln können die Ziele des SCM erreicht werden?

Zu den Mitteln, die das SCM einsetzen kann, um seine Ziele zu erreichen, zählen u. a.

- logistische Standardprozesse, wie z.B. das Cross Docking und die Warenflusssteuerung.
- Technologien zur automatischen Identifikation von Lagerbeständen, z.B. RIFD, EAN-Barcode,
- Optimierung der Versandeinheiten (EUL).

6. Was bedeutet Cross Docking?

Der Begriff Cross Docking leitet sich von dem Vorgang des Warenumschlags im Distributionslager ab: Die Lkw des Lieferers docken an der Empfangsrampe des Distributionslagers an, die Waren werden nach Empfängern zusammengefasst und auf der Ausgangsrampe für die Abholung bereit gestellt; die Ausgangsrampe liegt im Allgemeinen der Empfangsrampe gegenüber.

7. Was wird als einstufiges Cross Docking bezeichnet?

Bei einem einstufigen Cross Docking hat der Absender die Versandeinheiten, z.B. Paletten, mit Bezug *auf den Endempfänger* bereits *kommissioniert*. Im Cross Docking Center werden die Versandeinheiten lediglich weiter geleitet.

8. Was wird als zweistufiges Cross Docking bezeichnet?

Bei einem zweistufigen Cross Docking hat der Absender die Versandeinheiten mit Bezug *auf ein Cross Docking Center kommissioniert*. Im Center werden die Versandeinheiten aufgelöst und zu neuen Einheiten zusammengestellt. Diese Versandeinheiten werden mit Bezug auf den Empfänger, das kann der Endempfänger oder ein weiteres Cross Docking Center sein, kommissioniert.

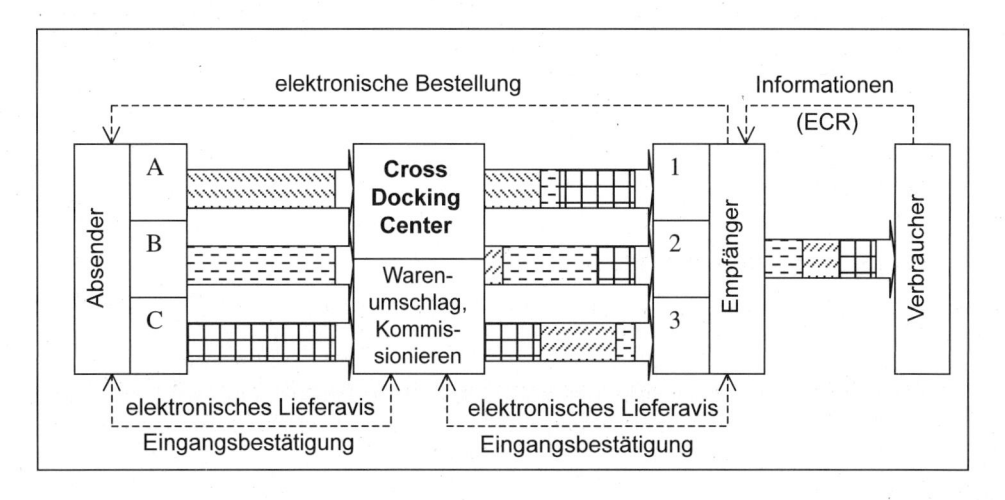

9. Welche Kennzeichen weist der Cross-Docking-Prozess auf?

Der Cross-Docking-Prozess weist zwei wesentliche Kennzeichen auf:

- Der Warenumschlag soll in möglichst kurzer Zeit abgewickelt werden; angestrebt werden Umschlagzeiten von unter 24 Stunden. Das Ziel dabei ist die Vermeidung von Zwischenlagerungen und der damit verbundenen Lagerhaltungskosten.

- Die beteiligten Institutionen, also Absender, Empfänger, Cross-Docking-Center, sind durch ein Informationssystem miteinander verknüpft. Dadurch wird die gesamte Supply Chain geplant und gesteuert. Ein wichtiges Hilfsmittel dabei ist die Nummer der Versandeinheit (NVE) und das elektronische Lieferavis.

10. Welche Elemente weist der Datenaustausch zwischen Lieferer, Empfänger (Besteller) und Cross-Docking-Center auf?

Wesentliche Elemente des Datenaustauschs sind die *elektronische Bestellung*, das *elektronische Lieferavis* und die *Lieferbestätigung*. Der Einkauf bestellt die Waren elektronisch (im Handel unter Berücksichtigung der Kundenwünsche). Der Lieferer kann die Lieferung zusammenstellen, kommissionieren, für den Versand bereitstellen und schließlich versenden. Bei Versand wird die Lieferung avisiert, dabei werden die in der Lieferung enthaltenen Waren beschrieben. Die Lieferung wird bei Eingang anhand der Liefermeldung geprüft. Danach kann der Eingang bestätigt werden.

Wenn der Lieferer an ein Cross-Docking-Center liefert, erhält das Center auch das Lieferavis; es bestätigt dem Lieferer auch den Eingang der Lieferung. Das Center avisiert dem Empfänger die Lieferung; der Empfänger bestätigt schließlich dem Center den Eingang der Lieferung.

11. Wie erfolgt der Datenaustausch?

Der Datenaustausch erfolgt im Allgemeinen mit dem *Electronic-Data-Interchange (EDI)*; EDI ist der elektronische Austausch strukturierter Geschäftsdaten zwischen den beteiligten Unternehmen. Die Daten sollen zweckmäßigerweise schnell der Zielanwendung zugeführt und in die interne Bearbeitung einbezogen werden. Im Allgemeinen verwenden die Unternehmen standardisierte Datensysteme als Kommunikationsbasis, die von einer Vielzahl von Partnern genutzt werden können.

12. Welche Bedeutung hat das RIFD für das Supply Chain Management?

RFID ist die Abkürzung für *Radio Frequency Identifikation*. Es handelt sich dabei um eine *Technologie zur berührungslosen Identifizierung und Lokalisierung* von Waren, Vorpackungen u. dgl. per Funk. Ein RFID-System besteht aus einem Transponder und einem Lesegerät. Der Transponder (Chip), der auf der Ware bzw. auf dem Artikel angebracht ist, enthält die Information, die mithilfe des Lesegerätes ausgelesen wird. Die Informationen können bei Hunderten von Transpondern gleichzeitig abgerufen werden; sie stehen praktisch sofort zur Verfügung.

13. Welche Vorteile haben Handelsunternehmen von der RFID-Technik?

Besondere Vorteile scheinen die großen Handelsunternehmen in der Anwendung der RFID-Technik zu sehen. Informationen über Warenstandorte und Bestände in den Filialen vom Handlager bis zur Verkaufsfläche lassen sich mithilfe von Lesegeräten abrufen. Dadurch wird die Datenqualität im Warenwirtschaftssystem erheblich verbessert; Regallücken können vermieden werden.

Es wird erwartet, dass die RFID-Technik wegen ihrer erheblichen Vorteile den EAN-Barcode auf mittlere Sicht ersetzen wird, zumal die Transponder immer preiswerter werden.

14. Wozu dient der EAN-Barcode?

Der EAN-Barcode ist eine weitere *Technologie zur automatischen Identifikation*. EAN ist die Abkürzung für Europaeinheitliche Artikelnummer (Internationale Artikelnummer); der EAN-Strichcode ist eine international vereinbarte Regelung zur Kennzeichnung von Artikeln; dem Abkommen haben sich inzwischen rd. 50 Staaten angeschlossen. Die EAN werden zentral verwaltet und an die Hersteller auf Antrag vergeben.

15. Wodurch unterscheiden EAN 13 und EAN-8?

Zu unterscheiden sind 13-stellige Artikelnummern von achtstelligen (EAN-13 und EAN-8). Sie werden auf Verpackungen bzw. an der Ware als Strichcodes angebracht. Die Striche bzw. Balken der Codes enthalten Informationen über den Artikel, die durch Barcodescanner decodiert werden.

Der **EAN-13** enthält 13 Ziffern, die folgende Informationen liefern:

- Das Länderkennzeichen (dreistellig, z. B. 400 – 440 für Deutschland),
- die Betriebsnummer des Herstellers, die national vergeben wird (vierstellig, es werden seit einigen Jahren aber auch Betriebsnummern mit fünf oder sechs Stellen vergeben),
- die Artikelnummer, die der Hersteller festlegt (fünfstellig),
- Prüfziffer (einstellig).

Der **EAN-8** dient der Kennzeichnung kleinerer Artikel. Der Code umfasst eine dreistellige Ländernummer, eine vierstellige Artikelnummer und eine einstellige Prüfziffer.

16. Wie werden EAN-13 und EAN-8 dargestellt?

EAN-13 und EAN-8 werden mithilfe von Linien bzw. Strichen in einem *Barcode* dargestellt. Eine Ziffer wird durch zwei helle und zwei dunkle Striche gekennzeichnet. Die Striche haben unterschiedliche Stärken. Die codierte Information wird unter dem Strichcode mit entsprechenden Zahlenangaben in Klarschrift wiederholt.

17. Wodurch unterscheidet sich die EAN-128 von der EAN-13?

Die EAN-128 ist umfassender als die EAN-13, weil mit ihm weitere Daten codiert werden können, z. B. Gewichtsangaben, Länge, Menge, Produktions- und Verfalldatum, Identnummer des Empfängers u. Ä. Er dient in Handel und Industrie vor allem der Auszeichnung von Artikeln und Paletten.

18. Was gibt die NVE an?

NVE ist die Abkürzung für *Nummer der Versandeinheit*. Die NVE ist eine 18-stellige Identifikationsnummer. Mit ihrer Hilfe kann eine Versandeinheit, z. B. eine Palette, ein Container u. Ä. auf dem Weg vom Versender zum Empfänger eindeutig identifiziert werden; die eindeutige Identifikation ist auch dann möglich, wenn die Versandeinheit individuell für einen bestimmten Empfänger zusammengestellt wurde und unterschiedliche Waren bzw. Artikel enthält, z. B. bei einer Mischpalette. Darüber hinaus ermöglicht die NVE die Verfolgung einer Sendung bzw. des aktuellen Standortes einer Versandeinheit (Tracking & Tracing).

19. Ist die Nummer der Versandeinheit (NVE) Bestandteil des EAN-128?

Die Nummer der Versandeinheit (NVE) ist Bestandteil des EAN-128. Sie definiert die Versandeinheit eindeutig nach Hersteller (bzw. Verwender der Nummer) mit Anschrift, Bestimmungsort usw.

20. Welche Institution vergibt die NVE?

Die NVE wird gegen Entgelt von der GS 1 Germany vergeben. Sie wird ungültig, wenn der Empfänger die Versandeinheit auflöst, d. h. z. B. die Palette abpackt, den Container entleert usw.

7.3.3 Management der IuK

1. Wie lässt sich das IuK-Management kennzeichnen?

Mit dem Begriff Management kann einerseits die Gruppe bezeichnet werden, die das Unternehmen führt und leitet (die Manager), andererseits aber auch deren Führungshandeln (das „Managen"). Entsprechend gilt, das IuK-Management sind einerseits die IuK-Manager, andererseits kennzeichnet der Begriff alles *Führungshandeln im Zusammenhang mit Information und Kommunikation* in einem Unternehmen.

2. Welche Ziele verfolgt das IuK-Management?

Das IuK-Management hat *Sach- und Formalziele*. Sachziele sind z. B. die Schaffung und die Aufrechterhaltung einer angemessenen IuK-Infrastruktur, damit die strategischen Unternehmensziele erreicht werden können. Zur IuK-Infrastruktur zählen z. B. die Anwendungssysteme, das Personal, Geräte. Ein wichtiges Formalziel ist die Wirtschaftlichkeit bei Einsatz und Nutzung der IuK-Infrastruktur.

3. Welche Aufgaben hat das IuK-Management?

Das IuK-Management hat folgende Aufgaben:[29]

- Strategische Aufgaben: Schaffung der langfristig gültigen Voraussetzungen für die Nutzung der IuK-Infrastruktur, d. h. der Architektur der IuK-Infrastruktur,
- administrative Aufgaben: Planung, Überwachung und Steuerung der Komponenten der IuK-Infrastruktur als Voraussetzung für ihre Nutzung,
- operative Aufgaben: einzelne Nutzungen der IuK-Infrastruktur (Produktion, Verbreitung und Verwendung einzelner Informationen).

4. Wie ist das IuK-Management in den organisatorischen Aufbau des Unternehmens einbezogen?

Die IuK-Funktion kann als *eigener Funktionsbereich* in den Unternehmensaufbau integriert sein. Der IuK-Funktionsbereich plant, steuert und kontrolliert Information und Kommunikation der anderen Funktionsbereiche.

Bei der objektbezogenen oder Spartenorganisation (mit einzelnen Geschäftsbereichen bzw. Profit-Centern als Objekten/Sparten) kann jeder Bereich mit einer eigenen IuK-Abteilung ausgestattet sein. Die einzelnen IuK-Abteilungen unterstehen einem zentralen IuK-Funktionsbereich.

---

[29] In Anlehnung an: Heinrich, Lutz. J.: Informationsmanagement, München 2002, S. 23.

Funktionsorientierung

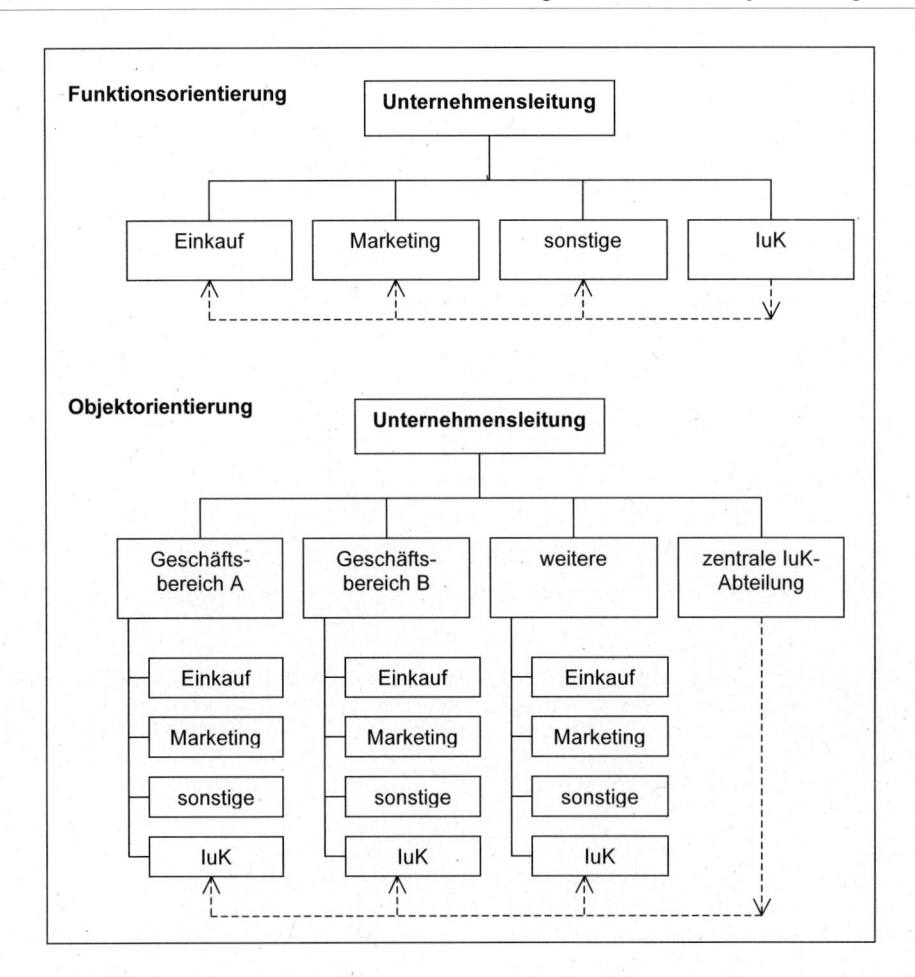

```
                Unternehmensleitung
        ┌───────────┬──────────┬──────────┐
     Einkauf     Marketing   sonstige    IuK
```

Objektorientierung

```
                    Unternehmensleitung
        ┌──────────────┬──────────────┬──────────────┐
   Geschäfts-     Geschäfts-      weitere      zentrale IuK-
   bereich A      bereich B                     Abteilung
   ├ Einkauf      ├ Einkauf       ├ Einkauf
   ├ Marketing    ├ Marketing     ├ Marketing
   ├ sonstige     ├ sonstige      ├ sonstige
   └ IuK          └ IuK           └ IuK
```

7.3.3.1 Ableitung von IuK-Zielen aus der Strategie

1. Welcher Zusammenhang kann zwischen Unternehmensstrategie und IuK-Management bestehen?

Zwischen Unternehmensstrategie und IuK-Management besteht ein Zusammenhang, der sich in den IuK-Funktionen ausdrückt:

- IuK haben eine *Unterstützungsfunktion*; das IuK-Management unterstützt die Unternehmensstrategie.
- IuK haben eine *Gestaltungsfunktion*; durch das IuK-Management können sich neue strategische Optionen eröffnen.

2. Wie hängen Unternehmensstrategie und IuK-Strategie zusammen?

Eine Unternehmensstrategie erfordert eine angemessene IuK-Strategie zur Unterstützung. Die Ziele der IuK-Strategie können in sachlicher und formaler Hinsicht unterschieden werden. Von besonderer Bedeutung sind Formalziele.

3. Welche strategischen Formalziele für IuK können unterschieden werden?

Im Folgenden werden einige strategische Formalziele aufgezählt:[30]

- Anpassung
  IuK müssen sich den Anforderungen, die sich aus der Unternehmensstrategie ergeben, anpassen können; die Anpassungsfähigkeit muss sich auf Datenbestände, Anwendungsprogramme, Personal beziehen.

- Durchdringung
  Die IuK-Techniken müssen die IuK-Funktion ausreichend unterstützen können.

- Sicherheit
  Die anzustrebende Sicherheit bedeutet z. B. die Verhinderung unberechtigter Nutzung und ständige Verfügbarkeit durch die Benutzer.

- Wirksamkeit
  IuK müssen die geplanten Leistungen tatsächlich erbringen und für die Nutzung zur Verfügung stellen können, und die Leistungen müssen von den Benutzern in der erbrachten Form und im erbrachten Umfang in Anspruch genommen werden.

- Wirtschaftlichkeit
  Der Nutzen der IuK ist mindestens so hoch wie die Kosten.

7.3.3.2 Planung des IuK-Einsatzes

1. In welchen Phasen kann die Planung des IuK-Einsatzes ablaufen?

Die Planung eines IuK-Einsatzes kann in folgenden Phasen ablaufen:[31]

- Orientierungsphase: Sensibilisierung der Betroffenen, Erstellung eines Grobplans des Prozessablaufs, Diskussion mit den Betroffenen über den geplanten Prozess u. a.,

- Situationsklärung: Feststellung der Erwartungen der Geschäftsleitung, Erarbeitung von Visionen, Formulierung von Veränderungszielen u. a.,

- Zielfindung auf der Grundlage der Situationsklärung (in Zusammenarbeit mit der Geschäftsleitung),

- Projektgründung (Projekt zur Erarbeitung des Konzepts), Festlegung von Teilprojekten,

---

[30] Vgl. Heinrich, Lutz J.: a. a. O., S. 95 ff.
[31] In Anlehnung an: Tiemeyer, Ernst (Hg.): Handbuch IT-Management, München 2007, S. 68 ff. (Die Darstellung nutzt die auf einen konkreten Fall bezogene Darstellung zu einer Verallgemeinerung.)

- Information der Gesamtorganisation,
- Arbeit in Teilprojekten.

2. Welche Maßnahmen kann ein Konzept umfassen?

Ein Konzept für die Planung des IuK-Einsatzes könnte folgende Maßnahmen umfassen:

- Feststellung strategischer IuK-Lücken,
- Entwicklung von Projektideen zur Schließung der IuK-Lücken,
- Projektplanung,
- Evaluierung der Projektideen,
- Projektauswahl.

3. Welche Bedeutung haben Projekte für die Einführung von IuK?

IuK werden im Allgemeinen mit Projekten eingeführt (vgl. vorstehende Fragen). Ihr Ziel ist die Schaffung und Verbesserungen der Infrastruktur von Information und Kommunikation. IuK-Projekte können der Beschaffung von Hardware, Software, Dienstleistungen usw. dienen, aber auch Projekte zur Evaluierung und zum Outsourcing sind denkbar.

4. Was ist eine monetäre Wirtschaftlichkeitsbetrachtung?

Bei einer monetären Wirtschaftlichkeitsbetrachtung wird der Nutzen entweder direkt oder indirekt *monetär gemessen*. Bei direkter Messung zeigt sich der Nutzen des IuK-Einsatzes z. B. in Kostensenkungen; durch den IuK-Einsatz werden kostenintensivere Systeme der Informationsbeschaffung, -verwaltung und -verarbeitung ersetzt. Indirekte Messung des Nutzens liegt z. B. vor, wenn andere Vorgänge durch die Technik unterstützt und dadurch Kosten gesenkt oder die Produktivität gesteigert werden.[32]

5. Wann liegt eine nichtmonetäre Wirtschaftlichkeitsbetrachtung vor?

Bei einer nichtmonetären Wirtschaftlichkeitsbetrachtung wird der Nutzen des IuK-Einsatzes *subjektiv geschätzt*. Der Nutzen kann z. B. darin bestehen, dass die Qualität von Entscheidungen durch bessere Informationsversorgung und die innerbetriebliche Kommunikation verbessert werden.

6. Worauf beziehen sich die wirtschaftlichen Grundfragen eines Unternehmens bei der Planung des IuK-Einsatzes?

Die wirtschaftlichen Grundfragen eines Unternehmens bei der Planung des IuK-Einsatzes beziehen sich u. a. auch auf die Alternative Outsourcing oder In-house-Betrieb.

---

[32] Heinrich, Lutz J.: a. a. O., S. 421.

7.3 Wirtschaftliche Bedeutung der Informations- und Kommunikationstechniken

7. Welche Gründe lassen sich für Outsourcing anführen?

Für Outsourcing sprechen u. a. folgende Gründe:

- Inanspruchnahme höherer Personalqualifikation und innovativer Technik bei einem Dienstleister,
- Möglichkeit zur Konzentration auf das Kerngeschäft,
- Verlagerung von Risiken,
- Vermeidung von Kosten.

8. Welche Gründe sprechen für den In-house-Betrieb?

Für den In-house-Betrieb sprechen u. a. folgende Gründe:

- Vermeidung der Abhängigkeit von einem Dienstleistungsunternehmen,
- Mitarbeiter sprechen sich gegen die Auslagerung aus,
- Ausnutzung des unternehmenseigenen technischen Wissens und dessen Entwicklung,
- Datenschutz ist im eigenen Haus eher gewährleistet.

7.3.3.3 Funktionsweise eines IuK-Controlling

1. Welchen Zweck erfüllt das IuK-Controlling?

Das IuK-Controlling soll der Führung die *Informationen verschaffen*, die sie zur Planung, Überwachung und Steuerung benötigt, und die Grundsätze für die Gestaltung der Planungs-, Überwachungs- und Steuerungsprozesse zur Verfügung stellen.[33]

2. Worin besteht die Grundfunktion des IuK-Controllings?

Die Grundfunktion ist die *Planungs- und Kontrollaufgabe*. Sie besteht in der Unterstützung der Führung bei der Wahrnehmung folgender Aufgaben:

- Zielsetzung mit Festlegung der Zielinhalte, der Messgrößen und des zeitlichen Rahmens,
- Überwachung der IuK,
- Steuerung der IuK.

3. Wie wird die Zielerreichung gemessen?

Messvorschriften sollen die quantitative und operationale Erfassung der Ziele ermöglichen. Bei einer großen Anzahl von Controlling-Objekten besteht eine entsprechend hohe Anzahl von Messvorschriften für die entsprechenden Ziele.

---

[33] Heinrich, Lutz J.: a. a. O., S. 147 ff.

4. Wie werden Messvorschriften entwickelt?

Messvorschriften werden in folgenden Arbeitsschritten entwickelt:[34]

- Das Controllingziel wird in ein *Messziel* mit operationaler Dimension überführt, d. h. das Ziel muss messbar und nachprüfbar sein, ein Messziel kann z. B. die Wirtschaftlichkeit sein.

- Für jedes Messziel wird ein *Messobjekt* bestimmt, ein Messobjekt ist ein Element des Controlling-Objekts (Teil der IuK), mit dem der Zielinhalt des Messziels beschrieben werden kann, ein Messobjekt können z. B. die Personalkosten sein.

- Für jedes Messobjekt werden *Messgrößen* gebildet; dabei wird der Maßstab für die Messgröße und die geforderte Messgenauigkeit festgelegt.

- Für jedes Messobjekt werden *Messpunkte* zum Erfassen der Messgrößen bestimmt. Messpunkte sind die Orte bzw. Stellen, an denen gemessen werden soll, das kann z. B. das Projekttagebuch sein.

- *Messinstrumente* werden festgelegt. Ihre Art ist u. a. abhängig von der Art der Messobjekte.

- Die Messgrößentransformation wird festgelegt. Mit Messgrößentransformation wird eine Vorschrift bezeichnet, nach der Messgrößen in einen Wert transformiert werden, der mit dem Soll-Wert verglichen werden kann.

5. Welche Aufgaben hat das IuK-Controlling neben den Planungs- und Kontrollaufgaben?

Neben den Planungsaufgaben hat das Controlling noch folgende Aufgaben:

- Koordinationsaufgabe: Das Controlling koordiniert die Leitungsaufgaben in den Leistungsprozessen zur Schaffung, Aufrechterhaltung und Nutzung der IuK.

- Innovationsaufgabe: Das Controlling soll Innovationen unterstützen.

7.4 Festlegung der Organisationsformen von Projekten

7.4.1 Managementrelevanter Kontext von Projekten

7.4.1.1 Projekte und Projektarten

1. Was ist ein Projekt?

In der betriebswirtschaftlichen Literatur wird ein Projekt als *einmaliges Vorhaben* einer Aufgabenausführung definiert.[35] Damit diese Vorhaben effizient ausgeführt werden können, bedürfen sie angemessener Organisation.

---

[34] Heinrich, Lutz J.: a. a. O., S. 170.
[35] Olfert, K. und H.-J. Rahn: Einführung in die Betriebswirtschaftslehre, Ludwigshafen 2008, S. 152 ff. Die Kennzeichnungen lehnen sich an die Begriffsbestimmungen von DIN 69901 an.

7.4 Festlegung der Organisationsformen von Projekten

2. Welche Bedeutung haben Projekte für ein Unternehmen?

Mit Projekten kann ein Unternehmen schnell auf eine Änderung des Unternehmensumfelds reagieren, die sich daraus ergebenden Chancen aufgreifen und Risiken begegnen. Darüber hinaus bieten Projekte die Möglichkeit, abteilungsübergreifende Probleme und Aufgaben zu lösen.

Das Projektmanagement wird dadurch zu einem Teil des Unternehmensmanagements, sodass man von einem *Management by Projects* sprechen kann.

3. Welche Kennzeichen weist ein Projekt auf?

Ein Projekt lässt sich folgendermaßen kennzeichnen.[36]

- Das Projekt ist einmalig, eine identische Wiederholung ist nicht vorgesehen.
- Das Projekt ist komplex, d. h. die Aufgabenstellung ist umfassend, vielfältig und im Allgemeinen auch schwierig.
- Das Projekt ist zeitlich begrenzt.
- Das Projekt erfordert häufig die Zusammenarbeit mehrerer Fachbereiche.
- Das Projekt ist mit Risiken behaftet, sie können das Ergebnis der Aufgabenerledigung, den Zeitrahmen, die Finanzierung, die Fähigkeiten der Mitarbeiter usw. betreffen.
- Das Projekt dient der Zielerreichung des Unternehmens und bekommt so seine besondere Bedeutung.

4. Welche Arten von Projekten gibt es?

Projekte können u. a. nach den *Objekten*, mit denen sie sich zu befassen haben, nach den *Auftraggebern* und nach *Funktionsbereichen* eingeteilt werden. Danach ergeben sich z. B. folgende Projektarten.

- Nach dem Objekt: z. B.
  Forschungs- und Entwicklungsprojekte,
  Organisationsprojekte,
  Investitionsprojekte,
  Softwareprojekte.
- Nach dem Auftraggeber: z. B.
  interne Projekte, die Projekte werden vom eigenen Unternehmen veranlasst,
  externe Projekte, die Projekte werden von fremden Unternehmen, von Kunden usw. veranlasst.
- Nach Funktionsbereichen: z. B.
  Projekte im Bereich Beschaffung, Lagerhaltung, Logistik,
  Marketingprojekte.

---

[36] In Anlehnung an: Olfert, Klaus: Organisation, Ludwigshafen 2009, S. 285 ff.

5. Wie könnte ein Projekt im Marketingbereich beschrieben werden?

Folgendes Projekt im Marketing wäre denkbar: *Entwicklung eines neuen Produkts und seine Markteinführung.*

Das Projekt ist in dieser Form *einmalig*. Einzelne Aspekte des Produkts, z. B. Produktgestaltung, Verpackung, Produktfunktionen u. Ä. können *identisch nicht wiederholt* werden. Die *strategische Zielsetzung des Unternehmens bestimmt das Ziel des Projekts*, z. B. Umsatzsteigerung in dem Produktbereich um eine bestimmte Zuwachsrate. Die strategische Zielsetzung des Unternehmens bestimmt aber auch den Zeitrahmen; es wird erforderlich, dass das Produkt bis zu einem bestimmten Zeitpunkt auf dem Markt ist. Nicht nur die *Zusammenarbeit* im Marketingbereich (Markforschung bzw. -analyse) und Vertrieb, sondern auch mit anderen Abteilungen, z. B. Produktion, Beschaffung, Lager, und darüber hinaus mit externen Partnern kann erforderlich sein. Das Projekt ist mit dem Risiko behaftet, dass der Markt das Produkt nicht den Zielvorstellungen entsprechend annimmt.

6. Wie definiert DIN 69901 Projektmanagement?

Nach DIN 69901 ist Projektmanagement die Gesamtheit von

- Führungsaufgaben,
- Führungsorganisation,
- Führungstechniken,
- Führungsmitteln

für die Initiierung, die Definition, die Planung und den Abschluss von Projekten.

7. Welche Grundsätze sind beim Projektmanagement zu beachten?

Für das Projektmanagement ist die Beachtung der folgenden Grundsätze sinnvoll:[37]

- Projektstrukturierung,
- Projektdefinition,
- klare und eindeutige Zielvorgaben,
- Transparenz über den jeweiligen Projektstand,
- rechtzeitiges Erkennen von Risiken,
- schnelle Reaktionen auf Projektstörungen,
- personifizierte Verantwortung.

8. Was sind Projektphasen und wie unterscheiden sie sich von Projektmanagementphasen?

Projektphasen sind Abschnitte eines Projektlebenszyklusses, die zeitlich zusammenhängen; sie zeigen den Verlauf des Projekts aus der Sicht des Unternehmens, das das Projekt auslöst, um ein bestimmtes Problem zu lösen.

---

[37] In Anlehnung an Schelle, Heinz: Projekte zum Erfolg führen, 4. Aufl., München 2004, S. 35 ff.

7.4 Festlegung der Organisationsformen von Projekten

Die Phasen auf der Ebene des Projektmanagements geben die logisch zusammenhängenden Aktivitäten des Projektmanagements wieder. Projektmanagementphasen bilden nicht den zeitlichen Fortgang des Projekts ab; sie werden vielmehr definiert durch die Projektmanagementprozesse, die sie beinhalten.[38]

Es ist üblich, in Anlehnung an DIN 69001 folgende *fünf Projektmanagementphasen* zu unterscheiden:

1. Initialisierung,
2. Definition,
3. Planung,
4. Steuerung,
5. Abschluss.

9. Welche Bedeutung hat der managementrelevante Kontext für ein Projekt?

Die Inhalte der Projektmanagementphasen, das sind die PM-Prozesse, sind dem jeweiligen Kontext anzupassen. Der Anpassungsprozess umfasst zwei Aspekte:

- Auswahl wichtiger Prozesse, Verzicht auf irrelevante Prozesse,
- Entscheidung über die Art und Weise, wie die Prozesse angewandt werden sollen.

Es gibt allerdings sog. *Mindeststandards*, das sind Prozesse, auf die nicht verzichtet werden kann; sie müssen im Projektmanagement berücksichtigt werden.

7.4.1.2 Projektinitialisierung

1. Wodurch wird ein Projekt initialisiert?

Die Projektinitialisierung gilt allgemein als die *erste Phase* des Projekts. Das Projekt wird initiiert, d. h. angestoßen, durch ein Problem, das gelöst werden muss; das Problem kann z. B. eine Kundenanfrage sein, die bearbeitet werden muss.

2. Welche Prozesse umfasst die Initialisierungsphase?

Die Initialisierungsphase umfasst die folgenden *vier Prozesse*:

- Klärung der Zuständigkeit,
- Skizzierung der Ziele,
- Auswahl der PM-Prozesse,
- Erteilung der Freigabe.

---

[38] Die Ausführungen orientieren sich teilweise an der aktuellen Norm (DIN 69901:2009).

3. Welchen Zweck verfolgt die Klärung der Zuständigkeit?

In diesem Prozess wird festgelegt, wer für die ersten organisatorischen Maßnahmen im Projekt verantwortlich sein soll. Diese Person soll auch die *Leitung* des gesamten Projekts übernehmen. Darüber hinaus werden nach Möglichkeit bereits weitere Teammitglieder benannt.

4. Welchen Zweck verfolgt die Skizzierung der Ziele?

Der Prozess umfasst u. a. folgende Tätigkeiten, an denen das Projektteam und der Auftraggeber beteiligt sind:

- Analyse der Projektidee,
- Formulierung einer ersten Zielversion,
- erste Bewertung des Projekts,
- Vorbereitung der Unterlagen für die Projektfreigabe.

5. Welchen Zweck verfolgt die Auswahl der PM-Prozesse?

In diesem Prozess wird darüber entschieden, ob lediglich die Mindeststandards im Projekt angewandt oder ob weitere Prozesse benötigt werden.

6. Welchen Zweck verfolgt die Freigabe?

Der Auftraggeber prüft, ob die Voraussetzungen für den *Eintritt in die nächste Projektphase* gegeben sind. Wenn das zutrifft, kann die Freigabe erteilt werden. Die Definitionsphase kann beginnen.

7.4.2 Organisatorische Grundsätze im Projektmanagement

1. Welche Aspekte umfasst die Projektorganisation?

Die Projektorganisation umfasst u. a. die *Aufbau- und Ablauforganisation* für die Abwicklung eines bestimmten Projekts. Die Projektorganisation kann aus Bestandteilen der vorhandenen Betriebsorganisation bestehen und wird dann lediglich durch projektspezifische Regelungen ergänzt.

7.4.2.1 Gestaltungsfelder der Aufbauorganisation

1. Womit befasst sich die Aufbauorganisation?

Die Aufbauorganisation befasst sich mit dem organisatorischen System von Arbeitsteilung und Zuständigkeiten. Grundlage ist die Analyse der Aufgaben. Das Ergebnis ist die Darstellung (und Beschreibung) des Leitungssystems des Unternehmens.

7.4 Festlegung der Organisationsformen von Projekten

2. Welche Gestaltungsfelder spielen bei der Aufbauorganisation eine Rolle?

Gestaltungsfelder der Aufbauorganisation sind z. B.

- Spezialisierung,
- Kompetenzverteilung.

3. Welche Formen der Spezialisierung können unterschieden werden?

Spezialisierung bedeutet Aufgabenteilung und organisatorische Kompetenzzuweisung. Formen der Spezialisierung sind z. B.

- funktionale Spezialisierung, d. h. Spezialisierung auf bestimmte Funktionen, Verrichtungen, Arbeiten, Aufgaben, das können z. B. Einkauf, Verkauf, Fertigung, Logistik usw. sein,
- objektorientierte Spezialisierung, d. h. Spezialisierung auf bestimmte Objekte, Sparten, das können z. B. Produkte (Produktgruppen), Kunden, Regionen u. dgl. sein,
- hierarchische Spezialisierung, d. h. Spezialisierung auf bestimmten Führungsaufgaben entsprechend der Führungsebene.

Die Systeme lassen sich folgendermaßen typisiert darstellen.

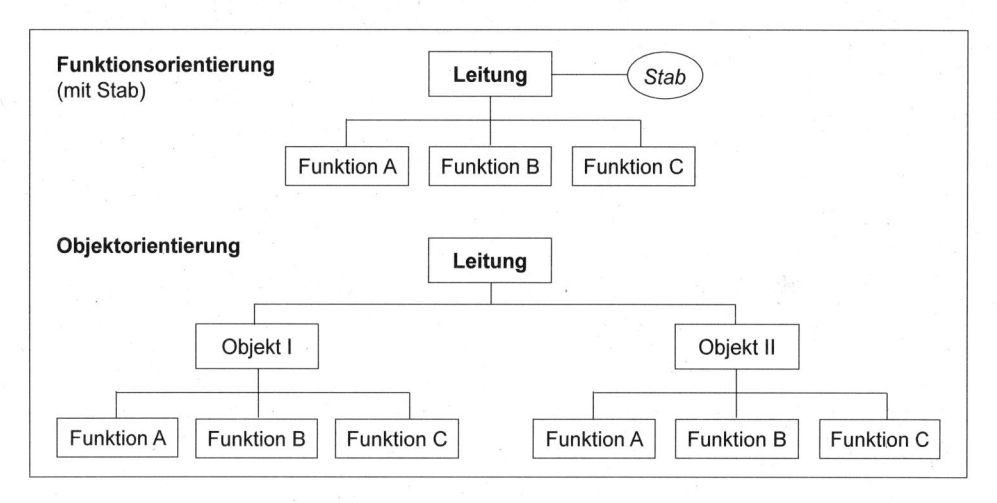

Funktionsorientierung (mit Stab)

```
         Leitung ─── Stab
            │
   ┌────────┼────────┐
Funktion A  Funktion B  Funktion C
```

Objektorientierung

```
              Leitung
          ┌──────┴──────┐
       Objekt I       Objekt II
      ┌──┼──┐        ┌──┼──┐
     A   B   C      A   B   C
  (Funktionen)    (Funktionen)
```

4. Was kennzeichnet die Kompetenzverteilung und welche Formen der Kompetenzverteilung können unterschieden werden?

Kompetenzverteilung bedeutet die *Aufteilung von Entscheidungs- und Weisungsbefugnissen* auf bestimmte organisatorische Einheiten, z. B. auf Stellen. Der Umfang der Befugnisse hängt ab von der Führungsebene, auf der sich die entsprechende organisatorische Einheit befindet. Formen der Kompetenzverteilung sind z. B.

- das Einliniensystem, bei dem eine Stelle Entscheidungs- und Weisungsbefugnisse gegenüber direkt unterstellten Stellen hat, Beispiele sind (Ein-)Linien- und Stabliniensysteme,

- das Mehrliniensystem, bei dem zwei (oder mehr) Stellen Weisungsbefugnisse gegenüber mehreren Stellen haben, die ihnen gemeinsam unterstellt sind, ein Beispiel ist das Funktionsmeistersystem.

Die Systeme lassen sich folgendermaßen typisiert darstellen:.

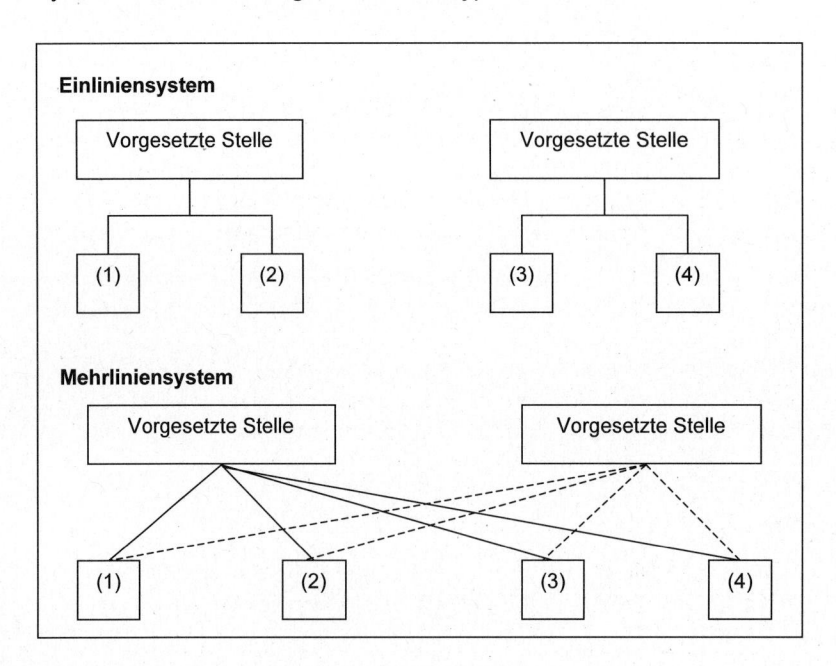

Einliniensystem

Vorgesetzte Stelle		Vorgesetzte Stelle	
(1)	(2)	(3)	(4)

Mehrliniensystem

Vorgesetzte Stelle		Vorgesetzte Stelle	
(1)	(2)	(3)	(4)

7.4.2.2 Gestaltungsfelder der Ablauforganisation

1. Womit befasst sich die Ablauforganisation?

Die Ablauforganisation *regelt in zeitlicher und örtlicher Hinsicht den Ablauf von Arbeitsvorgängen* bzw. -verrichtungen im Zusammenhang mit einer umfassenden Aufgabe oder mit einem Projekt. Sie verbindet die jeweilige einzelne Verrichtung mit dem entsprechenden Arbeitsplatz und mit den erforderlichen Sachmitteln so, dass die Arbeitsvorgänge sachlogisch aufeinander bezogen werden und lückenlos, d. h. ohne zeitlichen Verzug, aufeinander folgen können.

2. Welcher Zweck wird mit der Ablauforganisation verfolgt?

Zweck der Ablauforganisation ist die Minimierung von Durchlaufzeiten und die Maximierung der Kapazitätsauslastung.

3. Was ist eine Ablaufstruktur und welche Pläne dienen der Strukturierung?

Die Ablaufstruktur gibt die *Beziehungen zwischen den Elementen* der Gesamtaufgabe bzw. des Projekts wieder. Die Strukturierung der Aufgabe ist Grundlage der gesamten Planung. Folgende Pläne können der Strukturierung dienen:[39]

- Strukturpläne,
- Ablaufpläne,
- Phasenpläne.

4. Welche Bedeutung hat der Strukturplan?

Der Strukturplan gibt an, welche *Aufgaben oder Verrichtungen im Einzelnen* anfallen. In der Aufgabenanalyse werden die Einzelaufgaben näher bestimmt; die Gesamtaufgabe wird schrittweise in ihre Bestandteile zerlegt, also in Hauptaufgaben und Arbeitspakete. Der Strukturplan zeigt also einerseits, welche Aufgaben (Arbeitspakete) insgesamt anfallen und andererseits, wie sie mit der Gesamtaufgabe zusammenhängen.

5. Was ist ein Arbeitspaket?

Als Arbeitspakete bezeichnet man im Strukturplan die Elemente der Gesamtaufgaben bzw. des Projekts, die für den Strukturplan nicht weiter aufgegliedert werden. Es ist also die *kleinste Einheit des Projekts* bzw. der Gesamtaufgabe.

6. Wie wird der Strukturplan grafisch dargestellt?

Der Strukturplan kann mithilfe eines *Baumdiagramms* grafisch dargestellt werden. In der folgenden Zeichnung bedeuten: TA – Teilaufgabe, AP – Arbeitspaket.

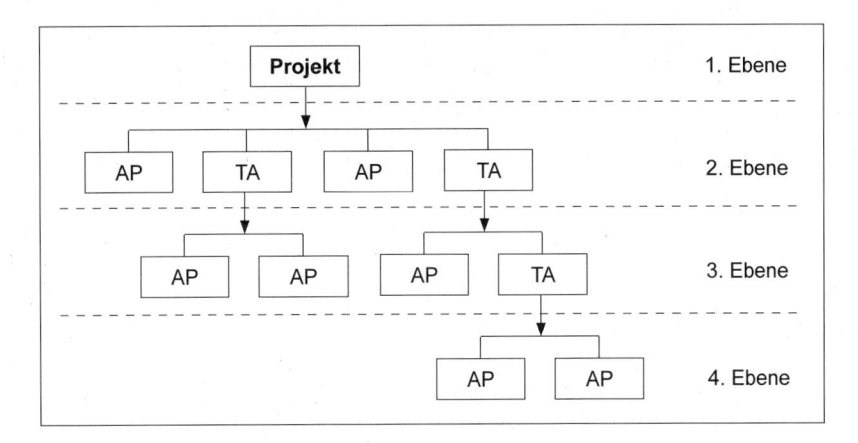

Die einzelnen Zweige des Baums können als Objekte oder als Funktionen aufgefasst werden. Bei der *objektorientierten* Darstellung einer Aufgabe oder eines Projekts, (z. B.

---

[39] In Anlehnung an Schelle, Heinz: a.a.O., S. 10 ff.

Produktentwicklung, ergeben sich die Arbeitspakete als Einzelteile des Produkts. Bei der *funktionsorientierten* Darstellung ergeben sich die Arbeitspakete aus den Funktionen; das können z. B. Entwicklung, Modellbau, Beschaffung usw. sein. In der Praxis sind i. d. R. Kombinationen der beiden Darstellungsformen anzutreffen.

7. Welche Bedeutung haben Standard-Projektstrukturpläne?

Für bestimmte Projekte bestehen Standardstrukturpläne. Für die Anwendung im konkreten Fall müssen sie lediglich modifiziert werden. Durch Standardpläne kann die Projektstrukturplanung rationalisiert werden.

8. Wie wird der Ablauf strukturiert?

Im Ablaufplan wird festgelegt, in welcher *Reihenfolge* die einzelnen Arbeiten oder Verrichtungen zu erledigen sind. Eng verbunden mit der Ablaufplanung ist die Terminplanung. Dazu werden zunächst die Einzelaufgaben mit den für ihre Erledigung erforderlichen Zeiten aufgelistet. Unter Berücksichtigung der im Ablaufplan festgelegten Abhängigkeiten und Bedingungen lässt sich planen, wann die Einzelaufgaben beginnen und enden können oder müssen. Schließlich gibt der Plan auch an, wann das Projekt bzw. die Gesamtaufgabe beendet ist.

9. Wie werden Ablaufpläne dargestellt?

Weil die *Netzplantechnik* sowohl die Abhängigkeiten der einzelnen Ereignisse voneinander als auch ihre Dauer berücksichtigt, können Ablauf- und Terminplanung in einem *Netzplan* dargestellt werden.

Abläufe und Termine können auch mit sog. *Balkenplänen* dargestellt werden. In einem Balkendiagramm symbolisieren die Balken die Projektaufgaben, ihre Länge gibt die Dauer der Aufgabe an. Die Balken werden in ein Kalenderblatt eingezeichnet, sodass auch ihr Beginn und ihr Ende abgelesen werden können.

Der Vorteil von Balkendiagrammen liegt in der einfachen Handhabung und in ihrer Übersichtlichkeit. Ihr besonderer Nachteil ist, dass sie Abhängigkeiten der einzelnen Projektaufgaben voneinander nicht ausreichend verdeutlichen.

Arbeitsabläufe können auch in einem sog. *Ablaufbogen* dargestellt werden. Dazu werden die anfallenden einzelnen Arbeitsvorgänge zunächst erfasst und in die Reihenfolge gebracht, die sich durch die Organisation ergibt. In dieser Reihenfolge werden sie dann im Ablaufbogen dargestellt.

10. Welche Bedeutung hat der Phasenplan?

Eine Gesamtaufgabe bzw. ein Projekt läuft in mehreren (oder vielen) Phasen ab. In einem Phasenplan werden die Phasen erfasst; an das Ende einer Phase wird ein sog. Meilenstein gesetzt.

11. Was sind Meilensteine in Phasenplänen?

Meilensteine sind Punkte in einem Projektablauf. Sie geben an,

- wann dieser Punkt erreicht werden muss, wann die vorlaufende Phase beendet sein muss,
- welche Ergebnisse an diesem Punkt erreicht werden müssen,
- welche Kosten anfallen dürfen.

Die Meilensteine dienen der Kontrolle und Steuerung des Ablaufs.

12. Welche Probleme wirft das Phasenmodell auf?

In der Praxis kann die Einhaltung einer strengen Phaseneinteilung hemmend auf die Projektarbeit wirken. Aus zeitlichen Gründen muss es häufig zur Überlappung kommen. Kritisiert wird an reinen Phasenmodellen auch, dass sie bei Abweichungen nur wenige Ansatzpunkte für effektives Gegensteuern haben. Die Phaseneinteilung wird häufig außer Kraft gesetzt und verliert deshalb ihre Strukturierungsaufgabe.

7.4.2.3 Ablauf von Projekten nach DIN 69901

1. Wodurch wird der Ablauf eines Projekts bestimmt?

Der Ablauf eines Projekts wird durch den Ablauf der *Phasen* und durch die Folge der *Prozesse* in den Phasen bestimmt. Ein Projekt umfasst folgende Phasen: Initialisierung (s. unter 7.4.1.2), Definition, Planung, Steuerung und Abschluss.

2. Welche Prozesse umfasst die Phase „Definition"?

Die Prozessphase „Definition" umfasst folgende Prozesse:

- Meilensteine festlegen,
- Information, Kommunikation und Berichtswesen festlegen,
- Projektmarketing definieren,
- Aufwände grob schätzen,
- Projektkernteam bilden,
- Erfolgskriterien definieren,
- Umgang mit Risiken festlegen,
- Projektumfeld/Stakeholder analysieren,
- Machbarkeit bewerten,
- Grobstruktur erstellen,
- Umgang mit Verträgen definieren,
- Vertragsinhalte mit Kunden festlegen,
- Ziele definieren,
- Projektinhalte abgrenzen.

3. Welche Prozesse umfasst die Phase „Planung"?

Die Prozessphase „Planung" umfasst folgende Prozesse:

- Vorgänge planen,
- Terminplan erstellen,
- Projektplan erstellen,
- Umgang mit Änderungen planen,
- Information, Kommunikation und Berichtswesen planen,
- Kosten und Finanzmittelplan erstellen,
- Projektorganisation planen,
- Qualitätssicherung planen,
- Ressourcenplan erstellen,
- Risiken analysieren,
- Gegenmaßnahmen zu Risiken planen,
- Projektstrukturplan erstellen,
- Arbeitspakete beschreiben,
- Vorgänge beschreiben,
- Vertragsinhalte mit Lieferanten festlegen.

4. Welche Prozesse umfasst die Phase „Steuerung"?

Die Prozessphase „Steuerung" umfasst folgende Prozesse:

- Vorgänge anstoßen,
- Termine steuern,
- Änderungen steuern,
- Information, Kommunikation und Berichtswesen steuern,
- Abnahme erteilen,
- Kosten und Finanzmittel steuern,
- Kick-off durchführen,
- Projektteam bilden,
- Projektteam entwickeln,
- Qualität sichern,
- Ressourcen steuern,
- Risiken steuern,
- Verträge mit Kunden und Lieferanten abwickeln,
- Nachforderungen steuern,
- Zielerreichung steuern.

5. Welche Prozesse umfasst die Phase „Abschluss"?

Die Prozessphase „Abschluss" umfasst folgende Prozesse:

- Projektabschlussbericht erstellen,
- Projektdokumentation archivieren,
- Nachkalkulation erstellen,
- Abschlussbesprechung durchführen,
- Leistungen würdigen,
- Projektorganisation auflösen,
- Projekterfahrungen sichern, Ressourcen rückführen,
- Verträge beenden.

7.4.3 Gestaltung von Projekten im Unternehmen

1. Wie können Projekte in Unternehmen gestaltet werden?

Die Gestaltungen der Projekte unterscheiden sich hinsichtlich der *unterschiedlichen Einbeziehung der Projekte in die Unternehmensorganisation*. Für die Gestaltung von Projekten in Unternehmen bestehen u. a. folgende Möglichkeiten:

- Eigenständige (autonome) Projekte,
- Stabsprojekte,
- Matrixorganisationsprojekte,
- Projekte in Linienverantwortung.

2. Welche Kennzeichen weisen eigenständige Projekte auf?

Bei einem eigenständigen Projekt arbeitet die Projektgruppe des Projekts *autonom*, sie ist wie ein Funktionsbereich in die Unternehmensorganisation einbezogen (vgl. Abb.), auf den die Leitungen der anderen Funktionsbereiche keinen Einfluss nehmen können. Die für das Projekt erforderlichen Unterlagen, Informationen, Daten u. dgl. sind von den anderen Funktionsbereichen zur Verfügung zu stellen.

Die Gruppenmitglieder entstammen zwar den Fachabteilungen, sind aber für die Dauer des Projekts der Projektleitung nicht nur in fachlicher, sondern im Allgemeinen auch in disziplinarischer Hinsicht unterstellt. Der Projektleiter ist sowohl weisungs- als auch entscheidungsberechtigt.

Diese Form der Projektorganisation besteht häufig bei *Großprojekten*, z. B. Vorbereitung und evtl. auch Ausführung großer Bauvorhaben. Die Aufgaben des Projekts sind vorher festgelegt, die Ziele definiert; die Projektgruppe arbeitet ausschließlich für diese Aufgaben.

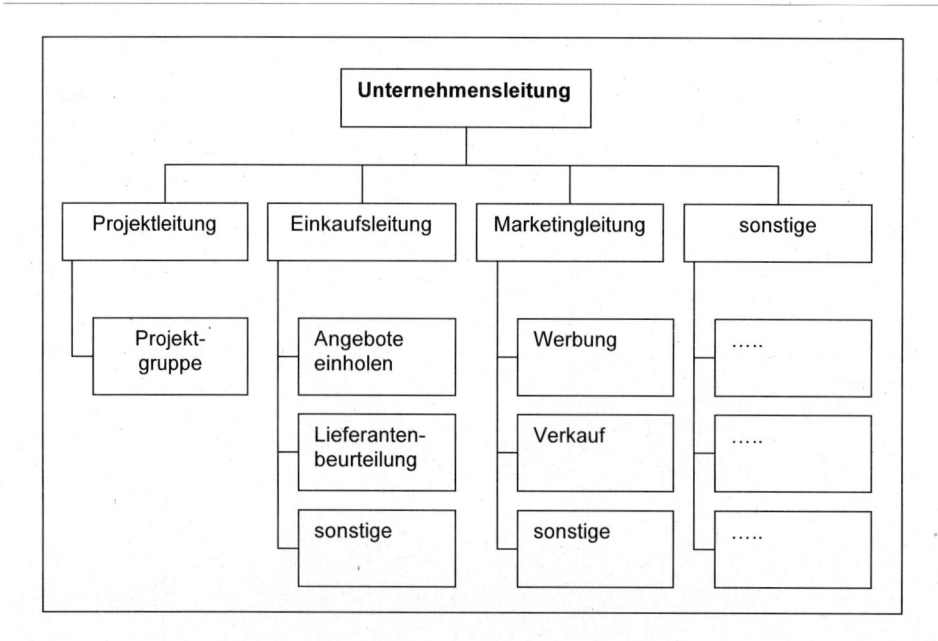

```
                      ┌─────────────────────────┐
                      │   Unternehmensleitung   │
                      └─────────────────────────┘
     ┌──────────────┬─────────────┬─────────────┐
┌──────────┐ ┌──────────────┐ ┌──────────────┐ ┌──────────┐
│Projekt-  │ │Einkaufs-     │ │Marketing-    │ │ sonstige │
│leitung   │ │leitung       │ │leitung       │ │          │
└──────────┘ └──────────────┘ └──────────────┘ └──────────┘
     │              │               │               │
┌──────────┐ ┌──────────────┐ ┌──────────────┐ ┌──────────┐
│ Projekt- │ │ Angebote     │ │ Werbung      │ │  .....   │
│ gruppe   │ │ einholen     │ │              │ │          │
└──────────┘ └──────────────┘ └──────────────┘ └──────────┘
             ┌──────────────┐ ┌──────────────┐ ┌──────────┐
             │ Lieferanten- │ │ Verkauf      │ │  .....   │
             │ beurteilung  │ │              │ │          │
             └──────────────┘ └──────────────┘ └──────────┘
             ┌──────────────┐ ┌──────────────┐ ┌──────────┐
             │ sonstige     │ │ sonstige     │ │  .....   │
             └──────────────┘ └──────────────┘ └──────────┘
```

3. Welche Vorteile und welche Nachteile haben eigenständige Projekte?

Vorteile eigenständiger Projekte lassen sich folgendermaßen umschreiben:[40]

- Die Selbstständigkeit der Projektgruppe mit der Weisungs- und Entscheidungsbefugnis des Projektleiters fördert eine straffe zielgerichtete Arbeitsform.
- Der Projektleiter hat im Allgemeinen direkten Zugang zur Unternehmensleitung.
- Die Gruppenmitglieder identifizieren sich mit dem Projekt.

Als **nachteilig** wird gelegentlich gesehen,

- dass sich das Projekt auf Dauer etablieren könnte,
- dass der Einsatz der Gruppenmitglieder nach Abschluss des Projekts an den alten Arbeitsplätzen problematisch werden könnte,
- dass die Funktionsbereichsleitungen ihre Kompetenzen zu Lasten der Projektleitung überschreiten könnten.

---

[40] Vgl. Olfert, Klaus: a.a.O., S. 310 ff.

4. Welche Kennzeichen weisen Stabsprojekte auf?

Bei Stabsprojekten sind Projektleitung und evtl. die *Projektgruppe als Stab der Unternehmensleitung* unterstellt. Die Aufgabe des Stabs besteht in der Koordination bestimmter Aufgaben zwischen den Abteilungen, z. B. zwischen Beschaffung, Werbung und Logistik. Der Projektleiter hat keine Kompetenzen, er kann lediglich beraten und informieren. Die Entscheidungs- und Weisungsbefugnisse liegen ausschließlich bei den Abteilungs- bzw. Bereichsleitern.

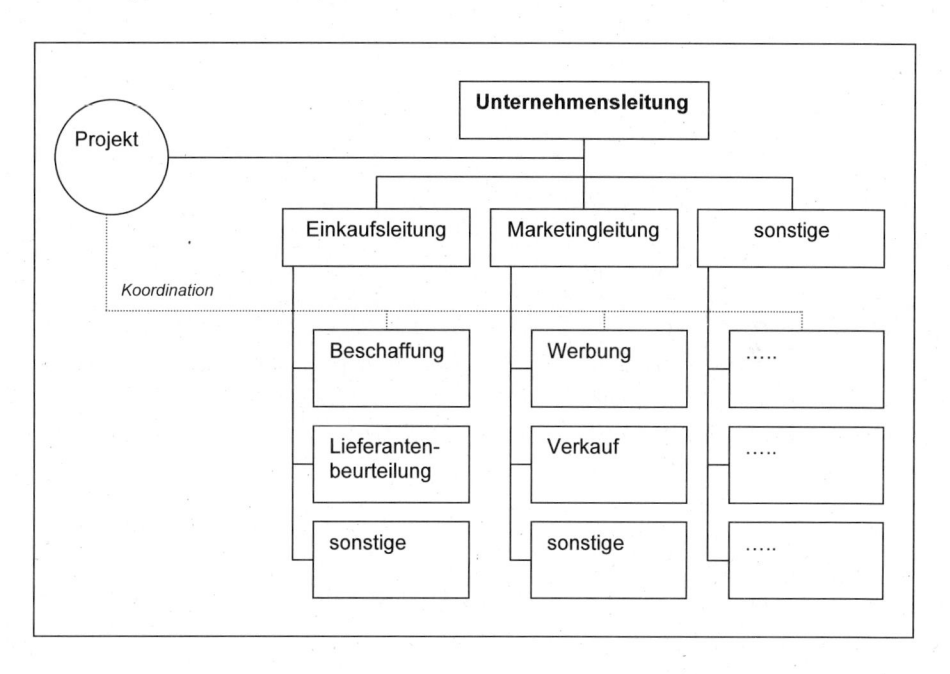

5. Welche Kennzeichen weisen Matrixorganisationsprojekte auf?

Das typische Kennzeichen eines Matrixorganisationsprojekts besteht in der *Verteilung von Zuständigkeiten zwischen Projektleitung und Abteilungs- bzw. Bereichsleitung*. Die Mitglieder der Projektgruppen bleiben in disziplinarischer Hinsicht den Abteilungs- bzw. Bereichsleitern unterstellt. Lediglich in Fragen des Projekts wird der Projektleiter für sie zuständig

Matrixorganisationsprojekte werden im Allgemeinen eingesetzt bei Projekten, die mehrere Abteilungen betreffen.

```
                          ┌─────────────────────┐
                          │ Unternehmensleitung │
                          └─────────────────────┘
              ┌──────────────────┼──────────────────┐
      ┌───────────────┐  ┌───────────────┐  ┌───────────────┐
      │ Einkaufsleitung│  │ Marketingleitung│ │   sonstige    │
      └───────────────┘  └───────────────┘  └───────────────┘
```

(Matrixorganisation: Projektleiter / Projektgruppe mit Angebote / Werbung, Bestellung / Verkauf, sonstige / sonstige)

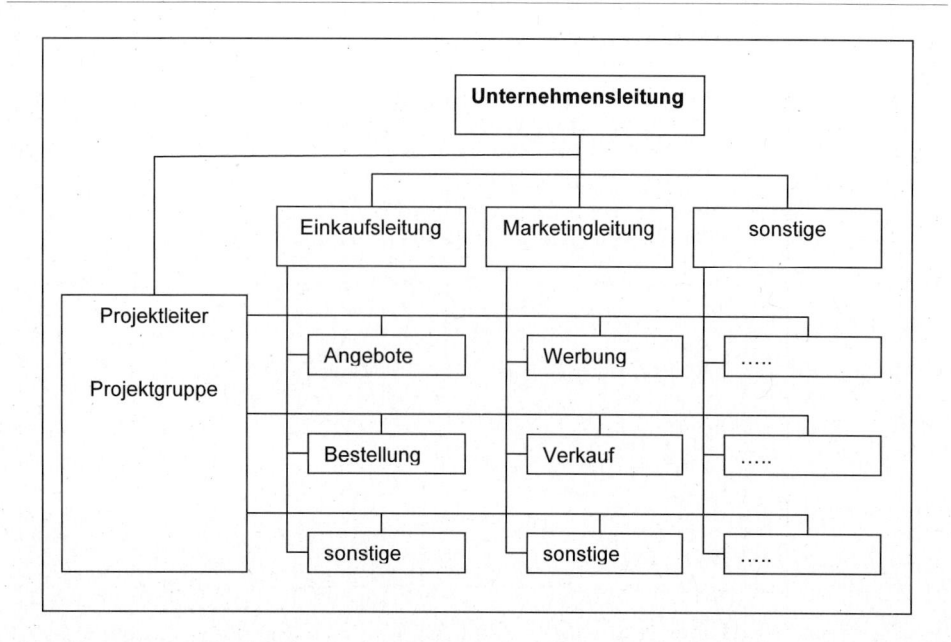

6. Welche Problematik werfen Matrixorganisationsprojekte auf?

Bei Matrixorganisationsprojekten treten die bei Matrixorganisationen üblichen Probleme auf. Konflikte können sich vor allem aus den unterschiedlichen Zuständigkeiten von Abteilungs- und Projektleitung ergeben. Das gilt besonders dann, wenn die Kompetenzen nicht vor Beginn des Projekts festgelegt und eindeutig definiert werden.

7. Welche Kennzeichen weisen Projekte in Linienverantwortung auf?

Projekte in Linienverantwortung sind dadurch gekennzeichnet, dass sie *in eine gegebene Aufbauorganisation integriert* und einzelnen Funktionsbereichen zugeordnet sind. Der einzelne Funktionsbereich ist für das Projekt zuständig, die Mitglieder der Projektgruppe entstammen der Abteilung bzw. dem Funktionsbereich. Der Projektleiter ist dem Abteilungsleiter unterstellt.

Projekte in Linienverantwortung kommen dann in Betracht, wenn sie einem Funktionsbereich eindeutig zugeordnet werden können und die Zuständigkeiten anderer Bereiche nicht tangieren. Das kann bei einem Marketingprojekt der Fall sein, z. B. bei Erschließung einer neuen Zielgruppe mit entsprechender Werbung und dem bisherigen Produktprogramm.

7.4 Festlegung der Organisationsformen von Projekten

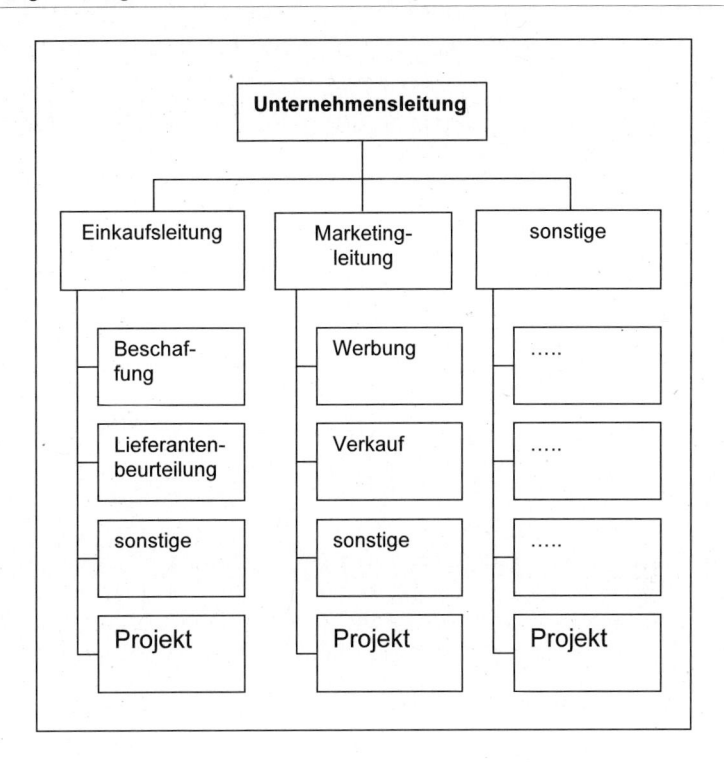

```
                    Unternehmensleitung
          ┌──────────────┼──────────────┐
    Einkaufsleitung  Marketing-      sonstige
          │          leitung            │
          │             │               │
      Beschaf-       Werbung          .....
      fung
          │             │               │
      Lieferanten-   Verkauf          .....
      beurteilung
          │             │               │
      sonstige       sonstige         .....
          │             │               │
      Projekt        Projekt          Projekt
```

8. Welche Vorteile haben Projekte in Linienverantwortung?

Vorteile von Projekten in Linienverantwortung liegen u. a. darin,

- dass Konflikte zwischen Abteilungen bzw. Funktionsbereichen vermieden werden,
- dass fähige Mitarbeiter im Zuständigkeitsbereich ihrer bisherigen Abteilung bleiben und nach Beendigung des Projekts schnell wieder in den Prozess eingegliedert werden können,
- dass die Ressourcen der Abteilung bzw. des Bereichs auch unmittelbar dem Projekt zur Verfügung stehen.

7.4.4 Gremien, Instanzen, Rollen im Projekt

7.4.4.1 Gremien und Instanzen

1. Welche Gremien sind an der Projektarbeit beteiligt?

Folgende Gremien und Instanzen können an der Projektarbeit beteiligt sein:

- Der Lenkungsausschuss,
- der Projektbeirat,
- das Projektbüro.

2. Wie lässt sich der Lenkungsausschuss kennzeichnen?

Nach DIN 69901-5 ist der Lenkungsausschuss ein *übergeordnetes Gremium*, an das der Projektleiter berichtet und das ihm als Entscheidungs- und Eskalationsgremium zur Verfügung steht. Er ist Adressat für Projektreviews und Projektaudits. Der Lenkungsausschuss verbindet Projekt- und Unternehmensorganisation. Im Lenkungsausschuss eines einzelnen Projekts sind im Allgemeinen die Interessen aller Projektbeteiligten vertreten. Ausschussvorsitzender ist der Auftraggeber; er fällt die Entscheidungen, die anderen Ausschussmitglieder haben lediglich beratende Funktion.

Vom Lenkungsausschuss für ein einzelnes Projekt ist der Lenkungsausschuss zu unterscheiden, der für alle Projekte des Unternehmens zuständig ist (zentraler Lenkungsausschuss).

3. Welche Funktion hat der Lenkungsausschuss?

Der Lenkungsausschuss für ein einzelnes Projekt soll vor allem die *Qualität des Projektmanagements sichern*; dazu nimmt er z. B. Projektreviews und Projektaudits entgegen. Seine Eskalationsaufgabe hat zwei Richtungen: Einerseits soll er die Eskalation von Konflikten verhindern (Deeskalation), andererseits soll er Entscheidungen in Fällen treffen, für die die Entscheidungskompetenz des Projektleiters nicht ausreicht. Außerdem hat er der Unternehmensleitung über die Projektarbeit zu berichten.

4. Wann ist die Einrichtung eines Projektbeirats sinnvoll?

Der Projektbeirat ergänzt den Lenkungsausschuss. Im Lenkungsausschuss ist die Anzahl der Projektbeteiligten (Stakeholdern) begrenzt. Der Projektbeirat nimmt die *unternehmensinternen Projektbeteiligten* auf, die weder am Lenkungsausschuss beteiligt sind noch im Team mitarbeiten. Die Einrichtung eines Projektbeirates ist also immer dann sinnvoll, wenn die Interessen dieser Personengruppe angemessen wahrgenommen werden sollen.

5. Welche Aufgaben hat das Projektbüro und wodurch unterscheidet es sich vom Projektsekretariat?

Ein Projektbüro kann als eine Art Stabsstelle bezeichnet werden, deren Funktion darin besteht, Projektmanagementaufgaben zur Verfügung zu stellen. Es unterscheidet sich von einem Projektsekretariat, das lediglich die Verwaltungsarbeit eines Projekts übernimmt.

6. Welche Instanzen sind an der Projektarbeit beteiligt?

DIN 69901-5 nennt die Instanzen, die an der Projektarbeit beteiligt sind, Projektbeteiligte; das ist die Übersetzung des englischen Begriffs „Stakeholder", der in der Diskussion meistens dafür genutzt wird. *Projektbeteiligte bzw. Stakeholder* sind alle Projektteilnehmer, Projektbetroffene, Projektinteressierte, deren Interessen durch den Verlauf oder das Ergebnis des Projekts direkt oder indirekt berührt werden. Dazu zählen z. B.

Auftraggeber, Projektmitarbeiter und -leiter, Nutzer des Projektergebnisses, Arbeitnehmervertreter, Anwohner, Naturschutzverbände, Stadtverwaltung, Banken u. Ä.

Der wichtigste Projektbeteiligte ist der *Auftraggeber*. Er entscheidet letztlich über den Erfolg eines Projekts.

7.4.4.2 Das Projektteam

1. Wer führt ein Projekt durch?

Ein Projekt wird von einem *Projektteam* durchgeführt.

Als Team wird eine *sich selbst steuernde Arbeitsgruppe* bezeichnet, die für die Dauer des Projekts zusammenarbeitet. Die Teammitarbeiter entstammen häufig verschiedenen Fachbereichen und bringen deshalb unterschiedliche Kompetenzen in die Zusammenarbeit ein. Die Arbeit in der Gruppe fördert Synergieeffekte und berücksichtigt nach Möglichkeit die Bedürfnisse der Mitarbeiter.

2. Wer bestimmt die Mitarbeiter an einem Projekt?

Die Mitarbeiter werden von den einzelnen Abteilungen für die Projektarbeit freigestellt. Die Abteilungsleiter als Linienvorgesetzte bestimmen deshalb, welcher ihrer Mitarbeiter in das Projektteam entsandt werden. Bei der Auswahl können oder wollen sie nicht immer die Wünsche des Projektleiters berücksichtigen.

Die Projektleiter haben i. d. R. ein Mitspracherecht bei der Auswahl des Projektpersonals. Dabei versuchen sie durchzusetzen, dass die künftigen Mitarbeiter am Projekt folgende *Qualifikationen* aufweisen:

- Teamfähigkeit, d. h. die Teammitarbeiter sollten keine ausgesprochenen Individualisten sein,
- Methodenwissen, d. h. die Teammitarbeiter sollten über Kenntnisse in der Planung und Steuerung von Projekten verfügen,
- etwa gleicher Wissensstand,
- etwa gleicher Stand von Fähigkeiten.

3. Welche Kennzeichen weist ein erfolgreiches Team auf?

Ein Team, das erfolgreich sein will, weist u. a. folgende Kennzeichen auf:[41]

- Im Team werden Mitarbeiter aus *verschiedenen Fachbereichen* zusammengefasst; daraus ergeben sich fachliche Ergänzungen.
- Die Teammitarbeiter haben die *Freiheit* zur Gestaltung der Strukturen, der Organisation, der Arbeitsteilung usw.

---

[41] Haug, Christoph V.: Erfolgreich im Team, München 2003, S. 15 ff.

- Im Team werden *Interessen und Fähigkeiten der Mitarbeiter aufeinander abgestimmt*; Stärken und besondere Fähigkeiten werden besser erkannt und genutzt.
- Die Teammitarbeiter bringen die *Bereitschaft zu partnerschaftlichem Verhalten* ein; sie beschließen gemeinsam (evtl. von Fall zu Fall) Spielregeln, die das Miteinander lenken und gestalten; Rivalitäten werden weitgehend abgebaut.
- Meistens herrscht im Team eine *Atmosphäre von gegenseitigem Vertrauen*, die es erlaubt, mit Kritik offen und fair umzugehen. Es besteht die grundsätzliche Bereitschaft, Konflikte in partnerschaftlicher Fairness zu regeln.
- Die Teammitarbeiter sind *gleichberechtigte Partner*, die dem gleichen Ziel verpflichtet sind. Jeder bringt in die gemeinsamen Arbeiten seine Fähigkeiten, Kenntnisse und Fertigkeiten ein. Die Arbeit wird als produktiv und kreativ empfunden und macht deshalb Spaß, die Mitarbeiter sind hoch motiviert.

4. In welchen Phasen entwickelt sich ein Team?

In der Teamentwicklung werden im Allgemeinen *vier Phasen* unterschieden.[42]

- Forming (Gestaltgewinnung): Testphase,
- Storming (Angreifen): Kampfphase,
- Norming (Ausrichtung): Orientierungsphase oder Organisierungsphase,
- Performing (Ausführung): Verschmelzungsphase oder Arbeitsphase.

5. Wozu dient die Testphase?

Die Testphase dient der Orientierung und der *Einführung in das Teamlernen*; dazu zählen z. B. das gegenseitige Kennenlernen, der Abbau von Unsicherheiten, Zielangabe, Aufgabenverteilung; die Kommunikation läuft vorwiegend über die Teamleitung.

6. Welche Probleme ergeben sich in der Kampfphase?

In der Kampfphase zeigen sich *Schwierigkeiten im Umgang miteinander*, im Verständnis für die zugewiesene Rolle, die sich in Konfrontationen und Rivalitäten zwischen Personen äußern; Teammitglieder verbünden sich gegen andere und evtl. gegen den Teamleiter; gelegentlich wird die Kompetenz der Teamleitung infrage gestellt.

7. Welche besondere Bedeutung hat die Organisierungsphase?

In der Orientierungsphase bzw. Organisierungsphase: geht es nach dem *Abbau der Konfrontationen* darum, Gemeinsamkeiten aufzubauen und das Team im Hinblick auf die Teamaufgabe zu organisieren; das geschieht z. B. in der gemeinsamen Festlegung von Regeln für den Umgang miteinander, in der gemeinsamen Definition von Unterzielen und Aufgaben.

---

[42] Für die Bezeichnungen werden die englischen Begriffe verwandt und die deutschen – gelegentlich unzulänglichen – Übersetzungen hinzugefügt.

8. Wie zeigt sich, dass die Teamentwicklung als abgeschlossen gelten kann?

Mit der *Verschmelzungsphase* oder Arbeitsphase sollte die Teamentwicklung abgeschlossen werden; die Teamfähigkeit der Mitglieder zeigt sich in der Identifikation mit ihren Rollen, in der partnerschaftlichen, solidarischen und hilfsbereiten Zusammenarbeit; die auf die geforderte Leistungserstellung ausgerichtete Arbeit des Teams hat begonnen.

7.4.4.3 Die Projektleitung

1. Wer leitet das Projekt und führt das Projektteam?

Der *Projektleiter* leitet das Projekt und führt das Projektteam. Von einem Projektleiter wird erwartet, dass er sowohl über Fach- als auch über Führungsqualifikationen verfügt. Er steuert den Ablauf der Teamarbeit, unterstützt die Teammitglieder, vertritt das Team nach außen; evtl. übernimmt er auch die Teambildung (Mitsprache bei der Auswahl).

Der Leiter wird entweder von außen, d. h. von der Unternehmensleitung bzw. Geschäftsführung, eingesetzt oder vom Team bestimmt und mit Kompetenzen ausgestattet. Wenn er von der Geschäftsführung bestimmt wird, sind seine Kompetenzen meistens umfassender; er erhält dann häufig umfangreiche Weisungsbefugnisse und ähnliche Vorgesetztenrechte bzw. -pflichten. Wenn der Teamleiter vom Team eingesetzt wird, erhält er keine disziplinarischen Rechte. Er muss das Team führen kraft seiner Persönlichkeit, mithilfe kommunikativer und methodischer Kompetenz. Nach außen tritt er als Sprecher des Teams auf. In einem Team sind die Mitglieder gleichberechtigt; das bedeutet, jedes Mitglied kann die Führung des Teams übernehmen.

2. Welche Aufgaben hat der Projektleiter?

Die grundlegenden Aufgaben des Projektleiters lassen sich unter die Begriffe *Projektmanagement* und *Teammanagement* subsumieren. Er ist zuständig für die operative Planung und Steuerung des Projekts. Damit hat er die Verantwortung dafür, dass die Ziele des Projekts erreicht werden.

Er leitet das Projekt in fachlicher Hinsicht und führt das Team.

Bei seiner Arbeit wird der Projektleiter durch den *Projektcontroller* unterstützt. Mithilfe des Controllings wird das Projekt geplant und gesteuert. Das Controlling trägt zur Transparenz des Projektverlaufs bei. Bei kleineren Projekten ist der Projektleiter gleichzeitig auch Projektcontroller.

3. Welche Einzelaufgaben fallen im Rahmen der Projektleitung an?

Im Rahmen der Projektleitung fallen u. a. folgende Einzelaufgaben an:

- Vertretung des Projekts und des Projektteams nach außen (Repräsentation),
- Organisation,
- Koordination,
- Kommunikation
- Motivation,
- Konfliktausgleich.

4. Wie lässt sich die Repräsentationsaufgabe umschreiben?

Der Projektleiter vertritt das Projekt und die Interessen des Teams gegenüber der Geschäftsleitung, den vorgesetzten Linieninstanzen, evtl. auch gegenüber Kunden usw. Im Einzelnen kann diese Aufgabe u. a. folgende Aspekte umfassen:

- Änderung des Zeitrahmens,
- Anforderung von Mitteln,
- Präsentation von Zwischenergebnissen,
- Berichterstattung.

5. Was beinhaltet die Organisationsaufgabe?

Die Organisationsaufgabe betrifft insbesondere die *Sicherstellung der planmäßigen und termingerechten Erreichung des Projektziels* mit den Methoden des Team- und Projektmanagements. Im Einzelnen kann die Organisationsaufgabe u. a. folgende Aspekte umfassen:

- Formulierung realistischer Projektziele auf der Grundlage der Projektdefinition,
- Strukturierung des Projekts in Stufen und Phasen,
- Erstellung von Projektplänen mithilfe entsprechender Instrumente, z. B. Netzplantechnik,
- Mitsprachemöglichkeiten bei Urlaubsplanungen, Abwesenheitsplanungen u. dgl.,
- Dokumentation des Projekts.

6. Welche Aspekte umfasst die Koordinationsaufgabe?

Die Koordination betrifft vor allem die *Aufgabenverteilung* auf der Grundlage von Profilen sowohl der Funktionen im Team als auch der Teammitglieder. Zur Koordination gehört auch die Einrichtung eines effektiven *Informationssystems*, damit alle Mitarbeiter in etwa über den gleichen Informationsstand verfügen können. Im Einzelnen kann die Koordinationsaufgabe u. a. folgende Aspekte umfassen:

- Zuweisung von Teilaufgaben an die Projektmitarbeiter entsprechend ihrer fachlichen Qualifikation und ihrer besonderen Rolle in der Gruppe zur Schaffung eines kreativen Arbeitsklimas,
- Schaffung ausreichender Arbeitsmöglichkeiten für jeden Projektmitarbeiter,
- Ausgleich unterschiedlicher Interessen bei der Verfolgung des Projektziels,
- Ausgleich unterschiedlicher Interpretationen des Projektziels.

7. Welche Bedeutung hat die Kommunikationsaufgabe?

Der Projektleiter hat dafür zu sorgen, dass ein regelmäßiger *Informationsaustausch* sowohl zwischen den Mitarbeitern als auch zwischen ihm und den Mitarbeitern möglich ist. Die Informationen betreffen organisatorische und fachliche Fragen sowie persönliche Angelegenheiten, soweit sie für das Funktionieren des Projekts von Belang sind. Als Formen der Kommunikation kommen sowohl *Gruppenbesprechungen* als auch *Einzelgespräche* in Betracht. Die Gruppengespräche werden im Allgemeinen vom Projektleiter moderiert. Im Einzelnen kann die Kommunikationsaufgabe u. a. folgende Aspekte umfassen:

- Moderation von Gruppengesprächen und Konferenzen,
- Führung von Einzelgesprächen,
- Schaffung einer kreativen Arbeitsatmosphäre,
- Früherkennung von Konflikten,
- Konfliktausgleich (Konsensbildung).

8. Wer sind die Adressaten der Motivationsbemühungen des Projektleiters?

Der Projektleiter muss nicht nur die Mitarbeiter, sondern auch sich selbst für die Arbeit am Projekt begeistern und das Interesse an der Zielerreichung wach halten. Daneben sind Vorgesetzte und evtl. auch Auftraggeber Adressaten seiner Motivationsbemühungen. Während des Projektverlaufs werden die Mitarbeiter z. B. durch Lob und Anerkennung ihrer Leistungen motiviert. Besonders wichtig sind Motivationsbemühungen bei Teamkrisen und Misserfolgen. Zur Motivation von Mitarbeitern trägt ein *partizipativer Führungsstil* bei.

7.4.4.4 Teamführung

1. Welche Aufgaben fallen im Zusammenhang mit dem Teammanagement an?

Im Zusammenhang mit dem Teammanagement fallen u. a. folgende Aufgaben an:

- Besetzung der Teamrollen,
- Leitung des Projektteams nach bestimmten Regeln.

2. Wie werden die Teammitglieder ausgewählt?

Die Mitglieder eines Teams werden danach ausgewählt, ob und in welchem Maße sie *Teamrollen* übernehmen können. Die Teamrollen entsprechen den *Funktionen im Team*. Es geht darum, die Teamrollen mit den richtigen Personen zu besetzen; das ist schwierig, weil sich die Menschen hinsichtlich ihrer Persönlichkeitsmerkmale, z. B. Ausbildungen, Interessen, Talente u. dgl. unterscheiden. Die Persönlichkeitsmerkmale äußern sich in den Verhaltensweisen.

Das Verhalten in den folgenden (teamtypischen) Situationen wird der Rollenbesetzung zu Grunde gelegt.

a) Zwischenmenschliche Beziehungen: extrovertiert oder introvertiert,
b) Informationsbeschaffung und -verarbeitung: praktisch oder kreativ,
c) Entscheidungsfindung: analytisch oder intuitiv,
d) Selbst- und Arbeitsorganisation: strukturiert oder flexibel.

Die *Teamrollen* werden einerseits durch die Funktionen, andererseits aber mithilfe der Verhaltenstypen definiert. Wenn eine Person z. B. sich in zwischenmenschlichen Beziehungen extrovertiert, bei Informationsbeschaffung praktisch, bei der Entscheidungsfindung analytisch und bei der Selbstorganisation strukturiert verhält, kann er im Team die Rolle des Entscheiders wahrnehmen; wenn sich aber eine Person in den genannten Verhaltenskategorien introvertiert, kreativ, intuitiv und flexibel verhält, müsste er eigentlich als der Berater im Team fungieren.

Man unterscheidet *acht typische Teamrollen*, sie entsprechen den Funktionen im Team. Das bedeutet aber nicht, dass ein Team aus acht Personen bestehen müsste; in einem kleinen Team könnte ein Teammitglied zwei Rollen übernehmen, in einem größeren Team könnte eine Rolle auf zwei Mitglieder aufgeteilt werden.

3. **Welche Rollentypen können in einem Team unterschieden werden?**

Rollentypen im Team mit ihren Funktionen.[43]

- **Reporter – Adviser**
  Berater (Informationsbeschaffer)
  Sammlung von Informationen, verständliche Aufbereitung von Informationen,

- **Creator – Innovator**
  Innovationsförderer (Künstler)
  Lieferung (Schöpfung) neuer Ideen, Gestalter,

- **Explorer – Promoter**
  Überzeuger (Förderer)
  Entdecker neuer Ideen, Förderer (Antreiber) der Ideenbearbeitung, Perspektivengeber,

- **Assessor – Developer**
  Bewerter (Prüfer)
  Einschätzung der Leistung, Bewertung neuer Ideen hinsichtlich ihrer Realisierbarkeit,

- **Thruster – Organizer**
  Organisator (Anschieber)
  Erstellung von konkreten Plänen zur Ideenumsetzung, Festsetzung von Terminen und Zielen,

- **Concluder – Producer**
  Macher

---

[43] Die Begriffe, die Aufgabenbestimmungen und die Rollendefinitionen sind dem Team-Design-Modell von C. Margerison entnommen; angefügt werden die deutschen Übertragungen der Begriffe (vgl. Haug: a. a. O., S. 87 ff. und Itis-GmbH, Teammanagement, online 2005).

7.4 Festlegung der Organisationsformen von Projekten

Zuverlässige Umsetzungen geplanter Aktivitäten, Mahnung zur Einhaltung von Plan- und Budgetvorgaben,

- **Controller – Inspector**
  Kontrolleur (Prüfer)
  Aufspüren von Fehlern, Kontrolle der Zielerreichung, Qualitätssicherung,

- **Upholder – Maintainer**
  Bewahrer (Helfer)
  Aufrechterhaltung der Teamnormen, Unterstützung der anderen Teammitglieder.

4. Welche Verhaltenstypen entsprechen den Teamrollen?

Im Folgenden werden die Verhaltenstypen wiedergegeben, die den Rollen im Team am ehesten entsprechen. Mit ihrer Hilfe können Mitarbeiter für das Team ausgewählt werden.

	Rolle im Team	Verhaltensbereiche	Verhaltenstypen
1	Berater	Zwischenmenschliche Beziehungen	introvertiert
		Informationsbeschaffung und -verarbeitung	kreativ
		Entscheidungsfindung	gefühlsmäßig
		Selbst- und Arbeitsorganisation	flexibel
2	Innovations-förderer	Zwischenmenschliche Beziehungen	extrovertiert
		Informationsbeschaffung und -verarbeitung	kreativ
		Entscheidungsfindung	gefühlsmäßig
		Selbst- und Arbeitsorganisation	flexibel
3	Überzeuger	Zwischenmenschliche Beziehungen	extrovertiert
		Informationsbeschaffung und -verarbeitung	kreativ
		Entscheidungsfindung	analytisch
		Selbst- und Arbeitsorganisation	flexibel
4	Bewerter (Prüfer)	Zwischenmenschliche Beziehungen	extrovertiert
		Informationsbeschaffung und -verarbeitung	kreativ
		Entscheidungsfindung	analytisch
		Selbst- und Arbeitsorganisation	strukturiert
5	Organisator	Zwischenmenschliche Beziehungen	extrovertiert
		Informationsbeschaffung und -verarbeitung	praktisch
		Entscheidungsfindung	analytisch
		Selbst- und Arbeitsorganisation	strukturiert
6	Macher	Zwischenmenschliche Beziehungen	introvertiert
		Informationsbeschaffung und -verarbeitung	praktisch
		Entscheidungsfindung	analytisch
		Selbst- und Arbeitsorganisation	strukturiert
7	Kontrolleur (Prüfer)	Zwischenmenschliche Beziehungen	introvertiert
		Informationsbeschaffung und -verarbeitung	praktisch
		Entscheidungsfindung	gefühlsmäßig
		Selbst- und Arbeitsorganisation	strukturiert

8	Bewahrer (Helfer)	Zwischenmenschliche Beziehungen	introvertiert
		Informationsbeschaffung und -verarbeitung	praktisch
		Entscheidungsfindung	gefühlsmäßig
		Selbst- und Arbeitsorganisation	flexibel

5. **Warum bietet sich für die Führung des Projektteams der partizipative Führungsstil an und welche Bedeutung hat er?**

Ein Projektteam setzt sich im Allgemeinen aus spezialisierten Fachleuten zusammen, deren Fähigkeiten, Ideen und Kreativität gefragt sind. Für die Führung des Teams bietet sich deshalb im Allgemeinen ein partizipativer Führungsstil an. Das bedeutet z. B. dass die *Teammitglieder an allen wichtigen Entscheidungen beteiligt* werden; dazu müssen sie über den gleichen Informationsstand verfügen können.

Der partizipative Führungsstil kann allerdings nicht immer durchgehalten werden. Gelegentlich ist autoritäres Verhalten erforderlich, wenn im Zweifelsfall der Standpunkt des Projektleiters durchgesetzt werden muss.

6. **Mit welchen Maßnahmen führt der Projektleiter das Projektteam?**

Der Projektleiter kann u. a. mit folgenden *grundsätzlichen Maßnahmen* sein Projektteam führen.

- Schaffung und Förderung der *Ingroup-Mentalität* aller Teammitglieder als Voraussetzung für teamorientiertes Handeln,
- *Erklärung der Projektziele* als Voraussetzung für ihre Akzeptanz durch die Teammitglieder,
- gemeinsame *Erarbeitung von Spielregeln* für die Zusammenarbeit und für den Umgang miteinander,
- umfassende *Kommunikation* durch regelmäßige Gespräche,
- umfassende *Information* der Teammitglieder,
- *Rückmeldung* an die Teammitglieder während des Projektverlaufs, Anerkennung von Leistungen, bei Fehlern Suche nach Lösungsmöglichkeiten,
- rechtzeitige *Lösung von Konflikten*.

7.4.4.5 Konfliktmanagement

1. **Wodurch können Konflikte im Projektteam verursacht werden?**

Konflikte im Projektteam können ihre Ursachen in sach- und in personenbezogenen Problemen haben.[44]

---

[44] Vgl. hierzu vor allem: Schelle, Heinz: a. a. O., S. 233 ff.

7.4 Festlegung der Organisationsformen von Projekten

Zu den *sachbezogenen Konflikten* zählen z. B.

- Zielkonflikte: Es besteht Uneinigkeit zwischen den Mitarbeitern über die Bedeutung einzelner Zielaspekte (z. B. Qualität versus Kosten).
- Beurteilungskonflikte: Sie werden häufig durch unterschiedlichen Informationsstand einzelner Mitarbeiter verursacht.
- Verteilungskonflikte ergeben sich z. B. wenn Linienvorgesetzte gute Mitarbeiter für die Projektarbeit freistellen sollen.

Personenbezogene Konflikte sind häufiger als sachbezogene Konflikte; sie beruhen i. d. R. auf mit- bzw. zwischenmenschlicher Problematik. Ursachen sind häufig Antipathie, Neid, Missgunst, aber auch ausgeprägter Ehrgeiz, Profilierungsversuche auf Kosten anderer Mitarbeiter u. Ä. Aber auch unterschiedliche Wertvorstellungen, unterschiedliche soziale und geografische Herkunft können Konflikte begründen.

2. Wie können Konflikte gelöst werden?

Grundsätzlich gilt, dass Konflikte nicht verdrängt werden sollen. Verdrängte Konflikte sind meistens aufgeschobene Konflikte.

Gelegentlich werden Konflikte durch *Konfrontation* beseitigt; der stärkere Mitarbeiter (z. B. der Vorgesetzte oder der Projektleiter) setzt den schwächeren unter Druck und schreckt ihn dadurch ab, seinen Standpunkt zu vertreten. Der Konflikt erscheint zunächst gelöst, der unterlegene Mitarbeiter wird demotiviert, behindert dadurch evtl. die erfolgreiche Projektarbeit, sodass sich allmählich ein neuer Konfliktstoff ergeben kann.

Bei einem *Kompromiss* wird die Konfliktlösung durch Verhandlungen angestrebt; dabei können die Standpunkte beider Konfliktparteien berücksichtigt werden. Die Suche nach dem Kompromiss erfordert Zeit; außerdem besteht die Gefahr, dass der stärkere Verhandlungspartner seine Interessen in höherem Maße durchsetzen kann.

Der beste Weg zur Konfliktlösung ist der *Konsens*. Die Konsensbildung ist sehr zeitaufwändig und erfordert in hohem Maße Verständnis der Beteiligten für die Bedeutung der jeweils anderen Standpunkte, aber der Konflikt wird durch den Konsens im Allgemeinen auf Dauer gelöst.

3. Wie könnte ein Konfliktmanagement-Modell aussehen?

Das Konfliktmanagement-Modell, das hier vorgestellt wird, läuft in mehreren Phasen ab.[45]

- Einstieg:
  Darstellung des Konflikts, Klärung, wie groß die Bereitschaft zur Konfliktlösung ist,

---

[45] Das Modell stammt von D. Mayrshofer und St. Ahrens; es wird hier dargestellt in Anlehnung an Schelle, H.: a. a. O., S. 239 f.; der Begriffsapparat für die Phasen wird wörtlich übernommen.

- **Konfliktorientierung:**
  Definition des Ziels der Konfliktbearbeitung, Offenlegung der verschiedenen Interessenstandpunkte,

- **Konfliktbearbeitung:**
  Entwicklung von Lösungsideen, Darstellung der verschiedenen Lösungsideen mit den Konsequenzen bei ihrer Verwirklichung,

- **Ergebnisintegration:**
  Prüfung der Realisierungschancen verschiedener Alternativen, Entscheidung für eine Lösung (Kompromiss) und Prüfung, ob diese Lösung die Beteiligten befriedigen kann,

- **Abfrage:**
  Abschließende Frage an die Beteiligten nach dem Maß an Zufriedenheit mit dem gefundenen Kompromiss.

4. Wann erfordert die Teamarbeit einen Coach?

In bestimmten Situationen muss ein *teamexterner Ratgeber*, der sog. Coach, dem Team vorübergehend Hilfestellung leisten; der Coach wird nicht Mitglied des Teams.

Folgende Situationen können *Coaching* erfordern.

- Schwierigkeiten in der Anfangsphase der Teamarbeit,
- Schwierigkeiten des Teamleiters, seine Kompetenzen ausreichend einzusetzen,
- Schwierigkeiten im Kontakt mit den Abteilungen, mit der Geschäftsleitung usw.
- Gefährdungen des Teamgeistes,
- Behinderungen der Teamleistungen von außen und von innen.

7.5 Planung, Steuerung und Kontrolle von Projekten

7.5.1 Projektmanagement-Funktionskreis

1. Was wird mit dem Begriff Projektmanagementfunktionskreis angedeutet?

Der Begriff Projektmanagementfunktionskreis stellt bildhaft dar, wie die Funktionen des Projektmanagements zusammenhängen, nämlich in einem Kreis. Aus der *Zielsetzung* ergeben sich die *Planungen*, Planungsergebnisse sind Grundlage für die *Durchführung* des Projekts, Projektergebnisse werden *kontrolliert*, Erfahrungen aus einem abgelaufenen Projekt können in die Zielformulierung und in die Planung eines Folgeprojekts einfließen.

7.5 Planung, Steuerung und Kontrolle von Projekten

```
                    Projektdefinition
                           |
                           v
       Erfahrungen ----> Ziel
            ^              \
            |               \
            |                v
         Kontrolle          Plan
             ^               /
              \             /
               \           v
               Durchführung
```

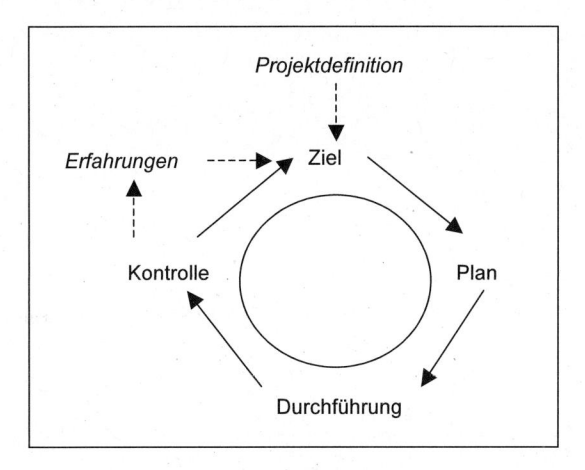

2. Wodurch wird ein Projekt ausgelöst?

Am Anfang der Projektorganisation steht das Problem bzw. die Aufgabe, die gelöst werden muss. Das Problem ist zu analysieren, d. h. es muss definiert und in seiner Bedeutung für die Unternehmensziele gewürdigt werden. Auf der Grundlage des Analyseberichts kann das Projekt definiert werden. Die *Projektdefinition benennt u. a. die Ziele des Projekts.*

3. Welche Projektziele können unterschieden werden?

Projektziele können ergebnisorientiert oder ablauforientiert sein. Entsprechend werden Ergebnis- und Ablaufziele unterschieden. Ein *Ergebnisziel* ist z. B.: *Entwicklung eines Neuprodukts zur Ergänzung des Sortiments.* Ein *Ablaufziel* ist z. B. auf die Mittel, auf die Dauer des Projekts usw. ausgerichtet. Ein Ablaufziel könnte z. B. sein: *Produktentwicklung mit einem Mitteleinsatz von 100.000 € innerhalb von 12 Monaten.*

4. Welche Bedingungen sollten Projektziele erfüllen?

Projektziele sollten u. a. folgende Bedingungen erfüllen:

- Eindeutigkeit,
- Messbarkeit,
- schriftliche Festlegung,
- Erreichbarkeit,
- Vereinbarkeit mit persönlichen Zielen der Projektgruppenmitglieder,
- Identifizierbarkeit.

5. Welche Bereiche umfasst die Projektplanung?

Die Projektplanung befasst sich mit der vorausschauenden Festlegung der Projektdurchführung. Am Ende dieser Phase fällt auf der Grundlage der Projektplanung und nach der Wertung des Projekts die Entscheidung, ob das Projekt durchgeführt wird oder nicht.

Bereiche der Projektplanung sind

- Aufgabenplanung,
- Terminplanung,
- Personalplanung,
- Projektmittelplanung,
- Kostenplanung.

6. Welche Bereiche umfasst die Projektdurchführungssteuerung?

Die Projektdurchführung umfasst die Bereiche *Steuerung und Kontrolle*. Die Projektdurchführungssteuerung veranlasst und sichert die Erledigung der Aufgaben bei der Projektdurchführung.

Die Steuerung der Projektdurchführung betrifft u. a. folgende Aspekte:

- Einhaltung der Projektplanung,
- Mitarbeiterführung und Mitarbeitereinsatz,
- sach- und fachgerechte Aufgabenausführung,
- Koordination der Einzelaufgaben,
- Bereitstellung der Projektmittel.

7. Womit befasst sich die Projektkontrolle?

Schließlich findet eine *Kontrolle der Projektdurchführungssteuerung* statt. Sie soll feststellen, ob die Arbeitsergebnisse des Projekts den vorgegebenen Zielen (Sollwerten) entsprechen. Zu ihren Aufgaben gehört auch die Analyse festgestellter Abweichungen. Aus der Analyse ergibt sich, ob die Abweichungsursachen oder die gesamte Projektplanung geändert werden soll.

7.5.2 Aufgaben des Projektmanagement

7.5.2.1 Anforderungsmanagement

1. Was wird als Anforderung bezeichnet?

Als Anforderung wird *die Beschaffenheit, die Fähigkeit oder die Leistung* bezeichnet, die ein Produkt, ein Prozess oder die am Prozess beteiligte Person besitzen oder erbringen muss, um einen Vertrag, eine Norm u. Ä. zu erfüllen (vgl. DIN 69901-5).

2. Welche Aspekte umfasst das Qualitätsmanagement in einem Projekt?

Das Qualitätsmanagement umfasst folgende Aspekte (vgl. DIN 69901-2):

7.5 Planung, Steuerung und Kontrolle von Projekten

- Definition der Erfolgskriterien,
- Planung der Qualitätssicherung,
- Sicherung der Qualität,
- Sicherung der Projekterfahrungen.

3. Welches Ziel wird mit der Definition von Erfolgskriterien verfolgt?

Zu einem frühen Zeitpunkt des Projekts werden einige kritische Erfolgsfaktoren festgelegt, mit den Projektbeteiligten diskutiert und anhand von Messzahlen definiert. Erfolgskriterien können als Hypothesen angegeben werden, die besagen, wie bestimmte Wirkungen erzeugt oder vermieden werden können. Die Konzentration auf wenige Kriterien kann zur Verbesserung der Effizienz und der Effektivität des Projektmanagements beitragen.

Eine Methode zur Definition der Erfolgskriterien ist die *Balanced Scorecard*.

4. Wie wird die Qualitätssicherung geplant?

Bei Planung der Qualitätssicherung kann folgendermaßen vorgegangen werden:

- Klärung der einschlägigen Normvorschriften,
- Festlegung der Verfahren und Instrumente, die zur Erreichung der Qualität erforderlich sind,
- Festlegung der Aspekte, die für das Informations-, Kommunikations- und Berichtswesen wichtig sind.

5. Welcher Zweck wird mit dem Qualitätssicherungsplan verfolgt?

Mit dem Qualitätssicherungsplan soll erreicht werden, dass die Ziele des Projekts erfüllt werden können und den Anforderungen des Auftraggebers entsprechen.

6. Wie wird die Qualität gesichert?

Die Projektarbeit wird anhand des Qualitätssicherungsplans laufend überwacht; bei Abweichungen von den Vorgaben wird mit angemessenen Korrekturmaßnahmen eingegriffen. Der Vorgang wird dokumentiert.

7. Warum ist die Qualitätssicherung wichtig?

Durch die Qualitätssicherung soll die Qualität des Projektergebnisses sichergestellt werden. Es geht darum, die *Folgen von Qualitätsmängeln zu vermeiden*, das können z. B. Haftungs- und Ersatzansprüche, Verlust des Auftrags, Verlust eines Kunden sein.

8. Warum sollen Projekterfahrungen gesichert werden?

Projekterfahrungen sollen *für folgende Projekte nutzbar gemacht* werden, deshalb sind sie zu sichern. Dazu werden die Erfahrungen aller am Projekt Beteiligten systematisch erfasst und dokumentiert. Es soll erreicht werden, dass Fehler nicht wiederholt werden können. Die gesammelten Erfahrungen werden den Mitarbeitern in Schulungen u. dgl. vermittelt. (In DIN 69901 gilt die Sicherung der Projekterfahrung als Mindeststandard.)

7.5.2.2 Terminmanagement

1. Welche Aspekte umfasst das Terminmanagement in einem Projekt?

Das Terminmanagement umfasst folgende Aspekte (vgl. DIN 69901-2):

- Definition der Meilensteine,
- Planung der Vorgänge,
- Erstellung des Terminplans und des Projektplans,
- Anstoßen der Vorgänge,
- Steuerung der Termine.

2. Welchen Zweck verfolgt die Definition von Meilensteinen in einem Projekt?

Die Definition von Meilensteinen dient dazu, *Zwischenereignisse* bzw. Zwischenergebnisse in eine zeitliche Reihenfolge zu bringen. Dadurch entsteht die Möglichkeit,

- die Aufwände abzuschätzen,
- die Machbarkeit zu bewerten,
- einen Terminplan zu erstellen.

Aus der Definition der Meilensteine und der Festlegung ihrer Reihenfolge ergibt sich der mit Terminen versehene *Meilensteinplan*.

3. Wie und zu welchem Zweck werden Vorgänge geplant?

Die Vorgänge, die zuvor festgelegt und beschrieben wurden, werden in einer Liste zusammengestellt, dabei werden sowohl die Abhängigkeit der Vorgänge von anderen Vorgängen als auch die Bearbeitungszeiten angegeben. Dann können in einem Plan die Vorgänge zueinander in Beziehung gesetzt, früheste Anfangs- und Endzeiten angegeben, Pufferzeiten und der kritische Weg ermittelt werden. Zweck der Planung ist die Ermittlung der Gesamtlaufzeit und die Optimierung des Ablaufs.

Eine Methode zur Vorgangsplanung ist die *Netzplantechnik*.

4. Wie und zu welchem Zweck wird der Terminplan erstellt?

Der Terminplan ist ein *zentrales Instrument der Projektsteuerung*. Er ergibt sich aus der Planung der Vorgänge durch Einbeziehung der Meilensteine; im Terminplan wer-

7.5 Planung, Steuerung und Kontrolle von Projekten

den die Vorgänge mit ihren geplanten Anfangs- und Endzeiten angegeben. Außerdem können die Abläufe noch einmal überprüft werden. (In DIN 69601 gilt der Terminplan als Mindeststandard.)

5. Was wird im Projektplan erfasst?

Im Projektplan werden alle Einzelpläne zusammengefasst und hinsichtlich ihrer Widerspruchsfreiheit geprüft. Erforderlichenfalls werden Korrekturen angebracht. Der Plan dient dem Projektleiter als wichtiges Instrument der Projektabwicklung.

6. Wozu dient der Projektplan dem Projektleiter?

Anhand des Projektplans kann der Projektleiter die Vorgänge anstoßen und die Termine steuern.

Vorgänge anstoßen bedeutet, dass der Projektleiter rechtzeitig vor Beginn der geplanten Zeiten die Verantwortlichen auffordert, mit der Arbeit zu beginnen.

Termine steuern bedeutet, dass die Einhaltung der Termine regelmäßig überwacht und anhand der Vorgaben überprüft werden. Abweichungen werden unverzüglich analysiert, damit geeignete Maßnahmen zur Gegensteuerung ergriffen werden können.

7.5.2.3 Risikomanagement

1. Welche Aspekte umfasst das Risikomanagement in einem Projekt?

Das Risikomanagement umfasst folgende Aspekte (vgl. DIN 69901-2):

- Festlegung des Umgangs mit Risiken,
- Analyse des Projektumfelds (Stakeholder),
- Bewertung der Machbarkeit,
- Analyse der Risken,
- Planung von Gegenmaßnahmen zu Risiken,
- Steuerung der Risiken.

2. Wie wird der Umgang mit Risiken festgelegt?

Der Umgang mit Risiken wird in folgenden Schritten festgelegt:

1. Klärung der für das Projekt relevanten Vorgaben im Hinblick auf Risiken,
2. Festlegung eines geeigneten Verfahrens zum Umgang mit Risiken für den gesamten Projektverlauf,
3. Definition der notwendigen Berichtswege und Hilfsmittel.

3. Warum wird das Projektumfeld analysiert?

Das Umfeld beeinflusst das Projekt, das Projekt beeinflusst aber auch das Umfeld. Zum Projektumfeld zählen insbesondere die Stakeholder, die zunächst bekannt sein müssen. Das Projektumfeld wird analysiert, damit seine Einflüsse auf das Projekt deutlich werden und bewertet werden können.

4. Warum ist die Bewertung der Machbarkeit eines Projekts wichtig?

Die Machbarkeit eines Projekts wird bewertet, um eine Antwort auf die Frage zu finden: *„Können die Projektziele mit den zur Verfügung stehenden Mitteln in der vorgegebenen Zeit mit den vorhandenen Ressourcen erreicht werden?"* Dazu werden die Informationen auf der Grundlage eigener Stärken und Schwächen unter Berücksichtigung von Chancen und Risiken bewertet. (In DIN 69901 gilt die Bewertung der Machbarkeit als Mindeststandard.)

Methoden zur Machbarkeitsbewertung sind SWOT-Analyse, Nutzwertanalyse und Wirtschaftlichkeitsanalyse.

5. Warum und wie werden Risiken analysiert?

Risiken, die ein Projekt gefährden können, müssen bekannt sein und hinsichtlich ihrer Wirksamkeit bewertet werden. Bei der Analyse kann folgendermaßen vorgegangen werden:

1. Identifikation der Risiken (unter Berücksichtigung vieler Stakeholder und Einflussfaktoren),
2. Bewertung anhand von vorliegenden Kriterien,
3. Angabe der jeweiligen Eintrittswahrscheinlichkeit und der Tragweite.

(In DIN 69901 gilt die Analyse der Risiken als Mindeststandard.) Methoden zur Risikoanalyse sind FMEA, Expertenbefragung, ABC-Analyse.

6. Warum werden Gegenmaßnahmen zu Risiken geplant?

Gegenmaßnahmen zu Risiken werden geplant, um die *Eintrittswahrscheinlichkeit des Risikos zu reduzieren* und Schäden, die durch den Eintritt des Risikos entstehen können, wenigstens teilweise zu vermeiden. Bei der Planung müssen allerdings die Kosten der Gegenmaßnahmen berücksichtigt werden. Als Gegenmaßnahmen kommen in Betracht:

- Risikovermeidung,
- Risikoverminderung,
- Risikoüberwälzung,
- Übernahme des Risikos mit seinen Folgen.

(In DIN 69901 gilt die Planung von Gegenmaßnahmen zu Risiken als Mindeststandard.)

7. Was bedeutet Risikosteuerung und wie werden Risiken gesteuert?

Risikosteuerung bedeutet, dass *während des Projektverlaufs die Risikosituation überprüft* wird. Wenn sich die Risikosituation geändert hat und neue Risiken auftreten, müssen angemessene Maßnahmen ergriffen oder Risiken neu bewertet werden. Die vorgesetzten Gremien und der Auftraggeber sind gemäß dem vorgeschriebenen Verfahren zu informieren, damit entsprechende Entscheidungen getroffen werden können. (In DIN 69901 gilt die Steuerung von Risiken als Mindeststandard.)

7.5.2.4 Management der Kosten und Finanzen (Aufwandsmanagement)

1. Welche Aspekte umfasst das Management der Kosten und Finanzen in einem Projekt?

Das Management der Kosten und Finanzen umfasst folgende Aspekte (vgl. DIN 69901-2):

- Grobschätzung der Aufwände,
- Erstellung des Kosten- und Finanzmittelplans,
- Steuerung der Kosten und Finanzmittel,
- Erstellung der Nachkalkulation.

2. Warum und wie werden Aufwände grob geschätzt?

Auf der Grundlage von Grobstruktur und Meilensteinplan werden die Kosten des Projekts von erfahrenen Mitarbeitern zunächst grob geschätzt. Die Schätzergebnisse werden zum *Projektbudget* zusammengefasst und sind eine der Grundlagen für die Machbarkeitsanalyse.

3. Welchen Zweck verfolgt der Kosten- und Finanzmittelplan?

Der Kosten- und Finanzmittelplan soll dazu beitragen, dass die erwartete Projektrendite und die Liquidität im Projekt abgesichert werden. Grundlagen des Plans sind Termin- und Ressourcenplan.

4. In welchen Schritten läuft die Kosten- und Finanzmittelplanung ab?

Die Kosten- und Finanzmittelplanung läuft in folgenden Schritten ab:

- Abschätzung der Kosten während des Projektverlaufs,
- Ermittlung der erforderlichen Finanzmittel,
- Liquiditätsberechnung,
- Zusammenfassung im Businessplan,
- Wirtschaftlichkeitsberechnung.

5. Wie werden Kosten und Finanzmittel gesteuert?

Die Steuerung besteht in dem *kontinuierlichen Abgleich* der Kosten und Finanzmittel mit dem Plan. Planabweichungen müssen erfasst, bewertet und mit einer Plananpassung berücksichtigt werden. Evtl. werden Nachforderungen gegenüber dem Auftraggeber erforderlich.

6. Welchen Zweck erfüllt die Nachkalkulation?

Die Nachkalkulation besteht in dem Abgleich des *betriebswirtschaftlichen Erfolgs* des Projekts mit den Vorgaben aus dem Plan. Die festgestellten Abweichungen werden analysiert und bewertet. Evtl. werden Nachforderungen fällig. Die Informationen werden für den Projektabschlussbericht und für die Abschlussbesprechung aufbereitet. (In DIN 69901 gilt die Erteilung der Abnahme als Mindeststandard.)

7.5.2.5 Informations-, Kommunikations- und Dokumentationsmanagement

1. Welche Aspekte umfasst das Informations-, Kommunikations- und Dokumentationsmanagement in einem Projekt?

Das Informations-, Kommunikations- und Dokumentationsmanagement umfasst folgende Aspekte (vgl. DIN 69901-2):

- Festlegung von Information, Kommunikation, Berichtswesen,
- Definition des Projektmarketing,
- Planung von Information, Kommunikation, Berichtswesen und Dokumentation,
- Erteilung der Freigabe,
- Steuerung von Information, Kommunikation, Berichtswesen und Dokumentation,
- Abnahme erteilen,
- Erstellung des Projektabschlussberichts,
- Archivierung der Projektdokumentation.

2. Welche Bedeutung hat die Festlegung von Information, Kommunikation und Berichtswesen?

Information, Kommunikation und Berichtswesen sind die *Grundlagen eines reibungslosen Projektverlaufs*. Deshalb ist es erforderlich, den entsprechenden Bedarf zu identifizieren. Für den Umgang mit Informationen Formate, Medien, Regeln, Berichtswege usw. festzulegen.

3. Wie kann das Informations- und Berichtswesen definiert werden?

Informations- und Berichtswesen ist die Gesamtheit der Einrichtungen und Regeln zur zielgruppenorientierten Information und Berichterstattung nach den Erfordernissen der Dokumentation. Zu den Informationen zählen Analysen, Bewertungen, Trendaussagen, Rechnungslegung. Im Berichtswesen werden unter Berücksichtigung von Berichtswegen und -mitteln u. a. die Gestaltung, der Inhalt, das Format, die Berichtszeitpunkte und die Verteilung von Projektberichten festgelegt (vgl. DIN 69901-5).

4. Welches Ziel verfolgt das Projektmarketing und wie soll es erreicht werden?

Das Projektmarketing zielt darauf ab, relevante Stakeholder über das Projekt und über die Projektziele zu informieren. Dadurch soll das Erreichen der Projektziele unterstützt werden. Es ist deshalb erforderlich, die Ziele und vor allem die Zielgruppen des Projektmarketing festzulegen.

5. Welchen Zweck verfolgt die Planung von Information, Kommunikation, Berichtswesen und Dokumentation?

Kommunikation bedeutet Steuerung des Informationsflusses: geplant werden muss, wer, wann, worüber in welcher Qualität informiert wird. Dazu müssen zunächst die relevanten Stakeholder identifiziert und die Anforderungen an das Informations-, Kommunikations- und Berichtswesen analysiert werden.

6. Zu welchem Zwecke werden Information, Kommunikation, Berichtswesen und Dokumentation gesteuert?

Nur wenn Information, Kommunikation, Berichtswesen und Dokumentation gut funktionieren, kann ein Projekt erfolgreich fortschreiten und abgeschlossen werden. Entscheidungen werden i. d. R. auf der Grundlage von Informationen und funktionierender Kommunikation getroffen; Steuerung bedeutet deshalb, dass alle Informationen zur richtigen Zeit, in der richtigen Qualität, am richtigen Ort und aufgabengerecht verfügbar sind.

7. Wann wird die Abnahme erteilt?

Nach Ablauf jeder Phase im Projektablauf wird Freigabe erteilt damit die nächste Phase beginnen kann. Am Ende der Steuerungsphase steht die letzte Freigabe bzw. Abnahme: sie hat deshalb besondere Bedeutung. Für die Erteilung der Abnahme wird überprüft, ob die Projektziele wie vereinbart erreicht und der Auftrag erfüllt wurde.

8. Welchen Zweck erfüllt der Projektabschlussbericht?

Der Projektabschlussbericht dokumentiert

- den Ablauf des Projekts und seinen Stand nach der Abnahme,
- die Ergebnisse von Aufgaben,
- die Projektbewertung durch die Projektbeteiligten,
- den tatsächlichen Aufwand und seine Abweichungen vom Plan,
- die Form der Abnahme durch den Auftraggeber.

Der Projektbericht dient u. a. zur *Erfahrungssicherung* und ist eine wichtige Grundlage für die Abschlussbesprechung.

9. Was geschieht mit der Projektdokumentation nach Projektabschluss?

Die Projektdokumentation wird auf Vollständigkeit überprüft und dann in geeigneter Form archiviert.

7.5.3 Ordnungsgemäßer Projektabschluss

1. Wie lässt sich die Abschlussphase eines Projekts umschreiben?

Die Abschlussphase eines Projekts kann als die Gesamtheit der Tätigkeiten und Prozesse zur formalen Beendigung eines Projekts umschrieben werden. Dazu zählen z. B. Erstellung des Projektabschlussberichts, die Nachkalkulation, die Erfahrungssicherung, die Beendigung von Verträgen (vgl. DIN 69901-5).

2. Welche Vorgänge (Prozesse) sieht DIN 69901 für einen ordnungsgemäßen Projektabschluss vor?

Nach DIN 69901 umfasst ein ordnungsgemäßer Projektabschluss folgende Vorgänge (Prozesse):

- Erstellung der Nachkalkulation,
- Beendigung der Verträge,
- Erstellen des Projektabschlussberichts,
- Durchführung der Abschlussbesprechung,
- Würdigung der Leistungen,
- Sicherung der Projekterfahrungen,
- Archivierung der Projektdokumentation,
- Rückführung der Ressourcen,
- Auflösung der Projektorganisation.

3. Was wird mit „lessons learned" umschrieben?

Lessons learned ist ein Terminus technicus in Projektmanagementsystemen; er bedeutet soviel wie Erfahrungen oder Erkenntnisse.[46] Im Allgemeinen sind lessons learned die wichtigsten Erkenntnisse aus der Projektarbeit, die für die weitere Projektarbeit nutzbar gemacht werden können.

---

[46] Wörtlich übersetzt heißt lessons learned (bzw. lessons learnt) gelernte Lektionen.

4. Wodurch gewinnen die Erkenntnisse aus der Projektarbeit ihre besondere Bedeutung?

Die Beteiligten an einem Projekt, insbesondere die Mitglieder des Projektteams, gewinnen bei der Projektarbeit neue Erkenntnisse; sie sind deshalb von besonderer Bedeutung, weil sie auf praktischer Erfahrung beruhen und nicht theoretisch abgeleitet sind. Erfahrungen können positiv oder negativ sein. Als lessons learned können diese Erfahrungen *Orientierungshilfen für künftige Projekte* sein. Es muss aber bezweifelt werden, dass subjektive Erfahrungen ohne weiteres auf neue Projektsituationen übertragbar sind.

5. Wie werden die Erfahrungen aus der Projektarbeit erfasst?

In einer Abschlussbesprechung werden die Erkenntnisse aus dem Projekt mit allen Projektbeteiligten diskutiert und in einem Protokoll erfasst.

Wegen ihrer Bedeutung für die *Weiterentwicklung des Projektmanagements* sollten die Erfahrungen aller Projektbeteiligten gesammelt und systematisch erfasst werden. Die gesammelten Erfahrungen können nach definierten Wissenszielen aufbereitet, dokumentiert und archiviert werden und für anschließende Projekte nutzbar gemacht werden. Möglichkeiten zur Umsetzung von Erfahrungen bestehen in Schulungsmaßnahmen u. Ä.

6. Was wird als Ressource bezeichnet?

Als Ressource wird eine abgrenzbare Gattung bzw. Einheit von Personal, Finanz- und Sachmitteln, Informationen u. Ä. bezeichnet, die u. a. zur Durchführung von Projekten herangezogen werden können. Ressourcen stehen nur in begrenztem Umfang zur Verfügung, das erfordert den wirtschaftlichen Umgang mit ihnen und ihren planmäßigen Einsatz durch das Projektmanagement (vgl. DIN 69901-5).

7. Welche Bedeutung hat die Rückführung von Ressourcen?

Zum Abschluss des Projekts zählt auch die Rückführung der Ressourcen; erst danach kann das Projekt beendet werden. Rückführung heißt, die Mitarbeiter im Team werden zurückversetzt bzw. nach Absprache mit dem Personalwesen anderweitig integriert, Material wird an seinen Bestimmungsort, z. B. Lager, zurückgebracht.

8. Personalmanagement

8.1 Bestimmung der Vorgaben für die quantitative und qualitative Personalplanung des Unternehmens

8.1.1 Ethik und Personalmanagement

1. Was wird als Personalmanagement bezeichnet?

Personalmanagement ist die zusammenfassende Bezeichnung für alle Tätigkeiten der unmittelbaren Personalführung im Betrieb sowie für die Schaffung von Regeln und Bedingungen, nach denen die Personalführung ablaufen soll und mit denen das Leistungsverhalten der Mitarbeiter beeinflusst werden kann.

2. Welche Aufgaben hat das Personalmanagement?

Das Personalmanagement zielt auf die *Verwirklichung der Unternehmensziele* ab. Im Einzelnen hat das Personalmanagement u. a. folgende Aufgaben:

- Ermittlung des Personalbedarfs, Personalplanung,
- Personalanpassung, z. B. Personalbeschaffung, Personalrekrutierung, Personalentwicklung usw.,
- Personalauswahl,
- Arbeitszeitgestaltung und Arbeitsplatzgestaltung,
- Personalfreisetzung.

3. Kann Ethik ein Aspekt der Unternehmensführung sein?

Ethik kann ein Aspekt der Unternehmensführung sein. Das *Handeln* der Unternehmensführung kann *an ethischen Werten orientiert* sein. Das betrifft u. a. die Entscheidungen im Personalmanagement

Unternehmen können sich förmlich und grundsätzlich dazu verpflichten, ihren Entscheidungen ethische Werte zu Grunde zu legen. Dieses Verhalten findet seinen Niederschlag in der Unternehmensphilosophie und kann sich im Verhalten u. a. gegenüber den Mitarbeitern ausdrücken.

4. Wie kann sich ethisches Verhalten gegenüber Mitarbeitern ausdrücken?

Ethisches bzw. moralisches Verhalten gegenüber Mitarbeitern zeigt sich z. B. in der Information über Ziele, in der Mitbestimmung, in der leistungsgerechten Differenzierung der Entlohnung und vor allem in der *Humanisierung des Arbeitslebens* sowie im *Fürsorgeverhalten* des Unternehmens gegenüber seinen Mitarbeitern.

5. Welche Bedeutung hat die Humanisierung des Arbeitslebens?

Der Begriff Humanisierung des Arbeitslebens umfasst alle Maßnahmen eines Unternehmens zur *Verbesserung der Arbeitsbedingungen und der Arbeitsinhalte*. Auch die Mitwirkungsmöglichkeiten von Mitarbeitern ist ein Aspekt der Humanisierung.

Die Humanisierung zeigt sich in folgenden Aspekten:[1]

- Entfaltung der Persönlichkeit, z. B. durch mehr Kooperation,
- Selbstverwirklichung, z. B. durch Berücksichtigung der besonderen Fähigkeiten und Interessen von Mitarbeitern,
- Verbesserung der Arbeitsbedingungen, z. B. durch Abbau von Monotonie, Erweiterung von Aufgabenfeldern usw.

6. Worin zeigt sich das Fürsorgeverhalten des Unternehmens gegenüber seinen Mitarbeitern?

Das Fürsorgeverhalten des Unternehmens gegenüber seinen Mitarbeitern zeigt sich z. B. in der Wahrnehmung der Fürsorgepflicht und in besonderen Förderungsmaßnahmen.

Fürsorgepflicht bedeutet, das Unternehmen als Arbeitgeber muss die *schutzbedürftigen Interessen der Arbeitnehmer wahren*. Im Allgemeinen ist die Fürsorgepflicht durch das Gesetz geregelt oder ergibt sich aus dem Grundsatz von Treu und Glauben. Die Fürsorgepflicht umfasst u. a.

- Schutzpflichten, dazu zählt z. B. auch der Schutz vor Beeinträchtigung der Persönlichkeit,
- Förderungspflichten, dazu zählt z. B. die Beschäftigung des Arbeitnehmers wie vereinbart,
- Urlaubsgewährung.

Besondere Förderungsmaßnahmen zeigen sich z. B. in der Laufbahnplanung, im Fördergespräch und im Mentoring.

8.1.2 Ziele und Aufgaben der Personalplanung als Teil der Unternehmensplanung

1. Wie kann Personalplanung definiert werden?

Personalplanung ist die gedankliche Vorbereitung der Aktivitäten in den Arbeitsfeldern des Personalmanagement; als ein Teil der Unternehmensplanung läuft sie in Abstimmung mit anderen Teilplänen ab.

---

[1] Olfert, Klaus: a. a. O., S. 374.

2. Welche Stellung nimmt die Personalplanung im betrieblichen Planungssystem ein?

Damit die Unternehmensziele erreicht werden können, muss die Personalplanung in das betriebliche Planungssystem integriert sein. Die Integration zeigt sich in *zwei Aspekten*:

1. Die Personalplanung hängt von anderen Teilplänen ab; so bestimmt u. U. die Produktionsplanung den Personalbedarf und damit die Personalplanung. Dies weist auf den *derivativen* Aspekt der Personalplanung hin.
2. Die anderen Teilpläne hängen von der Personalplanung ab; das zeigt sich z. B., wenn Engpässe im Personalbereich zur Plananpassung in anderen Bereichen führen muss. Dies weist auf den *originären* Aspekt der Personalplanung hin.[2]

3. Welche Ziele verfolgt die Personalplanung?

Die Ziele der Personalplanung *richten sich an den Zielen des Unternehmens und der Mitarbeiter aus*. Ziele des Unternehmens in diesem Zusammenhang sind z. B. Steigerung der Leistung, Senkung der Personalkosten u. Ä. Ziele der Mitarbeiter sind z. B. humane Arbeitsbedingungen, Erhalt der Arbeitsplätze, Erweiterung der Arbeitsinhalte u. Ä.

Daraus ergeben sich für die Personalplanung folgende Ziele:

- Fehlerfreiheit, weil z. B. Fehler in der Personalplanung das Betriebsklima stören und die Motivation der Mitarbeiter behindern können,
- Flexibilität, weil sich die Personalplanung den Veränderungen des Markts und den Änderungen der betrieblichen Anforderungen anpassen muss,
- Einflussnahme auf andere Unternehmensbereiche,
- Konfliktminderung z. B. durch Anwendung geeigneter Verfahren der Planung und durch Beteiligung aller Planer und Entscheidungsträger.[3]

4. Welche Aufgaben hat die Personalplanung?

Die Personalplanung hat die Aufgabe, die im Rahmen der unternehmerischen Zielsetzung benötigten Arbeitnehmer in der erforderlichen Qualifikation, in der benötigten Menge, zum richtigen Zeitpunkt, für den erforderlichen Zeitraum, am richtigen Ort zur Verfügung zu stellen.

5. Welche Bedeutung hat die betriebliche Personalforschung?

Die betriebliche Personalforschung ist als *Quelle wichtiger Informationen* das Fundament der Personalplanung. Die betriebliche Personalforschung umfasst u. a. folgende Aufgabenbereiche:

---

[2] Berthel, Jürgen und Fred C. Becker: Personalmanagement, Stuttgart 2007, S. 168.
[3] In Anlehnung an: Olfert, Klaus: Personalwirtschaft, Ludwigshafen 2008, S. 62.

- Arbeitsmarktforschung,
- Arbeitsforschung, Qualifikations- und Eignungsforschung,
- Erforschung der Personalbedarfsentwicklung,
- Erforschung der rechtlichen, tariflichen und ähnlichen Arbeitsbeziehungen.[4]

8.1.3 Interne und externe Planungsbedingungen

1. Unter welchen internen und externen Bedingungen läuft die Personalplanung ab?

Interne und externe Bedingungen für die Personalplanung sind z. B.

- die Unternehmensziele,
- der Markt,
- rechtliche Bedingungen.

2. Wie beeinflussen die Unternehmensziele die Personalplanung?

Unternehmensziele bestimmen den *Personalbedarf in quantitativer, qualitativer und zeitlicher Hinsicht.*

Quantitativer Bedarf kann sich z. B. durch Betriebserweiterungen, durch zusätzliche Schichten u. dgl. ergeben; die Planung muss diesen Bedarf angemessen berücksichtigen und angeben, mit welchen Maßnahmen er gedeckt werden kann.

Qualitativer Bedarf kann sich z. B. ergeben durch Änderung der Aufgabenbeninhalte im Zusammenhang mit Verfahrensänderungen, durch Veränderungen der Aufgaben im Zusammenhang mit Rationalisierungsvorhaben. Die Planung berücksichtigt diesen Bedarf z. B. mit der Einplanung neuen, entsprechend qualifizierten Personals, mit Umschulungen, Qualifizierungsmaßnahmen usw.

Zeitlicher Bedarf ergibt sich z. B. durch Fluktuation, durch altersbedingtes Ausscheiden von Mitarbeitern, durch Versetzung usw. Für diese Fälle zeitlich festliegenden Bedarfs muss Ersatz eingeplant werden. Zeitlicher Bedarf kann auch vorübergehender Bedarf sein, der sich z. B. durch Sonderschichten ergibt; für diesen Bedarf sind geeignete Maßnahmen einzuplanen, z. B. Überstunden usw.

3. Welche Einflüsse gehen vom Markt auf die Personalplanung aus?

Die *Bedingungen des Absatzmarktes* beeinflussen die Unternehmensziele maßgeblich. Die Nachfrage der Käufer und die Kundenwünsche müssen durch entsprechende Maßnahmen in der Produktion, in der Sortimentsgestaltung, in der Vorratshaltung, in fachgerechter und evtl. beratungsintensiver Bedienung usw. berücksichtigt werden. Davon können wesentliche Einflüsse auf die Personalplanung in quantitativer und qualitativer Hinsicht ausgehen.

---

[4] Berthel, Jürgen und Fred C. Becker: a. a. O., S. 170.

4. Wie beeinflusst der Arbeitsmarkt die Personalplanung?

Die *Bedingungen auf dem Arbeitsmarkt* können die Personalplanung wesentlich beeinflussen. Wenn z. B. das erforderliche Personal extern nicht beschafft werden kann, muss die Personalplanung zur Vermeidung von Engpasssituationen in der Produktion geeignete Maßnahmen berücksichtigen. Bei quantitativem Bedarf können das z. B. Einplanungen von Sonderschichten (vorübergehende Mehrarbeit), Rekrutierung von Arbeitnehmern im Ausland u. dgl. sein. Qualitativer Bedarf kann evtl. durch interne Stellenausschreibungen gedeckt werden; die Personalplanung muss das entsprechend berücksichtigen.

5. Welche rechtlichen Bedingungen wirken auf die Personalplanung?

Bei der Personalplanung sind Bedingungen zu berücksichtigen, die z. B. das *Betriebsverfassungsgesetz* vorgibt. Die Personalvertretungen haben z. B. Mitwirkungsrechte in folgenden Fällen:

- Der Betriebsrat ist über den Personalbedarf und über die sich aus dem Bedarf ergebenden Maßnahmen rechtzeitig und umfassend zu unterrichten; dazu sind ihm auch die entsprechenden Unterlagen vorzulegen.
- Die geplanten Maßnahmen sind mit dem Betriebsrat zu beraten.
- Der Betriebsrat hat bei der Personalplanung ein Vorschlagsrecht.

8.1.4 Gegenstandsbezogene Personalplanungen

1. Welche Arten von Personalplanungen können unterschieden werden?

Folgende Arten von Personalplanungen können unterschieden werden:

- Gegenstandsbezogene Personalplanung,
- umfangsbezogene Personalplanung, bei der es um die geplante Anzahl von Mitarbeitern geht,
- inhaltsbezogene Personalplanung, bei der es um die geplante Quantität und Qualität von Mitarbeitern geht,
- fristbezogene Personalplanung.

Diese Arten der Personalplanung sind eng miteinander verknüpft. So kann eine gegenstandsbezogene Planung eine bestimmte Anzahl von Mitarbeitern einbeziehen und sowohl die geforderte Qualität oder Quantität als auch einen zeitlichen Rahmen berücksichtigen.

2. Was sind gegenstandsbezogene Personalplanungen?

Gegenstandsbezogene Personalplanungen sind Planungen, die ihren Zweck vor allem in *Personalanpassungen* haben. Im Einzelnen können sich gegenstandsbezogene Planungen auf folgende „Gegenstände" beziehen:[5]

- Personalbestand,
- Personalbedarf,
- Personaleinsatz,
- Personalbeschaffung,
- Personalfreistellung,
- Personalentwicklung,
- Personalkostenplanung.

Auf Personalbeschaffung, Personalfreistellung und Personalentwicklung wird im Rahmen der Kapitel 8.2 und 8.3 eingegangen.

3. Was ist Gegenstand der Personalbestandsplanung?

Die Personalbestandplanung bezieht sich auf den quantitativen und qualitativen Personalbestand. Um den zukünftigen Personalbestand zu ermitteln, wird vom aktuellen Personalbestand ausgegangen; der aktuelle Bestand wird um die voraussichtlichen Zugänge und Abgänge erhöht bzw. vermindert.

4. Was ist Gegenstand der Personalbedarfsplanung?

Die Personalbedarfsplanung zielt auf die Planung des Personalbedarfs in qualitativer, quantitativer, zeitlicher und örtlicher Hinsicht ab.

- Qualitativer Personalbedarf bezeichnet den Bedarf an Fähigkeiten und Kenntnissen,
- quantitativer Personalbedarf bezeichnet den mengenmäßigen Personalbedarf (unabhängig von qualitativen Anforderungen),
- zeitlicher Personalbedarf ist der Personalbedarf zu einem bestimmten Zeitpunkt oder für eine bestimmte Frist,
- örtlicher Personalbedarf ist der Personalbedarf an einem bestimmten Ort.

5. Wie wird der qualitative Personalbedarf ermittelt?

Der qualitative Personalbedarf ergibt sich aus den *Anforderungen*, die mit einer bestimmten Stelle verbunden sind. Sie erfordern von dem Mitarbeiter, der diese Stelle besetzt oder besetzen möchte, entsprechende Kenntnisse, Fähigkeiten und Fertigkeiten. Die Anforderungen können sich im Zusammenhang mit organisatorischen oder technischen Entwicklungen verändern, damit verändert sich auch der qualitative

---

[5] Olfert, Klaus: a.a.O., S. 65 ff.

Personalbedarf. Die jeweils aktuellen Anforderungen einer Stelle werden in *Stellenbeschreibungen* (Pflichtenheften oder Arbeitsplatzbeschreibungen) festgehalten. Über die Anzahl der zu besetzenden Stellen ergibt sich der mengenmäßige Bedarf an Personal mit der geforderten Qualifikation.

Außer über die Stellenbeschreibungen kann der qualitative Personalbedarf auch mithilfe der *beruflichen Klassifizierung* ermittelt werden. So genügt bei standardisierten Berufsbildern die Angabe des Berufs, um die qualitativen Anforderungen zu kennzeichnen, vgl. z. B. Industriekaufmann.

6. Wie wird der quantitative Personalbedarf ermittelt?

Zur Ermittlung des quantitativen Personalbedarfs können u. a. folgende Methoden bzw. Verfahren eingesetzt werden:

- Schätzverfahren:
  Der Bedarf wird durch Führungskräfte oder durch Experten geschätzt.

- Statistische Verfahren:
  Der Bedarf wird ermittelt z. B. mit folgenden Verfahren:

  Kennzahlenmethode: Aus der Entwicklung bestimmter Kennzahlen wird auf die Personalbedarfsentwicklung geschlossen; eine häufig benutzte Kennzahl ist die Arbeitsproduktivität.

  Trendberechnung: Der Personalbedarf wird auf der Grundlage von Vergangenheitswerten durch Fortschreibung ermittelt.

7. Wodurch unterscheiden sich Brutto- und Nettopersonalbedarf?

Der *Brutto-Personalbedarf* gibt den Soll-Personalbestand an; er ergibt sich aus Anzahl und Qualität der benötigten Arbeitskräfte. Wenn der Brutto-Personalbestand um den Personalbestand gekürzt wird, ergibt sich der *Netto-Personalbestand*. Er gibt Anzahl und Qualität der Arbeitskräfte an, die beschafft werden sollten oder freigesetzt werden können.

8. Was ist Gegenstand der Personalbeschaffungsplanung?

Die Personalbeschaffungsplanung umfasst alle planerischen Maßnahmen der Personalbeschaffung aus internen und externen Quellen zur Deckung des Personalbedarfs. (Kap. 8.2 befasst sich ausführlicher mit der Personalbeschaffung).

9. Was ist Gegenstand der Personalfreistellungsplanung?

Die Planung der Personalfreistellung ergibt sich aus der Ermittlung des Netto-Personalbedarfs: Wenn der Personalbestand höher ist als der Brutto-Personalbedarf, wird eine Personalfreisetzung erforderlich. (Kap. 8.2.3 befasst sich ausführlicher mit der Personalfreisetzung.)

10. Was ist Gegenstand der Personalentwicklungsplanung?

Personalentwicklung ist die Entwicklung der Fähigkeiten und Fertigkeiten des Personals mit Blick auf *die künftigen Anforderungen*. Der Entwicklungsplan gibt an, wie dabei vorgegangen werden soll. (Kap. 8.3 befasst sich ausführlicher mit der Personalentwicklung.)

11. Auf welchen Grundlagen beruht die Personalkostenplanung?

Grundlagen der Personalkostenplanung sind

- der sich quantitativ und qualitativ entwickelnde Personalbestand,
- die erwartete Lohn- und Gehaltsentwicklung (Einschätzung der Tarifabschlüsse).

12. Welche Aspekte umfasst die Personalkostenplanung?

Die Personalkostenplanung umfasst u. a. folgende Aspekte:

- Personalkostenstruktur und ihre Entwicklung, die Personalkostenstruktur gibt die Zusammensetzung der Personalkosten aus Löhnen, Gehältern, Ausbildungsbeihilfen wieder,
- Personalkostenarten, gemeint sind direkte Personalkosten, z. B. Löhne und indirekte Personalkosten, z.B. gesetzliche, tarifliche und freiwillige Sozialleistungen,
- Personalerhaltungskosten, dazu zählen z. B. auch die Personalbeschaffungskosten,
- Personalentwicklungskosten, dazu zählen z. B. auch Ausbildungs- und Umschulungskosten.

8.2 Situationsgerechte Auswahl der Formen der Personalbeschaffung

8.2.1 Arbeitsmarkt

1. Wie kann der Arbeitsmarkt definiert werden?

Der Arbeitsmarkt ist *das Angebot von und die Nachfrage nach Arbeit*. Anbieter sind die privaten Haushalte, Nachfrager die Unternehmen. Arbeitsmarkt ist überall dort, wo Arbeit nachgefragt und angeboten wird, also z. B. in den Arbeitsagenturen, in den Stellenanzeigen usw.

2. Wie unterscheiden sich erster und zweiter Arbeitsmarkt?

Aus arbeitsmarktpolitischen und statistischen Gründen wird zwischen dem ersten und dem zweiten Arbeitsmarkt unterschieden. **Erster Arbeitsmarkt** ist der *reguläre Arbeitsmarkt*; die Nachfrage nach dem Produktionsfaktor Arbeit beruht ausschließlich auf dem betriebswirtschaftlich begründeten Bedarf der Unternehmen an Arbeit; Nachfrager sind private Haushalte, die diesen Produktionsfaktor anbieten können. Der **zweite Arbeitsmarkt** wird *staatlich gefördert*; die Arbeitgeber erhalten aus arbeitsmarktpolitischen Gründen Zuschüsse, um Arbeitsplätze einzurichten für Arbeitnehmer, die auf dem ersten Arbeitsmarkt nicht vermittelt werden können. Ziel der Maßnahmen ist die allmähliche Integration der Arbeitnehmer in den ersten Arbeitsmarkt.

3. Wie unterscheiden sich externer und interner Arbeitsmarkt?

Als **extern** wird der außerbetriebliche Arbeitsmarkt bezeichnet. Unternehmen decken ihren Bedarf an dem Produktionsfaktor Arbeit durch außerbetriebliche Nachfrage, über Vermittlung von Agenturen usw. Der **interne** Arbeitsmarkt ist der *betriebsinterne Arbeitsmarkt*. Er umfasst einerseits die Arbeitnehmer, die innerhalb des Betriebs eine Veränderung ihrer Beschäftigung anstreben, andererseits die geplanten oder bereits vorhandenen offenen Stellen, die (auch) innerbetrieblich besetzt werden können.

8.2.1.1 Rahmenbedingungen

1. Unter welchen Rahmenbedingungen funktioniert der Arbeitsmarkt?

Die Rahmenbedingungen, unter denen der (externe) Arbeitsmarkt funktioniert, werden einerseits von rechtlichen Vorgaben und Regulierungen bestimmt, andererseits auch von bestimmten Entwicklungen und Zuständen, von denen im Folgenden einige aufgelistet werden:

- Der Fachkräftemangel,
- die geringe Flexibilität des Arbeitsmarktes,
- Mindestlöhne,
- Geringqualifizierte,
- die demografische Entwicklung,
- die Entwicklung neuer und atypischer Beschäftigungsformen,
- die unterschiedlichen Bildungsabschlüsse.

2. Welche Bedeutung hat der Fachkräftemangel für den Arbeitsmarkt?

Eine Umfrage des DIHK weist auf den zunehmenden Fachkräftemangel hin, ein Drittel der befragten Unternehmen kann offene Stellen nicht besetzen. Der Mangel zeigt sich nicht nur *in den einzelnen Berufsfeldern*, sondern auch *bei allen Qualifikationsniveaus*. Absolventen der beruflichen Aus- und Weiterbildung werden besonders stark gesucht. Über ein Drittel der Unternehmen mit Stellenbesetzungsproblemen sucht vergeblich nach Arbeitskräften mit einem Weiterbildungsabschluss, Fachwirt, Meister u. Ä.

3. Worin zeigt sich die geringe Flexibilität des Arbeitsmarktes und welche Bedeutung hat sie für den Arbeitsmarkt?

Geringe Flexibilität des Arbeitsmarktes wird in folgenden Aspekten gesehen:[6]

- Schwelle des Kündigungsschutzes, die zzt. bei 10 Mitarbeitern liegt; ihre Anhebung würde vor allem bei kleineren Unternehmen zu Einstellungen führen,
- die Finanzierung der Kranken- und Pflegeversicherung durch Koppelung an das Einkommen,
- die derzeitige Regelung der Lebensarbeitszeit,
- das Fehlen flexibler Übergänge in den Ruhestand,
- geringe Anreize für Langzeitarbeitslose zur Aufnahme einer (auch gering entlohnten) Tätigkeit.
- Koppelung der Kranken- und Pflegeversicherungen an das Einkommen.

4. Welche Bedeutung haben Mindestlöhne für den Arbeitmarkt?

Branchenmindestlöhne, erst recht aber allgemeine Mindestlöhne gefährden die Beschäftigung und mindern die Möglichkeiten zur Vermittlung in feste Arbeitsverhältnisse. Besonders problematisch sind die Mindestlöhne bei Zeitarbeit, da sie die Chancen von Arbeitslosen, Beschäftigung in dieser Branche zu finden, mindern können (vgl. DIHK-Umfrage vom Herbst 2009).

5. Welche Hinderungsgründe haben Unternehmen, Arbeitsplätze für Geringqualifizierte zu schaffen?

Die Schaffung von Arbeitsplätzen für Geringqualifizierte scheitert u. a. aus folgenden Gründen:

- hohe Arbeitskosten für Einfacharbeiten am Standort Deutschland,
- restriktive Vorgaben bei Befristung und Kündigungsschutz,
- geringe Produktivität und Qualität,
- fehlende Motivation zur Arbeitsaufnahme,
- Behinderung der Einstufung von Mitarbeitern in untere Tariflohngruppen.[7]

Die Beschäftigungsperspektiven für Geringqualifizierte könnten durch angemessene Qualifikation über das Bildungssystem verbessert werden.

6. Welche Konsequenzen ergeben sich aus der demografischen Entwicklung tur den Arbeitsmarkt?

Nach einer DIHK-Information sind in Deutschland weniger als 40 % der Erwerbspersonen zwischen 55 und 64 Jahren beschäftigt. Hierin drücken sich *Strukturprobleme*

---

[6] DIHK: Der deutsche Arbeitsmarkt braucht mehr Flexibilität, Herbst 2009.
[7] Nach einer Studie der DIHK auf der Grundlage von 20.000 Unternehmensantworten.

des deutschen Arbeitsmarktes aus: 25 % der registrierten Arbeitslosen sind älter als 50 Jahre, das bedeutet den Verzicht auf umfangreiches Erfahrungswissen. Die *demografische Entwicklung* verstärkt das Problem. Die Bevölkerung im erwerbsfähigen Alter ist rückläufig, die Alterstruktur entwickelt sich (auch im Hinblick auf die Umlagefinanzierung der Rentenversicherung) ungünstig. Durch eine längere Teilhabe älterer Arbeitnehmer kann sowohl erhebliches Erfahrungswissen genutzt als auch dem ansteigenden Fachkräftemangel begegnet werden.

Eingespielte Strukturen für die Weiterbildung und Arbeitsplatzgestaltung älterer Arbeitnehmer fehlen. Ältere Arbeitnehmer müssten Möglichkeiten erhalten, ihren Qualitätsstand regelmäßig zu überprüfen und evtl. durch Weiterbildungsmaßnahmen zu verbessern.

7. Was sind atypische Beschäftigungsformen und welche Bedeutung haben sie?

Neu oder atypisch sind Beschäftigungsformen, denen die wesentlichen Kennzeichen von Normalarbeitsverhältnissen fehlen. Atypisch sind

- Teilzeitbeschäftigungen mit 20 oder weniger Stunden Arbeit pro Woche,
- geringfügige Beschäftigungen,
- befristete Beschäftigungen,
- Zeitarbeitsverhältnisse (Leiharbeit, Arbeitnehmerüberlassung).

Mit dem Entgelt aus einem atypischen Beschäftigungsverhältnis kann der Lebensunterhalt des Arbeitnehmers (und evtl. auch der seiner Angehörigen) nur teilweise finanziert werden. Neue oder atypische Beschäftigungsverhältnisse werden häufig von Arbeitnehmern eingegangen, um die entgeltliche Tätigkeit mit anderen Tätigkeiten oder Interessen verbinden zu können. Deshalb sind diese Beschäftigungsverhältnisse nicht mit prekärer Beschäftigung gleichzusetzen, die häufig mit dem Armutsrisiko verbunden sind.

Die Beschäftigungsentwicklung ist in den vergangenen Jahren maßgeblich von der Zunahme der neuen oder atypischen Beschäftigungsverhältnisse geprägt.

8. Welche Bildungsabschlüsse sind für den Arbeitsmarkt relevant?

Abschlüsse im deutschen Bildungssystem sind z.B.

Abschlüsse in der Allgemeinbildung
(Allgemeinbildung ist das, was man braucht, um sich als Mensch zu entwickeln und um Spezialkenntnisse sinnvoll zu erwerben und einzusetzen. Allgemeinbildung ist also Rahmen und Fundament des Spezialwissens - Quelle: Wikipedia.)

- Hauptschulabschluss
- Realschulabschluss
- Berufsfachschulabschluss – gleichwertig mit dem Realschulabschluss (der Besuch einer Berufsfachschule setzt den Hauptschulabschluss voraus)

- Fachhochschulreife
- Hochschulreife (Abitur)

Abschlüsse in der beruflichen Bildung
(Berufliche Bildung wird hier verstanden als Vermittlung von Qualifikationen und normativen Orientierung für bestimmte Berufstätigkeiten im nichtakademischen Bereich und die akademische berufsqualifizierende Ausbildung.)

- Abschluss einer Lehre (Ausbildung im dualen System, z. B. Geselle, Gehilfe)
- Abschluss einer Fachschule (z. B. Technikerausbildung)
- Abschluss an einer Fachhochschule (z. B. Bachelor, Diplom)
- Abschluss an einer Universität (z. B. Diplom, Staatsprüfung, Bachelor, Master, Promotion)

Berufliche Weiterbildung
(Vertiefung oder Erweiterung einer vorhandenen beruflichen Vorbildung, die in der Form von organisiertem Lernen stattfindet. Sofern die Weiterbildung vom Unternehmen ausgeht, spricht man von betrieblicher Weiterbildung.)

Zu den Abschlüssen in der Weiterbildung zählen vor allem die IHK-Fortbildungsprüfungen, z. B. Fachwirt, Fachkaufmann, geprüfter Betriebswirt.

Zu den ausländischen Bildungsabschlüssen vgl. die Ausführungen in Kap. 5.1.5.

8.2.1.2 Analyse des Arbeitsmarktes

1. **Welche Fragestellungen ergeben sich für die Analyse des internen Arbeitsmarktes?**

Für die Analyse des internen Arbeitsmarktes können sich u. a. folgende Fragestellungen ergeben:

- Anzahl der Mitarbeiter, die sich innerhalb des Betriebes verändern wollen,
- Anzahl freier und in Zukunft frei werdender Stellen im Betrieb,
- innerbetriebliche Meinungsforschung, z. B. zur Arbeitszufriedenheit, Karrieremuster,
- Fehlzeiten,
- Fluktuation.[8]

2. **Welche Segmentierung des externen Arbeitsmarkts ist für die Analyse sinnvoll?**

Für die Arbeitsmarktanalyse ist eine *Abgrenzung von Teilmärkten* erforderlich. Nur durch die zweckmäßige Segmentierung des Gesamtmarktes wird es möglich, detaillierte Kenntnis als Grundlage für die Personalbeschaffungspolitik zu erhalten.

---

[8] Hier und im Folgenden teilweise nach: Berthel, Jürgen und Fred C. Becker: a. a. O., S. 173 ff.

8.2 Situationsgerechte Auswahl der Formen der Personalbeschaffung

Die Segmentierung des Arbeitsmarktes kann *nach regionalen und qualitativen Gesichtspunkten* erfolgen. Regionale Teilmärkte können z. B. Norddeutschland, Süddeutschland, die Neuen Bundesländer, ein bestimmtes Bundesland sein. Die qualitative ist eine Segmentierung nach Zielgruppen. Zielgruppen können sich aus Wirtschaftszweigen (z. B. pharmazeutische Industrie) oder Berufsgruppen (z. B. Industriekaufleute) ergeben. Die beiden Segmentierungskriterien sind miteinander verknüpft: der Arbeitsmarkt für Führungskräfte in der pharmazeutischen Industrie ist Deutschland, der für einen Mechatroniker die Region, in der das Unternehmen seinen Sitz hat.

3. **Wie unterscheidet sich das offene Arbeitsmarktpotenzial vom latenten?**

Das **offene Arbeitsmarktpotenzial** besteht aus den Personen, die sich erkennbar um Arbeit bemühen, das sind z. B. Arbeitslose, die eine Arbeit suchen, Beschäftigte, die ihren Arbeitsplatz wechseln wollen, Schulabgänger, die in das Berufsleben eintreten u. Ä. **Latentes** Arbeitsmarktpotenzial ist nicht erkennbar. Es handelt sich dabei

1. um Personen, die in anderen Unternehmen beschäftigt sind, und evtl. abgeworben werden könnten,
2. um Personen, die zzt. beruflich nicht tätig sind, aber unter bestimmten attraktiven Bedingungen eine entgeltliche Tätigkeit aufnehmen würden.

4. **Welche allgemeinen Informationen werden für die Analyse des Arbeitsmarktes benötigt?**

Allgemeine Informationen sind Hintergrundinformationen, die für die Beurteilung des Arbeitsmarktes und seiner Entwicklung von Bedeutung sein können. Quellen dieser Informationen sind z. B. Veröffentlichungen wissenschaftlicher Institute, das Statistische Bundesamt usw. Zu den allgemeinen Informationen zählen z. B.:

- Bevölkerungsstruktur und Bevölkerungsentwicklung,
- Veränderungen der Beschäftigungsstruktur,
- Veränderungen der Präferenzen hinsichtlich bestimmter Arbeitsgewohnheiten (z. B. Arbeitszeit – Teilzeitarbeit, z. B. Arbeitsplatz – Home office),
- Arbeitspotenzial auf ausländischen Arbeitsmärkten.

5. **Welche speziellen Informationen werden für die Analyse des Arbeitsmarktes benötigt?**

Spezielle Informationen informieren über abgegrenzte Teilmärkte. Der Informationsbedarf erstreckt sich u. a. auf folgende Bereiche:

- Umfang des Arbeitskräftepotenzials,
- Struktur des Arbeitskräftepotenzials, Altersschichtung, offenes – latentes Potenzial, Geschlechteranteil usw.,
- Erwartungen hinsichtlich der Arbeitsbedingungen, z. B. Entgelt, Arbeitszeit u. Ä.

8.2.2 Personalmarketing

1. Welche Kennzeichen weist das Personalmarketing auf?

Das Personalmarketing dient der *Erschließung des externen Arbeitsmarkts*. Die Verwendung des Begriffs „Marketing" deutet an, dass für die Beschaffung von Personal auch Instrumente des Marketing eingesetzt werden, z. B. eine Marke. Typisch für das Personalmarketing ist der Einsatz einer *Arbeitgebermarke* (employer brand), die sich aus einem positiven und anerkannten Unternehmensbild ableitet. Wenn Engpässe bei der Personalbeschaffung entstehen, erhalten die potenziellen Arbeitnehmer Marktmacht, die Fachkräfte müssen umworben werden. Eine gute Arbeitgebermarke kann dem Unternehmen dabei einen Wettbewerbsvorteil verschaffen.

Die Bemühungen um ein positives Unternehmensbild, das die Arbeitgebermarke ausdrückt, wirken auch nach innen. Insofern dient das Unternehmensbild nicht nur der Beschaffung, sondern auch der Bindung und Erhaltung von Arbeitskräften.

2. Welche Ziele verfolgt das Personalmarketing?

Ziele des Personalmarketing lassen sich folgendermaßen zusammenfassen:
- Gewinnung qualifizierter Mitarbeiter von außen,
- Bindung interner Mitarbeiter an das Unternehmen.

Mitarbeiter werden von außen durch die Arbeitgebermarke gewonnen, die ein positives Unternehmensimage ausdrückt. Die Bindung interner Mitarbeiter resultiert aus einem guten Binnenklima. Der gute Ruf der Arbeitgebermarke und das gute Betriebsklima haben als wesentliche Ursache die systematische und konsequente Personalentwicklung, die als Unternehmensstrategie vermittelt wird.

8.2.2.1 Bedeutung eines positiven Unternehmensimages

1. Was ist und wie entsteht ein positives Unternehmensimage?

Ein positives Unternehmensimage ist der gute Ruf, den ein Unternehmen bei seinen Mitarbeitern hat und der auch extern wahrgenommen wird. *Der gute Ruf entsteht durch alle Maßnahmen, die die Zufriedenheit der Mitarbeiter erhöhen und die Attraktivität des Unternehmens als Arbeitgeber verbessern.* Nach außen kann das Unternehmensbild vermittelt werden durch angemessene Darstellung im Zusammenhang mit Werbung und Öffentlichkeitsarbeit, aber insbesondere bei den Maßnahmen zur Personalbeschaffung.

2. Was ist eine Arbeitgebermarke (employer brand)?

Eine Arbeitgebermarke (employer brand) drückt *das unverwechselbare positive Image* aus, das ein Unternehmen bei Bewerbern hat. Eine gute Arbeitgebermarke schafft dem Unternehmen Wettbewerbsvorteile auf dem Arbeitsmarkt, d. h. es bringt Arbeitsuchende dazu, diesen Arbeitgeber anderen vorzuziehen.

3. Wie können durch Personalmarketing Wettbewerbsvorteile entstehen?

Wettbewerbsvorteile entstehen *durch Beschäftigungsvorteile* für die potenziellen Bewerber, die andere Arbeitgeber nicht bieten können. Diese Beschäftigungsvorteile müssen gegenwärtig bestehen und sich in der Zukunft positiv entwickeln. Sie können sich u. a. in folgenden Aspekten äußern:[9]

- Möglichkeiten der Ausbildung, der Fortbildung u. Ä.
- Möglichkeiten der Personalentwicklung und des Aufstiegs,
- Vergütungen, Beteiligungen, soziale Rahmenbedingungen,
- Konzepte der Personalführung,
- Werthaltungen,
- infrastrukturelle und kulturelle Standortfaktoren.

8.2.2.2 Maßnahmen der Personalbeschaffung, -bindung und -erhaltung

1. Welche Maßnahmen zur externen Personalbeschaffung können ergriffen bzw. welche Instrumente können angewandt werden?

Instrumente zur Personalbeschaffung sind z. B.

- Inserate,
- Plakate,
- Werbeschriften,
- Gespräche,
- Vorträge,
- Besichtigung,
- Praktika.

2. Welche Bedingungen müssen die Maßnahmen zur externen Personalbeschaffung erfüllen?

Die Maßnahmen zur Personalbeschaffung müssen folgende Bedingungen erfüllen: Die Bewerber müssen zielgruppengerecht angesprochen werden und die Maßnahmen müssen die nach Berufsgruppen und Regionen abgegrenzten Teilarbeitsmärkte berücksichtigen.

Zielgruppen, nach denen sich die Bewerberansprache ausrichten muss, können z. B. nach folgenden Kriterien gebildet werden:

- Wirtschaftszweige,
- Berufsgruppen,

---

[9] Berthel, Jürgen und Fred C. Becker: a. a. O., S. 255 ff. (teilweise auch im Folgenden).

- Vorbildung,
- Berufsausbildung,
- Alter,
- Geschlecht.

Im Allgemeinen wird eine Zielgruppe nach mehreren Kriterien gebildet (z. B. Mechatroniker mit Realschulabschluss, Führungskraft mit abgeschlossenem Hochschulstudium).

3. Welche Funktionen müssen die Instrumente zur Personalbeschaffung erfüllen?

Funktionen, die die Maßnahmen der Personalbeschaffung erfüllen müssen, sind *Information* und *Verhaltensbeeinflussung*.

4. Welche Informationen muss eine Maßnahme zur Personalbeschaffung enthalten?

Eine Maßnahme zur Personalbeschaffung muss u. a. folgende Informationen enthalten:

- über den Betrieb: Branche, Größe, Bedeutung, Standort,
- über den Arbeitsplatz: Aufgaben, Kompetenzen, Verantwortung usw.,
- über die Anforderungen: Kenntnisse, Fähigkeiten, evtl. persönliche Eigenschaften usw.,
- über die Leistungen des Betriebs: Entgelt, soziale Leistungen.

5. Welche Bedeutung hat die Verhaltensbeeinflussungsfunktion?

Durch die Maßnahme soll das Verhalten des potenziellen Bewerbers beeinflusst werden. Er soll z. B. *Präferenzen für das Unternehmen entwickeln*. Die potenziellen Bewerber müssen die Informationen des Unternehmens als Beschäftigungsvorteile erkennen. Dadurch können Wettbewerbsvorteile des Unternehmens gegenüber Mitbewerbern entstehen.

6. Wodurch unterscheiden sich formelle von informellen Beschaffungsmaßnahmen und welche besondere Bedeutung haben informelle Beschaffungsmaßnahmen?

Formelle Beschaffungsmaßnahmen sind Maßnahmen, die das Unternehmen offiziell zur Personalwerbung einsetzt, z. B. Inserate. **Informelle** Maßnahmen gehen von den Mitarbeitern aus; Mitarbeiter informieren Interessenten über eine freie Stelle. Auf diesem Wege können auch Informationen über die Beschäftigungsvorteile weitergegeben werden. Informelle Beschaffungswege sind häufig erfolgreicher als formelle.

8.2.3 Personalfreisetzung

1. Was bedeutet Personalfreisetzung?

Personalfreisetzung ist die *Anpassung* eines zu hohen Personalbestandes (= Personalüberdeckung) *an den Nettobedarf*. Der Personalbestand wird reduziert, weil er in der vorhandenen Menge und/oder Qualität, zu dieser Zeit oder an diesem Ort nicht benötigt wird. Die Personalfreisetzung hat für das Unternehmen wirtschaftliche Gründe, kann aber gleichzeitig für die verbleibenden Mitarbeiter eine Verschlechterung des Betriebsklimas mit seinen negativen Folgen für das Unternehmen bedeuten; so kann z. B. das positive Unternehmensimage erheblich beeinträchtigt werden. Für die entlassenen Mitarbeiter hat die Entlassung im Allgemeinen nur negative Folgen.

Das Personalmanagement hat die Aufgabe, Personal entsprechend den vorgegebenen Zielen zu entlassen, gleichzeitig aber die negativen Folgen zumindest für das Unternehmen zu minimieren.

2. Wie unterscheidet sich die interne von der externen Freisetzung?

Interne Freisetzung von Personal bedeutet, dass Mitarbeiter an ihrem bisherigen Arbeitsplatz freigesetzt werden, weil ihre Arbeitskraft hier nicht benötigt wird; sie verbleiben aber im Unternehmen und werden an anderer Stelle, in einem anderen Betriebsteil, in einer Filiale usw. eingesetzt. **Externe** Freisetzung bedeutet, dass Arbeitnehmer entlassen werden und dem Arbeitsmarkt wieder zur Verfügung stehen.

3. Wie wird mit der geplanten Freisetzung auf Prognosebasis mit dem Problem der Personalfreisetzung umgegangen?

Die erforderliche Personalfreisetzung kann prognostiziert werden. Auf der Prognosebasis wird der Plan der Personalfreisetzung erstellt. Der Personalfreisetzungsplan ist – wie der gesamte Personalplan – Teil der Unternehmensplanung. Der Plan legt interne und externe Freisetzung fest, antizipiert Ursachen und Zeitpunkte der Freisetzung, legt Maßnahmen fest für Personalumsetzung im Betrieb, bezieht Urlaubspläne ein und berücksichtigt den Renteneintritt von Mitarbeitern. Ziel der Planung ist die weitgehende Vermeidung einer Personalüberdeckung; gleichzeitig sollen aber die Probleme externer Freisetzungen minimiert werden.

4. Welches besondere Kennzeichen weist die ursachenbezogene reaktive Planung der Personalfreisetzung auf?

Die reaktive Planung setzt ein, wenn die Personalüberdeckung bereits vorliegt. Externe Freisetzungen sind dann im Allgemeinen nicht zu vermeiden.

5. In welchen Phasen kann die Personalfreisetzung ablaufen?

Personalfreisetzung kann in folgenden Phasen ablaufen:[10]

1. Freisetzungsbedarf erkennen und analysieren
hinsichtlich Quantität, Qualität, Zeit, Ort,

2. Alternativen suchen, auswählen und bewerten
Alternativen zur Vermeidung von Freisetzungen,
Verwendungsalternativen,
Festlegung der internen Freisetzungen,
Festlegung der externen Freisetzungen,

3. Durchführung
Freisetzung durchführen,
Betriebsrat, betroffene und nicht betroffene Mitarbeiter informieren,

4. Sozialpläne aufstellen
Planungsprozess und Ergebnisse kontrollieren.

8.2.3.1 Gründe für Freisetzungen

1. Wodurch unterscheiden sich unternehmensinterne Gründe für Freisetzungen von unternehmensexternen?

Unternehmensinterne Gründe für Personalfreisetzungen sind – im Gegensatz zu externen – vom Unternehmen zu beeinflussen. Es liegen Informationen vor über Art und Umfang, Zeit und Ort des Nettopersonalbedarfs, die in den Freisetzungsplan eingehen. Mit dem Plan lässt sich eine gravierende Personalüberdeckung im Allgemeinen vermeiden.

2. Welche unternehmensinternen Gründe haben Freisetzungen?

Freisetzungen können u. a. folgende unternehmensinternen Gründe haben[11]:

- Innovative Investitionen können den Ersatz menschlicher Arbeit durch moderne Technik ermöglichen, die Arbeit wird rationalisiert, es werden weniger (vor allem gering qualifizierte) Arbeitnehmer benötigt,

- Stilllegung von Unternehmensbereichen, Standortverlagerungen, Änderungen von Produktionsprogrammen sowie Sortimenten u. Ä führen i. d. R. zum Personalbbau,

- Mitarbeiter werden entlassen, weil sie den Anforderungen nicht genügen.

3. Welche unternehmensexternen Gründe haben Freisetzungen?

Folgende unternehmensexternen Gründe können zu Personalfreisetzungen führen:

---

[10] Vgl. Berthel, Jürgen und Fred C. Becker: a. a. O., S. 291.
[11] Nach Berthel, Jürgen und Fred C. Becker: a. a. O., S. 288 f.

- Die konjunkturelle Entwicklung,
- strukturelle Änderungen,
- saisonale Beschäftigungsschwankungen.

4. Welche Bedeutung hat die konjunkturelle Entwicklung für Freisetzungen?

Eine rückläufige Konjunktur bedeutet *Rückgang der Nachfrage*. Das kann sowohl den Konsumgüter- als auch den Produktionsgüterbereich betreffen. Der nach Branchen unterschiedliche Rückgang der Nachfrage führt zu Produktionseinschränkungen; Mitarbeiter müssen entlassen werden.

5. Welche Ursachen haben strukturelle Änderungen und welche Bedeutung haben sie für Freisetzungen?

Strukturelle Änderungen, die auch Personalfreisetzungen bewirken, können ihren Ursachen entsprechend, folgendermaßen eingeteilt werden:

- Änderungen der Nachfragestruktur: Die Konsumgüternachfrage ändert sich als Folge von Änderungen der Mode, der Einstellungen, Konsumgewohnheiten, bestimmten Werthaltungen,

- Änderungen der Wirtschaftsstruktur: Beschäftigung verlagert sich vom Sektor Industrieproduktion zum Dienstleistungssektor,

- Änderungen der Unternehmensstruktur: Aus organisatorischen Gründen wird eine Unternehmensstruktur geändert, das kann sich z. B. zeigen im Abbau von Hierarchieebenen zu Gunsten eines flacheren organisatorischen Aufbaus.

8.2.3.2 Verwendungsalternativen

1. Wann ergibt sich die Frage nach Verwendungsalternativen und welche Alternativen kommen in Betracht?

Die Frage nach Verwendungsalternativen ergibt bei der Personalfreisetzung ohne Reduktion des Personalbestandes, d. h. bei der *internen Personalfreisetzung*. In Betracht kommen u. a. folgende Alternativen:[12]

- Qualifizierungsmaßnahmen,
- örtlich orientierte Maßnahmen,
- zeitlich orientierte Maßnahmen.

2. Welches Ziel verfolgen Qualifizierungsmaßnahmen?

Qualifizierungsmaßnahmen können erforderlich sein, wenn ein Mitarbeiter *für neue oder andere Anforderungen* qualifiziert werden muss. Neue oder andere Anforderun-

---

[12] Berthel, Jürgen und Fred C. Becker: a. a. O., S. 294 ff.

gen können sich z. B. durch Veränderungen des bisherigen Arbeitsplatzes eines Mitarbeiters oder durch seine Versetzung an einen anderen Arbeitsplatz ergeben. Der Erfolg der Qualifikation hängt von der Bereitschaft und von der Fähigkeit des Mitarbeiters ab, an der Qualifikationsmaßnahme teilzunehmen.

3. Wie kann eine örtliche Personalüberdeckung abgewendet werden?

Eine örtliche Personalüberdeckung kann durch Versetzung oder mithilfe einer Änderungskündigung abgewendet werden.

Eine Versetzung kann in vertikaler oder in horizontaler Richtung erfolgen. Im Sinne des Betriebsverfassungsgesetzes (§ 95 Abs. 3 BVerfG) ist eine **Versetzung** die Zuweisung eines anderen Arbeitsbereichs, die voraussichtlich die Dauer von einem Monat überschreitet, oder die mit einer erheblichen Änderung der Umstände verbunden ist, unter denen die Arbeit zu leisten ist.

An die Stelle einer Versetzung kann auch eine **Änderungskündigung** treten. Eine Änderungskündigung liegt nach dem Kündigungsschutzgesetz (§ 2 Abs. 3 KSchG) vor, wenn der Arbeitgeber das Arbeitsverhältnis kündigt und dem Arbeitnehmer im Zusammenhang mit der Kündigung die *Fortsetzung des Arbeitsverhältnisses zu geänderten Arbeitsbedingungen* anbietet.

Sowohl Versetzung als auch Änderungskündigung werfen Probleme auf: Der Arbeitnehmer wird aus einem vertrauten und eingespielten Team herausgenommen, u. U. kann er den Anforderungen am neuen Arbeitsplatz nicht genügen, vielleicht muss er lange Anfahrtswege in Kauf nehmen. Für den Arbeitnehmer kann eine Änderungskündigung z. B. den hierarchischen Abstieg, Prestigeverlust usw. bedeuten.

4. Welche Möglichkeiten bestehen zum Abbau einer zeitlichen Personalüberdeckung?

Ein Unternehmen hat folgende Möglichkeiten eine zeitliche Personalüberdeckung abzubauen oder zu vermeiden:

- Urlaubsgestaltung, z. B. Gewährung von unbezahltem Urlaub, Verlagerung von Urlaubsansprüchen,

- Abbau von Überstunden,

- Kurzarbeit, d. h. eine vorübergehende Kürzung der Arbeitszeit; eine zeitliche Personalüberdeckung infolge des Nachfragerückgangs wird überbrückt, das Unternehmen kann Kosten senken, Einkommensverluste der Arbeitnehmer werden durch Zuschüsse der Bundesagentur für Arbeit zumindest teilweise kompensiert,

- allgemeine Verkürzung der Arbeitszeit, gemeint ist eine Verkürzung der Arbeitszeit aller Mitarbeiter, sie ist im Allgemeinen nur sehr schwer zu realisieren, da sie mit Einkommensverlusten der Arbeitnehmer verbunden ist, es bestehen in einigen Unternehmen Betriebsvereinbarungen zur Kürzung der Arbeitszeit mit teilweisem Lohnausgleich,

- Angebot individueller Arbeitskürzung, z. B. in Form von Job Sharing, Einführung von Teilzeitarbeit.

8.2.3.3 Trennungsgespräch

1. Welche Bedeutung hat das Trennungsgespräch?

Im Rahmen eines Trennungsgesprächs wird dem Mitarbeiter die Kündigung mitgeteilt. Das Gespräch ist *unausweichlich*. Im Ablauf des Gesprächs zeigt sich, ob die Trennungskultur Teil der Unternehmenskultur ist und ob der Vorgang dem positiven Unternehmensbild entspricht.

Für den Mitarbeiter, den die Kündigung u. U. unvorbereitet trifft, ist die Mitteilung ein Schock, der Wut, Angst, Enttäuschung und Verärgerung auslöst. Die Kündigung kann für ihn Imageverlust, Verletzung des Selbstwertgefühls, finanzielle Probleme usw. bedeuten. Der Vorgesetzte, der das Gespräch führt, ist mit den Gefühlen des Mitarbeiters konfrontiert, sie berühren ihn emotional.

Die zurückbleibenden Mitarbeiter, die den Vorgang beobachten, sind beunruhigt. Das Betriebsklima kann leiden, die Gefahr der Demotivation droht. Auch Kunden und Lieferanten können von der Kündigung Kenntnis erhalten, auch extern wird beobachtet, wie das Unternehmen mit Kündigungen umgeht.

Für das Unternehmen bedeutet das: *sorgfältige Vorbereitung* des Gesprächs, *angemessene Kommunikation* des Vorgangs intern und ggfs. auch extern.

2. Welche grundsätzlichen Fragen ergeben sich für das Gespräch?

Im Rahmen der Vorbereitung auf das Trennungsgespräch ist die Beachtung folgender Fragen von Bedeutung:[13]

1. **Wer** führt das Gespräch?
   Das Trennungsgespräch führt der unmittelbare Vorgesetzte, der den Mitarbeiter und auch sein persönliches Umfeld (gut) kennt. Die Gesprächsführung kann nicht einem Mitarbeiter der Personalabteilung übertragen werden.

2. **Wann** findet das Gespräch statt?
   Das Gespräch findet möglichst bald nach der Trennungsentscheidung statt; allerdings muss dem Vorgesetzten eine angemessene Zeit zur Gesprächsvorbereitung bleiben.

3. **Wo** findet das Gespräch statt?
   Das Gespräch findet im Büro des Vorgesetzten statt; wegen der Vertraulichkeit sollte der Vorgang von außen nicht beobachtet werden können.

4. **Wie lange** dauert das Gespräch?
   Das Gespräch dauert sieben bis 15 Minuten und endet häufig mit der Vereinbarung eines Folgegesprächs.

---

[13] Nach: Hübner, Elke und Johanna Würth: Das Trennungsgespräch, in Hernsteiner 3/2003, S. 15 ff.

3. Welche Aspekte umfasst die Vorbereitung auf das Trennungsgespräch?

Die Vorbereitung des Trennungsgesprächs umfasst drei Aspekte: Formale, inhaltliche und innere Vorbereitung.[14]

4. Worauf bezieht sich die formale Vorbereitung?

Die formale Vorbereitung bezieht sich auf die Durchsicht von Verträgen, der Personalakte, Beschaffung von Informationen über ausstehende Entgelte, über Resturlaub, unternehmenseigene Unterlagen im Besitz des Mitarbeiters, die zurückzugeben sind, die rechtzeitige Information des Betriebsrates. Auch über die rechtlichen Rahmenbedingungen von Kündigungen, z. B. Fristen, muss der Gesprächsführer informiert sein. Zur formalen Vorbereitung zählen auch die Informationen der Unternehmensleitung und Rücksprachen mit der Personalabteilung.

5. Worauf bezieht sich die inhaltliche Vorbereitung?

Die inhaltliche Vorbereitung bezieht sich nicht nur auf die *Gesprächsinhalte*, sondern auch auf die *Art der Gesprächsführung*. Es wird empfohlen, die ersten Sätze des Gesprächs und den Trennungsgrund schriftlich zu formulieren, um einen sicheren Gesprächseinstig zu haben. Der Gesprächsführer muss sich auf erwartbare Reaktionen und Argumente des Mitarbeiters einstellen und Gegenargumente vorbereiten. Auch sollte er darüber informiert sein, ob und welche Angebote das Unternehmen dem Gekündigten machten könnte (z. B. Beratungsgespräche, Abfindungen).

6. Welchen Zweck hat die innere Vorbereitung?

Der Gesprächsführer muss sich auch *emotional* auf die Reaktionen des Mitarbeiters einstellen. Er muss sich darüber im Klaren sein, was die Kündigung für ihn bedeutet, vor allem dann, wenn er sich mit dem Unternehmen sehr verbunden fühlt und die Unternehmensphilosophie, die auf die Identifikation der Mitarbeiter mit dem Unternehmen abzielt, verinnerlicht hat.

Der Gesprächsführer muss sich bewusst machen, dass das Gespräch ihn emotional sehr fordern kann. Er darf im Gespräch zwar sein Mitgefühl zeigen, die Empathie darf ihn aber nicht dazu verleiten, dem Mitarbeiter unberechtigte Hoffnungen auf Weiterbeschäftigung zu machen.

7. Wie läuft das Trennungsgespräch ab?

Für die Durchführung eines Trennungsgesprächs kann es keine allgemein gültigen Regeln geben; es gibt jedoch einige Punkte, die beachtet werden sollten.

Das Trennungsgespräch, das im Allgemeinen ein Vier-Augen-Gespräch ist, beginnt – wenn die Teilnehmer Platz genommen haben – mit einigen einleitenden Worten. Dann

---

[14] Nach: Hübner, Elke und Johanna Würth: Das Trennungsgespräch, in Hernsteiner 3/2003, S. 15 ff.

sollte die *Trennungsbotschaft* mit klaren, eindeutigen und unmissverständlichen Formulierungen mitgeteilt werden. Es wird empfohlen, bei der Formulierung die Ich-Form zu benutzen, z. B. „Ich muss Ihnen leider mitteilen, dass ..."

Im Anschluss daran folgt die *Trennungsbegründung*. Wirtschaftliche Gründe für die Trennung sind sicherlich einfacher zu vermitteln als persönliche. In jedem Fall ist im Gespräch die Situation des Mitarbeiters zu beachten. Auf Einwände muss der Gesprächsleiter professionell reagieren; auch mit Schockreaktionen muss er verständnisvoll umgehen können.

Am Schluss des Gesprächs werden Folgegespräche vereinbart. Außerdem kann darüber gesprochen werden, wie die Trennung intern und extern kommuniziert werden soll.

8. Was ist Gegenstand von Folgegesprächen?

Gegenstand von Folgegesprächen sind Beratungen, sie betreffen zunächst die persönliche Situation des Gekündigten, evtl. aber auch ein *new placement*, dann wird aber auch verhandelt über die Trennungsbedingungen, z. B. über die Abfindung.

8.2.4 Internationales Personalmanagement

8.2.4.1 Internationale Rekrutierung

1. Warum rekrutieren deutsche Unternehmen Arbeitnehmer im internationalen Rahmen?

Für die ausländische Rekrutierung geben die deutschen Unternehmen folgende Gründe an (die Reihenfolge gibt die abnehmende Bedeutung an):[15]

- Wir sind ein internationales Unternehmen,
- benötigen für unser Geschäft internationale Kompetenzen,
- finden in Deutschland nicht die geeigneten Fach- bzw. Führungskräfte,
- klare Unternehmensstrategie für internationale Rekrutierung vorhanden,
- Kenntnisse auf internationalen Arbeitsmärkten,
- Diversity Management[16] motiviert internationale Rekrutierungsmaßnahmen,
- wir erwarten Kosteneinsparungen durch internationale Rekrutierung,
- demografische Alterung in Deutschland bedingt internationale Rekrutierung.

Die Aufzählung weist auf drei wesentliche Aspekte hin:

1. Die Internationalität eines Unternehmens ist der wichtigste Grund für die internationale Rekrutierung.

---

[15] Institut für Beschäftigung und Employability (IBE): Internationale Rekrutierung – Realität oder Rhetorik?, 2008 (auch die folgenden Ausführungen beziehen sich teilweise auf diese Studie).
[16] Diversity Management beruht auf einem ganzheitlichen Konzept des Umgangs mit personeller Vielfalt im Unternehmen.

2. Der Einsatz einer Unternehmensstrategie zur ausländischen Rekrutierung ist häufig nicht vorhanden; der Rekrutierung liegen offensichtlich eher pragmatische Ad-hoc-Entscheidungen zu Grunde.
3. Die demografische Entwicklung in Deutschland spielt für die internationale Rekrutierung nur eine untergeordnete Rolle.

2. Für welche Positionen wird international rekrutiert?

Die Unternehmen rekrutieren im Ausland *vor allem hochqualifizierte Spezialisten und Fachkräfte*, das weist auf den hohen Mangel an Fachkräften in Deutschland hin. Relativ hoch ist auch die Zahl der Unternehmen, die Personen für Managementpositionen rekrutieren, dabei ist der Anteil der Großunternehmen auffällig hoch. Viele Unternehmen rekrutieren ausländische Arbeitnehmer auch als freie Mitarbeiter (free lancer).

3. Für welche Bereiche wird international rekrutiert?

Die Bereiche für die international rekrutiert wird, sind vor allem IT, Entwicklung und Forschung, Vertrieb, Marketing sowie Produktion. In diesen Bereichen wird der Bedarf weiterhin zunehmen. Der Bedarf im IT-Bereich und in Entwicklung und Forschung geht über den Bedarf, der sich aus der demografiebedingten Entwicklung ergibt, hinaus.

4. In welchen Ländern bzw. Regionen werden Arbeitskräfte vorzugsweise rekrutiert?

Die *osteuropäischen Länder* werden für die ausländische Rekrutierung bevorzugt, sie rangieren noch vor den deutschsprachigen Ländern, danach folgen Großbritannien, Nordamerika, Indien, Frankreich u. a. Die Unternehmen wollen in der Zukunft ihre Rekrutierungsmaßnahmen in allen Ländern, vor allem auch in den EU-Ländern und in Indien z. T. beträchtlich ausweiten.

Die Bedeutung der osteuropäischen Länder für die Rekrutierung hat folgende Gründe: bessere Verfügbarkeit der gesuchten Qualifikationen, ein ähnliches Qualifikationssystem und ähnliche kulturelle Werte wie in Deutschland; hinzukommt, dass die Sprachbarrieren relativ niedrig sind, Deutsch wird in vielen Schulen unterrichtet.

Die Bedeutung der Länder für deutsche Rekrutierungsbemühungen hängt u. a. von folgenden Kriterien ab (die Reihenfolge gibt die abnehmende Bedeutung des Kriteriums an):

- Verfügbarkeit relevanter Qualifikationen,
- bestehende Kontakte in den Rekrutierungsländern,
- Sprachkenntnisse,
- Kenntnisse der kulturellen Hintergründe.

5. Welche Rekrutierungswege werden im Ausland genutzt?

Rekrutierungswege sind vor allem die *Unternehmenshomepage und Jobbörsen*, daneben spielen die Unternehmenszentrale und Mitarbeiter in dem jeweiligen Land eine wichtige Rolle; Hochschulkontakte und Praktika gewinnen an Bedeutung.

6. Nach welchen Kriterien werden ausländische Arbeitnehmer vorzugsweise ausgewählt?

Bei der Auswahl von ausländischen Mitarbeitern legen die Unternehmen besonderen Wert auf folgende Kriterien (die Reihenfolge gibt die abnehmende Bedeutung an):

- Kommunikations- und Teamfähigkeit,
- Sprachkenntnisse,
- branchenspezifische Fachkenntnisse,
- mehrjährige Berufserfahrungen,
- Erfahrungen in internationalen Unternehmen.

8.2.4.2 Entsendung und Rückintegration

1. Was ist eine Entsendung?

Eine Entsendung liegt vor, wenn ein Unternehmen einen Arbeitnehmer ins Ausland schickt und davon auszugehen ist, dass der Mitarbeiter nach einer bestimmten Zeit in das heimische Stammhaus zurückkehrt.

2. Welche Formen der Entsendung können unterschieden werden?

Nach der *Form der Vertragsgestaltung* und nach *Entsendungsdauer* werden folgende Formen der Entsendung unterschieden:[17]

- Dienstreise:
  kurzfristige Entsendung (bis drei Monate), der bisherige Arbeitsvertrag bleibt unverändert bestehen,

- Abordnung bzw. Delegation:
  mittelfristige Entsendung (bis zu drei Jahren), der bisherige Arbeitsvertrag bleibt zwar bestehen, wird aber ergänzt hinsichtlich der besonderen Entsendungsbedingungen,

- Versetzung:
  unbefristete Entsendung, der Arbeitsvertrag mit dem heimischen Stammhaus ruht während der Entsendung.

Wenn von Entsendungen die Rede ist, ist im Allgemeinen immer die mittelfristige Delegation gemeint.

---

[17] Oechsler, Walter A.: Personal und Arbeit, Grundlagen des Human Resource Management und der Arbeitgeber - Arbeitnehmer - Beziehungen, München 2006, S. 543.

3. Welche Ziele verfolgt ein Unternehmen mit der Entsendung?

Ein Unternehmen verfolgt mit der Entsendung u. a. folgende Ziele:

- Kompensation des Mangels an einheimischen Fachkräften mit der erforderlichen Qualifikation,
- Sicherung von Unternehmensinteressen in einer ausländischen Niederlassung,
- Verbesserung der Kontakte des Stammhauses mit der Niederlassung,
- Qualifikation eines Managers,
- Übertragung von Fachwissen in Technologie und Management.

4. Welche Qualifikationen sind für eine Entsendung erforderlich?

Mitarbeiter, die ins Ausland entsandt werden, müssen physisch und psychisch entsprechend den Anforderungen belastbar sein; darüber hinaus sollten sie folgende Qualifikationen besitzen:

- Motivation für eine Tätigkeit im Ausland,
- Fähigkeiten zur Anpassung, dazu zählt auch die Beherrschung der fremden Sprache,
- Interesse an fremden Kulturen, insbesondere an der Kultur des Landes, in das sie entsandt werden, und Toleranz gegenüber kulturbedingtem fremdem und unbekanntem Verhalten,[18]

Es ist üblich, dass verheiratete Mitarbeiter bei mittelfristigen Entsendungen von ihren Familien begleitet werden. Für die Familienmitglieder bedeutet der Aufenthalt Belastungen infolge von (zumindest anfänglichen) Kontakt- und Kommunikationsschwierigkeiten, von klimatischen Bedingungen u. Ä. Für Kinder kann die Eingewöhnung in ein fremdes Schulsystem belastend sein. Es ergeben sich also für die Familienmitglieder ähnliche Anforderungen wie für den Mitarbeiter.

5. Welche Fähigkeiten muss ein Mitarbeiter vor der Entsendung für den Auslandsaufenthalt erwerben?

Die *fachliche Qualifikation* für die Tätigkeit im Ausland besitzt der Mitarbeiter z. B. durch seine Tätigkeit im heimischen Stammhaus; seine Fähigkeiten und Kenntnisse kann er anforderungsgerecht durch Lehrgänge und Lektüre ergänzen bzw. erweitern.

Darüber hinaus benötigt der Mitarbeiter *Fähigkeiten zur interkulturellen Kommunikation*.[19] Für den Erwerb dieser Fähigkeiten besteht ein Lernmodell in fünf Ebenen, die aufeinander aufbauen; die Ebenen werden folgendermaßen definiert:[20]

- Anerkennung der kulturellen Vielfalt,
- Entwicklung spezieller Stereotypen zur Beschreibung einer Kultur und ihrer Mitglieder,

---

[18] Vgl. hierzu auch die Ausführungen in Kap. 5.4.5 Kulturelle Unterschiede im internationalen Geschäft.
[19] Vgl. hierzu auch die Ausführungen unter 5.4.5.2 Interkulturelle Kommunikation und Kompetenz.
[20] Nach Oechsler, Walter A.: a. a. O., S. 550.

- Hinterfragen kulturspezifischer Stereotypen zur Entwicklung ethnografischer Werkzeuge („Warum verhält sich das Mitglied einer fremden Kultur so und nicht anders?"),
- Analyse der Stereotypen anhand von Beispielen,
- Ausbau eines Verhaltensrepertoires hinsichtlich des neuen kulturellen Umfelds.

6. Wie wird der entsandte Mitarbeiter von seinem Unternehmen betreut?

Während der Dauer der Entsendung wird der Mitarbeiter vom Stammhaus *personell und fachlich betreut*, und zwar durch die Personalabteilung und zuständige Fachabteilungen. Im Rahmen der Betreuung erhält der entsandte Mitarbeiter Informationen über Entwicklungen im Stammhaus. Ein Ziel der Betreuung ist die Aufrechterhaltung des Kontaktes zwischen Stammhaus und entsandtem Mitarbeiter, der die Rückintegration nach Ablauf der Entsendungsdauer erleichtert.

7. Wie erfolgt die Rückintegration?

Die Rückintegration nach einer mittelfristigen Entsendung wird im Allgemeinen dadurch erleichtert, dass der Arbeitsvertrag mit dem Stammhaus während der Entsendung geruht hat, bei der Rückkehr aber wieder auflebt. Der Rückkehrer hat einen Anspruch darauf, dass ihm eine Stelle, wie er sie vor der Entsendung innehatte, freigehalten und bei Rückkehr wieder zur Verfügung gestellt wird. Erleichtert wird die Eingliederung durch die Betreuung während des Auslandsaufenthaltes; der Rückkehrer ist dadurch informiert über Veränderungen im Unternehmen.

8. Welche Probleme können bei der Rückintegration auftreten?

Probleme bei der Rückintegration können einerseits dadurch entstehen, dass die Stelle für den Rückkehrer noch vorhanden ist, aber von anderen Mitarbeitern beansprucht wird, andererseits besteht die Gefahr, dass entsprechende Stellen organisatorischen Änderungen zum Opfer gefallen sind. Die *Unsicherheit über seine erfolgreiche Wiedereingliederung* kann schon während der Entsendung problematisch für den Mitarbeiter sein. Es empfiehlt sich deshalb, den Auslandsaufenthalt als Qualifikation für eine Führungslaufbahn im Unternehmen zu sehen und den Vertrag des Mitarbeiters entsprechend zu gestalten.

8.2.5 Beteiligung des Betriebsrates

1. Welche Aufgaben hat der Betriebsrat?

Die Aufgaben des Betriebsrates kann man grob in Allgemeine Aufgaben und Beteiligungsaufgaben einteilen; bei den Beteiligungsaufgaben werden Mitwirkungsaufgaben von den Mitbestimmungsaufgaben unterschieden.

2. Bei welchen Maßnahmen hat der Betriebsrat das Recht zur Mitwirkung und was kann der Betriebsrat dadurch bewirken?

Bei den Mitwirkungsaufgaben wirkt der Betriebsrat an geplanten Maßnahmen des Arbeitgebers lediglich mit. Der Arbeitgeber muss nicht die Zustimmung des Betriebsrates einholen, der Betriebsrat kann den Maßnahmen auch nicht widersprechen. Allerdings sieht der Gesetzgeber vor, dass sich Betriebsrat und Arbeitgeber über die geplante Maßnahme verständigen.

Im Rahmen der Mitwirkungsaufgaben hat der Betriebsrat u. a. das Recht, dem Arbeitgeber Vorschläge zu unterbreiten, z. B. bei der Förderung der Berufsausbildung, bei Fördermaßnahmen; der Arbeitgeber muss die Vorschläge entgegennehmen. Vor bestimmten Entscheidungen muss der Arbeitgeber den *Betriebsrat anhören*; dadurch kann der Betriebsrat Einfluss auf die Entscheidung nehmen. Fragen der Arbeitsplatzgestaltung, der Personalplanung, der Betriebsänderungen u. Ä. sind mit dem Betriebsrat zu beraten.

3. Bei welchen Maßnahmen hat der Betriebsrat eingeschränkte Mitbestimmungsrechte?

Wenn Entscheidungen des Arbeitgebers im sozialen Bereich gegen Vorschriften verstoßen, wenn durch sie Arbeitnehmer bevorzugt oder benachteiligt werden oder wenn sie den Betriebsfrieden stören, *kann der Betriebsrat widersprechen oder seine Zustimmung verweigern*. Allerdings kann die fehlende Zustimmung des Betriebsrates durch eine Entscheidung des Arbeitsgerichtes ersetzt werden. Der Betriebsrat kann die Maßnahmen im Allgemeinen nicht verhindern, sondern nur vorübergehend blockieren. Die Mitbestimmung des Betriebsrates ist also eingeschränkt.

Zu den Maßnahmen, die in diesen Bereich der Mitbestimmung fallen, zählen u. a.

- Einstellung eines Arbeitnehmers,
- Eingruppierung und Umgruppierung eines Arbeitnehmers,
- Versetzung eines Arbeitnehmers,
- außerordentliche Kündigung.

4. Welche Maßnahmen unterliegen der gleichberechtigten Mitbestimmung?

Für bestimmte Maßnahmen benötigt der Arbeitgeber die *Zustimmung des Betriebsrates*. Die Entscheidung des Arbeitgebers wird nur wirksam, wenn ihr der Betriebsrat zustimmt. Der Arbeitgeber kann nicht allein entscheiden, er muss die Zustimmung des Betriebsrates einholen. In solchen Fällen spricht man von einer gleichberechtigten Mitbestimmung.

Zu den Maßnahmen der gleichberechtigten Mitbestimmung zählen u. a. Beurteilungsgrundsätze und personelle Auswahlrichtlinien.

5. Welche Rechte hat der Betriebsrat bei einer Kündigung?

Das Betriebsverfassungsgesetz sieht vor, dass der *Betriebsrat vor jeder Kündigung anzuhören* ist. Wird der Betriebsrat übergangen, ist die Kündigung unwirksam. Der Arbeitgeber muss dem Betriebsrat den Arbeitnehmer, dem gekündigt werden soll, benennen, angeben, ob es sich um eine ordentliche (fristgemäße) oder um eine außerordentliche (fristlose) Kündigung handelt und die Gründe für die Kündigung mitteilen.

Gegen eine fristlose Kündigung kann der Betriebsrat lediglich Bedenken äußern. Gegen ordentliche Kündigungen kann er jedoch innerhalb einer Woche nach Zugang der Mitteilung (schriftlich) Widerspruch einlegen. Der Widerspruch ist allerdings nur zulässig, wenn folgende Gründe vorliegen:

- Der Arbeitgeber hat soziale Gründe nicht ausreichend berücksichtigt.
- Die Kündigung verstößt gegen Vereinbarungen zwischen Arbeitgeber und Betriebsrat, die die personelle Auswahl bei Kündigungen regeln.
- Der Arbeitnehmer, dem gekündigt werden soll, kann an einem anderen Arbeitsplatz des Unternehmens oder nach angemessenen Fortbildungs- bzw. Umschulungsmaßnahmen weiter beschäftigt werden.
- Der Arbeitnehmer, dem gekündigt werden soll, kann weiter beschäftigt werden, wenn er mit Änderungen der Vertragsbedingungen einverstanden ist.

Auch bei Widerspruch des Betriebsrats kann der Arbeitgeber kündigen. Aber der Arbeitnehmer wird bis zur gerichtlichen Klärung des Falls weiter beschäftigt.

8.3 Planung, Steuerung und Kontrolle der Personalentwicklung im Unternehmen

8.3.1 Personalentwicklung

1. Was bedeutet Personalentwicklung?

Personalentwicklung bedeutet die *Entwicklung der Qualifikation und des Verhaltens* von Mitarbeitern. Sie umfasst alle Maßnahmen zur Entwicklung und Verbesserung der Leistungsfähigkeit und der Leistungsbereitschaft von Mitarbeitern. Ein besonderer Aspekt der Personalentwicklung ist die Entwicklung von Führungskräften.

Personalentwicklung ist zunächst die Aus- und Fortbildung sowie Umschulung von Mitarbeitern. Im weiteren Sinne ist Personalentwicklung auch Personalförderung. (Gelegentlich wird auch die Organisationsentwicklung als ein Aspekt der Personalentwicklung gesehen.)

2. Welche Rahmenbedingungen bestehen für die Personalentwicklung?

Für die Personalentwicklung lassen sich u. a. folgende Rahmenbedingungen finden:

- Die Veränderungen der Umwelt, *Innovationen, neue Techniken* u. Ä. verändern auch die Anforderungen an die Qualifikation der Mitarbeiter.

- Der *Fachkräftemangel* in den Betrieben erfordert auch Anpassungen durch Personalentwicklung.

- Der Betrieb, das *Arbeitsumfeld* weisen den Arbeitnehmer auf die Zusammenhänge zwischen Veränderungen der Anforderungen und der Notwendigkeit zur Anpassung hin.

- Das Unternehmen und die *Unternehmenskultur* können die Bereitschaft von Mitarbeitern fördern, an Entwicklungsmaßnahmen teilzunehmen.

- *Entwicklungsbedürfnisse* des Mitarbeiters zielen einerseits auf die Verbesserung seiner Qualifikationen im Betrieb, durch die er den Anforderungen genügt, Kündigungsgefährdung mindert und seine Versetzungsaussichten auf anspruchsvollere und besser dotierte Stellen fördert. Andererseits bedeutet Verbesserung der Qualifikation auch die Verbesserung der Chancen auf dem Arbeitsmarkt.

- Das *gesellschaftliche Umfeld* fördert das Entwicklungsbedürfnis eines Arbeitnehmers. Dabei spielt die Verantwortung für die Familie eine Rolle, die sich z. B. in der langfristigen Sicherung des Arbeitseinkommens zeigt. Darüber hinaus hat der Prestigegewinn durch Aufstieg im Unternehmen Bedeutung; dagegen bedeutet die Freisetzung neben der Versorgungsproblematik durch Einkommenseinbußen auch Ansehensverlust.

3. Welche Ziele verfolgt die Personalentwicklung?

Der Ziele der Personalentwicklung sind vielschichtig. Sie umfassen *gesellschaftliche und politische Ziele, Ziele des Unternehmens sowie die Ziele der Mitarbeiter.*

- Gesellschaftliche bzw. politische Ziele sind z. B.
Verringerung der Arbeitslosigkeit,
Verbesserung des Arbeitskräftepotenzials als Grundlage für die Anpassungsfähigkeit der Volkswirtschaft an die globalen Veränderungen.

- Ziele des Unternehmens sind z. B.
Anpassung des Arbeitskräftepotenzials an die Qualifikationsbedingungen eines modernen und innovativen Unternehmens,
Verringerung des Fachkräftemangels bzw. Erhaltung des Fachkräftepotenzials,
Ermittlung und Förderung von Nachwuchskräften,
Verbesserung des Leistungsverhaltens der Mitarbeiter.

- Ziele der Mitarbeiter sind z. B.
Verbesserung der Qualifikation für höhere Positionen,
Anpassung der Qualifikationen an die Anforderungen,
Wahrnehmung von Anreizen,

Erhalt und evtl. Verbesserung der Lebensumstände, Prestigegewinn durch möglichen Aufstieg im Unternehmen, Entwicklung von Chancen zur Selbstverwirklichung.

4. Auf welche Objekte bezieht sich die Personalentwicklung?

Objekte der Personalentwicklung sind z. B. *Fach-, Methoden- und Sozialkompetenzen.*

- Fachkompetenz sind die Kenntnisse und die Fähigkeiten, die ein Arbeitsplatz bzw. eine bestimmte Funktionsausübung erfordern, verbunden mit der Fähigkeit, sie auch einzusetzen.
- Methodenkompetenz sind die Kenntnisse und Fähigkeiten zur Analyse, zur Entwicklung von Konzepten usw.
- Sozialkompetenz ist die Fähigkeit, in einer Gruppe zu agieren, dazu gehören z. B. Kommunikations- und Konfliktfähigkeit.

5. Was sind Schlüsselqualifikationen?

Häufig werden die Objekte der Personalentwicklung eingeteilt in Fachkompetenz und Schlüsselqualifikationen. Schlüsselqualifikationen *eignen sich zum Einsatz in verschiedenartigen Tätigkeitsbereichen* und dienen gleichzeitig der persönlichen Entwicklungsfähigkeit.

Man kann u. a. folgende *Typen von Schlüsselqualifikationen* unterscheiden:[21]

- Basisqualifikationen, die vertikal auf verschiedene Anwendungen übertragen werden können, z. B. logisches Denken, analytisches Vorgehen, Lernfähigkeit,
- Horizontalqualifikationen, Gewinnung von Informationen, Verstehen und Verarbeitung dieser Informationen, die an anderen Orten gespeichert sind,
- Breitenqualifikation, das sind praktische Arbeitsanforderungen, die für breite Tätigkeitsfelder anwendbar sind.

6. Wodurch unterscheidet sich Personalentwicklung i. e. S. von der Personalförderung?

Personalentwicklung i. e. S. ist Personalbildung, also Ausbildung, Fortbildung, Umschulung; als Personalförderung werden dagegen die Maßnahmen bezeichnet, mit denen Mitarbeiter in ihrer *persönlichen Entwicklung im Unternehmen* gefördert werden sollen. Die Maßnahmen können sich auf die Arbeitsplätze und auf die Arbeitsinhalte beziehen.

---

[21] Nach Berthel, Jürgen und Fred G. Becker: a. a. O., S. 311 f.

7. Welche Bedeutung hat das Fördergespräch für die Personalförderung?

In einem Fördergespräch zwischen Personalabteilung und Mitarbeiter soll ermittelt werden, welche Erwartungen der Mitarbeiter hinsichtlich seiner persönlichen Förderung hat und welche Förderungsmöglichkeiten das Unternehmen mit Blick auf die Erwartungen des Mitarbeiters bieten kann. Im Allgemeinen wird schließlich vereinbart, welche Förderungsmaßnahmen ergriffen werden.

8.3.2 Personalentwicklungsmaßnahmen

8.3.2.1 Auswahlmöglichkeiten

8.3.2.1.1 Arten

1. Welche Arten von Personalentwicklung können unterschieden werden?

Folgende Arten der Personalentwicklung (Personalentwicklung i. e. S.) können unterschieden werden:

- Ausbildung,
- Fortbildung,
- Umschulung.

2. Was ist unter einer Ausbildung zu verstehen?

Unter Ausbildung wird die *berufliche Erstausbildung* verstanden. Sie läuft i. d. R. im sog. dualen System ab, d. h. ausgebildet wird im Ausbildungsbetrieb und in der berufsbegleitenden Berufsschule.

3. Wie lässt sich Fortbildung definieren und welche Arten der Fortbildung können nach der Zielsetzung unterschieden werden?

Fortbildung zielt darauf ab, Kenntnisse und Fähigkeiten zu erhalten, zu erweitern und neuen Anforderungen anzupassen. Fortbildung bezieht sich nicht nur auf die Entwicklung der *Fachkompetenz* sondern auch auf die Entwicklung von *Schlüsselqualifikationen*. Im Einzelnen dient Fortbildung

- der Erhaltung von Kenntnissen und Fertigkeiten,
- der Erweiterung von Kenntnissen und Fertigkeiten,
- der Anpassung von Kenntnissen und Fertigkeiten an neue Anforderungen,
- dem Aufstieg durch die Vermittlung von entsprechenden Kenntnissen und Fertigkeiten, d. h. von Führungsqualifikationen.

4. Was ist eine Umschulung und welche Gründe gibt es für eine Umschulung?

Eine Umschulung ist eine Maßnahme, mit der Beschäftigte und Arbeitslose für einen anderen Beruf als den bisher ausgeübten qualifiziert werden. Umschulungen werden häufig mit Mitteln staatlicher Einrichtungen gefördert.

Für eine Umschulung gibt es u. a. folgende Gründe:
- Krankheit oder Unfall,
- keine Vermittlungschance im erlernten Beruf,
- kein Bedarf.

8.3.2.1.2 Maßnahmen der Personalförderung i. e. S.

1. Welche Methoden der Fortbildung on the job können unterschieden werden?

Zu den Methoden der Fortbildung on the job zählen u. a.:[22]
- planmäßige Unterweisung,
- Anleitung von Vorgesetzten,
- Übertragung begrenzter Verantwortung,
- Übertragung von Sonderaufgaben,
- geplanter Arbeitsplatzwechsel.

2. Was ist eine planmäßige Unterweisung?

Nach der REFA-Definition ist die planmäßige Unterweisung eine Methode zur Vermittlung von Kenntnissen und Fertigkeiten *zur schnellen Einarbeitung*. Das Hauptgewicht der Unterweisung liegt auf der Vermittlung von Fertigkeiten manueller Arbeitsabläufe, verbunden mit Denkprozessen und Verhaltensweisen.

Vorteile liegen in den kurzen Anlern- und Umlernzeiten. In der einfachen und schnellen Handhabung und im geringen organisatorischen Aufwand. Demgegenüber steht die Einschränkung, dass die Methode sich nur für wiederkehrende Tätigkeiten eignet. Es besteht die Gefahr, dass der richtige Qualifizierungsbedarf nicht erkannt wird.

3. Wie läuft eine planmäßige Unterweisung ab?

Nach REFA läuft die planmäßige Unterweisung *in vier Stufen* ab (Vier-Stufen-Methode):[23]

1. Stufe:
Vorbereitung durch Unterweiser, Schaffung der Voraussetzungen, dazu zählen z. B. Betriebsmittel und Arbeitsgegenstände bereitstellen, den Lernenden das Ziel der Unterweisung nennen, Vorkenntnisse ermitteln usw.

2. Stufe:
Vorführung der Tätigkeit, die erlernt werden soll, durch den Unterweiser; dabei wird sie zunächst vorgeführt, dann wiederholt und erklärt und schließlich noch einmal zügig und im Zusammenhang durchgeführt.

---

[22] Olfert, Klaus: a. a. O., S. 396 ff.
[23] Nach REFA-Standardmethodenbeschreibung.

3. Stufe:
Ausführung durch die Lernenden, dabei werden sie von den Unterweisern beobachtet und kontrolliert.

4. Stufe:
Die Lernenden üben die erlernte Tätigkeit, die Unterweiser helfen, kontrollieren, korrigieren und anerkennen schließlich den Lernfortschritt.

4. Kann Personalentwicklung durch Übertragung von Verantwortung stattfinden?

Personalentwicklung durch Übertragung von Verantwortung zeigt sich als systematische *Aufgabenerweiterung* am Arbeitsplatz, die verbunden ist mit planmäßiger Betreuung bzw. Führung (Coaching). Führungsperson (Coach) ist meist der Vorgesetzte bzw. der Inhaber der Stelle, der der Mitarbeiter zugeordnet wird. Die Planmäßigkeit drückt sich u. a. in der Planung der Lernziele und Lerninhalte aus sowie in der Festlegung des Zeitrahmens für die Maßnahme.

Verantwortung kann z. B. übertragen werden auf einen Assistenten, einen Stellvertreter oder auf einen Nachfolger.[24]

5. Wie läuft Personalentwicklung im Rahmen einer Assistententätigkeit ab?

Personalentwicklung im Rahmen einer Assistententätigkeit kann nur dann stattfinden, wenn der Assistent *an den Führungsaufgaben seines Vorgesetzten beteiligt* wird. Vorwiegend handelt es sich bei den Aufgaben um Beratungen und Vorbereitungen von Entscheidungen. Dem Vorgesetzten kommt hier als Vorbild besondere Bedeutung zu.

6. Wie läuft Personalentwicklung bei Stellvertretung ab?

Ein Stellvertreter übernimmt zeitweilig die Aufgaben des Stelleninhabers in dessen Namen, evtl. auch in dessen Sinn, aber in eigener Verantwortung. Die Stellvertretung sichert die *Führungskontinuität*. Darüber hinaus kann sie aber auch der Entwicklung des Stellvertreters dienen, damit er eines Tages die Stelle seines Vorgesetzten übernehmen oder eine ähnliche Stelle in einem anderen Bereich wahrnehmen kann. Diese Personalentwicklung kann aber nur gelingen, wenn der Vorgesetzte seinen Stellvertreter an den Führungsaufgaben umfassend beteiligt.

7. Wie wird durch Personalentwicklung ein Nachfolger auf seine künftigen Aufgaben vorbereitet?

Ein designierter Nachfolger soll darauf vorbereitet werden, den jetzigen Stelleninhaber zu ersetzen. Diese Aufgabe kann im Allgemeinen nur der jetzige Stelleninhaber wahrnehmen. Dabei können Konflikte entstehen. Deshalb wird die Nachfolge häufig über die Stellvertretung geregelt, bei der die Vorgesetztenrolle eindeutig definiert ist.

---

[24] Vgl. Berthel, Jürgen und Fred G. Becker: a. a. O., S. 391 ff.

8.3 Planung, Steuerung und Kontrolle der Personalentwicklung

8. Kann Personalentwicklung durch die Übertragung von Sonderaufgaben stattfinden?

Sonderaufgaben sind dadurch gekennzeichnet, dass sie selbstständig, allein und eigenverantwortlich wahrzunehmen sind. Sonderaufgaben eignen sich als Maßnahmen der Personalentwicklung nur unter besonderen Voraussetzungen, so müssen sie z. B. Kreativität fördern. es dürfen keine Standardlösungen zur Verfügung stehen.

Zu den Sonderaufgaben, die diese Bedingungen erfüllen, werden gelegentlich die Folgenden gezählt:[25]

- Querschnittsaufgaben,
- Auslandseinsätze,
- Teilnahme an Projektgruppen.

9. Kann ein geplanter Arbeitsplatzwechsel zur Personalentwicklung beitragen?

Ein geplanter Arbeitswechsel, *job rotation*, kann zur Personalentwicklung beitragen, weil er dem Mitarbeiter den Erwerb zusätzlicher Qualifikationen ermöglicht. Der Arbeitsplatzwechsel wird deshalb bei der Entwicklung von Führungskräften eingesetzt.

10. Welche Methoden der Personalentwicklung off the job können unterschieden werden?

Personalentwicklung off the job finden nicht am Arbeitsplatz statt. An folgenden Lernorten können die Maßnahmen stattfinden:

- Ausbildungszentren,
- überbetriebliche Einrichtungen, z. B. das Berufsfortbildungswerk BfW,
- außerbetriebliche Einrichtungen, z. B. Einrichtungen bzw. Institute.

Folgende Methoden der Personalentwicklung off the job können unterschieden werden:[26]

- Vortrag und Lehrgespräch,
- programmierte Unterweisung,
- Fallstudie,
- Fallstudie und Planspiel,
- gruppendynamische Methode.

11. Sind Vortrag und Lehrgespräch zur Wissensvermittlung geeignet?

Vortrag und Lehrgespräch sind zur Wissensvermittlung geeignet, sie haben dabei aber unterschiedliche Bedeutung.

---

[25] Olfert, Klaus: a. a. O., S. 398 f.
[26] Ebenda S. 401 ff.

Mithilfe eines **Vortrags** (einer Vorlesung) kann in relativ kurzer Zeit inhaltlich viel vermittelt werden. Das ist der ganz besondere Vorteil des Vortrags. Sein Nachteil liegt darin begründet, dass von den Zuhörern hohe Konzentration abverlangt wird, die sich im Allgemeinen nicht für die Dauer des Vortrags aufrechterhalten lässt, sodass wesentliche inhaltliche Aspekte sie nicht erreichen. Eine Auflockerung des Vortrags, die den Abbau der Konzentration aufhält, ist durch Dias, Darstellungen mit Overhead-Projektor u. dgl. möglich.

Bei einem **Lehrgespräch** findet kein Monolog wie beim Vortrag statt. Die Wissensvermittlung erfolgt vielmehr in Form eines Gesprächs zwischen dem Dozenten und den anderen Gesprächsteilnehmern. Der Erfolg des Lehrgesprächs hängt u. a. ab von der Fähigkeit des Dozenten zur Gesprächsführung, zur Gesprächsstrukturierung, zur Überprüfung des Erfolgs nach einzelnen Gesprächsabschnitten usw.

12. Wie läuft eine programmierte Unterweisung ab?

Programmierte Unterweisung, das Lernen z. B. anhand eines Computerprogramms, eignet sich besonders gut für die selbsttätige Aneignung von Lernstoff. Der Lernprozess läuft in den Phasen *Information – Frage – Antwort – Lernkontrolle* ab. Der Vorteil der programmierten Unterweisung liegt darin, dass der Lernende Lerngeschwindigkeit, Lernzeitpunkt selbst bestimmen kann, und dass der Lernerfolg regelmäßig kontrolliert wird.

13. Was ist eine Fallstudie und wie wird anhand einer Fallstudie gelernt?

Fallstudien *simulieren betriebliche Problemfälle*, die die Lernenden analysieren und lösen sollen. Folgende Formen von Fallstudien werden unterschieden:

- Case-Problem-Methode – die simulierte Situation ist kurz und einfach und erlaubt nur eine Lösung, zusätzliche Informationen werden nicht benötigt,

- Incident-Methode (Ereignismethode) – zur Lösung müssen die Gruppenmitglieder weitere Informationen beschaffen, dadurch wird diese Methode praxisgerechter,

- In-Basket-Exercise-Methode (Postkorbmethode) – ein konstruierter realitätsnaher Fall verlangt eine schnelle, effektive und richtige Lösung (Postkorbmethode, weil die Eingänge in einem Postkorb an einem bestimmten Arbeitsplatz bearbeitet werden müssen).

14. Was ist ein Planspiel und wie wird anhand eines Planspiels gelernt?

Das Planspiel ist eine besondere *Form der Fallmethode*; ihm liegt ein simulierter Fall eines fiktiven Unternehmens zu Grunde. Das Spiel wird durch ein Computerprogramm gestützt, das die Realität abbilden soll. Zu Beginn des Spiels werden Spielregeln ausgegeben. Die Mitspieler müssen Entscheidungen treffen, über deren Erfolg sie regelmäßig während des Spiels unterrichtet werden. Ein Planspiel ist geeignet, praxisnahe Eindrücke zu vermitteln, insofern trägt das Planspiel zur Erweiterung von Kenntnissen bei.

15. Wie und was wird bei gruppendynamischer Methodik gelernt?

Mit der gruppendynamischen Methode soll die *soziale Wahrnehmungsfähigkeit verbessert* werden. Eine Lerngruppe umfasst etwa sechs bis zwölf Teilnehmer, die in den Sitzungen u. a. lernen sollen, ihr Verhalten und dessen Wirkung auf andere und das Verhalten der anderen mit seinen Wirkungen richtig einzuschätzen. Lern- bzw. Lehrmethode ist die Diskussion und das unmittelbare Feedback auf Diskussionsbeiträge; die Diskussion hat i. d. R. kein konkretes Ziel.

Dem Trainer kommt eine besondere Bedeutung zu. Er soll den Teilnehmern helfen, ihre Konfliktkapazitäten zu erkennen, damit sie sie für ähnliche Situationen in anderen Zusammenhängen nutzbar machen können.

Eine besondere gruppendynamische Methode ist das Sensivitätstraining (sensivity training). Andere Formen entwickeln sich, in denen der Trainer auch Führungsaufgaben hat und Themen aus der betrieblichen Praxis vorgegeben werden.

16. Welchen Beitrag leistet die gruppendynamische Methode zur Personalentwicklung?

Einen Beitrag zur Personalentwicklung leistet die gruppendynamische Methode dann, wenn sie folgende Ziele zumindest annäherungsweise erreicht:

- Selbsterkenntnis,
- Fähigkeit zur Beurteilung der Persönlichkeit und des Verhaltens anderer,
- Fähigkeit, mit kritischer Beurteilung über sich und über eigenes Verhalten sachlich umzugehen,
- Verständnis für die Bedingungen von Interaktionen in Gruppen,
- Kennenlernen von Rahmenbedingungen der Gruppenarbeit.[27]

8.3.2.1.3 Maßnahmen zur Personalförderung

1. Welche Maßnahmen können zur Personalförderung ergriffen werden?

Im Rahmen der Personalförderung können u. a. folgende Maßnahmen ergriffen werden:[28]

- Coaching,
- Mentoring,
- job enlargement,
- job enrichment,
- job rotation,
- Karriereplanung.

---

[27] Vgl. Berthel, Jürgen und Fred G. Becker: a. a. O., S. 410.
[28] Olfert, Klaus: a. a. O., S. 411 ff.

2. Welche Rolle spielt das Coaching in der Personalförderung?

Coaching soll hier verstanden werden als die *Betreuung einer Führungskraft durch einen außenstehenden Coach*. Coaching zielt u. a. ab auf Qualifizierung und Entwicklung der Kompetenzen. Wichtiges Mittel des Coaching ist das Gespräch, in dem nicht nur Sachfragen geklärt werden, sondern auch das Verhalten des Mitarbeiters in bestimmten Situationen reflektiert wird. Der Mitarbeiter erfährt so, wie z. B. sein Führungsverhalten bei anderen Mitarbeitern bewertet wird, wie er es ggf. verbessern kann usw. Insofern ist Coaching ein probates Mittel der Personalförderung.

3. Welches typische Kennzeichen weist das Mentoring auf und welche Rolle spielt das Mentoring in der Personalförderung?

Als Mentoring wird die *Betreuung neuer Mitarbeiter* bezeichnet, die bei ihrer neuen Tätigkeit beraten und angeleitet werden müssen. Mentoren können andere Mitarbeiter, Vorgesetze, evtl. auch von außen kommende Experten sein. Mentoring ist insofern eine Maßnahme der Personalentwicklung, als es neuen Mitarbeitern hilft, mit neuen, noch unbekannten Situationen fertig zu werden, Probleme und Konflikte zu bewältigen, sodass sie schließlich den Anforderungen ihres neuen Arbeitgebers gerecht werden können.

4. Wie können job enlargement, job enrichment und job rotation zur Personalförderung beitragen?

Man kann davon ausgehen, dass Aufgabenergänzungen und -erweiterungen letztlich auch der Personalförderung dienen. Von Aufgabenerweiterung spricht man bei folgenden Maßnahmen:

Job enlargement liegt vor, wenn der Aufgabenbereich eines Mitarbeiters mit zusätzlichen ähnlichen, gleichwertigen Aufgaben *ergänzt* wird. Häufig handelt es sich bei den neuen Aufgaben um Planungs- und Kontrollaufgaben, die die bisher ausschließlich ausführenden Tätigkeiten sinnvoll ergänzen. Der Mitarbeiter wird motiviert, die Arbeitszufriedenheit wird erhöht und die Qualität der Arbeit kann verbessert werden. Job enlargement trägt dann zur Personalentwicklung bei, wenn der Mitarbeiter nicht überfordert wird und die erforderlichen Fortbildungsmaßnahmen auch angemessenen Erfolg haben.

Job enrichment ist eine *Anreicherung* des Aufgabenfeldes mit Aufgaben, die anspruchsvoller sind. Die Maßnahme dient der Höherqualifizierung und trägt so zur Personalentwicklung bei.

Job rotation ist ein *Arbeitsplatzwechsel*. Für den betroffenen Arbeitnehmer bedeutet er neue Herausforderungen, er lernt Zusammenhänge besser kennen und seine Arbeitszufriedenheit kann steigen. Diese Form der Personalförderung dient in der Praxis vor allem der Qualifizierung eines Arbeitnehmers, damit er bei Ausfällen eines Mitarbeiters dessen Arbeitsplatz kurzfristig übernehmen kann.

5. Was bedeutet Karriereplanung?

Karriereplanung ist die *Gestaltung des individuellen beruflichen Werdegangs* eines Arbeitnehmers. Als Personalförderungsmaßnahme bezieht sie sich auf die Karriere bei dem aktuellen Arbeitgeber. Aus Sicht des Arbeitnehmers, der Vorstellungen von seiner beruflichen Laufbahn entwickelt, kann in die Karriereplanung auch ein Wechsel des Arbeitgebers einbezogen sein. Der Arbeitnehmer bezieht im Allgemeinen auch seine besonderen Lebensumstände und deren Entwicklung mit ein (z. B. Familiengründung, Einschulung der Kinder, Hausbau bzw. Sesshaftwerden an einem Ort).

Im Zusammenhang mit der Karriereplanung können u. a. folgende Orientierungen eine Rolle spielen:[29]

- Aufstiegsorientierung,
- Sicherheitsorientierung,
- Kreativitätsorientierungen,
- Autonomieorientierungen.

6. Welche Ziele werden mit Karriereplanung verbunden?

Mit der Karriereplanung von Mitarbeitern zielen Unternehmen u. a. darauf ab, Nachfolgeprobleme zu lösen, Mitarbeiter zu motivieren und sie langfristig an das Unternehmen zu binden.

Führungskräfte geben an, mit der Karriereplanung folgende Ziele zu verbinden bzw. verbunden zu haben:

- Höheres Einkommen,
- mehr Kompetenz,
- größere Selbstständigkeit,
- die Tätigkeit selbst,
- bessere Entwicklungsmöglichkeiten,
- größere Sicherheit des Arbeitsplatzes.

7. Welche Laufbahnformen bieten die Unternehmen den Mitarbeitern?

Für die Karriereplanung bestehen in den Unternehmen folgende Laufbahnformen:

- Führungslaufbahn, dabei ist vor allem der Aufstieg im Unternehmen mit mehr Kompetenzen, Verantwortung, Macht, Entlohnung usw. gemeint,
- Fachlaufbahn, die sich durch hohen Anteil an Fachaufgaben und geringem Anteil von Führungsaufgaben auszeichnet und der Führungslaufbahn gleichwertig sein soll,
- Projektgruppen, in denen Führungspositionen auf Zeit übernommen werden können.

---

[29] In Anlehnung an Berthel, Jürgen und Fred G. Becker: a. a. O., S. 375 f. (auch die folgenden Ausführungen).

8.3.2.2 Konzeptentwicklung zur Umsetzung

1. Welche Aspekte umfasst ein Konzept zur Personalentwicklung?

Ein Konzept der Personalentwicklung umfasst folgende Aspekte:[30]

- Ermittlung des qualitativen Personalbedarfs (Anforderungen der Arbeitsplätze),
- Ermittlung der Qualifikation und des Entwicklungspotenzials der Mitarbeiter,
- Ermittlung des Entwicklungsbedarfs,
- Auswahl der Maßnahmen,
- Erfolgskontrolle.

2. Worin zeigt sich der qualitative Personalbedarf?

Der Personalentwicklungsbedarf ergibt sich als Diskrepanz zwischen den Anforderungen einer Stelle und den Qualifikationen des Mitarbeiters, der diese Stelle besetzt oder besetzen soll. Die Anforderungen einer Stelle drücken sich im qualitativen Personalbedarf aus.

3. Wie wird der qualitative Personalbedarf ermittelt?

Der qualitative Personalbedarf ergibt sich aus den *Anforderungen* einer Stelle, sie sind in Stellenbeschreibungen festgehalten. Darüber hinaus sind aber auch die möglichen Entwicklungen der Anforderungen einer Stelle zu berücksichtigen; sie ergeben sich einerseits aus den Unternehmensplanungen und andererseits aus technischen Neuerungen. Es ist also die Frage zu beantworten, was muss ein Mitarbeiter, der eine bestimmte Stelle besetzt oder besetzen soll, jetzt und künftig wissen und können.

4. Welche Bedeutung haben Qualifikation und Entwicklungspotenzial der Mitarbeiter für die Ermittlung des Entwicklungsbedarfs?

Damit der Entwicklungsbedarf festgestellt werden kann, müssen die *Qualifikationen der Mitarbeiter und ihr Entwicklungspotenzial* ermittelt werden. Mithilfe von Leistungsbeurteilungen kann geprüft werden, ob und in welchem Umfang die gegenwärtige Stellenbesetzung den Anforderungen zzt. genügt bzw. in der Vergangenheit genügt hat. Negative Beurteilungen lassen Schlüsse auf Qualifikationslücken zu, die auf einen Entwicklungsbedarf hindeuten können.

In der positiven Leistungsbeurteilung eines Mitarbeiters könnte sich dessen Entwicklungspotenzial ausdrücken, d. h. er könnte mit entsprechenden Fördermaßnahmen künftig auch anspruchsvollere Tätigkeiten übernehmen.

---

[30] Vgl. Mentzel, Wolfgang: Personalenwicklung, München 2005, S. 17 ff.

5. Wie zeigt sich das Entwicklungspotenzial von Mitarbeitern und wie wird es ermittelt?

Entwicklungspotenzial eines Mitarbeiters zeigt sich in seiner *Eignung*, nach entsprechenden Fördermaßnahmen höheren oder anderen Qualifikationsanforderungen zu genügen; es beruht auf Erfahrungen, Begabung, Kenntnissen und Fähigkeiten.

Das Entwicklungspotenzial der Mitarbeiter kann u. a. anhand folgender Instrumente festgestellt werden:

- Befragung der Mitarbeiter, z. B. in Interviews (durch Experten oder Mitarbeiter), mithilfe von Fragebogen,
- Dokumentenanalyse (Analyse der Aufzeichnungen von Leistungsbeurteilungen),
- Beobachtungen der Mitarbeiter bei der Arbeit,
- Mitarbeitergespräche.

6. Werden bei der Ermittlung des Entwicklungsbedarfs auch die Wünsche und Entwicklungsbedürfnisse der Mitarbeiter berücksichtigt?

Vor Festlegung des tatsächlichen Entwicklungsbedarfs sind die Entwicklungsbedürfnisse und die Wünsche derjenigen Mitarbeiter festzustellen, die für Maßnahmen der Personalentwicklung in Betracht kommen, weil sie über das erforderliche Entwicklungspotenzial verfügen. Dabei ist zunächst die Frage von Bedeutung, ob sie überhaupt an Entwicklungsmaßnahmen interessiert sind.

Zur Feststellung der Entwicklungsbedürfnisse von Mitarbeitern eignen sich in besonderem Maße Mitarbeitergespräche. Die Entwicklungsbedürfnisse richten sich z. B. auf

- einen Aufstieg im Unternehmen,
- Qualifizierung, die auch bei einem Wechsel des Arbeitgebers von Bedeutung ist,
- höheres Entgelt,
- Selbstverwirklichung.

7. Wie wird der Entwicklungsbedarf festgestellt?

Der Entwicklungsbedarf ergibt sich aus der *Gegenüberstellung von Anforderungen einer Stelle und Qualifikation des Mitarbeiters*. Bei Übereinstimmung ergibt sich kein Entwicklungsbedarf, Deckungslücken können durch geeignete Personalentwicklungsmaßnahmen geschlossen werden.

8. Welche Gesichtspunkte bestimmen die Personalentwicklungsmaßnahmen?

Die Deckungslücken zwischen Anforderung und Qualifikation bestimmen die Entwicklungsmaßnahmen. Dabei sind folgende Situationen denkbar:[31]

---

[31] Mentzel, Wolfgang: a. a. O., S. 23.

- Die Mitarbeiter erfüllen die Anforderung der Stelle, die sie gegenwärtig besetzen, nur unzulänglich.

  Entwicklungsmaßnahme: Anpassung der Qualifikation durch Ausbildung bzw. Fortbildung.

- Die Anforderungen einer Stelle haben sich erhöht durch die technische Entwicklung.

  Entwicklungsmaßnahme: Qualifizierung durch Fortbildung on the job; evtl. Fortbildungsmaßnahmen off the job (z. B. externe Einführungslehrgänge).

- Anforderungen ändern sich durch Versetzung auf gleicher hierarchischer Ebene.

  Entwicklungsmaßnahme: Qualifizierung für die neue Stelle; abhängig von der Hierarchieebene (z. B. Coaching).

- Anforderungen ändern und erhöhen sich durch Beförderung.

  Entwicklungsmaßnahme: Gestaltung der Aufstiegswege; Vermittlung der erforderlichen Qualifikationen, evtl. Mentoring oder Coaching.

9. Wie beeinflussen die Kosten die Auswahl der Entwicklungsmaßnahmen?

Die Kosten können die Auswahl der Entwicklungsmaßnahmen maßgeblich beeinflussen. So wird man bei der Planung von Bildungsmaßnahmen z. B. durch Kostenvergleichsrechnungen kostengünstige Maßnahmen ermitteln.

10. Welche Aspekte umfasst die Erfolgskontrolle?

Die Kontrolle des Erfolgs von Personalentwicklungsmaßnahmen umfasst folgende Aspekte:

- Kontrolle des ökonomischen Erfolgs,
- Kontrolle des pädagogisch-psychologischen Erfolgs.

8.3.3 Personalentwicklungscontrolling

1. Welche Schwierigkeiten ergeben sich bei der Messung des Erfolgs von Personalentwicklungsmaßnahmen?

Bei der Messung des Erfolgs bestehen u. a folgende Problembereiche:[32]

- Der Kausalzusammenhang zwischen einer Entwicklungsmaßnahme und dem erzielten Erfolg ist häufig nur schwer nachzuweisen.

- Die Wirkungen bestimmter Entwicklungsmaßnahmen können von nicht geplanten Faktoren beeinflusst werden.

- Die erworbenen Kenntnisse können zum Zeitpunkt der Kontrolle noch nicht oder evtl. überhaupt nicht angewandt werden.

---
[32] Mentzel, Wolfgang: a. a. O., S. 280.

8.3 Planung, Steuerung und Kontrolle der Personalentwicklung

- Unklar bzw. ungenau formulierte Entwicklungsziele können die Kontrolle erschweren.

- Entwicklungserfolge können häufig nicht quantifiziert werden; dadurch werden lediglich Tendenzaussagen möglich.

2. Welche Probleme hat die Kontrolle des Lernerfolgs?

Der Erfolg einer Fortbildungsmaßnahme zeigt sich in *zwei Ebenen*: einerseits im Ergebnis des Lernprozesses, andererseits im Anwendungseffekt. Zwischen beiden Erfolgsebenen können sich Diskrepanzen ergeben: Entsprechend umfasst die Kontrolle zwei Aspekte, die Lernprozesskontrolle und die Anwendungkontrolle (Transferkontrolle).

3. Entspricht ein guter Lernerfolg einem entsprechenden Transfererfolg?

Übereinstimmungen zwischen Lernerfolg und Anwendungserfolg sind nicht immer gegeben. Die Chance zur größten Übereinstimmung ist gegeben bei internen Maßnahmen on the job. Die Gefahr geringer Übereinstimmung besteht bei externen Maßnahmen, bei denen im Allgemeinen nicht auf die speziellen Fortbildungsziele einzelner Unternehmen eingegangen werden kann.

Anwendungshemmnisse können sich ergeben, wenn der in Kursen off the job vermittelte Stoff nicht ohne weiteres auf die betriebliche Praxis übertragbar ist. Gelegentlich behindert der Betrieb die Übertragung, weil keine (ausreichenden) Anwendungsmöglichkeiten bestehen.[33]

4. Mit welchen Methoden kann der Erfolg einer Entwicklungsmaßnahme kontrolliert werden?

Methoden der Erfolgskontrolle sind z. B.

- Beobachtungen,

- Befragungen,

- psychologische Testverfahren, Kombination von Befragungen und Beobachtungen,

- Prüfungsverfahren auf der Grundlage zweifelsfrei handhabbarer Bewertungskriterien,

- Mitarbeiterbeurteilungen (Beurteilungen der Leistungs- und Verhaltensänderungen),

- Statistiken und Kennziffern.[34]

---

[33] Mentzel, Wolfgang: a.a.O., S. 284.
[34] Berthel, Jürgen und Fred G. Becker: a.a.O., S. 420 f.

5. Welche Aspekte umfasst die ökonomische Kontrolle einer Personalentwicklungsmaßnahme?

Personalentwicklungsmaßnahmen sind Investitionen, die sich für ein Unternehmen wirtschaftlich lohnen müssen. Dadurch gewinnt die ökonomische Kontrolle besondere Bedeutung. Diese Kontrolle umfasst folgende Aspekte:

- Messung des wirtschaftlichen Erfolgs,
- Kontrolle der Kosten,
- Vergleich bestimmter Kennziffern nach der Maßnahme mit definierten Referenzwerten (Benchmarks).

6. Wie kann der wirtschaftliche Erfolg gemessen werden?

Der wirtschaftliche Erfolg kann z. B. gemessen werden durch Vergleichstests; verglichen wird eine Testgruppe, die sich aus Teilnehmern an einer Entwicklungsmaßnahme zusammensetzt, mit einer Kontrollgruppe, deren Mitglieder nicht gefördert wurden. Gefragt wird z. B. danach, ob die Testgruppe höhere produktive Leistungen erbringt als die Kontrollgruppe. Der Test kann unmittelbar im Anschluss an die Maßnahme durchgeführt und nach einigen Monaten wiederholt werden. Mit ähnlichen Vergleichsverfahren können auch Verhaltensänderungen, Beeinflussungen von Einstellungen durch die Fördermaßnahme usw. geprüft werden.

7. Welche Bedeutung hat die Kostenkontrolle?

Entwicklungsmaßnamen verursachen Kosten, dabei schlagen vor allem die Fördermaßnahmen i. e. S. zu Buche, von geringer Bedeutung sind die anteiligen Kosten von Mitarbeitern, die bei der Maßnahme Teilaufgaben übernehmen, z. B. Vorgesetzte, Mitarbeiter in der Personalabteilung. Nach Abschluss einer Maßnahme sind die Kosten zu ermitteln, mit den Ansätzen zu vergleichen, Abweichungen zu analysieren usw.

8. Welche Kosten können Bildungsmaßnahmen verursachen?

Personalentwicklungsmaßnahmen verursachen Kosten, für Bildungsmaßnahmen sind im Folgenden einige beispielhaft angegeben.

- Kosten für interne Bildungsmaßnahmen am Arbeitsplatz, z. B.
  Kosten für die Unterweisung durch den Vorgesetzten,
  ausgefallene Arbeitszeit,
  für Minderleistungen.

- Kosten für interne Bildungsmaßnahmen außerhalb des Arbeitsplatzes, z. B.
  Honorare für externe Referenten,
  Raumkosten und Kosten für Lehrmittel,
  Kosten für ausgefallene Arbeitszeit usw.

- Kosten für externe Bildungsmaßnahmen, z. B.
  Gebühren für Veranstaltungen,
  Reisekosten sowie Kosten für Unterkunft und Verpflegung,
  Kosten für ausgefallene bezahlte Arbeitszeit.

8.3 Planung, Steuerung und Kontrolle der Personalentwicklung

Darüber hinaus fallen für alle Maßnahmen anteilige Verwaltungskosten der Personalabteilung an.

9. Was wird als Bildungscontrolling bezeichnet?

Unter Bildungscontrolling wird ein Prozess verstanden, der die Planung, Steuerung und Kontrolle aller Bildungsmaßnahmen eines Unternehmens beinhaltet.

10. Welche Aufgaben hat das Bildungscontrolling?

Bildungscontrolling hat folgende Aufgaben:[35]
- Entwicklung von Sollwerten,
- Feststellung von Istwerten,
- Soll-Ist-Vergleich, Erfassung von Abweichungen,
- Analyse der Abweichungen,
- Gegensteuerung durch Vorschläge zur Anpassung der Maßnahmen.

11. Welche Probleme bestehen im Zusammenhang mit dem Bildungscontrolling?

Einige Probleme des Bildungscontrollings lassen sich beispielhaft folgendermaßen zusammenfassen.

In vielen Unternehmen wird das Controlling der Bildungsmaßnahmen kaum angewandt. Vor allem fehlt die Verbindung des Bildungscontrolling mit den Unternehmenszielen. Wichtig wäre z. B., den strategischen Unternehmenszielen ein strategisches Bildungscontrolling zuzuordnen.

Viele Unternehmen suchen aber nach Modellen und Instrumenten zur Umsetzung eines Bildungscontrolling, weil sie dessen Bedeutung als wichtig einschätzen. Offensichtlich scheuen sie die Kosten der Einführung.

8.3.4 Personalinformationssysteme

1. Welche Aufgabe hat ein Personalinformationssystem?

Mithilfe eines Personalinformationssystems kann die Personalverwaltung Informationen erfassen, speichern, verarbeiten, analysieren usw. Es muss zugangsberechtigten Mitarbeitern alle Informationen liefern können, die sie für Führungs- und Verwaltungsaufgaben benötigen. Die Informationen müssen entsprechend der Fragestellung aufbereitet und geordnet sein.

---

[35] In Anlehnung an: Oechsler, Walter A.: a. a. O., S. 531 f.

2. Welche Aufgabenbereiche werden durch Personalinformationssysteme unterstützt?

Durch Personalinformationssysteme werden u. a. folgende Aufgabenbereiche unterstützt:

- Personalverwaltung, Verwaltung von Stammdaten,
- Entgeltabrechnung, Berechnung der Löhne, Gehälter, besondere Vergütungen, Sozialversicherungsbeiträge usw.,
- Zeitwirtschaft, Erfassung von Anwesenheits- und Abwesenheitszeiten usw.,
- Berichtswesen, Erstellung von Statistiken usw.,
- Personaleinsatz, Erstellung von Stellenplänen, Stellenbeschreibungen usw.,
- Personalentwicklung, Dokumentation von Kenntnissen und Fähigkeiten, Weiterbildungsplanung usw.,
- Personalcontrolling, Vergleich Ist – Soll, Abweichungsanalysen usw.

3. Wie sind Personalinformationssysteme aufgebaut?

Personalinformationssysteme sind computergestützt; sie bestehen aus Hardware (mit Rechner, Datenbank usw.) und Anwendungsprogrammen.

PIS sind meistens modular aufgebaut. Sie bestehen aus einem Basis-Modul, einem Fehlzeiten-Modul einem Lohnabrechnungsmodul u. Ä.

4. Wie können Personalinformationssysteme unterschieden werden?

PIS können nach den Aufgaben unterschieden werden, die sie wahrnehmen sollen; danach gibt es *administrative und dispositive Systeme*.[36]

Administrative Systeme erfüllen abrechnungs- und *verwaltungstechnische* Aufgaben, sie können einfache Statistiken und Berichte erstellen. Für die Aufgaben, die i. d. R. periodisch wiederkehren, fallen umfangreiche Daten an. Typische Aufgaben sind Entgeltabrechnungen, Personaleinstellung und -entlassung u. Ä.

Dispositive Systeme dienen dem Personalmanagement bei der Wahrnehmung von *Entscheidungsaufgaben*. Sie liefern Informationen für die Entscheidungen im Rahmen der Personalplanung, Personaleinsatz, Personalcontrolling u. Ä.

5. Wo werden die Daten gespeichert, die ein PIS dem Personalmanagement liefern muss?

Die Daten werden in einer Datenbank gespeichert, die mehrere Dateien enthält, z. B. eine Personalstammdatei, eine Arbeitsplatzstammdatei.

---

[36] Oechsler, Walter A.: a. a. O, S. 196 f. (auch die folgenden Ausführungen beziehen sich teilweise auf diese Quelle).

8.3 Planung, Steuerung und Kontrolle der Personalentwicklung

Die Daten können folgendermaßen gegliedert sein:

- Allgemeine Merkmale zur Identifizierung von Personal und Arbeitsplätzen,
- Kenntnismerkmale, Berufserfahrungen u. Ä.
- physische Merkmale, soweit sie für bestimmte Arbeitsplatzanforderungen benötigt werden,
- Abrechnungsmerkmale.

Die gespeicherten Daten werden mit besonderen Verfahren und Algorithmen ausgewertet, die in einer Methoden- und Modellbank gespeichert sind.

6. Welche Anforderungen sind an Personalinformationssysteme zu stellen?

Folgende Anforderungen werden an Personalinformationssysteme gestellt:

- Sicherheit (Schutz sensibler Personaldaten z. B. vor unberechtigtem Zugriff),
- Integration (zentrale Erfassung der Daten, Ermöglichung der vollständigen Bearbeitung eines Vorgangs),
- Flexibilität (Ergänzbarkeit durch zusätzliche Module u. Ä.),
- Wirtschaftlichkeit (Effizienz und Effektivität),
- Benutzerfreundlichkeit (einfache Erlernbarkeit usw.).

3. Prüfungsteil:
Projektarbeit und projektbezogenes Fachgespräch

9. Projektarbeit[1]

9.1 Vorbemerkungen

1. Was ist unter einer Projektarbeit zu verstehen?

Die Prüfungsordnung sieht als Projektarbeit eine *Hausarbeit* vor, in der sich die Kandidaten selbstständig und selbsttätig mit einem Projekt befassen sollen. Als Projekt ist hier eine betriebswirtschaftliche Aufgaben- oder Problemstellung zu sehen, die an der betrieblichen Praxis orientiert ist, und so weit *in sich abgeschlossen* ist, dass sie einzeln erfasst und gelöst werden kann (z. B. Produkteinführung – Strategiefindung).

2. Welche Bedeutung hat der Hinweis, dass die Projektarbeit fachübergreifend sein soll?

„Fachübergreifend" bedeutet hier, dass die Thematik der Projektarbeit sich nicht ausschließlich auf **einen** Prüfungs- und Handlungsbereich der Prüfungsteile I und II beziehen muss. Man interpretiert den Hinweis wohl richtig, wenn davon ausgegangen wird, dass der Schwerpunkt der Aufgabenstellung einem der Prüfungs- bzw. Handlungsbereiche entnommen wird, dass aber andere einbezogen werden.

3. Welchen Umfang soll die Projektarbeit haben und welche Bearbeitungszeit steht zur Verfügung?

Der Textteil der Projektarbeit soll einen *Umfang von 25 bis maximal 30 Seiten* haben. Das Deckblatt und die beigefügten Verzeichnisse und Anhänge werden dabei nicht mitgezählt. Für die Bearbeitung stehen 30 Tage zur Verfügung.

4. Was soll mit der Projektarbeit nachgewiesen werden?

Der Kandidat soll mit der Projektarbeit eine komplexe Problemstellung der betrieblichen Praxis

- erfassen,
- darstellen,
- beurteilen und
- lösen.

---

[1] Die folgenden Hinweise beziehen sich im Wesentlichen auf die Verordnung und den Rahmenplan.

9.2 Thema der Projektarbeit

1. Soll das Thema der Projektarbeit die betriebliche Praxis des Prüfungsteilnehmers berücksichtigen?

Die Prüfungsordnung sieht vor, dass die Projektarbeit die betriebliche Praxis des Prüfungsteilnehmers bzw. der Prüfungsteilnehmerin berücksichtigt. Das bedeutet, er oder sie sollte mit der Thematik im Betrieb befasst gewesen sein oder aber auf Erfahrungen des Betriebs mit einem ähnlichen Problem und seiner Lösung zurückgreifen können.

Das Thema muss jedoch die eigenständige Lösung eines Problems durch den Prüfungsteilnehmer erlauben; sie ist ein wesentlicher Teil der Arbeit. Das bedeutet, die Arbeit darf nicht auf eine Beschreibung eines abgeschlossenen Falles aus der betrieblichen Praxis hinauslaufen.

2. Welche Anforderungen sind an ein Thema zu stellen?

Das Thema muss eine angemessene Bearbeitung auf dem Niveau der von der Verordnung vorgegebenen Qualifikationsanforderungen ermöglichen und den Prüfungs- und Handlungsbereichen gem. VO entsprechen.

Das Thema muss in der begrenzten Arbeitszeit von 30 Tagen und auf höchstens 30 Seiten bearbeitet werden können. Das schließt eine umfassende Aufarbeitung der betriebswirtschaftlichen Literatur weitgehend aus.

3. Wer stellt das Thema der Projektarbeit?

Das Thema der Projektarbeit wird grundsätzlich vom *Prüfungsausschuss* gestellt. Bei der Themenstellung sollen Vorschläge des Prüfungsteilnehmers bzw. der Prüfungsteilnehmerin berücksichtigt werden.

4. Kann ein Prüfungsteilnehmer oder eine Prüfungsteilnehmerin eigene Themenvorschläge für die Projektarbeit einreichen und wie werden sie berücksichtigt?

Prüfungsteilnehmer und -teilnehmerinnen können dem Prüfungsausschuss einen Themenvorschlag oder zwei Themenvorschläge einreichen. Die Vorschläge müssen das jeweilige Thema nennen und (im Umfang von einer DIN-A-4-Seite) sowohl eine Inhaltsangabe als auch eine Gliederung enthalten, aus der Gegenstand und Ziel der Arbeit hervorgehen. Dabei sollte der Praxisbezug verdeutlicht und auch auf die eigene Beziehung zu dem Thema hingewiesen werden.

9.2 Thema der Projektarbeit

Die Themenvorschläge müssen den Anforderungen genügen.

Die Grobgliederung (ggf. in höchstens zwei Gliederungsebenen) könnte folgende Punkte umfassen:

- Darstellung des Ausgangsproblems,
- Beurteilung des Problems,
- Lösung des Problems.

Zu den einzelnen Gliederungspunkten kann der Inhalt angegeben werden. Dazu sollte auch angegeben werden, wie vorgegangen werden soll, z. B. mit welchen Analyseinstrumenten das Problem beurteilt wird, wie die Problemlösung gefunden werden und wie die Entscheidung für eine Lösung letztlich begründet werden soll.

5. Wie geht der Prüfungsausschuss mit den Themenvorschlägen um?

Der Prüfungsausschuss prüft die Themenvorschläge hinsichtlich

- der Möglichkeit einer angemessenen Bearbeitung auf dem geforderten Qualitätsniveau,
- der formalen Übereinstimmung hinsichtlich der Prüfungs- und Handlungsbereiche.

Wenn die Themenvorschläge den Anforderungen nicht ausreichend entsprechen, kann ein Vorschlag vom Prüfungsausschuss angemessen modifiziert und dem Kandidaten zur Bearbeitung vorgelegt werden. Modifikationen betreffen im Allgemeinen Einengungen des Themas.

6. Wann stellt der Prüfungsausschuss ein eigenes Thema?

Im Allgemeinen berücksichtigt der Prüfungsausschuss ein Wunschthema des Prüfungsteilnehmers.

Der Prüfungsausschuss erstellt das Thema für die Projektarbeit, wenn er die eingereichten Themenvorschläge nach Prüfung nicht akzeptieren kann. Das kommt allerdings relativ selten vor.

Der Prüfungsausschuss erstellt auch dann das Thema, wenn ein Prüfungsteilnehmer bzw. -teilnehmerin keinen eigenen Themenvorschlag einreicht. Dieser Fall gilt eher als Ausnahme.

9.3 Form und äußere Gestaltung

1. Welche Vorgaben bestehen für die äußere Gestaltung der Projektarbeit?

Die Projektarbeit ist mit PC (oder Schreibmaschine) zu erstellen. Im Allgemeinen verlangt der Prüfungsausschuss die Vorlage von drei Exemplaren, die gebunden oder geheftet sein müssen.

Darüber hinaus sind bei der äußeren Gestaltung der Arbeit folgende Punkte zu beachten:

- Papierformat: DIN A 4,
- Beschriftung: einseitig, 1½-zeilig.
- Nummerierung der Seiten: Textteil fortlaufend, mit 1 beginnend,
- Schrifttyp: technische Schrift, z.B. Arial; Schriftgröße: 12 Punkt,
- Randeinstellungen: links und rechts jeweils 2,5 cm,

Veränderungen des Layouts sind in der Arbeit zu vermeiden; d.h. Schrifttyp, Schriftgröße, Zeilenabstand, Randeinstellungen usw. sollten nur in den seltenen Fällen geändert werden, in denen die Arbeit dies dringend erfordert.

2. Aus welchen Teilen besteht die Projektarbeit?

Die Projektarbeit umfasst folgende Teile (in der angegebenen Reihenfolge):

- Deckblatt,
- Inhaltsverzeichnis,
- evtl. mit Anfügung eines Glossars oder Abkürzungsverzeichnisses,
- Textteil,
- evtl. Anhang an den Textteil,
- Literaturverzeichnis,
- eidesstattliche Erklärung.

3. Welche Informationen soll das Deckblatt enthalten?

Das Deckblatt soll folgende Informationen enthalten:

- Bezeichnung der Arbeit, also z.B. „Projektarbeit im Rahmen der Prüfung Geprüfter Betriebswirt/Geprüfte Betriebswirtin",
- zuständige IHK,
- Thema der Arbeit,
- Name, Vorname, Anschrift und/oder Prüfungsnummer des Kandidaten,
- Termin der Abgabe beim Prüfungsausschuss,
- ggf. Hinweis auf Geheimhaltung.

Das Deckblatt könnte z. B. folgendermaßen aussehen:

Projektarbeit

im Rahmen der Prüfung

Geprüfter Betriebswirt
Geprüfte Betriebswirtin

vor der Industrie- und Handelskammer zu Lübeck

Erweiterung der Produktpalette – dargestellt am Beispiel eines mittelständischen Landmaschinenherstellers in Schleswig-Holstein

vorgelegt von

Achim Speth-Laerner
Landstr. 23 - Lübeck-Genin

am 23. Mai 2011
Prüfungsnummer: ABDXYZ

---

4. Welche Bedeutung hat der Geheimhaltungshinweis?

Der Prüfungsausschuss geht selbstverständlich mit allen Informationen, die er im Zusammenhang mit der Arbeit über den Prüfungsteilnehmer und seinen Arbeitgeber erhält, vertraulich um. Der Geheimhaltungshinweis soll z. B. verhindern, dass der Arbeitgeber, z. B. durch Rückfragen eines Korrektors, von den Plänen des Kandidaten, sich weitergehend zu qualifizieren, erfährt. Da die Möglichkeit besteht, auf dem Deckblatt statt des Namens lediglich die Prüfungsnummer anzugeben, kann der Kandidat gegenüber den Korrektoren seine Identität geheim halten.

Zur Vermeidung von Konflikten empfehlen die Prüfungsausschüsse im Allgemeinen den Prüfungsteilnehmern und -teilnehmerinnen, den Arbeitgeber rechtzeitig zu informieren, dass die Absicht besteht, im Rahmen der Weiterbildungsmaßnahme zum Geprüften Betriebwirt/Geprüfte Betriebswirtin eine Projektarbeit anzufertigen, die auch Belange des Betriebs berühren könnte, und um sein Einverständnis zu bitten.

5. Was gibt das Inhaltsverzeichnis an?

Das Inhaltsverzeichnis gibt vor allem die Gliederung des Textteils wieder. Dem Inhaltsverzeichnis kann erforderlichenfalls ein Abkürzungsverzeichnis (Verzeichnis von im Text verwendeten, aber nicht allgemein bekannten Abkürzungen) und ein Glossar

(Wortverzeichnis mit Erklärungen) beigefügt werden. Darüber hinaus wird im Inhaltsverzeichnis auch auf den Anhang und das Literaturverzeichnis und die Eidesstattliche Erklärung hingewiesen. Die Angaben im Inhaltsverzeichnis werden im Allgemeinen mit den entsprechenden Seitenzahlen versehen.

Das folgende Beispiel gibt andeutungsweise ein Inhaltsverzeichnis mit numerischer Gliederung wieder (das in Frage 3 beispielhaft angenommene Arbeitsthema liegt der Gliederung zu Grunde):

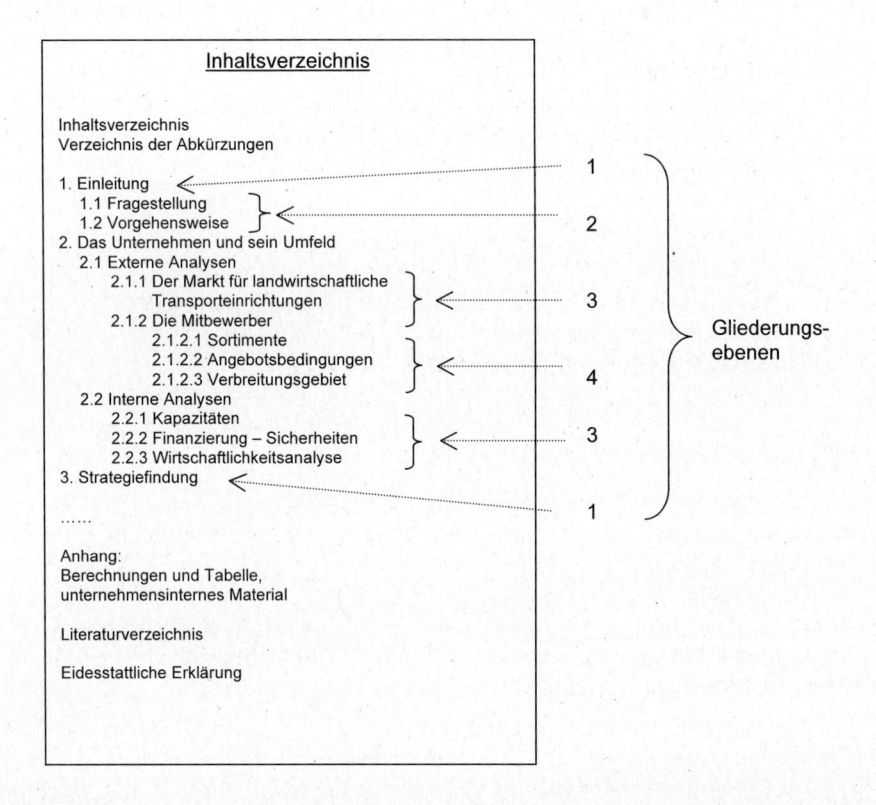

Inhaltsverzeichnis

Inhaltsverzeichnis
Verzeichnis der Abkürzungen 1

1. Einleitung
   1.1 Fragestellung
   1.2 Vorgehensweise 2
2. Das Unternehmen und sein Umfeld
   2.1 Externe Analysen
       2.1.1 Der Markt für landwirtschaftliche
             Transporteinrichtungen
       2.1.2 Die Mitbewerber 3
             2.1.2.1 Sortimente
             2.1.2.2 Angebotsbedingungen
             2.1.2.3 Verbreitungsgebiet 4
   2.2 Interne Analysen
       2.2.1 Kapazitäten
       2.2.2 Finanzierung – Sicherheiten
       2.2.3 Wirtschaftlichkeitsanalyse 3
3. Strategiefindung
   1

Anhang:
Berechnungen und Tabelle,
unternehmensinternes Material

Literaturverzeichnis

Eidesstattliche Erklärung

(Gliederungsebenen)

6. Wie ist der Textteil zu gestalten?

Der Textteil kann numerisch (ausschließlich mit Zahlen) oder alphanumerisch (mit Zahlen und Buchstaben) *gegliedert* werden. Es sind höchstens **vier Gliederungsebenen** vorzusehen. Einem Gliederungspunkt muss mindestens ein zweiter von gleicher Wertigkeit (gleiche Gliederungsebene) folgen.

Die einzelnen Kapitel und Abschnitte sind mit *Überschriften* zu versehen (entsprechend dem Inhaltsverzeichnis bzw. der Gliederung); die jeweils folgenden Ausführungen müssen sich eindeutig auf die Überschriften beziehen.

Zitate und Hinweise (z. B. auf Bücher, Aufsätze, Autoren) sollen möglichst kurz sein und selten verwendet werden; Gegenstand der Projektarbeit ist nicht die Aufarbeitung

9.3 Form und äußere Gestaltung

der einschlägigen Literatur. Wörtlich übernommene Textteile sind in Anführungszeichen zu setzen. Die Quellen von Zitaten, Abbildungen usw. sind in Fußnoten anzugeben; die *Fußnoten* sind fortlaufend zu nummerieren.

Eine *Literaturangabe* enthält z. B. folgende Informationen: Name des Verfasser (oder des Herausgebers), Titel des Buches, evtl. Auflage, Erscheinungsort und -jahr, Seitennummer; bei Bezug auf mehrere Seiten: Seitennummer f. bzw. ff. Wenn die Quelle in einem Aufsatz enthalten ist, der in einem Sammelband veröffentlicht wurde, kann die Angabe folgendermaßen lauten: Name des Verfasser, Titel des Aufsatzes, in: Name des Herausgebers (mit dem Hinweis Hg.), Titel des Sammelbandes, Erscheinungsort und -jahr, Seitennummer.

Beispiel für eine Quellenangabe (Literaturangabe): Wöhe, Günter: Einführung in die Allgemeine Betriebswirtschaftslehre, 23. Aufl., München 2008, S. 1234 f.

7. Welche Bedeutung hat der Anhang zum Textteil?

Der Textteil kann einen Anhang erhalten, der z. B. weitere Abbildungen, Tabellen, umfangreiche Berechnungen und unternehmenseigenes Material aufnimmt. Der Anhang wird nicht in den vorgegebenen Seitenumfang einbezogen.

8. Was beinhaltet das Literaturverzeichnis?

In das Literaturverzeichnis wird die im Textteil genutzte Literatur in alphabetischer Reihenfolge nach Verfassernamen aufgelistet; die Liste ist durchzunummerieren. Es ist nur die Literatur aufzunehmen, die öffentlich zugänglich ist.

9. Welche Bedeutung hat die Eidesstattliche Erklärung und welchen Wortlaut kann sie haben?

In einer eidesstattlichen Erklärung soll der Verfasser der Projektarbeit versichern, dass er die Arbeit ohne fremde Hilfe angefertigt hat und keine anderen als die angegebenen Quellen genutzt hat. Die Erklärung ist von ihm zu unterschreiben. Die Erklärung wird der Projektarbeit am Ende angefügt.

Für die eidesstattliche Erklärung ist folgende Formulierung denkbar:

Ich erkläre an Eides Statt, dass ich meine Projektarbeit (Titel angeben) selbstständig und ohne fremde Hilfe angefertigt habe, dass ich alle von anderen Autoren wörtlich übernommenen Stellen wie auch die sich an die Gedankengänge anderer Autoren eng anlehnenden Ausführungen meiner Arbeit besonders gekennzeichnet und die Quellen in allgemein üblicher Form zitiert und in Fußnoten angegeben habe und dass ich außer den angegebenen keine weiteren Hilfsmittel benutzt habe.

(Ort, Datum)

                                                                (Unterschrift)

10. Nach welchen Kriterien bewertet der Prüfungsausschuss die Arbeit?

Kriterien für die Bewertung der Arbeit sind

- Übereinstimmung der Arbeit mit dem eingereichten Vorschlag,
- Aufbau der Arbeit und ihre Strukturierung,
- inhaltliche Bearbeitung,
- eigene gedankliche Leistung,
- Einhaltung der formalen Vorgaben.

10. Projektarbeitsbezogenes Fachgespräch

1. Wann wird ein projektarbeitsbezogenes Fachgespräch geführt?

Das Fachgespräch wird nur dann geführt, wenn der Prüfungsteilnehmer bzw. die Prüfungsteilnehmerin in der Projektarbeit mindestens ausreichende Leistungen nachgewiesen hat.

2. Wie lange soll das Fachgespräch dauern?

Das Fachgespräch soll in der Regel mindestens 30 Minuten dauern; es kann erforderlichenfalls verlängert werden. Für die Präsentation innerhalb des Fachgesprächs sind höchstens 15 Minuten anzusetzen.

3. Welcher Nachweis soll in dem Fachgespräch geführt werden?

Der Prüfling soll in dem Fachgespräch nachweisen, dass er bzw. sie Berufswissen in unternehmenstypischen Situationen anwenden und sachgerechte Lösungen erarbeiten kann; die Sachgerechtigkeit bezieht sich auf die Unternehmenspolitik. Das Fachgespräch geht von der Projektarbeit aus.

4. Wie wird bei dem Fachgespräch vorgegangen?

Zunächst trägt der Prüfungsteilnehmer die Ergebnisse und die wesentlichen Elemente seiner Projektarbeit vor. Dabei soll er geeignete Formen der **Präsentation** verwenden, z. B. Grafiken, Tabellen, und den Nachweis führen, dass er entsprechende Präsentationstechniken einsetzen kann, z. B. Overheadprojektor, Pinwand, Flipchart.[2] Die Präsentation soll höchstens 15 Minuten dauern.

An die Präsentation schließt sich das Gespräch mit dem Prüfungsausschuss an. Das **Gespräch** geht von der Präsentation aus, lotet das Verständnis des Kandidaten für Zusammenhänge und seine Fähigkeit zu Rückschlüssen und Verallgemeinerungen aus, geht dabei auf allgemeine betriebswirtschaftliche und unternehmenstypische Fragen und Sachverhalte sowie auf Folgerungen und Weiterungen ein.

5. Wie wird das projektarbeitsbezogene Fachgespräch bewertet?

Das Gespräch wird gesondert bewertet; bewertet werden Inhalt und Form, der Inhalt wird doppelt gewichtet.[3]

---

[2] Prüfungsteilnehmer und -teilnehmerinnen sollten sich rechtzeitig mit der zuständigen IHK in Verbindung setzen, damit die entsprechenden Geräte am Prüfungstag im Prüfungsraum zur Verfügung stehen.

[3] Die Gesamtnote wird als arithmetisches Mittel aus den Punkten für die Projektarbeit und den Punkten für das projektarbeitsbezogene Gespräch gebildet.

Übungs- und klausurtypische Aufgaben

Einführung

Mit diesen Aufgaben sollen die Lehrgangsteilnehmer für die Prüfung üben und sich einen Überblick über den Aufbau von Klausuren verschaffen. Daneben können die Aufgaben auch dazu dienen, die mithilfe des laufenden Textes bzw. die im Lehrgang erworbenen Kenntnisse übend anzuwenden.

Der Aufgabenteil ist entsprechend dem Textteil gegliedert. Er enthält Beispielaufgaben sowohl zu den fünf Prüfungsbereichen des ersten Prüfungsteils (Wirtschaftliches Handeln und betriebliche Leistungsprozesse), als auch zu den drei Handlungsbereichen des zweiten Prüfungsteils (Führung und Management im Unternehmen).

Die Aufgaben für den **1. Prüfungsteil** (Wirtschaftliches Handeln und betriebliche Leistungsprozesse) sind anwendungsbezogen. Das bedeutet, die Aufgaben enthalten Fragekomplexe und Aufgabenstellungen, die die Kategorien der Taxonomieebene „Anwenden" berücksichtigen; Kategorien dieser Taxonomieebene sind z. B. anwenden, ausüben, beherrschen, berechnen, entwerfen, veranlassen, vorschlagen, wahrnehmen u. Ä. Da allerdings „Anwendung" Kenntnisse und Verständnis voraussetzt, können die Aufgaben auch reine Wissensfragen und Fragen nach dem Verständnis enthalten. Die Aufgaben können sich also auch beziehen auf Kategorien der anderen Taxonomieebenen, z.B. auf Darstellung, Wiedergabe, Beschreibung, Analyse, Begründung, Beurteilung, Bewertung u. a.

In den Prüfungsbereichen 1 bis 4 des 1. Prüfungsteils sind Klausurarbeiten von mindestens 90-minütiger, im 5. Prüfungsbereich von mindestens 120-minütiger Dauer anzufertigen. In die Klausurarbeit zum 5. Prüfungsbereich ist auch eine Aufgabe in englischer Sprache einzubeziehen, die jedoch in deutscher Sprache zu bearbeiten ist.

Die Gesamtdauer des 1. Prüfungsteils darf 720 Minuten nicht übersteigen.

Die Anzahl der Aufgaben je Klausur, d. h. der Umfang der einzelnen Aufgaben, und der Aufgabentyp werden nicht vorgeschrieben. Die Forderung des Anwendungsbezugs weist aber auf den Praxisbezug hin. Die Aufgaben gehen deshalb von einem Fall aus, der die Thematik des jeweiligen Prüfungsbereichs widerspiegelt. Auf den Fall beziehen sich die anschließenden Fragen und Aufgaben.

Je Prüfungsbereich werden Aufgaben von unterschiedlicher Bearbeitungsdauer vorgestellt. Neben Aufgaben, die eine 90-minütige Bearbeitungszeit erfordern, stehen Aufgaben mit kürzeren Bearbeitungszeiten. Damit berücksichtigen die Beispielaufgaben, dass eine Klausurarbeit eine oder mehrere Aufgaben umfassen kann.

Im **2. Prüfungsteil** (Führung und Management im Unternehmen) sind insgesamt drei Prüfungen vorgesehen, und zwar zwei schriftliche Prüfungen in den Handlungsbereichen Unternehmensführung sowie Unternehmensorganisation und Projektmanagement und eine mündliche Prüfung im Handlungsbereich Personalmanagement. Die Bearbeitungszeit der beiden schriftlichen Prüfungen beträgt mindestens 240 Minuten (höchstens 300 Minuten); die Vorbereitungszeit für die mündliche Prüfung ist mit 30 Minuten vorgegeben.

Die drei Aufgaben werden als integrierende Situationsaufgaben formuliert. Schwerpunkte der Aufgaben sind die Themen der jeweiligen Handlungsbereiche. Integrierend heißt, dass in den Prüfungen der Qualifikationsschwerpunkt des jeweiligen Handlungsbereichs mindestens einmal thematisiert wird; darüber hinaus werden auch Themen des 1. Prüfungsteils in die Aufgaben einbezogen. Alle Fragen und Aufgaben sind auf die Situation, die aus der betrieblichen bzw. unternehmerischen Praxis abgeleitet ist, bezogen.

Der Handlungsbereich 8 wird mündlich geprüft. Die Prüfung umfasst eine Präsentation, für die der Prüfungsausschuss eine Themenstellung aus der Thematik Personalmanagement auswählt, und ein Fachgespräch, das sich an die Präsentation anschließt und sich i. d. R. wohl auch auf diese bezieht. Für die Vorbereitung hat der Prüfling 30 Minuten Zeit.

Bei der Lösung der Aufgabe kann folgendermaßen vorgegangen werden: Die Ausgangssituation wird analysiert, das Problem herausgestellt und eine Lösung erarbeitet. In der aktuellen Prüfungssituation sind das Problem und die Lösung zu präsentieren. Zur Präsentation eignen sich Kurzvortrag, grafische Darstellungen, Tafelanschrieb u. Ä. Für die Fachgespräche werden in den Beispielaufgaben mögliche Fragestellungen vorgestellt. Damit soll die Möglichkeit zur Übung von Abläufen der mündlichen Prüfung gegeben werden.

An den Aufgaben- schließt sich der **Lösungsteil** an. Die Lösungen zu den Aufgaben sind (abgesehen von den Rechenaufgaben) Vorschläge und Anregungen. Alternative Lösungswege und auch umfangreichere Aufgabenbearbeitungen sind durchaus möglich und werden – bei entsprechender Begründung und bei angemessenem Bezug auf die Ausgangssituation bzw. auf den zu Grunde liegenden Fall – akzeptiert. Für die englischsprachigen Aufgaben werden die Übersetzungen beigefügt.

Einige der Aufgaben verlangen lediglich die Bearbeitung eines Falles. Bei dieser Aufgabenstellung kann folgendermaßen vorgegangen werden:

1. Analyse der Situation auf der Grundlage der enthaltenen Informationen,
2. Entwicklung von Entscheidungsalternativen,
3. Formulierung und Begründung einer Handlungsempfehlung.

Die auf einen Fall bzw. auf eine Situationsschilderung bezogenen Aufgaben- und Fragestellungen verlangen im Allgemeinen vom Prüfling, dass er den argumentativen Zusammenhang berücksichtigt. Das gilt insbesondere für die umfangreichen Aufgaben der Handlungsbereiche 6 und 7.

Für die mündliche Prüfung werden Hinweise zur Lösung des Problems gegeben. Auch die vorgeschlagenen Fragen für das Fachgespräch werden andeutungsweise beantwortet.

Prüfungsaufgaben – Übersicht

Nr.	Thema der Aufgabe	Prüfungsbereich/ Handlungsbereich
1.1	Portfolioanalyse	1. Marketingmanagement
1.2	Inter- und Intramediaauswahl	
1.3	Deckungsziel	
1.4	Produkteinführung, Wirtschaftlichkeitsprüfung (Break-even-Analyse)	
1.5	Produkteinführung – Zielgruppen – Preisstrategie	
2.1	Quantitative Analyse – Kennzahlen	2. Bilanz- und Steuerpolitik des Unternehmens
2.2	Bestandsbewertungen	
2.3	Abschlusskennzahlen	
2.4	Steuerliche Belastung im Vergleich: Einzelunternehmen – GmbH	
3.1	Plankostenrechnung	3. Finanzwirtschaftliche Steuerung
3.2	Investitionsrechnung	
3.3	Interne Zinsfußmethode	
3.4	Kapitalfreisetzungseffekt	
3.5	Deckungsbeitragsrechnung	
3.6	RoI – Kennzahlenbaum	
4.1	Sachmängelhaftung – Verbrauchsgüterkauf	4. Rechtliche Rahmenbedingungen der Unternehmensführung
4.2	Arbeitsvertrag	
4.3	GmbH	
4.4	Kündigung	
4.5	Mängelrüge	
5.1	EZB – Geldpolitik	5. Europäische und internationale Wirtschaftsbeziehungen
5.2	Zahlungsbilanz – Währungsunion	
5.3	Indirekter Export, Dokumenteninkasso	
5.4	Forfaitierung (engl.)	
5.5	Japanische Unternehmenskultur (engl.)	
6.1	Analysen, Strategien	6. Unternehmensführung
6.2	Unternehmenskultur und Ziele, Mitarbeiterverhalten, Lieferantenaudit	
7.1	Strategische Veränderungen	7. Unternehmensführung und Projektmanagement
7.2	Strategiewechsel, Informationsaustausch	
8.1	Arbeitsmarkt – Rahmenbedingungen	8. Personalmanagement
8.2	Trennungsgespräch	

Nr.	1.1
Prüfungsbereich/Handlungsbereich	1. Marketingmanagement
Themenbereich	**Analyseverfahren**
Thema der Aufgabe	**Portfolioanalyse**
Bearbeitungszeit in Minuten	60
Punkte	70 (Analyse 40, Strategien 30)

Die Ostholmer Mühlenwerke (OMW) haben vier Geschäftsfelder definiert und ihnen die folgenden Produktgruppen zugewiesen:

- Weizenmehl Typ 405,
- grobes Mehl,
- Grieß,
- Backmischungen.

Die Produktgruppen (bzw. Produkte) werden folgendermaßen beschrieben.

Das Weizenmehl Typ 405 ist weiterhin der wichtigste Umsatzträger. Zwar wächst die Nachfrage nicht mehr wie bisher, ähnliche Probleme haben aber auch die Konkurrenzprodukte der Mitbewerber. Der relative Marktanteil ist deshalb nach wie vor relativ hoch.

Die Nachfrage nach dem groben Mehl steigt; der Grund dafür ist die Änderung der Konsumgewohnheiten privater Haushalte infolge des gestiegenen Gesundheitsbewusstseins. Private Haushalte fragen vermehrt grobes Mehl oder mit grobem Mehl hergestellte Produkte nach. Die wichtigsten Mitbewerber haben den Trend frühzeitig erkannt und darauf mit Sortimentserweiterungen reagiert. Die OMW haben die Nachhaltigkeit des Trends falsch eingeschätzt und sind erst spät mit einem entsprechenden Produkt auf den Markt gekommen. Der Marktanteil ist deshalb gering. Allerdings steigt der Absatz in den letzten Monaten, wenn auch nur mit geringen Zuwachsraten.

Auf dem Markt für Grieß hatten sich die OMW das Segment „Grieß für Babynahrung" erschlossen und andere Bereiche vernachlässigt. Grieß zur Herstellung von Babynahrung wird zunehmend durch Fertignahrung in Gläsern u. Ä. substituiert. Die Nachfrage nach Grieß stagniert allgemein, die Nachfrage nach Grieß für die Babynahrung geht aber zurück. Allerdings besteht immer noch ein – wenn auch geringer – Kostendeckungsbeitrag.

Backmischungen steigen in der Gunst des Publikums. Die OMW sind frühzeitig mit entsprechenden Produkten auf den Markt gekommen. Inzwischen haben die Mitbewerber nachgezogen. Die Konkurrenzprodukte konnten den Erfolg der OMW-Backmischungen nicht beeinträchtigen; die Nachfrage steigt weiter in einem erfreulichen Maß.

Arbeitsauftrag

Bearbeiten Sie den Fall, indem Sie eine Portfolioanalyse durchführen und entsprechende Strategien vorschlagen.

Nr.	1.2
Prüfungsbereich/Handlungsbereich	1. Marketingmanagement
Themenbereich	**Auswahl von Marketingaktivitäten**
Thema der Aufgabe	**Inter- und Intramediaauswahl**
Bearbeitungszeit in Minuten	60
Punkte	65 (Situationsanalyse 55, Handlungsempfehlung 10)

Die MedVet GmbH vertreibt tiermedizinische Produkte für sog. Kleintiere (Hunde, Katzen usw.) und für sog. Großtiere (landwirtschaftliche Nutztiere). Sie setzt ihre Produkte ausschließlich über Tierarztpraxen ab. Zum relativ umfangreichen Sortiment der MedVet gehört auch ein Impfstoff gegen Katzenleukose, eine verbreitete Katzenkrankheit.

Der Absatz dieses Impfstoffes bleibt hinter der Zielvorgabe erheblich zurück. Es kann davon ausgegangen werden, dass das Produkt bei den Zielgruppen nicht ausreichend bekannt ist. Geschäftsführung und Marketingleiter planen deshalb Maßnahmen, mit denen der Bekanntheitsgrad des Produkts erhöht werden kann.

Arbeitsauftrag

Bearbeiten Sie den Fall und schlagen Sie nach der Analyse der vorliegenden Informationen geeignete Werbeträger und Werbemittel vor.

Nr.	1.3
Prüfungsbereich/Handlungsbereich	1. Marketingmanagement
Themenbereich	**Auswahl von Marketingaktivitäten**
Thema der Aufgabe	**Deckungsziel**
Bearbeitungszeit in Minuten	30
Punkte	30

Ein Unternehmen setzt für sein Produkt einen Verkaufspreis von 160 € pro Stück an; die variablen Kosten betragen 80 € pro Stück. Die festen Kosten belaufen sich auf 50.000 €, der geplante Gewinn wird mit 30.000 € angesetzt. Der Deckungsbedarf wird erreicht bei einer Absatzmenge von 1.000 Stück. Für weitergehende Preisplanungen werden folgende Alternativen erwogen und analysiert.

1. Preissteigerung von 12,5 %,
2. Preissenkung von 12,5 %.

Wie hoch müssen die Nachfragemengen mindestens sein, damit die Deckungsziele jeweils erreicht werden? Welche direkten Preiselastizitäten der Nachfrage gelten dabei?

Nr.	1.4
Prüfungsbereich/Handlungsbereich	1. Marketingmanagement
Themenbereich	**Marketingaktivitäten**
Thema der Aufgabe	**Produkteinführung, Wirtschaftlichkeitsprüfung (Break-even-Analyse)**
Bearbeitungszeit in Minuten	15
Punkte	15

Ein Unternehmen plant die Aufnahme eines neuen Produkts in das Sortiment. Der Marketingleiter sieht für das Produkt gute Absatzchancen; er rechnet mit einer Absatzmenge von 12.500 Stück im Jahr bei einem Verkaufspreis von 95 € pro Stück.

Bei Einführung des Produkts werden nach Angaben der Produktionsabteilung Ausgaben in Höhe von 350.000 € für die Einrichtung entsprechender maschineller Anlagen anfallen. Diese Ausgaben werden in fünf Jahren abgeschrieben. Bei Produktion fallen variable Stückkosten in Höhe von 45 € an.

Die Marketingabteilung rechnet mit Werbeausgaben in Höhe 220.000 € in jedem Jahr; die Vertriebsabteilung schätzt die Vertriebskosten auf 380.000 € im Jahr.

Nach der Wirtschaftlichkeitsprüfung mithilfe einer Break-even-Analyse soll die endgültige Entscheidung gefällt werden.

Arbeitsauftrag

Führen Sie die Wirtschaftlichkeitsprüfung mithilfe der Break-even-Analyse durch. Soll das Produkt eingeführt werden? Begründen Sie Ihre Meinung.

Nr.	1.5
Prüfungsbereich/Handlungsbereich	1. Marketingmanagement
Themenbereich	**Auswahl von Marketingaktivitäten**
Thema der Aufgabe	**Produkteinführung – Zielgruppen – Preisstrategie**
Bearbeitungszeit in Minuten	60
Punkte	60 Situationsanalyse 30, Handlungsalternativen 20, Entscheidungsempfehlung 10

Die Bio-Cosmetik GmbH in Hamburg stellt unter Anwendung natürlicher Wirkstoffe kosmetische Artikel her und ist seit etwa einem Jahr mit einigen Produkten auf dem Markt. Zur bisher noch recht eingeschränkten Produktpalette zählen z. B. Lippenstifte, Gesichtscremes, Haarwaschmittel. Die Produkte werden unter der Marke *BIO-Cosmetik* über Drogerien und Drogeriemärkte, Reformhäuser, Supermärkte sowie über die Fachabteilungen der Kaufhäuser vertrieben. Das Absatzgebiet beschränkt sich zzt. noch auf den Großraum Hamburg; dazu zählen die Großstadt Hamburg und die benachbarten holsteinischen und niedersächsischen Landkreise. Die Käuferinnen informieren sich beim Einkauf an dem Zeichen und wählen danach aus.

Aus Marktuntersuchungen und Trendanalysen kann die Bio-Cosmetik GmbH auf relativ gute Marktchancen für dieses Produkt schließen. Der Gründer und jetzige Geschäftsführer ist davon überzeugt, eine Nische für das Produktprogramm der Bio-Cosmetik GmbH gefunden zu haben.

Die Zielgruppe wird definiert als Frauen mittleren Alters, die sich durch besonderes, Gesundheitsbewusstsein auszeichnen und die bereit und in der Lage sind, für besondere Hautpflege- und ähnliche kosmetische Artikel mit hoher Qualität gelegentlich auch höhere Ausgaben zu tätigen.

Der Geschäftsführer und seine beiden Gesellschafter, die in dem noch kleinen Unternehmen mitarbeiten, sind sich darüber im Klaren, dass das Unternehmen nur über die Runden kommen kann durch Vergrößerung des Absatzgebietes und durch Erweiterung des Produktprogramms. Sie setzen deshalb einerseits auf die Erschließung weiterer Absatzwege und auf Werbung und andererseits auf die Entwicklung neuer Produkte.

Die Bio-Cosmetik GmbH hat eine Körperlotion entwickelt, die demnächst mit dem bekannten Markenzeichen auf den Markt gebracht werden soll. Der Listenpreis pro Verkaufseinheit wird mit 6 € kalkuliert; die variablen Kosten sind mit 3,50 € relativ hoch. Die festen Kosten liegen bei 100.000 €. Auf dem Markt sind bereits einige Konkurrenzprodukte bekannter Hersteller; diese Produkte sind relativ preiswert.

Arbeitsauftrag:

1. Analysieren Sie die Ausgangssituation. (30)
2. Entwickeln Sie Handlungsalternativen. (20)
3. Empfehlen Sie eine Entscheidung. (10)

Nr.	2.1
Prüfungsbereich/Handlungsbereich	2. Bilanz- und Steuerpolitik des Unternehmens
Themenbereich	**Bilanzanalyse**
Thema der Aufgabe	**Quantitative Analyse – Kennzahlen**
Bearbeitungszeit in Minuten	90
Punkte	100

Ihnen liegt folgende Bilanz sowie die GuV-Rechnung vor:

	31.12.2010	31.12.2011
Aktiva		
A. Anlagevermögen		
I. Sachanlagen		
1. Grundstücke	100.000	100.000
2. Maschinen, maschinelle Anlagen	90.000	125.000
3. Ausstattung	40.000	55.000
II. Finanzanlagen	45.000	55.000
B. Umlaufvermögen		
I. Vorräte		
1. Roh-, Hilfs- und Betriebsstoffe	35.000	28.000
2. unfertige Erzeugnisse	30.000	29.500
3. fertige Erzeugnisse u. Waren	40.000	39.000
II. Forderungen und sonstige Vermögensgegenstände		
1. Forderungen aus Lieferungen und Leistungen	70.000	92.000
2. sonstige Vermögensgegenstände	5.000	5.000
III. Kassenbestand, Bankguthaben	50.000	52.500
	505.000	581.000
Passiva		
A. Eigenkapital	295.000	335.300
B. Verbindlichkeiten		
1. Verbindlichkeiten gegenüber Kreditinstituten	100.000	109.000
2. Verb. aus Lieferungen und Leistungen	70.000	80.200
3. sonstige Verb.	40.000	56.500
	505.000	581.000

Anmerkungen zu den Sachanlagen: Die Bestandsveränderungen sind als Neuinvestitionen anzusehen.

Quantitative Analyse – Kennzahlen

Gewinn- und Verlustrechnung		
Umsatzerlöse	356.300	420.000
Erhöhung oder Verminderung des Bestands an fertigen oder unfertigen Erzeugnissen	- 4.000	- 1.500
Materialaufwand	74.823	96.600
Personalaufwand		
a) Löhne und Gehälter	117.579	130.200
b) soziale Abgaben und Aufwendungen für Altersversorgung	17.815	29.400
Abschreibungen (auf Sachanlagen)	28.750	35.000
sonstige betriebliche Aufwendungen	39.193	37.800
Zinsen	10.689	16.800
Ergebnis der gewöhnlichen Geschäftstätigkeit	63.451	72.700

Arbeitsaufträge

Vergleichen Sie die Veränderungen von der ersten zur zweiten Bilanzierung anhand der entsprechenden Kennzahlen hinsichtlich

der Vermögensstruktur,
der Kapitalstruktur,
der Investitionen (Investitionsquote, Investitionsdeckung, Abschreibungsquote),
der Finanzstruktur,
der Finanzierung (Verschuldungsgrad, Eigenkapitalquote, Anspannungsgrad),
der Liquidität,
der Rentabilität (Gesamtkapitalrentabilität).

Bereiten Sie dazu die Angaben in den Bilanzen und in den Gewinn- und Verlustrechnungen in einer Tabelle auf.

Interpretieren Sie die Ergebnisse.

Nr.	2.2
Prüfungsbereich/Handlungsbereich	2. Bilanz- und Steuerpolitik des Unternehmens
Themenbereich	**Bewertungswahlrechte**
Thema der Aufgabe	**Bestandsbewertungen**
Bearbeitungszeit in Minuten	70
Punkte	70 (40, 5, 25)

Die Lagerdatei eines Süßwarenherstellers weist für einen Rohstoff folgende Bestandsbewegungen auf:

	Stück	Einzelpreis in €
Anfangsbestand	800	5,00
Einkauf	200	5,85
Verkauf	300	
Verkauf	400	
Einkauf	250	6,10
Verkauf	500	
Einkauf	100	6,25
Verkauf	30	
Einkauf	625	6,55
Verkauf	300	
Verkauf	320	
Einkauf	50	7,20

Arbeitsaufträge

1. Ermitteln Sie den Schlussbestand und bewerten Sie ihn
   1) zum Buchbestandspreis,
   2) nach dem Verfahren mit gleitenden Durchschnittspreisen,
   3) nach dem Fifo-Verfahren,
   4) nach dem Lifo-Verfahren. (40)

2. Was besagt die Maßgeblichkeit der Handelsbilanz? (5)

3. Erörtern Sie, welche der Bewertungsverfahren nach Handels- und Steuerrecht zulässig sind. (25)

Nr.	2.3
Prüfungsbereich/Handlungsbereich	2. Bilanz- und Steuerpolitik des Unternehmens
Themenbereich	**Quantitative Bilanzanalyse**
Thema der Aufgabe	**Abschlusskennzahlen**
Bearbeitungszeit in Minuten	60
Punkte	64

Die Maschinenfabrik Otto Niemand, Lübeck, schließt das Geschäftsjahr 2010 mit folgender Bilanz ab

Aktiva	**Bilanz zum 31.12.2010**		**Passiva**
A. Anlagevermögen		**A. Eigenkapital**	362.000
I. Sachanlagen			
1. Grundstücke	200.000	**B. Verbindlichkeiten**	
2. Maschinen, Anlagen	60.000	1. Verbindlichkeiten gegenüber Kreditinstituten	190.000
3. Ausstattung	30.000		
II. Finanzanlagen	70.000	2. Verbindlichkeiten aus Lieferungen und Leistungen	120.000
B. Umlaufvermögen		3. sonstige Verbindlichkeiten	45.000
I. Vorräte			
1. Roh-, Hilfs- und Betriebsstoffe	45.000		
2. unfertige Erzeugnisse	60.000		
3. fertige Erzeugnisse und Waren	50.000		
II. Forderungen und sonstige Vermögensgegenstände			
1. Forderungen aus Lieferungen und Leistungen	140.000		
2. sonstige Vermögensgegenstände	10.000		
III. Kassenbestand, Bankguthaben	52.000		
	717.000		717.000

Anmerkungen zu Verbindlichkeiten: Von den Verbindlichkeiten gegenüber den Kreditinstituten sind 50.000 € als kurzfristig anzusehen, die Verbindlichkeiten aus L. und L. und die sonstigen Verbindlichkeiten sind kurzfristig.

Gewinn- und Verlustrechnung		
Erträge		
1. Umsatzerlöse		722.200
Aufwendungen		
2. Materialaufwand	21.400	
3. Personalaufwand		
a) Löhne und Gehälter	297.000	
b) soziale Abgaben und Aufwendungen für Altersversorgung	40.000	
4. Abschreibungen (auf Sachanlagen)	58.000	
5. sonstige betriebliche Aufwendungen	99.000	
6. Zinsen	30.600	546.000
7. Ergebnis der gewöhnlichen Geschäftstätigkeit		176.200
8. Steuern		70.200
9. Jahresüberschuss		106.000

Arbeitsaufträge

a) Ermitteln Sie die Kennziffern für
   Finanzstruktur,
   Vermögensstruktur,
   Anlagenintensität,
   Finanzierung (Verschuldungsgrad, Eigenkapitalquote, Anspannungsgrad),
   Liquidität,
   Gesamtkapitalrentabilität. (30)

b) Was geben die Kennziffern an? (34)

Nr.	2.4
Prüfungsbereich/Handlungsbereich	2. Bilanz- und Steuerpolitik des Unternehmens
Themenbereich	**Gestaltungsmöglichkeiten**
Thema der Aufgabe	**Steuerliche Belastung im Vergleich: Einzelunternehmen – GmbH**
Bearbeitungszeit in Minuten	30
Punkte	30

Otto Niemand, Alleininhaber einer Maschinenfabrik in Lübeck, erwägt im Hinblick auf die Möglichkeiten der Haftungsbeschränkung die Umwandlung des Unternehmens in eine GmbH. Für die Entscheidung benötigt er u. a. auch Informationen über die steuerlichen Bedingungen. Er lässt sich deshalb die steuerlichen Belastungen bei einem Gewinn vor Steuern in Höhe von 500.000 € in einem Einzelunternehmen und in einer GmbH errechnen.

Arbeitsaufträge

Nehmen Sie die Berechnungen vor und stellen Sie die Ergebnisse dar. Gehen Sie von einem maßgeblichen Gewerbeertrag in Höhe des Gewinns aus. Alle erforderlichen Angaben finden Sie in Kap. 2.1.3 Gestaltungsmöglichkeiten.

Nr.	3.1
Prüfungsbereich/Handlungsbereich	3. Finanzwirtschaftliche Steuerung
Themenbereich	**operatives Controlling**
Thema der Aufgabe	**Plankostenrechnung**
Bearbeitungszeit in Minuten	20
Punkte	25

Die Magere GmbH in Hamburg stellt u. a. Kleinteile her, die bei der Produktion von Tablettiermaschinen für die pharmazeutische Industrie Verwendung finden. Für die Herstellung von Messingplättchen einer bestimmten Größe wird eine Planmenge von 100.000 Stück zu Grunde gelegt. Die Plankosten werden mit 250.000 € angenommen, davon sind 50.000 € als feste Kosten anzusehen. – Die Istmenge beträgt 75.000 Stück, dabei fallen Istkosten i. H. v. 215.000 € an.

Arbeitsauftrag

a) Ermitteln Sie die Kostenabweichungen. Welche Gründe könnten für die Abweichungen ausschlaggebend sein? (15)

b) Welche Bedeutung hat die Plankostenrechnung für das operative Controlling? (10)

Investitionsrechnung

Nr.	3.2
Prüfungsbereich/Handlungsbereich	3. Finanzwirtschaftliche Steuerung
Themenbereich	**Mittelverwendung**
Thema der Aufgabe	**Investitionsrechnung**
Bearbeitungszeit in Minuten	15
Punkte	20

Die Ostholmer Mühlenwerke GmbH plant zur Erweiterung ihrer Kapazität die Einrichtung eines weiteren Transportbandes. Die Anschaffungskosten für die Maschine belaufen sich auf 1.400.000 €. Die Nettoeinnahmen (Einnahmen - Ausgaben) aus dieser Maschine betragen in den 5 Jahren der Nutzung
1. 400.000 €, 2. 390.000 €, 3. 380.000 €, 4. 370.000 €, 5. 320.000 €.

Tab.: Abzinsungsfaktoren bei einmaliger und bei mehrmaliger Zahlung
(Auszug aus Abzinsungstabelle)

	bei einmaliger Zahlung				bei mehrmaliger Zahlung			
n	6 %	8 %	10 %	12 %	6 %	8 %	10 %	12 %
1	0,9434	0,9259	0,9091	0,8929	0,9434	0,9259	0,9091	0,8929
2	0,8900	0,8573	0,8264	0,7972	1,8334	1,7833	1,7355	1,6901
3	0,8396	0,7938	0,7513	0,7118	2,6730	2,5771	2,4869	2,4018
4	0,7921	0,7350	0,6830	0,6355	3,4651	3,3121	3,1699	3,0373
5	0,7473	0,6806	0,6209	0,5674	4,2124	3,9927	3,7908	3,6048
6	0,7050	0,6302	0,5645	0,5066	4,9173	4,6229	4,3553	4,1114
7	0,6651	0,5835	0,5132	0,4523	5,5824	5,2064	4,8684	4,5638
8	0,6274	0,5403	0,4665	0,4039	6,2098	5,7466	5,3349	4,9676
9	0,5919	0,5002	0,4241	0,3606	6,8017	6,2469	5,7590	5,3282
10	0,5584	0,4632	0,3855	0,3220	7,3601	6,7101	6,1446	5,6502
11	0,5268	0,4289	0,3505	0,2875	7,8869	7,1390	6,4951	5,9377
12	0,4970	0,3971	0,3186	0,2567	8,3838	7,5361	6,8137	6,1944

Arbeitsauftrag

Sie sollen die Entscheidung für oder gegen die Investition auf der Grundlage einer Investitionsrechnung bei einem Zinssatz von 8 % vorbereiten.

a) Ermitteln Sie den Kapitalwert. (10)

b) Erläutern Sie das Ergebnis. Geben Sie dabei an, wie bei der Ermittlung des Kapitalwerts vorgegangen wird. (10)

Nr.	3.3
Prüfungsbereich/Handlungsbereich	3. Finanzwirtschaftliche Steuerung
Themenbereich	**Mittelverwendung**
Thema der Aufgabe	**Interne Zinsfußmethode**
Bearbeitungszeit in Minuten	15
Punkte	15

Die Ostholmer Mühlenwerke GmbH plant zur Erweiterung ihrer Kapazität die Einrichtung eines weiteren Transportbandes. Die Anschaffungskosten für die Maschine belaufen sich auf 1.400.000 €. Die Nettoeinnahmen (Einnahmen - Ausgaben) aus dieser Maschine betragen in den 5 Jahren der Nutzung 1. 400.000 €, 2. 390.000 €, 3. 380.000 €, 4. 370.000 €, 5. 320.000 €. Der Kalkulationszinssatz beträgt 9 %.

Arbeitsauftrag

Stellen Sie mithilfe der internen Zinsfußmethode fest, ob sich die Investition lohnen könnte. (Benutzen Sie die Tabelle mit Abzinsungsfaktoren aus Aufgabe 3.2.)

Kapitalfreisetzungseffekt

Nr.	3.4
Prüfungsbereich/Handlungsbereich	3. Finanzwirtschaftliche Steuerung
Themenbereich	**Finanzierungsquellen**
Thema der Aufgabe	**Kapitalfreisetzungseffekt**
Bearbeitungszeit in Minuten	30
Punkte	30

Die Heinz Keiner GmbH, Marzipanherstellerin in Lübeck, kauft in vier aufeinander folgenden Jahren vier Maschinen im Wert von 50.000 €, 60.000 €, 80.000 € und 100.000 €; geschätzte Nutzungsdauer der Maschinen jeweils vier Jahre. Nach der Abschreibung werden die Maschinen ersetzt, die Reinvestitionen werden aus den Abschreibungen finanziert.

Arbeitsaufträge

a) Stellen Sie eine Tabelle für sieben Jahre auf mit Abschreibungsverlauf, Reinvestitionen, Finanzierung der Reinvestitionen usw. (15)

b) Erklären Sie den Kapitalfreisetzungseffekt durch Abschreibungen. Ziehen Sie dazu das Beispiel heran. (15)

Nr.	3.5
Prüfungsbereich/Handlungsbereich	3. Finanzwirtschaftliche Steuerung
Themenbereich	**operatives Controlling**
Thema der Aufgabe	**Deckungsbeitragsrechnung**
Bearbeitungszeit in Minuten	45
Punkte	37

Die Ermlich GmbH mit zwei Unternehmensbereichen stellt fünf Produkte (A, B ... E) her. Der 1. Unternehmensbereich umfasst die Produkte A, B, C, der 2. Unternehmensbereich die Produkte D und E. Die Produkte A und B sind in einer Produktgruppe, die Produkte D und E in einer anderen Produktgruppe zusammengefasst. Für die Produkte A bis E fallen die in der folgenden Tabelle enthaltenen Umsatzerlöse, variablen und produktfixen Kosten an.

	Umsatzerlöse	variable Kosten	produktfixe Kosten
A	2.000.000	1.000.000	250.000
B	1.800.000	1.100.000	200.000
C	1.600.000	1.200.000	150.000
D	1.000.000	980.000	100.000
E	500.000	490.000	50.000

Produktgruppenfixe Kosten:
PG 1: 320.000
PG 3: 90.000

Bereichsfixe Kosten:
UB I: 180.000
UB II: 90.000

Arbeitsaufträge

a) Ermitteln Sie das Betriebsergebnis in einer mehrstufigen Deckungsbeitragsrechnung. (15)

b) Welche besondere Bedeutung hat die mehrstufige Deckungsbeitragsrechnung gegenüber der einstufigen? (10)

c) Unterscheiden Sie die Deckungsbeiträge I, II und III, und geben Sie an, wie sich schließlich das Betriebsergebnis ergibt. (12)

RoI – Kennzahlenbaum

Nr.	3.6
Prüfungsbereich/Handlungsbereich	3. Finanzwirtschaftliche Steuerung
Themenbereich	**Kennzahlen**
Thema der Aufgabe	**RoI – Kennzahlenbaum**
Bearbeitungszeit in Minuten	30
Punkte	30

Ihnen liegen folgende Zahlen vor:

Aktiva	**Bilanz zum 31.12.2010**		**Passiva**
Anlagevermögen		**Eigenkapital**	620.000
Sachanlagen		**Verbindlichkeiten**	
1. Grundstücke	200.000	1. Verbindlichkeiten gegenüber Kreditinstituten	190.000
2. Maschinen, Anlagen	200.000		
3. Ausstattung	80.000	2. Verbindlichkeiten aus Lieferungen und Leistungen	120.000
Finanzanlagen	70.000		
Umlaufvermögen		3. sonstige Verbindlichkeiten	80.000
Vorräte			
1. Roh-, Hilfs- und Betriebsstoffe	70.000		
2. unfertige Erzeugnisse	60.000		
3. fertige Erzeugnisse und Waren	80.000		
Forderungen und sonstige Vermögensgegenstände			
1. Forderungen aus Lieferungen und Leistungen	140.000		
2. sonstige Vermögensgegenstände	10.000		
III. Kassenbestand, Bankguthaben	100.000		
	1.010.000		1.010.000

Gewinn- und Verlustrechnung		
Erträge		
1. Umsatzerlöse		1.200.000
Aufwendungen		
2. Materialaufwand	620.000	
3. Personalaufwand	303.000	
4. Abschreibungen (auf Sachanlagen)	96.000	
5. sonstige betriebliche Aufwendungen	99.000	
6. Zinsen	25.000	1.143.000
7. Ergebnis der gewöhnlichen Geschäftstätigkeit		57.000

Arbeitsauftrag

a) Ermitteln Sie zu den vorstehenden Abschlussangaben der Hanse-Maschinen GmbH die RoI-Kennzahl. Erstellen Sie dazu den Kapitalertragsstammbaum in Anlehnung an die Darstellung aus 3.2.3.2 Kennzahlensysteme. (20)

b) Was gibt die Kennzahl Return on Investment (RoI) an? (10)

Nr.	4.1
Prüfungsbereich/Handlungsbereich	4. Rechtliche Rahmenbedingungen der Unternehmensführung
Themenbereich	**Schuldrecht – Leistungsstörungen**
Thema der Aufgabe	**Sachmängelhaftung – Verbrauchsgüterkauf**
Bearbeitungszeit in Minuten	30
Punkte	25

Am 29. März 2010 kauft B. bei dem Mercedes-Händler Herrnthaler & Jensen einen gebrauchten A 140 zur privaten Nutzung. Anfang April zeigen sich erhebliche Mängel in der Fahrleistung, die durch den Bruch der Zündspindel verursacht wurden. B. bringt den Wagen in die Werkstatt des Händlers und verlangt die Beseitigung des Schadens. Er macht also seinen Anspruch, der sich aus der Sachmängelhaftung des Händlers ergibt, geltend.

Arbeitsauftrag

Erläutern Sie den Fall anhand der folgenden Fragen.

1. Was für ein Kauf liegt hier vor? (5)
2. Muss B beweisen, dass er den Schaden nicht verschuldet hat? (5)
3. Welche Rechte hat B? (5)
4. Welcher Anspruch des B. wird schließlich erfüllt? (5)
5. Kann B. vom Vertrag zurücktreten? (5)

Nr.	4.2
Prüfungsbereich/Handlungsbereich	4. Rechtliche Rahmenbedingungen der Unternehmensführung
Themenbereich	**Arbeitsrecht**
Thema der Aufgabe	**Arbeitsvertrag**
Bearbeitungszeit in Minuten	45
Punkte	40

Die Ohlshausener Mühlenwerke GmbH hat die Stelle eines Marketingleiters ausgeschrieben. Auf die Anzeige in einer bundesweit erscheinenden Tageszeitung hat sich auch Horst Lühnemann beworben, der bislang den Vertrieb in einem süddeutschen Unternehmen leitet. Die Auswertung der Bewerbungsunterlagen und der gute Eindruck, den Lühnemann bei dem Vorstellungsgespräch im Februar hinterlassen hat, begründen das Interesse der OMW an Lühnemann; die Unternehmensleitung kann sich aber mit dessen Gehaltsvorstellung nicht anfreunden. Sie bittet deshalb Lühnemann zu einem weiteren Gespräch nach Ohlshausen, um die Entgeltforderungen zu verhandeln. Das Gespräch findet am 15. März statt. Im Verlauf des Gesprächs reduziert Lühnemann seine Gehaltsvorstellungen auf 4.700 €, die die OMW akzeptieren. Darauf sagt Lühnemann zu, die Arbeit am 1. Mai anzutreten. Der schriftliche Arbeitsvertrag soll Lühnemann bis zum Ende des Monats zugestellt werden.

Aufgaben

1. Welche Bedeutung hat das Vorstellungsgespräch? Welche Bedeutung hat das Gespräch am 15. März? (10)

2. Lühnemann kündigt seinen Vertrag bei seinem bisherigen Arbeitgeber, mit dem keine Sondervereinbarung über die Kündigungsfrist besteht, am 20. März. Der schriftliche Vertrag geht ihm jedoch erst am 3. April zu. War die Kündigung voreilig? (10)

3. Angenommen, Lühnemann würde erst nach Eingang des schriftlichen Vertrages, d. h. am 4. April, kündigen. Wie ist die Rechtslage und wie kann verfahren werden? (10)

4. Der Vertrag enthält u. a. folgende Vereinbarung: Gesetzliches Wettbewerbsverbot während der Dauer des Arbeitsverhältnisses, nach Beendigung des Arbeitsverhältnisses besteht ein Wettbewerbsverbot für ein Jahr. Was besagt diese Vereinbarung? Wie verbindlich ist sie? (10)

Nr.	4.3
Prüfungsbereich/Handlungsbereich	4. Rechtliche Rahmenbedingungen der Unternehmensführung
Themenbereich	**Willensbildung in Kapitalgesellschaften**
Thema der Aufgabe	**GmbH**
Bearbeitungszeit in Minuten	45
Punkte	40

Eine Tageszeitung berichtete vor einiger Zeit mit Bezugnahme auf Veröffentlichungen des Statistischen Bundesamts, dass die Zahl der Unternehmungen, die bei Gründung bzw. Umgründungen die Rechtsform der GmbH wählen, sehr groß ist. In einem Kommentar schloss der Wirtschaftsredakteur, dass die GmbH als Rechtsform wegen der Haftungsbeschränkung so beliebt sei.

Aufgaben

a) Welche typischen Kennzeichen weist eine GmbH auf? (10)

b) Wie haftet die GmbH gegenüber ihren Gläubigern? Können die Gesellschafter weiter zur Haftung herangezogen werden? (Gehen Sie im Zusammenhang auch auf die Nachschusspflicht ein.) (10)

c) Die Gesellschafterversammlung der Metallwaren GmbH beschließt auf der Grundlage des Gesellschaftsvertrags eine unbeschränkte Nachschusspflicht. Der Gesellschafter X will sich von dieser Pflicht befreien. Wie muss er vorgehen? (10)

d) Welche Besonderheiten weist die Unternehmergesellschaft (haftungsbeschränkt) auf? (10)

Nr.	4.4
Prüfungsbereich/Handlungsbereich	4. Rechtliche Rahmenbedingungen der Unternehmensführung
Themenbereich	**Individualarbeitsrecht**
Thema der Aufgabe	**Kündigung**
Bearbeitungszeit in Minuten	30
Punkte	40

Dem Lagerarbeiter Lorenz Timm, der bereits seit drei Jahren dem Betrieb angehört, droht die Entlassung. Timm kam in der Vergangenheit häufig zu spät zur Arbeit; die rechtzeitige Materialausgabe bei der Landtransport wurde dadurch gefährdet. Der Lagerleiter, sein unmittelbarer Vorgesetzter, hatte ihn angesprochen und ihn gewarnt, dass er sein Verhalten dem Personalbüro melden müsse. Timm hatte seine Verspätungen entschuldigt und Besserung gelobt. Als Timm in der vergangenen Woche wieder zu spät erschien, wurde die Angelegenheit dem Personalbüro gemeldet. Vor vier Wochen erhielt Timm ein Schreiben von der Geschäftsleitung, das im Betreff das Wort „Abmahnung" enthält und das ihm für den Wiederholungsfall die Kündigung des Arbeitsverhältnisses androht. Als Timm in der vergangenen Woche wieder erheblich verspätet zur Arbeit erscheint, wird ihm gekündigt. Der Betriebsrat wird über den Vorgang informiert; der sieht allerdings keine Gründe für einen Widerspruch. Das Kündigungsschreiben ging ihm am 20. April zu.

Vor einem Vierteljahr war dem Mitarbeiter Klaubahn fristlos und ohne Abmahnung gekündigt worden, weil er Material in größerem Umfang gestohlen hatte.

Dem Mitarbeiter Siecher aus der Fertigung wird gekündigt, weil seine Leistungen wegen einer chronischen Erkrankung den betrieblichen Anforderungen nicht mehr entsprechen können.

Aufgaben

1. Ist Timms Kündigung berechtigt? Erläutern Sie den Kündigungsgrund. Gehen Sie auch auf die Bedeutung der Abmahnung ein. (10)

2. Wann endet Timms Arbeitsverhältnis? Besondere Vereinbarungen über Kündigungsfristen bestehen nicht, d.h. es gelten die Vorschriften des BGB. (10)

3. Wodurch unterscheidet sich der Kündigungsvorgang bei Klaubahn von dem bei Timm? (10)

4. Reicht im Fall Siecher der angegebene Grund für eine Kündigung? Mit welchem Ziel kann Siecher die Kündigung anfechten? (10)

Mängelrüge

Nr.	4.5
Prüfungsbereich/Handlungsbereich	4. Rechtliche Rahmenbedingungen für Unternehmen und die Unternehmensführung
Themenbereich	**Vertragshaftung, Vertragstypen**
Thema der Aufgabe	**Mängelrüge**
Bearbeitungszeit in Minuten	80
Punkte	75 Situationsanalyse 30, Problemlösung 45

Die *Norddeutsche Industrie-Glas AG* stellt Rohre, Injektoren, Kolben, Reagenzgläser, Glasplatten und dgl. aus Quarzglas her und vertreibt sie unter dem (geschützten) Produktnamen *Industrieglas* an Industrieunternehmen. Hauptabnehmer sind Unternehmen der chemischen und pharmazeutischen Industrie, Hersteller von Laboreinrichtungen und Hersteller von Waschmaschinen, Elektroherden und ähnlichen Haushaltsgeräten.

Zum Produktprogramm der Industrie-Glas gehören auch gerahmte Glasplatten verschiedener Größen mit Einrichtungen zum sicheren Stapeln in Abständen von 12 cm. Diese Glasplatten sind ein wichtiger Umsatzträger. Die Rahmen mit den Stapelvorrichtungen werden von einem niederländischen Produzenten bezogen. Wegen der Kostenvorteile wurde das bisher für die Herstellung verwendete Metall durch Plastik ersetzt. Der niederländische Verkäufer gibt die Kostenvorteile zumindest teilweise weiter; die Industrie-Glas kann das fertige Produkt günstiger verkaufen.

Bei der Industrie-Glas geht die Mängelrüge der Labortechnik GmbH, eines bedeutenden Abnehmers der Industrie-Glas-Erzeugnisse, ein. Die Labortechnik GmbH stellt Laboreinrichtungen her und verwendet dabei u.a. die Glasplatten 40 x 60 der Industrie-Glas. Die Labortechnik GmbH bemängelt die letzte Lieferung von Glasplatten: Bei Kälteeinwirkung ab etwa -10° C reißen die Rahmen und die Stapelvorrichtungen verlieren die Standfestigkeit.

Der niederländische Hersteller ist zu Ersatzleistungen nicht bereit, weil er bei seinem Angebot darauf hingewiesen hat, dass Materialveränderungen bei Kälteeinwirkungen möglich sind. Offensichtlich waren die Warnhinweise der Industrie-Glas an die Abnehmer der Glasplatten unzulänglich.

Wegen der grundsätzlichen Bedeutung des Vorgangs in rechtlicher, betriebswirtschaftlicher und konstruktionstechnischer Hinsicht ordnet die Geschäftsführung an, dass das sog. Kompetenzteam den Vorgang diskutiert und Vorschläge zur Lösung des anstehenden Problems vorlegt. Dem Kompetenzteam gehören folgende kompetente Mitarbeiter an:

- Der Qualitätsmanager, der von der Geschäftsführung auch als Teamleiter bestimmt wird,
- der Produktmanager,
- der Einkaufsleiter,
- der Leiter der Abteilung Entwicklung und Konstruktion,
- der Verkaufsleiter und der zuständige Kundendienstmitarbeiter,
- im vorliegenden Fall: ein Vertreter der Rechtsabteilung (Rechtsanwalt).

Arbeitsauftrag

Bearbeiten Sie den vorstehenden Fall. Gehen Sie dazu in einer Situationsanalyse von dem Unternehmen und dem anstehenden Problem aus (30); leiten Sie mit Bezug auf die Zuständigkeiten bzw. Kompetenzen der Teammitglieder Vorschläge zur Lösung des Problems ab. (45)

Nr.	5.1
Prüfungsbereich/Handlungsbereich	5. Europäische und internationale Wirtschaftsbeziehungen
Themenbereich	**Europäische Union**
Thema der Aufgabe	**EZB – Geldpolitik**
Bearbeitungszeit in Minuten	45
Punkte	40

Europäische Zentralbank: Monatsbericht März 2010
Auszug aus dem Editorial

Auf seiner Sitzung am 4. März 2010 beschloss der EZB-Rat auf der Grundlage seiner regelmäßigen wirtschaftlichen und monetären Analyse, die Leitzinsen der EZB unverändert zu belassen. Die derzeitigen Zinssätze sind nach wie vor angemessen. Unter Berücksichtigung aller Informationen und Analysen ... dürfte die Preisentwicklung über die geldpolitisch relevante Frist gedämpft bleiben. Die jüngsten Daten haben außerdem bestätigt, dass die wirtschaftliche Erholung im Euro-Währungsgebiet voranschreitet, wenngleich sie weiterhin uneinheitlich verlaufen dürfte. Insgesamt rechnet der EZB-Rat mit einem moderaten Wachstum der Wirtschaft des Eurogebietes im Jahr 2010 in einem Umfeld, das von anhaltender Unsicherheit geprägt ist. ... Alles in allem geht der EZB-Rat davon aus, dass die Preisstabilität auf mittlere Frist gewährleistet bleibt, wodurch die Kaufkraft der privaten Haushalte im Euroraum gestützt wird. Die Inflationserwartungen sind weiterhin fest auf einem Niveau verankert, das mit dem Ziel im Einklang steht, die Preissteigerung mittelfristig unter, aber nahe bei 2 % zu halten.
...

Durch (ihre) Beschlüsse versorgt das Eurosystem den Bankensektor im Euro-Währungsgebiet weiterhin zu sehr günstigen Bedingungen mit Liquidität und erleichtert damit die Bereitstellung von Krediten an den Euroraum.

Aufgaben

1. Wie beurteilt der EZB-Rat in dem vorstehenden Textauszug die monetäre und wirtschaftliche Lage und welche Konsequenzen scheint er daraus ziehen zu wollen? (10)
2. Welche Ziele verfolgt das ESZB? Woran misst es diese Ziele? (15)
3. Welche geldpolitischen Instrumente setzt das ESZB ein? (15)

Nr.	5.2
Prüfungsbereich/Handlungsbereich	5. Europäische und internationale Wirtschaftsbeziehungen
Themenbereich	**Europäische Währungs- und Wirtschaftsunion**
Thema der Aufgabe	**Zahlungsbilanz – Währungsunion**
Bearbeitungszeit in Minuten	60
Punkte	50

FAZ v. 17. April 2010

Führende Ökonomen haben sich kritisch über das EU-Hilfsprogramm für Griechenland geäußert. Der Präsident des Münchner Ifo-Instituts, Hans-Werner Sinn, sagte dieser Zeitung: „Die EU ist heute auf einem Trip, den wir Deutschen nicht mitgehen dürfen, …" Joachim Scheide vom Institut für Weltwirtschaft in Kiel monierte, das am Sonntag vereinbarte Hilfspaket widerspreche dem Geist des EU-Vertrages. Auch Thomas Straubhaar, Präsident des Hamburgischen Instituts für Weltwirtschaft, stellt fest: „De facto bleibt jedes Einspringen der EU zu Gunsten Griechenlands ein Bailout[1], den man in den Maastrichter Verträgen ausschließen wollte. Mit dem Notkredit wird der Stabilitätspakt untergraben und wertlos gemacht." Dennoch sieht Straubhaar keine andere Möglichkeit als das Heraushauen. Die Währungsunion werde sich in Richtung einer Transferunion bewegen: Reiche Länder zahlen Subventionen für ärmere.

Der Ifo-Präsident hält hingegen einen Austritt Griechenlands aus der Währungsunion für das geringere Übel. … Das Land habe nicht nur ein hohes öffentliches Defizit, sondern auch ein extrem hohes Außenhandelsdefizit, gibt Sinn zu bedenken. …. Um wettbewerbsfähig zu werden, müssen die Griechen eine interne Abwertung durchmachen durch Lohnkürzungen und sinkende Preise. … „Unter Abwägung aller Umstände komme ich zu dem Schluss, dass es für Griechenland das Beste wäre, aus dem Euro auszutreten."

… EU-Währungskommissar Olli Rehn (hat) eine Überarbeitung des Stabilitäts- und Wachstumspakts vorgeschlagen. Dieser sollte schärfere Sanktionen für Defizitländer enthalten, aber auch Möglichkeiten für mögliche weitere Krisenhilfen. … dazu die Ökonomin Renate Ohr von der Universität Göttingen: „Der Druck, den eigenen Staatshaushalt in soliden Grenzen zu halten und die eigene Wettbewerbsfähigkeit durch produktivitätsorientierte Lohnpolitik zu bewahren, wird hierdurch[2] weiter reduziert."

---

[1] Bailout – finanzielle Rettung durch Entschuldung mithilfe der EU-Staaten.
[2] Gemeint ist die Institutionalisierung von Krisenhilfen nach den Vorschlägen des EU-Währungskommissars.

Zahlungsbilanz – Währungsunion

Aufgaben

1. Anlass dieser Berichterstattung sind die wirtschaftlichen und wirtschaftspolitischen Probleme Griechenlands und ihre Lösung durch einen Kredit unter erheblicher Beteiligung der EWU-Staaten. Welche Probleme deutet der Text an? Welche Ursachen werden erkennbar? Welche Problemlösung wird kritisiert? (15)

2. Der Text weist aber auch auf grundsätzliche Probleme der Europäischen Währungsunion hin, die sich gerade in diesem Fall besonders deutlich zeigen. Welche sind es? (Hinweis: Die wichtigsten Einfuhrländer aus griechischer Sicht sind Deutschland, Italien, Frankreich, die Niederlande.) (15)

3. Im Text wird der Austritt Griechenlands aus der Währungsunion vorgeschlagen. Welche Bedeutung hätte der Euro-Austritt für die griechische Wirtschaft? (10)

4. Welche Kritik wird an der Institutionalisierung von Krisenhilfen geübt? (10)

Nr.	5.3
Prüfungsbereich/Handlungsbereich	5. Europäische und internationale Wirtschaftsbeziehungen
Themenbereich	**Distributionswege und -organe im Ausland**
Thema der Aufgabe	**Indirekter Export, Dokumenteninkasso**
Bearbeitungszeit in Minuten	60
Punkte	55

Die Landtransport GmbH, die Fahrzeuge für den Transport landwirtschaftlicher Produkte, für Gülle usw. herstellt, plant den Verkauf seiner in Norddeutschland, Dänemark und den Niederlanden gut eingeführten Produkte in die USA. Den Vertrieb auf dem relativ unbekannten US-amerikanischen Markt soll ein inländischer Händler übernehmen, der auch in der Lage ist, Produkte auf Lager zu nehmen. Der geplante Export soll also indirekt ablaufen.

Aufgaben

1. Wie lässt sich der indirekte Export kennzeichnen? Wie unterscheidet er sich vom direkten Export? Wie läuft er ab? (15)

2. Warum wählt die Landtransport GmbH den indirekten Export? Welche Vorteile hat der indirekte Export? Kann er auch Nachteile haben? (15)

3. Die Landtransport GmbH benötigt Anschriften potenzieller Partner in den USA und auch weitergehende Informationen. Welche Institutionen können der Landtransport GmbH bei der Beschaffung von Informationen und Anschriften bzw. bei der Geschäftsanbahnung helfen? (10)

4. Um das Zahlungsrisiko zu minimieren, wird die Landtransport GmbH wie bei ihren anderen Auslandsgeschäften, Dokumenteninkasso mit dem Importeur vereinbaren (documents against payment d/p). Wie läuft das Dokumenteninkasso ab? Welche Vorteile bietet es dem Exporteur? (15)

Nr.	5.4
Prüfungsbereich/Handlungsbereich	5. Europäische und internationale Wirtschaftsbeziehungen
Themenbereich	**Finanzierung des Außenhandels**
Thema der Aufgabe	**Forfaitierung (engl.)**
Bearbeitungszeit in Minuten	80
Punkte	60

The Landtransport GmbH would like to gain a foothold in the US-market and to offer its products with the support of a local importer. By mediate of the Chamber of Foreign Trade the company got some addresses of potential trade partners, including the address of John Myers Ltd., a wholesaler of agricultural machinery in Illinois. For a first approach the Landtransport GmbH wrote the following letter to Myers Ltd. and asked them whether and under which conditions they would be interested in establishing contacts.

Dear Sir or Madam,

The Chamber of Foreign Trade informed us that you might be interested to sell our products in the USA. We are a German company which produces vehicles and machines for the transport of agricultural products; we distribute our products in Northern Germany, in Denmark and in the Netherlands. Now we want to gain a foothold in the USA-market, and we would be glad if you could help us. For further information about our company and our product line we attach our brochure which contains also our terms of delivery and payment. In foreign countries we only deliver against a letter of credit. If you are interested in doing business with us, please contact us.

We are looking forward to hearing from you soon.

Yours sincerely,

Anton Bauerfreund

John Myers Ltd. answered as follows:

Dear Mr Bauerfreund,

Thank you for your letter from ... We are interested in cooperation with your company. But we can't accept the term of payment L/C you offered. Farmers buy agricultural machines on credit, and they pay after they got money by selling the products during harvest. Therefore you may help us by granting a longer time of payment. We suggest as a term of payment: clean payment and time of payment 60 days.

Thank you for your understanding. We would be glad to hear from you soon.

Yours sincerely,

John Myers jr.

On the occasion of a business trip the executive director of the Landtransport GmbH also visited John Myers Ltd. After negotiations they agreed as follows:

- The Landtransport GmbH grants as term of credit 60 days,
- the Landtransport GmbH is allowed to forfeit the claims,
- to offer a security John Myers Ltd issues a promissory note.

Tasks:

1. Give a brief outline of the described case. (10)
2. Explain the meaning of "clean payment" for the Landtransport GmbH. (10)
3. Comment on the results of the negotiations; go into details about the meaning and the procedure of forfeiting. (30)
4. Which advantages does the Landtransport GmbH get by forfeiting? (10)

Nr.	5.5
Prüfungsbereich/Handlungsbereich	5. Europäische und internationale Wirtschaftsbeziehungen
Themenbereich	**Kulturelle Unterschiede**
Thema der Aufgabe	**Japanische Unternehmenskultur (engl.)**
Bearbeitungszeit in Minuten	85
Punkte	65

FINANCIAL TIMES April 29 2010

When sorry is the hardest word

Toyota's much-criticised response to complaints about safety reflects a Japanese business culture ill-prepared for a crisis, writes **Jonathan Soble**

Last week Ray LaHood, US transportation secretary, declared a moral victory in his government's battle with Toyota. The Japanese carmaker had just announced that it would not contest a record $ 16.4 m fine imposed by Washington for its alleged slowness in disclosing safety problems with millions of its vehicles. "I am pleased that Toyota has accepted responsibility for violating its legal obligations," Mr LaHood told the press.

... In its own statement on the matter, Toyota said it had agreed to pay up only "to avoid a protected dispute and possible litigation" and denied that it had broken the law. "We did not try to hide a defect to avoid dealing with a safety problem."

To observers of Toyota's recent fall from grace, brought on by its recall of some 9 m vehicles worldwide since November, the company's version seemed more in keeping with its response to the crisis so far. Toyota executives, after a damaging early silence, have issued a torrent of apologies – accompanied by only the vaguest explanations for what, if anything, went wrong, or how they might do things differently in the future. Nearly six months after the recalls began, no one has been sacked and Toyota is still struggling to reserve a widespread sense that it sees itself as victim rather than villain.
...
The mixed messages delivered by actual Toyota executives have been more subtle, but still unmistakable. First there are the apologies themselves. Mr Toyoda got things rolling by saying sorry "from (his) heart" at a news conference in February. But the stated cause of his shame was that Toyota had "caused worry for so many people", not that it had built shoddy cars. Mr Toyoda had potential lawsuits to worry about, of course ... but if a robust case existed for Toyota's defence, he didn't offer it. ...

Even Toyota's qualified expressions of remorse have been drained of much of their power by the company's habit of appearing to shift blame to others, notably drivers. At the February news conference, Mr Toyoda annoyed many owners of its recalled Prius petrol-electric hybrid vehicle by calling a flaw in its braking software a matter of driver "feeling" rather than careless engineering. ...

Part of Toyota's problem is that like most Japanese companies it still sees crisis management and public relations as marginal parts of its business. "Japan is still a country where the concept of PR is weak. Companies don't spend on PR, and there are few specialists," Mr Tanaka says (Tatsumi Tanaka, chief executive of Risk Hedge, a crisis management consultancy.) ... There is little of the sort of detailed contingency planning that has become standard practice at western companies.

... Japanese companies often forget the link between saying sorry und fixing problems. Japanese are quick to apologise but that doesn't mean they are actually taking responsibility.

A related weakness, says Hisao Inoue, author of Toyota Shock ..., is that Toyota's relentless growth has amplified its conservative culture, by favouring bureaucratic conformity and discouraging the sort of negative views that are vital to anticipating disaster. ...

Tasks

1. Give a short summary of the text in German. (15)
2. The text indicates Toyota's business culture in some aspects. Describe Toyota's business culture according to the indications given in the text. (20)
3. Characterize the Japanese culture according to the 5-D-Model by Hofstede. (30)

Analysen, Strategien

Nr.	6.1
Prüfungsbereich/Handlungsbereich	6. Unternehmensführung
Themenbereich	**Strategiearten**
Thema der Aufgabe	**Analysen, Strategien**
Bearbeitungszeit in Minuten	240
Punkte	100

Die MedVet GmbH, Hamburg, vertreibt in Deutschland Tierarzneimittel. Abnehmer der Produkte sind Tierärzte, die von Vertretern besucht und beraten werden. Es bestehen zzt. 17 Vertreterbezirke mit jeweils rd. 530 Tierärzten; ein Kunde soll im Allgemeinen einmal innerhalb von sechs Wochen besucht werden. Die Vertreter erhalten ein monatliches Fixum, und sie sind am Umsatz in ihrem Bezirk prozentual beteiligt. Ein Kundenbesuch kostet die MedVet 300 bis 350 €.

Potenzielle Kunden der MedVet GmbH sind die etwa 9.000 Tierärzte in Deutschland. Die meisten Tierarztpraxen sind sog. gemischte Praxen, d.h. es werden sowohl Klein- als auch Groß- bzw. Nutztiere behandelt. Daneben gibt es allerdings auch Praxen, die sich auf die Behandlung von Kleintieren bzw. von Groß- und Nutztieren spezialisiert haben.

Auf den Bedarf der Praxen für die Kleintierbehandlung ist das Sortiment der MedVet GmbH weitgehend zugeschnitten. Allerdings ist das MedVet-Sortiment im Hinblick auf den Bedarf einiger Tierarztpraxen für die Kleintierbehandlung unvollständig; die Tierärzte kaufen die entsprechenden Arzneimittel bei den Mitbewerbern, deren Kontaktierungsmöglichkeiten zu den Praxen dadurch erheblich verbessert werden.

Nur bei einem Teil der Tierärzte ist das Sortiment der MedVet GmbH vorhanden bzw. wird vollständig zur Behandlung genutzt. Die Umsätze, die die MedVet durchschnittlich im Jahr tätigen kann, liegen bei den Kleintierpraxen bei 4.000 €, bei Groß- bzw. Nutztierpraxen bei 5.000 €.

Die MedVet will den Absatz ihrer Produkte und den Umsatz erhöhen und insbesondere die Außendienstkosten senken.

Die MedVet klassifiziert die Kunden nach den Kriterien Wachstum (Praxisentwicklung) und Distributionstiefe. Bei beiden Kriterien werden die Ausprägungen hoch und niedrig unterschieden. Es entstehen dadurch vier Kundengruppen. Die Anzahl der 9.000 Tierärzte ist nach grober Schätzung in den Gruppen gleich verteilt.

Grundlagen für die Beurteilung der Praxisentwicklung sind u.a. Lagerhaltung (Umfang des Vorrats an Medikamenten, Lagerumschlag u.Ä.), Umsätze, Veränderungen im Personalbestand (angestellte Tierärzte, Praxishilfen). Danach entwickelt sich eine Praxis, d.h. sie wächst, wenn sie zusätzlich Tierärzte beschäftigt, Praxisräume erweitert, ein Labor einrichtet, wachsenden Bedarf an Medikamenten hat usw.; wenn dagegen Personal entlassen wird, der Bedarf an Medikamenten stagniert, kaum wächst oder sogar zurückgeht, kann geschlossen werden, dass sich die Praxis nicht oder nur gering entwickelt, vielleicht sogar rückentwickelt, d. h. nicht oder nur mit sehr geringen Zuwachsraten wächst.

Mit Distributionstiefe bezeichnet die MedVet die Verfügbarkeit ihres Sortiments in einer Praxis. Eine geringe Distributionstiefe liegt danach vor, wenn nur wenige Mittel der MedVet genutzt werden; eine tiefe Distribution („hohe Distributionstiefe") bedeutet dagegen, dass in der Praxis nahezu das ganze Sortiment genutzt wird.

Arbeitsauftrag

1. Analysieren Sie die die Unternehmenssituation der MedVet GmbH anhand des vorstehenden Textes. Nutzen Sie dazu eine Portfoliomatrix. (40)

2. Aus welchen Quellen können die Informationen der MedVet GmbH stammen? (10)

3. Schlagen Sie auf der Grundlage der Analyse angemessene Strategien vor. (50)

Nr.	6.2
Prüfungsbereich/Handlungsbereich	6. Unternehmensführung
Themenbereich	**Unternehmenskultur**
Thema der Aufgabe	**Unternehmenskultur und Ziele, Mitarbeiterverhalten, Lieferantenaudit**
Bearbeitungszeit in Minuten	240
Punkte	100

Die MedTec GmbH ist ein in Schleswig-Holstein ansässiges Unternehmen der Medizintechnik. Sie stellt u. a. medizintechnische Geräte für die Nutzung in Kliniken und Arztpraxen her und vertreibt sie weltweit.

Auf ihrer Homepage stellt sich die MedTec GmbH folgendermaßen vor:

Unsere Philosophie heißt: MedTec – Medizintechnik – Technik für Gesundheit.

Unsere obersten Ziele sind:

- Wir wollen in jedem unserer Märkte zu den ersten drei Anbietern gehören.
- Wir wollen den Unternehmenswert permanent verbessern.
- Wir erwirtschaften eine Rendite von mehr als 20 % (EBIT) auf das eingesetzte Kapital.

Wir wollen ein exzellentes Unternehmen sein, Nr. 1 bei unseren Kunden und attraktiv für unsere Mitarbeiter.

Wir stellen Produkte her, die letztlich der Gesundheit von Menschen nützen; daraus leiten wir ein besonderes Verantwortungsbewusstsein für Qualität und Umwelt ab. An jedem einzelnen Arbeitsplatz tragen qualifizierte Mitarbeiter zur Umsetzung dieser Stärke bei.

Der Schutz der Umwelt hat in unserem Unternehmen traditionell einen hohen Stellenwert. Einer unserer Unternehmensgrundsätze lautet: Wir stehen zu unserer Verantwortung für Gesellschaft und Umwelt. Umweltschutz ist wesentlicher Bestandteil unserer Prozesse.

Die Unternehmenskultur der MedTec GmbH wird durch viele Aspekte beeinflusst, geformt und weiterentwickelt. An erster und wichtigster Stelle sind dies die Menschen. Wir brauchen auf allen Ebenen Mitarbeiter, die unsere Unternehmenskultur vorleben. Bei allem was wir tun, steht der Kunde im Mittelpunkt. Unsere Mitarbeiter handeln damit nicht nur für den Kunden, sondern für das Unternehmen und dadurch für sich selbst. Dieses Ziel erreichen wir durch Fordern und Fördern von:

1. Identifikation,
2. Partnerschaft,
3. Vertrauenskultur,
4. Anerkennung,
5. dezentralen Strukturen,
6. unternehmerischen Denken und Handeln aller Mitarbeiter,
7. Beteiligung.

Damit die MedTec GmbH auch ihre führende Marktstellung behaupten kann, werden die Mitarbeiter systematisch gefördert und entsprechend ihrer Qualifizierung eingesetzt.

Zum traditionellen Selbstverständnis des Unternehmens gehört, für die Menschen im Unternehmen Sorge zu tragen. Hierzu gehört auch ein umfangreiches Bündel an Sozialleistungen. Dazu gehören zum Beispiel

- die werkseigene Kantine,
- die Förderung eines werksnahen Kindergartens,
- die betriebliche Altersversorgung,
- Erfolgsbeteiligung als freiwillige Unternehmensleistung.

Weil einerseits der Erfolg des Unternehmens abhängig ist vom Ansehen des Unternehmens, andererseits das Ansehen des Unternehmens aber auch bestimmt wird vom Auftreten und Verhalten der Mitarbeiter, hat die MedTec GmbH Verhaltensgrundsätze aufgestellt. An diesen Grundsätzen sollen die Mitarbeiter ihr Verhalten beim Aufbau geschäftlicher Partnerschaften, bei Einkauf und Verkauf sowie bei Kontakten mit Behörden, Banken usw. ausrichten.

„Der gute Ruf unseres Unternehmens ist die Grundlage für erfolgreiches Zusammenarbeiten mit Lieferanten, Kunden, Behörden und Kapitalgebern. Deshalb sind alle Mitarbeiter aufgefordert, ihr Verhalten an diesen Grundsätzen und Regeln auszurichten. Die Führungskräfte sollen sie einmal im Jahr mit den ihnen unterstellten Mitarbeitern erörtern."

Die allgemeinen Grundsätze enthalten u. a. folgende Kerngedanken:

- Die Mitarbeiter verhalten sich, wenn sie als Repräsentanten des Unternehmens auftreten, einwandfrei.
- Die Mitarbeiter sollen mit Gepflogenheiten des Geschäfts- bzw. Verhandlungspartners, die in seiner Person oder in seiner sozialen bzw. nationalen Herkunft begründet sind, rücksichtsvoll umgehen und keine Missbilligung äußern.
- Kaufmännische Entscheidungen dürfen nicht durch Geschenke oder Zuwendungen beeinflusst werden.
- Die Führungskräfte sorgen in ihren Bereichen bzw. Abteilungen für die Einhaltung der Verhaltensgrundsätze.

- Aktive und passive Bestechung ist unzulässig. Bestechung verzerrt den Wettbewerb, dadurch können z. B. Beschaffungskosten steigen, die Transparenz der Vorgänge geht verloren.

- Die MedTec GmbH berücksichtigt die Empfehlungen des Deutschen Corporate Governance Kodex; Abweichungen werden im Entsprechensbericht bekannt gemacht.

Dem Einkauf misst die MedTec GmbH wegen seines direkten Kontaktes zur Öffentlichkeit besondere Bedeutung bei. Für den Aufbau und die Pflege der Lieferantenbeziehungen gelten besondere Verhaltensgrundsätze für die Mitarbeiter im Einkauf. Daraus werden im Folgenden einige Kerngedanken wiedergegeben:

- Die Interessen des Unternehmens sind zu wahren. So soll z. B. der Mitarbeiter Lieferanten nicht aus persönlichen Gründen präferieren, weil diese u. U. mit den Unternehmensinteressen kollidieren können.

- Unlautere Versuche eines Lieferanten, die Einkaufsentscheidung zu seinen Gunsten zu beeinflussen, sind unbedingt abzulehnen. Der Vorgang ist zu dokumentieren.

- Lieferanten sind nach objektiven Kriterien zu beurteilen und auszuwählen, dazu zählen z. B.
  - Preis,
  - Qualität,
  - Lieferzeit, Einhaltung von Liefervereinbarungen,
  - Kooperationsbereitschaft,
  - Image,
  - Organisation,
  - Kapitalbasis.

- Die Lieferanten, mit denen aktuelle Lieferbeziehungen bestehen, sind regelmäßig nach den angegebenen Kriterien zu überprüfen.

- Bei Anfragen sind den Lieferanten, die bei der MedTec GmbH geltenden Regeln für die Angebotsabgabe bekannt zu geben.

Dipl.-Ing. Justus Cornelius ist Qualitätsbeauftragter der MedTec GmbH. Eine der Aufgaben von Herrn Cornelius ist die Auditierung von Lieferanten. Dazu sucht er regelmäßig die Zuliefererbetriebe auf.

1. Aufgabe: Unternehmenskultur und Ziele (35)

a) Stellen Sie die Unternehmenskultur der MedTec GmbH dar. (10)

b) Welches Unternehmensleitbild drückt sich in der Darstellung aus? Besteht eine Beziehung zwischen der Unternehmenskultur und dem Unternehmensleitbild? (10)

c) Welche Ziele verfolgt das Unternehmen? Besteht ein Zusammenhang zwischen dem Unternehmensleitbild und den Unternehmenszielen? (10)

d) Wie lässt sich die Corporate Identity des Unternehmens umschreiben? Wie wirkt die Corporate Identity nach innen und nach außen? (5)

2. Aufgabe: Unternehmenskultur und Mitarbeiterverhalten (45)

a) Warum stellt die MedTec GmbH den Katalog von Verhaltensgrundsätzen auf? (10)

b) Wie hängen Verhaltensgrundsätze, Unternehmensleitbild und Unternehmensziele zusammen? (10)

c) Welche Bedeutung hat der Hinweis, dass sich die MedTec GmbH an die Empfehlungen des Deutschen Corporate Governance Kodex hält? (10)

d) Warum wird ausdrücklich verlangt, dass Lieferanten nach objektiven und ausschließlich aufgezählten Kriterien auszuwählen sind? (15)

3. Aufgabe: Lieferantenaudit (20)

a) Kennzeichnen Sie kurz die Aufgaben von Herrn C. im Zusammenhang mit einem Lieferantenaudit. (10)

b) Welche Bedeutung kann das Lieferantenaudit für die Beschaffung haben? (5)

c) Der Qualitätsbeauftragte übt eine Funktion im Rahmen des Qualitätsmanagements seines Unternehmens aus. Kennzeichnen Sie kurz die Aspekte des Qualitätsmanagements nach EN ISO 9000 : 2000. (5)

Strategische Veränderungen

Nr.	7.1
Prüfungsbereich/Handlungsbereich	7. Unternehmensorganisation und Projektmanagement
Themenbereich	**Zusammenhang von Strategie und Unternehmensorganisation**
Thema der Aufgabe	**Strategische Veränderungen**
Bearbeitungszeit in Minuten	240
Punkte	100

Die Norddeutsche Industrie-Glas GmbH stellt Rohre, Injektoren, Kolben, Reagenzgläser, Glasplatten u. dgl. aus Quarzglas her und vertreibt sie direkt unter dem (geschützten) Produktnamen „*Industrieglas*" an Industrieunternehmen. Hauptabnehmer sind Unternehmen der chemischen und pharmazeutischen Industrie, Hersteller von Laboreinrichtungen und Hersteller von Waschmaschinen, Elektroherden und ähnlichen Haushaltsgeräten.

Industrieglas

Das Logo der Norddeutschen Industrie-Glas GmbH – ein kleiner Kreis, der den Produktnamen *Industrieglas* einschließt – ist als Gravur auf den Produkten angebracht. Die Produkte sind in den norddeutschen Bundesländern relativ gut eingeführt. Der Marktanteil liegt bei rd. 65 %, der Markt gilt als weitgehend gesättigt; Konkurrenz drängt auf den Markt. Der Absatz der Industrieglas GmbH stagniert zzt.; mit Rückgängen muss in nächster Zukunft gerechnet werden. Seit einiger Zeit sind Anbieter mit Küchengeschirr aus Quarzglas, z. B. Salatschüsseln, Teller, Salatbestecke, auf dem Markt, auffälligerweise fehlen in den Sortimenten Auflaufformen und ähnliches Glasgeschirr, in dem Aufläufe und ähnliche Speisen sowohl zubereitet als auch serviert werden können.

Der Marketingleiter der Norddeutschen Industrie-Glas GmbH schlägt deshalb der Geschäftsführung vor, das Produktprogramm mit Küchenglas zu erweitern und z. B. Auflaufformen und ähnliche Haushaltsprodukte auf den Markt zu bringen. Er geht bei seinem Vorschlag davon aus, dass der Produktname *Industrieglas* (und das Firmenlogo) auch in privaten Haushalten bekannt ist und dass damit Solidität und hohe Materialqualität verbunden wird. Das Produkt könnte deshalb exklusiv über den Facheinzelhandel vertrieben werden und zwar im gesamten Bundesgebiet.

Nach vorsichtiger Einschätzung des Marketingleiters sind mit Investitionsausgaben in Höhe von 900.000 € und mit den in der folgenden Tabelle angegebenen Nettoeinnahmen zu rechnen (Zinssatz 12 %).

Jahre	Nettoeinnahmen
1	150.000
2	200.000
3	275.000
4	350.000
5	450.000

Die Geschäftsleitung steht der Erweiterung des Produktprogramms und dem damit verbundenen Strategiewechsel grundsätzlich positiv gegenüber. Sie äußert allerdings folgende Bedenken:

- Der Strategiewechsel könnte bei Mitarbeitern und Geschäftsfreunden Irritationen auslösen und Probleme aufwerfen.

- Schwierigkeiten werden auch gesehen bei der Wahl der Absatzwege. Die Norddeutsche Industrieglas GmbH hat bisher keine Kontakte zum Handel mit Konsumgütern.

- Es wird ein Absatzrisiko befürchtet, sodass sich die Investitionsausgaben nicht lohnen könnten.

- Die erforderlichen Investitionsausgaben können nur zu zwei Dritteln mit eigenen Mitteln finanziert werden.

Der Marketingleiter wird beauftragt, für die in einigen Wochen stattfindende Strategiesitzung mit Geschäftsleitung und Hauptgesellschafter sowie den Leitern der betroffenen Funktionsbereiche eine Darstellung zu den wesentlichen Aspekten des Strategiewechsels vorzubereiten. Dazu zählen Investition, Finanzierung, Sortiment, Produktmarkierung, Absatzwege, Produktionsmenge, Personalbedarf, Widerstände gegen die Entwicklung u. a.

Der Marketingleiter benötigt für die Vorbereitung seines Vortrags Informationen und Daten, bei deren Beschaffung Sie ihm helfen sollen. Er erteilt Ihnen einen **Arbeitsauftrag**, der folgende Einzelaufgaben umfasst:

1. Analysieren Sie die Ausgangssituation. (30)

2. Lohnt sich die Investition bei Zugrundelegung der geschätzten Nettoeinnahmen und eines Zinses von 12 %? Nutzen Sie für die Berechnung die Abzinsungstabelle in Kap. 3.4.1.2.2. (10)

3. Der Markeingleiter will das Produkt zunächst als Set mit drei Formen in unterschiedlicher Größe zu einem Preis von 12,50 €/Set auf den Markt bringen. Er geht davon aus, dass in den ersten Jahren etwa 60.000 bis 70.000 Sets und außerdem einzelne Formen verkauft werden können. Ermitteln Sie exemplarisch den Break-even-Point bei variablen Kosten von 9,50 €/Set und festen Kosten i. H. v. 180.000 €. Was gibt der Break-even-Point an? (10)

Strategische Veränderungen 799

4. Die Geschäftsleitung befürchtet Irritationen bei den Mitarbeitern und den bisherigen Kunden. Welcher Art können die Irritationen sein? Wie kann ihnen entgegengewirkt werden? (20)

5. In einem Projekt soll das Sortiment (Produkte, Produktdesign u. Ä.), definiert, Absatzwege ermittelt und Werbemittel festgelegt werden.

    Welche Bedeutung hat die Projektinitialisierung?
    Benennen Sie die Mitarbeiter am Projekt.
    Für das Projekt soll der Marketingleiter zuständig sein. Wie kann das Projekt in den organisatorischen Aufbau integriert werden? Begründen Sie Ihre Meinung. (15)

6. Welche Maßnahmen zur Produkteinführung würden Sie empfehlen? Der Marketingleiter ist an Ihrer persönlichen Meinung interessiert. (15)

Nr.	7.2
Prüfungsbereich/Handlungsbereich	7. Unternehmensorganisation und Projektmanagement
Themenbereich	**Organisationsentwicklung**
Thema der Aufgabe	**Strategiewechsel, Informationsaustausch**
Bearbeitungszeit in Minuten	240
Punkte	100

1. Aufgabe (15)

Die Nordmarkt GmbH mit ihrer Zentrale in Kiel unterhält in Schleswig-Holstein und Hamburg eine Reihe von Märkten. Marktleiter in Altenaue ist Herr I. Er ist in seinem Bereich verantwortlich für die Feststellung des Bedarfs im Food- und im Non-Food-Bereich, für Personaleinstellung, für Warenannahme mit den Eingangskontrollen. Darüber hinaus hat er abendlich Verkaufs- bzw. Umsatzwerte nach Kiel zu melden. Er ist für seinen Bereich an der Budgetierung beteiligt, schätzt den Umsatz unter den besonderen Bedingungen des Marktumfelds für das kommende Geschäftsjahr ab und ist damit letztlich auch an der Festlegung von Controllingkennziffern beteiligt. Für den Einsatz des Personals sind die Abteilungsleiter Food und Non-Food zuständig.

1. Nennen Sie Gesamt-, Haupt-, Teil- und Einzelaufgaben der Nordmarkt GmbH, berücksichtigen Sie dabei insbesondere den Funktionsbereich Beschaffung. (10)

2. Stellen Sie anhand der Informationen, die die Wirklichkeit etwas verkürzt wiedergeben, in einem Struktogramm (Stab-Linien-System) den organisatorischen Aufbau der Nordmarkt GmbH dar; berücksichtigen Sie dabei drei Märkte und eine Stabsstelle für Controlling, die der Vertriebsleitung zugeordnet ist. (5)

2. Aufgabe (25)

Herr I. meldet den Bedarf an die zentrale Beschaffung in Kiel. Diese fasst mehrere oder viele Bedarfsmeldungen aller Märkte zusammen und bestellt. Die Zulieferer liefern an das Lager der Zentrale in Kiel; dort werden sie filialgerecht kommissioniert und möglichst schnell (möglichst innerhalb der nächsten 24 Stunden) mit eigenen Lkw an die Filialen versandt. Bedarfsmeldungen, Bestellungen, Lieferavis und Eingangsbestätigung laufen elektronisch ab.

1. Zeichnen Sie für den dargestellten Sachverhalt Waren und Informationsflüsse. (5)

2. Erklären Sie Begriff und Bedeutung von Cross Docking; gehen Sie dabei auch auf den Unterschied zwischen einstufigem und zweistufigem Cross Docking ein. (10)

3. Welche Kennzeichen weist der Cross-Docking-Prozess auf? (10)

3. Aufgabe (20)

Die Nordmarkt GmbH ist wie alle großen Handelsunternehmen bemüht, das System des Efficient Consumer Response auszugestalten. Deshalb kommen ihr die Strategien vieler Unternehmen der Konsumgüterindustrie sehr entgegen, die auf eine optimale Organisation der Wertschöpfungsketten abzielen. Um dieses Ziel zu erreichen, wollen sie die Prozesse an der Schnittstelle von Handel und Industrie stärker verzahnen, aufeinander abgestimmte Prozesse weiterentwickeln und erfolgreiche Pilotprojekte in das Tagesgeschäft überführen. Dazu soll der reibungslose Datenaustausch zwischen Handel und Konsumgüterindustrie optimiert und der wirtschaftliche Nutzen der RFID-Technik für beide Seiten unter Beweis gestellt werden.

1. Was ist eine Supply Chain und welche Bedeutung hat das Supply Chain Management? (Berücksichtigen Sie dabei das Textbeispiel.) (10)
2. Welche Rolle spielt im Text der Datenaustausch? (5)
3. Welche Bedeutung hat das RFID? (5)

4. Aufgabe (40)

Marktbeobachtungen weisen auf die Bedeutung des Seniorensegments, des „Silver Markets", für den Handel hin; der Handel beginnt, die Senioren als Konsumenten zu entdecken. Haushalte mit einem Einkommensbezieher über 65 Jahren verwenden im Durchschnitt rd. 82 Prozent ihres Einkommens für den Konsum; der Durchschnitt liegt bei etwa 75 Prozent. Im Marktsegment Gesundheitsprodukte stellen die kauffreudigen inhomogenen Zielgruppen mit einem Anteil von mehr als 50 % die mit Abstand wichtigste Käufergruppe dar.

Die Nordmarkt GmbH will ihre Strategien der Entwicklung anpassen. Der Leiter des Bereichs Marketing, Graumann, lädt die Marktleiter und ihre Stellvertreter an einem Wochenende zu einer Konferenz ein. Er will mit einem Kurzvortrag in das Gespräch über Strategieanpassungen einsteigen.

Mit seinem Referat will Graumann auf folgende Aspekte bzw. Fragen eingehen. Helfen Sie ihm bei der Erarbeitung.

1. Welche Ursachen und Folgen hat die demografische Entwicklung und wie lässt sie sich anschaulich in Grafiken darstellen? (15)

    Nutzen Sie zur Darstellung das Zahlenmaterial (Quelle: Statistisches Bundesamt), das die voraussichtliche Bevölkerungsentwicklung wiedergibt; geben Sie die Anteile der Altersgruppen in Prozent der Gesamtbevölkerung an, drücken Sie die Entwicklung in einer Zeitreihe aus (2008 = 100); ermitteln Sie den Altenquotienten mit der Altersgrenze 60 Jahre. (Der Altenquotient (60) gibt die Zahl der 60-Jährigen und Älteren je 100 Personen im Alter von 20 bis unter 60 Jahren wieder; er gibt in einem Prozentsatz das zahlenmäßige Verhältnis der Altersgruppe 60 und älter zu der Altersgruppe 20 bis unter 60 an.) (Für die Klausur genügt die Anfertigung einer Grafik.)

Bevölkerungsstand (jeweils in Tsd.)	2008	2020	2030	2040
insgesamt	82.002	79.914	77.350	73.829
unter 20 Jahre	15.619	13.624	12.927	11.791
20 bis unter 60 Jahre	45.426	41.743	35.955	33.746
60 Jahre und älter	20.958	24.547	28.469	28.292

2. Wie lässt sich das Seniorensegment kennzeichnen? Umfasst das Segment eine homogene Konsumentengruppe? (15)

Nach einer Untersuchung des Hamburger Trendbüros lässt sich die ältere Generation in die folgenden vier Gruppen unterteilen:

Vitale Hedonisten
Sie haben ein ausgeprägtes Körperbewusstsein und sind besonders aktiv. Ganz oben auf ihrer Wertskala stehen Jugendlichkeit, Lustgewinn und Abwechslung.

Familiäre Moralisten
Sie möchten in Harmonie mit sich und der Welt leben. Geborgenheit, Partnerschaft und Zufriedenheit sind zentrale Bezugsgrößen ihrer Lebensführung. Dementsprechend bevorzugen sie Familienmarken mit einem gewissen Nostalgiewert.

Autonome Flexisten
Sie sind neugierig auf Unbekanntes und interessiert an technischer Innovation. In dieser Gruppe stehen funktionale Produkte und Marken mit intellektuellem Touch hoch im Kurs.

Rituelle Feudalisten
Sie sprechen besonders auf Themen wie Körperpflege, Prestige und Kultiviertheit an. Diese Gruppe konsumiert bevorzugt Luxusprodukte und Traditionsmarken.

3. Welche Bedeutung hat das Seniorensegment für den Handel? (5)

4. Wie lässt sich im vorliegenden Fall die Organisationsentwicklung kennzeichnen? (5)

Nr.	8.1
Prüfungsbereich/Handlungsbereich	8. Personalmanagement
Themenbereich	Situationsgerechte Auswahl der Formen der Personalbeschaffung
Thema der Aufgabe	Arbeitsmarkt – Rahmenbedingungen
Bearbeitungszeit in Minuten	30 (Vorbereitung auf das Prüfungsgespräch)
Punkte	100
Präsentation	Vortrag

Lübecker Nachrichten (LN) v. 29. April 2010

Im Bezirk der Agentur für Arbeit Lübeck waren Ende März noch 1.206 Ausbildungsplätze nicht besetzt. Dem standen lediglich 640 unversorgte Bewerber gegenüber, sodass rein rechnerisch auf einen Lehrling zwei Ausbildungsplätze kommen. Besonders groß sind die Chancen für künftige Bäcker, Bäckereifachverkäuferinnen, als Azubi in Hotellerie und Gastronomie sowie im Einzelhandel. Landesweit sind bei den Agenturen für Arbeit noch 7.460 freie Stellen gemeldet, denen 6.803 unversorgte Bewerber gegenüberstehen. Der Präsident der IHK zu Lübeck weiß um die prekäre Situation vieler Betriebe. Aufgrund der demografischen Entwicklung werde die Zahl der geeigneten Bewerber in diesem Jahr und in den Folgejahren weiter zurückgehen. Deshalb ruft der IHK-Präses die Unternehmen auf, sich auch Bewerber anzusehen, die auf den ersten Blick nicht über die gewünschte Ausbildungsreife verfügten. Dieses Ausbildungspotenzial werde in Zukunft stärker genutzt werden müssen. ...

Auch der Präsident der Handwerkskammer warnt vor einem Fachkräftemangel, wenn es nicht gelinge, die Qualität der potenziellen Lehrlinge zu verbessern.

Im vergangenen Jahr ging aufgrund der demografischen Entwicklung die Zahl der neu abgeschlossenen Ausbildungsverträge im Vergleich zu 2008 um 8,3 % zurück. Besonders drastisch ist der Schwund an jungen Berufseinsteigern in Ostdeutschland. ...

Der große Ansturm der Bewerber um eine Lehrstelle ist vorbei. ... (Ein Ausbildungsbetrieb) muss sich schon anstrengen, wenn er geeignete Lehrlinge gewinnen will. Dabei spielen Kontakte zu den Schulen und die dadurch vermittelten Praktika eine wichtige Rolle. ...

Aufgabe

Stellen Sie die in diesem Zeitungsartikel aufgezeigte Problematik in einem Vortrag dar, gehen Sie von den Rahmenbedingungen des deutschen Arbeitsmarktes aus, die hier eine besondere Rolle spielen, zeigen Sie Lösungswege auf. Gehen Sie dabei auch die Möglichkeiten der Beschaffung von Auszubildenden ein.

Beispiele für Fragen, die sich im Prüfungsgespräch aus der Thematik ergeben können:

1. Wie wird der Arbeitsmarkt definiert?
2. Was versteht man unter Personalmarketing?

Trennungsgespräch 805

Nr.	8.2
Prüfungsbereich/Handlungsbereich	8. Personalmanagement
Themenbereich	**Personalfreisetzung**
Thema der Aufgabe	**Trennungsgespräch**
Bearbeitungszeit in Minuten	30 (Vorbereitung auf das Prüfungsgespräch)
Punkte	100
Präsentation	Vortrag

Die Landtransport GmbH in Kiel muss sich von Felix Bauer trennen: Bauer ist als Ingenieur seit 15 Jahren im Unternehmen tätig, in der überwiegenden Zeit in leitender Position. Bauer ist verheiratet, hat zwei schulpflichtige Kinder und bewohnt mit seiner Familie ein Eigenheim in der Nähe Kiels, das er vor etwa drei Jahren – auch mit Blick auf die Dauerhaftigkeit seines Beschäftigungsverhältnisses bei der Landtransport GmbH – gebaut hat.

Bauer, dessen Personalakte keine Abmahnung und keine Dokumentation einer Fehlleistung enthält, ist zuständig für die Planung und Produktion von Dungräumanlagen, die nach Vorgaben durch die Landwirte geplant, gebaut und schließlich auf den Höfen montiert werden. Er hatte den Kontakt zu den Landwirten auf- und ausgebaut, der auch den anderen Sparten des Unternehmens zugute kam und noch immer kommt. Das Geschäft mit Dungräumanlagen ist rückläufig; die größeren landwirtschaftlichen Betriebe sind angemessen ausgestattet, neue Kunden lassen sich kaum finden. Die Landtransport GmbH will sich deshalb von der Sparte Dungräumanlagen trennen.

Seit einiger Zeit stagniert auch die Nachfrage nach anderen Produkten der Landtransport GmbH. Das Unternehmen ist gezwungen, Fixkosten zu senken, z.B. auch Personalkosten. Personalanpassungsmaßnahmen müssen ergriffen, evtl. müssen auch Möglichkeiten zur Kurzarbeit erwogen werden. Von betriebsbedingten Kündigungen will man vorläufig Abstand nehmen. Die Trennung von Felix Bauer ist aber beschlossene Sache.

Bauers Vorgesetzter (und vertrauter Kollege) Heinz Agricola soll das Trennungsgespräch führen. Agricola ist der Vorgang sehr unangenehm. Er zieht Sie – seinen Assistenten – zu Rate und bittet Sie, sich Gedanken über die Bedeutung, die Vorbereitung und die Durchführung des Gesprächs Gedanken zu machen.

Arbeitsauftrag

Fassen Sie die Gedanken des Assistenten zu einem Trennungsgespräch nach folgenden Gliederungspunkten zusammen:

- Bedeutung des Trennungsgespräches z.B. für den Mitarbeiter, für den Gesprächsführer, für das Unternehmen,
- Vorbereitung, z.B. formal, inhaltlich,
- Ablauf des Trennungsgesprächs.

Beispiele für Fragen, die sich aus der Thematik ergeben können:

1. Wer soll das Gespräch führen?
2. Wie lange soll ein Trennungsgespräch dauern?
3. Ist der Betriebsrat zu beteiligen?
4. Was drückt sich in einem sorgfältig vorbereiteten und durchgeführten Trennungsgespräch aus?
5. Warum ist eine lückenlose Dokumentation von Fehlleistungen in der Personalakte von besonderer Bedeutung gerade im Zusammenhang mit dem Trennungsgespräch?

Lösungen

1.1 Portfolioanalyse

Analyse

Mit dem Marktwachstums-Marktanteils-Portfolio werden das Marktwachstum und der relative Marktanteil der Produkte anhand der Beschreibungen analysiert. (Das Marktwachstum wird als Wachstumsrate in Prozent, der Marktanteil als Relation des eigenen Marktanteils zu dem des stärksten Mitbewerbers angegeben.) Dabei werden für die beiden Merkmale jeweils die beiden Ausprägungen hoch und niedrig angenommen; es wird also unterschieden zwischen hohem und niedrigem Wachstum und zwischen hohem und niedrigem Marktanteil.

In der Marktwachstums-Marktanteils-Portfolio-Analyse werden die Merkmale mit ihren Ausprägungen zusammengefasst, sodass sich die folgende Kombinationen ergeben. Anhand der Beschreibungen in der Falldarstellung können die Produkte der OMW entsprechend zugeordnet werden.

- **Hohes Marktwachstum – hoher relativer Marktanteil**

    Die Produkte dieses Geschäftsfeldes sind die **Stars** des Unternehmens. Sie können seine zukünftige Position am ehesten sichern.

    Für die Ostholmer Mühlenwerke sind die **Backmischungen** die Stars. Mitbewerber drängen mit Konkurrenzprodukten auf den Markt, das weist darauf hin, dass der Markt weiterhin wächst. Trotz der Konkurrenz ist der Markanteil relativ hoch.

- **Hohes Marktwachstum – niedriger relativer Marktanteil**

    Die Kennzeichnung dieses Geschäftsfeldes mit **Question Marks** (Fragezeichen) deutet die grundsätzliche Problematik an. Das Unternehmen steht wegen des niedrigen relativen Anteils an einem wachsenden Markt vor der Alternative Auflösung des Geschäftsfeldes (Eliminierung des Produkts) oder Erhöhung des Marktanteils durch angemessene Marketingmaßnahmen.

    Das Produkt **grobes Mehl** ist ein neues Produkt, das sich noch in der Einführungsphase befindet. Das Marktwachstum ist hoch, aber die OMW konnten bisher nur einen niedrigen relativen Marktanteil erwirtschaften. Der Marktanteil ist relativ gering; der Markt wird eher von Konkurrenzprodukten der Mitbewerber beherrscht. Es ist jedoch davon auszugehen, dass die OMW an der allgemeinen Nachfragesteigerung partizipieren kann.

- **Niedriges Marktwachstum – hoher relativer Marktanteil**

    Produkte mit geringem Wachstum, aber hohem Marktanteil befinden sich in der Reifephase ihres Lebenszyklusses. Sie sind die **Cash Cows** (Milchkühe) des Unternehmens; sie sollen so lange wie möglich „gemolken" werden.

    Das Produkt Weizenmehl Typ 405 lässt sich dieser Kategorie zuordnen. Der Marktanteil ist relativ hoch, die Nachfrage geht aber zurück. Mitbewerber drängen mit Konkurrenzprodukten auf den Markt und nehmen den OMW Markanteile ab.

- **Niedriges Marktwachstum – niedriger relativer Marktanteil**

    Die Produkte in diesem Geschäftsfeld werden als **Poor Dogs** (arme Hunde) bezeichnet. Es sind im Allgemeinen Produkte, die sich in den Endphasen ihres Lebenszyklusses befinden und deshalb keine Gewinne und schließlich auch keine Kostendeckungsbeiträge mehr erwirtschaften.

    Der **Grieß** (für Kindernahrung) gehört in diese Kategorie. Die Nachfrage lässt ganz erheblich nach. Den Markt für Kindernahrung haben die Hersteller von Fertignahrung (in Gläsern) und ähnlichen Produkten übernommen.

Die Analyseergebnisse lassen sich in einer Vier-Felder-Matrix (Portfolio-Matrix) folgendermaßen darstellen.

		Marktanteil	
		hoch	niedrig
Marktwachstum	hoch	Star: Backmischungen	Fragezeichen: grobes Mehl
	niedrig	Melkkuh: Weizenmehl	armer Hund: Grieß

Strategien

Mithilfe der Portfolio-Analyse können Marketingstrategien geplant werden. Die Portfolio-Matrix Marktwachstum-Marktanteil zeigt, wie Geschäftsfelder mithilfe der kombinierten Ausprägungen der Merkmale Marktwachstum und relativer Marktanteil voneinander abgegrenzt und charakterisiert werden. Auf dieser Grundlage werden entsprechende Strategien entwickelt. Die Portfolio-Analyse zeigt u. a. auf, aus welchen Geschäftsfeldern Mittel abgezogen und in andere gelenkt werden können, welche Geschäftsfelder aufgegeben, welche mehr gefördert werden sollten.

Backmischungen:

Dieses Produkt ist der **Star** unter den Produkten des Unternehmens (hohes Marktwachstum – hoher relativer Marktanteil). Die Strategie muss darauf hinaus laufen, dass die Sterne weiterhin leuchten. Der Marktanteil sollte nach Möglichkeit erhöht, zumindest gehalten werden; entsprechend sind diese Geschäftsfelder zu fördern.

Portfolioanalyse

Zu dieser Strategie passen die folgenden Maßnahmen:

- Produktion ausdehnen, Marktanteil mindestens halten evtl. erhöhen,
- Wertschöpfungskette ausbauen, Kundenwünsche analysieren, evtl. neue Produkte aufnehmen,
- evtl. Kapazitätserweiterung mit Berücksichtigung der Lagerorganisation,
- Einkaufsmanagement optimieren,
- Lagerhaltung optimieren,
- neue Beschaffungsquellen erschließen,
- Lieferung von Materialien sichern,
- evtl. Zukauf von Produkten, die in das Sortiment passen.

Grobes Mehl:

Die Kennzeichnung des Produktes grobes Mehl mit Question Marks (Fragezeichen) deutet die grundsätzliche Problematik an. Bei der Marktsituation (Hohes Marktwachstum – niedriger relativer Marktanteil) steht das Unternehmen vor der grundlegenden strategischen Entscheidung: Soll das Produkt vom Markt genommen bzw. das Geschäftsfeld aufgelöst werden oder soll es auf dem Markt gehalten und sein Marktanteil durch entsprechende Maßnahmen erhöht werden?

Da die Ostholmer Mühlenwerke an dem allgemeinen Marktwachstum partizipieren und der Absatz dieses Produkts sich positiv entwickelt, sollte es auf keinen Fall vom Markt genommen werden. Im Rahmen dieser grundlegenden Strategie können folgende Maßnahmen angewandt werden.

- Marktanteil ausdehnen, Produktion erweitern, evtl. Verluste in Kauf nehmen,
- Materialfluss im Zusammenhang mit der Erweiterung der Produktion organisieren,
- evtl. neue Beschaffungsquellen erschließen,
- Zusammenarbeit in der Wertschöpfungskette optimieren (Handel an Verkaufsförderung beteiligen, Werbung),
- Marketinglogistik verbessern (Lieferservice organisieren, Konzentration auf ausgesuchte Käufersegmente).

Weizenmehl:

Weizenmehl ist ein Produkt mit hohem relativen Anteil an einem kaum wachsenden Markt. Das Produkt ist die Cash Cow (Melkkühe) des Unternehmens; es sollte so lange wie möglich „gemolken" werden, d. h. entsprechende Strategien müssen darauf hinauslaufen, den Marktanteil zu halten. Zu dieser grundlegenden Strategie passen folgende Maßnahmen:

- Beschaffungslogistik optimieren, Ausschöpfung von Kostensenkungspotenzialen,
- neue bzw. günstigere Beschaffungsquellen erschließen,
- Materiallieferung sichern, evtl. verbessern,
- Lagerhaltung optimieren, Ausschöpfung von Kostensenkungspotenzialen, z. B. durch Just-in-time-Beschaffung,
- Bestandsmanagement evtl. organisieren, Rationalisierungsmaßnahmen prüfen.

Grieß:

Grieß ist aus Sicht der Ostholmer Mühlenwerke ein „armer Hund" (niedriges Marktwachstum – niedriger relativer Marktanteil). Das Produkt befindet sich wahrscheinlich in der Endphase seines Lebenszyklusses. Es liefert allerdings immer noch Deckungsbeiträge. Deshalb sollte das Produkt noch nicht vom Markt genommen werden. Allerdings sind im Rahmen dieser Entscheidung folgende Maßnahmen zu planen:

- Bestände minimieren,
- Logistikbereiche schließen, frei werdende Logistikkapazitäten übertragen,
- auf mittlere Sicht die Eliminierung des Produkts planen, wenn es sich nur noch unter Aufwendung unverhältnismäßig hoher Mittel halten lässt.

1.2 Inter- und Intramediaauswahl

Situationsanalyse

Ausgangssituation

Die MedVet hat einen Impfstoff auf den Markt gebracht, mit dem Katzen gegen die gefährliche Katzenleukose geschützt werden können. Obwohl diese Krankheit als gefährlich gilt, ordern die Tierarztpraxen den Impfstoff nur in geringem Umfang. Es kann davon ausgegangen werden, dass die Katzenhalter die Impfung nicht verlangen, weil ihnen die Gefahr, die ihren Tieren durch diese Krankheit droht, nicht oder nicht ausreichend bekannt ist.

Es geht also darum, den Impfstoff den Zielgruppen in geeigneter Form bekannt zu machen.

Zielgruppenanalyse

Die Werbung soll auf die Tierarztpraxen ausgerichtet sein, in denen vorwiegend oder ausschließlich Kleintiere behandelt werden. Das sind vor allem Praxen in Großstädten. Tierarztpraxen auf dem Land sind vorwiegend auf Behandlung von landwirtschaftlichen Nutztieren spezialisiert; eine Schutzimpfung für eine Katze kommt für einen landwirtschaftlichen Betrieb im Allgemeinen nicht in Betracht. Tierarztpraxen in Kleinstädten sind häufig Mischpraxen; hier werden häufig sowohl Klein- als auch Großtiere behandelt.

Man kann davon ausgehen, dass Familien und Einzelpersonen, die in städtischen Wohnungen Katzen halten, zu ihren Tieren besondere emotionale Beziehungen haben. Sie sind wahrscheinlich auch bereit, in einem gewissen Umfang Geld für die Pflege und die Gesundheitsvorsorge für ihre Haustiere auszugeben. Die Katzenhalter können im Allgemeinen das Präparat nur bei ihrem Tierarzt kaufen.

Für die Werbung gibt es also **zwei Zielgruppen**:

- Die Tierärzte, denen das Produkt und seine besonderen Vorzüge bekannt gemacht werden muss, damit sie Katzenhalter, die in ihre Praxen kommen, beraten.
- Die Katzenhalter, die im Allgemeinen Tierarztpraxen nur aufsuchen, wenn ihre Katze Krankheitssymptome aufweist. Sie sollen auch zu einer Schutzimpfung zum Tierarzt gehen.

Analyse der Werbebotschaft

Die Basisbotschaft kann man folgendermaßen umschreiben. Es gibt einen Impfstoff gegen die gefährliche Katzenleukose und die MedVet bietet ihn an. Die MedVet ist ein bekannter Anbieter von tiermedizinischen Präparaten, die er unter dem Logo MV vertreibt.

Die Nutzenbotschaft für den Tierarzt hat folgende Aspekte. Der Tierarzt erhält mit diesem Impfstoff ein Mittel gegen eine verbreitete Katzenkrankheit. Der Anbieter des Produkts ist ihm bekannt; er bezieht evtl. auch andere Produkte von ihm.

Für den Tierarzt wird der Nutzen dadurch begründet, dass er Katzenhalter angemessen beraten und Tiere durch eine Impfung vor einer schweren und ansteckenden Krankheit schützen kann. Eine weitere Nutzenbegründung enthält das Argument, dass er den Impfstoff bei dem Lieferanten kaufen kann, von dem er auch andere Produkte bezieht. Außerdem kann er mit Einnahmen durch die Behandlung der Katzen rechnen.

Die Nutzenbotschaft für den Katzenhalter liegt in der Information, dass er seine Katze vor einer gefährlichen und ansteckenden Krankheit schützen kann. Er muss lediglich zu einem Tierarzt gehen, der den Impfstoff vorrätig hat oder bestellt und die Katze impft.

Werbemittelanalyse – Begründung der Handlungsempfehlung

Entsprechend der beiden Zielgruppen muss das Werbemittel ausgewählt werden. Die Werbemittel bestimmen die Werbeträger.

Es liegt nahe, die Aufmerksamkeit durch ein Bild zu erregen; das kann z.B. die Darstellung einer leidenden Katze sein. Für diesen Zweck ist ein Plakat geeignet, das auch die Bezeichnung der Krankheit und die Aufforderung, die Katze bei einem Tierarzt impfen zu lassen, sowie den Namen des Produkts enthalten muss.

Die interessierten Katzenhalter und die Tierärzte müssen durch einen Text über Ursache und Verlauf der Krankheit informiert werden; der Text sollte kurz und prägnant, aber dennoch angemessen wissenschaftlich fundiert sein und Abbildungen von Krankheitssymptomen, statistische Darstellungen usw. enthalten. Für diesen Zweck ist ein Faltblatt geeignet, das auf der ersten Seite das Bild des Plakates und auf den folgenden Seiten den Text wiedergibt. Die letzte Seite soll die Anschrift der MedVet aufnehmen und ausreichend Raum lassen für einen Stempelaufdruck des Tierarztes.

Handlungsempfehlung

Als Werbemittel werden Plakat und Faltblatt empfohlen. Das Faltblatt soll allen Tierärzten in Deutschland postalisch zugestellt werden. Auf Anforderung erhalten die Tierärzte weitere Faltblätter, die sie in ihrer Praxis auslegen oder an Katzenhalter weitergeben können. Die Plakate sollen nach Möglichkeit in den Praxen ausgehängt werden. Die Zoohandlungen sollen angeschrieben werden mit der Bitte, Plakate in den Schaufenstern und in den Geschäftsräumen auszuhängen.

1.3 Deckungsziel

Schwerpunkt dieser Aufgabe ist die Analyse von Preisalternativen (als Grundlage für entsprechende Strategien). Dazu muss der Klausurteilnehmer die Folgen von Preissteigerungen und -senkungen errechnen. Da auch die Kenntnis von Nachfrageelastizitäten für die Entwicklung von alternativen Preisstrategien erforderlich ist, sind auch diese hier zu ermitteln. Die Aufgabe kann erweitert werden durch Fragen nach der Bedeutung des Deckungsbedarfs bzw. Deckungsziels und der Elastizitäten als Kontroll- und Planungsgrößen im Allgemeinen und in dieser Aufgabe im Besonderen.

	Ausgangs-situation	1. Preissteigerung von 12,5 %	2. Preissenkung von 12,5 %
Verkaufspreis in €	160,00	180,00	140,00
variable Kosten in €	80,00	80,00	80,00
Deckungsbeitrag je Stück in €	80,00	100,00	60,00
fixe Kosten in €	50.000,00	50.000,00	50.000,00
geplanter Gewinn in €	30.000,00	30.000,00	30.000,00
Deckungsbedarf in €	80.000,00	80.000,00	80.000,00
erforderliche Menge in Stück	1000	800	1.333
Mengenminderung in v. H.		20 %	
Mengensteigerung in v. H.			33,3 %
Nachfrageelastizitäten		- 1,6	- 2,6

- Ermittlung der Menge (Menge bei Deckungsbedarf x_{Db}): Sie ergibt sich bei der Gleichheit von Umsatz (bei der gesuchten Menge) mit der Summe aus variablen Kosten und dem Deckungsbeitrag.

$U = K_v + Db$

$x \cdot p = (x \cdot K_v) + Db$

$x \cdot p - x \cdot K_v = Db$

$x(p - K_v) = Db$

$$x = \frac{Db}{p - K_v}$$

1. Menge bei Erhöhung des Verkaufspreises auf 180:

$$x = \frac{80.000}{180 - 80} = 800$$

Bei einer Menge von 800 Stück wird der Deckungsbeitrag erreicht.

Menge bei Senkung der Verkaufspreises auf 160:

$$x = \frac{80.000}{140 - 80} = 1.333,33$$

Bei einer Menge von rd. 1.333 Stück wird der Deckungsbeitrag erreicht.

2. Ermittlung der Nachfrageelastizitäten:

$$E = \frac{\text{relative Mengenänderung}}{\text{relative Preisänderung}}$$

$$E = \frac{-0,2}{0,125} = -1,6$$

Bei einer direkten Preiselastizität der Nachfrage von -1,6 ergibt sich die ermittelte Mengensenkung.

$$E = \frac{0,3333}{-0,125} = -2,6$$

Damit die ermittelte Mengenerhöhung erreicht wird, muss eine direkte Preiselastizität der Nachfrage von - 2,6 bestehen.

1.4 Produkteinführung, Wirtschaftlichkeitsprüfung (Break-even-Analyse)

Ermittlung der BeP-Menge mit den folgenden Angaben

	€
VPr je Stück	95,00
variable Kosten je Stück	45,00
Abschreibungen	70.000,00
Werbekosten	220.000,00
Vertriebskosten	380.000,00
feste Kosten insgesamt	670.000,00

$$x_{BeP} = \frac{K_f}{p - K_v}$$

$$x_{BeP} = \frac{670.000}{95 - 45} = \frac{670.000}{50} = 13.400$$

Die BeP-Menge beträgt 13.400 Stück.

Die wahrscheinlich absetzbare Menge liegt bei 12.500 Stück. Das Produkt sollte bei den vorgegebenen Bedingungen nicht in das Sortiment aufgenommen werden.

1.5 Produkteinführung, Zielgruppen, Preisstrategie

1. Situationsanalyse

Die Bio-Cosmetik GmbH ist ein Unternehmen der kosmetischen Industrie, das Wettbewerbsvorteile für seine besonderen kosmetischen Artikel in einer Nische ausgemacht hat. Das Segment lässt sich folgendermaßen kennzeichnen:

- Frauen (Hausfrauen),
- Angehörige der sozialen Mittelschicht,
- mittleres bis höheres Einkommen,
- gebildet, kritisch, informiert,
- hohes Gesundheitsbewusstsein, das das Einkaufsverhalten wesentlich bestimmt (sowohl bei Nahrungsmitteln als auch bei kosmetischen und Hautpflegemitteln).

Das Unternehmen steht noch am Anfang seiner Entwicklung und dürfte deshalb unter Anfangsschwierigkeiten leiden. Dazu gehören erheblicher Kostendruck und Liquiditätsschwierigkeiten. Das Ziel des Unternehmens muss deshalb die Ausdehnung des Absatzgebietes und die Erweiterung des Produktprogramms sein.

Die Bio-Cosmetik verkauft ihre Produkte vorwiegend über Fachgeschäfte. Das drückt einen gewissen Anspruch an Exklusivität aus. Hohe Ansprüche stellt das Unternehmen auch an die Qualität seiner Produkte. Mit der Marke sollen auch die Kundinnen Qualität verbinden.

Die Produkte sind markiert mit dem Zeichen *BIO-Cosmetik*. Das Markenzeichen weist auf das Programm des Unternehmens hin: Kosmetik mit natürlichen Grundstoffen. Der Name nutzt einen Trend aus, der sich beim Kaufverhalten häufig darin zeigt, dass der Begriff gleichgesetzt wird mit Gesundheit, Natürlichkeit und hoher Qualität. Diese Produkte werden deshalb gern gekauft, auch wenn sie teurer sind als ähnliche Produkte, die diesen Qualitätshinweis nicht aufweisen können.

Mit seiner Philosophie ist das Unternehmen im Absatzgebiet offensichtlich relativ erfolgreich; die Kundinnen entwickeln inzwischen Markentreue, die das Unternehmen für eine Erweiterung des Programms nutzen kann. Auf der Grundlage dieser Markentreue betreibt die Bio-Cosmetik eine Hochpreispolitik; ein relativ hoher Preis wird zum Ausdruck von Qualität, qualitätsbewusste Produktion wirft entsprechende Kosten auf, Qualität hat ihren Preis.

Die Bio-Cosmetik GmbH hat ein neues Produkt entwickelt, eine Körperlotion, die mit der Marke versehen werden soll.

2. Handlungsalternativen

Der Listenpreis pro Verkaufseinheit wird mit 6 € kalkuliert; die variablen Kosten sind mit 3,50 € relativ hoch. Die festen Kosten liegen bei 100.000 €. Unter diesen Bedingungen muss die Bio-Cosmetik mindestens 40.000 Verkaufseinheiten verkaufen, um

Produkteinführung, Zielgruppen, Preisstrategie

die Kosten zu decken. Die Verkaufsmenge ergibt sich als Break-even-Point-Menge nach folgender Berechnung.

$K = K_f + K_v$

$K_v = x_{BeP} \cdot K_v$ (K_v = variable Stückkosten)

$K = K_f + x_{BeP} \cdot K_v$

$x_{BeP} \cdot p = K_f + x_{BeP} \cdot K_v$

$x_{BeP} \cdot p - x_{BeP} \cdot K_v = K_f$

$x_{BeP} (p - K_v) = K_f$

$$\boxed{x_{BeP} = \frac{K_f}{p - K_v}}$$

$$\boxed{x_{BeP} = \frac{100.000}{6 - 3,50} = \frac{100.000}{2,50} = 40.000}$$

Es ist schwer vorstellbar, dass in dem begrenzten Absatzgebiet diese Menge zu dem von der Bio-Cosmetik entsprechend seiner Preispolitik empfohlenen Verkaufspreis abgesetzt werden kann.

Die Bio-Cosmetik plant, das neue Produkt mit seiner bekannten Marke zu kennzeichnen. Sie will damit das Image dieser Marke ausnutzen. Kundinnen haben Präferenzen für die Marke entwickelt, die Grundlagen für die Preispolitik sind. Hohe Preise für exklusive Produkte werden akzeptiert.

Das Markenimage wird durch Preissenkungen gefährdet. Die identische Übernahme eines Markenzeichens für ein neues Produkt ist deshalb immer mit Risiken verbunden. Dieses Risiko kann mit einem Produktnamen vermindert werden, der sich von der eingeführten Marke deutlich abhebt.

3. Entscheidungsempfehlungen

- Die zur Kostendeckung erforderliche Menge auf den Markt bringen.
- Das neue Produkt mit einer differenzierenden Marke versehen (unter Verwendung des Begriffs Bio in Anlehnung an das übrige Sortiment, Verpackungsaufmachung ebenfalls in Anlehnung an das übrige Sortiment).
- Gezielte Werbemaßnahmen in den Geschäften (z. B. Flyer, Display-Material, Proben); Werbung durch Beilagen in Zeitungen u. Ä.
- Mittelfristig: Ausdehnung des Verkaufsgebiets auf Niedersachsen und Schleswig-Holstein; entsprechende Werbung.

2.1 Quantitative Analyse – Kennzahlen

a) Kennzahlenermittlung

Aufbereitung

			2010	2011
1	Vermögensstruktur	Anlagevermögen	275.000	335.000
		Umlaufvermögen	230.000	246.000
2	Kapitalstruktur	Eigenkapital	295.000	335.300
		Fremdkapital	210.000	245.700
3	Finanzstruktur	Eigenkapital	295.000	335.300
		Anlagevermögen	275.000	335.000
4	Anlagenintensität	Anlagevermögen	275.000	335.000
		Gesamtvermögen	505.000	581.000
5	Investitionsquote	Neuinvestitionen		50.000
		Sachanlagen	230.000	280.000
6	Investitionsdeckung	Abschreibungen	28.750	35.000
		Zugänge Sachanlagen		50.000
7	Abschreibungsquote	Abschreibungen	28.750	35.000
		Sachanlagen	230.000	280.000
8	Verschuldungsgrad	Fremdkapital	210.000	245.700
		Eigenkapital	295.000	335.300
9	Eigenkapitalquote	Eigenkapital	295.000	335.300
		Gesamtkapital	505.000	581.000
10	Anspannungsgrad	Fremdkapital	210.000	245.700
		Gesamtkapital	505.000	581.000
11	Liquidität 1. Grades	Zahlungsmittel	50.000	52.500
		kurzfristige Verbindlichkeiten	110.000	136.700
12	Liquidität 2. Grades	Zahlungsmittel kurzfristige Forderungen	125.000	149.500
		kurzfristige Verbindlichkeiten	110.000	136.700
13	Liquidität 3. Grades	Zahlungsmittel kurzfristige Forderungen Vorräte	230.000	246.000
		kurzfristige Verbindlichkeiten	110.000	136.700
14	Gesamtkapitalrentabilität	Gewinn	63.451	72.700
		Gesamtkapital	505.000	581.000

Kennzahlen

		2010	2011
1	Vermögensstruktur	119,57	136,18
2	Kapitalstruktur	140,48	136,47
3	Finanzstruktur	107,27	100,09
4	Anlagenintensität	54,46	57,66
5	Investitionsquote	–	17,86
6	Investitionsdeckung	57,50	70,00
7	Abschreibungsquote	12,50	12,50
8	Verschuldungsgrad	71,19	73,28
9	Eigenkapitalquote	58,42	57,71
10	Anspannungsgrad	41,58	42,29
11	Liquidität 1. Grades	45,45	38,41
12	Liquidität 2. Grades	113,64	109,36
13	Liquidität 3. Grades	209,09	179,96
14	Gesamtkapitalrentabilität	12,56	12,51

b) Interpretation

Vermögensstruktur
Als Vermögensstruktur wird das Verhältnis des Anlagevermögens zum Umlaufvermögen bezeichnet. Die Kennzahlenwerte weisen darauf hin, dass im Jahr 2010 das Anlagevermögen das Umlaufvermögen um rd. 20 % überstieg, im Folgejahr sogar um rd. 36 %. Das Unternehmen ist mit Anlagegütern in relativ hohem Umfang (bzw. mit relativ hohem Wert) ausgestattet. Es handelt sich also um ein anlageintensives Unternehmen. Die Anlagenintensität nimmt, wie die Kennzahlen zeigen, zu; darauf weisen auch die Kennzahlenwerte für die Anlageintensität hin.

Kapitalstruktur
Die Kapitalstruktur gibt das Verhältnis von Eigen- zum Fremdkapital an. Die Kennzahlenwerte zeigen, dass dem Unternehmen jeweils erheblich mehr Eigen- als Fremdkapital zur Verfügung stand (rd. 40 % und 36 %). Die Struktur verändert sich leicht zu Gunsten des Fremdkapitals; zwar steigt das Eigenkapital, das Fremdkapital nimmt aber stärker zu. Ein hoher Eigenkapitalanteil verleiht dem Unternehmen im Allgemeinen mehr Sicherheit, z.B. im Hinblick auf die Investitionen und wird aus kreditwirtschaftlichen Gründen häufig gefordert. Man kann davon ausgehen, dass der Rückgang des Eigenkapitalanteils wegen seiner Geringfügigkeit zunächst eher als bedeutungslos angesehen werden kann.

Finanzstruktur
Die Finanzstruktur gibt das Verhältnis von Eigenkapital zum Anlagevermögen an. Die Kennzahlenwerte beider Jahre zeigen, dass das Anlagevermögen in vollem Umfang mit Eigenkapital finanziert wurde.

Investitionen
In 2010 ist investiert worden. das zeigen die Zugänge bei Sachanlagen. Zur Beurteilung der Investitionen können die Investitionsquote, die Investitionsdeckung und die Abschreibungsquote herangezogen werden. Die Investitionsquote gibt das Verhältnis der Neuinvestitionen zu den Sachanlagen an. Der entsprechende Kennzahlenwert zeigt, dass die Sachanlagen von 2010 auf 2011 um rd. 18 % zugenommen haben. Der Kennzahlenwert für die Investitionsdeckung gibt an, in welchem Umfang die Zugänge bei den Sachanlagen durch die Abschreibungen finanziert werden können; der ermittelte Wert zeigt, dass 70 % der Neuinvestitionen durch Abschreibungen finanziert werden können. Die Abschreibungsquote, der prozentuale Anteil der Abschreibungen an den Sachanlagen, ist in beiden Jahren gleich hoch.

Finanzierung
Die Finanzierung des Anlagevermögens kann mithilfe des Verschuldungsgrades, der Eigenkapitalquote und des Anspannungsgrades beurteilt werden. Der Verschuldungsgrad gibt das Verhältnis des Fremdkapitals zum Eigenkapital wieder. In beiden Jahren liegen die Werte erheblich unter 100 %; von Verschuldung kann deshalb nicht die Rede sein; der geringfügige Anstieg in 2011 dürfte zunächst vernachlässigt werden können. Die Eigenkapitalquote gibt das Verhältnis von Eigenkapital zum Gesamtkapital an; der Wert geht geringfügig zurück. Der Anspannungsgrad gibt das Verhältnis des Fremdkapitals zum Gesamtkapital wieder; in dem Maße, wie die Eigenkapitalquote zunimmt, nimmt die Anspannungsquote ab. Die Werte sind unproblematisch.

Liquidität
Die Liquidität wird beurteilt mit der Liquidität ersten, zweiten und dritten Grades. Die Liquidität 1 gibt das Verhältnis der Zahlungsmittel (z. B. Kasse, Bankguthaben) zu den kurzfristigen Verbindlichkeiten, die Liquidität 2 das Verhältnis von Zahlungsmitteln und kurzfristigen Forderungen zu den kurzfristigen Verbindlichkeiten, die Liquidität 3 das Verhältnis der Zahlungsmittel, kurzfristigen Forderungen und Vorräte zu den kurzfristigen Verbindlichkeiten an. Die Liquidität nimmt zwar von 2010 auf 2011 ab, insgesamt kann sie allerdings als positiv beurteilt werden. L 1 zeigt eine Unterdeckung, aber bereits L 2 weist für beide Jahre auf eine erhebliche Liquidität hin. Wenn schließlich auch noch die Vorräte herangezogen werden, zeigt sich deutlich, dass die Liquidität des Unternehmens als positiv zu bewerten ist.

Rentabilität (Gesamtkapitalrentabilität)
Die Rentabilität gibt die Ertragskraft des Unternehmens an. Die Gesamtkapitalrentabilität stellt das Verhältnis des Gewinns zum Gesamtkapital dar, d. h. sie gibt die Verzinsung des Gesamtkapitals wieder. Die Gesamtrentabilität liegt in beiden Jahren bei 12,5 %. Dieser Wert könnte knapp ausreichen, das eingesetzte Kapital zu verzinsen und das erhebliche Unternehmensrisiko einigermaßen abzudecken.

2.2 Bestandsbewertungen

1. Schlussbestand
   1) Buchbestandspreis

	Stück			
	Einkäufe	Verkäufe	Einzelpreis in €	Bewertung
Anfangsbestand	800		5	4.000,00
Einkauf	200		5,85	1.170,00
Verkauf		300		
Verkauf		400		
Einkauf	250		6,10	1.525,00
Verkauf		500		
Einkauf	100		6,25	625,00
Verkauf		30		
Einkauf	625		6,55	4.093,75
Verkauf		300		
Verkauf		320		
Einkauf	50		7,2	360,00
Schlussbestand		175		
Summe	2.025	2.025		11.773,75

Durchschnittspreis : 11.773,75 : 2.025 = 5,81

Bewertung des Schlussbestandes: 175 · 5,81 = 1.017,48 €

2) gleitende Durchschnittspreise

	Menge in Stück	Preis je Stück in €	Wert in €
Anfangsbestand	800	5,00	4.000,00
Einkauf	200	5,85	1.170,00
Bestand	1.000	5,17	5.170,00
Verkauf	300	5,17	1.551,00
Bestand	700	5,17	3.619,00
Verkauf	400	5,17	2.068,00
Bestand	300	5,17	1.551,00
Einkauf	250	6,10	1.525,00
Bestand	550	5,59(27)	3.076,00
Verkauf	500	5,59(27)	2.796,36
Bestand	50	5,59(27)	279,64
Einkauf	100	6,25	625,00
Bestand	150	6,03(09)	904,64
Verkauf	30	6,03(09)	180,93
Bestand	120	6,03(09)	723,71
Einkauf	625	6,55	4.093,75
Bestand	745	6,46(64)	4.817,46
Verkauf	300	6,46(64)	1.939,92
Bestand	445	6,46(64)	2.877,54
Verkauf	320	6,46(64)	2.069,24
Bestand	125	6,46(64)	808,30
Einkauf	50	7,20	360,00
Schlussbestand	**175**	**6,67(60)**	**1.168,30**

3) Fifo

	Stück	Stückpreis in €	Wert in €
letzter Einkauf	50	7,20	360,00
vorletzter Einkauf	125	6,55	818,75
Schlussbestand	**175**		**1.178,75**

Bestandsbewertungen 825

4) Lifo

	Stück	Stückpreis in €	Wert in €
Anfangsbestand	175	5,00	875,00
Schlussbestand	**175**		**875,00**

2. Nach § 5 EStG ist die Handelsbilanz für die Steuerbilanz maßgeblich; Grundlage der Steuerbilanz ist demnach die Handelsbilanz. Die Maßgeblichkeit ist eingeschränkt, da das Handelsrecht einen größeren Bewertungsspielraum zulässt als das Steuerrecht.

3. Verfahren und rechtliche Vorschriften

Bewertungsverfahren	Handelsrecht	Steuerrecht
Buchbestandspreise	zulässig	zulässig
gleitende Eingangsdurchschnittspreise	zulässig	zulässig
Fifo	zulässig bei sinkenden Preisen	nur zulässig bei Nachweis first in – first out
Lifo	zulässig bei steigenden Preisen	nur zulässig bei Nachweis last in – first out

1) **Buchbestandspreise**
   Der Buchbestandspreis ist ein Durchschnittspreis. Er ergibt sich als gewogenes arithmetisches Mittel aus den Mengen und Werten von Anfangsbestand und Einkäufen. Der Bestand wird mit diesem Preis bewertet, wenn der Tageswert nicht niedriger ist.

   (Bei der Bewertung mit Eingangsdurchschnittspreisen wird ähnlich verfahren wie bei der Bewertung mithilfe des Buchbestandspreises; jedoch wird in die Berechnung der Anfangsbestand nicht einbezogen.)

2) **gleitende Eingangsdurchschnittspreise**
   Bei dem Bewertungsverfahren mit gleitenden Durchschnittspreisen wird nach jeder Bestandsveränderung ein Durchschnittspreis ermittelt. Der neue Bestand, der sich durch die Bestandsveränderung ergibt, wird mit diesem Durchschnittspreis bewertet. Das Verfahren mit gleitenden Durchschnittspreisen ist genauer als das reine Buchbestandpreisverfahren. Beide entsprechen den Grundsätzen ordnungsgemäßer Buchführung (Einschränkungen gibt es bei hohen Preisschwankungen). Wenn der Tageswert nicht niedriger als der ermittelte Durchschnittspreis ist, wird der Schlussbestand mit diesem Preis bewertet.

3) **Fifo**
Bei dem Fifo-Verfahren wird unterstellt, dass die zuerst beschafften Waren bzw. Materialien auch zuerst entnommen werden (fifo = first in – first out). Das bedeutet, dass die noch nicht entnommenen Waren bzw. Materialien auch die zuletzt eingekauften Waren sind. Dieser Bestand ist deshalb auch zu den Einstandspreisen der zuletzt gekauften Waren zu bewerten. Das HGB sieht dieses Verfahren vor. Es entspricht bei sinkenden Preisen den Grundsätzen vorsichtiger Bewertung. Das Einkommensteuerrecht gestattet die Anwendung nur, wenn die angenommene Reihenfolge Fifo nachweislich der tatsächlichen entspricht.

4) **Lifo**
Bei dem Lifo-Verfahren wird angenommen, dass die zuletzt eingekauften Waren oder Materialien zuerst entnommen wurden (lifo = last in – first out). So kann unterstellt werden, dass sich der ermittelte Bestand (Inventurbestand) aus dem Anfangsbestand und evtl. aus den zuerst eingekauften Warenmengen zusammensetzt. Der Bestand ist deshalb mit den Preisen des Anfangsbestands und – wenn er höher ist als der Anfangsbestand – mit den Preisen der ersten Einkäufe zu bewerten. Handelsrechtlich ist dieses Verfahren zulässig, wenn die Preise steigen. Bei sinkenden Preisen verstößt die Anwendung des Lifo-Verfahrens gegen das Niederstwertprinzip. Ausnahmsweise ist das Verfahren auch steuerrechtlich anwendbar, wenn der Steuerpflichtige entsprechende Lagerbewegungen nachweist.

2.3 Abschlusskennzahlen

a) Ermittlung der Kennzahlen

Bezeichnung	Formel	Werte		Kennzahlen
Finanzstruktur	Eigenkapital / Anlagevermögen	362.000	360.000	100,56
Vermögensstruktur	Anlagevermögen / Umlaufvermögen	360.000	357.000	100,84
Anlagenintensität	Anlagevermögen / Gesamtvermögen	360.000	717.000	50,21
Verschuldungsgrad	Fremdkapital / Eigenkapital	355.000	362.000	98,07
Eigenkapitalquote	Eigenkapital / Gesamtkapital	362.000	717.000	50,49
Anspannungsgrad	Fremdkapital / Gesamtkapital	355.000	717.000	49,51
Liquidität 1.Grades	Zahlungsmittel / kurzfristige Verbindlichkeiten	52.000	215.000	24,19
Liquidität 2.Grades	Zahlungsmittel + kurzfristige Forderungen / kurzfristige Verbindlichkeiten	202.000	215.000	93,95
Liquidität 3.Grades	Zahlungsmittel + kurzfristige Forderungen + Vorräte / kurzfristige Verbindlichkeiten	357.000	215.000	166,05
Gesamtkapitalrentabilität	Gewinn / Gesamtkapital	106.000	717.000	14,78

b) Bedeutung der Kennzahlen

Finanz- und Vermögensstruktur

Die Finanzstruktur gibt das Verhältnis von Eigenkapital zum Anlagevermögen wieder. Die Kennziffer zeigt, in welchem Umfang das Anlagevermögen durch Eigenkapital finanziert wird. Eine Kennziffer von rd. 100 % gibt an, dass das Anlagevermögen in vollem Umfang durch Eigenkapital finanziert ist. Die Vermögensstruktur gibt das Verhältnis von Anlagevermögen zum Umlaufvermögen wieder. Die Kennziffer zeigt an, wie anlageintensiv das Unternehmen ist. Ein relativ hoher Kennzifferwert (rd. 100 %) deutet auf eine hohe Anlageintensität hin.

Die Anlageintensität lässt sich auch ausdrücken durch das Verhältnis des Anlagevermögens zum Gesamtvermögen. Ein hoher Kennzahlenwert weist auf die hohe bzw. wertvolle Ausstattung des Unternehmens mit Anlagegütern hin. Durch das Anlagevermögen werden finanzielle Mittel gebunden. Mit der Kennzahl lässt sich deshalb auch die Liquiditätsentwicklung beurteilen. Ein hoher Wert für die Anlagenintensität gibt z. B. an, dass mit einem relativ späten Rückfluss flüssiger Mittel zu rechnen ist. Eine hohe Anlagenausstattung bedeutet auch umfangreiche feste Kosten (Abschreibungen), die das Unternehmen bei unvollständiger Auslastung stark belasten können.

Finanzierung

Verschuldungsgrad, Eigenkapitalquote, Anspannungsgrad dienen der Beurteilung der Finanzierung.

Der Verschuldungsgrad gibt das Verhältnis des Fremdkapitals zum Eigenkapital an. Ein Kennzahlenwert von 100 gibt an, dass Eigen- und Fremdkapital gleich hoch sind; bei einem Wert über 100 liegt Verschuldung vor. Die ermittelte Kennzahl von rd. 98 gibt also an, dass das Unternehmen nicht verschuldet ist. Das Finanzierungsrisiko ist also nicht besonders hoch.

Die Eigenkapitalquote gibt an, wie viel Prozent des Gesamtkapitals auf das Eigenkapital entfallen. Bei einer hohen Eigenkapitalquote ist das Finanzierungsrisiko relativ gering. Die Bedeutung dieser Kennzahl ergibt sich, wenn man ihre Entwicklung im Zeitverlauf analysiert. Der Anspannungsgrad gibt an, wie viel Prozent des Gesamtkapitals auf das Fremdkapital entfallen. Die ermittelte Kennzahl deutet auf ein relativ geringes Finanzierungsrisiko hin.

Rentabilität

Rentabilitätskennzahlen geben Auskunft über die Ertragskraft des Unternehmens. Mit der Gesamtkapitalrentabilität wird die Verzinsung des insgesamt eingesetzten Kapitals (interne Verzinsung) angegeben. Der ermittelte Wert ist relativ hoch; er deutet also auf eine hohe Ertragskraft des Unternehmens hin.

Liquidität

Die Liquiditätskennzahlen dienen der kurzfristigen Liquiditätsanalyse. Sie geben in Prozent an, in welchem Umfang die kurzfristigen Verbindlichkeiten am Bilanzstichtag durch mehr oder weniger liquide Mittel gedeckt sind. Mithilfe dieser Kennzahlen lassen sich Rückschlüsse auf die künftige Zahlungsfähigkeit des Unternehmens ziehen. Das Unternehmen kann als relativ liquide angesehen werden: Der Kennzahlenwert für die Liquidität 2. Grades zeigt, dass die kurzfristigen Verbindlichkeiten nahezu vollständig durch Zahlungsmittel und kurzfristige Forderungen gedeckt sind. Wie liquide das Unternehmen ist, erschließt sich unter Berücksichtigung der Kennzahl für die Liquidität dritten Grades.

2.4 Steuerliche Belastung im Vergleich: Einzelunternehmen – GmbH

Ermittlung der Gewerbesteuer

	Einzelunternehmen	GmbH
maßgeblicher Gewerbeertrag	500.000,00	500.000,00
abzüglich Freibetrag	24.500,00	–
gekürzter maßgeblicher Gewerbeertrag	475.500,00	500.000,00
Steuermessbetrag (bei Steuermesszahl von 3,5)	16.624,50	17.500,00
Steuerschuld (bei Hebesatz von 430)	71.485,35	75.250,00

Ermittlung des Nettogewinns unter Berücksichtigung der Gewerbesteuer

Einzelunternehmen

		€	€
Gewinn vor Steuern			500.000,00
Gewerbesteuer		71.485,35	
Einkommensteuer abzügl. Gewerbesteueranrechnung (= Messbetrag · 3,8)	237.000,00 63.173,10 (= 3,8 · 16.624,50)	174.326,90	
steuerliche Belastung			245.848,25
Nettogewinn			**254.151,75**

GmbH

	€	€
Gewinn vor Steuern		500.000,00
Gewerbesteuer	75.250,00	
Körperschaftsteuer	83.750,00	
steuerliche Belastung		159.000,00
Nettogewinn		**341.000,00**

Bei dem Einzelunternehmen beträgt die steuerliche Belastung insgesamt 245.848,25 €; weitere Steuern fallen nicht an; es ist unerheblich, ob der Gewinn bzw. in welcher Höhe der Gewinn entnommen wird. Wenn bei der GmbH der Gewinn im Unternehmen verbleibt, also nicht ausgeschüttet wird, beläuft sich die Steuerbelastung auf 159.000 €. Die GmbH ist nach dieser Berechnung vorteilhafter als das Einzelunternehmen. Der Vorteil bleibt auch bestehen, wenn der Unternehmer einen Teil des Gewinns für den privaten Verbrauch entnimmt.

3.1 Plankostenrechnung

a) Bei einer Istmenge von 75.000 Stück werden für Plankosten und Sollkosten folgende Ergebnisse ermittelt:

verrechnete Plankosten: 187.500 € (75.000 · 2,50)
Sollkosten: 200.000 € (75.000 · 2 + 50.000)

Der Kostenvergleich zeigt folgende Ergebnisse:

Bei einer Istmenge von 75.000 Stück dürfen nach den Planvorgaben lediglich Kosten i.H.v. 187.500 € anfallen, es fallen aber Istkosten i.H.v. 215.000 € an. Die Differenz zwischen Istkosten und verrechneten Plankosten beträgt 27.500 €. Diese Abweichung kann ihre Ursachen in einem höheren mengenmäßigen Verbrauch von Produktionsfaktoren oder/und in Preisanstiegen für die Produktionsfaktoren haben.

Die Abweichung der Sollkosten von den verrechneten Plankosten in Höhe von 12.500 € können durch die geringere Ausbringungsmenge (geringere Beschäftigung) verursacht sein.

b) Die Plankostenrechnung schafft die Grundlage für den Vergleich der Istkosten mit den Plankosten. Die Abweichungen werden erfasst und können so analysiert werden. Wie die Aufgabe andeutet, können sich Kostenabweichungen z.B. daraus ergeben, dass sich Preise für Produktionsfaktoren erhöht haben, oder dass die Beschäftigung zurückgegangen ist. Aus der Analyse können sich die Maßnahmen für eine Gegensteuerung ergeben, z.B. Erschließung günstigerer Beschaffungsquellen, Rationalisierungen u.Ä.

3.2 Investitionsrechnung

a) Ermittlung des Kapitalwerts

Jahre	Nettoeinnahmen	Abzinsungsfaktoren	Barwerte
1	400.000	0,9259	370.360
2	390.000	0,8573	334.347
3	380.000	0,7938	301.644
4	370.000	0,7350	271.950
5	320.000	0,6806	217.792
		Summe der Barwerte	1.496.093
		Anschaffungskosten	1.400.000
		Kapitalwert	**96.093**

b) Im vorliegenden Fall soll die Frage, ob sich eine Investition lohnt, mithilfe der Kapitalwertmethode ermittelt werden. Betrachtet wird die Investition einer Maschine, die während ihrer Nutzungsdauer jährlich (unterschiedlich hohe) Nettoeinnahmen abwirft. Die Nettoeinnahmen werden ermittelt als Differenz aus den Einnahmen, die mit der Maschine getätigt werden, und den Kosten, die dabei anfallen, das sind z. B. Abschreibungen, Lohn- und Materialkosten usw.

Die Frage ist, welchen Wert haben diese Nettoeinnahmen zum Zeitpunkt der Anschaffung. Die jährlichen Nettoeinnahmen haben den angegebenen Wert zum Zeitpunkt ihres Entstehens (Zeitwert); ihr Wert ist zum Zeitpunkt der Investition geringer: Die Zeitwerte sind deshalb auf den Zeitpunkt der Anschaffung zu beziehen; das geschieht mithilfe der Abzinsung. Die Zeitwerte werden jeweils mit einem Abzinsungsfaktor multipliziert, daraus ergibt sich der jeweilige Barwert. Die Abzinsungsfaktoren, die den Zinssatz und den Abzinsungszeitraum berücksichtigen, werden der Abzinsungstabelle entnommen. Die Barwerte werden addiert; von der Summe wird die Investitionsausgabe abgezogen. Daraus ergibt sich der Kapitalwert der Investition. Wenn er positiv ist, wird sich die Investition lohnen.

Im vorliegenden Fall lohnt sich die Investition, der Kapitalwert ist positiv.

3.3 Interne Zinsfußmethode

Jahre	Netto-einnahmen €	Abzinsungs-faktoren bei 6 %	Barwerte €	Abzinsungs-faktoren bei 12 %	Barwerte €
1	400.000	0,9434	377.360	0,8929	357.160
2	390.000	0,8900	347.100	0,7972	310.908
3	380.000	0,8396	319.048	0,7118	270.484
4	370.000	0,7921	293.077	0,6355	235.135
5	320.000	0,7473	239.136	0,5674	181.568
Summe der Barwerte			1.575.721		1.355.255
Anschaffungskosten			1.400.000		1.400.000
Kapitalwert			175.721		-44.745

$$r = 0{,}06 - 175.721 \cdot \frac{0{,}12 - 0{,}06}{-44.745 - 175.721} = 0{,}1078$$

Der interne Zinsfuß beträgt rd. 11 %; da der Kalkulationszinssatz 9 % beträgt, könnte sich die Investition lohnen.

3.4 Kapitalfreisetzungseffekt

a)

	Jahre						
	1	2	3	4	5	6	7
1. Maschine	12.500	12.500	12.500	12.500	12.500	12.500	12.500
2. Maschine		15.000	15.000	15.000	15.000	15.000	15.000
3. Maschine			20.000	20.000	20.000	20.000	20.000
4. Maschine				25.000	25.000	25.000	25.000
jährliche Abschreibungen	12.500	27.500	47.500	72.500	72.500	72.500	72.500
liquide Mittel	12.500	40.000	87.500	160.000	182.500	195.000	187.500
Reinvestition				50.000	60.000	80.000	100.000
frei gesetzte Mittel	12.500	40.000	87.500	110.000	122.500	115.000	87.500

b) Die über die Umsatzerlöse hereingeholten Abschreibungsbeträge können zur Finanzierung der Reinvestition genutzt werden. Bis die Reinvestition anfällt, werden die Mittel freigesetzt. Der Kapitalfreisetzungseffekt tritt auch ein, wenn zur Finanzierung der Reinvestition nicht alle frei gesetzten Mittel genutzt werden.

Wenn die durch Abschreibungen freigesetzten Mittel nicht bzw. noch nicht zur Reinvestition genutzt werden, können sie der Kapazitätserweiterung dienen usw.

Der Kapitalfreisetzungseffekt bzw. die Finanzierung durch Abschreibungen funktioniert optimal nur unter den Bedingungen, die im Beispiel vorausgesetzt sind; hier setzt auch die häufig geäußerte Kritik an. Zu den Voraussetzungen zählen z. B. auch die Folgenden:

- Für die Reinvestition müssen gleiche Maschinen zur Verfügung stehen. Beschaffungs- und Absatzmärkte verändern sich z. B. aufgrund technischer Entwicklungen oder als Ergebnis von Änderungen im Nachfrageverhalten. Selbst wenn gleiche Maschinen beschafft werden können, besteht die Gefahr, dass die damit produzierten Güter dem Bedarf der Kunden nicht mehr entsprechen. Die Reinvestition gleicher Maschinen kommt dann nicht in Betracht.

- Die Preise für die Maschinen dürfen nicht wesentlich steigen. Im Beispiel wird gezeigt, dass der Effekt über mehrere (viele) Jahre wirkt. In dieser Zeit muss mit (erheblichen) Preissteigerungen gerechnet werden.

- Über die Preise der verkauften Produkte müssen die Abschreibungsbeträge hereingeholt werden. Dabei tritt das Problem auf, dass die kalkulierten Preise auf dem Markt nicht durchgesetzt werden können. Die Überwälzung der Abschreibungsbeträge auf die Kunden wird unter bestimmten Absatz- bzw. Marktbedingungen erschwert oder gar unmöglich.

3.5 Deckungsbeitragsrechnung

a) Deckungsbeitragsrechnung

Unternehmens-bereiche	U I			U II		
Produktgruppen	1		2	3		
Produkte	A	B	C	D	E	insgesamt
Umsatzerlöse	2.000.000	1.800.000	1.600.000	1.000.000	500.000	6.900.000
variable Kosten	1.000.000	1.100.000	1.200.000	980.000	490.000	4.770.000
Deckungs-beitrag I	1.000.000	700.000	400.000	20.000	10.000	2.130.000
produktfixe Kosten	250.000	200.000	150.000	100.000	50.000	750.000
Deckungs-beitrag II	750.000	500.000	250.000	-80.000	-40.000	1.380.000
produktgruppen-fixe Kosten	320.000			90.000		490.000
Deckungs-beitrag III	930.000		250.000	-210.000		970.000
bereichsfixe Kosten	180.000			90.000		270.000
Betriebsergebnis	1.000.000			-300.000		700.000

b) In der mehrstufigen Deckungsbeitragsrechnung werden außer den variablen Kosten auch die direkt zurechenbaren fixen Kosten berücksichtigt. Es wird also nicht nur – wie bei der einstufigen Beitragsrechnung – danach gefragt, welchen Beitrag die Verkaufserlöse der Produkte zur Deckung aller fixen Kosten leisten. Es wird vielmehr in mehreren Stufen auch ermittelt, welchen Beitrag die Produkte einer Gruppe zur Deckung der produktgruppentypischen fixen Kosten, welchen Beitrag mehrere Produktgruppen eines Unternehmensbereichs zur Deckung der bereichstypischen fixen Kosten usw. leisten.

c) Die Deckungsbeiträge unterscheiden sich hinsichtlich der bei ihrer Ermittlung berücksichtigten Kosten.

Der **Deckungsbeitrag I** ergibt sich, wenn von den jeweiligen Verkaufserlösen der Produkte (bzw. Produktarten) die variablen Kosten, die den Produkten direkt zugerechnet werden können, abgesetzt werden können.

Der **Deckungsbeitrag II** ergibt sich durch die Verminderung des Deckungsbeitrages I um die produkttypischen fixen Kosten; produkttypische Kosten sind z.B. die Abschreibungen der Anlagen, die lediglich zur Herstellung des jeweiligen Produkts genutzt werden.

Der **Deckungsbeitrag III** ergibt sich durch Abzug der fixen Kosten, die für eine Produktgruppe anfallen. Eine Produktgruppe umfasst mehrere gleichartige Produkte, die z. B. zumindest teilweise mit gleichen Maschinen in der gleichen Anlage hergestellt werden; produkttypische fixe Kosten können z. B. die entsprechenden Abschreibungen sein.

Das **Betriebsergebnis** wird ermittelt durch Abzug der bereichstypischen Kosten vom Deckungsbeitrag III. Bereichstypische Kosten sind solche Kosten, die den Produktgruppen zugerechnet werden können, z. B. Kosten für gemeinsam genutzte Transporteinrichtungen, für Werbung u. Ä.

3.6 RoI – Kennzahlenbaum

a) RoI-Kennzahlensystem

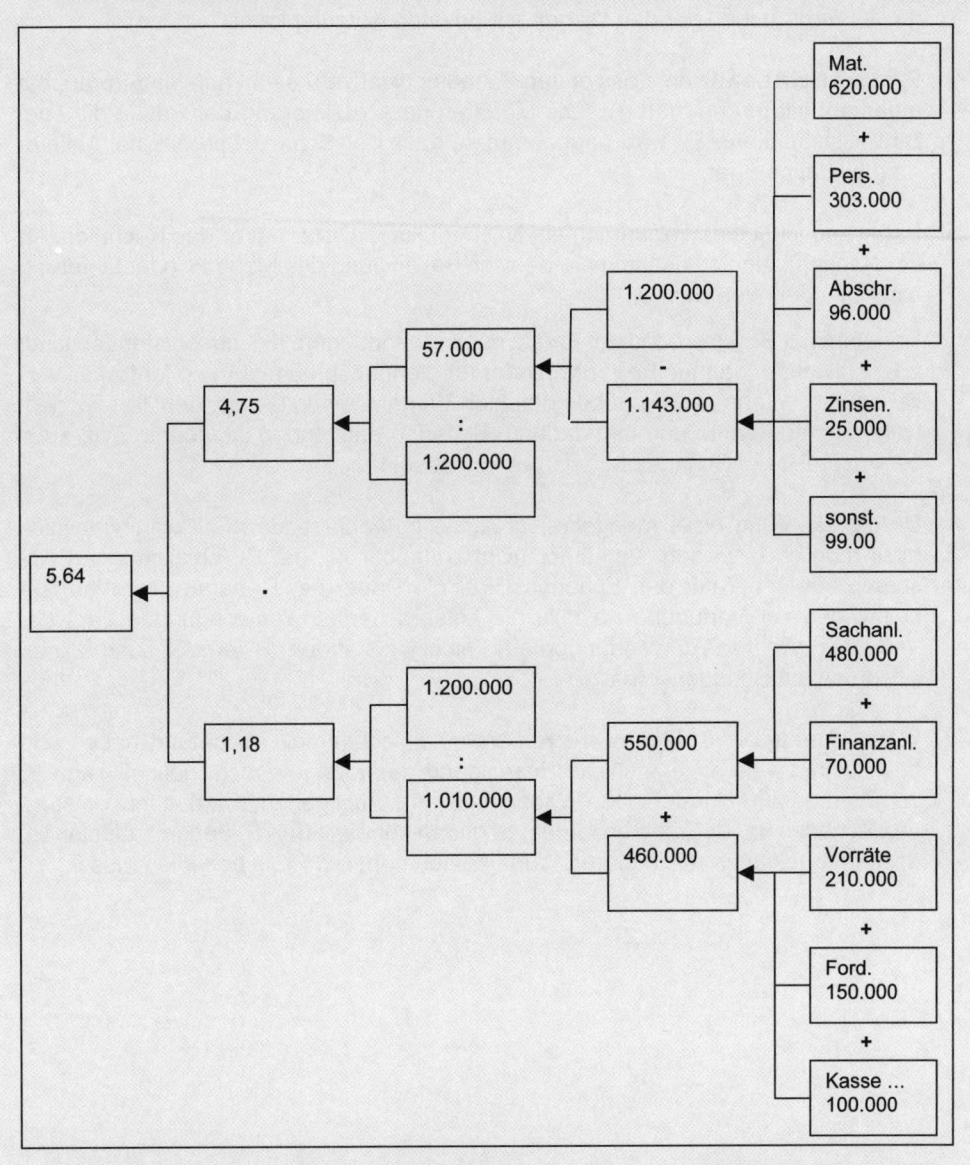

```
                                                              Mat.
                                                              620.000
                                                                +
                                                              Pers.
                                                              303.000
                                                                +
                                        1.200.000             Abschr.
                                                              96.000
                            57.000                              +
                                                   -
                                        1.143.000             Zinsen.
              4,75                                            25.000
                             :
                                                                +
                            1.200.000                         sonst.
                                                              99.00
  5,64

                                                              Sachanl.
                                                              480.000
                                                                +
                            1.200.000
                                                              Finanzanl.
              1,18                      550.000               70.000
                             :
                            1.010.000     +
                                                              Vorräte
                                        460.000               210.000
                                                                +
                                                              Ford.
                                                              150.000
                                                                +
                                                              Kasse ...
                                                              100.000
```

b) Mit der Kennzahl Return on Investment (RoI) kann die Rendite des Kapitals gemessen werden. Der RoI ergibt sich als Produkt aus der Umsatzrendite und dem Kapitalumschlag. Die Kennzahl dient in besonderem Maße der Steuerung des Unternehmens. Das RoI-Kennzahlensystem ist ein Modell zur schlüssigen Darstellung von Größen, die sich gegenseitig bedingen. Die Zielkennzahl RoI ergibt sich aus Umsatzrentabilität und Kapitalumschlag, Umsatzrentabilität aus Gewinn und Umsatz, Kapitalumschlag aus Umsatz und Kapital (bzw. investiertem Kapital) usw.

4.1 Sachmängelhaftung – Verbrauchsgüterkauf

1. Es liegt ein Verbrauchsgüterkauf vor. Der Verkäufer ist Unternehmer. B., der Käufer, ist Verbraucher, der den Wagen zur privaten Nutzung kauft.

2. B. muss nicht beweisen, dass er den Schaden nicht verursacht hat. Im Verbrauchsgüterkauf gilt in den ersten sechs Monaten nach Ablieferung der Sache die sog. Beweislastumkehr. Es wird angenommen, dass der Schaden bereits bei Ablieferung bestanden hat.

3. B. hat zunächst einen Anspruch auf Nacherfüllung. Dabei hat er das Recht, die Art der Nacherfüllung zu bestimmen, nämlich Beseitigung des Mangels oder Lieferung einer mangelfreien Sache.

   Daneben hat B. Ansprüche auf Ersatz der Aufwendungen, die ihm entstanden sind; z. B. Aufwendungen für Taxifahrten oder für die Inanspruchnahme öffentlicher Verkehrsmittel. Wenn er wegen des defekten Wagens einen dringenden Termin nicht wahrnehmen konnte und ihm dadurch Schaden entstanden ist, könnte evtl. auch ein Anspruch auf Schadensersatz begründet sein.

4. Da die Lieferung einer mangelfreien Sache im vorliegenden Fall wahrscheinlich nicht möglich bzw. dem Verkäufer nicht zumutbar ist, hat B. lediglich einen Anspruch auf Reparatur des Schadens. Für die Dauer der Reparatur wird ihm ein Leihwagen zur Verfügung gestellt; die entsprechenden Aufwendungen trägt der Verkäufer. Weitere Aufwendungen sind nicht entstanden. B. erhebt auch keinen Anspruch auf Schadensersatz.

5. Wenn Herrnthaler & Jensen die Reparatur unsachgemäß ausgeführt haben und auch beim zweiten Versuch die Beseitigung des Mangels nicht gelingt, kann B. vom Vertrag zurücktreten. Den Wagen muss er zurückgeben. Für den ihm entstandenen Schaden hat er Ersatzanspruch. Schaden könnte ihm z. B. dadurch entstehen, dass er für einen vergleichbaren Wagen einen höheren Preis bezahlen muss.

4.2 Arbeitsvertrag

1. Die Vorgespräche

   Zu einem Vorstellungsgespräch werden die Bewerber eingeladen, die nach Auswertung der eingereichten Bewerbungsunterlagen ohne Einschränkungen für eine Anstellung in Betracht kommen.

   Bei einem Vorstellungsgespräch will ein Unternehmen zusätzliche Informationen über den Bewerber gewinnen, den Bewerber persönlich kennenlernen, Angaben in den Bewerbungsunterlagen hinterfragen bzw. vertiefen usw. Offensichtlich hat das Unternehmen im Vorstellungsgespräch von Lühnemann einen guten Eindruck gewonnen; es ist anzunehmen, dass sie bei ihm die Potenziale festgestellt haben, die ihn für die Stelle besonders geeignet erscheinen lassen. Auch Lühnemann scheint von dem Unternehmen angetan zu sein, sonst könnte man sich kaum seine Bereitschaft zu einem weiteren Gespräch und zu Verhandlungen über seine Gehaltsvorstellungen erklären.

   Bei dem Gespräch am 15. März wird das Gehalt verhandelt. Außerdem werden bestimmte Vertragsbedingungen, z. B. Kündigungsfristen (drei Monate zum Quartalsende, Wettbewerbsverbote) besprochen. Am Ende ist Lühnemann bereit, zu dem ausgehandelten Gehalt zu arbeiten. Er sagt die Aufnahme der Arbeit zum 1. Mai zu. Damit ist der Arbeitsvertrag abgeschlossen. Das Gesetz schreibt die Schriftform für Arbeitsverträge nicht vor, d. h. ein Arbeitsvertrag hat auch dann Gültigkeit, wenn er mündlich abgeschlossen wurde. Die Schriftform ist allerdings erforderlich bei der Vereinbarung eines Wettbewerbsverbots.

2. Kündigung

   Im Vertragsverhältnis von Lühnemann zu seinem bisherigen Arbeitgeber bestehen keine Sondervereinbarungen zur Kündigung. Es gilt also die gesetzliche Kündigungsfrist, das bedeutet, Lühnemann kann das Arbeitsverhältnis mit einer Frist von vier Wochen zum Ende des Monats April beenden. Er kann die Stelle bei den OMW am 1. Mai antreten.

   Lühnemann kündigt das Vertragsverhältnis bevor ihm der Arbeitsvertrag mit der OMW in Schriftform vorliegt. Daraus können ihm keine Nachteile entstehen, da der Arbeitsvertrag am 15. März mündlich abgeschlossen wurde. Lühnemann handelt also bei seiner Kündigung nicht voreilig.

3. Zwei Verträge

   Wenn Lühnemann erst nach Eingang des schriftlichen Arbeitsvertrages mit der OMW das bisherige Arbeitsverhältnis kündigt, hält er die Vier-Wochen-Frist zum Ende des Monats April nicht ein, die Kündigung wird damit erst ab 15. Mai wirksam. Am 1. Mai bestehen deshalb zwei Arbeitsverträge. Lühnemann muss sich entscheiden, welchen Vertrag er erfüllen will. Wenn er die Stelle bei der OMW antritt, um den schlechten Eindruck zu vermeiden, den der verspätete Arbeitsbeginn machen würde, hat der bisherige Arbeitgeber einen Schadensersatzanspruch an ihn. Andererseits haben die OMW Schadensersatzanspruch, wenn Lühnemann die Stelle nicht vertragsgemäß antritt.

4. Wettbewerbsverbot

Die Vereinbarung, die am 15. März abgesprochen wurde, besagt, dass Lühnemann ohne Einwilligung seines Arbeitgebers weder ein Handelsgewerbe betreiben, noch im Handelszweig des Arbeitgebers auf eigene Rechnung Geschäfte abschließen darf.

Das Wettbewerbsverbot soll auch für ein Jahr nach Beendigung des Arbeitsverhältnisses bei den OMW gelten Die zeitliche Vereinbarung bleibt unter der gesetzlich vorgegebenen Höchstgrenze; insofern ist sie auch leichter von Lühnemann zu akzeptieren. Dieses Wettbewerbsverbot ist nur verbindlich, wenn im Vertrag auch eine Entschädigungszahlung vereinbart wird. Darüber hinaus gilt es nur, wenn es dem Schutz berechtigter Interessen des Arbeitgebers dient. Die Einhaltung des Wettbewerbsverbots darf allerdings das berufliche Fortkommen des Lühnemann nicht unbillig erschweren.

4.3 GmbH

a) Typische Merkmale der GmbH:

- Die GmbH kann von einer Person oder mehreren Personen gegründet werden.
- Sie ist eine Kapitalgesellschaft, die Mindesthöhe des Kapitals ist vorgeschrieben; das Stammkapital muss mindestens 25.000 € betragen.
- Die Haftung ist auf das Kapital beschränkt; allerdings können die Gesellschafter durch Vertrag verpflichtet werden, beschränkt oder unbeschränkt nachzuschießen.
- Die Firma: ist meistens eine Sachbezeichnung mit dem Zusatz GmbH.
- Die Geschäfte werden von gewählten Geschäftsführern geführt.
- Die Gesellschafterversammlung hat Mitspracherechte (Kontrolle und Widerspruch), in größeren GmbHs besteht ein Aufsichtsrat.
- Der Gewinn wird nach Kapitalanteil verteilt.
- Für die Gründung ist relativ wenig Eigenkapital erforderliche (im Vergleich zu anderen Gesellschaften).
- Die Gesellschaft kann aus einer Person bestehen; auch dadurch wird die Gründung erleichtert.
- Der Gesellschafter kann Geschäftsführer sein; er muss keine Mitspracherechte weiterer Gesellschafter befürchten.
- Die Gründung ist – im Vergleich z. B. zur AG – relativ einfach.

b) Haftung

Die GmbH haftet den Gläubigern gegenüber lediglich mit dem Gesellschaftskapital (Stammkapital); das Stammkapital muss lediglich 25.000 € betragen. Daraus ergibt sich eine im Vergleich mit Personengesellschaften bzw. Einzelunternehmen erhebliche Haftungsbeschränkung. Das bedeutet aber auch einen geringen Gläubigerschutz. Die GmbH-Gesellschafter können von den Gläubigern der GmbH nicht zur Haftung herangezogen werden. Allerdings haften die Gesellschafter u. U. gegenüber der GmbH.

Eine zusätzliche Haftung der Gesellschafter kann sich evtl. aus der Nachschusspflicht ergeben. Die Gesellschafter können, wenn der Gesellschaftsvertrag einen entsprechenden Passus enthält, beschließen, dass Nachschüsse zu leisten sind. Nachschüsse sind Zahlungen der Gesellschafter, die über die Nennbeträge ihrer Gesellschaftsanteile hinausgehen. Die Nachschusspflicht entsteht also durch Beschluss der Gesellschafter unter der Bedingung, dass der Gesellschaftsvertrag ihnen dieses Recht einräumt. Die Einzahlung der Nachschüsse erfolgt nach dem Verhältnis der Gesellschaftsanteile. Das gilt sowohl für die unbeschränkte als auch für die auf einen bestimmten Betrag festgesetzte beschränkte Nachschusspflicht.

c) Befreiung von unbeschränkter Nachschusspflicht

Der Gesellschafter X kann sich von Zahlung des Nachschusses befreien, indem er der Gesellschaft seinen Geschäftsanteil zur Verfügung stellt. Voraussetzung ist, dass er seinen Anteil vollständig eingezahlt hat. Er kann dazu der Gesellschaft gegenüber innerhalb eines Monats eine entsprechende Erklärung abgeben.

Die Gesellschaft muss den Anteil, den ihr X zur Verfügung gestellt hat, innerhalb eines Monats im Wege öffentlicher Versteigerung oder – mit Zustimmung des Gesellschafters – in einer anderen Weise verkaufen lassen. Der Mehrerlös über die Verkaufskosten und den Nachschuss steht dem betreffenden Gesellschafter zu.

d) Unternehmergesellschaft (haftungsbeschränkt)

Die Unternehmergesellschaft (haftungsbeschränkt) nach § 5a GmbHG (Mini-GmbH) ist eine Sonderform der GmbH. Ihre Haftung ist – wie bei der GmbH – auf das Gesellschaftsvermögen beschränkt. Sie kann mit einem Stammkapital gegründet werden, das unter dem für die Gründung einer GmbH vorgeschriebenen liegt; es muss mindestens 1 € betragen.

Zur Sicherung der Gläubiger schreibt das Gesetz vor, dass die Gesellschafter das Kapital nicht als Sachkapital einbringen dürfen und dass sie jährlich Rücklagen bilden müssen, und zwar in Höhe von 25 % des Gewinns (bis das Mindeststammkapital einer regulären GmbH erreicht ist).

4.4 Kündigung

1. Timms Kündigung ist berechtigt. Die Voraussetzungen für die Kündigungen sind erfüllt: Kündigungsgrund, Abmahnung, Beteiligung des Betriebsrates.

   Timm hat arbeitsvertragliche Pflichten verletzt; er ist häufig zu spät zur Arbeit erschienen und hat dadurch betriebliche Abläufe gestört. Die Ermahnungen des Vorgesetzten sind rechtlich unerheblich, das gilt aber nicht für die Abmahnung. Mit einer Abmahnung rügt ein Arbeitgeber eine Pflichtverletzung des Arbeitnehmers und droht ihm die Kündigung für den Wiederholungsfall an. Die Abmahnung ist im Allgemeinen eine Voraussetzung für eine verhaltensbedingte Kündigung, die hier vorliegt. Der Betriebsrat wurde informiert; bei einer fristgemäßen (ordentlichen) Kündigung könnte er der Kündigung widersprechen, wenn die Gründe dafür ausreichen, das bedeutet, die Unternehmensleitung hat keine berücksichtigungsfähigen sozialen Gründe gegen die Kündigung gesehen.

2. Da es sich nicht um eine fristlose Kündigung handelt, sind für die Kündigung bestimmte Fristen zu beachten. Die Fristen nach § 622 BGB berücksichtigen die Dauer der Betriebszugehörigkeit. Timm gehört dem Betrieb seit drei Jahren an; es besteht also eine Kündigungsfrist von einem Monat zum Monatsende. Die Kündigung wurde am 20. April ausgesprochen; das Arbeitsverhältnis des Timm endet deshalb am 31. Mai.

3. Dem Klaubahn wird fristlos gekündigt. Eine Abmahnung ist nicht erforderlich. Der Betriebsrat ist zu beteiligen. Klaubahn hat eine strafbare Handlung im Betrieb begangen.

   Klaubahn hat Material in größerem Umfang gestohlen. Dadurch ist einerseits das Vertrauensverhältnis gestört, andererseits sind die für die betrieblichen Abläufe erforderlichen Materialien nicht in entsprechendem Umfang am Lager. Dem Arbeitgeber kann die Fortsetzung des Arbeitsverhältnisses nicht zugemutet werden. Es gelten nicht die Fristen nach § 622 BGB; das Arbeitsverhältnis wird 14 Tage nach der Kündigung beendet.

4. Dem Siecher wird wegen nachlassender Leistungsfähigkeit gekündigt. Siecher kann die vom ihm verlangte Leistung infolge einer Krankheit nicht mehr erbringen. Der Grund reicht für eine Kündigung aus. Aber mithilfe des Betriebsrates kann der Kündigung widersprochen werden. Das Ziel des Widerspruchs kann z. B. Siechers Weiterbeschäftigung an einem anderen Arbeitsplatz des Unternehmens sein, dessen Anforderungen der eingeschränkten Leistungsfähigkeit gerecht werden.

4.5	Mängelrüge

Situationsanalyse

Das Unternehmen

Die *Norddeutsche Industrie-Glas AG* stellt Produkte aus Quarzglas her. Kunden sind vor allem Unternehmen der chemischen und pharmazeutischen Industrie, Hersteller von Laboreinrichtungen und Hersteller von Waschmaschinen, Elektroherden und ähnlichen Haushaltsgeräten. Ein wichtiger Kunde ist die Labortechnik GmbH.

Die Produkte werden unter dem (geschützten) Produktnamen *Industrieglas* vertrieben. Die Marke ist offensichtlich gut eingeführt. Qualitätssicherung spielt eine Rolle; zuständig dafür ist der Qualitätsmanager.

Zum Produktprogramm der Industrie-Glas gehören auch gerahmte Glasplatten verschiedener Größen mit Einrichtungen zum sicheren Stapeln in Abständen von 12 cm. Diese Glasplatten sind ein wichtiger Umsatzträger. Die Rahmen mit den Stapelvorrichtungen werden von einem niederländischen Produzenten bezogen. Wegen der Kostenvorteile wurde das bisher für die Herstellung verwendete Metall durch Plastik ersetzt. Der niederländische Verkäufer gibt die Kostenvorteile zumindest teilweise weiter; die Industrie-Glas kann das fertige Produkt günstiger verkaufen.

Das anstehende Problem

Im vorliegenden Fall liegt ein erheblicher Produktfehler vor, der Folgen haben kann: Die Glasplatten sind ein wichtiger Umsatzträger, sie wurden an mehrere Kunden im gesamten Bundesgebiet verkauft; es muss mit weiteren Mängelrügen und Ersatzansprüchen gerechnet werden. Der Fehler wird durch das mangelhafte Material verursacht. Der Mangel wurde beim Einkauf trotz eines Hinweises des Herstellers nicht erfasst und bei der Qualitätsprüfung nicht ausreichend gewürdigt. Bei der Bearbeitung wurde der Fehler nicht erkannt.

Das anstehende Problem hat zwei wesentliche Aspekte: einen rechtlichen und einen betriebswirtschaftlichen Aspekt.

Der rechtliche Aspekt: Es liegt ein Mangel in der Beschaffenheit vor. Der Kunde konnte erwarten, dass sich die Sache für die übliche Verwendung eignen würde. Übliche Verwendung bedeutet im vorliegenden Fall, dass die stapelbaren Glasplatten (wie bisher) bei bestimmten Versuchsanordnungen, die auch den Einsatz des Materials bei großer Kälte verlangen, genutzt werden können. Weil die Labortechnik GmbH bei Vertragsabschluss bzw. bei Lieferung keine ausreichenden Hinweise auf die Nutzungseinschränkung erhielt, hat sie Ansprüche. In diesem Fall ist der Anspruch auf Ersatz der im Zusammenhang mit den misslungenen Versuchen entstandenen Schäden wahrscheinlich berechtigt. Es ist zu prüfen, ob die Industrie-Glas Ansprüche an den niederländischen Hersteller hat.

Mängelrüge

Der betriebswirtschaftliche Aspekt: Die Substitution des Materials (Metall durch Plastik) hat Kostenvorteile, die der Hersteller an die Industrie-Glas GmbH (zum Teil) weitergegeben hat. Auch die Verarbeitung bzw. Bearbeitung des Materials ist kostengünstiger, sodass auch die Industrie-Glas die Glasplatten billiger anbieten kann.

Ansätze zur Lösung des Problems

Das Kompetenzteam

Die Industrie-Glas hat ein sog. Kompetenzteam eingerichtet. Das Kompetenzteam der Industrie-Glas tritt zusammen, wenn ein Vorgang Qualitätsprobleme aufwirft, die u. U. die Wertschöpfungskette betreffen.

Die Aufgaben des Kompetenzteams lassen sich folgendermaßen umschreiben: Das Team soll gemeinsam das Problem diskutieren, seine Ursachen suchen und analysieren; es soll möglichst schnell eine angemessene Lösung des aktuellen Problems finden, die sowohl die Interessen der Industrie-Glas als auch die der Labortechnik GmbH berücksichtigt und zur Begrenzung weiteren Schadens beiträgt. Schließlich soll das Team das Problem grundsätzlich im Sinne einer Optimierung der Wertschöpfungskette lösen. Die Ergebnisse der Teamarbeit sind der Geschäftsführung vorzulegen.

Für die Leitung des Kompetenzteams hat die Geschäftsführung der Industrie-Glas den Qualitätsmanager bestimmt. Das hängt mit seiner besonderen Funktion zusammen, die darin besteht, die Qualitätsziele des Unternehmens durchzusetzen, dazu zählt insbesondere die Erfüllung der Kundenerwartungen. Das Qualitätsmanagement bezieht sich sowohl auf das Produktionsergebnis als auch auf den Produktionsprozess. Nach dieser Sichtweise ist die Funktion des Qualitätsmanagers den anderen im Kompetenzteam vertretenen Funktionen übergeordnet.

Der Teamleiter wird von der Geschäftsführung bestimmt und nicht vom Team gewählt. Daraus folgt, dass er im Team gewisse Vorgesetztenfunktionen hat.

Der Teamleiter bereitet die Sitzung(en) des Kompetenzteams vor. Dazu macht er sich mit den wesentlichen Aspekten der Thematik vertraut und bereitet sie für das Gespräch angemessen auf. Eventuell besorgt er sich zur Veranschaulichung ein beschädigtes Werkstück. Der Teamleiter informiert die übrigen Teammitglieder, bereitet die Rahmenbedingungen vor (Festlegung von Zeit und Raum) und beruft die Sitzung ein. Wegen der rechtlichen Problematik des Falls wird auch ein Vertreter der Rechtsabteilung (ein Rechtsanwalt) eingeladen.

Aspekte der Lösung

Die Teammitglieder geben aus der Blickrichtung ihrer Fach- bzw. Zuständigkeitsbereiche Vorschläge ab, die Aspekte der Gesamtlösung sind.

Der Qualitätsmanager
Es geht in erster Linie darum, die Kundenerwartungen zu erfüllen. Es muss deshalb ein Produkt angeboten werden, mit dem alle Laborarbeiten sachgerecht durchgeführt werden können.

Der Konstrukteur
Es gibt zwei Möglichkeiten.

- Produktvariation: Herstellung von Glasplatten sowohl mit dem hergebrachten Metall, als auch mit den neuen Plastikrahmen, mit Hinweisen auf die unterschiedliche Belastbarkeit; dies scheint – zumindest auf kurze Sicht – eine praktikable Lösung zu sein,

- Entwicklung eines neuen Produkts: Verwendung eines kostengünstigen Kunststoffs, der sowohl hitze- als auch kältebeständig ist.

Der Produktmanager
In Anlehnung an den zweiten Vorschlag des Konstrukteurs wäre der Beschaffungsmarkt für Kunststoff zu erforschen. Es ist jedoch auch zu erwägen, ein Produkt zu akquirieren; der Beschaffungsmarkt wäre entsprechend zu erforschen.

Der Rechtsanwalt
Die Haftung gegenüber der Labortechnik GmbH kann nicht ausgeschlossen werden; die Labortechnik hat Ansprüche auf Ersatzlieferung der Produkte und Ersatz von Aufwendungen. Zur Schadensbegrenzung sollten die anderen Bezieher der Glasplatten über die Einsatzfähigkeit informiert werden. Kunden, die bei Beschaffung die übliche Einsatzfähigkeit der Glasplatten vorausgesetzt haben, werden wahrscheinlich Ersatzansprüche geltend machen. Es ist zu prüfen, ob der niederländische Hersteller wegen der unzureichenden Produktbeschreibung nicht auch zum Ersatz von Aufwendungen verpflichtet ist.

Der Verkaufsleiter
Die Mitteilungen an die Bezieher der Glasplatten sind zu verfassen. Kundendienstmitarbeiter können die Kunden besuchen und beraten. Außerdem ist der Bedarf an Glasplatten zu ermitteln, die bei Versuchen mit hohen Kälte- und Hitzeeinwirkungen benutzt werden.

Der Einkäufer
Die partnerschaftliche Geschäftsbeziehung zu dem niederländischen Hersteller soll nicht gefährdet werden. Im Rahmen dieses Ziels sollen Verhandlungen über die Erstattung von Aufwendungen (evtl. im Kulanzwege) geführt werden.

Der Teamleiter kann ein Teammitglied zur Protokollführung bestimmen. Das Protokoll mit den Vorschlägen wird der Geschäftsführung vorgelegt, die über Maßnahmen entscheidet.

5.1 EZB – Geldpolitik

1. Beurteilung

Der EZB-Rat beurteilt die monetäre und wirtschaftliche Situation folgendermaßen: Die derzeitigen Zinssätze hält sie für angemessen. Sie muss also die Leitzinsen nicht ändern. Die Preise werden – wenn überhaupt – nur geringfügig steigen. Die Wirtschaft erholt sich allmählich, wenn die positive Entwicklung auch noch mit erheblichen Unsicherheiten behaftet ist. Es wird mit einem geringen Wachstum gerechnet. Die Preisstabilität stabilisiert die Kaufkraft der Haushalte. Durch die Zurückhaltung bei der Leitzinsänderung u. a. kann der Bankensektor mit Liquidität zu günstigen Bedingungen versorgt werden, wodurch die Kreditvergabe an den privaten Sektor (Haushalte und Unternehmen) erleichtert wird.

2. Ziele

Vorrangiges Ziel der Geldpolitik des ESZB ist ein stabiles Preisniveau. Wenn das vorrangige Ziel der Preisstabilität dadurch nicht beeinträchtigt wird, soll das ESZB aber auch die Wirtschaftspolitik in der Gemeinschaft unterstützen. Preisstabilität wird definiert als ein jährlicher Preisanstieg von weniger als zwei Prozent. Nach dieser Definition ist das Preisniveau stabil, wenn sich die Lebenshaltung der Verbraucher im Jahr um höchstens zwei Prozent verteuert.

Zur Analyse der Preisentwicklung nutzt der EZB hauptsächlich den Harmonisierten Verbraucherpreisindex (HVPI). In den HVPI gehen die Preise einer großen Anzahl von Konsumgütern und Dienstleistungen ein. Sie werden zu Aggregaten, den Komponenten des HVPI, zusammengefasst. Die Komponenten werden gemäß den Verbrauchsausgaben im Berichtszeitraum gewichtet.

Die EZB beobachtet die Entwicklung der Geldmenge, weil starke Preissteigerungen meistens mit einer übermäßigen Ausweitung der Geldmenge einhergehen. Die EZB muss deshalb die Entwicklung der Geldmenge kontrollieren, um inflationären Entwicklungen entgegenwirken zu können. Als weitere Grundlage der geldpolitischen Strategie ist deshalb die Festlegung der Geldmengenentwicklung von besonderer Bedeutung.

3. Instrumente

Folgende Instrumente kann das ESZB zur Sicherung der Preisstabilität einsetzen:

Offenmarktgeschäfte
Bei Offenmarktgeschäften kauft oder verkauft die ESZB Wertpapiere auf dem „offenen Markt"; ihre Geschäftspartner sind dabei Geschäftsbanken. Es ist leicht einzusehen, dass die Geschäftsbanken Liquidität, „Geld", erhalten, wenn sie dem ESZB Papiere verkaufen, und dass sie Liquidität abgeben, wenn sie die Papiere kaufen. Die Geschäftsbanken können sich also auf diesem Wege Liquidität verschaffen, d. h. sie refinanzieren sich für die Geschäfte mit ihren Kunden, z. B. für Auszahlungen, für Kreditvergabe u. Ä.

Ständige Fazilitäten

Ständige Fazilitäten sind Kreditmöglichkeiten, die die als Geschäftspartner ausgewählten Geschäftsbanken bei Bedarf in unbegrenzter Höhe in Anspruch nehmen können. Die Initiative für diese Geschäfte geht von den Geschäftspartnern aus, die sich dazu an die jeweils zuständige nationale Zentralbank wendet. Dieses geldpolitische Instrument dient dazu, sog. Übernachtliquidität bereitzustellen oder zu absorbieren.

Mindestreserven

Das ESZB kann von den Geschäftspartnern verlangen, dass sie einen Teil ihrer Verbindlichkeiten auf Girokonten bei der zuständigen nationalen Zentralbank hinterlegen. Dieser hinterlegte Betrag wird als Mindestreserve bezeichnet. Nur der um die Mindestreserve verminderte Betrag, die sog. Überschussreserve, steht der Bank zur weiteren Kreditvergabe zur Verfügung.

5.2 Zahlungsbilanz – Währungsunion

1. Probleme Griechenlands:

   Die staatliche Verschuldung ist sehr hoch, sie entsteht durch hohe und steigende Staatsausgaben; den Ausgaben stehen nur geringe Einnahmen aus Steuern gegenüber. Das (wachsende) Haushaltsdefizit muss durch Kredite finanziert werden; Zinsausgaben machen einen erheblichen Teil der öffentlichen Ausgaben aus. Kreditwürdigkeit und -fähigkeit Griechenlands nehmen ab. Wegen dieser Probleme erhält Griechenland nur noch Kredite mit hohen Zinsen.

   Griechenland führt mehr ein als aus. Die Auslandsverschuldungen nehmen dadurch ständig zu. Die Einfuhren stammen vorwiegend aus anderen Ländern der Währungsunion, vor allem aus Deutschland. Die Vorgänge können sich nicht in Zahlungsbilanzen niederschlagen. Importüberschüsse schlagen sich in binnenwirtschaftlichen Problemen nieder, z. B. in Arbeitslosigkeit, Produktionsrückgang u. Ä.

   Die Probleme Griechenlands werden durch die Kredithilfe der Euro-Länder (zumindest vorerst) gelöst. Griechenland erhält einen Kredit zu günstigen Bedingungen, für den sich die Euro-Länder verbürgen. Daran werden alle Euro-Länder beteiligt, und zwar in Relation zu ihrer Bedeutung innerhalb der Währungsunion.

2. Der Maastrichter Vertrag sieht Kredithilfen (Bailouts) nicht vor. Sie haben Nachteile: Einerseits entstehen Ansprüche anderer Mitgliedstaaten, die in ähnlichen Schwierigkeiten wie Griechenland sind; andererseits werden auch diese schwachen Länder an der Kredithilfe für Griechenland beteiligt, ihre Haushalte werden bei Inanspruchnahme zusätzlich belastet (und Kredithilfen evtl. dringender).

   Im Maastrichter Vertrag und im Stabilitäts- und Wachstumspakt sind Regeln für Kreditaufnahme und Verschuldung vorgesehen. Sie reichen offensichtlich nicht aus, die Währungsunion zu schützen. Die Vorgaben für die Preisstabilität und die Haushaltsdisziplin und die Vereinbarungen des Stabilitäts- und Wachstumspakts konnten das griechische Desaster nicht verhindern.

   Der Währungsunion fehlt ein wesentliches Kontrollinstrument. Zwischen den beteiligten Ländern bestehen keine Zahlungsbilanzen mehr, es können sich wegen der einheitlichen Währung keine Wechselkurse bilden. Eine Zahlungsbilanz signalisiert ungleichgewichtige Situationen. So würde z.B. bei einer passiven Zahlungsbilanz (Leistungsbilanz) wie im vorliegenden Fall (Exporte < Importe) die heimische Währung abgewertet, entweder bei freien Wechselkursen automatisch, oder bei festen Wechselkursen durch entsprechende währungspolitische Maßnahmen. Da dieser Mechanismus fehlt, schlagen sich Importüberschüsse z.B. in abnehmender Beschäftigung nieder.

3. EWU-Austritt

Bei einem Austritt aus der EWU führt Griechenland seine eigene Währung wieder ein (die Drachme). Aus- und Einfuhren schlagen sich in der griechischen Zahlungsbilanz nieder. Es ergeben sich Wechselkurse zwischen Griechenland und dem Euro-Währungsgebiet. Die Folge ist die Abwertung der griechischen Währung, die Exporte würden zurückgehen; evtl. würden auch die Ausfuhren zunehmen; das Zahlungs-Bilanz-Defizit würde sich vermindern. Die sich in dem Text andeutende Skepsis lässt darauf schließen, dass damit noch nicht genug getan ist. Griechenland müsste auch das Staatsdefizit abbauen durch strikte Sparmaßnahmen. Außerdem müsste eine produktivitätsorientierte Lohnpolitik betrieben werden, um international wettbewerbsfähiger zu werden.

4. Kritik an Institutionalisierung von Krisenhilfen

Die Institutionalisierung von Krisenhilfen bedeutet, dass die reichen Euro-Länder die ärmeren durch Subventionen in Krisenzeiten unterstützen müssten. Sie wird deshalb sehr kritisiert, weil sie verhindert, dass die von Krisen betroffenen Länder selbst in ausreichendem Maß ihre wirtschafts- und vor allem außenwirtschaftspolitischen Probleme lösen. Einige Ökonomen sehen die Entwicklung von der Währungs- zur Transferunion. Wärend einige von ihnen diese Entwicklung zu akzeptieren scheinen (wenn auch unter großen Bedenken), wird sie von anderen strikt abgelehnt.

5.3 Indirekter Export, Dokumenteninkasso

1. Indirekter Export liegt vor, wenn der deutsche Hersteller seine Produkte über fremde Vertriebsorgane im Ausland vertreibt. Der Hersteller verkauft z. B. die Produkte an einen Zwischenhändler, z. B. wie im Text an einen Fachgroßhändler. Der übernimmt alle Tätigkeiten im Zusammenhang mit der weiteren Distribution, z. B. den Transport und die Lagerung.

   Die Initiative für den indirekten Export kann wie im vorliegenden Fall von dem Hersteller ausgehen, der sich die passenden Vertriebsorgane aussucht; das muss aber nicht sein, die Geschäfte können auch über ein inländisches Außenhandelsunternehmen abgewickelt werden, das die Verbindung mit dem amerikanischen Händler sucht.

2. Die Landtransport GmbH wählt den indirekten Export u. a. aus folgenden Gründen:

   Die Landtransport GmbH kennt den US-amerikanischen Markt nicht. Der amerikanische Händler kennt den Markt, er hat wahrscheinlich Verbindungen zu potenziellen Abnehmern, z. B. zu Fachhändlern in bestimmten Regionen, zu Farmern usw. Er kennt auch die Bedingungen des Marktes, z. B. Bedarf, Wettbewerb, Preise, sonstige Angebotsbedingungen (z. B. Zahlungsziele).

   Ein weiterer Vorteil des indirekten Exports liegt für die Landtransport GmbH darin, dass der Importeur bestimmte Aufgaben übernehmen kann, dazu gehört z. B. die Lagerhaltung, Kundenbesuche, bestimmte Aspekte des Marketing u. Ä.

   Nachteilig könnte sein, dass die Dienste des Händlers zusätzliche Kosten aufwerfen, die über die Preise an die Kunden evtl. weitergegeben werden müssten oder zu Lasten des Gewinns gehen. Es besteht auch die Gefahr, dass die Vermittlung von Marktinformationen unzureichend sind; der direkte Kontakt zu den amerikanischen Kunden unterbleibt.

3. Hilfen kann die Landtransport GmbH von der IHK erwarten. Die IHKs helfen z. B. bei der Geschäftsanbahnung, sie können bei der Beschaffung von Informationen in dem Zielland helfen und erteilen entsprechende Auskünfte.

   Von besonderer Bedeutung sind die Außenhandelskammern. Sie unterstützen deutsche Unternehmen bei ihren Aktivitäten im Ausland.

   Die AHK bieten unter der Marke *DEinternational* besondere Dienstleistungen an. Für die Landtransport GmbH können z. B. folgende Basisdienstleistungen von Bedeutung sein:

   Suche nach den richtigen Geschäftspartnern unter Berücksichtigung lokaler Besonderheiten,
   Informationen über den Markt mit landwirtschaftlichen Transportgeräten.

4. Das Dokumenteninkasso wird zwischen Exporteur und Importeur mit der Klausel *documents against payment* vereinbart. Die Klausel besagt, dass bei Zahlung die Ware durch Dokumente vertreten wird. Der Importeur erhält bei der Zahlung die Dokumente, die das Recht an der Ware begründen; zu diesen Dokumenten zählt z. B. das Konnossement. Erst dann kann er über die Ware verfügen. Für die Landtransport GmbH liegt der Vorteil des Dokumenteninkassos in dem relativ sicheren Zahlungseingang. Ein weiterer Vorteil liegt darin, dass sie die Papiere jederzeit zurückrufen kann, solange sie noch nicht eingelöst sind.

Das Dokumenteninkasso kann folgendermaßen ablaufen:

Die Landtransport GmbH übergibt die Ware einem Spediteur zum Versand und erteilt ihrer Hausbank den Inkassoauftrag.

Die Hausbank gibt (evtl. über eine Korrespondenzbank) die Papiere an die Inkassobank in den USA.

Der Importeur zahlt bei der Inkassobank, die ihm daraufhin die Papiere aushändigt. Der Importeur legt dem Spediteur oder einem Lagerhalter die Papiere vor und erhält die Ware.

Der kassierte Betrag geht zur Weiterleitung an die Landtransport GmbH an deren Hausbank (evtl. wieder über eine Korrespondenzbank).

5.4 Forfaitierung (engl.)

Übersetzung

Die Landtransport GmbH möchte in den USA Fuß fassen und ihre Produkte mithilfe eines einheimischen Importeurs anbieten. Durch Vermittlung der Außenhandelskammer erhält das Unternehmen einige Anschriften möglicher Handelspartner, darunter auch die eines Landmaschinengroßhändlers in Illinois, John Myers Ltd. Zur Kontaktaufnahme fragte die Landtransport GmbH in einem Brief bei Myers Ltd. an, ob und unter welchen Bedingungen sie an einer Kontaktaufnahme interessiert sei.

Sehr geehrte Damen und Herren,

die AHK informierte uns, dass Sie als Großhändler für landwirtschaftliche Maschinen interessiert sein könnten, unsere Produkte in den USA zu vertreiben. Wir sind ein deutsches Unternehmen, das landwirtschaftliche Transportfahrzeuge herstellt und in Norddeutschland, in Dänemark und in den Niederlanden vertreibt. Wir möchten jetzt auch auf dem US-amerikanischen Markt Fuß fassen und würden uns freuen, wenn Sie uns helfen könnten.

Zur weiteren Information über unser Unternehmen und über unser Sortiment fügen wir einen Prospekt bei, der auch unsere Zahlungs- und Lieferungsbedingungen enthält. Bei Auslandsgeschäften gilt die Zahlungsbedingung Dokumente gegen Zahlung.

Wenn Sie Interesse haben, mit uns in Geschäftsverbindung zu treten, nehmen Sie bitte Kontakt zu uns auf.

Wir würden uns freuen, bald von Ihnen zu hören.

Mit freundlichen Grüßen

John Myers Ltd. antwortete folgendermaßen:

Sehr geehrter Herr Bauerfreund,

vielen Dank für Ihren Brief vom ... . Wir sind an einer Zusammenarbeit mit Ihnen interessiert.

Die von Ihnen angebotene Zahlungsbedingung d/p können wir allerdings nicht akzeptieren. Farmer kaufen landwirtschaftliche Maschinen mit langfristigem Zahlungsziel und bezahlen, wenn sie durch den Verkauf der Ernte wieder über liquide Mittel verfügen. Deshalb müssen Sie uns mit der Einräumung eines Zahlungsziels entgegenkommen.

Wir schlagen als Zahlungsbedingung vor: Clean Payment und ein Zahlungsziel von 60 Tagen.

Wir hoffen auf Ihr Verständnis und würden uns freuen, bald von Ihnen zu hören.

Mit freundlichen Grüßen

Anlässlich einer Geschäftsreise in die USA besuchte der Geschäftsführer der Landtransport GmbH auch die John Myers Ltd. Nach Verhandlungen einigte man sich wie folgt:
- Die Landtransport GmbH räumt ein Zahlungsziel von 60 Tagen ein,
- die Forderung kann verkauft werden (Forfaitierung),
- als Sicherheit stellt die Myers Ltd. einen Solawechsel aus.

Aufgaben

1. Stellen Sie kurz dar, worum es in dem dargestellten Fall geht!
2. Erklären Sie die Bedeutung von Clean Payment für die Landtransport GmbH!
3. Erläutern Sie die Verhandlungsergebnisse; gehen Sie dabei ausführlich auf Bedeutung und Ablauf der Forfaitierung ein!
4. Welche Vorteile hat die Landtransport GmbH durch die Forfaitierung?

1. Der Fall

Ein deutsches Unternehmen, Hersteller von landwirtschaftlichen Transportfahrzeugen, will auf dem US-amerikanischen Markt Fuß fassen und seine Produkte durch einen einheimischen Importeur mit einschlägigen Erfahrungen auf dem speziellen Markt für landwirtschaftliche Maschinen vertreiben lassen. Die zuständige AHK hilft bei der Beschaffung von Adressen. Einem Großhändler wird die Zusammenarbeit angeboten. Dabei wird insbesondere auf die Zahlungsbedingung d/p hingewiesen, die dem Exporteur Sicherheit bietet. Das amerikanische Unternehmen kann diese Bedingung nicht annehmen; es benötigt ein längeres Zahlungsziel, weil es selbst längere Zahlungsziele gewähren muss. In Verhandlungen einigt man sich schließlich auf ein längeres Zahlungsziel, auf einen Solawechsel zur Sicherung der Forderung und auf die Möglichkeit zum Forderungsverkauf.

2. Clean Payment mit verlängertem Zahlungsziel

Bei der Zahlungsbedingung Zahlung clean payment (gegen einfache Rechnung) wird die Ware ausgeliefert, ohne dass der Importeur Sicherheiten stellen muss, gelegentlich ist diese Bedingung noch mit der Einräumung eines Zahlungsziels verbunden. Der Importeur bezahlt erst nach Erhalt der Rechnung und ggfs. nach Ablauf des Zahlungsziels. Für die Landtransport GmbH ist diese Zahlungsbedingung besonders ungünstig, weil sie einerseits eine längere Kreditierung des Rechnungsbetrages bedeutet, und andererseits mit der Unsicherheit rechtzeitigen Zahlungseingangs behaftet ist. Clean Payment setzt deshalb ein Vertrauensverhältnis auf der Grundlage langjähriger guter Geschäftsbeziehungen voraus. Diese besteht aber nicht, deshalb muss die Landtransport GmbH andere Möglichkeiten der Absicherung suchen.

3. Verhandlungsergebnisse

Das verlängerte Zahlungsziel wird vereinbart, das bedeutet, die Landtransport GmbH kann erst nach 60 Tagen mit dem Zahlungseingang rechnen. Der Forderungsverkauf bietet dafür einen Ausgleich.

Die Myers Ltd. stellt einen Solawechsel über den Rechnungsbetrag aus. Das bedeutet Sicherheit für die Landtransport GmbH. Der Aussteller eines Solawechsels ist gleichzeitig der Bezogene. Dadurch wird der Solawechsel zu einem Schuldversprechen. Der Aussteller verspricht, den genannten Betrag zu einem bestimmten Termin an einen Begünstigten zu bezahlen. Der Solawechsel wird im Allgemeinen bei der Forfaitierung eingesetzt.

Die Landtransport GmbH kann die Forderung verkaufen. Der Vorgang wird als Forfaitierung (Forfaiting) bezeichnet.

Forfaiting bzw. Forfaitierung ist der Verkauf von Forderungen; dabei kann der Forderungsverkäufer, hier also die Landtransport GmbH, nicht regresspflichtig gemacht werden. Die Landtransport GmbH als Forderungsverkäufer (der sog. Forfaitist) haftet allerdings dafür, dass die Forderung zu Recht besteht.

Die Forfaitierung läuft folgendermaßen ab:

Zwischen der Landtransport GmbH (Exporteur) und der John Myers Ltd. (Importeur) wird ein Kaufvertrag abgeschlossen. In die Kaufvertragsbedingungen werden die Forfaitierungskosten einbezogen. Die Landtransport GmbH gewährt einen Lieferantenkredit, es entsteht also eine Forderung der Landtransport GmbH gegenüber der John Myers Ltd.

Die John Myers Ltd. sichert den Lieferantenkredit durch einen Solawechsel.

Die Landtransport GmbH verkauft die Forderung an ihre Bank (Forfaiteur) und überträgt ihr auch die Rechte aus dem Solawechsel.

Am Fälligkeitstag wird der kreditierte Betrag im Auftrag des Forfaiteurs eingezogen.

4. Vorteile der Forfaitierung

Die Forfaitierung hat für die Landtransport GmbH u. a. folgende Vorteile:

- Ein längerfristiger Lieferantenkredit wird ohne Delkredererisiko refinanziert.
- Die Bank übernimmt als Forfaiteur die Inkassofunktion.
- Ausfall- und Kursrisiko erlöschen bei Forderungsverkauf.
- Es besteht keine Regresspflicht.
- Die Liquiditätssituation wird verbessert.
- Der Verwaltungsaufwand ist gering.
- Die Inanspruchnahme eines Kreditversicherers ist nicht erforderlich.

5.5 Japanische Unternehmenskultur (engl.)

Übersetzung

Wenn „Sorry" das schwierigste Wort ist

Toyotas viel kritisierte Erwiderung auf Klagen über Sicherheit spiegelt eine für japanische Businesskultur (Unternehmenskultur) typische mangelhafte Vorbereitung auf Krisen wider, schreibt Jonathan Soble.

In der letzten Woche erklärte Ray LaHood, der US-amerikanische Verkehrsminister, einen moralischen Sieg in der Schlacht seiner Regierung mit Toyota. Der japanische Autohersteller hatte gerade verkündet, dass er das Bußgeld in der Rekordhöhe von 16,4 Mio. $ nicht anfechten werde, das ihm Washington für seine angebliche Langsamkeit bei der Aufdeckung von Sicherheitsproblemen bei Millionen seiner Fahrzeuge, auferlegte. „Ich freue mich, dass Toyota die Verantwortung für die Verletzung seiner gesetzlichen Verpflichtungen akzeptiert hat," sagte Mr. LaHood der Presse.

… Toyota sagte in einer eigenen Erklärung zu der Angelegenheit, dass man der Zahlung zugestimmt habe, um zu vermeiden, dass sich Rechtsstreitigkeiten in die Länge ziehen, aber verneinte gleichzeitig, dass man das Gesetz gebrochen habe. „Wir haben nicht versucht, einen Defekt zu verstecken, um die Beschäftigung mit dem Problem zu vermeiden."

Den Beobachtern von Toyotas Fall (in Ungnade), der durch den Rückruf von rd. 9 Mio. Fahrzeugen weltweit seit November verursacht wurde, schien das Unternehmen mit seiner Version Schritt halten zu wollen mit dem Widerhall der Krise. Nach anfänglichem schädlichem Schweigen veröffentlichte die Unternehmensleitung von Toyota einen Schwall von Entschuldigungen, die lediglich begleitet waren von sehr vagen Erklärungen zu dem, was schief lief, oder zu dem, was in Zukunft anders gemacht werden müsste. Fast sechs Monate nach dem Beginn der Rückrufe wurde noch keiner an die Luft gesetzt und Toyota kämpft weiterhin für die Aufrechterhaltung der Auffassung, es sei mehr Opfer als Bösewicht.

Die Mixed Messages des aktuellen Toyota-Managements sind subtiler, aber weiterhin unmissverständlich. Da sind zunächst die Entschuldigungen selbst. Mr. Toyoda brachte den Stein ins Rollen als er bei einer Pressekonferenz im Februar sagte, es tue ihm von Herzen Leid. Aber als Grund dafür gab er an, dass Toyota so vielen Leuten Ärger (Kummer) bereitet, nicht aber dass Toyota Schundautos gebaut habe. Mr. Toyoda muss sich natürlich mit möglichen Prozessen abquälen, aber wenn ein handfestes Argument zur Verteidigung von Toyota bestand, er bot es nicht an. …

Sogar Toyotas qualifizierte Ausdrücke von Reue verloren viel von ihrer Kraft durch die Eigenart des Unternehmens, nach der es scheint, als wolle es die Schuld anderen zuschieben, namentlich den Fahrern. Bei der Pressekonferenz im Februar ärgerte Mr. Toyoda viele Eigentümer des zurückgerufenen Prius Hybrid-Fahrzeugs, weil er einen

Fehler in der Bremssoftware als Feeling-Problem der Fahrer und nicht als ein Problem nachlässiger Herstellung bezeichnete.

Ein Teil des Problems von Toyota ist, dass es wie die meisten japanischen Unternehmen Krisenmanagement und Public Relations nur als marginale Teile seines Geschäfts ansieht. „Japan ist noch ein Land, wo sich das PR-Konzept kaum durchgesetzt hat. Die Unternehmen verausgaben sich nicht bei PR, und es gibt nur wenige Spezialisten," sagt Mr. Tanaka. ... Die Art von Notfallplanung, die bei westlichen Unternehmen normale Praxis ist, ist kaum vorhanden.

... Japanische Unternehmen vergessen oft die Verbindung zwischen Tut-mir-Leid-Sagen und der Bestimmung des Problems. Japaner sind schnell dabei, sich zu entschuldigen, aber das bedeutet nicht, dass sie tatsächlich auch Verantwortung übernehmen.

Eine damit zusammenhängende Schwäche, sagt H.I., Autor des Buches Toyota Schock, ist, dass Toyotas schonungsloses Wachstum seine konservative Kultur verstärkt hat durch Begünstigung der bürokratischen Angepasstheit und Vermeidung kritischer Sichtweisen, die unerlässlich sind, um das Desaster zu antizipieren. ...

Aufgaben:

1. Geben Sie den Text kurz auf Deutsch wieder.
2. Im Text wird die Unternehmenskultur von Toyota in einigen Aspekten angedeutet. Stellen Sie anhand der entsprechenden Textstellen die Unternehmenskultur von Toyota dar.
3. Kennzeichnen Sie die japanische Kultur nach dem 5-D-Modell von Hofstede.

1. Verkürzte Textwiedergabe

Der Text berichtet über den „moralischen Sieg" der US-amerikanischen Regierung über den japanischen Autohersteller Toyota, der das ihm auferlegte Bußgeld für die zögerliche Behandlung von Schadensfällen an seinen Fahrzeugen, akzeptiert. Der amerikanische Verkehrsminister sieht darin die Bereitschaft Toyotas, Verantwortung für die Verletzung gesetzlicher Pflichten zu übernehmen. Toyota weist den Vorwurf, Gesetze gebrochen zu haben, zurück und will durch die Anerkennung des Bußgeldes lediglich langwierige Prozesse vermeiden.

Toyota hat (seit November) weltweit Millionen von Fahrzeugen in die Werkstätten zurückgerufen, weil fehlerhafte Bremssysteme die Sicherheit der Fahrzeugnutzer gefährden. Toyota entschuldigte sich zwar (wortreich) bei den Besitzern der Fahrzeuge, zeigte aber weiter keine Bereitschaft zum Schuldeingeständnis. Im Gegenteil: Nach Toyotas Auffassung wurden die Fehler im Bremssystem durch die Fahrzeugnutzer verursacht. Andere Konsequenzen wurden nicht gezogen, weder wurden verantwortliche Mitarbeiter entlassen, noch wurden weitergehende Erklärungen abgegeben. Toyota sieht sich als Opfer, nicht als Schuldigen.

2. Unternehmenskultur

Die Unternehmenskultur (Business Culture) von Toyota ist grundsätzlich konservativ ausgerichtet. Diese konservative Grundeinstellung drückt sich aus in bürokratischer Angepasstheit und in der Vermeidung kritischer Standpunkte. Diese Einstellung wurde bei Toyota durch das rasche Wachstum des Unternehmens verstärkt. Bürokratischer Führungsstil und Anpassung tragen nicht zur Bereitschaft, Verantwortung zu übernehmen, bei.

Toyota ist nicht bereit, Verantwortung für bestimmte Fehler zu übernehmen. Es sieht sich in diesem Fall als Opfer, nicht als Täter. Das Selbstverständnis von Toyota lässt offensichtlich Schuldeingeständnisse nicht zu; Schuld wird anderen, hier den Fahrern, zugewiesen. Nur zögerlich werden Fehler eingeräumt und auch nur als Reaktion auf Äußerungen öffentlicher Meinung. In den Entschuldigungen wird Mitgefühl mit den Fahrzeugnutzern ausgedrückt, aber keine Bereitschaft zum Schuldeingeständnis und zur Übernahme von Verantwortung für die Fehler.

Japaner sind schnell dabei, sich zu entschuldigen, aber das bedeutet nicht, dass sie tatsächlich auch Verantwortung übernehmen. Bezeichnend ist auch, dass Verantwortliche nicht entlassen werden und dass nach außen keine Information darüber dringt, wie Toyota letztlich die Problematik lösen wird.

Krisenmanagement und PR spielen bei Toyota wie bei vielen japanischen Unternehmen nur eine untergeordnete Rolle. Auf die Bewältigung von Krisen ist Toyota nicht in dem Maße vorbereitet wie westliche Unternehmen. Auch die professionelle Vermittlung von Problemen durch PR-Spezialisten nach dem Standard westlicher Unternehmen findet kaum statt.

3. Kennzeichnung der japanischen Kultur nach dem 5-D-Modell von Hofstede

Prägungen durch die Kultur zeigen sich darin, dass die betroffenen Menschen gleiche Verhaltensweisen entwickeln, ihre Handlungen an gleichen Werten ausrichten, soziale Tatbestände in gleicher Weise wahrnehmen, interpretieren und werten. Unterschiedliche kulturelle Prägungen führen zu unterscheidbaren Kulturen; sie drücken sich z.B. aus in Landeskulturen. Mit dem 5-D-Modell von Hofstede lassen sich Kulturen kennzeichnen. 5 D steht für fünf Dimensionen. Die Dimensionen sind

Machtdistanz – von gering bis groß,
Kollektivismus gegenüber Individualismus,
Femininität gegenüber Maskulinität,
Unsicherheitsvermeidung – von schwach bis stark,
langfristiger gegenüber kurzfristiger Orientierung.

Machtdistanz
Die Indexwerte für Machtdistanz in einer Kultur sind Gradmesser für die Ungleichheit in der Gesellschaft. Ein hoher Wert deutet auf ein hohes Maß an Ungleichheit, ein niedriger Wert auf ein geringes. In der Liste mit Punktwerten von 104 (Malaysia) bis 11 (Österreich) hat Japan einen Indexwert von 58 Punkten. Der Wert ist höher als der entsprechende Wert für Deutschland oder die USA. Er gibt an, dass in Japan zwar Ungleichheit herrscht, dass sie aber nicht sehr ausgeprägt ist.

Individualismus

Der Individualismusindex gibt an, wie stark Individualismus in einer Kultur ausgeprägt ist. In der Liste mit Punktwerten von 91 (USA) bis 6 (Guatemala) hat Japan einen Indexwert von 46 Punkten. Im Vergleich mit westlichen Ländern ist Japan relativ kollektivistisch geprägt. Kennzeichen kollektivistischer Gesellschaften ist die Integration in Wir-Gruppen; das gilt z. B. für die Familie, für den Arbeitsplatz; es bestimmt damit auch das Verhältnis Arbeitgeber – Arbeitnehmer.

Maskulinität

Der Maskulinitätsindex gibt an, wie stark die Geschlechterrollen voneinander abgegrenzt sind. In der Liste mit Punktwerten von 110 (Slowakei) bis 5 (Schweden) hat Japan einen Indexwert von 95 Punkten. Der Wert ist hoch; er deutet darauf hin, dass in Japan die Geschlechterrollen klar voneinander abgegrenzt sind. Maskulin bedeutet z. B., dass Männer durchsetzungsfähig, ehrgeizig und hart sind, Herausforderungen annehmen und Misserfolge als Katastrophe ansehen.

Unsicherheitsvermeidung

Der Unsicherheitsvermeidungsindex gibt das Maß für die Toleranz bzw. Intoleranz gegenüber der Uneindeutigkeit in einer Gesellschaft an. In der Liste mit Punktwerten von 112 (Griechenland) bis 8 (Singapur) hat Japan einen Indexwert von 92 Punkten. Dieser Wert ist hoch; das bedeutet, dass sich die Menschen u. U. bedroht fühlen von ungeregelten Situationen. Sie fühlen sich verunsichert und versuchen die Unsicherheit nach Möglichkeit zu vermeiden.

Langfristorientierung

Der Index der Langzeitorientierung gibt an, in welchem Maß eine Gesellschaft Tugenden pflegt, die auf künftigen Erfolg ausgerichtet sind, z. B. Sparsamkeit und Beharrlichkeit. In der Liste mit Punktwerten von 118 (China) bis 0 (Pakistan) hat Japan einen Indexwert von 80 Punkten. Das bedeutet z.B. dass die Marktposition des Unternehmens, in dem man arbeitet, im Mittelpunkt steht, dass man die Forderungen der Tugend respektiert.

6.1 Analysen, Strategien

1. Situationsanalyse

Die MedVet GmbH ist wahrscheinlich ein mittelständisches Unternehmen, das dem Konkurrenzdruck der Mitbewerber in starkem Maße ausgesetzt ist. Seine besonderen Probleme sind einerseits ein aufwändiger, nach Auffassung der neuen Geschäftsleitung unzulänglich organisierter und darum wenig effizienter Außendienst, andererseits ein Sortiment, mit dem der gesamte Bedarf der Abnehmer nicht abgedeckt werden kann, das aus der Sicht der Kunden also unvollständig ist. Insbesondere fehlt ein bestimmtes Medikament zur Behandlung von Kleintieren.

Die Unvollständigkeit des Sortiments hat zur Folge, dass die Tierarztpraxen entsprechende Produkte bei Konkurrenzunternehmen ordern. Dadurch erhalten die Mitbewerber vermehrt Kontaktmöglichkeiten und Chancen, die anderen Produkte ihrer Sortimente in den betreffenden Praxen abzusetzen.

Die MedVet teilt die Tierarztpraxen nach folgenden Kriterien ein:

- Wachstum der Praxis (Entwicklung der Praxis) und
- Distributionstiefe.

Anhand der Kombination der Merkmalsausprägungen werden die Kundengruppen definiert und zur Veranschaulichung in einer Portfolio-Matrix erfasst.

		Distributionstiefe	
		niedrig	hoch
Entwicklung	hoch	1. Gruppe	2. Gruppe
Entwicklung	niedrig	3. Gruppe	4. Gruppe

Die Gruppierungen lassen sich folgendermaßen umschreiben.

1. Gruppe:

Entwicklung (Wachstum) ist hoch, die Distributionstiefe ist niedrig:
Die Praxen entwickeln sich positiv, d.h. sie befinden sich in einer Wachstumsphase, erkennbar u.a. an wachsendem Bedarf an Tierarzneimitteln, Einstellung von Personal (vor allem von Tierärzten) usw. ...

Distributionstiefe ist gering, d. h. Produkte der MedVet GmbH sind nur in geringem Umfang im Angebot dieser Praxen.

2. Gruppe:

Entwicklung (Wachstum) ist hoch, die Distributionstiefe ist hoch:
Die Praxen entwickeln sich positiv (s. o.),

tiefe Distribution, d. h. Produkte der MedVet GmbH sind in hohem Umfang im Angebot dieser Praxen.

3. Gruppe:

Entwicklung (Wachstum) ist niedrig, die Distributionstiefe ist niedrig:
Die Praxen entwickeln sich kaum, Entwicklung stagniert oder ist rückläufig, erkennbar u. a. am abnehmenden Bedarf, an Personalentlassungen u. a.

Distributionstiefe ist gering, d.h. Produkte der MedVet GmbH sind nur in geringem Umfang oder gar nicht im Angebot dieser Praxen.

4. Gruppe:

Entwicklung (Wachstum) ist niedrig, die Distributionstiefe ist hoch:
Die Praxen entwickeln sich kaum, Entwicklung stagniert usw. (s. o.),

tiefe Distribution, d. h. Produkte der MedVet GmbH sind in hohem Umfang im Angebot dieser Praxen.

2. Informationsquellen

Die erforderlichen Informationen entstammen folgenden Quellen:

- Entwicklung der Praxen:
  Vertreterberichte,
  zusätzliche Befragungen der Vertreter anhand eines speziellen Fragebogens,
- Marktbeobachtung,
- Distributionstiefe:
  Unterlagen des Rechnungswesens,
  Befragung der Vertreter ...

3. Strategien

Bearbeitung der Tierarztpraxen

Vertreterbesuche

1. Gruppe:

häufige Besuche, häufige Kontaktierung, Bekanntmachung des Sortiments, evtl. ist auch Bekanntmachung des Unternehmens erforderlich, evtl. Unterstützung durch Sales Promotions, Öffentlichkeitsarbeit (Fachausstellungen bei Tierärztekongressen u. Ä.) ...

evtl. weitergehende Ausrichtung des Sortiments auf den Bedarf, Aufnahme neuer Produkte u. dgl.

2. Gruppe:

Besuchshäufigkeit könnte evtl. eingeschränkt werden; allerdings sind die Tierärzte dieser Gruppe auch sehr interessant für die Mitbewerber, Information über neue Produkte auch über die Zentrale (direkt) möglich; Bestellung auch über die Zentrale möglich; allerdings müssen Kontakte aufrecht erhalten bleiben: regelmäßige Besuche, zusätzlich Erinnerungswerbung, in Maßnahmen von Sales Promotion und Öffentlichkeitsarbeit einbeziehen; ...

3. Gruppe:

Weitgehende Einschränkung der Besuchshäufigkeit; Kontakte durch Zentrale aufrechterhalten, Werbe- und Informationsmaterial werden direkt zugeschickt. Angebote und Auftragsannahme werden durch die Zentrale vorgenommen.

4. Gruppe:

Besuchshäufigkeit könnte (evtl. erheblich) einschränkt werden. Evtl. Erinnerungswerbung, in Maßnahmen von Sales Promotion und Öffentlichkeitsarbeit einbeziehen...

Daraus ergibt sich für die Vertreterbesuche folgende Strategie. Die Besuchstage werden mit 162 angenommen, die Anzahl der täglichen Besuche wird auf 7 festgelegt.

Kundengruppen	Anzahl der Kunden	Durchschnittliche Besuchshäufigkeit im Jahr	Anzahl der Besuche
1	2.250	4	10.000
2	2.250	2	5.000
3	2.250	—	—
4	2.250	1	2.250
			17.250

$$\text{AnzahlMA} = \frac{\text{Anzahl der Kunden} \cdot \text{jährliche Besuchshäufigkeit}}{\text{tägliche Besuche} \cdot \text{Besuchstage}}$$

$$\text{AnzahlMA} = \frac{17.250}{7 \cdot 162} = \frac{17.250}{1.134} = 15{,}2$$

Es zeigt sich, dass unter den angenommenen Voraussetzungen die Anzahl der Außendienstmitarbeiter von 17 auf 15 gesenkt werden kann.

Schulung der Außendienstmitarbeiter

Die Außendienstmitarbeiter sind angemessen zu instruieren und zu unterweisen. Dazu müssen sie insbesondere Informationen über neue Produkte und ihre Wirkungen bei bestimmen Tierkrankheiten erhalten. Sie müssen befähigt werden, diese Produkte angemessen zu präsentieren.

Beteiligung am Umsatz

Vertreter konzentrieren sich bei Verkauf auf umsatzstarke Produkte, insbesondere neue Produkte, die häufig beratungsintensiv sind, können dadurch vernachlässigt werden. Diesem Problem kann durch eine differenzierte Beteiligung am Umsatz begegnet werden.

Differenzierung ist möglich

- nach Umfang der Zielerfüllung: z.B. bei 80-, 90-, 100-, 110-prozentiger Erfüllung – Prämien in Höhe von 5 %, 10 %, 20 %, 30 %.
- unter Berücksichtigung der verschiedenen Sortimentsteile ...

Direktmarketing:

Weil die Kundengruppen 3 und 4 nicht oder nur selten besucht werden, kommt dem Direktmarketing besondere Bedeutung zu. Teil des Direktmarketing ist die Direktwerbung, die sowohl unterstützend als auch ausschließlich eingesetzt werden kann; ausschließliche Direktwerbung kommt vor allem für die Kundengruppe 3 in Betracht. Mittel der Direktwerbung sind Direct Mailings; das sind Briefe mit individualisierten Inhalten, z.B. individuelle Anrede, Berücksichtigung des spezifischen Bedarfs der Praxis, Ankündigung des nächsten Vertreterbesuchs u.Ä.

Häufig werden daneben oder damit auch Kataloge, Preislisten, Informationen über neue Produkte u.Ä. übersandt. Außerdem kann mit den Briefen zu Ausstellungen, zum Besuch des Ausstellungsstandes bei einer Messe u.dgl. eingeladen werden.

Für die Kundengruppe 4 und insbesondere für die Gruppe 3 ist die Möglichkeit, telefonisch oder per E-Mail ordern zu können, sehr wichtig. Deshalb ist der Ausbau des Telefonverkaufs zu organisieren. Angebote können per Telefon oder per E-Mail den Tierärzten vorgelegt und die Aufträge entsprechend entgegengenommen werden, Telefonverkauf, Angebotsvorlage und Auftragsannahme mittels Telefon usw.

Produktakquisition

Akquisition eines Produktes zur bedarfsgerechten (kundenorientierten) Erweiterung des Angebots. Erforderlich ist ein Produkt zur Behandlung von Kleintieren. Die Akquisition ist besser als eine eigene Produktentwicklung. Das aufwändige Genehmigungsverfahren für ein neues Medikament kann entfallen. Ein akquiriertes Produkt steht schneller zur Verfügung. Das Produktmanagement ist zu beauftragen, geeignete Produkte bzw. Produzenten ausfindig zu machen.

Ziel der Sortimentserweiterung sollte das Vollsortiment sein, das alle gängigen Mittel zur Behandlung von Kleintieren enthält.

6.2 Unternehmenskultur und Ziele, Mitarbeiterverhalten, Lieferantenaudit

1. Aufgabe

a) Die Unternehmenskultur wird geprägt durch Verantwortung für die Mitarbeiter; daraus ergibt sich die Verpflichtung zur Fürsorge. Sie schlägt sich u.a. nieder in den umfangreichen Sozialleistungen. Aber auch das umfangreiche Förder- und Weiterbildungsprogramm des Unternehmens, das nicht nur auf die Qualifizierung des Produktionsfaktors Arbeit ausgerichtet ist, weist in diese Richtung.

Ein weiterer Aspekt der Unternehmenskultur, der eng mit dem ersten verknüpft ist, ergibt sich aus dem langjährigen Produktionsprogramm (Angebotsprogramm) der MedTec GmbH. Das Unternehmen stellt Produkte der Medizintechnik her und bietet in diesem Rahmen auch entsprechende Dienstleistungen an; das Angebotsprogramm ist also auf die Gesundheit und die Sicherheit von Menschen ausgerichtet. Daraus lässt sich die Verantwortung für Menschen, für ihre Gesundheit und ihre Sicherheit ableiten.

Der dritte Aspekt der Unternehmenskultur zeigt sich in der Verantwortung für die Umwelt und die Gesellschaft.

Zusammenfassend lässt sich die Unternehmenskultur folgendermaßen umschreiben: Verantwortung für Menschen – für Mitarbeiter, für Patienten und andere Nutzer der Produkte, für Menschen in der Nachbarschaft usw.

b) Das Unternehmensleitbild wird zusammengefasst in dem Motto „MedTec – Medizintechnik – Technik für die Gesundheit". Dieses Leitbild korrespondiert mit der Unternehmenskultur; es liegt der langfristigen unternehmenspolitischen Planung zu Grunde.

Das Unternehmensleitbild hat folgende Aspekte:

- Funktionen der Produkte und Dienstleistungen (des Angebotsprogramms): Medizintechnik: Unterstützung, Überwachung, Schutz lebenswichtiger Funktionen des Menschen,

- Qualität der Produkte und Dienstleistungen: Verantwortungsbewusstsein für das Funktionieren der Produkte,

- Produktionsprozesse: Umweltschutz als wesentlicher Bestandteil der Prozesse; das gilt für das Unternehmen (Arbeitsplätze) und für die Nachbarschaft usw., das bezieht aber auch den verantwortungsvollen Umgang mit den Produktionsfaktoren ein.

c) Die allgemeine Zielformulierung „... exzellentes Unternehmen sein, Nr. 1 bei Kunden und attraktiv für Mitarbeiter" verknüpft das Leitbild mit den Zielen und Grundsätzen. Es dient mit dem Leitbild zur Orientierung der Mitarbeiter und bildet die Klammer für die Bereiche des Unternehmens.

Die allgemeine Zielformulierung stellt die Kundenorientierung aller Maßnahmen heraus und zeigt auch, dass die Arbeitsbedingungen und das Betriebsklima für die

Mitarbeiter attraktiv sein müssen, damit qualifiziertes Personal an das Unternehmen gebunden wird.

Die obersten Ziele beziehen sich auf Marktführerschaft, Verbesserung des Unternehmenswerts,

Unabhängigkeit und Erwirtschaftung einer Rendite. Auffallend ist die Zielformulierung: „Wir wollen ...". Sie weist auf die Bedeutung hin, die das Unternehmen qualifizierter und engagierter Zusammenarbeit beimisst; die Mitarbeiter werden motiviert, sich mit dem Unternehmen und seinem Leitbild zu identifizieren und sich engagiert für die Ziele einzusetzen.

Um diese Ziele zu erreichen, fordert und fördert das Unternehmen Identifikation, Partnerschaft, Vertrauenskultur, Anerkennung usw.

d) Mit Corporate Identity umschreibt man ein einheitliches unverwechselbares Unternehmensbild, das das Selbstverständnis des Unternehmens widerspiegelt. Es drückt sich bei der MedTec GmbH u. a. aus

- in der hohen Qualität seines Leistungsangebotes,
- in den Bemühungen um den Umweltschutz,
- in der Vertrauenskultur, z. B. in den regelmäßigen Mitarbeitergesprächen,
- in den Weiterbildungsmaßnahmen,
- in der Beteiligung der Mitarbeiter an Entscheidungen,
- im partnerschaftlichen Führungsstil.

2. Aufgabe

a) Die MedTec GmbH könnte für die Aufstellung von Verhaltensgrundsätzen folgende Gründe haben.

- Das Unternehmen sieht in einem „guten Ruf" in der Öffentlichkeit eine wichtige Grundlage für erfolgreiche Geschäftsbeziehungen. Der gute Ruf (das Image) eines Unternehmens ist nicht nur abhängig von der Produktqualität u. Ä., sondern auch vom Erscheinungsbild des Unternehmens in der Öffentlichkeit; dieses wird in hohem Maße auch bestimmt vom Auftreten und vom Verhalten der Mitarbeiter.

  Führungskräfte haben eine besondere Verantwortung: Sie sollen die Grundsätze den ihnen unterstellten Mitarbeitern vermitteln. Zur Vermittlung gehört die regelmäßige Erörterung der Grundsätze mit den Mitarbeitern, die Entscheidung in Zweifelsfällen und das vorbildliche Verhalten.

- Der Katalog von Verhaltensgrundsätzen dient der Orientierung. Die Mitarbeiter können ihr Verhalten nach diesen Regeln ausrichten, und zwar sowohl allgemein als auch in einzelnen Bereichen (Funktionen). Hierbei ist besonders der Grundsatz interessant, auf Gepflogenheiten der Geschäfts- oder Verhandlungspartner Rücksicht zu nehmen.

  Der Katalog von Verhaltensgrundsätzen ermöglicht dem Unternehmen, das Verhalten der Mitarbeiter zu lenken. Verstöße gegen bestimmte Vorschriften können geahndet werden.

- Der Katalog von Verhaltensgrundsätzen gilt für alle Bereiche des Unternehmens. Er vereinheitlicht das Verhalten und damit das Erscheinungsbild in der Öffentlichkeit. Damit dient der Katalog auch als Klammer, die die Teile und Bereiche des Gesamtunternehmens zumindest in einem wichtigen Aspekt zusammenhält.

b) Das mit der Unternehmenskultur korrespondierende Unternehmensleitbild beruht im Allgemeinen auf Tradition und auf ethischen, übergeordneten Werten, z. B. Umweltschutz, Fürsorge für Mitarbeiter, soziale Verantwortung, Fairness u. Ä.

Die Unternehmensziele stehen zwar nicht im Widerspruch zum Unternehmensleitbild, sind aber mehr als diese auf ökonomische Gesichtspunkte ausgerichtet. Man kann (vielleicht mit geringen Einschränkungen) sagen, dass die auf den Zielen beruhenden Maßnahmen letztlich der Realisierung des Unternehmensleitbildes dienen. („Ein Unternehmensleitbild muss man sich leisten können.")

Insofern verknüpfen die Unternehmensziele das Unternehmensleitbild mit den Verhaltensgrundsätzen. Die Grundsätze haben durchweg wirtschaftliche Bedeutung:

- Der gute Ruf, das Image des Unternehmens, erleichtert Geschäftsanbahnungen.
- Die Mitarbeiter haben das Unternehmensinteresse zu wahren.
- Bestechlichkeit ist nicht aus moralischen, sondern aus wirtschaftlichen Erwägungen abzulehnen. Bestechung verzerrt den Wettbewerb; Wettbewerbsverzerrung kostet. Kostensteigerungen sind mit dem Ziel, eine bestimmte Rendite zu erwirtschaften, nicht vereinbar.
- Lieferanten sind nach objektiven Kriterien zu bewerten und auszuwählen.

c) Die Verhaltensgrundsätze, die sich in erster Linie an die Mitarbeiter richten und deren Verhalten reglementieren, enthalten auch den Hinweis, dass sich die MedTec GmbH an die Empfehlungen des Deutschen Corporate Governance Kodex hält. Dieser Hinweis lässt sich in zwei Aspekten interpretieren.

- Das Unternehmen folgt den Empfehlungen und macht damit die Unternehmensführung für die Bezugsgruppen, insbesondere für die Aktionäre, transparent. Diese Transparenz trägt zum positiven Erscheinungsbild des Unternehmens bei.
- Das Unternehmen fühlt sich den Prinzipien der Corporate Governance verpflichtet. Im Zusammenhang mit den Verhaltensgrundsätzen kann der Hinweis bedeuten, dass die Mitarbeiter in diese Verpflichtung einbezogen sind.

d) Die Verhaltensgrundsätze enthalten auch Angaben zum Lieferantenmanagement. Die Lieferanten sind nach objektiven Kriterien zu beurteilen und auszuwählen; die Kriterien werden vollständig aufgezählt. Diese Regel konkretisiert die übrigen Grundsätze für den Umgang mit Lieferanten, die besagen, dass bei der Auswahl der Lieferanten keine persönlichen Präferenzen des Mitarbeiters, keine Beeinflussung des Mitarbeiters durch Zuwendungen u. Ä. eine Rolle spielen dürfen. Zudem deuten sie den fairen Umgang mit Lieferanten an, die alle nach den gleichen Kriterien bewertet werden und damit alle die gleichen Chancen für Lieferverträge haben.

Für die Auswahl der Lieferanten werden die Kriterien mit Punkten bewertet, die ermittelten Punktwerte für die einzelnen Kriterien mit unterschiedlichen Gewichtungsfaktoren gewichtet. So gelingt es, den günstigsten Lieferanten für ein Teil, einen Rohstoff usw. zu ermitteln und auszuwählen. Alle Lieferanten werden regelmäßig nach diesem Schema überprüft.

Bei der MedTec GmbH gelten für die Angebotsabgabe bestimmte Regeln. Sie werden allen Lieferanten, bei denen Angebote eingeholt werden, mitgeteilt. Alle potenziellen Lieferanten haben dadurch gleiche Informationen, die sie für die Angebotserstellung benötigen. Das trägt zur fairen Gleichbehandlung der Lieferanten bei.

3. Aufgabe

a) C. besucht Lieferanten im Rahmen einer Auditierung. Für den Lieferanten handelt es sich also um ein sog. externes Audit. C. muss für sein Unternehmen prüfen, ob der Lieferant geforderte Qualitätsstandards einhalten kann.

Es geht nicht darum, ob ein abgeliefertes Produkt den Qualitätsansprüchen genügt, sondern ob der Lieferant die Qualitätsanforderungen auf Dauer erfüllen kann. Deshalb gehört zu den Aufgaben von C. die Prüfung der Prozesse; er prüft z. B. die Qualität des Produktionsprozesses, die Qualität des Produktionsergebnisses und die damit verbundenen Prozesse, also z. B. Materialeingang, Lagerungen usw. Der Prüfung liegen festgelegte Kriterien, die sog. Auditkriterien zu Grunde. Wenn die Prüfergebnisse negativ von den Kriterien abweichen, schlägt C. Verbesserungen vor. Die Ergebnisse der Prüfung muss C. abschließend dokumentieren.

b) Das Lieferantenaudit trägt zur Qualitätssicherung bei. Beschaffte Produkte, Materialien und Teile müssen den Qualitätsansprüchen genügen, die die MedTec GmbH ihrer eigenen Produktion zu Grunde legt. Die Qualitätsstandards, die den Produkten der MedTec zu Grunde liegen, ergeben sich vor allem aus den Erwartungen der Kunden, das sind Kliniken, Krankenhäuser, große Arztpraxen, Laboratorien usw.

Hohe Qualitätsziele sind ein wichtiger Wettbewerbsvorteil. Damit dieser erhalten bleibt, legt die MedTec GmbH Wert darauf, dass die Zulieferer diesen Qualitätsanforderungen genügen. Deshalb ist das Lieferantenaudit für die MedTec GmbH von erheblicher Bedeutung.

c) Aspekte des QM nach EN ISO 9000 : 2000:

- Qualitätsplanung, dazu zählen z. B. Festlegung der Qualitätsziele, Festlegung des Ausführungsprozesses zur Realisierung von Qualitätszielen,
- Qualitätslenkung, dazu zählen u. a. Ermittlung der Anforderungen und deren Dokumentation sowie die Festlegung von Forderungen an den Einkauf,
- Qualitätssicherung, dazu zählen z. B. Überwachung und ggf. Korrektur der Prozesse,
- Qualitätsverbesserung, dazu zählen z. B. Nutzenverbesserung und Verringerung von Qualitätsfehlern mit dem Ziel wachsender Kundenzufriedenheit.

7.1 Strategische Veränderungen

1. Analyse der Ausgangssituation

Das Unternehmen

Die Norddeutsche Industrieglas GmbH ist ein Industriebetrieb, der Teile aus Quarzglas für die Weiterverwendung in anderen Industrieprodukten herstellt. Abnehmer sind deshalb bisher ausschließlich Industrieunternehmen. Der Marktanteil liegt bei 65 %, ist also relativ hoch und nicht mehr zu erhöhen, zumal der Markt als nahezu gesättigt gelten kann. Der Absatz stagniert, Rückgänge sind zu erwarten. Zusätzliche Umsätze sind nur mit neuen Produkten und durch Erschließung eines neuen Markts möglich. Wenn sie die Rückgänge in den traditionellen Geschäftsfeldern auffangen will, muss die Industrieglas GmbH einen Strategiewechsel anstreben mit neuen Geschäftsfeldern.

Die Marke Industrieglas ist gut eingeführt. In seiner Einfachheit und Klarheit ist das Logo einprägsam und könnte auch in privaten Haushalten bekannt sein.

Finanziell ist das Unternehmen relativ gut aufgestellt. Ein erheblicher Teil der Ausgaben für die erforderlichen Investitionen kann mit eigenen Mitteln finanziert werden.

Die Umwelt

Als Käufer für das neue Produkt kommen private Verbraucherhaushalte in Betracht. Marktbeobachtungen zeigen, dass das Interesse privater Haushalte an hitzebeständigem Geschirr steigt, das zur Zubereitung von Speisen auf dem Herd, im Backofen, in der Mikrowelle geeignet ist und in seiner Funktionalität sowie in Form und Design auch zum Servieren genutzt werden und zur anspruchsvollen Tischdekoration beitragen kann. Das Käufersegment lässt sich folgendermaßen umschreiben: Hausfrauen mit bestimmten Ansprüchen an Häuslichkeit, die der Mittelschicht angehören, über ein relativ hohes Haushaltsgeld verfügen und bereit sind, für geschmackvolle Haushaltsgegenstände auch höhere Preise zu akzeptieren. Diese Kunden können über den Einzelhandel erreicht werden; dazu zählen der einschlägige Facheinzelhandel für Haushaltswaren, die Fachabteilungen bestimmter Kaufhäuser, spezielle Boutiquen. Von besonderer Bedeutung ist dabei der Facheinzelhandel für Haushaltswaren. Die meisten Unternehmen des Einzelhandels mit Haushaltswaren sind in einem Einkaufsverbund zusammengeschlossen.

Geschirr aus Quarzglas wird auch von einigen Konkurrenzunternehmen angeboten. Ihre Sortimentsschwerpunkte sind Salatschüsseln, Kompottschüsseln, Teller, Vorlegeplatten u. Ä., keine Auflaufformen. Auflaufformen müssen sowohl für die Zubereitung von Speisen unter Hitzeeinfluss als auch zum Servieren der Speisen geeignet sein und deshalb in besonderem Maße ästhetischen Gesichtspunkten genügen.

Strategische Veränderungen

Die Marke

Die Norddeutsche Industrie-Glas GmbH markiert ihre Produkte, damit sie sich eindeutig von Konkurrenzprodukten unterscheiden lassen und damit die Käufer sie identifizieren können. Das Identifikationskriterium ist bei Konsumgütern besonders wichtig. Es ist jedoch zu fragen, ob das Haushaltsgeschirr die gleiche Markierung erhalten soll wie die anderen Produkte (Schirmmethode) oder ob ein unterscheidender Produktname gewählt werden soll (Pilzmethode).

Bei Anwendung der Schirmmethode würde das Haushaltsgeschirr mit dem Produktnamen Industrieglas versehen werden. Dieser Name ist bei Industrieunternehmen gut eingeführt, er bürgt für hohe Qualität von Teilen, die bei industrieller Fertigung Verwendung finden. Der Gebrauch des Namens für Haushaltsprodukte könnte bei den industriellen Verwendern Irritationen auslösen. Besondere Probleme entstehen in diesem Bereich dann, wenn das neue Produkt vom Publikum nicht angenommen wird und vom Markt genommen werden muss.

Private Verbraucherhaushalte kennen vielleicht den Produktnamen, weil er z.B. in Glasteilen bei bestimmten großen Haushaltsgeräten (z.B. Waschmaschinen) eingraviert ist; es kann auch davon ausgegangen werden, dass sie mit dem Hinweis auf die industrielle Verwendung hohe Qualität, z.B. auch Hitze- und Kältebeständigkeit des Materials verbinden. Es kann aber eher davon ausgegangen werden, dass dieser Produktname über Haushaltsgeräte nicht zur Kenntnis genommen wird und deshalb in der aktuellen Kaufsituation für eine Orientierung nicht verfügbar ist.

2. Investitionsrechnung

Zunächst ist zu klären, ob sich die Investition lohnt. Dazu wird das Kapitalwertverfahren herangezogen, d.h. die abgezinsten Nettoeinnahmen (die Summe der Barwerte) werden mit der Anfangsausgabe verglichen. Die Summe der abgezinsten Nettoeinnahmen überwiegt die Anfangsausgaben für die Erweiterung der Produktionsanlage.

Jahre	Netto-einnahmen	Abzinsungs-faktoren	Barwerte
1	150.000	0,8929	133.935
2	200.000	0,7972	159.440
3	275.000	0,7118	195.745
4	350.000	0,6355	222.425
5	450.000	0,5674	255.330
	Summe der Barwerte		966.875
	Anschaffungskosten		900.000
			66.875

3. Der Break-even-Point

Der Break-even-Point ergibt sich bei der Gleichheit von Umsatz und Kosten. Mithilfe der Break-even-Rechnung kann die Menge ermittelt werden, bei der die Kosten durch den Umsatz gedeckt werden. Die Break-even-Point-Menge wird mit folgender Formel errechnet:

$$x_{BeP} = \frac{K_f}{p - K_v}$$

Bei variablen Kosten in Höhe von 9,50 € und einem geplanten Verkaufspreis in Höhe von 12,50 € ergibt sich eine BeP-Menge in Höhe von 60.000 Stück nach folgender Rechnung:

$$x_{BeP} = \frac{180.000}{12,50 - 9,50} = 60.000$$

Bei einer Verkaufsmenge von 60.000 Stück sind die Kosten durch den Umsatz gedeckt; bei steigenden Absatzmengen werden Gewinne bzw. höhere Kostendeckungsbeiträge erzielt.

4. Irritationen durch den Strategiewechsel

Die Industrieglas GmbH wird durch allmähliche Änderungen der Marktbedingungen zu einer Anpassung gezwungen, die auf einen Strategiewechsel hinausläuft. Die bisherige Strategie ist ausgerichtet auf industrielle Abnehmer in einem überschaubaren Markt in Norddeutschland; die neue Strategie soll auf private Haushalte und auf einen relativ großen Markt ausgerichtet werden. Der Strategiewechsel hat deshalb fundamentale Bedeutung. Die Industrieglas GmbH begibt sich auf ein Geschäftsfeld, das ihr in seinen typischen Rahmenbedingungen nur unzulänglich bekannt ist. Es liegen zwar Informationen über den Markt mit Konsumartikeln aus Quarzglas vor, doch kann bezweifelt werden, dass sie für eine erfolgreiche Bearbeitung des Marktes ausreichen; Wissen muss beschafft werden. Dazu können externe Berater unter Vertrag genommen oder entsprechend qualifizierte Fachkräfte eingestellt werden. Die Vorgänge rufen bei Mitarbeitern und – sofern Informationen nach außen dringen – bei Kunden Irritationen hervor.

Die Mitarbeiter können beunruhigt werden durch vermutete Gefährdungen der Arbeitsplätze infolge riskanter Aktionen in neuen und relativ unbekannten Geschäftsfeldern sowie nachlassender Nachfrage der industriellen Kunden. Neue Geschäftsfelder bedeuten möglicherweise Veränderungen von Strukturen, neue Funktionsbereiche werden eingerichtet, neue Mitarbeiter eingestellt usw., leitende Mitarbeiter müssen eventuell Teile ihres Funktionsbereichs abgeben, das kann Einbußen an Macht, Ansehen, Verzicht auf bestimmte Statussymbole u. Ä. bedeuten. Schließlich verlangen die Veränderungen Anpassungen von den Mitarbeitern, sie werden gezwungen, sich angemessen zu qualifizieren usw.

Das Management kann u. a. mit folgenden Maßnahmen den Irritationen von Mitarbeitern begegnen:

- Frühzeitige und offene Information aller Betroffenen,
- Beteiligung der Betroffenen bei der Vorbereitung der Maßnahmen,
- Vertrauensklima schaffen,
- Zielsetzung des Wandels vermitteln, Kritik berücksichtigen,
- Mitwirkung fördern, Motivation wecken,
- erfolgreichen Vollzug belohnen.

Geplante Veränderungen bei einem wichtigen Lieferanten werden auch von den Kunden zur Kenntnis genommen. Kunden der Industrieglas GmbH sind Industrieunternehmen, die die gelieferten Teile in ihrer Produktion verwenden. Die Kunden sind auf Sicherheit bei der Beschaffung angewiesen und müssen sich auf die gleichbleibend hohe Qualität der Teile verlassen können. Die bekannt werdenden Planungen der Industrieglas GmbH können Kunden beunruhigen und evtl. veranlassen, neue Beschaffungsquellen zu erschließen. Irritationen könnte auch die Verwendung der traditionellen Produktmarkierung bei den Konsumgütern auslösen.

Das Management kann u. a. mit folgenden Maßnahmen den Irritationen von Kunden begegnen:

- Kontaktaufnahme, Vertreterbesuche, Key-Account-Management, Gespräche zum Abbau von Vorurteilen usw.,
- Abschluss von Lieferverträgen mit umfassenden Qualitätsgarantien,
- Änderung der Produktmarkierung,
- Aufbau eines Qualitätsmanagementsystems nach ISO 9000 mit der entsprechenden Zertifizierung.

5. Das Projekt

Projektinitialisierung

Die Projektinitialisierung gilt allgemein als die erste Phase des Projekts. Das Projekt wird initiiert, d. h. angestoßen, durch ein Problem, das gelöst werden muss. Das Problem drückt sich hier aus in dem Auftrag, Klarheit über das Produkt, über Absatzwege und Werbemittel zu verschaffen. Das Ergebnis der Projektarbeit soll als Grundlage für Entscheidungen dienen. Die Unternehmensleitung bestimmt, dass der Marketingleiter für das Projekt zuständig sein soll. Er wird damit für die ersten organisatorischen Maßnahmen im Projekt verantwortlich, er hat damit auch die Leitung des Projekts.

Mitarbeiter

Die Unternehmensleitung hat den Marketingleiter zum Leiter des Projekts bestimmt. Dieser benennt die weiteren Mitglieder des Projektteams, die in diesem Fall vor allem Mitarbeiter im Bereich Marketing sind, z. B. aus der Werbung, der Marktforschung, des Vertriebs usw. Darüber hinaus empfiehlt sich die Einbeziehung eines externen Experten bzw. eines Expertenteams.

Organisation

Im vorliegenden Fall wird das Projekt in Linienverantwortung organisiert. Projekte in Linienverantwortung kommen dann in Betracht, wenn sie einem Funktionsbereich eindeutig zugeordnet werden können; das ist hier der Fall.

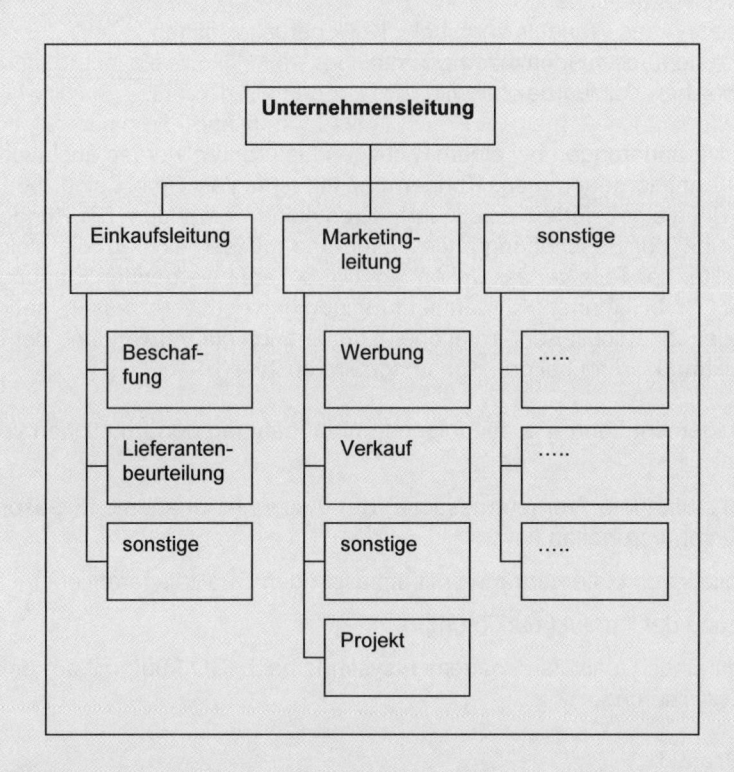

```
                        Unternehmensleitung
                                 |
         ┌───────────────────────┼───────────────────────┐
   Einkaufsleitung         Marketing-                 sonstige
                            leitung
         │                     │                         │
     Beschaf-               Werbung                    .....
      fung
         │                     │                         │
    Lieferanten-             Verkauf                   .....
    beurteilung
         │                     │                         │
     sonstige                sonstige                  .....
                               │
                             Projekt
```

Projekte in Linienverantwortung haben einige Vorteile. Sie liegen z. B. darin, dass Konflikte zwischen Abteilungen bzw. Funktionsbereichen vermieden werden, und dass fähige Mitarbeiter im Zuständigkeitsbereich ihrer bisherigen Abteilung bleiben und nach Beendigung der Projekts schnell wieder in den Prozess eingegliedert werden können. Als Vorteil kann auch gesehen werden, dass die Ressourcen der Abteilung bzw. des Bereichs auch unmittelbar dem Projekt zu Verfügung stehen.

6. Empfehlungen

Die Einführung des Produkts wird empfohlen. Bei den von der Marketingleitung vorgelegten Zahlen lohnen sich die Anfangsausgaben für die Erweitung der Produktionsanlage. Mit den Nettoeinnahmen während der Jahre der Nutzung wird nicht nur die Investition finanziert, sondern noch ein Überschuss erzielt.

Strategische Veränderungen

Ein differenzierender Name für das Haushaltsgeschirr ist vorzuziehen. Er kann die beiden Produktgruppen (industrielle und private Verwendung) eindeutig voneinander abgrenzen. Bei Sortimentserweiterung können alle Produkte bzw. Artikel für den privaten Gebrauch mit dem Produktnamen gekennzeichnet werden. Er kann besser bei Werbung eingesetzt werden.

Zur Kennzeichnung des neuen Produkts wird der Produktname *Haushaltsglas* vorgeschlagen; das Logo soll – in Anlehnung an das Logo für Industrieglas – in einem kleinen Kreis bestehen, das den Produktnamen umschließt. Damit wird an das mit der anderen Produktgruppe verbundene Image angeknüpft.

Das Produkt sollte über den Facheinzelhandel verkauft werden. Dazu sind Kontakte mit den Einkaufsverbänden der Haushaltswarengeschäfte und mit den Einkaufszentralen der Warenhäuser aufzunehmen.

Für das neue Produkt kann in den großen Publikumszeitschriften geworben werden. Dabei ist das Zeichen für diese Produkte hervorzuheben, aber auch auf den Hersteller Norddeutsche Industrieglas GmbH hinzuweisen.

7.2 Strategiewechsel, Informationsaustausch

1. Aufgabe – Organisation und Aufgabenanalyse

1. Aufgaben – Beispiele

Gesamtaufgaben – Unternehmensleitung

- Lebensmittel-Einzelhandel,
- Verkauf von Lebensmitteln in einem sehr breiten und in vielen Warengruppen auch tiefen Sortiment,
- Verkauf von Non-Food in einem schmalen (flachen) Sortiment,
- Erschließung des Marktes durch Gründung neuer, nach modernen Gesichtspunkten der Warenpräsentation eingerichteten Filialen,
- Kooperation mit anderen Großunternehmen des Lebensmitteleinzelhandels (z. B. Rewe),
- Sortimentserweiterungen,
- Erschließung günstiger Bezugsquellen bundesweit.

Hauptaufgaben (Realisierung der Gesamtaufgaben) – z. B. Vertriebsleitung, Beschaffung, Lager

- Vertriebsleitung: Beaufsichtigung der Märkte, Marketing, Marktbeobachtung, Werbung u. dgl. Controlling u. a.
- Beschaffung: Beobachtung des Beschaffungsmarkts, Erschließung günstiger Bezugsquellen, Einholung von Angeboten, Zusammenstellung des Bedarfs der Filialen, Bestellungen, Abschluss von Rahmenverträgen u. a.
- Lager (Zentrallager): Annahme der Waren, filialgerechte Kommissionierung, Vorbereitung des Versands u.a.

Teilaufgaben (Realisierung der Hauptaufgaben) – Marktleitung

- Feststellung des Bedarfs, Erfassung der Kundenerwartungen, Berücksichtigung wichtiger Umfeldbedingungen und ihrer Veränderungen,
- termingerechte Meldung des Bedarfs an die Zentrale,
- filialtypische Werbung, PR,
- Kontrolle des Wareneingangs,
- Überwachung des Personals u. a.

Einzelaufgaben (Realisierung der Teilaufgaben) – Abteilungsleitungen Food, Non-Food; Kassen

- Food und Non-Food: Einsatz des Verkaufspersonals, Regalmanagement, insbesondere Vermeidung von Regallücken, besondere Warenpräsentation im Zusammenhang mit Verkaufsaktionen u. a.
- Kasse: Einsatz des Kassenpersonals, Abrechnungen u. a.

2. Organisatorischer Aufbau – (Vorschlag)

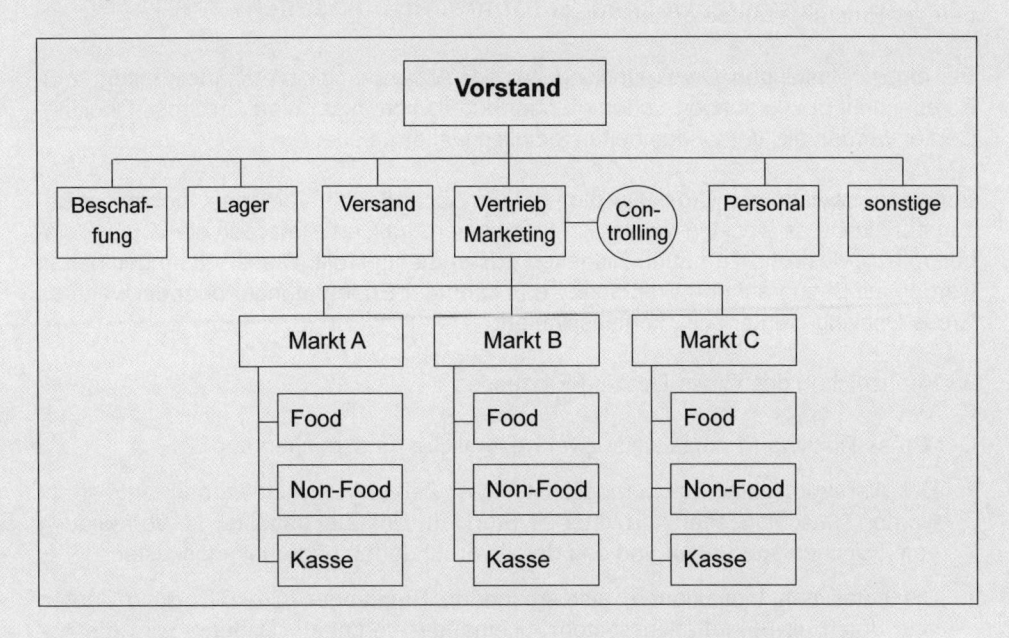

```
                              Vorstand
    ┌─────────┬─────────┬─────────┼─────────┬─────────┬─────────┐
 Beschaf-   Lager    Versand   Vertrieb  (Con-    Personal  sonstige
  fung                         Marketing trolling)
                                  │
                ┌─────────────────┼─────────────────┐
             Markt A            Markt B           Markt C
              │                   │                 │
              ├─ Food             ├─ Food           ├─ Food
              ├─ Non-Food         ├─ Non-Food       ├─ Non-Food
              └─ Kasse            └─ Kasse          └─ Kasse
```

2. Aufgabe – Waren und Informationsfluss im Cross-Docking-Prozess

1. Waren- und Informationsflüsse

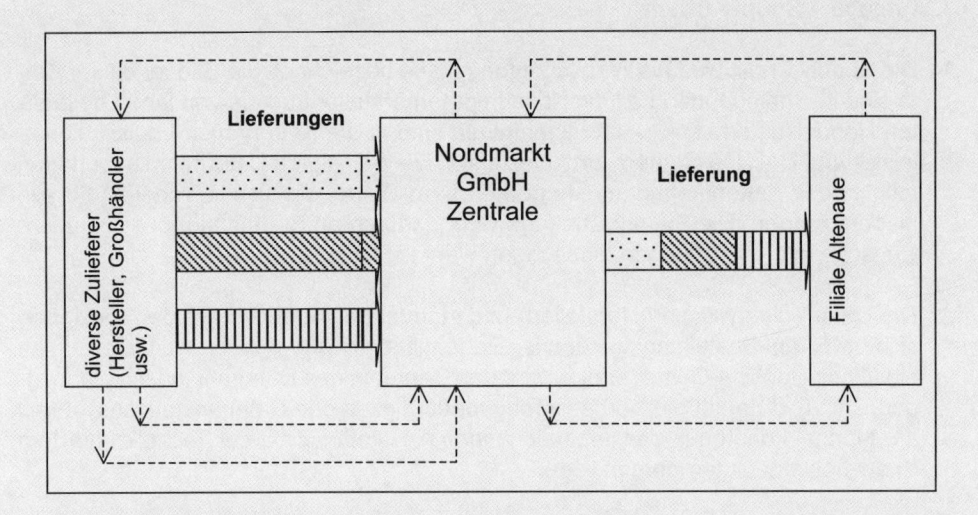

```
 diverse Zulieferer    Lieferungen    Nordmarkt    Lieferung    Filiale Altenaue
 (Hersteller,          ═══════════►   GmbH         ═════════►
 Großhändler usw.)                    Zentrale
```

2. Begriff und Bedeutung von Cross Docking

Der Begriff Cross Docking leitet sich von dem Vorgang des Warenumschlags im Distributionslager ab: Die Lkw des Lieferers docken an der Empfangsrampe des Distributionslagers an, die Waren werden nach Empfängern zusammengefasst und auf der

Ausgangsrampe für die Abholung bereit gestellt; die Ausgangsrampe liegt im Allgemeinen der Empfangsrampe gegenüber.

Bei einem einstufigen Cross Docking hat der Absender die Versandeinheiten, z. B. Paletten, mit Bezug auf den Endempfänger bereits kommissioniert. Im Cross-Docking-Center werden die Versandeinheiten lediglich weiter geleitet.

Bei einem zweistufigen Cross Docking hat der Absender die Versandeinheiten mit Bezug auf ein Cross-Docking-Center kommissioniert. Im Center werden die Versandeinheiten aufgelöst und zu neuen Einheiten zusammengestellt. Diese Versandeinheiten werden mit Bezug auf den Empfänger, das kann der Endempfänger oder ein weiteres Cross-Docking-Center sein, kommissioniert.

3. Kennzeichen des Cross-Docking-Prozesses

Der Cross-Docking-Prozess weist zwei wesentliche Kennzeichen auf.

- Der Warenumschlag soll in möglichst kurzer Zeit abgewickelt werden; angestrebt werden Umschlagzeiten von unter 24 Stunden. Das Ziel dabei ist die Vermeidung von Zwischenlagerungen und den damit verbundenen Lagerhaltungskosten.
- Die beteiligten Institutionen, also Absender, Empfänger, Cross-Docking-Center, sind durch ein Informationssystem miteinander verknüpft. Dadurch wird die gesamte Supply Chain geplant und gesteuert. Ein wichtiges Hilfsmittel dabei ist die Nummer der Versandeinheit (NVE) und das elektronische Lieferavis.

3. Aufgabe – Supply Chain

1. Die Supply Chain wird als Wertschöpfungskette bezeichnet; die Glieder dieser Kette sind im vorliegenden Fall die Konsumgüterhersteller und die von ihnen belieferten Handelsunternehmen, im Allgemeinen sind in die Ketten auch Logistikdienstleister und Docking Centers einzubeziehen. Die beteiligten Unternehmen schaffen mithilfe des Kettenmanagements **gemeinsam** Werte, die sich in Vorteilen für alle niederschlagen. Die Supply Chain gewinnt dadurch an Bedeutung, dass Kundenwünsche und -erwartungen einbezogen werden.

2. Die Daten, die zwischen Herstellern und Handel ausgetauscht werden, beziehen sich i. d. R. auf Bestellung, Lieferavis, Eingangsbestätigung. Wenn die Lieferung an ein Cross-Docking-Center erfolgt, wird das Center in den Datenaustausch einbezogen. Der Text deutet die Verbesserungsbedürftigkeit des Datenaustauschsystems an. Mängel könnten in der unzureichenden Ausstattung mit der Technik und dem Know-how der Unternehmen liegen.

3. Mithilfe des RFID (Radio Frequency Identification) können Lagerbestände identifiziert werden. Einerseits können dadurch Bedarf und Bestandslücken aufgedeckt werden, andererseits kann das System auch Auslagerungen und Kommissionierungen unterstützen. Offensichtlich wird das RFID noch nicht optimal genutzt bzw. ausreichend wirtschaftlich eingesetzt. Deshalb soll bewiesen werden, dass das RFID zum Vorteil der Supply Chain genutzt werden kann.

4. Aufgabe – Organisationsentwicklung

1. Demografische Entwicklung

Ursachen der demografischen Entwicklung sind einerseits der Rückgang der Geburten und andererseits der Anstieg der Lebenserwartung. Folge der Entwicklung ist, dass die Bevölkerung zahlenmäßig abnimmt: In absoluten Zahlen von 2008 bis 2040 von rd. 82 Mio. auf rd. 73 Mio.; das bedeutet einen Rückgang von rd. 10 %. Der Rückgang in der Altersgruppe bis 20 Jahre ist stärker; die Anzahl geht voraussichtlich um rd. 25 % zurück. Ähnlich hoch ist der Rückgang in der Altergruppe 20 bis unter 60 Jahre; diese Altersgruppe ist von besonderer Bedeutung, da sie die arbeitende Bevölkerung repräsentiert, die Beiträge zur Rentenversicherung leistet, die schließlich der nächsten Altersgruppe als Renteneinkünfte zufließen.

Die Altersgruppe 60 Jahre und älter nimmt nach der Vorausberechnung von 2008 bis 2040 dramatisch zu: von rd. 21 Mio. auf rd. 28 Mio., d. h. um rd. 35 %; ihr Anteil an der Gesamtbevölkerung steigt im gleichen Zeitraum von 25 % auf 38 %.

Die Brisanz des Problems zeigt sich besonders deutlich in der Entwicklung des Altenquotienten. Der Altenquotient gibt an, wie viel Angehörige der Altersgruppe 60 und älter auf 100 Angehörige der Altersgruppe 20 bis unter 60 entfallen. Der Altenquotient steigt von rd. 46 auf rd. 84. Anders (wenn auch etwas ungenau) ausgedrückt: 2008 versorgen 100 Arbeitnehmer mit ihren Beiträgen zur Rentenversicherung rd. 46 Rentner, im Jahr 2040 rd. 84.

Bevölkerungsstand (jeweils in Tsd.)	2008	2020	2030	2040
insgesamt	82.002	79.914	77.350	73.829
2008 = 100	100,0	97,5	94,3	90,0
unter 20 Jahre	15.619	13.624	12.927	11.791
%	19,0	17,0	16,7	16,0
2008 = 100	100,0	87,2	82,8	75,5
20 bis unter 60 Jahre	45.426	41.743	35.955	33.746
%	55,4	52,2	46,5	45,7
2008 = 100	100,0	91,9	79,2	74,3
60 Jahre und älter	20.958	24.547	28.469	28.292
%	25,6	30,7	36,8	38,3
2008 = 100	100,0	117,1	135,8	135,0
Altenquotient (60)	46,13	58,80	79,18	83,8

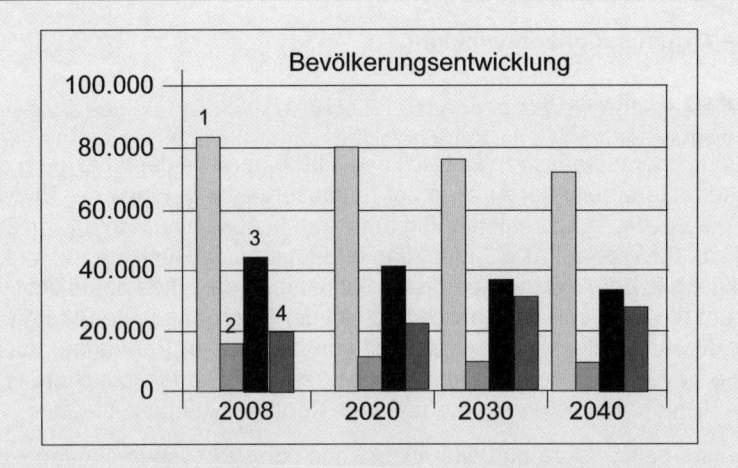

Abb. 1: Bevölkerungsentwicklung; 1. insgesamt, 2. Altersgruppe bis 20 J., 3. Altersgruppe 30 bis unter 60 Jahre, 4. Altersgruppe 60 J. und älter

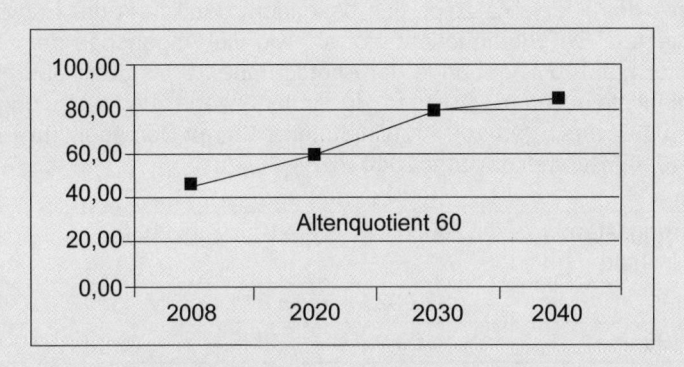

Abb. 2: Entwicklung des Altenquotienten

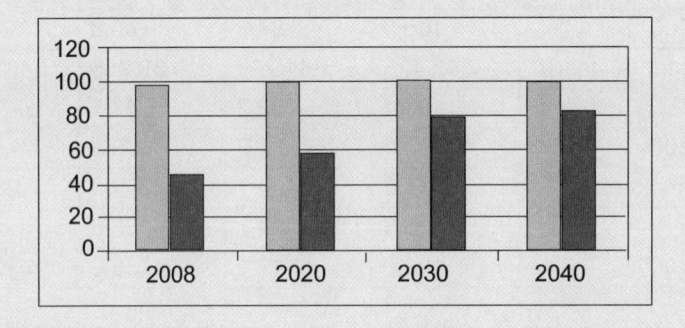

Abb. 3: Altenquotient im Vergleich zu jeweils 100 der Altersgruppe 20 bis unter 60 Jahre

2. Kennzeichnung des Seniorensegments

Das Segment wächst wegen der höheren Lebenserwartung, die Menschen werden gesundheitsbewusster. Die Angehörigen des Segments leben nicht nur länger, sie bleiben auch länger gesund. Das drückt sich in ihrer physischen Verfassung aus. Das Segment kann deshalb nicht über das Alter seiner Angehörigen definiert werden, z. B. im Sinne eines „Altensegments" mit „alterstypischen Produkterwartungen", sondern über ihre (positive) Lebenseinstellung und auch über ihr Konsumverhalten. Die Nachfrage richtet sich auf Produkte, die Wohlbefinden und Gesundheit fördern. Im Marktsegment Gesundheitsprodukte sind die Senioren mit Abstand die wichtigste Käufergruppe. Das weist darauf hin, dass in diesem Segment auch die finanziellen Mittel für die Nachfrage nach diesen Produkten vorhanden sind.

Wie andere Verbraucherhaushalte fragen auch Senioren Produkte und Leistungen nach, die Gesundheit und Wellness fördern; insofern sind sie ein Teil der Nachfrage auf dem Markt für Gesundheits- und Wellnessprodukte. Aber sie sind offensichtlich bereit und auch in der Lage, einen größeren Teil ihrer Einkünfte für diese Produkte auszugeben als Angehörige mittlerer und jüngerer Altersgruppen. Diese Produkte haben für die Senioren eine besondere Bedeutung, weil sie zu einer angemessenen Lebensführung im Prozess des Älterwerdens beitragen sollen. Insofern kann von einer Homogenität des Seniorensegments gesprochen werden.

Die Untersuchungsergebnisse des Hamburger Trendbüros lassen auf eine gewisse Inhomogenität des Seniorensegments schließen. Bei den Einteilungen nach Bezugspunkten der Lebensführung handelt es sich um Idealtypen, sie kommen in reiner Form kaum vor; bei Realtypen herrschen einzelne Bezugspunkte vor, die zu Präferierungen bestimmter Produkte führen, aber die Nachfrage nach anderen nicht ausschließen. Die Einteilung in Gruppen gestattet die zielgruppengerechte Bearbeitung des Segments.

Bezugspunkte der Lebensführung (als Grundlagen für bestimmte Produkt- und Markenpräferenzen) sind

- ausgeprägtes Körperbewusstsein, hohe Aktivität (Jugendlichkeit, Lustgewinn und Abwechslung),
- Harmonie, Geborgenheit, Partnerschaft und Zufriedenheit (Familienmarken mit einem gewissen Nostalgiewert),
- Neugier auf Unbekanntes, Interesse an technischer Innovation (funktionale Produkte und Marken mit intellektuellem Touch),
- Körperpflege, Prestige und Kultiviertheit (Luxusprodukte und Traditionsmarken).

3. Strategische Ausrichtung

Das Seniorensegment ist hinsichtlich seiner Konsumfreude und seiner finanziellen Ausstattung ein attraktives Segment. Der Handel sollte sich deshalb auf das Seniorensegment strategisch ausrichten. Das erfordert u. a. folgende Maßnahmen:

- Ermittlung des Bedarfs,
- Anpassung des Sortiments mit entsprechenden Produkten für Gesundheit und Wellness, besondere Berücksichtigung der Bezugspunkte der Lebensführung,
- besondere Verkaufsförderungsmaßnahmen,
- besondere Produktpräsentation,
- Anpassung der Verkaufsmöbel und Bedienungseinrichtungen,
- besondere Dienstleistungen, z. B. Warenzustellung,
- Events, z. B. Altennachmittage im stationären Einzelhandel,
- Entwicklung neuer Ladenformate, Innenstadtlage, relative kleine Flächen, altersgerechte Ladengestaltung.

4. Organisationsentwicklung

Die Nordmarkt GmbH versucht, ihre Strategie den Änderungen des Umfelds anzupassen. Das ist kein grundsätzlicher Strategiewechsel; deshalb liegt ein Wandel 1. Ordnung vor. Der Wandel 1. Ordnung wird auch als inkrementaler Wandel bezeichnet, gemeint ist damit ein Wandel in kleinen und kontinuierlichen Anpassungsschritten. Die Änderungen beschränken sich auf einzelne Dimensionen. Es finden keine grundsätzlichen Änderungen statt; Organisationskultur, grundsätzliche strategische Ausrichtungen und grundlegende Prozesse bleiben erhalten. Komplexität und Intensität der Veränderungen sind überschaubar. Der Wandel 1. Ordnung stellt den Normal- bzw. Regelfall dar.

Die Nordmarkt GmbH stellt mit ihrer Bereitschaft zur Anpassung an Umfeldbedingungen ihre Flexibilität unter Beweis. Mit der Einladung der Marktleiter und ihrer Vertreter verfolgt das Unternehmen z. B. das Ziel, Mitarbeiter an der Gestaltung der Organisationsentwicklung zu beteiligen.

8.1 Arbeitsmarkt – Rahmenbedingungen

Der Artikel stellt als Problem heraus: Künftiger Fachkräftemangel auch infolge des Mangels an qualifizierten Bewerbern für Ausbildungsplätze.

Rahmenbedingungen:

- Erkennbarer Fachkräftemangel: Deutsche Unternehmen können offene Stellen nicht besetzen. Der Mangel zeigt sich sowohl in einzelnen Berufsfeldern als auch bei allen Qualifikationsniveaus.

- Demografische Entwicklung: Die demografische Entwicklung, die sich in der Überalterung der Bevölkerung zeigt, ist eine wesentliche Ursache des Fachkräftemangels. Die Bevölkerung im erwerbsfähigen Alter nimmt ab; rückläufig ist auch die Zahl von Schulabgängern, die für in Frage stehende Berufe ausgebildet werden können. Frühverrentungen verstärken das Problem.

- Geringe Chancen für Geringqualifizierte: Unternehmen zeigen wenig Bereitschaft, Geringqualifizierte einzustellen, und sie durch geeignete Maßnahmen zu qualifizieren, um dadurch den Fachkräftemangel wenigstens teilweise aufzufangen. Geringqualifizierte haben häufig nicht die intellektuellen Fähigkeiten für Qualifizierungen, um an Qualifikationsmaßnahmen teilzunehmen oder es fehlt ihnen an der Motivation für die Teilnahme an den Maßnahmen. Bei fehlgeschlagenen Qualifizierungsbemühungen müssten die Unternehmen diese Arbeitnehmer wieder freistellen können, das ist aber wegen des Kündigungsschutzes nur schwer möglich.

Das Problem: Fehlende Ausbildungsreife bei Schulabgängern

Die Anzahl der Bewerber um Ausbildungsplätze nimmt (auch infolge der demografischen Entwicklung) ab. Ausbildungsplätze können nicht besetzt werden. Das Problem wird verstärkt, weil einem großen Teil der Bewerber um freie Ausbildungsplätze die Ausbildungsreife fehlt.

Als ausbildungsreif gelten Bewerber, wenn sie über ausreichende Deutschkenntnisse verfügen, lesen und richtig schreiben können, die Grundrechenarten einigermaßen beherrschen u. Ä. Darüber hinaus bedeutet Ausbildungsreife auch die Motivation zur Arbeitsaufnahme, Lernbereitschaft, Disziplin, Pünktlichkeit, Zuverlässigkeit u. Ä. Ausbildungsreife wird also umschrieben mit Fähigkeiten, Kenntnissen und Verhaltensweisen, die die jungen Leute in der Schule und im Elternhaus erwerben bzw. einüben. Im Allgemeinen drückt sich die mangelhafte Ausbildungsreife darin aus, dass die Bewerber nicht über einen Hauptschulabschluss verfügen.

Vorschläge zur Lösung des Problems

Es wird vorgeschlagen, abgewiesene Bewerber genauer zu prüfen. Offensichtlich steckt dahinter die Erkenntnis, dass Ausbildungsreife differenzierter zu betrachten ist. Es werden Möglichkeiten gesehen, Azubis „on the job" zu qualifizieren. Neben der Vermittlung der eigentlichen Ausbildungsinhalte können auch durch geeignete Maßnahmen fehlende Qualifikationen ausgeglichen werden, z. B. durch intensive Begleitung (Einzelbetreuung) während der Ausbildung, durch zusätzlichen Unterricht.

Beschaffung von Auszubildenden

Unternehmen müssen sich um geeignete Bewerber um Ausbildungsplätze bemühen. Im Text wird dazu eine Möglichkeit angedeutet: Das Unternehmen nimmt Kontakte zu Schulen auf, bietet Praktikumsplätze an. So kann bei jungen Leuten evtl. das Interesse für eine Bewerbung angeregt werden.

Für die Unternehmen ist die Beschaffung von Auszubildenden wenig problematisch, wenn sie sich den Ruf als „gute Ausbildungsbetriebe" erworben haben. Sie bilden junge Leute verantwortungsvoll für einen zukunftsträchtigen Beruf aus; da sie vor allem den eigenen Fachkräftemangel decken wollen, haben die Auszubildenden immer die Chance, nach der Ausbildung übernommen zu werden.

Zusatzfragen:

1. **Arbeitsmarkt**
   Der Arbeitsmarkt ist das Angebot von und die Nachfrage nach Arbeit. Anbieter sind die privaten Haushalte, Nachfrager die Unternehmen. Arbeitsmarkt ist überall dort, wo Arbeit nachgefragt und angeboten wird, also z. B. in den Arbeitsagenturen, in den Stellenanzeigen usw.

2. **Personalmarketing**
   Das Personalmarketing dient der Erschließung des externen Arbeitsmarkts. Die Verwendung des Begriffs „Marketing" deutet an, dass für die Beschaffung von Personal auch Instrumente des Marketing eingesetzt werden, z. B. eine Marke. Typisch für das Personalmarketing ist der Einsatz einer Arbeitgebermarke (employer brand), die sich aus einem positiven und anerkannten Unternehmensbild ableitet. Im vorliegenden Fall könnte „guter Ausbildungsbetrieb" eine Marke sein, die bei der Beschaffung von Auszubildenden eingesetzt werden kann. Eine gute Arbeitgebermarke kann dem Unternehmen dabei einen Wettbewerbsvorteil verschaffen.

8.2 Trennungsgespräch

Bedeutung

Für Felix Bauer:
Die Trennung ist beschlossene Sache. Das Trennungsgespräch dient also nicht der Verhandlung, sondern der Mitteilung der unausweichlichen Kündigung. Für Felix Bauer ist die Kündigung, die ihn möglicherweise unvorbereitet trifft, ein Schock. Er konnte damit nicht rechnen, weil er jahrelang Leistung für die Landtransport GmbH erbracht hat, die auch anerkannt wurde. Die Kündigung trifft ihn auch aus privaten Gründen hart, weil ein Haus finanziert werden muss, weil ein Arbeitsplatzwechsel auch Ortswechsel bedeuten kann usw. Möglicherweise muss er finanzielle Einbußen hinnehmen. Die Kündigung bedeutet auch Ansehensverlust bei den anderen Mitarbeitern, bei den Kunden, bei Bekannten usw. Das Selbstwertgefühl kann verletzt werden.

Für den Vorgesetzten:
Agricola muss das Trennungsgespräch führen. Er ist vertrauter und langjähriger Kollege von Bauer. Das Gespräch belastet ihn deshalb auch emotional. Er muss damit rechnen, dass Bauer auf die langjährige Kollegialität zu sprechen kommen und von ihm alternative Beschäftigungsmöglichkeiten im Unternehmen einfordern wird. Diese darf Agricola aber auch nicht andeutungsweise in Aussicht stellen.

Für das Unternehmen:
Das Trennungsgespräch zeigt, ob bei der Landtransport GmbH eine Trennungskultur betrieben wird, die dem positiven Unternehmensbild, das das Unternehmen sonst vermittelt, vereinbar ist. Das Betriebsklima kann gefährdet sein. Auch extern (z. B. bei den Kunden) wird beobachtet, wie das Unternehmen mit Kündigungen umgeht. Die Landtransport GmbH muss deshalb dafür sorgen, dass das Trennungsgespräch sorgfältig vorbereitet und angemessen nach innen und außen kommuniziert wird.

Die Vorbereitung in formaler Hinsicht umfasst folgende Aspekte:

- Prüfung des Vertrages, evtl. auch von zusätzlichen Vereinbarungen u. dgl.,
- Prüfung der Personalakte, Eintragungen, Abmahnungen u. dgl.,
- Beschaffung von Informationen über das Arbeitsverhältnis, z. B. Resturlaub, ausstehende Entgelte, unternehmenseigene Unterlagen im Besitz des Arbeitnehmers u. dgl.,
- rechtliche Rahmenbedingungen, z. B. Kündigungsfristen,
- Informationen, z. B. der Unternehmensleitung, der Personalabteilung, des Betriebsrates.

Die inhaltliche Vorbereitung bezieht sich auf die Gesprächsinhalte und auf die Gesprächsführung. Der Gesprächseinstieg muss Sicherheit ausdrücken, er sollte deshalb (zusammen mit dem Trennungsgrund) schriftlich formuliert werden. Mit bestimmten Reaktionen des Gekündigten ist zu rechnen, der Gesprächsführer muss darauf vorbereitet sein, z. B. mit Gegenargumenten, oder bei emotionalen Ausbrüchen mit Gelassenheit. Die inhaltliche Vorbereitung bezieht sich auch auf das Angebot, das die Landtransport GmbH dem Bauer machen kann, z. B. Abfindung, Beratungsgespräch, sofortige Freistellung u. Ä.

Ablauf

Nach wenigen einleitenden Worten (Begrüßung) teilt Agricola dem Bauer die Trennungsbotschaft mit. Dazu sollte er eindeutige und klare Formulierungen wählen. Empfohlen wird dabei die Ich-Form. Danach folgt die Trennungsbegründung. Im vorliegenden Fall wird die Trennung mit wirtschaftlichen Argumenten begründet. Aus persönlichen Gründen kann dem Bauer nicht gekündigt werden, in der Personalakte werden keine Verfehlungen, Fehlleistungen u. dgl. dokumentiert. Auf Argumente von Bauer, z. B. er könne mit entsprechenden Weiterbildungsmaßnahmen an anderen Stellen des Unternehmens beschäftigt werden und mit Schockreaktionen und emotionalen Ausdrücken von Enttäuschung muss Agricola professionell verständnisvoll umgehen. Den Abschluss des Gesprächs können Vereinbarungen von Folgegesprächen (z. B. Beratungsgespräche) bilden, außerdem kann besprochen werden, wie die Kündigung kommuniziert werden soll.

Zusatzfragen:

1. Das Trennungsgespräch führt der unmittelbare Vorgesetzte, der den Mitarbeiter und auch sein persönliches Umfeld (gut) kennt. Die Gesprächsführung kann nicht einem Mitarbeiter der Personalabteilung übertragen werden.

2. Das Gespräch dauert sieben bis 15 Minuten (höchstens 20 Minuten) und endet mit der Vereinbarung eines Folgegesprächs.

3. Der Betriebsrat kann informiert werden (rechtlich ist die Beteiligung nicht vorgesehen).

4. Im Trennungsgespräch drückt sich die Trennungskultur eines Unternehmens aus, die Teil der Unternehmenskultur ist.

5. Die lückenlose Dokumentation kann Informationen liefern, die im Trennungsgespräch herangezogen werden können.

Stichwortverzeichnis

Abfälle 581
-, Beseitigung 583
-, Verwertung 582
Abfallrecht 581
Abfindung 360
Abkommen 380
Ablaufarten 609
Ablaufbogen 662
Ablauforganisation .. 609, 660
Ablaufplan 662
Ablaufstruktur 661
Abmahnung 356
Abnehmerbefragung ...... 38 f.
Abordnung 715
Absatz, direkter 71
-, indirekter 71
Absatzhelfer 70
Absatzkette 77
Absatzmarkt, Controlling 113
Absatzmittler 69
Absatzprognose 30
Absatzweg 69
-, außerplanmäßiger 178
-, direkter 69
-, indirekter 69
-, kalkulatorische 265
-, leistungsabhängige 178
-, planmäßige 167
-, steuerrechtliche 178
Abschreibungsquote .... 158 f.
Abschreibungsverfahren 236
Absonderung 299
Abwehrpflicht 576
Abweichungsanalyse 190
Activity Based Costing 200
AfA, degressive 178
-, lineare 178
Affinitätsdiagramm 558
AG 285, 291
AKA Ausfuhrkredit Gesellschaft mbH 421
Akkreditiv, übertragbares 436
-, unwiderrufliches 434
-, widerrufliches 434

Akkreditivbasis 426
Aktie 292
Aktienanleihe 255
Aktionärsinteressen 151
Aktionsparameter 520
Aktivität, distributionspolitische 69
-, kommunikationspolitische 85
-, kontrahierungspolitische (preispolitische) 65
-, produkt- und sortimentspolitische 61
Akzeptkredit 442
Allgemeine Geschäftsbedingungen 302
Allgemeiner Rat 384
Allgemeinverbindlichkeitserklärung 364
Altablagerungen 584
Alterungsprozess 496
Altlasten 584
Altstandorte 584
Analyse, externe 35, 494
-, interne 35, 493
-, strategische 491
Analyseverfahren 35
Änderung, strukturelle 711
Änderungskündigung 357, 712
Anforderungsmanagement 682
Anfrage 307
Angestelltenermächtigung 306
Anhang .... 141 f.
Anhörungsrecht 366
Anlageintensität 158
Anlagekapitalbedarf 225
Anlagenintensität 157
Anlegerschutz 181
Anleihen 249
Annahmerisiko 461
Annahmeverzug .... 315 f.
Anrechnungsmethode 123
Anreizsysteme 625
Ansatzpflichten 164

Ansatzverbot .... 164 f.
Ansatzvorschriften 164
Ansatzwahlrecht 170
Anschaffungskosten 167
Anspannungsgrad ...... 159 f.
Anwendungskontrolle 735
Anwendungssoftware 638
Anzahlungsgarantie 437
Äquivalenzgewährleistung 413
Arbeit, auf Abruf 353
-, befristete 352
Arbeitgeber, Fragerecht .. 345
-, Fürsorgepflicht 349
-, Pflichten 353
Arbeitgebermarkt 706
Arbeitnehmer, Haftung 349
-, Schutz 585
Arbeitnehmerüberlassung 349
Arbeitsablaufplan 609
Arbeitsgericht 360
Arbeitskampf 362
Arbeitskampfrecht 368
Arbeitsmarkt ... 407, 697, 700
-, Analyse 704
-, erster 701
-, interner 701
-, Segmentierung des externen 704
-, zweiter 701
Arbeitsmarktpotenzial, latentes 705
-, offenes 705
Arbeitspaket 661
Arbeitsplatzwechsel 727
Arbeitsrecht 341
-, kollektives 361
Arbeitsschutzrecht 341
Arbeitsteilung 354
Arbeitsvertrag 346
-, Befristigung 354
-, Hauptpflichten 346
Arbeitsvertragsrecht 341
Arbeitszeit, Verkürzung ... 712
Arbeitszeitgesetz 341
Arbeitszeugnis 343

Arbitragegeschäft 438
Artenschutz 588
ASEAN 381
Asset Backed Security 257
Assistententätigkeit 726
Audit, externes 551
-, internes 551, 598
Auditkriterien 550
Aufbau, funktionsorientierter 601
-, objektbezogener 601
Aufbaucontrolling 621
Aufbauorganisation ....
.... 96, 601, 658
-, marketingorientierte 97
-, Systeme 97, 602
Aufgabenanalyse 97, 601
Aufgabenerweiterung 726
Aufgabenumwelt 613
Aufhebungsvertrag 358
Aufrechnung 313
Aufsichtsrat 293
Aufwandsmanagement ... 687
Aufwendungen, nachzuholende 173
Auktionsverfahren 248
Ausbildung 724
Ausbildungsnachweis 408
Ausfallbürgschaft 261
Ausgabekurs 247, 250
Auslandsgeschäft,
  Garantie 436
Auslandshandelskammer (AK) 418
Auslandszahlungsverkehr 426
Außendienstmitarbeiter,
  Anzahl 76
Außendienstprognosen 39
Außenfinanzierung 232
Außenhandel, Dokumente 430
-, Finanzierung 440
Außenhandelsgeschäft,
  Zahlungsrisiko 460
Außenhandelsstatistik 453
Außenwirtschaftsgesetz ....
.... 456
Außenwirtschaftsrecht 456
Außenwirtschaftsverordnung 426
Aussonderung 298

Aussonderungsobjekt 299
Aussperrung 369
Ausstellungs- und Messeausschuss 421
Auszahlung, tagesdurchschnittliche 226

Back-to-back-credit 436
Balanced Scorecard 205
Balkendiagramm 609, 612
Balkenplan 662
Bankbestätigung 425
Bartergeschäft 414
Barwert 269
Barwertermittlung 269
Barzahlungsrabatt 46
Basel II 152
Basisbotschaft 88
Basisdienstleistungen 419
Basiswert 255
B.A.U.M. 572
Baumdiagramm 559
Beanstandungsquote ... 214 f.
Begleitdokumente 431
Behinderung, unbillige 333
Beiträge 115
Belästigung, unzumutbare 339
Belastungen, außergewöhnliche 127
Bemessungsgrundlage ... 135
Benachteiligungsverbot .. 352
Benchmarking ... 35, 112, 499
Beratungsrecht 366
Bereicherung, ungerechtfertigte 329
Bereicherungsrecht 329
Bereichscontroller 190
Bereichsstrategien 507
Bereichsziele 41, 527
Bereitstellungsqualität 214
Berichts- und Weisungswege 607
Berufe, reglementierte 409
Berufsausbildung 408
Berufsbildungsgesetz 341
Beschaffungsmarktbesetzung 213
Beschaffungsmarktdurchdringung 212
Beschaffungsmaßnahmen,
  formelle 708

-, informelle 708
Beschaffungswesen,
  elektronisches 642
Beschäftigungsform,
  atypische 703
Beschäftigungsvorteile ... 707
Beschlussorgan 384
Besetzungsgrad 213
Besicherung 250
Besitzsteuern 116
Best case 614
Bestands- und Kreditsystem 394
Besteuerung, Grundsätze .....
.... 116
Besteuerungsgrundlage ....
.... 131
Besteuerungsprinzipien .. 122
Bestimmungen, normative ....
.... 363
-, schuldrechtliche 363
Bestimmungslandprinzip ......
.... 450
Beteiligungen 415
Beteiligungsfinanzierung ......
.... 232
Betreuung 719
Betriebsanalyse 150
Betriebsausgaben 127
Betriebseinnahmen 127
Betriebsorganisation 639
Betriebsrat 359, 365, 719
-, allgemeine Aufgaben ... 366
Betriebsvereinbarungen ......
.... 364
Betriebsverfassungsgesetz 697
Betriebsverfassungsrecht 365
Betriebsversammlung 365
Beweisfunktion 432
Beweislastumkehr 318
Bewerbung 341
Bewerbungsunterlagen ... 342
Bewertungsmaßstab 170
Bewertungsstetigkeit 167
Bewertungsvereinfachungsverfahren 173
Bewertungsvorschrift 166
Bewertungswahlrecht ....
.... 170 f., 173
Beyond Budgeting 547

Beziehungszahl 209
Bid bond 437
Bietungsgarantie............ 437
Bilanz, Erwerbs- und Vermögenseinkommen..... 404
-, laufende Übertragung.. 404
-, Vermögensübertragung..... 404
Bilanzanalyse 141, 149, 239
-, Adressaten 150
-, erfolgswirtschaftliche ... 151
-, externe 150
-, finanzwirtschaftliche 151
-, formelle...................... 154
-, Grenzen..................... 163
-, interne 150
-, materielle................... 154
-, qualitative 154
Bilanzbereinigung........... 156
Bilanzidentität .... 165 f.
Bilanzierung, Grundsätze.................... 165
Bilanzierungs- und Bewertungsvorgaben... 169
Bilanzierungshilfen 172
Bilanzierungswahlrecht .... 170 f.
Bilanzklarheit 149
Bilanzkontinuität 165
Bilanzpolitik.................... 145
-, Mittel........................... 147
Bilanzstichtag 147
Bilanzstruktur.................. 157
Bilanzvorlage, Zeitpunkt 148
Bilanzwahrheit 149, 165
Bildungs- und Sozialpolitik 387
Bildungsabschlüsse........ 703
Bildungscontrolling 737
Bildungsmaßnahmen, Kosten 736
Binnenmarkt, europäischer..................... 396
Board of Executive Directors..................... 385
Board of Governors 385
Bodenschutzrecht........... 583
Bonitätsprüfung 152
Bonitätsrisiko 258, 461
Bookbuilding-Verfahren .. 248

Börse 244
Börsenreife 245
Börsenzulassungsprospekt 248
Bote 305
Bottom-Up-Planung 543
Boykott............................ 334
Brainstorming 558
Brainwriting..................... 558
Branchentarifvertrag 363
Break-even-Analyse 275, 511
Break-even-Point............ 275
Briefgrundschuld............. 325
Briefhypothek.................. 324
Bringschulden................. 312
Bruttoinvestition 220
Brutto-Personalbedarf 699
Buchbestandspreis 174
Buchgrundschuld............ 325
Buchhypothek................. 324
Budget 545
Budgetierung .. 189, 192, 545
-, operative..................... 545
-, strategische 545
Budgetierungsprozess.... 546
Bundes-Bodenschutzgesetz (BBodSchG) 583
Bundesbürgschaften....... 263
Bundesimmissionsgesetz (BImSchG) 575
Bundesnaturschutzgesetz (BNatSchG)................. 586
Bundessteuern 117
Bürgschaft 260
-, gesamtschuldnerische....... 261
-, kommunale.................. 263
-, öffentliche 262
-, selbstschuldnerische... 260
Business-to-Business 641
Business-to-Consumer ... 641

Cash before delivery....... 425
Cash Cows 506
Cashflow......................... 162
Cash-Problem-Methode . 728
Category Management..... 78
Centerorganisation 620
Chemikaliengesetz 585
Chief Adinistrative Officers........................ 59

Clean payment 425
Coach 680
Coaching 726, 730
Computernetzwerk 634
Consitecy Principle......... 185
Controlling 60, 189, 517
-, Aspekte....................... 189
-, Aufgabenbereiche 190
-, operatives......... 191, 518 f.
-, prozessorientiertes...... 193
-, strategisches .... 190, 202, 517 f.
-, taktisches 190
Convention on the Organisation für Economic Cooperation and Development..................... 387
Corporate Behavior 491
Corporate Communication..................... 490
Corporate Design 491
Corporate Governance ... 617
Corporate Identity........... 490
Corporate Social Responsibility (CSR) ... 571
Corporate-Governance-System 617
Cost Center 620
Country rating 460
Credit Default Swap........ 262
CRM, analytisches.......... 564
-, kollaboratives 564
-, operatives.................... 564
Cross Docking 645
Culpa in Contrahendo..... 281
Customer Lifetime Value 563
Customer Relationship Management (CRM).... 562

Datenanalyse................. 558
Datenaustausch, automatisierter 635
Datenbankanwendung.... 563
Deckungsbedarf 514
Deckungsbeitrag............. 197
Deckungsbeitragsanalyse.................. 36, 499
Deckungsbeitragsrechnung 197, 275
-, einstufige..................... 198
-, mehrstufige................. 199

Deckungsgrad 228
Deckungsziel 514
Delegation 715
Deliktsrecht.................... 325
Delors-Plan.................... 394
Delphi-Verfahren............... 39
Derivate.......................... 439
Design-FMEA................. 560
Deutsche Corporate Governance Kodex 617
Deutsche Rechnungslegungsstandards 184
Deutscher Standardisierungsrat (DSR) 184
Devisenhandel................ 438
Dezentralisierung............. 96
Dienstleistungsbilanz...... 404
Dienstreise..................... 715
Dienstvertrag 309
Differenzierungsstrategie 57, 502, 615
DIN 69901 656
DIN EN ISO 14001 590
Direct Costing................. 198
Direct Mailing.................... 93
Direktinvestition 415
Direktionsrecht............... 347
Direktmarketing 92
Direktwerbung 92
Diskriminierung.............. 333
Diskriminierungsverbot... 352
Display............................. 51
Disposition....................... 94
Dispositionspapiere 432
Distribution................. 48, 79
-, exklusive...................... 73
-, intensive 73
-, physische 80
Distributionsgrad........ 48, 72
Distributionspolitik............ 48
Distributionswege 409
Diversifikation 44
Dividende............... 243, 292
Dividendenprivileg 179
Documents against aceptance - d/a credit 426
Documents against payment - d/p 426
Documents against payment d/p credit.................... 426
Dokument, Lenkung 554
Dokumentation 597

Dokumentationsanforderung 553
Dokumentenakkreditiv.... 434
Dokumenteninkasso....... 433
Doppelbesteuerungsabkommen............. 122, 452
Doppelgesellschaft 295
Down-payment-bond 437
Down-Up-Planung 543
Drei-Säulen-Modell......... 571
Dreiecksgeschäft, innergemeinschaftliches...... 451
Drittlandsgut 455
DRS.................... 181, 184
Du-Pont-Kennzahlensystem......................... 529
Due-Diligence-Prüfung ....
.... 153, 246
Durchdringungsgrad....... 212
Durchschnittspreis, gleitender 174
Durchschnittssteuersatz ....
.... 118

EAN .... 647 f.
EAN-Barcode................. 647
EAS-VO 575
ecash 641
E-Commerce 635, 640
Effektivität 624
Effektivverzinsung 273
Efficient Consumer Response...................... 78
Efficient Continuous Replenishment 78, 640
Efficient Store Assortment............................. 78
Effizienz 624
Effizienzsteigerung 624
EFQM-Modell 569
EG-Fusionskontrollverordnung 374
EGKS.............................. 389
E-Government 635
Eigen- und Fremdtransport................................ 81
Eigenfinanzierung........... 230
Eigenkapitalbasis............ 146
Eigenkapitalfinanzierung 244
Eigenkapitalgeber........... 230
Eigenkapitalquote ....
.... 159 f., 223

Eigenkapitalrentabilität 160, 222
Eigenkapitalvorschriften ....
.... 152
Eigentransport .... 81 f.
Eigentum, Übertragung .. 321
-, unbewegliche Sachen . 322
Eigentumsvorbehalt........ 323
-, erweiterter 324
-, verlängerter 323
Einführungsphase........... 497
Eingangsdurchschnittspreis 174
Einheit, organisatorischer 601
Einigung, außergerichtliche............................. 300
Einigungsstelle 368
Einkommensteuer........... 123
-, Tarifverlauf.................. 124
Einlagenfinanzierung 233, 240
Einliniensystem.....................
.... 100, 602, 660
Einrede der Vorausklage ......
.... 261
Einwirkungspflicht........... 363
Einzelbewertung 166
Einzelhandel.................... 70
Einzelunternehmen.............
.... 286, 240
Electronic Data Interchange (EDI) 79, 635, 640, 646
Elimination 65
EMAS 591
EMAS-Register............... 594
EMAS-VO 590
Emissionsbank 245
Emissionserklärungen 578
Emissionskonzept........... 248
Emissionspreis 246
Empfehlungen 373
Employer brand 706
EN ISO 9000:2000 548
Enablers 569
Entscheidung 373
-, autonome 523
-, kooperative 523
Entscheidungskriterien, neutrale 480
Entsendung 715
Entsorgung 581

Entsorgungsqualität........215
Entsprechenserklärung...618
Entwicklung, demografische..........................702
-, nachhaltige..................570
Entwicklungsbedarf........733
Entwicklungsbedürfnisse......
...................................722
Entwicklungshilfeausschuss..........................388
Entwicklungshilfepolitik...387
Entwicklungsmodell........629
Entwicklungspotenzial....733
Entwicklungsprognosen....37
Environment Analysis.....112
Equal-Pay-Grundsatz.....351
Erfolgskontrolle.......545, 734
Erfolgskriterien.................683
Erfolgsrechnung, kurzfristige..........................197
Erfüllungsort....................312
-, gesetzlicher..................312
Ergebnisanalyse..............163
Erhaltungswerbung...50, 498
Erinnerungswerbung............
...........................50, 498
Ermessensreserven........149
Eröffnungsgründe............296
Ersatzzeitpunkt................278
Ersitzung..........................322
Erstparteienaudit.............551
Ertragshoheit...................117
Erwartungsparameter.....520
Erwerb, innergemeinschaftlicher..................134
ESZB...............................397
-, Organe.........................397
Ethik.................................487
EU....................................186
-, Förderprogramm..........422
-, kapitalmarktorientierte Unternehmen...............186
-, Primärrecht..................574
EU-Aktionsprogramme...423
EU-Umweltrecht..............574
EU-Vertrag......................389
EU-Zollrecht....................455
EULER HERMS..............422
Euro-Währungsgebiet.....395
Europaeinheitliche Artikelnummer..............647
Europäische Atomgemeinschaft (Euratom)..389
Europäische Gemeinschaft...................389, 391
Europäische Kommission..............................390
Europäische Union.........389
Europäische Währungseinheit..................392
Europäische Währungs- und Wirtschaftsunion...392
Europäische Wirtschaftsgemeinschaft (EWG)...389
Europäischer Rat............390
Europäisches Parlament......
...................................390
Europäisches Währungssystem (EWS)....392
Europäisches Zentralbanksystem..................395
European Currency Unit, ECU..............................392
European Foundation for Quality Management (EFQM)........................569
European Quality Award.......
...................................569
Eurosystem.....................397
Event-Marketing................54
Expansionswerbung............
...........................50, 498
Expertenbefragung...........38
Export, direkter...............411
-, indirekter......................411
-, sichtbarer.....................412
-, unsichtbarer.................412
Exportrechnung, Ausgleich..........................429
Extrahandel....................453
Extrastat.........................453

Face-to-face-Kommunikation............................474
Fachausschüsse.............388
Fachkompetenz...............723
Fachkräftemangel...........701
Fachlaufbahn..................731
Factoring.........................257
-, echtes..........................257
-, offenes.........................257
-, stilles...........................257
Fahrlässigkeit.................327
Failure Mode and Effects Analysis (FMEA).........560
Fair Presentation....182, 185
Fair View.........................169
Faktoren, qualitative.........76
Fallstudie........................728
Fazilität, ständige............399
Feminität.........................469
Fernabsatzverträge........376
Festpreis.........................173
Festpreisverfahren..........247
Festwert..........................177
Fifo-Verfahren.................175
Finanz-Holding...............619
Finanzierung...................219
-, Analyse.......................159
-, durch Abschreibung.....236
Finanzierungsformen, alternative....................255
Finanzierungsfunktion....434
Finanzierungsleasing-Verträge.....................256
Finanzierungsquelle.......232
Finanzkennzahlen..........156
Finanzmarkt, globalisierter..........................180
Finanzperspektive..........206
Finanzplan..................225 f.
Finanzstruktur................159
Finanzwirtschaft, betriebliche......................218
Finder.............................322
Firma..............................289
Firmenwert.....................171
-, Abschreibung des derivativen..........................177
Flächentarifvertrag.........363
Fokussierungsstrategie..503
Folgegespräche.............715
Fördergespräch.............724
Forderungen..................168
-, Verjährung..................320
Forfaitierung...............448 f.
Formalisierungsgrad......522
Formalziele, strategische......
...................................651
Formfreiheit...................303
Formvorschriften............303
Fortbildung....................724
Frachtbriefinkasso.........415
Framework....................182
Freibetrag......................119
Freigut...........................413

Freigutveredelung...........413
Freisetzung, externe.......709
-, Gründe........................710
-, interne........................709
Freistellungsmethode.....123
Freizeichnungsklauseln..307
Freizügigkeit...................407
Fremdemission...............250
Fremdfinanzierung..........230
Fremdkapitalgeber..........231
Fremdlager.......................84
Fremdsprachen...............475
Fremdtransport.............81 f.
Friedensfunktion.............362
Friedenspflicht................370
Frühbezugsrabatt.............46
Frühindikatoren.................20
Frühwarnsystem.....204, 495
-, operatives...................204
-, strategisches...............204
Führungsentschei-
 dungen........................520
Führungskontinuität........726
Führungslaufbahn...........731
Führungsorganisation.....616
Führungsstil, kooperα-
 tiver............................524
Führungsstruktur............616
Funktionsrabatt.................46
Fürsorgeverhalten......693 f.
Fusion.............................335
Fusionskontrolle.............375
Futures...........................439

Ganzheitlichkeit..............625
Gap-Analyse...................495
Garantieerklärung...........319
GATS..............................383
GATT..............................383
Gattungsvollmacht..........305
Gebühren........................115
Gefährdungshaftung............
 ....283, 327
Gefahrstoffe....................585
-, Lagerung....................586
Gefahrstoffrecht..............585
Gegenstromplanung.......543
Geldmenge.....................399
Geldmengenentwicklung .....
399
Geldmengenpolitik..........399
Geldmengenziel..............399

Gemeindesteuern...117, 131
Gemeinkosten................201
Gemeinlastprinzip...........572
Gemeinschaftsgut...........455
Gemeinschaftsteuern......117
Gemeinschaftswaren......455
Generalnorm..................165
Generalsekretär..............388
Generalvollmacht............305
Generic Placement...........53
Germany Trade & Invest.......
419
Gesamtaufgabe................97
Gesamtcontroller............190
Gesamtkapitalrentabi-
 lität.....................160, 222
Gesamtziele......................41
Gesamtziele....................527
Geschäftsbesorgungs-
 vertrag........................309
Geschäftsfähigkeit..........303
-, beschränkte................303
Geschäftsfeld, strategi-
 sches..........................492
Geschäftsführer..............290
Geschäftsführung...........289
Geschäftsgrundlage,
 Wegfall.......................313
Geschäftsunfähigkeit......303
Gesellschafterversamm-
 lung............................291
Gesetz gegen Wettbe-
 werbsbeschränkungen
 (GWB)........................330
Gesprächsführung..........714
Gestaltungsmöglich-
 keiten.........................137
Gewährleistungsgarantie......
437
Gewässerschutzrecht.....578
Gewerbebetrag, maß-
 gebender....................132
Gewerbeertrag...............131
Gewerbesteuer...............131
Gewerbesteuerschuld.....133
Gewichtungsfaktor..........278
Gewinn...................289, 291
Gewinnabschöpfung.......340
Gewinnbeteiligung..........254
Gewinnschuldverschrei-
 bung........................254 f.
Gewinnverwendung.............

 ....243, 292
Gläubigerinteressen.......151
Gläubigerschutz...................
 ....165, 169, 181
Gleichbehandlungs-
 gesetz........................341
Gleichbehandlungs-
 grundsatz...................349
Gleichgewicht, außenwirt-
 schaftliches................403
Gleichgewichtskurs.........406
Gliederungszahl..............208
Globalisierung................379
GmbH.....................284, 290
GmbH & Co, KG.....285, 294
Going Public...................244
Goldene Bilanzregel.......229
Grenzsteuersatz.............119
Großhandel......................70
Grundfreiheiten..............456
Grundkapital...........242, 292
Grundpfandrechte...........324
Grundsatz ordnungs-
 mäßiger Buchführung..165
Grundsätze, fiskalische..116
-, soziale und ethische....117
-, technische...................117
-, wirtschaftspolitische....117
Grundschuld...................325
Grundstrategien..............501
Grundzahlen...................208
Gruppenfreistellungs-
 verordnung..............374 f.
Günstigkeitsprinzip.........363
Güteraustausch..............402
GWB......................., 374

Haftung, aus Gesetz.......282
-, bei unerlaubter Hand-
 lung............................325
Haftungstatbestände......281
Handel, elektroni-
 scher..................635, 641
Handeln, konkludentes...303
-, moralisches................487
Handels- und Zolldoku-
 mente.........................431
Handelsbilanz........166, 404
-, Maßgeblichkeit...........166
Handelskauf.........308, 317
Handelsvertreter..............73
Händlerlisteförderung......51

Stichwortverzeichnis

Handlung, unerlaubte 282
-, unlautere geschäftliche 337
Handlungsvollmacht 305
Hardware 637
Hauptaufgabe 97
Hauptpflichten 314
Hauptversammlung 293
Hauptziele 522
Haustürgeschäfte 377
Hebesatz 131
-, gemeindlicher 133
Herausgabe 329
Hermes-Bürgschaften 263
Herstellungskosten 167, 177
HGB 181
Hierarchie 95
Hifo-Verfahren 177
Höchstwertvorschriften ... 165
Holdinggesellschaft 618
Holdingorganisation........ 618
Holschulden 312
Humanisierung 624
- des Arbeitslebens ...... 693 f.
Hypothek 324
Hypothekenbrief 324

IAS/IFRS .... 181 f.
Ideenfindung 558
Image Placement............. 54
Imissionsschutzrecht 575
Import, direkter 409
-, indirekter 410
Improvisation 94
In-Basket-Exercise-
  Methode 728
In-house-Betrieb 652
Incident-Methode............ 728
Incoterms .... 462 f.
Index der langfristigen
  Orientierung 472
Individualarbeitsrecht...... 341
Individualismus 467
Individualismusindex 467
Individualkommunikation 474
Industrie- und Handels-
  kammer 418
Industrieobligation .... 250 f.
Information 190, 636
-, Sicherheitsgrad 521

Informations- und Berichts-
  wesen 688
Informations- und Kommu-
  nikationstechniken (IuK)
  .... 634, 636 f.
Informations-, Kommuni-
  kations- und Dokumenta-
  tionsmanagement........ 688
Informationsquelle 239
Informationssystem,
  betriebliches 636
Informationsversorgung.. 622
Ingangsetzungs- und
  Erweiterungsaufwen-
  dungen 171
Initiativrecht 368
Inland, Einfuhr 134
Innenfinanzierung 232
Innovationsaufgabe 654
Insolvenz 223
Insolvenzdividende 297
Insolvenzgericht.............. 296
Insolvenzmasse 298
Insolvenzquote 297
Insolvenzverfahren 223, 295
-, Antrag auf Eröffnung ... 300
-, Eröffnung 297
-, vereinfachtes 301
Insolvenzverwalter.......... 297
Inter-Media-Auswahl........ 90
Interessen, verfassungs-
  konstituierende 616
International Accounting
  Standards Board
  (IASB) 182
International Chamber of
  Commerce 420
Internationale Artikel-
  nummer 647
Internationale Handels-
  kammer (ICC) 420, 462
Internationale Rechnungs-
  legungsstandards 181
Internationale Rechnungs-
  legungsvorschriften 180
Internationale Rekrutie-
  rung 715
Internationaler Währungs-
  fonds (IWF) 384
Internationales Personal-
  management 715

Internet 634
Interpretation 182
Interventionspflicht.......... 393
Intra-Media-Auswahl........ 90
Intrahandel 453
Intrastat 453
Investition 219
-, Analyse 157
Investitionsanalyse 158
Investitionsdeckung ..... 157 f.
Investitionsgüter 71
Investitionsquote .... 157 f.
Investitionsrechnung 226, 271
Investment Center 621
Irreführung 338
ISO 14001 594
ISO 9000 551
ISO 9001:2000 553
Istkosten 194
IuK-Controlling 653
IuK-Einsatz 651
IuK-Management 648
-, Aufgaben 649
IuK-Projekte 652

Jahresabschluss 141, 144, 180
-, qualitative Anforde-
  rungen 183
Job enlargement............. 730
Job enrichment 730
Job rotation............ 727, 730
Joint Venture 416
Jugendarbeitsschutz-
  gesetz 341
Junktimgeschäft 414

Kalkulation 512
Kammer 418
Kampfphase 672
Kapitalanspannung 160
Kapitalausstattung 222
Kapitalbarwert................ 269
Kapitalbedarf 224
Kapitalbedarfsdeckung ... 230
Kapitalbedarfsermittlung 224
Kapitalbedarfsplan.......... 225
Kapitalbilanz 405
Kapitalbindungsdauer..... 226
Kapitaleinlage ...... 241, 287 f.

Kapitalerhaltung............... 169
Kapitalerhöhung 234, 244
-, bedingte........................ 234
Kapitalgeber.................... 230
Kapitalgesellschaft.. 241, 289
Kapitalstruktur................. 222
Kapitalverwendung......... 264
Kapitalwertmethode........ 279
Kapitalwertverfahren....... 269
Karriereplanung............... 731
Kartelle............................ 331
Kartellrecht...................... 330
Kartellverbot, grundsätzliches 331
Kartellverfahrensverordnung .... 373 f.
Kassa-Handel................. 438
Käufermarkt...................... 25
Käufersegmentierung ....
.... 55, 509
Käuferverhalten................ 31
Kaufvertrag..................... 307
Kaufvertragsrecht, internationales..................... 481
Kennzahlen.......... 157, 207 f.
Kennzahlenanalyse........ 156
Kennzahlenpyramide...... 529
Kennzahlensystem ....
.... 207, 215
-, analytisches................. 215
-, synthetisches............... 215
Key-Account 102
Key-Account-Management........................ 78, 102
KfW-Bankengruppe 421
KG 283
KGV................................. 247
Klarheit............................ 165
Klauselgruppen............... 464
Koalitionsfreiheit 361
Kollektivismus................. 467
Kommanditgesellschaft (KG)........................... 288
Kommanditgesellschaft auf Aktien (KGaA) 285, 295
Kommunikation....... 473, 636
-, analoge........................ 474
-, digitale......................... 474
-, interkulturelle 473, 475
-, nonverbale.................. 474
-, nonverbale interkulturelle 476

-, verbale......................... 474
Kommunikationsaufgabe......
.... 675
Kommunikationspolitik...... 49
Kommunikationsstrategie 490, 625
Kommunikationssystem, betriebliches 636
Kompensationsgeschäft.......
.... 414
Kompetenz...................... 473
-, interkulturelle............... 476
Kompetenzverteilung...... 659
Konfliktlösung................. 679
Konfliktmanagement....... 678
Konfliktmanagement-Modell........................... 679
Konjunktur 711
Konkurrenzforschung 31
Konnossement............... 431
Konsumgüter 71
Kontinuierlicher Verbesserungsprozess (KVP).... 559
Kontrahierungspolitik........ 44
Kontrolle 190, 622
Kontrollverfahren 109
Konvergenzkriterien........ 395
Konvertierungs- und Transferrisiken (KT-Risiken).......
.... 459
Kooperationsprinzip........ 572
Koordinationsaufgabe 654, 674
Körperschaftsteuer 130
Korrekturmaßnahmen..... 557
Kostenführerschaft ....
.... 503, 615
Kostenkontrolle............... 736
Kostensenkung, Lieferanteneinbindung 567
Kostenvergleich................ 74
Kostenvergleichsrechnung............................ 265
Kreativitätstechniken 525
Kredit-Swap................ 261 f.
Kreditderivat 262
Kreditfinanzierung........... 231
Kreditleihe...................... 442
Kreditpolitik....................... 46
Kreditrisiko..................... 260
Kreditsicherungsmittel 432
Kreditsubstitute.............. 255

Kreditversicherung.......... 261
Kreditwürdigkeit.............. 238
Kreditwürdigkeitsprüfung 152, 238
Kreislaufwirtschafts- und Abfallgesetz................. 581
Krügersches Modell, Phasen....................... 628
Kulturen.................. 465, 482
-, Dimensionen 465
Kundenakquisition 563
Kundenbeziehungen.... 561 f.
Kundenbindung, langfristige......................... 563
Kundenperspektive......... 206
Kundenpflege 563
Kundenreaktivierung....... 563
Kündigung 721
-, außerordentliche 357
-, betriebsbedingte......... 356
-, ordentliche.................. 355
-, personenbedingte....... 355
-, verhaltensbedingte...... 355
Kündigungsfristen........... 356
Kündigungsschutz.......... 358
Kündigungsschutzgesetz............................ 341
Kündigungsschutzklage.. 359
Kurzarbeit....................... 712
Kurzzeitorientierung........ 472

Lagebericht.................... 143
Lagerdokumente............ 431
Lagerhalter....................... 83
Lagerung, dezentrale........ 83
-, zentrale......................... 83
Länderrating 460
Länderrisiko.................... 458
Ländervereine......... 418, 420
Landesbürgschaften....... 263
Landeskulturen............... 482
Landessteuern 117
Landschaftsplanung....... 588
Langzeitorientierung....... 472
Laufbahnformen............. 731
Leasing........................... 256
-, direktes........................ 256
-, indirektes..................... 256
Leasingvertrag................ 310
Lebenslauf...................... 342
Lebenslaufanalyse......... 343
Lebenszyklusmodell....... 631

Legalausnahmesystem... 374
Lehrgespräch................ 727
Leiharbeit..................... 350
Leistung................... 311 f.
-, Unmöglichkeit...... 281, 314
Leistungsbilanz............... 404
Leistungsfähigkeit........... 126
Leistungsgarantie........... 437
Leistungskreislauf........... 567
Leistungsort................... 312
Leistungspflicht, Ausschluss...................... 314
-, Einrede gegen die Leistungsstörungen..... 314
Leistungstreiber.............. 207
Leistungsverzug...... 281, 314
Leitkurse................ 393, 407
Leitpreis...................... 65 f.
Leitsätze....................... 491
Leitungsebene.......... 95, 603
Lenkungsausschuss....... 670
Lern- und Wachstumsperspektive................ 206
Lernen, organisationales........................ 631
Lernmodell..................... 629
Lernprozesskontrolle...... 735
Lessons learned............. 690
Lieferant, Beurteilung..... 564
Lieferantenauswahl........ 567
Lieferantenbewertung.... 567
Lieferantenbeziehung.......... .... 561, 564
Lieferantenentwicklung... 567
Lieferantenkredit.............. 47
Lieferantensteuerung...... 213
Lieferavis, elektronisches...................... 646
Lieferbestätigung............ 646
Lieferfähigkeit................. 210
Lieferkette...................... 643
Lieferqualität.................. 212
Lieferrisiko..................... 461
Lieferung, innergemeinschaftliche........... 451
Lieferungsbedingungen.... 46
Lieferungsverzug......... 315 f.
Lieferzeit....................... 212
Lifo-Verfahren................ 176
Liniencontrolling............. 191
Liquidationserlös..... 272, 279
Liquidität................ 146, 220

-, 1., 2. und 3. Grades..... 161
-, absolute...................... 220
-, Analyse....................... 161
-, dynamische................ 221
-, echte........................... 221
-, künstliche................... 221
-, natürliche................... 221
-, relative....................... 221
-, statische..................... 221
Liquiditätsanalyse........... 228
-, kurzfristige.................. 161
Liquiditätsrisiko....... 259, 461
Lissabon-Vertrag............ 390
Logistik 80
Logistikattraktivität.......... 508
Logistikdienstleister.......... 84
Logistikkette.................... 78
Logistikkompetenz.......... 508
Lohmann-Ruchti-Effekt... 237
Lohntarifvertrag.............. 363
Lombardkredit................ 444
Lösungsfindung.............. 559
Lücke, operative............. 495
-, strategische................ 495
Lückenanalyse............... 495
IuK-Strategie.................. 651
IuK-Ziele........................ 650
Macht, Abbau wirtschaftlicher........................ 330
Machtdistanz 466
Machtdistanzindex.......... 466
Mahnung........................ 315
Maintenance bond.......... 437
Management by Objectives 534
Managementbewertung.. 598
Management-Holding..... 619
Managementinformationssystem................. 203
Managementprinzipien ... 524
Managementwerkzeuge....... 557
Mandatare 263
Mängel, in der Beschaffenheit............. 316
-, offene 317
-, Rechte....................... 317
-, versteckte.................. 317
Manteltarifvertrag........... 363
Markenpiraterie.............. 459
Marketing.................... 25 f.

-, Linieninstanz 99
-, ökologisches................ 28
-, operatives.................... 28
-, Sozialaspekt................ 28
-, Stab............................ 99
-, strategisches................ 28
-, vertikales..................... 77
Marketingaktivitäten.......... 61
Marketingaudit................ 111
Marketingcontrolling.......... .... 109, 111
Marketing-Denken............ 26
Marketingforschung............ .... 27 f., 30
Marketinginformation........ 29
Marketingkontrolle.......... 109
-, ergebnisorientierte....... 110
-, gesamtmixbezogene ... 110
-, submixbezogen........... 111
-, systemorientierte......... 111
Marketinglogistik.............. 79
Marketingmanagement....... .... 25, 27
Marketing-Mix............ 27, 45
Marketingorganisation.......... .... 94, 96
-, abnehmerorientierte.... 101
-, funktionsorientierte...... 100
-, gebietsorientierte......... 103
-, produktorientierte........ 104
Marketingrevision 111
Marketingstrategie.... 55, 511
-, differenzierte......... 56, 511
-, Implementierung............ 57
-, konzentrierte......... 55, 511
Marketingsystem.............. 27
Markt............................. 696
Marktbeherrschende Stellung, missbräuchliche Ausnutzung................ 371
Marktbeherrschung......... 332
Marktforschung.......... 28, 31
Marktgrößen.................... 31
Marktmacht, missbräuchliche Ausnutzung......... 333
Marktsegmentierung........ 30
-, demografische............ 510
Marktwachstums-Marktanteil-Portfolio............. 492
Maskulinität.................... 469
Maskulinitätsindex.......... 469
Masse, freie................... 297

Massenentlassungen 360
Massenkommunikation ... 474
Masseverbindlichkeiten .. 298
Matching Principle 185
Materiality Principle 185
Matrixorganisation .. 108, 605
Matrixorganisations-
    projekt 667
Meffert 26
Mehrarbeit 348
Mehrliniensystem.... 605, 660
Mehrstufigkeit 546
Mehrwertsteuer................ 135
Meilenstein 541, 663, 684
Meilensteinplan................ 684
Meilensteintechnik 541
Meldepflicht 426, 454
Meldung, zusammen-
    fassende...................... 451
Mengenrabatt 46
Mentoring......................... 730
Mercosur.......................... 382
Messvorschriften 654
Methode der exponentiell-
    en Glättung............ 38, 228
Methode des gleitenden
    Durchschnitts 38, 227
Methodenkompetenz 723
Methodik, gruppen-
    dynamische................. 729
Miete................................ 309
Mietkauf........................... 310
Mindestdividende............ 146
Mindestlöhne 702
Mindestreserven 400
Ministerkonferenz 384
Mission 205
Mitbestimmung, einge-
    schränkte.................... 367
-, gleichberechtigte ....
    .... 367, 719
Mitbestimmungsrecht 367
-, eingeschränktes 719
Mittelstandskartelle......... 332
Mittelverwendung ... 264, 269
Mitwirkungsaufgaben...... 720
Mitwirkungsrecht.......... 366 f.
Modell, 5-D-.................... 483
Moral................................ 487
Motivationsbemü-
    hungen 675
Moving............................. 623

Multi-Channel-Absatz 72
Muttergesellschaft 618
Mutterschutzgesetz 341

Nacherfüllung 317
Nachfrage, direkte Preis-
    elastizität .... 31 f.
-, Elastizität..................... 120
Nachfragekurve 34
Nachhaltigkeitsbericht 570
Nachhaltigkeitsprinzip..... 572
Nachschuss-
    pflicht........... 234, 242, 284
Nachsichtakkreditiv......... 435
NAFTA 381
Nämlichkeitssicherung.... 413
Natur- und Land-
    schaftsschutzrecht 586
Nebenpflichten................ 314
Nebenziele...................... 522
Nennbetragsaktien 243
Netto-Personalbestand... 699
Nettoinvestition............... 220
Netzplan 559, 609, 612
Netzplantechnik ....
    .... 538, 612, 662
Netzwerk......................... 638
Neubeginn 321
Neuinvestition................. 220
Nichtgemeinschaftsware ......
    455
Niederstwertprinzip......... 169
Nischenstrategie............. 503
Normen............................ 551
Nummer der Versandein-
    heit (NVE)............ 646, 648
Nutzenbegründung 88
Nutzenbotschaft............... 88
Nutzenpreis 91
Nutzungsdauer, betriebs-
    gewöhnliche 278
-, wirtschaftliche............. 278
Nutzungsrecht, handel-
    bare 574
Nutzwertanalyse............. 276
NVE 648

Oberziele 41
OE-Strategie................... 624
OECD, Organe 388
OECD-Rat 388
Offenbarungspflicht 346

Offene Handelsgesell-
    schaft (OHG)....... 283, 286
Offenmarktgeschäfte 399
Öffentlichkeitsarbeit.......... 51
Öffnungsklausel.............. 364
OHG 283
Ökologiebewegung........... 28
Ökologiepolitik 570
Online-Shopping............. 635
Operate-Leasing-Ver-
    träge............................ 256
Operations Research...... 536
Optimierungsrechnung ... 536
Optionsanleihe................ 253
Optionsscheine............... 254
Orderpapier 440
-, gekorenes.................... 432
Orderscheck 429
Ordnungsfunktion 362
Ordnungssystem 216
Organisation für wirt-
    schaftliche Zusammen-
    arbeit und Entwicklung
    (OECD) 386
Organisation 94
-, formelle (formale) 95
-, informelle (informale)..... 95
-, strategiegerechte......... 615
Organisationsaufbau,
    spartenorientierter 608
Organisationsaufgabe 674
Organisationscon-
    trolling......................... 621
-, Aufgaben 622
Organisationsentwick-
    lung (OE).................... 623
-, Phasen 623
-, Widerstände im Pro-
    zess............................. 632
Organisationsgestaltung.......
    600
Organisationsphase........ 672
Outsourcing 652

Pacht 309
Paradigmenwechsel 626
Parallelgeschäft............... 414
Passivierungswahl-
    rechte 172
Payment on delivery 424
Payment quarantee........ 438
Performance bond.......... 437

Periodenabgrenzung 167
Periodengewinn 166
Personalbedarf, quali-
  tativer 698, 732
-, quantitativer 699
Personalbeschaffung 707
Personalbeschaffungs-
  planung 699
Personalbestands-
  planung 698
Personalentwicklung 721
-, Konzept 732
-, Objekte 723
-, off the job 727
-, Ziele 722
Personalentwicklungs-
  controlling 734
Personalentwicklungs-
  maßnahmen 724
Personalentwicklungs-
  planung 700
Personalförderung 723
Personalforschung,
  betriebliche 695
Personalfragebogen 344
Personalfreisetzung 709
Personalfreistellungs-
  planung 699
Personalinformations-
  system 737
-, Aufgabenbereich 738
Personalkostenplanung .. 700
Personalmanage-
  ment 59, 693
-, internationales 715
Personalmarketing 706
Personalplanung .... 694 f.
-, Ziele 695
Personalüberdeckung,
  örtliche 712
-, zeitliche 712
Personengesellschaft ....
  .... 286, 240
Perspektiven 205
Pfand 323, 444
Pfand- und Rücknahme-
  pflichten 574
Pflichtabgaben 142
Pflichten, vorvertrag-
  liche 304
Phasenmodell 628
Phasenplan 662

Plankosten 194
Plankostenrechnung 194
-, flexible 195
-, starre 195
Planspiel 728
Planung 189, 534, 622
-, operative 536
-, rollierende 544
-, strategische 535
-, taktische 535
Planungs- und Kontroll-
  aufgabe 653
Planungs- und Kontroll-
  system (PuK-System) . 542
Planungsebene 535
Planungsprozess,
  Phasen 535
Planungssystem,
  betriebliches 542
PM-Prozesse 658
Poor Dogs 506
Portfolioanalyse ....
  .... 35, 112, 491
Portfolioinvestition 415
Portfolio-Matrix 492
Präferenzabkommen 456
Präferenzen, im zollrecht-
  lichen Sinn 455
Prägung, kulturelle 479
Preisbestimmung, kon-
  kurrenzorientierte 65
Preisdifferenzierung 66
-, horizontale 67
-, materialabhängige 69
-, mengenabhängige 69
-, personelle 69
-, regionale 68
-, vertikale 67
-, zeitliche 68
Preisentscheidungen 516
Preispolitik 44
Preisstabilität 398
Preisstrategie 511
Primärrecht, europäi-
  sches 370
Prinzip der Vorsicht 165
Privatrecht, internatio-
  nales 481
Product Placement 53
Produkt- und Prozess-
  innovation 330
Produkt- und Sortiments-

politik 61
Produkt-FMEA 561
Produkt-Markt-Konstel-
  lation 57, 503
Produkt, fehlerhaftes 557
Produktakquisition 63
Produktdifferenzierung 65
Produktdiversifikation 62
Produkteliminierung .. 44, 498
Produkthaftung ....
  .... 283, 328, 459
Produktinnovation 44, 62
Produktlebenszyklus 30
-, Phasen 497
Produktlebenszyklus-
  analyse 35, 496
Produktmanagement 105
-, organisatorische Ein-
  gliederung 106
Produktmanager, Auf-
  gaben 105
Produktpolitik 43
Produktrelaunch 65
Produktvariation 62, 64
Produktveränderung 64
Produktverbesserung 65
Profit Center 620
Prognose 36
-, exakte 36
-, intuitive 37
Prognoseverfahren ...... 36 f.
Prognosezeitraum 36
Programmierung,
  lineare 536
Programmpolitik 43
Projekt 655
-, Ablauf nach
  DIN 69901 663
-, Arten 655
-, eigenständiges 665
-, Kennzeichen 655
-, Linienverantwortung 668
-, Machbarkeit 686
Projektabschluss 690
Projektabschluss-
  bericht 689
Projektarten 655
Projektbeirat 670
Projektbeteiligte 670
Projektbüro 670
Projektcontrolling 621
Projektdefinition 681

Projektdurchführungs-
steuerung 682
Projekterfahrung 684
Projektfinanzierung 447
Projektinitialisierung 657
Projektkontrolle 682
Projektleitung 673
Projektmanagement .... 655 f.
Projektmanagement-
Funktionskreis 680
Projektmanagement-
phasen 657
Projektmarketing 689
Projektorganisation 658
Projektphasen 656
Projektplan 685
Projektplanung 681
Projektsekretariat 670
Projektteam 671
Projektumfeld 686
Projektziele 681
Prokura 305
Prozess-FMEA 561
Prozess, mikropoli-
tischer 600
Prozesscontrolling 621
Prozesskostenrech-
nung 193, 200
Prozesskostensätze 201
Prozessperspektive 206
Public Relations 51
Publizitätspflicht 144
Pufferzeiten 539, 612
PuK-System, Formali-
sierung 544
-, Mehrstufigkeit 543
Pullstrategien 77
Pushstrategien 77

QM-Handbuch 554
Qualifizierungsmaß-
nahmen 711
Qualität 547
Qualitätsanforderung 548
Qualitätsaudit 550
Qualitätsfehler 550
Qualitätskreis 567
Qualitätslenkung 549
Qualitätsmanage-
ment 548, 682
-, Grundsätze 551
Qualitätsmanage-

mentsystem 551, 553
-, Überwachung und
Messung 556
Qualitätsmethoden 557
Qualitätsplanung 548
Qualitätspolitik .... 547 f.
Qualitätssicherung .. 549, 683
Qualitätssicherungs-
plan 683
Qualitätsverbesserung 550
Qualitätsziele 548
Quality Function Deploy-
ment (QFD) 560
Quellenlandprinzip .. 122, 452
Quellenstaat 122
Question Marks 506

Rabatt 45
Rabattarten 45
Rabattpolitik 45
Radio Frequency Identi-
fikation 646
Rahmentarifvertrag 363
Ratenkredit 47
Rating 152
Rationalisierungsinves-
tition 220
Realsicherung 261
Rechensystem 216
Rechnungslegung,
Bestandteile 183
-, externe 181
Rechnungswesen,
externes 181
-, Rechtssysteme des
externen 181
Rechtsfähigkeit 303
Rechtsform, gemischte ... 294
-, Wahl 240
Rechtsgeschäft 302
-, einseitiges 302
-, zweiseitiges 302, 304
Rechtsgüter 326
Rechtsmangel 316
Refreezing 623
Regionalspartenstruktur ....
.... 608
Reichweite 91
Reihengeschäft 451
Reinvestition 220
Reisender 73
Rekrutierung, inter-

nationale 715
Relevanz 183
Rembourskredit 445
-, direkter 446
-, indirekter 446
Remodellierung 628
Rentabilität 160, 222
Rentabilitätskenn-
zahlen 161
Rentabilitätskenn-
ziffern 206
Reorientierung 628
Repräsentations-
aufgabe 674
Reserve, stille 149
Ressourcen 554, 691
-, Allokation 330
Restrukturierung 627
Restschuldbefreiung 302
Results 569
Return on Investment
(RoI) 216, 529
Revitalisierung 628
RFID-System 646
RFID-Technik 647
Richtlinien 373, 575
Risiko, politisches 458
-, rechtliches 459
Risikobegrenzung 258
Risikomanagement ....
.... 457, 685
Risikomerkmale 152
Risikosteuerung 687
RoI-Kennzahlensystem ....
.... 217
Rollentypen 676
Rückabwicklung 329
Rückgriffsanspruch 319
Rückintegration 719
Rückkaufkurs 250
Rückkaufsgeschäft 415
Rücklagen 235
-, gesetzliche 235
-, stille 235
Rückstellungen 168
Rücktritt 318

Sachenrecht 321
Sachmängel 282, 316
Sales Promotion 50, 91
Sättigungsphase 498
Schadenquote 214

Schadensersatz............... 318, 326, 340
Schadensersatzanspruch 335
Schadensersatzpflicht . 327 f.
Schätzreserven............... 149
Scheck, Zahlung............. 429
Schlüsselqualifikation 723
Schuldenbereinigungsplan 301
Schuldrecht..................... 311
Schuldverhältnis 311
-, gesetzliches................. 325
Schuldverschreibung...... 257
Schulzeugnisse 343
Schutzfunktion................ 362
Schutzgesetze................. 326
Schwarze Liste 337
Segment.................. 55, 509
Segmentierung................. 86
Segmentierungsstrategie 55, 61, 509
Sekretariat...................... 384
Sekundärrecht, europäisches..................... 372
Selbstemission 250
Selbstfinanzierung.......... 234
-, offene 235
Selbsthilfsverkauf 316
Selektionsmodell 629, 631
SEPA-System................. 430
Servicegrad 210, 213
Sicherheitskoeffizient...... 514
Sicherungsübereignung...................... 322
Sicherungsziele 532
Sichtakkreditiv 435
Single Euro Payment
   Area.......................... 430
Skalierung, nominale 277
-, ordinale....................... 277
Skonto 46
SMART-Regel................. 533
Society for Worldwide
   Interbank Financial
   Telecommunication...... 430
Software 638
Solidaritätszuschlag........ 129
Sollkosten 194
Sonderausgaben 127
Sonderziehungsrechte.... 386
Sortiment, Bereinigung..... 44

Sortimentserweiterung...... 44
Sortimentspolitik 44
Sortimentsvertiefung......... 44
Sozialauswahl................. 358
Sozialkompetenz 723
Sozialplan....................... 361
Spartenorganisation 604
Spätindikatoren............... 207
Spenden 131
Spezialdienstleistungen.. 419
Spezialisierung 659
Spezialvollmacht............. 305
Splittingtarif.................... 125
Sponsoring 52
Sponsoringbereiche.......... 53
Staatenbund 380
Stab 603
-, persönlicher................ 603
-, spezieller 603
Stab-Linien-System 603
Stabilitäts- und Wachstumspakt..................... 396
Stabscontrolling............. 191
Stabsprojekt................... 667
Stabsstellen................... 603
Stakeholder 145
Stammkapital.. 233, 242, 290
Standard........................ 182
Standard-Projektstrukturplan 662
Standortwahl.................. 137
Stars 505
Stellen..................... 96, 601
Stellung, marktbeherrschende..................... 336
Stellvertreter 305
Stellvertretung 726
Stellvertretungsrecht....... 304
Steuerabwehr 120
Steuerbilanz................... 166
Steuerdestinatar 116
Steuerermäßigung.......... 129
Steuerhinterziehung 121
Steuermessbetrag 132
Steuermesszahl.............. 132
Steuern 115
-, direkte........................ 117
-, indirekte..................... 117
-, latente........................ 172
-, sonstige 116
Steuerobjekt 115
Steuerpflicht, beschränkte.................... 130
Steuerquelle 116
Steuerschuldner 131, 136
Steuersystem................. 115
Steuertarif...................... 118
-, progressiver............... 118
-, proportionaler 119
-, regressiver................. 119
Steuerträger............ 116, 136
Steuerüberwälzung......... 120
Steuerung 190, 622
-, finanzwirtschaftliche 189
Steuervermeidung .... 120 f.
Steuervorteile .... 179 f.
Stichtagsbewertung........ 167
Strategie, finanzwirtschaftliche 505
-, führungsbezogene....... 505
-, leistungswirtschaftliche......
   505
-, marketinglogistische...... 79
-, sozialwirtschaftliche..... 505
Strategiearten................ 500
Strategieimplementierung 57
Strategy follows structure 614
Streik 369
Structure follows strategy 614
Strukturanalyse............... 239
Strukturfonds 422
Strukturplan 661
Stückaktien..................... 243
Substance over Form 185
Substanzanalyse 154
Supply Chain 643
Supply Chain Management .... 78, 643 f.
SWOT-Analyse ....
   .... 203, 493, 506
System-FMEA................. 561
System, administratives.......
   738
-, dispositives................. 738
Systemlieferanten........... 643
Systemsoftware.............. 638
Szenarien 613
Szenariotechnik.............. 613

Tarifautonomie............... 362
Tarifbindung................... 364

Tarifvertrag, Funktionen........ 362
Tarifvertragspartner 362
Tarifvertragsrecht............ 362
Teamentwicklung 672
Teamführung................... 675
Teammitarbeiter.............. 671
Teamrollen...................... 675
Teilbilanzen..................... 404
Teilschuldverschrei-
  bungen 250
Teilzahlungskredit 47
Teilzeitarbeit..................... 352
Teilzeitbeschäftigung 353
Termin-Handel 439
Terminmanagement........ 684
Terminplan...................... 684
Termintreuegrad 213
Terms of Payment.......... 424
Territorialitätsprinzip..............
  .... 122, 453
Testphase 672
Thesaurierung 235
Thesaurierungsbegüns-
  tigung 139
Tietz................................. 26
Top-Down-Planung 543
Total Quality Manage-
  ment 568
Total-Quality-Management-
  Philosophie................. 568
Traditionspapiere 432
Transithandel.................. 412
Transportdokumente 430
Transportrisiko................ 462
Transportversicherungs-
  dokumente 431
Trennungsbegründung ... 715
Trennungsbotschaft........ 715
Trennungsgespräch........ 713
Treue- und Fürsorge-
  pflicht.......................... 347
Treuerabatt 46
Trinkwasserverordnung .. 578
TRIPS............................. 383

Überschuldung 224
Übersichtlichkeit 165
Überstunden................... 348
Überweisung, Fremd-
  währung 428
Überweisungsauftrag,
  in Euro 428
Umfeldanalyse................ 203
Umlaufkapitalbedarf........ 226
Umsatzkennzahlen 210
Umsatzrentabilität........... 160
Umsatzsteuer 134
-, Steuersätze 135
-, Zahllast....................... 135
Umschulung................... 724
Umwelt-Audit.................. 593
Umwelt, globale.............. 613
Umweltabgaben.............. 573
Umweltanalyse 29
Umweltaspekte 596
Umweltbeobachtung....... 588
Umweltbetriebsprüfung... 593
Umweltcontrolling 112
Umwelterklärung............. 593
Umweltinformation,
  relevante 613
Umweltkontrolle.............. 110
Umweltmanagement....... 589
Umweltmanagement-
  system (UMS) ....
  .... 570, 589, 592, 595
Umweltpolitik 591, 595
Umweltprüfung 591
Umweltrecht................... 573
-, Auflagen 573
-, Prinzipien.................... 572
Umweltschutzrecht 574
Umweltschutzsubven-
  tionen 573
Umweltzustand 521
UN-Kaufrecht.................. 482
Unfreezing...................... 623
Union 381
Unique Advertising Pro-
  position 88
Unique Selling Proposition
  (USP) 88
United States Generally
  Accepted Accounting
  Principles (US-GAAP).........
  .... 181, 185
Unsicherheitsvermeidung.....
  470
Unsicherheitsvermei-
  dungsindex 470
Unterbewertung 169
Unterlassungsanspruch.. 334
Unternehmen, multina-
tionale.......................... 607
Unternehmensanalyse...... 29
Unternehmensbeteili-
  gungen 179
Unternehmensethik 487
Unternehmensfortführung.....
  166
Unternehmensführung..........
  .... 487, 639
Unternehmensimage,
  positives 706
Unternehmenskultur ....
  .... 59, 489, 600
Unternehmensleitbild...........
  .... 489, 568
Unternehmensmitglieder ......
  600
Unternehmensorganisation ..
  599
Unternehmensphilosophie....
  .... 26, 488 f.
Unternehmensstrategie .. 504
Unternehmenstätigkeit,
  Internationalisierung 380
Unternehmensteuern...... 123
Unternehmensverfassung ....
  615
Unternehmensziele... 40, 696
Unternehmenszusam-
  menschlüsse 335
Unternehmergesellschaft
  (haftungsbeschränkt) ....
  .... 284, 291
Unterweisung, plan-
  mäßige 725
-, programmierte 728
Unterziele 41, 527
Urlaubsgestaltung........... 712
US-GAAP 181, 185
-, Grundsätze................. 185
UWG, Ansprüche............ 339

Verbindlichkeiten 168
-, kurzfristige 162
-, Unterschiedsbetrag 171
Verbraucherdarlehen 310
Verbraucherinsolvenz-
  verfahren 299
Verbraucherpreisindex,
  harmonisierter 398
Verbraucherschutz,
  Richtlinien................... 375

Stichwortverzeichnis

Verbrauchertyp 28
Verbrauchsgüterkauf 308
Verbrauchsteuern 116
Verbringen, innerge-
  meinschaftliches 451
Veredelungsverkehr,
  aktiver 413
-, grenzüberschreiten-
  der 412
-, passiver 413
Verfahren, Antrag auf
  Eröffnung 300
-, qualitative 38
-, quantitative 37
Verfallsphase 498
Verfügbarkeit 91
Vergleichbarkeit 183
Vergleichsanalyse 35
Vergütungspflicht 346
Verhaltenstypen 677
Verhältniszahlen 208
Verhandlung,
  Abschluss 480
-, internationale 477
Verhandlungsstrategie 478
Verjährung 313, 318
-, Hemmung 320
Verjährungsfrist 320
Verjährungshemmung 320
Verkauf, auf Ziel 47
-, persönlicher 51
Verkäufermarkt 25
Verkaufsförderung 50, 91
-, verbraucherorien-
  tierte 92
Verkaufspotenziale,
  Controlling 113
Verkehrsteuern 116
Verlässlichkeit 183
Verlust 288
Verordnungen 373, 575
Verpfändung 323
Verschmelzung 673
Verschuldenshaftung 326
Verschuldungsgrad ....
  .... 159, 223
-, dynamischer .... 161 f.
Versetzung 712, 715
Versorgungsqualität 214
Versorgungssicherheit 213
Verständlichkeit 183
Vertrag, internationaler ... 481
-, über die Arbeitsweise der
  Europäischen Union 390
-, von Lissabon 390
-, von Rom 389
Vertragsarten 307
Vertragsfreiheit 303
Vertragshaftung 281
Vertragstypen 302
Vertragsverletzung,
  positive 282
Vertretung, gesetzliche ... 306
-, organschaftliche 306
Verursachungsprinzip 572
Verwendungsalterna-
  tiven 711
Verwirkung 313
Vier-Stufen-Methode 725
Vision 205
VNU 571
Vollmacht 305
Vollsortiment 64
Vorbeugungsmaßnah-
  men 557
Vorgangsplanung 684
Vorräte 162
Vorsatz 327
Vorschlagsrecht 366
Vorsicht 167
Vorsichtsprinzip 169
Vorsorgepflicht 576
Vorsorgeprinzip 572
Vorstand 293
Vorstellungsgespräch 344
Vorsteuer 135
Vorteil, strategischer 56
Vortrag 727

Wachstumsmodell 630
-, Greinersches 630
Wachstumsphase 497
Wachstumsstrategie ....
  .... 57, 61, 503
Wahlrecht 164, 170
Wahrnehmungen 480
Währungsreserven,
  Veränderung 405
Währungsunion 394
Wandel, Modell 629
-, inkrementaler 626
-, Management 625
-, 1. Ordnung 625
-, 2. Ordnung 625
Wandelanleihe 251
Wandelschuldverschrei-
  bung .... 251 f.
Warengruppenmana-
  gement 78
Warenverkehr, innerge-
  meinschaftlicher 450
Warnstreik 369
Wasserhaushaltungs-
  gesetz (WHG) 579
Wasserrahmenricht-
  linie 578
Wechselinkasso 433
Wechselkurs 406
-, fester 407
-, freier 406
Wechselkursmechanis-
  mus 393
Wechselziehung 440
Weg, kritischer 540
Weiterbildung 704
Welteinkommens-
  prinzip 122, 453
Welthandelsorganisa-
  tion (WTO) 383
Weltwirtschaft 401
Werbebotschaft 87
Werbemittel 89
Werbemittelauswahl 89
Werbeziele 49, 85
-, allgemeine 85
-, außerökonomische .. 50, 85
-, ökonomische 50, 85
-, spezielle 85
Werbung 85
-, vergleichende 338
Werbungskosten 127
Werkvertrag 309
Wertansätze 167
Wertebewusstsein 487
Wertpapierfunktion 431
Wertschöpfungs-
  kette 640, 643
Wertschöpfungskreis-
  lauf 567
Wettbewerb, Schutz 330
-, unlauterer 336
Wettbewerbsbeschrän-
  kungen 331, 371
Wettbewerbsstrate-
  gie 56, 61, 501
Wettbewerbsverbot 347

Wettbewerbsvorteil 56
Widerrufsrecht 377
Willensbildung 286
Willenserklärung 303
Wirkungsprognosen 37
Wirtschaftlichkeits-
   betrachtung 264
-, monetäre 652
-, nichtmonetäre 652
Wohlverhaltensperiode ... 302
Wohnsitzlandprinzip ....
   .... 122, 452
Wohnsitzstaat 122

Zahlungsbedingungen 423
Zahlungsbilanz 404
Zahlungsgarantie 438
Zahlungsinkasso 433
Zahlungsmittel 162
Zahlungsrisiko 461
Zahlungssicherungs-
   funktion 434
Zahlungsunfähigkeit 224
Zahlungsverbots- und
   Moratoriumsrisiken
   (ZM-Risiken) 459
Zahlungsverzug 315
Zeitwert 269

Zero-Base-Budgeting ....
   .... 193, 546
Zertifizierung 552, 598
- nach ISO 14001 595
Zeugnis 361
Ziehungsrechte 386
Ziele, bilanzpolitische 145
-, distributionspolitische 48
-, humanitäres 522
-, kommunikationspoli-
   tische 49
-, kontrahierungspolitische
   44
-, materielle 42
-, monetäres 523
-, nichtmaterielle 42
-, nichtmonetäres 523
-, ökologisches 522
-, ökonomisches 522
-, produktpolitische 43
-, strukturpolitische 422
Zielbeziehungen 525
Zielbildungsprozess 523
Zieldominanz 531
Zielgruppen 55, 86, 93
Zielhierarchie 42, 522
Zielindifferenz ... 41, 525, 530
Zielkatalog 522

Zielkomplementarität 40
Zielkonflikte 41, 525, 531
Zielkonformität ....
   .... 40, 525, 531
Zielobjekt, strategisches ... 56
Zielprogramm 40
Zielrealisierung 525
Zielstrukturierung 525
Zielsystem 41, 526
Zielvereinbarung 532
Zielvereinbarungs-
   prozess 533
Zielwirksamkeit 526
Zinsen, kalkulatorische ... 265
Zinsfußmethode, interne ....
   273
Zinsrisiko 259
Zollanmeldung 453
Zölle 116
Zollgut 413
Zollgutveredelung 413
Zollkodex 454
Zollrecht 454
Zusammenschlüsse 380
Zusammenschluss-
   kontrolle 335
Zwischenziele 41, 527

So werden Sie fit für die Prüfung!

Lehrbücher für Fachwirte und Fachkaufleute

Kosten- und Leistungsrechnung | Schumacher
Betriebliche Personalwirtschaft | Albert
Material-, Produktions- und Absatzwirtschaft | Albert
Volkswirtschaftslehre | Vry
Materialwirtschaft im Industriebetrieb | Vry
Marketing und Vertrieb im Industriebetrieb | Vry
Beschaffung und Logistik im Handelsbetrieb | Vry
Marketing und Vertrieb im Handelsbetrieb | Vry

Einfach online bestellen: www.kiehl.de

Prüfungsbücher für Fachwirte und Fachkaufleute

Die Prüfung der Bilanzbuchhalter | Krause | Stache
Die Prüfung der Industriefachwirte | Krause | Krause
Die Prüfung der Handelsfachwirte | Krause | Krause
Die Prüfung der Dienstleistungsfachwirte - Wirtschaftsbezogene Qualifikationen | Krause | Krause
Die Prüfung der Wirtschaftsfachwirte - Handlungsspezifische Qualifikationen | Krause | Krause
Die Prüfung der Technischen Fachwirte - Handlungsspezifische Qualifikationen | Krause | Stache
Die Prüfung der Steuerfachwirte | Schweizer
Die Prüfung der Fachkaufleute für Einkauf und Logistik | Vry
Die Prüfung der Fachkaufleute für Marketing | Vry
Die Prüfung der Personalfachkaufleute | Krause | Krause
Die Prüfung der Fachberater für Finanzdienstleistungen | Nareuisch
Die Prüfung zum Versicherungsfachmann (IHK) | Nareuisch

Prüfungsbücher für Betriebswirte und Meister

Die Prüfung der Technischen Betriebswirte | Krause | Krause | Peters
Die Prüfung der Betriebswirte (IHK) | Vry
Die Prüfung der Industriemeister - Basisqualifikationen | Krause | Krause
Die Prüfung der Industriemeister Metall - Handlungsspezifische Qualifikationen | Krause | Krause
Die Prüfung der Industriemeister Elektrotechnik - Handlungsspezifische Qualifikationen | Krause | Krause

kiehl

Kiehl ist eine Marke des NWB Verlags
Kiehl Kundenservice · 44621 Herne · www.kiehl.de

Bestellen Sie bitte per Telefon: 02323.141-700, per Fax: 02323.141-173, per E-Mail: bestellung@kiehl.de oder bei Ihrer Buchhandlung!